上海

SHANGHAI

總經理：趙葉龍

公司宗旨：开拓　高效　服務

上海財政證券公司(原名上海振興證券公司)成立于1988年4月21日。公司實行自主經營、獨立核算、自負盈虧，具有獨立法人資格的經濟實體。公司係上交所、深交所的會員單位，是首批獲批準的中華人民共和國國債一級自營商之一，經中國誠信證券評估公司評定證券商信用等級AA+級。

上海財政證券公司1996年的經營開始由“八五”期間的“增資、增人、增規模、增效益”的粗放型模式轉嚮“增强經營能力、提高整體素質、穩步拓展領域，提高內涵效能”的經營模式。實現瞭“三個擴大”和“三個提高”。三個擴大：一是擴大瞭證券發行規模；二是擴大公司負債經營的規模；三是擴大瞭股票業務二級市場自營規模；三個提高：一是提高瞭計算機應用能力，推齣瞭財證交易磁卡等，實現瞭直屬營業網點櫃臺業務的電算化；二是提高瞭經營管理水平，“强化管理、防範風險、穩健經營”的意識增强；三是提高瞭經營效益，各項經營指標再創新高。1996年代理發行證券63億元，比上年增長2.4倍；證券交易總額1169億元，比上年增長1.4倍多；實現利潤1.51億元，比上年增長65%，資産總額達44億元。

1996年是公司的管理年，公司首先確立瞭總監辦公會議製度，加强瞭公司集體領導完善瞭公司的決策機製。年初，公司根據證券市場加强監管的要求，設立瞭稽核監察部，以完善風險控製機製，確保規範運作。1996年公司還進行瞭獎金分配製度的改革，進一步完善瞭激勵機製。

1996年各項業務持續大幅增長，一級市場以國債發行爲龍頭，擴大瞭公司證券發行規模，全年共發行證券63億元，比1995年增長瞭2.4倍。1996年是國債發行改革年，公司積極參與國債發行的市場化改革，前後八次參加國債發行的投標，中標并完成。發行國債達60.5億元，并二次擔任承銷團副主幹事。1996年，公司在開拓股票發行、推薦上市等業務，先後主承銷或副主承銷“杭百大”、“浙江尖峰”、“萊福集團”“長春汽油機”等項目，并成功地爲石傢莊勸業股份有限公司推薦上市。同時，公司積極貫徹發展投資銀行業務的戰略決策，對財務顧問做瞭一些有益的嘗試。努力開拓企業債券市場，參與承銷瞭上海浦東建設債券，并首次代理發行异地債券—廣梅汕鐵路債券在全國發行。此外，還圓滿的完成瞭“中西藥業”、“萊福集團”、“良華實業”和“申能金華”四個企業債券的承銷。

公司還實行負債比例管理，防範金融風險。依托國債優勢，通過場內迴購增加投入資金，同時加强對資金的調度和管理，建立一套自律管理和風險防範管理辦法，實行營業部迴購業務審批製，控製迴購融資額度，防範資産風險。

公司還積極貫徹金融行業開展“四講一服務”的精神，開展優質服務活動。各營業部開展以窗口規範服務爲重點的優質文明服務活動，實行挂牌服務，推齣服務公約。此外，公司開通“財盛債市熱綫”。

上海財政證券公司

公司开展上市公司推介業務

公司以10億元的中標量在1996年記帳式(三期)國庫券的招標發行中一舉中標。圖中左爲財政部國債司司長高堅。

公司臨平路營業部

紅馬夾培訓考核中心

公司接待前臺

地址：上海市臨平北路3號甲　電話：(021)65076608(總機)
傳真：(021)65071751　郵編：200080

SANYE

成都三业投

CHENGDU SANYE INVE

成都三業投資開發股份有限公司成立于1992年，是成都市經濟體製改革委員會首批批準成立的大型股份製企業，公司注册資金6600萬元。經過幾年艱苦努力，至1997年6月止，公司實際資産已達7.6億元。

公司一貫遵循“共識、共創、共享”的企業理念，創造性地構思競争經營戰略，以超前思維指導企業發展，以“勇于開拓、求實高效和堅忍不拔”的精神參與競争。公司以其優秀的管理和用人之道，不斷凝聚匯集瞭一批高素質的管理人纔和高、中級科技人纔，僅公司總部具有高級專業技術職稱者就有10名(其中，享受國務院專傢津貼者4人，國傢一級建築師1名)，具有中級專業技術職稱者有27名。三業以其雄厚的經濟、技術和管理實力全方位開拓創新，樹立瞭良好的企業形像。

國傢建設部部長侯捷(左三)、副部長譚慶璉(左七)在四川省副省長甘宇平(左二)、成都市市委書記黄寅逵(左四)、成都市市長王榮軒(左六)陪同下，視察四川省房地産交易中心(市場)，聽取瞭總經理鍾錚(左五)的工作匯報。

公司1992年成立以來，實現瞭超常規經營發展戰略，樹立瞭良好的企業形像，已成功地投資于房地産開發與中介市場、高科技農業産業化開發、高科技産品開發、汽車修理和租賃、商貿、服裝、餐飲娛樂和旅游服務等行業、産業，并在北京、重慶、海南、廣西北海、四川廣漢等地設立瞭分公司。由我公司全部投資和管理的，迄今爲止全國規模最大的房地産中介、服務和管理機構——四川省房地産交易中心(市場)，總投資達3億元的成都三業錦昌大厦，以産業化生態農業爲主業的成都三業興樂開發區暨四川省健康食品種養殖有限公司，以及成都三業高科技應用研究所和四川省聯企投資發展有限公司等十七傢經濟和科技實體，都是三業公司的典型代錶。一個跨地區、跨行業的多元化大型投資開發集團已屹立于商界，呈現齣良好的發展態勢。

三業公司下屬産業三業錦昌大厦

资开发股份有限公司

STMENT DEVELOPMENT STOCK CO., LTD.

三業公司在不斷發展的同時，不忘曆史賦予的社會責任，積極參與發展基礎教育和各種社會公益事業。在四川省新津縣興樂鄉，公司捐資百萬元興建成都三業希望小學，使數百名適齡兒童能够獲得良好的基礎教育。公司斳資贊助體育事業，爲全民健身運動添磚加瓦。

展望未來，我們充滿信心。黨的十五大爲我國社會主義市場經濟的發展創造瞭良好的政治環境和經濟環境，三業公司將發揮體製優勢、人纔優勢、經營和資源優勢，在各個投資領域大展鴻圖，取得更大的發展，取得更好的經濟效益和社會效益。

三業高科技應用研究所

三業公司下屬企業四川健康食品種養殖有限責任公司

三業公司下屬企業四川省房地産交易中心（市場）

三業公司下屬企業省物業管理有限公司

法定代錶人：鍾錚　董事長兼總經理
地址：中國四川省成都市一環路南三段玉林北街3號
電話：(028)5582828(總機)　5552483　郵編：610041
電挂：4583　傳真：(028)5542641

域名：
http://www.cdsy.com　成都三業投資开發股份有限公司
http://www.screec.com　四川省房地産交易中心(市場)

E-mail:
Sy@public.cd.sc.cn　成都三業投資开發股份有限公司
Screec@mail.sc.cninfo.net　四川省房地産交易中心(市場)

浙江广厦建筑集团股份有限公司

董事長兼總經理：樓忠福

法人代表：樓忠福
總部地址：浙江省杭州市保俶路221號
郵編：310007
電話：(0571) 7963808
傳真：(0571)7963818
本部地址：浙江省東陽市吴寧西路21號
郵編：322100
電話：(0579) 6633706 6633708 6624011(總機)
傳真：(0579) 6633886

上海"南光"大厦榮獲上海市"白玉蘭"優質工程獎

浙江廣厦建築集團股份有限公司是以建築業爲主體，集建築設計、承包施工、房地産綜合開發、建材和建築機械生産經營，科、工、商、貿、金融影視爲一體的上市公司。是浙江廣厦集團的核心企業。今年擴股后總股本2.52億股，其中流通股A股6300萬股，總資産6億余元，員工8300余名。96年總産值8億余元，創利税8500余萬元，97年中期産值、利潤與去年同比增長41.5%和64.3%。其龍頭企業、全資子公司東陽市第三建築工程公司，爲國家一級建築資質，技術力量雄厚，設備先進，以承接高、大、難工程爲主，是浙江省實力雄厚的建築勁旅之一。業務拓展到上海、北京、廣西等20個省市區及美國、香港等國家和地區。熱忱歡迎國内外各界朋友光臨指導與合作。

東陽交警大樓，榮獲浙江省"錢江杯"優質工程獎

追求完美高效

高速公路陽澄湖服務區

董事長：徐華强

江蘇寧滬高速公路股份有限公司

江蘇寧滬高速公路股份有限公司是經江蘇省政府批準，省工商局注册登記，于1992年8月1日成立的。公司主營爲滬寧高速公路江蘇段的經營、管理與收費，經營沿綫服務區的加油、餐飲、商店、汽車維修和旅館及沿綫廣告業務。此外，公司與滬寧高速公路江蘇段沿綫南京、鎮江、常州、無錫、蘇州各市的汽車運輸公司開作投資江蘇寧滬汽車客運有限責任公司，本公司擁有40%的股權。

滬寧高速公路江蘇段西起南京的馬群，東止江蘇與上海交界處的安亭，連接南京、鎮江、常州、上海六個大中城市，地處長江三角洲經濟發達地區。

江蘇境内主綫長248.21公裏，另建有連接鎮江的汽車專用一級公路支綫10.25公裏。高速公路主綫設計車速爲120公裏/小時，路基寬26米，中間分隔帶寬3米，設雙嚮四車道。于1992年6月開工建設，1996年11月28日正式通車營運。經專傢組成的交工驗收評審委員會評審，優良率達100%，爲全優工程。并給予瞭高度評價，一緻認爲其“總體水平在我國已建成的高速公路中處于領先地位，達到國際先進水平。”

公司1997年6月27日在香港成功發行并上市H股，使公司總股本達488774.75萬股，其中國傢股337613.46萬股，國有法人股300萬股，法人股28661.29萬股，境外投資者持股(H股)122200萬股。

總經理：蔡傢範

公司H股發行成功後即實行新的重組方案。以滬寧高速公路江蘇段爲上市資産，完成對寧滬二級公路江蘇段15年經營權的收購；投資建設江陰長江大橋南接綫工程和北接綫工程，并分彆擁有85%的權益。公司已經上級批準，獲取南北接綫建成通車後30年經營權。這一重組方案結構閤理，具有持續的利潤增長點。

公司舉辦H股發行大型記者招待會

地址：中國南京馬群238號　電話：4442700　傳真：4444006　郵編：210049

先進的生產設備

上海 SHANGHAI 石油化工股份有限公司

上海石油化工股份有限公司位于上海西南的杭州灣畔，占地7.2平方公裏。自1972年創立至今，公司目前擁有65套主要生産裝置，其中三分之一是從日本、美國、德國、意大利等國傢引進，已形成530萬噸原油加工能力、45萬噸/年乙烯、35萬噸/年化纖及單體、30萬噸/年塑料、200萬噸/年油品及化工料的生産能力。公司生産的主要産品有原油製品、有機化工料、烯烴塑料、閤纖聚閤物、閤纖單體及閤成纖維等四大類60多種産品，是中國最大的集油、化、纖、塑于一體的特大型現代化石油化纖生産基地。

上海石化是中國最早進入國際資本市場的企業。1993年7月，上海石化嚮全球發行瞭16.8億股H股，并在香港聯交所挂牌，同時以托管憑證三級ADR方式直接在美國紐約證交所挂牌上市，取得瞭中國首傢注册企業在國際上市的曆史性突破。隨後，上海石化又在中國國内發行瞭8.7億股A股，并在上海證券交易所挂牌上市。1996年8月和1997年1月，上海石化又嚮全球配售6.5億股H股。上海石化跨入瞭國際性上市公司的行列。

1993年至1996年四年中，稅後利潤分彆爲8.7億元，15.02億元，21.27億元，11.44億元；淨資産收益率93年爲11.7%，94年上升至16.17%，95年爲20.29%，96年爲9.6%。96年度公司實現主營業務收入達122億元，比改製前的1992年增長2.33倍。同時，公司財務結構日趨良性循環。公司負債率從92年底的75%降低爲目前的36.72%；公司的自有資金留利從92年底的7500萬元增至10億元；總資産從92年的115億元增加至96年的190億元。企業淨資産從92年的28.48億元上升至96年的119億元。占61%的國有資産權益也從40億元上升至67.75億元，實現國有資産的保值增值。

1995年，上海石化在“中國上市公司綜閤經濟實力百强企業”評選中名列榜首；在中國500傢最大工業企業中居中國石化行業第一位。1996年被香港聯閤交易所授于“最佳資料披露獎”，1997年被“亞洲貨幣周刊”評爲中國最佳管理公司。上海石化被世界資本市場譽爲“中國最穩定的成長性公司”。

全國人大八屆四次會議中通過的“九五”計劃和2010年遠景綱要中，把石油化工作爲中國支柱産業，并在綱要中指定上海石化作爲乙烯改造的重點企業，爲上海石化提齣瞭良好的發展機遇。公司先後同英國著名的BP集團，美國菲利浦斯石油國際公司簽署瞭閤作意嚮書；閤資建設上海石化65萬噸乙烯項目及有關配套工程。

地址：中國上海市金山衛

郵編：200540

上海石化成爲特大型現代化石油化纖生產基地

广发证券有限责任公司
GF SECURITIES CO.,LTD.
广发证券精神：团结、开拓、求实、高效
广州：农林下路83号广发金融大厦4楼 TEL:(020)87310321 FAX:87676350
上海：浦东南路528号上海证券大厦北塔17楼 TEL:(021)65029155 FAX:65026589
深圳：深南东路深业中心二十楼 TEL:(0755)2083750 FAX:2083785
北京：朝阳区建外大街建华南路11号 TEL:(010)65159862 FAX:65159776

中國證券業年鑑

CHINA
SECURITIES
YEAR BOOK

1997 · 中文版 · 總第五期 · 上

1997

中國證券業年鑒編輯委員會

浙江廣廈建築集團股份有限公司

江蘇寧滬高速公路股份有限公司

新華出版社

声　明

《中国证券业年鉴》(1997・中文版・总第五期)版权属中国证券业年鉴编辑委员会所有。

广州通达律师事务所
律师：张佐民、毛肇华、白明韶

图书在版编目(CIP)数据

中国证券业年鉴　1997/中国证券业年鉴编辑委员会编。
—北京：新华出版社，1997.12
ISBN　7—5011—3668—8

Ⅰ.中…　Ⅱ.中…　Ⅲ.证券交易—中国—1997—年鉴　Ⅳ.F832.5—54

中国版本图书馆 CIP 数据核字(97)第 26725 号

中國證券業年鑒
1997
(中文版・总第五期)
中国证券业年鉴编辑委员会编
※
新华出版社出版发行
新华书店经销
中国证券业年鉴激光照排中心植字
海南中证广告有限公司设计制作
天时印刷(深圳)有限公司承印
※
开本：850×1168mm　1/16　印张：54　插页：400　字数：2800 千字
1997 年 11 月第一版　　1997 年 11 月第一次印刷
ISBN　7—5011—3668—8/Z・459
广告许可证：京工商广字 97068 号
广告代理：海南中证广告有限公司注册号 1—855
总定价：人民币 350 元　港币 500 元　美元 100 元

编辑说明

《中国证券业年鉴》是一部综合的史料性年刊，创刊于1993年，每年出版一次，从1995年起，同时出版中文版和英文版，国内外公开发行。《年鉴》主要反映上一年中国证券、期货、基金、产权市场及企业制度建设和发展方面的情况和最新动态，供海内外有关机关、社团、学校、研究部门、企事业单位及社会各界人士进一步了解和研究参考使用，为推动中国证券业的规范化和国际化、建设有中国特色的社会主义市场经济服务。

《中国证券业年鉴》(1997·中文版·总第五期)共分20编，重点反映1996年全国的金融证券市场发展情况，系统介绍证券经营管理机构、社会中介机构的职能及股份制企业的业绩。全书内容设置图片新闻、专论、金融市场、证券市场、期货市场、基金市场、产权市场、证券管理与交易机构、中介机构、上市股份公司、非上市股份公司、证券经营机构、证券业理论研究、新闻出版、科技教育、社会团体、证券业人物、大事记、市场统计资料、政策与法规、企事业单位选介等部分。另有彩色和黑白插页图片1520幅。

《中国证券业年鉴》按部类分编，采用编、章、节、目、段五个层次的结构形式，不同层次的标题在字体、字号和版式设计方面都有明显的区别。其中全书出现最多的"目"一级标题统一用黑体字加【 】表示，内容较多的"目"的文内则用楷体表示"段"一级的标题。在编辑过程中尽可能将内容条目化。

《中国证券业年鉴》(1997·中文版)基本上保持了上一期的内容和体例的连续性，新增了金融市场、柜台上市股份公司、产权重组以及香港上市公司、证券公司、证券期货市场动态等方面的情况。在香港联交所上市股份公司整章内容、香港联合交易所整节内容中除标明货币单位外均以港币为单位。香港上市公司的中文名称并非注册名称。由于会计制度及统计方法差异，可能使在香港上市的大陆企业的数据有所不同。《年鉴》中的理论研究和政策法规部分收录和反映了截止1997年11月最新动态和内容，并增加了证券业理论研究内容的份量。《年鉴》的资料直接来源于公司的公告或报告、国务院有关部门及各省、市提供的材料，保证了《年鉴》的权威性和准确性，但由于中国证券业仍处于发展初期，加上各地区的发展不平衡以及我们的水平有限，难免出现一些疏漏，敬请读者谅解和指正。

《中国证券业年鉴》由新华出版社、中国证券报社、海南开发促进会、海南证券投资培训中心等单位联合主办，并由中国证券业年鉴编辑部编辑。在编辑出版过程中得到了国务院有关部门、省、自治区、直辖市证券管理机构、上海证券交易所、深圳证券交易所、香港联合交易所、证券界有关领导、专家的指导和支持，在此我们表示最诚挚的感谢。

中国证券业年鉴编辑部

中国证券业年鉴编辑委员会

中国证券业年鉴编辑部

中国证券业年鉴编辑委员会

中国证券业年鉴编辑部联系地址

北京:北京市宣武门西大街 57 号新华通讯社 7 号楼 103 室
联系人:胡柳华　邮编:100803
海南:海口市海府大道 59 号省政府办公大楼 14 楼 1401 室
联系人:华从发　邮编:570204
上海:上海市四平路 131 号虹临花园 3 号楼 4C 座
联系人:曹文桥　邮编:200081
深圳:深圳市东门北路翠竹苑 2 幢 C 地座
联系人:张　涛　邮编:518020
广东:广州市黄埔大道西 273 号广信花园惠蓝阁 13 楼 D 座
联系人:王才贵　邮编:510620
山东:济南市经十路 239 号期货大厦 4 楼 411 室
联系人:钟焕明　邮编:250021
四川:成都市金家坝街 7 号交通大厦 7 楼 702 室
联系人:张学军　邮编:610015
湖北:武汉市汉口万松园小区 44 栋 1 单元 5 楼 8 号
联系人:胡泽峰　邮编:430022

中國證券業年鑒

特別贊助單位

浙江廣廈建築集團股份有限公司

成都天興儀表股份有限公司

中國東方航空股份有限公司

江蘇寧滬高速公路股份有限公司

目　录

第三编　中国证券市场

第四编　中国期货市场

第五编　中国基金市场

第六编　中国产权市场

第七编　证券管理与交易机构

第八编　中介机构

第九编 上市股份公司

第十编　非上市股份公司

第十一编　证券经营机构

第十二编　证券业理论研究

第十三编　证券业新闻出版

第十四编　证券业科技教育

第十五编　证券业社会团体

第十六编　证券业人物

第十七编　证券业大事记

第十八编　市场统计资料

第十九编　政策与法规

第二十编　中国企事业单位选介

插页目录

工商股份制企业

股份制企业

■ 工商企业

中介机构

■ 会计审计事务机构

■ **律师事务机构**

■ **资产评估机构**

■ 咨询机构

金融证券机构

■ 金融机构

■ 证券公司

财务信托投资公司

投资基金单位

证券交易机构

登记公司

产权交易机构

产权交易机构

期货经营机构

期货经营机构

综合机构

经济管理机构

其他类机构

●近幾年,中國不斷深化國有大中型企業改革,探索建立現代企業制度.圖爲中共中央總書記、國家主席江澤民視察重慶市國有大中型企業.

●股份制在中國經過幾年的試點，成爲有利于生產力發展的公有制實現形式，股份制企業同時涌現出一批先進代表。圖爲中共中央政治局常委、國務院總理李鵬與全國勞動模範等代表一起參加會議。

●1996年5月2日,中共中央政治局常委、國務院副總理朱鎔基考察江西省現代企業制度試點發展情況。

●中共中央政治局常委、書記處書記胡錦濤在四川考察中西部地區企業股份制發展情況。

●國務院副總理鄒家華考察廣東三茂鐵路公司,了解基礎設施建設情況。

新闻图片

●中共中央政治局委員、山東省委書記吴官正在山東陽穀電纜集團公司調查研究。

●國有大中型企業通過香港國際金融市場，籌集國際資本，投資國内交通基礎設施建設。圖爲香港聯合交易所主席鄭維健向江蘇寧滬高速公路股份有限公司董事長徐華强祝賀公司股票上市成功。

●隨着中國證券市場的發展，國債發行體制不斷改革，證券經營機構發揮着越來越重要的作用。圖爲上海財政證券公司總經理趙葉龍(右)參與國庫券承銷簽字儀式。

●中國企業體制改革不斷深入,出現了跨地區、跨所有制企業之間購并形式，逐步實現了抓好大中型國有企業，放活中小企業的戰略。圖爲上海産權交易所舉辦的企業購并洽談會。

●在國家投資政策的指導下，中國股份制企業不斷加强對電力基礎設施的投資力度。圖爲四川槽漁灘水電股份有限公司投資興建的大型電廠。

●創刊于1993年的《中國證券業年鑒》是中國創刊最早的，同時出版中文版、英文版的證券業年刊，是中國唯一的證券業英文出版物。幾年來已發行到歐美、東南亞及日本、香港、臺灣等國家和地區，促進了中國證券業的對外交流與合作

新聞圖片

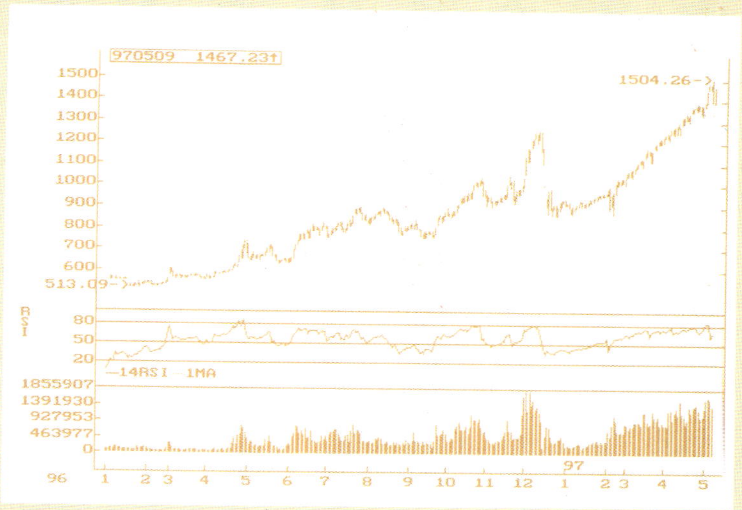

上海綜合指數走勢圖

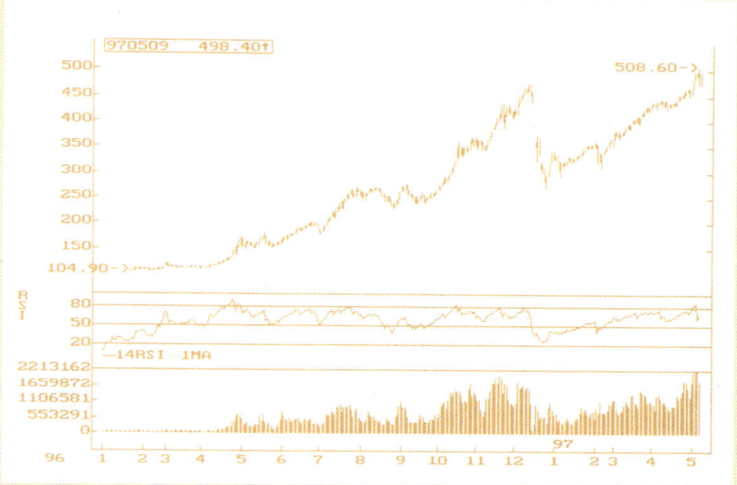

深圳綜合指數走勢圖

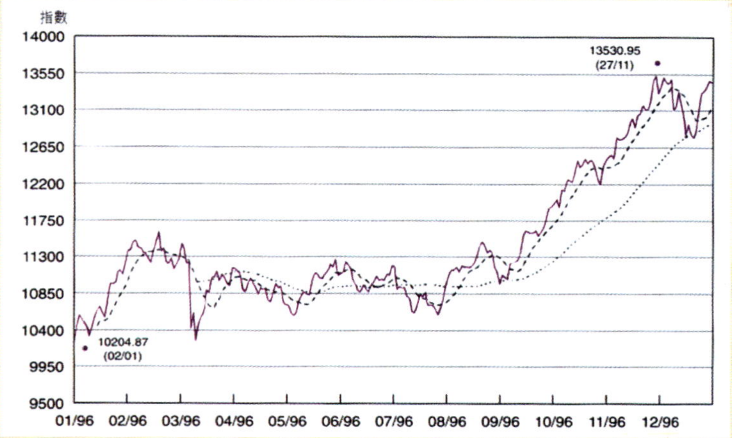

香港恒生指數走勢圖

1996

中國證券市場走勢圖

中國證券業年鑒

中国科技国际信托投资有限责任公司
CHINA SCI-TECH INTERNATIONAL TRUST & INVESTMENT CO., LTD
证券总部

公司董事長、總裁：張鋼

中國科技國際信托投資有限責任公司是一家服務于科技教育領域的全國性非銀行金融機構，其前身爲中國科技財務公司。公司注册資本金爲5億元人民幣。截止至1996年底，公司資産總額達92億元人民幣。

中科信證券業務近年來有了長足發展。中科信證券總部通過積極參與國債承銷、股票發行、代理買賣等業務，使中科信的證券業務邁上了一個新的臺階。1996年，中科信證券總部全年共承銷國債22億元人民幣，并已獲得國債一級自營商資格；參加了焦作萬方、九江化纖、東風藥業、大同水泥等股票發行工作，同時獲得證監會首批頒布的一級市場主承銷商資格；通過新設收購證券營業部等形式在全國範圍内成立了22家證券營業部，初步形成了中科信證券經營網絡。

中科信證券總部通過簽定目標經濟責任書，試行區域分級管理，實行内部定期審計考核制度等監督管理機制，保證業務的穩健發展。中科信證券從業人員具有年紀輕、學歷高、闖勁足的特點，具備良好的職業道德和業務素質，有能力爲社會提供熱忱、高效的服務。

CHINA

CHINA SCI-TECH INTERNATIONAL

中國科技國際信托投資有限責任公司

- 中科信證券總部
  - 綜合管理部
  - 國債、資金部
  - 機構管理部
  - 發行部
  - 證券投資部
  - 北京證券營業部
  - 上海證券營業一部
  - 上海證券營業二部
  - 深圳寶安證券營業部
  - 深圳沙頭角證券營業部
  - 大連證券營業部
  - 沈陽證券營業部
  - 南昌證券營業部
  - 武漢證券營業部
  - 南京證券營業部
  - 杭州證券營業部
  - 厦門證券營業部
  - 重慶證券營業部
  - 成都證券營業部
  - 綿陽證券營業部
  - 揚州證券營業部
  - 寧波證券營業部

公司證券工作會議制定了未來發展方向

裝飾一新的中科信重慶證券營業部

設備先進的電腦機房

地址：北京市朝陽區北辰東路8號國際會議中心四層　聯系人：張潔　于玲娜
電話：(010)64953020　傳真：64953032　郵編：100101

重慶長安汽車股份有限公司

重慶長安汽車股份有限公司是經中國兵器工業總公司和重慶市人民政府批准設立，以長安汽車有限責任公司爲唯一發起人向境外合格投資者配售25000萬股B股，于1996年10月31日正式創立的股份有限公司。截止1996年12月31日，公司總股本75619萬股，其中國有法人股50619萬股，占總股本66.94%，由長安汽車有限責任公司持有；社會公衆股B股25000萬股，其中日本鈴木株式會社、美國鈴木汽車和日商岩井株式會社作爲戰略投資者認購了B股發行總額的50%計12500萬股，占總股本16.53%，并承諾三年内不轉讓。

公司是國家汽車工業定點生産微型汽車及其發動機企業，主營長安牌微型汽車、奥拓轎車和江陵牌發動機的開發、制造和銷售。截止1996年末，公司已形成年産10萬輛微型汽車、5萬輛奥拓轎車和18萬臺發動機的生産能力。國家汽車工業産業政策頒布實施后，公司行業地位突出顯要，公司將奥拓轎車生産量增至15萬輛的計劃已被國家列入“九五”計劃。—長安牌微型汽車輕便靈活，經濟實用，符合中國國情，是中國廣大普通公務員和百姓生活最理想的代步工具。1996年度，公司纍計生産汽車70474輛，實現銷售72579輛，産銷率達103%。1996年度公司主營業務收入258123.7萬元，净利潤20282.5萬元，總資産319822.5萬元，每股收益(攤薄)0.27元，每股净資産1.85元，净資産收益率14.47%，股東權益比率43.83%。

經中國證監會批准，公司于1997年5月23日向社會公開發行人民幣普通股12000萬股(含公司

即將落成的公司總部大樓

披紅掛彩的長安牌SC6331微型汽車進軍北京

長安公司與日方合資建成的奥拓車生産基地

職工股3700萬股)，每股面值1.00元。每股發行價6.36元。發行的社會公衆股(除職工股外)已于1997年6月10日在深交所挂牌上市。公司A股發行后總股本87619萬股，其中國有法人股50619萬股，公衆股B股25000萬股，公衆股A股12000萬股(包括公司職工股3700萬股)。

公司總經理：江從壽

公司董事長：趙國華，總經理：江從壽

地址：重慶市南岸區南城大道309號

電話：(023)67591349

傳真：(023)67866055

郵編：630060

京都會

Jingdu Certified

總經理：于連國

京都會計師事務所是著名浩華國際會計公司成員所

京都會計師事務所是依法成立，具有法人資格，并取得從事證券業務資格的獨立承辦注册會計師業務的專業服務機構，同時也是浩華國際會計公司在中國的成員所。

京都會計師事務所擁有一批具備財務、稅務、金融、工程技術、電腦軟件等方面專業知識和經驗的專業人士。

現有從業人員150余人，其中注册會計師103人，具有證券業務資格的注册會計師9人。1997年接受委托的上市審計業務有：中油龍昌(集團)股份有限公司、北京雙鶴藥業股份有限公司、北京同仁堂集團股份有限公司、北京燕京啤酒股份有限公司、海南恒泰芒果産業股份有限公司、沈陽北方商用技術設備股份有限公司等。

計師事務所

Public Accountant

實力雄厚、客户衆多、服務一流的專業人才隊伍

京都會計師事務所本着“以質量求信譽、以信譽求發展”的服務宗旨，恪守中華人民共和國法律、法規和制度，堅持獨立、客觀、公正、實事求是和保密原則，提供優質、高效的服務。

地址：北京市海澱區車公莊西路32號中咨大厦四層

電話：(010)68415511—2412、2417 68475951

傳真：(010)68475945 郵編：100044

證券業務部電話：(010)68486824 68486825

上海大江(集团)股份有限公司
SHANGHAI DAJIANG (GROUP) STOCK CO.,LTD
美丽的东方有一条龙
她的名字叫大江
她是目前中国农牧业配套完整、规模庞大、技术先进、社会效益和经济效益显著的“一条龙”体系。她将饲料生产、良种繁育、畜禽饲养、食品加工、综合利用、内外销售融和为一体。她精心运筹，挥舞从容，愈显峥嵘；她腾跃大江南北，驰骋神州大地。
地址：上海市松江县谷阳南路2 6号 电话：(021)57822480 传真：(021)57820072 邮编：201600

北京會計師事務所是1981年經北京市政府批准成立的北京第一家從事社會審計和會計咨詢、會計服務業務的中介服務機構；也是首批獲得財政部、中國證監會批准，具有從事證券業務和資產評估資格的會計師事務所；還是經國家對外貿易經濟合作部、中國注册會計師協會、北京市政府批准有資格同國際會計師行組建合作會計師事務所的第一家地方會計師事務所。事務所自成立以來，始終堅持“客户至上、信譽第一”的服務宗旨，在國内外廣大客户中享有良好的信譽和聲望。
事務所設有國際業務一、二、三部、國内業務部、股份制業務部、資產評估部、税務代理部、會計事務代理部、研究開發部、顧問室等，并擁有一批財政、税務、會計、金融、貿易、經濟管理和工程技術等方面專業知識的專家。全所從業人員300余人中有注册會計師100余人，具有證券執業資格的注册會計師近20人。
事務所業務範圍主要是：接受中外合資、中外合作、外商獨資和其他外商經濟組織，以及國有大中型企業、股份有限公司、有限責任公司的委托，爲企業投資開發項目進行可行性研究分析、承辦資產評估、驗證企業資本、設計會計制度、編制會計電算程序、代理記帳、提供咨詢服務、税務代理服務；受理企業會計報表審計、證券業務審計、企業合并、分立、清算事宜中的審計、企業法定代表人離任審計；爲企業承擔常年會計顧問、協助擬定合同、章程和經濟文件、經濟活動分析和經營活動預測、培訓會計、財務高級管理人員以及鑒證經濟案件等項業務。事務所與3000余家客户建立了良好穩定的合作關系。

北京

總經理：方濱

事務所積極開展同國際會計師行的合作與交流。已與均富國際會計公司合作，成立了中京富合作會計師事務所；還先后與畢馬威、安達信、德勤、普華國際會計公司和日本新光監查法人簽訂了業務合作協議和意向書，雙方約定相互介紹客户，參與審計共同工作，相互舉辦業務講座、報告會和研究會，相互培訓會計、審計、税務、管理咨詢等專業人才；也與英、法、新加坡等國家和港澳臺地區會計公司在業務交流、資料交换、互派人員學習等方面進行了卓有成效的合作。并于1994年在香港設立了辦事處。

北京資產評估公司

北京資產評估公司是原北京會計師事務所資產評估部改組而成的，于1993年1月經北京市工商行政管理局登記注册，爲企業法人單位。公司具有國有資產和非國有資產以及證券上市業務的資產評估資格。公司設有評估一部、評估二部、信息部、綜合部、財務部。擁有房地產、機器設備、流動資產、無形資產等專業評估人員20余人，其中有業務精湛、實踐經驗豐富的高級會計師、高級建築工程師、高級機械工程師等專業技術職稱的人才，并且具有注册評估師、注册會計師、注册房地産估價師、土地估價師資格。

“客户至上，信譽第一”是公司的經營宗旨，在評估工作中嚴格恪守獨立、客觀、公正原則，竭誠爲客户優質、高效、熱忱服務。幾年來，北京資產評估公司已完成各類評估項目150余項，其中以中外合資爲評估目的的50余項，以聯營爲評估目的的5項，以股份制改造爲目的的20余項，以抵押貸款爲評估目的的17項，以清算爲評估目的的3項，以及其他許多以確定資產現值、會計入帳等爲評估目的的項目。在評估過的項目中，股票上市的有北京市百貨大樓、北京市天橋百貨、北人印刷機械、北京旅行車、河北威遠、海南環島置業等股份有限公司。股份制改造的有：北京友誼商店、北京城鄉貿易中心、北京西單商場、東方電子集團公司、亞都人工環境科技公司等。中外合資大型項目有：北京燕京啤酒廠、首鋼國際貿易工程公司、北京大華襯衫廠、鷄西礦務局滴道電廠、北京東方化工廠、北京華冠乳品公司等，另外，還有凱萊大酒店、城市賓館有限公司、北京凱奇通信總公司、首都汽車公司、華德公寓等。
北京資產評估公司的總經理方濱同志，在中國資產評估協會第二屆理事會上被選舉爲常務理事。我們相信，北京資產評估公司在中國資產評估協會正確領導和嚴格管理下，必將成爲適應社會主義市場經濟體制發展客觀要求的中介服務機構。

BEIJING ACCOUNTANT'S OFFICE

會計師事務所

執業經驗豐富的專業隊伍

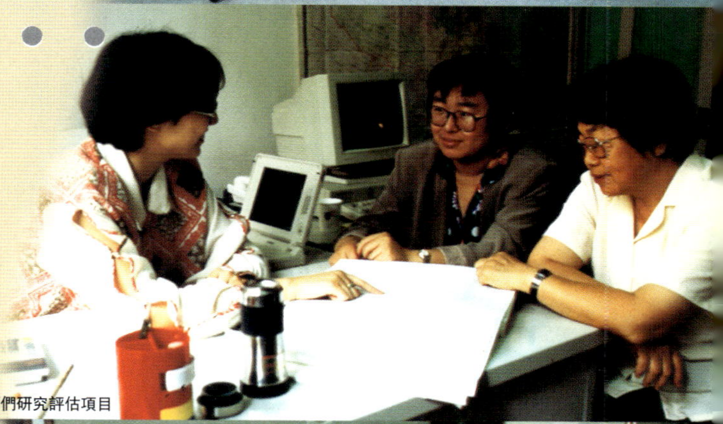

會計師們研究評估項目

專業人員交流執業經驗

電話：65227608　65227607-508
傳真：65227521　郵編：100004
聯系人：邢素敏
地址：北京建國門外大街22號賽特廣場五層

BEIJING

董事长李代华先生

广深鐵路股份有限公司，成立于1996年3月6日，是中國鐵路第一家在香港和紐約上市的運輸企業。主營廣州至深圳以及廣州至九龍（與九龍鐵路公司聯營）的鐵路客、貨運輸業務。兼營與鐵路運輸有關的倉儲、裝卸配套服務等業務。

廣深鐵路是中國鐵路現代化程度最高的鐵路，擁有中國唯一的准高速鐵路。1996年，被中國鐵道部確認爲高新技術企業。

廣深鐵路是中國鐵路效益最好的鐵路，其客貨運收入和盈利水平均處領先水平。廣深鐵路的毛利率也是全球鐵路最高的之一。

廣深鐵路是珠江三角洲最具競争力和良好前景的運輸工具。1996年，廣深鐵路實施了以“高速度、高密度、小編組”爲主要内容的高速列車發展計劃，采取一系列促銷措施，取得了良好的經營業績，高速列車已被粵港兩地人們認同，公司提供的鐵路客貨服務，已成爲粵港兩地經濟發展和人們生活的重要組成部分。

展望未來，廣深鐵路股份有限公司將繼續推進高速列車發展計劃，擬開行25對高速列車，推廣電腦聯網售票和IC卡、信用卡自動售票，务力拓展運輸市場，加快電氣化和高速鐵路配套工程步伐，改善客貨運輸服務設施，提高管理水平和整體競争能力，創造出更好的經營業績回報廣大股東和社會各界的厚愛和支持。

繁忙的货运站场

公司地址：深圳市和平路75號
電話：0755-5587920 5589683
傳真：0755-5591480
郵編：518010

深圳

SHENZHEN

开发科技股份有限公司

TECHNOLOGY COMPANY LTD.

SHENZHEN

KaiFa

TECHNOLOGY

COMPANY LTD.

深圳開發科技股份有限公司是一家
以磁記録產品制造爲主的高科技上市公司,
創立于1985年,
是計算機驅動器行業的專業廠商,
以電腦硬盤驅動器磁頭、磁帶機、
磁卡機、録相機磁頭及
其它驅動器的開發、
制造爲主業，產品99%出口,
年出口額超過1.9億美元，列世界同行業 第三位
。

公司以其一流的技術工藝水平、
一流的管理系統、一流的業績和一
流的信譽爲世界同行業所矚目。

地址：深圳市福田區彩田路(北)開發大厦
電話：(0755)3216063
傳真：(0755)3320720
郵編：518026

總經理：蘇德鉅

沙角A電廠(一期)集控室

梅縣B電廠

湛江發電廠(一期)主廠房外景

廣東電力發

廣東電力發展股份有限公司作爲一家擁有A、B股的大型電力上市公司，堅持“辦電爲主，多元發展”的經營方針，幾年來一直致力于廣東省電力的建設與發展，并在其控股公司——廣東省電力集團公司和其他各有關部門、廣大股東的大力支持下，公司取得了長足的進步和持續、快速、穩健的發展。截至97年中期，公司已擁有三間頗具規模的大型發電廠：沙角A電廠(一期)、湛江電廠(一期)和梅縣B電廠，其中梅縣B電廠1號機已于1997年3月6日正式投入商業運行，2號機組預計亦將于今年年末投産發電；公司已投産機組的總裝機容量達1329.5兆瓦，在建和計劃中的發電總裝機容量分別爲125兆和925兆。

隨着新機組的不斷投産，公司的經濟效益將逐年提高。1996年度，公司共完成發電量58.10億千瓦時，較1995年增長30.1%，總資産達56.63億元，

展股份有限公司

較95年增長23.30%，實現净利潤5.58億元，每股净利潤0.676元，分别比1995年增長了50.34%、50.56%。

目前，公司已獲准參與建設湛江(二期)，該項目計劃總裝機容量爲600兆瓦(二臺300兆瓦燃煤機組)，總投資額預計爲32億元人民幣，本公司將占51%權益。該項目預計將于1999年投産，届時，廣東電力發展股份有限公司將在現有的電力産業上邁上一個新的臺階，前途更加光明！

總經理：蘇德鉅
地址：廣州市梅花路75號21樓
電話：(020)87767888-22113、22108
傳真：(020)87767888-22114
郵編：510600

市場競争力

市場占有率

市場影響力

三項排名第一

正在興建中的杉杉服裝工業城

寧波杉杉股份有限公司

寧波杉杉股份有限公司是以寧波甬港服裝總廠(現改組更名爲寧波杉杉集團有限公司)爲主體，聯閤中國服裝研究設計中心(集團)、上海第一百貨商店股份有限公司、鄞縣工業住宅建設公司和鄞縣梅墟工業區經濟開發總公司共同發起成立的股份製企業。

公司1996年末注册資本8517.6萬元，以杉杉牌高、中檔西服、服飾爲主業，擁有德、意、日等國九十年代先進服裝生産綫，采用電腦設計版型工藝，其中杉杉牌年生産能力35萬套。杉杉牌西服以其輕、軟、挺、薄、不變形的特點及新穎的樣式、精良的製作工藝在國內市場享有盛譽，已連續四年獲得金橋獎，1994年被評爲中國十大名牌西服、中國十大名牌服裝稱號，連續三年在心目中理想品牌、實際購買品牌、購物首選品牌三項評比中，均穩居排名第一。1996年6月，杉杉西服在《光明日報》主辦的1996年中國城市品牌競争力調查評比中，穩獲市場競争力、市場占有率、市場影響力三項排名第一。

公司連年産銷兩旺，經濟效益不斷提高，1995年被紡織總會、中國服裝工業總公司列爲中國服裝工業八强第二名；1996年7月公司又獲得ISO9002質量體係認證證書，領取瞭中國西服行業第一張ISO9002通行證。1996年列全國服裝行業利税總額第二名、銷售收入第三名。1996年杉杉係列時裝生産綫技術改造項目獲得國傢經貿委國傢“八五”技術改造優秀項目獎。公司被定爲全國服裝市場知名企業聯席會常務理事單位，中國服裝協會西服專業委員會團體會員；公司及公司産品被選入《中國百傢名牌輕工企業及産品介紹大全》。

公司秉承以往的成功經驗，堅持以質取勝，依托品牌優勢，外拓市場，內抓管理，曆年保持高速持續增長勢頭。1996年公司成爲全國服裝製造業最早一傢上市公司，爲公司既往開來，進一步發揮優勢，當好行業排頭兵創造瞭更爲有利的條件。1996年公司完成瞭一、二車間更新部分設備和5萬套精製西服兩項技術改造，新增的生産能力和産品技術升級，構成瞭公司新的經濟增長點。

1996年公司産、銷、利持續上升，全年共生産中、高檔西服35.16萬套，銷售36.58萬套，産量和銷量分彆比上年增長瞭7.2%和19.7%，行業資料估算，市場占有率保持在上年的8.3%，高居于行業之首，繼續保持龍頭地位。公司主營業務收入平均每年以60%的速度增長，利潤每年以20%以上的速度增長。1996年公司主營業務收入比1995年增長98%，淨利潤比1995年增長39%；1997年計劃主營業務收入比1996年增長80%，計劃淨利潤比1996年增長27%；1996年總資産比1995年增長58%；1996年經過10送2、10送4的兩次股本擴張(相當于10送6.8)後，按全麵攤薄法計算每股盈利仍高達0.67元，每股淨資産高達3.36元。

1996年公司全員勞動生産率13萬元/人，比全國重點城市服裝行業平均數高齣6.88倍；産品銷售率104%，比行業平均數高齣13.45%；人均創利7.89萬元，爲行業平均數的59.45倍，根據中國服裝工業總公司匯總資料反映，公司上述經濟指標實績居同行業前三位。

杉杉股份在西服市場上一直獨領風騷，市場占有率已穩坐頭把交椅。1997年3月國內貿易部商業信息中心調查結果，杉杉西服在消費品市場暢銷商品排行榜上以29.5%占有率雄居第一。1997年列中國城市居民傢庭主要消費品最具有競爭力民族品牌。

服裝工業城施工現場

公司參加服裝高新技術轉讓簽約儀式

杉杉 SanSan

寧波杉杉股份有限公司

HE BEI

會計師事務所

河北

法人代表、所長：程鳳朝　高級會計師　注册會計師

程鳳朝所長在河北省申報上市企業第一期培訓班上授課

初試、筆試、面試：招録新員工層層把關

河北會計師事務所依法創建于1983年，是河北省成立時間最長、規模最大、最具影響力的會 計師事務所，具有國家批准的證券業務審計資格、國有企業審計和資産評估資格和金融審計 資格等。截止目前，總所及其18個分支機構共有執業會員220多名，其中中國注册會計師197 名，總所在職人員54人中，80%爲中青年同志，90%以上具有大學本科以上學歷。

服務宗旨和業務範圍：事務所始終堅持“以質量求信譽，以信譽求發展”的服務宗旨，恪守“獨立、客觀、公正”的執業原則，發揚“規範運作、優質服務、雷厲風行、勤勉盡責”的工作作風，竭誠爲廣大客户提供：股份公司上市審計、會計報表審計、資本驗證、企業合并、分立、清算審計、資産評估、税務代理、管理咨詢、代理記帳、會計電算化咨詢及其他會計服務業務。

到目前爲止，受托審計的上市公司主要有：河北華玉股份有限公司、唐山鋼鐵股份有限公司、保定天鵝股份有限公司、海口(羅牛山)農工貿股份有限公司、承德露露股份有限公司、邯鄲鋼鐵股份有限公司、滄州大化股份有限公司、保定塑料股份有限公司等。

地址：石家莊市康樂街副9號
電話：0311-7056583
郵編：050051

浙江
東日股份有限公司

公司董事長兼總經理：滕增壽，
全國勞動模範、全國優秀企業家、
十大中國改革風雲人物、
全國十名全心全意依靠職工辦企業的優秀領導干部

公司是經浙證委（1997）55號文和浙政發（1997）132號文批准，由浙江東方集團公司作爲獨家發起人，以集團公司下屬全資企業管道公司、東方燈具大市場爲主體，進行股份制改組，擬采用募集方式設立的股份公司。主要從事離心澆鑄玻璃鋼管道系列產品的制造、銷售和燈具市場的租賃經營。

浙江東方集團公司是以温州玻璃鋼建材廠爲主體發展起來的跨行業、緊密型的國有獨資大型企業，核心企業玻璃鋼建材廠建立于1974年，是全國最早生產玻璃鋼的四家企業之一。1989年2月經温州市人民政府批准集團成立。1993年8月，經浙江省計經委批准被升格爲省批企業集團。1995年3月，經浙江省人民政府批准被列爲浙江省首批現代企業制度試點企業，授權經營國有資產的國有獨資公司。九五期間，列爲省“五個一批”的重點骨干集團。被國務院批准列爲512户重點國有企業。黨委書記兼總經理滕增壽同志系全國優秀企業家、十大中國改革風雲人物和全國勞動模範。

全國第一家—HOBAS(國際名牌商標)大口徑管道

集團擁有東方管道公司、新型材料公司、東方船廠、氣體公司、建築機械廠等十家全資工廠和東方燈具大市場。集團經營範圍涉及建材、造船、燈具、化工、機械、房地產、建築裝璜業、商業、服務業等九個行業。集團工業主導産品有：玻璃鋼管、衛生潔具、玻璃鋼船艇、燈飾燈具、新型材料、化工氣體、建築機械、鋼質船舶等八大系列産品。集團生産的大口徑玻璃鋼管道系列産品，是我國第一套引進的高新技術生産綫生産的産品，填補了國内空白；玻璃鋼亞克力衛生潔具系列産品，在國内具有領先地位；鋼質船舶制造廠，爲我省規模最大、能力最强的造船廠；東方燈具大市場不僅是温州燈具業的龍頭，也是全國最大的燈具産銷基地。

集團公司在“八五”期間，先后兼并救活八個瀕臨倒閉國營集體企業。至1994年底，已全部承擔并消化了被兼并企業的虧損4500萬元。與此同時，集團公司自身也得到了快速發展，龍其是近三年中，生産規模與經濟效益逐年成倍增長。集團公司在册職工2500多人。擁有總資産4.5億元，其中國有資本金1.6億元。

股票簡稱：浙江東日
證券代碼：600113
可流通股本：4000萬股
上市地點：上海證券交易所

地址：浙江省温州市矮凳橋92號
郵編：325003
電話：(0577)8332195 8332288
傳真：(0577)8332287

全國文明市場——東方燈具大市場

80萬噸/年重油催化裂化全景

湖北興化股份有限公司成立于1989年2月23日，是經湖北省體改委批準，由中國石化總公司直屬特大型企業荆門石化總廠發起并控股的湖北省第一傢股份製工業企業。

公司從事的是國傢重點發展的支柱産業一石油化工行業，主營石油化工産品的生産及深度加工和銷售，兼營石油化工生産的科技開發，石油化工生産設備的研究、製造等。主要産品有汽油、柴油、潤滑油、丙烷、丙烯、液態烴、聚丙烯、石蠟及其製品、聚烯烴填充母料等。

公司現擁有年處理能力爲80萬噸的重油催化裂化裝置，年處理能力爲10萬噸的氣體分餾裝置，年産2萬噸的聚丙烯裝置，年設計能力爲5000噸的石蠟製品裝置和年産2500噸的聚烯烴填充母料裝置，預計1997年産品銷售收入將達到13億元。

公司現有總股本12250萬股，其中國有法人股6984萬股，由荆門石化總廠持有，法人股600萬股，社會公衆股4666萬股。公司現有資産總額48325萬元。1996年1月18日，公司股票在上海證券交易所挂牌上市。同年7月1日，因業績優良、成長性好，入選上證30指數樣本股。

公司機關設有公司辦、生産部、供銷部、産品開發部、財務部、人教部、證券部等機構。公司現有員工341名。管理人員69名，其中具備高級職稱的13名，中級職稱的8名，初級職稱的48名。

經過7年跳躍式的發展，1996年末，公司共擁有資産48325萬元，比公司創立之初增長瞭35.9倍，其中股東權益26941萬元，利潤總額18337.32萬元，税後利潤12286.01萬元，比創立時增長瞭91.6倍。公司的産品品種也由當初的2種發展到現在的9種。1996年公司爲社會提供商品總量爲368886噸，産品銷售覆蓋全國11個省市，産銷率達100%。1996年淨資産收益率45.6%，連續兩年列中國上市公司之首。1997年1—6月份，公司實現主營業務收入63602.26萬元，實現主營業務利潤9120.43萬元，淨利潤6289.37萬元，分彆比上年同期增長332.8%、54.53%和59.04%。1997年中期，公司股票每股收益爲0.513元，每股淨資産2.71元，淨資産收益率爲18.95%。

湖北興化股份有限公司

80萬噸/年重油催化裂化全景

1994年，公司跨入中國最佳經濟效益工業企業500强，并在全國同行業中名列第六位，在湖北省最佳經濟效益工業企業中躍居第七位，1995年公司被中國企業形像認定委員會認定爲中國企業最佳形像AAA級企業，同時被列入“中國行業100强”，并在化學原料及化學製品製造業中利税總額列第34位，資金利税率列第5位。經中國誠信證券評估有限公司和《中國證券報》聯閤評估，湖北興化股份有限公司綜閤經營業績在中國上市公司中1996年名列第一位，1997年中期名列第四位。

在“九五”及以後的發展階段，湖北興化將沿着煉油一有機化工一精細化工一集團化經營的道路嚮前發展，將在生産規模化、經營多様化、組織集團化、管理科學化等方麵取得較大突破，將在“九五”末期使公司資産達到20億元，年銷售收入超過30億元，年利潤總額超過5億元，擁有1至2個占全國50%以上市場的拳頭産品，力争到2000年將湖北興化建成在國内有較大影響的大型化工集團企業。

董事長兼總經理：馬金魁
地址：湖北省荆門市白廟路63號　郵編：448039
電話：(0724)2271727　2274525　傳真：(0724)2210632

太陽齣世(重催日齣)

慶鈴汽車

董事長、總經理：吴雲

慶鈴汽車股份有限公司是我國生產五十鈴N系列、T系列商用車、乘用車的大型骨干企業。1994年8月17日經國務院證券委、國家經貿部、國家體改委批准，赴海外上市發行H股股票，是我國汽車工業首家海外直接上市企業。公司于1996年經國務院同意，國家計委、國務院證券委、國家外管局和國家體改委批准爲到境外發行可轉換債券的三家試點企業之一，于1997年1月22日在盧森堡交易所、香港聯交所成功上市發行債券1.1億美元。現擁有總股本20億元，國有資産占51%，H股占49%。總資産65億元，净資産38億元，員工2000余人。

公司自1985年成立以來，在中央及重慶市的領導、支持下，與日本五十鈴公司密切合作，産品技術緊跟世界先進水平，滚動發展。引進五十鈴最先進的N系列、T系列輕型商用車産品技術，實現了産品與五十鈴公司同步换型，同步投放市場。

引進日本、美國、德國、英國等世界第一流的工藝技術水平和裝備，實現了汽車主要總成國産化，建成鑄造、機加、衝壓、焊接、塗裝、總裝等主要工藝制造體系。擁有高水平的車身模具CAD/CAM計算機輔助設計、制造技術系統，初步形成先進産品的開發能力。

股份有限公司

1996年產銷34500輛，較1995年增長15%，銷售收入39.25億元，較1995年增長15%。以營業額計，已連續三年位居中國輕型商用車第一位，市場占有率達24%。

慶鈴公司在全國500家最大規模企業中，1994年排名第77位，在汽車行業中位居第七位；并連續三年居全國機械工業百强企業第十位，連續兩年排名全國500家最大規模外商投資企業第五位

慶鈴公司于1995年提前啓動了“九五”發展項目，力争率先形成多品種、系列化、經濟規模的生産能力，建成具有第一流産品、第一流裝備、第一流管理、第一流經濟效益的輕型車生産企業。

來廠視察的黨和國家領導人李鵬、喬石、朱熔基、李瑞環、李嵐清、吴邦國、李鐵映等給予慶鈴高度評價，李鵬總理題詞勉勵“慶鈴汽車騰飛向前”。

1994年8月17日上市發行H股

地址：中國重慶市九龍坡區協興村1號
電話：(023) 65212233 65212277
傳真：(023) 68830397
郵編：400052

N系列100P新型車

新T系列車

山東省

藥用玻璃股份有限公司

YAOYONG BOLI
YAOYONG BOLI GUFEN YOUXIAN GONGSI
YAOYONG BOLI GUFEN YOUXIAN GONGSI
YAOYONG BOLI
YAOYONG BOLI GUFEN YOUXIAN GONGSI

公司董事長、總經理：柴文

美國AMHART六組三滴料行列制瓶機

山東省藥用玻璃公司地處魯中腹地沂源縣城，前身系山東省藥用玻璃總廠。籌建于1969年，1970年建成投産。生産黄圓瓶、异型酒瓶、魚缸等。1976年轉産模制抗生素瓶(俗稱西林瓶、青霉素瓶)。黨的改革開放政策，使企業走上了一條健康、快速發展之路，企業由一個名不見經傳的手工作坊式的小廠，發展至今天國家控股的國内最大的藥用玻璃制品基地，5大系列50余個品種的産品遠銷全國27個省市區的290余家大中型制藥廠，并出口美國、韓國、馬來、巴基斯坦等國。

公司生産、經營模制抗生素瓶、口服液瓶、曲頸易折安瓿、藥用玻璃管、管制抗生素瓶五大系列五十多個品種的産品，其中模制抗生素瓶年産45億只，占全國年總産量的65%以上，曲頸易折安瓿年産6億只，山東省産量排名第一。上述産品均獲國家醫藥局、輕工部優質産品稱號，企業連續七年名列全國同行業經濟效益第一名，被日用玻璃協會評爲排頭兵企業和特優企業，被輕工總會評爲優秀企業，被中國包裝協會評爲優秀企業。

SHANDONGSHENG YAOYONG BOLI GUFEN YOUXIAN GONGSI

YAOYONG BOLI GUFEN YOUXIAN GONGSI

YAOYONG BOLI

YAOYONG BOLI GUFEN YOUXIAN GONGSI

公司大門

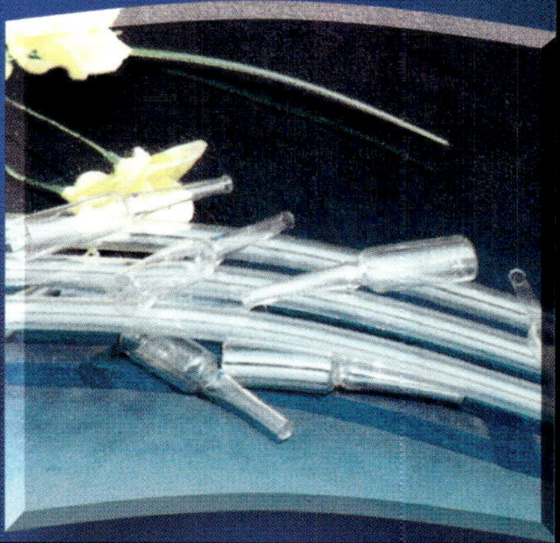

玻璃管、曲頸易折安瓿

企業總股本2965.144萬股，其中國有股1771.744萬股、法人股401.414萬股、個人股791.986股，分別占59.8%、13.5%和26.7%。1996年企業實現工業總産值1.6億元，實現銷售收入1.4億元，創利稅總額3128.8萬元，其中利潤2019萬元，分别比1995年增長了17%、8%、20%和29%，97年1—6月份完成工業總産值8569萬元，實現銷售收入8670萬元，創利稅2323萬元，其中利潤1355萬元，分別比96年增長了11%、27%、60%和55%。

公司董事長兼總經理柴文，大專文化，1970年參加工作，1980年3月任沂源玻璃廠制瓶班長，1980年4月任生産科科長，1985年10月任山東省藥用玻璃總廠副廠長，1993年3月任廠長，1993年10至今任股份有限公司董事長、總經理。

地址：山東省沂源縣城埠下路　電話：(0533)3242312　郵編：256130

山東星海集團股份有限公司

SHAN X

公司是山東淄博市臨淄區辛店鎮王朱村組建的農工商貿一體化的經濟實體，占地面積3.5平方公裏。它位于齊國故都腹地，北鄰臨淄城區，西接全國特大型企業齊魯石化公司，膠濟、辛泰鐵路在這裏相交，濟青高速公路、309國道在附近連接成網。

得天獨厚的地理位置和發達的交通，爲該公司的發展提供了優越的條件，規模不斷擴大，經濟實力不斷增强，現有素炭廠、化工廠、塑鋼門窗廠、防腐公司、建築公司、安裝公司、汽修廠、汽運公司、儲運站等20家企業，職工達1500余人，科技人員170名；固定資産達4400萬元，企業年總收入超過1億元，創利税1100多萬元，是淄博市和臨淄區經濟“三强”單位。

炭素産品、化工産品已形成系列，其中煅燒石油焦銷往全國各地，獲山東省星火計劃銅牌獎。建安、防腐等施工隊伍已形成完整的體系。石化産品和農副産品市場已具備一定規模，一年銷售和對外裝運各類成品油達幾十萬噸。農業已實現機械化，林果畜牧業興旺發達，處處呈現出欣欣向榮景象。

經濟的振興，企業的發展促進了文化教育事業的繁榮。教育達到九年義務教育標准，學校實現樓房化，幼兒園達到市一級標准。衛生院達到市甲類水平。在城裏上中學的學生有專車接送，村中青年基本普及初中教育。群衆文化生活豐富多彩，閉路電視，卡拉OK廳，電影放映隊，燈光球場等各種文體設施齊全，是淄博市文化體育先進單位。統一規格的磚瓦房排列有序，第一批住宅樓已投放使用，寬暢的街道實現柏油化。夜晚街燈，霓紅燈流光溢彩，被山東省政府命名爲“村鎮建設明星單位”。

這裏不但有光輝的歷史，而且物産豐富，交通方便，地理位置優越，氣候溫潤，人民勤勞熱情，民風淳樸，有發展經濟最優厚的條件，是國内外朋友投資辦企業的最佳選擇。

地址：山東淄博市臨淄區王硃村　電話：(0533)7181091　郵編：255400

DONG
NGHAI

②

③

④

⑤

① 董事長、總經理：曹茂梅　② 公司辦公大樓　③ 公司一角　④ 公司下屬防腐保溫公司施工現場　⑤ 公司油灌區全景

四川大渡河

電力股份有限公司

四川大渡河電力股份有限公司經四川省體改委批准由省内10家明星企業共同組建，成爲全國民族地區首批定向募集股份制公司。

公司(前身峨邊縣電廠)1980年前，是一家僅有8名員工，年利税不足1萬元的微型供電所。1980年建廠后，公司堅定不移地一手抓發展，一手抓改革，以大電人特有的堅毅和執着追求，以大電人特有的勤勞和艱苦創業，建成了6座發電站、2座變電站、3個分公司、1個電力調度所、5部2室生産和管理部門，成爲一家發電、供電、安裝，三産業齊飛的綜合地方電力企業。

公司現有資産3.2億元，注册資本6500萬元，占地700余畝，裝備具有國内先進水平的全電網電力自動化調度指揮系統，生産經營實現辦公現代化系統管理。設備先進，管理規範，效益一流。

公司以大氣魄、大膽識，以“大電速度”(快步、持續、跨步、跳躍)在短期内將一家微型企業發展壯大爲一家中型企業；以“大電精神”(求實、奮進、開拓、創新)將一家弊端叢生的企業改造成爲一

公司董事長兼總經理：張正眸

公司生産基地：中國四川省峨邊縣沙坪鎮景陽路57號
電話：(0833)5222210　5222201(總機)
　　　5221568(董事長室)　5221566(副總經理室)
傳真：(0833)5222773　郵編：614300
成都辦事處：(028)7713423　7712086
樂山辦事處：(0833)2115811

大电

家弊端叢生的企業改造成爲一家管理規範科學的明星企業；以“大電作風”(競業、文明、優質、高效)將企業管理升華到現代企業水平。

公司先后榮獲“中國最佳效益工業企業”“國家二級計量企業”、“國家二級檔案企業”、“四川省省級先進企業”、“四川省計算機應用示範企業”、“AA級信用企業”、“巴蜀百家知名企業”、“中國企業形象最佳單位”等數10項殊榮。躍居全國地方電力先進企業行列。

公司創造了17年間綜合經濟實力增加近100倍的奇迹。本世紀末，公司將建成爲一家發電裝機超過10萬千瓦、年收益超2億元，年利税超1億元，全員勞動生產率20萬元/人，人均年工資超1萬元，設備現代化，管理科學，效益最佳的全國地方電力一流企業。

公司董事長兼總經理張正睟先生，高級經濟師，先后獲“中國改革功勛”、“大中型企業廠長統考全國優秀學員”、“四川省電氣化先進工作者”等數項部省殊榮，獨立設計、施工完成20余項基建工程，在部省級刊物上發表20余篇長篇學術論文，長于開發，精于管理。公司在他的領導下，一定會實現本世紀的宏偉發展目標。

方傢山電站生産車間，裝機2×8000KW

年利用高達8200小時的白沙河電站生産車間

公司辦公大樓

花園式白沙河電站生活區

國内先進的電力調度係統

董事、總經理：趙景璋

運盛(福建)實業股份有限公司

運盛（福建）實業股份有限公司1993年8月20日由香港運盛有限公司等6家國內外大型企業發起并向內部職工募集部分股份而設立，1996年11月15日經中國證監會批復，公司2500萬股社會公衆股在上海證券交易所挂牌上市。截止1996年年末，公司總股本10000萬股，總資産6.8億元，淨資産3.69億元，資本公積金2.06億元。公司成立以來，致力于城市基礎設施和海峽經貿設施項目的建設和經營。公司1996年發行新股所募資金主要用于以下兩項目：一是福州城門水廠一期工程，項目總投資9000萬元，爲公司與福州市自來水公司合作建設，是福州市1996年度十大重點工程之一；另一項目是海峽建材裝飾城，總投資2億元，已于5月20日開業，是福建省乃至東南沿海對臺港澳經貿交流中專業、大型、理想的建材裝飾材料集散地，可以爲廣大客商提供展銷、倉儲、專業咨詢、商務代理等全方位服務。公司還積極參與福州市舊城改造，近幾年開發建設的房地産項目有：天驊大厦、君悦別墅等。公司1995年被福州市工商銀行評爲AA级信用良好企業，天驊大厦獲'96福州市十大建築景觀稱號。

公司的經營戰略爲：以城市基礎設施和對臺經貿設施建設經營爲實業基礎，以能源、高科技工業及康居工程爲發展重點，以對臺、港、澳經貿爲拓展方向，把公司建成綜合性、多元化、外向型的現代企業。

公司興建的天驊大厦

海峽建材裝飾交易城

董事、總經理：趙景璋

地址：福建省福州市湖東路169號天驁大厦11層

電話：(0591)7542845

傳真：(0591)7542843

郵編：350003

福州天宇電氣股份有限公司系由福州天宇電氣集團有限公司原下屬的福州第一開關廠，福州變壓器廠、福州通用電氣股份有限公司經過資產重組設立的，并于1997年4月，經中國證監會批準發行社會公衆股3000萬股。公司現有員工2933人，其中具有高級職稱的人員30人；具有中級職稱的人員110人。

公司經營範圍：電氣機械及器材、普通機械，各種電氣和成套裝置的制造、銷售、代購、代銷、相關的技術咨詢和進出口貿易，以及輸變電產品的技術服務。

公司的客戶主要包括國內電力公司和各省市及地方的電力部門，以及全國各地的發電廠、變電站和一些國家重點基礎建設項目。公司先后承接了亞運會總樞紐工程，北京西客站，上海閘北電站，國家高能物理研究所，深圳國際機場，長樂國際機場等。同時公司產品還出口到東南亞、非洲等國。公司確立了以產品結構調整為目標，不斷開發新產品，向高壓超高壓發展，由輸變電設備制造向發電成套設備制造發展，努力發展成為集輸變電制造業，房地產運輸服務業，進出口等業務的綜合性公司，并爭取在2000年實現工業總產值10.6億元，在“九五”期間保持年平均遞增20%。

公司領導
（左起）
董事長陳鼎
副董事長劉明金
總經理張玉普

ZN21-10/1250
-31.5型户内
高壓真空斷路器

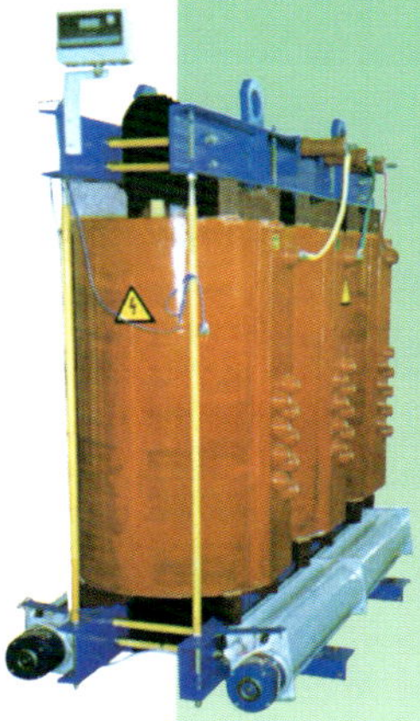

SCB8系列環氧樹
脂澆注低損耗干
式電力變壓器

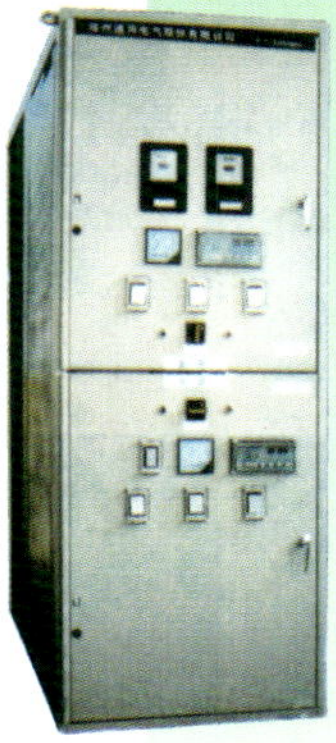

P/V型户内交流金
屬鎧裝移開式開
關設備

KYN4-10(F)/1250
式金屬鎧裝型
開關設備

福州
天宇電氣
股份有限公司

總經理：張玉普

地址：福建省福州市華林路304號福建金屬大廈6層

電話：(0591)7577507

傳真：(0591)7582914

郵編：350013

公司法人代錶、董事長：劉定桐

深圳市鹽田港股份有限公司

Shenzhen Yan Tian Port Holdings Limited

南方明珠鹽田港 連接世界金橋梁

- 世界級現代化集裝箱大港
- 中國四大國際深水中轉港之一
- 華南地區主樞紐港
- 深圳經濟騰飛的翅膀

公司副董事長、總經理：杜興宽

地址：深圳市沙頭角鹽田港口岸大樓五層

電話：(0755)5290923 郵編：518081 傳真：(0755)5290921

勃　勃　生　機　……

深圳市萊英達集團股份有限公司

深圳市萊英達集團股份有限公司是經深圳市人民政府批準，于1993年6月由萊英達集團公司改組成立的以先進工業爲主，房地産、商貿、金融、證券和旅游業等工技貿相結閤的多元化、國際化、集團化公衆上市公司，擁有全資、中外閤資和內聯企業130餘傢，總資産73.97億元，淨資産28.02億元。

集團經過十一年的發展，全集團纍計完成工業總産值140.2億元，銷售收入173億元，齣口創匯14.5億美元，實現利潤13.4億元，連續六年進入深圳市屬工業型集團“三超”企業的前列，連續三年榮獲“三超”企業第一名，1994年獲深圳市優秀企業“金鵬獎”。在1994年度中國500傢最大工業企業及行業50傢企業評價中，集團名列廣東省最大工業企業第5位，中國500傢最大工業企業第62位，中國工業企業500傢利稅大户第91位，并進入中國500傢最佳經濟效益工業企業十强。集團將一如既往地奉行“信譽至上，互惠互利，精誠閤作，共創繁榮”的宗旨，進一步發揚“團結、開拓、求實、奉獻”的萊英達精神，大力推進萊英達事業的發展，努力實現本世紀末工業産值過百億元、創利過10億元、齣口創匯過5億美元的戰略目標。

地址：深圳市華强北路嘉華大厦
電話：(0755)3361666　郵編：518031
傳真：(0755)3361777

萊英達集團辦公大樓

Nonfemet

深圳中金實業股份有限公司

地址：深圳建設路南洋大厦C座11樓
電話：(0755)2225533　郵編：518001
傳真：(0755)2224893

公司董事長：陳勝年

公司總經理：倪旭

深圳中金實業股份有限公司成立于1984年，前身是中國有色金屬工業深圳公司。公司于1997年1月在深交所上市，總股本8000萬股，其中流通股2000萬股，法人股4200萬股，證券代碼：0060。

公司主要從事有色金屬及其中間産品的出口和加工復出口，鋁合金幕墻，微型硬質合金麻花鑽，珠寶首飾等高深、精度加工、高附加值産品生産和銷售。經過十多年的不斷開拓、創新，公司形成以有色金屬工業、貿易爲主營、金融、地産爲輔的資産結構，1992年被深圳市評爲“三超”企業的五連冠單位，1993年獲深圳市企業集團綜合實力最强的前25名，連續多年獲得深圳市出口創匯大户和深圳市納稅大户稱號，連年被中國工商銀行指定“AAA”信用等級的企業集團及中國銀行信譽良好客户。

LNCR 遼寧省資信評估公司

遼寧省資信評估公司是1992年經中國人民銀行批准成立的遼寧省金融業進行資信評估的唯一公司，1993年經遼寧省財政廳及遼寧省人民銀行批准，成立了遼寧金匯會計師事務所，業務範圍：接受國內和境外客户的委托，爲政府機關、金融業、國内企事業、股份制企業、中外合資企業、中外合作企業、中國向境外投資企業、外國和外資企業、外國駐華工商機構和其他機構辦理以金融、外匯爲主的查帳、驗證和咨詢等業務。

公司現有職工34人：其中在職人員15人，具有大專以上學歷26人，中專以上學歷8人，高級職稱的18人，中級職稱10人，初級職稱6人。在專業技術人員中，有高級經濟師、高級會計師、高級土建工程師、高級建築工程師、中國注册會計師等。

地址：沈陽市沈河區中山路371-6號
電話：(024)2917186
郵編：110014

中企華 有限責任公司

孫月煥總經理與安永會計師事務所談合作問題

控股公司——中華企業股份制公司總裁管維立(左三)與中企華公司總經理孫月煥(右三)及副總經理權忠光博士(左一)一起會見美國評值公司的總裁(左四)

中企華資産評估有限責任公司是國家體改委所屬的中華企業股份制咨詢公司控股的獨立法人機構，擁有國家國有資産管理局和中國證監會共同頒發的從事證券業務資産評估許可證。中企華公司的主要業務是爲企業股份制改組、上市、聯營、兼并、中外合資、合作及組建企業集團等經濟行爲提供評估服務；還爲企業擁有的商標、商譽、專利、專有技術、專營權等無形資産進行評估；此外，爲企業投資項目進行可行性研究及投資價值的分析；爲企業的資産抵押、房地産交易、經濟糾紛等提供評估或咨詢；還能承辦大型的國内國際會議，提供各種信息服務，業務交流與培訓。中企華公司與國外的評估機構有密切的合作關系，已成爲國内最有權威的資産評估機構之一。

法定代表人：孫月煥

地址：北京安定門東大街1號
電話：64064470 64064469
傳真：64064468
郵編：100007

上海長江會計師事務所

所長李德淵(左)與主任會計師梁兆錚研討工作

主任會計師：梁兆錚

事務所經國家批准，依法執行注册會計師業務，包括執行股份制企業社會募集公司業務，本所爲華東理工大學工商經濟學院本科和上海理工大學商學院畢業生定點實習單位。事務所設管理委員會，共有委員10人，作爲最高領導機構。本所現有工作人員60人，其中注册會計師26人，此外，本所還有各種特約專業人員42人，本所設有9個部門，包括4個業務部、資産評估部、外事部、工程審價部和辦公室。

本所一貫恪守獨立、客觀、公正、實事求是的原則，主要承辦下列業務：會計咨詢；審計驗證；資産評估；工程審價；投資咨詢，介紹合作對象；税務咨詢；創辦企業；會計電算化業務；編制可行性研究；翻譯、培訓。

事務所在對發行A、B股的上市公司的年度審計中分別與世界七大會計師事務所之二的安永會計師事務所和關黄陳方、柏德豪會計師行進行全面合作已有多年；在資産評估，共同編制可行性研究報告方面，與安達信咨詢公司和日本信野國際經濟咨詢有限公司也有良好的合作關系。

SHANG HAI CHANGJIANG

地址：上海市瑞金二路42號 電話：64312178 64378166 64314991 64379358 64379455 傳真：0086-21-64378166 電挂：1051

鞍山資産評估事務所

ANSHAN

鞍山資産評估事務所成立于1992年5月(前身爲鞍山資産評估公司)。1993年4月經國家國有資産管理局、中國證監會授予從事證券業資産評估資格許可證。事務所由一批評估實踐豐富的中國注册資産評估師、中國注册會計師、中國注册房地産估價師及高級土建、機電、工程等方面的專家組成，能够准確、及時、優質完成各項資産評估業務。

多年來，本着獨立、公、科學、合理的原則，纍計已完成評估項目580多項，評估總值160多億元，其中包括中遼國際技術合作(集團)股份有限公司、錦州六陸股份公司、錦州金城造紙股份公司等上市公司的資産評估工作。事務所面向社會，接受國内外客户的委托，辦理股票上市以及中外合資、企業股份制改造、産權兼并、資産抵押、無形資産等評估業務。

法人代表、總經理陳晶先生，系中國注册資産評估師、中國注册會計師、中國資産評估協會理事、遼寧省資産評估協會常務理事。幾年來，帶領全所員工，不斷探索，鋭意進取，在評估領域作出杰出貢獻，摸索出一套適應市場經濟的評估工作方法和評估經驗，使評估所的知名度不斷提高，實力不斷壯大。

法人代表、總經理：陳晶

地址：遼寧鞍山市鐵東區山南街30號 電話：(0412)2233872 傳真：(0412)2233872 郵編：114001

1997

欄目協辦：重庆长安汽车股份有限公司

ONE

第一編 專論

90/118

特邀編委： 王有亭 尹敬梅 劉其昌 朱濟全 張俊杰 經紹謙 侯效忠

中國實行改革開放后，不斷深化國有企業改革，
有的實行企業股份制改造，有的引進外資合作，
在建立現代企業制度、探索公有制的實現形式等方面取得進一步的發展。
圖爲重慶長安汽車股份有限公司與日方合資建成的汽車生産綫。

专　论

高举邓小平建设有中国特色社会主义理论的伟大旗帜

江泽民在中共中央党校省部级干部进修班毕业典礼上发表重要讲话

中共中央总书记江泽民强调指出，在社会主义改革开放和现代化建设的新时期，在跨越世纪的新征途上，一定要高举邓小平建设有中国特色社会主义理论的伟大旗帜，用这个理论来指导我们的整个事业和各项工作。这是党从历史和现实中得出的不可动摇的结论。

江泽民是5月29日在中共中央党校省部级干部进修班毕业典礼上讲这些话的。出席典礼的有中共中央政治局常委李鹏、刘华清、胡锦涛。典礼由中央政治局常委、中央党校校长胡锦涛主持。

江泽民在进话中阐述了四个问题：关于邓小平建设有中国特色社会主义理论；关于社会主义初级阶段；关于经济发展和经济体制改革；关于党的建设。

江泽民指出：旗帜问题至关紧要。旗帜就是方向，旗帜就是形象。我们说坚持十一届三中全会以来的路线不动摇，就是高举邓小平建设有中国特色社会主义理论旗帜不动摇。在邓小平同志逝世后，我们全党，特别是高级领导干部，在这个问题上尤其要有高度的自觉性和坚定性。无论遇到什么困难，什么风险，都不动摇。把我们的事业全面推向二十一世纪，就是要在世纪之交的历史时刻，抓住机遇而不可丧失机遇，开拓进取而不可因循守旧，经济体制改革要有新的突破，政治体制改革要继续推进，精神文明建设要切实加强，这三个方面围绕现代化经济建设这个中心，相互配合，相互促进。

江泽民指出：邓小平建设有中国特色社会主义理论作为马克思主义同当代中国实践和时代特征相结合的产物，是毛泽东思想在新的历史条件下的继承和发展，是当代中国的马克思主义，是马克思主义在中国发展的新阶段。为什么这样说呢？第一，这个理论坚持解放思想、实事求是，在新的实践基础上继承前人又突破陈规，开拓了马克思主义的新境界。第二，这个理论坚持科学社会主义理论和实践的基本成果，抓住搞清楚"什么是社会主义、怎样建设社会主义"这个基本理论问题，深刻地揭示社会主义的本质，把对社会主义的认识提高到新的科学水平。第三，这个理论坚持用马克思主义的宽广眼界观察世界，对当前时代特征和国际形势变化进行正确分析，作出了新的科学判断。第四，总起来说，这个理论总结近二十年我国改革开放和社会主义现代化建设的新鲜经验，总结建国以来我国社会主义发展成功和失误的历史经验，总结国际经验，第一次比较系统地初步回答了中国这样经济文化比较落后的国家如何建设社会主义、如何巩固和发展社会主义的一系列基本问题，形成了新的建设有中国特色社会主义理论的科学体系。在当代中国，只有这个理论而没有别的理论能够解决社会主义的前途和命运问题。

马克思主义之所以是科学，就因为它始终严格地以事实作为自己的根据。而实际生活总是在不停的变动中，这种变动的剧烈和深刻程度，在近一百多年来达到了前人难以想像的程度。因此，马克思主义必定随着实际生活发展而不断发展，不可能一成不变。这里有个学风问题：究竟是单纯从马克思主义书本里的片言只语找答案还是真正坚持马克思主义的立场观点方法来研究当代中国和世界实际的问题。马克思列宁主义、毛泽东思想一定不能丢、丢了就丧失根本，就会走到邪路上去。同时一定要以当代中国社会主义改革开放和现代化建设实际问题为中心，以我们正在做的事情为中心，着眼于马克思主义理论的运用，着眼于提高对实际问题的理论思考，着眼于新的实践和新的发展。离开本国实际和时代发展来谈马克思主义，没有意义。孤立静止地研究马克思主义，把马克思主义同它的现实生活中的生动发展割裂开来、对立起来，没有出路。马克思列宁主义、毛泽东思想、邓小平建设有中国特色社会主义理论，是统一的科学体系。在当代中国，坚持邓小平建设有中国特色社会主义理论，就是真正坚持马克思列宁主义、毛泽东思想；高举邓小平建设有中国特色社会主义理论的旗帜，就是真正高举马克思列宁主义、毛泽东思想的旗帜。

在谈到社会主义初级阶段问题时，江泽民说：十一届三中全会以来，党正确地分析国情，作出了我国还处于社会主义初级阶段的科学论断。这是邓小平建设有中国特色社会主义理论的重要基础，是我们制定路线、方针、政策的根本出发点。今天所以有必要重新强调这个问题，是因为：面对前所未有的机遇和挑战，面对改革攻坚和开创新局面的艰巨任务，我们解决种种矛盾，澄清种种疑惑，认识为什么必须实行现在这样的路线和政策而不能实行别样的路线和政策，关键还是在于对所处社会主义初级阶段的基本国情要有统一认识和准确把握。

我们讲一切从实际出发，最大的实际就是中国现在处于并将长时期处于社会主义初级阶段。十一届三中全会前我们在社会主义建设方面出现失误的根本原因之一，就在于提出的一些任务和政策超越了社会主义初级阶段。近二十年改革开放和现代化建设取得成功的根本原因之一，就是一切从社会主义初级阶段的实际出发，克服了那些超越阶段的错误观念和政策，又拒绝了抛弃社会主义基本制度的错误主张。实践证明，我们这样做，没有离开社会主义，而是在脚踏实地建设社会主义，使社会主义在中国真正活跃和兴旺起来了，广大人民从切身感受中更加拥护社会主义了。

在社会主义初级阶段，社会的主要矛盾是人民日益增长的物质文化需要同落后的社会生产力之间的矛盾。这个主要矛盾，贯穿我国社会主义初级阶段的整个过程和社会生活的各个方面，决定了我们的根本任务是集中力量发展社会生产力。只有牢牢抓住这个主要矛盾，才能清醒地观察和把握社会矛盾的全局，有效地促进各种社会矛盾的解决。社会生活的全面进步，归根到底取决于主要矛盾的解决，取决于社会生产力的发展。

全党要保持清醒头脑，排除各种干扰，毫不动摇地坚持党在社会主义初级阶段的基本路线，把以经济建设为中心，同坚持四项基本原则、坚持改革开放，统一于建设有中国特色社会主义的全过程。

在谈到经济发展和经济体制改革时，江泽民指出：社会主义的根本任务是解放和发展生产力，中国解决所有问题的关键在于依靠自己的发展，改革开放是发展的强大动力。从现在起到下世纪前十年，是我国向第三步战略目标迈进的关键时期。在这个时期，能不能成功地建立起比较完善的社会主义市场经济体制，能不能保持国民经济持续快速健康发展，是我们必须解决好的两个关键性课题。为此，必须在转换经济体制、优化经济结构、发展科学技术以及提高对外开放水平等方面，取得突破性进展。

完善以公有制为主体、多种所有制经济共同发展的所有制结构，具有重大意义。要坚持生产关系一定要适合生产力发展水平的马克思主义基本观点，以是否有利于发展社会主义社会的生产力、有利于增强社会主义国家的综合国力、有利于提高人民的生活水平为标准，努力寻找能够极大促进生产力发展的公有制实现形式，一切反映社会化生产规律的经营方式和组织形式都可以大胆利用。

国有经济是我国国民经济的支柱。加快国有企业改革，是摆在全党面前的重要而又十分艰巨的任务。中央历来十分重视国有企业的改革和发展问题，提出了一系列正确的指导思想和方针政策。现在的关键，是要进一步统一认识，狠抓落实。要继续抓好建立现代企业制度的试点，集中力量搞好一批关系国民经济命脉、具有经济规模、处于行业排头兵地位的国有大型企业的改革和发展。要下决心打破条条、块块的分割，切实解决“大而全、小而全”和不合理重复建设问题。要以资本为纽带，通过市场组建跨地区、跨行业、跨所有制和跨国经营的，竞争力较强的大企业集团。要继续采取改组、联合、兼并、租赁、承包经营和股份合作制、出售等形式，加快放开搞活国有小型企业的步伐。要把深化企业改革同产业结构调整、政府机构改革以及整个城市改革结合起来进行。

在谈到党的建设时，江泽民强调：我们党肩负着带领全国各族人民把有中国特色社会主义事业全面推向二十一世纪，建设富强、民主、文明的社会主义现代化国家的历史重任。加强和改善党的领导，进一步把我们党建设好，是完成这项伟大使命的根本保证。

党的建设任务还很繁重，需要做好多方面的工作。深入、扎实、持久地用邓小平建设有中国特色社会主义理论武装全党，是党的建设的首要任务。党内一定要努力创造一种认真学习的风气，民主讨论的风气，积极探索的风气，求真务实的风气。

大力加强各级领导班子建设，努力建设一支高素质的干部队伍，是党的建设又一项重大任务。要以思想政治建设为重点，把各级领导班子建设成为坚决贯彻党的基本理论和基本路线、全心全意为人民服务、具有领导现代化建设能力的坚强领导集体。我们的领导干部，不仅要有胜任工作的理论政策水平和业务能力，而且要有政治上的坚定性，有良好的思想作风和道德品质。高级干部更要在这方面做出好样子。

反腐败是关系党和国家生死存亡的严重政治斗争，必须进一步加大力度，坚持不懈地进行下去。既要树立持久作战的思想，又要一个一个打好阶段性战役。要坚持标本兼治，多管齐下。各级领导干部能否以身作则，对加强党风廉政建设，推动反腐败斗争的深入发展，至关重要。各级党组织要切实加强对干部的日常管理和监督。

最后，江泽民特别强调维护和增强党的团结。他说：我国的改革开放和现代化建设正处在承前启后、继往开来的重要时期，任务十分繁重和艰巨，尤其需要全党同志加强团结。我们讲团结，是在邓小平建设有中国特色社会主义理论和党的基本路线基础上的团结。讲团结，必须讲大局。要正确处理全局利益和局部利益的关系，把党和国家的利益放在首位又充分兼顾各方面的利益。各级领导干部首先是高级干部，要带头贯彻民主集中制原则，严守纪律，维护大局，加强团结。

会议前，江泽民、李鹏、刘华清、胡锦涛等亲切接见了省部级干部进修班的学员，并同他们一起合影留念。

出席毕业典礼的还有丁关根、田纪云、李岚清、李铁映、杨白冰、吴邦国、邹家华、姜春云、钱其琛、黄菊、尉健行、谢非、温家宝、王汉斌、张震、张万年、迟浩田。

（新华通讯社 1997 年 5 月 29 日电）

光辉的旗帜　胜利的旗帜

《人民日报》社论

党的十五大修改通过的《中国共产党章程》明确规定：“中国共产党以马克思列宁主义、毛泽东思想、邓小平理论作为自己的行动指南。”江泽民同志在十五大报告中强调指出：“在社会主义改革开放和现代化建设的新时期，在跨越世纪的新征途上，一定要高举邓小平理论的伟大旗帜，用邓小平理论来指导我们整个事业和各项工作。这是党从历史和现实中得出的不可动摇的结论。”十五大的这一历史性决策具有重大的现实意义和深远的历史意义。

贯彻十五大精神，首要是高举邓小平理论的伟大旗帜，在全党和全国兴起一个学习马列主义、毛泽东思想特别是邓小平理论的新高潮。把几年来我们所熟悉的“邓小平建设有中国特色社会主义理论”概括为“邓小平理论”，把邓小平理论确定为党的指导思想，写入党章，具有重要的理论意义和实践意义，说明我们党在实践中对邓小平理论认识的深化，表明我们党第三代领导集体高举邓小平理论伟大旗帜的坚定信念，也反映了全国人民的共识和心愿。这对于我们把建设有中国特色社会主义事业全面推向 21 世纪具有决定性的意义。党的十一届三中全会以来，我们在邓小平理论的指引下，坚持党在社会主义初级阶段的基本路线，生产力迅猛发展，综合国力显著增强，人民生活水平大大提高。实践证明，邓小平理论是伟大的旗帜，光辉的旗帜，胜利的旗帜。邓小平理论作为马克思主义同当代中国实践相结合的产物，是毛泽东思想的继承和发展，是马克思主义在中国发展的新阶段。在当代中国，只有邓小平理论，能够解决我国社会主义的前途和命运问题。只有高举这面旗帜，才能把5800万党员凝聚在一起，把12亿人民凝聚在一起，同心同德，不屈不挠，艰苦奋斗，不断夺取改革开放和社会主义现代化建设的新胜利。

要高举旗帜，就要正确地认识旗帜，牢牢地掌握旗帜。这就要求我们通过深入持久的学习，完整准确地把握邓小平理论的科学体系和精神实质。从党的十四大提出用邓小平建设有中国特色社会主义理论武装全党以来，随着《邓小平文选》三卷的出版，全党出现了一个前所未有的学习邓小平理论的热潮。各地方各部门采用各种方式，联系工作实际和思想实际学习，把理论学习的过程变成促进两个文明建设的过程，在理论和实践两个方面都取得了很大收获。过去五年，我们在各个领域所取得的巨大成就，都是同认真学习和运用邓小平理论分不开的；而实践中取得的成就又使广大党员和干部进一步提高了学习和运用邓小平理论的自觉性。这为今后进一步学好、用好邓小平理论打下了良好的基础。我们应当认真总结几年来的好做法、好经验，把学习、运用邓小平理论的工作，开展得更加深入扎实，更加卓有成效。

学习邓小平理论，要坚持和发扬马克思主义的学风，解放思想，实事求是，一切从实际出发，把理论和实际紧密结合起来。江泽民同志在报告中指出："离开本国实际和时代发展来谈马克思主义，没有意义。静止地孤立地研究马克思主义，把马克思主义同它在现实生活中的生动发展割裂开来、对立起来，没有出路。"实事求是，是马列主义、毛泽东思想的精髓，也是邓小平理论的精髓。只有坚持实事求是，才能真正掌握邓小平理论，也才能真正发挥邓小平理论对实践的指导作用。要坚持从本地区、本部门、本单位的实际出发，善于运用马克思主义的立场观点方法去分析问题，解决问题，推动改革开放和社会主义现代化建设，而不能从抽象的概念出发。要勇于开拓和探索，并注意从新的实践中提炼新鲜经验，从中引出规律性的认识，解决新的问题。当前，改革开放已经进入一个新的攻坚阶段，强调理论和实际相结合的学风，对于我们深入学习和运用邓小平理论，解决新的矛盾、迈出新的步伐尤其重要。

江泽民同志在十五大所作的报告，不但提出高举邓小平理论的伟大旗帜，而且创造性地运用邓小平理论，对当前我国政治、经济、文化等各个领域的许多重大问题，作了精辟分析，进行了新的理论概括，丰富和发展了邓小平理论，对我国改革开放和社会主义现代化建设具有重要的长远的指导意义，为全党同志高举邓小平理论旗帜树立了光辉典范。我们要把江泽民同志的报告列为学习邓小平理论的重要文献，把学习报告同系统学习邓小平理论结合起来，使理论学习和理论武装的工作提高到一个新水平。

面对跨世纪的伟业，我们需要一支高素质的干部队伍。所谓高素质，最重要的一条就是高举邓小平理论伟大旗帜不动摇，在思想上和工作中牢固确立邓小平理论的指导地位。我们党的各级领导干部，特别是高级干部，一定要在学习邓小平理论上下大力气，真正把这一科学的世界观和方法论学到手。这样才能在任何复杂困难的情况下，都坚持正确方向，排除各种干扰，把改革开放和社会主义现代化建设事业不断推向前进。

（1997年10月5日《人民日报》）

从社会主义初级阶段的实际出发

《人民日报》社论

江泽民同志在十五大报告中重申社会主义初级阶段的理论，全面系统地阐述了社会主义初级阶段的基本特征和主要任务，指出："我们讲一切从实际出发，最大的实际就是中国现在处于并将长时期处于社会主义初级阶段。"这是学习和贯彻十五大精神要深刻领会并牢牢把握的一个重要的指导思想。

社会主义初级阶段理论，是邓小平理论的一个重要组成部分。要高举邓小平理论旗帜不动摇，就必须坚持初级阶段理论不动摇。所谓社会主义初级阶段，包括两层含义：第一，就社会性质而言，我国已进入社会主义社会；第二，就发展程度而言，我国还处在初级阶段，即不发达的阶段。这就要求我们：第一，必须坚持社会主义而不能离开社会主义；第二，必须从初级阶段出发而不能超越初级阶段。这个理论，坚持了唯物辨证法，既同否定社会主义的右的思潮划清了界限，也同超越阶段的"左"的思潮划清了界限。只有真正掌握了初级阶段理论，才能真正理解我们党为什么只能实行现在这样的路线方针政策而不能实行别样的路线方针政策，才能更加自觉地坚持和贯彻党的基本路线、基本纲领。

社会主义初级阶段理论，是邓小平同志和我们党深刻总结我国社会主义建设正反两方面经验，对当代中国的基本国情作出的科学判断。十一届三中全会以前，我们在建设社会主义的过程中，为什么会几经曲折，出现严重失误？根本原因之一，就在于提出的一些任务和政策超越了社会主义初级阶段的实际。而近二十年来，我们的改革开放和现代化建设事业，为什么能够顺利推进，取得辉煌成就？根本原因之一，就是因为克服了那些超越阶段的错误观念和政策，又抵制了抛弃社会主义基本制度的错误主张，坚持一切从社会主义初级阶段的实际出发。历史经验证明，真正做到从社会主义初级阶段的实际出发，社会主义事业就能够胜利发展；反之，离开社会主义初级阶段的实际，社会主义事业就会走弯路、遭挫折。历史是最好的老师。我们应当把学习社会主义初级阶段理论同认真总结历史经验、牢记历史教训紧密结合起来，这样才能对初级阶段的理论理解得更深，掌握得更牢。

一切从社会主义初级阶段的实际出发，就要坚定不移地全面贯彻党在社会主义初级阶段的基本路线和基本纲领。初级阶段，就是不发达的阶段。这种不发达不是只表现在一两个方面，而是如同十五大报告所阐明的初级阶段的九个特征那样，表现在经济、政治、文化生活的各个方面。其中，居于第一位的并且具有决定性意义的是，人民日益增长的物质文化需要同落后的社会生产之间的矛盾非常突出，这个主要矛盾贯穿于我国社会主义初级阶段的整个过程，影响着社会生活的一切方面。因此，我们在社会主义初级阶段必须始终坚持把经济建设作为全党和全国工作的中心，各项工作都要服从和服务于这个中心。围绕发展社会生产力这个根本任务，要深化改革、扩大开放、保持稳定，正确处理改革、发展、稳定的关系，要按照党的“一个中心、两个基本点”的基本路线的要求，把以经济建设为中心同四项基本原则、改革开放两个基本点统一于建设有中国特色社会主义的伟大实践。要坚持一个中心，而不能搞两个中心；要坚持两个基本点，而不能只有一个基本点，这样才能把有中国特色社会主义的经济、政治、文化各项事业推向前进，实现社会的全面进步，我们要通过学习十五大精神，进一步领会社会主义初级阶段的理论，增强贯彻执行党的基本路线和基本纲领的自觉性和坚定性。

一切从社会主义初级阶段的实际出发，就要坚持解放思想、实事求是的思想路线，历史地、客观地、全面地分析我国国情，运用社会主义初级阶段的理论去观察、分析、解决改革开放和现代化建设中的各种问题。“中国现在处于并将长期处于社会主义初级阶段”的科学论断，揭示了社会主义事业的长期性和艰巨性。只有坚持解放思想、实事求是，才能对这种长期性、艰巨性有深刻的理解，才能对本地区、本部门、本单位的实际有准确的把握，对取得的成绩有清醒的估价，对存在的问题有冷静的认识，对战胜困难有必胜的信心，对未来的奋斗目标有积极而恰当的筹划。发展是硬道理。我们一定要抓住机遇，开拓进取，保持国民经济持续快速健康发展。同时，也要防止脱离实际地想问题、订计划、办事情。特别是在发展顺利，取得较大成绩时，要注意防止头脑发热，做出一些脱离社会主义初级阶段实际，脱离本地区、本部门、本单位实际的决策，造成不应有的损失。各级领导干部尤其要保持清醒的头脑，坚持实事求是，一切从实际出发，加强调查研究，把握基本国情。这样，我们在为实现跨世纪的宏伟目标而奋斗的新征程上，才能高屋建瓴，始终掌握主动权，迎接挑战，战胜风险，不断开拓建设有中国特色社会主义事业的新局面。

（1997 年 10 月 10 日《人民日报》）

国民经济和社会发展概况

国家统计局

1996 年，在党中央、国务院的正确领导下，在党的十四届五中和六中全会精神鼓舞下，经过全国各族人民的共同奋斗，社会主义物质文明建设和精神文明建设协调发展，实现了“九五”开好局的预期目标，国民经济保持适度快速增长，抑制通货膨胀取得明显成效，社会总供求基本平衡，市场供应充足，国际收支状况良好，财政金融形势基本平稳，人民生活水平继续提高，各项社会事业取得新的成就。初步统计，全年国内生产总值 67795 亿元，比上年增长 9.7%。其中第一产业增加值 13550 亿元，增长 5.1%，第二产业增加值 33148 亿元，增长 12.3%，第三产业增加值 21097 亿元，增长 8%。人均国内生产总值 5569 元，全社会劳动生产率 9902 元，扣除价格因素，分别比上年增长 8.6%和 8.3%。但经济结构不合理、部分企业生产经营困难等问题仍然突出。

农　业

*种植业再获丰收。*由于进一步加强农业、增加投入、提高农业科技推广应用水平，加上气候适宜，粮食产量再创历史新纪录，糖料、烤烟、蔬菜、水果、茶叶等农产品持续增产。受市场价格等因素影响，棉花、油料、麻类种植面积减少，产量下降。

主要农产品产量如下：

	1996 年	比上年增长%
粮食	49000 万吨	5.0
油料	2200 万吨	−1.7
其中：花生	1010 万吨	−1.0
油菜籽	910 万吨	−6.0
棉花	420 万吨	−11.7
黄红麻	34 万吨	−8.0
甘蔗	6700 万吨	2.8
甜菜	1550 万吨	10.6
烤烟	290 万吨	26.0
茶叶	59 万吨	0.4
水果	4570 万吨	8.7

*林业生产继续发展。*全年完成造林面积 470.9 万公顷，林业结构得以调整，生态效益、社会效益、经济效益得到较好兼顾。林业投入进一步加大，三北防护林三期工程、国家重点生态造林项目进展较快；森林防火、病虫鼠害防治工作进一步加强，资源管理、保护工作有新进展；森林面积扩大，蓄积量继续增加。

畜牧业生产稳定增长，主要畜产品产量和牲畜存栏数量增加。

主要畜产品产量和牲畜存栏头数如下：

	1996 年	比上年增长%
肉类	5800 万吨	10.3
其中：猪牛羊肉	4760 万吨	11.6
牛奶	625 万吨	8.4
绵羊毛	30 万吨	8.4
蚕茧	53 万吨	−34.1
猪年末存栏数	45700 万头	3.6
羊年末存栏数	30500 万只	10.3
大牲畜年末存栏数	16400 万头	3.6

*渔业生产保持较快增长。*全年水产品产量 2800 万吨，比上年增长 11.2%。其中，淡水产品产量 1215 万吨，增长 12.7%；海水产品产量 1585 万吨，增长 10.1%。渔业资源保护工作得到加强。

*农业生产物质装备水平进一步提高，农业投入增加。*年末全国农业机械总动力 38810 万千瓦，比上年末增长 7.5%；大中型农用拖拉机 68 万台，增长 0.7%；农用载重汽车 85 万辆，增长 7.7%；化肥施用量（折 100%）3849 万吨，增长 7.1%；农村用电量 1834 亿千瓦小时，增长 10.8%。农田有效灌溉面积 5000 万公顷，增长 1.5%。

工业和建筑业

*工业生产保持稳定增长。*全年完成工业增加值 28580 亿

元，比上年增长12.7%。其中：国有工业增长6.4%；集体工业增长17.4%；以中外合资、合作经营和外资企业为主的其他经济类型工业增长13.1%。大中型工业增长7.9%。

轻重工业生产大体同步增长。全年轻工业完成增加值11938亿元，比上年增长13.1%；重工业完成增加值16642亿元，增长12.4%。主要工业产品受市场供求关系变化的影响，产量有升有降。

主要工业产品产量如下：

	1996年	比上年增长%
纱	490万吨	—9.6
布	221.2亿米	—15.0
糖	650万吨	16.4
卷烟	3442万箱	—1.2
彩色电视机	2109万部	2.5
家用电冰箱	928万台	1.0
能源生产总量（折标准燃煤料）	12.6亿吨	4.6
原煤	13.8亿吨	4.5
原油	1.58亿吨	5.3
发电量	10750亿千瓦时	6.7
钢	10110万吨	6.0
钢材	8611万吨	6.1
十种有色金属	470万吨	5.0
水泥	4.9万吨	3.2
木材	6732万立方米	—0.5
硫酸	1889万吨	4.3
纯碱	664万吨	11.2
乙烯	301万吨	25.4
化肥（折100%）	2660万吨	4.4
农药（折100%）	43万吨	3.2
发电设备	1569万千瓦	—5.9
金属切削机床	16.5万台	—19.0
汽车	149万辆	2.6
轿车	39万辆	15.7
拖拉机	8.37万台	32.2
集成电路	43576万块	39.3
程控交换机	1934万门	18.3

随着宏观经济环境进一步改善和企业改革的推进，企业资产负债结构有所改善，资本实现保值增值。工业企业资产负债率为65.2%，其中国有企业为65.6%，均比上年有所降低；资本保值增值率为119.6%，其中国有企业为118.8%。工业经济中的突出问题是结构不尽合理，部分企业生产经营困难加大。工业产销衔接水平虽然逐季提高，但全年产销率仍比正常水平低1—2个百分点；产品积压、资金拖欠未见缓解，年末产成品资金占用比年初增加750多亿元，应收帐款净额增加1200多亿元；企业亏损比较严重，亏损面达到23%，上升1.7个百分点，亏损额占实现利税总额的比重为24.8%，上升6.2个百分点，工业经济运行质量有待提高。

建筑业生产经营平稳发展。全年建筑业完成增加值4568亿元，按可比价格计算，比上年增长8.6%。建筑业改革进一步推进，招投标制度逐步完善。招投标推行面进一步扩大。国有建筑业企业施工工程个数为21.4万个，实际招投标的工程个数为8.2万个，招投标面为38.2%，比上年增加4.5个百分点。建筑市场管理有所加强，建筑市场体系进一步完善。国有建筑业企业完成增加值1169亿元，增幅与上年基本持平；劳动生产率为15050元，增长5.2%；房屋建筑竣工面积为1.4亿平方米，比上年下降9.6%；实现利税总额为117.5亿元，人均利税为16000元，与上年基本持平。建筑业亏损面有所增加，经济效益仍有待提高。

地质勘查成果显著。全年新发现或新证实为工业矿床的矿产地152处。提交可供工农业建设利用的地质报告276份。有42种矿产新增探明储量，其中石油66109万吨，天然气1416.7亿立方米，煤矿35亿吨，金矿228吨（含E级储量），铁矿8982万吨，硫矿2292万吨。地质勘查完成机械岩心钻探工作量545万米。

固定资产投资

固定资产投资规模基本适度。全年全社会完成固定资产投资23660亿元，比上年增长18.2%（扣除价格因素，实际工作量增长12.7%）。其中，国有经济投资12359亿元，增长13.4%；集体经济投资3490亿元，增长6.1%；城乡居民个人投资3330亿元，增长30.1%；其他各种经济类型投资4481亿元，增长37%。基本建设投资8399亿元，增长13.4%，比上年回落1.6个百分点；更新改造投资3745亿元，增长13.5%，上升0.4个百分点；房地产建设投资3825亿元，增长21.5%，回落1.8个百分点。

分行业看（不包括农村集体和城乡个人投资，分地区同），农林牧渔水利业完成投资336亿元，比上年增长27.5%，占全部投资的比重由1.8%上升到1.9%；能源工业完成投资2938亿元，增长21.1%，所占比重由16.7%上升到16.9%；原材料工业完成投资1505亿元，增长2.9%，所占比重由10.1%下降到8.7%；机械电子工业完成投资872亿元，增长21.1%，所占比重与上年基本持平；轻纺工业完成投资999亿元，增长10.7%，所占比重由6.2%下降到5.7%；运输邮电通信业完成投资3012亿元，增长22.1%，所占比重由17%上升到17.3%。

分地区看，东部地区投资仍然快于中、西部地区。1996年东部12个地区全年完成投资10380亿元，增长17.4%，中部9个地区完成投资3682亿元，增长16.6%，西部9个地区完成投资2113亿元，增长11.2%。

全年建成投产大中型基本建设项目134个，其中国家重点建设项目33个；限额以上更新改造项目340个。全国基本建设新增的主要生产能力有：煤炭开采1045万吨，发电机组容量1525万千瓦，石油开采1973万吨，天然气开采44亿立方米（含更新改造和其他投资增加的能力），炼铁250万吨，汽车制造29万辆，乙烯74万吨，化肥151万吨（折纯），木材采运29万立方米，新建铁路正线交付运营里程1954公里，增建铁路复线交付运营里程1522公里，新（扩）建港口码头年吞吐量340万吨，局用交换机容量2107万门，长途光缆2万皮长公里，新建微波电路1万公里，新建高速公路1117公里。

全年基本建设、更新改造建成投产项目81974个，项目建成投产率为54.2%，比上年降低0.8个百分点；新增固定资产7238亿元，固定资产交付使用率为59.6%，提高0.4个百分点；全年竣工房屋面积23523万平方米，竣工率为44.9%，比上年仅提高0.2个百分点。

交通运输和邮电通信业

交通运输及邮电通信业发展整体水平明显提高，全年完成交通运输和邮电通信业增加值3814亿元，比上年增长9.

1%。交通运输运量结构有较大变化:铁路货物周转量有所增长,客运周转量有较大下降;公路及航空货运、客运周转量均有较大幅度增长。全国公用通信网规模容量、技术层次迈上新台阶。

各种运输方式完成的客货运输周转量如下:

	1996年	比上年增长%
货物周转量(亿吨公里)	36271	1.5
铁路	12895	0.5
公路	5000	6.5
水运	17760	1.2
航空	25	13.6
管道	591	—1.2
旅客周转量(亿人公里)	9337	3.7
铁路	3357	—9.4
公路	5060	9.9
水运	168	—2.3
航空	752	10.4
沿海主要港口吞吐量(万吨)	83500	4.1

全年完成邮电业务总量1335亿元,比上年增长35.4%。全国城乡电话交换机容量达到10864万门;其中局用交换机容量达到9318.5万门,比上年增加2107万门,程控化比重达99.49%。全国新增电话用户1745万户,达到6179万户。电话普及率达到6.33%,比上年提高1.67个百分点;已通电话的行政村达到39.4万个,占行政村总数的53.49%。新的业务不断发展。移动电话全年新增用户322万户,达到685万户,比上年增长近1倍;计算机互联网络用户比上年增长3.7倍;分组交换用户数增长98%;数字数据用户数增长2倍。邮电通信服务水平和服务质量进一步提高;电话修机及时率达到95%;移动电话全网忙时接通率达到40.16%;长途自动来话接通率比上年提高7个百分点,达到52.3%;城市具备条件的楼房通邮率达到93.7%。

国内贸易和市场物价

国内消费品市场供应充足,销售稳定增长。全年社会消费品零售总额24614亿元,比上年增长19.4%。扣除价格因素,实际增长12.5%。

分城乡看,城市消费品零售额14921亿元,比上年增长20.1%;县及县以下消费品零售额9693亿元,增长18.3%,扣除价格因素,实际分别增长13.5%和11.2%。

分经济类型看,国有经济零售额6787亿元,集体经济4687亿元,私营经济791亿元,其他经济12351亿元,分别比上年增长9%、13.5%、40.6%和27.4%。

分行业看,批发零售贸易业零售额比上年增长17.4%,餐饮业零售额增长27.2%。

集贸市场成交活跃,全年成交额14695亿元,比上年增长26.8%。

抑制通货膨胀取得显著成效,市场物价涨幅持续回落。全年商品零售价格和居民消费价格分别比上年上涨6.1%和8.3%,涨幅分别回落8.7个和8.8个百分点,较好地完成了物价调控目标,但一些商品特别是服务性项目的价格涨幅偏大。

各类价格比上年上涨幅度(%)

1、商品零售价格	6.1
其中:城市	5.8
35个大中城市	5.7
农村	6.4
2、居民消费价格	8.3
其中:城市	8.8
35个大中城市	9.3
农村	7.9
其中:食品	7.6
粮食	6.5
肉禽及其制品	4.5
油脂	—7.9
蛋品	16.5
水产品	6.0
鲜菜	19.7
衣着	7.4
家庭设备及用品	3.8
医疗保健用品	9.3
交通和通信工具	—1.2
娱乐教育文化用品	10.4
居住商品	11.4
服务项目	16.0
3、农业生产资料零售价格	8.4
4、农产品收购价格	4.2
5、工业企业能源、原材料购进价格	3.9
6、工业品出厂价格	2.9
7、固定资产投资价格	4.9

对外经济

对外贸易规模有所扩大。全年进出口总额达2899亿美元,比上年增长3.2%。其中:出口总额1511亿美元,增长1.5%;进口总额1388亿美元,增长5.1%。进出口商品结构进一步改善,机电产品出口比重由上年的29.5%上升到31.9%,保持了我国出口第一大类产品的地位。进口方面,国内紧缺的原材料、能源和交通设备进口增加较多。

外商投资企业进出口继续大幅度上升,全年达1371亿美元,增长24.8%,占全国进出口总额的比重由上年的39.1%提高到47.3%。市场向多元化方向发展,对大洋洲和拉丁美洲的进出口额分别增长19.7%和10%,高于对其他各洲的增长速度。

利用外资稳步发展。全年实际利用外资金额552.7亿美元,比上年增长14.2%。其中,外商直接投资423.5亿美元,增长12.2%。外商投资结构进一步改善,基础设施、基础产业和支柱产业项目以及资金、技术密集型项目增加。

对外经济技术合作继续增加。对外承包工程和劳务合作新签合同金额102.7亿美元,比上年增长6.2%;完成营业额77亿美元,增长16.8%。

国际旅游又有新发展。全年入境旅游、访问、从事商务及各项活动的外国人、华侨和港澳台同胞达5112.7万人次,比上年增长10.2%;旅游外汇收入102亿美元,增长16.8%。

金融和保险业

金融形势基本平稳。1996年,金融改革进一步深化,监管工作加强,调控手段进一步完善,利率调整取得积极成效,存款稳定增加,贷款结构有所调整。年末金融机构各项存款余额68596亿元,比上年末增加14792亿元,增长27.3%。其中:企业存款余额为22450亿元,增加5026亿元,增长29.6%;城乡居民储蓄存款余额达38521亿元,增加8805亿元,增长29.

9%。各项贷款余额为61157亿元，比上年末增加10683亿元，增长21.2%。其中：短期贷款余额为40210亿元，增加6653亿元；中长期贷款余额为12673亿元，增加2041亿元。年末现金流通量（M0）为8802亿元，比上年末增加917亿元，增长11.6%；狭义货币（M1）增长18.9%；广义货币（M2）增长25.3%。

证券市场比较活跃。国债发行和兑付工作顺利完成。股票市场有了新的发展，全年在上海、深圳证券交易所发行A股170只，共发行30.75亿股，筹资235.3亿元。

国家外汇储备增加较多。年末国家外汇储备为1050亿美元，比上年末增加314亿美元。

保险事业得以较大发展。全年全国承保金额156645亿元，比上年增长10.4%。保费收入756亿元，增长20.5%。其中：财产险保费收入445亿元；人身险保费收入311亿元。财产险赔款金额259亿元，人身险给付金额55亿元。

社会保险事业取得较大进展。年末全国有8760万职工参加了基本养老保险，2280多万离退休人员参加了离退休费社会统筹；1800万职工参加了大病医疗统筹，100多万离退休人员参加了医疗费用统筹。在过去的一年中，各级劳动保险机构为300多万失业职工提供了失业救济。全国已有34%的乡镇建立了农村社会保障网络，参加农村社会养老保险的达6266万人。

科技、教育、文化和卫生、体育

科技队伍继续壮大。年末国有企事业单位共有各类专业技术人员2759万人，比上年末增长2%。全国县级以上国有独立研究开发机构5434个，高等院校办科研机构3400个，大中型工业企业办科研机构13744个，大中型建筑业企业办科研机构726个；从事科技活动人员280万人，其中科学家和工程师159万人。

科技经费投入增加。全年全国科研机构、工业和建筑业企业、高等院校等单位用于科技活动的经费支出为899亿元，按相同口径比上年增长8.6%。其中研究与发展经费支出327亿元，增长12.2%，相当于国内生产总值的0.5%。

科技事业取得新的成果。全年全国共取得省部级以上重大科技成果3.1万项；获国家奖励的成果647项，其中国家技术发明奖111项，国家科学技术进步奖536项。直接为经济建设服务的主要科技成果有：完成了622兆比特同步数字系列光纤通信系统、国际通信卫星测控天线、话音卫星通信系统、全天候实时航空遥感系统的研制并投入使用。280千安大型槽铝电解工业性试验成功。在转基因农作物研究方面，首次在世界上获得抗青枯病转基因马铃薯株系。农作物新品种扬麦158号、中棉19号，已大面积推广。全年受理国内外专利申请10.3万件，授权专利4.4万件。

国家重大技术创新工作取得初步进展。全年完成重大科技攻关180项，重大科技成果产业化工程8项。国家组织完成技术开发、新技术推广、消化吸收、工业性试验92项。

企业、高校、科研机构的合作增强。全年参加合作的单位4.5万个，参加人数67.5万人，合作开发项目15800项。

科技基础建设加强。全年新建成国家工程（技术）研究中心88个，国家工业试验基地5个，国家级企业技术中心40个，对26个国家重点试验室进行了更新改造。

质量检验、标准化建设和天气预报服务进一步发展。1996年全国共有产品质量监督检验机构2400个。国家监督抽查产品411019种，产品抽样合格率76.9%。全年制定、修订国家标准1387个，其中新制定818个。全国共有法定计量技术机构3378个，全年强制检定计量器具2432万台件。全国共建立了城乡天气预报服务网发射站点1441个，卫星云图接收站点190个。测绘部门测绘各种比例尺地图81396幅，公开出版地图983种。

技术市场更加活跃。全国共签订技术合同22.6万份，成交金额300亿元，分别比上年增长2.1%和11.8%。

各级各类教育事业取得新的发展。高等教育管理体制改革取得进展，学校布局进一步调整。年末普通高校为1032所，比上年减少22所；成人高校1138所，减少18所。普通高校招生96.6万人，比上年增加4万人，在校生302万人。成人高校招生94.5万人（含电大普通专科班8万人），比上年增加3.2万人，在校生265.6万人（含电大普通专科班18.7万人）。全国招收研究生5.9万人，比上年增加8345人，在校研究生16.2万人，增加1.7万人。

中等职业教育规模继续扩大。各类高级中等职业学校在校生1010万人（含技工学校学生192万人），占高中阶段在校生总数1780万人的56.8%。

普及九年义务教育取得新进展。全国初中在校生5048万人，初中入学率达82.4%，比上年提高4个百分点。小学在校生13615万人，小学学龄儿童入学率达98.8%，比上年提高0.3个百分点，普通初中和小学学生辍学率分别为3.5%和1.3%。希望工程取得可喜进展。全年接受海内外捐款2.9亿元人民币，救助29.6万失学儿童重返校园，资助建设希望小学1560所。

成人中、初等教育获得较大发展。全年成人中等专业学校在校学生310万人，成人技术培训学校培训学员8337万人次。全年共扫除文盲407万人。

文化事业继续发展。年末全国共有艺术表演团体2685个，文化馆2864个，公共图书馆2641个，博物馆1205个，档案馆3600个。广播电台1238座，中、短波广播发射台和转播台743座，广播人口覆盖率83.7%。电视台880座，一千瓦以上电视发射台和转播台1245座，电视人口覆盖率86.1%。各类电影放映单位6.9万个。全年生产电影故事片110部、发行各种新片（长片）174部，有11部（次）影片在国际电影节上获14项奖。全国性和省级报纸全年出版181亿份，各类杂志出版24.4亿册，图书出版70.8亿册（张）。

卫生事业稳定发展。年末全国共有卫生机构18.9万个，床位310万张，其中医院、卫生院287万张，增长1.1%。卫生技术人员431万人，增长1.3%。其中：医院、卫生院医生（含中西结合医生）138万人，增长6%；护师、护士102万人，增长3.5%。预防保健和农村卫生工作得到加强。年末全国共有卫生防疫、防治机构5887个，卫生技术人员21.4万人，比上年增长0.9%。妇幼卫生机构3254个，卫生技术人员14万人，增长4.7%。农村乡（镇）共有卫生院51227个，床位73.5万张，增长0.2%。卫生技术人员94万人，增长2.5%。农村有医疗点村数占总村数的89.1%，乡村医生和卫生员132万人。

体育事业成绩辉煌。在亚特兰大奥运会的激烈竞争中，我国运动员共获得16枚金牌，22枚银牌，12枚铜牌，金牌和奖牌总数均列第四位。在全年国内外重大比赛中，我国运动员在17个项目中获得75个世界冠军；17人1队30次创22项世界纪录，18人1队37次创27项亚洲纪录，74人17队125次创88项全国纪录。群众性体育活动进一步活跃，有89%以上的在校学生达到《国家体育锻炼标准》。

人口、人民生活和环境保护

控制人口增长取得新的成绩。全年人口出生率为16.98‰,死亡率为6.56‰,自然增长率为10.42‰。年末全国总人口122389万人,比上年末增加1268万人。其中城镇人口为35950万人,占全国总人口的29.4%;乡村人口86439万人,占70.6%。

家庭户平均户规模为3.70人,0-14岁人口比重为26.4%,15-64岁人口比重为67.2%,65岁以上老年人口比重为6.4%。

人口平均预期寿命为70.80岁,其中男性为68.71岁,女性为73.04岁。

城乡居民收入稳定增长。全年城镇人均可支配收入和生活费收入分别为4839元、4377元,比上年增长13%和12.4%,扣除价格因素,实际增长3.8%和3.3%。省会城市(含计划单列市)职工家庭可支配收入6235元,比上年增长14.4%,扣除价格因素,实际增长4.7%。农村居民人均纯收入1926元,增长22%,扣除价格因素,实际增长9%。但地区间、居民间不平衡问题仍较突出,部分省、区居民实际收入水平有所下降,一些低收入居民家庭生活还比较困难。

劳动就业形势基本稳定。年末全国从业人员68850万人,比上年末增加900万人。其中:城镇职工14960万人,增加52万人,城镇私营个体从业人员2300万人,增加255万人。乡镇企业从业人员13140万人,增加278万人;乡村私营和个体从业人员4114万人,增加589万人。到年末,全国设立各类职业介绍机构3.1万多家,介绍890万人次就业,组织390万人参加了各类就业训练。全年通过实施再就业工程帮助200多万名失业者和企业下岗人员实现了再就业。年末全国城镇登记失业人数553万人,登记失业率3%。

职工工资水平继续提高。全年全国城镇职工平均工资6210元,比上年增长12.9%,扣除价格因素,实际增长3.8%。

城乡居民的居住条件又有改善。全年城镇新建住宅3.6亿平方米,农村新建住宅7.6亿平方米。

社会福利事业稳步发展。1996年末全国各类社会福利院床位达102万张,收养77万人。城镇社区服务网络持续发展。已建立起各种社区服务设施13.6万个,其中社区服务中心4670个。社会救济进一步深化,全国建立最低生活保障制度的有101个城市,城乡居民得到国家救济的达3829万人次,国家抚恤、补助各类优抚对象450万人,妥善安置了退伍军人的生活和就业。

环境保护事业进一步加强。年末全国环境保护系统共有9.2万人,各级环境监测站2157个,环境监测人员3.6万人。全国自然保护区达799个,其中国家级自然保护区106个;自然保护区总面积7185万公顷,占国土总面积的7.19%。环境法制建设步伐加快。到年末,制定的各类环境保护标准已达374项。年内设立的建设项目的环境影响评价制度执行率86.7%,当年投产的建设项目“三同时”执行率89.7%。全年完成环境污染限期治理项目4869个,总投资41.5亿元。在全国534个城市中建成了3312个烟尘控制区,面积达14085平方公里,在426个城市中建成了2185个环境噪声达标区,面积达5673平方公里。到年末,全国已取缔、关闭和停产15种污染严重企业57430个,占应取缔、关闭和停产15种污染严重企业总数的81.2%。

注:1、本公报各项统计数据为初步统计数,未包括台湾省和香港、澳门地区;

2、公报中国内生产总值、各产业增加值绝对数和劳动生产率按现价计算,增长速度按可比价格计算。

一九九七年四月五日

统一认识　坚定信心　加快国有企业改革和发展

吴邦国

今年是“九五”计划的第一年,全国各地区、各部门按照党的十四届五中全会、去年中央经济工作会议和八届全国人大四次会议精神,进一步抑制通货膨胀,积极推进经济体制和经济增长方式的转变,取得了明显成效。从前9个月的情况看,经济发展继续保持良好的势头,宏观经济环境得到进一步改善,实施“九五”计划的开局是好的。同时,在新形势下,长期积累的一些深层次矛盾更为集中地反映出来,需要引起我们足够的重视,并统一认识,有针对性地采取措施,积极妥善地加以解决。

国有企业总的形势是好的
突出问题是经济效益下降

当前工业经济发展势头良好,结构调整取得新的进展,工业经济运行的总体质量逐步提高。今年1—9月份,工业完成增加值同比增长12.9%,在平稳回落中保持稳定增长。但是经济运行中的一个突出问题,是企业经济效益下滑。今年前4个月国有工业企业出现净亏损,这是从来没有过的。5月份以来有所好转,扭转了产销率下降势头,月度利润总额逐步提高,国有工业总体上转亏为盈。尽管这样,企业经济效益状况仍然很严峻。突出的特点,一是亏损额增幅大,二是亏损面广。从亏损结构看,一是地方企业亏损增幅高、比重大;二是亏损主要集中在轻工、机械、纺织、军工、化工、煤炭、有色金属等行业;三是大中型企业亏损增幅高于小型企业;四是绝大部分地区效益水平下降。全国约有5—7%的国有工业企业长期处于停产状态,不少企业不但缺乏生产经营资金,连发工资、交税、付利息也要靠银行贷款。

出现上述情况,原因是多方面的。就今年新增因素而言,我曾经讲过三条:一是需求不旺,市场约束增强;二是增支减利因素较多;三是一批企业原有的承包和减免税优惠政策到期,企业增提折旧,加大核销潜亏挂帐等,存在不可比因素。这里我要多讲一些企业自身的问题。目前,许多企业领导的观念没有真正转变过来,企业机制不活、产品结构不合理、技术和管理落后的状况,不能适应社会主义市场经济的要求。主要表现在三个方面:

一是对经济体制转变不适应。随着计划经济体制向市场经济体制的转变，宏观经济体制进行了重大改革。近年来，在财税体制改革方面取消了承包和税收减免；在金融体制改革方面，银行进行了商业化改革，因为存款是老百姓的，银行要尽可能降低风险，自然一些没还款能力的企业就借不到钱；在价格体制改革方面，煤炭、石油、电力、运输等价格都与国际市场价格逐步接轨；在外汇、外贸体制改革方面取消了双轨制、税收减免，降低了关税；还有社会保障等方面的改革和政策调整，力度也是很大的。从长远看，这对企业经营和发展是有利的，但企业失去了信贷"大锅饭"、减免税的优惠和高关税的保护，经营风险加大，这些企业都需要有一个消化和适应的过程。

二是对增长方式转变不适应。随着改革的深化和经济的发展，卖方市场正在变成买方市场。过去是"皇帝的女儿不愁嫁"，现在是有产品没人买。这对于转变经济增长方式，提高经济增长质量，是有好处的，也可以促使企业从不重视产品质量和售后服务的数量扩张型向以品种、质量、服务取胜的效益型转变，但这个转变是痛苦的，企业也需要一个调整、适应的过程。

三是对激烈的市场竞争不适应。随着社会主义市场经济体制的逐步建立和市场的不断发育，多种所有制、多种流通渠道、多种经营方式、多种营销手段的竞争日趋激烈，这对搞活经济、搞活流通，促使企业由单纯生产型向生产经营型转变，是非常必要的。国有企业对这种激烈的市场竞争还不适应，特别是在竞争不规范的情况下，更增加了国有企业参与市场竞争的困难。同时，随着对外开放的进一步扩大，国外一些知名的大企业正在进入我国市场，企业在国内市场上就直接面对着国际上强大的竞争对手。这对于加快我国的对外开放步伐，吸收国外先进技术和管理经验，是必要的；对改变我国企业的落后面貌，提高竞争能力，既是压力，也是动力。但企业竞争能力不是一下子就可以提高的，也需要一个逐步提高、不断适应的过程。我们的工作，就是要尽可能缩短这些过程，尽快提高企业的适应能力和竞争能力，努力实现两个根本性转变。

需要统一认识的两个问题

一个问题是，国有企业亏损这么严重、困难这么大，是不是"越改越困难"。对于这个问题，还是要统一到江总书记重要讲话的精神上来。江总书记指出："通过十几年的改革，从总体而言，国有企业面貌发生了较大变化，企业活力得到了增强，而且涌现出一批搞得比较好、在国内外市场上享有声誉的国有大中型企业，并培养和造就了一批素质比较高的国有企业管理者和经营者。"改革开放以来，国有企业不仅获得了很大发展，整体实力不断增强，而且是改革成本的主要承担者，为改革和发展做出了重大贡献，在国民经济发展中继续起着主导作用。据国家统计局提供的数据，一是国有独立核算工业企业工业增加值1990年3568亿元，1995年增加到8307亿元，增长1.33倍，年均增长18.4%。每百元工业总产值中的增加值，国有工业企业为29.98元，其中大中型企业30.26元，比其他工业企业和其他大中型企业，分别高5.18元和5.46元；二是国有工业企业利润总额1990年为1503亿元，1995年增加到2874亿元，增长近1倍，年均增长13.8%；三是盈亏相抵后的净利润1990年为388亿元，1995年为665亿元，增长71%，年均增长11.4%。预算内工业企业财政亏损补贴，1990年为118亿元，1995年减少到86亿元，减少32亿元。从以上数据分析，正如江总书记所讲的，国有企业面貌已经发生了很大变化，企业活力和总体实力都增强了。从目前来看，国家财政收入有60%来源于国有企业，城镇社会就业人员近70%是由国有企业及其他国有单位安置的。当然，当前突出的问题是亏损。亏损也不是今年才有的。过去我们常说1/3明亏，1/3潜亏，1/3盈利，现在补贴少了，税收减免取消了，一些潜亏都变为明亏。40多年来企业只生不死，积淀了一批早应该淘汰的企业，随着改革的不断深化，这个矛盾暴露出来了。从某种意义上说，这是改革过程中必然会出现的一种现象，也是企业改革深化的一种必然反映。

还有一个问题是，对企业经济效益下滑究竟怎么看。对此，要从两方面看。一方面，国有企业本身确实存在效益不高的问题。多年来企业经营管理粗放，成本居高不下，"跑、冒、滴、漏"严重，影响了经济效益的提高，在国内外市场竞争中缺乏竞争力。另一方面，这几年企业的初次分配情况发生了很大变化。上面提到的工业增加值，是指工业企业新创造的价值，应该说这反映了企业整体效益。上面分析了1995年与1990年相比，工业增加值增长1.33倍，年均增长18.4%，那么为什么企业的利润与增加值不能同步增长呢？问题在于这几年企业的初次分配情况发生了变化。一是国有工业利润和税金比例，1990年是26:74，1995年是24:76。今年上半年预算内国有工业利润总额下降70.3%，流转税增长4.7%。二是1995年国有工业企业利息支出1250亿元，比1990年增长3倍，利息与利润的比例由1:1提高到1.73:1；成本费用中财务费用所占比重由1993年2.5%上升到1995年的5.6%，今年上半年又上升到5.9%。三是国有工业企业平均折旧率由1990年的4.16%，逐年提高到1995年的5.8%，提取的折旧额相应地由483亿元增加到1610亿元，增提折旧额相当于同期利润额的63%；折旧占工业增加值的比重已由1990年的12.9%上升到1995年的18.2%，今年上半年又上升到22.3%。四是职工工资和各种社会福利大幅度增加。预算内国有工业企业职工工资1995年比1990年约增加了1.67倍。目前企业用于职工养老、失业保险等项费用，已相当于职工工资总额的45%左右，若按1/3企业率先建立社会保障制度推算，1995年约影响企业利润近500亿元。五是近年来企业的各种费用负担不断加重。1995年仅13项有帐可查的基金收入就达1260亿元，多来自于国有企业。因此，对企业的经济效益客观地、公正地、综合地进行评价，可以得出三条结论：一是"蛋糕"做大了；二是盈亏相抵后净利润增加了；三是由于初次分配情况的变化，企业利润所占的份额下降了。

正确分析当前经济形势，清醒地看到存在的问题，对经济运行中的一些重大问题统一认识，目的是要增强我们的信心，克服悲观和埋怨情绪，正如江泽民同志所讲的，我们完全有条件把国有企业搞好。我们对此充满信心。同时，也要充分认识搞好国有企业的长期性、艰巨性，国有企业的改革不是一朝一夕的事情。我们一定要有足够的思想准备。

关于国有企业改革与发展

对国有企业的改革与发展问题，党中央、国务院一直十分重视，江泽民总书记对如何搞好国有企业进行了系统的调查研究，去年和今年两次发表了重要讲话，深刻分析了国有企业的形势，系统阐述了国有企业改革的基本方针，明确提出了加快国有企业改革与发展的要求。

今年以来，改革的力度是大的。一是增加了优化资本结构试点城市；二是加大了推进兼并破产的政策力度；三是加快拨改贷转为国家资本金的工作；四是对1000户重点企业中的

300户企业，落实主办银行，签定银企协议；五是年初国务院下发了学习邯钢经验的文件，并召开了学习推广邯钢经验的现场会，推动了学邯钢活动在全国的普遍展开；六是建立扭亏增盈责任制，明确要求建立分级管理、层层负责的责任制，注重用改革的思路和办法，抓好扭亏增盈工作，尽快遏制亏损上升的势头；七是石化总公司、航空工业总公司、有色金属总公司等3户国家控股公司试点有了新进展；八是突出重点、择优扶强的技术改造“双加”工程进展顺利，企业技术创新工程开始实施。

与此同时，各地根据中央的精神，结合本地的情况，推出了不少加快国有企业改革与发展的政策措施，如全部或部分返还所得税和地方的增值税，补充企业生产经营资金；对地方拨改贷本息余额转为国家资本金；对试点企业中的股份公司，所得税和红利返还用于国家股增资扩股等。这些措施为国有企业改革与发展创造了十分有利的条件。

从各地实践看，在解决改革的重点和难点问题上，已经探索出了一些现实可行的途径，积累了不少宝贵的经验，这些经验都是今后工作中要长期坚持并不断加以完善的。

第一，搞好整个国有经济，必须坚持搞好大的，放活小的。

从搞活每一个国有企业，到着眼搞好整个国有经济，这是我们在工作指导上一个很重要的转变。国有企业千差万别，大企业与小企业在国民经济中的地位、作用不同，其经营管理的特点、方式也有很大差异，不可能采取一种模式、一个办法。一方面，要集中力量抓好一批国有大型企业和企业集团，使其在稳定经济、稳定市场和贯彻国家产业政策等方面发挥骨干作用；另一方面，要放开放活量大面广的国有小企业，使之寻找更为适合自身经营和发展的灵活方式。这是对国有企业实行战略性改组，焕发国有企业活力，更好地发挥国有经济主导作用的重要措施。经过一年多来的努力，在这方面已经迈出了实实在在的步子，积累了一些有益的经验。

在搞好大企业方面，国家主要抓1000户重点企业和企业集团。并对其中的300户明确主办银行、落实经营资金。主要政策有三条：一是明确商业银行总行或由总行委托的省分行为主办银行，银行要保证企业信贷资金来源；二是核定合理的流动资金，将短期贷款改为一年期贷款，贷款实行基准利率，不得向上浮动；三是企业保证不挪用贷款、不欠息，并制定补充流动资金中自有资金的计划。各地区、各部门也都十分重视以市场和产业政策为导向，围绕支柱产业、优势企业、名牌产品，集中力量抓好一大批大型企业和企业集团，带动一大批关联企业的调整和改组，促进生产要素向这些大型优势企业流动。通过大力培育，各地都形成了一批颇具实力的企业集团，在市场竞争中日益发挥着重要作用。

在放开放活小企业方面，各地坚持“三个有利于”标准，不搞“一刀切”，采取改组、联合、兼并、股份合作制、租赁、承包经营和出售等多种形式，把一大批小企业直接推向市场。从各地实践情况看，职工参股的股份合作制是放活小企业的一个好办法，既增强了职工主人翁意识，又筹集到一定的技改资金。当然也不要刮风，还是要从实际出发。我在河南谈了三点意见：一是国有小企业是国民经济的主要组成部分，在繁荣市场、为民服务、增加就业方面有不可替代的作用；二是当前放开放活小企业，关键在于进一步解放思想，允许试点，鼓励探索，胆子要大一点，步子要快一些；三是一切从实际出发，不搞一刀切，一个模式；判断小企业改革是非得失的标准，只能是邓小平同志提出的“三个有利于”。只有坚持“三个有利于”，改革才有正确方向，也才能使改革不断深化。从绝大多数地区的情况看，放小的效果都是比较好的，而且投入少、见效快。

第二，提高企业的整体素质，必须坚持“三改一加强”。

国有企业存在的问题是多方面的，各种矛盾和问题交织在一起，仅仅依靠一种办法是不行的。要使企业真正走向市场，增强活力，提高效益，必须坚持“三改一加强”，把改革、改组、改造和加强管理这四个方面 工作有机地结合起来，通过改组优化组织结构，通过改造推进企业技术进步，通过改革建立新的机制，通过加强管理充分发挥各种生产要素的作用，全面提高企业的整体素质，使企业有一个好机制、好产品、好班子。搞好“三改一加强”，不只是抓企业的单项工作，而是企业各项工作紧密结合的有机整体。邯钢等一大批企业的实践证明，“三改一加强”是当前企业工作的一个纲，是搞好国有企业的有效途径。

围绕“三改一加强”，企业和政府有关部门做了大量工作，在解决一些难点问题上取得了重要突破。一是减人增效。煤炭行业3年转移富余职工55万人，亏损额由60亿元减少到10亿元。宝钢总厂职工由3万人减为1.3万人，人均产钢600多吨，接近世界先进水平。二是增资减债。辽宁省5个试点城市，采取多种途径增资减债，使国有大中型企业资产负债率由去年的76%，下降到今年的67.8%。山东省积极为企业处理损失和潜亏，近两年全省预算内国有工业企业共处理历史包袱30多亿元。三是分离分流。今年上半年，50多个试点城市分离非生产性机构3179个，分流人员55.8万人。宝钢等一批企业按照“管好主体、放活辅助”的要求，将一些辅助部门推向市场，放开经营，使主体更精干。长沙市探索从全社会筹资的办法，分离企业自办的中小学，取得了初步成效。

第三，优化企业结构，建立优胜劣汰机制，必须加大兼并破产的力度。

国有经济的优势是资产存量大，问题是企业长期只生不死，存量资产不能流动，结构不合理，造成资产运营质量不高，效率低下。经过这几年的实践，我们已经认识到，要求把每一个国有企业无一例外地都搞好，是不可能的，也是不必要的 。适者生存，强者发展，优胜劣汰，这是市场经济的客观规律。目前，一部分国有企业扭亏无望，资 不抵债，生产经营遇到 很大困难，这正是实施兼并破产，加快结构调整的有利时机。

兼并破产是企业改革不断深化的产物，也是经济发展的需要。兼并破产不是落后企业的归宿，而是企业摆脱落后的起点。兼并破产可以使劣势企业获得一个重组的机会，同时也是优势企业获得扩张、取得规模效益的一次机会。兼并破产的目的在于建立优胜劣汰机制，优化资源配置，促使资产向优势企业转移，促进企业转换机制。希望各地、各部门集中精力，在今年高质量地抓一批具备条件的企业进行兼并破产。

当前，国有企业改革正处在一个非常关键的时刻，改革的基本方针已经确定，最近江总书记明确要求，要有针对性地采取有力的措施，加快改革步伐。为此，准备采取一些重要措施，包括扩大优化资本结构试点城市和企业集团试点，进一步为重点企业落实主办银行和生产经营资金，加大兼并破产力度，研究经营性基本建设基金转为国家资本金，对亏损行业进行解困试点，以及进一步放开放活国有小企业等。此外，在扩大生产企业自营进出口、增加技改项目贴息等方面，还要采取进一步措施。各地也要结合自己的实际情况，采取切实有效措施，进一步加大改革力度。

关于当前的几项工作

在加强经济运行的综合协调，加快国有企业的改革与发展方面，当前要着重做好以下工作：

（一）认真落实扭亏增盈目标责任制。

对这个问题，我们必须给予高度的重视，要抓得很紧很紧。这里我强调三点：一是抓扭亏增盈要有新思路、新办法。一定要把扭亏增盈同深化改革、结构调整、技术进步紧紧结合起来，向结构优化要效益，向规模经济要效益，向科技进步要效益，向科学管理要效益。在工作指导上，要防止图形式，走过场，做表面文章，简单地下个指标了事。一定要区别情况，分类指导，一厂一策，有针对性地采取措施。二是要抓重点，抓大户。既要抓亏损大户的扭亏，也要抓盈利大户的增盈。各地区、各部门要把本地区、本行业的盈亏大户排一排，进行重点跟踪，加大措施力度。对特殊困难行业和困难企业，要加强调查，找出原因，研究对策，拿出措施，各地区、各部门能办的，就不要等。办不了的，要根据需要和可能，提出自己的建议。三是抓扭亏增盈一定要抓企业领导班子。领导班子建设对于搞好国有企业是个关键因素。在扭亏增盈工作中尤其是这样。不少亏损企业之所以亏损，就是由于领导班子特别是经营者的问题造成的。对这类企业，一定要加强监督约束力度，该加压的加压，该调整的调整，该换人的换人，确因领导的责任造成亏损的，要追究领导班子特别是主要领导的责任。山东省规定了“五不”：企业在扭亏之前，不准以任何名义发放奖金、实物，不准自行增加工资，不准招用临时工，不准搞虚盈实亏，厂级领导不准晋升提拔，不准搞易地做官。扭亏增盈就是要动真格的。

（二）用好兼并破产呆坏帐准备金和技术改造贷款。

这是我们用于加快企业结构调整和技术进步的两个重要手段，一定要把它用好。呆坏帐准备金冲销手续比较复杂，时间拖得比较长，大家一定要抓紧。为做好呆帐、坏帐冲销工作，各级银行和财政要有专人负责，并尽量简化冲销手续。对企业兼并破产中遇到的重大问题要及时反映上报。追加技改贷款的安排使用，关键是把项目选准，落实资本金，突出重点，择优扶强，充分发挥增量投入对存量资产优化、重组的作用。

（三）努力解决特殊困难行业和困难企业职工的困难。

随着经济体制改革的深化，市场竞争日趋激烈，一些困难行业和企业的困难程度可能会进一步加剧，困难职工可能进一步增多。如不能妥善安排好这些职工的生活，不仅会影响企业正常的生产经营，而且还将影响企业改革的进程及社会的稳定。各级领导对此一定要高度重视，认真做好特困职工的思想工作，尽量化解矛盾，保持社会稳定。要采取切实可行的措施解决职工的实际生活困难。现在，有的省市将个人所得税收入作为解困资金的固定渠道，确保特困职工的最低生活线和最低工资线，这些都是比较切实可行的办法。要加大再就业工程力度。上海等地分流企业富余人员，建立健全劳动力市场，鼓励创办多种形式的职业介绍和转岗培训等中介机构，探索了多种形式的就业渠道。各地可结合自己的实际情况，通过深化改革，转换企业经营机制，逐步建立和完善社会保障体系，探索从根本上解决困难职工生活问题的路子。

（四）坚决制止向企业的乱收费、乱摊派。

据有关方面调查，目前向企业的各种摊派、收费的项目多达几百种甚至上千种；搞摊派、收费的部门单位大大小小上百个甚至几百个。尽管党中央、国务院三令五申，但乱收滥摊问题仍然没有得到有效的抑制，而且还有不断上升趋势，严重影响了国有企业经济效益的提高，企业反映极为强烈。各级领导要高度重视，要像抓减轻农民负担那样，突出抓一抓减轻国有企业负担工作，下大力量对本地区、本部门的收费、摊派进行一次全面检查。国家经贸委建议，凡是国务院和省级政府明文规定之外的各种收费、集资、基金等项目，要立即停止执行；对国务院有关部门和省级政府规定的收费项目，经过清理后重新审定发布。各地区在减轻 企业负担方面，做了不少工作，有不少好的做法和经验，有的应当适时加以总结推广。同时，要加强对企业收费的监察审计工作，充分发挥新闻舆论和社会力量的监督作用。

（五）重视解决经营者收入过高的问题。

近年来，社会上对这个问题的议论较多。主要有：一是某些行业收入过高；二是一些企业经营者收入与职工收入差距过大；三是国民收入分配过分向个人倾斜，职工工资没有同企业效益真正挂钩。如何兼顾效率与公平，建立适应社会主义市场经济要求的新的分配机制，是需要加紧进行探索和规范的重要问题。

（六）围绕市场、资金、效益做好经济运行协调工作。

进入下半年以来，在坚持适度从紧的宏观政策下，国家采取了一系列的微调措施，如追加贷款规模、降低银行存贷款利率、增加安居工程贷款规模、加快出口退税等，这些都有利于后几个月的工业生产。但也要看到，当前市场问题仍然比较突出，产品结构不适应市场需要，资金紧的矛盾依然存在，效益下滑的问题还没有根本解决，组织经济运行的难度还是很大的。在这种情况下，经济运行的综合协调工作，一定要紧紧围绕市场、资金、效益三个关键环节来进行。要大力开拓国内外市场，衔接好生产与流通、内贸与外贸，增产适销对路产品，提高产销率，努力扩大出口，尽快改变出口下降局面。要努力搞好限产压库，加速资金周转，提高资金使用效率。要大力推动企业技术进步，搞好技术改造“双加工程”，努力做好技术创新工作，组织实施技术创新工程，按照《质量振兴纲要》的要求，努力提高产品质量，真正把经济增长建立在提高质量和效益的基础上。

就提高经济效益而言，这里我想强调两点。一是要注意补充企业流动资金中的自有资金。企业流动资产负债率过高，导致企业财务费用增加，成本上升，这是当前国有企业带有普遍性的问题。解决这个问题，一方面国家要采取一些政策性措施，增加资本金注入；另一方面企业也要想办法。比如，现在企业折旧提得比较多，要拿出一部分用于补充自有流动资金，减轻利息负担。二是要下决心减人增效，富余人员能分流的一定要分流出去，一时分流不出去的，也要先精减下来，进行培训，提高素质，形成竞争上岗的机制。凡是新上项目、新企业，一定要采用新机制、新办法，要有新思路。

企业越困难，越要加强精神文明建设，深入细致地做好思想政治工作，坚持“两手抓”。要在政治上保证职工群众的主人翁地位，充分发挥广大职工的积极性、主动性和创造性。要加强民主管理，注意听取群众意见，在制度上保证职工群众了解和参与企业的经营管理，实现企业职工群众对企业经营决策的有效监督。要加强对广大职工的爱国主义、集体主义和社会主义教育，引导职工正确处理国家、集体、个人三者之间的关系，培养良好的职业道德，形成积极向上的精神风貌，增强主人翁意识和责任感，为搞好企业献计献策、尽心尽力。要加强企业领导班子建设，班子成员之间要互相支持，团结合作，齐心协力，共同把企业搞好。领导干部要以身作则，率先垂范，要求职工做到的，自己必须首先做到，要与职工群众同甘共苦，同心同德，特别要关心困难职工的生活，为他们排忧解难，增强企业的凝聚力和向心力。

我国国民经济正处在一个新旧体制转轨的重要时期，国有企业的改革也正处在攻坚阶段。明年国有企业改革与发展的力度将进一步加大，任务将更加繁重，各地区、各部门要早打算、早行动，在做好今年工作的同时，为明年打好基础，创造条件。我相信，在邓小平同志建设有中国特色社会主义理论的指导下，在以江泽民同志为核心的党中央的正确领导下，只要我们勇于探索，大胆实践，多谋善断，扎实工作，我国的国有企业和国有经济是可以搞好的，是一定能够搞好的。

（作者：中共中央政治局委员、国务院副总理）

关于建立社会主义市场经济法律体系的问题

李铁映

建立社会主义市场经济法律体系的指导思想

建立社会主义市场经济法律体系是建设具有中国特色社会主义伟大实践的一部分。我们要坚持以邓小平同志建设有中国特色社会主义理论和党的基本路线为指导，要坚持以宪法为根本依据。在建设社会主义市场经济法律体系的具体实践中，要始终注意把握以下几条指导思想。

（一）坚持马克思主义法学的基本理论

在马克思主义产生之前，一般把法说成是“神的意志”、“主权者的意志”等。马克思、恩格斯对法的本质的贡献在于他们首次指出，法是统治阶级意志的表现和反映，是被奉为法律的阶级意志。这种意志的内容是由统治阶级的物质生活条件来决定的。市场经济作为发展社会生产力的一种方式和途径，本没有姓“资”姓“社”的问题，正如邓小平同志所说：“社会主义的市场经济方法上基本和资本主义相似。”方法是没有阶级性的。但是不同的市场经济法律体系必然反映出为什么人创造财富、为什么制度服务的问题，都有一个与国情、社会制度结合的问题。市场经济法律体系在体现国家意志时，不可能“超越国情”、“超越时代”、“超越阶级”。经济基础决定上层建筑，也决定作为上层建筑一部分的法。一定的法的内容和性质是由一定的经济基础决定的，其变更和发展取决于经济基础的变更和发展。社会主义的本质是解放生产力，发展生产力，消灭剥削，消除两极分化，最终达到共同富裕。这也就是我国市场经济法律体系的本质。

（二）坚持邓小平同志的法制思想

1978 年，邓小平同志提出“有法可依，有法必依，执法必严，违法必究”的法制建设方针。1980 年，他又重申“公民在法律和制度面前人人平等，党员在党章和党纪面前人人平等。人人有依法规定的平等权利和义务”。（《邓小平文选》第 2 卷第 332 页）邓小平同志要求，在社会主义现代化建设中，要一手抓建设，一手抓法制，“两手都要硬”。为了避免类似“文革”那样的错误，邓小平同志指出，必须“从制度方面解决问题，制度是决定因素”。这里的制度也包括法制。邓小平同志还多次指出要高度重视执法队伍的建设和加强法制教育。依法治国是邓小平同志建设有中国特色社会主义理论的重要组成部分。建立社会主义市场经济法律体系，必须坚持邓小平同志的法制思想。

（三）坚持正确的指导原则

*坚持解放和发展生产力的原则。*生产力是社会发展的最根本的决定性因素。社会主义革命是为了解放生产力，发展生产力。社会主义制度建立后，为巩固和发展社会主义，必须进一步解放生产力、发展生产力。解放和发展生产力是我们的立法宗旨。我国的法律要保护生产力，要为社会生产力的发展服务。法律要适应生产力发展水平；法律要促进合理配置生产要素；劳动者是最伟大的生产力，科学技术是第一生产力，法律要促进劳动者在生产经营活动中充分发挥积极性和创造性，有利于他们提高科学技术素质，保证他们的一切合法权益。

*坚持以公有制为主体、多种经济成分共同发展的原则。*毫不动摇地坚持公有制和按劳分配，维护公有制和按劳分配的主体地位，是体现社会主义本质的前提。我们的改革决不能动摇公有制的主体地位，而是要探索公有制在市场经济条件下的有效实现形式。新的法律要为这个目的服务。在积极促进国有经济和集体经济发展的同时，允许和鼓励个体、私营、外资等非公有制经济的发展，并正确引导、加强监督、依法管理，使它们成为社会主义经济的必要补充，以促进以公有经济为主的多种经济共同发展。

*坚持勤劳致富和共同富裕的原则。*劳动人民共同富裕是社会主义本质的要求，也是社会主义法律正义性的体现。新的市场经济法律体系要围绕使人民共同富裕的目标来构建，但共同富裕又不同于平均主义、大锅饭。新的法律应当保障和促进一部分人、一部分地区先富起来，不允许任何人和单位去侵犯勤劳致富者的合法财产；同时还应从整个社会调控的角度，鼓励和保护先富带后富的行为，通过法律、经济手段避免两极分化，逐步实现共同富裕。

*坚持与市场经济规律相适应的原则。*法律要反映市场经济规律，如价值规律、供求规律、资源配置规律、竞争规律等。根据建立社会主义市场经济体制的要求建立相应的法律体系。

市场经济法律体系的基本框架

这个问题法学界和有关部门一直有不同的意见和建议。根据多方面的研究和多年来实践的总结，八届全国人大第四次会议通过的《国民经济和社会发展“九五”计划和 2010 年远景目标纲要》确定了我国社会主义市场经济法律体系框架。这一基本框架主要是从工作的角度，从加快建立社会主义市场经济体制的要求而提出来的。

*关于规范市场主体的法律。*市场经济的主体主要是在市场上从事经济活动的自然人和法人。如各类公司企业和一切有公民权的社会成员。规范市场主体的法律，主要是确认市场主体的资格，也可以说是市场准入法。市场主体不分所有制，法律地位一律平等。企业的财产责任形式和组织形式是法律分类的主要标准，依法组建的企业，成为市场主体。规范企业的设立、变更和终止的法律，有公司法、独资企业法、合伙企业法、股份合作企业法、经纪人法、商业银行法、破产法等。对进入市场的自然人和社会组织，也必须制定相应的法律加以调整。

*关于规范市场行为的法律。*规范各类主体在市场中的行为，必须遵循自愿、公平、等价、有偿和诚实、信用的原则，必须

遵循价值规律,体现等价交换、平等竞争精神。在对财产的占有、使用、处分和收益时,必须依法进行。在行使权利的同时,还要履行相应的义务,承担相应的法律责任。例如,物权、债权和知识产权方面的法律法规,以及票据法、证券法、期货交易法、房地产交易法、保险法等法律。

关于规范市场秩序的法律。要保证市场有效地配置资源,建立统一的市场,保证正当竞争,维护消费者和社会的公共利益。这就要求制定反垄断法、反不正当竞争法、消费者权益保护法、广告法、商品质量检验法、市场管理法等法律。

关于规范宏观调控的法律。要将以计划、行政为主的方法,转变为以经济、法律为主,辅之以必要的行政手段,对宏观经济进行管理和调控。政府要依法行政,依法进行宏观经济管理,依法改进对国有资产的管理,建立使计划、金融和财政之间相互配合和制约,能够综合协调宏观经济政策和依法运用经济杠杆的机制。因此,必须制定计划法、物价法、预算法、中国人民银行法、税法等法律。通过法律手段,可以保证宏观调控的客观性、科学性和稳定性,克服市场经济的自发性和盲目性的弱点。

关于规范劳动和社会保障的法律。要健全社会保障体系,尊重劳动者的价值,保护劳动者的权益,必须制定劳动法、社会救济法、社会保障法、住房公积金条例等法律法规。例如,1994年国务院发布了《关于深化城镇住房制度改革的决定》,把住房公积金制度作为构筑城镇住房新体制的基础。1996年8月,国务院办公厅转发了《关于加强住房公积金管理的意见》,明确了住房公积金的性质和管理原则。为规范各地住房公积金的管理,急需一部全国性的法律法规。

关于规范对外开放、涉外经济的法律。要按照国际经济运行的规则,建立起统一规范的涉外经济交流合作体制,这就需要制定对外贸易法、关税法、海关法、外商投资法、反倾销法等法律。例如,一些西方国家视中国为"非市场经济国家",对中国实行歧视性贸易政策。对中国产品实行的反倾销制裁的依据是他们的反倾销法。中国市场近些年来也面临有的外国产品的倾销冲击,但是因为我们还没有一部《反倾销法》,因而不能依法保护我们的民族工业。

同时,还要制定和完善振兴基础产业和支柱产业、保护环境资源、保护知识产权等方面的法律。

上述有关方面的法律构成我国市场经济法律体系的基本框架。这些法律的制定,标志着社会主义市场经济法律体系的基本建立。随着经济的发展,这个体系也将继续完善和成熟。也可以这样说,我国市场经济法律体系的完善之日,就是我国社会主义市场经济新体制建成之时。

需要深入研究的几个问题

(一)关于法的阶级性

法律是有阶级性的。奴隶社会的法是奴隶主阶级意志的体现;封建社会的法是封建地主阶级意志的体现;资本主义社会的法律体现了资产阶级的意志;社会主义社会的法律则是工人阶级领导下的广大人民的意志的体现。我国宪法第一章第一条规定:"中华人民共和国是工人阶级领导的、以工农联盟为基础的人民民主专政的社会主义国家。社会主义制度是中华人民共和国的根本制度。禁止任何组织或者个人破坏社会主义制度。"宪法的这一规定,明确了我国的性质,体现了我国工人阶级和广大人民的意志。它具有鲜明的阶级性。依据宪法制定的法律、法规,同样具有鲜明的阶级性。

法律具有阶级性,同时还具有科学性。所谓科学性,一是要反映社会发展的客观规律,二是要严格按立法程序立法。法律要受社会发展规律的制约,不符合客观规律的法律,或迟或早要让位于符合客观规律的法律。法律的科学性主要依据于统治阶级对客观规律的认识程度。统治阶级是否代表先进生产力,是否走出了狭隘与偏见,又决定了统治阶级对客观规律的认识深度。工人阶级作为社会主义国家的主人,能够正确认识社会规律,应制定出完备的、科学的法律体系。可以说,具有科学性的法,是直接、准确地反映生产力要求的上层建筑,是能够有力推动生产力发展的上层建筑。

(二)关于改革过程的立法

改革就要改变现行体制和秩序,确立新体制和新秩序。改革与立法,相辅相成,改革成果通过立法巩固,立法保障改革健康发展。我国过去适应计划经济体制的法律体系并没有完全形成,管理国家主要是靠行政行为。建立市场经济体制,需要制定大批新的法律。现在的问题是如何使改革与立法紧密结合。根据市场经济的发展需要,不适应的法要及时废除和修改完善,没有的法要及时立,做到立法和改革紧密配合协调运行。从中外历史的经验看,要保证新的经济体制和运行机制在法律规范下正常运行,就应及时把实践证明是正确的改革经验和做法用法律的形式肯定下来。市场经济中带规律性的东西,应尽可能先立法,避免出现立法滞后于改革需要,造成损失和混乱。对一时尚不具备条件的或尚在试验阶段的,可先制定政策或暂行条例,等条件成熟,再上升为国家法律,例如住房、养老、医疗制度。

(三)关于制度创新

我国正在建立的新经济体制,是在社会主义制度下,以公有制为主体的市场经济体制,这与建立在私有制基础上的市场经济不同,是一种制度创新,是人类历史上尚没有的新的经济体制。它更能解放生产力,更能促进生产力发展,更有活力,更有效率,也更公正。从高度集中的计划经济体制转变到市场经济体制,相应的市场制度、有关市场经济的法律都是从无到有。在立法上没有现成的模式,不能照抄照搬,必须根据我国国情和市场经济的需要进行创新。

—如市场主体。我国坚持以公有制经济为主体,就有一个如何以法律的形式确立和规范公有制经济(国有经济、集体经济)的市场主体地位问题,这是不同于西方市场经济的一个特征。我们把国营企业改为国有、国家投资的企业,引入乡镇企业、股份合作制企业的制度,其目的就是确立和规范公有制的主体。

—如财产权制度。财产权是所有制的法律用语,我国宪法明确规定,社会主义的公共财产神圣不可侵犯。国家保护公民的合法收入、储蓄、房屋和其他合法财产的所有权。在法律上确立和规范国家所有权、集体所有权的产权制度这又是一个重要特征。我们引入了法人财产权的概念,其目的就是解决国家所有权和企业拥有独立经营的法人财产权的关系问题。

—如行为制度。在市场经济中,利益在法律上表现为权利,权利的取得和行使都要通过行为。行为主要包括投资行为和交易行为等,其核心是交易规则。在市场经济中进行投资和交易,要有行为规范和竞争规则,要建立一系列制度。在我国劳动者是社会的主人,由于主体不同,其行为方面依据的法律与西方也有不同,这是又一个特征。如合同、契约等方面对劳动者的地位、利益的保护问题,最终消除剥削,实现共同富裕的问题等,都要探索和研究。

—如宏观经济制度。建立宏观经济体制,实行宏观调控,是中央政府的职责,是国家的权力。强调宏观经济是我国的一个特点，是经济法的重要任务。我国既强调集中统一的市场，又强调中央和地方两个积极性，既强调经济平衡，又强调结构优化，既强调宏观调控，又强调微观搞活。

（四）关于借鉴国际经验

社会主义市场经济既要体现市场经济的一些共性特征，又要反映中国的国情特点。世界上的市场经济已有两、三百年的历史，积累了大量的经验。因此，建立新的法律体系要正确处理好立足国情与借鉴吸收的关系。国际上成熟的市场经济体制及其法律制度，有许多是人类文明的共同成果。其中凡是反映生产力发展一般规律的，凡是符合国际通行惯例的，凡是符合中国国情的，都值得我们认真研究和借鉴。

所谓符合中国实际，应从三个方面来认识：其一，我国是社会主义国家，处于社会主义初级阶段，走的是一条有中国特色的社会主义道路。其二，我国的改革开放、社会主义现代化建设和建立社会主义市场经济体制的伟大实践，是当前中国的最大的实际，我国的市场经济法律体系的建立必须符合这个实际。其三，我们中华民族有着自己的民族特性、历史文化和几千年的法制传统，我们在构建法律体系时，不要数典忘祖，而是要扬长避短，古为今用，继承和发扬中华民族 的优良传统。

所谓符合国际惯例，就是要遵守市场经济的共同规律，对各国现代法律中已有的、反映市场经济共同规律的法律概念、法律原则和法律制度以及立法经验、法学理论的新成果都可以大胆借鉴。对适合我国国情的有关法律条文，也可以研究、借鉴。例如专利法、海商法等法律，在起草过程中，都借鉴了国外一些立法经验。随着深化改革和扩大开放，我们将越来越多地参予国际竞争，尽可能扩大世界市场的占有份额，我国经济的国际化程度将愈来愈高。因此，我国的市场经济法律体系也必须符合国际规则的要求。

在借鉴外国法制经验方面，必须坚持结合中国国情，以我为主，博采众长，区分轻重缓急，大胆借鉴。但是，借鉴不是照抄照搬。立法实践说明一切照抄、照搬，都将归于失败。这个历史经验必须汲取。

（五）关于法制统一

江泽民同志在十四届五中全会《正确处理社会主义现代化建设中的若干重大关系》的讲话中指出："全国经济是一个有机的整体，中央必须制定和实施全国性的法律、方针、政策，才能保证总量平衡和结构优化，维护全国市场的统一，促进国民经济有序运行和协调发展。"经济发展要求形成全国统一的大市场。对外封锁、市场割裂、地方保护主义是封建经济的特征，不是市场经济的特征。发展大市场，是经济发展的必然要求。闭关锁国、闭省锁市只能落后，毫无出路。一个国家的市场必须统一。市场的统一性和秩序性要求法制统一。而法制统一，又是市场统一有序的保障，是国家统一性的保障。

国家的立法包括全国人大制定的基本法律、全国人大常委会制定的法律（统称法律）、国务院行政法规和地方性法规。从法律效力上看，宪法具有最高的法律效力，所有法律、行政法规、地方性法规不得与宪法相抵触，否则无效。行政法规不得与法律相违背，地方性法规不得与宪法、法律和行政法规相抵触。我国社会主义立法体制和法律效力结构是有利于市场法制统一的。统一首先是立法制度的统一，其次是法律法规解释权的统一，最后是司法权和行政执法的统一。

在实践中，我们要处理好法制统一和地方、部门立法的关系。涉及国家根本的政治制度、经济制度、司法制度、以及关系全国统一市场经济活动准则，体现宏观经济调控权的财税制度、金融制度、外贸制度等，原则上应当由中央立法；制定法律的条件暂不成熟的，可以先由国务院制定条例，实践一段，总结经验，及时上升为法律；地方可以在法定权限内，在同宪法、法律和行政法规不抵触的前提下，制定地方性法规。如果国家制定法律、行政法规的条件暂不成熟的，地方可以根据中央统一部署，进行试点，先制定地方性法规。一旦条件成熟，中央立法后，一切地方法规则必须及时修改，以服从中央法律。

应该看到，地方立法是我国社会主义立法体制中的一部分。但我国是单一制国家，不是联邦制国家，必须避免和克服地方保护主义对统一市场的分割和垄断，更不能以改革开放为名，自立法规，自行其是。还必须看到，由于目前各种法律草案绝大多数是由政府部门提出的，在现实中出现了部门利益权力化、权力法律化的倾向，即一些单位从部门利益、地方利益出发，通过制定法律法规强化或者扩大自己的行政权力。这势必破坏市场的统一和经济的运行，必须予以纠正。制定法律一定要从全局出发，从维护国家和人民的根本利益出发，自觉维护全国市场统一，打破各种封锁分割状态，消除各种壁垒和障碍。

（六）关于民商法和经济法

民商法中的民法主要是调整平等主体之间的财产关系和人身关系，商法调整平等主体之间的商事关系或商事行为。民商法所调整的社会关系都是市场经济中的重要经济关系。所有的法人、自然人在市场经济中都要依民商法行事。民商法是市场经济中最重要的法律之一。传统法学主张以民商法为市场经济法律体系的核心，可见它的重要地位。

经济法的产生晚于民商法。它是在宏观经济理论建立以后，在西方逐渐发展起来的。经济法调整的对象是国家对经济实行宏观调控和管理所涉及到经济关系，它具有国家干预、引导和规范市场经济的作用，如计划法、预算法、中央银行法、反不正当竞争法、反垄断法等。在市场经济中，国家对经济干预，主要是依法运用经济手段进行调控。法律是这种行为的保障，体现了国家的意志。经济法是国家保持经济稳定，结构优化，可持续发展职能的法律依据。

民商法和经济法的不同调整对象，一定程度上反映了私法与公法在市场经济法律体系中的不同作用。虽然没有哪个国家明文规定公法和私法，但在法学上认为这种分法是法律秩序的基础，有利于法律制度的建立。私法主要是规范、调整社会经济法人和自然人行为的。公法主要是规范和调整政府行政部门行为的。国家作为公权的代表者，依法实施经济法，调控和管理经济。国家作为所有者进行投资、交易、经营企业，则要政企分开，建立国有企业法人制度，依民商法与其它经济成分处于平等地位。我国的新法律体系，既要充分保障市场主体之间的自由而公平的竞争，又要确保国家对市场的宏观调控。因此，新的法律体系要兼容私法和公法，使民商法与经济法共同发展和完善。

（七）关于严格执法

我国市场经济法律体系在立法中构建，在执法和监督中得到实施和维护，在实践中不断发展和完善。目前，轻视法的作用，法制观念不强，有法不依，执法不严，还是较普遍的现象，对社会有极大的危害。因此，必须一手抓立法，一手抓执法。

应该看到，成熟的市场经济，必须有完备的法律体系。这就如同现代城市必须有严格的交通规则是一个道理。法律一经制定，就必须认真贯彻执行，做到有法必依、执法必严、违法必究，使法律具有极大的权威。必须坚决反对以言代法、以权压法,更不允许执法犯法、徇私枉法。法律的权威性,是一个国家公共权力能否正常运行,实行法治的重要标志,是法制化社会的标志。我们党的各级组织和广大党员,各级政府机构和政府公务人员,特别是领导干部,都要自觉遵守和维护宪法与法律,严格依法办事,为社会做出表率。同时要加强执法的检查监督,确保各项法律法规的贯彻落实。完备的法制,要求立法机制、执法机制、监督机制的建立和有效运作。三者缺一不可。

(八)关于法律的修改完善

法律的权威性,要求法律具有稳定性。法律结构和法律内容,未经法定程序,不能随意变更或修改。然而,随着生产力的发展,当政治的、经济的、社会的关系产生了变化,就会引起法律的修改。法律修改是保持法律稳定的一种调节机制,是对法律的完善,是法律发展和完善的重要形式。但是法只能修改,绝对不能违反。对法律的修改,必须经过法定程序,由立法机关进行。一切其它方式的修改不仅无效,还是违法的。

在建立新体制过程中,客观要求将改革开放的政策定型化和条文化,对不适应市场经济新体制的法律进行修改。1993年修改宪法,确立"市场经济"的法律地位,就是突出的例证。1986年六届全国人大第18次常委会通过的《企业破产法》,对于市场经济条件下建立优胜劣汰机制是一个推动。但这个法仅适用于国有企业,对破产企业的历史包袱和人员安置等问题,也缺乏具体办法。因此全国人大财经委正在起草一部新破产法。

应该看到,法的完善是改革与发展的内在要求,法律在不断修改中逐步完善。修改法律是法制建设的重要内容,并具有立法性质,因此,必须按照立法程序进行修改。在立法机关没有修改以前,任何人和单位都不能以法律不适应新形势和新情况为由拒不执行法律。法只能由立法机关依法定程序修改,这是法的权威性和普遍约束力的基本要求。否则,法律的稳定性和严肃性就会受到破坏,社会会混乱,市场会无序,腐败会蔓延。

总之,改革时期是生产关系和经济关系都在激烈变化的时期。我们既要不断制定新的法律规范,又要不断对现行的法律法规进行修改完善。不能幻想新的法律是完美无缺、长期不变的,也不能借口有些法律法规带有过渡性就长期搁置,或者借口其阶段性而不执行。世界上从来就没有千年不变的法律。应该看到生产力是发展的,客观形势是变化的,修改法律也应该是立法上的经常工作。

(作者:中共中央政治局委员、国务委员、国家经济体制改革委员会主任)

正确认识当前股票市场

人民日报特约评论员

今年4月以来,股票市场逐步回升,10月以后出现暴涨。从4月1日到12月9日,上证综合指数涨幅达120%,深证成份指数涨幅达340%。这在国际证券市场上是罕见的。当前,炒股已成社会热门话题,各界人士争相入市,证券交易所几个月来新增投资者开户数800多万,总数超过2100万,股民已占城市人口相当大的比例。股票市场快步上升为我国金融市场的一个重要组成部分。对我国股票市场目前的状况,我们应有一个清醒的认识。

股市因何出现暴涨

中国股市今年快速上涨,有其合理的经济根据,即全球股市普遍上扬和国内经济形势明显好转。但是,最近一个时期的暴涨则是不正常的和非理性的。第一,从市盈率的国际比较看。以12月9日为例,上海市场平均市盈率达44倍,深圳市场达55倍。而国际股市绝大多数都在20倍左右,例如纽约市场为19倍,伦敦市场为17倍,德国市场为29倍,香港市场为18倍,新加坡市场为21倍。中国股市明显处于过高状态。第二,从上市公司的经营业绩看。去年上市公司平均每股税后利润0.25元,今年上半年为0.14元,也就是说,目前上市公司的经营业绩不可能长期支持这么高的股价。第三,从违规活动与股价指数及成交额的联系看。今年以来,市场违规活动呈递增趋势,二季度末以后明显增加,与此对照,股指飞速上升,成交额急剧增加,速度之快,异乎寻常。从个股看,股价全面上扬,经常全线"飘红"。10月以后,少数亏损企业的"垃圾股"也被炒到七、八元钱甚至还高,被称为"鸡犬升天",令人不可思议。从成交额看,沪深两个证券交易所日均成交额,今年9月份为87亿元,12月后达200亿元以上,12月5日这一天竟达到350亿元,约相当于香港股市最高日成交额的三倍,而我国股市可流通股总市值只相当于香港股市的十分之一,这就意味着股票交易过度投机明显。

当前股市超常暴涨的原因主要有以下几个方面:

第一、机构大户操纵市场　一些资金大户利用股市飚升和散户跟风,频频坐庄,轮番炒作。这些大户多属国有企业,凭借其地位、关系,呼风唤雨,牟取暴利。他们一掷亿金,不计风险,成则腰缠万贯,败则贻害国家。这可以说是国有企业机制转变时期中国股票市场的一种特有现象。

第二、银行违规资金入市　例如工商银行合肥分行和中信银行济南分行在安徽古井贡酒和济南柴油机两家公司发行股票期间,分别拆借资金117.59亿元和48亿元给非银行金融机构炒买股票。大量银行资金流入股市,推动了股价的上扬。

第三、证券机构违规透支　例如中山证券公司、广东发展银行江门分行、海南港澳国际信托投资有限公司等证券经营机构在江苏索普和青海明胶两公司发行股票期间,违规透支16.5亿元买股票。

第四、新闻媒介推波助澜　一部分报刊、电台、电视台、声讯台的股评节目和证券咨询机构极少进行风险告诫,而是一味鼓噪,有的甚至传播谣言,误导股民。一些非法出版物信口开河,发布"大牛市赚大钱"一类毫不负责的言论,以此招徕读者,牟取利益。

第五、误导误信股民跟风　实际上股票市场没有永远的多头,总是有涨有落,暴涨必暴落,各国股市无一例外。由于相当多的投资者在股票上升时期新入市,没有摔过跤,缺乏风险意识,轻信舆论误导,误认股市必能不跌。

还有一个心理因素不可忽视。由于今年抑制通货膨胀成绩显著，银行对新增储蓄取消保值贴补，又两次降低存、贷款利率，不少市民认为储蓄存款收益率低了，不如炒股，风险不大，获利更多。这是一种误解。实际上，去年定期储蓄存款利息为10.98%（一年期），但去年零售物价上涨幅度为14.8%，存款实际利率为负3.82%，也就是说存款贬值了。今年调整后的存款利率为7.47%（一年期），但零售物价指数只上涨6.2%，实际存款利率为正1.27%，储户得到的实利比去年多。银行储蓄仍然是收益稳定、最安全可靠的投资方式。

目前中国股市的过热情况，使我们联想到美国1929年的股灾。当时，美国股市也是一片涨声，在纽约，连出租车司机和街头擦皮鞋的都加入了股民大军。不管什么阶层的人，见面几乎都是议论股票，没有人认为股市会跌。这就是所谓的“羊群效应”。在这种气氛下，股指一路狂涨，到9月达452点。但好景不长，终于发生震惊世界的大崩溃，从10月开始一路狂跌，一直跌到1932年的58点，使很多银行、公司和个人都倾家荡产。中国的股民，应从全球多次股灾中汲取教训。

股市有涨必有落

考察各国股票市场发展的历史，可以看出，没有只涨不跌的股市，缓涨可能缓跌，暴涨必然暴跌，这是各国股市的一条共同规律。八十年代，日本证券市场高度泡沫化，日经指数从1988年初的21564点一路上涨，到1989年底涨幅达80%，但从1990年初的38921点开始一路下跌，到1992年8月跌到14194点，跌幅达63%，之后长期低迷，始终在15000到20000多点之间徘徊。

我国证券市场在过去短短几年中，股票指数出现了三次大起大落。以上海为例，第一次从1992年5月的1422点跌到1992年11月的394点，第二次从1993年2月的1537点跌到1994年7月的334点，第三次从1994年9月的1033点跌到1996年初的537点。在这三次大的波动中，大量机构和个人投资者被套牢，或者被迫“断臂割肉”，蒙受很大损失，严重打击了投资者信心，使证券市场长期处于低迷状况。

暴涨所以会导致暴跌，是客观经济规律决定的。价格决定于价值，价格严重背离价值的情况只会是暂时的、短期的和有条件的，而不可能是长期的、永久的和绝对的。在一般情况下，股票价格主要是由上市公司业绩决定的。就某一个上市公司而言，经营业绩可能会因某种特殊的商业机会或发明创造而在一定时期内高速增长。但绝大多数公司的经营业绩是与国民经济的整体发展状况相联系的。上市公司即使比一般公司经营业绩好一些，也是有限度的。因此，作为体现上市公司群体股票价格水平的指数，无论是综合指数，还是成份指数，都是与国民经济发展的整体水平密切相关的，是国民经济发展状况的反映。正是由于这一内在规律的作用，一些国家股市在进入相对成熟的阶段后虽必有涨落，但一般不会在短期内出现超常的大起大落，而是处于相对稳定的状态。一旦出现大的起伏，也是其国民经济状况出现异常的一种必然反映。但在中国，由于上市公司的数量少，规模小，在国民经济中所占份额不大，股指的暴涨暴跌并不反映国民经济的整体状况，而主要是反映了市场的投机程度。换句话说，在市场发展初期，股市暴涨暴跌的主要原因 是市场参与者的过度投机。

股市出现暴涨暴跌，无论对投资者，还是对社会，后果都是相当严重的。例如1987年10月“黑色星期一”，美国道·琼斯指数一天内下跌23%，一周内累计跌幅达31%，市值损失一万亿美元，不少公司遭受严重损失。1994年底，墨西哥发生了震动全球的金融危机，一个月之内，股市狂跌，墨西哥比索贬值1/3以上。不仅几乎导致墨西哥经济的瘫痪，而且影响整个美洲金融市场，对世界也有不同程度的影响。

对于股市暴涨必然带来暴跌，不少机构和个人投资者都不以为然，他们众口一词，说明年香港要回归，十五大要召开，政府一定要把经济搞好，绝对不会让股市掉下来。这一种对股市的估计是十分糊涂的看法。政府要把经济搞好是真，但绝对不会在股市暴跌时去托市，也托不起市。投资者对此不能抱有任何幻想。投资股市，风险自负，赚钱自得，损失自担，这在任何国家都一样。目前的股市已到了很不正常的状况，孕育的市场风险越来越大，需要引起投资者足够的重视。道·琼斯指数今年涨了27%，12月5日美国联邦储备委员会主席格林斯潘就出来提醒公众，股市存在非理性的过热因素。这难道还不足以使我们引以为戒，恢复理智吗？

坚持“八字方针”规范证券市场

我国证券市场还处在不成熟的成长阶段。证券市场从不成熟到成熟的转变，需要具备比较完善的法律制度，集中统一的监管体系，行之 有效的行业自律机制，富有经验的监管力量，具有投资理念的投资者队伍，以及比较完善的金融制度、公司制度和财会制度。这些条件相辅相成，构筑了证券市场规范发展的基础。没有这种基础，证券市场的健康发展是不可能的。“欲速则不达”，不顾客观条件搞泡沫经济，到头来是搬起石头砸自己的脚，延缓市场发展的进程。这是国际证券界的共识。

正是在总结国内外经验教训的基础上，国务院去年提出了关于证券市场发展的“法制、监管、自律、规范”八字方针。这个方针完全符合我国证券市场的实际情况。根据“八字方针”，证券监管部门把制定法规，加强监管，规范市场，保护投资者利益，促进证券市场健康发展作为主要任务。1992年底以来，国家颁布了《公司法》、《股票发行与交易管理暂行条例》和《禁止证券欺诈行为暂行办法》等一系列法律、法规。依照这些法律、法规，在国务院领导下，证券监管部门在规范和培育市场方面做了大量工作，使证券市场在规模和质量上都上了一个台阶。上市公司从1992年的53家发展到今年11月底的501家，为国有企业筹集资金和转换机制发挥了积极作用。债券市场也获得较大发展，为深化财政和金融改革创造了一定条件。同时在加强市场监管，打击违规行为，维护市场秩序方面，也取得了重要经验。

今年4月以来，证券市场逐步走出前两年的低迷状态，出现了快速上升的势头。面对市场出现的各种违规行为，证券监管部门采取了一系列措施，加大了监管力度：

第一，自7月24日以来，先后发布了《关于规范上市公司行为若干问题的通知》、《证券交易所管理办法》、《关于坚决制止股票发行中透支等行为的通知》、《关于防范运作风险、保障经营安全的通知》、《关于严禁信用交易的通知》、《证券经营机构证券自营业务管理办法》、《关于进一步加强市场监管的通知》、《关于严禁操纵市场行为的通知》、《关于加强证券市场稽查工作，严厉打击证券违法违规行为的通知》等一系列规定。还专门下发了《关于加强风险管理和教育工作的通知》，要求市场各方面注意防范风险，加强风险宣传，告诫投资者，买卖股票的风险只能是自己承担。

第二，处罚了一批违规案件。现已对违规拆借资金的工商银行合肥分行和中信银行济南分行的负责人进行严肃处理。同时国务院已明确规定，今后凡利用银行拆借资金炒作股票的,主办行长一律撤职并调离银行工作。对在股票申购中违规的华银国际信托投资公司、华夏证券有限公司、广东发展银行江门分行、中山证券公司等44家机构处以警告并罚款。对违规给客户透支的深圳发展银行和海通证券公司等处以警告并罚款。对不及时刊登《人民日报》重要社论的《证券时报》和《上海证券报》处以停止上市公司信息披露指定报刊资格一个月,两名副总编被停职检查。对两个证券交易所的违规行为也予以通报批评。

进一步抑制过度投机

对于目前证券市场的严重过度投机和可能造成的风险,我们要予以高度警惕。证券市场的风险往往是系统风险,关系经济的全局和社会的稳定。各方面都要认真贯彻中央经济工作会议精神,特别注意维护证券市场的健康发展,保证不出大的问题。几年以来,特别是近期股市反映的问题,进一步印证了一个道理:规范是证券市场健康发展的前提,是证券市场健康发展的生命线。过度投机是市场不成熟的反映。在我国证券市场从不成熟走向成熟的过程中,抑制过度投机、保护投资者的利益是一项长期任务。要想抑制过度投机,防范市场风险,维护市场稳定发展,就必须坚定不移地贯彻"法制、监管、自律、规范"八字方针,抓紧抓好市场基础设施建设,进一步完善法规,理顺体制,并切实加强和抓好市场监管工作。针对目前情况,要本着加强监管,增加供给,正确引导,保持稳定的原则,做好以下工作:

第一,进一步加强监管。近期内在全国范围内组织一次对证券经营活动中违法违规情况的普查。先由各地人民银行分行、审计厅、证管办等单位组织本地公司进行自查,在此基础上由人民银行总行、国家审计署和中国证监会等有关单位组成若干联合检查组,对重点地区、重点大企业进行检查,发现问题严肃处理。要彻底切断银行资金流入股市炒作,银行不能贷款给企业炒股票,企业也不能用银行贷款炒股票。要坚决打击各类机构和大户操纵市场的活动。要严格禁止证券经营机构向客户透支和超比例自营。要从严处罚上市公司的内幕交易以及买卖或配合他人买卖本公司股票的行为。证券交易所要彻底改变重发展轻监管的倾向,切实把工作重点转移到监管上来,首先要做到严格守法,同时要切实履行一线监管职责。

第二,继续公开处理违规案件。有关部门已决定,对动用发行股票集资所得炒作股票获利的湖南张家界旅游开发股份有限公司没收全部非法所得,并进行罚款,对有关责任人给予行政处分。对其它违规的证券经营机构和上市公司也要尽快处理。

第三,实行涨跌停板制度和完善市场信息公开制度。上海、深圳证券交易所已制定办法,实行涨跌停板制度,要切实做好这项工作。同时要选择每天涨幅最大的前几名股票,将占这些股票成交额比重较大的证券经营机构向社会公布,增加市场透明度。

第四,建立证券行业禁入制度。对证券行业各类机构的高级管理人员及从事证券交易的机构和个人,凡违法违规者,除按现行法规予以处罚外,还要视情节轻重,暂时或永久禁止他们在证券行业各类机构任职或者从事证券交易,将扰乱市场秩序的"害群之马"清除出证券市场。

第五,加强风险管理。证券交易所、证券结算登记公司和证券经营机构要在各自职责范围内,采取措施,防范风险,保证交易、清算、登记系统不出大的问题,维护市场安全运行。

第六,增加供给。根据目前市场需求旺盛的情况,近期将公布1996年度新股发行总规模,陆续选择一批效益好的国有大中型企业发行股票上市,满足广大投资者的需要。

第七,做好舆论导向工作。要整顿证券舆论宣传阵地,坚决取缔各种非法刊物。有关新闻媒介要组织力量,系统介绍国内外证券市场的风险案例,对投资者进行风险教育。股市报道和股评文章绝对不能制造或传播虚假信息,鼓励投机,误导股民。要尽快颁布《证券咨询机构管理办法》,对咨询机构及股评人士实行资格管理。

第八,实行集中统一的管理体制。各地方、各部门不能自行其事,干预股市,要与中央保持一致,自觉维护好全国集中统一的证券市场管理体制,贯彻执行国家关于证券市场的方针政策,维护好本地的市场秩序和社会稳定。

道路是曲折的,前途是光明的。中国证券市场从不成熟走向成熟,从不规范走向规范,任重而道远。尽管当前证券市场存在着种种弊端,我们的工作面临重重困难,但只要我们遵循邓小平建设有中国特色的社会主义理论,坚决贯彻执行党中央、国务院的方针、政策,不断总结经验教训,群策群力,坚持不懈,就一定能把我国证券市场逐步建设成一个规范化的、健康发展的市场,为发展社会主义市场经济作出贡献。

(1996年12月16日《人民日报》)

坚持公有制为主体　多种所有制经济共同发展

《求是》杂志评论员

金秋时节,具有深远历史意义的党的十五大胜利闭幕,我们又迎来了中华人民共和国的第四十八个生日,全党、全国人民正按照中央的部署,掀起认真学习贯彻党的十五大精神的热潮。党的十五大的一个极其重要的内容,就是根据马克思主义基本原理,结合中国社会主义初级阶段的实际,对所有制问题作出了科学的理论回答,并据此作出把"公有制为主体,多种所有制经济共同发展"作为社会主义初级阶段的一项基本经济制度来坚持,调整与完善所有制结构,寻找能够极大促进生产力发展的公有制实现形式的重大决策。党中央的这一重大决策,必将大大推动我国社会主义现代化和改革开放事业。认真学习与领会这一精神,将会使我们对建设有中国特色社会主义的经济有更加深刻的理解,对经济体制改革的方向更加明确。

把公有制为主体,多种所有制经济共同发展确立为社会主义初级阶段的一项基本经济制度,是由社会主义初级阶段的国情决定的。我国是社会主义国家,必须以公有制为社会主义经济制度的基础。只有坚持以公有制为主体,生产力的发展,社会物质财富的增加,才能为广大劳动者共同分享,按劳分配为主的原则才能得以贯彻实行,才能实现劳动者的共同富裕,保证我国社会制度的社会主义性质;只有以公有制为主体，才能保证那些社会生产发展和人民生活必需的，社会效益大、微观效益差的行业与部门对资源的需要，从而满足社会生产和人民生活对这些产品和服务的需求，保证经济的稳定发展和人民基本生活需求得到满足。在社会主义初级阶段，我国生产力总体水平还比较低，发展不平衡，必须根据这种状况，形成合理的所有制结构。要适应现代化、社会化大生产的要求，并根据一些行业本身的特点、性质、作用和地位建立社会主义全民所有制或者集体所有制。非公有制经济是我国社会主义市场经济的重要组成部分，要鼓励、引导个体、私营和外资等非公有制经济的健康发展，以调动各方面积极性，充分利用社会资源，发展生产力，增加有效供给，扩大社会就业。只有这样，才能与我国当前的生产力水平相适应，才有利于生产力的发展和社会的进步。邓小平同志提出的衡量改革和一切工作成败得失的“三个有利于”的标准，也是衡量所有制结构是否合理的标准，一切符合“三个有利于”标准的所有制形式都可以而且应该用来为社会主义服务。坚持公有制为主体，多种所有制经济共同发展，与社会主义初级阶段的生产力水平相适应，有利于发展社会主义社会的生产力，有利于增强社会主义国家的综合国力，有利于提高人民的生活水平，必须毫不动摇地予以坚持。党的十一届三中全会以前，我们在长时期内脱离了社会主义初级阶段的实际，从原则和本本出发，片面强调发展全民所有制经济，盲目地搞所有制的“升级”，似乎越大越公越好，公有程度越高，就越是社会主义，不重视其他公有制经济的发展，更不允许个体、私营经济存在与发展，结果超越了生产力发展水平，阻碍了生产力的发展和人民生活水平的提高，影响了国家综合实力的增强。改革开放以来，我们党在邓小平理论指引下，实行以公有制为主体，多种所有制经济共同发展的政策，使得生产关系与生产力之间的关系由原来的不相适应变得比较适应，出现了经济迅速发展，国家综合实力大大增强，人民生活水平显著提高的大好局面。实践证明，“公有制为主体，多种所有制经济共同发展”，符合我国实际，符合“三个有利于”的标准，在整个社会主义初级阶段必须始终坚持。

要全面认识公有制经济的含义。公有制经济的内涵就是生产资料归全体劳动者或者劳动者集体共同所有并根据所有权获得相应的收益，承担相应的风险，实行按劳分配的原则。从外延上看，十五大报告指出，公有制经济不仅包括国有经济和集体经济，还包括混合所有制经济中的国有成分和集体成分。只把全民所有制企业和集体企业视为公有制经济，而不承认混合经济中的国有经济和集体经济成分也是公有制的观点是错误的。在理论上承认国有经济和集体经济都是公有制经济，但是在实际工作中只重视国有经济的发展，相对忽视集体经济的发展，不利于坚持公有制为主体，不符合党的十五大精神。

在社会主义市场经济条件下，必须坚持公有制为主体，发挥国有经济的主导作用。公有制的主体地位主要体现在：公有资产在社会总资产中占优势；国有经济控制国民经济的命脉，对经济发展发挥主导作用。公有资产占优势，不仅要有量的优势，更应该注重质的提高。公有资产只有数量上的优势，但是质量不高，经营管理不善，资源利用效率与效益低下，不能向社会提供应有的物质产品和服务，就会影响人民生活水平的提高，延缓人民走向共同富裕的进程，就不能发挥公有制经济对社会经济发展的引导作用，使我国经济沿着有利于大多数人共同富裕的方向健康发展，公有制的主体地位就不能得到体现，社会主义的优越性就不能得到充分体现。因此，必须通过深化企业改革，加强与改善管理，加快企业技术进步等措施，使公有资产得到更加有效的利用，提高公有资产的运营效果，保证公有资产的质量不断提高。国有经济起主导作用，主要体现在控制力上。只要坚持公有制为主体，国家控制了国民经济的命脉，国有经济比重减少一些，但控制力和竞争力得到了增强，就不仅不会影响我国的社会主义性质，而且更有利于发挥国有经济的主导作用。要致力于提高国有经济的竞争力和控制力，确保国家控制国民经济的命脉，通过国有经济的经济活动和实际上可以支配的资本，影响并规定社会经济的发展方向，更好地发挥国有经济的主导作用，保证我国的社会主义性质。

当前经济工作的一个重要任务是要从战略上调整国有经济的布局，调整与完善所有制结构。国有资本要适当集中，收扰五指，重点加强那些关系国民经济命脉的行业，如交通运输、邮电通讯、重要的原材料生产、能源、基本设备生产与装备部门、银行业、国防工业等，同时控制具有垄断性质因而利润丰厚的行业与领域，使国有经济在这些部门占绝对支配地位，促进这些行业和领域的生产能力和服务能力迅速扩大和提高，以保证我国经济的稳定发展，为整体经济发展和人民生活提供基本保证，并保证国家安全。在其他行业和领域，主要是竞争性行业和一般性行业，国有资本要通过资产重组和结构调整，加强重点，提高国有资产的整体质量。滞留在生产能力已经出现严重过剩，存在过度竞争的部门或行业的国有资本，要坚决退出来，将资源转移到生产发展还不够充分，需求正在不断扩大的部门与行业中去，以增加有效供给，满足生产发展和人民生活的需要，规避过度竞争，提高国有资本的利用效益；国有企业要通过兼并、联合、破产等形式，按照生产经营的内在要求，冲破条条、块块的束缚，围绕优势产品和优势企业，形成跨地区、跨行业，甚至跨国经营的大型企业集团，实行规模生产，获得规模经济效益，提高国有企业的竞争实力，并通过这种措施切实增强我们的国家竞争力。

社会主义公有制是生产资料由社会成员共同所有、占有、支配、使用的所有制关系。由全体劳动者还是由部分劳动者共同所有、占有、支配、使用生产资料，所有权、占有权、支配权、使用权是如何实现的，它们之间是如何结合的，则形成了公有制的不同实现形式。作为社会主义经济制度的基础，公有制的基本性质不能改变，但是，由于生产力水平的多层次，由于公有制的范围不同，所有制包含的各种权力的实现形式和结合方式不同，公有制可以有多种实现形式。公有制的不同形式与不同的生产力水平相适应，公有制实现形式的多样化，有利于生产力的发展。所以，公有制的实现形式可以而且应该多样化，一切反映社会化大生产规律的经营方式和组织形式都可以大胆地利用。为了促进公有制经济的发展，要积极探寻能够极大促进生产力发展的公有制实现形式。在生产力水平较高，而且关系国民经济命脉的领域，就应该大力发展国有经济。在生产力水平相对比较低，适合实行集体所有制的情况下，比如在农村，就应该主要以集体所有制为主。股份制是一种现代企业的资本组织形式，有利于所有权和经营权的分离，提高企业和资本的运作效率，资本主义可以利用，社会主义也可以利用。不能笼统地说股份制是公有制还是私有制，关键看控股权掌握在谁手中。国有和集体控股，具有明显的公有性，有利于扩大国有资本的支配范围，增强公有制的主体地位。实行股份制有利于把分散的社会资本迅速地集中起来，实现资本利用的社会化，迅速扩大企业的生产和经营规模。股份制企业内部可以形成一种相互制约的权力结构，既能保证经营者有充分的经营权和决策权，又能保证所有者对经营者的有效监督，使所有者的利益不受侵害。今后应该加快大中型国有企业改造的步伐，尽快在国有大中型企业中建立现代企业制度。目前城乡大量出现的多种多样的股份合作经济，是基层干部和群众在实践中的新创造，是改革中出现的新事物，实践证明对于搞活中小型国有企业，有着比较明显的作用，应该给予肯定和支持。对劳动者劳动联合和劳动者资本联合为主的集体经济，尤其要提倡和鼓励。但是，在实行股份制和股份合作制改革过程中，要注意正确引导，积极稳妥，循序渐进，不能用行政的办法强制推行，不要急于求成，一哄而起，搞一刀切。

党的十五大关于所有制问题的重大决策和论述，是党中央坚持邓小平同志一贯倡导的实事求是，一切从实际出发的马克思主义原则的结果，是以江泽民同志为核心的党中央高举邓小平理论伟大旗帜的重要体现。所有制是生产关系的基础，所有制理论是社会主义经济理论的基石。党的十五大报告关于所有制问题的一系列论述，实现了所有制理论的重大突破，澄清了在公有制问题上存在的各种片面的、模糊的认识，是对马克思主义经济理论的继承和重大发展，必将大大推动社会主义经济理论的发展。十五大关于所有制的重大决策必将大大促进经济体制改革尤其是国有企业改革进一步深化，推动经济结构的调整与优化，促进我国整个经济的发展。我们要认真学习十五大关于所有制的论述，坚持公有制为主体，多种所有制经济共同发展，进一步解放思想，开阔思路，排除各种干扰，加快经济体制改革的步伐。特别是要进一步深化国有企业的改革，努力寻找能够极大促进生产力发展的公有制实现形式，从战略上调整国有经济的布局，加强公有制经济的主体地位，增强国有经济的竞争力和控制力，提高国有资产的质量，同时要鼓励和引导非公有制经济健康发展。这样，我们国家就一定能以经济更加繁荣，人民更加富足的崭新面貌跨入21世纪，昂首阔步走向光辉灿烂的未来！

（1997年第19期《求是》）

积极稳妥发展证券市场 进一步做好股票发行上市工作

周正庆

江泽民总书记在十五大报告中指出："公有制实现形式可以而且应当多样化。一切反映社会化生产规律的经营方式和组织形式都可以大胆利用。"通过学习和领会十五大报告精神，联系证券市场和上市公司七年来的探索和经验，使我们认识到，在公有制的多种实现形式中，国家或集体控股的上市公司是一种重要形式。部分国有企业发行股票上市，可以推动国有企业的改革和发展，壮大国有经济的实力，增强国有经济的控制力和竞争力，维护和巩固公有制在国民经济中的主体地位，有利于推动建立现代企业制度。

国有企业发行股票上市是公有制的一种重要实现形式

经过七年的发展，我国在境内外上市的公司已达742家，其中境内上市公司到1997年8月底总市值16434亿元，占国内生产总值的24%，在社会主义市场经济建设中发挥着越来越积极的作用。

（一）国有企业发行股票上市有利于巩固和增强公有制经济的主体地位

在经济体制从计划经济向社会主义市场经济转变的过程中，如何在多种经济成份共同发展的同时，增强国有经济的控制力和竞争力，保持公有制经济的主体地位，是一个新课题。十五大报告指出，股份制作为现代企业的一种资本组织形式，资本主义可以用，社会主义也可以用。股份制是公有还是私有，关键看控股权掌握在谁手中。上市公司七年来的实践证明，国有企业发行股票上市不仅没有导致私有化，反而扩大了公有资本的支配范围，有利于巩固和增强公有制在国民经济中的主体地位，有利于国有资产的保值和增值。

上市公司中公有制成份居绝对主导地位。1996年末的530家上市公司中，国家及国有企业控股的373家，占70.3%；集体企业控股的83家，占15.7%；股份有限公司和有限责任公司（股东主要是由国有企业或集体企业构成）控股的66家，占12.5%；外资企业间接控股的8家，仅占1.5%。在530家上市公司总计1219亿股本中，国有股占53%。通过发行股票上市，国有和集体经济不仅保持了对企业的控股权，而且吸纳了大量社会资金，有利于增强公有制经济的实力和影响力。

国有企业发行股票上市使国有资产得到保值增值。一是改制时评估增值。上市的国有企业通过评估，资产增值率一般为33%；二是溢价发行增值。从A股市场看，向社会公众发行股票的价格每股平均为6元左右，是发行前企业的每股净资产的4倍，国有资产享受的增值率为84%；三是经营增值。1990—1996年，上市公司年平均净资产利润率为13.9%，实现了国有资产稳步增值；四是配股增值。上市公司配股价格一般比每股净资产值高50%以上，使国有资产能够进一步增值。

（二）发行股票上市有利于搞好国有大中型企业，促进两个根本性转变

政企不分、资本金不足、技术改造乏力、经济效益低下是长期困扰国有大中型企业的难题，部分国有企业发行股票上市为解决这些问题创造了较好的条件，找到了一条新的途径。

发行股票上市开辟了企业直接融资渠道，支持了国有企业的改革和发展。在计划经济体制下，我国长期以来实行的单一的间接融资体制，企业融资几乎全靠银行贷款，国有企业的资产负债结构很不合理，严重影响了银行和企业的健康发展。适应改革开放和建设社会主义市场经济体制的需要，我国自80年代初开始逐步发展直接融资，证券市场的发展拓宽了企业融资渠道，特别是股票市场的建立和发展为解决国有企业资本金不足问题开辟了一条重要途径，从国内外吸引了大量建设资金，优化了国有企业资产负债结构，有力地支持了国有大中型企业的改革和发展。

截止到1997年8月底，我国上市公司通过境内外证券市场筹集到资金共计人民币2560亿元，其中通过发行B股、H股和其它外资股共吸引外资135.4亿美元。这些资本金的注入，有力地改善了上市国有企业的资产负债结构，为国有企业轻装上阵参与市场竞争提供了较好的财务基础。1996年，工业类上市公司平均资产负债率为50.37%，比国有工业企业平均水平65.29%低14.92个百分点。随着股票市场的发展和股票发行办法的改善，国有重点大中型企业发行股票上市的也越来越多。在国家512家重点企业中，已经上市181家，占总数的35%；120户试点企业集团中，核心企业已经上市57家，占48%；100户现代企业制度试点企业中，已经上市40户，占40%。

发行股票上市有利于促进国有企业转换经营机制，建立现代企业制度。在建立现代企业制度的过程中，上市公司起到了较好的示范作用。国有企业在上市前的改制过程中，要经过资产重组、评估和审计，要按公司法等国家有关法规确立法人治理结构，要明确募集资金的用途，并将上述信息公诸于众。上市后，要依法定期和不定期披露信息，接受股东的监督和国家证券监管部门的监管。如果公司不适应市场竞争，利润下降，广大投资者就会“用脚投票”，卖出公司股票，公司发展受到影响，公司管理层面临较大的外部压力。如果公司不遵守法规，就会受到监管部门依法查处，情节严重的，公司高级管理人员还要被禁止担任上市公司领导职务。这些要求和做法有利于推动政企分开，促进企业转换经营机制，建立现代企业制度。从实际情况看，办得好的上市公司初步理顺了产权关系，建立了产权约束机制，并形成了一定的内部制衡机制和外部约束机制，决策相对科学，管理相对规范，经营管理基本转移到以市场为导向，以提高经济效益为中心的轨道上来，逐步成为自主经营、自负盈亏、自我发展、自我约束的法人主体和市场竞争主体。

发行股票上市后国有企业经济效益明显提高。从对1993年上市的51家上市公司调查看，上市后四年的年均劳动生产率为48185元/人，是上市前两年年均劳动生产率18863元/人的2.55倍。由于国有控股上市公司上市前一般都是较好的企业，上市后多数也能保持一定的增长水平，因此，国有控股上市公司整体经济效益高于非上市的国有企业。1996年，国有控股上市公司销售利润率为9.7%，是国有大中型企业利润率1.8%的5倍；国有控股上市公司净资产收益率为9%，是国有大中型企业净资产收益率1.5%的6倍；国有控股上市公司资产总额只占国有企业资产总额的3%，但利润却占国有企业利润的23%。

证券市场作为大公司的孵化器，在我国上市公司中初现端倪。例如，上海石化通过在国际国内证券市场上融资66亿元，1996年企业净资产达到119.4亿元，主营业务收入达到122亿元，名列石化企业前茅，居上市公司榜首。四川长虹先后从证券市场筹集资金近30亿元，1996年长虹牌彩电实现销售收入105亿元，产品份额占全国市场的27%，取代日本松下成为我国市场上销量最大的彩电品牌。许多国有企业发行股票上市后，抓住机遇，快速发展，成为行业发展的排头兵。在彩电、空调、冰箱、印刷、化工、石化、化纤、医药、电力、纺织、钢铁、建材、商业、航空、摩托车、工程机械等行业，上市公司都是骨干企业，居主导或重要地位。例如，1996年电子百强企业中，前10名均是上市公司，其销售额占全行业的30%。

（三）国有企业发行股票上市有利于促进产业结构的调整和社会资源的优化配置

几年来，在上市公司的发展过程中，证券主管部门把贯彻国家产业政策，支持国家重点建设，促进产业结构调整，优化资源配置，提高资本集中度作为工作重点，收到了一定成效。

支持了农业、能源、交通、通讯、原材料等基础产业和高新技术产业的发展。基础产业和高新技术产业长期面临资金短缺的难题，证券市场的发展为其提供了一条有效的筹资渠道。截至1997年8月，上市公司通过发行A股筹集资金1384亿元，用于基础产业和高新技术产业的761亿元，占55%，加上用于支柱产业的347亿元，占到80%以上。

支持了国家重点建设和技术改造。从1993年至1997年6月，国有企业仅通过发行A股，就为79个国家重点建设项目和206个省级重点建设项目提供了资金415亿元，为54个国家技改项目和111个省级技改项目提供了资金256亿元。通过证券市场，提高了资本集中度，对于促进产业结构调整，优化资源配置发挥了积极作用。

促进了企业的收购兼并和资产重组。“大而全”、“小而全”和低水平的重复建设一直是我国经济生活中的一个顽症。上市公司由于经营机制不同，追求低成本的扩张，有着兼并重组的内在动力和能力，加之政策的因势利导，把产品经营和资本经营相结合，既使自身较快成长为控制力、竞争力强的大企业，又有利于带动和搞活一批处于困境的国有企业。目前，已有136家上市公司兼并273家国有困难企业。辽河化工通过发行股票募集资金6.68亿元，以注入资本金、承担债务方式兼并锦西天然气化工厂，使锦天化资本金增加到5.59亿元，资产负债比例由97%下降到66%，扭亏为盈，焕发出新的活力。同时，辽河化工通过兼并锦天化，总资产从21亿元增加到42亿元，主要产品尿素年产量由上市前的48万吨上升到100万吨，市场占有率由3.5%增长到7%，增强了竞争力，成为全国最大的化肥生产基地之一。深康佳是一家拥有资金、技术和品牌优势的企业，1992年上市后面临着如何扩大生产规模和市场占有率的问题。他们通过证券市场募集资金，以收购、兼并、重组等方式与内地同行业国有亏损企业进行联合，组建了几家控股子公司，实现了优势互补、共同发展，使主要产品康佳品牌彩电年产能力由1992年的88万台上升到1996年的250万台，市场占有率由1992年的1.84%上升到1996年的13%，在激烈的市场竞争中，既壮大了自己的力量，又救活了一批国有亏损企业，走出了一条产业化、低成本扩张的路子。

以“八字方针”为指导，进一步做好国有企业发行股票上市工作，为增强国有经济的控制力和竞争力服务

证券市场是高风险市场，十五大报告要求，要加强对证券市场的监管，有效防范和化解证券市场风险。上市公司是证券市场的基石，上市公司质量的好坏对于能否有效地防范和化解市场风险，促进证券市场健康发展关系极大。我国上市公司虽然取得了一定成绩，但也存在着一些不容忽视的问题和困难，应该及时采取措施加以解决，促进证券市场健康发展，更好地为国有企业的改革和发展服务，为增强国有经济的竞争力和控制力服务。

（一）上市公司还存在不少问题和困难，证券市场潜在着一些风险和隐患

上市公司存在的主要问题是：对上市认识不清，普遍存在重筹资、轻转制的倾向；部分上市公司质量不高，有的在上市过程中以劣充优，有的上市后经营不善，造成亏损；规范运作程度不高，弄虚作假，违规炒股，操纵市场等现象时有发生；多数公司还没有形成有效的内部制衡机制。同时，上市公司在发展中也遇到一些困难，例如，政企不分的现象还比较突出，企

业办社会的问题还未妥善解决，证券市场功能不全，品种单一，需求不足，缺少机构投资者以及交易成本偏高等等。

（二）坚持以"八字方针"为指导，规范上市公司行为，提高上市公司质量，及时防范和化解市场风险

国务院关于"法制、监管、自律、规范"的八字方针是指导证券市场和上市公司运行的基本方针，任何时候都必须坚定不移地贯彻这个方针，规范上市公司运作，提高上市公司质量，保护投资者利益。一要加强教育，转变观念，采取措施，防止"穿新鞋走老路"，把转换经营机制作为国有企业发行股票上市的重点来抓，为企业的持续发展奠定基础；二要根据"三改一加强"的要求，不断完善审核标准和审核制度，严格把关，保证质量，宁缺毋滥；三要加强监管，铁面无私，从严执法。要建立上市公司持续监管系统，提高上市公司信息披露质量，对违法违规的上市公司，要严肃查处，对经营不善，不再符合上市标准的公司要坚决淘汰，不搞终身制。各地方、各有关部门对上市公司质量问题一定要引起高度重视，不要把主要精力放在争指标、争额度上，而要放在通过搞好上市公司促进国有企业的改革，实现两个根本性转变上来，不要比谁的上市公司多，而要比谁的上市公司质量高、办得好。

（三）以搞好大中型国有企业为中心，培育一批跨国经营的大型上市公司

十五大报告指出，"国有经济起主导作用，主要体现在控制力上"，要"以资本为纽带，通过市场形成具有较强竞争力的跨地区、跨行业、跨所有制和跨国经营的大企业集团"。国有大中型企业发行股票上市要坚决贯彻这一精神，把公有制发展的重点放在质上，或者说控制力上。上市公司的一个特殊功能，在于控股股东可以通过连环控股的杠杆方式，以小拨大，以较小的资本支配较大的社会资本，在较大范围内扩大和增强控股股东的支配力和影响力。应该充分利用证券市场的特殊功能，集中力量培育一批国家控股的有较强竞争力的大型上市公司，增强国有经济的竞争力，保持国有经济对整个国民经济的控制力。

通过证券市场促进国有企业的改革和发展，一定不能再走"大而全、小而全"，重复建设，粗放经营的老路，要根据实现两个根本性转变的指导思想，按照鼓励兼并、规范破产、下岗分流、减员增效和实施再就业工程，形成企业优胜劣汰的竞争机制的要求，把工作重点放到促进企业兼并重组，盘活国有资产，提高经济效益上来。企业兼并重组，走内涵型、低成本扩张和规模经济的道路，这是上市公司发展的内在要求，是证券市场功能深化的体现。我们要遵循市场经济的法则，同时发挥社会主义能集中力量办大事的优势，充分考虑市场承受能力，有组织、有重点地做好这项工作，以点带面，保证质量，逐步推开，但决不能一哄而起，摆花架子，搞拉郎配。要鼓励准备上市的和已经上市的公司兼并有发展前景，但目前还亏损的国有企业，以强带弱，优势互补，共同发展，既壮大上市企业实力，又使被兼并的企业转换经营机制，焕发出新的优势，促进整个国有资产的战略性重组和国家产业结构的调整，为实现在三年左右使大多数国有大中型亏损企业走出困境的目标作贡献。

（四）审时度势，循序渐进，积极稳妥地推动证券市场的发展

目前，我国证券市场还处在发展的初级阶段，市场需求的培育将会是一个较长的过程，尚不存在大规模扩容的条件。国有企业发行股票上市，要在充分考虑市场容量和承受能力的前提下，精心组织，瞻前顾后，质量优先，循序渐进，注意供求平衡，增强发展后劲。要逐步理顺市场结构，完善市场功能，增加投资品种，降低交易成本，培育机构投资者，扩大市场需求，提高市场效率，增强市场的活力和创造力，吸引越来越多的投资者参与证券投资。当前，证券投资基金即将出台，要抓紧做好组织实施工作。同时，要加快国有资产管理体制的改革和社会保障体系的建立，实现政企分开，明确经营责任，减轻企业不合理的负担，解除企业后顾之忧，为上市国有企业创造良好的外部环境。我们相信，在以江泽民同志为核心的党中央领导下，只要高举邓小平理论的伟大旗帜，坚决贯彻党的十五大精神，我国的证券市场和上市公司一定会越办越好，为社会主义现代化事业作出更大贡献。

（作者：国务院副秘书长、国务院证券委员会主任
中国证券监督管理委员会主席）

继续实行适度从紧的货币政策

戴相龙

1996年中央继续把抑制通货膨胀、控制物价上涨作为宏观调控的首要任务。由于实行了适度从紧的财政和货币政策，采取了一系列宏观措施，经过一年的努力，宏观调控取得了明显成效，基本上达到了预期目标。1996年，国内生产总值达67800亿元，增长9.7%；全社会固定资产投资比上年增长18.2%；社会消费品零售总额比上年增长19.4%；零售物价上涨6.1%，增幅比上年回落8.7个百分点；对外贸易顺差123亿美元，利用外资510亿美元。经济快速增长和物价涨幅回落同时实现，充分证明了以江泽民同志为核心的党中央确定的宏观经济方针政策是正确的。

1996年，金融系统在党中央、国务院的正确领导下，坚决实行适度从紧的货币政策，控制货币发行与供给，实现了年初中央提出的货币发行量目标，使货币供应量增幅回落。1996年年末，狭义货币为28515亿元，增长18.9%，基本达到年初计划增长18%的目标；广义货币为76095亿元，增长25.3%，实现了年初计划增长25%左右的目标。在市场经济条件下，生产需求和消费需求最终都要表现为货币需求。控制住货币发行与供给量的增长就从根本上控制了需求的过快增长，使供给与需求保持大体平衡，可以有效地抑制通货膨胀和物价的猛涨，保证经济的有序增长。实践证明，要控制物价过大幅度的增长，就必须实行适度从紧的货币政策。按照中央的决策办事，实行正确的货币政策。是实现宏观调控目标的有力保证。

为巩固、发展当前的大好形势和宏观调控的成果，保证我国经济更加健康地发展，1997年金融部门要认真落实十四届五中、六中全会精神和中央经济工作会议确定的目标和任务，

继续坚持适度从紧的货币政策，促使今年物价涨幅低于去年，为实现中央提出的各项目标而努力。根据党中央、国务院确定的“稳中求进”的经济发展方针和经济增长8%、物价涨幅略低于去年的要求，今年货币信贷控制目标为：计划现金发行增长13.6%左右；狭义货币增长18%左右，与“九五”计划年均增长指标一致；广义货币增长23—24%，略高于“九五”计划年均增长23%的指标。

有的同志可能会有这样的疑问：既然宏观调控已取得明显成效，物价涨幅也出现了明显回落，为什么还要实行适度从紧的货币政策？我们认为，继续实行适度从紧的货币政策，是巩固三年来金融宏观调控成果的需要，是解决我国经济运行现实矛盾的需要，是转换我国经济增长方式和经济体制的需要。从根本上说，是保证经济健康发展和人民生活不断改善的需要。要看到，我国经济体制改革和经济增长方式的转变尚未完成，仍然存在着项目决策者对投资效果不负责任的情况，盲目投资、重复建设现象难以完全避免，投入了大量资金，产生了一系列需求，却不能创造相应的供给的情况仍有可能发生，从而导致供求失衡，推动物价上涨。另外，我们有的同志仍然习惯于通过建设新的项目，搞外延扩大再生产去增加收入，扩大产值。一旦放松银根，就可能产生新一轮投资膨胀。因此，在经济体制和经济增长方式尚未根本转变的情况下，决不能过于放松银根，否则就会重新出现需求过快增长，物价大幅度上涨的情况，已经取得的宏观调控的成果就会丧失。还应该看到，经济运行中长期存在的“低效益、超分配、软约束”的问题仍然存在，引发通货膨胀的因素并未消除：一是国家财政困难的状况短期内难以扭转，应由财政支出转由信贷资金安排的隐性赤字还很大。二是在解决短期总量失衡问题之后，经济结构矛盾愈益突出，对“大而全、小而全”和低水平重复建设缺乏有效控制机制，国有企业的困难在较长时期内还会存在，对增加货币投放的压力依然很大。三是农业基础还相当薄弱，我国物价统计中的零售商品约有一半是食品类，一遇到粮食减产或其它意外情况，物价就会迅速上涨。近几年控制通货膨胀主要不是采取行政办法，而是通过改革，更多地运用经济手段，所以目前物价涨幅的下降是有一定基础的。但是，如果放松银根，宏观调控的成果仍有丧失的可能。

有的同志认为，鉴于我国城镇失业人口和下岗职工较多，当前应松动银根，刺激就业。据有关部门统计，到去年年底我国城镇登记失业率为3%，下岗人员约600多万人。失业问题一直是中央银行制定和执行货币信贷政策中所考虑的重要因素，金融部门将继续运用各种金融手段促进产业结构调整以扩大再就业，但不能采取放松银根的办法去解决问题。这是因为，客观地讲，改革开放以来，我国经济高增长、高投资率吸纳了大量的劳动力，仅外商投资企业就增加了2000余万就业人员，乡镇企业的发展也容纳了成千上万的农村剩余劳动力，应当说我国劳动力的就业总体上是充分的。我国失业问题产生的主要原因不是经济增长迟缓造成的。当前城市地区部分国有企业下岗人员较多，主要是产业结构不合理和重复建设导致开工不足。此外，过去人口基数过大，也是重要因素。这些失业不是依靠多发票子，放松银根能够解决的。如果仅因为宏观环境的阶段性改善而忘记了通货膨胀的危害，忽视经济结构性矛盾日趋突出的新情况，简单依靠放松银根，不仅不可能从根本上解决失业问题，而且只会使通货膨胀压力转化为现实的通货膨胀，只会加剧结构性矛盾，延误两个根本转变的战略进程。

也有的同志认为，“九五”头一年，就实现了“物价上涨率低于经济增长率”的目标，意味着“九五”期间的这一目标已提前实现。对这种认识要进行谨慎分析。李鹏同志在八届全国人大四次会议上明确指出：“九五”期间，“要明显降低价格上涨幅度，首先要努力使之低于经济增长率。”这表明，促使物价上涨率低于经济增长率只是明显降低价格总水平的前提条件，实现这一目标并不意味着“九五”调控工作大功告成。尤其是从以往的教训看，即使在物价涨幅已经回落到较低水平的情况下，仍存在物价涨幅剧烈反弹的可能性。比如，1992年零售物价仅上升5.4%，1993年却猛增为13%。“七五”期间物价涨幅累计达62.1%，平均每年是10.1%；“八五”期间涨幅累计为71.3%，平均每年11.4%。“七五”、“八五”物价上涨的一个特点是：不同年份的峰谷差很大，“八五”最低物价涨幅是2.1%（1991年），最高是21.7%（1994年），大起大落，波幅很大。这说明即使在物价上涨幅度较小的情况下，稍有不慎，物价就会反弹。从历史经验看，把物价稳定地保持在较低的水平并不比促使物价涨幅回落容易。“九五”时期，保持物价增长率低于经济增长率仍然是一项长期而艰巨的任务。

还有的同志主张，当前企业经营困难，资金紧张，应当放松银根。我们认为，目前信贷资金总量增加是适度的。1996年全部金融机构企业存款共增加5026亿元，比上年同期多增1141亿元。其中企业活期存款增加3564亿元，比上年同期多增910亿元。到12月末，企业存款余额为22450亿元，增长29.5%。全年企业活期存款新增额占全部企业存款新增额的比重达70.9%，比1995年同期高2.4个百分点。因此，总体上看，企业资金不算紧张。但企业资金集中在邮电、电子、交通运输、铁路、化工等垄断性行业和一些上市公司。一些行业的资金紧张，主要是重复建设、产品不适销对路、产成品大量积压，占用了巨额资金造成的。据统计，目前国有工业企业应收账款9000亿元，其中3000亿元属于不合理拖欠；国有企业6000多亿元库存商品中相当一部分是积压品。另外，不合理的房地产占压资金也有2000多亿元。一些国有企业资金紧张，是因为机制不合理，管理落后、松懈，产品没有销路。解决的根本出路是深化改革，转换机制，加强管理，提高产品质量，降低成本，使产品在市场上有竞争力。如果没有这些前提，只是向它们提供资金，只会生产出越来越多的滞销品，企业会背上越来越重的债务，不可能摆脱困境。

从世界范围看，凡是经济增长质量比较高的国家，都保持了较低的物价上涨率，在多数年份，其物价上涨幅度都低于或接近经济增长率。比如，新加坡在1963—1987年间，物价平均增长3.6%，经济增长8%；瑞士在1950—1986年间，物价平均增长3.3%，经济增长3.1%；前西德1953—1987年，物价平均增长3.1%，经济增长4.1%；日本1950—1987年物价平均增长5%，经济增长6.9%。这些国家的经验告诉我们，要提高我国经济增长的质量，促进国民经济的发展，就必须促使物价上涨率低于经济增长率。

适度从紧的货币政策是一项内容完整的宏观调控政策。贯彻适度从紧的原则，并非一味简单地紧缩银根。适度从紧的货币政策包括下列主要内容：一是货币政策目标适当。首先要促使物价涨幅低于经济增长率，“九五”时期，经济每年增长8%，物价控制在6%以下较为合适。二是货币供应要适度，既要控制物价涨幅，又要促使经济增长保持一定的速度。“九五”时期，货币供应量M1、M2每年增长18%、23%左右。三是要逐步用间接调控方式调控货币供应量。同时，要注意预调和微调，防止经济起伏过大。四是及时制定和执行信贷政策，充分发挥信贷政策引导信贷资金投向，促进经济结构调整。适度从紧的货币政策是符合我国国情的行之有效的中期货币政策，是国家的一项重要宏观经济政策。

为了有效实施适度从紧的货币政策，必须进一步加快改进金融调控方式。中央银行要从主要依靠信贷规模管理，转变为运用存款准备金率、中央银行贷款利率和公开市场业务等手段调控货币供应量，保持币值稳定。逐步扩大全国银行同业拆借市场的交易品种和数量，提高信贷资金的利用效度；参与对承购包销国债的金融机构的资格审查，严禁商业银行一边向中央银行借款，一边增加持有国债，把财政赤字转为增加货币发行。

防范和化解金融风险是有效执行货币政策的基础条件。金融风险的存在和扩大，会削弱银行和金融机构的流动性和支付能力，加剧中央财政的收支矛盾，从而倒逼中央银行超额发行货币。回此，要达到控制货币供应量的目标，还必须注意防范和化解金融风险。当前，金融风险的主要原因和表现，一是相当多的非银行金融机构管理混乱；二是金融秩序在某些方面还比较混乱，乱设金融机构、乱集资和利用银行资金炒股票、高息吸储、乱拆借时有发生，手段更加隐蔽，潜在风险极大；三是金融机构特别是国家银行的不良贷款数额大，比例高，企业欠息不断增加；四是金融机构内部管理中存在许多薄弱环节。这些金融风险是经济社会诸多矛盾与问题的综合反映，防范和消除金融风险不单是金融系统一家的事情，需要全社会的理解、重视和共同努力。不论是地方经济的振兴，还是产业、行业的发展，都需要有一个安全良好的金融环境。增设金融机构，增加新的贷款是对地方经济和产业、行业发展的支持；同样，加强金融监管，防范和消除金融风险，合理运用数额巨大的贷款存量，确保金融业的稳健运行，从根本上说也是对地方经济、产业、行业发展的大力支持，都是为了保证社会稳定的必要举措。

防范与化解金融风险，要针对金融监管中突出的问题采取对策。必须坚决、彻底地取缔非法设立的金融机构，严格执行银行与信托等业别的分业管理原则。必须严禁银行资金进入股市，包括严禁银行用信贷资金或拆借资金买卖股票及其他直接投资，严禁通过占用银行联行资金买卖股票，严禁用银行资金垫交股票交割清算资金。必须继续查处违规经营和私设账外账，加强现金和储蓄账户的管理，尽快推行储蓄实名制。要按照《贷款通则》要求，检查商业银行对异地存贷款备案制的执行情况，进一步加强国有商业银行的经营管理，降低不良贷款的比例。同时，还必须进一步加强金融监管的基础性建设。

实行适度从紧的货币政策，其中一个重要的内容，是根据调整、优化经济结构的需要，对一些行业、企业给予资金上的支持，实行贷款倾斜政策，通过调整信贷结构和采取相应的金融手段来促进结构的调整，从而保持经济总量的持久平衡，促进经济健康发展。为此，金融部门将采取以下措施：公布中国人民银行中长期信贷政策，引导金融机构按信贷原则和产业、区域、技术发展政策发放贷款。做好农村信贷工作，增加农副产品生产和供应。增加农业综合开发、小型水利建设和扶贫开发贷款，压缩乡镇企业中一般加工业贷款，支持农副产品的生产、加工和销售一体化发展。继续落实支持国有大中型企业的10条措施。适当集中资金，支持有市场、有效益、有信用、不挤占挪用信贷资金的企业对流动资金贷款的需要，同时要对信贷资金的使用制定合理的考核指标。适当增加技术改造贷款在固定资产贷款中的比重。实行主办银行制度的大型企业，由300户扩大到500户。同时要明确主办银行和企业双方的权利、义务和责任，解决好主办行和协办行的关系。积极帮助企业开拓国内外市场，支持培育新的经济增长点。尽快颁布《个人住房担保贷款管理暂行办法》，对民用住宅信贷实行规范管理。严禁银行对高级别墅、写字楼、高级饭店贷款，防止出现新的房地产热。

金融部门还要采取措施，防止和减少重复建设。第一，充分发挥国家开发银行等金融机构在投资体制改革和投资结构调整中的作用，加强对固定资产投资项目资本金的审查。对资本金不足，资金来源不正当的，银行不予贷款。第二，严禁挤占流动资金贷款搞固定资产投资。对新增流动资产小于新增流动负债的企业，一般要停止发放新的贷款。第三，各银行应适当集中贷款审批权，特别是固定资产贷款审批权，防止盲目投资。第四，人民银行各分行要会同各银行定期对当地经济结构进行分析，引导贷款投向，防止低水平重复建设；组织银团贷款，支持横向联合，推动企业兼并，改进对企业集团的金融服务。

（作者：中国人民银行行长）

发展和完善股份合作制

邵秉仁

近几年来，随着改革的深入，股份合作企业在中国广大的乡村和城市逐渐兴起。据初步统计，截至1996年底，全国的股份合作企业已达400多万家，仅乡村股份合作企业就超过300万家，目前发展更呈燎原之势。如此数量规模的企业产生和发展，它的实践基础是什么，需要从理论上进一步研究总结，并促使其健康发展，是当前企业改革中十分重要而迫切的问题。

股份合作企业的发展与基本特征

股份合作制，首先产生于我国农村，而后逐渐被引入城乡集体企业和国有小企业。国有小企业在资产上仅占全部国有资产的17%，但数量却占85%；在独立核算的国有工业企业中，小企业占95%以上。长期以来，这些众多的小企业在提供税收、安置就业、促进地方经济发展等方面起到了巨大的作用，其中也不乏一批经济效益好的“小巨人”企业。但总体上看，过度负债、设备技术条件落后、产品结构不合理、经营管理差等问题十分严重。目前亏损企业中，80%是小企业。在国家很少投入，很难取得银行资金支持的情况下，各地着眼于从解决企业发展资金和调动职工关心企业的积极性入手，吸收职工入股，创造了股份合作这样的企业制度。乡村集体企业，虽然在经营机制上相对于国有企业有其更灵活的一面，但也同样存在原有企业制度产权不清，新办企业发展资金不足等问题。加上我国早在50年代就有供销合作以及农业生产合作的经验，股份合作方式在农村发展便更容易得到认同。

党中央和国务院对股份合作制的态度一直是允许试，并要求在发展中不断完善。党的十四届三中全会通过的《中共中央关于建立社会主义市场经济若干问题的决定》指出，一般小型国有企业，有的可以实行承包经营、租赁经营，有的可以改组为股份合作制，也可以出售给集体或个人。乡镇企业，要完善承包经营责任制，发展股份合作制，进行产权制度和经营方式创新。1996年江泽民总书记在加快国有企业改革和发展的重要讲话中进一步强调"要鼓励探索，允许试验。坚持解放思想，实事求是，大胆去闯"。李鹏总理在今年的政府工作报告中指出："有些地方对国有小型企业实行股份合作制，职工参一些股，也保留一定的公有股权，对企业改组、改造和转换机制都有好处。"在党中央、国务院的支持下，各地群众大胆探索，股份合作制已逐渐成为国有小企业和城乡集体企业改制的一种主要形式。

从股份合作企业的发展过程看，它是群众在经济体制改革中的创造，兼有股份制和合作制企业的特点，具有"资合性"和"人合性"，是劳动者和生产资料直接结合的一种有中国特色的企业制度。

股份合作制既不同于股份制，也不同于合作制，作为一种独立的企业组织形式，具有明显的特征。由于目前对股份合作制企业缺乏统一的立法规范，各方面对股份合作制企业的特征有多种概括。我认为，股份合作制企业具有如下特征：1、企业职工既是出资者又是劳动者，共同出资、共同劳动、共担风险。2、企业实行民主管理。最高权力机构是职工股东会，采取一人一票制，即职工股东享有平等的表决权。同时建立合理的法人治理结构。3、实行资本保全原则，股东以其出资额为限对企业承担责任，企业以其全部资产对企业债务承担责任，股东不得退股，以保证企业正常的经营运转和对社会承担相应的义务。4、实行按劳分红和按资分红相结合的分配制度。

在上述基本特征中，最能体现股份合作的方面主要有三个：

（一）股权设置。股份合作企业的股权设置，在实践当中各地的作法很不一致，大体上都是按出资主体来划分的。归纳起来主要有：国家股、社区股、乡村集体股、企业集体股、社会法人股、职工个人股、外资股等。从确立企业职工的主体地位，规范出资行为，维护企业职工和出资者权益的角度出发，根据股份合作企业的特点，股份合作企业的股权设置应分为三类：一类是由企业职工以个人合法财产出资形成的股份。股东既是企业的出资者，又是企业的劳动者，享有劳动分红和资本分红、参与企业经营管理的权利；另一类是原有企业改制时界定为职工共同所有的财产形成的股份，这部分股份享有资本分红和参与企业经营管理的的权利。上述两类股份在企业总资本中应处于主体地位，并承担相应的经营风险和义务，以此体现股份合作企业的基本性质。第三类是企业以外的出资人出资形成的股份，一般不吸收个人入股，多以法人形式投资。这部分股份，实行按资分红，不直接参与企业经营管理，也承担相应的经营风险。这是股份合作企业吸收股份制筹集资金功能的具体体现。

股份合作制企业有的是原有企业改制的，有的是新设立的。在实践中，有三个问题需要研究：一是是否设立集体股。我认为，对于原有的国有企业和集体企业来说，职工集体股的设置是可行的；但是对于新设立的股份合作企业，设置职工集体股将有相当的难度。集体股是否设置不应当作为股份合作制企业的必备条件，并不影响股份合作企业的合作经济性质，并不违背股份合作的应有之义。二是职工个人的持股比例是否应有差距。绝大多数企业在改制时职工的持股量就有差距，企业经营者和管理人员一般都高于普通职工。随着每年分红后的扩股，出现股权进一步相对集中的趋势。对此，职工个人的持股比例不宜限制过死。股权的相对集中，有利有弊，处理原则应该是既有利于发挥职工的主人翁作用，调动他们的积极性，又要避免新的平均主义和大锅饭，体现经营者的权利、责任和收益相统一。具体比例可由企业职工股东会根据企业的情况来确定，在允许股权构成比例有一定差距的前提下，由职工股东会采用一人一票方式表决，但经营者所持有的股权不宜超过职工持股的总和。三是是否设立国有股。国有企业改制为股份合作制企业，就不应再有国有股在存在，改制企业的国有资产，应当通过出卖、租赁（例如土地）等方式进行处理，使其从股份合作企业中退出，这样既保证了国家的权益，卸掉了国家的沉重包袱，又促进了企业的改制，增强了企业的活力。

（二）企业的民主管理。由于股份合作企业实现了生产者和生产资料直接相结合，职工既是企业的生产者，又是企业的出资者，有利于实行民主管理，便于对职工股东大会决议执行情况和生产经营情况的监督，因此使股份合作企业的民主管理与简化治理机构成为可能。对于一般的股份合作企业，其组织机构以设立职工股东会、经理、监事会为宜，企业的权力机构为职工股东会，经理为企业的经营者，负责企业的日常经营管理，监事会为企业的监督机构。如果股份合作企业规模比较大，职工股东会认为需要设立理事会的，可以由职工股东会做出决议设立。股东会的表决方式应当实行一人一票制，这样更能体现企业的合作性。

（三）收益分配。职工的收益分配由两部分构成：劳动收入是按劳分配的；股金收入是按资分配的。这部分的收益分配体现在企业税后利润的分配上。对股份合作企业的税后利润分配，目前各地的政策及实践很不统一，也存在不少问题：

（1）保底分红。一些企业为吸引更多资金入股，不顾企业经营实绩和财务通则、会计准则的规定，事先规定股利分配比率。

（2）保息分红。个人股享受不低于同期银行储蓄利率的股息，进入企业成本，同时还享受一定的分红。

（3）在集体股的股利分配上，有的规定集体股只参与分红，而个人股则既享受股息又参与分红，还有甚至规定集体股不分红，实行挂帐处理。

上述作法混淆了投资和借贷、产权和债权的关系，不利于股份合作企业风险机制的形成，有悖于利益共享、风险共担的原则，也违反了有关财务规定，是不可取的。

股份合作企业的利润分配，既要体现股份制按资分配的原则，更要体现合作制的按劳分配的原则。应当看到，企业的利润主要是职工的活劳动创造的，即劳动合作在股份合作制企业中发挥着主要的作用，资本在股份合作制企业中处于从属地位。因此，股份合作企业应体现按劳分配为主的分配原则，具体分配比例由企业职工股东会确定。

关于职工集体股的收益分配问题，可以用于按劳分配，可以用于增资扩股，也可以用于补充职工社会保障费用。就目前实际状况，由于老职工也是原来企业资产的创造者，集体股的股权收益应当主要用于照顾企业离退休职工的生活。

股份合作企业的法律地位

如何认识股份合作制，一直存在着不同意见的讨论。焦点在于股份合作企业的性质是公有还是私有;股份合作企业是一种独立的企业法律形态还是一种过渡的企业形式。回答这些疑问,要从理论和实践两个方面看。从理论上,要明确以下几条原则:

(一)在社会主义初级阶段,公有制经济和非公有制经济都是社会主义市场经济的组成部分,我们必须坚持以公有制为主体、多种经济成分共同发展的方针。国有经济和集体经济是社会主义公有制的两种形态,它们之间没有高低之分,不存在集体经济必须要向国有经济过渡问题。

(二)所有制和所有制的实现形式是两个不同的概念,二者之间既有区别,又有联系。所有制实现形式的实质是财产组织形式,可分为有限责任公司、股份有限公司、合作企业、合伙企业、股份合作企业等。

(三)股份合作企业是以合作制为基础,多种经济成分在同一企业的财产组织形式的具体体现。股份合作经济,就是集体经济,是现阶段合作经济的一种新组织形式。

对股份合作企业的法律地位,主要存在两种不同认识。一种意见认为,股份合作企业是一种过渡性企业组织形式,是特殊历史条件下的一种不规范企业组织形式,将来会分化成规范的有限责任公司、股份有限公司或者合作社。另一种意见则认为,股份合作企业是经济发展过程中的新生事物,是改革实践中产生的、适合中国国情的新的企业组织形式。第二种意见比较符合我国股份合作制发展的实际。股份合作企业通过劳动合作和资本合作相结合的形式,使股份制和合作制两种经济形态的优点有机地结合在一起并得到充分的发挥,应当予以肯定和大力支持,并在法律上给予其明确的法律地位。

进一步完善股份合作制

为了使股份合作制这种新的企业制度健康发展,我们应在充分尊重群众实践的同时,明确一些基本原则。

(一)股份合作制主要适用于国有小型企业、城镇集体企业、乡村集体企业的改制,国有大中型企业应当以推行公司制为主要形式。

(二)股份合作企业也要按照现代企业制度的要求,做到产权明晰,权责明确。原有企业在改制过程中,要加强对国有和集体资产的保护管理,严格按照现有地方性法规的规定操作,防止国有资产和集体资产的流失。

1、认真进行资产评估。要按照科学、公正、准确的原则,区别不同情况进行资产评估。

2、合理界定产权。这项工作直接影响企业的股权设置及其股权比例,是原有企业改制为股份合作企业的难点和关键。产权界定应当贯彻"谁投资,谁所有"的基本原则,但是对于具体情况,还要具体分析。例如,国家对集体企业的优惠政策如减免税收、税前还贷等形成的资产的产权归属以及集体企业历年的积累的产权归属,都需要依据国家有关规定和有利于企业发展的原则来具体界定。

3、做好存量资产的处理工作,这是保证股份合作制企业健康运作的重要保证。股权设置主要涉及对企业存量资产的处置。由于股份合作制企业不设国有股,因此对存量国有资产,应当采取以下方式进行处置:

(1)出售的方式。首先要明确一个基本原则,国有资产和集体资产不能无偿分配给个人。其次,国有资产直接出售给本企业职工,职工可以一次性付款,也可以采取分期付款的方式。出售的价格应以评估价为底,通过市场竞买或协议方式实现其价值。

(2)出租的方式。存量国有资产以出租的方式留在企业,不进入企业的资本金,由企业与国有资产的代表签订资产占用协议,企业按协议交纳资产占用费,一定期限届满,由国有资产代表将该部分资产收回或出售给企业全体职工,也可继续出租。

(3)出售国有资产的资金使用。国有小企业改制为股份合作制,出售国有资产的资金,首先要用于支付离退休职工的社会保障费用以及安置下岗职工的再就业。如果有余,或者由出资人用于其他国有经济的再投入,或者租借给改制企业,支持其继续发展。

(三)充分认识推行股份合作制的重要意义,促其在实践中健康发展。

股份合作制作为中央明确肯定和鼓励的国有小企业、城镇集体企业、乡村集体企业改制的主要形式,其优越性在实践中已经得到充分的证明。一是探索出了一种社会主义条件下公有制经济新的实现形式;二是明晰了国有小企业、特别是集体企业的产权关系,理顺了企业中所有者与经营者以及职工的权益和责任,特别是使职工的主人翁地位更加具体化;三是基本解决了原有企业的"政企不分"的问题。各级领导干部应当进一步统一思想,提高对股份合作制重要性的认识,把推进股份合作制作为搞活企业的重要形式之一,作为贯彻中央提出的关于企业改革"抓大放小"的战略方针的实际行动。同时要本着积极稳妥的方针,不刮风,不搞一刀切,注意规范化运作。

(作者:国家经济体制改革委员会副主任)

筹资建设高速公路的战略选择

周昌智

修建高速公路需要大量资金,而资金来源之一,可采取发行B股。广东省高速公路发展股份有限公司被选定为发行境内上市外资股(B股)的企业,我们基于下述三个因素考虑,作出了战略选择。

探索高速公路建设的新途径

加快高速公路建设是社会经济发展的客观需要,未来的五年和十五年,随着社会主义市场经济的发展,运输需求将更加趋于个性化、多样化、市场化,这对几种运输方式覆盖面最广的公路运输提出了更高的要求。为此,广东省政府根据广东经济发展的状况，提出到2010年规划修建3300公里高速公路，为基本实现现代化打下基础。如果按每公里造价4000万元计算，约需1320亿元的建设资金。在目前国家建设资金比较紧缺、财政比较困难的情况下，如何把社会的闲散资金利用起来，转化为高速公路的建设资金，是公路建设中面临的一个重要课题。1992年，国家公布的《股份制企业试点办法》提出："允许国家产业政策重点发展的交通、能源、通讯等行业进行股份制试点"。在广东省交通厅和省体改委的领导下，为解决佛开高速公路建设配套资金问题，我们组建了定向募集公司—广东佛开高速公路股份有限公司，向沿线交通企事业单位、社会团体和企业职工募集了3.85亿元法人股。资金的到位，确保了佛开高速公路1993年5月按期开工。搞公路股份制试点，既是解决建设资金、转换机制和提高经营管理效益，同时，也是把已形成的公路存量资产转动起来，明确路桥产权的归属，确保国有资产的保值、增值。为了创造条件，争取由定向募集公司转为公众公司，向社会公开发行股票，以便更广泛地筹集更多资金，加快高速公路的建设，提高国有资产管理运营效率，增大国有资产的盈利能力，推动国有资产存量的合理流动，这是我们探索高速公路试行股份制的目的。

推动高速公路企业直接进入国际资本市场

长期的计划经济体制，使中国企业与国际资本市场隔绝。而随着进一步改革开放，中国经济的不断发展，企业需要有更多样化的资金来源渠道，可以直接到国际资本市场上去融资。在争取各级领导的重视，支持我们到海外市场筹集更多的资金之后，获得批准13500万股B股规模额度。在中介机构的努力配合下，我们进行了公司重组，包装制作。经过近一年的努力，于1996年7月先后在英国爱丁堡、伦敦、新加坡、香港进行了B股海外推介活动，与67家机构投资者进行了一对一的会谈，举行推介会。通过洽谈，介绍了公司的情况，了解投资者对购买公司股票的兴趣和意向。通过接触，终于使投资者明白，广东省高速公路发展股份有限公司是广东高速公路系统中唯一上市的公司，是省政府重点扶持的，发展前景相当好。这样我们与国外机构投资者建立起了互相信任、互相合作的意向。B股配售给了50家大的投资机构，股东来自美国、英国、法国、新加坡、香港，覆盖了所有B股的大投资家。除此以外，我们还和一些大的投资机构商谈了合作开发新项目的意向。

以国际规范化为标准塑造上市公司良好形象

高速公路发行B股，是项全新的开创性工作，并无任何经验可以借鉴。在广东省体改委、证监会和深圳证管办的指导支持下，在各中介专业机构的帮助下，积极探索，坚持以高标准、规范化为原则，按照国际惯例，重组企业，构造企业新的运作机制，成功地把广东高速公路推向了国际资本市场。我们推动解决了高速公路上市面临的复杂问题，为今后其他省高速公路海外上市开拓了道路。

高速公路经营期。国家鼓励和引导各方面资金参与基础设施建设，股票和债券发行优先安排于基础设施项目，鼓励外商直接投资于这些基础设施。这一政策吸引了不少国外投资者，广东省公路建设实际利用外资已超过25亿美元。但外商投资高速公路建设，入股上市公司，到底怎么运作，这是一个新问题。目前尚没有规范的、可操作的文件作指导。我们把在实践中碰到的问题向上级交通部门反映，提出解决问题的建议。股份公司是没有期限的，而高速公路是国家基础设施，所有权是国家的。为鼓励外商投资基础设施建设，首先明确对参股于股份公司开发经营的高速公路项目的经营期限，在经营期满高速公路路产无偿地归国家所有。因此，我们对高速公路项目的投资价值作测算，计算投资回报期，受益期，并报请国家交通主管部门批准，界定经营权30年，让投资者知道投资回报情况。

会计准则的接轨。公路企业虽已执行新会计制度，但与国际会计准则存在差异。在股份制改造前，我们收费路、桥单位是事业单位，财务制度实行收、支两条线。股份制改造后，虽然实行了现行的会计制度，但仍不能完全与国际会计准则接轨。这对会计师进行独立业绩审计，编制财务报告造成了很大困难。而财务报告应是公平、合理、真实反映一个公司经营情况的重要文件，是投资者决定投资与否的主要依据。我们认为，高速公路公司企业发行B股，虽是在境内上市，但投资者是海外的机构，必须采用与国际上市公司相同的会计准则。这样才能为投资者提供可比较的信息，从而吸引投资者投资于高速公路。在上市筹备过程中，我们与香港执业会计师一起，依据国际会计准则对财务报告进行调正和会计分类，使我们的财务报告与国际会计准则接轨。

（作者：广东省高速公路发展股份有限公司总经理）

论中国期货市场适宜套期保值品种

唐志新

能否充分发挥期货市场套期保值的功能，在很大程度上取决于上市品种的选择。苏州商品交易所成立伊始，就大胆选择了钢材中最具代表性的6.5毫米线材作为第一个上市品种。两年多的交易实践证明，这一品种无疑是我国期货市场适宜发挥套期保值等功能的品种之一。

线材期货的套期保值功能已得到多方面体现

线材价格受固定资产投资规模的影响十分明显。开设线材期货交易之前的1992年，现货市场上6.5毫米线材的价格就有过最低1600元/吨到最高4400元/吨的巨幅波动。无论是生产单位还是用户，都难以适应和承受这样大的价格风险。现货价格风险的客观存在，是期货市场套期保值功能得以发挥的基本前提。苏州商品交易所曾开设了线材的标准合约交易，与现有的其它品种相比，其套期保值的份量较大，保值类型也较丰富：一是钢厂根据生产计划抛出远期月份的合约，锁定利润。到期可以实物交割，也可以根据市场行情平仓获利。苏交所线材期货上市之初只有本省的两家钢厂作为会员参与交易，随着套期保值功能的发挥，一年后发展到华东地区所有生产线材的大、中型钢厂都取得了会员资格。其它地区的主要钢厂如首钢、鞍钢、唐钢、包钢等也以不同形式参与了线材的期货交易。他们以规避价格风险为主要目标、在实际操作中无一例外地都获得了可观盈利。二是流通企业对购销合同和库存钢材进行保值。钢材的品种规格很多,各个品种规格加起来库存量很大,流通量也很大。市场价格的大幅度波动使流通企业经营状况难以稳定,刺激了现货市场上的投机。由于线材价格与其它钢材价格的波动有很好的相关性,这些企业利用线材期货买入或卖出合约,规避了价格风险,稳定了经营成果。三是线材用户的套期保值。我国经济发展速度快,基本建设规模大,但基建项目的成本预算一直是个难题。现货市场订货周期短,并且经常由于价格变动出现毁约的事。用户在期货市场买进线材合约后,对部分原材料的成本就有了准确的把握。大量乡镇企业用户利用线材期货锁定成本,已经成为苏交所的特色之一。四是物资储备部门进行套期保值。物资储备具有一定的季节性,在市场经济条件下,物资储备部门面临着库存贬值、调拨价高出市场价以及资金占用等问题。在线材期货市场上,他们不仅可以卖出合约,从进货的角度来进行套期保值,还可以降低成本和减少资金占用。五是相关行业利用线材期货合约进行套期保值。与线材价格走势密切相关的行业很多,如不少房地产开发商在谈到参与线材期货交易的动机时,就十分强调利用线材期货回避房地产市场风险。他们不仅是线材的用户,而且由于线材的价格走势与房地产的价格走势方向一致,相关性强,参与线材期货交易也可以回避房地产销售的风险。这是人们在实践中对套期保值内容的丰富的延伸。由于利用线材期货进行套期保值的题材很多,参与者也很广,所以交易风险就比较小,会员和客户的承受力也比较强,对此,交易所和会员都有共识。

线材期货的其它功能

苏州商品交易所的线材期货交易从1992年10月开始,整个价格走势前后出现过两高两低。开始投入运营时价格较高,这是当时的现货价格所决定的;1993年6月起价格开始一路下跌,原因是宏观调控措施逐步到位并发挥了明显的作用;1993年11月价格止跌回升,远期月份的价格逐步高出近期月份,直到1994年1月才重新回落,原因是那几个月中新开工的基建项目很多,人们对未来物价的预期较高;在此之后,线材期货的价格又一路走低,没有高出过国家计委规定的指导价。苏交所线材期货的价格动态,基本上反映了国家基建规模的变动状况,作为宏观经济的寒暑表,具有一定的参考价值。与现货市场线材价格相比,线材期货的历史最高价与最低价均没有超出1992年现货的最高价和最低价。在大部分时间里,期货价格低于同期的现货价格。过去两年中,期货价格的平均水平也低于同期现货的平均价格,体现了期货市场对资源有较强的动员能力,同时也体现了大宗交易与小额交易的差价。

商品期货最终要进行实物交割,规范化的标准合约、保证金制度和交割管理对规范现货市场的交易行为起到了良好的示范作用。过去两年中,由于供求各方的广泛参与,苏交所线材共完成了320万吨的实物交割,履约率始终保持在100%,实物和货款严格按时到位,从来没有发生过质量纠纷案件。这和现货交易中拖款赖帐、有价无货、以次充好、履约率低下以及拉关系、批条子、搞附带条件等状况,形成了鲜明的对照。

线材期货交易的作用还反映在吸引游资方面。游资是经济生活中的不稳定因素。1992年钢材价格的飚升,就与游资囤积钢材有关。通过期货交易吸引游资,在一定程度上避免了这些游资直接进入现货市场兴风作浪,对平稳现货价格能起到积极的作用。期货市场也是在吸引游资上付出代价最小的场所。从个别游资来说,通过期货交易有可能大幅度增值,但就社会游资总体而言,增值的可能性不很大。据估计,由于线材期货交易而沉淀在交易所和各个代理点的游资总量在50—100亿元之间,这些资金主要来自钢材经营领域中最具有投机性的那部分资金。

线材在中国是适合开展期货交易的上市品种

我国线材的产量和需求量都很大,目前每年在1300万吨左右,约占全国钢产量的17%,这和美国只占3%的情况大不一样,可以说线材是我国钢材的代表性品种。发达国家的钢铁生产高度集中,钢材价格的决定权在生产者手中,市场价格的波动范围不大,也就没有开展期货交易的必要。我国上马基建项目,成本的制约作用不够明显,对建筑材料的需求弹性偏低;而钢材生产又比较分散,具体品种的供给量受价格波动影响较大。市场放开后,现货价格必然会出现上下震荡,迫使企业寻找回避风险的场所。线材作为期货上市品种,还具有适宜标准化、通用性广和便于质量把关的有利条件,具有较好的现货市场基础。线材素有钢材中的"硬通货"之称,是流通企业广泛经营的品种。其品质指标参数少、离散性小、质量检测简便可靠,储藏不易变质。线材也是适合集中交易的品种。苏交所在国内主要集散地设立注册仓库后,线材实物交割的集散情况良好。苏交所最多的一个月单边交割了50万吨,这些线材大多从工厂直接运到注册仓库,再从注册仓库到用户手中,集中和分散分别在一个月的时间内就完成了80%左右。期货市场对众多生产者和用户来说,交货目标明确,货期有保证,交割也方便,还缩短了库存周期。实际上,他们得益于期货市场的高度流动性,通过集中交易提高了优化资源配置的效率。线材期货还具有不易被操纵的特点。我国线材的供求基本平衡,年产值超过400亿元,难以形成多逼空的局面;市场容量大,用户多,还可以出口创汇,空逼多也难以形成。最终交割时一般都与现货价格十分接近。

恢复线材期货交易的现实可行性和迫切性

近几年我国期货市场的整顿工作取得了多方面的成效:遏制了盲目发展,理顺了管理体制,确定了15家试点交易所,试点交易所的章程和交易规则通过了证监会的审核,期货经纪公司实行了许可证制度,上市品种也得到了行之有效的控制,各种防止和制约过度投机和大户操纵的措施逐步建立起来,风险管理的各种措施也得到了加强,还将实行市场禁入制度。期货交易所的管理水平也得到了相应的提高,经历几次曲折后,交易所在指导思想上进一步明确了抑制过度投机和强化风险管理的重要性。如苏州商品交易所就制定了投机头寸限额、大户报告和资金来源报告制度、客户编号管理制度、累进保证金和保证金实时跟踪制度、风险基金制度、上市品种报批和标准合约送报制度,以及参与期货交易的会员和客户须经上级主管部门或董事会批准的制度等等。交易所在实践中还提高了对异常情况的处理能力,交易所会员素质和会员结构也在规范整顿中得到了改进,与去年停止钢材期货时的情况相比,各方面的改进和提高是较明显的。

我们认为,目前我国期货市场的主要问题已经由盲目发展转化为过度投机。过度投机的根本原因在于套期保值者的严重不足。线材是套期保值潜力很大的品种,只要管理得当,很可能发展成为我国期货市场上套期保值领头品种。恢复线材期货交易可以为企业提供真正可进行套期保值、回避价格风险的有效工具;可以避免目前小品种套期保值需求小、期货市场基本功能难以发挥的弊端;可以防止小品种盘子小,易被操纵、以及出现价格扭曲和过度投机的问题。总之,恢复这一品种必定有利于期货市场基本功能的发挥,有利于整个中国期货市场的稳定健康发展。(作者:苏州商品交易所理事长)

民营企业应积极参与国有企业改革

钟　铮

中国经济发展中的最大难题和热点是国有企业改革,它不仅是关系全局发展的经济问题,也是关系全局稳定的政治问题。具有划时代和里程碑意义的中共十五大及江泽民同志的讲话,再次强调了我国经济体制改革的重要性和紧迫性。公有制的多种体现形式的理论更为民营企业参与国有企业的改革奠定了理论基础,指出了具体的发展方向。中国经济体制改革的目标也就是国有企业改革的方向,建立现代企业制度是我国经济体制改革关键的一步,而建立现代企业制度涉及整个经济体系的重组,除了借鉴国外的成功经验,还要强调建立两个基本机制,即(股份制)有限责任制度和兼并破产机制,这就需要利用资本市场来推动、促进国有企业改革。民营企业应当积极进行资本运营,培育完善我国的资本市场体系,参与国有企业改革,奠定民营企业在国民经济中的重要地位。

国有企业改革的必要性和紧迫性

中国经过十八年的经济体制改革,其成就举世瞩目。但国有企业的发展基本上仍是速度效益型,表现为高投入、低效率的明显特征,这与国有企业的体制、发展和现状紧密相关,其主要表现形式为:

国有企业仍被行政手段控制的投资机制未能有相应变化。1985 年到 1993 年,国有企业在全社会固定资产投资中的比重一直在 61%至 67%之间。1993 年全国独立核算工业企业固定资产合计 21845 亿元,其中国有经济占 15683 亿元,为总量的 71%。特别是近年来国有企业大幅亏损和亏损面的迅速扩大,高负债率(实际高达 83.3%),巨额资产配置不合理及浪费,资本产出率低下,已经严重制约了国民经济的健康发展。1980 年至 1993 年,我国资金运用总量的年平均增长率为 26.82%,比 GNP 年平均增长率高出 18%,基本是靠财政赤字和银行巨额不良贷款来维持的。这反映出我国经济发展中长期存在的两个根本问题:一是资本产出率低(1978 年至 1994 年资本产出率只有 0.1409,最低为 0.0613),只能靠相当高的资本投资来维持一定的增长率;二是投资资金来源不足,只能靠扩大银行信贷及增发货币来解决。事实表明,我国经济增长率超过 10%的持续时间从未超过 3 年,总是导致通货膨胀,最终不得不实行紧缩政策,造成经济大幅波动和资源浪费。国有企业不良经济体制和经营制度,是造成这一严峻事实的主要原因之一。科学分析表明,如果将资本产出率提高到 0.4,我国就可以用 0.25 的资本投资率来达到 10%的年经济增长率,并且,这是在低通货膨胀情况下的持续增长。

理论和实践都证明,股份制是现阶段真正的能够适应生产力发展水平与生产关系要求的企业制度和企业财产组织与实现形式。例如,到 1997 年上半年止,全国国有企业处于亏损或半亏损状态的已经上升到 60%以上,与已经真正建立起现代企业制度、实行了股份制,特别是已成为上市公司的企业形成强烈反差。这些股份制公司绝大多数具有较好的经营业绩与效益。相当一部分大型国有控股公司的净资产收益率基本都在 23%以上;公司主营业务收入增长率在 34%以上;公司主营业务利润率最低为 7.4%,最高则达 30%。因此,建立、发展和规范以股份制为主要形式的现代企业制度,应当成为搞好国有企业改革、促进国民经济持续稳定增长的首要选择,这就需要借助资本市场形成真正市场化的企业行为。近五年来,国家先后开展了现代企业制度试点(1994 年开始)、优化资本结构城市试点(1995 年开始)、资本运营城市试点(1997 年开始)等,这必将加大国有企业改革的力度,深刻影响我国社会主义市场经济体制的变革。

民营企业参与国有企业改革的必要性

建立现代企业制度涉及我国整个经济体系的重组。国有企业改革的成败,除了决定于政府的有效政策和宏观调控措施外,还必须有效动员社会各方面资本力量积极参与,促成资本合理流动,实现在较大范围内资源的有效配置。

民营企业的产生和发展,符合社会主义市场经济机制,已成为新的经济增长点。在多元化市场经济结构中,民营企业和国有企业是互相依赖、互相补充、互相作用、互相渗透的关系。这种有机关系以及民营企业自身发展的根本需要,决定了民营企业以市场手段进行资本运营,参与国有企业改革的必要性和必然性。这完全符合社会主义市场经济发展的根本需要。

民营企业应积极进行资本运营

在市场经济中利用价值规律,促进资本流动,是调整资本结构、优化资源配置的主要手段。资本运营是企业外部交易性战略的运用,兼并、收购与重组是其核心。资本市场的建立、培育和完善,不仅需要良好的政策环境,而且还需要众多企业积极参与。我国有数以万计的大、中、小型国有企业,大多数处境不善,已很难甚至不可能得到政府投资和银行贷款,面临生存危机,但拥有极为庞大的宝贵资源且无法流动、盘活。另一方面,又有相当一部分经营状况较好的民营企业在寻找突破口,求得企业的更大发展。党中央、国务院确立的国有企业改革战略以及制订的一系列方针政策,为两方面都提供了一个历史性机遇,对民营企业的快速发展来讲,最有效的方式就是以其具备的有利经营管理机制、实力和市场手段进行资本运营,参与国有企业改革。

许多民营企业在经营发展过程中,在解决了最基本的生存问题后,都面临企业资本扩张和资本结构优化的问题,以提高企业价值,获得更大经济效益。兼并和收购国有企业,应当是民营企业实现资本低成本扩张的有效途径,有助于迅速实现企业规模经济效益,使企业在资产规模、新产品开发、市场份额等诸多方面获得突破性进展。另一个重要方面是,民营企业应当根据企业情况和市场发展需要,在资本扩张的同时,重视企业资产重组，优化自身资本结构。民营企业应有针对性地组合运用交易型战略和管理型战略，以市场手段积极进行资本运营，不仅可以实现自身的战略性发展，而且对国有企业股份制改造和建立现代企业制度，也具有重要意义和积极影响。

（作者：成都三业投资开发股份有限公司董事长兼总经理）

魯抗醫藥
LKPC

山東魯抗
醫藥股份有限公司

山東魯抗醫藥股份有限公司是中國三大抗生素原料藥生産基地之一，1992年經山東省政府批准由原國營山東濟寧抗生素廠發起創立的山東省醫藥系統首家大型股份有限公司。經中國證監會批准，公司于1997年1月23日向社會公開發行A股8000萬股，并于2月26日在上交所挂牌上市。目前，公司總股本29865萬股，其中：國家股11916.45萬股，法人(外資)股5787.17萬股，内部職工股4161.38萬股，社會公衆股8000萬股。

山東魯抗醫藥股份有限公司創建于1966年，經濟效益直綫上升，連續7年榮獲“山東省經濟效益排頭兵”稱號。1996年完成工業總産值65206.9萬元，銷售收入59751.9萬元，利稅14906萬元，利潤10084萬元。被國家醫藥局列爲醫藥六大骨干企業之一，全國醫藥工業50强企業，并成爲國家重點支持的1000家企業之一，連續三年被國家醫藥局評爲全國醫藥行業質量效益型先進企業，并在全國醫藥系統首家通過ISO9001質量體系認證。公司總占地面積48萬平方米，擁有各類制藥設備4463臺(套)，現有員工3279人。公司主要生産經營抗生素化學原料藥及制劑、獸用藥、醫藥生産化工原輔料及中間體。目前，公司資産已達127125.38萬元，凈資産78804.45萬元，年産抗生素原料藥1300噸、獸用抗生素1000噸、粉針5億支、片劑10億片、膠囊5000萬粒的生産能力。“八五”以來，公司用于技改的投入高達3億元。使拳頭産品青霉素、鏈霉素、麥白霉素、大觀霉素等已在全國形成規模優勢，抗生素生産全部實現了微機自控。

公司董事長：章建輝

公司在各主要生産崗位設置了上千個質量監測點，質量穩定提高率、市場産品國家監督性抽查合格率連續十年保持“雙百”紀録。注射用青霉素納、麥白霉素片、乙酰螺旋霉素片、注射用氨苄青霉素和土霉素片5種産品被評爲“受歡迎的山東醫藥産品”；青霉素原料藥及粉針雙獲國家金質獎，并榮獲“山東名牌”産品和“全國用户滿意産品”稱號。公司先后與全國42家大型醫藥經銷單位簽訂了長期供貨合同，并在天津、西安等全國22個大中城市設立了銷售辦事處。目前，“魯抗牌”系列産品已暢銷全國29個省、市、自治區。魯抗設立了醫藥進出口公司，并獲得了進出口自營權，建立了海關保稅工廠，在深圳、珠海設立了對外營銷“窗口”，魯抗已有6個産品遠銷歐、美、亞、非四大洲的15個國家和地區，年出口創匯達上千萬美元，成爲山東省和全國醫藥行業的創匯大户。1995年12月，總投資11億元、引進國外先進技術和設備、具有90年代國家先進水平的國家重點工程一年産1000噸青霉素工業鉀鹽及半合成系列産品項目，已在魯抗開工建設。

地址：山東省濟寧市太白樓西路121號
電話：(0537)2213961(轉各部門)
郵編：272121

大型生産廠區

無菌粉針劑生産綫

董事長、總經理：朱金貴

雲南馬龍化建股份有限公司是以生產磷化工、建材產品爲主的國家大二型企業。下設1.4萬噸黃磷、1.2萬噸磷酸(其中工業磷酸、食品磷酸、低砷磷酸各占1/3)的磷化工分廠；年産10萬噸水泥的水泥分廠。公司擁有員工1080人。生產的“龍九牌”黃磷、磷酸質量好，黃磷純度高達99.99%；砷含量低于80PPm，以其可靠的質量遠銷日本、澳大利亞、波蘭、荷蘭、捷克、法國等20個國家和地區。“龍王橋牌”425號、525號復合硅酸鹽R型早强水泥，填補了雲南省立窑生產空白，長年暢銷昆明、曲靖市場。

1996年公司加大生產硬性指標，節能降耗措施落實力度，取得了較好的經營業績。1996年，公司纍計實現主營業務收入9234.34萬元，利潤總額1436.34萬元，净利潤1220.72萬元。分別比上年增長54.11%、49.81%、32.81%。1996年度盈利預測完成情況説明：公司主營業務收入完成盈利預測數的100.59%，净利潤完成預測數的100.59%。1996年末，公司的資産總額爲13941.39萬元，其中：貨幣性資産1828.57萬元，債權性資産3886.32萬元，實物性資産7037.41萬元，投資性資産19.05萬元，無形及遞延資産1170.04萬元。净資産5788.54萬元，股東權益比率爲41.52%；負債總額8152.85萬元，資産負債率58.48%，流動比率104.56%，速動比率86.73%。公司資産結構合理，財務狀况良好。馬龍化建股份有限公司董事長、總經理朱金貴將偕公司全體員工開拓進取，不斷尋求發展機遇，同各位投資者一同開創美好的未來。

優美的生産環境

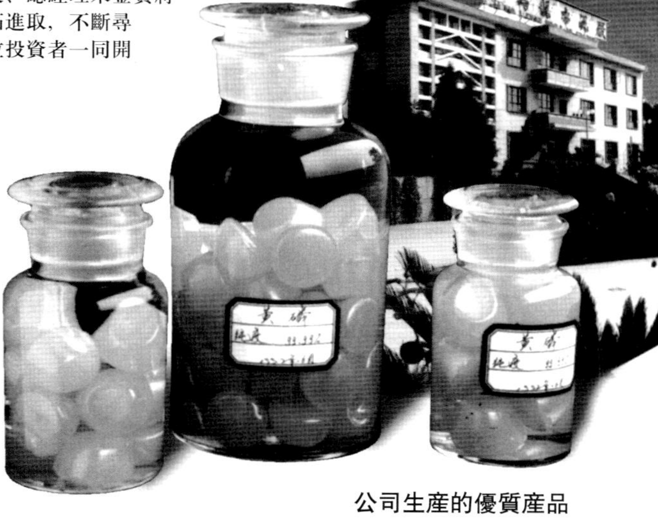

公司生産的優質産品

雲南馬龍化建股份有限公司

安徽

銅都銅業股份有限公司

步步辉煌

安徽銅都銅業股份有限公司原名安徽銅都發展股份有限公司，
是安徽省首家以股份制形式設立的公司。
公司成立于1992年8月，
主要經營範圍爲銅、金、銀等貴金屬、硫酸生産、電子産品、鋁型材生産加工，房地産開發，五金礦産貿易、旅游服務。
公司現有在册職工2737人，
注册資本1.4億元，
擁有年産4.5萬噸電解銅、600千克黄金、30000千克白銀及12.8萬噸硫酸的生産能力。
下屬金昌冶煉廠、銅都發展旅行社、銅都電腦工程公司、五金礦産公司、房地産開發公司等五家全資企業以及安徽銅都國際大酒店、康林國際金屬材料有限公司、銅陵金興清洗有限公司等三家參股企業。
1996年11月，公司股票正式在深圳證券交易所上市交易，
使公司加入了上市公司的行列。
1996年，公司共實現工業總産值70236萬元，
實現銷售收入116748萬元，
經濟效益有了較大提高。
公司1996年主營業務收入116748.00萬元，
净利潤4778.00萬元，
總資産46174.00萬元，
股東權益30956.00萬元，
每股收益0.34元，每股净資産2.2元，净資産收益率15.44%，
股東權益比率67.04%。
公司董事長：劉玉恩

地址：安徽銅陵市長江西路
電話：(0562)2825082 2825090
傳真：(0562)2825082 郵編：244000
聯系人：吴國忠

浙江信聯股份有限公司

信聯股份是浙江省手工業聯社首家具有現代企業制度特色的股份上市公司、浙江省第一家軋鋼企業。主要經營鋼材、金屬制品的制造、加工、銷售、房地産開發等。公司主營業務突出，業績穩步增長。

1996年，公司面臨主導車間的搬遷，狠抓主導産品的生産管理，依靠低消耗、高産出，較好地完成了全年預期目標，主營業務收入1.99億元，實現净利潤2879.58萬元，比上年增長24.18%。信聯股份的熱軋易地改造工程正加緊建設，一期工程(開坯車間)已投入生産，二期工程(綫材車間)1997年三季度將投入試生産。此外，1996年底信聯公司成立了房地産開發公司、1997年將在房地産領域有所發展。

易地改造工程—新廠區

機場股份

海南機場股份有限公司

海南機場股份有限公司經海南省證券管理委員會審查批准，由海南鳳凰機場總公司、三亞市城鄉建設土地開發總公司、中國建設銀行海南信托投資公司、海南賽格國際信托投資公司、海南和平實業股份有限公司、海南光大國際投資總公司、海南賽格實業股份有限公司等共同發起創立于1993年7月1日。

公司首期發行人民幣普通股10億股，按1：1.5溢價發行。公司注册資金10億元人民幣，是海南首家承擔國家重大基礎設施建設項目的股份制企業，1995年列全國"國有企業500强"（國家控股）第425位，截止1996年底，公司資産總額已逾58億元人民幣。海南機場股份有限公司的主要經營任務是海南省民用機場的建設、經營與管理。

公司下轄三亞鳳凰國際機場和海口美蘭國際機場。

地址：海南省海口市海府路12號亞希大厦9樓 電話：(0898)5357383 5357709 傳真：(0898)5357382 郵編：57020

海南國際海運股份有限公司

海南國際海運股份有限公司是由海南省輪船公司、海南科技風險投資公司、海南萬能達實業有限公司等單位共同發起，以海南省輪船公司進行規範化改造，于1994年8月創立的定向募集公司，主營：國際、國内海上貨物運輸、車客渡運輸、集裝箱運輸；兼營：國際、國内船代、貨代、房地産開發等業務。

1995年底，公司被交通部定爲實施《國際船舶安全營運和防止污染管理規則》試點單位。公司已建立了符合規則的安全管理體系，并于1996年12月通過了交通部組織的審核，取得了符合航行國際航线的《符合證明》（等同于工業企業ISO9000質量認證），成爲中國首批，海南首家獲此資格的公司。公司目前擁有9000噸至28000噸散貨船5艘，總運力達81815噸。1995、1996年運輸收入（期租）分别達到525、490萬美元，是海南省非貿易口的創匯第一大户。船舶航行于西班牙、比利時、荷蘭、法國、澳大利亞及東南亞等20多個國家和地區的50多個港口。公司在亞洲、歐洲、澳洲等地建立了90多個代理網點，并在香港和廣州設立了分支機構。先后創立了海南海翔國際船舶代理公司、海南海翔房地産開發總公司、中邦船務（香港）有限公司、廣州貨運部等4家直屬企業。

董事長：潘正明，總裁：鄭育泉

公司總裁：鄭育泉

原海南省政協主席姚文緒爲公司揭牌

地址：海口市海秀大道67號銓寶大厦12樓
電話：(0898)8916198 8915059
電傳：490238 HNIMC CN
傳真：(0898)8916968
郵編：570206 電挂：HNIMC

1997
中國證券業年鑒

TWO
第二編 中國金融市場

近幾年中國金融市場積極穩步發展，特別是國債市場體系逐步建立，
形成了具有中國特色社會主義金融市場，
有力地促進了國民經濟持續、快速、健康發展，
圖爲上海財政證券公司參與國債發行承銷。

中国金融市场

中国金融市场

【概况】 1996年我国在前几年宏观调控取得显著成效的基础上，继续坚持适度从紧的财政货币政策，促使经济、金融运行保持平衡发展的态势，金融体制改革也迈出了较大步伐。到1997年6月底，全国各类金融机构总资产为13.28万亿元。金融业在加强宏观经济调控和支持国民经济发展中发挥越来越大的作用。

货币政策　中央银行继续实行适度从紧的货币政策，宏观调控方式有了较大改进。一是间接货币政策工具增多，运用的力度加大。二是在总量控制的同时，注意了结构调整。逐步缩小信贷规模的控制范围，对商业银行实行资产负债比例管理。1996年中国建立了全国统一的银行同业拆借市场，形成了以市场资金供求情况决定的拆借利率，促进了利率的市场化。中央银行试办了公开市场业务，对四家国有独资商业银行总行开办再贴现业务，并灵活运用本外币"对冲"手段和利率政策配合总量调控，取得良好效果。1997年4月15日，国务院颁布了《中国人民银行货币政策委员会条例》，加强对货币政策的正确制定和实施。中央银行加大了金融监管力度，加强了金融法制建设，强调审慎监督，内部控制，改进了非现场检查指标体系和数据报送制度，保证了货币政策的贯彻实行。

货币供应量　1996年，中央银行在4月1日对新增储蓄存款停办保值业务，5月1日和8月23日连续两次下调存贷款利率，收到明显效果。广义货币增势逐月下降，狭义货币增幅从4月份开始逐月回升，货币供应量结构得到调整，货币流动性增强。1996年末，广义货币余额为76094.9亿元，增长25.3%，比上年末低4.1个百分点，狭义货币余额为28514.8亿元，增长18.9%，比上年末高2.2个百分点。货币流动性从1993年4月份开始持续下滑的势头到1996年7月份开始回升，12月份的货币流动性(M1/M2即狭义货币余额/广义货币余额)为37.5%，比6月份最低点高1.4个百分点，基本正常。1996年现金投放916.7亿元。1996年末，市场货币流通量为8802亿元，增长11.6%，增幅比1995年高3.4个百分点。1996年现金投放的主要特点，一是春节前呈大投放的势头，投放2592亿元，创下历史最高水平；二是节后现金回笼基本正常，上半年回笼219.6亿元，与1995年基本持平；三是下半年现金投放波动较大。受两次降息的影响，资本市场异常活跃，居民提款入股市大量增加，导致现金投放速度加快；四是12月份人行加强了对现金投放的管理，投放数量小。

信贷规模　1996年全部金融机构贷款增加10683.3亿元，比1995年同期多增1343.5亿元。月末余额为61156.6亿元，增长21%，增幅比1995年同期低5.4个百分点。国家银行各项贷款共增加7937.8亿元。贷款增加主要是上半年比上年同期多增1007亿元。受信贷规模控制的影响，下半年各项贷款增加5321.3亿元，比上年同期多增15亿元，明显减缓。从增长速度看，6月份增长23.6%，达到1996年以来的最高峰，以后逐渐下降，9月份为22.1%，年末为20.4%。国家银行贷款中工业贷款增加2154.5亿元，比上年多增628.8亿元，商业贷款增加2305.6亿元，比上年多增280.6亿元；农业贷款增加247.2亿元，比上年多增49.8亿元；中长期贷款增加2045.9亿元，比上年多增21.6亿元。贷款主要支持了国家重点项目和有市场、有效益企业的资金需求，严格按国家产业政策执行。

企业存款和居民储蓄存款　1996年全部金融机构企业存款共增加5026.3亿元，比上年同期多增1141.2亿元。其中活期存款增加3564.1亿元，比上年同期多增909.7亿元。12月末企业存款余额为22450.2亿元，增长29.6%。新增企业活期存款占全部企业存款新增额的比重达70.9%，比1995年高2.6个百分点。城乡居民储蓄存款增长较多，12月末，城乡居民储蓄存款余额达38520.8亿元，比上年同期增长29.9%，增幅比1995年低8个百分点，比停办保值贴补前的3月份低10.2个百分点。城乡居民储蓄存款全年累计增加8858.6亿元，比上年同期多增732.5亿元。中央银行基础货币控制较好，资产运用正常。1996年末，中央银行基础货币余额为26920.3亿元，增长20.3%(按可比口径计算)，比上年同期高0.6个百分点。基础货币增加主要原因仍是外汇占款增加多，共增加2764.6亿元，增幅41.4%，比1995年多增461.7亿元，占央行总资产运用的48%。年末国家外汇储备达1050.3亿元，全年累计增加314.3亿美元，比1995年多增加92.3亿美元。

国家外债　截至1996年底，中国外债余额为1162.8亿美元，比上年增加96.9亿美元，增长9.1%。其中中长期外债余额为1021.7亿美元，占全部外债余额的87.9%，比上年增加74.9亿美元，增长7.9%；短期外债余额为141.1亿美元，占12.1%，比上年增加21.9亿美元，增长18.4%。1996年新借款309.5亿美元，比上年减少81.6亿美元；还本付息224.7亿美元，比上年减少92.4亿美元。按国际收支口径计算，1996年中国偿债率为6.7%，债务率为75.6%。在1996年的外债余额中，国务院各部委的外债余额为334.7亿美元，比上年增长7.6%；国内中资金融机构外债余额为440.1亿美元，比上年减少3.2%；租赁公司外债余额为16.4亿美元，比上年减少7.3%；外商投资企业债务为248.7亿美元，比上年增长50.3%；国内企业外债余额为122.9亿美元，比上年增长5%。

银行性金融机构　1996年中国银行业的改革又有了较大的进展。三家政策性银行改善内部管理体制，实现了与商业银行的合理业务分工。经过三年的发展，中国的政策性金融体系初步形成，资产规模进一步扩大，资金使用效益也不断提高。到1996年底，政策性银行贷款余额为8790多亿元。四家国有独资商业银行进一步转换经营机制，认真执行资产负债比例管理规定，不断强化一级法人管理体制，加强系统内统一调度资金的能力，建立了对内授权、对外授信制度，实行了主办银行制度，加强了贷款管理。按照效益原则精简机构，全年共撤并分支机构6000余个，实现了减人增效，向着集约化经营迈出了重要步伐。到1996年末，国有独资商业银行资产总额达59470多亿元，存款余额为44940多亿元，贷款余额为

37980多亿元。其他商业银行继续健康发展。到1996年末,中国人民银行已批准设立其他商业银行共14家,其中股份制商业银行10家,其资产总规模达9000多亿元。城市合作银行组建工作进展顺利。1995年以来,城市信用社的整顿和城市合作银行的组建工作顺利展开。1996年,组建城市合作银行的大中城市由35个扩展到100个,1996年末,经中国人民银行批准正式营业的城市合作银行18家,全国共有城市信用社及联社4600多家。到1997年上半年,经批准营业的城市合作银行44家。围绕着"建立一个以合作金融为基础,商业性金融和政策性金融分工协作的农村金融体系"在农村金融改革已取得实质性进展。恢复农村信用社的合作金融性质,脱离其与中国农业银行的行政隶属关系;中国农业发展银行已在全国大部分地区设立分支机构1500多个,进一步完善了农业政策性信贷管理制度。到1996年底,全国共有农村信用社49500多家,县联社2400多家。

非银行性金融机构　1996年是非银行金融机构规范发展的重要时期,在加强法制建设的同时,按照分业经营和分业管理的原则,对其市场定位进行了规范。一是开展了国有商业银行与所属信托投资公司脱钩及人民银行各级分行与其投资所办的证券公司脱钩工作;二是在规范调整的基础上对非银行金融机构进行了重新登记,一部分证券公司进行了增资改制,财务公司实行分业经营;三是在严格非银行金融机构市场准入的同时,对其市场退出问题也进行了有益的尝试;四是全面实施对非银行金融机构的非现场检查制度。各类非银行金融机构在调整和规范中健康发展。到1996年末,中国共有信托投资公司244家,总资产5090多亿元;证券公司96家,总资产1590多亿元;财务公司64家,总资产1170多亿元;融资租赁公司16家。保险体制改革进一步深化,1996年,中国人民保险公司实行集团化经营,并实行了财险、寿险、再保险的分离,基本上形成各类保险公司并存的保险体系。新的一批保险公司陆续建立,保险业的管理制度进一步完善,保险业务迅速发展。到1996年底,国内有保险公司14家,还有7家外资保险公司分公司,1家合资保险公司。1996年全国保费收入776.6亿元,承保金额15.8万亿元。

金融业对外开放　中国已与国际货币基金组织、世界银行、非洲开发银行、亚洲开发银行、加勒比开发银行、东—新—澳中央银行组织等建立了良好关系并进行了广泛合作。1996年9月,中国人民银行正式加入国际清算银行。中国已有23个城市和海南省允许外国银行设立营业机构;在上海和广州两地进行了保险开放的试点。1996年底,对设在上海浦东并符合条件的外资金融机构允许其试点开展人民币业务。到1997年上半年,已有9家外资金融机构在上海浦东经营人民币业务。中国国有商业银行和保险公司等在境外设立的金融机构已发展到658家。

外资金融机构　自1979年第一家外国银行代表处在北京设立以来,截止1996年底,在华外资金融机构代表处527家,其中银行代表处288家,保险代表处152家,证券公司代表处53家,其它代表处34家;营业性金融机构156家,其中,外资银行分行131家,本地注册银行11家(外国独资银行5家,中外合资银行6家),外(合)资财务公司5家,外国保险公司8家(其中外国保险公司分公司7家,合资保险公司1家),中外合资投资银行1家。131家在华外资银行分行的母行来自16个国家和地区的63家银行。从国别分布来看,日本的银行所设分行达29家,其次分别是香港(25家)和法国(15家);从外资银行设立的城市分布来看,上海达37家,其次是深圳(24家)和广州(13家)。至1996年底,已正式营业的140家外资银行的总资产为299亿美元,贷款余额194亿美元,存款余额39亿美元,比上年分别增长了56%、53%和24%。外资银行在华资产总额占中国金融总资产的比重为3.13%,占全国金融机构外汇总资产的比重已达14.19%。在194亿美元的贷款余额中,有89%是发放在境内,49%是用于中长期项目,而吸收的存款余额只有39亿美元,其中在境内吸收的存款为33亿美元,占贷款余额的20%左右。1996年外资银行的税后帐面利润为1.83亿美元,比上年增加31%。在华外资银行资产盈利率为0.6%。外资银行的利息收入占总收入的90%,反映在华外资银行业务经营和收入的来源比较单一。

【金融体制改革进程】　改革单一的国家银行体制　改革以前,中国基本上是单一的国家银行体制,在传统高度集中统一的经济体制下,真正从事国内金融业务的仅是中国人民银行。1979年金融改革的首要目标是重新构造功能各异的、多元化的金融主体,并从金融机构的组织创新入手,打破了单一的银行体制。中国相继分设了中国农业银行、中国工商银行、中国银行和中国建设银行;恢复了中国人民保险公司的国内业务,恢复和新建了交通银行等商业银行;同时陆续新建了一些非银行金融机构。进入80年代,银行对国有企业的流动资金贷款实行统一管理,并逐步扩大了贷款范围,以支持企业生产和经济结构的调整。国家专业银行开始改革信贷管理体制,推行存贷挂钩,实行了分级管理和多存多贷,少存少贷地办法,对流动资金贷款实行了"三查"岗位分离制度,对固定资产贷款实行审贷分离制度。同时制定了以资金运用率、费用开支、利润增长为主要内容的经济指标,推行全额利润留成和成本管理,并试行了各种岗位责任制和单项承包制。1993年,中国人民银行深圳市分行制定了《深圳银行风险监管暂行规定》,开始对银行资产分类进行风险管理。国家专业银行实行信贷资金管理制度的改革,对于提高银行自我约束、自我发展的能力和经营管理水平起到了积极的作用。1994年,实行政策性金融业务和商业性金融业务的初步分离,三家政策性银行,即国家开发银行、中国农业发展银行、中国进出口银行顺利组建并进入正常运行。国家专业银行在政策性业务划转之后,向商业银行转变的步伐加快,通过建立和完善内部监督、制约机制和贷款责任制,逐步加强了自我约束机制和风险管理。其他多种所有制形式的商业银行迅速发展,并为银行业的有序竞争与发展带来了生机和活力。中国人民银行制定并下发了《金融机构管理规定》、《信贷资金管理暂行办法》等项法规和规章制度,各家商业银行制定符合各行特点的资产负债比例管理办法,进一步加强和完善了风险管理体制。1995年7月1日,《中华人民共和国商业银行法》开始实施,规范商业银行的行为,从法律上保证了国家专业银行向商业银行的转轨。

合作金融事业改革　中国从1981年开始进行农村信用社的改革试点,并着手解决农村信用社"官办"性质太浓等问题。1984年8月6日,国务院批转了中国农业银行关于改革信用社管理体制的报告,全国农村信用社开始恢复和加强组织上的群众性,管理上的民主性,经营上的灵活性。1992年,农村信用社开始试行资产负债比例管理办法,逐步完善风险管理体制。1979年以后,在中国部分城市中出现了城市信用社。1988年8月,中国人民银行为了加强对城市信用社的管理,发布了《城市信用合作社管理规定》,城市信用社按照有关规定,在经营上更为灵活,并且逐步建立和完善了风险管理体制。

非银行金融机构改革　非银行金融机构的产生是商品经

济发展的需要，其与银行体系相辅相成，成为现代金融业的必要组成部分。中国信托业于1980年正式开办，在短期内发展迅速，但在其发展过程中也出现了乱设机构、超范围经营等问题。根据信托业的发展情况，中国人民银行提出了信托业与银行业分业管理的方针，并制定了管理法规，加强对信托贷款和投资的管理，促使其稳步发展。到1991年底，信托投资公司已有371家，总资产达到2708亿元。改革以来，中国的股票和债券市场发展很快，专门从事证券发行和交易业务的证券公司也得到了迅速发展。1987年，经中国人民银行批准，深圳证券公司作为第一家证券公司开始运作。此后，人民银行又批准设立了一些证券公司、证券交易营业部和代办点，并加强了证券业的规范化管理，使证券经营机构的经营管理水平不断提高。到1990年底，中国已有证券公司44家，证券交易代办点1050个。中国的财务公司起步较晚，机构数量及资产规模少，其主要办理企业内部存贷款、投资等金融业务。它在发展中进一步界定了本身的服务功能和业务范围，并为金融服务于企业集团和金融与产业的融合做出了有益的尝试。到1991年底，中国人民银行已相继批准设立了17家财务公司，其资产规模为135亿元。80年代初，中国国际信托投资公司租赁系统率先创建了现代租赁机构，1983—1985年出现了迅速发展的趋势，其经营方式也开始向着多样化发展。随后，由于国内经济的调整，租赁业处于困难时期，到90年代初业务开始回升，专营租赁业的公司已有数十家。非银行金融机构坚持分业经营、分业管理的原则，认真落实金融机构资产负债比例管理规定和风险控制办法，逐步实行对金融机构主要负责人的资格管理，纠正短期资金长期运用、超比例放款、乱投资的现象，维护金融机构的安全运行。

保险业改革　随着经济改革的展开，中国保险业开始恢复并迅速发展。1983年9月，中国人民保险公司成立，并成为国务院直属的经济实体。保险公司开始改革内部管理制度，实行分级核算制度，并逐步下放了各项管理权限，扩大了分公司的自主权，试行了经营目标责任制、干部聘任制和职工优化劳动组合等。到1991年底，中国太平洋保险公司、中国平安保险公司，以及新疆兵团农牧业保险公司、天安保险股份有限公司等已组建并初具规模，外资保险公司也已经进入中国保险市场；保险业务有了迅速发展，保险业务的种类已发展到300多种，保费收入达230多亿元。中国人民保险公司与世界上120多个国家和地区约1000多家保险、再保险公司建立了分保业务往来。保险业按照商业保险和社会保险、寿险和财险分开原则，推进保险业务改革，组建和发展了一些全国性、区域性和专业性保险公司。

金融宏观调控体系改革　金融改革的另一个重要目标是建立直接调控与间接调控相结合的金融宏观调控体系。1983年9月17日国务院决定，中国人民银行专门行使中央银行职能，不再兼办工商信贷和储蓄业务。从此，中国人民银行成为国家的中央银行。在1985年，中国人民银行和专业银行实行了“统一计划，划分资金，实贷实存，相互融通”的信贷资金管理办法。人民银行开始运用存款准备金、再贷款、再贴现、中央银行存贷款利率等经济手段调控金融活动。自1988年第四季度起贷款限额开始成为指令性计划指标，于是逐步形成了直接调控和间接调控相结合的金融宏观调控体系。利率是调节国民经济的重要经济杠杆。在旧的经济体制下，整个利率体系处于水平低，结构不合理和管理不灵活的状况。例如，1978年，存款利率只有4种，贷款利率只有7种，且不分档次。1979年以后，对其进行了改革，增加了档次，调整了结构，并全面实行了利率的期限管理。到1990年底，社会存款已有13种44个档次，贷款有47种45个档次；对关系国计民生的生产部门实行了优惠利率，对一些行业的基建贷款实行了差别利率。对各专业银行和非银行金融机构赋予了适当的利率浮动权，使其在调整经济结构中初步发挥了作用。1993年底，国务院批准了《关于金融体制改革的决定》和《关于进一步改革外汇管理体制的通知》，金融体制改革进入到一个新的发展时期。这次金融改革的核心内容是要把中国人民银行办成真正的中央银行，即明确中国人民银行金融宏观调控和金融监管两大职能，改革和完善货币政策体系与金融监管制度；要把专业银行办成真正的商业银行，即在政策性金融和商业性金融分离的基础上，国家专业银行要以效益性、安全性和流动性为主要经营原则，实行资产负债比例管理和风险管理，逐步转变为国有商业银行。中国人民银行实行适度从紧的货币政策，并采取措施增强了中央银行执行货币政策的自主性和主动性。中国人民银行总行收回了分行的规模调剂权，停止向财政透支，停办专项贷款。1994年第三季度，中国人民银行正式公布货币供应量监测指标，并逐步协调运用利率、再贷款、再贴现、公开市场操作等间接货币政策工具调控货币供应量，取得了良好成效。1995年3月18日《中华人民共和国中国人民银行法》颁布实施，规定了中央银行货币政策目标是保持货币稳定，并以此促进经济增长。自此，中国人民银行独立执行货币政策有了法律保证。

金融业对外开放　中国实行改革开放政策以来，金融业的对外开放迈出了较大的步伐。中国金融界陆续恢复和加入了国际货币基金组织、世界银行、亚洲开发银行等金融组织。中国建立经济特区，开放沿海城市后，外商投资迅速增加，与之有关的侨资外资银行申请在中国境内开业和经营。到1993年底，已有30个国家和地区的金融机构在中国18个城市设立了302个代表处，设立了业务机构98家。

外汇管理体制改革　中国外汇管理体制改革是完善宏观管理的重要组成部分，其长期的目标是实现人民币可兑换。中国对外汇一直采取统收统支、统一分配的办法。这种办法难以调动创汇单位的积极性与扩大外汇收入。为此，国务院在1979年8月13日颁发了《关于大力发展对外贸易增加外汇收入若干问题的规定》，实行全面的贸易外汇和非贸易外汇留成办法。1981年，国家开始实行双重汇价，以鼓励出口；1985年1月，又取消双重汇价，实行单一的人民币汇价；此后，又相继调低了人民币汇价，并逐渐实行了有管理的浮动汇率。随着外汇管理体制的改革，国家允许国内单位和外商企业通过外汇调剂市场进行外汇调剂。1985年，在深圳经济特区设立了第一个外汇调剂中心，调剂价格放开。1986年至1988年，逐步放开了外商投资企业的外汇调剂价格。1994年，外汇体制改革取得了突破性进展，实现汇率并轨，取消了外汇留成和上缴，停止发行并收回外汇券，建立了银行结汇和售汇制度，初步形成以市场供求为基础的、单一的、有管理的浮动汇率生成机制，组建了全国统一的银行间外汇交易市场，由中国人民银行集中管理国家外汇储备。

【规范化管理】　1996年中国人民银行加强了对金融机构和金融市场的监管，共颁布金融监管行政法规和规章50多项。人民银行公开吊销和查处了一批非法金融机构，对一批金融违法典型进行了严肃查处，对存在严重金融风险的信托投资公司分别采取了财政注资、中央银行接管、银行收购等有力措施，化解了金融风险。制定了《金融机构高级管理人员任职资格管理暂行规定》，清理上两年金融机构之间搞假回购形成的债务拖欠。

（中国人民银行　李德）

中国外汇市场

【概况】 中国外汇市场体系由三个层次构成：第一层是客户与外汇指定银行之间的市场，1994年外汇改革后，中资企业实行银行结售汇制，即在规定的范围内必须将其外汇收入卖给外汇指定银行，它是外汇指定银行和企业之间进行外汇买卖的市场。外汇调剂市场也是统一外汇市场的一个组成部分，它是专门为外商投资企业办理外汇买卖的场所。在1996年7月1日前，外商投资企业的外汇收入可以保留或卖出，但只能到外汇调剂中心办理；7月1日以后，外商投资企业的外汇买卖纳入银行结售汇体系，外资企业经核定保留外汇结算帐户的最高金额，超过部分应当卖给外汇指定银行。同时，外资企业也可继续到外汇调剂中心买卖外汇，无需经过外汇管理局的审批。外资银行除办理结汇业务外，也可以办理售汇业务，成为外汇指定银行。第二层是银行间外汇市场。外汇指定银行在办理结售汇业务的过程中出现买超或卖超的现象时，这时外汇指定银行就可以通过银行间外汇市场的交易，平衡其外汇头寸。外汇市场的供求状况是决定汇率的基础。中国人民银行根据前一营业日统一外汇市场形成的人民币兑美元、港元和日元的中间价，公布当日基准汇率，各外汇指定银行可在规定的浮动范围内自行决定挂牌汇率。人民币对其它可自由兑换货币的汇率可根据中国人民银行公布的基准汇率，参照国际市场行情套算出来。所以，银行间外汇市场的功能是生成人民币市场汇价，是汇率形成机制的核心。第三层是中央银行参与银行间外汇市场的交易，对人民币汇率进行适时适度的宏观调控。中央银行在银行间外汇市场进行公开市场操作以实现汇率政策目标。当日汇率出现非正常波动时，中央银行将适时入市干预，调节外汇供求，以保持汇率的稳定。

统一的外汇市场是运用现代化的通讯网络和电子计算机联网，为各金融机构包括中资、外资及中外合资金融机构提供外汇交易与清算服务。到1996年年底，已经有37个中心城市入网，参加外汇交易。外汇市场只进行人民币与美元、人民币与港元、人民币与日元之间的现汇交易。由会员随时报价，按照价格优先和时间优先的原则撮合成交。资金清算实行总中心与分中心两级清算制度，各地分中心负责当地会员之间的清算，总中心负责各地分中心的差额清算。

【规范化管理】 为规范和发展中国银行间外汇市场，维护交易当事人的合法权益，国家外汇管理局于1996年出台《银行间外汇市场管理暂行规定》，主要有以下规定：1、银行间外汇市场是指经国家外汇管理局批准可以经营外汇业务的境内金融机构（包括银行、非银行金融机构和外资金融机构）之间通过中国外汇交易中心进行人民币与外币之间的交易市场。2、从事外汇交易，必须遵守法律、行政法规，遵守公开、公平、公正和诚实信用的原则；任何境内金融机构之间不得在交易中心之外进行人民币与外币之间的交易。3、交易中心的主要职能是：提供并维护银行间外汇交易系统，组织外汇交易币种、品种的买卖，办理外汇交易的清算交割，提供外汇市场信息服务等。4、交易中心实行会员制，只有会员才能参与外汇市场的交易；会员选派的交易员必须经交易中心培训持证上岗。5、交易中心自身不得从事外汇交易；会员之间的外汇交易必须通过交易中心进行，经批准会员可以代理非会员进行外汇交易；交易中心和会员单位应当保证用于清算的外汇和人民币资金在规定的时间内办理交割入帐；交易价格采用直接标价法。6、国家外汇管理局规定和调整每日外汇市场交易价格的最大浮动幅度；中国人民银行根据外汇市场形成的价格，公布当日人民币市场汇率；外汇交易应当根据当日市场汇率并在规定的每日最大价格浮动幅度内进行；中国人民银行可以根据货币政策的要求，在外汇市场内买卖外汇，调节外汇供求，平抑外汇市场价格。7、交易中心有以下行为的，造成经济损失由交易中心承担，同时追究主管人员的责任：擅自改变交易时间、交易方式、交易币种及品种、清算方式的；无故拖延清算资金划拨的；向上级主管机关上报虚假交易情况的及其它违反交易规定的行为。

【交易市场】 1996年外汇市场在前两年平稳运行的基础上继续保持稳定：外汇供大于求，人民币汇率稳中有升，外汇储备不断增加，这表明宏观经济环境的好转以及中央银行宏观调控能力的增强。1996年度外汇市场运行特点是：

银行结汇量略有下降，售汇降幅大于结汇降幅，结售汇顺差增加　1996年，全国累计结汇1165.29亿美元，比1995年增长－1.84%，其中贸易出口收入899.15亿美元，非贸易收主207.55亿美元，资本收入51.49亿美元，其他收入7.10亿美元，分别比1995年增长－5.9%，1.79%，137.39%，16.10%。售汇累计879.6亿美元，比1995年增长－6.02%，其中贸易进口支出715.29亿美元，非贸易支出57.30亿美元，资本支出104.13亿美元，其他支出2.88亿美元，分别比1995年增长－11.09%，4.34%，44.03%，－31.74%。结售汇顺差累计285.69亿美元，比1995年增长13.7%。出现结汇、售汇量的下降和结售汇顺差增加的原因是：从出口看，在贸易方式构成中一般贸易出口比1995年下降11.9%，来料加工和进料加工分别增长17.3%和13.2%，在企业类型构成中，国有企业出口下降13.2%，三资企业出口增长31.1%，由于三资企业的结汇率低于国有企业，因此尽管1996年7月1日后对三资企业实行银行结汇制，全年结汇量仍略有下降。从进口看，在贸易方式构成中一般贸易进口下降9.2%，进料加工进口增长5.5%，而不需要支付外汇的来料加工和外商投资的设备物品进口分别增长9.7%和32.6%，在企业类型构成中，国有企业进口下降9.5%，三资企业进口增长20.1%，由于需要售汇的国有企业进口的下降，全年售汇量下降且降幅大于结汇降幅。1996年7月1日实行外商投资企业结售汇制后，三资企业的结售汇量大幅度增长。全年外商投资企业结汇200.87亿美元，占总结汇额的17.2%（1995年为7.5%）；售汇86.64亿美元，占总售汇额的9.8%（1995年为3.1%）。

市场交易量略有下降　1996年共进行255天交易，全年累计成交折合美元628亿，平均日成交额为2.46亿美元，比1995年的2.61亿美元下降5.7%。其中，美元、港币、日元分别占成交量的92.6%、6.1%、1.3%，美元、日元所占比重同比有所上升，港币则下降了2.1个百分点；1996年自营累计成交折合529.1亿美元，代理累计成交折合98.67亿美元，均比1995年减少，尤其是外商投资企业纳入结售汇体系后代理交易量下降的趋势较为明显；由于在外商投资企业纳入结售汇体系后外资银行成为外汇指定银行，1996年外资银行自营交易量有较大幅度的上升。外汇市场交易量下降的主要原因一是政策变动的影响。1996年3月在上海、深圳、大连、江苏试行外商投资企业结售汇，四个试点地区有三个地区代理交易量均有较大幅度的下降。7月1日以后，外汇交易系统的代理量下降之后趋于平稳，是由于银行结售汇的资金清算速度比代理交易快及银行挂牌汇率调至0.15%和银行改善服务多方因素所至。另外，外商投资企业纳入银行结售汇体系后在

一定程度上增加银行内部平补头寸的机会，也在一定程度上减少了银行自营交易量。三是银行结售汇变动的影响。1996年1至12月银行结汇同比减少1.84％，售汇同比减少6.02％。一定程度上减少了银行自营交易量，从而减少了市场总交易量。

市场供大于求缺口增长超过20％　主要表现在：金融机构自营买入日均比去年减少17％，日均卖出增加7％；1996年日均代理买入和卖出与1995年相比均有所下降，卖出下降比率近10％；1996年外汇供求格局保持基本不变，北京、上海为主要供给方，广州和深圳为主要需求方，但局部地区的供求关系有一定程度的变化，如厦门从净卖出变为净买入，在37个联网交易地区中，仅有9个地区为净需求，同1995年相比减少4个地区；尽管银行自营交易和代理交易在外商投资企业纳入结售汇后有一些变化，但市场的供求关系没有实质性变化，美元兑人民币呈小幅度下跌趋势。外汇市场供大于求的主要原因是：宏观调控取得成效。1996年中国继续实行适度从紧的货币政策和财政政策，通过控制货币供应量的适度增长和财政赤字的扩大来调控社会总需求，抑制通货膨胀，有效地抑制了国内对外汇的需求，增加了外汇供给。1996年我国出口总值为1510.7亿美元，进口总值1388.3亿美元，贸易顺差累计122.4亿美元。从进口看，外商投资企业进口为756亿美元，占进口总值的一半以上，其中外商作为投资进口的设备、物品达249亿美元，占外商投资企业进口总值的32.6％。由于这一部分的进口是外商用其投资总额内的资金来进口的，所以不直接形成外汇市场的有效需求。可以看出，建立在银行结售汇基础上的银行间外汇市场供大于求与贸易顺差有重要关系。从利用外资情况看，1996年中国实际利用外资额达510亿美元，扣除一定量的资本流出，中国资本项下仍将维持相当数量的顺差。外资的净流入也增加了外汇市场的供给。

美元、港元汇价下跌幅度缩小，日元下跌速度加快　1996年外汇汇率均有所下跌，但幅度不一。美元从1995年的8.3174人民币/美元下跌至1996年12月31日的8.2984元人民币/美元，共下跌190点，比1995年同期的1288点缩小85％。同期港币汇价变动与美元相差不多，汇价从1.0756元人民币/港币下跌至1996年12月31日的1.0724元人民币/港币，仅下跌32点，比1995年同期的159点有明显的缩小。由于国际汇市美元兑日元的不断升值，1996年日元兑人民币市场加权汇率持续下跌，幅度比1995年同期有较大增加。1995年底日元对人民币市场加权价为8.0513元人民币/百日元，1996年底日元市场加权价为7.2000元人民币/百日元，一年内日元下跌8513点，比1995年下跌6319点增加35％。

外汇市场运行的特征是宏观经济运行和对外经济金融交往在外汇市场上的反映，体现了中国对外贸易的结构特征和现阶段中国金融体制与金融资产的状况。外汇市场的稳定运行已构成中国宏观经济运行和市场体系的有机组成部分。

【完善和发展外汇市场】　中国的银行间外汇市场正发挥着积极的作用，但也应该看到它还只是一个与经济转轨阶段相适应的过渡型阶段性的市场。它与现代市场经济和开放条件下的外汇市场还存在距离。因此，发展完善外汇市场的任务还很艰巨。市场发展可以从以下几方面进行：增加外汇交易主体，增强外汇市场的竞争性。增加外汇指定金融机构，包括外资银行和新成立的国内商业银行、具有一定本外币实力的非银行金融机构等；扩大交易主体的范围，可适当考虑让少数大型企业集团、进出口企业通过代理参与外汇市场；引入外汇经纪商，专门代理个人外汇买卖或企业的大额外汇交易，满足各类经济主体的保值增值要求。开发新的交易品种，增强外汇资源的流动性。根据国内外交易主体对市场需求的迫切程度，应尽快开展远期、外汇同业拆借、外币与外币交易等新的交易品种。改进交易方式，加强清算风险管理，增加市场信息。目前外汇市场的撮合交易方式较好地体现了公平、公正的原则，且交易效率高，事后清算统计方便。随着现代科学技术的进步，应研究如何更好地通过银行间外汇市场提供交易、清算及信息等方面的服务。

（国家外汇管理局政策司）

中国保险市场

【概况】　中国的保险业发展较早，特别是1992年中国共产党第十四次全国代表大会确立了建设社会主义市场经济体制目标模式后，保险业在发展规模、保险品种、市场对外开放、法制建设等方面取得了较好的发展。

保险机构增加　1992年中国保险公司只有3家，此后逐年有所增加，特别是1996年发展较快。1996年2月中国人民银行同意筹建5家股份制保险公司，其中3家为全国性公司，即华泰财产保险公司、新华人寿保险公司、泰康人寿保险公司于1996年9月正式开业。1996年7月23日中国人民保险公司改建为中国人民保险（集团）公司，并成立中保财产保险公司、中保人寿保险公司、中保再保险公司3家子公司。1996年10月西安永安财产保险公司、深圳华安财产保险公司2家区域性股份制保险公司开业。到1996年底国内有保险公司14家，还有7家外资保险公司分公司，1家合资保险公司。

市场对外开放　1992年美国友邦保险公司上海分公司、日本东京海上保险公司上海分公司正式营业，自此，中国保险市场正式对外开放，1996年11月中宏人寿保险（合资）公司在上海成立，1996年12月瑞士丰泰保险（上海）公司成立。法国安盛保险公司在中国获准开业。同时外资保险机构的进入，给中国保险业也带来了先进的管理技术和经营思想，由美国友邦保险公司率先在中国实行的寿险营销员制度迅速被国内各寿险公司采用。

市场业务及理赔　保险业经营方式多样化，除了营销员制度外还有保险代理方式，1996年中保财产保险公司与中国农业银行签订全面代理协议，中国平安保险公司与中国工商银行、泰康人寿保险公司与北京城市合作银行等相继签署了代理协议。1996年全国保费收入776.6亿元，承保金额15.8万亿元。在理赔方面，保险业促进了国民经济的稳定发展，1993年深圳8·5大爆炸，保险公司赔款1.2亿元，1994年浙江遭受17号台风袭击，保险公司赔款近3亿元，1994年东方红三号卫星发射失败，保险公司赔款4亿元，1996年内蒙古包头钢铁公司在地震后获赔款2亿元。1996年保险业支付各类灾害赔款306亿元。

【规范化建设】　1995年7月1日新中国历史上第一部保险大法《中华人民共和国保险法》经第八届全国人大第十四次会议审议通过，并于1995年10月1日正式实施，为中国保险市场的建立和规范发展奠定了基础。《保险法》首次明确界定了商业保险与社会保险的区别，对于保险公司的组织形式、经营范围及偿付能力等方面给予了明确规定。1996年中国又制订公布了《保险代理人管理暂行规定》和《保险管理暂行规定》。中国保险业自律机制也逐步建立，1996年7月中国第一家实体性保险同业公会在深圳成立，随后成都、杭州、湖北等10多个省市的保险同业公会也相继成立。同时中国也开始了首次

保险代理人资格考试。 （古悦）

中国银行间拆借市场

【概况】 在 1978 年至 1984 年间，中国相继恢复了中国人民保险公司、中国人民建设银行、中国农业银行。1984 年中国人民银行开始独立行使中央银行职能，人民银行的商业信贷活动被分离出来，并交给新成立的中国工商银行。人民银行在延用中信贷分配的手段控制全社会信贷资金分配的同时，对各专业银行提出了提取法定准备金的要求，这样以媒介银行短期头寸为主要功能的资金拆借便进入了中国金融活动中。1985 年国家体改委和中国人民银行总行在金融体制改革试点城市座谈会上将建立银行同业拆借市场列为金融体制改革的重点内容。1986 年 1 月国务院颁布了《中华人民共和国银行管理暂行条例》，其中规定：为了调节资金头寸，专业银行之间的资金可以相互拆借。此后，拆借市场迅猛发展，交易量成倍增加，此间经营资金拆借业务的机构混乱，利率高升，期限不断延长，到 1988 年 6 月人民银行开始对拆借市场进行整顿，要求经营同业拆借业务的融资公司都应置于人民银行的领导之下。1988 年 9 月，人民银行总行发文撤消了融资公司，严格限制非银行金融机构进入资金拆借市场，并严格限制专业银行拆借资金的用途。1990 年人民银行对拆借利率实行上限控制。拆借市场逐步规范且稳步发展。但是从 1992 年初开始拆借市场再次高速发展，交易量也惊人增加，拆借利率超过规定上限。从 1993 年下半年起人民银行对拆借市场的利率、期限、资金用途、中介机构、运行秩序等进行整顿。

中国银行间拆借交易系统成立于 1996 年 1 月 3 日，在上海通过中国外汇交易中心系统运行。同业拆借系统分为一级和二级两个交易网络。其中进入一级网的交易主体为经人民银行批准、具有独立法人资格的商业银行总行，及经改造后的省市区和计划单列市的融资中心等，交易活动通过中国外汇交易系统计算机网络进行。首批进入一级网络的共有 12 家商业银行总行和 15 家融资中心。进入二级网的交易主体主要为各商业银行总行授权的分支机构、在各地人民银行开立帐户的金融信托投资公司、合作银行、城乡信用合作社、金融租赁公司、企业集团财务公司等，这个网络将通过各省市区的融资中心就地交易。在同一个交易日内，一级网和二级网将同时运行。入市会员通过现代通信线路和先进的计算机网络，采用自行报价、询价交谈、确认成交、直接清算的方式，自定品种、价格和交易数量，在市场上办理人民币拆借业务。全国统一的银行间拆借市场开始试运行，统一的银行间人民币市场拆借利率随之形成。全国银行间拆借市场利率是指银行同业拆借市场中单个交易品种在每一交易日加权平均利率的总称。单个交易品种的加权平均利率的计算，主要考虑拆借量、期限和利率三个因素。为控制拆借市场的交易风险，人民银行和中国外汇交易中心已采取了一系列举措，其中包括：中央银行将给每个入市会员下达授信额度，各会员在央行的授信额度内再给自己的交易员下达交易授信额度，前者由中国外汇交易中心输入交易系统，后者每天由各会员自己输入。当天超过其中任何一笔授信额度的交易系统内都将无法成交。另外，为保证成交后资金的及时划拨，中国外汇交易中心开发了一套清算监督系统予以监控，发现违规行为将立即展开调查并配合央行进行查处。

【交易市场】 中国银行间拆借交易系统 1996 年 1 月 3 日一级网共成交 15 笔，总金额 7.8 亿元。当天的加权平均月利率为：7 天以内 1.1%、20 天以内 1.005%、60 天以内 1.079%、90 天以内 1.083%、120 天以内的为 1.061%。此后，交易系统正常运行，促进了金融系统内资金的合理流动。

会员增加 1996 年 1 月 3 日，交易系统首批会员有 12 家商业银行和 15 家融资中心，1996 年 3 月 29 日起，参与联网交易的商业银行 20 家，融资中心 35 家。

品种及交易 交易品种主要有 7 天、20 天、30 天、60 天、90 天、120 天，自 1996 年 6 月 1 日人民银行取消银行间拆借利率的上限限制，从 7 月 1 日起，市场推出隔夜（1 天）拆借品种。到 1996 年 12 月底交易系统运行 254 个交易日，累计成交 5871.58 亿元（单向），日均成交 23.1 亿元，拆借余额为 675.36 亿元（单向）。其中一级市场网络成交 2199.50 亿元，日均成交 8.7 亿元。二级市场网络成交 3672.08 亿元，日均成交 14.4 亿元，银行、非银行金融机构和融资中心的拆借总额（双向）分别为 2367.78 亿元、1190.93 亿元和 8184.45 亿元。从市场总体情况看，市场每月平均日成交额呈逐月增加态势，第一季度市场平均日成交额 16.4 亿元，第二季度 20.3 亿元，第三季度 25.2 亿元，第四季度 30.1 亿元。沿海地区资金拆借活跃，拆借总额前十位的地区为北京、上海、辽宁、大连、浙江、广东、河北、天津、湖北、河南。资金净拆出地区主要为北京、上海，净拆入地区主要为东南沿海。成交额最大的两品种为 7 天和 60 天，市场运行以来的最高和次高拆借利率分别为 16.92%（7 天）和 15.984%（120 天），最低和次低拆借利率分别为 8.64%（60 天）和 8.82%（7 天）。1996 年 12 月份中国银行间拆借市场利率 11.5%，比 1996 年 1 月份的利率水平低 1.4 个百分点。 （古悦）

中国租赁市场

【概况】 从 1949 年中华人民共和国成立以来的 30 余年里，除 60 年代出现过一些小额机电设备和生产工具（如起重机、塔吊、推土机）的短期租借业务外，中国的租赁市场完全是一片空白，这是长期以来实行计划经济和闭关锁国政策的结果。1978 年，中国实行改革、开放、搞活的经济方针，中国的租赁市场从此进入了一个起步、发展的新时期。1979 年 10 月，中国国际信托投资公司（简称中信公司）成立，董事长荣毅仁上任伊始，率先提出开办国际租赁业务，培育中国租赁市场。1980 年初，中信公司派出工作小组赴日本考察现代租赁业务。同年，为河北涿县塑料厂采用租赁的方式引进编织袋生产线，又为北京市从日本租进了一批汽车。特别是在业务发展的初期，中信公司同劳氏银行（LLOYDSBANK）合作，成功地为中国民航以杠杆租赁的形式从美国汉诺威尔制造租赁公司（MANUFACTURE HANOVEL LEASINGCO.）租进了第一架波音 747SP 飞机。1980 年 10 月，中信公司邀请日本租赁公司、美化银行来华联合举办首届租赁研讨会。从此，金融租赁在理论上作为一种利用外资的新形式，被正式介绍到了中国。中国最早成立的租赁公司是中国东方租赁公司，是 1981 年 4 月由中信公司、北京市机电设备公司与日本东方租赁公司依照《中华人民共和国中外合资经营企业法》设立的专业性租赁公司。同年 7 月，中信公司、物资部以及工商银行、建设银行、农业银行所属的信托投资公司等单位出资组建了中国租赁有限公司，这是中国第一家规模最大的国有股份制专业租赁公司。这 2 家租赁公司对中国的金融租赁事业起到了积极的推动作用。此后，国内外许多银行、企业和机构纷纷设立租赁企业、分支机构和租赁业务部，使中国租赁市场呈现出主体多元、规模扩张和体制薄弱的显著特点。

【租赁经营机构】 市场主体的多元化表现在从事金融租赁业务的机构迅速增多,金融租赁的高效益吸引了众多的市场进入者,从业人员已达4万余人。几家租赁公司垄断市场的格局日渐瓦解,租赁市场逐步形成管理规范、竞争公平的发展态势。

中资专业租赁公司　中资专业租赁公司是指注册资金全部由国有资金组成,专门从事租赁业务的公司。到1996年,全国共有中资专业租赁公司36家,其中11家属于非银行金融机构,被批准可以经营外汇业务的有8家。中资专业租赁公司中,营业额位居第一的是中国租赁有限公司,1996年新增营业额1.4亿美元,占同期中资专业租赁公司营业额增量的67%。

中外合资专业租赁公司　1988年,中外合资专业租赁公司14家,1992年猛增到27家,1994年更达到33家,1996年发展到38家。中外合资专业租赁公司一直占有中国租赁市场较大的市场份额,1987年为48%,1992年达52%,1996年更达到56%。

兼营租赁业务的金融机构　兼营租赁业务的金融机构主要是指设立租赁业务部门的商业银行和非银行金融机构。最早设立此类业务部门的是中信公司和中国银行。1992年,兼营租赁业务的金融机构有372个,1994年达到400个。由于政府整顿金融机构,1996年还有364个,此类金融机构抢占了中国绝大部分的国产设备租赁市场,例如中国工商银行截止1987年在该种市场中的份额达90%,1996年降至72%。

【市场规模】 市场规模的扩张十分迅速,既有量的增加,又有质的结构调整。1981年租赁市场成交额为1300万美元,截止1987年累计近24亿美元,1990年金融租赁成交金额历年累计47亿美元,1992年历年累计金额增至58亿美元,1996年累计至73亿美元。租赁市场进一步发挥了资源配置的功能,市场结构日趋合理。改革开放初期,金融租赁为吸引外资,引进国外的先进技术和设备(特别是成套生产线)发挥了重要作用。从1979年到1994年,国际资本市场流向中国大陆的资金中,有15亿美元就是采用金融租赁的形式。1992年以前,租赁物件以飞机等交通工具、轻工业品生产线及其附属知识产权、建筑机械、运输船舶等为主,此后金融租赁业逐渐向能源、交通、通讯、电力等基础产业倾斜,并且开发了医疗器械、旅游设施、环保设备以及电脑等市场领域,适应了中国产业政策调整的需要。

【规范化管理】 金融租赁市场是随着中国的改革开放和市场经济的发展而自发地形成和发展的,缺乏市场体制和政策方面的规划,这就使得中国金融租赁市场的发育缺乏体制上的推动力。金融租赁的主管部门是中国人民银行。长期以来,对金融租赁的管理一直采用银行信贷管理的模式,从租赁机构及其分支机构的设立,到租赁业务所涉及的进出口许可证、关税、外汇划拨、营业税、所得税、预提税、折旧、资金来源等环节和方面,与其它金融机构并无差异。政府的管理远远不能满足金融租赁发展的需要,严重滞后于国际金融租赁市场的现状。近几年来,金融租赁企业要求建立行业协会,租赁企业纷纷参加国际上的各种租赁研讨会,中国租赁有限公司也邀请国外专家来华交流经验,邀请有关政府部门调研金融租赁工作。目前,中国租赁有限公司正在筹建中国租赁协会。

金融租赁的法制建设急需加强。中国大陆还没有一部有关金融租赁的法律。近20年来,围绕融资租赁合同的法律纠纷不断发生,审理此类案件无适用法律,单靠民法和经济合同法及其它部门法很难调整复杂的金融租赁法律关系。1996年5月27日,最高人民法院发布了《关于审理融资租赁合同纠纷案件若干问题的规定》,这是中国第一个有关金融租赁合同的规范性文件,也是金融租赁法制建设的一大成就,国务院法制局正在制定融资租赁条例,全国人大也在起草一部合同法,融资租赁合同将是其中的一个重要章节。　(叶振华)

中国金银币市场

【概况】 1995年9月北京国际邮票钱币博览会在北京举行,这是中国首次举办。中国金币总公司、中国集邮总公司为博览会特别制作了纪念品。中国金币总公司为博览会制作了1995年版1盎司熊猫加字银币,德国理查德公司发行了熊猫章封,澳大利亚国家造币厂发行了熊猫笑翠鸟银镶金币。1996年经中国文化部、中国人民银行批准由中国金币总公司、中国钱币学会于1996年11月6日至10日联合主办北京国际钱币博览会,共有20多个中外国家造币厂及80个国家及地区钱币邮票商参加了博览会。博览会期间举行了世界造币厂新闻发布会,8个国家的造币厂代表介绍了本国的造币历史和世界最先进的造币工艺及最新技术研究成果。上海造币厂、沈阳造币厂现场展示了造币印花工艺,中国金币总公司与海外经销商达成了多项合作协议。中国人民银行特为博览会发行了银镶嵌金加字熊猫币。

1996年中国金银纪念币中第一套方型金银币推出。中国人民银行发行一套长江三峡金银纪念币(方型),精选了三峡数个著名景观,即张飞庙、白帝城、屈原祠、昭君宅和瞿塘峡、巫峡、西陵峡以及长江三峡大坝图,以独特的工艺和美妙的雕刻精铸而成。

【发行市场】 中国自1979年发行金银纪念币以来,到1996年底已发行了30多个系统、800多个品种的金银纪念币,这些金银币绝大多数呈园形,少数有多边形或梅花形。1995年中国人民银行、中国金币总公司发行、销售了金银纪念币16个项目、114个品种,突出的特点是政治题材的项目多,在社会上引起较大反响,1995年5月份发行了第43届世界乒乓球锦标赛金银纪念币,1995年7月份发行了联合国第4次世界妇女大会金银纪念币,1995年10月份发行了联合国成立50周年金银纪念币,1995年12月1日发行1997年香港回归祖国金银纪念币(第1组)。1995年中国金币总公司在国内销售的金银纪念币中,金币销售量比1994年增长65%,银币销售量比1994年增长151.6%。1996年中国人民银行、中国金币总公司共发行、销售金银纪念币23个项目、105个品种。主要有中国邮政100周年银币、中国航空工业45周年银币、香港回归祖国金银币(第2组)、长江三峡金银币(方形币)、中国航天工业40周年银币、红军长征胜利60周年金银币、孙中山诞辰130周年金银币等。1996年中国金币总公司国内金银币销售量在1995年基础上又有极大提高。金银币和邮票衍生产品开始出现,1995年北京国际邮票钱币博览会期间,中国金币总公司推出了中国集币史上第一个集币护照销售,中国集邮总公司推出了中国集邮史上第一个集邮护照销售。1995年中国金币总公司和中国集邮总公司第一次联合发行了纪念建军68周年暨抗战胜利50周年纯金、纯银纪念邮票,1996年(生肖鼠年)开始,两大总公司又联合发行12生肖纯金、纯银邮票。

(齐远)

香港保险市场

【概况】 香港1841年成立第一家保险机构，1841年英商开办的仁记洋行在香港设立了机构，开始代理保险业务。其后，英商开办的怡和、太平、太古洋行也相继经营保险的代理业务。1835年在广州开业、后来在香港设立公司的英资于仁保险公司是最早的非寿险公司。英商创办的宏利人寿保险公司率先开展寿险业务，1898年在香港签发了第一张寿险保单。截至1996年底，香港共有223家保险公司，为亚洲之最。其中，一般保险公司158家，长期保险公司46家，综合保险公司19家。在223家保险公司中，100家在香港注册，123家在海外注册，分属于28个国家和地区。现有保险从业人员5万多人。到1996年底，外资保险公司香港开业最多的是英国28家，其次是美国21家。全球十大资产额最高的保险公司中有5家在香港设立了分支机构。

【经营业绩】 香港保险市场战后半个世纪以来，外资和中资保险公司的纷纷进驻，从保险深度、保险密度指标来看，已处于比较发达或成熟的阶段。为了提高市场占有率和增强竞争能力，各类背景的保险公司在保险市场深度开发、保险产品创新、服务创新和人才争夺等方面各施其能。1996年保费收入较之1995年略有下降，产、寿险业务增长速度均比上年下降；由于保险公司之间的合并、联营，香港保险公司从1988年的277家减少至1991年的240家，以至1996年的223家。1996年香港一般保险及寿险 的总收入为438亿港元，占香港生产总值的4%。1995年香港保费收入为446亿港元，其中产险保费收入为209亿港元，占47%；寿险保费收入237亿港元，占53%。1996年人均保费2630港元(折合约340美元)，在亚洲排名第5位，在世界排名第25位，1996年保费总收入居世界第28位。寿险业的发展速度大大超过产险业。1985年至1990年寿险保费收入平均增长21%，1992年增幅为82.6%。保险公司与银行等金融机构加强合作，由银行代销或转介保险产品或服务。有些银行还通过收购保险机构，直接参与保险市场。与此同时，保险资金的运用和管理通过资本市场进行组合投资、分散风险而达到保值增值的目标。香港中国保险(集团)公司为港澳地区最大的中资保险机构。1992年成立的香港中国保险(集团)公司属下有13家成员公司，其中，中国保险香港分公司、太平保险香港分公司、民安保险公司的市场地位居香港产险公司前10名，直接业务市场占有率接近二成；中国人寿香港分公司已成为香港十大寿险公司之一，太平人寿香港分公司自1994年复业后发展迅速；中国再保险公司业务已列香港当地注册再保险公司首位。 (齐远)

金融机构

中国工商银行

【概况】 中国工商银行是中国的国有商业银行之一，成立于1984年1月1日，基本任务是依据国家的法律和法规，通过在国内外开展融资活动，筹集社会资金，加强信贷资金管理，支持工业生产和商品流通，促进企业技术进步和技术改造，为中国经济建设服务。

【经营业绩】 中国工商银行主要办理工商企业、事业单位和工商个体户的存款和居民储蓄存款；办理工商企业中长期贷款、技术改造贷款、科技开发贷款和消费贷款；办理各种结算业务和委托、代理、租赁、咨询、房地产融资业务；发行金融债券和其它有价证券，代理人民银行和其它银行委托的各项业务；国际业务主要办理外汇存款、外汇贷款、进出口贸易和非贸易结算、外币票据兑换、贴现、外汇担保和见证、境外外汇借款、发行和代理发行有价证券、代理客户办理外汇买卖、办理国际金融组织和外国政府贷款转贷业务。

中国银行

【概况】 中国银行成立于1912年2月，是中国历史最为悠久、世界最大的银行之一。从1912年至1949年的37年期间，中国银行的职能发生了三次变化：1912—1928年，行使当时政府中央银行的职能；1928年中国银行被改为政府特许的国际汇兑银行；1942年中国银行成为发展国际贸易的专业银行。1949年中华人民共和国成立，新中国政府接管了中国银行，同年12月中国银行总管理处由上海迁至北京。1950年4月中国银行总管理处归中国人民银行总行领导。1953年10月27日中央人民政府政务院公布《中国银行条例》，明确中国银行为中华人民共和国人民政府政务院特许的外汇专业银行。1979年3月13日经国务院批准，中国银行从中国人民银行中分设出来，同时行使国家外汇管理局职能，直属国务院领导。中国银行总管理处改为中国银行总行，负责统一经营和集中管理全国外汇业务。1983年9月国务院决定中国人民银行专门行使中央银行职能，随后中国银行与国家外汇管理总局分设，各行其职，中国银行统一经营国家外汇的职责不变。1994年初，根据国家金融体制改革的部署，中国银行由外汇外贸专业银行开始向国有商业银行转变。中国银行下设办公室、人事部、发展规划部、总稽核室、综合计划部、财会部、信贷管理部、国际业务部、海外行管理部等决策支持及综合管理部门；并设有信贷业务部、外汇资金部、信用卡部、营业部等业务部门及信息科技部、国际清算部、收付处理中心、国际金融研究所、教育部等后线支持部门。在国内共有15434个分支机构，海外机构533个分布在20个国家和地区。中国银行董事长兼行长：王雪冰。

【经营业绩】 *储蓄及存款业务* 外币存款仍然是中国银行具有优势的一项传统业务。长期以来，此项业务在国内市场占有率一直高居榜首，存款余额由1978年的1.8亿美元增至1996年的323亿美元。外币存款按存款对象划分为甲、乙、丙种存款。甲种外币存款为单位外币存款。乙种、丙种外币存款为个人外币存款。居住在中国境内外的、港澳台地区的外国人、外籍华人、华侨、港澳台同胞，可开立乙种外币存款户。持有外汇的中国境内居民，可开立丙种外币存款户。中国银行自1986年开办人民币储蓄业务，人民币存款一直保持迅速发展势头。1996年末，各项人民币存款余额达4902亿元。存款种类包括：企业和个人人民币定期存款、活期存款；华侨人民币定期储蓄存款；个人人民币大额定期存单等。

对外筹资及结算业务 中国银行作为国家对外筹资的主渠道，为中国的经济建设做出了巨大的贡献。自实行改革开放政策以来，中国银行通过利用外国买方信贷、政府贷款、混合贷款、银行双边贷款和发行国际金融债券等多种方式，为国内筹集了数百亿美元成本 低廉的外汇资金，有力地支持了国家经济建设的高速发展。截止1996年底，中行与世界上20多个国家和地区的出口信贷机构和银行分别签订了买方信贷总协议，总金额达200多亿美元。长期以来，中国银行在国际贸易结算业务方面素以良好的信誉、多样化的服务和丰富的经验而著称，在国内市场的占有率一直保持领先地位。1996年办理进出口结算业务1193亿美元，办理结汇730亿美元，售汇458亿美元，分别占市场的63%和41%。

信用卡业务 自1986年中国银行在国内首家发行信用卡——长城信用卡以来，发展至今，业务品种已达十余个，服务范围包括：发行人民币长城信用卡和国际长城信用卡，代理发行运通卡、JCB卡，办理长城信用卡、国际通用信用卡的取现及特约商户直接消费的清算业务。

投资银行业务 为了积极发展投资银行业务，1996年底中国银行在伦敦成立了一家国际性的投资银行机构——中国银行国际控股有限公司。中银国际员工由一批国际银行家及资本市场专家组成，主要业务有企业融资（财务顾问、银团贷款、租赁、证券发行）、结构融资、资本市场业务（投资、证券承销、交易和分销）及在中国直接投资基金的组织与管理。中银国际的建立，标志着中国银行在致力于创建一流的国际大银行的道路上迈出了开拓性的一步。

海外业务 在中国金融同业中，中国银行是发展海外业务最早、开设业务最多的银行。截止1996年末，海外分支机构达533家，海外员工近2万名，经营当地法律许可的银行业务。处于激烈市场竞争中的中国银行海外分行，在巩固和发展存放款、贸易结算、外汇资金交易和清算业务的同时，适时根据市场变化和客户的需要，积极借鉴和采用国际金融领域先进的经营方式，不断开发新的业务品种与服务项目。海外分行不仅可提供广泛的零售银行服务，还不同程度地在项目融资、基金经理、融资租赁、金融债券和期货、企业兼并与收购、高级风险管理等投资银行业务方面开发了新的服务手段、金融产品。证券、信用卡、保险、房地产等业务经营方面也取得较大发展。港澳中银集团作为中国银行在海外最大的金融集团，其集团化、多元化、专业化经营已具备一定规模，在繁荣、稳定港澳地区经济金融市场方面发挥了积极作用。1994年，中国银行开始参与发行港币钞票，与汇丰银行、渣打银行一起成为发钞

行。1995 年，中国银行开始参与发行澳门元钞票。

（中国银行）

中国农业银行

【概况】 1996 年中国农业银行产生重大变革，酝酿已久的农村金融体制改革全面实施，农村信用社与农业银行脱离了行政隶属关系，由农业银行代理的农业政策性业务因农业发展银行机构下伸而基本实现自营，农业银行进入了向商业银行全面转化的新进期。农业银行在认真配合农村金融体制改革的同时，积极开展业务，强化内部管理，取得了良好经营业绩。到 1996 年末，全行资产总额达 14669.47 亿元，比上年增长 19.17%；实现利润 21.06 亿元，比上年增长 8.72%。

【经营业绩】 存贷款业务　各项存款余额达 9514.56 亿元，增长 30.66%。各项存款在各金融机构存款中的市场份额为 13.88%，市场占有份额明显提高，外汇存款稳步发展，外汇存款余额达 34.2 亿美元。全行储蓄机构达 104158 个，使用微机处理门市业务的储蓄所（柜）有 26422 家；同城通兑开通城市 350 个；外汇储蓄网点达 4447 个；柜员制储蓄所达 1691 个。各项贷款余额达 8985.1 亿元，增长 30.18%。其中，农业贷款累计投放 1691.7 亿元，增长 24.2%，乡镇企业贷款累计投放 1880.7 亿元，增长 16.8%，重点支持了国家粮棉大县、“两高一优”农业示范区和“菜篮子工程”建设，支持了农村小水电、乡镇供水和小城镇建设，支持了 105 个跨区域、规模化、集团化的农业龙头企业和骨干乡镇企业。工商业贷款累计投放 4903.4 亿元，增长 18.7%，重点支持了 80 余家大型企业，支持了一批效益突出的高科技产业，支持了住房投入和农副产品收购。

代理业务　全年代理中国农业发展银行各项贷款余额 6251.2 亿元；代理国家开发银行大、中型基础项目贷款 98.6 亿元；代理收付款项，代理发行、承兑、承销国债、金融债券和企业债券，保管箱、资产评估、资信调查、信息咨询等中间业务也有长足进展。全年结算业务金额达 32 万亿元，办理的结算种类有：汇票、本票、支票、汇兑、托收承付、委托收款和信用卡等。全行全部开办了信用卡业务，发卡城市行达 346 个，发卡量 462 万张，在已经推出金融万事达卡、金穗 Visa 卡等系列的基础上，与万事达卡国际组织合作推出了金穗万事顺卡，基本形成信用卡、转帐卡和专用卡三大系列。

国际业务　全行外汇自营机构达 266 家，经营网络遍布中国城乡；外汇资产余额达 77 亿美元，外汇贷款余额达 51.33 亿美元；办理国际结算业务金额达 278.8 亿美元。全行已有 110 家分行实现了 SWIFT 联网，33 家分行实现了 X.25 的联通；在已经开业新加坡分行、香港分行和设立伦敦、东京代表处的基础上，纽约代表处即将成立。在与世界银行、亚洲开发银行等进行密切合作的同时，与英国、德国、瑞士、荷兰、西班牙、比利时等国的多家银行签署了双边贷款合作协议。境外代理行已达 320 家。电子化建设取得新的进展。电子汇兑系统全部开通运行，6000 多个全国联行机构全部上网；新增电子化营业网点 5000 多个。文件传输系统投入使用；通讯网络建设取得重大进展。

（中国农业银行办公室　曹付）

中国民生银行

【概况】 中国民生银行是经国务院和中国人民银行批准，由民营企业投资入股组建的全国性商业银行，于 1996 年 1 月 12 日成立。募集股本金 13.8 亿元人民币。设立了北京管理部，下辖 3 个支行、2 个营业部，广州、上海分行于 1996 年 12 月相继开业。银行按照自主经营、自担风险、自我约束、自负盈亏的经营原则，广泛筹集和融通资金。中国民生银行董事长：经叔平，行长：童赠银。

【经营业绩】 中国民生银行截止 1996 年底，资产总额 80 多亿元，存款 43 亿元，累计发放贷款近 26 亿元，实现利润 1100 多万元。

招商银行

【概况】 招商银行是由企业法人持股的商业银行，成立于 1987 年，1989 年和 1993 年两次大规模增资扩股和规范化股份制改造，实收资本 28.8 亿元。银行实行一级法人、多级经营的组织管理体制和自主经营、自负盈亏的经营体制。

【经营业绩】 招商银行 1996 年底资产总额 1026.59 亿元，存款余额 745.82 亿元，贷款余额 604.2 亿元，实现利润 24.23 亿元，资产质量保持较好水平。

中信实业银行北京分行

【概况】 中信实业银行北京分行是中信实业银行在北京地区设立的一级分行，经中国人民银行批准成立，1994 年 7 月开业。中信实业银行北京分行设办公室、人事处、计划资金部、信贷部、国际贸易清算部、会计电脑部、营业部。下设分支机构有：朝阳办事处、魏公村办事处、西长安街办事处、人民大会堂办事处。北京分行行长：吴北英。

【经营业绩】 中信实业银行北京分行经营业务包括：本外币存款；本外币贷款；国际结算；贴现；汇兑；旅行支票；信用卡；代理收付；财产保管；经济担保；信用见证；经济咨询；代理发行、兑付政府债券；代理保险；经中国人民银行和国家外汇管理局批准的其它金融业务。截至 1995 年年末，拥有总资产人民币 32 亿元，与 130 家国外代理行建立了业务往来关系。

广东发展银行

【概况】 广东发展银行系经国务院和中国人民银行批准成立的股份制商业银行，具有独立的法人地位，于 1988 年 9 月 8 日开业。注册资本为人民币 25 亿元。广东发展银行总行设在中国广州，至 1996 年末已在澳门、广州、深圳、东莞、珠海、湛江、汕头、中山、江门、佛山及河南郑州等主要大中城市设立了 400 多个分支机构，设有北京代表处、香港代表处，与境外各大金融中心的 200 多家银行建立了代理行关系。

【经营业绩】 广东发展银行经营吸收公众存款，发放各类贷款，办理国内外结算和票据贴现，发行金融债券，代理发行、代理兑付、承销和买卖政府债券，从事同业拆借，买卖、代理买卖外汇，提供信用证服务及担保，代理收付款项及代理保险业务，提供保管箱服务及经中国人民银行批准的其他业务等。至 1996 年底，全行总资产 700 多亿元。1996 年 9 月，根据中国人民银行总行的决定，广东发展银行收购了中银信托投资公司。

浦东发展银行

【概况】 浦东发展银行 1996 年加大了资产负债管理力度，建立并完善了资产负债管理综合考核机制。在资金管理方面，银行建立了统一的会员制内部资金市场，制订了授权、授信管理制度。浦东发展银行开设了25家直属分支行。

【经营业绩】 1996年浦东发展银行累计投放531亿元人民币，支持国有大中型企业和城市基础设施建设，并与浦东国际机场建立主办银行关系，推出了房地产销售分期按揭贷款业务，银行结售汇19.35亿美元，进出口结算10.59亿美元，与261家境外银行建立了代理行关系。1996年底银行本外币存款余额414.9亿元，本外币贷款余额287.5亿元，资产总额754.9亿元，利润总额12.5亿元。

北京城市合作银行

【概况】 北京城市合作银行是经中国人民银行批准，在北京市工商行政管理局注册登记的股份制商业银行，是独立的企业法人，实行独立核算、自主经营、自负盈亏、自求平衡、自担风险。业务上接受中国人民银行的管理、监督、稽核和协调，遵守人民银行的有关规定。主要任务是认真执行国家法律、法规、金融方针、政策，积极筹措融通资金，为北京市中小企业和地区经济发展提供金融服务。

【经营业绩】 银行主要经营范围是吸收公众存款；发放短期、中期和长期贷款；办理国内外结算；办理票据贴现；发行金融债券；代理发行、代理兑付、承销政府债券；买卖政府债券；从事同业拆借；买卖、代理买卖外汇；提供信用证服务及担保；代理收付款项及代理保险业务；提供保管箱服务；办理地方财政周转使用资金的委托贷款业务；经中国人民银行批准的其他业务。

广州城市合作银行

【概况】 广州城市合作银行是经中国人民银行批准成立的一家地方性股份制商业银行，是在广州市原46家城市信用合作社的基础上，由城市企业、居民和地方财政投资入股组成的，实行“一级法人、统一核算”的管理体制，于1996年9月17日试业。合作银行行长：张斌。

【经营业绩】 合作银行的业务包括吸收人民币存款；发放短期、中期和长期贷款；办理国内结算；办理票据贴现；发行金融债券；代理发行、代理兑付、承销政府债券；买卖政府债券；从事同业拆借；提供信用证服务及担保；代理收付款项及代理保险业务；提供保险箱业务；办理地方财政周转使用资金的贷款业务；以及经中国人民银行批准的其他业务。广州城市合作银行至1996年9月17日资产总额155亿元。

深圳城市合作商业银行

【概况】 深圳城市合作商业银行，是经中国人民银行总行批准的地方性股份制商业银行，具有独立法人资格的金融企业，由165家法人股东发起成立，注册资本18亿元人民币。股东大会为本行的最高权力机构，银行实行董事会领导下的行长负责制。深圳城市合作商业银行，奉行“以依法经营为前提，以市场为取向，以效益为中心，努力为社会提供一流金融服务，促进深圳经济发展”的办行宗旨，坚持“围绕效益抓经营，围绕经营抓管理”的经营方针，遵循“自主经营、自负盈亏、自担风险、自求平衡、自我约束、自我发展”的稳健经营原则，追求创建一流商业银行的卓越目标。

【经营业绩】 深圳城市合作商业银行是以办理各类企业、机关、团体、部队、学校及个人等人民币外币存款、贷款、汇兑、贴现及结算为主的商业银行，也是深圳市财政信用指定代理银行。金融服务项目多达十余类一百多种，并按国际惯例要求，实行规范化管理与运作。计算机网络初具规模，已与深圳市工商银行计算机系统联网，全面实行业务服务、办公的电脑化、自动化。开办汽车按揭贷款、个人消费贷款、各类资产抵押贷款、通存通兑储蓄业务、电话银行业务等。

日本富士银行上海分行

【概况】 日本富士银行上海分行是经中国人民银行批准在浦东开设的第一家外资银行。分行于1995年9月11日在上海浦东陆家嘴金融贸易区的银都大厦正式开业，经营范围是经中国人民银行批准的12项外汇业务。创业于1880年的富士银行，总行设在东京，它不仅是日本国内最大的商业银行之一，在世界大银行的排名中也一直名列前茅。富士银行和日产、日立、佳能、丸红等著名企业同属日本六大企业集团之一的“芙蓉集团”，在国内外拥有许多分支机构和众多的企业客户。

【经营业绩】 富士银行一贯重视开拓在中国的业务，目前，除了在深圳、大连和上海开设了分行之外，还在北京、天津、南京和广州设有代表处，自中国实行改革开放以来，富士银行在国际融资和为中国国内企业向海外发行债券、培训金融人才、举办各种研讨会以及招商引资等方面进行了广泛的合作。作为首家进入浦东的外资银行，富士银行上海分行在中国人民银行的指导和浦东新区政府等各方面的关心支持下，本着“稳健经营”的办行原则，致力于支持中国的经济建设和浦东的开发开放，各项业务发展顺利，取得了超过预想的经营业绩，并在1996年中实现盈利的目标。1996年末富士银行上海分行的外汇存款余额为4000万美元，外汇贷款余额为2.63亿美元，均呈稳定增长趋势。此外，在国际结算业务等方面也有较大发展，其中办理进出口结算1.2亿美元，为客户开立信用证累计金额达6000万美元，同时分行还认真做好国际收支统计申报等工作。

（特约编辑：聂明）

加拿大丰业银行广州分行

【概况】 加拿大丰业银行（The Bank of Nova Scotia）于1832年创办，总行设于加拿大最大的城市多伦多。丰业银行是加拿大最具国际化的银行，总资产超过1690亿加元，拥有1400多间分行、办事处，及其雇员约35000人，遍布近乎50个国家。其中在加拿大有1144家分行，雇员28000多人。

【经营业绩】 在贸易融资方面，丰业银行的地位突出，业务范围广泛。通过其全球体系，丰业银行从事各项银行服务业务，包括贸易付款、外汇转拨、贵重金融贸易、各种贷款以及信托服务和私人银行业务，“顾客至上、诚实、正直、坦率”是丰业银行为客户提供全球性金融服务的宗旨。1996年丰业银行实现纯收入10.69亿加元，比去年同期增长22.03％。丰业银行一向重视中国市场，早在1956年，已与中国银行开始了代理银行关系，而且在七十年代初期，是中国银行唯一的美元结算银行。1982年，丰业银行在北京开设代表处；1993年，在广州设立第二个代表处；1995年2月17日，广州代表处经中国人民银行总行批准正式升格为广州分行，并开始营业。北京代表处自成立以来，与国内各专业银行建立了密切联系，亦为客户提供了咨询服务。广州分行通过与北京代表处及香港分行的协作，共同扩展了丰业银行在中国的业务，积极参与中国的基础建设和工业项目贷款。同时，还对国内的企业提供进出口贸易融资，促进了中国对外贸易的发展。

中国人民保险(集团)公司

【概况】 1996年中国人民保险(集团)公司顺利地完成了机构体制改革并强化了基础管理。按国务院批准的改革方案，将人保公司改建为集团公司，下设财产保险、人寿保险、再保险3个专业子公司，对地、市以下公司按照业务发展有需要、经济核算有效益、管理水平相适应的原则进行了分设。公司精简了管理机构，减少了管理层次。集团公司制定了一系列规章制度，各专业子公司也都建立了相应的会计核算和财务管理制度，财产险公司实行了分险种核算。公司董事长兼总经理：马永伟。

【经营业绩】 至1996年底，集团实现国内外自办业务保费收入634亿元，其中财产险保费收入350亿元，人身险保费收入212亿元，再保险保费收入72亿元。海外公司保费收入41.77亿元。全年创利润近10亿元。公司充分发挥保险的经济补偿职能。1996年集团全年支付赔款(含给付)351亿元，其中财产险业务赔款支出221亿元，人身险业务偿付和赔款88亿元，再保险业务赔款支出42亿元。与此同时，中保集团的偿付能力得到加强。截至1996年底，各类责任准备金积累计622亿元，比上年增加138亿元。

中国太平洋保险公司

【概况】 中国太平洋保险公司于1991年4月在交通银行各地分行保险部基础上创立，总部设在上海。1994年来，公司经批准在全国范围内定向募集资本金，吸收了157家社会股东，资本金增加到10亿元，1995年8月，再次吸收吉化、辽河油田等129家国有大中型企业新股东，资本金增加到20亿元，控股股东为交通银行。

【经营业绩】 公司按照中国人民银行的要求，改革了机构管理体制，形成了一个法人体制下的分级管理体系。1996年公司保险业务收入98.20亿元，其中财产险业务收入59.57亿元，寿险业务收入38.62亿元。公司认真履行经济补偿职能，1996年赔付金额34.55亿元。

华泰财产保险股份有限公司

【概况】 华泰财产保险股份有限公司是一家全国性股份制财产保险公司，经国务院同意和中国人民银行批准，于1996年1月22日开始筹建，8月20日正式开业。公司总部设在北京。公司实收资本金13.33亿元人民币，由中国建筑工程总公司、中国船舶工业总公司、中国海洋石油总公司、中国华北电力集团公司、中国华润总公司、中国远洋运输(集团)公司等63家大型国有企业发起设立。公司设有股东大会、董事会、监事会、经理班子及办公室、战略开发部、业务发展部、水险部、北京营业部、业务管理部、再保险部、计划财务部、投资部、人事培训部等具体业务(职能)部门。公司董事长、法定代表人：王梓木，公司副董事长：于葆忠、孟晓苏，公司总经理：于葆忠。

【经营业绩】 华泰财务保险股份有限公司经营范围包括财产损失保险、责任保险、汽车保险、信用保险及其他各项强制保险的人民币和外汇保险业务以及附加保险业务；国内分入、分出的再保险业务；中外保险机构的各类业务代理；保险资金运用业务；中国人民银行批准的其他业务。在1996年公司正式开业的几个多月里，努力开拓我国潜在的财险市场，取得了较好的经营业绩，截止1996年底，实现营业收入4000万元，保险业务赔款支出178.6万元，实现投资收益5000万元。公司总资产超过14亿元。公司保险业务在经营中，坚持自营与代理相结合的方针。总公司下设业务发展部、水险部和北京营业部，负责开展公司的自营业务。同时与20家代理机构签订了代理协议，建立了代理关系。初步在北京建立了保险业务营销网络。随着业务的拓展，公司还将在全国重点城市建立分公司。在大力发展业务的同时，注重建立和完善公司内部经营管理机制，建立、完善以全员经营目标责任制为核心的各项管理制度，实行公司效益与员工业绩挂钩的分配制度。同时公司进一步加强内部风险控制与财务管理，不断提高管理水平。

永安财产保险股份有限公司

【概况】 永安财产保险股份有限公司是经中国人民银行批准，1996年1月创立的总部设在中国西安的商业性财产保险公司，以国家电力、电子、邮电、有色金属、航空航天等行业的有雄厚经济实力的国营大型企业集团和骨干企业为主要投东，注册资金6.8亿元人民币。

【经营业绩】 永安财产保险股份有限公司主要经营各种财产保险、责任保险、信用保证保险等保险业务。财产保险是为各企业、事业、团体和个人的相关财产承担和分散风险，主要有财产保险综合险、机动车辆保险、货物运输保险等。责任保险是为被保险人的民事损害赔偿责任提供保险保障，主要担保专门行业人员责任、公众责任、产品责任及第三者责任等。保证保险是由被保证人根据权利人的要求投保自己信用的保险，主要包括合同保证保险、产品保证保险等。信用保险是权利人要求担保对方(被保证人)信用的保险，主要包括贷款信用及出口信用保险等。再保险是为其它保险人分担保险责任。主要有分出和分入两类

中国外汇交易中心

【概况】 中国外汇交易中心总部设在上海，中国外汇交易中心是中国人民银行总行领导下的独立核算、非盈利性的事业法人。中心总部设有市场发展部、清算部、工程技术部、研究部、综合部、财务部、行政部。市场交易遵循公开、公平、公正以及价格优先、时间优先的原则，采取分别报价、撮合成交、集中清算的运行方式。北京、深圳两地设立了远程柜台。交易币种有美元、日元和港币三种。

【经营业绩】 中资银行及其受权分行可以办理自营与代理外汇买卖；外资银行和非银行性金融机构可以办理代理外汇买卖。中国外汇交易中心实行本币与外币集中清算办法，采用双向两级同步的清算方式，统一为会员办理服务。人民币资金清算通过中国人民银行清算系统进行，各分中心负责当地会员之间的人民币资金清算，差额部分的资金与总中心清算；外币资金由总中心会员直接清算，通过境外开户行办理划款，外汇与人民币的资金清算为T+1速度，即当日交易，第二个营业日交割，同步到位。

中国外汇交易中心广州分中心

【概况】 中国外汇交易中心广州分中心是覆盖广东全省、办理银行间外汇买卖和调剂外汇代理买卖的唯一合法机构，为取得中心会员资格的金融机构相互进行人民币与美元、港币、日元间的即期买卖提供交易和清算系统，发挥市场组织与监管职能。自1994年启运以来，广州分中心已发展会员27家，外汇交易年平均超百亿美元。广州分中心主任：曾宝泉。

【经营业绩】 经国务院批准，广州分中心还作为全国银行间同业拆借中心的分支机构，先后承接了人民币同业拆借和银行间债券交易业务，为交易成员提供交易系统和有关技术服务。广州分中心交易大厅面积为440平方米，设交易席位96个，是华南地区最大的外汇交易市场。交易大厅配置室内大型彩色电子显示屏，实时显示外汇交易市场行情。系统硬件采用美国优利公司的U6000/65小型机为主机，利用邮电部公共分组交换数据通讯网和卫星进行交易数据通信，并采用先进的双机热备份技术，系统安全可靠。

重庆外汇交易分中心

【概况】 重庆外汇交易分中心成立于1994年8月，它的前身是重庆外汇调剂中心。重庆外汇调剂中心于1988年5月成立，它的成立对支持重庆市当时外贸企业出口创汇，加强对外经济技术合作与交流，提高外汇资金使用效益等方面都起到了积极的推动作用。随着经济的进一步发展，外汇供求量的不断增加，1991年10月重庆外汇调剂中心成立了内地第一家外汇调剂公开市场，使重庆市外汇调剂朝着公开化、规范化、市场化迈上了一个新台阶。

【经营业绩】 重庆外汇交易分中心采用先进的计算机技术与网络技术，以公用数据网及卫星为通讯手段，资金清算实行T＋1。交易币种有美元、港币、日元；交易方式为会员单位自营和代理。交易分中心实行会员制，在发展会员和交易员选拔上按申请、报批、培训、入市的程序进行。目前，重庆市共有会员单位9家，交易员14名。在1996年7月外商投资企业实行银行结售汇的情况下，重庆外汇交易分中心外汇交易量仍能保持基本稳定，维持在4亿美元以上。重庆外汇交易分中心在重庆市改革开放、经济发展等方面占有重要的地位。重庆外汇交易分中心先后联通了全国统一的银行间人民币拆借市场和银行间国债交易、国债回购市场。其中，重庆人民币拆借市场的交易量在96年度居全国前十名。使单一的外汇交易分中心向多品种的货币市场方向发展。 （重庆外汇交易分中心）

公司董事長：趙鬆生

公司生產的著名品牌產品

上海英雄股份有限公司

歷史悠久的著名企業

公司的前身華孚金筆廠創建于1931年，具有六十多年的製筆經驗。1966年，以英雄產品在市場上的良好聲譽，更名爲英雄金筆廠。1993年改製爲上海英雄股份有限公司，并經上海市證券管理辦公室批準，嚮境内外發行B股和A股股票，B股于1993年12月28日上市交易，A股于1994年3月11日上市交易。

著名的品牌

六十多年來，公司主要生産經營各類書寫工具、禮品、電腦繪圖儀器用品，闖齣瞭『英雄』、『博士』的著名品牌，在國内外享有一定聲譽。近年來，公司發展第二支柱産品，開發英雄牌多功能高級煤氣竈具和現代辦公用品，經營規模不斷拓展，英雄一耐而美高級煤氣竈具被評爲上海市名牌産品。公司1997年上半年銷售收入達24557萬元，完成年度計劃的50.12%，比上年同期增長21.16%。

先進的工藝技術和高超的品質

上海英雄股份有限公司具有完整的製筆先進技術，以及自己特有專利技術，如金銀浮雕、鍍金刻花、彩漆、噴塑、拉絲、鑲嵌、景泰藍、黑砂、蛇皮包覆等新工藝，使産品銾麵裝飾具有獨特的高品位。筆尖技術及其裝備達到國際先進水平。注塑設備及金屬壓延加工技術不斷更新，部分設備達到當代國際先進水平。公司每年有相當數量的新産品問世。

市場份額

英雄自來水筆在國内市場份額已達到50%，産品遠銷歐美、中東、東南亞、非洲等60多個國傢和地區，齣口産品占國内同類産品齣口總量的60%以上。

生産基地

主要生産基地是在中國的上海英雄金筆廠。自建立股份製企業以後，全額投資建立英雄電腦繪圖儀器用品公司、英雄彩印包裝公司、英雄現代廚房設備公司、南非英雄製筆文具用品公司，并以資産爲紐帶，進行兼并、收購、參股、控股，現已擁有全資企業9傢，50%以上的控股的子公司9傢，中外閤資企業3傢，總資産達138159萬元，淨資産66150.4萬元。

銷售網絡

上海英雄股份有限公司建立瞭四大銷售指揮中心：①集工科貿一體化的上海英雄商社，并在浙江麗水、江蘇常熟、江陰、南京、無錫等地建立分社，實行統一銷售；②在北京、貴陽、鄭州、太原、南京等十個城市建立英雄銷售分公司；③在全國建立80傢大商場、大商店，設立英雄産品專櫃，以及在全國100傢文化用品二級批發站建立利益共享、風險共擔的聯閤銷售點；④在境外建立瞭26個齣口貿易代理機構和經銷機構，形成一個英雄的銷售網絡。

地址：上海市祁連山路6號　電話：(021)62509596　傳真：(021)62506181　郵編：200331

“阿姨、妈妈让我自己回家”

天 涯 咫 尺　情 系 海 航

● 海航飛機凌空飛行

海南航空股份有限公司是經中國民用航空總局和海南省政府批準由海南省政府投資興建的一傢地方航空運輸企業。1993年1月完成規範化股份製改組，成爲國内首傢規範化的股份製航空公司。1995年底，經國傢外經貿部批準，成功發行外資股并在國傢工商局重新登記注册成爲國内第一傢中外閤資的航空公司。1997年3月，更名爲海南航空股份有限公司。注册資本400160001元人民幣，地址在海口市海秀路29號海航發展大厦，法人代錶、董事長兼總裁陳峰。

從1993年4月13日海航引進第一架客機至今，經過四年的發展，目前海航經營資産已逾25億，擁有15架客機的機群：9架波音737客機；4架美多23(METRO-23)支綫客機、2架利而捷特公務、商務客機，初步形成瞭適用于公務、商務包機飛行，中短程幹綫飛行，短程支綫飛行的機型配置。

1995年4月海航引進的利而捷特-55公務客機，首開中國公務包機飛行，填補瞭中國航空運輸服務的一項空白。海航的波音737幹綫飛行客機，目前已開通瞭由海口始發通往北京、上海、廣州等國内主要大中城市的航綫19條，在海南航空市場已是運營航綫最多的航空公司。并在寧波建立瞭第二基地。海航用美多23客機開通瞭海口至湛江、海口至北海的當天多次往返航班，并駕通瞭海口至三亞海南南北兩個城市之間的空中橋梁。目前，海航具有全國航綫的經營權，共開通航綫達36條。在四年的運營中，海航杜絶瞭飛行事故及徵候，航班正點率保持在80%以上，客座率保持在75%以上，載運率保持在60%以上，海航的空地服務也以温馨、誠摯、勤奮的服務特色，贏得瞭社會各界的普遍好評。海航現有職工1575人，高級管理人員幾乎都能進行英語會話，僅在1993年至1996年四年的時間裏，纍計派送公司中層幹部和技術人員2200多人次到國外培訓。海航倡導“至誠、至善、至精、至美”的創業精神。

1993年底，海航無形資産經北京嘉誠資産評估有限公司評估，價值2.0294億元人民幣。1994年，中國民航總局對國内21傢航空運輸企業進行綜閤評比，海航榮獲“1994年全國民航經營管理優秀企業”稱號和首屆“飛馬獎”獎杯，并被國傢經貿委、國傢體改委、中國證監會等有關部門評估爲全國上市公司綜閤經濟指標的百强企業之一，海航董事長兼總裁陳峰也先後榮獲“海南省首屆十大功勛企業傢”、“全國優秀青年企業傢”、“全國優秀企業傢”、“全國勞動模範”、“五一勞動獎章獲得者”等榮譽稱號。海航以實現集航空、貿易、旅游、房地産、金融爲一體化、現代化的大型企業集團爲目標。

海南省航空公司
HANNANAIRLINES

上海華源股份有限公司

總經理：肖寶恒先生

上海華源股份有限公司（簡稱“華源股份”）是中國華源集團通過資本運作，以其控股購并的若干家精華企業按照“一條龍大化纖工程”的組合概念，經過資產重組改制上市，以募集方式設立，注册于浦東新區的中外合資股份有限公司。

華源股份致力于“一條龍大化纖工程”的建設與發展，實現了從化纖聚合物、新型纖維、高檔織造、高級印染后整理到最終成衣的最佳組合，展現了巨大的增值潛力和良好的發展前景。經過若干年的努力，華源股份將建設成爲在中國具有規模效應、産品功能最齊全、科技含量最高、經濟效益最佳的現代大型化纖公司。

地址：上海浦東新區張楊路655號

電話：(86-21) 58303000（總機）

58304188（直機）

傳真：(86-21) 58200345

郵編：200120

座落在上海浦東陸家嘴金融貿易區的公司辦公大樓

药股份有限公司

RMACEUTICAL COMPANY LIMITED

山東新華制藥股份有限公司是由創立于1943年的山東新華制藥廠改組成立，1996年12月在香港上市的H股公司。公司總股本417312830股，其中國家股217440股，法人股16719500股，内部職工股33153330股，另外公司已獲批准發行上市A股。

公司是中國三大制藥企業之一，是中國解熱鎮痛藥的最大生產商。公司主要從事開發、制造及銷售化學原料藥、制劑和化工產品，產品有170多個品種，其化學原料藥包括解熱鎮痛藥(主要爲安乃近、氨基比林、阿斯匹林、布洛芬)、抗菌藥(吡哌酸)、中樞神經系統藥(咖啡因)。制劑產品主要包括布洛芬片、吡呱酸片、復方新諾明片、尼莫地平片、愛菲樂片。主要化工產品爲醋酸。

公司截止1996年12月31日止年度的營業額爲84220萬元人民幣，較1995年度增長18.3%，出口收匯爲3064萬美元，比1995年度增長52.90%。

● 左圖：廠景一角
● 右圖：（上）公司總經理：賀端湜
● 右圖：（中）制劑生產嚴格質量檢查
● 右圖：（下）原料藥生產裝置

上海金泰股份有限公司是由原國有企業上海探礦機械廠和上海工程機械廠于1995年7月15日聯合改制而設立。公司總股本18530萬股，其中：國有股10530萬股，占總股本的56.83%，B股8000萬股，占總股本的43.17%。公司主導產品爲樁工機械和路面機械，包括工程鑽機、打樁機、軟地基加固機械、水井鑽機、壓路機等系列產品。公司主要爲公路、高層建築、機場、碼頭、橋梁、高架公路等大型基礎工程提供裝備和服務。

公司經營範圍包括生產銷售工程機械、打樁機、機械施工鑽機、水文水井鑽機、地質勘探設備、礦山機械及上述機械配件與有關的技術輸出和輸入及咨詢服務。

1996年是國家"九五"規劃的第一年。由于公司所屬行業的產品的社會需求減少，市場競爭更加激烈。面對此嚴峻形勢，公司按照"市場千方百計拓一塊，管理費用想方設法壓一塊，產品成本實實在在降一塊，多元經營發展增一塊"的工作思路，一手抓經營發展，一手抓企業內部管理，使公司各項工作逐步走上規範化的軌道。

爲了克服競爭中的困難，公司主動出擊，在全國範圍內廣泛建立經銷網點，使國內特約經銷網點由1995年的50余家，發展到1996年的80余家，并先后在寧波、南京、西安、濟南、廣州、武漢等地建立了辦事處或服務中心，加强并開拓了銷售渠道，使公司的主導產品在嚴峻的市場形勢下，仍保持較高的市場份額。

GPS-15型工程鑽機獲全國用户滿意產品獎

針對東南亞國家經濟正在發展的勢頭，公司采取"搶灘入市"的經營戰略，在印尼、越南、緬甸等國家積極開展展銷、合作經營、技術服務等活動，取得了較好的經營效果，公司產品的出口量大幅度增長，爲95年的近二倍。

公司1996年實現銷售完成年計劃的76.8%，其中：打樁錘96臺，計3774萬元；各類鑽機240臺，計3780萬元；壓路機404臺，計4617萬元；其它產品及配件計4116萬元。實現利潤-686.29萬元。

GPS-15型工程鑽機施工現場

法人代表、董事長：潘鐘林

上海港机股份有限公司

地址：上海市浦東新區浦東南路 3500 號

郵編：200125

咨詢電話：021-58392564　021-58395139 轉 665

傳真：021-58398836

負責信息披露人：董事會秘書蔡愛國

公司簡介

公司是由交通部所屬的上海港口機械制造廠獨家發起，以該廠的主要生産經營性資産投入，并通過向社會公開募集股份的方式，于 1996 年 8 月 10 日成立并實際運行的股份有限公司。

公司專門研究開發、設計制造港口起重裝卸大型成套機械設備。目前，已形成生産門座式起重機、集裝箱起重機、散貨裝船機、散貨卸船機、浮式起重機、大型橋式起重機等六大系列産品，技術性能達到國際八十年代末九十年代初的水平。産品不僅遍布國内沿海和長江沿綫，近年來更爲不少電廠、冶金、造船等國家重點工程和舉世矚目的三峽工程廣泛采用；公司業已躋身于國際港機市場，産品出口到美國、加拿大、日本、新加坡、印度尼西亞、泰國、馬爾他、毛裏塔尼亞、越南、香港等國家和地區。

公司在 1996 年激烈的市場競爭情况下，積極穩固國内市場，全力開拓國内非港機市場和國際市場，經營成績取得穩步增長。全年實現主營銷售收入 44,829.53 萬元；完成利潤總額 5,296.64 萬元和净利潤 4,514.74 萬元；年末總資産 76,843 萬元；净資産 36,966.93 萬元。

截止 1997 年 6 月 30 日，公司股本總額 17342 萬股，其中已流通的 A 股爲 5,800 萬股。

公司的生産規模、技術水准、市場占有率、經濟效益在國内同行業中處于領先水平。公司將充分利用浦東新區優惠政策、國家重點發展交通能源、國家機電産品出口基地及重大技術裝備國産化基地、高新技術及新産品開發等優勢，努力使公司成爲規範運作、效益穩步增長的上市公司。

長江

經濟聯合發展(集團)股份有限公司

Yangtze River Economy United Development(Group)Co.,Ltd.

公司董事長：顧傳訓

長江經濟聯閤發展（集團）股份有限公司（簡稱長發集團公司）是中國改革開放、建立社會主義市場經濟，尤其是呼應上海浦東開發開放、推動長江流域經濟發展的產物。根據李鵬總理在上海宣布開發開放浦東時關于“要以浦東開發開放帶動長江流域經濟共同發展”的要求，1991年下半年，當時任上海市委書記的吴邦國同志和市長黄菊同志指示“組建長江經濟聯閤發展公司”。1992年9月28日，在上海市政府和交通銀行的聯閤倡議下，以及沿江城市政府的熱烈響應和支持下，由長江上、中、下游四個中心城市上海、南京、武漢、重慶市政府和中國最大股份製銀行交通銀行共同發起，并聯閤沿江30個城市政府及386傢大中型企業公開募集法人股6.5億元人民幣于上海浦東正式成立。時任交通銀行行長的戴相龍先生（現任中國人民銀行行長）齣任公司第一任董事長；1993年上半年至今，原上海市副市長顧傳訓先生擔任公司第二任董事長。1994年5月，國傢經貿委正式批準同意成立長江經濟聯閤發展(集團)公司，同年9月，國傢體改委正式批復“長江發展集團公司”爲跨地區的股份製企業。今年4月，國務院批準長發集團公司爲大型企業集團試點單位。集團公司由此成爲一個國傢級的地域性公司。長發集團現有成員企業58傢，分布在沿江30個城市。公司資産總額爲25億元人民幣，淨資産10億元人民幣，資産負債率爲47%。

公司總裁：湯期慶

開拓市場

集團公司總部

占領

天佳集團把“開拓市場、占領市場、鞏固市場”作爲三大戰略來抓。萬達、魯中萬通等公司在北京、上海、天津、青島等近20個城市設立了銷售網點。“萬達”、“萬通”牌建陶産品出口到沙特、澳大利亞等國家，年創匯達300萬美元。占穩市場靠的是産品質量，天佳集團始終把以“質量求發展、求效益”作爲公司經營宗旨，創出了質量名牌。“萬達”牌内墻磚，産品質量全國統檢合格、國家A級産品、國際建陶標准一等品、中國名牌、中華國産精品；“田望山”牌425號、525號硅酸鹽水泥省優産品，産品質量穩定提高率和市場抽檢率多年保持100%。

山東天佳集團股份有限公司占地面積64萬平方米，建築面積19萬平方米，擁有固定資産2億元，公司員工6000人。下屬30多個工商企業，包括：中外合資淄博萬達建陶有限公司、淄博第二水泥廠、中外合資淄博萬通建陶有限公司、淄博魯中建材總廠、淄博興華建材總廠、天佳建陶有限公司、淄博田家機械廠等，集建陶、建材、冶金、機械制造、商貿服務、汽車修理、化工爲一體的省級規範化集團公司，國家大型企業。連續十一年保持省级文明單位。

1993年4月，天佳集團轉换機制，完成了從集體承包責任制到現代企業制度的進程，以全部資産并經募股于1993年6月18日成立股份公司，同年11月26日，在淄博證券自動報價系統挂牌交易。經歷年送配股后，天佳集團總股本達到9357.35萬股，其中集體股4153.75萬股，法人股96.69萬股，個人股5106.91萬股。天佳集團纍計投資1.50億元，新建5個新項目和7個擴建項目。目前，天佳公司内外墻釉面磚年産達700萬平方米，425號、525號普通硅酸鹽水泥年産達30萬噸，鐵錠年産達到4萬噸，形成多業并舉的格局。1996年天佳集團實現銷售收入1.81億元，利税3500萬元，在同行業名列前茅。這既是規模效益的産物，又是嚴格企業管理的結晶。

天佳集團建立了以生産技術、産品質量、物資消耗、經濟效益四大指標爲主线，以追求效益最大化爲目標，以現代化管理方法和合理化建議爲獎勵的管理體系，走出了一條自我約束、自我發展的成功之路，引起了企業界和管理部門的極大關注。1996年9月，全國建陶行業轉變經濟增長方式經驗交流會在天佳集團萬達公司召開；11月份，全國中小型企業經濟戰略研討會在天佳集團召開，1997年4月山東省委書記吴官正到天佳集團視察工作給予高度評價。

集團公司所屬學校

山東天佳集團股份有限公司

董事長、總經理：張錫友

公司成立近4年的時間，纍計分紅派息達116%。現擁有總資産2.6億元，公積金、公益金纍計達4000多萬元。躋身中國建築及其它非金屬礦物制品行業最大經營規模鄉鎮企業100家列第2位；中國建材企業最大規模鄉鎮企業1000家列130位；中國最高利稅總額鄉鎮企業1000家列151位。

1997年，天佳集團在主營項目産銷兩旺、業績穩步增長的時候，不斷調整産業結構。1997年4月，公司利用1996年配股資金，選擇建設3000噸乙基胺項目，投資項目PVC發泡板材，將在年底興建，全部引進國外先進設備。興建項目投産后公司可年增收入1.2億元、利稅4000萬元。1997年，天佳集團預計實現銷售收入2.3億元、利稅4000萬元。

全國農業勞動模範、淄博市人大代錶、省黨代會代表、淄博市南定鎮黨委副書記、田家黨委書記、山東省優秀農民企業家、山東天佳集團股份有限公司董事長兼總經理張錫友先生攜公司全體員工誠摯歡迎各界朋友真誠合作，共創天佳更加輝煌的未來。

地址：山東省淄博市張店區南定鎮田家村
電話：(0533)2980834　傳真：(0533)2980471
郵編：255064

市場

公司下屬企業

巩固市場

SHANDONG QIFENG

山東齊豐工貿有限公司

公司董事長兼總經理：吕統祥

山東齊豐工貿集團股份有限公司位于淄博臨淄城區中心，是一個主要生産、加工及經營汽油、柴油、瀝青、液化氣、藥用膠囊、PVC硬片、透明片、塑料化工原料、鋼材、木材、汽車配件、日用百貨、五金傢電、傢俱等，集工、商、貿、服務業于一體的多元化綜閤型集團公司。集團公司現有職工788人，占地15萬餘平方米，擁有總資産3.85億元，所屬緊密層企業有淄博齊豐石油化工有限公司、淄博魯豐塑膠製品有限公司、山東新華醫藥集團淄博膠囊有限責任公司等12個，跨地區、跨行業閤資、閤作經營的有青島、黄島、江蘇無錫、浙江蕭山、安徽碭山等10餘傢，三年來公司纍計創利税8857萬元，實現利潤4731萬元，先後被授予市振興工業先進單位、文明單位等榮譽稱號。

公司董事長兼總經理吕統祥竭誠歡迎海内外朋友光臨指導，真誠閤作，携手共進。

公司辦公大樓外景

集團股份

舒適的接待室

先進的工業生產綫

大型工業生產設備

山東齊豐工貿集團股份有限公司

地址：山東淄博臨淄齊城路1號

電話：(0533)7180365　傳真：(0533)7180365

郵編：255400

優美的廠區環境

华光陶瓷

华光陶瓷

★齣口量最大

年齣口7000萬件

★生産量最大

每年生産8000萬件

★美國市場占有率最高

每3個美國人每年使用1件華光咖啡杯

地址：山東省淄博市張店區

電話：總機 (0533)2014346

進齣口公司 (0533)2011547

銷售公司 (0533)2011226

傳真：(0533)2011404

上海永樂股份有限公司

公司法定代錶人：楊玉冰

SHANGHAI YONGLE GUFEN YOUXIAN GONGSI

中國大陸電影業的第一傢股份製(定嚮募集)企業，由原上海市電影發行放映公司轉製而設立。于1993年3月18日成立，公司以公關部、人事部、財務部、資產發展部及事務部爲內部管理機構，以上海電影發行放映公司、浦東電影發行放映公司、浦東開發公司、工貿公司、房地產公司、實業發展公司、音像齣版公司、製片公司、寶山影業公司、外高橋娛樂總匯等17傢子、分公司爲經營實體并在上海形成全市規模的院綫係統，公司以“永創人類文明樂園”爲企業理念，以“團結、勤奮、廉潔、高效”爲企業精神，現有員工730人，其中高中級專業技術人員101人。公司總股本10364萬股，其中國傢股7773.3萬股，法人股1872.6萬股，內部職工股718萬股。

公司所屬外高橋娛樂總匯

公司主要從事電影發行、放映、製片業。同時，兼營音像、影視器材、廣告、旅游、工貿、房地產等業務。公司的發展規劃是：1.近年投資拍片10餘部；2.投資建造商住及綜閤文化娛樂設施近10個，在短時間內形成“永樂”文化娛樂圈的初步規模；3.積極創造條件，與世界文化交流，與世界經濟接軌。

1995年營業總收入爲1.86億元，比1994年上升瞭40.43%，創利稅3777萬元，比1994年上升瞭10.41%，均達到瞭公司曆史最高水平。

公司所屬安亭娛樂城

1995年度，永樂公司的電影、音像製品的創作和發行在市場競爭中穩健發展。實現瞭發行放映運作方式的突破，建立瞭四條院綫，實行瞭院綫和輪次相結閤的排片模式。票房突破2億，國産片、外國片票房均達曆史之最。采用多種形式新增銀幕5塊、組建“三禾”公司，聯手開展國産片的全國代理發行。

社會效益突齣，反法西斯影片展、第三屆中小學生電影節、第三屆農民電影節等一係列電影展映活動獲得社會各界的普遍贊譽。電影製片連續獲獎。繼《步入輝煌》奪得三個獎項之後，《生死軀裏》又成爲廣電部推薦的重點影片。公司的《電影故事》也越辦越好，年發行量已達100多萬册。音像齣版市場進一步拓展。1995年，永樂音像在製作齣版、像帶加工、市場營銷諸方麵取得發展，全年銷售額比上年上升38%。

公司爲進一步加强投資管理工作，新設瞭資産發展部和投資委，具體負責投資管理、資産管理、發展規劃等工作，形成資産發展管理的規範操作。

公司所屬新上海影都

公司辦公大樓

目前，由公司投資的安亭娛樂城已正式開業；平安動感影院也已正式開業；滬北電影院也已開張；八五科技文化中心97年上半年竣工；嘉定電影文娛中心即將動工。1995年，公司正式被確定爲上海市第一批現代企業製度試點單位。目前，公司正積極參與上海永樂電影電視(集團)公司的組建。

SHANGHAI YONGLE GUFEN YOUXIAN GONGSI

YONG

法定代錶人、總經理：楊玉冰
地址：上海市安福路322號
電話：86-21-64330764
傳真：86-21-64336072
郵編：200031　電挂：3561

5 深圳賽格中

董事長：王殿甫

深圳賽格中康股份有限公司是在深圳中康玻璃有限公司分立的基礎上，由深圳賽格集團公司、深業騰美有限公司、深圳賽格股份有限公司、深圳市賽格儲運企業公司和深圳市賽格進出口公司共同發起，并向社會公開募集股份而設立的股份有限公司。

本公司是原深圳中康玻璃有限公司（全國230家特大型工業企業之一）的主體，主要引進美國康寧公司和日本旭硝子公司的彩管玻殼生產技術和裝備，生產經營20-25"彩管玻殼，并具備開發生產25"以上彩管玻殼的生產能力，年設計生產能力爲400萬套，產品除供應國內彩管生產企業外，并遠銷美國、巴西、墨西哥、韓國等地。

本公司玻殼項目于1989年12月破土動工，1992年10月點火，1995年通過國家驗收，爲“八五”期間國家重點項目、深圳市十大重點建設項目之一。在國務院領導、國家有關部委、深圳市政府及有關部門和金融界的關心和支持下，公司堅持以人爲本，依靠管理進步和技術進步，外應市場，苦練內功，狠抓質量，使生產經營一直保持了穩定增長的勢頭。經過幾年發展，公司現擁有三屏兩錐五條生產綫，具有年產屏450萬只、錐700萬只的生產能力，年產值10億元，并于1995年10月同時通過了國內外權威機構ISO-9002質量體系認證。

公司在完成二期擴建工程和生產綫技術改造項目之后，公司彩玻產品年生產能力可達到1100萬套以上，產品規格包括29"以下CPT和17"以下CDT兩大系列產品，將建成“一業爲主、多元經營”的現代化、國際型大公司，實現鄒家華副總理所希望的“建設成爲我國玻殼行業的南方基地”的目標。

地址：中國深圳北環大道梅林工業區26-811信箱
電話：(0755) 3311988（總機）
傳真：(0755) 3310743
電挂：8279　　郵編：518049

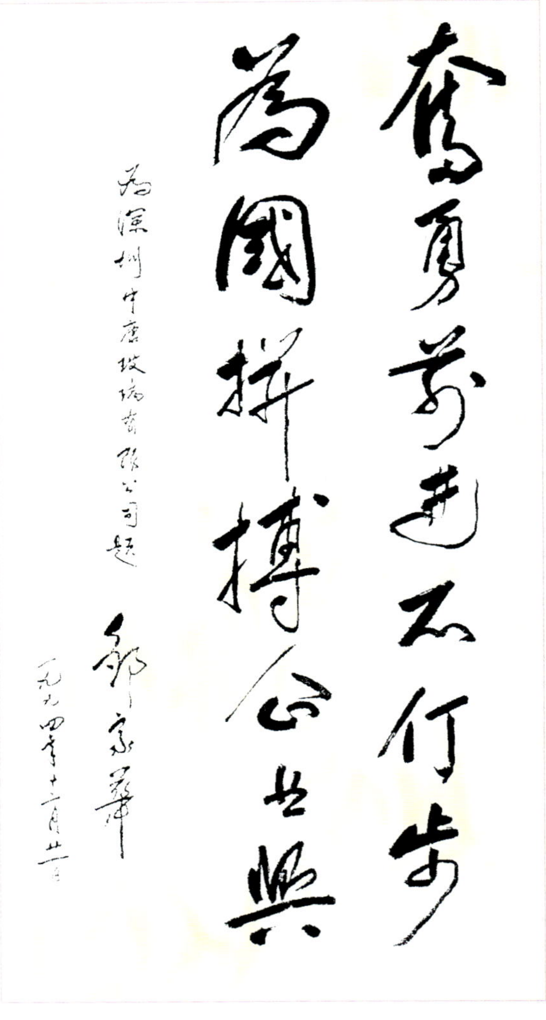

康股份有限公司

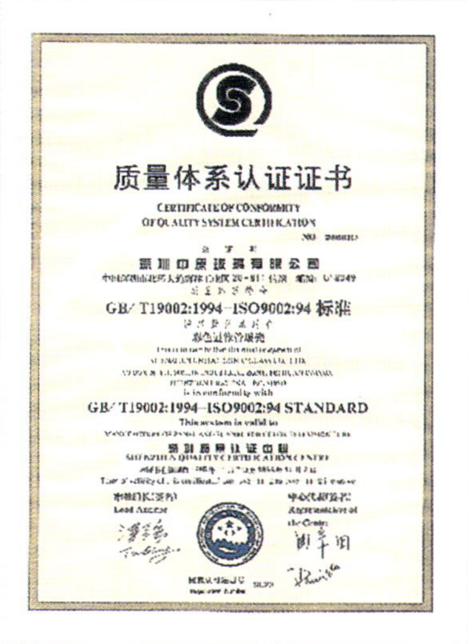

质量体系认证证书

CERTIFICATE OF CONFORMITY

OF QUALITY SYSTEM CERTIFICATION

深圳中康玻璃有限公司

GB/T19002:1994–ISO9002:94 标准

GB/T19002:1994–ISO9002:94 STANDARD

This system is valid to

DET NORSKE VERITAS

QUALITY SYSTEM CERTIFICATE

Certificate No. QSC - 4903

This is to certify that the Quality System of

SHENZHEN CNEDC-CONIC GLASS CO. LTD.

at

Shenzhen, China

Has been found to conform to the Quality System Standard:

ISO 9002, 1994

This Certificate is valid for the following product or service ranges:

MANUFACTURE OF PANEL AND FUNNEL

FOR COLOR TELEVISION TUBE

Ron J. Meijer

1995年10月公司同時通過國內外

ISO-9002質量體系認證

國務院副總理鄒家華第四次視察中康

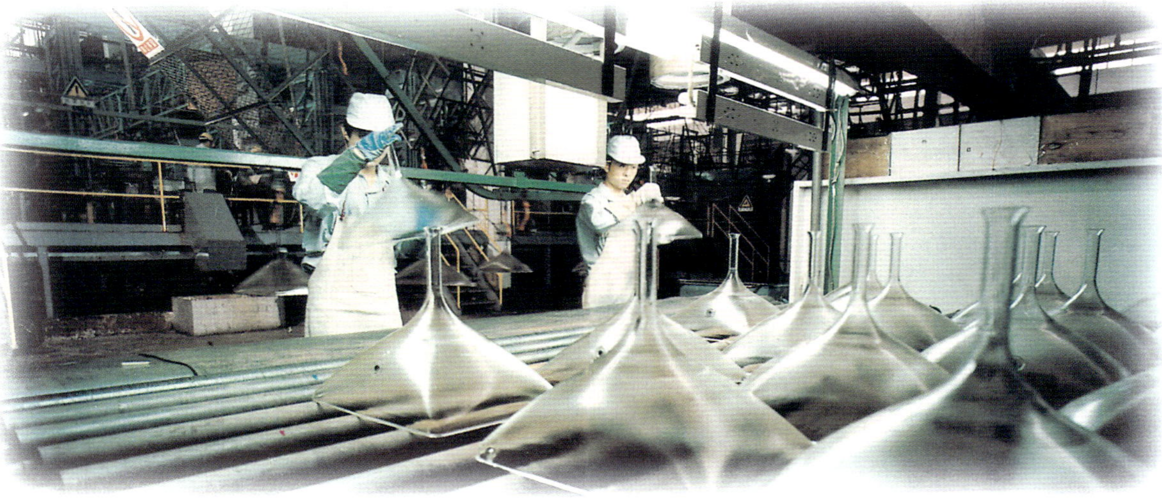

董事長、總經理：李景常

2×750立方米高爐車間

萊蕪鋼鐵股份有限公司于1997年8月21日創立，8月28日公司A種股票在上海證劵交易所挂牌上市。公司是由萊蕪鋼鐵總廠作爲獨傢發起人，以其生產生鐵、鋼錠、鋼坯、鋼材、鍛件和焦化產品的燒結廠、煉鐵廠、煉鋼廠、軋鋼廠、特鋼廠、鍛壓廠、焦化廠等7個單位的優質資産投入公司，由發起人持有，采用募集方式設立的股份有限公司。公司總股本爲52980萬股，其中國有法人股44980萬股，社會公衆股8000萬股(其中公司職工股800萬股)。公司員工14679人，截至1996年底，公司總資産爲17.68億元，淨資産6.92億元。1997年第一季度，公司資産負債率爲61.21%，淨資産收益率爲10.21%；每股淨利潤爲0.157元。預計1997年全年攤薄後每股税後利潤0.45元。

正在建設中的中型車間

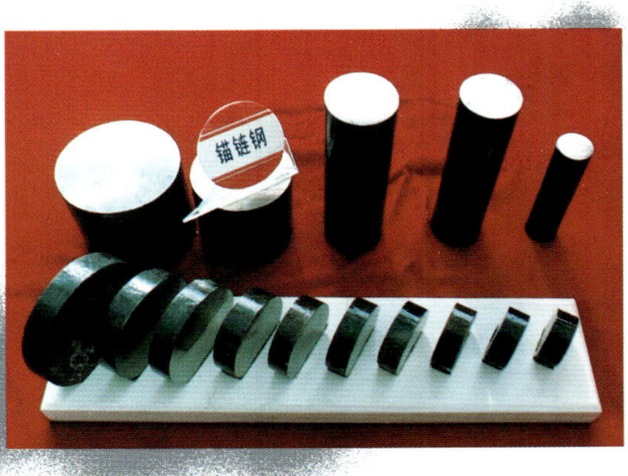

公司生産的優秀鋼産品

萊蕪鋼鐵股份有限公司

萊钢
LAIGANG

公司主要從事生鐵、鋼錠、鋼坯、鋼材、大鍛件、水渣、焦化産品及煉鋼副産品等的生産經營業務，公司的主營業務收入占總收入的90%以上。主要産品有熱軋園鋼(軸承鋼、齒輪鋼、炭結鋼、閤結鋼)、螺紋鋼、熱軋帶鋼、冷軋帶鋼和圓鋼管坯，還有鑄造生鐵、煉鋼生鐵、鍛件等70多個品種、200多個規格。船用錨鏈鋼、40Cr熱軋圓鋼、20MnSi鋼筋混凝土結構用熱軋鋼筋等15種産品分彆獲得國優、部優、省優産品稱號。船用錨鏈鋼被評爲冶金工業部優質産品和山東省名牌産品，并通過中國、美國、日本、英國、韓國五國船級社的認證。熱軋帶鋼獲山東省優秀新産品一等獎，并被推薦爲“國傢級重點新産品”。公司産品銷往全國25個省、市、自治區的1400餘傢企業，齣口美國、日本、瑞士、泰國、韓國等國傢和港臺地區。1996年公司産鋼132.92萬噸，生鐵138.66萬噸，鋼材90.91萬噸。

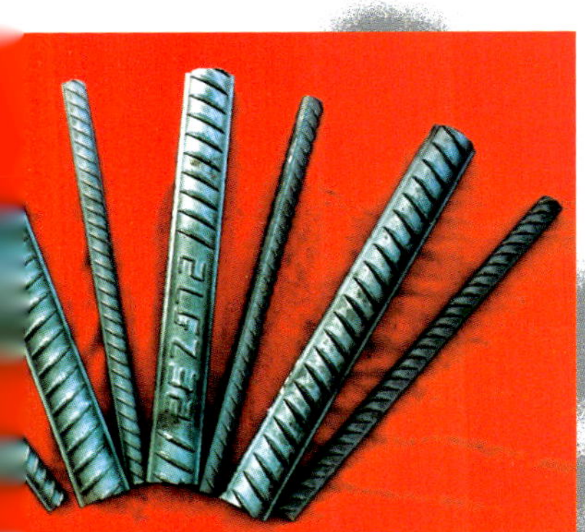

公司生産的産品

公司具有巨大的成長潛力和良好的發展前景。地理優越，資源豐富。公司西倚泰山，東臨沂河，鐵路經辛泰路與膠濟鐵路和京滬鐵路相連，主要公路與青島、日照港相接，運輸方便。公司住地萊蕪市與之相鄰新泰市、肥城市是山東重要的煤碳基地，煤、礦石資源十分豐富。位于山東電網的中心，電源容量較大，結綫可靠。

社會信譽良好，對外交流擴大。堅持質量第一，用户至上的經營方針，一手抓産品質量，一手抓用户服務。公司發起人萊蕪鋼鐵總廠連續七年獲得山東省“重閤同、守信用”企業稱號。榮獲“全國名優産品售後服務優秀企業”稱號。

裝備水平提高，競爭能力增强。利用外資改擴建以來，走擴建與技改、配套相結閤的路子，目前主體生産工藝裝備水平處于全國冶金係統的先進水平。部分裝備達到國際先進水平。已投入運行的中小型軋機及1998年竣工的中型萬能軋機將成爲公司新的利潤增長點。到本世紀末，公司將形成兩條完整、先進、閤理的生産綫：一條是高爐、鐵水預處理、氧氣頂吹轉爐、爐外精煉、連鑄和中小型材、H型鋼、熱帶生産綫；一條是電爐、爐外精煉、棒材生産綫。生産規模將達到年産鋼200萬噸。普鋼、特鋼兩條生産綫優勢互補，極大增强瞭抗市場風險的能力。

萊蕪鋼鐵股份有限公司將建設成爲配套成龍、結構優化、裝備水平高、競爭能力强的現代化鋼鐵聯閤企業，以其優良的業績迴報廣大股東。

法人代錶、董事長兼總經理：李景常
地址：山東省萊蕪市鋼城區
電話：(0634)6821119
郵編：271104

四川成渝高速公路股份有限公司

公司董事長楊淑莊女士(右)與公司副董事長、
總經理譚詩樵先生(左)參加公司成立授牌儀式

四川成渝高速公路股份有限公司由四川高速公路建設開發總公司獨家發起設立，公司總股本255806萬股，
其中：國家股166274萬股，
境外公衆股89532萬股，
公司于1997年8月19日正式注册成立，
境外公衆股于1997年10月7日在香港聯合交易所掛牌上市。
公司目前主要從事226公裏的四川成渝高速公路及其配套設施的經營管理，
并分別擁有四川成雅高速公路股份有限公司和成都城北高速公路58.75%、60%的控股權。
公司經營業務範圍：
高等級公路、橋梁、隧道等基礎設施的投資、設計、建設、收費、養護、管理、技術咨詢及配套服務，
以及與高等級公路配套的汽車加油、
拯救、維修、清運、倉儲、旅游及沿綫房地産開發、
廣告、建設材料供應等相關業務。
預計到1997年年底，公司總資産達49億元人民幣(下同)，
净資産40億元，全年主營業務收入3.55億元，
税后利潤1.58億元，每股盈利0.062元，
資産負債率爲18.37%，净資産收益率爲3.95%。
公司將以四川成渝高速公路的經營管理及沿綫開發爲龍頭，
按照四川省交通發展中長期規劃，以參股、控股或獨立投資方式，
建設四川省境内效益好、回報高的交通基礎設施及其他基建項目，
使公司遂步發展壯大，
努力成爲西南地區最大的跨行業、多元化經營的基建集團公司。
法人代表：楊淑莊

地址：四川省成都市武侯祠大街252號
電話：(028)5581333-4508 5585124
傳真：5554578 5582022

四川成渝高速公路
成都收費站電視監控系統

成渝高速公路内江立交橋

成渝高速公路一景

華意壓縮機股份有限公司

HUAYI COMPRESSOR CORPORATION LTD.

地址：江西省景德鎮市新廠東路28號
郵編：333001
電子信箱：E-mail:HUAYI @ public l.jdptt.jx.cn
法人代錶、董事長：吴祥纔

法人代錶、董事長：吴祥纔

華意壓縮機股份有限公司是由景德鎮華意電器總公司作爲獨傢發起人，以其下屬的華意壓縮機廠和電冰箱廠部份經營性淨資産折爲發起人股，通過社會募集方式設立的股份有限公司。公司主營業務是無氟壓縮機和無氟冰箱的開發、生産和銷售。年生産能力爲100萬臺無氟壓縮機及30萬臺無氟電冰箱，1997年將新增20萬臺無氟豪華電冰箱的生産能力。

1993年公司在全國率先推齣世界上最先進的無公害産品—無氟製冷壓縮和無氟“雙綠色”新一代電冰箱，該兩項産品具有高效節能、運行可靠、低壓啓動性好等特點，成爲我國“最有推廣價值的無公害産品”，受到國傢環保局、聯閤國環保署贊許。1996年華意無氟壓縮機産銷量居全國第一，無氟電冰箱産銷量居全國第五。

1996年公司共生産無氟電冰箱122697臺，無氟壓縮機625095臺。主營業務收入29308萬元，淨利潤3914萬元，總資産54794萬元，每股淨資産2.4元，淨資産收益率11.62%。公司産品成功齣口到日本、荷蘭、印尼、阿聯酋等國傢和地區。

華意無氟電冰箱繼獲得第001號“中國環境標志”後，又通過瞭德國GS認證和歐盟CE認證；無氟壓縮機AE—Y六大係列産品均獲得瞭CCEE標志，還一次性通過瞭德國VDE認證，其中AE—1360Y型無氟壓縮機被國傢科委評爲國傢級新産品和列入火炬計劃。

無氟電冰箱生産綫

無氟電冰箱

無氟壓縮機

無氟壓縮機測試綫

廠區外景

成都前鋒電子股份有限公司

QIANFENG

董事長兼總經理：張獻

公司發展的總目標：

前鋒——中國熱水器的前鋒

前鋒——中國電子儀器的前鋒

公司與澳大利亞合資建設的豪特容積熱水器(成都)有限責任公司投産

公司的前身是國營前鋒無綫電儀器廠，成立于1958年，是我國第一個自行設計和建設的國内最大無綫電測量儀器廠，是電子工業部研制生産電子儀器的大型骨干企業，1992年4月經成都市體制改革委員會批准進行股份制改組設立。1996年8月16日公司2000萬社會公衆股(其中含内部職工股800萬)在上海證券交易所挂牌上市。

公司擁有國内第一流的電子儀器研究所、先進的生産加工設備和大批科技人員。30多年來，公司所研制的以“QF”商標命名的各類信號發生器、調制度儀、頻譜儀、電臺綜測儀等16個系列，164個品種的無綫電測量儀器，廣泛應用于航天航空、雷達通信、廣播電視、能源、交通等領域，成爲全國儀器行業産品最全、技術最先進的企業之一。公司也一貫致力于將自己成功的軍工管理經驗和雄厚的科技力量應用于消費品生産領域，目前公司采用高新技術研制生産節能高效的“前鋒牌”燃氣熱水器逐漸具備自動化、智能化功能，技術水平邁入世界前列，現年産40萬臺，在全國燃氣具行業中排名第二。公司應用電子産品中，防静電系列産品、自動泄漏檢測機、多功能警用電擊器在國内質量、技術領先。公司先后獲得全國電子行業優秀企業、四川省電子工業1996年優秀企業、成都市工業企業50强(第四名)、成都市1996年納税大户等并被列爲成都市工業支柱産業企業之一。企業産品連續五年經四川省技術監督局檢測合格、獲1996年售后服務先進單位、全國質量效益型先進企業等稱號。“前鋒”民用燃氣類産品被四川省列爲四川省名優拳頭産品、成都市支柱産品。全國消費者信得過産品和全國用户滿意産品。

1995年11月，公司被成都市科學技術委員會認定爲高新技術企業。

法人代表：張獻

公司生產的優質快速熱水器

公司廠貌

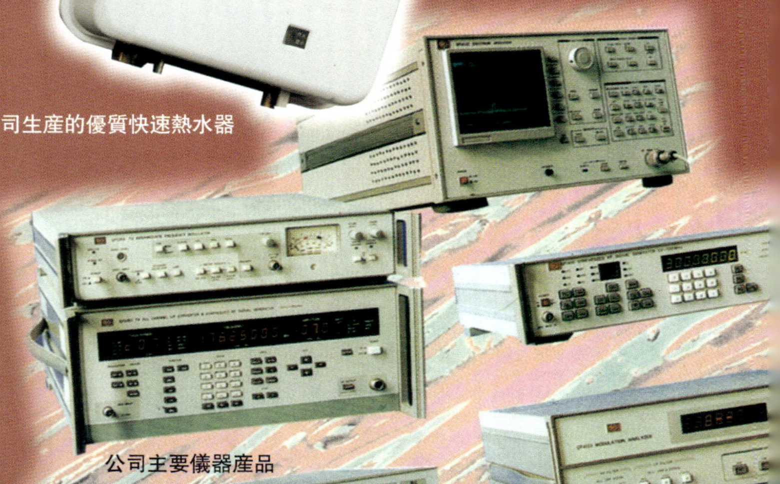

公司主要儀器產品

地址：成都市府青路二段2號　電話：(028)3331301　郵編：610051　傳真：(028)3331367

重慶三峡水利電力(集團)股份有限公司

SHANXIA

輸配電綫路支架

重慶三峡水利電力(集團)股份有限公司地處三峡庫區腹地重慶萬縣市。公司有着近70年的産業歷史。四十年代初，我國水電泰鬥張光鬥先生等在萬縣設計、建造了公司前身—壤渡電站。1994年4月28日萬縣市電力總公司與小江電廠合并以定向募集方式設立股份有限公司；1995年，公司先后被省市選爲現代企業制度試點單位；1997年7月23日公司經中國證監會批准發行A股5000萬元。1997年8月4日，公司A股在上海證券交易所上市。公司現有總股本15888萬元，其中國家股6338萬股、法人股4278萬股、内部職工股272萬股、流通股5000萬股。公司現有總裝機12.81萬千瓦年供電量4.7億千瓦時，輸配電綫路總長3000余公裏。公司水火電配套、供電網絡完整，擔負着三峡庫區腹地萬縣市主要地區的發供電任務，其電力産品銷售占萬縣市市場份額90%。公司現有職工2489人，其中高級職稱人員56人，中級職稱人員347人。

小江水利發電廠

公司主營：發電、供電、供水、水産養殖。兼營：發輸變電設備的設計、安裝和調試；鍋爐壓力容器制造及安裝；水電物質、建築材料；旅游商業、信息服務咨詢，投資服務等。公司1997年1-6月營業收入6060萬元，利潤總額2004萬元，税后利潤1704萬元。公司規劃至2000年，實現總資産20億元，銷售收入7億元以上，税金6000萬元以上，利潤2億元以上的總目標。公司推行内部模擬法人制度。公司還推行資本運作方式，加快公司重點水、火電工程的建設步伐，取得了良好的經濟效益和社會效益。公司先后獲得“全國水利系統先進企業”、“四川省水利電力系統優秀企業”、“全國水利行業經濟十强企業”等榮譽稱號。

江北變電站

公司辦公大樓

沱口發電廠

重慶

渝永電力(集團)股份有限公司

渝電集團夜景

重慶渝永電力(集團)股份有限公司是經重慶市體改委批准，以原四川渝永電力股份有限公司爲主體，吸收合并永川市自來水公司、電力公司、上游水庫、衛星水庫爲核心層企業，以永川市屬及部分鄉鎮煤礦爲緊密層和松散層企業共同組建而成的水、煤、電一體化經營能源集團。公司以定向募集方式設立，成立于1997年5月22日，資産總額31800萬元人民幣，净資産達20121萬元，股本金11178萬元人民幣。其中國有法人股6031萬元，社會法人股3667萬元，社會公衆股1480萬元，公司現有職工總人數1182人。

公司堅持以“發展電力爲主導，生産經營多元化，經濟、社會效益同步走”爲經營方向。公司現設有發電分公司、供電分公司、供水分公司、建材分公司、運輸分公司、上游水庫管理所、衛星水庫管理所等7個分支機構，其發電分公司擁有裝機容量25.5MW，年發電能力1.6億KWH；供電分公司擁有五間、三教兩個變電站和來蘇供電所，8條10KV供電綫路，年售電量7000萬KWH；供水分公司年供水能力800萬余噸；建材分公司主營灰磚生産，年可産灰磚3000萬匹；上游、衛星兩水庫管理所以防洪戰備蓄水爲主，兼營三高漁業及果樹養植。1996年集團公司組建以前，各成員企業共實現産值近7000萬余元，創利税近1000萬元，并分别被評爲“重慶市級文明單位”和“永川市最佳文明單位”。

公司在新一届董事會和黨委領導下，本着“團結、拼搏、求實、創新”的企業精神，按照“集中精力辦大事、全力以赴抓重點”的原則，緊緊把握重慶直轄契機，以盡快實現永川火電三期工程2×125MW機組引資開工、争取上市發行A股、加快城區供水工程擴建和進一步拓展供電、水庫旅游業等爲奮鬥目標。公司董事長兼總經理周官福同志携全體員工熱忱向社會各界新老朋友問好，并歡迎海内外有志之士前往合作，爲振興國民經濟作出應有的貢獻。

環境優美的生産區

地址：永川市郵電局大巷子
電話：(023)49862285
郵編：402160

上海豫園旅游商城股份有限公司

上海豫園旅游商城股份有限公司前身是上海第一傢實行股份製改革的商業上市公司—上海豫園商場股份有限公司，
經上海市人民政府財貿辦公室批準，
于1992年5月13日聯閤豫園地區15個法人單位共同組建爲現公司。
截止1996年12月31日，
公司總股本爲220992628股，其中國傢股25473336股，發起人法人股64314260股，
社會法人股90474571股，社會流通股40730461股，公司股東總數45075户，
其中國傢股東1户，法人股東529户，社會公衆股東44545户。

該公司位于著名的上海城隍廟豫園旅游區。
主要經營百貨、餐飲、食品、醫藥、土産、旅游、金銀珠寶和文化娱樂業等，
兼營進齣口貿易、房地産經營開發及金銀飾品、服裝、食品等加工、製作。
現有員工3500餘名。
下屬20餘傢子公司，擁有建于乾隆48年的童涵春堂國藥店、興于光緒年間的王大隆刀剪店、代錶滬上名特土産的城隍廟五香豆商店、梨膏糖店、南翔饅頭店、寧波湯團店、永青假發店和近年蜚聲滬上的“老廟黄金”、“亞一金飾”、“華寶樓”工藝品等一批大店、名店、百年老店和一係列著名品牌。

隨着1994年9月28日豫園商業旅游區改擴建一期工程的勝利竣工開業和一大批雄奇壯觀的仿明清建築商業樓宇的落成，
公司的商用建築麵積擴大到10萬平方米，
新樓宇群以外部建築民族化，
内部環境現代化的獨特風格和典雅迷人的燈光夜景一起，
同四鄰的城隍廟、沉香閣、清真寺、古豫園及九麯橋、湖心亭、荷花池等名勝古迹、人文景觀有機融爲一體，
構成九十年代上海獨具魅力的新景觀，成爲上海最大的旅游購物中心之一，
被譽爲上海“三年大變樣”的一個典範。
1996年，公司以强化布局，突齣特色爲重點，加大經營調整力度與頻率，
各子公司經營能力都得到瞭新的提高，
年銷售額1億元以上的單位有7傢，4傢單位的年利潤額超過瞭1000萬元。
公司的經營狀况保持瞭“總體嚮上，持續增長”的良好勢頭，
實現銷售24.31億元(含税)，同比增長19.4%。銷售實績名列商業零售業全國第二位，上海第二位。
實現利潤1.048億元，同比增長7.31%；淨利潤8879.94萬元，同比增長5.40%；每股淨資産3.95元。

九十年代上海獨具魅力的新景觀—豫園商城

上海凌桥
自來水股份有限公司

凌橋自來水廠外景

現代化生產設備

給你一個清涼爽潔的世界

上海凌橋自來水股份有限公司是經上海市政府有關部門批準，1992年6月嚮社會公開發行股票，募集資金成立的國内城市供水行業中首傢股份製供水企業。
公司注册資金18200萬元，公司總股本18200萬股，
其中：國傢股12000萬股，發起人法人股2600萬股，社會法人股1200萬股，社會個人股2400萬股。
公司股票于1994年2月24日在上海證券交易所挂牌上市，
内部職工股于1994年8月30日上市交易。
凌橋自來水股份有限公司
下設：凌橋自來水廠及聯營、閤資企業凌同水處理混凝劑廠、新世紀環保技術公司、中日閤資上海凌大防水·塗裝技術工程有限公司。
主要經營自來水、淨水原材料、AOS型污水淨化設備、PARATEX高分子防水材料及各類建築土木工程和防水、防腐塗裝工程。

上海凌橋自來水股份有限公司下屬的凌橋自來水廠，
引進國外先進設備，采用國内先進的製水工藝，自動化程度較高。
被市府列爲93年重大建設工程項目和浦東新區城市十大基礎設施工程的凌橋自來水廠一期工程建設項目，
1994年6月全麵竣工，
形成日供水20萬立方米的生產能力。
初步滿足瞭外高橋港區、電廠、外高橋保税區、
金橋齣口加工區和陸傢嘴金融貿易區等重點建設工程項目的供水需求。

裝備先進的生產車間

上海凌橋自來水股份有限公司堅持“一業爲主、多種經營”的經營方針。
凌同水處理混凝劑廠和新世紀環保技術公司，
主要生產製水添加劑和污水一體化處理專用設備。
公司與日本國大關防水技術株式會社閤作，
創辦上海凌橋防水·塗裝技術工程有限公司
引進日本最先進的PARATEX高分子防水材料，
承攬國内外各類建築土木工程的防水、防腐、塗裝工程。
PARATEX高分子防水材料應用範圍很廣。

水處理裝置

江南重工股份有限公司

江南重工股份有限公司是由江南造船(集團)有限責任公司獨傢發起，以其下屬鋼結構機械工 程事業部爲主體，通過社會募集方式設立的上市公司。

江南重工股份有限公司是我國大型鋼結構機械工程基地之一。公司以大型鋼結構工程、重型 港口機械、特種壓力容器等三大拳頭産品爲主導，不斷占領市場，取得瞭輝煌的業績：先後 設計製造瞭我國第一臺萬噸水壓機、第一座導彈發射架、第一臺過江和地鐵用隧道盾構掘進 機、第一座鋼筋混凝土疊閤梁結構雙索麵斜拉橋、第一套大型三聯供煤氣氣化爐等多項國內“第一”。同時承擔許多國民經濟與市政建設重點項目的開發研製：國傢重點工程葛洲壩船 閘、長江三峽船閘、上海市標志性建築大劇院與八萬人體育場鋼結構工程，具有國際先進水平的第四代碼頭裝卸機40.5t集裝箱橋吊、1200t/h卸船機及具有當代世界先進技術水平的大型液化氣船液罐，并成爲我國唯一生産大型液化氣船液罐的企業。

江南重工股份有限公司是以科技進步爲基礎，外嚮型經營爲主導，港口機械、壓力容器、大 型鋼結構爲拳頭産品，形成科、工、貿一體化，産、供、銷一條龍的跨地區、跨行業、具 有國際競争力優勢的綜閤性股份公司。

公司地址：上海浦東新區東方路1369號
電話：(021)58394932 傳真：(021)58396331 郵編：200127
營業地址：上海高雄路18號 電話：(021)63760298 53073242 傳真：(021)63141103 郵編：200011

公司承建的上海大劇院巨型貓麵鋼結構屋頂

公司承建的上海八萬人體育場鋼結構屋頂

公司董事長：陳金海

福建省永安林業(集团)股份有限公司

大麵積速生豐産林

福建省永安林業(集團)股份有限公司
由福建永安林業(集團)總公司、
永安市林産化工廠、
三明市林工商總公司共同發起，
注册資金4353萬元。
公司主要經營木(竹)材采運、加工、傢俱、食品、飲料、林産化工産品製造；
水力發供電、林業、農業、畜牧業生産服務、汽車貨運。
公司成立以來，
嚴格按照國傢和地方政府的有關規定，
轉换經營機製，進行規範化運作和管理，
立足于森林資源基地化建設，優化企業經濟結構，
注重發揮森林的生態效益、經濟效益和社會效益，
初步形成瞭資源基地化、經營多元化、市場國際化、
效益最優化的發展新格局，
公司效益和經濟實力不斷壯大，
企業規模和經濟效益居全國同行業領先地位。
董事長：黄瑞紅
副董事長、總經理：蔡爲茂

地址：中國福建省永安市燕江東路12號
電話：(0598)3633405
傳真：(0598)3633415　郵編：366000

公司領導班子成員(左起)：
副總經理邱安彬、謝益林、
董事長黄瑞紅、總經理蔡爲茂、
副總經理劉永川

青島市長秦傢浩(前中)陪同佛得角共和國總統(前左)參觀公司

每逢重大節日和周一，公司領導與職工一起舉行隆重的升國旗儀式

青島東方貿易大厦股份有限公司

青島東方貿易大厦股份有限公司是青島市現代企業制度試點單位，是大型商業零售企業，其主體是一座集購物、餐飲、娛樂、辦公于一體的現代化大型綜合商厦，座落于全市最繁華、交通最便利的中山路與膠州路交接地段，主樓17層，建築總面積37600平方米，有7個零售商場，并設有賓館、酒店、寫字間、珠寶城、專賣店、便民店、商務公司等經營機構，經營品種6萬余種。公司是一個年輕的企業，現有職工1300多人，平均年齡24歲，其中大中專畢業生占全體職工的30%。

公司堅持誠信爲本的經營理念，通過開展“信譽年”、“愛心年”、“文化年”、“敬業年”主題系列活動，弘揚企業文化，塑造企業精神，以優質的服務和優良的商品創造了良好的企業形象。近幾年來先后榮獲“全國青年文明號”、“山東省管理示範企業”、“青島市財貿系統經濟效益最佳企業”等多種榮譽稱號。

1997年上半年，經中國證監會批准，企業公開發行股票，成爲上市公司。在廣大投資者的支持下，公司向多元經營、連鎖經營、規模經營、集團經營方面迅速發展，成爲商界一顆冉冉升起的新星。

地址： 青島市膠州路140號　**電話：** (0532)2829999轉

傳真： (0532)2833885　**郵編：** 266011

東方貿易大厦全貌

古漢養生精給您無限精氣神

湖南古漢集團

衡陽中藥實業股份有限公司

1、集團總裁、公司董事長兼總經理：申甲球

2、優美的生産環境

3、公司新産品古漢養生精片

4、公司生産的係列産品

衡陽中藥實業股份有限公司是湖南古漢集團的核心成員，其前身衡陽中藥廠創建于1956年。公司現有總資産1.9億元，淨資産1.5億元，主要生産設備550臺套，其中大多處于國内同行業先進水平。現已形成年産古漢養生精口服液1500萬盒、古漢葆春栓5萬盒、古漢四保健300萬聽、清暑解毒衝劑30萬包、風濕酒30萬瓶、參桂鹿茸丸10萬瓶和即將形成年産古漢養生精片100萬瓶、少陽感冒衝劑50萬包的生産能力。産品質量優級品率均達98%以上，是湖南省同行業品牌最響、知名度最高的企業之一。1995年實現産值11062萬元，利税3015萬元，全員勞動生産率達19.1萬元，1996年，在市場疲軟的睏境下，仍然實現瞭利税2547萬元的預定目標。

“古漢養生精”係釃年古方與現代科技加地道中藥材相融閤的高技術、高附加值的治療兼保健型藥品。它對心肌損傷、心腦血管疾病、失眠、健忘、抗衰老等病癥有治療和保健功效。因其組方閤理，質量可靠、療效確切曾先後榮獲全國中成藥“健康杯”金獎、“全國信得過藥品獎”、“中國中藥名牌産品”、“醫生推薦用藥”等數十項殊榮。被譽爲“中國仙藥”、“人類健康的福音”，被國傢科委列入1997年國傢火炬計劃。

1990年以來，率先在全省同行業中晋升爲國傢二級企業，先後榮獲全國“五一”勞動奬、中國公衆信譽良好企業、湖南省雙文明建設先進單位等榮譽稱號。1995年，被中國證監會審核批準爲該年度全國第一批、全省第一傢上市公司。1996年，以衡陽中藥實業股份有限公司爲核心，以“古漢養生精”爲龍頭的“湖南古漢集團”正式投入運作，最近，又被列爲全國中成藥工業重點企業50强，并晋升爲國傢大型企業。

集團總裁、公司董事長申甲球同志是第八屆全國人大代錶、全國勞動模範，其强烈的敬業精神、開拓進取意識和敢爲天下先的氣魄和膽略得到瞭社會各界的廣泛好評、贊譽，多次受到江澤民、李鵬、喬石等黨和國傢領導人的親切接見。

地址：湖南省衡陽市羅金橋1號
電話：(0734)8411277　8411229
傳真：(0734)8411413　郵編：421003

山東穎匯集團股份有限公司

穎

山東穎匯集團股份有限公司是集造紙、化工、服裝、造紙機械、飲食服務于一體的國傢級企業集團公司，現有員工1008人，年實現銷售收入2億元，利税2000萬元。“八五”期間，公司勇抓機遇，經濟效益迅速提高，1995年擠身于全市最大50傢納税企業之列，榮獲農業部頒布的“中國行業最大規模鄉鎮企業”第17名，被山東省科委評爲“高新技術企業”，被農業部授予科技一等奬。

主要産品：機製紙年生産能力3萬噸，橡膠硫化促進劑NS1000噸，服裝15萬件，穎匯人發揚“激流勇進，敢爲人先”的精神，創造瞭穎匯名牌，其中橡膠硫化促進劑NS是國傢“八五”重點科技攻關項目，先後通過化工部技術鑒定和重點科技攻關項目驗收，其質量達到國際同類産品先進水平，填補瞭國内工業化生産的空白，是進口及有毒促進劑的理想替代品。同時與中美閤資南京華嘉生態環境工程有限公司閤作，采用“半濕式燃燒法”進行草漿黑液治理，得到瞭國傢環保局的高度重視，被列爲全國黑液治理樣闆工程，從而爲企業的生存和發展，開拓瞭一個更爲廣闊的境界。

在二次創業的徵途上，穎匯集團將繼續發揚“激流勇進，敢爲人先”的穎匯精神，遵循自己的工作規則，力爭九五末實現銷售收入6億元，利税1億元，把公司建設成爲現代化企業集團，再創穎匯新輝煌。

地址：山東省淄博市桓臺縣田莊
電話：(0533)8580035
傳真：(0533)8580923
橡膠助劑公司
電話：(0533)8580078
傳真：(0533)8582188
郵編：256402

匯

公司董事長兼總經理：張穎

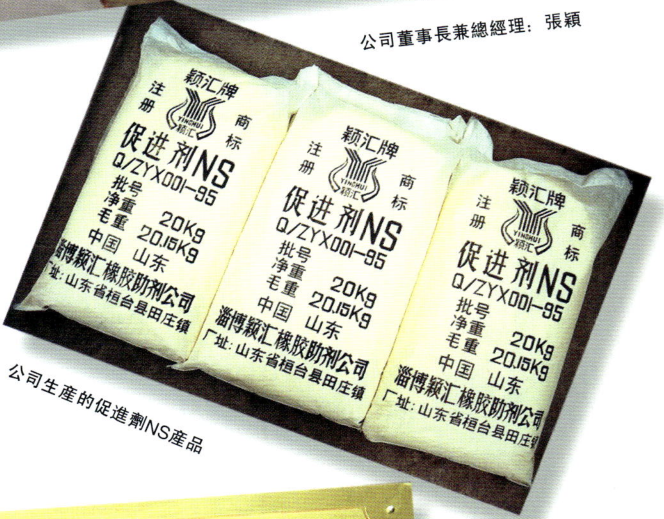

公司生産的促進劑NS産品

公司獲得的榮譽稱號

公司外景

董事長兼總經理沈秋萍女士

上海徐匯房地產股份有限公司

房地产开发企业

资质证书

公司名称 上海徐汇房地产股份有限公司
公司类别 综合
资质等级 贰级
证书编号 沪建开0204号

发证机关

一九九五年五月廿三日

上海市建設委員會授予的"城市綜合開發公司"證書

上海徐匯房地產股份有限公司是上海城開(集團)有限公司、上海縣房地產總公司、上海市房地產實業公司組建的股份制企業，公司成立于1992年11月，注册資金4000萬元，1995年評爲市房地產開發二級資質，公司專業技術人員占員工總數的73%。現任董事長兼總經理爲高級會計師沈秋萍女士。

公司依托徐匯區高級住宅區堅持舊區改造，新區開發方向，以"開拓務實，造福于民"爲宗旨，四年多來，先后開發建造襄陽大樓、睿園大厦、高安大樓、太原路辦公樓、海珠大樓，以及長橋家樂苑住宅小區，總建築面積10多萬平方米，同時完成安福路二塊批租地塊動遷工作，另有復興西路和烏魯木齊南路等繁華地塊，正在做前期準備工作。公司現有資產總值2.6億元。

座落在建國西路烏魯木齊路口合建的睿園大厦

座落于大木橋路肇嘉浜路口合建的海珠大厦

公司經營範圍

主營： 商品房建造、經營、租賃及與房地產業相關業務的投資與服務。

兼營： 建築、五金材料、動拆遷業務等。

獨資建造在襄陽公園旁的襄陽大樓

合建于高安路口的高安大樓

地址：上海市衡山路283號
電話：(021)64733146
郵編：200031
傳真：(021)64733287

董事長兼總經理：李樂孝

山東雪銀化纖集團股份有限公司

具有中國特色的轉獨紡絲生產綫

引進意大利COGNETEX毛條生產綫

具有國際先進水平的生產綫

山東雪銀化纖集團股份有限公司是1992年10月經山東省體改委批準，由山東淄博閣成纖維廠按國家規範化要求改組創立的。股本總額1.09億元，總資産3.8億元。

公司爲國家大型(一)企業，是山東省重要的化纖生産基地，主要有腈綸、綿綸兩大係列産品。公司擁有國內工藝領先的萬噸腈綸生産綫；有引進國外工藝水平國際先進的萬噸綿綸生産綫。公司的腈綸係列産品一腈綸短纖维、腈綸毛條、腈綸高缩率短纖维、腈綸高缩率毛條等均獲省優、部優；腈綸高缩短纖维填補瞭國內空白，獲國家科技進步二等奬；腈綸毛條獲國家唯一的最高質量奬銀牌奬。

自93年起公司經濟效益迅猛增長，
96年實現利税2200萬元，
利潤1300萬元，
連續四年經濟效益列居淄博市紡織行業之首，
成爲山東省同行業排頭兵企業；
淨資産税後利潤率平均13.5%。
公司于本世紀内將以腈綸綿綸兩産品爲龍頭，
以多種經濟成份爲聯閤體，集科、工、貿
爲一體化，加快企業發展，
逐步建成年化纖生産能力5萬噸以上，
化纖、紡織、經貿配套成龍的
年銷售收入過10億元的
大型現代化企業集團。

地址：山東淄博張店潘南東路22號　電話：(0533)3980001　郵編：255030

宇通

鄭州宇通客車股份有限公司

公司董事長路法堯在公司股票上市推介會上發言

鄭州宇通客車股份有限公司是交通部生產公路客車的專業廠家，也是全國大客車生產骨幹企業。總注册資本7300萬元。經過“七五”、“八五”技術改造，現已形成年產3000輛以上大客車的生產規模，具有完備的生產工藝和獨立設計開發各類客車產品的技術能力，新產品研製開發的速度之快、質量之好，在國内客車行業中居領先地位，已開發和生產的ZK6980型等五大係列四十多個品種的鄭州牌客車遠銷全國二十多個省、市、自治區，市場占有率達10%以上，市場覆蓋率達90%以上。鄭州牌客車被國内貿易部技術開發中心推薦爲中國名牌産品；榮獲全國消費者信得過國産車銀獎；公司被中國企業形像認定委員會認定爲AAA級企業。經過近幾年的快速發展，企業綜閤實力明顯增强，經濟指標連續幾年均居全國同行業前茅。

目前，公司正進行以建設一條年産4000輛高檔客車生産綫和一條年産4000輛客車專用底盤生産綫爲内容的“九五”技術改造。屆時，將形成具有全國一流生産水平的客車生産基地。

董事長：路法堯

公司生產的高級豪華客車

公司生產的豪華卧鋪客車

地址：鄭州市鳳凰路7號　電話：6323177　郵編：450004

南洋船務

海南
南洋船務實業股份有限公司

海南南洋船務實業股份有限公司成立于1992年12月，爲全國交通系統首批挂牌上市的社會公衆公司之一，1994年被國家體改委等部委評定爲“全國最大300家股份制企業”。公司擁有12艘遠洋運輸貨輪，總載重達7.5萬噸，是國內有影響的遠洋船務公司之一，其中化工品船5艘，占全國18艘化工品船運力的40%，爲全國最大的化工品運輸船隊。

公司總凉殺　6581萬元，總資産達10億多元。有高、中、初級船員298名及航運專業高級管理人員30名，擁有10余家全資、控股、参股企業。特别是1996年5月經海南省政府及有關部門批准，海南成功投資有限公司受讓了“南洋船務”法人股，并成爲“南洋船務”的控股公司，公司實行了一系列改革，精簡機構、裁减冗員、資産重組、盤活資金、調整投資結構、大力發展主營業務——航運業等，效益步步提高。

去年以來，公司通過在亞洲金融和航運中心新加坡、香港設立境外子公司，先后利用國外融資及自籌資金，購買3艘現代化的大型化工品船，開闢了海灣航綫和歐美航綫，近日，又與日本川鐵商事株式會社、川鐵鋼材工業株式會社等株式會社簽訂建造2艘8500噸級全無銹鋼化工品船協議，總投資3200萬美元(其中國外融資80%，自籌資金20%)。公司以穩健發展的海運業爲堅實后盾，逐步向多元化拓展，在石化、工業、房地産、貿易等領域均有建樹，其中石化倉儲量達36500立方米。現公司已實現了從成立初期單一經營航運業，向以航運業爲龍頭，多業并舉的多元化、集團化發展。力争在較短的時間裏，將公司建設成爲全國乃至東南亞均有强大影響力的航運公司。

公司執行董事、總裁：陳濤

公司與日本川商集團簽訂了建造2 艘8500噸散裝液體化工品船的協議合同

公司與四川綿陽市工業(企業)集團公司在老城工業開發區組建生産企業

XIAMEN

厦門國貿集團股份有限公司

董事長、總裁：蘇春成

厦門國貿集團股份有限公司創辦于1980年，是集貿易、投資實業、房地産開發、金融期貨爲一體的股份製上市公司。資産總值11億元，員工500多人。

國際貿易是公司傳統强項，92年來連續進齣口額居全國外貿百强之列，93年榮獲“全國十佳齣口創匯企業”稱號。96年進齣口額達27040萬美元，利潤9399萬元。房地産開發是公司的支柱産業之一，獨資興建的國貿大厦高45層，是厦門的十佳建築之一。實業投資近年嚮基礎施建設和高科技項目傾斜，已在港口碼頭、生物工程、紡織、礦産、航空工業、娛樂等領域的成功投資，壯大瞭企業實力。國際貨運、倉儲設備齊全，經營規模不斷擴大。國際勞務正建立起穩固的業務渠道。物業管理、工程裝修、旅游、廣告、商場等新興産業成爲集團公司新的經濟增長點。

公司投資參股厦門市重大基礎設施建設—海滄港口碼頭開發項目

地址：厦門市湖濱南路國貿大厦8-18層
電話：(0592)5161888(20綫)　傳真：(0592)5160280
郵編：361004

國貿集團獨資開發的厦門國貿大厦高45層168米，集貿易、金融、展覽、商場、餐飲等功能于一體，樓高以及設備的先進一流被譽爲福建省第一樓

董事長兼總經理：張小麟

福建省青山紙業股份有限公司

先進的生產綫

福建省青山紙業股份有限公司是以福建省青州造紙廠生產經營的優良經營資產爲主體，與國傢開發投資公司、福建華興信托投資公司于1993年共同發起成立。1997年6月公司公開發行A股8000萬股，并于7月3日在上海證券交易所上市。

公司依托中國南方最大的林區，擁有目前國内單機生產能力最大、運行車速最高、產品質量最優的完整的年產10萬噸紙袋生產綫，是國傢1000傢重點聯係企業。閤作投資建設的年產15萬噸本色漿生產綫項目是國傢八五重點建設工程，目前該工程已投入試生產。公司是福建省支柱產業的龍頭企業，是中國造紙行業目前唯一的特大型企業，也是福建省目前唯一的特大型企業，公司規模的不斷擴大促進瞭公司效益的穩定增長，實現1994年、1995年、1996年三年年均利潤增長率20%，1996年每股税後利潤0.35元，公司各項主要經濟技術指標位居全國同行業前列。

董事長兼總經理：張小麟

公司生產裝置

地址：福建省福州市六一北路216號晋安花園3喜閣 電話：(0591)7588745 傳真：(0591)7588745 郵編：350013

携手共創新紀元

深圳市特力（集團）股份有限公司

公司董事長、法定代錶人：陳宏明

深圳市特力(集團)股份有限公司的前身是深圳市機械工業公司，是成立于1982年的市屬國營企業。1993年4月18日，原公司通過公開募集發行瞭A股和B股股票，同年6月21日特力A、B股同時在深圳證券交易所上市。

公司副董事長、總經理：禹來

1997年4月本集團發起人深圳市投資管理公司將持有本集團72.45%的國有股劃轉給深圳經濟特區發展(集團)公司持有和經營。截止1997年6月30日本集團總股本22028.16萬股，其中國有股15958.8萬股，內部職工股112862股，流通股A股3418.0738萬股，B股2640萬股。現任董事長、法定代錶人陳宏明(現爲特發集團總裁)，副董事長總經理禹來(現爲特發集團副總裁)。

公司以機電產品製造和房地產開發爲主業，兼從事進齣口貿易、物業租賃管理及其他第三産業。本集團所屬工業企業生産的產品約有18個門類，200多個品種，500多種規格。本集團房地產開發始于1984年，已開發瞭市內的水貝、布心、笋崗和寶安境內的平湖、石岩等工業及生活區。本集團成立之初隻有200萬元的注册資本，僅能生產小農機具，經過十多年的艱苦創業，已發展成爲銷售收入4億多元的企業集團。業績最好的1993年銷售收入達4.5億元，實現利潤7116萬元。97年4月特發集團入主本集團成爲本集團的控股公司，本集團可望走齣低穀，重振雄風。

公司辦公大樓

SHENYANG

MACHINE TOOL CO.,LTD.

沈陽機床股份有限公司

公司董事長
總　裁：姚俊喜

公司本部

沈阳机床股份有限公司是中国最大的机床制造商，国家特大型企业，国家百户建立现代企业制度试点企业。公司于1993年4月成立，1996年7月成为上市公司。总资产268335万元，员工12961人。主导产品有数控车床、数控镗铣床、加工中心、数控系统、普通车床和钻、镗机床等共300多个品种上千种规格。公司具有进出口自营权，产品覆盖国内29个省市、自治区，国外80多个国家和地区。

公司实行事业部体制。公司是投资中心，事业部是利润中心和成本中心。公司所属事业部沈阳第一机床厂、中捷友谊厂分别是中国最大的车床、钻镗床制造厂，国家车床、钻镗床两个子行业专业研究所分别设在这两个厂；辽宁精密仪器厂是国家指定的数控系统生产厂。

公司成立以来，加快利用外资、引进国外先进管理和先进技术的步伐。1995年1月公司与世界银行正式签订了1.21亿美元的贷款协定：通过国际招标方式聘请国际管理咨询机构—英国奈特公司为公司设计了规范化的管理系统，并聘请实力雄厚的美国EDS公司帮助组织实施；聘请德国BRRA公司实施技术咨询，培养设计骨干，提高产品开发能力。“九・五”期间我们通过利用世界银行贷款进行大规模的改革、改组与改造，转变机制，实行专业化生产，公司的数控机床产量将占中国数控机床总产量的15—20%。公司的发展目标是于下个世纪初成为中国重要的数控机床生产制造基地，跻身世界知名公司，进入世界机床20强。

沈阳机床
SMTCL

地址：中國沈陽市沈河區西順城街247號
電話：(024)4849369
傳真：(024)4855907
郵編：110011

丹東化學纖維股份有限公司

公司1996年底總股份19500萬股，其中發起人法人股10125萬股，社會法人股675萬股，公衆股A股6000萬股。主要股東有丹東化學纖維(集團)有限責任公司、丹東國際信托投資公司、遼陽石油化纖公司、中行大連國際信托咨詢公司等。

公司業務範圍是化學纖維制造、化纖技術咨詢與服務。公司主要產品有粘膠短纖維、粘膠長絲、滌綸短纖維、滌綸長絲四大系列，年生産能力6萬噸。1996年主營業務收入67792.4萬元，净利潤3672.2萬元，資産總額60322萬元。公司1996年度每股收益0.27元，每股净資産1.80元，净資産收益率15.14%，股東權益比率40.22%，每股派發現金紅利0.12元。

法人代表：安福江，男，現年58歲，大學學歷，高級工程師，現任公司董事長兼總經理。1964年畢業于北京化纖學院，曾任丹東化纖廠技術員、車間主任、副廠長、丹東化纖公司副總經理、總經理，曾獲全國勞模稱號，全國“五一”勞動獎章獲得者。獲1995年度半月談思想政治工作創新獎特等獎，遼寧省八届人大代表，遼寧省企業家協會副理事長，兼任中國化纖工業協會副理事長等職務。

公司粘膠長絲廠加工工序

不夜化纖城

董事長兼總經理：安福江

地址：遼寧省丹東市振興區纖維街58號
電話：(0415)6193718 郵編：118002

海南華凱實業股份有限公司

董事長：李海

總經理：黃貴恒

海南華凱實業股份有限公司是經海南省股份制試點領導小組批准，
由深圳建築材料工業集團公司、海南省農墾開發公司、交通銀行深圳分行共同發起，
于1992年12月將原海口華凱實業開發公司改組而成的規範化股份制企業。
公司股本總額爲1.92億股，其中法人股1.63億股。
由公司全資、控股的主要企業有：
海口華凱物業旅業發展公司、海口凱麗賓館、海安金凱房地產開發公司、海南華凱貿易有限公司、海口華凱長深石場、海南華龍健身中心、海南美凱利衛浴工業發展有限公司、成都康樂旅游出租汽車公司、華凱長沙分公司、深圳龍崗華凱實業有限公司。
近幾年，公司形成在房地産業、工業、貿易、物業、賓館、旅游業等領域多元化經營的格局。
1993年2月23日，
“華凱法人股”繼珠海恒通、廣西玉柴、成都蜀都之后第四家在全國證券交易自動報價系統(STAQ系統)上市，
開創了海南企業法人股公開上市的先河。
1994年，公司被海南省建設廳評定爲“海南省房地産開發30强企業”。
目前，華凱公司在新的經營班子帶領下又步入了第二個創業時期，
在成都開發礦産、森林資源，在長沙、深圳、湛江等地搞綜合小區開發等新的企業發展藍圖已初步形成。
董事長：李海，總經理：黃貴恒

地址：海南省海口市濱海大道23號華凱大厦三樓 電話：(0898)6229752 6212880-2308傳真：(0898)6229755

深圳華强實業股份有限公司

深圳華强實業股份有限公司系由深圳華强集團有限公司之前身深圳華强電子工業總公司作爲發起人，
以其在屬下七家企業的投資權益作爲發起資本，
采用定向募集方式設立的股份有限公司。
公司及其屬下企業主要從事彩電、音響、收録機、録等家電産品及計算機軟硬件及網絡工程、無繩電話、品等産品的生産、銷售和代理業務，
以及物業開發與管理業務。
公司1996年主營業務收入1019756367.31元，
净利70487033.10元，
總資産709170179.09元，
每股收益1.14元。
公司將以激光頭及系列産品爲龍頭，
爲發展我國的民族工業做出自己應有的貢獻。

公司總部所在地：
深圳市深南中路華强路口華强集團總部二層
通訊地址：
深圳市深南中路華强路口深圳華强實業股份有限公司
電話：(0755)3365354
傳真：(0755)3368414 郵編：518043

● 公司董事長、總經理：張錦墻

实力再现

成都華成股份有限公司是經國家建設部資審的房地産開發一級企業。公司創建于1985年，1994年經成都市體制改革委員會批准，由成都市華成房地産建設開發公司改組，與成都市建築工程總公司、成都市華成建築工程公司以募集方式設立。公司承建了埃及亞歷山大6000套住宅、埃及開羅3000套軍官住宅、索馬裏摩加迪沙海港現代化工程、阿聯酋國王别墅等海外工程，纍計産值達6000萬美元，爲國家和公司赢得了聲譽。

開發了四川省烟草公司、成都綿陽賓館、中國有色金屬總公司西南辦事處、市建行四支行、成都出國人員培訓中心等綜合樓。馬家花園、祥和裏、武侯、廣東惠州市上板塘住宅小區以及正在開發建設中的成都小天小區，施竣工面積近100萬平方米。爲美化市容，改善城市居民居住條件做出應有的貢獻。

總經理米家鋒先生在釣魚臺會場

1994年，公司被國家建設部、國家統計局評選爲首届中國房地産開發綜合效益百强企業，公司還被評爲四川省、成都市房地産開發綜合效益百强企業，被市工商行政管理局授予"重合同、守信譽"企業稱號，建設銀行成都市分行評定爲AAA特級信用企業，是成都市首獲"市級文明單位"榮譽稱號的房地産開發企業。

成都華成股份有限公司

董事長：聶憲民
執行董事、總經理：米家鋒

地址：成都市紅星中路二段76號 電話：(028)6759865 郵編：610016 傳真：(028)6619236

綿陽新華内燃機股份有限公司

法人代表、董事長：黎建功

四川綿陽新華内燃機股份有限公司是機械工業部定點研制、生産内燃機的專業公司，國有大型企業，國務院委托中國人民銀行和國家經貿委重點聯系千户企業之一。公司占地45公頃，現有職工1800余人，擁有從德國、日本、美國等引進關鍵設備的近30條流水生産綫，固定資産2億多元。主導産品有"劍門"牌491Q、486Q、491Q-E、486Q-1、3RZ系列汽油機、"劍門"牌S195、S1100、ZH1105、ZH1110、R175系列柴油機等。其中JM491Q型汽油機、S1100型柴油機雙雙榮獲94年四川省名優特新産品博覽會金獎，S1100型柴油機獲部優。1996年，"劍門"牌柴油機榮獲"全國十大市場暢銷名牌産品"稱號；1997年，"劍門"牌汽油機榮獲"中國市場名牌汽車發動機十佳"稱號。産品行銷全國以及新加坡、馬來西亞等13個國家和地區。

新華公司在管理與科技上加大投入，深化改革，已達到年産柴油機20萬臺，汽油機3萬臺生産能力。"八·五"期間，公司實現産值、銷售收入、利税分别以平均59.7%、58.7%、115%的速度遞增，資産净值增長6.4倍。公司先后躋身全國大型工業企業普機制造經營規模100强、四川普機制造經營規模10强企業。公司被評爲四川省優秀企業，公司黨委被中组部命名爲"全國優秀基層黨組織"、錦陽市委、市政府授予公司"最佳文明單位"稱號。

主導産品之一——
劍門牌JM491Q(4Y)型汽油機

法人代表、董事長：黎建功
地址：四川省綿陽市綿興路中段114號
電話：(0816)2362752 傳真：2364007
郵編：621000 電挂：5478

湖北車橋股份有限公司

湖北車橋股份有限公司是國家定點生産各類汽車前后橋總成、汽車齒輪、鋼板彈簧、汽車改裝車和農用運輸車的專業化企業，系中國汽車配件工貿集團、東風汽車集團成員單位，屬機械部、湖北省機械行業重點骨干企業，是我國汽車車橋行業首家上市公司。公司下轄9家專業化企業，占地面積達45萬平方米，擁有固定資産5億元。公司共有員工3000余人，具有年産各類汽車前后橋總成10萬臺，汽車齒輪350萬件，主、從動螺旋錐齒輪18萬套，鋼板彈簧3000噸，農用運輸車1.5萬輛和汽車改裝車5000輛的生産能力。1995年公司效益排名湖北省機械行業前10名，榮獲中國機械工業優秀企業稱號，并擠身于中國交通制造業500强，1996年，公司完成工業總産值2.8億元，銷售收入2.5億元，創利稅3800萬元。同年經國家統計局統計，公司生産的汽車驅動橋齒輪産量、産值和利稅總額在全國同行業中分居第三名、第五名和第三名。

董事長兼總經理：郭桂華

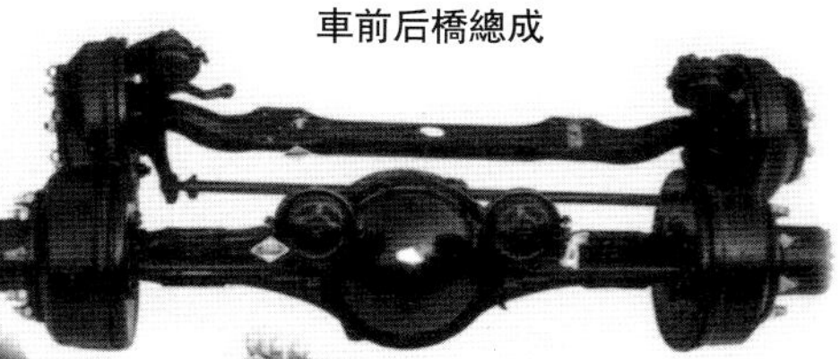

公司生産的汽車前后橋總成

公司生産的各種型號的汽車

地址：湖北省公安縣城關荆江大道178號
電話：(0716)5225925 5234203
傳真：(0716)5225925 郵編：434300

江蘇宏源紡機股份有限公司

江蘇宏源紡機股份有限公司是江蘇省最大的紡機制造企業，國家高新技術企業。宏源總部位于風景秀麗的太湖之濱—江蘇省無錫市。1956年開始爲紡織業服務，經過四十多年的發展，已經邁上了産品産業多元化，經營貿易國標化，生産規模集約化、企業管理現代化的發展道路。

公司現有職工2430人，總資産6億元，下設26個(子)公司(廠)，5個合資企業及1個境外企業，形成了化纖機械、棉紡機械、毛紡機械、印染機械、針織機械等五大類整機産品，同時生産經營紡織電機、紡織專件、紡織器材、滌綸長絲等産品。FK6系列高速彈力絲機、ASFA系列棉紡粗紗機、ASKV系列倍捻機是國家級高新技術産品，中國紡織總會推薦産品。在“八五”期間，實現銷售收入10.7億元，年遞增38%；利潤1.5億元，年遞增32%；利稅總額2.3億元，年遞增36%，率先實現了翻三番的目標。增幅列中國紡機行業之首。

宏源公司將進一步全方位開拓，多元化發展，走上“起點高、速度快、超常規、效益好”的良性循環軌道，到本世紀末努力建成具有相當規模和綜合實力的跨國經營的大型集團企業。

董事長：王峙柯，總經理：温元圻

地址：江蘇無錫大王基梁溪路11號 電話：(0510)5804827
電挂：4791 傳真：(0510)5807923 郵編：214062

管理現代化的宏源公司

山東蓬印股份有限公司

法人代表：蓋其東

山東蓬印股份有限公司前身爲蓬萊印刷廠，成立于1958年，是全國書刊定點印刷企業。公司于1992年8月完成股份制改制，1996年12月20日被批准在山東省企業産權交易所挂牌交易。截至1996年底，公司總股本爲3500萬股，其中發起法人股1400萬股，社會公衆股2100萬股。

公司改制后，通過兼并聯合，加强資本運營，已發展成爲印刷、機械、電子、證券、房地産、商貿、石油化工、汽車等多種産業于一體的大型綜合企業集團。公司擁有大中型企業8家：蓬達汽車氣門有限公司、蓬達汽車改裝股份有限公司、中英合資蓬達蓋樂印刷設備工程有限公司、蓬達房地産開發有限公司、蓬達小商品批發市場、蓬達華星印刷有限公司、萊陽蓬達新華印刷有限公司、萊州蓬達電子有限公司。另下轄經營公司10家。截至1997年上半年公司占地面積16萬平方米，員工2200人，總資産3億元，净資産1.6億元。預計年末主營業收入1.8億元，净利潤2000萬元。

公司辦公樓外景

地址：山東省蓬萊市鐘樓東路37號　電話：(0535)5641645 5643318　郵編：265600

淄博昌亞股份有限公司

Changya

公司董事長兼總經理：郭匯昌

山東淄博昌亞股份有限公司創立于1992年12月，是在原山東王村造紙機械廠的基礎上改組成立的，1996年，經山東省體改委批准確認，成爲省級規範的股份制企業，公司股票于1997年7月21日在淄博自動報價系統挂牌交易。原山東王村造紙機械廠始建于1966年，是省一輕廳造紙機械定點生産廠家。公司下設三個分廠：山東王村造紙機械廠、淄博昌亞塗布紙廠、淄博昌亞壓力容器廠。公司對下屬分廠實行經營承包責任制，各分廠相對獨立，具有經營自主權。全公司占地面積85000平方米，現有固定資産5000萬元，職工500余人，股本總額1486萬股，1997年預計實現收入7000萬元，利税600萬元。

公司産品已涉及造紙機械、塗布紙、網袋、壓力容器等領域，在國内市場上具有較大影響力，僅塗布紙機一項，在山東各地運轉的30余臺設備中，本公司産品即占了其中的96%。公司研制開發的廢紙脱墨設備獲省科技進步二等奬，使廢紙得到循環使用。1995年度被國家輕工部評爲“造紙機械綜合效益”全國第六名；1996年在區鄉鎮企業入庫税金評比中列全區第二名；連續十年獲市級重合同、守信用企業稱號，連續五年獲省農行“特級信用企業”稱號。

地址：山東省淄博市周村區王村鎮興華路320號
電話：(0533)6680668 傳真：(0533)6680181 郵編：255311

1997

欄目協辦：蔚深证券有限责任公司

THREE

第三編 中國證券市場

190/201

特邀編委：馬 軍 李 彬 李壽山 陳維剛 許維中 吴港平 姚金寬

隨着中國證券市場規模的擴大，
蔚深證券有限責任公司不斷改善基礎設施條件，
裝備精良，爲投資者提供快捷的服務。
圖爲公司營業部優雅的交易室環境。

中国证券市场

中国股票市场

【概况】 1996年中国股票市场是中国证券市场6年发展历程中最重要的一年，沪、深两地市场参与人数及成交金额等市场指标创下了历史最高记录，中国股市告别了长达3年的低迷调整期，展开了一轮以长期上升为主要特征的行情。中国股票市场作为我国证券市场的重要组成部分，始终坚持“法制、监管、自律、规范”八字方针，在市场规模不断扩大的同时，市场参与者的风险意识也得到了加强，这一切均为中国股票市场不断趋于规范奠定了基础。

社会公众股票市场　1996年沪、深两地上市公司总计530家，比1995年剧增207家；沪、深两地流通股本分别达到186.50亿元和158.76亿元，分别比1995年增加43.7%和51.2%。两地投资者总数达2200万人，比1995年末增加970多万人；1996年深市新上市公司102家，上市公司总量扩大到237家，前者占后者比率达43.04%；沪市新上市公司105家，上市公司总量增加到293家，前者占后者比率则达35.84%，沪、深两市全年上市新股占上市公司总量的39.06%。1996年沪、深两市新上市股票数量218只，上市公司股票数量599只，前者为后者的比率为36.39%。1996年沪、深两市新上市A股数量203只，上市A股数量514只，前者为后者的比率为39.49%；1996年沪、深两市新上市公司平均每股净资产2.90元，其中A股为2.93元。1996年沪深两地股票市场(A股、B股)全年累计成交金额213310877万元，其中深市成交额122173564万元，沪市成交额91137313万元，股票市价总值沪、深两地分别为54778131万元和43645735万元，1996年沪市A股全年累计成交金额90191574万元，成交数量106923674717股。股票平均市盈率按12月底收盘价计算，算术平均79.39倍，加权平均31.32倍，其中A股算术平均79.78倍，加权平均32.65倍，30股票算术平均28.96倍，加权平均25.85倍，总换手率全年发行A股171.69%，全年流通A股760.05%。上海证券交易所拥有席位3507席，会员交易股票仅12月就达20253538万元；沪市全年综合指数开盘550.26点，收盘917.01点，最高为12月9日的1247.66点(收盘)，最低为1月22日的516.46点(收盘)，单日股票成交金额最高为12月3日的1927450万元，最低为2月9日的15340万元。1996年深市A股全年累计成交金额120320527万元，股票平均市盈率按12月底收盘价计算为35.42，其中A股38.88。深市成分指数1996年开盘987.08点，收盘3215.83点，最高4522.39点，最低924.34点；深市综合指数1996年开盘112.85点，收盘327.34点。与深市成指具有可比性的30指数1996年开盘2074.92点，收盘2442.43点，最高3128.93点，最低1937.19点。深圳证交所拥有会员542家，进场会员数436家，席位总数1125席。1996年中国股票市场表现出“深强沪弱”的格局。1996年深市全年股票金额达122173564万元，是上一年的12倍，经过三年的熊市，深市在1996年表现出了价值回归的要求；相对而言，沪市1996年的走势显得较为疲弱，使得大量资金流向深市，在大部分时间里随深市亦步亦趋。

1996年中国股票市场繁荣的根本原因是宏观经济的好转。加外沪深两市的管理部门也采取了切实有效的措施来振兴市场，沪市7月1日推出“上证30指数”，9月12日推出改进服务7项新措施，9月24日宣布从10月3日起分别下调股票交易佣金和经手费标准，推广无形席位报盘交易方式。深市推出“第一接受人负责制”、“一条龙服务”等市场至上、服务为本的全方位市场服务体系。

B股市场　1996年沪深两市B股上市公司及股票数量分别为85家和85只，其中沪市B股上市公司42家，上市数量42只，分别比上年增加6家和6只。深市B股上市公司43家，上市数量43只，分别比上年增加9家和9只。1996年末B股流通市价总值341.4766亿元，其中沪市148.6499亿元，深市192.8267亿元；年末平均市盈率沪市14.05倍。1996年B股成交股数6744235914股，其中深市B股成交股数3973797354股，沪市B股成交数2770438560股。1996年成交金额2798776万元，其中深市B股成交1853037万元，年成交金额2798776万元，其中深市B股成交1853037万元，沪市B股成交945739万元。以行业归属看，工业股居多，达57家，商业股5家，地产股6家，公用事业股10家以及综合类股票7家。1996年深市B股市场随着A股的火暴而活跃，沪市则在历年稳步发展的基础上平稳发展。

法人股市场　NET系统概况：1996年度市场累计成交金额6.54亿元，比1995年增加10.68倍。1996年末市值总额为22.94亿元，比1995年度的8.63亿元增加了1.66倍。按12月31日收盘价计算，1996年与1995年的平均市盈率分别为56.48和20.28。1996年度股票的平均换手率为95.71%，1995年为12.42%。截止1996年末，上市交易的公司共有7家，分别是中兴实业、东方实业、清远建北、湛江供销、南海发展、广东广建、广州电力。1996年NET指数在12月13日达到全年度的最高点82.69点，1月12日探底17.79点。全年平均指数为44.23点。1995、1996年度平均每股收益分别为0.11元和0.147元。1996年末平均每股净资产1.13元。全年走势基本上是低开高走。上半年呈盘整状态，进入11月份后，迅速拉高，并伴随量的放出。

STAQ系统概况：STAQ系统1996年度市场累计成交金额达5.791亿元，比1995年度的1.31亿元增长3.42倍。1996年度各上市公司每股税后利润分别为长白计算机股份有限公司0.0097元，华凯实业股份有限公司－0.158元，珠海经济特区恒通置业股份有限公司－0.19元，北京双合盛五星啤酒三环股份有限公司－0.23元，杭州大自然实业股份有限公司0.114元，南京中央商场股份有限公司0.32元，海国投实业股份有限公司0.0001元。STAQ系统1996年以48.5222点开盘，于1月18日探底47.2606点，12月12日达最高点138.1251点，最后报收于96.7592点。全年平均指数为63.6334点，1995年度平均指数为58.3838点。

【证券机构】 1996年证券经营机构摆脱了经营困境，而银证分离为券商间的收购打开了闸门。7月16日万国与申银合并，成为注册资本13亿元、资产规模逾130亿元人民币的国内最大的证券公司，国泰、华夏、南方、海通、君安等证券公司抓住机遇，占据市场一定的份额。1996年度担任新股主承销商和上市推荐人的券商分别为42家和75家，各主承销商和上市推荐人承销和推荐上市新股数量分别为54.53亿股和77.78亿股，各主承销商承销新股所募资金达255.95亿元，承销费用为12.24亿元。国泰证券公司以承销次数27次、推荐次数33次、筹集资金46.96亿元名列新股主承销商、上市推荐人和筹集资金的第一位。中介机构在96年股票市场的表现趋于成熟，队伍也在不断发展壮大。在市场深度分析与行业产业分析上作了许多的工作，为引导上市公司改制、促进直接融资的发展以及培育理性投资者队伍等方面作出了不懈努力。

【法制化建设】 规范管理是1996年中国股票市场的主题。各级证券监管部门贯彻执行"法制、监管、自律、规范"的八字方针，加强证券市场风险控制和教育。1996年中国证监会先后与澳大利亚和英国证券期货监管机构签定了合作备忘录，使与国外证券期货监管机构的合作方达到5家。1月3日，《国务院关于股份有限公司境内上市外资股的规定》发布实行，1月17日中国证监会要求沪深两市按统一格式编制年度报告，2月3日证监会要求严格控制缩股，4月17日证监会要求所有已上市和今后申请上市的公司其全部股份在登记公司统一托管，6月24日开始实施《证券经营机构股票承销业务管理办法》，11月1日发布《关于严禁操纵证券市场行为的通知》，12月14日，宣布对股票交易实行涨跌幅限制并公开信息制度，12月16日人民日报发表了题为《准确认识当前股票市场》的评论员文章。1996年是中国证券市场创建以来发生违规案件最多的一年，上市公司的不规范行为受到了中国证监会的处罚。

（李康）

中国国债市场

【概况】 1996年是中国国债市场发展史上非常重要的一年。按照党中央、国务院确立的"九五"发展目标，1996年中央财政共完成债务总额1967亿元人民币，其中内债1848亿元人民币，外债14亿美元。1996年，由于坚持把适应社会主义市场经济发展需要、建立低成本高效率的国债发行市场作为工作重点，在保证国家财政预算正常运行的前提下，抓住宏观金融环境趋于改善、通货膨胀得到有效控制的有利时机，进行国债发行体制的改革，大力推进国债二级市场建设。与历史上其他年份相比，1996年的国债市场有如下突出特点：1、所有上市国债全部采取市场化招标方式发行，通过市场竞争确定发行价格和利率。2、实现了国债发行从零售市场向批发市场的转变，大大提高了国债发行效率，全年通过批发市场发行所占的比重达到85%。3、实现了国债期限品种的多样化，满足了市场不同投资人的需求。4、通过短期贴现国债的发行，积极配合了中央银行于1996年4月份开展的公开市场操作业务，从而加强了财政政策与货币政策的协调。

【国债发行市场】 上市国债全部招标发行　1996年全年共发行10期国债，分为可上市和不可上市两大类，可上市国债比重占全年发行总额的81%。对于可上市国债，全部引进市场化招标发行机制。全年共有8期、共计1513亿元国债实行了招标发行。这在新中国国债发展史上是一个里程碑式的进步。(1995年8月中国首次试行招标方式发行国债，以缴款期为标的物，这与国际上通行的对价格或收益率的招标相比尚有较大差距)。上市国债采取招标方式发行，能够准确反映价值规律和市场供求关系，克服了过去历年简单地以银行存款利率为确定债券发行条件参照系的不足，使国债发行更加贴近市场，价格定位更加合理，不但提高了国债的发行效率，降低了发行成本，而且调动了承销机构的积极性，保证了国债发行任务的顺利完成。

采用多种招标发行方式　1996年，在国债发行中进行了如下几种改革尝试：1、单一价格招标，又称"荷兰式招标"。参加承销的投标机构的中标价，按所有中标机构的最低中标价确定。在1996年开始几期国债发行中，多采用这种方式。这种方式在债市不旺及投标机构不太熟悉招标方式的情况下，起到了很好的作用。单一价格招标刺激了市场需求，并帮助承销机构逐步掌握了国债投标的技巧，为以后的国债发行和招标方式的改革打下了基础。2、多种价格招标，又称"美国式招标"。参加承销的投标机构的中标价，按各投标机构的各自中标价确定；财政部根据既定的招标数，按照从低到高的原则，逐次募入。多种价格招标方式，更能真实反映投标者对国债市场利率走势的判断以及在不同价位上对国债的需求，使国债利率条件的确定更加接近市场。同时，对于发行体来说，也最大可能地降低了成本。3、缴款期招标和收益率招标。在1996年可上市国债的招标发行中，根据债券的特点和当时的市场条件，进行了其它标的的招标方式的尝试，收到了较好效果。1996年记帐式(一)期至(四)期国债以价格为标的进行招标，首次实现了贴现式国债的发行；无记名(一)期国债采用缴期招标；记名式(五)期和(六)期为中国首次出现的长期附息国债，为了准确厘定发行利率，进行了以收益率为标的的招标。无记名(二)期的招标标的为单利概念的到期收益率。4、在不同标的的招标过程中，设定承销基数和投标区间。根据财政部、中国人民银行、中国证监会《国债一级自营商管理办法》的规定，在国债招标发行中，规定每个承销团成员需要义务性地承销发行额一定比例的基数，比例设定一般为国债发行额的1%。基数的设定，一方面保证了每期国债任务的完成，另一方面通过基数与中标价挂钩，从激励机制上增加了市场需求。随着市场的发展，基数的作用逐渐淡化，在后几期国债的发行中，基数的比例已逐渐降低。另外，在前几期的招标过程中，设定了投标价位区间，作为指导性价位，引导机构正确招标。随着国债市场的发展和投标机构的成长，投标价位区间不断简化，在最后两期国债发行中，取消了区间设定，让承销机构根据市场水平投标，招标结果：3年期无记名国债年利率仅为10.96%；7年期附息记帐式国债年利率仅为8.56%，收到了较好的效果。

大量发行记帐式国债　为了建设现代化国债市场，实现国债的无纸化和交易结算的电脑化，1996年大量发行了记帐式国债。全年共计发行六期、总额1114亿元记帐式国债，占全部国债发行总额的60%。发行记帐式国债，符合国债市场发展的趋势，大大减少了印刷、运输、保管等成本费用，提高了国债的安全性和流通性，方便了交易和结算。

国债发行的市场化改革，带来了良好的效应。首先，大大降低了国债发行成本，这表现在以下几个方面：一是国债一级市场发行利率接近甚至低于回购利率和二级市场收益率；二是在存款利率下降的情况下，国债的发行利率迅速下降，而且下降的幅度高于银行存款利率的下降幅度，1993年到目前银行存款利率平均下降3.46个百分点，而1996年国债的发行利率却比1993年下降了4个百分点。而且由于大量的记帐式国债的发行，降低了费用，同时还缩短了划款期。其次，提高了国债发行的效率，发行时间从半年缩短到二、三天，会议数量从很多推销会议减少到一个承销会议，而且由于全部实行计算机化，大大减少了劳动强度，提高了效率。第三，国债发行逐步走上法制化、规范化轨道，提高了国债信誉，改变了政府形象。第四，实现了国债品种期限多样化，改善了债务偿还结构。第五，配合了中央银行的公开市场操作，促进了证券金融业的改革。

【国债流通市场】 *流通券种更加丰富* 1996年，财政部在国债品种多样化方面迈出了较大的步伐，满足了市场多样化需求。市场上流通的品种有三个月、六个月、一年期、三年期、五年期和十年期券，除了原来发行过的到期一次还本付息实物券和记帐式国债，还首次成功推出了附息国债品种，受到市场欢迎。国债二级市场上流通的券种除了首次出现的10年期和7年期长期附息国债，还首次出现了3个月期短期债。其中，3个月期品种是目前最短的国债，而10年期为目前期限最长的品种。

现券和回购交易空前活跃 1996年全部上市国债实现市场化招标以后，二级市场出现了空前的活跃，同时由于人民银行两次降息，也极大地激起了投资者购买国债的热情。1996年二级市场中国债现货、国债回购成交额180378542万元。国债的收益性、安全性、流动性高的特点得到市场参与者普遍肯定。

机构投资者比重增加 1996年，一些专业银行、商业银行先后成为国债主承商和副主承销商，各大银行承销国债和参与二级市场交易的积极性空前高涨。1996年4月1日起，中央银行以国债为主要工具的公开市场操作开始实施，国债回购成为各专业银行融通资金、调剂头寸最方便、最安全的工具。银行等机构投资者成为二级市场投资主体，对提高国债的流通性起了至关重要的作用。

全国统一的国债登记、托管、结算系统开始建立 近年来国债二级市场发展很快，但在实践中也存在着市场相互分割、较严重的"卖空"、"买空"问题。同时，一个券商要在两个不同的国债交易场所进行国债的买卖，必须要同时成为两个交易场所的会员，在两个不同托管结算系统内运作，成本高，效率低。为了解决这个问题，1996年，中央国债登记结算公司承担了记帐式国债在深沪两交易所交易的跨市场转托管工作，并与人民银行一起较好地完成了无记名国债的券面调运工作，同时，正在抓紧建设全国统一的国债托管结算清算系统。

利用国债市场开始公开市场操作 国债是一种优良资产，信誉度高，流通性好，是各国央行进行公开市场操作的最佳工具。为了配合中央银行的公开市场操作，增加了短期债的发行，陆续推出3月个、6个月国债351.36亿元。短期债的推出，一方面为财政部解决短期资金调度提供了手段，另一方面拓展了中央银行公开市场的容量，丰富了公开市场操作工具，有力地配合了货币政策的实施。 （财政部国债司　陈礼华）

中国企业债券市场

【概况】 *企业债券发行稳步展开* 从1984年开始，社会上出现一些企业自发向社会或内部发行不同形式的有价证券进行集资的活动，到1986年底，发行了地方企业债券100亿元。1987年3月，国务院开始对企业债券进行统一管理，颁布实施了《企业债券管理暂行条例》，主要内容是：限定只有全民所有制企业才可以发债；可以以本企业产品等价偿还本息；企业债券由国家计委与中国人民银行共同管理；企业发行债券的总面额不得大于其自有资产净值；债券用于固定资产投资的，项目必须经过有关部门批准，并纳入计划规模；利率不得高于同期银行存款的40%。同时，为进一步解决当时社会乱集资问题，加强企业债券市场的宏观管理，3月28日，国务院发布了《国务院关于加强股票债券管理的通知》，再次强调：重申全民所有制企业可以发债，机关团体、事业单位、集体所有制以及个人不得发债；发行债券必须在国家发行计划规模内批准，不得突破；严禁用发行企业债券搞计划外投资。当年开始编制了初步的企业债券发行计划，当年安排75亿元发行规模，其中地方项目30亿元，重点建设项目45亿元。地方债券发行计划全部完成，而重点建设项目仅完成75%。1988年，为治理通货膨胀，国家开始治理整顿。为控制固定资产投资规模，没有安排企业债券发行计划。下半年，为了解决企业流动资金困难问题，开始批准发行短期融资券，计划发行50亿元，实际发行30亿元。1988年9月份，配合国家政府机关改革，国家计委在财金司成立证券处，主要负责编制国内证券发行计划，包括企业债券发行计划和股票发行计划，参与证券市场规范化管理，以及有关政策的制定。1989年下半年，国务院批准了12亿元的地方企业债券发行规模和30亿元企业内部债券规模。

1990年，为进一步加强企业债券的计划管理，4月份国家计委与中国人民银行联合制定的企业债券额度审报制度及管理办法规定：企业发行债券必须通过地方计委、人民银行地方分行向国家计委和人民银行总行申报发行额度；国家计委与人民银行编制年度债券发行计划，报国务院批准后下达各地执行；企业债券只限于国家计划内、符合国家产业政策的续建项目，新开工项目不得发债；用于单个固定资产投资项目的债券，技改项目发行总额不得超过总投资的30%，基建项目不得超过20%，并不得超过自筹资金和预算内资金投资之和。1990年，经国务院批准，下达了企业债券发行计划75亿元，地方55亿元，短券20亿元。1990年企业债券市场发展的一个重要特点是：第一次将企业债券发行纳入国民经济和社会发展计划，并将其作为固定资产投资正式来源渠道。1991年，经国务院批准，下达了企业债券发行计划250亿元，其中地方企业债券140亿元。1992年，经国务院批准，下达企业债券发行计划350亿元，其中中央债券170亿元，包括国家投资债券100亿元，国家投资公司债券30亿元，中央企业债券40亿元；地方债券180亿元，包括地方企业债券145亿元，地方投资公司债券15亿元，住宅建设债券10亿元，内部债券10亿元。1992年是我国企业债券市场发展最快的一年。债券品种7个；实际发行量最多；债券发行比较顺利。

企业债券发行规范调整 1993年，经国务院批准，年初下达企业债券发行计划490亿元，其中中央类债券240亿元，包括国家投资债券100亿元，国家投资公司债券70亿元，中央企业债券70亿元；地方类债券250亿元，包括地方企业债券220亿元，地方投资公司债券15亿元，住宅建设债券15亿元。但是，自1992年以来，各种形式的社会集资愈演愈烈，严重冲击了企业债券市场，尤其是国债市场，发行不顺利。4月份，国务院专门规定：国债发行完毕之前，其他债券一律不得发行，企业债券利率不得高于国债利率。另外，资金市场比较混乱，大量银行资金拆借出去，国家重点建设项目资金不能到位。7月，国务院紧急决定，将1993年企业债券发行计划绝大部分转由新增银行贷款解决。当年只有广东几个地区发行了地方企业债券，实际发行20.6亿元。同时，为加强社会集资的管理，规范企业集资行为，1993年3月，国家修订颁布了《企业债券管理条例》。主要特点是：规范了企业集资行为。企业进

行有偿集资活动,必须采取企业债券方式进行;扩大了发债对象,境内具有法人资格的企业都可以发债;进一步加强了计划管理;严格发债企业的规模要求和财务状况,提出三年业绩条件,强调了偿债要求;提出了发行债券要信用评级;企业债券不得用于房地产、股票买卖和期货交易;购买企业债券所得利息必须纳税;取消了以本企业产品等价偿债的做法。1994年,按照《企业债券管理条例》的规定,取消了大部分债券品种,仅安排地方企业债券发行计划规模45亿元,由国家计委下达各地执行,全部完成。

企业债券持续发展　1995年《中共中央关于制定国民经济和社会发展"九五"计划和2010年远景目标的建议》明确指出,要积极稳妥地发展债券融资,为企业债券进一步指明了政策方向。经过多方面的努力,经国务院批准,国家计委编制下达了130亿元企业债券发行计划,其中基建部分80亿元,技改部分50亿元。1996年,我国企业债券继续发展,经国务院批准,下达了250亿元企业债券发行计划,其中基建150亿元,技术改造100亿元。

【东风汽车公司企业债券】　经国家计委和中国人民银行总行批准,东风汽车公司面向社会公开发行1亿元记帐式企业债券,筹集资金用于汽车技术项目改造。债券已经中国诚信评估事务所评定信用等级为AA—,并取得深圳证券交易所上市承诺。债券期限为三年,从1996年12月2日至1999年12月1日,年利率10.5%,担保单位及承销商为中国南方证券有限公司。

【猴王集团公司企业债券】　经湖北省计划委员会和中国人民银行湖北省分行批准,猴王集团公司面向社会公开发行2500万元人民币实物券企业债券,债券期限为3年,从1996年4月22日起计息,年利率15%。债券筹集资金主要用于建设高效节能焊机项目和药芯焊丝项目。债券经中国诚信证券评估有限公司评定信用等级为AA—。债券由湖北汽车集团公司提供全额不可撤销担保,承销商为君安证券有限公司。发行人猴王集团公司是一个拥有54家控股公司的综合型企业集团,1995年底资产总额25.02亿元,净资产10.2亿元。

【吉化集团公司建设债券】　经国家计委和中国人民银行批准,吉化集团公司于1996年1月15日面向社会公开发行8亿元人民币记帐式建设债券,筹集资金全部用于吉化30万吨乙烯工程建设。债券经中国诚信证券评估有限公司评定信用等级AA—,并于1996年12月31日在上海证券交易所上市。债券期限3年,年利率15%。主承销商为吉化集团财务公司,担保人为吉林省油田管理局。发行人吉化集团公司是由吉林化学工业公司先后兼并了吉林省重型机器厂、苏州安利化工厂等26家企业于1992年组建的大型化工企业。截止1996年6月30日,公司资产总额2779878万元,主营业务收入520784万元,净利润13636万元,资产负债率69.76%,净资产收益率1.62%。

【广梅汕铁路建设债券】　经国家计委和中国人民银行批准,广东省广梅汕铁路总公司于1996年1月15日向社会公开发行1.5亿元国家重点建设项目债券,经中国诚信证券评估有限公司评定信用等级为A级。债券期限3年,年利率15%,主承销商为深圳国投证券有限公司,担保人为广州铁路集团公司。发行人广东省广梅汕铁路总公司成立于1988年,主要从事广梅汕铁路及京九铁路广东路段的建设与营运,公司1995年实现利润3336万元。

【浙江尖峰融资债券】　浙江尖峰集团股份有限公司于1996年1月由中国建设银行浙江省信托投资公司代理发行1000万元短期融资债券,用于经营中临时性流动资金周转,期限9个月,年利率13.5%。

【中国石化企业债券】　发行人茂名石油化工公司、辽阳石油化纤公司、天津联合化学有限公司于1995年12月25日至1996年2月9日向社会公开发行38亿元的国家重点建设项目债券。债券经中国诚信证券评估有限公司评定信用等级AA—级。债券期限3年,年利率15%,主承销商为国泰证券有限公司,担保人为中国石油化工总公司。发行人茂名石化公司是直属中国石油化工总公司领导的国家特大型企业,占此次发行额度24亿元,用于茂名30万吨乙烯工程。1994年工业生产总值32.37亿元,实现利税11.1亿元;辽阳石油化纤公司是直属中国石油化工总公司领导的国家特大型企业,占此次发行额度12亿元,用于辽阳20万吨聚酯工程。1994年工业生产总值25.58亿元,实现利税2.74亿元;天津联合化学有限公司是由天津市经济建设投资公司和中国石化总公司合资以建设和经营天津14万吨乙烯为主的化工生产企业,注册资金2.5亿元。

【中国铁路建设债券】　发行人国家铁道部于1995年12月23日至1996年2月2日向社会公开发行15.3亿元。国家重点建设项目债券。债券经中国诚信证券评估有限公司评定信用等级AAA级,债券期限3年,年利率15%,主承销商为华夏证券有限公司,担保人为中国铁路建设基金。发行人国家铁道部是负责全国铁路行业管理和国家铁路的部门管理、部分社会事务管理及全路情运输企业管理,及负责国家铁路建设。截止1994年底铁路行业在编职工340万人,总资产4284亿元,净资产近3000亿元。所筹资金用于焦枝复线、湘黔线复线及电气化、宝成复线等11个国家铁路建设项目。

【华北电力建设债券】　发行人中国华北电力集团公司于1995年12月28日至1996年2月10日向社会公开发行3.5亿元电力建设债券,经中国诚信证券评估有限公司评定信用等级AA级,期限3年,年利率15%,主承销商为中国建设银行信托投资公司,担保人为北京大唐发电股份有限公司。发行人中国华北电力集团公司是以电力热力、电气机械及器材制造为主的特大型联合企业,注册资本96.97亿元。所筹资金全部用于沙岭子发电厂的建设。

【存在的问题】　企业债券到期不能偿付,特别是短期融资券不能及时偿还问题突出。企业债券的发行条件不规范、不统一,利率水平和发行期限有待完善,筹集的资金有的不能专款专用。

（齐远）

上海证券市场

【概况】　1996年,上海证券市场在"法制、监管、自律、规范"八字方针的指导下,监管力度不断加强、市场参与主体自律意识进一步提高,交易所作为市场组织者和一级监管者出台了一系列促进规范化建设的举措,市场的基础建设工作进展顺利,稳步发展成为1996年上海证券市场的主基调。

市场规模　截止到1996年底,上海证券上市公司293家,较上年底增加105家;A、B股合计,上市股票数共计329只,较1995年底猛增109只;包括股票、基金、国债、企业债券在内的所有上市证券数1996年底较1995年底增加116只,达到368只;股票发行总股数则由一年前的4982422万股扩张到6708176万股,其中流通股(包括A股、B股)的增加比例更高,1996年底1842489万股的数字较1995年增加了547495万股。会员经纪商作为证券市场重要的组成部分,随着国家"银证分离"政策的逐步落实，自身的兼并重组也悄然进行着，上海证券交易所1995年底会员公司总数为553家，1996年底下降为524家，会员拥有的席位数也由3610个缩减到3507个，其中本地会员席位数的下降尤为明显。

交易市场　1996年上证综合指数开盘631.55点，摸高1258.69点，探低512.83点，收盘917.02点，较上年年底上升361.73点。1996年下半年推出的上证30指数7月1日以2074.92点开盘，最高上摸3064.24点，年末报收于2475.63点。由于股票市场的持续走强，1996年上海证券市场各类证券交易活跃，成交量大幅增加，上海证券市场总计成交额达270138125万元，其中股票成交91137313万元，基金成交4973845万元，国债现货成交49623771万元，国债回购融资124391600万元，其它债券成交11595万元，A股交易和国债回购交易成为市场交易的重头。经过一年稳步有序的市场扩容，上海股票(A股、B股)市价总值由1995年底的25256553万元上升到1996年底的54778131万元，流通市值从1995年底的5851711万元增加到1996年底的13901612万元。截止1996年底，上海股市非流通股发行总数合计48655687万股。在这些数字的背后，给人留下更为深刻印象的是1996年中国股市摆脱了以往"扩容即下跌"的惯性，在流通股票增加42.28%的同时，上证综指坚挺地较上年上涨了65.14%，这种市场承载能力的大幅度增强在很大程度上得益于大批新入市投资者的参与。随着市场发展水平的不断提高，投资者的素质和认识也在不断趋向成熟，对上市公司业绩和成长潜力的重视使得人们将更多的注意力放在了个股内在价值的挖掘上来，股票素质与市价的关系渐趋合理，崇尚绩优股成为1996年市场追求的主流。利用股票市场通过资本运营进行企业的产权购并日趋活跃，光在上海股市就有近50起70余家公司涉入其中，股票市场促进资源优化配置的基础性功能得以进一步充分发挥。

【规范化建设】　规范化建设是1996年上海证券市场的主旋律，其间上海证交所和上海证券中央登记结算公司推出多项革新、改进措施，推动和促进市场运作的进一步规范。1996年4月10日，上海证券中央登记结算公司推出六项服务措施，即完善查询制度；提供股份、国债和资金的对帐服务；完善市场代理人服务制度，公正、有效、准确地代理股东行使各项权益；试行定点托管，完善中央存管制度；提供资讯传递服务，满足市场参与者对各类证券信息的要求；设立市场服务部，作为登记公司统一对外服务窗口。上海证交所在会员大会后也公布了各主要业务部门的专线联系电话。12月16日经中国证监会同意，上海证交所开始对在该所上市和交易的股票、基金类证券的交易实行价格±10%的涨跌幅限制。与此同时，为保证证券市场"公开、公平、公正"，提高市场透明度，保护投资者利益，上证所决定从12月16日起对A股和基金类证券的交易实行公开信息制度，即对价格日涨跌幅各超过7%的前五个证券公开所涉及的证券交易金额最大的若干家证券营业部或席位的名称及交易金额。在1996年，为了推动上市公司行为的进一步规范化，上海证交所还举办了多期董事会秘书培训班。

【基础设施建设】　上海证券市场自身的基础建设在1996年取得了不少成果。位于浦东新区陆家嘴金融贸易开发区的上海证券大厦在施工进度上获得重大进展，直至年底完成封顶并进入内外装修与设备安装的证券大厦为上海证交所1997年下半年的最终进驻创造十分有利的条件。1996年7月1日，包含30只样本股的上证30指数经过长时期的研究和开发在上海证交所隆重推出，这个以行业代表性、企业规模、公司业绩、地区代表性为选取原则的样本股指数7月1日在上海证交所以2074.92点开出，成为衡量上海A股市场表现的又一个标准化指标。在市场交易规模不断扩张，上证所决定试点无形交易席位，从1996年10月开始着手的这项工作首先在12家试点证券商处获得成功。　（中国证券报社　姚备）

深圳证券市场

【概况】　1996年是深圳证券市场大发展的一年，在市场规模的扩大，规范化建设以及在全国市场中的比重等各个方面均取得了长足的进步，交易市场交投活跃。最重要的是，深圳证券市场在1996年逐步摆脱了区域性证券市场的不利局面，确立了其全国性证券市场的地位。

市场规模迅速扩大　1996年，深圳证券市场规模迅速扩大，无论是从上市公司的家数、上市证券的流通市值、总市值及投资者开户人数等都取得了突破性的进展。截止1996年底，深圳证券市场上市公司237家，1996年新增102家。上市证券数目299只。股票总股本4395428万股，其中A股股本3994794万股，B股股本400634万股。股票市价总值43645735万元，其中A股市值总值41324265万元，B股市值总值2321470万元。深交所会员总数542家。

【交易市场】　1996年，深圳证券市场交易活跃，其中A、B股的日均交易量、总交易量及总成交额等均较1995年大幅增加。1996年深圳证券市场上市证券总成交额139493421万元。其中股票成交额122173564万元。股票(包括A股、B股)成交量142160885066股，其中A股成交量138187087712股。1996年深圳股市出现了大起大落、总体向上的局面。全年247个交易日，深成指从987点上升至3215点，上涨2228点，涨幅为225%，全年最低点924点与最高点4522点相差3598点，高低落差高达389%，股票平均市盈率从9.35倍上升到35.42倍，增长278%。1996年，深股行情的走势大致可分为五个阶段：

1月3日—4月2日反复探底阶段　这一时期，市场对利空、利多因素反应均很激烈，深成指在农历春节前的最后一个交易日登上千点大关，收于1011.23点，从此，深成指再也没有回到千点以下，直到4月2日，收报1009.92点，成指日K线成为一个巨大的园孤底部形态，为1996年上升行情打下了坚实的基础。

4月3日—7月23日稳步上升阶段　这一阶段，大盘稳步盘升，深成指从1009.92点，上升到2648.57点，市场对降息等利好因素反应积极，新入市投资者大幅增加，仅4月份新开户数高达50多万，日成交量不断创出新高，4月9日，深市成交金额历史性的超过沪市，为深市成为1996年度证券主战场揭开了序幕。

7月24日—9月18日中级调整阶段　这一时期，为技术调整阶段，对二次降息等利好的反应不甚积极，大盘的高获利筹码的抛压与日益众多的增量资金的入市达到平稳，深成指最高为9月2日的2787.65点，最低为8月26日的2445.04点，高低落差仅300余点。

9月19日—12月9日暴涨阶段　这一时期，大盘呈现一边倒的局面，股价频创新高，成交量屡创历史天量，深成指从2657.18点，猛涨到4501.91点，个股炒作也达到了顶峰状态，新股吉林化工，三天内股价从8.50元爆炒至25.60元，日均升幅在80%以上，而东北电更是创出单日涨幅超过100%

的记录令人瞠目，投机气份浓厚，博傻心态漫延，市场对新股的追棒几近疯狂，为后面的调整行情埋下了伏笔。

12月10日—12月底价格回落阶段　这一时期，大盘走势出现了暴跌，短短16个交易日深成指净跌1286点，这是对前期暴涨的一种修正，给广大股民上了堂生动的风险教育课，对深市以后的发展具有重大意义。

【规范化管理】　1996年，伴随着股市的发展，证券市场的规范化建设亦取得了长足的发展。在新股发行方面，逐渐摸索出以上网定价方式为主体的新股募集模式，保证了新股发行过程中三公原则的执行。在规范上市公司方面，深交所有步骤地组织上市公司董事会秘书培训工作，建立起一支稳定的、懂得上市公司运作模式的董事会秘书队伍，在比较敏感的上市公司信息披露问题上，也进行了比较系统的规范。在对券商管理上，深交所配合国家有关部门出台的系列规则和管理办法，对严重困扰市场的大户操纵、客户透支等违规行为进行了坚决的整治和打击。（祁力）

北京证券市场

【概况】　北京证券市场是随着改革开放形势发展的需要而产生的，在短短几年时间里，它与全国证券市场同样经历了风风雨雨的考验，并得到了发展、壮大，特别是"八五"期间，在北京市委、市政府的领导下，在市有关部门的支持下，经过证券机构的共同努力，北京地区的证券市场已经初步形成了一定规模。

一级市场蓬勃向上　北京自1993年成功上市了北京天桥股份有限公司、北京天龙股份有限公司的股票，1994年和1996年又公开发行了北人机械股份有限公司、百货大楼、城乡贸易中心、北京旅行车股份有限公司、西单商场股份有限公司、北京中燕探戈羽绒制品股份有限公司、北京燕化高新技术股份有限公司、北京比特股份有限公司股票。截止到1996年底，北京市共拥有上市公司14家，其中在上海上市的公司有8家，在深圳上市的公司有2家，在香港上市的公司有4家（北人集团在两地均挂牌）。10只A股社会公众股股本为48932.2万元，流通市值399078万元，通过证券市场共筹集资金36.5亿元人民币（其中，国内筹资25.6亿元人民币；香港筹资10.9亿元港币）。1995年、1996年共发行企业债券58.9亿元。1996年共8次累计发行国债175.18亿元，比上年增加51.6%，占全国国债市场份额的9.01%。

流通市场十分活跃，营业网点迅速增加　北京证券市场经过几年艰苦、曲折的发展，市场规模不断扩大，有价证券交易量逐年放大。突出表现为1996年二级市场交易火暴。全年各种有价证券交易量总额达5224亿元，占全国市场份额的6.2%。其中，股票交易金额为2945亿元，占市场份额的7%；国债现货交易额为880亿元。占市场份额的9%，其他品种（含金融债券、地方企业债券、大额定期存单、国家投资债券等）交易额1399亿元。

【证券经营机构】　1992年8月北京第一家证券营业部，即北京国际信托投资公司证券部工体营业部成立，从那时起，北京证券营业网点迅速增加，截止1996年底，北京地区拥有证券交易中心1家；证券登记有限公司1家；经批准可经营证券业务的金融机构达56家，87个证券交易营业部，占全国证券机构总数的3.3%。北京市证券从业人员队伍日益发展壮大，全市证券从业人员达3000余人。投资者的队伍迅猛增加，全市开设股票帐户66万个，约占全国总数的3.3%，资金开户数31.36万户，比上年增加14.4万户。

【规范化管理】　增强防范意识，规范管理证券市场，1996年股票市场异常活跃，证券市场已经成为全社会关注的焦点，使得更多的人、大量的资金进入股市，这对于推动北京证券市场的发展将会起到积极作用，同时对于北京的证券机构及其从业人员也是严峻的考验。为了维护首都证券市场稳定、健康发展，北京市证监会对在京的87家营业部提出要求：1.积极更新硬件设备，尽快达到"四个双"（双路供电或备足电源；两个信息源；两种通讯手段或两条以上通信线路；双机热备份），另一方面提出了营业部应付突发事件的建议案。2.建立、完善北京证券监控统计和信息系统，防范经营风险。3.针对目前新入市股民剧增的情况，广泛宣传国家的证券方针、政策以及股票常识，增强股民的心理承受能力，提高股民的素质，正确对待股市风波。北京是全国各大金融机构和全国性公司的所在地，是经济决策和经营决策的中心，要从基础工作抓起，进行规范化管理，大力培育和加速发展证券市场。

（特约审稿：孙家骐，特约编辑：尹军，撰稿：李新）

沈阳证券市场

【概况】　沈阳是东北地区的工业重镇，是东北地区的政治、经济、文化中心城市，也是东北地区金融较发达的地区。沈阳的证券市场作为金融市场的重要组成部分，伴随着改革开放的不断推进已经走过十几年的历程，大体经过试验探索、培育成长和规范发展几个阶段。沈阳证券市场孕育和萌芽始于80年代初期，1983年至1984年，几个得不到技术改造资金的集体企业另辟蹊径，探索内部集资，效果较好，并引起社会各界的重视，大中型企业纷纷效法，先后有46户企业内部筹资近2亿元。这样，企业用发行债券的方式向社会集资已成为企业融资的一条可行途径，沈阳证券市场初露端倪。1985年1月，沈阳房地产公司公开面向社会发行1000万3年期地方企业债券，揭开了沈阳证券发行市场的序幕，随后11户企业经批准面向社会发行债券近4亿元。1986年，沈阳市成为全国首批五个金融体制改革试点城市之一。为了适应债券流通的需要，1986年8月5日，沈阳市信托投资公司开办证券交易业务，此举开创了中国证券交易之先河，引起国内外关注。首批选择了沈阳黎明机械公司和沈阳工业品贸易中心两家企业债券上市。当日买卖债券成交金额2.2万元。沈阳证券市场经过试验探索、规范发展阶段，已形成了一、二级市场联动发展并具有一定规模和水平，在全国大市场中占有一定位置的市场框架体系。

【发行市场】　沈阳证券一级市场的形成是伴随着股份制试点改革的深入而逐步展开的。至1996年底全市股份制企业达2714户，其中股份有限公司48户，总股本达54.27亿元。1988年8月15日，沈阳金杯股份有限公司面向社会发行1亿社会公众股获得成功。经过近几年的发展，到1996年底全市已有14家股份公司的股票先后在沪、深、港交易所和北京STAQ法人股交易系统上市交易，上市总流通A股52650万股，H股25795万股，法人股5519.8股，共募集资金为33.1961亿元，其中发行股票募集了29.0217亿元，配股募集了4.1744亿元。1992年4月至6月，沈阳市先后发行了"万利"等6支基金，共募集2.5亿元。另外从1984年开始沈阳市先后成立定向募集公司53户，共募集内部职工股7.59亿元。截止到1997年6月底，沈阳市通过各种有价证券市场共募集资金达123.09亿元，其中股票（含内部职工股）融资40.59亿元,投资基金2.5亿元,国际资本市场融资5.06亿元,债券(不含国债)80亿元。

【交易市场】 沈阳证券二级市场是伴随一级市场产生、发展壮大的。从沈阳信托投资公司开办第一家证券交易市场至今,经过十年的发展,至1996年底已形成以沈阳交易中心为龙头,证券经营机构发展到46家,经营网点73家。会计师、律师事务所等证券中介服务组织近20家;申银万国、国泰、南方、华厦和海通证券公司等21家异地证券经营机构在沈设立了28家经营网点。截止到97年6月末,全市开户股民达70万户。交易规模和水平也逐年提高。1996年证券交易额达839.7亿元,比上年增长3.9倍。沈阳证券交易中心1992年4月28日成立后,先后有8种投资基金,1种受益债券在中心挂牌交易。1994年3月17日沈阳证券交易中心与上海证券交易所实现双向联网并获得成功,12月19日中心又同深交所单向联网并获成功。到1996年末,会员席位达102个,比上年增长8.5%,交易席位202个,比上年增长27%,开通了21个场外报盘,设立了16个异地代办点,方便了异地股民入市,全年成交额达605亿,为上年的4.62倍。 (宋军)

福建证券市场

【概况】 福建是全国最早公开发行股票的省份之一,从1988年福州水表厂发行股票起,已有股份有限公司95家。截止96年底,全省发行A股总数达24只(含厦门10只),居全国第四位,其中B股1只,累计募集资金约40.82亿元(含配股)。全省投资者开户总数为39.3万余户(其中厦门10万户),全年证券交易额为1030.07亿元,其中股票交易额为509.4亿元(含厦门239.501亿元)。股票交易额中深市成交95.2亿元,沪市成交414.2亿元,分别是95年的53.78倍和2.38倍,均创历史最好水平。基金成交42.1亿元,国债交易量在全国一直排名第一位,通过福建省交易中心成交的金额有864亿元,其中国债回购386.23亿元,比上年增加372亿元。

【证券经营机构】 证券经营机构队伍不断壮大。自1988年福建省第一家证券公司福建省闽发证券公司成立至今,全省已有各类证券经营机构74家,其中证券交易中心1家,证券登记公司1家,证券公司4家,证券分公司与证券交易营业部68家,机构总数占全国2.74%。证券机构从业人员1700余人,证券中介机构也有所发展,全省具有从事证券业务资格的律师事务所19家,会计师事务所4家,资产评估事务所4家。

【规范化管理】 福建省广大证券经营机构与证券中介机构都能遵照国家有关法律、法规开展经营活动,加强内部管理,抓住有利时机,积极壮大实力,提高市场竞争力。禁止透支、操纵市场等违法行为,按照中国证监会的有关规定,加强风险教育,保护投资者利益,上市公司也都能按照《公司法》要求,健全法人治理结构,及时披露信息,开好股东大会,用好募股资金,进行规范运作,为促进福建省证券市场的稳定发展奠定了良好的基础。 (福建省证券委员会办公室　王宏照)

天津证券市场

【概况】 天津是中国最早的金融中心之一,早在解放前,天津就设立了证券交易所,有8家企业的股票上市交易,后来上市企业家数逐渐增多,形成旧中国除上海外的另一金融中心。新中国成立后,为打击投机,于1951年关闭。1992年8月28日,天津证券交易中心成立,上市品种包括基金、国债、内部股、企业债四大类20多个品种,并拥有会员415家,遍布全国28个省、市、自治区,拥有4个交易大厅,信息传输手段在国内处于领先水平。

【证券经营机构】 目前,天津拥有证券经营机构98家,证券从业人员2123人,投资者83万余人。1996年,全市各类证券(不含国债)交易额为663.9亿元。

【规范化管理】 为加强对证券经营机构的管理,天津证管办先后制定了《证券经营机构重大事项报告制度》、《关于证券经营机构安全运营的有关通知》等,并将对全市证券经营机构经营情况实施计算机动态管理。

(特约审稿:李山海,特约编辑:诸葛增辉)

甘肃证券市场

【概况】 甘肃证券市场起步于1992年,当时,白银铜城、兰州民百采用定向募集方式发行了省内第一批股票。1993年,是甘肃证券市场形成和发展的重要一年。这一年,省内第一家以社会募集方式设立的甘肃长风宝安实业股份有限公司股票发行成功并在深交所上市交易;独立的证券管理部门省证券委成立;兰州市信托投资公司武都路证券营业部和甘肃证券公司西津西路证券营业部、静宁路证券营业部相继开业;兰州市信托投资公司作为主承销商第一次介入一级市场业务;天合律师事务所、第二及第三会计师事务所、土地评估事务所相继取得证券从业资格。此外,还先后成立了甘肃证券登记有限公司、甘肃省证券交易中心、甘肃证券研究设计中心、甘肃省企业股份制咨询策划有限公司、兰州证券评估公司等证券服务机构。甘肃证券市场作为一个完整的市场已基本形成。

到1996年底,甘肃上市公司共有6家,总股本43345.11万股。具有各类证券从业资格的机构18家,其中省内证券经营机构4家,外省证券经营分支机构5家,证券交易中心1家,证券清算、登记机构1家,证券投资咨询机构3家,其它服务机构4家。证券营业部17个,股民约12万户,证券交易品种主要是A股及可转让国债、企业债券。

【证券经营机构】 1996年底,甘肃证券经营机构共有9家,其中省内4家,外省分支机构5家。省内4家是甘肃省信托投资公司、兰州市信托投资公司、天水市信托投资公司、白银市信托投资公司。外省机构有甘肃证券有限责任公司,君安证券、华夏证券、国泰证券、蔚深证券在甘营业部。这些证券经营机构1996年交易额246亿元,都为深、沪交易所会员。

甘肃省信托投资公司　公司是省财政厅创办的一家证券兼营机构,具有一级市场主承销资格。1996年共承担证券发行工作4次(其中发行企债券3次),承销总金额29639万元。公司下设证券营业部3个,1996年交易额26.5亿元。

兰州市信托投资公司　公司是由兰州市财政局创办的甘肃省第一家从事证券业务的机构,具有一级市场承销资格,承担了甘肃省第一家上市公司的股票发行工作。公司下设3个证券营业部,1996年交易额80亿元。

天水市信托投资公司　该公司是由天水市财政局创办的证券兼营机构,目前只从事自营或代理证券买卖。公司下设1家证券营业务部,1996年交易额4.2亿元。

白银市信托投资公司　该公司是白银市财政局创办的证券兼营机构,从事自营或代理证券买卖业务。该公司第1家证券营业部已于1997年3月正式营业。

外省证券分支机构　甘肃省内共有外省分支机构5家,其中:甘肃证券有限责任公司是银证脱钩时省人民银行转让给珠海利安公司的，华夏、君安、蔚深在甘营业部也是同时从省工行、省建行、省农行收购。这5家机构1996年交易额135.3亿元(含收购前交易额)。

【规范化管理】 甘肃省证券市场规范化管理，主要从两方面实现：一是行业自律，即加强行业内部管理，按照有关规定和要求规范运作、履行义务，健全和完善内部管理制度；二是部门监管，即省证券委在国务院证券委和中国证监会领导下进行行业监管，督促有关单位、机构履行义务、规范运作。在制度建设方面，着重建立了证券市场信访、举报和投诉制度，发挥社会监督作用，增强市场运行的透明度。在风险教育方面，发挥舆论工具的作用，加强证券市场法律法规和投资风险的宣传报道，引导广大投资者的理性投资意识。此外，加强证管、银行、工商、审计等部门的协作，密切配合，保护合法机构和广大投资者的利益，坚决查处和取缔非法机构和市场欺诈行为。

(特约审稿：马才斌，特约编辑：陈子红、陈泳东)

江西证券市场

【概况】 1996年，国家下达江西省1995年度的11亿元A股发行额度。经过认真的考察、论证、筛选，并报请中国证监会批准，江西省又有华意压缩、宜春工程、东风药业、新华金属、九江化纤等5家企业相继改制、发行股票并上市，共募集资金约6亿元。除华意压缩采取"全额预缴、比例配售、余款即退"的发行方式外，其余4家均采用上网定价方式发行。其中在上交所上市的股票有2家，在深交所上市的有3家。这样，至1996年末，我省上市公司已发展到6家。

【证券经营机构】 随着证券市场的发展，证券经营机构不断扩大，1996年全省证券经营机构及其经营网点扩大到55家，遍及全省11个地市，注册资金11484万元，营业面积3万余平方米，从业人员661人，在交易所(中心)的席位有57个，A股年交易额450亿元，基金交易额13.3亿元。1996年全省新增股民24.43万户(累计35万户)，为前三年开户总数的2.2倍。

中介机构　为适应证券市场发展的需要，一批为证券市场服务的中介机构相继成立。经有关部门审查批准，江西会计师事务所、南昌会计师事务所、江西省律师事务所、江西省涉外律师事务所分别取得从事上市公司资产评估、财务审计、法律的证券业从业资格，江西省国际信托投资公司等证券经营机构取得了证券承销业务的资格。

【规范化管理】 为促进我省证券市场稳定发展，我办始终把规范化管理、风险教育作为头等大事来抓。根据"法制、规范、自律、监管"的方针和"三公"原则，首先抓了证券行业的自律管理，制定并组织实施了"证券从业人员守则"、"自律管理公约"。第二，加强风险宣传教育，编印了风险宣传教育材料，发给各证券经营机构及上市公司。许多证券经营机构以墙报的形式定期刊出风险宣传专栏；股民开户时赠送一本风险宣传教育材料。第三，建立重大事情报告制度。对于证券市场出现的重大问题，证管办要求各证券经营机构及时请示报告，证管办派员及时调查，妥善处理，维护证券市场稳定。第四、加强证券经营机构的内部建设，要求各有关机构认真制订一系列经营管理规章制度，并切实执行。同时，各证券经营机构针对从业人员年纪轻、证券业行业要求高、风险大的特点，大力加强员工的培训。通过培训全面提高员工的思想水平和业务素质。据不完全统计，全年参加上岗培训、专业培训的达520人次。

(江西省证券管理办公室)

安徽证券市场

【概况】 安徽证券市场是从1993年以后逐步发展起来的。在此之前，全省仅有几家证券营业部，少数从事股票代理业务，大部分发行和代理买卖债券。1993年，美菱电器、皖能电力和安徽马钢3只股票的成功发行、上市，有力地促进了安徽证券市场的发展。尤其是安徽马钢A股在省内15个地市同时发行，致使各地市纷纷建立起证券交易营业部，初步形成了全省证券交易网络体系。到1996年底，安徽省拥有证券经营机构3家、证券营业部48家，证券交易中心和证券登记公司各1家，具备从事证券业务资格的会计师事务所2家、律师事务所6家、资产评估事务所1家；证券从业人员2000多人，证券投资者约35万人；上市公司10家，发行、上市各类股票13只，其中A股8只、B股3只、H股2只，募集资金累计近100亿元。1996年，安徽省证券交易额累计达565亿元，其中股票交易537亿元，比上年净增376亿元，增幅达233%。

【证券经营机构】 安徽省国际信托投资公司是上海证券交易所发起会员之一，是取得A股发行承销资格的证券兼营机构。该公司先后担任了皖能电力、古井A股和B股、红星宣纸、铜都铜业等股票的主承销商和上市推荐人。1996年，该公司(含省外证券营业部)股票代理交易额206亿元。证券业务收入10390万元，证券业务利润4498万元。根据中国证券业协会排名，该公司1996年作为新股主承销商和上市推荐人，募集资金总量在全国各券商中位居第12位，在深交所排名居第7位。安徽省证券公司是全省唯一的专营证券公司，下设证券交易营业部19家，是美菱B股、黄山A股和B股、合肥百货、安徽合力的主承销商和上市推荐人，1996年，该公司(含省外证券营业部)股票代理交易额251亿元，证券业务收入为8300万元，实现利润3700万元。安徽省信托投资公司是具备A股主承销资格的证券兼营机构。该公司参加了红星宣纸等股票的承销业务。该公司在合肥、上海等地设有5个证券营业部，1996年代理股票买卖交易额39.8亿元，全年证券业务利润3300万元。除上述证券经营机构及其所属证券营业部外，截至1996年底，安徽还有建、工、中、农四家专业银行所属的证券营业部18家，占全省证券营业部总数的38%。近年来，4家专业银行所属证券营业部发展较快，营运资金、从业人数及证券交易量均占全省总数的三分之一以上，1996年股票代理交易额195亿元，占全省交易总额的36%。

【中介机构】 截至1996年底，安徽省共有具备从事证券业务资格的证券中介机构11家，其中：会计师事务所2家，律师事务所6家，资产评估事务所1家，证券交易中心、证券登记公司各1家。

2家会计师事务所分别是安徽会计师事务所和合肥会计师事务所。安徽会计师事务所是1988年8月经省财政厅批准成立的我省最大的从事证券业务的会计师事务所，也是我省首家同时获得从事证券业务和从事证券业务资产评估资格的会计中介机构。该所承担了皖能电力、古井贡酒、红星宣纸、铜都铜业、济南轻骑等股票发行企业的财务审计工作，从事了国祯能源、合肥百货、丰乐种业等股票发行企业的资产评估业务。合肥会计师事务所隶属合肥市财政局，先后从事了美菱电器、国祯能源、皖通股份等股票发行企业的经营业绩审计工作。

6家律师事务所分别为：安徽安泰律师事务所、安徽天合律师事务所、联合律师事务所、安徽华安律师事务所、马鞍山天问律师事务所、蚌埠律师事务所。其中业务绩较为突出的3家律师事务所为安泰律师事务所、安徽天合律师事务所和联合律师事务所。安徽安泰律师事务所是直属省司法厅的首家综合性法律服务机构，1993年6月获司法部和中国证监会批准从事证券法律业务。该所先后参与了安徽马钢、国祯能源、安徽合力、红星宣纸、铜都铜业等股票发行、上市的法律服务工作。安徽天合律师事务所隶属省司法厅，1994年取得从事证券法律业务资格，先后参与国祯能源、皖能电力、合肥百货等股票发行的法律服务业务。联合律师事务所隶属合肥市司法局。1995年获得从事证券法律业务资格，参与了皖能电力、安徽马钢等股票发行、上市的法律服务业务。

1家资产评估事务所为安徽资产评估事务所，该所1993年6月经安徽省国有资产管理局批准成立，1995年6月获国家国有资产管理局和中国证监会联合确认，具备从事证券业务资格，并成为中国资产评估协会的首批会员单位。该所先后承担了古井贡酒、红星宣纸、黄山旅游3只股票发行企业的资产评估工作。

【证券交易机构】 安徽证券交易中心是省政府批准成立的地方金融中介机构，目前主要开办沪、深证券交易所的联网业务和相关服务工作。1996年底，该中心会员数147家，联网席位105个，其中无形席位35个，1996年全年交易额480亿元，占全省交易额的一半以上，市场规模位居全国各证券交易中心排行榜前十名以内。目前，中心与上交所的高速数据通信网升级到128K，与深交所开通了64KDDN，并建成覆盖全省各地市的证券DDN通信平台。全年共发生清算业务42000多笔，清算资金金额863亿元。

安徽证券登记公司是经中国人民银行安徽省分行批准，于1993年8月正式成立的集证券管理与中介服务于一体的法定证券登记机构。截至1996年底，公司办理上海证券交易所、深圳证券交易所股东帐户约35万户，其中上交所28万户，深交所7万户。分红派息总计人民币约1000万元，查询挂失业务近1000人次。 （特约审稿：凤良志，特约编辑：刘斌）

山西证券市场

【概况】 1996年山西证券市场随着深、沪两市由熊转牛，市场交投呈现繁荣局面。全年各类证券总成交金额达1154.05亿元，占全国比例1.41%。与流通市场的复苏同步，山西省内证券发行市场也得到快速发展，先后有大同水泥、经纬纺机在深交所上市，山西焦化、通宝能源在上交所上市。全省累计已有5家A股发行和上市、1家H股发行和上市。A股总股本达115272万股，流通股本17450万股；发行H股18080万股。股票发行逐步朝能源等基础产业发展，对推动山西能源重化工基地建设具有重大战略意义。

【证券机构】 全省已初步形成市场组织机构和经营机构在内的比较完整的证券结构体系。1996年10月28日山西证券交易中心正式营业，标志着山西拥有自己的集中竞价场所，正逐步向区域性证券市场的重心发展。山西证券交易中心同时为深、沪两交易所的联网中心之一，并积极策划自己的上市品种。是全省的交易中心、清算中心和管理服务中心。其它证券中介机构还有山西证券登记公司等。1996年在央行实行分业经营和分业管理的政策指导下，省内各专业银行属下的证券部分别进行整体转让或脱钩。机构重组后，省内专业证券公司有山西证券公司、大同证券公司等，兼营证券机构有山西省信托投资公司、阳泉信托投资公司等，以上证券机构皆有主承销商资格。截止1996年末，全省各类证券营业部29家，其中上交所会员4家、深交所会员4家、山西证券交易中心会员14家。证券从业人员739人，投资者户数12.39万。

【市场管理】 在市场的快速发展过程中，地方证券管理机构重点加强了市场规范化管理，即：一是加强了市场的宣传力度，通过有力的行政指导工作，发放了大量投资和风险教育品，并督促省内各证券部印制了系统的新股民入市风险教育等手册，强化了省内投资者参与证券市场的风险意识；二是逐步建立了一套行之有效的市场监控体系，加强了对上市公司上市前的辅导工作。证券管理机构可以通过科学系统的监控手段及时了解市场运行状态，采取有效的监控措施；三是出台了一系列有利于地方市场健康发展的地方性法规。

（山西省证管办）

吉林证券市场

【概况】 在邓小平同志建设有中国特色社会主义理论指导下，随着中国经济的改革、开放的不断深入和发展，吉林省证券市场从无到有、从小到大，从不规范到逐步规范，逐步发展壮大。截止1996年末，吉林省共有上市公司18家，其中发行A股股票18只，股本总额为52.2亿元，流通股分21.1亿股，共向社会募集资金29亿元(含配股4亿元)。吉化公司除发行A股外，以H股和美国的ADR(美国存托凭证)形式在香港和美国同时挂牌上市，发行H股9.67亿股，境外募集资金合人民币16亿元。如果加上全省111家定向募集公司设立时向社会法人和内部职工定向募集的60亿元，全省通过股份制改造，企业直接融资共达100多亿元。这18家上市公司从行业分布来看，属工业类12家，商业类3家，其它3家属综合类。

东北华联作为吉林省先期股份制试点单位之一。于1993年8月29日率先上市，为其他工商企业股份制改造提供了必要的经验，随后辽源得亨、吉林轻工、吉林制药、通化东宝、欧亚集团、长百集团等17家企业于1996年年底前陆续上市，使吉林省上市公司数目跃居全国前十位。在18家上市公司中，有国家确定300家重点企业吉林化工、吉林化纤、汽油机；有全国农业第一股吉发集团；百家现代企业制度试点企业之一的长春高新；全国医药行业重点企业吉林敖东等。在上交所，吉发集团、通化东宝双双列入30指数样板股行列。

【证券机构】 吉林省证券机构建设经过几年的努力和实践，由于采取了适合省情的政策和措施，有了长足的发展。全省有证券交易中心1家，证券经营机构37家，注册资本4.5亿元。其中，具有股票承销资格的法人机构5家。全省共有上交所席位76个，深交所席位37个。股票交易营业部35个，营业面积共计3万余平方米。证券从业人员1000人，投资者近25万人。1996年全省共完成股票交易额360亿元，实现利润共计8127万元。可以说在各个方面的共同努力下，吉林省证券市场自1988年以来在建设和运作管理上，收到了较好的成效。

股票交易网点设施建设初具规模　1988年5月，吉林省第一家专营证券业务的非银行金融机构吉林省证券有限责任公司成立。1992年10月公司开办了东北三省第一家上海股票异地委托买卖业务。其后，随着证券市场的发展，各地陆续建立股票交易网点开展股票代理交易业务。全省已有同时经营上海、深圳股票异地买卖业务的营业网点35家，其中有相当一部分网点通过搬迁、改造，改变了过去规模小、交易手段落后的状态，呈现出向高层次、规模化方向发展的趋势。吉林省财政信托公司证券部通过对交易场所进行改造，营业面积由2000平方米增加到3000平方米,大户室的行情显示器由30个增加到50个,存款窗口由3个增加到6个,开户人数由5000多户增加到2万余户。从而一跃成为全省最大的股票大厅。

风险防范得到进一步加强　随着股票市场的不断升温,各营业网点普遍重视了风险防范,积极开展内部宣传教育,完善各种规章制度并采取措施组织落实,严格禁止透支、内部工作人员炒股等违规行为的发生。长春市证券公司为防范风险建立内部监控体系,实行"双线"控制制度,把电脑控制和财务控制结合在一起,控制交易风险。为保证监控措施落到实处,公司设立了稽核部,配合财务部、电脑部工作,形成监控体系;同时认真进行业务自查,把好交易关。

形成了基本适应证券业发展的从业人员队伍　据不完全统计,全省证券从业人员约1000人,其中大多数具有大专以上文凭。公司及各营业部的业务骨干和管理者绝大多数来自于有关专业银行,具有多年从事金融工作的经验,又经过在证券市场上的几年实践,基本上能够适应证券市场发展的需要,能够保证国家和省政府有关证券市场运行和管理的政策和方针落到实处。

交易手段和交易方式技术水平逐步提高　随着证券市场的发展和竞争的加剧,部分证券经营机构开始把注意力放在提高交易手段现代化上,以先进的设备在市场竞争中占据主动。提高交易方式和交易手段现代化水平的主要措施是开办电话委托业务和自助委托业务。已有吉林省证券公司、吉林省财政信托、长春市证券公司、中民信长春营业部等正式开办了电话委托业务和自助委托业务。随着这两项业务的开展,标志着吉林省证券机构在交易方式、服务手段开始上档次、上水平,证券市场正在逐步由有形向无形过渡。

【规范化管理】 吉林省证券市场经过几年的初创阶段后,开始稳步进入规范发展的时期。为防范市场风险,保持社会的稳定,吉林省证管办先后召开了各经营机构总经理座谈会,沟通了情况,提出了问题,布署了措施;成立了以吉林省证管办主任为组长的证券市场稽核领导小组,对长春市的主要经营机构进行了重点清查和抽查;建立股票市场交易火爆时期每日报告制度,对重点营业场所进行连续监测。通过这些工作,保证了全省证券市场运行基本平稳,未因股市的波动而出现较大的问题。吉林省证管办及省证券业协会对全省证券市场进行全面系统的调查、摸底,拟订培训计划,分期分批组织证券、期货从业人员上岗培训。此外,有关部门正在围绕风险防范、行业自律等方面制定保证证券市场依法运作的规章和条例。

(吉林省证管办)

内蒙古证券市场

【概况】 1994年,内蒙古华电股票在沪市首先上网发行,随后,鄂尔多斯羊绒、内蒙宏峰、富龙热力、伊利股份、民族集团、天然碱、兴发股份、黄河化工、包钢稀土等10家名牌企业股票先后上市。筹集国内资金27亿元,区内股票投资者达13万户,股票交易额累计达10亿元。期货经纪公司已达4个,期货交易额累计达300亿元。内蒙古自治区上市的10家公司,有电力、热力、金矿、碱矿、稀土、化工、羊绒制品、乳制品等,都是优势企业和名牌产品。如伊利公司,原有资产总值不足2000万元,1996年1月股票上市后,很快筹集到9689.75万元资金,投资六个新建项目,当年见效,总资产达到1.36亿元。当年就被上海证券交易所选为30指数样本股,其产品打入国际市场。富龙热力公司在深圳证券交易所上网发行1370万股,每股5.88元,筹资达8000多万元。由于先行上市公司的示范和推动作用,许多股份公司纷纷要求上市发行股票;各级领导干部积极培养和发展当地的上市公司;居民的投资意识增强了。1996年底,全区发行各类有价证券11.9亿元,其中,股票1.2亿元,国库券6.4亿元,企业债券4.3亿元。比上年增长8.4倍,股票交易额127亿元,比上年增长5倍。债券及其他19亿元。

【证券期货机构】 证券经营机构、中介机构等服务体系运营良好,促进了证券业的蓬勃发展。全区已建立起10家证券经营机构,从业人员300多人。与证券业发展相配套的审计、评估、律师、咨询等中介组织有30家,其中大部分取得了中国证监会和国家有关部委联合确认的从业资格,这些机构和组织主要集中在呼、包二市。

内蒙古自治区期货业从1994年起,经过清理整顿,截止1997年6月底有五羊、久龙、金宇三家期货经纪公司,在北京、上海、郑州、大连、海南、苏州等12个期货交易所有会员席位,代客户进行期货交易业务,累计期货交易总额达380.22亿元。全区期货从业人员达108人,客户243家。经过几年来的实践,这些人不但对期货的作用有了认识,而且学会了操作,如包头铝厂等企业,就学会了利用期货套期保值的作法。同时,证监会也摸索出了一些监管经验和办法。

【规范化管理】 内蒙古自治区建立健全了自治区证券机构和自律组织,保证了证券业的健康发展。自治区党委和政府于1993年5月4日批准成立了内蒙古自治区证券委员会并下设办公室(代证监会职能)。证券委成立后,从上海借资100万元,较早地筹备了证监会的建立工作。1995年9月自治区党委和政府正式批准成立了内蒙古自治区证券监督管理委员会。证监会成立后,在政府领导下做了大量创造性工作,使自治区的证券、期货业从无到有,从小到大健康地发展起来,被中国证监会确定为全国首批授权行使监管职能的省区证监会之一。

自治区证监会成立后,按照"择优选聘、优中选优"原则,选聘了一批素质较高的管理人才,初步建立起一支精干高效的监管队伍。采取多种形式培养干部,首先集中一个月的时间,学习了有关法律和证券业务知识。其次,采取派出学习、实地考察、工作交流等形式开展合作与交流。再次,经常总结和交流工作经验,不断提高证券监管干部的政治水平和业务水平。与此同时,还加强了对从业人员的培训考核工作。内蒙古自治区监管部门从本地实际出发,制定了一套实施国家有关法律、法规、规章的具体办法,使证券市场走向法制化建设的轨道。同时深入实际,大兴调查研究之风。

(郭威　田硕)

济南证券市场

【概况】 济南市是全国最早向社会发行股票(1984年山东渤海公司公开向社会募股设立股份公司)的少数几个城市之一。适应证券发行和转让的需要,1988年,设立第一家证券经营机构。随着股份制企业的不断发展,上市公司的不断增多,居民金融意识的不断增强,济南市证券市场迅速发育。济南证券市场已发展成为包括股票的发行与交易,国债的发行、交易、回购,地方权证的转让等门类比较齐全、规范有序的证券市场体系。截止1996年底,省内近20家公司利用济南证券市场发行股票,相继在上交所、深交所挂牌上市,筹集资金15亿元;近30家公司参与地方权证交易。1996年,济南市证券市场实现交易额1300亿元,实现利润1.5亿元。

【证券机构】 经过十年发展,济南市现辖区内已有证券交易中心1家,证券公司、证券登记公司各1家,证券营业部16家,其中省级机构7家,外地证券公司在济南设立的经营机构7家,市级机构2家,证券交易大厅面积总计达2万平方米。证券从业人员近5000人。证券交易规模不断扩大,全市证券投资者发展到20多万人,日均交易量在3亿元左右。

【规范化管理】 在证券市场发展过程中,济南市证券监管部门认真履行监管职责,制定了"关于加强证券期货市场监管的意见"等文件,依照国家有关政策、法规和"法制、监管、自律、规范"的方针,坚决查处市场中的违法违规行为,保证证券市场健康发展。各证券经营机构在加强硬件建设的同时,健全各项规章制度,强化内部管理。一是注重员工业务学习和培训,采取办学习班、自学、考试、比赛等形式,提高员工业务素质。二是加强风险教育,建立起相应的约束机制,绝大部分证券经营机构能够依法规范经营,未发生大的业务事故。三是各证券经营机构均制定了较为系统的管理制度,如《证券交易营业部岗位职责》、《财务管理暂行办法》以及劳动考勤、安全保卫制度等,使济南市证券市场逐步走上制度化、规范化的道路。

(特约审稿:孔繁丁,特约编辑:张彬)

大连证券市场

【概况】 1988年5月,中国工商银行大连信托投资股份有限公司证券部正式成立,揭开了大连证券市场建立与发展的序幕。九年过去了,经过有关部门和业内人士的艰苦努力,大连市证券市场已初具规模。

证券发行情况　截止1996年底,大连市共有股份有限公司52家,总股本28.32亿元,其中上市公司11家,分别是大冷股份、大连商场、北大车行、大连热电、大显股份、大连渤海、大连友谊、远洋渔业、辽宁成大、东北热电和瓦轴B股,总股本为132893万元,流通股本为45695万元,筹集资金总额为112061万元。这些上市公司以其优良的业绩和市场表现在沪深股市中颇为引人注目,形成了相对独立的大连板块,其整体走势强劲,其中远洋渔业更以骄人业绩受到投资者追捧和青睐,上市后迅速崛起,于1996年9月入选沪市30指数,成为大连板块的龙头。这些上市公司为大连经济发展筹集了大量资金,对促进经济体制改革、建立现代企业制度和培养壮大投资者队伍、活跃大连证券市场都起到了积极的推动作用。

证券交易情况　截止1996年底,大连全市投资者开户人数已达20万人,比上年同期增加49%,其中沪市投资者6.3万人,深市投资者5.9万人,大连证券交易中心7家上市基金投资者8万人;全年证券交易总额达379亿元,其中股票322亿元,国债52亿元,基金和内部股权证5亿元,均比1995年有大幅增长,大连市民的金融投资意识正在不断提高。

【证券经营机构】 截止1996年底,大连市已有证券经营机构30家,其中证券交易中心1家,证券公司2家,信托投资公司5家,外地证券机构驻大连营业部22家,证券从业人员近1000人,已具备了一定规模。申银万国、南方、华夏、海通、君安、平安、广发、大鹏等全国知名的大券商均在大连设有分支机构。大连证券有限责任公司、大连信托投资公司、大连国际信托投资公司注册资本均达亿元,其中"大证"、"大信"经中国证监会批准,已获得股票发行主承销商资格;"大证"在全国各地设立的营业部已达10家。

【规范化管理】 为加强对上市公司和证券机构的管理,大连市证券管理办公室采取有力措施,加强了对证券市场的规范化管理工作。1996年3月又首批获得中国证监会授权。在加强证券市场建设中,先后建立健全了上市公司档案,执行了列席上市公司股东大会制度、规范上市公司行为;与大连市统计局、人民银行制定了大连市证券交易统计月报表、年报表,对证券经营机构实施动态监管和重点稽查;积极筹建大连证券业协会,加强行业自律性管理;成功地举办了"中国资本市场国际研讨会"、"海外上市研讨会",在国内外产生了良好影响。

(特约审稿:孙福信,特约编辑:张继东)

香港股票市场

【概况】 1996年,香港股市表现极为突出,在美国股市升势凌厉,香港物业市场畅旺,以及中国内地经济继续保持增长等多项有利因素的支持下,港股恒生指数不断走强,特别是在年末四次明显上扬,并达到历史高峰。到1996年底,香港股市市价总值34759.65亿港元(约4456.37亿美元),比1995年增长48%。

【发行市场】 股票市场的活跃吸引许多公司在香港联交所挂牌。1996年内,共有49家新公司上市,比1995年的26只大大增加;新上市证券为417只,而1995年仅179只。1996年新股上市的集资金额达到312亿港元,相当于1995年76亿港元的4倍。到1996年底,香港联交所上市公司共有583家,上市证券1272只,其中股份594只,认股权证375只,基金47只,债券256只。为了适应不断增加的基建项目融资需求,年内联交所就基建项目公司上市要求提出了更加具体的指引,包括在申请人符合特定条件后,可获豁免一般要求的三年盈利业绩记录。

【交易市场】 1996年1月2日,港股开出红盘,恒生指数冲上10204.87点,2月中旬恒指达到这一波升浪的顶峰11595点。但3月11日,恒指下跌7.31%,出现港股自1992年12月3日以来的最大单日跌幅。此后直至8月底,恒指缓步抬高,但波动区间不大。9月中旬以后,股市掀起又一波升浪,恒生指数连创新高,成交明显放大,至11月27日,恒生指数升至年内最高点,也是历史新高13530.95点,年终恒指以13451.45点封关,全年涨幅为33.5%。1996年港股平均每日成交金额为56.72亿港元,比1995年增长70%;平均每日成交股数为23.58亿股。年内各分类指数中以地产股表现最佳,上升58%,金融及工业类均上升39%,综合企业升33%,酒店类升27%,公用事业类为2%。

1996年,联交所继续完善交易设施,1月份在会员办公室安装了离场交易终端机,使会员的交易能力和经营效率大为提高。到年底,有将近一半的市场成交经过这种离场网络达到。

【H股市场】 1996年共有6家中国注册的H股公司在联交所挂牌上市,它们是经纬纺机、熊猫电子、广深铁路、科龙电器、皖通高速公路和新华制药6家公司共集资68亿港元。截止1996年12月底,已在香港联交所上市H股的公司共有23家,它们分别是北人印刷、东方电机、广船国际、吉林化工、经纬机械、昆明机床、洛阳玻璃、马钢股份、熊猫电子、东北输变电、上海石化、渤海化工、青岛啤酒、仪征化纤、镇海炼油、皖通高速、海兴轮船、庆铃汽车、哈尔滨动力、广深铁路、广东科龙电器、成都电缆、新华制药。H股的平均市盈率(按1996年12月31日计)为31.50倍,低于内地股市的平均市盈率,高于香港股市的平均市盈率。H股的平均每股收益为0.19元人民币。H股企业在行业分布上以机械、化工、交通为主。

H股市场1996年经历了大起大落，年初恒生中国企业指数随大市强劲攀升，由750余点上升至2月中旬的945点。但在年历新年后，H股持续走低，7月31日达到年内低点757点，此后，H股在770—870点之间上下徘徊，进入11月份后，H股指数迅速飙升，11月12日达到年内高点984.45点，年终国企指数以980.55点收盘，全年涨幅为30%。到1996年底，所有H股公司的市价总值为315.3亿港元，占港股总市值的0.91%。香港联交所在年内完成对H股公司业绩报告的检讨，认为H股公司公布的财务报表是令人满意的，有关公司在遵守条例上持续地达到了高水平，其财务披露的透明度也有所提高。

【股票期权】 香港联交所于1995年9月推出的股票期权市场在1996年获得继续发展，全年共推出合和实业、新世界发展、九龙仓及恒生银行4只新期权类别，使期权类别总数增至13只。这13只相关股票占香港股市总市值的52%。1996年平均每日成交股票期权合约约5100张，年底未平仓合约50981张。96年12月9日，联交所降低了股票期权的交易收费，非期权庄家所需缴付的交易收费由每张合约5港元降为1港元，期权庄家如能完全履行其义务，则应征费用由每张1.5港元减为0.8港元。

【大事记】 1996年1月2日，香港结算新设的中央存管处正式启用。1月25日，证券交易开始可经自动对盘系统的离场终端机进行，到年底，作交易用的离场交易终端机总数达515部。3月25日，香港联交所新修订的股份卖空制度生效，可卖空证券数目由17只增至113只，同时，取消"卖空价规则"，允许卖空交易在价格上升或下跌时均可进行。6月，香港联交所成立新市场发展小组，探讨可行的新投资产品，有关研究建议联交所积极考虑以地区证券为基础的衍生认股权证和可转换债券。由香港联交所、香港证监会、香港中央结算有限公司及股份过户及登记处联合组成的工作小组，就精简上市公司与持中央结算存放股票的非注册股东之间的公司文件发放提出建议。8月5日，香港联交所宣布修订《证券上市规则》，简化衍生认股权证上市申请，取消对相关股票市值的限制，但要求发行人披露更多资料。香港联交所在年内还就市场引入庄家制度进行咨询，但因业内人士反应分歧较大，香港联交所决定暂时不对现行股票交易制度作出重大修政。（朱长征）

台湾股票市场

【概况】 1996年，台湾经济复苏迟缓，房地产业持续低迷。股票市场走出先抑后扬的行情，无论是集中市场(指交易所)，还是店头市场，都有不小的升幅。上市公司市值明显膨胀，入市者十余倍地增加，激起股市的一场"全民运动"。至1996年底，台湾证券交易所共有上市公司382家，比95年增加35家；上市公司资本总额16116亿元；总市值73225亿元，比95年增加22141亿元，增幅达43.3%；96年成交总额为131350亿元。集中市场开户人数达363.45万人。店头市场1996年初门可罗雀，但至年尾成交火爆，各项指标均大幅增长：上柜公司由1995年的41家增至79家；股票总市值由2457亿元翻升到8334亿元；开户人数由45668人激增到812484人，增长16倍多；上柜公司总成交额由1995年的27.96亿元增加到4537.5亿元，增幅达161倍。

【交易市场】 1996年初，台湾股市虽开出红盘，即时运不济，1月4日，复征证券交易所得税再度被立法机构摆上台面并予通过，次日股市即暴跌346点，一天之内市值损失3400亿元(新台币，下同)。此议案最后在一片抗议声中夭折。随后，海峡两岸关系紧张，岛内人心不稳，台币走软，股市不振。3月12日，台北加权股价指数跌至年内低点4692.4点。为了支持股市，台有关当局推出了春节前便筹划的2000亿元"股市稳定基金"。加权指数在盘中低点4672点止住跌势。

第二季度，摩根士丹利投资银行宣布将把台湾70多种股票纳入其新兴市场自由指数，掀起一股旋风，股市随之而起。到第三季度，加权指数上升到6624点；店头市场OTC指数也由一季度的99点升至189点。

进入第四季度，由于银行利率低企，股市资金泛滥，单日成交突破了千亿元大关，集中市场和店头市场均创下年内指数新高点。加权指数一度突破7000点大关，摸至7084点，最后报6982.81点。年底加权指数封关于6933.94点，比1995年上涨34.02%。店头市场OTC指数也攻克200点关口，达到234.83点新纪录，年终收盘于233.09点，全年涨幅达128.6%。

【大事记】 1996年2月，台有关当局推出五项振兴经济和激励股市的措施，其中包括成立2000亿元的"股市稳定基金"，由当地银行、保险公司、当局劳保基金、劳退基金和邮政储蓄银行共同出资。台金融当局进一步开放外资投资台湾股市资格，全体外资持股比例上限由15%提高到20%，境外自然人和法人投资限额分别为500万美元和2000美元。3月，海峡两岸关系紧张，为协助岛内营造大选气氛，"股市稳定基金"数次入场支持股价。9月，台金融当局宣布调高外资投入台湾股市比例，全体外资投资单一个股比例由20%提高到25%，单一外资投资单一个股比例从7.5%提高到10%。10月，台允许控股公司在台上市。自10月28日起，台开放海峡两岸证券及期货业往来，允许台湾证券、期货公司直接与祖国大陆的法人、团体或其他机构从事直接的特定业务往来。（朱长征）

淄博張店東方化學股份有限公司

淄博張店東方化學股份有限公司（原淄博市張店東方化學廠）位于淄博火車站東貨場南，309國道與東四路交接處，交通便利，廠區面積2萬余平方米，有近二十年化工生產歷史，技術力量雄厚，工藝設備先進，檢測手段完備，產品質量可靠，深受國內外用户青睞。

主要產品聚丙烯（5000噸／年）；丙烯酰胺（液體5000噸／年，固體3000噸／年）；聚丙烯胺干粉（400噸／年）；三聚氯氰（1000噸／年）；固體丙烯酰胺獲得省優秀新產品二等獎和科技進步三等獎，三聚氯氰獲得『省級星火計劃』項目三等獎，并出口印度、韓國、臺灣等國家和地區。

地址：山東省淄博火車站東貨場南
電話：(0533)2081515
郵編：255071

董事長、總經理：王寶慶

淄博華信化工股份有限公司

淄博華信化工股份有限公司是全國生產碳酸鈣行業規模最大的生產廠家，并于1992年改制爲淄博市首批規範化股份制企業，最早生產于1943年，悠久的生產歷史，先進的工藝設備及嚴格的管理模式，提供優質的“華”牌碳酸鈣系列產品。公司現有員工800人，其中專業技術人員67人，高級工程師9人，年生產能力10萬噸，居國內碳酸鈣行業首位，質量穩定可靠，輕質碳酸鈣產品獲化學工業部優質產品稱號。

主導產品有：輕質碳酸鈣、活性碳酸鈣、超細碳酸鈣、食品級輕質碳酸鈣、超細(活性)碳酸鈣、合成水合滑石等。廣泛應用于橡膠、塑料、油漆、塗料、電綫電纜、食品等行業，產品暢銷全國28個省、市、自治區，遠銷巴基斯坦、新加坡、泰國、南韓、日本、香港等國家和地區。

公司董事長：張元榮
地址：山東淄博張店區湖田鎮
電話：(0533)2010954
2011028
郵編：255075
電掛：6334

公司生產的優質產品

團結拼搏求實進取

山西焦化股份有限公司

山西焦化股份有限公司是經山西省政府批准，由山西焦化集團有限公司獨家發起募集設立的上市公司。總股本爲15600萬股，其中國有法人股10600萬股，社會公衆股5000萬股。

公司以煤爲原料，通過機械煉焦并利用焦爐煤氣副産20余種化工産品。現有年産60萬噸焦炭、3萬噸焦油加工、8000噸粗苯加工、8600噸硫酸銨等四套主要生産裝置。占地141730平方米，職工2600余人，總資産4.50億元，股東權益2.36億元，1996年實現銷售收入2.73億元。

公司始終奉行質量第一的宗旨，從選煤、堆煤、取煤、配煤、煉焦、制成、計量、包裝、倉儲、發運等環節，都進行嚴格的分析化驗和質量控制。主導産品飛虹牌冶金焦各項主要質量指標均達國際標准，被評爲山西省名牌産品和中華國産精品。1997年3月飛虹牌被山西省工商行政管理局授予山西省著名商標稱號。公司始終堅持“嚴、精、實、恒”的工作方針，創造并推行“全方位管理一體化考核法”，獲“全國現代化管理成果二等獎”，是化學工業部和山西省的樣板企業，先后獲得全國現場管理先進企業、全國化工優秀企業、全國化工百强企業、全國化工“八五”環境保護先進企業等榮譽稱號。公司目前正致力于年産90萬噸焦炭的焦爐易地改造項目，建成投産后將形成年産150萬噸焦炭的綜合生産能力。

公司優質産品

公司生産總調度室

生産區全景

重慶太極實業股份有限公司

經營範圍:

- **主　營 :**

　　　　中成藥、西藥 、保健用品、醫療包裝制品、醫療器械産銷及原料藥、中藥材、藥用包裝進出口業務。

- **兼　營 :**

　　　　榨菜、泡菜及保健品食品生產，銷售，中草藥種植，印刷及包裝制品生産，餐飲，旅館，運輸業。

- **主要産品:**

　　　　急支糖漿、急支顆粒、藿香正氣口服液、兒康寧、太極通天液、雙苓止瀉口服液、補腎防喘片、益氣復脉顆粒、産泰。

　　重慶太極實業股份有限公司將通過高效的資本運作，以創建大公司、大集團爲發展方向，構築太極醫藥工業園；同時，實行多種經營，以主導産業帶動其他産業的發展。

公司地址：重庆·涪陵市建设路68号

电话：（0810）2229072　　邮编：408000

1997

中國證券業年鑒

FOUR

第四編　中國期貨市場

206/219

特邀編委：王舜夫　劉崇喜　揚 宏　杜海燕　郭智勇　梁 昕　蔣重模

中國期貨市場在發展中規範，在規範中發展，
逐步成爲社會主義市場經濟的重要組成部分。
圖爲蘇州商品交易所大型交易廳。

中国期货市场

中国期货市场

【概况】 与以往几年人气旺盛、发展迅猛的势头相比，中国期货市场在1996年确实经历了一个很大的转折。国家从不同角度、不同层次加强了对期货市场的监管力度，进一步扼制了过度投机。1996年的期市进入大调整期。1996年中国14家试点期货交易所中，绝大多数交易所的交易量有较大幅度的下降，全国期市全年累计成交34355.48万张合约，日均成匀137.42万张合约，全年总成交金额为84118.05亿元，日均成交额为336.47亿元，比1995年成交额101269.29亿元下降了17%。被批准运行的36个品种(包括10个正式运行品种)，只有10多个有交易量，其中大豆、铜、天然胶、绿豆、咖啡占据全年交易量的绝大部分。在1996年整个行业不景气的条件下，铜铝、大豆、天然胶等大品种的交易依然保持一定的活跃程度，占据了市场的重要地位，1996年1月8日铜铝期货价格被国家计委及有关部门定为统配有色金属价格执行价。经受住国内期市考验的贵冶牌电解铜在CME注册成功，大大提高了国产铜在国际上的声誉。海南橡胶期市也成为现货商进行套期保值的重要场所，其价格受国内外关注。这些都对改善期货整体形象有积极作用。国家已明确要在适当时机选择一些国际上比较成熟、最具套保功能的大品种试点交易。期货市场在1996年的萎缩应该算对以前过热发展的矫正，是一种调整蓄势。随着市场经济体制的进一步确立，期货市场会找到其应有的位置，发挥其应有的作用。

【规范化管理】 1996年期市工作的主要任务是贯彻落实国务院批转的“关于进一步加强期市监管工作”的请示，加大监管力度，进一步规范市场，加强交易所建设和经纪机构监管，严厉查处操纵市场行为，坚决打击各种非法交易活动。中国证监会在全年先后下达了“严格限制异地同步交易的通知”、“关于对操纵期货市场行为认定和处罚的规定”、“进一步加强对期货经纪机构监管工作的通知”、“关于期货交易所披露交易、交割有关信息的通知”等一系列重要文件，先后作出了取消苏州商品交易所红小豆合约试点、整顿天津期货交易秩序、向各期货交易所派驻督察员等决定，各试点交易所也不断修改、完善合约设计、交易交割制度，建立了相应的市场禁入制度，保证分级管理制度，在处理蓄意违规、操纵市场、欺诈交易、扰乱秩序等事件上，有了具体可行的措施，总的来说，期货市场的三公原则得到更充分体现，透明度增加，运行渐渐的有章可循。1996年国家对参与期货交易的主体进一步作了明确界定，按照规定，国有企事业单位做期货不仅必须得到上级主管部门或董事会的批准，而且只能从事与其生产、经营有关的商品期货品种的套期保值交易，不得进行投机交易，更不允许进行恶性炒作。国有企事业单位，有一大部分对期市认识还不够，存在误解，既然国家有那么严格的框框，便干脆不入市。已参与交易的单位，因只做套期保值，在市场上所占比重比往年下降。此外，各类金融机构不仅在4月份后一律不得从事商品期货的自营和代理，而且不得参股、控股期货经纪公司，不得出具期货交易资金保函，严禁用银行贷款或拆入资金进行期货交易。在某种程度上减少了凭借资金实力操纵市场的可能。1996年期市仍然处于试点摸索阶段。《期货法》等相关法规在加紧审核修订，未能出台，但有关主管部门正在酝酿一批管理条例或规章，期货市场的法制化建设提出正式议程。

(中国证券报社)

北京期货市场

【概况】 随着北京期货市场的建立和发展，北京的期货经营机构的数量也不断增多。北京拥有被国家批准为试点的北京商品交易所，在《国务院关于坚决制止期货市场盲目发展的通知》(国办发[1994]69号)以前，北京的期货公司仅有9家；截止到1996年底，在京的期货公司已达32家，按照中国证监会下发《关于审核期货经纪公司设立期货营业部的通知》(证监发字[1995]167号)和《关于审核非期货经纪公司会员从事期货经纪业务的通知》(证监发字[1995]168号)，经北京市证券委初审通过并上报中国证监会复审的期货经纪公司营业部42家，兼营机构86家。

1996年北京商品交易所全年成交金额8347亿元。北京期货公司交易额为6538亿元，在京的营业部交易额为984亿元；兼营机构交易额为2660亿元。北京的期货从业人数达2300余人。参与期货投资的客户数约为5000个，截止1996年底客户保证金余额达18.3亿元。

【规范化建设】 北京的期货市场是沿着规范化管理的道路发展起来的。北京的期货经纪机构运作也比较规范，各机构在客户入市前均开展培训，普及期货知识，提高客户的风险意识；营业场所均配置有先进的设备及专业的行情接收系统及通讯系统，保证客户交易指令及时、准确下达到交易所；制定了比较完整的交易规则、合同文本和内部管理制度。北京商品交易所也建立了一套规范化的管理系统，各机构在经营中按照监管部门的要求，认真执行国家的有关规定，规范代理行为，保证了北京期货市场试点工作的顺利进行。

(特约审稿：孙家骐，特约编辑：尹军，撰稿：陆倩)

深圳期货市场

【概况】 深圳经济特区的期货市场是中国改革开放后最早出现的期货市场之一。1991年6月10日，中国有色金属工业总公司在深圳设立的深圳有色金属交易所开始试营业，1992年1月18日正式开业。在深圳市政府的引导下，交易所率先执行由地方政府颁布期货交易管理规定和交易规则，推出期货交易标准合约，设立会员自律管理的组织—会员专业委员会等，在中国率先引入期货机制进行积极探索。1993年12月28日，在深圳市贸发局的推动下，深圳有色金属交易所与深圳市7家公司共同出资创办了深圳期货联合交易所，上市合约主要有白糖、玉米、轻柴油和豆粕等。1994年10月10日，经中国证监会批准，深圳有色金属交易所和深圳期货联合交易所合并，成立深圳有色金属期货联合交易所，注册资本1亿元，职工83名，被正式批准上市的期货合约为电解铜和重熔用铝锭，还有铅锭、锌锭、锡锭和电解镍等4个试运行品种。截至1997年8月，深圳有色金属期货联合交易所共有会员单位201家，其中生产企业28家，流通企业98家，消费企业12家，经纪公司63家；其中广东省会员91家（含深圳58家）。发展注册仓库10家。建所六年来，管理费收入4.05亿元，上缴所得税和营业税4700万元。

【期货交易机构】 深圳期货联合交易所成立得较晚，上市品种的交易量不大，加之成立后不到一年就与深圳有色金属交易所合并，上市品种也被取消，因此，其交易量可以忽略不计。深圳有色金属期货联合交易所（含原深圳有色金属交易所）虽然有6个上市合约，但铅锭、锌锭、锡锭和电解镍的交易量一般仅占0.5%左右，因此，一般仅统计正式上市品种电解铜和重熔用铝锭的交易额。从深圳有色金属期货联合交易所成立到1995年底成交额呈递增趋势。1991年为3800万元，1992年为63亿元，1993年为392亿元，1994年为1635亿元，1995年为2414亿元。受国家政策的影响，1996年的发展速度放缓，交易额降到1475.89亿元，交易量降到711.5万吨。1997年的形势有所好转，上半年交易额为802.6亿元，比上年同期增加近50%，铜的交易量为201万吨，比上年同期减少13.5%，铝的交易量为220万吨，比上同期增长6倍。建所六年来，交易总量和总额分别为3300万吨和6800亿元。从品种结构上看，1994年前铝的交易量占70—80%，铜占20—30%；1994年至1996年相反；1997年上半年各约占50%；7月份铝的交易量达183万吨，创历史最高纪录。铝的交易量有继续增加的趋势。就交易规模而言，中国的有色金属期货市场主要集中在上海、深圳和重庆。1996年，上海和深圳的交易额占全国有色金属期货交易总额的87%（上海2306亿占53%，深圳1475亿占34%，重庆500亿占12%）。上海铜的交易量排第一，成交量约为1050万吨；深圳第二，成交量约603万吨；重庆第三。除1994年外，深圳铝的期货交易量在全国一直名列前茅，年均成交量约250万吨。1995年成交量290万吨（占全国铝成交量的39%）。受政策影响，1996年降为107万吨，但在全国铝期货交易的份额却升为82%。从1992年初到1996年底，深圳有色金属期货联合交易所的年均交易额约为上海金交所的34%。到1997年7月底为止，交易额虽然已从去年的全国第9位升到第7位，但仍低于上海33%，交易量低于上海23%。深圳有色金属期货联合交易所成立六年来，市场运作较规范、较稳健，风险控制较好，在全国期货市场中一直没有发生什么违规事件。

【期货经纪机构】 期货经纪机构主要包括期货经纪公司、期货经纪公司的营业部和期货兼营机构。深圳市期货经纪公司共19家，正在运作的18家（其中4家公司正在进行股权转让或参资扩股），待批的1家。营业部和期货兼营机构正在一边运转一边等待中国证监会批准。外地期货经纪公司在深设立的营业部有11家，期货兼营机构14家。在19家期货经纪公司中，有色系统占5家，内贸系统2家，其它的分别由中国航空工业供销总公司、中国北方工业深圳公司和安信投资有限公司等公司控股。

1995年，深圳市期货经纪公司的代客交易量约6920亿元，1996年约1038亿元，1997年1至6月，有交易量的16家期货经纪公司的代理交易额为598亿元，约占深圳期货市场代理总额的60%以上。到1997年7月底，期货经纪公司累计完成固定资产投资近2亿元，拥有营业面积1.23万平方米，从业人员500余人。1997年1至6月底，外地期货公司驻深营业部除2家无业务，其余9家代理交易额为68.6亿，客户的保证金余额为1.9亿元。1996年，深圳市44家期货经纪机构中25%亏损，50%基本维持，25%销有盈利。深圳期货市场的从业人员目前约为1200人。

【规范化管理】 从政府监管的角度，深圳期货市场是由贸发局（含原经发局）开始介入的。深圳市贸发局对深圳有色金属交易所、深圳期货联合交易所的创建和发展做了大量扶植和规范的工作，发挥了重要作用。1994年5月，深圳市编委批准成立了直属贸发局的深圳市期货管理办公室。深圳市期货管理办公室于1994年7月1日正式开展工作。1994年至1996年底是国家加大力度整顿期货市场的重要时期，也是深圳市期货市场监管工作顺利开展的时期。深圳期货市场监管部门协助中国证监会开展或顺利完成了两个期货交易所的合并、经纪公司的重新登记、加强行业自律、期货兼营机构等的初审、查处非法境外期货交易、对从业人员进行岗前培训、开发“深圳市期货市场智能监管信息系统”、制定、修改监管法规和制定发展规划等工作。1996年3月21日，深圳市证券、期货监管部门得到中国证监会的授权；1997年7月10日，深圳市期货管理办公室与深圳市证券管理办公室合并，成为深圳市证券管理办公室期货处。

（特约审稿：刘新华，特约编辑：邱大梁）

安徽期货市场

【概况】 安徽期货市场发展较晚，期货经纪机构和兼营机构数量较少，截至1996年底，期货经纪公司仅有1家，报中国证监会复审待批的期货经纪公司营业部6家，期货兼营机构3家，期货机构总数仅占全国的1%。虽然安徽期货市场规模较小，但由于各经营机构大多为全国各大期货交易所的全会员、会员，因此，安徽期货市场交易品种比较齐全。1996年，国家加大了对期货市场的整顿、规范力度。受期货市场客观环境以及我省期货经营机构刚刚起步等因素的影响，1996年全省期货交易总额较少，全年累计成交金额876208万元，客户保证金余额2774万元，手续费收入269万元，全年利润累计83.25万元。

【期货经营机构】 安徽华物期货经纪有限责任公司是安徽省唯一的期货经纪公司，1996年4月试营业，8月正式开业，开业以来该公司严格遵循国家有关规定从事期货代理业务，客户人数和交易量稳步上升。5—12月份，客户开户45家，吸收保证金850万元，交易金额14亿元，手续费总收入70万元，净收入23万元，各项指标在省内10家期货经营机构中均占有较大份额。此外，安徽还有复审待批的期货经纪公司营业部6家、期货兼营机构3家。6家营业部均由外省期货经纪公司在安徽省境内设立，它们分别是：上海金源期货经纪公司铜陵营业部、珠海市鑫光期货经纪有限公司合肥营业部、北京天星期货经纪公司合肥营业部、上海中诚期货经纪有限公司合肥营业部、广东省寰球期货经纪有限公司合肥营业部、南京东建期货经纪有限公司合肥营业部。其中，除南京东建期货经纪公司合肥营业部外，其余5家都于1996年开展了适度的期货代理业务。3家期货兼营机构为：安徽省金属材料总公司期货贸易公司、安徽省粮油贸易公司合肥营业部、安庆石化销售处期货部。

上述10家期货经营机构共拥有席位31个，是上海金属交易所、上海粮油商品交易所等11家期货交易所的全会员和会员。这些机构的设立，填补了安徽期货市场的空白，奠定了全省期货市场发展的基础。

【规范管理】 到1996年末，安徽省共有期货从业人员167人。为提高全省期货从业人员的素质，1996年，安徽省证管办先后举办了两期期货从业人员资格培训班，全省60%以上的期货从业人员参加了培训。通过培训和考核，初步完成了期货从业人员的资格认定和持证上岗工作。

期货业的高风险性，决定了期货市场风险管理、风险教育的重要性、长期性。1996年，安徽省证管办为防范期货市场风险，从监管、自律以及风险防范教育多方面入手展开工作。年初，省证管办明确提出了“积极支持，规范发展”的八字监管方针，及时转发中国证监会、省政府关于期货市场监管工作的有关文件，并结合本省实际，制订具体的监管措施。建立了期货经纪机构月报表制度、重大事项及时报告制度和从业人员登记备案制度。同时，为加强行业自律，规范市场行为，筹建了全省证券期货业协会。此外，全省各期货经纪机构和兼营机构还利用期货市场规范整顿的契机，把工作重心放在加强基础设施建设，完善内部管理和改善服务工作上，制订了一系列内部规章制度。一方面规范代理行为，强化经营风险控制，另一方面加强对投资者的市场风险宣传、教育，防范投资风险。

为制止和杜绝期货市场的违规行为，维护市场各主体的正当权益，1996年，安徽省证管办根据调查和举报，严厉查处了各种违规违纪行为，全年受理投诉多起，其中，查处案件2起，分别是长江期货公司合肥客户服务部违法从事期货交易和广州华兴期货公司在合肥违规经营。

（特约审稿：凤良志，特约编辑：刘斌）

福建期货市场

【概况】 福建期货市场起步于1993年前后。当时主要是一些外资或中外合资企业，以投资、信息咨询的面目，从事境外商品期货和外汇期货业务。此外，少数国有企业以期货交易所会员身份直接参与期货交易，个别的同时开展经纪业务。物资厅也尝试组建福建生产资料交易所。起步时存在不少问题，一些机构和个人采用各种手段欺诈国内客户，有的与客户对赌，有的甚至把客户的保证金卷逃，造成恶劣影响。在1994年的全国期货市场大整顿中，福建省19家（不含厦门市）从事期货业务的机构停业了17家，只有2家期货经纪公司从外资转为内资后上报福建省证券委员会办公室和中国证监会重新审批。福建生产资料交易所根据规定自行停止交易。在1995年和1996年中国证监会清理期货经纪公司营业部和非经纪公司会员单位的期货代理业务，审核期货经纪公司营业部和非经纪公司会员单位期货代理业务资格时，福建有3家会员单位和3家期货经纪公司营业部申请材料经福建省证券委员会办公室初审同意报中国证监会复审。至此形成福建省现有的期货经纪机构。与其他省市相比，机构显得较少。期货经纪公司只有4家：福建润福期货经纪有限责任公司、福建宇丰期货经纪有限公司、厦门国贸期货经纪有限公司、厦门开元期货经纪有限公司。期货经纪公司营业部也只有4家：厦门开元期货经纪有限公司福州营业部、上海海洋期货经纪有限公司泉州营业部、厦门国贸期货经纪公司南安营业部、珠海天太期货经纪有限公司厦门营业部。兼营期货经纪业务的会员单位只有3家：福建省饲料工业公司期货业务部、福建省物资集团总公司期货业务部、福建省石油总公司期货业务部。1996年，除厦门国贸期货经纪有限公司泉州营业部和福建省石油总公司期货业务部还未开业外，其他都已开业经营。此外，福建省还有3家不从事经纪业务的期货交易所会员单位：福建省粮油贸易公司、福州化建公司和福建省粮油食品进出口公司。

福建期货市场规模小　各期货经纪机构经营都比较困难。1996年，已开业的6家（不含厦门）期货经纪机构总共只有356个客户，绝大多数是个人客户，法人客户只有12个，1996年底客户保证金余额只有1156.71万元，手续费收入只有669.12万元，4家亏损，只有2家微利，利润总额为－412.33万元。与证券市场形成鲜明的反差。

【规范化管理】 1996年，福建省证券委员会办公室在期货市场监管方面做了以下几方面工作：1、加强对期货从业人员的管理，对各机构的从业人进行初步培训，提高从业人员的素质。制订了《福建省期货经营机构从业人员管理暂行规定》，对期货从业人员提出了较高的素质要求。2、从严审查期货经纪公司营业部和非期货经纪公司会员单位从事期货业务的报批材料，把好期货市场进入关，夯实福建期货市场的规范、健康发展基础。3、认真处理交易纠纷，消除发展障碍。特别是为了核实交易情况、消除客户疑虑，去函请求交易所核对成交纪录。4、加强指导，督促期货经纪机构规范经营。不时走访期货经纪机构，通报和探讨有关问题，特别是交易纠纷中所反映的问题，指导期货经纪机构规范经营，消除纠纷隐患。5、加强引导，维护公平竞争秩序。在省证管办的引导下，各期货经纪机构就收费和保证金方面达成协议，避免了恶性竞争。6、组织期货经纪机构进行自查，建立定期报告制度。根据中国证监会《关于进一步加强对期货经纪机构监管工作的通知》要求，组织各机构就财务、营运、风险控制、代理业务、遵纪守法等方面进行自查。各期货经纪机构根据要求按时报送季度报告、通报变更事项。7、严厉打击非法期货交易活动，净化福建期货市场。在深入调查的基础上，福建省证券委经请示省政府提出查处意见，要求各地区行政公署、市、县（区）人民政府要组织当地人民银行、外汇管理、工商行政管理和公安部门进行一次认真清查，给予严厉查处，坚决取缔。在这方面，泉州做好大量的工作，取得较好的成效。泉州市人民银行、国家外汇管理局、工商行政管理局和公安局于1996年8月31日联合在《泉州晚报》刊登《关于取缔非法期货交易活动的联合通告》。在各级政府的组织下，共查处了10家非法期货机构。龙岩也查处1家。

（福建省证券委员会办公室　王宏照）

天津期货市场

【概况】 天津作为中国北方重要的商贸金融中心，期货市场产生较早，1921年，北洋政府批准成立天津证券物品交易所，经营的期货品种有花纱、粮食、皮毛等，但受当时特定的政治、经济等因素限制，该交易所于次年关闭。进入90年代，随着中国社会主义市场体系的建立，各种要素市场应运而生，从1991年到1993年，天津先后创立了中国北方糖批发市场、天津钢铁炉料批发市场、北洋（天津）钢材批发市场、天津纺织材料批发市场、天津石化交易中心等10多个商品批发市场。这些批发市场相继推出现货中、远合约，在交易、结算、交割、会员管理等方面引入期货交易机制，吸引了众多投资者，交易活跃，期货交易的基本功能得到一定体现。为了培育市场，完善市场体系，发挥期货市场规避风险，发现价格功能，1993年下半年，经天津市政府批准，在现货批发市场的基础上，天津商品交易所、北洋（天津）商品交易所、天津金属交易所相继成立，这些交易所在运作中，经过不断总结经验，规范管理，完善各种交易、交割、结算制度,逐步推出了线材、白糖、红小豆、铜、铝标准期货合约,特别是红小豆、线材等品种,深受广大投资者欢迎,交易踊跃,成交较大,截止国家暂停线材期货交易,线材合约累计成交2100亿元,交割102吨,履约率达100%。北洋(天津)商品交易所线材期货交易对现货市场产生了巨大影响,许多钢厂已将该交易所的期货价格作为定价的主要参考之一。

与此同时,天津期货经纪机构也在规范、整顿中得到发展,非法期货中介机构被清除,而运作规范、管理严格、资信良好、符合国家有关规定的经纪公司相继取得期货经纪许可证,并在国家工商局注册。这些机构在开拓市场,普及期货知识,培训期货投资者,增强客户投资意识等方面发挥了重要作用,期货市场的基本功能和作用初步被企业和投资者认同。

【规范化管理】 天津期货市场始终坚持规范管理,防范风险,在规范中求发展,以发展促规范的方针,稳妥试点。注重行政监管和行业自律相结合。天津市证管办根据中国证监会授权加强了对辖区内期货经纪机构的监管工作,制定并下发了《天津市关于建立期货经营机构经营情况和重要事项申报制度的通知》、《天津市期货市场管理暂行规定》等旨在加强规范管理的文件,加大了对违法行为的打击力度,协助中国证监会调查并查处了有关违法违规案件,查处清理了非法外汇期货及外汇按金交易活动,净化了期货市场,接受有关期货的信访和投诉,调解期货纠纷,保证了期货市场正常秩序。期货经纪机构注重加强自身建设,不断修定和完善各项规章制度,采取设立内部稽查机构等措施,加强了对内部重要环节的监控,防范各种风险,通过对从业人员职业道德、法律意识、专业知识的培训,加强从业人员队伍建设。经过几年的发展,一批具有较高思想水平和业务素质的高学历期货从业人员正在成长,他们在各期货经纪机构中发挥着重要作用,天津期货市场正在健康稳步规范地向前发展。

(特约审稿:李山海,特约编辑:诸葛增辉)

甘肃期货市场

【概况】 甘肃期货业务出现较早,1991年随着期货交易在全国的出现,白银有色金属公司、金川有色金属公司、连城铝厂、西北铁合金厂等单位就先后取得部分期货交易所的会员席位,开始从事以套期保值为主要目的的期货自营业务。随后,这些单位先后组建期货部,在进行自营业务的同时,也进行部分代理。1995年,经中国证监会审批,甘肃省第一家也是目前唯一的期货专营机构—甘肃陇达期货经纪公司成立。1996年,全面整顿期货市场,甘肃省对省内期货经营机构进行了清理规范。经审查,从中筛选出部分基础好的6家期货经营机构报中国证监会审批。

作为一个新兴市场,甘肃期货市场有待发展。其经营机构、交易品种、交易量、交易额都很少。有资格的期货经营机构只有陇达期货经纪公司,交易品种也主要集中于铜、铝、铅、锌、镍等有色金属,1996年交易额204.3亿元。

【期货经营机构】 甘肃陇达期货经纪公司 公司是甘肃省有色金属材料总公司创办的一家期货专营机构。原名甘肃省金属材料经纪公司,于1992年11月开业,1995年3月经国家工商局重新注册登记并变更为现名称。目前拥有上海金属交易所、深圳有色金属联交所、海南中商期货交易所、天津联合交易所、上海商品交易所席位,主要代理品种有铜、铝、铅、锌、镍、锡、线材、橡胶、红小豆、籼米等,1996年交易额65亿元。

其它待批期货兼营机构 截止1996年底,经甘肃省初审报中国证监会审批的期货兼营机构有6家,这6家机构主要以自营为主,也进行部分代理。它们分别是:白银有色金属公司期货部,1996年交易额69亿元,交易品种是铜、铝,目前拥有上海金属交易所、深圳有色金属联交所席位。金川有色金属公司期货部,1996年交易额17.3亿元,主要交易品种为镍,拥有上海金属交易所、深圳有色金属联交所、广东商品联交所席位。西北铁合金厂期货部,1996年交易额30.4亿元,交易品种有铜、铝、线材、胶合板、红小豆等,拥有天津联交所席位。连城铝厂期货部,1996年交易额7亿元,主要交易品种为铜、铝,拥有上海金属交易所、深圳有色金属联交所席位。中国有色金属进出口公司甘肃公司期货部,1996年交易额16亿元,主要交易品种有铜、铝,拥有上海金属交易所、深圳有色金属联交所、成都联交所席位。甘肃东方集团期货部,因各种原因成交额较少,主要交易品种为绿豆,拥有北京商品交易所席位。

【规范化管理】 为保证甘肃期货市场的健康发展,甘肃省按照中国证监会的要求,一方面做好对现有期货经营机构的监督、管理,规范其运作;另一方面严厉打击非法期货,查禁非法机构,净化市场。严格上岗人员的资格审查,强化内部管理,建立健全内部管理制度,规范交易行为,查处打击非法期货。同时,利用传媒,加强风险宣传,引导投资者理性投资,减少投机行为。 (特约审稿:马才斌,特约编辑:陈子红、陈泳东)

大连期货市场

【概况】 大连期货市场起步于1992年,当时以境外期货为主,后按国家有关规定进行了清理整顿。1993年3月17日,大连商品交易所的建立,标志着大连期货市场进入了一个新的发展时期。经过有关部门和业内人士5年的艰苦努力,大连期货市场初具规模。截止1996年底,已有期货交易所1家,期货交易所各类会员152家,期货经纪机构34家,期货从业人员过1000人,投资者已达6580户,日沉淀资金10多亿元人民币。大连期货市场已经走上了健康发展的轨道。

【期货经纪机构】 大连市期货经纪机构共有34家,其中期货经纪公司有7家,均取得了中国证监会颁发的经纪业务许可证和国家工商行政管理局颁发的营业执照,1996年客户保证金余额1.28亿元人民币,累计交易额554.34亿元,从业人员140人;经大连市证券管理办公室初审通过并报中国证监会复审待批的期货经纪公司营业部有6家,1996年客户保证金余额1.23亿元人民币,累计交易额801.58亿元,从业人员86人;经大连市证券管理办公室初审通过并报中国证监会复审待批的期货兼营机构有21家,1996年客户保证金余额0.99亿元人民币,累计代理交易额1090.69亿元,累计自营交易额280.21亿元,从业人员244人。

【规范化管理】 1992年12月4日,大连市人民政府成立大连市证券管理办公室,对大连市证券、期货市场进行监督管理,1996年3月,首批获得中国证监会的授权,依法行使中国证监会授予的部分监管职责。先后建立了月报制度、季报制度、重大事项报告制度、检查回执制度、定期抽查等制度,强化了监管力度,规范了市场行为。与大连商品交易所建立信息联网,对期货行情进行动态监控,及时掌握情况,处理突发事件。按照《中华人民共和国公司法》和中国证监会有关规范期货经纪公司的文件精神,帮助4家期货经纪公司调整股本结构,增加资本实力,使期货经纪公司管理走上了规范发展的道路。与大连商品交易所密切合作，调查、处理期货经纪机构违规案件。与市外汇管理局、市公安局、市工商局组成联合调查组，由市证管办牵头，查处多起以经济信息咨询为名从事境外期货交易的公司，为防止外汇资金流失，稳定大连期货市场，防止期货市场不法行为，严肃国内期货交易秩序打下了良好的基础。（特约审稿：孙福信，特约编辑：张继东）

济南期货市场

【概况】 济南市的期货市场始建于1993年，1993年3月，济南华易期货经纪公司在国家工商行政管理局登记注册，由此，济南市的期货市场在国家政策法规指导下，在有关部门监管下，开始一步步建立起来。截止1996年底，辖区内有期货经纪公司4家，期货兼营机构4家，其中省级机构5家，外地期货机构在济设立的分支机构1家，市级机构2家。1996年，共成交标准期货合约200多万手，成交金额600多亿元，拥有北交所、海南中商、郑交所、成都联合、天津联合等全国大部分期货交易所的会员席位，其中山东泉鑫期货经纪公司建立了海南中商期货交易所远程交易专场，1996年完成合约57.6万手，日成交手数最高达1.73万元，占海南中商所日成交总数的10%。各期货经纪机构注重硬件建设，采用世华、霸才、正天等卫星通讯设施及专用服务器，并提供多种信息咨询服务。期货经纪公司能参与绿豆、天然橡胶、咖啡、大豆、红小豆、胶合板等多个品种的期货经纪业务，客户数目近400家。

【规范化管理】 在期货市场发展过程中，济南市监管部门贯彻执行国家关于期货方面的一系列方针政策，制定加强期货市场监管的意见，认真履行监管职责，配合上级部门查处违规行为，保证了济南市期货市场稳步、规范发展。各期货经纪机构组织从业人员认真参加有关部门组织的专业培训，加强职业道德教育。制定了《从业人员管理规定》、《合格经纪人标准》等规定，全面提高从业人员的业务素质；同时，树立风险意识，加大管理力度，期货经纪机构均建立起风险防范机制，制定了《财务制度》、《交易制度》等多项规章制度，努力把风险降到最低限度，实现稳步发展。（特约审稿：孔繁丁，特约编辑：张彬）

期货交易机构

苏州商品交易所

【概况】 苏州商品交易所成立于1991年6月22日，原名苏州物资交易所，是原物资部、国家体改委、国务院发展研究中心批准组建的改革试点单位，是一家集金属、煤炭、化工、汽车、建材等许多门类的物资批发交易市场，为华东地区最大的生产资料现货市场之一。1992年10月，经国家有关部门批准，交易所开始引进期货交易机制，1993年3月首推标准化期货合约交易，同时加挂“苏州商品交易所”名称，1994年10月被国务院、中国证监会正式批准为中国首批试点期货交易所。1996年11月交易所完成会员制改造工作，是实行自律管理、不以营利为目的的会员制法人。会员大会是交易所的权力机构，理事会是会员大会的执行机构。在中国证券监督管理委员会的统一监管下，苏州商品交易所实行理事会领导下的总裁负责制，理事会负责执行会员大会决议、拟定交易规则、聘任总裁、审定总裁提出的发展规划和年度工作计划以及交易所年度财务预、决算方案。理事会由11至15名的奇数成员组成，理事由会员大会选举产生，每届任期3年，会员理事连续任职不得超过两届，非会员理事可连选连任。理事会设理事长1人，副事事长1至2人。理事长由在交易所工作的非会员理事担任，理事长任期3年，可连选连任，交易所现任理事长：唐志新，总裁：颜羽。苏州商品交易所管理机构设置财务部、结算部、发展研究部、交易部、综合部、稽查部、总裁办公室、信息部、交割部、项目办。

【经营业绩】 苏州商品交易所建成了覆盖全国的市场体系，截止1995年底，苏州商品交易所共有会员255家，分布在全国24个省、自治区和直辖市。苏州商品交易所是国内成交比较活跃的少数几家期货交易所之一。开业几年来，交易所规模逐年扩大。苏州商品交易所管理较规范，市场透明度、履约率较高，信誉较好。制定了一整套的章程、规则以及实施细则。另外，为了有效地控制期货交易风险，交易所还建立和实行了动态保证金制度、逐日盯市盈亏结算制度、涨跌停板制度、限仓制度、大户申报制度、稽查制度以及编码管理制度等一系列加强风险管理的措施。苏州商品交易所于1993年3月推出世界上第一张黑色金属期货合约—直径6.5毫米线材期货标准合约。实践表明，直径6.5毫米线材是目前国内上市条件最好的商品期货品种之一。交易所经中国证监会批准上市的品种有：胶合板、豆粕、直径6.5毫米线材、红小豆、干茧、桑蚕丝、澳毛、毛条、国毛等品种。交易时间安排在周一至周五9:00—11:30及13:30—15:00。

交易系统　苏州商品交易所为适应期货市场不断发展的需要，满足期货市场要求实时性高、可靠性好、处理能力强的交易特点，引进了美国Stratus(容错)电脑公司的最为先进的Continus/225系统计算机，并自行设计开发了新二期货交易系统。系统采用先进的客户/服务器技术，通过最新的NRS网络协议将主机与300多台HP486微机相联。系统硬件因具容错功能，设备中的部件都是双份同时连续工作，系统具有较强的可靠性。系统通过Stratus的C1225与R45两台主机并列处理，使撮合能力大大提高，每秒可达500笔左右。系统撮合按即时撮合的方法进行，当主机接受到客户的申报后，立即进行撮合。成交按市价原则进行，即在买卖双方可以成交的前提下，取买方价格、卖方价格和上次成交价三者的中间价作为这笔申报单的成交价。系统工作站还提供了丰富的信息查询功能及价格走势图表功能。在交易过程中，对成交的会员进行实时清算。按交易中的最新结算价实时对各会员的持仓占用保证金、盈亏及资金余额进行计算，并且对每个会员及客户的持仓限额、交易权限可实时修改，使交易风险降到最低限度。交易系统还通过自己的EFDATA卫星发射主站与10多家异地交易会员相联，使异地交易会员的申报单直接进入主机撮合，大大缩短了申报时间。交易系统还与一套完整的卫星广播系统相连，行情通过中广卫、路透、德励、世华等通讯公司实时向全球发播。

结算系统　苏州商品交易所有一套完整的结算体系，是交易所风险管理的重要组成部分。结算业务主要包括以下内容：会员单位资金帐户的管理，保证金结算，盯市盈亏结算，交割结算，其它相关费用结算，资金风险监控。结算部在银行设立专用帐户，会员单位的各项结算资金都使用该专用帐户。结算部为每个会员单位设立内部结算帐户，用于办理会员单位与交易所之间的资金往来结算，主要包括支付交易保证金、盈亏结算以及贷款、手续费及电话费等资金的划转。保证金结算，保证金分为资格保证金、交易保证金和追加保证金。资格保证金是拥有交易所会员资格必须的基础担保金。在取得会员资格时一次性存入交易所帐户，退会时可全数返回。交易保证金是会员单位进行交易的履约担保金，它是根据基础保证金率、会员信用保证金率、品种保证金率、临近交割月保证金率和持仓额度保证金率计算出来的。会员单位必须在开市前15分种将交易保证金汇入交易所指定帐户，在合约平仓或实物交割后交易所将如数释放交易保证金。追加保证金是价位变动后为补足未平仓合约所需保证金与原保证金差额而增加的保证金。盯市盈亏结算，盯市盈亏采用逐日盯市制，即每个交易日按当日结算价对当时的未平仓合约和平仓合约结算，所算出的盯市盈亏在下一交易日开市前15分种收付结清。对资金帐户上出现赤字而未能及时补足以及未平仓合约超出持仓限额的会员，将对其进行强制平仓。结算部在每日结算完毕后，向会员单位提供当日的交易结算清单。

交割结算，当某一交易标准合约临近交割日期限时，财务结算部提前数日预收会员单位手持未平仓合约买方的部分货款，合约到交割期后，再对买方会员单位的未平仓合约进行货款的划转，向卖方支付货款，并开具和接受增值税发票。其它相关费用结算，财务结算部还承担其它与交易相关的费用结算，如交易手续费、交割手续费、资金余额利息和电话费等费用。

资金风险监控，财务结算部在整个交易日都监示着每一会员的资金风险，对资金的异常大量进出、异常大量未平仓合约、保证金与交易准备金的百分比、会员未平仓合约的方向以及保证金集中于一种合约都予以特别关注，并对风险进行及进分析。

交割　苏州商品交易所规则规定：交割是指会员单位在期货合约到期时，按照交易所的有关规定，对未平仓合约卖方交付货物和有效交货凭证并取得货款或买方交付货款并取得提货凭证和货物的行为。交易所建立了一整套完善的交割制度，充分发挥其连接期货、现货两个市场的纽带作用。交割的顺利进行及其在期货市场中固有功能的有效发挥，都有赖于合理选择注册仓库以及对注册仓库的有效管理。近年来，交易所在上海、天津、大连、唐山、杭州、宁波、苏州、昆山、吴县、张家港等地设置了37家注册仓库，形成了较为合理的交割网络。交易所明确制定交割操作规程，严格交割商品入库质量控制，建立标准仓单的管理制度，从而防范了期货交割风险。

（苏州商品交易所）

深圳有色金属期货联合交易所

【概况】 深圳有色金属期货联合交易所的前身是深圳有色金属交易所和深圳期货联合交易所。深圳有色金属交易所作为我国首家期货交易所于1991年6月10日成立；1993年12月28日深圳期货联合交易所开业。经国务院同意，1994年10月10日中国证券监督管理委员会批准合并为深圳有色金属期货联合交易所，列入我国首批试点期货交易所之一。期交所在国家工商行政管理局登记注册，是实行自律性管理的非营利性的会员制企业法人。期交所为期货合约的集中竞价交易提供场所、设施，实行管理和服务，并履行相关职责。期交所遵循"规范第一、服务第一、效率第一"的宗旨，按照公开、公平、公正的原则为期货投资者创造良好的交易环境。期交所实行会员制。会员是期交所根据期货交易有关法律、行政法规和期交所章程审查批准，在期交所按照交易规则进行期货交易的法人。期交所组织机构有会员（股东）大会、理事会、监事会、会员专业委员会以及内部管理各职能部门。期交所实行理事会领导下的总裁负责制。

【经营业绩】 期交所交易的品种是经中国证券监督管理委员会批准上市的品种。主要有铜、铝、铅、锌、锡、镍等有色金属和其他商品。期交所的交易方式是集中交易、公开竞价，按照价格优先、时间优先的原则，通过计算机自动撮合成交。期交所交易的时间为除法定假期外，每周的周一至周五。期交所参照国际惯例，建立了会员管理、基础保证金、交易保证金、每日结算、风险基金、限制持仓头寸、价格涨跌停板、强制平仓、大户申报、期货代理业务管理、实物交割与结算管理等规范化监管制度，严格控制市场风险。（深圳有色金属期货联合交易所）

北京商品交易所

【概况】 北京商品交易所建立于1993年11月，经过三年多的发展和会员制的规范改造，现已形成规模较大、运作比较规范的市场。从开业至1995年，交易量为直线上升阶段。1994年成交金额为7200亿元，占全国期货市场份额的19%；1995年交易量大幅上升，全年成交金额达21968亿元，比上一年增长了205%，占全国期货市场份额的21%，这两年的交易额均居全国同行业之首。1996年，由于受宏观经济形势以及暂停国债期货交易的影响，交易规模有所下降，从3月份开始，进入下降回调阶段，全年成交金额为8347亿元，在全国期货市场的交易规模降至第4位，占全国市场份额的9.9%。

交易品种　北商所从开业之初到正式初国家批准为试点交易所之前，共设计开发了四大类10余个期货合约，如铜、铝、线材、玉米、大豆、花生仁、豆粕、绿豆、白沙糖、聚丙烯、ABS树脂、天然橡胶、聚氯乙烯、胶合板、纯碱、国债期货等。1994年较为活跃的有线材、绿豆、胶合板、纯碱、国债，成交情况如下：线材成交368亿元、绿豆成交2778亿元、胶合板成交109亿元、国债成交3887亿元。1995年年初，北商所对部分合约的条款进行了修改和补充，使其更加符合市场的需要。合约修改后，交易更为活跃，其中国债尤为成功，成交金额达6287亿元。从1995年5月北商所被国务院批准为15家试点期货交易所之后，批准上市的期货合约有绿豆、胶合板，试运行期货合约有铜、玉米、花生仁、纯碱、天然橡胶、聚氯乙烯，其中较为活跃的合约是绿豆，成交金额为8347亿元。

会员结构情况　北商所开业之初拥有157家会员，截止到1996年会员数量增加到281家，遍及全国28个省市自治区，涉及金融、贸易、生产加工等领域，会员结构日趋合理。在会员结构中，期货经纪公司占21%，生产企业占5%，贸易流通企业占52%，其它机构占22%。

【规范化管理】 北京的期货市场是沿着规范化管理的道路发展起来的，首先北商所的设立就是以高起点、规范化为原则，从一开始就全部采用标准化合约交易，并采取了一系列风险控制及规范化管理的措施，如设立初始保证金、风险基金、当日全部成交合约加权平均价作为结算价、最大下单手数限制和平仓优先、持仓比例限制和分阶段提高保证金等风险控制措施；同时，还建立了一整套规范化管理系统，如资金保障系统、交易稽查系统、会员管理系统、客户保护系统、交割保障系统等。由于北商所的管理严格，运作规范，风险控制得力，从而确保了北商所的平稳运行，确保了北京的期货市场健康发展。尤其是1995年北商所国债交易规模非常大，最高日交易额达600多亿元，在个别交易所发生了较大风险的情况下，北商所由于严格坚持了"风险控制第一，交易量第二"的原则，及时控制了国债交易有可能出现的风险，使得北京的市场没有出现大的波动。这套风险管理体系成功地化解了大规模交易的风险，保证了市场的平稳运行，得到了有关领导的好评。

北商所为了加强对会员的管理，提高交易人员的素质，为各期货机构的交易员进行了统一培训。截止1996年底，共举办了29期培训班，培训交易员近4000人。北商所规定，凡是进场交易的出市代表必须持有北商所颁发的交易员合格证书，保证了场内交易的规范性及高质量。北京期货市场的发展促进了北京期货经纪机构的发展，市场规模急剧扩大，吸引了大量的资金投入期货交易

（特约审稿：孙家骐，特约编辑：尹军，撰稿：陆倩）

天津联合期货交易所

【概况】 1994年，天津市政府根据国务院关于进一步规范整顿期货市场的有关规定及天津三家期货交易所的实际情况，在全国率先决定走联合的道路，以联合创规模，以规模求发展，组建天津联合期货交易所。经国务院同意，中国证监会审核批准，1994年12月28日被正式列为试点期货交易所，1995年7月，天津联合期货交易所根据中国证监会要求，再次重组，并于同年10月完成了统一机构、统一交易、统一结算、统一财务、统一管理等工作，揭开了天津期货市场发展新的一页，1996年10月18日，天津联合期货交易所召开了第一届会员大会，实现了由交易会员制向投资会员制的改造，管理体制发生了根本性的转变，标志着天津联合期货交易所进

入了一个新的发展阶段。

【经营业绩】 天津联合期货交易所挂牌交易的期货品种有：天津红小豆、铝、铜等，其中天津红小豆1996年全年成交合约1千多万手，铜成交合约17000多手，全年成交金额3875.5亿元，较1995年的664亿元增加了6倍，与国际同类市场相比，天津红小豆交易规模已超过日本东京谷物交易所，在国际上产生了较大影响。天津各期货经纪机构1996年代理客户成交金额1200亿元，代理的主要品种有：橡胶、咖啡、红小豆、大豆、绿豆、胶合板等。天津初步形成了以天津联合期货交易所为龙头，以本地7家经纪公司为骨干，辅以16家异地经纪公司营业部和期货兼营机构的多层次期货市场体系。天津联交所现有3个交易大厅、210个席位，会员单位154家，其中经纪公司61家，流通企业81家，其它机构12家。会员结构合理，分布广泛，遍及全国26个省、市、自治区，天津的期货经纪机构实力较强，拥有众多国内交易所席位，可满足客户对不同期货品种的投资需要。

（特约审稿：李山海，特约编辑：诸葛增辉）

上海金属交易所

【概况】 上海金属交易所1996年成交各类有色金属期货1100余万吨，金额达2300亿元，下半年的成交量比上半年增长58%。经严格审查，交易所1996年新增会员21家，会员总数达到121家，其中经纪公司占63%，集中了国内生产、消费、流通、外贸等一批有实力和影响的企业。上海金属交易所理事长：周晓红。

【经营业绩】 上海金属交易所是1992年经国务院批准的首批15家试点期货交易所之一。交易品种主要有铜、铝、铅、锌、锡和镍。4年多来，交易所累计总成交各类金属期货金额达1.8万亿元。国家有色金属统配价格已连续在1995年和1996两年参照上海金属交易所价格执行，成为全国现货交易中的比价依据。

大连商品交易所

【概况】 大连商品交易所于1994年10月10日被中国证监会批准为全国15家试点交易所之一。被批准上市正式运行的品种有大豆、玉米，试运行品种有干海带。交易所共设有交易、结算、交割、稽查、信息、技术、综合等7个职能部门，共有员工48人，均为大学本科以上学历，其中博士和硕士共11人，在读研究生14人。截止1996年末正式接纳的会员为152家，已进场交易的会员120家。1996年，大商所累计交易额7320.61亿元，累计交易量22659.80万吨。其中，大豆期货交易占绝对优势，全年累计交易额7301.13亿元，累计交易量22527.60万吨，分别占全年总交易额和总交易量的99.4%和99.7%。全年6个交割月共交割粮食37.82万吨，仅9月份1个交割月就交割13.26万吨，创造了国内大豆交割的新纪录，全年平均交割率为0.37%。在近两年期货业普遍滑坡的情况下，大商所保持了稳步发展的态势，主要品种大豆的期货价格对国内外市场产生了越来越大的影响，并且成为中国期货界与国际市场接轨的大宗交易品种。大连商品交易所现任总裁：姜丽华，副总裁：石嘉星、朱玉辰、曲立峰、夏耘。

【基础设施建设】 1995年10月，在大连市人民政府的支持下，大商所共投资2.3亿元人民币买断并装修大连星海湾国际会展中心近2.1万平方米建筑。1996年12月2日，大商所正式迁入新址办公，交易大厅共拥有288个交易席位，软硬件设施升级换代，每日交易所行情通过八大卫星传输系统、两大地面传输系统和大连会展中心综合布线PDS系统向外传播。大商所已成为国内一流的、海内外知名的期货交易所。

【规范化管理】 大商所坚持走"理性期货"的道路，规范化管理水平不断提高。针对期货市场上出现的种种问题，大商所加强了各项规章制度的建设和完善工作，先后制定、完善了《大连商品交易所资金进入暂行规定》、《市场风险实时监控制度》、《会员和客户监察和审计制度》等多项制度，从制度上为规范化管理创造了条件。大商所设专人进行盘中实时监控，一有异常情况立即查明原因进行处理，有效地控制了交易风险。大商所注重对会员的业务培训和风险教育，先后与市工商局及东北财经大学联合举办了多期期货培训班，对出市代表和经纪人进行专业培训和风险教育。同时对客户进行开户培训，提高了客户的专业素质和风险认识水平。

（特约审稿：孙福信，特约编辑：张继东）

海南中商期货交易所

【概况】 海南中商期货交易所是国务院批准的试点期货交易所，是实行自律性管理的非营利性会员制法人。内设交易大厅、会议厅、信息厅、结算中心、商务中心、银行、办公室及会员公司盘房。中商所于1993年11月8日开业。

【经营业绩】 中商所先后推出白砂糖、胶合板、天然橡胶、棕榈油、咖啡等商品期货和国债期货，上市交易的有橡胶、棕榈油、咖啡、可可、啤酒大麦五大品种。其中，棕榈油、橡胶、咖啡交投十分活跃，影响力大，在全国市场中独树一帜，并达到或接近国际同类商品主要交易所水平。1996年中商所总成交额达22000亿元，其中橡胶12700亿元，咖啡9180亿元，日均成交额88.9亿元。总成交量为5600万手，日均成交22万手。中商所目前拥有全国29个省、市、自治区的会员430家。

中商所建有以涨跌停板、头寸限制、大户申报等措施为核心内容的交易风险自动控制系统；在结算方面，以保证金制和每日清算为基础，形成了一套高效、公正的电子化清算体系，以实现期货交易的每日无负债；交割方面，采取"申请—匹配—票据交换—实物交收"为基本环节的实物交割流程，规范交割秩序，确保交割履约。中商所在国内率先为会员同时提供电话专线、X.25公用数据交换网和卫星通讯三种信息传输方式，经批准，会员可在异地同步直接下单交易。中商所和路透社、德励财经、中国广播卫星公司、新华财经、霸才、世华等通讯网合作，向世界发布中商所即时交易行情，各类公告、通知、交易信息等通过新闻媒介向社会发布。会员及客户可利用中商所自编的《每日快讯》、《中商周报》获得快捷的信息服务。

（海南中商期货交易所）

成都联合期货交易所

【概况】 成都联合期货交易所是经国务院批准，在原四川粮油商品交易所、成都金属交易所、四川商品交易所和成都肉类商品交易所的基础上合并组建的综合性期货交易所。交易所于1995年9月1日完成合并工作进入试运行，并于1996年5月通过中国证监会对合并组建工作的验收，正式获准试点。交易所实行会员制，按惯例设立会员大会、理事会、监事会和各专业委员会，内设研究发展部、交易部、结算部、交割部、监察部、会员部、工程信息部、办公室和财务部等职能部门。交易所理事长兼总裁：孟庆山。

【经营业绩】 1996年是交易所平稳发展的起步年，交易所在规范化建设、市场规模等方面取得较大进展，逐步从区域性市场向全国性市场演变，成为我国期货市场的重要组成部分。交易所以服务为宗旨，遵循公开、公平、公正和诚实信用的原则，为期货合约的集中竞价交易提供交易场所、设施和其他必要条件，规范化地组织期货合约的交易。上市的主要品种有：高粱、玉米、籼米、小麦、桐油和菜籽粕等。

交易规模逐步扩大，期市功能初步发挥 1996年交易所共成交918.15万手，总成交金额961.05亿元，日均成交3.79万手，成交额3.97亿元；最高日成交量达39.8万手，成交额为33.1亿元。交易规模较去年有较大提高。

会员数量逐渐增加，结构日益优化 交易所注重会员规模的扩大和结构的调整，到1996年底，交易所共有会员126家，启用席位150个。从地区分布看，省内会员74家，占58.7%，省外会员52家，占41.3%；从结构上看，经纪公司32家，占25.4%，兼营机构会员48家，占38.1%，自营会员46家，占36.5%。

【基础设施建设】 交易环境得到根本改观。交易所新建了交易大厅、会员大厅和办公用房，于1996年5月初正式启用。新交易大厅2600平方米，拥有222个交易席位，与之配套的结算银行、商务中心等为会员提供方便服务。新交易大厅硬件设施先进，容量大、速度快、安全性高；交易软件博采众家之长，全面贯彻了证监会和交易所风险控制的要求，注重实时监控和现场管理；信息传送方便快捷，可通过自建卫星主站、X.25、中广卫、路透、世华、霸才等通讯网对外发布即时行情及信息。

【规范化管理】 规范化管理和风险控制水平不断提高，交易所逐步探索、制订了一整套包括《章程》、《交易规则》等在内的规则制度，并在实践中不断完善，初步形成了一套比较完善的规则规章体系，为规范化管理和风险控制打下了坚实的制度基础。在期货交易过程中，严格执行证监会有关文件精神和交易规则，坚决维护市场“三公”原则，注重对交易过程的动态实时监控，适时出台有关风险控制措施，实现了每个合约的平稳过渡。交割体系日趋完善，交易所修改了交割制度，实行了标准仓单和仓单流转制度，基本实行了注册仓单管理、交割货款清算、资料数据统计的计算机化。为方便会员客户，使定点交割仓库的布局更趋合理，交易所在原有基础上增设了七个交割仓库，形成了北方地区（产区）五个库，四川地区（销区）五个库的格局。交易所加强了对定点仓库的管理，制定了相应的管理办法，并对所有的交割仓库进行了年度考核，评定了信用等级。1996年共完成实物交割量107125吨，未发生实物交割纠纷。

（成都联合期货交易所）

重庆商品交易所

【概况】 重庆商品交易所是国内14家经国务院授权、中国证监会批准的期货交易所之一，1993年4月18日开业。重交所设有会员大会、理事会、监事会。会员大会是交易所的权力机构，理事会是交易所经营管理的执行机构，理事长是交易所的法人代表。总裁负责交易所的日常工作。交易所设有交易、结算、交割、发展研究、会员管理、技术、稽查、综合、办公室等部门，分别负责交易的具体服务。

【经营业绩】 重庆商品交易所是实行自律性管理的会员制企业法人，其职能是为期货合约的集中竞价交易提供场所、设施，实行自律性管理并履行相关职责。重交所遵循国际惯例，交易运作实行会员制、保证金制和统一结算制。现有会员106家，来自全国20多个省、市、自治区。目前，重交所的上市品种有铜、铝、铅、锌、锡、镍6个期货合约，开业以来，成交金额共达1600多亿元。1996年实现交易日251天，成交合约32.84万张，成交金额357亿元。在此基础上，重交所还积极引导市场发挥套期保值、价格发现功能，较好地体现了社会、经济功能。1996年，交易所的工作范围以开发上市品种和吸收会员为主。在开发品种方面，根据市场态势，完善已上市品种期货合约，于7月1日上市交易调整后的标准合约，主要品种铜、铝由原来的10吨/手改为5吨/手。其次，作了上市生猪、油菜籽等合约的市场调查工作及恢复6.5mm线材的准备工作。在吸收会员方面，1996年共发展新会员23家，进一步优化了会员结构，使交易所市场辐射范围除以西南、西北为主外，还扩大到华南、华中、华东及华北一带。从参与市场的主体上看，仍以生产、流通、加工企业及期货经纪公司为主，市场结构的积极改观，推动了交易所期货试点的顺利发展。

重交所采用计算机系统按时间优先、价格优先的原则集中竞价交易，引进美国SUN公司的Sparc Server 1000小型机作为中央处理系统，以先进的商用数据库Sybase语言作为数据库管理系统，交易所还建有Vest地面卫星通讯站并通过路透、霸才、中广卫、世华、新华财经等10多套信息咨询网络与世界各地保持行情传递和实时信息交流。

【规范化管理】 重交所贯彻国家关于期货业发展的各项政策措施，规范运作。1996年，期货业主管部门为进一步规范我国期市，制定和颁布了许多政策法规，交易所都有步骤地进行了贯彻执行，并决定对当日平仓交易头寸实行手续费优惠；同时，交易所还进一步完善了涨、跌停板制度，扩大了涨、跌停板报价幅度，取得了较好的效果。完成会员制改造，根据中国证监会的要求和随着条件的成熟，1996年10月，交易所召开第四次会员大会，完成会员制的改造，选举了重庆商品交易所理事会、理事长及各专业委员会，从而使交易所的管理体制更为成熟，交易所的自律管理成为会员的自觉行为。

【对外交流】 重交所重视宣传，扩大交流。1996年初，交易所领导到香港参加期货学习，与国际期货界、金融界交流了经验。1996年3月18日，交易所举办了由芝加哥商业交易所亚洲市场部主任尚保罗博士主讲的国际期货报告会；7月，交易所又组团到香港，参观考察了香港期货交易所等世界知名的交易所，学到不少市场培育和市场开拓的经验；交易所还与兄弟交易所开展相互学习，并进行市场征询和调查活动，举办了3期期货交易推介会，从而调动了市场外围的积极性。

（重庆商品交易所）

香港期货交易所

【概况】 1975年港府在英格兰银行商品期货专家的建议和协助下，草拟了《商品交易条例》，准许设立一家商品交易所。1976年8月香港立法局颁布《商品交易条例》，12月由时金集团控制的香港商品交易所有限公司注册成立。直至1986年香港商品交易所脱离时金集团控制，改组为香港期货交易所有限公司。在香港期货市场早期，推出的期货产品为商品期货，如原棉、原糖、大豆及黄金，由于香港并非农作物产地，成交量不理想，原棉、原糖、大豆3种农产品期货品种分别于1981年10月、1992年9月30日、1992年3月6日中止交易。黄金交易于1980年8月19日推出后交易不活跃。于是香港期货交易所着重金融期货品种的开发，1986年开始了恒生指数期货交易，1990年2月港元利率期货交易开始，1993年恒生指数期权品种上市，1995年股票期货和外汇期货合约也开始进行交易。1996年香港期货交易所分别与纽约商品交易所、费城证券交易所开展联网合作，引入贵金属、能原合约、外汇期权等品种。1996年2月香港证监会与台北证券管理委员会签署谅解备忘录，使台湾投资者在当地买卖香港期货交易所的恒生指数期货合约等品种。香港期货交易所主席：黄钢城，行政总裁：艾华利。

【经营业绩】 1996年香港期货交易所所有品种的总成交量5945320张合约，其中恒生指数期货合约交易日249个，成交4656084张，日均成交18918张；恒生指数期权成交量1093871张；1995年11月推出的外汇期货合约“日转期汇”，1996年成交195355张，总值101亿美元；股票期货合约成交10张。1996年底，香港期货交易所会员由1995年的130个增至134个。

期货经营机构

上海中期期货经纪有限公司

【公司概况】 上海中期期货经纪有限公司成立于1993年3月，是目前国内管理最为规范、最富影响力的期货经纪公司之一，田源任上海中期公司董事长，李亚光任上海中期公司总裁。

【经营业绩】 上海中期公司是全国各主要期货交易所会员，拥有20多个交易席位，主要从事国内期货代理、信息咨询、期货从业人员培训等业务。公司拥有百余名高学历从业人员，有国内最早从事期货业的经营和管理高级专家、国内首批通过美国NFA—3的明星经纪人、知名投资顾问和资深经纪人、专业行情及信息分析师、软硬件工程设计师、期货培训专家和研究学者。上海中期公司于1997年7月1日乔迁新址中期大厦17层，公司具有设施齐全、技术先进的交易大厅、大户室、多家交易所异地同步下单终端室，与异地交易所交易主机电脑并网；装备有300门电话和200多台计算机及显示终端；配备有路透社、世华、未来信息等地面卫星接收系统；拥有DDN光缆、计算机数据通讯等现代通讯系统；拥有电子信箱、信息咨询电话、盘中、盘后技术分析等一系列信息服务系统；每天定时提供全国各大交易所行情分析快报和日报，并向全国主要期货信息报刊提供信息版面。上海中期公司先后获得上海商品交易所A类会员、上海金属交易所十佳会员、上海市"百佳"优秀企业等荣誉称号。

广州中期期货经纪有限公司

【公司概况】 广州中期期货经纪有限公司是国内贸易部所属中期集团在华南地区具有独立法人资格的大型专业化公司，首批获得中国证监会颁发期货业务经营许可证并经国家工商局核准注册登记，注册资金1000万元人民币，主要股东单位有中国国际期货经纪有限公司、广州建银投资公司、广东省物质集团和广州保税区国际投资发展公司等。公司严格遵循"只做代理、不做自营"的经营原则，坚持规范化运作。总裁：杨铁龙。

【经营业绩】 公司拥有全国各主要交易所席位，并可直接代理客户参与全国14家交易所所有上市品种的期货交易。代理交易品种包括农产品类、热带作物类、建材类及有色金属类。公司负责提供结算、交割、信息、资金管理等全方位的服务。经过几年的发展，公司确立了科学严谨的业务流程和合理完善的业务代理机制，同时健全了对大户服务体系，在资讯服务、资金管理、跑道疏通、风险控制、商业保密等方面形成了独特风格。

经易期货经纪有限公司

【公司概况】 经易期货经纪有限公司是经中国证监会批准，国家工商管理局注册登记的规范化专业期货公司，注册资本3000万元人民币。公司拥有12家交易所会员席位，代理品种齐全，交易跑道畅通。公司总部设在北京，在上海、苏州、大连、郑州、深圳、广州等地设有营业部和代表处。法人代表、董事长：韩志宏，总经理：于军。

【经营业绩】 公司为客户代理国内商品期货业务。公司制定了严格的期货代理业务章程、从业人员管理规则、资金管理体系和风险控制系统，确保客户的权益得到最可靠的保障。公司配备有优良的交易环境和快捷简便的异地同步交易系统，能及时收集、翻译、整理国内外期货市场信息，为客户提供真实、详尽的行情资讯服务。同时还拥有经济分析专家和投资顾问。

济南华易期货经纪有限公司

【公司概况】 济南华易期货经纪有限公司是济南市政府于1993年3月批准成立，由国家工商行政管理局登记注册的国有大型专业期货经纪公司，获得中国证监会颁发的期货经营许可证。公司拥有员工200余人，其中经纪人170人，内务管理30余人，下设业务部、交易部、结算部、市场分析部、财务部、客户服务部、公关部、人事部等多个职能部门。公司注册资金1000万元人民币。董事长兼总经理：李国成。

【经营业绩】 公司经营范围为主营国内商品期货代理，兼营期货咨询、期货业务培训。目前，可代理国内各大交易所的国债、各类金属、农产品、建材、能源、化工等期货、现货交易。公司卫星通讯设备可以同步获取关于政治、经济的最新消息与动态以及国内主要交易所的交易信息；拥有完善的计算机软硬件系统使技术分析、结算、财务管理及信息处理实现了自动化、智能化；公司经营面积800平方米，并配有终端显示供用户监视，二十四小时国际国内热线电话。公司每月举办两次期货投资讲习会，不定期举办经纪人培训班。

涌金期货经纪有限公司

【公司概况】 作为涌金集团的骨干企业之一的涌金期货经纪有限公司是经中国证监会核准，在国家工商局注册登记的全国性大型期货经纪公司，公司本部设在北京，下设北京、上海、深圳三个营业部，并在广州、海口、成都、郑州、沈阳、苏州、大连等地设有代表处。公司董事长：费远。

【经营业绩】 公司拥有全国11个商品交易所的全权会员资格，拥有高素质的员工队伍，先进的行情信息，充足的通讯设备和现代化的管理，辅之以舒适的交易环境和切实的技术分析，涌金期货经纪有限公司为客户提供一流的优质服务。

沈阳中期国际期货经纪有限公司

【公司概况】 沈阳中期国际期货经纪有限公司是中国国际期货经纪有限公司在东北设立的第一个分支机构，是由中期公司、沈阳市物资局对外经济贸易公司、沈阳市工商银行风险投资公司、沈阳市经贸物资公司共同投资组建的有限责任公司，经沈阳市工商行政管理局核准，于1993年4月1日注册登记成立，同年11月5日通过国家工商局重新审核，成为首批通过重新注册登记的期货经纪有限公司之一。内设机构：交易部、结算部、信息部、下单室、沈交所营业部、市场部、金融财务部、综合管理部。沈阳中期公司拥有一支高学历、高素质、高水平的业务队伍，现有职工全部具有大专以上学历。大部分经纪人获得了国家工商局颁发的期货经纪人资格证书，同时又有部分经纪人通过了美国国家期货协会的系列3考试，成为国家首批持有美国期货经纪人资格证书的经纪人。

【经营业绩】 沈阳中期公司为独立的企业法人，实行自主经营、独立核算、自负盈亏。专营代理，代理客户进行期货交易，同时还为客户提供结算、交割、信息、咨询等多方面服务。沈阳中期公司通过路透卫星系统，与各大期货市场进行计算机联网，实现信息同步反馈，为广大客户提供新的贸易和投资风险管理工具。

云南日盛期货经纪有限公司

【公司概况】 公司是经中国证监会核准，国家工商行政管理局注册登记的专业期货经纪公司，成立于1995年12月。公司在云南首家开通海南中商所双向卫星异地同步交易系统（网络版），客户通过计算机终端即可下单到场内，准确、快捷。公司拥有一批优秀的期货人才，1996年全国“世华杯”期货模拟大赛荣获第一名。公司注册资本1200万元，公司法定代表人、总裁：熊朝琳。

【经营业绩】 公司拥有国内多家交易所席位，能在海南中商、上海商品、重庆商品等全国14家交易所直接代理交易。同时还代理卫星行情接收系统及即时监控风险的结算软件。开展期货投资、信息咨询服务业务，期货从来人员培训业务。

中粮期货经纪有限公司

【公司概况】 中粮期货经纪有限公司是由中国粮油食品进出口总公司控股，经中国证券监督管理委员会核准，于1996年9月在国家工商局注册登记的专业期货经纪公司，系国家外经贸部系统首批大型期货经纪公司。公司是郑州商品交易所、上海粮油商品交易所、大连商品交易所、北京商品交易所、天津联合期货交易所、海南中商期货交易所、上海金属交易所、成都联合期货交易所等9家交易所取得了全权会员资格，可代理中粮集团系统所属企业及全国范围内的客户参与全国各期货市场的小麦、玉米、大米、大豆、绿豆、红小豆等农产品及金属、化工、建材等多种商品的期货交易，并可为客户提供期货交易知识培训和咨询。公司下设上海、大连、郑州三个异地营业部，总部设立发展部、交易部、结算部、信息部、财务部等部门，拥有员工近80人。

【经营业绩】 为方便客户，公司配置了先进快捷的市场行情报价和技术分析系统，在全国各主要期货市场建立了稳定的客户基础和信息网络，并在上海、郑州、大连、北京、天津等地与相关期货及现货贸易企业保持着良好的联系。中粮期货公司只做代理业务，不做自营交易，并坚持“客户至上、服务为本”的行业准则，中粮期货公司将充分利用中粮总公司拥有的国内与国际市场相结合的市场信息网络，加强各期货品种的研究，从生产、库存、流通、消费到进出口价格，从国家农业政策到国际市场发展趋势，从现货价格走势与期货价格的关系到期货交易操作策略，每天为客户提供市场分析报告，并逐步扩大市场范围，尽快实现国内与国际市场的协调运作。

江苏东华期货经纪有限公司

【公司概况】 江苏东华期货经纪有限公司是股份制的专业期货经纪公司，是江苏省期货试点单位。经国家工商局审核登记，公司注册资金人民币2000万元。设有总经理室、行政管理部、营业总部、研究发展部、财务审计部、结算中心等职能部门。总经理：梁勇。

【经营业绩】 公司现拥有苏州商品交易所、郑州商品交易所、北京商品交易所、海南中商期货交易所、上海商品交易所、上海粮油商品交易所、上海金属交易所等席位，能代理客户交易全国各期货交易所的所有上市品种。主要交易品种有：苏州商交所：胶合板、豆粕；郑州商交所：绿豆、小麦；北京商交所：绿豆；海南中商所：棕榈油、天然橡胶、咖啡；上海商交所：胶合板、天然橡胶；上海粮交所：大豆、籼米；上海金交所：铜、铝；大连商交所：大豆；天津联交所：红小豆。公司已在北京、上海开办了营业部并在省内设立了多家办事处。客户通过公司可以凭藉一个帐户、一套保证金随时操作上述国内交易所的商品期货交易。公司为方便客户做套期保值业务，配备专门人员为客户交割服务，与各大交易所交割部、指定交割库都有良好的合作关系。公司不断更新通讯、录音、传递设备，对各交易所场内专设热线电话，同时开通了路透、霸才、建功等卫星报价即时分析系统。

海南中亚期货经纪有限公司

【公司概况】 海南中亚期货经纪有限公司组建于1991年，经国家工商局核准登记注册取得正式营业执照，并经中国证监会批准颁发《期货经纪业务许可证》，专门从事国内期货代理、咨询等业务。

【经营业绩】 公司总部营业面积1000多平方米，是目前海南营业面积最大的期货经纪公司，200多部终端显示器，近100部程控电话，路透社、世华、STC等信息资讯系统，为客户了解行情进行交易提供了快捷的通讯服务。公司自1994年8月率先从国际期货代理转为国内商品期货代理业务以来，已直接拥有国内10大交易所席位。在多年的期货交易中，培养出一批交易经验丰富，分析技术娴熟的投资理财的助手。在遵循客户至上，公开、公正、公平的原则下，以优质、快捷的服务，准确的行情分析及信息。

海南深海期货经纪有限公司

【公司概况】 海南深海期货经纪有限公司是经中国证监会批准，国家工商行政管理局核准登记注册的规范化专业期货经纪公司，公司在上海设有营业部。公司总经理：何欣。

【经营业绩】 公司拥有上海金属交易所、深圳有色金属联合交易所、郑州商品交易所、海南中商期货交易所、苏州商品交易所等会员席位，配备有先进的计算机网络和霸才、世华实时行情分析系统，建立了广泛的国际国内信息渠道，聚集了一批具有扎实理论知识和丰富实践经验的期货交易和管理专业人才。公司以实力雄厚、信誉良好的大型企业集团为依托，以一流的软硬件设施为保证，以严谨、高效、训练有素的职工队伍为根本，为广大客户提供全方位优质服务。

金鹏期货经纪有限公司

【公司概况】 金鹏期货经纪有限公司是经国家工商行政管理局注册，由中国有色金属工业供销运输总公司、中国华能集团公司、中国凯利实业有限公司、中国国际石油化工联合总公司、中国金汇黄金物资总公司等单位共同投资兴办的全国性集团型期货经纪企业。公司于1993年11月18日成立，注册资金4800万元人民币。公司下属营业部有成都、郑州、大连、新疆、苏州、宁波、天津等7个营业部。下属企业有长春金鹏期货经纪有限公司、上海金鹏期货经纪有限公司、北京市金鹏期货法律事务中心、北京市金鹏信息技术有限公司、北京市金鹏保险代理有限公司、淮坊金鹏国际期货咨询有限公司、上海金鹏企业发展有限公司等。公司董事长兼总裁：常清。

【经营业绩】 1994年金鹏公司总资产2亿元，1995年5亿元；1995年公司总交易额1500亿元。公司是国务院批准试点全部14家交易所的会员，拥有期货交易席位26个，证券交易席位6个。金鹏公司配备了国际、国内几乎所有著名的金融信息系统，多家异地同步交易系统和全国统一的远程清算系统，电子即时咨询系统；向客户提供期货代理、基金管理以及信息、结算、交割、培训、咨询等全方位的服务。

中保信期货经纪有限公司

【公司概况】 中保信期货经纪有限公司是经国家工商行政管理局核准注册登记，中国证监会核发《期货经纪业务许可证》的大型期货经纪机构。公司于1995年11月2日正式成立，注册资本为2500万元人民币，是国家正式批准成立的10余家期货交易所的正式会员。公司内部设有交易部、结算部、技术部、市场研究部、理财部、计划财务部和综合管理部等，并在全国各地设立了多个分支机构。法人代表兼总裁：陈文辉。

【经营业绩】 公司不仅致力于中国期货市场的建设与发展，本着“规范经营、客户至上”的服务宗旨，为客户提供多种业务服务。公司主要业务有接受客户委托，代理客户进行期货交易和实物交割，提供与期货市场密切相关的经济形势、证券市场分析报告及期货市场的行情与信息咨询服务，为国内培训期货人才，从根本上提高广大投资者的风险意识。公司拥有完备的通讯手段，先进的信息传输系统和多家行情分析系统，如路透社行情与分析系统、国家信息中心、SIC实时金融系统、智富技术分析系统、乾龙技术分析系统等。

浙江金达期货经纪有限公司

【公司概况】 浙江金达期货经纪有限公司是经国家工商行政管理局核准登记注册、中国证监会审核通过的专业经纪公司，由浙江省金属材料公司和浙江省物资房地产开发公司共同出资，公司注册资本3000万元。董事长、总经理：顾海国。

【经营业绩】 公司主要从事国内商品期货代理、信息咨询服务。1993年12月28日正式挂牌营业，不做自营只做代理，至1996年底，代理客户期货交易额1700多亿元。下单全由客户自行操作，公司提供相关的资讯服务，不采用经纪人制度，公司被北京商品交易所评为AA级会员。公司是上海金属交易所、上海商品交易所、苏州商品交易所、大连商品交易所、北京商品交易所、海南中商期货交易所等交易所的全会员，营业面积1000平方米，直拨电话120门，电脑显示终端150个，路透、中广卫等多套卫星行情接收系统，配备有快捷的实时技术分析系统。

批发交易机构

上海汇源积压产品交易市场

【概况】 上海汇源积压产品交易市场1996年12月22日成立，是主要以积压产品为交易对象的专业市场。随着市场竞争日趋激烈和产品更新周期的加快，积压产品和闲置装备开始成为困扰企业的一大难题。

【经营业绩】 上海汇源市场是全市250多家已开业的批发市场中唯一以积压产品为交易对象的专业市场。市场第一期工程已经基本建成，已开始进行二、三期工程建设，主要实施三项举措：一是采用现代科学技术，与中央电话台经济信息供求热线联网，使积压产品供求信息覆盖全国，进而实行网上交易；二是建立市场属下的"配售中心"，直接操作积压产品在全国市场及境外市场的供需、余缺调剂工作；三是在国内一些城市及部分第三世界国家建立分市场或连锁市场，让进场企业一进入汇源市场就进入了全国市场和国际市场。

合肥市长江农贸批发市场

【概况】 批发市场位于合肥市东郊，占地面积40万公顷，建筑面积50万平方米，总投资5.4亿元，是由长江集团投资兴建。批发市场内建有仓储、低温冷库、保鲜库房，并设有大型停车场，配有电讯、物业管理、消防、商品信息等系统。

【经营业绩】 批发市场采用专业市场和综合市场相配套的方法，初级批发市场为菜蓝子工程服务，中央批发交易中心对全省农副产品调剂，并服务华东地区，远期交易中心为安徽省及全国农副产品生产者服务。并逐步筹建蔬菜生产基地及直供连销配送系统，设置优质农副产品拍卖中心。

錦川 JIN CHUAN JI TUAN 集團

山東錦川集團總公司

錦川集團

山東錦川集團總公司是山東省首批公布的50家大型鄉鎮企業集團，是農業部首批公布的全國鄉鎮企業集團之一。擁有固定資産1.5億元，職工4300人，各類中、高級職稱的管理人員和技術人員50多人，專業技術人員320多人，經過不斷的開拓和發展，錦川集團總公司已成爲集紡織、化纖、印染、建材、化工、包裝、食品、能源及第三産業等配套發展，科工貿一體化的規模企業集團。在九五年度中國最大經營規模和最高利税總額鄉鎮企業1000家中，分别排在第175位和161位。

公司董事長、總經理魯積安願與國内外各界朋友携手并肩，再創輝煌。

地址：山東省淄博市淄川區羅村

電話：(0533)5686285 5686317

傳真：5686320 郵編：255138

公司董事長、總經理：魯積安

公司辦公樓夜景

上海华源企业发展股份有限公司

SHANGHAI WORLD BEST INDUSTRY DEVELOPMENT CO.,LTD

上海華源企業發展股份有限公司是經國家體改委批準，由中國華源集團有限公司作爲主發起人，聯合江蘇雅鹿集團公司，江蘇雙貓紡織裝飾集團公司等七家企業共同發起，采用募集設立方式成立的股票上市公司，注册于浦東新區。年末公司總股本爲1億股，其中發起人法人股7500萬股，社會公衆股2500萬股，1996年10月3日，公司公衆股票獲準在上交所挂牌交易。

总经理：周竟成

華源發展是華源集團實施建設的“中國華源長江工業走廊”宏偉工程的重要組成部分，公司確立以國際貿易爲龍頭，以大服飾基地爲依托的功能架構，下設上海華源國際貿易發展有限公司和雅鹿服飾分公司，雙貓紡織裝飾分公司，其主導産品是服裝服飾和家用裝飾紡織品。經上海市外經貿委批準，公司可經營經國家許可的各類商品和技術的進出口業務，承辦中外合資經營，合作生産以及“三來一補”業務，經上海市外高橋管委會的批準，公司準許在保税區經營各類保税業務。

公司1996年主營業務收入爲45579.38萬元，净利潤爲6305.39萬元，年末總資産爲60774.44萬元，净資産爲31998.71萬元，進出口總額達2442.5萬美元，其中出口創匯1851.3萬美元。

“華源發展”集浦東長江三角洲概念、高新技術概念、進出口保税概念、高檔服飾概念于一體。致力于實施“高科技、外向型、大服飾”發展戰略，在A股上市公司中獨具特色。公司將充分發揮上市的優勢，以經濟效益爲中心，大力開發適應國内外市場需求的高級服裝和家用裝飾紡織品。積極開拓國内外市場，實施内貿與外貿并舉，進口與出口聯動，工業與外貿結合的戰略，把公司建設成爲具有國内一流水平的科工貿一體化發展的集團型企業。

华源双猫纺织装饰基地

华源雅鹿服饰基地生产指挥中心

地址：上海市浦東新區商城路211號20層

電話：(021)58206666X2010　58792716

58793617

傳真：(021)58792223

郵編：200120

投資北海招商真的很劃算！

北海國際招商股份有限公司

北海國際招商股份有限公司成立于1990年5月，由四川省石油總公司、中國烟草總公司四川省公司、四川省成都全興酒廠、四川省長江企業（集團）股份有限公司、成都鋼鐵廠、南寧桂銀綜閤服務公司等13家企業共同發起組建。公司1996年底總股本8200萬股，其中法人股4600萬股，社會公衆股3600萬股。公司3600萬股社會公衆股于1997年3月28日在深圳證券交易所挂牌交易，屬曆史遺留問題股票上市。

公司爲綜閤類企業，以房地産業爲基礎，同時努力尋求具有良好發展前景的工商業和旅游業投資機會。目前主營業務爲：1.三峽庫區移民開發，包括在建的萬縣市天城區移民示範小區項目、萬縣天城東路建設項目等；2.北海國際商業城土地齣讓和房屋銷售及成都的房地産項目開發；3.高新技術項目及産品：包括控股的西南新日鋼製品有限公司生産的不銹鋼/碳素鋼復閤管材和控股的西南宇視通電子有限公司生産的C&C168型智能電話及C&C168型報警電話與計算機網絡組閤的城市聯網智能監控報警係統；4.酒店旅游業：公司全資子公司北海四川大酒店爲國傢旅游局批準的涉外星級旅游飯店。

公司1996年主營業務收入15263.93萬元，淨利潤3441.27萬元，總資産21555.87萬元，股東權益15647.93萬元，每股收益0.42元，每股淨資産1.91元，淨資産收益率21.99%，股東權益比率72.59%，96年分配方案爲每10股送3股紅股。

地址：廣西北海中山西路2號樓
電話：(0779)3036944
傳真：(0779)3031498
郵編：536000
公司法定代錶人：王進

董事長兼總經理：王進

海南高速公路股份有限公司
HAINAN EXPRESSWAY CO.,LTD

成立于1993年8月8日，
是中國第一傢高速公路股份製企業。
公司總股本49441.415萬股，是海南規模最大的股份製企業。
公司經營範圍：高等級公路的勘測、設計、施工、收費、養護和管理服務；房地產開發經營；石油、燃料、建材、普通機械、電子產品、農副產品、日用百貨、飲食業的經營；旅游業開發；汽車客貨運輸、拯救、維修、租賃。
公司股票的發行與上市工作取得突破性進展，
A股的發行上市已獲中國證監會批準將在1997年11月份成爲社會公衆公司，
B股發行已獲得預選資格。

公司自成立以來，
主要承擔國傢基礎設施建設重點工程一海南東綫高速公路建設和管理。
全長251公裏的東綫高速公路右幅已于1995年12月27日全綫竣工通車。
公司還充分利用省政府給予的優惠政策，以路爲本，綜閤經營，逐步建成瞭以海口、三亞爲重點，連接海南東、南、北五市二縣的“路、工、貿、旅”多元化、高層次的産業體係。
公司擁有8傢全資子公司和1傢分公司：建設公司、管理公司、綜閤服務公司、旅游運輸公司、房地産公司、吉源工貿公司、廣告公司、萬寧金銀島旅業公司和園林公司。
海南東綫高速公路擴建(左幅)工程經國傢計委批準，
已于1996年12月30日動工興建，
其中第一期海口—瓊海段87公裏計劃1998年3月份竣工通車。
1996年公司實現利潤21246.8萬元，
1995年增長34.6%。
董事長、總經理、法定代錶人：邢福煌

← 公司興建的東綫高速公路

地址：海南省海口市南寶路國托大厦四、五、六、七樓　電話：(0898)6768394　傳真：(0898)6790647　郵編：570206

FUZHOU DAYTOU M&E CO., LTD.

● 公司生産的優質漆包綫產品

大通

福州大通機電股份有限公司

福州大通機電股份有限公司由福州自動化儀錶股份有限公司更名而來，是福州市最早進行股份製試點的企業，十年來，經過改製試點、重組、規範、發展，經營規模不斷擴大，現有總資産32942.8萬元，淨資産10228.1萬元，總股本5185.53萬股，其中國傢股1226.28萬股，法人股693.60萬股，社會公衆股1357.53萬股，内部職工股1908.06萬股。1997年5月8日社會公衆股在上海證券交易所挂牌上市。

公司主要生産經營特種漆包綫、繞包綫、高低壓架空綫、水錶和自動化儀錶，公司先後從國外引進先進的漆包綫生産綫設備和水錶製造設備，建成國内第一傢特種漆包綫生産綫和國内最大的水錶産品齣口基地。主要産品特種漆包綫用于彩電、冰箱、空調、音響等傢用電器和特種電機、電器等産品，品種規格齊全，産品先後獲國傢優質金奬、銀奬、部優、省優和美國UL認證，通過瞭ISO9002質量保證體係認證。主要供應國内大型傢電企業，電工骨幹企業和中外閤資企業，是替代進口産品，同時水錶産品齣口東南亞國傢和地區，是國内首傢自營齣口基地。1996年公司主營業務收入26126.99萬元，利潤總額1952.14萬元，淨利潤1434.84萬元，齣口創匯600萬元。

福州大通機電股份有限公司早在80年代初利用世界銀行貸款引進先進的生産設備，進行大規模的技術改造，建成國内第一條特種漆包綫生産綫，生産名、優、新、特産品。特種漆包綫主要用于彩電、冰箱、空調、音響、洗衣機、微波爐等傢用電器和特種電機電器，主要供應江蘇春蘭、彩虹集團、深圳賽格日立、上海冰箱壓縮、瀋陽華潤等國内大型傢電企業和閤資企業，成爲替代進口産品，水錶産品按國際標準生産，齣口量占全國的60%。成爲國内首傢自營齣口基地，經過技改和開發，目前已經具備生産500KV超高壓級輸電綫能力。公司有較强的競争能力和品種、價格、服務競争優勢，堅持“用户的需求爲最高標準”的質量方針，貫徹執行國際質量標準，實施科學管理，降低成本。

“九五”期間，公司將緊緊地抓住我國新一輪經濟發展機遇，以主業爲後盾，投資1億元擴大主業生産能力，積極參與資本市場，繼續通過投資參股、資産重組、企業兼并等形式優化資本結構，建立多元化、多層次的産業結構，使主業不論在生産規模、産品質量、經濟效益均處于國内領先地位。2000年工業總産值（不變價）達到5.5億元以上，實現利潤4000萬元以上，以年均遞增20%的速度争創上游業績。迴報股東。

優質珠寶產品

海南 京潤實業股份有限公司

山東榮城京潤石材有限公司

京潤珠寶大樓

海南京潤實業股份有限公司是由中國工商銀行信托投資公司、中國船舶工業總公司、中國長城工業總公司、中國原子能工業公司和海南京潤實業投資公司共同發起，嚮全國60多傢部屬企業募集資金成立的大型規範化股份製企業。公司創立于1994年10月，注册資本8000萬元人民幣。

公司創立以來，堅持以“高起點、高速度、高效益”爲指導思想，以實業投資爲基礎，穩健經營，規範運作。公司的三大主營項目一珠寶、石材和旅游，經過兩年多培育和發展，巳具相當規模，同時公司還積極涉足金融證券和高科技産業的開發。公司先後在海南、山東、南京、北京、上海、瀋陽等地建成暸7傢全資、控股企業，建立暸一個以主營業務爲主綫的覆蓋全國的業務網絡。公司的拳頭産品“京潤珍珠”和“京潤牌”石材除内銷國内30多個大中城市外，還遠銷十幾個國傢和地區。目前，公司正以前所未有速度嚮前發展。

地址：海口市龍華路17號財盛大厦12樓
電話：6212519
傳真：6212543

京潤旅游豪華車隊

濟南人民商場股份有限公司

董事長
總經理：郭連海

濟南人民商場股份有限公司
地址：山東省濟南市經四路13號
電話：(0531)6925196
傳真：(0531)6913433
郵編：250001

濟南人民商場創建于1949年，1985年改組爲股份製企業，公司總股本7778萬股，其中國家股2800萬股，法人股836萬股，個人股4142萬股。是山東省最大綜閤商業企業之一，全國最大300家股份製企業。

1994年 9月，公司營業大樓經擴建改造、裝修，成爲集購物、娛樂、餐飲于一體的新型商厦。公司現有職工2520人，總資産3.7億元，總建築麵積5萬平方米，營業麵積3萬平方米，下設12個商場，6個分公司和1個設施先進豪華的多功能娛樂中心，經營35個大類，5萬多種商品，96年銷售收入4.23億元。公司開業以來，經濟效益每年平均以25%的幅度遞增，主要經濟指標居山東省同行業前列，被消費者譽爲“齊魯第一大店”，先後榮獲全國文明經營先進單位、全國商業信譽單位、全國青年文明號、全國執行物價計量優秀單位、山東省爭創無假冒商店活動先進單位、山東省工商企業信譽度調查最佳單位及省、市消費者滿意商店等榮譽稱號。近幾年來，公司一業多主，多元經營，確立人民商場在齊魯商界“弘揚消費文化，領導消費潮流”的經營戰略和經營思想，堅持商品銷售以“中檔爲主，高檔爲輔，麵嚮工薪階層，大力開發人民生活必需品”的市場定位，采取瞭“專業化、係列化、名優化”的經營策略，創齣瞭“穿在人民商場”的經營特色。公司在立足商業的同時，在堅持零售爲主的前提下，提高抗風險能力，實現瞭多元化發展。公司先後成立瞭名人服飾公司、濟南人民商場魯陽商厦、齣租汽車公司、廣告裝飾公司、物資交易公司、空調製冷工程公司、洗化品批發公司、勞動服務公司。公司建成集科、工、貿于一體、商業、地産、旅游、餐飲、信息服務等多産業并舉的現代化大型企業集團。

濟南人民商場全景

濟南志友集團股份有限公司

董事長、總經理：周志祥

法定代表人周志祥，出生于1944年12月，文化程度大專，高級經濟師，任濟南志友集團股份有限公司董事長、總經理、黨委書記。1964年10月爲四清工作團隊員；1966年12月爲濟南水泵廠干事；1975年6月爲濟南市機械局紀委副書記；1982年12月爲濟南變壓器廠黨委書記、廠長兼黨委書記；1993年4月至今爲濟南志友集團股份有限公司董事長、總經理、黨委書記。

濟南志友集團股份有限公司前身爲濟南變壓器廠，始建于1952年，是山東省規模最大、曆史最長的變壓器製造廠，國傢大型二類企業，國傢二級企業，是機械工業部重點企業，國傢規劃定點生産220KV級大型電力變壓器的省内唯一製造企業。1984年以來，濟南變壓器廠一直是濟南市經濟體製改革的試點單位。1993年被列爲全省首批50傢股份製試點企業之一，并于同年改組成爲濟南志友股份有限公司。

在全國變壓器行業中，公司生産規模排名第六位，經濟效益綜閤指標一直名列同行業前列，公司主營業務：輸變電設備和新型建築五金件的生産和銷售，兼營：變壓器改造，檢修、鍍鋅、電磁綫生産與銷售。1994年7月，公司與德國西門子有限公司閤資成立瞭西門子變壓器有限公司(以下簡稱西門子公司)，注册資本2800萬德國馬克，志友公司占有49%的股份。閤資企業的生産能力爲年産電力變壓器800萬KVA。1993年，公司首先開發瞭内鎖式門窗配套傳動機構等新型建築五金産品，于1995年正式成立瞭濟南志友建築五金有限公司。

公司主導産品爲電力變壓器和新型建築五金件産品。電力變壓器共計25個係列，200個品種，1380多種規格。電壓等級從6到220KV，容量從30到360000KVA，各項技術性能指標全部符閤國傢標準，其中大型電力變壓器采用西門子公司的先進技術，由志友公司與德國西門子電氣公司的閤資公司生産。公司擁有主要設備330臺(套)，包括具有世界水平的進口變壓器生産綫13臺(套)，進口建築五金件設備11臺(套)。經過10年兩期技術改造，主廠房的起重能力已達2×160噸，鐵路專用綫直通廠内；新型建築五金件已具備小批量生産能力；公司日常生産、經營管理已全部實現瞭微機化。作爲山東省内第一大變壓器製造企業，公司占有山東省變壓器銷售市場75%的市場份額；占有全國變壓器市場5%的份額；以其新型門窗傳動機構性能優良，在國内新型五金件市場中占居首位。公司産品質量性能已得到行業和用户認可，并成爲中國建築金屬結構協會的會員。1996年末實現銷售收入11829.7萬元，利潤總額1376.5萬元，淨利潤922.3萬元，總資産33571.1萬元，淨資産14936.1萬元，注册資本7508.72萬元。

環境優美的公司外景

地址：山東濟南市段店南路259號
電話：(0531)7983535 郵編：250022
傳真：(0531)7983870

淄博起鳳

建工實業股份有限公司

董事長、總經理：鞏宜海

淄博起鳳建工實業股份有限公司成立于1970年，技術資質一級。年施工能力35萬平方米，企業固定資産3700萬元，職工4000人，下設9個土建分公司和裝飾裝修、房地産開發、機械化施工、鋼模闆租賃等5個直屬企業，2個中外閤資企業。施工力量主要分布于濟南、淄博、萊蕪、濱州、德州、東營、勝利油田等地。近年來創齣地市級優良工程210餘項。其中部級優質樣闆工程3項、部優工程2項、山東省十佳工程1項、山東省優良工程90餘項，連續三年來工程優良率80%以上(1996年85.5%)獲山東省工程質量鄉鎮企業組金牌3快、銀牌1塊，獲全國集體建築業協會全麵質量“金屋獎”，被山東省建委、建工局評爲“質量管理先進單位”(鞏宜海經理被建設部授于“全國工程質量管理先進個人”)連續五年被國傢統計局評爲“中國500傢最大鄉鎮企業”，被農業部鄉鎮企業局評爲“全國最佳經濟效益鄉鎮企業”，被山東省建委、建工局、統計局評爲“山東省建築施工企業綜閤實力五十强企業”。自1992年以來連續被山東省工商局評爲“省級重閤同、守信用企業”，1996年完成建築産值1.586億元，利稅總額1250萬元，利潤總額800萬元，股民紅利均在30%以上，企業于1996年12月經山東省體改委規範，由山東省政府批準爲規範化股份有限公司，1996年12月企業被國傢農業部命名爲山東起鳳建工集團。

法定代錶人：鞏宜海。大專文化、高級工程師。1990年任副總經理、1994年至今任董事長、總經理、市級勞動模範、優秀經理，1994年、1995年被省建工局評爲建工係統先進工作者。1996年被建設部評爲“全國工程質量管理先進個人”。

公司董事長、總經理：鞏宜海

地址：山東省淄博市桓臺縣起鳳鎮

電話：8681669　郵編：256407

公司領導班子

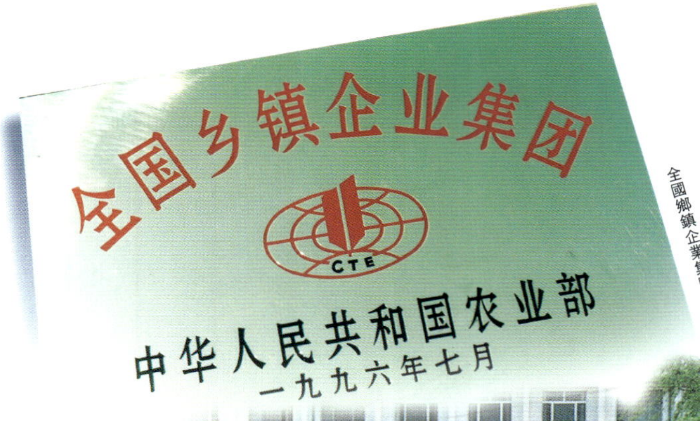

全國鄉鎮企業集團證書

公司辦公大樓

Shan Dong

山東電泵

股份有限公司

公司董事長：高乃祥

山東電泵股份有限公司是國內最早研製生產潛水電泵、潛油電泵的主要廠傢，國傢大型(二)企業，機械部重點企業、國傢二級企業、省級文明單位。現有職工1200名，占地13萬平方米，固定資産5000多萬元。年銷售收入過億元，利税過韆萬元。公司下設顔山工業泵廠、電控設備廠和春佳空調廠、7個車間、20個處室。主要産品有潛水電泵、潛油電泵、各類特種電泵、自動供水係統、空調設備、電器控製設備等400多個規格品種。其中200QJ32-104型潛水電泵榮獲全國同行業唯一最高獎—國傢銀質獎。QJ係列潛水電泵係山東省免檢産品，并評爲“山東名牌”産品。

公司辦公大樓

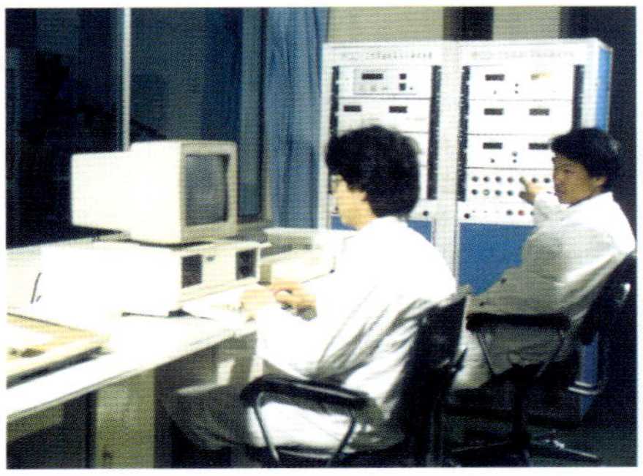

在全國率先建成并達到國傢B級
水平的潛水電泵微機試驗室

公司董事長高乃祥1967年畢業于山東師範大學，高級工程師。在長期的工作實踐中，始終堅持科技進步和管理進步，使企業發生瞭根本的變化，由一個小型企業逐步發展成爲在全國同行業具有領先地位的大型企業。“八五”期間工業總産值增長1.13倍，利潤總額增長1.03倍，固定資産增長1.92倍。“九五”末公司將跨入年銷售收入10億元，利税過億元，創匯500萬美元的大型企業集團，牢固確立在全國同行業的龍頭優勢地位。

董事長：高乃祥

地址：山東省淄博市高新技術开發區
電話：(0533)3580934　4183551
傳真：(0533)4180211　郵編：255000

許繼

電氣股份有限公司

公司是國家最大的電力系統繼電保護産品的科研生産基地，公司與哈德威四方公司聯合開發的CSC2000型變電站綜合自動化系統，達到國際先進水平。

地址：河南省許昌市建設路178號
電話：(0374)3315588-2394
傳真：3315509　郵編：461000

公司是國家大型一檔企業和我國電力系統繼電保護及自動化産品骨干企業。公司占地12.67萬平方米，股份總額13800萬股其中：社會公衆股5000萬股。現有職工1500人，其中工程技術人員648人。公司主導産品有各種型號繼電器、繼電保護及自動化裝置(屏)、220KV及以下變電站綜合自動化系統等，共計1000多個品種、10000多種規格，産品技術、質量、效益等方面在國内同行業均名列前茅。

公司業務範圍包括電力系統量度繼電器、輸變電綫路和主設備等成套保護及綜合自動化系統、中壓斷路器、電力通訊設備、高低壓開關櫃及其它機電産品的生産和銷售，并承擔機械、化工、電力成套設備的進出口業務。公司現有總資産90344萬元，净資産67709萬元，具有很强的償債、擴張和盈利能力。公司經引進、消化、吸收及與國内著名院校和科研院所聯合攻關，研制開發的微機超高壓綫路保護、微機大機組保護、微機光纖保護和無人值班變電站監控系統等高科技産品，其技術水平、質量可靠性等方面已達到國際或國内同期先進水平。1996年實現銷售收入33718萬元，利潤總額9017萬元，1997年又保持强勁的發展勢頭。公司先后榮獲首届“中國機械”十大杰出企業、中國100家大型電氣機械及器材制造企業、全國綜合經濟效益500優企業，并被確定爲國家首批300家重點企業和重大裝備國産化基地。

王紀年：研究員，48歲，公司法人代表、董事長。曾榮獲河南省優秀企業家、當代河南人才獎、河南省勞動模範、中國機械工業優秀企業家、全國經濟改革人才獎、全國“五一”勞動獎章、全國勞動模範、黨的十四大代表，享受政府津貼的國家級專家。

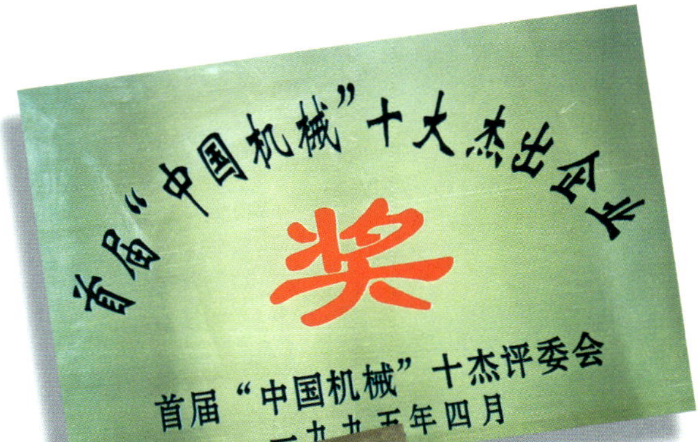

公司被評爲首届“中國機械”十大杰出企業

公司被國家統計局確認爲中國百家最大電氣機械及器材制造企業。

公司董事長、總經理：孫德收

山東鳳寶股份有限公司

山東鳳寶股份有限公司前身爲淄博鳳凰沙發廠，主要生産各類賓館、餐廳、辦公室等配套家具。1993年經淄博市體改委批准爲淄博鳳凰股份有限公司，1996年12月經山東省政府批准成爲省批規範股份制企業，更名爲山東鳳寶股份有限公司。公司1997年6月底總股份1051.9680萬股，其中集體股369.1072萬股，法人股49.2萬股，社會公衆股633.6608萬股。股東權益3460.9萬元，每股收益0.2057元，每股净資産3.29元，股東權益比率40.69%。主營收入2160萬元，净利潤216.4萬元，資産總額8527.4萬元。

公司總占地面積127539平方米，建築面積59828平方米，現已成爲中國家具協會會員單位，全國大型一檔鄉鎮企業，擁有固定資産5100萬元，在册職工528名，各類專業技術人員85名，擁有國内先進的整套完整的原材料檢測中心和産品檢查監控系統。公司主要生産高、中、低檔板式家具、沙發、床墊、辦公家具及其系列産品輕體板門、鋁合金加工等，産品廣泛應用于建築室内裝飾、裝璜等。産品注册商標爲“鳳寶”牌。

公司1994年投資4000余萬元，新建家具生産基地一處，1996年又投資400萬元，完善了兩條全機械化板式家具生産綫，使其月産值達到了500萬元。公司鳳寶産品曾先后被評爲全國輕工産品博覽會“最受消費者歡迎的産品”，1991年藤面沙發、床墊經山東省科委組織專家鑒定，填補了家具行業空白，達到全國同類産品的先進水平；1992年沙發、床墊獲全國科技成果展交會家具行業唯一金奬；1993年中國專利技術博覽會榮獲“金”奬(聚酯席夢思床、沙發)；1994年獲全國億萬民衆最喜愛的民用産品家具類“消費者滿意奬”；1994、1995年沙發、床墊被國家輕工部評爲A級産品，1995、1996年度被中國名牌産品介紹委員會評爲“名牌輕工産品”，1996年全國第三届北京家具展覽會優秀奬。公司自1989年以來，連續6年被桓臺縣工商局、淄博市工商局授予“重合同、守信用”企業，被縣委、縣府授予“企業合法權益重點保護單位”，被淄博市技術監督局授予“計量管理先進單位”，被市政府譽爲“發展鄉鎮企業標杆企業”，被農業部鄉鎮企業局授予“1995年全國家具行業最大規模第五名”、“全國鄉鎮企業1000强第481名”、“95中國最高利税總額鄉鎮企業”，被中國企業形象認定委員會評爲“最佳形象AAA級企業”，共獲市以上榮譽稱號35次，有158人次被省、市、縣授予榮譽稱號。

辦公大樓夜景

地址：山東省淄博市桓臺縣果裏鎮南首
電話：(0533)8400666 8400888
傳真：(0533)8400666
郵編：256401

高檔家具

設計新穎的辦公

董事長：肖永恩

西藏礦業
發展股份有限公司

地址：西藏拉薩市扎基路14號
電話：0891-6336740股份公司辦公室
0891-6336738董事會辦公室
傳真：0891-6336738

西藏礦業發展股份有限公司是西藏五大支柱産業之一。是我區第一家以礦産開發經營爲主業的綜合性股份制企業。公司下設四個分公司、二個辦公室、六個部等内部管理機構，以及成都辦事處、西安辦事處等跨地區工作聯絡機構。

我公司主業爲鉻鐵礦的開采、加工、銷售，具有三十年的采礦經驗，優良的設備和先進的技術，基本形成科、工、貿一體化經營。産品質量優良，在國内市場占有重要地位。公司從事鉻礦、硼礦、鉛鋅礦、錫礦、高嶺土、銅礦、金礦、鋰礦開采、深加工及銷售，并具有進出口貿易經營權。

西藏礦業發展股份有限公司全體員工竭誠與國内外朋友携手合作，共圖發展！

公司領導商討發展規劃

中國最大的鉻鐵礦基地

礦部住宅區

广西斯壮股份有限公司

GUANG XI STRONG CO., LTD

公司董事長兼總經理：杜寶成

廣西斯壯股份有限公司于1993年5月經工商登記成立，注册資本6535.52萬元。公司設立的宗旨在于響應中央將廣西建設爲大西南出海通道的決定，利用社會資金發展廣西的通訊和航空事業，促進廣西乃至整個大西南地區的經濟發展。

公司成立后主要經營通訊設備銷售和尋呼臺服務。經過三年多的發展，公司已成爲廣西區内通訊行業中規模最大的企業之一，其中中文尋呼機用户占廣西中文尋呼市場40%，并于1996年初在廣西首家實現全區中心城市尋呼聯網。公司同時兼營的貿易業務主要從事燃料、化工等商品的國内外貿易以及某些商品的進出口貿易的代理業務。公司成立以來，經營業績呈穩定增長的良好勢頭。

對外投資方面，公司與南方航空（集團）公司合資組建了廣西航空有限公司，并擁有其40%的權益。廣西航空有限公司現有三架波音737飛機，已安全營運三年，經營45條國内和地區航綫，每周飛行120多個航班，實現利税1.22億元，經營業績快速增長，爲公司帶來了良好的投資回報。

經中國證券監督管理委員會批准，公司在深圳證券交易所發行并上市3000萬股社會公衆股，股本總額擴大到9,927.6512萬股，净資産總額爲20,857.93萬元，每股净資産2.10元。

地址： 廣西南寧市民生路45號

電話： (0771) 2821736

傳真： (0771)2817655

郵編： 530012

開展精品航綫活動，向國際先進水平邁進。廣航2549客機1996年再次榮獲“全國衛生客機”稱號。

您的幸福我們保護

南京醫藥股份有限公司

公司前身爲南京醫藥(集團)公司(原南京市醫藥公司),
始建于1951年12月，是我國醫藥商業大型骨幹企業。
1994年1月25日經南京市經濟體製改革委員會批準,
由集團公司爲主體，聯閤中國建設銀行江蘇省信托投資公司、南京市國有資產經營公司和南京天宇醫療器械總公司等4傢法人單位共同作爲發起人,
采取定嚮募集方式成立本公司。
總股本爲6225.74萬股，其中南京醫藥(集團)公司持有2825.74萬股，發起法人股250萬股，法人股3000萬股，内部職工股150萬股。
1996年6月7日公司獲準嚮社會公開發行股票2076萬股,
1996年7月1日公司社會公衆股在上海證券交易所挂牌交易,
發行後公司總股本增至爲8031.74萬股。

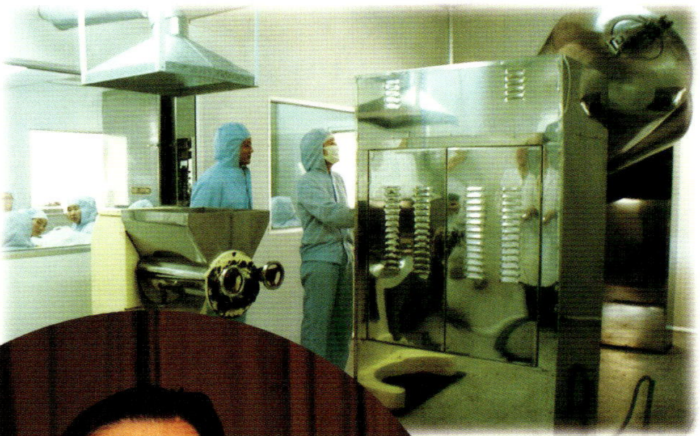

公司全資子公司
南京恒生製藥廠
GMP達標藥品生産綫

公司董事長兼總經理：李傢淼

公司是一傢集醫藥科研、生産和商貿爲一體的公司，主要從事醫藥産品的研製、開發、生産和銷售，是我國醫藥行業大型一類達標企業。
公司以科研爲龍頭、生産爲核心、商貿爲導嚮，研製開發瞭數種國傢級新藥，同時經營藥品、醫療器械、化學試劑和玻璃儀器4大類商品2萬多個品種，業務範圍遍及全國，是我國華東地區重要的醫藥采購供應中心,
主要客户是國内及南京地區醫院、廠礦等醫療單位。
公司自成立以來，銷售收入及利潤總額均居江蘇省醫藥同類企業中的首位。
1994年至1996年實現利潤分彆爲2047萬元、2607萬元、3551萬元，1994年至1996年實現税後利潤分彆爲1367萬元、1726萬元、3022萬元。
截止1996年底，公司資産總值達43511.08萬元，股東權益達21283.52萬元，每股淨資産達2.56元，1997年上半年，公司實現銷售28472.69
萬元，比上年同期增長15.89%，實現税後利潤2496.11萬元。
比上年同期增長38.91%,
繼續保持快速增長的良好勢頭。

集辦公、商住、客房、餐飲于一體的南京醫藥大厦

地址：南京市白下區延齡巷27號　郵編：210002
電話：(025) 4525221　傳真：(025) 4523033

四川明珠

水利電力股份有限公司

四川明珠水利電力股份有限公司是1993年12月30日經四川省經濟體製改革委員會批準，由四川省射洪縣電力公司、中國華水水電開發總公司、四川省地方電力開發公司、四川省電力開發公司共同發起，以縣屬國有企業射洪縣電力公司水利電力經營資産部分改組設立的股份有限公司。公司股本總額爲8594.55萬元，其中國傢股6852.55萬元，法人股961.2萬元，職工股780.8萬元。

公司擁有固定資産4.2億元，職工2231人，下屬全資分公司11傢，控股子公司4傢，以水利電力産業爲主體，兼營鋰産品、變壓器、電力綫、建築、運輸等多種産業的股份製企業，是四川明珠集團有限責任公司的核心企業。

四川省委書記謝世杰(前右二)、遂寧市委書記羅元富(前左一)在射洪縣委書記賀文(前右一)、公司董事長杜仁明(前左二)等陪同下視察公司控股子公司—四川省射洪鋰業公司鋰鹽廠

公司辦公大樓電力大厦

公司1996年實現營業收入10468萬元，利潤4296.7萬元，入庫税金756萬元，分彆比1994年增長瞭74.4%、44%、55.4%，是水利部百傢現代企業製度試點單位、遂寧市十四傢現代企業製度試點單位。先後榮獲“全國小水電先進單位”、“全國優秀縣電網”、“全國水利經濟先進企業”、“四川省先進企業”、“四川省文明單位”、“四川省電力生産供應業十大經營規模企業、十佳經濟效益企業”、“四川省工業企業最大規模200强、最佳經濟效益100强”、“巴蜀百傢知名企業”。

董事長兼總經理：杜仁明

地址：四川射洪電力大厦　電話：(0825)6620001-6620999

傳真：(0825)6625807　6625808　郵編：629200

公司骨幹企業之一——螺絲池水電廠閘壩遠眺

CAOYUTAN

四川槽漁灘水電股份有限公司

四川槽漁灘水電股份有限公司是以發電爲主，
集冶金、旅游、商貿、水産養殖等功能于一體的大型股份製集團企業。
龍頭企業槽漁灘電站位于風光秀麗的青衣江上游河段。

1991年，國傢計委批準建設大型水利工程長徵渠首部樞紐工程一槽漁灘水利樞紐工程，
工程指揮部應運而生。
工程指揮部經四川省股份製聯審小組批準改組成立瞭四川槽漁灘水電有限公司，
後又經四川省經濟體製改革委員會批準，由11傢法人單位共同發起，
創立瞭四川槽漁灘水電股份有限公司。
公司現有股本金總額爲22245萬元人民幣，
其中國傢股占11.2%，法人股占65.27%，
内部職工個人股占23.49%。
現已形成固定資産近8億元人民幣。
現有職工790人，其中專業技術人員400餘人。
年收入可達1.3億元。

公司以電爲主，
多種經營、綜閤發展，
已建成瞭以電站、炭素廠、硅鈣閤金廠、
旅游公司爲支柱産業的11個經濟實體。

地址：中國四川省洪雅縣
電話：(0833)7502155　7502106
傳真：(0833)7502155　郵編：612360

公司董事長

陳大之
公司總經理

年收入超過
8000萬元的
槽漁灘硅鈣閤金廠

年創收入
2400萬元的槽漁灘炭素廠

槽漁灘風景區一角

山東萬昌
股份有限公司

山東萬昌股份有限公司位于春鞦戰國時期春鞦五霸之首的齊桓公皇室所在地，
公司于1992年8月率先進行股份製改造，
1996年以來按照國務院、市政府關于對原有公司製企業進行規範的要求，
公司積極做好規範要求的多項工作，經山東省人民政府批準，省體改委確認，
公司成爲依法規範的股份有限公司，并于1997年在淄博證券交易自報係統上市。

近年來，公司經濟效益連年提高，
呈現大跨度、跳躍式的發展，到1996年，
公司年産值達6758萬元，利税1069.9萬元，公司資産已達5226萬元。

幾年來，公司先後被農業部評爲全國質量管理達標先進單位，被省鄉企局評爲鄉鎮係統先進企業，同時還榮獲山東省三資企業經濟實力五百强，
省級星火示範企業等榮譽稱號，受到各級部門及社會各界的廣泛贊譽。

萬昌公司的曆史是輝煌的，明天是燦爛的，
萬昌人正以百倍的信心，韆倍的幹勁，瞄準一個又一個創造奇迹的新的增長點，在市場經濟的大潮中乘風破浪，勇往直前。

公司辦公樓外景

員工們認真控制産品質量

公司大型生産車間

公司董事長兼總經理：高慶昌

地址：山東省淄博市臨淄區皇城鎮
電話：(0533)7880089　7880068
郵編：255424

淄博

牽引電機集團股份有限公司

公司董事長：楊忠鳴

淄博牽引電機集團股份有限公司于1993年6月創立。公司發起人爲全民所有製企業淄博牽引電機聯閤公司，其主體廠張店電機廠始建于1958年，是我國第一傢内燃機車牽引電機組生産廠。公司由中國鐵路機車車輛工業總公司等單位齣資與牽引電機聯閤公司共同組成，爲國傢大型企業，在淄博市及山東省機械廳計劃單列，是全國兩大牽引電機重點生産廠傢之一，也是機械工業部及山東省重點骨幹企業。

公司注册資本5890萬元，占地麵積37萬平方米，現有職工近3000名，主要生産設備上艬臺，主要産品三大類：主導産品内燃機車牽引電機組年生産能力300套/166萬KW，約占全國生産總量的三分之一；大中型交直流電動機、發電機生産能力60萬KW，各類電機總産量居全國中小型電機行業第三位；化工機械設備生産能力2000噸，居全國第六位。三大類産品均獲部優和省優稱號。産品主要用于交通、能源、水利、製冷、冶金礦山等領域，暢銷國内外。

公司總經理：張毅

東風型内燃機車牽引電機組

三相异步電動機

地址：山東淄博張店區
共青團東路34號
電話：(0533)2181821
郵編：255030
傳真：(0533)2180311

内蒙古遠興天然碱股份有限公司

Tian Kan

内蒙古遠興天然碱股份有限公司是經内蒙古自治區人民政府批准，由伊克昭盟化學工業集團總公司獨家發起，通過募集方式設立的股份有限公司。1997年1月31日公司股票在深圳證券交易所挂牌上市，簡稱“天然碱”，代碼“0683”。截止目前，公司總股本爲43000萬股，其中國有法人股30000萬股，社會公衆股13000萬股。公司現有資産總額89475.67萬元。

公司以天然碱和無機鹽系列産品的生産經營爲主業。主要産品重質純碱、燒碱、小蘇打、硫化碱、元明粉的生産能力均具規模。公司擁有13個生産企業：碱湖試驗站，化工一廠、二廠、三廠、四廠、五廠、六廠、七廠、八廠、科隆化工廠、科强化工廠、海拉爾氯碱廠、吉蘭泰碱廠；2個原料礦：合同查汗淖碱礦、鹽海子芒硝礦；1個技術研究開發機構：即技術研究開發中心(挂靠伊化研究設計院)；公司總部設：生産技術部、經營銷售部、計劃財務部、證券事務部、綜合管理部、總經理辦公室。公司現有員工6848人，其中具有中專以上學歷的員工占員工總數的21%，各類工程技術人員616人，員工平均年齡爲28.8歲。公司擁有良好的發展背景，以遠興天然碱公司爲主體生産企業的伊化集團是國家大型一檔企業，國務院1996年選定的1000家重點企業前500家之一，内蒙古自治區四大支柱産業之一的化工行業的龍頭企業。國内最大的天然碱研究、開發和生産基地。

公司董事長：李武

公司擁有的大型工業生産設備

廠區一景

公司董事長李武，男，大專文化，高級工程師。伊化研院、伊化集團創始人。現任伊化院院長、伊化集團總裁、黨委書記，内蒙古遠興天然碱股份有限公司董事長，内蒙古科協副主席。先后主持完成了二十多項國家、自治區重點科研課題，多項成果獲獎。中共十五大代表，兩次榮獲全國先進工作者稱號，是全國“五一勞動獎章”獲得者、國家有突出貢獻的中青年專家、首屆“烏蘭夫科技基金獎”金獎獲得者、内蒙古首次“科技興區特别獎”獲得者。内蒙古自治區優秀企業家，國家級專業期刊《純碱工業》和《無機鹽工業》編委，内蒙古大學兼職教授，中國天然碱制碱工業專家和科技實業家。

公司生産工地

地址：内矇古東勝市鄂托克西街10號　電話：(0477)8325001　郵編：017000

廠區一角

海口火電股份有限公司

海口火電股份有限公司是由中外8家實力雄厚、信譽卓著的公司共同發起，對海南省海口電廠進行規範化改組的基礎上創立的大型能源企業，在海南電網中具有舉足輕重的地位。作爲大特區的能源基地，從籌建伊始受到中央領導、省政府的高度重視和關懷，黨和國家領導人江澤民、朱鎔基、田紀雲和全國人大、全國政協、國家計委、電力工業部、省委省政府等領導，先后來此視察指導，并多次接待美國、日本、英國、澳大利亞、俄羅斯、新加坡、泰國和港澳等貴賓來訪、洽談。

公司發電廠規劃裝機容量125MW，一期、二期工程40MW已分别于1988年和1990年建成投産，三期工程25MW容量正在籌建之中，接着進行四期工程建設，本世紀末將建成一座高效、現代化的海南電力工業城。兩年多來，公司以建立現代企業制度，使公司成爲市場競争的主體爲目標。抓住機遇，加大力度進行了全方位、深層次的三項制度改革，轉换了經營機制，規範了企業管理，發電生産、基礎管理、多種經營及擴建工程連上幾個臺階，受到電力工業部、勞動部、省委省政府和各大新聞單位的關注和好評。

公司奉行“發電爲本，綜合經營”的方針，融科、工、貿、金融、旅游及房地産業爲一體，進行全方位、多元化的投資開發，并參照國際慣例，實行規範化、科學化、現代化管理，穩健高效運作，向一流的股份有限公司目標邁進。

大型生産設備

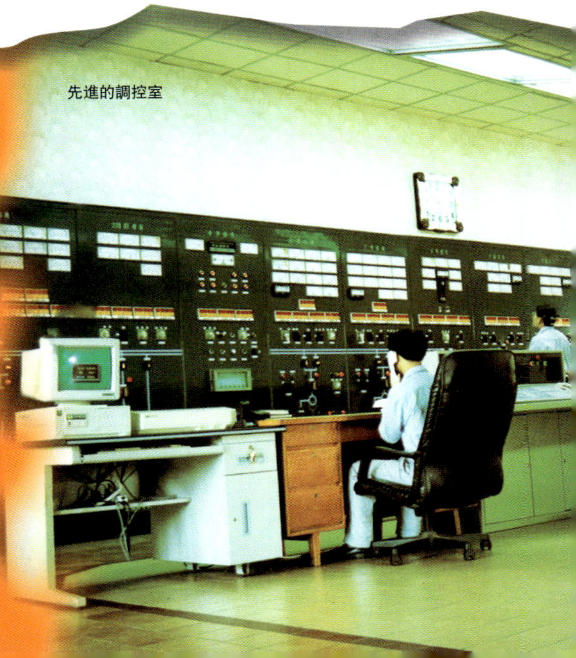

先進的調控室

上海愛使股份有限公司

SHANGHAI ACE CO., LTD.

公司1996年底股本總額10108.8萬股，已全部上市流通。主要股東有延中實業、寧波工信、珠翎百貨、甬工上證、金山實業等。公司主要經營機電設備、五金交電、金屬材料、客運服務、房地産開發、玻璃深加工、貿易及參與投資經營等，主要關聯企業有上海愛使銷售分公司、上海愛使汽車服務公司、上海愛使金飾行、上海愛使副食品公司等。

1996年度主營業務收入5146.79萬元，淨利潤1779.95萬元，資産總額25384.96萬元。1996年度公司每股收益0.176元，每股净資産1.75元，净資産收益率10.05%。

公司董事長：秦國梁　總經理：徐康雄

地址：上海市北京東路131號二樓　郵編：200002

公司董事長：秦國梁

上海愛建股份有限公司

上海愛建股份有限公司的前身上海市工商界愛國建設公司，是由以劉靖基先生爲代表的海内外一千多位工商界人士，以“愛國建設”爲創業宗旨，于1979年共同集資創辦的民營企業。公司于1992年7月改制爲股份制企業，并于1993年4月在上海證交所挂牌上市。公司注册資本爲2.52億元。18年來，公司已發展成爲擁有100多家投資和關聯企業的綜合性、外向型復合控股公司。公司以良好的經營業績入圍“道·瓊斯中國88指數”和“上證30指數”，1996年實現税后利潤1.62億元，資産總額達11.76億元。

公司全額投資的上海愛建信托投資公司于1986年8月開業，是國内首家民營非銀行金融機構，迄今已同88家境外銀行及282家分支行建立了代理行關系，近年來連續被評爲全國500家最大服務性企業之一，1996年資産總額達38.57億元，實現税前利潤9823萬元。公司是上海最早經營外匯商品房的企業之一。目前，公司房地産業已初步形成服務體系，總建築面積近30萬平方米，目前土地儲備達25萬平方米。公司獨資創辦的上海愛建建築設計院是具有甲級資質的建築設計單位。公司參與投資中外合資、合作經營企業16家，涌現出愛建紡織品公司、愛建試劑廠、愛建紙張公司、愛建食品公司等一批名優特色企業。公司自1984年起開展進出口貿易業務，并在浦東外高橋保税區設立上海怡榮發展有限公司，還在香港、新加坡、加拿大等地興辦企業。

由六幢高樓構成的愛建城

注册地址：中國上海浦東南路1472-1482號

辦公地址：中國上海零陵路583號

電話：(021)64396600

傳真：(021)64392118

上海新錦江大酒店股份有限公司

上海新錦江大酒店由上海錦江(集團)公司籌建于1990年10月正式營業，1991年10月被國家旅游局評定爲五星級酒店。1992年新錦江大酒店通過向海内外公開募股的方式改制爲股份有限公司，并分别于1993年6月7日和10月18日在上海證交所上市A、B股，成爲“中華酒店第一股”。

公司的經營範圍爲旅館、客房、中西餐廳、俱樂部、音樂茶座、商場、洗衣服裝廠、車輛服務等。改制以來，公司秉承“一流服務，一流管理，一流效益”的經營觀念，大力開拓市場，取得了較好的經濟效益，營業收入由改制前1991年的8817萬元增加到1996年的25835萬元，利潤總額由1991年的971萬元增加到1996年的6309萬元。1992年以來，共計向國家繳納營業税5584萬元，所得税4192萬元，還向國家股東送出股利7120萬元(股)。

公司的管理和服務質量不斷提高，迄今爲止接待了159位各國國家元首和政府首腦，承辦了一系列具有重大影響的國際會議、簽約儀式等，成爲上海地區高規格的國務、商務、旅游活動的重要場所。1996年10月被美國優質服務科學協會授予“五星鑽石獎”，成爲國内獲此殊榮的四家企業之一，新近又被國家旅游局評爲全國五十佳最佳星級飯店。公司的財務狀況較好，資産負債率較低，有較强的舉債能力和投資發展潛力。現擁有獨資企業4家、合資企業7家、受托全權管理飯店4家，已初步形成以酒店業爲主，相關行業并舉的多元經營格局。

公司總經理：楊原平

地址：上海長樂路161號　郵編：200020　電話：(021)64151188　傳真：(021)64150048

上海膠帶股份有限公司

公司門牌

公司董事長：張濤

公司的前身是中國申聯橡膠廠，1989年兼并原上海華豐橡膠廠，并更名爲上海膠帶總廠，1992年向全社會公開發行股票，轉制成爲上海膠帶股份有限公司。1996年3月首次跨地區兼并了武漢膠帶廠，1996年11月收購了破産的天華橡膠廠，1997年2月又兼并江西南昌橡膠制品總廠，企業規模不斷擴大，實力日益增强。膠帶公司是全國同行業首家也是唯一的一家上市公司，目前股本總額爲10466萬股，到1996年末，資産總額達5.4億元，净資産爲2.2億元。

公司本部下設煉膠廠、輸送帶廠、三角帶廠、异型輸送帶廠、天華橡膠廠、武漢膠帶廠、上海膠帶江西中南橡膠有限公司聚氨酯制品廠、橡膠制品二廠、機械制造廠和運輸公司等11個自主經營單位。還有福井膠帶公司、福田塑料制品公司、申聯勞倫茨膠帶公司及6個子公司。主要産品爲各類輸送帶、傳動帶、V帶、窄V帶、切割型V帶、汽車用同步帶、汽車風扇帶、多楔帶、PVC絶緣膠帶、橡膠制品、防水卷材等橡膠制品。

法定代表人：張濤(董事長)

法定地址：上海浦東東昌路600號　辦公地址：上海海門路630號
電話：65415210　郵編：200082　傳真：65123671

上海

公司前身爲上海新亞(集團)聯營公司，成立于1985年3月，是全國商業系統第一家大型飲食服務集團公司。公司于1993年6月完成股份制改制，1994年12月被批准爲中外股份有限公司。年末公司總股本爲35464.15萬股，其中國家股(新亞(集團)有限公司持有)16364.15萬股，法人股6000萬股，職工內部股600萬股，人民幣普通股2500萬股，境內上市外資股(B股)10000萬股。本公司10000萬股B股和2500萬A股分别于1994年12月和1996年10月獲准在上海證券交易所上市交易。

公司投資酒店業分布圖

公司以經營酒店、快餐及酒樓業爲主，現投資于22家酒店（其中包括五星級標準的新亞湯臣大酒店、四星級的揚子江大酒店、海侖賓館、建國賓館和新亞長城大酒店、新亞廣場大酒店等）、4家快餐食品連鎖企業和4家酒樓(其中包括上海肯德基有限公司、新亞集團美食世界等）以及其他與主業相關企業25家（其中包括酒店管理公司、旅行社、食品廠、出租汽車公司及經貿公司等）。公司下屬酒店擁有客房5400間，列上海同行業之首。公司1996年主營業務收入爲7.45億元，净利潤爲8741萬元，年末總資産爲18.11億元，净資産爲8.72億元。

新亚(集团)股份有限公司

注册地址：上海江西中路180號　郵編：200002

辦公地址：上海天目西路285號4樓　郵編：200070 傳真：63533021　電話：(021)63538008

深圳遼河通達化工股份有限公司

深圳遼河通達化工股份有限公司創立于1997年1月18日，公司總股本61500萬股，其中流通股13000萬A股于1997年1月30日在深圳證券交易所正式挂牌上市。盤錦遼河化工（集團）有限責任公司以國有法人股股東的身份享有遼通化工73.19%的股份，深圳通達化工總公司則以企業法人股股東的身份享有遼通化工5.67%的股份。馮恩良爲深圳遼河通達化工股份有限公司的董事長兼總經理。

遼通化工主要從事化學肥料、化工産品的研製、開發、生産和銷售。遼通化工的生産主體爲遼河化肥廠和錦西天燃氣化工有限責任公司。其中遼河化肥廠爲發起人盤錦遼河化工（集團）有限責任公司骨幹企業，其設計能力爲年産30萬噸閤成氨、48萬噸尿素。經過一係列改造，全部生産係統實現瞭自動化，使整套裝置達到國際八十年代水平。錦西天燃氣化工有限責任公司是遼通化工以本次募集的資金兼并的企業，其中遼通化工控股95.7%，其裝置規模爲年産30萬噸閤成氨、52萬噸尿素。生産設備及工藝技術爲國際九十年代先進水平，具有大規模，單係列，熱利用率高，産品能耗低，自動化程序高等特點。作爲擁有兩大化肥生産廠的遼通化工現已成爲年生産100萬噸尿素的大型化肥生産基地。其産品『遼河牌』尿素榮獲『中國公認名牌産品』稱號。

地址：深圳市深南中路新城大厦西座11樓　電話：(0755)2275567　郵編：518031

株洲慶雲發展股份有限公司

公司主建築樓慶雲大厦雄姿

株洲慶雲發展股份有限公司于1987年1月經市體改辦批準成立。曾于1987年、1988年兩度嚮社會公衆公开發行股票，屬國傢體改委界定的90傢曆史遺留問題企業之一，公司社會公衆股于1996年11月26日在深交所上市。

公司自成立以來，以酒店業爲龍頭，賓館、商業、建築裝飾爲支柱，集旅游、餐飲、住宿、娱樂、商業、建築裝飾、廣告、房地産于一體。投資觸角涉及證券、高科技通信産品开發等領域。1996年公司總股本5605萬股，其中國傢股88萬股，發起人股1337萬股，募集法人股1656萬股，公衆股A股2524萬股，實現淨利潤1235.87萬元，每股收益0.22元，每股淨資産1.76元，淨資産收益率12.52%。

法人代錶：李東

領導研究工作

地 址：湖南省株洲市車站路1號　電話：(0733)8224851　傳真：(0733)8225356　郵編：412008

江蘇紫琅汽車集團

股份有限公司

江蘇紫琅汽車集團股份有限公司是1994年5月經江蘇省體改委批準組建的省級股份製企業。公司現有職工655人，其中各類工程技術人員166人，目前公司屬躍進汽車集團成員單位，江蘇省汽車生產重點企業。公司經營範圍是特種汽車製造，汽車改裝、維修，爲上述產品配套的原輔材料銷售，同時兼營信息咨詢服務。公司于90年代開始開發并批量生産仿豐田海獅麵包車，市場適銷。公司連續八年被評爲省、市明星企業、文明單位、全國軈傢最佳經濟效益鄉鎮企業、中國運輸設備行業最大規模鄉鎮企業。主導産品NTT6482小客車獲得“第二届國産汽車大獎賽外觀及裝備質量第一名”和“中國公認名牌産品”等榮譽。目前，公司資産總額達1.117億元，資産負債率爲54%，94、95、96年稅後利潤纍計達2186.47萬元。1997年5月29日公司內部職工股在山東淄博證券交易自動報價係統挂牌上市，從而開始瞭公司資本市場化的實踐和探索。公司董事長兼總經理顧漢勤，中共黨員，大專文化，工程師，70年部隊轉業後曆任南通縣傢縣廠會計、廠長、黨總支書記、觀音山鎮工業總公司副總經理、南通市特種車輛廠廠長、躍進汽車集團管委會常委，曾連續八年被評爲省、市明星企業傢、優秀企業傢、先進個人。

公司廠區

公司生產的產品

地址：江蘇省南通市東郊王傢橋　電話：(0513)3578620　郵編：226373

云南白药

集團股份有限公司

公司辦公大樓外景

雲南白藥集團由雲南白藥集團股份有限公司及其控股51%的子公司大理藥業有限責任公司、文山七花有限責任公司及麗江藥業有限公司組成。雲南白藥集團股份有限公司是雲南白藥集團的核心企業，擁有資産近26000萬元，年銷售收入近億元，是國傢大二型企業，國傢二級企業，中國中藥工業國有企業五十強之一。在1995年國傢中醫藥管理局115傢大中型工業企業排序中，公司銷售總額居第29名，經濟效益綜閤指數居第21名，利税總額居第16名，人均利税居第9名。

1996年被雲南省政府批準爲現代企業製度試點企業。幾年來公司上繳利税均居雲南醫藥工業首位，1996年上繳利税居在昆工商企業第23名。1997年1月27日公司經對外貿易經濟閤作部批準，獲得瞭企業經營進齣口權。公司基本符閤GMP要求，以生産中成藥爲主，公司現有職工656人，其中各類專業技術人員176人。産品以雲豐牌雲南白藥係列和雲豐牌田七係列爲主，共8種劑型60餘個品種。具有近百年曆史的雲豐牌雲南白藥1979、84、89年連續三屆榮獲國傢質量金獎。

雲南白藥係列産品

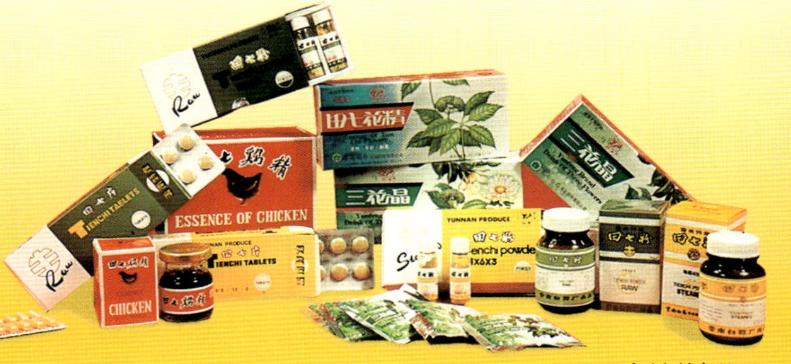

田七係列産品

上海 延中 實業股份有限公司

上海延中實業股份有限公司是上海最早嚮社會公衆發行股票的股份製企業，也是新中國股票最早上市交易的兩傢上市公司之一。十多年來，延中實業爲探索中國企業股份製改革與證券交易作齣瞭巨大的貢獻。與此同時，延中實業自身在這一過程中也迅速得到瞭發展與壯大，公司總資産擴大瞭140倍，淨資産擴大瞭56倍。延中實業主要經營飲用水、辦公機械、塑料製品與包裝材料。其中，“碧純”與“延中”飲用水、“實業”牌係列辦公機械都有很高的社會知名度與市場占有率，各類包裝材料也大量齣口歐美市場。近年來，延中實業的經營領域正在逐步拓寬，已形成工業、房産、商貿與文化四業并舉，實業經營與資本經營兩綫共進的經營格局。

法定代錶：何彬

現代化的飲用水生産綫

注册地址：
上海市巨鹿路685號
辦公地址：
上海市延安中路955弄12號
電話：(021)62470247—3407
傳真：(021)62476255
郵編：200040

鐵路

廣東三茂鐵路股份有限公司

廣東三茂鐵路股份有限公司成立于1996年12月28日，是由廣東省鐵路集團有限公司、廣州鐵路（集團）公司、三富投資股份有限公司 Tri-rich Investments Limited、廣信企業發展公司、粵財信托投資公司共同發起設立的股份製公司，注册資金爲人民幣8億元。

公司主要經營廣東省內三水至茂名（包括腰雲段）357公裏鐵路（稱爲三茂鐵路）客貨運輸，并兼營鐵路運輸咨詢服務、倉儲、搬運、裝卸服務、銷售工業生産資料等。三茂鐵路係國傢路網幹綫，是廣東與西南地區連接的重要通道，北連京廣、東接廣深綫，西通湘桂，隨着京九、南昆、廣梅汕的建成通車和茂湛海、廣珠澳鐵路的興建，以及與三茂鐵路接軌的水東、陽陽、羅定鐵路的修建，三鐵路作爲國傢路網幹綫越顯重要，發展前景廣闊。

公司提齣暸“創造一流的服務、一流的管理、一流的效益”的目標，努力嚮投資者提供良好的迴報。

總經理：姚明禮

公司領導與部分負責人閤影

地址：廣州市環市東路375號　電話：87125834　郵編：510060　傳真：(020)83811457

董事長兼總經理：盧瑞芝

廣州人造革股份有限公司

公司是經廣州市體改委批準，

于1994年8月26日創立，

同年10月28日挂牌正式運作。

公司總股份爲1600萬股，

其中國傢股爲1560萬股；

内部職工股爲40萬股。

公司注册資本1600萬元人民幣。

公司董事長兼總經理：盧瑞芝。

公司經營範圍包括生産PVC人造革及塑料薄膜，

國内商業及物資供銷業。

1996年公司完成工業總産值8763萬元；

生産人造革1170萬平方米

銷售總額9400萬元；

創利税233.4萬元。

公司生産設備一角

地址：廣州市黄石路株木嶺
電話：86628103　86639278　86627017
傳真：86628103　郵編：510420
産品銷售部：廣州市人民中路328號
電話：81888780　81887982

浙江省鳳凰化工股份有限公司

ZHEJIANG PHOENIX CHEMICAL CO., LTD.

浙江省鳳凰化工股份有限公司是1988年10月經國家正式批準，由國有大中型企業轉製的股份製全國日化大型企業。公司股票浙江鳳凰于1990年12月在上海證券交易所上市流通，爲全國首傢股票异地上市公司，在證券市場上享有較好的信譽。公司占地麵積36.17萬平方米，固定資産12962.72萬元，企業總資産達5.08億元，員工2700餘人。公司現有總股本9321.8441萬股，其中社會個人股5095.9985萬股。

公司注重産品的開發和品牌的創立。主要生産洗衣皂、香皂、洗滌劑、洗衣粉、化妝品、香精香料、硬脂酸、甘油、油酸及錶麵活性劑等18大類，140多個品種。創有“鳳凰”、“維膚康”係列洗滌用品和“新安江”牌化工産品品牌，其中“鳳凰”、“維膚康”商標被評爲浙江省著名商標。1996年公司以資産重組爲紐帶，內抓管理外拓市場，調整産品結構，開發并成功上市頗具市場潛力的“維膚康”係列潔膚護膚産品，并建立健全瞭全國性的營銷網絡，投資上韆萬元廣告費，初創瞭“維膚康”品牌。前不久被評爲浙江省1997年消費者首選品牌。經中國社會調查所評價，確認爲“中國名牌”。

地址：浙江省蘭溪市大闕路18號

電話：(0579)8823485　郵編：321100

公司廠區外景

中國遼寧國際合作(集團)股份有限公司

地址：瀋陽市和平區中華路126號
電話：(024)3868690　3861486
傳真：(024)3862853
郵編：110001

公司總部辦公大樓

董事長兼總裁：李瑞

中國遼寧國際閤作(集團)股份有限公司係1993年5月由中國遼寧國際經濟技術閤作公司改組設立的定嚮募集股份有限公司。1996年11月公司獲發行股票額度2000萬元，其中嚮社會增資發行1500萬股公衆股，公司內部職工股中500萬股占用額度與社會公衆股同時上市，并于11月26日在深交所挂牌交易。公司具有對外承包工程經營權、對外勞務閤作權、對外經濟援助權、外貿進齣口權、興辦獨資閤資企業權和外匯商品經營權等一係列對外經貿特許權。公司在國外設立瞭20多傢獨資、閤資企業和20個駐外辦事處，業務遍及50多個國家和地區，有着良好的形像和信譽。按照“深化改革、效益第一、內外結閤、多種經營、突齣實業、協調發展”的戰略方針，公司近來在繼續抓好工程承包、勞務閤作、經濟援助、進齣口貿易等對外經貿項目，積極開拓國際市場的同時，大力發展國內高科技工業項目、免稅商品銷售爲主的商業和娛樂業、金融證券業等三個支柱産業。到1996年底公司的總資産、淨資産均比1993年初提高瞭十倍，爲把公司建設成實力雄厚的集團化、實業化、國際化的跨國集團奠定瞭基礎。

公司大門

瀋陽合金股份有限公司

瀋陽閤金股份有限公司是國內生産測温、電熱、電真空、焊接、火花塞電極、高强度耐蝕軸用閤金材料、特種纜线等鎳及鎳閤金材料的大型骨幹企業。成立于1958年(公司前身瀋陽閤金廠)，1991年公司被評爲國傢大二型企業，1993年，國傢體改委批準公司進行規範化股份製改革試點，1996年11月12日公司社會公衆股在深圳證券交易所上網發行。

公司由原國有大型企業瀋陽閤金廠獨傢發起，采用募集方式設立。公司總股本爲5168.5萬股，其中國傢股500萬股，法人股3268.5萬股，社會公衆股1400萬股。公司主營業務收入1996年爲48797304元，1997年上半年爲30139818元；淨利潤1996年爲8346158元，1997年上半年爲5400421元，1997年中期每股收益0.1045元，淨資産收益率8.34%，每股淨資産1.46元。

總經理：常文鬥

地　址：瀋陽市瀋河區大南街87號

電　話：(024)4813836

郵　編：110011

西北永新化工股份有限公司

公司是由西北油漆廠獨傢發起組建的，西北油漆廠是1965年由化工部投資興建的國有大型塗料企業，當時投資718萬元，生産設計能力9000噸。目前共有員工1600人，占地麵積64076平方米，建築麵積126090平方米，資産總額爲2.8億元（其中固定資産爲1.8億元），生産能力年5.3萬噸的油漆産品。主要生産經營油漆、化工半成品、塗料專用設備、包裝桶、汽車修理、塗裝公司、土建工程等項目。能生産主導産品油漆18大類，400個品種，2300個花色。每年生産産品2.3萬噸左右，産值達2.15億元，實現利税2500萬元。

1997年7月8日經甘肅省政府批準進行股份製改造。公司總股本10600萬股，其中國有法人股6100萬股，社會公衆股4500萬股，其中公司職工股450萬股。社會公衆股1997年10月14日在深圳證券交易所上市交易。募集資金爲23800萬元，將重點用于建設年産12000噸聚烯烴閤成紙等六個項目。

董事長：張軍

地址：甘肅省蘭州市東崗東路685號

電話：(0931)8497111　郵編：730020

傳真：(0931)8496040

公司創立大會

甘肅省領導爲公司揭牌

公司董監會、監事會領導成員

濟南大觀園商場集團有限公司

董事長兼總經理：姚金宽

濟南大觀園商場集團有限公司是國務院批準的“全國百户現代企業製度試點單位”，濟南市商業企業中首傢AAA特級信譽企業。是山東省政府、國傢經濟貿易委員會確定的國有資産投資主體。

濟南大觀園商場集團有限公司的前身爲濟南市大觀園商場，始建于1931年，是一傢“老字號”商業企業，現有職工2130人，營業麵積2.6萬平方米，1995年商場改製爲集團有限公司，下設濟南大觀園股份有限公司、飲食服務公司、裝飾工程公司等13個控股、全資子公司。主要經營五金交電、日用百貨、傢用電器、針紡織品、服裝鞋帽、鍾錶眼鏡、照相器材、金銀飾品、烟酒糖茶等50個大類的5萬餘種商品。另外，公司還設有紅樓大觀、美食城、售貨商場及樓頂公園、理發照相等特色經營服務項目，是集旅游、購物、娛樂、休閑爲一體的大型综閤性商場。

董事長兼總經理：姚金宽
地址：濟南市經四路緯二路220號
電話：(0531)6051766　郵編：250001

四川樂山電力股份有限公司

公司正在興建的辦公大樓

董事長、總經理、黨委書記：劉虎廷

樂山電力股份有限公司于1988年3月8日由樂山市國有資産管理局和境內9傢法人企業聯閤發起成立，是中國第一傢電力股份製企業。1993年4月26日，公司股票在上海證券交易所挂牌交易，當時總股本爲5154萬股，流通股爲1299.84萬股；目前公司總股本已達到13028.952萬股，流通股6190.4606萬股；總資産由1988年的10萬元增至到目前的6億元。公司擁有水力發電站8座，控股水力發電站3座，參股水力發電站5座、火力發電站3座；有35KV以上等級變電站13座，變電容量達20KVA，10KV以上輸電綫路4251公裏，電網横跨樂山市17個區、縣、市中的10個，由此公司被國傢水利部列爲電站、電網股份製規範化試點企業，被樂山市政府列爲市級首傢擴張型企業，并享受省級擴張型企業優惠政策。1997年，公司齣資2226.24萬元，收購瞭原樂山市自來水總公司，成功實施瞭國傢股配股方案，齣資25萬元，控股經營樂山市華僑旅行社。齣資990萬元參股樂山城市閤作銀行，并成爲第一大股東之一。

地址：四川省樂山市中區嘉定北路46號
電話：(0833) 2131532　郵編：614000
傳真：(0833) 2132357

山東壽山置業股份有限公司

SHANDONG

山東民營第一股—山東壽山置業股份有限公司是山東省政府批準成立的民營股份製企業，注册資本1498萬元，下屬9個獨立核算企業，形成瞭以房地産開發、建築安裝、裝飾裝修、保温防腐工程爲龍頭，建築材料、裝飾材料生産和經營爲基礎，餐飲娱樂爲窗口，外經外貿爲輔助的多元化、綜閤性的現代企業。公司前身淄博壽山集團有限公司，創建于1990年，曾先後榮獲山東省百强經營企業、山東省先進私營企業、山東省級衛生示範單位、淄博市消費者滿意單位及重閤同、守信用單位等光榮稱號。企業淨資産由1990年的30萬元，1996年增加到2057萬元，年遞增率爲116.8%，近幾年的銷售收入和利潤分彆以146.67%和161.22%的速度遞增。公司領導班子决策得力，建立瞭員工承擔風險製度，實行瞭優异高質的員工結構，建立高效獨特的運營機製。目前，公司進一步調整産業結構，將開發區黄金地段現有土地儲備76.93畝進行房地産開發，新上PVC塑料管生産綫、乳膠漆生産，建設高檔綜閤游樂場，到俄羅斯聖彼得堡創辦中國大酒店等投資項目，預計經濟收入13500萬元，實現利潤2500萬元,將使企業發展進入一個嶄新的階段。

地址：山東省淄博市張店美食街79號
電話：(0533)2172686　2183058
郵編：255031

董事長、總經理：李壽山

承建的獲奬工程

山東臨沂永昌股份有限公司

董事長兼總經理：李富道

山東臨沂永昌股份有限公司是經山東省政府批準成立的股份製企業，擁有固定資産8000多萬元，職工1000餘人。公司以生産鋼鋁門窗爲主導産品，是省、市建築係統重點定點專業生産單位，其係列鋼鋁門窗均通過省級技術鑒定，省市級名優産品，山東省質量檢驗協會嚮社會推薦産品，連續在同行業質量評比中名列第一，是臨沂市唯一的免檢産品。被授予國傢級計量單位。公司生産的絹花、刺綉等工藝製品常年齣口美國、日本、澳大利亞、德國、臺灣等30多個國傢和地區。公司本着“开拓、務實、高效、拼搏”的企業精神。連年多次榮獲國傢部級全麵質量管理達標企業，省市級重閤同、守信用企業，省市級文明單位及先進企業等榮譽稱號。

新建成的公司綜閤辦公

地址：山東臨沂市沂州路南段　電話：(0539)8315882　8314222　電挂：3006　郵編：276004

1997

中國證券業年鑒

FIVE

第五編 中國基金市場

254/266

特邀編委：李樹人　陳　勇　陳泉棠　陳榮華
林春金　郭渝麗　童萍芳

中國基金市場發展較早，隨着《證券投資基金管理暫行辦法》的實施，
基金市場規模將逐步擴大，規範化管理水平不斷提高。
圖爲廣東廣信基金經理人辦公大樓外景。

中国基金市场

中国基金市场

【概况】 截止1996年底，全国各地已设立基金75个，基金类凭证47个，批准发行总规模58.22亿元，实际募集57.07亿元。在上海、深圳证交所上市及联网交易的有25只，上市总规模297227万个基金单位，其中上海市场上市规模102335万个基金单位，深圳市场上市规模194892万个基金单位。上市基金市价总值1026344万元，其中上海市场基金市价总值404536万元，深圳市场基金市价总值621808万元。在各个证券交易中心上市的有38只。虽然《投资基金管理办法》没能在1996年内出台，给这一年的基金市场留下些许遗憾，但总体上这一年对基金来说，仍是极其重要的一年。投资基金已从仅为少数人所知变得更加大众化。许多人通过媒体的宣传及一系列有组织的活动，加深了对基金的了解和认识，参与基金二级市场投资的人数也大幅增长。一些专家在1996年提出：发展投资基金不应仅限于把它作为一条具体的融资、投资措施，而应上升到关系投资体制、金融体制、现代企业制度等改革方针的高度；发展基金转移了以往投资领域均由国家承担风险的状况，而且在保值增值利益驱动下，更有利于资源的优化配置；再有，变部分消费基金为投资基金，可调整资本市场结构，使资金来源多源化，资金管理社会化；另外，利用基金进行企业重组，有助于打破目前企业资金存量呆滞之现状，利于盘活资产，搞活大中型企业，是建立现代化企业制度的又一途径。对现有基金的种种不规范，提出相应的解决方法。这方面主要有关于基金信息披露制度的完善与规范问题、建立基金会计准则、建立基金信用评级制度等等。另外，要逐步有序地放开基金市场，且政府应有适当金融管制。

【交易市场】 在二级市场方面，1996年基金可谓经历了不平凡的一年。1996年4月下旬，股市启动，基金可以说是一马当先，尤其是深市基金平均价位1元多，在短短10天内，上升了约170%；沪市基金约上升50%。在整个1996年度，沪深基金价值不断被市场追捧。到11下旬，深市10只基金及沪市部分基金全面上涨，价位创历史新高。由于基金的价值被市场认同，因此基金交易的资金流量在全年始终保持较高的水平，特别是天骥、蓝天等几乎每日都在前5名之列。1996年上海市场15只基金成交额4973845万元，深圳市场10只基金成交额10691230万元。深圳证券交易所推出"基金指数"，受到了市场人士的热烈欢迎，这也是中国基金从无到有，从小到大发展的一个重要标志。深证基金指数以1996年3月15日为基点，设定为1000，自3月18日正式推出，7月25日，基金指数摸高3056点，11月4日再创新高3516点，之后向下调整，至年终收盘2250点。基金指数基本反映了深市基金板块的二级市场走势，实际上沪市基金走势也基本与之相同。1996年基金二级市场与往年不同的另一点是：以前基金品种与股票存在着明显的"反向运动"现象，而1996年则表现为基本与大盘走势一致。这一方面是因为与股票的热点不断，黑马频出相比，基金没有特别吸引人之处，也因为基金比往年更多地具备了投资性，少了一些投机性。基金（证券投资基金）的主要赢利场所之一是股票市场，股市涨跌与基金盈利增减基本吻合才是正常的。

加一件影响基金市场的大事是3家上海教育基金在上交所挂牌上市。金龙、宝鼎、建业三家基金规模均为1亿，是经人总行批准，面向上海普教系统发售的基金券。其中宝鼎基金最新公布的每单位净资产值为2.09元，是国内各家之冠，其目前价位也是国内最高的。这三家基金与早先上市的另一家经人总行正式批准成立的淄博基金，已结成一个板快，这4只基金也是目前沪市价位较高的几只基金。1996年基金二级市场有进步，但一级市场没有多少进展。随着人们金融资产的增加及金融投资意识的加强。稳步拓展基金一级市场，组织专门的投资基金管理公司是当务之急，同时也有利于降低投资风险，加强股市的稳定。但要有法可依，就应尽快出台《投资基金管理办法》等法规。另外，基金投资应以股市二级市场为主，但目前多数基金投资于房地产或其它实业，因此基金流动性、安全性、效益性受到影响。

【规范化管理】 1996年12月，中国证监会主席周道炯出席了"中国投资基金管理高级研讨会"并发表讲话指出，九五期间，投资基金发展应以开放式为主，严格控制封闭式基金的上市规模；要根据"法制、监管、自律、规范"八字方针，对现有基金存在的问题清理整顿，在规范中稳步发展。基金市场在1996年中总的发展基调是稳定、规范，是打基础的一年。

（张京华）

上海基金市场

【概况】 到1996年底在上海证券交易所上市挂牌和联网基金15只，其中上海3只基金为1996年上市。基金总规模为108575.4万份，其中流通规模为102335万份，到1996年底基金流通市值385367万元，基金成交量12734457883份，基金成交金额4973845万元。从单位净收益看，位于前三位的是宝鼎基金0.498元、淄博基金0.306元、广信基金0.23元，15只基金平均单位净收益0.145元，其中上海和广东上市挂牌的基金业绩较好，沈阳上市挂牌的基金业绩较差。沪市基金净收益1996年比1995年增长的有淄博基金、宝鼎基金、广东海鸥基金、广信基金，其余均下降。

【经营业绩】 1996年在15只挂牌和联网基金中，单位净资产最高的是宝鼎基金2.0元，其次为广东海鸥基金1.41元，淄博基金1.38元，建业基金1.36元。较低的分别为久盛基金1.03元，沈阳万利基金1.03元，沈阳公众基金1.04元，沈阳通发基金1.05元。净资产收益率较高的宝鼎基金24.88%，淄博基金11.12%，广东广信基金18.17%，广东海鸥基金14.51%，较低为沈阳公众基金0.04%，久盛基金1.46%，沈阳万利基金2.06%，沈阳通发基金4.59%。1996年沈阳12只基金的收益全面下降，主要是由于沈阳8只基金在基金投资结构发生转变时反映缓慢，加之规模偏小，抗风险能力较差。

（齐远）

深圳基金市场

【概况】 到1996年底,深圳证券交易所上市挂牌和联网基金10只,基金总规模205793.68万份,其中流通规模194892万份。1996年底基金流通市值577834万元,基金成交量34534965416份,1996年从单位净收益看,较高的有君安受益券0.6791元,南方基金0.4342元,富岛基金0.3977元,较低的有蓝天基金0.0951元,广东广发二期投资基金0.1327元,天骥投资基金0.1385元。从单位净资产看较高的有君安受益券1.78元,富岛基金1.72元,南方基金1.67元,较低的有广东广发二期投资基金1.15元,广证基金1.28元,广证受益券1.30元。从净资产收益率看,较高的有君安受益券38.10%,南方基金37.20%,华信基金25%。

【交易市场】 深圳证券交易所上市挂牌及联网基金10只,另有2只上柜交易的南山基金和半岛基金。1996年深圳基金市场的走势基本上与股票市场走势吻合,从深圳基金指数走势图来划分基金的阶段性变化特点。可分为四个阶段。

1月—4月,基金市场走势低迷　受制于股票市场的低迷,基金市场也处于1996年的谷底,基金品种的平均价格为1.23元,个别基金跌破净资产值,成交极度萎缩,个别品种出现了有行无市状况。

4月—10月,基金市场行情趋暖　进入4月份以后,随着股票市场的复苏,多数基金品种行情逐渐启动,由于基金价位较低,受到投资者的追捧,出现劲升行情,有的品种在几个交易中价格上涨1倍以上。但间或有震荡盘整走势。

10月底—12月上旬,基金市场牛气旺盛　承接10初的牛气状况,随着深圳股票市场大幅上扬,低价位的三线股成为市场炒作热点,轮翻上升,与此相连的基金市场价位也上了一个台阶,基金指数最高达到3516.76点,与年初相比涨幅为250.83%。价位最高的君安受益和富岛基金达到6—7元。

12月中旬—12月底,基金市场回调平稳　在前期股票市场暴涨炒作之后。大批三线股价位狂升,引走证券管理层的高度关注,不断提示市场保持理性,强化风险意识。基金市场也随着股票市场的跳水而大幅回调,平均回调幅度30%。

(齐远)

武汉基金市场

【概况】 到1996年底,武汉证券交易中心挂牌基金12只,大多数基金经营稳健,坚持长期投资和短期投资相结合,实业投资和证券投资比例适度,合理规避了投资风险。

【经营业绩】 在12只基金中,资产总额最多的是西北开发投资基金14168.30万元,最少的是盐信基金1755.41万元。单位净资产最高的长江投资基金1.39元,最低的是建皖基金1.07元。单位基金收益最高的是长江投资基金0.26元,最低的是西北开发投资基金0.005元。净资产收益率最高的长江投资基金19%,最低的是西北开发投资基金0.4%。除西北开发投资基金外,其余各基金的平均分红率达到15.6%左右。在投资项目中,珠信基金的物业位于珠海经济特区前山新三角北区工业区,各种配套设施齐全,是珠海标准的工业厂房,主楼及附楼的面积5.4万平方米,另外还投资珠光置业股份有限公司和购买珠海市电力债券。南京基金以股权投资方式投资于南京新港开发区,参股南京证券公司。各基金还抓住证券市场发展较快的机遇,调整投资组合,加大了股票二级市场的投资比例。

天津基金市场

【概况】 1996年天津证券交易中心上市挂牌的基金9只,其中赣农受益基金和苏建受益基金的会计年度为上年7月1日至下年6月31日,其他7只基金的会计年度为1月1日至12月30日。1996年各基金管理人遵循保障收益、规避风险的原则,调整投资结构,取得了良好的经济收益。

【经营业绩】 1996年天津证券交易中心上市基金资产总额61537.44万元(7只基金),单位基金净资产1.2691元,较1995年增长1.5%。单位基金收益0.1868元,较1995年增长4.42%。净资产收益率14.36%,较1995年增长0.49%,其中海湾基金和开信基金单位净资产分别为1.3827和1.509元,比1995年增长11.51%和6.27%;单位基金收益分别为0.3063元和0.261元。

加大证券投资比例　开信基金和海湾基金管理人在1996年中国宏观经济形势及证券市场发展趋势转好的情况下,加大了证券投资比重。海湾基金证券投资比重由1995年的16.77%增加至39.03%,证券投资收入占总收入1519.04万元的77.86%。开信基金证券投资比重为38.97%,证券投资收入占基金收入的77.36%。

调整投资结构　基金经理人为了避免投资的短期行为,将资产分散投资于证券投资、实业投资等领域,实业投资项目也选择有增长潜力的房地产项目,或高科技项目。同时对具有规模的实业投资项目加强管理,始终对投资结构进行监控;跟踪及预测,达到资产结构的优化。

大连基金市场

【概况】 截止1996年底,大连证券交易中心上市基金7只,基金总规模35000万份,其中规模最大的金券基金为8000万份。上市基金1996年经营业绩整体水平与1995年基本持平,在信息披露方面逐渐规范。

【经营业绩】 上市基金由于基金规模和投资结构等因素制约,经营业绩没有出现同步增长。陕建基金每股收益比1995年增长5.5%,工行大连信托可转换债券、大连大信受益基金与1995年收益持平外,其他4只基金出现不同程度的下降。基金投资收益主要来源于股权投资、实业投资,证券投资收入所占比重偏小。基金净收益最多的工行大连信托可转换债券为1520.30万元,单位基金收益最多的工行大连信托可转换债券为0.23元,净资产收益率最高的大连农信基金为22%。在基金投资组合方面,基金股权投资、实业投资所占比例大,房地产投资比重减少,证券投资比重逐步增大。1996年多数基金经理人开始调整投资组合比例,加大证券投资比重,但证券投资绝对值在投资组合中所占比例仍较小。大证利民基金证券投资比重为40%,陕建基金为36%。基金分配方式仍为派发现金红利。

香港基金市场

【概况】 香港基金在60年代就出现,直到近几年,香港基金业成为发展最快的金融业务。这主要因为香港作为背靠中国大陆的国际金融中心吸引世界各国的基金到香港建立基地;

香港股市进入90年代一直发展兴旺，基金凭借专业化的投资管理和雄厚的实力与大投资者抗衡，吸引了大量小投资者的资金进行投资；同时香港无外汇管制，通讯发达，信息流畅；香港基金变现所得盈利不论来自香港或海外的股息收入均不用纳税；香港具有基金发展所需的专业人才。1996年香港基金总销售额44.87亿美元，比1995年高出45.3%；基金净销售额5.8亿美元，仅次于1993年；由45家主要基金会员公司所管理的资产合计1010亿美元。

【基金种类】 香港投资基金种类较多，主要有单位信托基金与互惠基金、单位组合基金、债券基金、货币市场基金、工业创业基金、中国基金等。

单位信托基金与互惠基金　这种基金在香港发展最早也较为普及，主要是汇集投资者的资金投资于各种有价证券和金融工具。60年代初汇丰银行发起期限为10年的单位信托基金，开创了香港基金业。互惠基金是由一些美国证券公司驻港机构在50年代介绍来香港的，主要推销给美国股市投资者。由于70年代香港股市迅速发展，投资者对单位信托基金很有兴趣，市场逐渐扩大，在港设立的外资基金数量不断增加。1976香港政府开始实施《香港单位信托及互惠基金守则》。1976年，香港信托与互惠基金管理的资产仅5亿港元，1987年基金数目205个，管理基金1200亿港元以上，1993年基金数目895个，1994年基金数目978个。

单位组合基金　又称为基金中的基金，即单位信托基金将全部资产投资于其他基金。1986年11月8日香港证券事务监察委员会公布有关设立单位组合基金所修订的守则详情之后批准此项基金在香港发展。单位组合基金投资风险分散，回报率也较稳定。

债券基金　指投资于债券的基金，按债券币种分为美元、日元、欧洲货币单位、英镑、德国马克和澳元6种；按利息分为定息、浮息、零息和无息等。债券基金风险很小，很受投资者欢迎。

货币市场基金　这是以港币存款及不超过一年的港元证券为投资对象的基金，货币市场基金组合包括港元存款及港元证券，投资风险最低，是以港元定价，主要投资于存款及短期证券，不存在汇率风险，存款的信用风险又低于证券的信用风险。1986年第一个以港元发行的货币市场基金推出。

工业创业基金　又称为风险基金，主要投资于科技工业中成长快的公司。香港1980年初引入创业基金，到1987年底香港创业基金40多家，可使用的创业基金金额25亿港元。创业基金有利于发掘出有潜力的中小企业，并在资金、技术及业务方面提供援助。

中国基金　随着中国的改革开放步伐加快，香港各基金公司推出中国基金，主要投资于中国B股市场、在香港上市的中国概念股及来港上市的内地企业股份等。　（齐远）

基金经理机构

深圳投资基金管理公司

【公司概况】 公司成立于1992年10月8日，是一家专业从事基金设立、管理及经营投资业务的大型股份制非银行金融机构，由交通银行深圳分行、中国银行深圳分行、中国农业银行深圳分行、招商银行总行和中国平安保险公司共同出资组建，1992年11月，公司发行了契约型、土闭式基金—天骥投资基金。公司被评为1996年深圳首届投资管理先进企业，入选“中国首家专业性、规范化、最大规模的资产管理公司”。公司总裁：陈儒。

【经营业绩】 公司本着代为投资、代为理财的服务信念，奉行稳健、安全、诚信、效率的原则为投资者开辟了一条新的投资渠道。公司运作的资产规模已逾10亿元人民币，发展成为规范化资产管理公司。公司使用奥柏斯模式建立起来的一系列先进的办公自动化系统，全面实行无纸办公，实现与深交所联通电子邮件系统。公司管理的天骥投资基金1996年单位基金收益0.15元，单位基金净资产1.58元。

深圳市半岛投资基金管理有限公司

【公司概况】 公司是由中国人民银行深圳经济特区分行批准成立的一家从事投资基金专业管理和理财服务的金融机构。公司注册资本2000万元人民币，公司吸取国际投资基金业管理的成熟经验，建立起完善科学的内部管理架构，实现了基金管理中“研究、操作和监管”三大体系的相互统一和相互制约。在投资决策机制上，公司围绕基金经理联席会议制形成了集体决策的机制。公司现有员工25人，管理资产约3亿元人民币。

【经营业绩】 公司业务范围包括发行和管理各类投资受益券；代理投资受益券的认购、转让、赎回；证券投资(含股权投资)；接受机构的资产委托管理，提供理财服务；短期资金同业拆借；为企业证券发行、筹资、购并、重组提供咨询服务；经中国人民银行批准的其它业务。从1996年7月1日至1996年12月31日，公司共实现税后利润人民币3713793.91元，净资产收益率为11.12%，总资产报酬率为9.39%，股本收益率为18.57%，为股东带来了良好的投资回报。截止1996年底，公司流动比率为6.05，资产负债率为14.76%，具有较强的偿债能力。

深圳蓝天基金管理公司

【公司概况】 公司是经深圳市人民政府和中国人民银行深圳经济特区分行批准，于1992年12月在深圳市注册的专门从事基金投资与管理的非银行金融机构。公司由深圳有色金属财务有限公司、中信实业银行深圳分行、中国工商银行深圳信托投资公司和深圳经济特区发展财务公司4家金融机构共同组建，1995年5月后，由深圳有色金属财务有限公司控股经营。

【经营业绩】 公司主要业务为发起和设立各类基金；基金的投资与管理；代理基金受益凭证的认购、转让、赎回；代理其他基金的投资与管理；为企业证券之发行、上市或公司重组提供咨询；主管机关批准经营的其他业务。公司经批准于1993年2月发起设立的封闭式契约型基金—蓝天基金规模为379157000个基金单位，合计人民币379157000元，经公司专业化理财，基金已连续四年获稳定增值。

深圳市南山基金管理有限公司

【公司概况】 公司是经中国人民银行深圳经济特区分行批准，由中国南方证券有限公司、光大证券有限责任公司、深圳中农信投资实业公司、深圳市南山区投资管理公司、深圳蔚深投资财务管理有限公司、福建兴业证券公司等发起设立的非银行金融机构，于1992年11月成立。公司注册资金1亿元人民币。

【经营业绩】 公司主要开展基金的发行，基金的投资与管理，证券与股权投资，办理受益委托赁证的认购、转让、购回，接受机构的资产委托管理，短期资金同业拆借，投资顾问与咨询等业务。公经理的南山基金总规模10935.9万个基金单位，其中发起人认购3400万个基金单位，社会公众认购7535.9万个基金单位。

广东广发基金管理公司

【公司概况】 公司是以受托或代理方式经营管理各类投资基金资产的非银行金融机构，具有法人资格的经济实体。公司是由广东发展银行独资设立的，实行基金管理委员会领导下的总经理负责制，内设综合部、投资部、财务部、技术分析部、投资咨询部等职能部门。公司注册资金1000万元人民币。

【经营业绩】 公司主要业务包括发起和设立境内外各类人民币基金；基金资产经理；基金转让；证券投资及咨询；物业投资及主管机关批准的其他业务。公司主要管理的第一期广发投资基金、第二期广发投资基金规模分别为6000万单位和5300万个单位，并在南方证券交易中心上市，与上海、深圳证交所联网。两基金分别设专户管理，分别独立核算。1996年公司管理的第一期广发投资基金单位收益0.12元，单位净资产1.11元，第二期广发投资基金单位收益0.13元，单位净资产1.12元。

淄博投资基金管理公司

【公司概况】 淄博投资基金管理公司是全国唯一一的家经中国人民银行总行批准设立并核发金融业务许可证的管理基金业务的非银行金融机构，由5家全国性地方非银行金融机构出资创办的有限责任公司。公司董事长兼总经理：杨力。

【经营业绩】 公司主要业务包括发起设立投资基金、管理投资基金。公司1993年3月受托管理全国首家在证券交易所上市的淄博乡镇企业投资基金。淄博乡镇企业投资基金1996年底总规模10000万单位,1996年单位基金收益0.31元,单位净资产1.214元。

海南证大资产管理公司

【公司概况】 海南证大资产管理公司是一家专门从事基金管理投资的股份制金融企业。1992年4月,海南省证券公司联合国内一些大型机构发起设立海南富岛投资基金,海南省证券公司相应成立基金管理部,专门管理富岛投资基金,1992年9月在海南省证券公司基金管理部的基础上,成立海南证大资产管理公司。1995年注册资金增加到3000万元。上海证大投资管理有限公司(原名上海证大财务顾问有限公司)是一家专家理财并以证券投资为主的公司,成立于1994年4月,前身为海南证大资产管理公司上海业务部,1996年9月注册资金增至3600万元,是江苏常柴股份有限公司第二大股东。董事长兼总经理:戴志康。

【经营业绩】 海南证大资产管理公司和上海证大投资管理公司主要从事富岛基金的管理业务。富岛投资基金总份额为16000万份,期限为20年,在深交所上市交易,1996年底总资产为31844万元,净资产为27584万元,单位净资产1.72元,1996年实现净利润0.39元/份额,可分配利润为0.49元,富岛投资基金主要投资于上市流通股和杭州房地产开发。截止1996年底海南证大资产管理公司资产为10768.85万元,盈利428.3万元,截止1996年底上海证大投资管理有限公司总资产为4206万元,盈利364万元。

四川投资基金管理公司

【公司概况】 四川投资基金管理公司是由原四川光大资产管理公司更名而成,于1994年6月经中国人民银行四川省分行批准成立的,是一家专门从事基金、资产管理及证券投资业务的专业性公司。公司总裁:刘书。

【经营业绩】 四川投资基金管理公司为我国基金业的发展进行了大胆的探索和创新,经营管理着中国第一支开放型投资基金四川国债投资基金。根据基金信托契约规定,公司在每年的一月和七月定期向投资者开放,投资者可按当时公布的单位基金资产净值认购和赎回本基金;本基金从成立之日起到1997年6月30日为止,基金资产规模已超过3亿元人民币;基金三年平均收益率达20.17%,每单位基金净值为1.584元。

广东国际信托投资公司基金部

【公司概况】 基金部是经中国人民银行广东省分行和广东省工商行政管理局批准的有金融业务经营权的具有法人资格的全民所有制金融企业,下设证券投资部、项目投资部、研究发展部、财务部、综合部等机构。注册资本1000万元人民币。基金部总经理:林金腾。

【经营业绩】 基金部经营范围包括发起和设立境内外各类基金、基金资产经理业务、证券投资及咨询、基金转让、物业投资和主管机关批准的其他业务。主要经理的基金为广信投资基金,广信投资基金为契约型封闭式,期限为8年。基金部管理的广信投资基金1996年单位收益0.23元,单位净资产1.25元。

广东华侨信托投资公司投资基金部

【公司概况】 广东华侨信托投资公司聚集了一批高级证券、金融、投资专业人才,于1993年12月创立了专门从事投资基金业务的全资附属企业广东华侨信托投资公司投资基金部。基金部为获中国人民银行颁发许可证的专业投资基金管理机构,具备独立法人资格,注册资金人民币3000万元。投资基金部设经理室以及证券投资部、房地产投资部、发展研究部、计划财务部、海外业务部5个部门。华侨信托投资公司基金部总经理:尹文健。

【经营业绩】 营业范围:发起和建立境内外各种基金;基金资产经理业务;证券投资及咨询业务;基金转让业务;物业投资业务;主管机关批准的其它业务。投资基金部已成功募集"华信投资基金",基金为首批在深圳证券交易所上市的基金之一。证券投资部主要从事一级市场、二级市场及其他有价证券投资;房地产投资部从事房地产项目的开发、经营;发展研究部负责研究国家的宏观政策动态;策划各基金的发展战略与目标,同时负责参股、代理、咨询等方式拓展其他业务;计划财务部负责对各种基金的独立核算、财务管理与资金融通;海外业务部负责海外基金资产管理联系业务。根据中国人民银行总行有关文件精神,广东省南方金融服务总公司并入广东华侨信托投资公司。南方基金将交由基金部管理。

上市基金

深圳天骥投资基金

【基金概况】 基金是经中国人民银行深圳经济特区分行批准，由深圳投资基金管理公司（基金经理人）和中国工商银行深圳市信托投资公司（基金信托人）共同发起设立的契约型封闭式投资信托基金，于1993年2月5日正式成立，期限为10年，经批准可延长为15年，基金于1994年3月21日在深圳证券交易所上市，基金上市数量为581476000个单位。

【经营业绩】 基金主要开展证券、房地产、项目货币资金及其他等投资业务，1996年度上述各项投资所占比例（即投资组合）分别为69.68%、7.95%、11.32%和11.05%。1996年底基金投资收益103146708.42元，基金费用15300671.41元，本期基金收益87846037.01元，本期基金净收益80531037.01元，期末资产总计924489967.20元，期末净资产921581312.60元。

【财务状况】 1996年基金单位收益0.15元，单位基金净资产1.58元，该基金不准备对本年度利润进行分配。

深圳半岛基金

【基金概况】 基金的前身为成立于1992年5月的蛇口公众基金，1994年12月经中国人民银行深圳经济特区分行批准，由招商局蛇口工业区有限公司、招商局蛇口工业区理财服务公司、中国平安保险公司、深圳安达实业股份有限公司、招商局蛇口工业区社会保险公司等五家公司发起设立的公司型封闭式基金，封闭期为10年。基金单位总额100000000份。1996年经批准本基金由公司型改制为契约型基金。受益凭证上柜场所为深圳证券交易所。基金信托人：招商银行，基金经理人：深圳市半岛投资基金管理有限公司，基金核数师：蛇口中华会计师事务所，基金投资顾问：招商局国际顾问有限公司。

【经营业绩】 主要开展基金的发行、基金的投资与管理、证券与股权投资、办理受益凭证的认购、转让、购回，金融主管机关批准的其他业务。在资金投资组合中，货币资金、有价证券、股权投资、房地产投资及其他分别占23.63%、56.84%、3.84%、10.88%和4.81%。1996年度基金资产总额168310000元，基金净收益为49562134.05元，基金费用5478106.67元，基金净资产162544655.51元。

【财务状况】 1996年基金单位收益0.50元，年末未分配收益50537855.51元，期末每基金单位净资产值1.63元，每基金单位分配0.30元现金红利。

深圳蓝天基金

【基金概况】 基金是经中国人民银行深圳经济特区分行批准，由深圳蓝天基金管理公司（基金经理人）和中国建设银行深圳市分行（基金信托人）共同发起设立的封闭式投资信托基金，于1993年2月25日正式成立。基金总额379157000基金单位，在深圳证券交易所上市。

【经营业绩】 基金主要从事法人股投资、证券投资、房地产投资、项目投资、股权投资、货币资金及其他等投资活动，1996年底上述各项投资所占比例分别为30%、24%、21%、12%、6%和7%。1996年底基金收入44937614.25元，基金费用8867674.10元，基金净资产542617415.42元。

【财务状况】 1996年每单位基金收益0.10元，每基金单位净资产值1.43元，年度基金收益滚存至今后年度一并分配。

深圳南山基金

【基金概况】 基金是经中国人民银行深圳分行批准，于1994年1月26日对原深圳市南山风险投资基金公司进行规范化改组而成，并于1996年6月正式设立为封闭式契约型投资基金，存续期限10年。基金首期发行规模10935.9万个单位，其中可流通份额9835.9万个单位。基金于1995年4月10日在深圳证券交易所上市。基金信托人为中国建设银行深圳市分行，管理人为深圳市南山基金管理有限公司。

【经营业绩】 基金投资范围为上市和非上市公司的股票、权证、政府和企业债券、银行票据、商业票据等有价证券及其他项目的投资。1996年底基金投资组合为：货币资金及应收款35.37%，证券投资26.84%，房地产项目投资30.47%，股权项目投资7.62%。1996年底基金总资产289291397.89元，基金净资产188318040.06元，投资收益96332381.71元，费用支出39403012.67元，净收益56929369.04元。

【财务状况】 1996年每基金单位净收益0.52元，每基金单位净资产1.72元，1996年的利润分配方案暂定为每10个单位派3.20元现金。

深圳君安九三国库券再投资受益券

【基金概况】 受益券系经中国人民银行深圳特区分行批准于1993年12月28日成立、国内法人机构和个人以1993年五年期国库券认购，经理人将该国库券变现进行再投资并保证受益券持有人每年最低收益率15.86%的一种受益凭证。至1994年1月20日所募集2亿元国库券已全部变现并于1994年3月21日深圳证券交易所挂牌交易。受益券信托人：中国农业银行深圳信托投资公司，经理人：君安证券有限公司。

【经营业绩】 主要开展上市股票、银行存款、保证金存款、委托投资、债券投资、应收利息及其他应收款等业务，在1996年度投资组合中分别占2.47%、17.11%、66.43%、5.61%、8.41%、4.55%、1.25%。1996年底受益券收入159391701.70元，受益券费用23419853.08元，收益135971848.62元，净资产356524702.93元。

【财务状况】 1996年度受益券单位期末收益0.68元，单位净资产1.78元，期末可分配收益155019273.16元，1996年度仍不分配收益。

广东广信投资基金

【基金概况】 基金是经中国人民银行广东省分行批准，于1993年2月14日在广州设立。基金类型为综合型、契约型、封闭式基金，基金年限为八年，基金单位总额128754000个基金单位。基金1994年3月3日在南方证券交易中心上市，并于3月14日与上海证券交易所联网。基金信托人：中国建设银行广东省分行直属支行，基金经理人：广东国际信托投资公司基金部。

【经营业绩】 基金投资范围为有价证券、金融票据、期权、期货、房地产和经中国人民银行批准的其他项目。1996年底投资组合中证券投资占19.16%，实业投资占47.28%，货币投资占12.97%，其他投资占20.59%。1996年底基金投资收入40243575元，营业支出1655000元，基金净收益29338228元，资产总计191601100元，所有者权益161457259元。

【财务状况】 1996年单位基金收益0.23元，单位基金净资产1.25元，净资产收益率18.17%，每基金单位派送现金红利0.15元(含税)。

广东华信基金

【基金概况】 基金是经中国人民银行广东省分行批准，由广东华侨信托投资公司发起成立的封闭单位信托基金。基金总份额137017216个基金单位，基金类型为契约型封闭式，基金年限为8年，于1994年3月3日在南方证券交易中心上市，并于1994年3月14日与深圳证券交易所联网。基金信托人：中国银行广东省分行，基金经理人：广东华侨信托投资公司投资基金部。

【经营业绩】 基金主要开展房地产、证券、货币和实业、股权及其他投资业务。1996年底基金投资组合为房地产投资占57.83%，证券投资占34.63%，货币投资占3.12%，实业、股权及其他投资占4.42%。1996年底基金收入43768217.99元，基金净收益38703316.40元，1996年底基金资产总计194963446.44元，所有者权益182534577.25元。

【财务状况】 1996年每基金单位净收益0.282元，每基金单位净资产值1.33元，净资产收益率25%，每基金单位分配红利0.23元。

广东广发一期投资基金

【基金概况】 基金是经中国人民银行广东省分行批准，由广东发展银行发起成立的封闭式单位信托基金。基金封闭期限八年，基金总份额6000万基金单位，基金于1993年8月18日在南方证券交易中心上市，并与上海证券交易所联网。基金经理人：广发证券有限责任公司基金部。

【经营业绩】 基金主要开展证券、实业及其他投资活动，1996年底基金投资上述三项所占比例分别为47.5%、41.6%和10.9%。1996年底基金投资收入9382049.71元，营业费用705362.90元，收益总额8676686.81元，净收益7443734.21元，资产总计69759256.40元，所有者权益68328303.80元。

【财务状况】 1996年单位基金收益0.12元，单位基金净资产1.11元，净资产收益率10.89%，每10个基金单位派现金1.10元人民币。

广东广发二期投资基金

【基金概况】 基金是经中国人民银行广东省分行批准，由广东发展银行发起成立的封闭式单位信托基金。经确认，基金于1993年12月16日正式成立，基金总份额5300万基金单位，基金封闭期限为8年，基金于1994年3月3日在南方证券交易中心上市，并与深圳证券交易所联网。基金信托人：中国工商银行广州市分行，基金经理人：广发证券有限责任公司基金部。

【经营业绩】 基金主要开展证券、实业等投资活动。1996年底基金投资组合为：证券投资40%，实业投资60%。1996年底基金投资收入9084878.75元，净收益7033878.22元，1996年底资产总计62021875.19元，所有者权益60716603.60元。

【财务状况】 1996年单位基金收益0.13元，单位基金净资产1.12元，净资产收益率11.58%，每10个基金单位派现金1.20元人民币。

广东南方投资基金

【基金概况】 基金信托人：交通银行广州分行，基金经理人：广州南方金融服务总公司基金部。基金总份额226300000基金单位，基金类型为封闭式契约型，基金存续期为8年，可延长但最多不超过15年，于1994年3月3日在南方证券交易中心上市，并于1994年3月14日与深圳证券交易所联网。

【经营业绩】 基金投资组合为银行存款，应收帐款、证券及期货投资、项目投资、信托投资、股权投资，1996年底上述各项所占比例分别为2.90%、8.23%、50.92%、31.7%、4.90%、1.35%。1996年底基金收入103714606.29元，基金费用5447918.95元，基金净收益98266687.34元，期末基金资产净值377624717.96元。

【财务状况】 1996年每基金单位净收益0.43元，每基金单位净资产1.67元，基金净资产收益率37.21%，每基金单位分配现金红利0.23元。

广东广证投资基金

【基金概况】 基金是经中国人民银行广东省分行批准，由广东证券公司发起设立的契约型封闭式基金，基金总份额11700万个基金单位，基金封闭期限为8年，基金于1994年3月3日在广东南方证券交易中心上市，并与深圳证券交易所联网。基金信托人为中国工商银行广东省信托投资公司，基金经理人为广东证券公司基金部。

【经营业绩】 基金主要开展证券、实业、货币等投资业务。1996年底基金投资组合为：证券投资占11.1%，实业投资占88.2%，货币投资占0.7%。1996年底基金投资收入29953839.27元，净收益27496839.27元，资产总计165461746.85元，所有者权益149314052.41元。

【财务状况】 1996年底单位基金收益0.235元，单位基金净资产1.276元，净资产收益率18.42%，每10个基金单位派现金1.30元人民币。

海南富岛投资基金

【基金概况】 基金是经中国人民银行海南省分行批准，于

1992年5月21日设立。基金托管人为交通银行海南分行，基金经理人为海南省证券公司，基金投资顾问为海南证大资产管理公司。基金以封闭型方式设立，封闭期为20年，总规模为2亿基金单位，截止1996年底规模为1.6亿基金单位。在深圳证券交易所上市。

【经营业绩】 基金投资分布为证券投资、股权投资和房地产投资。1996年底基金投资组合为：货币资金占8%，证券投资占29.1%，房地产投资占26.8%，股权投资占19.4%，其他投资16.7%。1996年底基金收入77698624.44元，费用支出14070202.36元，基金净收益63628422.08元，期末资产总计318443784.12元，净资产275837927.26元。

【财务状况】 1996年单位基金实现收益0.39元，单位基金年末可分配收益0.49元，单位基金净资产1.72元，每10个基金单位派发现金1.5元人民币。

广东广证九三国库券受益券

【基金概况】 受益券是中国人民银行广东省分行关于同意广东证券公司试办国库券再投资受益券业务而由广东证券公司设立，发行规模为2亿个受益单位。实际募集到位为1.2亿个受益单位。受益券类型为契约型封闭式，受益券封闭期限与1993年五年期国库券同期，于1994年12月6日在广东南方证券交易中心上市，并与深圳证券交易所联网。受益券信托人为中国人民建设银行广东省信托投资公司，经理人为广东证券公司基金部。

【经营业绩】 受益券主要从事实业、货币等投资业务。1996年底受益券投资组合为：实业投资69.42%，货币投资3.00%，其他投资27.58%。1996年底受益券投资收入29085730.00元，净收益25903070.00元，资产总计176877480.00元，所有者权益155687210.00元。

【财务状况】 1996年单位受益券收益0.216元，单位受益券净资产1.297元，净资产收益率16.65%，1996年暂不分配红利。

海南银通九三国库券再投资受益券

【基金概况】 受益券于1994年2月21日经中国人民银行海南省分行批准发行，所募集国库券为1993年五年期国库券。基金总份额8398.66万个受益单位，基金类型为契约型封闭式，基金年限与1993年五年期国库券期限相同，受益券于1994年12月26日在南方证券交易中心上市。基金信托人：中国太平洋保险公司海南分公司，基金经理人：交通银行海南分行。

【经营业绩】 受益券主要开展证券、实业、货币及其他投资业务。1996年底受益券投资组合为证券投资占2.8%，实业投资占70.2%，货币投资占8.2%，其他投资占18.8%。1996年底受益券投资收入17115561.05元，净收益18357926.49元，1996年底受益券总资产126117504.63元，所有者权益126102504.63元。

【财务状况】 1996年单位受益券收益0.21元，单位受益券净资产1.50元，净资产收益率14.56%，1996年度受益券暂不分配。

淄博乡镇企业投资基金

【基金概况】 基金总份额10000万份，基金类型为公司型封闭式基金，基金年限为8年，1996年为第4年。基金于1993年8月20日在上海证券交易所上市。基金托管人为中国农业银行淄博分行，基金经理人为淄博投资基金管理公司。

【经营业绩】 基金主要从事证券、实业、货币等投资业务。1996年底基金投资组合为：证券投资占42%，实业投资占50%，货币及其它投资占8%。1996年底基金投资收入37534595.42元，净收益30582896.20元，1996年底资产总计158148247.04元，所有者权益138250975.23元。

【财务状况】 1996年单位基金收益0.31元，单位基金净资产1.38元，净资产收益率22.12%。

上海金龙投资基金

【基金概况】 基金总额100000000单位，基金类型为契约型封闭式，基金年限为10年，基金于1996年11月29日在上海证券交易所上市。基金托管人为交通银行上海浦东分行，基金经理人为上海国际信托投资公司证券投资信托部。

【经营业绩】 该基金主要开展证券、实业、货币等投资业务。1996年底基金投资组合为：证券投资占27.21%，实业投资占39.53%，货币投资63.18%，其他投资占30.08%。1996年底基金营业收入19229112.43元，营业支出3171493.22元，净收益16057619.21元。1996年底基金资产总计127896586.86元，所有者权益121439984.98元。

【财务状况】 1996年单位基金收益0.161元，单位基金净资产1.214元，净资产收益率13.22%。

上海宝鼎投资基金

【基金概况】 基金总份额100000000份，基金类型为契约型封闭式，基金年限为10年，报告期（1996年）为第三年，基金于1996年11月29日在上海证券交易所上市。基金托管人为中国农业银行上海市分行，基金经理人为申银万国证券股份有限公司基金管理总部。

【经营业绩】 基金主要开展证券、实业、货币等投资业务。1996年底基金投资组合为：证券投资占45.26%，实业投资占16.15%，货币投资占37.57%，其他投资占1.02%。1996年底基金收入60178246.53元，费用支出10377542.64元，基金净收益49800703.89元。1996年底资产总计204609347.07元，所有者权益为200128102.01元。

【财务状况】 1996年单位基金收益0.50元，单位基金净资产2.00元，净资产收益率24.88%。

上海建业投资基金

【基金概况】 基金总规模为1亿基金单位，基金类型为封闭式契约型，基金期限为10年。基金经中国人民银行批准、上海证交所审核同意，于1996年11月29日在上海证券交易所挂牌上市交易。基金信托人为中国农业银行上海市分行，基金管理人为中国建设银行上海市分行第二营业部。

【经营业绩】 基金主要开展股票、债券、实业、货币等投资业务。1996年底基金投资组合为：股票投资占22.72%，债券投资占6.04%，实业投资占53.68%，货币及其他投资占17.56%。1996年基金营业收入15069969.98元，营业支出3853183.78元，净收益11216786.20元。1996年底基金资产总计 136029860.32 元，股东权益 125114380.64 元。

【财务状况】 1996 年单位基金收益 0.112 元，单位基金净资产 1.36 元，净资产收益率 8.26%。

沈阳农信投资受益债券

【基金概况】 债券是经中国人民银行沈阳市分行批准设立。债券总份额 3681 万份，发行债券总额 3000 万元人民币。债券类型为封闭式契约型，债券年限为 15 年，债券于 1992 年 6 月 29 日在沈阳证券交易中心上市，1994 年 3 月 7 日与上海证券交易所联网交易。债券经理人为中国农业银行沈阳市分行农信投资受益债券管理部。

【经营业绩】 农信投资受益债券主要开展实业等投资业务。1996 年底，受益债券资金投入总额为 3861 万元，其中对科技附加值高、投资后劲长的计算机、打印机项目投资 1000 万元人民币，占资金总额的 26%，出租汽车业投资 200 万元，占资金总额的 5%，合资企业投资 1100 万元，占资金总额的 28%，企业项目投资 1561 万元，占资金总额的 35%。1996 年底债券投资收入 4986144 元，净收益 4776432 元，1996 年底资产总计 51229249 元，所有者权益 43377682 元。

【财务状况】 1996 年度单位农信受益债券收益 0.124 元，单位农信投资受益债券净资产 1.12 元，净资产收益率 11.01%。

汕头银海投资基金

【基金概况】 基金经中国人民银行汕头分行批准设立，基金托管人为中国工商银行汕头市信托投资公司，并由中国工商银行汕头市信托投资公司基金管理部任基金管理人。基金总份额为 11250 万个基金单位，基金类型为封闭式契约型，基金期限为不定存续期，基金于 1993 年 4 月 29 日在沈阳证券交易中心上市，并于 1994 年 3 月 7 日与上海证券交易所联网交易。

【经营业绩】 基金主要从事实业、证券等投资业务。1996 年底基金投资组合为：实业投资占 89.6%，证券投资占 1.8%，其他投资占 8.6%。1996 年底基金投资收入 12672409.39 元，净收益 10736680.40 元，1996 年底资产总计 125133784.70 元，所有者权益 124266474.57 元。

【财务状况】 1996 年底单位基金收益 0.10 元，单位基金净资产 1.105 元，净资产收益率 8.6%。1996 年分红方案为每基金单位分红 0.10 元。

珠海海鸥投资基金

【基金概况】 基金是经中国人民银行广东分行批准，由珠海国际信托投资公司和珠海人寿保险股份有限公司共同发起设立。基金种类为封闭契约型，基金期限 10 年，基金规模为 5000 万基金单位，1994 年 3 月 3 日在南方证券交易中心挂牌上市，并于 1994 年 3 月 14 日与上海证券交易所联网。基金托管人：中保人寿保险有限公司珠海分公司，基金经理人：珠海海鸥投资基金部。

【经营业绩】 主要开展证券、实业、货币及其他投资活动，1996 年底基金投资组合中上述四项分别占 11.91%、30.60%、45.30%和 12.19%。1996 年底基金经营收入 12456482.19 元，营业支出 921380 元，收益总额 11535100 元，净收益 10286060 元，所有者权益 70558548.71 元，资产总计 74386510.71 元。

【财务状况】 1996 年单位基金收益 0.20 元，单位基金净资产 1.41 元，净资产收益率 14.51%，每 10 个基金单位派现金红利 1.20 元（含税）。

汕头金券受益基金

【基金概况】 基金全称为汕头证券股份有限公司金券受益基金，系于 1992 年 7 月 29 日经中国人民银行汕头分行批准设立的不设期限契约型基金。基金总份额为 12000 万基金单位，基金类型为封闭式契约型基金，基金年限为不限年限。基金 8000 万个单位于 1993 年 7 月 1 日在大连证券交易中心上市，4000 万个单位于 1995 年 10 月 27 日在南方证券交易中心上市。基金信托人为汕头证券股份有限公司营业部，基金经理人为汕头证券股份有限公司基金管理部。

【经营业绩】 基金主要开展证券、实业、房地产、货币等投资业务。1996 年基金投资组合为：证券投资占 4.5%，实业投资占 61.4%，房地产投资占 17.6%，货币投资占 16%，其他投资占 0.5%。1996 年投资收入 15565100.68 元，净收益 13981922.64 元。1996 年底基金资产总计 143576593.75 元，净资产 121714903.17 元。

【财务状况】 1996 年单位基金收益 0.116 元，单位基金净资产 1.01 元，净资产收益率 11.49%，每个基金单位分派 0.12 元红利。

汕头金信投资基金

【基金概况】 基金全称为汕头国际信托投资公司金信投资基金，系于 1992 年 5 月 9 日经中国人民银行汕头分行批准设立，为契约式封闭型的投资基金。基金规模为 10080 万元，在武汉证券交易中心上市。基金托管人为汕头国际信托投资公司，基金管理人为汕头国际信托投资公司基金部。

【经营业绩】 基金主要开展证券、房地产、货币等投资业务。1996 年底基金投资组合为：货币资金占 0.25%，证券投资占 44.10%，合作项目投资占 48.28%，房地产投资占 7.37%。1996 年底基金收入 17500759.19 元，基金费用 1444175.07 元，期末基金净收益 16056584.12 元，期末基金可分红利 16363134.22 元。

【财务状况】 1996 年期末每基金单位可分红利 0.162 元，期末每基金单位净资产 1.162 元。

湖北长江投资基金

【基金概况】 基金于 1992 年 4 月设立，1993 年 7 月 28 日在武汉证券交易中心上市交易，属于无限期存续的封闭式契约型基金，总规模为 2000 万基金单位。基金信托人为中国建设银行湖北省分行直属支行，基金经理人为湖北证券公司。

【经营业绩】 基金主要开展证券、实业等投资业务。1996 年底基金投资组合为：证券投资 17%，实业投资 45%，短期投资 38%。1996 年底基金经营收入 5563779.34 元，经营支出 626975.395 元，经营收益 4936803.95 元，1996 年基金净资产 27770482.50 元。

【财务状况】 1996年每单位基金净资产1.39元，每单位基金收益0.26元，净资产收益率19%，年末未分配收益5291319.09元。每10个基金单位分配现金红利2.60元。

武汉证券投资基金

【基金概况】 基金总份额5000万份，基金类型为契约型国内证券基金，基金不设存续期，但承担可能提前终止和清盘时的赎回义务。基金托管人为招商银行武汉分行，基金经理人为武汉证券公司。基金于1993年6月23日在武汉证券交易中心上市。

【经营业绩】 基金主要开展股票、实业等投资业务。1996年底基金投资组合为：银行存款占2.07%，股票投资专户存款占42.13%，股票投资占41.5%，实业投资占8.58%，委托投资占5.21%，其它应收款占0.49%，其它占0.02%。1996年7月1日到1996年12月31日，基金经营收入8260991.22元，经营支出739367.84元，利润总额7521623.38元，1996年底基金总资产58285622.00元，期末基金资产净值57871110.04元。

【财务状况】 1996年7月1日到12月31日单位基金净收益0.15元，1996年底期末单位基金净资产1.157元，基金净资产收益率13%。

江西昌久投资基金

【基金概况】 基金原名为建行江西省信托投资公司受益券，该基金是经中国人民银行江西省分行批准，于1992年5月设立。基金总量10000万单位，其中6000万单位已在武汉证券交易中心上市流通。基金类型为契约式封闭型，基金期限为无偿还期限。基金信托人为中国建设银行江西省分行，基金经理人为江西省昌久投资管理有限公司。

【经营业绩】 基金投资包括工商业、房地产业、能源交通和旅游业、有价证券及股权投资等。1996年底基金投资组合为：项目投资占25.5%，国债投资占50%，股票投资占24.5%。1996年7月1日至12月31日，基金收入为13233294.04元，基金支出为901355.35元，利润总额12331938.69元。1996年底基金资产总额129113865.74元，期末净资产118608865.74元。

【财务状况】 基金1996年7月1日至12月31日单位基金净资产1.186元，基金期末未分配收益15077189.17元，单位基金收益率24.66%。1996年下半年基金分红率为10%。

西北开发投资基金

【基金概况】 基金是经中国人民银行新疆维吾尔自治区分行批准，于1993年5月8日成立的封闭式信托投资基金。基金类型为封闭契约型，规模1亿单位，于1993年10月28日在武汉证券交易中心上市，上市规模为3000万单位。基金经理人为君安证券有限公司。

【经理业绩】 基金主要开展证券、货币等投资业务。1996年底基金投资组合为法人股投资占30.32%，上市股票投资占2.66%，保证金存款占5.32%，银行存款占0.92%，其他应收款占14.63%，债券投资占6.25%，委托投资占39.90%。1996年底基金收入691860.16元，基金费用452086.20元，基金净收益239773.96元，1996年底可分配收益487396.25元，期末净资产113536594.64元。

【财务状况】 1996年每基金单位净资产1.13元，期末每基金单位收益0.0024元。1996年度暂不进行利润分配。

江西中盛投资基金

【基金概况】 基金规模为28318599个基金单位，基金类型为封闭式基金，封闭期限为无限期，基金于1993年12月在武汉证券交易中心上市。基金信托人为中国银行江西信托咨询公司，基金经理人为中国银行江西信托咨询公司基金管理部。

【经营业绩】 基金主要开展实业、证券、货币等投资业务。1996年底基金投资组合为：长期投资（均为股权投资）21.3%，证券投资27.2%，货币资金51.5%。1996年底基金收入4850555.49元，基金费用375812.72元，基金净收益4474742.77元，1996年底基金资产总额33253291.72元，所有者权益33140017.32元。

【财务状况】 1996年单位基金收益0.158元，单位基金资产净值1.17元，净资产收益率13.5%。每单位基金派送现金0.16元。

常州常信基金

【基金概况】 基金是经中国人民银行江苏省分行批准，于1992年6月设立。基金类型为契约型封闭式的投资基金，封闭期限为12年。基金总量为53173500个基金单位，1994年2月经武汉证券交易中心批准上市量为50000000个基金单位。基金信托人：江苏省常州市信托投资公司，管理人：江苏省常州市信托投资公司基金管理部。

【经营业绩】 主要开展证券投资、房地产投资、实业投资、金融资产投资等业务。1996年底资金投资组合中分别占20.2%、21.1%、36.1%和22.6%。1996年底基金经营收入9215151.95元，营业支出1021452.50元，利润总额8193699.45元，期末净资产61396503.01元。

【财务状况】 1996年基金单位净资产1.154元，单位基金收益0.154元。每个基金单位派发现金0.15元。

南京信托投资受益基金

【基金概况】 基金系由南京国际信托投资公司发起，经中国人民银行南京分行批准，于1994年6月设立。基金总量3000万个基金单位，于1994年6月经武汉证券交易中心批准上市交易。基金类型为契约型封闭式投资基金，封闭期限为9年。基金信托人为南京国际信托投资公司，基金管理人为南京国际信托投资公司基金管理部。

【经营业绩】 基金主要开展房地产、股权、证券等投资业务。1996年底，基金投资组合为：房地产合作投资占63.5%，股权投资占16.1%，证券投资占2.3%，货币资金及其他投资占18.1%。1996年底基金收入4331022.92元，基金费用53250.00元，基金净收益4277772.92元，1996年底资产总额39237384.25元，所有者权益34293976.10元。

【财务状况】 1996年底单位基金收益0.1426元，单位基金净资产值1.1431元。1996年底每个基金单位派发现金0.14元。

安徽建皖基金

【基金概况】 基金规模总份额6000万份，基金类型为封闭式契约型信托投资基金，封闭期限为10年(1992年8月1日——2002年8月1日)。基金托管人为中国建设银行安徽省分行营业部，基金管理人为中国建设银行安徽省分行营业部。

【经营业绩】 基金主要开展证券、房地产等投资业务。1996年底基金投资组合为：证券投资占21.54%，房地产投资占24.51%，短期投资占23.51%，其他投资占30.44%。1996年底基金营业收入(该年累计数)2563058.47元，营业支出1112081.26元，净利润4060282.76元。1996年底基金总资产67046436.28元，期末净资产64247141.83元。

【财务状况】 基金1996年单位基金收益0.07元，单位基金净资产1.07元，基金1996年底派现金红利每份人民币0.117元。

汕头银城投资基金

【基金概况】 基金系经中国人民银行汕头分行批准设立，为契约型封闭式的投资基金，基金年限为不定存续期，基金总份额11750万个基金单位。基金托管人为中国工商银行汕头市信托投资公司，并由中国工商银行汕头市韩江支行基金管理部担任基金经理人。基金于1993年6月15日在天津证券交易中心上市。

【经营业绩】 基金主要从事实业、证券等投资业务。1996年底基金投资组合为：实业投资占85.7%，证券投资占3.0%，其他投资占10.5%。1996年底基金经营收入12416351.12元，基金费用490413.10元，基金净收益10916631.74元。1996年底基金资产总额130069589.13元，所有者权益129179542.23元。

【财务状况】 1996年底单位基金收益0.099元，单位基金资产净值1.10元，净资产收益率为8.5%。分红方式为每一单位(1元)基金派送现金0.09元。

辽宁金星受益基金

【基金概况】 基金是经中国人民银行辽宁省分行批准，锦州市信托投资股份公司于1992年向社会公开发行金星受益基金，总额为人民币4000万元。封闭期限15年。基金发起人为锦州市金星信托投资股份公司，基金管理人为锦州市金星信托投资股份公司基金管理部。

【经营业绩】 1996年，基金按照"投资效益好，经营成本低，使投资人能得到更多实惠"的经营宗旨，在认真贯彻执行国家金融政策方针的前提下，重点投入到大中型企业和金融企业。1996年底基金经营收入7522270.72元，其中投资收入7145182.25元，利息收入317911.56元，证券收入59716.91万元，经营支出165371.25元，基金费用909257.88元，年度可分配收益6915614.67元。1996年底资产总计49412611.96元，所有者权益47977750.30元。

【财务状况】 1996年单位基金收益0.16533元，单位基金净资产1.2元，净资产收益率13.78%。年度分红方式为每基金单位派送现金0.17元。

江西赣中受益基金

【基金概况】 基金信托人中国银行江西信托咨询公司，基金管理人为中国银行江西信托咨询公司基金管理部。基金规模为4452万个基金单位，基金类型为封闭式基金，封闭期限为无限期。基金于1993年12月在天津证券交易中心上市。

【经营业绩】 基金主要从事证券、货币等投资业务。1996年基金投资组合为：证券投资21%，现金79%。1996年底基金收入7646360.02元，基金费用612054.22元。1996年底基金资产总额53922781.82元，所有者权益53854701.82元。

【财务状况】 1996年底单位基金收益0.158元，单位基金资产净值1.21元，净资产收益率13.1%。每一基金单位(1元)派送现金0.17元。

黑龙江龙江投资基金

【基金概况】 基金发起人为黑龙江省证券公司、中国光大银行黑龙江省分行、中国农业银行黑龙江省分行直属支行。基金管理人为黑龙江省证券公司基金管理部，基金托管人为中国光大银行黑龙江省分行。基金规模为8000万个基金单位，基金类型为契约型封闭式基金，封闭期限八年。基金于1994年3月30日在天津证券交易中心上市。

【经营业绩】 基金主要开展证券、信托、房地产、工商业等投资业务。1996年底基金投资组合为：证券投资占55.1%，信托投资占19.2%，房地产投资占18.9%，工商业投资占6.5%，其它占0.3%。1996年底，基金收入13045254.62元，基金费用953941.15元，基金净收益12091313.47元。1996年底基金资产总额105045998.86元，所有者权益92557206.86元。

【财务状况】 1996年底单位基金收益0.1511元，单位基金净资产1.157元，净资产收益率13.07%。1996年度，基金暂不分配红利，利润滚存下年。

大连大信受益基金

【基金概况】 基金是经中国人民银行大连分行批准，由大连信托投资公司发起，向社会公开募集，并由专职管理机构负责投资管理的封闭契约式投资基金。基金设立时间为1992年5月28日，基金规模为3300万基金单位，基金期限为无限期，于1992年10月在大连证券交易中心挂牌上市。基金信托人为大连信托投资公司，基金经理人为大连信托投资公司投资基金部。

【经营业绩】 基金主要从事证券、房地产、项目等投资活动。1996年底基金投资组合为：银行存款占19.73%，证券投资占16.05%，房地产投资占29.14%，项目投资占35.08%。1996年底基金收益7537320.17元，基金费用332440.00元，基金净收益7204880.17元，1996年底基金总资产41109933.05元，基金净资产40785933.05元。

【财务状况】 1996年底单位基金净收益0.218元，单位基金净资产1.236元，净资产收益率17.64%。

工行大连信托可转换债券

【基金概况】 债券(以下简称基金)是经中国人民银行大连市

分行批准由中国工商银行大连信托投资股份有限公司设立，性质为封闭式基金，期限为无限期，1996年底基金规模6600万个基金单位。基金设立时间为1992年5月，于1992年10月28日在大连证券交易中心上市。基金信托人为中国工商银行大连信托投资股份有限公司，基金经理人为中国工商银行大连信托投资股份有限公司基金管理部。

【经营业绩】 基金主要开展货币、金融、商业、房地产等投资业务。1996年底基金投资组合为货币资金占0.5%，金融资产占39.9%，商业投资占21.5%，房地产投资占18.0%，其他投资占20.7%。1996年底基金投资收入15713003.97元，基金费用510049.98元，基金净收益15202953.99元，1996年底基金净资产81223573.62元。

【财务状况】 1996年底单位基金净收益0.23元，单位基金净资产1.23元。

大连共同投资基金

【基金概况】 基金系于1992年5月20日经中国人民银行大连分行批准由中国建设银行大连信托投资公司设立，同年5月31日至6月9日向社会公开发行5000万基金单位。到1996年底基金总额为5500万基金单位，募集人民币资金5500万元。基金性质为封闭式契约型基金，基金期限为长期可转换基金，每5年为一个转换期。基金于1992年10月24日在大连证券交易中心上市流通。基金发起人为中国人民建设银行大连信托投资公司，基金经理人为大连保税区大建投资管理公司。

【经营业绩】 基金主要开展证券、股权、房地产、项目等投资业务。1996年底基金投资组合为证券投资占20%，股权投资占20%，房地产投资占20%，项目投资占40%。1996年底基金收益9016141.12元，基金费用358308.23元，基金净收益8382832.89元。1996年底基金总资产66230301.02元，基金净资产63524463.40元。

【财务状况】 1996年底单位基金净收益0.15元，单位基金净资产1.15元，净资产收益率15.20%。

江西久盛投资基金

【基金概况】 基金会计年度为8月1日至下年7月31日，发起人为江西省证券公司，经理人为江西省证券公司基金管理部，托管人为中国农业银行江西省分行国际业务部。基金总规模为3509万份，其中发起人持有290万份，社会公众持有3219万份。基金为封闭式契约型，不定期限，于1993年9月17日在沈阳证券交易中心上市，于1994年3月7日与上海证券交易所联网交易。

【经营业绩】 1995年8月1日至1996年7月31日年度基金资产总额40775463元，净收益4901976元。1996年8月1日至1997年1月31日基金投资组合中证券投资占8.8%，实业投资占91.2%，基金资产总额36274191元，净收益527864元

【财务状况】 1995年8月1日到1996年7月31日年度基金所有者权益4046083元，单位基金收益0.139元，单位基金净资产1.15元，净资产收益率12%，每单位基金派发现金0.132元。1996年8月1日至1997年1月31日基金所有者权益36158940元，单位基金收益0.015元，单位基金净资产1.03元，净资产收益率1.45%。

沈阳富民投资基金

【基金概况】 基金会计年度为5月1日至下年4月31日。基金是由沈阳北方证券公司发起，基金经理人为沈阳北方证券公司基金管理部，并由中国工商银行沈阳分行任基金托管人。基金总规模为3450万份，其中发起人持有300万份，社会公众持有3150万份。基金类型为封闭式契约型，不定期限，于1992年7月3日在沈阳证券交易中心上市，并于1994年3月7日与上海证券交易所联网交易。

【经营业 】 基金主要开展实业投资、证券投资及其他有关投资活动。基金1995年5月1日至1996年4月31日年度资产总额38292732元，净收益1173262元；1996年5月1日至1996年10月31日基金资产总额为39437402元，净收益1124670元。

【财务状况】 基金1995年5月1日至1996年4月31日年度所有者权益37719901元，单位基金收益0.03元，单位基金净资产1.09元，净资产收益率3.11%，每单位基金派发现金0.15元。1996年5月1日至1996年10月31日基金所有者权益38844572元，单位基金收益0.03元，单位基金净资产1.13元，净资产收益率2.90%。

沈阳公众投资基金

【基金概况】 基金会计年度为6月1日至下年5月31日。基金是由中国建设银行沈阳市信托投资股份有限公司发起，基金经理人为中国建设银行沈阳市信托投资股份有限公司基金部，基金托管人为中国建设银行沈阳市分行。基金总规模为5950万份，其中发起人持有500万份，社会公众持有5450万份。基金为封闭式契约型，不定期限，于1992年10月28日在沈阳证券交易中心上市，并于1994年3月7日与上海证券交易所联网交易。

【经营业绩】 1995年6月1日至1996年5月31日年度基金资产总额79836665元，净收益2093225元。1996年6月1日至1996年11月30日基金投资组合中投资海南房地产占50.4%，珠海房地产33.6%，沈阳风景区8.4%，沈阳南湖科技开发区7.6%；基金资产总额76293789元，净收益27123元。

【财务状况】 1995年6月1日至1996年5月31日年度基金所有者权益65454298元，单位基金收益0.035元，单位基金净资产1.1元，净资产收益率3.2%，每单位基金派发现金0.06元。1996年6月1日至1996年11月30日基金所有者权益61911420元，单位基金收益0.0005元，单位基金净资产1.04元，净资产收益率0.00438%。

沈阳兴沈投资基金

【基金概况】 基金会计年度为6月1日至下年5月31日。基金是由沈阳市信托投资公司发起，基金经理人为沈阳市信托投资公司基金管理部，托管人为沈阳国际信托投资公司。基金总规模为3510万份，其中发起人持有300万份，社会公众持有3210万份。基金为封闭式契约型，不定期限，于1992年10月23日在沈阳证券交易中心上市，并于1994年3月7日与上海证券交易所联网交易。

【经营业绩】 1995年6月1日至1996年5月31日年度基金

资产总额44278416元，净收益6627420元。1996年6月1日至1996年11月30日基金投资组合中证券投资占25%，实业投资占75%，基金资产总额43128941元，净收益1934668元。

【财务状况】 1995年6月1日至1996年5月31日年度基金所有者权益43002273元，单位基金收益0.189元，单位基金净资产1.225元，净资产收益率15.41%，每单位基金派发现金0.08元。1996年6月1日至1996年11月30日基金所有者权益42128941元，单位基金收益0.0551元，单位基金净资产1.20元，净资产收益率4.59%。

沈阳万利投资基金

【基金概况】 基金会计年度为6月1日至下年5月31日。基金是由中国工商银行沈阳信托投资公司发起，基金经理人为中国工商银行沈阳信托投资公司基金管理部，托管人为中国工商银行沈阳市分行。基金总规模为7320万份，其中发起人持有600万份，社会公众持有6720万份。基金为封闭式契约型，不定期限，于1992年10月31日在沈阳证券交易中心上市，并于1994年3月7日与上海证券交易所联网交易。

【经营业绩】 1995年6月1日至1996年5月31日年度基金资产总额98650922元，净收益7646443元。1996年6月1日至1996年11月30日基金投资组合中全部为实业投资，基金资产总额89004831元，净收益1554198元。

【财务状况】 1995年6月1日至1996年5月31日年度基金所有者权益81154932元，单位基金收益0.10元，单位基金净资产1.11元，净资产收益9.42%，每单位基金派发现金0.10元。1996年6月1日至1996年11月30日基金所有者权益75389131元，单位基金收益0.0212元，单位基金净资产1.03元，净资产收益率2.06%。

沈阳通发投资基金

【基金概况】 基金会计年度为6月1日至下年5月31日。基金是由沈阳证券公司发起，基金经理人为海通证券有限公司沈阳分公司基金管理部，托管人为交通银行沈阳分行。基金总规模5850万份，其中发起人持有500万份，社会公众持有5350万份。基金为封闭式契约型，不定期限，于1992年9月8日在沈阳证券交易中心上市，并于1994年3月7日与上海证券交易所联网交易。

【经营业绩】 1995年6月1日至1996年5月31日年度基金资产总额65478500元，净收益5308300元。1996年6月1日至1996年11月30日基金投资组合中证券投资占18.62%，实业投资占81.38%，基金资产总额62887930元，净收益2635285元。

【财务状况】 1995年6月1日至1996年5月31日年度基金所有者权益63825700元，单位基金收益0.091元，单位基金净资产1.09元，净资产收益率8.32%，每单位基金派发现金0.15元。1996年6月1日至1996年11月30日基金所有者权益61578888元，单位基金收益0.05元，单位基金净资产1.05元，净资产收益率4.28%。

四川国债投资基金

【基金概况】 四川国债投资基金是开放式、契约型投资基金，于1995年5月经中国人民银行四川省分行批准，在原"光大国库券再投资受益券"基础上设立，基金初始规模为2亿个基金单位。

【经营业绩】 四川国债投资基金主要投资于国债及其它相关的有价证券，中国农业银行四川省分行为基金资产的托管人，四川投资基金管理公司基金的经理人。经中国人民银行四川省分行批准，基金在每年的1月、7月定期向投资者开放，投资者可按公布的基金资产净值认购和赎回基金，基金的收益最低不低于同期国债收益。四川投资基金管理公司采取稳健的经营作风，经专家理财，组合投资，分散风险，使基金规模不断增加，截止1997年6月30日止，单位基金资产净值已达1.584元，三年平均年收益率为20.17%。

附　珠江投资基金

【基金概况】 基金总份额129800000个基金单位，基金类型为契约封闭型，基金年限为10年。基金托管人为广东发展银行，基金管理人为广州证券公司珠江基金管理部。

【经营业绩】 基金主要开展证券、货币等投资业务。1996年底，基金投资组合为：证券投资占41.7%，货币投资占58.3%。1996年度基金投资收入34854745.59元，利润总额30551544.54元，净收益27290289.70元。1996年底基金资产总计174735093.20元，所有者权益158207226.29元。

【财务状况】 1996年底每单位基金收益0.21元，单位基金净资产1.22元，净资产收益率17.25%。每个基金单位分配红利0.16元(含税)。

一種適合個人電腦的無綫股市行情系統

合信數據廣播系統——一種適合個人電腦的無綫股市行情系統

上海合信科技發展有限公司成立于1996年，是一個高科技的股份制責任有限公司，主營開發經營數據廣播系統，同時兼營資訊、電腦、通訊、房産信息建材等項目，它系從前身中外合資上海東電電子技術發展有限公司脱變而來。早在1994年，其前身與各地協作建立了上海、北京、海南無綫調頻數據廣播臺，由于國家信息傳媒政策的特殊性，遂成立了不僅可提供無綫數據廣播系統設備，且可參與信息業經營的法人公司，1996年當年合信數據廣播網在中國最大的金融中心上海開通，它是通過調頻副信道的方式，以東方明珠電視塔爲發射中心，向廣大電腦用户傳遞各類證券、金融行情，用户只要配備一臺合信無綫數據接收機，即可使電腦進入無綫網，省去了大量的電話費用，也不會因用户增多引起信道阻塞。

合信數據廣播系統頗有特色，它首先在最能反映增值效應的證券股市行情傳播上占領市場。在證券分析軟件上，它采用目前證券所普遍采用的錢龍等股市行情分析軟件，使人感到在家如在證券所，并且提供了市上流行的多種分析軟件的數據格式轉换(軟件)接口。在證券金融行情的傳輸中，根據客户需要，把系統分爲静態(盤后分析)和動態(實時行情)兩類。因爲股民中有相當一部分白領族、上班族屬中長綫投資者；另有一部分證券大户白天在大户室操盤，以上這兩部分人都需要一個獨自不受干擾的環境，在保證隱私下通過長時間的盤后分析來研判大勢，選擇投資方向。合信静態傳遞内容含滬深日走勢、分鐘走勢、公告、年報、投資動向、各大金融報刊内容摘要、期貨交易日行情表、外匯行情表、合信股市研究室評論等。合信動態系統除包含静態系統所有内容外，還提供實時動態行情和走勢曲綫。合信數據系統與市上最大不同的優點是，每晚3: 30到12: 00除滚動發送當日數據外，還發送上一交易日數據；每周六至周日全天發送上二周數據，以保證出差用户的行情連續性；在每晚并送當日分鐘數據，使純静態用户也能研判當日走勢，還能爲動態用户由于停電、死機、外出等原因造成的走勢缺損進行修復，保證分鐘走勢數據的完整性。

合信數據廣播系統同時已與信息高速公路建立有機聯系，它另具有合信電話網數據庫，凡已加入無綫網用户者，可免費進入電話網數據庫調看、下載數據，并能獲得中國證券廣播網《靈犀工作室》等咨詢專家的投資分析指導，而一般電話用户可通過上海熱綫調看所需内容。

由于合信數據廣播系統建立于調頻廣播基礎上，是該語音業務的再增值，它無需添置昂貴的發射、轉發等設備，中國的調頻廣播已發展到縣級。作爲一種廉價、有效的電腦傳播手段，在電子報紙等應用方面有着廣泛的前景。

地址：上海市瑞金二路202號　電話：(021)64310381　郵編：200020

上海三愛富新材料股份有限公司

董事長：張國勛

上海三愛富新材料股份有限公司1992年8月成立，注册資金7440萬元。母公司有員工870人，其中科技人員320人，高中級技術人員118人。公司是由上海市有機氟材料研究所投資設立并控股的上市公司，是國內唯一專門從事有機氟高分子材料和各類含氟精細化學品研制、開發、生産、經營的高科技企業。公司設有研究開發中心、檢測中心和吴涇工廠，還以資産爲紐帶，投資并控股常熟三愛富氟化工有限公司、勵精實業發展有限公司、蔡路工廠、顧路工廠等企業。公司通過股份制改制，大大地加快了科技成果産業化步伐，生産規模成倍地擴大，CFC-113、氟橡膠、聚全氟乙丙烯樹脂等産品在國內市場占有率達60%以上，公司現有含氟化工産品3大類70多個品種，有些産品在國內是獨家經營。1996年資産總額28953萬元，主營收入23225萬元，净利潤613萬元。

董事長：張國勛，總經理：周克經
單位地址：上海龍吴路4411號
電話：64340154　郵編：200241
傳真：(021)64345915
咨詢服務地址：上海衡山路20號6B
電話：64310558　郵編：200031
傳真：(021)64310700

先進的單體生産裝置

廣州對外經濟發展總公司

經國家外經貿部和廣州市工商行政管理局批准，廣州對外經濟發展總公司擁有如下的經營範圍：

一、經營一般商品和技術進出口及代理進出口業務；

二、經營對外勞務合作和對外工程承包業務，可向世界各地派出各類勞務人員、承包各類國外工程和境內的外資工程(含沙石出口港澳地區)業務；

公司總經理：羅福年

三、承接對外經濟貿易咨詢業務，爲外國及港、澳、臺地區駐穗機構提供雇員服務；

四、經營藥品、醫療器械批發及零售業務；

五、經營保税、倉儲業務；

六、經營對原蘇東地區易貨貿易業務。

地址：廣州市解放北路960號越秀天安大厦四樓前座
電話：(020)86674053
86673678
86665666-2401
傳真：(020)86673867
郵編：510030

上海東方數據廣播有限公司

上海東方數據廣播有限公司是上海市廣播電影電視局下屬的一家專門從事數據廣播業務的企業，成立于1995年10月，是由上海東方明珠傳輸公司、上海東方廣播電視技術公司、上海廣播科學研究所共同投資組建的有限責任公司。公司利用廣播電視播出中心和東方明珠廣播電視發射塔及有綫電視網，將各類專業數據信息通過現有的廣播電視副信道，開展有償信息服務。在調頻和電視副信道廣播中已開發無綫電數據廣播和圖文電視兩大專業數據傳輸業務，服務內容包括：證券、期貨、公衆信息等。其中證券方面有股票動態即時行情的傳輸接收系統，用户使用RDS無綫數據接收機或電視版圖文PC卡在普通電腦上通過直接接收調頻信號、電視信號或有綫電視信號，再配以股票投資分析軟件即能在家中或單位直接在電腦上看到證券交易所的動態行情、信息公告、以及最新個股資料和每日動態信息，還可以接收到期貨、房地產、醫療、新聞、交通、氣象、爲您服務等公衆信息。年内將推出“信用卡識别”、“衛星差分定位”等科技項目。公司1996年營業收入242萬元，净利潤81萬元，被評爲上海高新技術企業。

公司總經理：王瑋

地址：上海市南京西路651號上海電視臺廣電大厦22A樓01座

電話：(021)62170500　62565899-2226　63065124　63064571

無綫電視播控中心

上海衆恒信息產業有限公司

上海衆恒信息產業有限公司是由上海科學院、新聞報、上海科技投資公司和科技人員在上海百利吉信息工程公司的基礎上共同投資重新組建的，主要以計算機軟件開發、網絡通訊、系統集成等領域的高新技術研究爲主導，融科技開發、成果推廣、技術服務、人員培訓爲一體的市級高新技術企業，是上海市最具軟件開發和系統集成綜合實力的十家電腦公司之一。

我公司主要經營業務以計算機證券業務處理系統爲主，此系統是我公司在國内首家推出的證券管理系統，榮獲上海科學院科技進步二等獎。主要包括A股證券系統、B股證券系統、電話委托、磁卡委托、國債及期貨的發行和清算、遠程行情和交易數據傳送等其他相關功能。目前使用此系統的用户達150多家，遍布全國各地，公司爲這些用户提供了良好的遠程服務。

隨着證券業務向多樣化、多品種化的不斷發展，證券營業部的營算機技術給中國證券業不斷帶來新的機遇和挑戰，爲了及時把新技術、新成果引薦給中國券商、我公司廣集人才，全面剖析證券業的現狀，吸取150多家用户豐富的業務需求和建議，充分考慮多家交易歷次模式變更的規模和特點，經過全新的設計和開發，即將推出STS-A V5.0計算機證券業務的處理系統。

上海衆恒信息產業有限公司全體員工將以誠實、開拓、進取、卓越爲宗旨，形成公司的特有的團結奮進的精神，繼續努力，不斷開發研制出高水平的計算機產品，爲社會服務。

地址：上海市延安西路376弄22號永興商務樓6層

電話：(021) 62493269　62493270　62493271

傳真：(021)62497097

郵編：200040

1997 中國證券業年鑑

SIX

第六編　中國產權市場

272/287

在國有企業改革的過程中，產權制度是改革的重點，
也是改革的難點，各地在探索產權交易、資產重組等方面做了有益的嘗試，
逐步建立了各具特色的產權交易市場。
圖爲四川樂山產權交易中心辦公大樓。

中国产权市场

中国产权市场

【概况】 产权转让与资产重组作为盘活存量国有资产、调整经济结构的一种有效手段,已愈来愈多地为政府、企业所认识和接受,并且政府开始以国有资产所有者的身份,有意识地积极介入企业产权转让。不仅如此,很多地方政府还专门组建了各种类型的企业产权交易所、产权交易中心等产权交易中介服务机构,由于这类中介机构是为企业产权转让双方提供集中、公开、固定的交易场所。因此,又被统称为产权交易有形市场。截止1994年底,全国由国有资产管理部门直接组建并管理的企业国有产权转让机构157家。到1996年底全国企业国有产权转让中介机构已增至210多家,其中省级企业国有产权交易机构15家。可以说,产权市场的框架已基本形成。目前,根据其所从事的业务范围的不同,产权交易机构可分为四种类型:(1)以非上市公司股权交易为主的产权交易中心或产权交易所;(2)以企业整体出售为主的产权交易中心或交易所;(3)以闲置设备调剂为主的闲置资产交易中心;(4)含有少量产权交易业务的国有资产经营公司。随着资产重组进程的加快,人们对产权市场认识不断加深。但是,就产权市场所发挥的作用来看,产权市场还没发展到足以推动产业微观基础与结构发生根本性变化的水平。就各地比较早的产权交易机构而言,属于自发产生的,在名称上有的叫产权交易中心,有的叫产权交易所。地方政府设立产权交易机构的初衷,是定位于让其取代政府的部分职能,以市场方式盘活资产存量,推动经济结构调整。但是,由于产权交易机构的运作,既无法律依据,又无经验可借鉴,从而使产权交易机构的发展陷入了徘徊不前的状态。从各地的实践情况看,产权转让的主要形式有兼并收购、资产重组、公司制股权转让、企业托管,国有小型企业以股份合作制、出售、兼并等为主要形式转让产权。从全国各地产权交易 机构现状看,普遍存在以下问题:(1)产权交易形不成市场,到产权交易机构登记挂牌的往往只是产权出售方,而无受让方或受让方极少;(2)产权交易机构大多隶属各地不同的行政部门,在实际产权交易中,往往遇到来自其它行政部门的强大阻力;(3)管理人员素质较低,无市场压力和创新主动性;(4)在交易方式上,往往借助行政力量来促进双方达成协议。这些问题,在很大程度上影响了产权交易机构作用的发挥。在各地所设计的资产存量盘活的方案中,往往都没有考虑让产权交易机构如何介入,如何发挥作用。可以说,大多数产权交易机构在目前面临的不是如何发展,而是能否生存的问题,有场无市是大部分产权交易机构普遍存在的问题。产权市场作为资本市场的基本形式之一,其主要功能是实现资本集中与重组。但是,有两个因素制约着产权市场这一功能的放大:其一,存量资产主要表现为非证券化的实物型产权形式;其二,企业产权的整体性转让形式。产权市场进一步发展的关键,在于大量非证券化的实物型产权,能否转化为证券化的标准型产权(股权)。就中国资本市场的现状来看,各地的产权交易中心在交易对象、主体、方式等方面很不明确,与证券市场相割裂,无法发挥其资本市场的作用,有必要实现产权市场与证券市场的统一。

【国有资产管理与运营】 *国有资产清产核资* 中国国有资产清产核资工作已经结束,国资家底已基本摸清。截至1996年底,中国国有资产总量65894.6亿元,比上年增长15.4%,其中经营性国有资产49938.9亿元,非经营性国有资产15955.7亿元。中央部门辖管的国有资产为30969.8亿元,占全国国有资产总量的47.0%,地方辖管的国有资产34924.8亿元。从企业国有资产结构来看,以邮电通信业、电力工业、铁路运输业、石油工业为代表的基础产业的国有资产总量为11363.1亿元。国有资产管理体制改革取得了重大进展,国有资产产权管理工作从无到有,初步探索出了一整套制度化的工作体系。根据《关于国民经济和社会发展"九五"计划和2010年远景目标纲要》的战略部署,按照国家统一所有、政府分级监管、企业自主经营的原则,建立权责分明的国有资产管理监督和运营体系,建立和完善产权登记、统计报告和资产评估等国有资产基础管理制度。以完成清产核资工作为标志,国有资产管理部门的工作开始进入到一个新阶段。

产权登记 产权登记是国有资产管理的一项基础性工作,也是国有资产管理工作的重点。1988年8月31日国家机构编制委员会通过的国家国有资产管理局"三字"方案中规定国家国有资产管理局具体职责之一是组织对中央和地方各级国有资产现状和变动情况的调查研究和登记管理。1989年8月12日财政部明确规定国家国有资产管理局负责组织预算内外、国境内外、中央和地方国有资产现状和变动情况的调查统计、产权界定和登记管理工作。1989年,中共中央、国务院作出清理整顿公司的决定,清理整顿公司结束后,为了加强公司国有资产管理,国务院规定对继续开办的公司所占用的国有资产必须进行产权登记,建立健全管理制定。1990年12月5日,国家国有资产管理局、财政部、国家工商行政管理局联合发布了《国有资产产权登记管理办法(试行)》,明确规定国有资产产权登记是指由国有资产管理部门代表国家对应属国家所有的资产组织产权登记,取得所有权凭证和确认占有、使用单位国有资产经营权的法律行为。1991年国家国有资产管理局在北京、河南、内蒙古、山东、黑龙江等18个省、市、自治区和部分中央行业主管部门、总公司进行了试点。1992年国家国有资产管理局发布《国有资产产权登记管理试行办法》,并连续开展1991—1995年5个产权登记检查年度。1992年7月起,在全国范围内正式开展企业国有资产产权登记工作。1996年1月25日国务院发布实施《企业国有资产产权登记管理办法》,以最高行政法规明确了国有资产产权登记工作的地位,全国各地企业国有资产产权登记工作取得了一定的进展。国家国有资产管理局提出,"九五"期间,企业国有资产产权登记管理工作将按照"夯实基础,拓展功能,从严执法,全面提高"的指导思想,逐步建立与社会主义市场经济相适应的企业国有资产产权登记管理体制。同时,国有资产管理工作确立以经营性资产管理为主,行政事业性、资源性资产管理并重,实施三类国有资产的全面管理,从侧重经营性资产管理,向同

时开拓行政事业性和资源性管理新局面转变。

国有资产运营　据国家统计局第三次全国工业普查资料显示，中国国有资产运营中仍存在四大问题：一、资产负债率高且债务结构不良，生产经营风险大；二、资产结构不合理，盈利能力差，发展后劲不足；三、行业结构中高新技术产业比重低，能源原材料行业和以农产品为原料的轻工业比重大，不利于其发展；四、生产能力利用率低，设备一方面闲置浪费严重，一方面处于落后水平的占比重还很大。

资产评估　中国资产评估行业迅猛发展，自国家国有资产管理局1990年8月批准设立第一家评估机构以来，到1996年底，全国的资产评估机构已达3300多家，直接从事资产评估业务的从业人员达55000多人。随着评估机构数量的增加，评估市场逐渐趋于饱和。一些评估机构为了承揽评估项目，相互压价；个别评估机构粗制滥造评估报告，甚至出现"卖牌子"的现象。从事评估业务的专业人员流动性大，评估队伍不够稳定。针对上述情况，国家国有资产管理局以评估机构年检为突破口，对国家国有资产管理局直接管理的评估机构进行规范和整顿。在对其直接管理的107家资产评估机构年检中，经过严格审查，确定年检合格的有96家，年检不合格的有7家。其中中玉会计师事务所和北京新华会计师事务所两家被取消资产评估资格，中庆会计师事务所、光大资产评估公司、中鑫资产评估事务所、中盈会计师事务所和中公信会计师事务所5家被责令限期整顿。国家国有资产管理局此次年检本着从严管理的原则，对资产评估机构中存在的内部管理混乱、机构专职从业人员过少、人员结构不合理、评估业绩差等现象进行整顿，并计划在现有基础上，继续加大力度，以进一步促进资产评估行业的健康发展。

【法制建设】　中国国有资产管理法制建设已取得重大进展，国有资产管理法规体系已初步形成，已有3个行政法规和160件部门规章正式颁布实施。中国国有资产管理法规体系由三个层次组成：一是目前正在制定的《国有资产法》，这是整个法规体系的母法，处于核心地位；二是由国务院制定的若干行政法规组成。已颁布的三个行政法规是《国有资产评估管理办法》、《国有企业财产监督管理条例》、《企业国有资产产权登记管理办法》，还有《国有资产流失查处办法》和《企业国有资产产权转让管理办法》正在制订并将出台；三是由国家国有资产管理局单独或会同有关部门制定的部门规章组成，国资局还将再发布25个规章。截止1996年底全国已有四川、山东、河北、云南、海南、上海、重庆、广州等20个省市正式出台了企业国有产权转让的地方法规，河北省通过了《河北省企业国有资产产权转让管理暂行办法》，四川省发布了《四川省企业国有资产有偿转让管理暂行办法》，山东省发布了《山东省国有企业产权转让管理办法》、上海市出台了《上海市产权交易管理办法》等。

在加强国有资产管理法制建设的同时，国家国有资产管理局还加大执法工作力度，建立起包括监督检查、产权纠纷调处和行政复议在内的执法体系。《行政处罚法》已经颁布实施，各级监督检查机构、产权纠纷调处机构和行政复议机构已建立或将逐步建立并完善。1996年，国有资产管理部门共接到国有资产流失案举报、上级批报和有关部门转来的案件250件，国家国有资产管理局直接查处25件，制止和挽回国有资产流失约17亿元。几年来，全国国资管理部门共受理产权纠纷案94件，已结案49件。这些纠纷案成功的调处，不仅使几十亿元的国有资产正常运营起来，也给纠纷单位排了忧、解了难。

【产权市场发展趋势】　产权交易市场应该接受国有企业管理部门的监督和指导。目前开展的产权交易很少有不涉及国有资产的，在国有与非国有之间交易，由于人为因素，造成国有资产流失的可能性极大，在这种情况下，产权交易须遵循国有资产法律规范，接受国有资产管理部门的监督和指导；产权交易市场的活动应具法律性，公证性，交易行为严格按照国家的法律法规；产权交易市场专业队伍应具备高素质；服务向全方位发展；建立和完善多渠道的信息网功能。

（中国证券报社　段彤）

产权交易机构

上海产权交易所

【概况】 上海产权交易所是上海市法定的、统一的产权交易场所。1996年11月18日正式搬迁浦东，成为上海市首家进驻浦东运作的要素市场。上海产权交易所实行会员制，会员分一级、二级、三级三类，其中一、二级会员有权使用交易席位，派遣交易员进场从事产权交易；三级会员有权向信息需求者提供有关产权交易的信息服务。法人代表、总裁：张海龙。

【经营业绩】 上海产权交易所经营范围：非公司制出资人的整体产权或部分产权（含有形资产产权、无形资产产权和财产使用权等）转让；有限责任公司和非上市股份公司的股权转让；以及依法批准的其他产权交易。同时提供相关的经济、政策、法律、企划、咨询、评估等其他配套服务，代办招商、租赁、托管经营等业务。1996年经上海产权交易所鉴证成交的企业产权共计384户，交易总额达39.98亿元。

深圳市产权交易所

【概况】 深圳市产权交易所成立于1993年2月8日，注册资本500万元，是深圳市政府批准从事企事业单位产权、股权交易的合法中介机构。总经理：郭维平。

【经营业绩】 交易所借助于现代化的运作手段，实行系统管理、电脑服务，通过广泛收集和发布信息、存档立户、网络协作等合法方式，为广大客户提供各种产权、股权转让信息。交易所主要业务范围包括为国内外各类非上市公司办理企业整体产权和部分股权的交易。为客户提供中介服务，代找买方或卖方，协助客户在产权出让形式（如协议出让、招标、拍卖），产权购买形式（如出资购买、承担债务、吸收股份），产权交割等诸多方面作出决策。为客户，特别是国内外大型企业、跨国公司在公司收购和兼并方面提供信息、可行性研究、实地考察、文件和视听材料准备、谈判、方案设计、合同拟定、代理等全方位的服务。交易所具备国有资产评估资格，可为各类企业提供资产评估服务。为客户提供投资、法律法规、产权股权转让程序、企业产权管理等方面的咨询服务。可为客户提供代办公证、代办工商注册登记、变更、注销、验资、代办税务登记等配套服务。深圳市产权交易所1993年完成交易85宗，总成交额2.8亿元；1994年完成交易141宗，总成交额4.3亿元；1995年完成交易178宗，总成交额为6.5亿元；1996年完成交易258宗，总成交额9.6亿元；1997年1至6月，完成交易182宗，总成交额7.1亿元。

（深圳市产权交易所）

四川省产权交易所

【概况】 四川省产权交易所是在四川省财政厅、省国有资产管理局、省经济委员会等厅（局）的倡导和支持下，由四川资产经营公司、中国国泰证券有限公司四川分公司、中国工商银行信托投资公司等法人单位共同发起组建的具有法人资格的有限责任公司，成立于1993年6月，由四川省国有资产管理局主管。四川省产权交易所系全省性、多功能、开放型的大型产权市场组织中介机构，是国有产权、股权交易的权威机构和主渠道。交易所实行有限责任公司组织形式和会员制的业务运作方式相结合的管理体制，实行理事会领导下的总经理负责制。交易所下设行政、财务、交易、清算、技术等部门，同时建立了市、地（州）级的产权交易分支机构，已形成全省性的产权交易网络体系。

【经营业绩】 四川省产权交易所主要开展全省范围内的企业兼并、企业 整体或部分资产的转让的中介服务；企业的包装、资产重组服务；接受国有资产管理部门的委托，受理四川省内的上市及非上市股份制企业国有股权及国有法人股权的转让；企业净资产产权的拆细挂牌转让、交易；股份制企业的股权的柜台交易；代办资产评估、过户、产权鉴证等手续；开展企业产权界定等业务。交易所拥有600平方米的交易大厅，硬件投入700万元，安装了两套HP9000/800G30型电脑撮合系统，主系统采用了先进的SYBASE超级数据库软件，系统配置了产权交易自动撮合系统、产权柜台交易系统和远程通讯系统。现交易所有挂牌交易项目12个，交易总额近2亿元。交易所目前已建立了拥有2000多个企业、项目的资源库，与200多个中外客商建立了固定的联系，并已正式接受55户待转让企业的委托，资产总值约15亿元左右，协议成交国有股权转让6000万股，成交金额1亿多元。

沈阳产权交易报价系统有限责任公司

【概况】 沈阳产权交易报价系统有限责任公司由沈阳资产经营有限公司与沈阳证券登记有限公司共同发起，于1994年6月30日经沈阳市经济体制改革委员会批准设立，1994年7月25日在沈阳市工商行政管理局完成注册登记。公司注册资本500万元人民币，其中沈阳资产经营有限公司出资300万元人民币、沈阳证券登记有限公司出资200万元人民币。公司实行董事会领导下的总经理负责制，下设交易部、电脑清算部、会员部和办公室。交易部负责上柜公司审核、交易市场监控、信息发布等；电脑清算部负责报价系统的开发维护、交易市场日常管理以及股份资金一级清算等；会员部负责报价系统的会员发展、会员大会的筹备、会员的监管等；办公室负责公司的行政、人事、发展研究等。

【经营业绩】 公司负责建立并管理沈阳产权交易报价系统，保障其正常、稳定、连续运行，推动企业经营机制的转换，提高资产的流动性和使用效益，优化资源配置，促进沈阳及周边地区的经济发展。公司的业务范围包括股份公司的股权转让；非股份公司的产权转让；有价证券挂牌转让及相关的信息服务。

为了适应证券市场发展的需要，确保报价系统的正常运行，公司在电脑的软、硬件方面做了较大的投入。硬件方面采用美国COMPAQ公司生产的先进电脑设备和美国NOVELL公司的网络系统；软件方面聘请电脑专家编制了以股票中央集中托管和电子报盘方式为交易方式的证券交易撮合系统。从而为报价系统证券交易的准确、快捷、安全打下了殷实的基础，为证券商、投资者参与报价系统市场交易做好了准备。

四川西南国际产权交易中心

【概况】 四川西南国际产权交易中心是由四川国际经济技术合作促进会和四川省经委企业拓展经营公司等单位共同发起组建，经四川省工商行政管理局注册登记，具有独立法人资格的社会性产权交易服务机构，成立于1994年5月，注册资本金1000万元人民币。中心实行总经理负责制，下设企业部、交易部、招商引资部、信息咨询部、策划部、财务部、综合部等职能部门。

【经营业绩】 交易中心业务遵循市场运行规律、按照公平、公正、公开的原则，以协议交易、竞价拍卖交易和产权分割挂牌交易等多种方式，开展国家政策允许的产权转让系列配套服务。同时代理企业招商引资、资产评估、项目策划与投资、产权经纪人培训以及产权市场信息与咨询等配套服务。

交易中心在成都市设有固定的交易场所和现代化交易设施。2000平方米的现代化交易大厅，厅内配有LDS大屏幕电子显示屏，固定席位30个，40余门直拨电话，并建成了40个工作站的多媒体电脑网络系统，可迅速查询有关企业和项目转让资料，为客户提供最新、最权威的产权信息及交易行情。交易中心主要致力于自身内部软件和硬件设施的建设，建立了中心人才库，拥有一批具有博士、硕士学位的高级管理人才和熟悉公司化改组并具有实际操作经验的专门人才，可向企业推荐优秀经营管理人才、技术人才和熟练工作者。还聘请了许多企业家、经济学家、技术专家、政府官员组成了本中心的产权改革与企业发展专家委员会，直接指导并参与产权改革与投资服务活动。

在各方面的努力下，本中心收集了各类企业资料，选择了部份企业进行产权转让招商，并对外发行了产权转让信息，建立了包括企业产权转让信息、技术改造、项目招商信息等类别的信息库，为社会各界提供咨询服务。交易中心完善市场交易规则，制定了一系列规章制度，包括四川西南国际产权交易中心产权交易业务试行规则、四川西南国际产权交易中心产权交易与投资会员章程、四川西南国际产权交易中心内部管理规章制度等。交易中心于1995年8月举办了第一期产权经纪人培训班，共招收40余名学员进行了短期培训学习。

四川西南国际产权交易中心和成都市产权交易中心于1995年8月组成的联合交易所，吸收了一批在工商局注册、经成都市政府产权交易主管部门核准从事产权交易服务的经纪公司。目前有成都新天地产权经纪公司、成都凯奇产权经纪公司、成都信达产权经纪公司、成都华通产权经纪公司、成都泰康产权经纪公司、成都化工证券部、成都倍特产权经纪责任有限公司、成都大业产权经纪有限责任公司、成都精诚产权经纪公司等9家经纪公司拥有联交所交易席位。联交所采用的产权交易方式分为两类：(1)净资产连续型竞价交易；(2)整体转让型挂牌交易。先后推出成都工程机械液压厂、成都银丰房地产开发有限公司、成都三浦化学装置公司、成都吉明光纤通讯设备有限公司、成都光明电器开关厂、成都电力电子设备厂等7家企业的部分产权上市转让。这些上市转让的企业都经过成都市产权监督办公室、企业职代会、主管部门批准。

四川省涪陵产权交易所

【概况】 涪陵产权交易所是1994年9月经原涪陵地区行政公署批准成立，并于1995年12月经四川省国有资产管理局确认具有产权交易执业资格的有限责任公司，系长江流域产权交易共同市场理事会员，涪陵市从事产权交易的法定场所。交易所实行董事会和理事会双重领导下的总经理负责制，业务运作实行会员制。集信息、交易、中介服务于一体，配备先进的电脑设施和网络布局，为客户提供规范化、全方位的中介服务。交易所总经理：卢铁肩。

【经营业绩】 交易所业务范围：组织跨地区、行业、所有制的企业兼并；代办各种固定资产、流动资产、商标权、专用技术等有形和无形资产的交易，接受国有资产管理部门的委托，组织国有企业资产的出售、拍卖、租赁、招标及其它方式的转让；组织非上市股份公司的股权交易，非股份公司标准化后的产权交易；代办产权过户手续和产权法律签证；收集、发布产权交易信息；从事产权交易及股份制政策咨询、方案策划；组织非上市股份制企业对外包装嫁接上市；组织产权交易洽谈会及与产权交易相关的其他服务。交易所自成立以来，坚持公开、公平、公正原则，在建立健全产权交易市场、规范产权交易行为、协助企业通过市场途径改制、盘活国有存量资产等方面作了大量的探索和尝试。仅1997年上半年就通过协议转让和公开招标转让等方式成功策划并组织撮合了两家上市公司之间2000多万股国有股权交易、两家非上市公司的对外嫁接上市工作和一家破产企业800多万元资产重担，累计盘活国有资产1.5亿元。

浙江义乌产权交易所

【概况】 浙江义乌产权交易所成立于1994年3月，是经义乌市政府批准，由浙江中国小商品城集团股份有限公司、主乌社会经济发展咨询公司、义乌市国有资产经营公司、义乌市经纪人事务所、浙江义乌万顺资产经营总公司等5家企业联合出资300万元组建的股份制企业，是一家跨地区、跨行业、跨所有制性质、多功能、开放型的产权交易市场。交易所实行董事会领导下的总经理负责制，下设总经理办公室、产权交易部、拍卖部、小商品城营业部、房地产交易中心。法定代表人：项明生。

【经营业绩】 交易所主要业务范围：企业产权交易、代理股份制企业股份募集、股权管理、分红派息、摊位使用权转让、摊位使用权抵押贷款担保、房地产交易中介、拍卖等。交易所拥有一整套先进的产权交易电脑软硬件设施，一批专职从事产权交易、素质良好的业务骨干队伍，一系列规范的产权交易运作规则和手段，采用现代化运作和管理方法，遵循公开、公平、公正的原则，三年来，实现各类产权交易成交额3.5亿元。

江苏省南通产权交易所

【概况】 南通产权交易所是南通市财政局、国有资产管理局出资筹建，经南通市政府批准成立，是取得江苏省政府认证资格的、南通地区合法的产权转让机构，是具有法人资格的全民事业单位。法人代表：蔡新义。

【经营业绩】 交易所成立以来，组织了各类产(股)权交易活动，受理了企业的产（股）权转让、兼并、出售、拍卖、改制、破产、闲置资产调剂等业务，为企业产（股）权交易提供系列服务。交易所拥有中高级经济师、会计师、律师、工程师、注册资产评估师、期货交易员、上交所首席交易员等各类专业人才。为促进股份制企业深化改革，建立资产市场，交易所 1997 年 4 月加入了淄博证券交易自动报价系统，配备了先进、齐全的硬件设施。交易所先后成功推荐江苏紫琅汽车集团股份有限公司、江苏风神空调集团股份有限公司在淄博证券交易自动报价系统挂牌上市。交易所加入了江苏产权交易中心市场，并成为其会员。交易所是长江流域产权交易共同市场理事单位，交易所下设全资企业南通产权拍卖行、南通市设备调剂市场。

乐山产权交易中心

【概况】 乐山产权交易中心是经乐山市政府和乐山市体改办批准设立的股份制企业，经乐山市工商行政管理局注册登记，具有独立的法人资格，于 1994 年 2 月 4 日正式开业。交易中心实行董事会领导下的总经理负责制，下设办公室、市场部、交易清算部、财务部、保安部、计算机中心、托管中心、证券产权发展研究中心、电脑公司等职能部门和机构。

【经营业绩】 乐山产权交易中心集信息、交易、中介为一体，中心拥有大型多媒体电子显示屏和先进的计算机网络信息系统。乐山产权交易中心以协议交易和挂牌交易的经营方式，代理国有、集体、个体及股份制企业产权转让、兼并、拍卖等产权重组服务；中介有形或无形资产的交易，提供相关的有偿服务，接受非上市股份公司股权挂牌交易申请。中心成立以来，先后代理乐山无线电厂、川南林业局等多家企业产权的转让，并实行连续交易。1996 年 3 月，乐山市证监委授权乐山产权交易中心开展全市非上市公司股票集中托管、集中过户业务。9 月 18 日，授权乐山产权交易中心开展非上市公司股票挂牌交易试点，会员单位 20 家。

无锡市华东产权交易中心

【概况】 无锡市华东产权交易中心是经江苏省国有资产管理局批准成立，具有独立法人地位的中介服务机构，行政上隶属于无锡市国有资产管理委员会办公室直接领导，是无锡市开展各类产权交易合法和规范的场所。交易中心的主要职能：在国家宏观调控和产业政策指导下，充分发挥市场机制的作用，依照“公开、公平、公正”的原则，在推动结构调整、盘活和优化存量资产和资源配置方面提供规范化服务。法人代表：宋毅。

【经营业绩】 交易中心主要业务范围：建立信息网络，收集、发布产权出让和收购信息。为企事业单位产权交易提供合法场所和政策咨询、资产评估、签约鉴证、结算交割等配套服务。按照国家和政府有关规定，审定产权交易的合法性、规范性、真实性，组织各种形式的产权交易，撮合交易双方成交。受理闲置资产的调剂和罚没物品的处置、拍卖。接受委托办理有关产权交易的租赁、承包、兼并、拍卖、改制、破产财产处置，股权转让服务。

资产经营机构

深圳市投资管理公司

【公司概况】 深圳市投资管理公司成立于1987年7月，是深圳经济特区资产规模最大的国有控股公司，是中国成立最早的资产经营公司，是深圳市政府授权投资的机构，代表国家对授权范围内的国有资产行使资产受益、重大决策、选择经营管理者等出资者三项权能。在深圳市国有资产管理委员会—国有控股公司—企业"三层次"国有资产管理体制中处在第二层次，具体从事国有资本经营和产权运作，担负国有资产保值增值的任务，直接对市政府负责，并接受市政府的监督。公司现任董事局主席、总裁、党委书记：夏德明。

【经营业绩】 经过近十年的发展，1995年底，公司总资产1021亿元，公司权益198亿元，完成总产值及总营业额443亿元，实现利润36.3亿元。1996年深圳市委、市政府对市国有资产经营公司进行调整，将深圳市投资管理公司控股的主要从事房地产、建筑施工及从事商贸和旅游的企业划出，组建另外两家市级资产经营公司。调整后的深圳市投资管理公司主要从事高新技术产业和基础产业。1996年底，公司总资产768亿元，公司权益153亿元，完成总营业额264亿元，实现利润26亿元。目前，公司拥有全资子公司27家，控股或参股企业43家，是深圳发展银行、深圳城市合作商业银行最大股东，拥有18家上市公司，产业覆盖能源、交通、电子、化工、银行、证券、保险等行业。截止1997年9月底，公司总资产842.771亿元，公司权益182.26亿元，实现利润23.6亿元。

成都市国有资产投资经营公司

【公司概况】 成都市国有资产投资经营公司成立于1992年5月，是对市政府授权范围内的国有资产行使出资者所有权并负责国有资产收支计划管理、专门从事国有资产投资、经营和相应产权管理、依法实行自主经营的国有独资公司，属于市政府授权的投资机构。按照市政府批准的国有资产收支计划，把应由政府集中的国有资产收益集中起来，投资于重大建设项目，实现国有资产的优化配置，促进经济发展。

【经营业绩】 公司贯彻执行成都市政府和成都市国有资产发展基金领导小组的决策，加强对国有资产经营收支计划的管理和领导；贯彻执行国家、省、市国有资产管理局制订的有关政策、法律及规章制度；编制并组织实施全市国有资产经营收支计划，进行国有资产的投资、开发、经营和相应的产权管理，逐步向规范的国有资产经营预算过渡；有计划地开展财政信用，接受财政、国资部门和其它单位的委托，进行资产调剂，壮大国有资产并组织国有资产产权交易，改善资产配置状况，充分发挥国有资产运营效益；受托进行有关国有资产投资、经营、管理的咨询服务；通过合资、合作、发行债券和向国内、国外借款等各种方式筹措资金，从事国有资产负债经营，减轻财政负担。

山东省企业托管经营股份有限公司

【公司概况】 山东省企业托管经营股份有限公司是由山东省内15家金融机构、投资公司和企业集团共同发起成立的以资产经营为主业的专业化公司。公司在山东省工商行政管理局登记注册，注册资本金5200万元人民币。法人代表、董事长：卢阿青。

【经营业绩】 公司经营范围包括：企业资产的托管与经营；企业收购、兼并、破产、租赁服务；股权投资；托管经营咨询服务；企业的风险管理及服务；企业的其他托管经营服务。公司宗旨是促进企业产权流动，实现资产合理重组，盘活企业存量资产，提高资产运营效益。公司以实现企业产权流动和企业资产重组为手段，注重对托管企业的综合治理，实现资产的保值增值。为优势企业的资产扩张提供服务，为困难企业的解困发展提供服务。

武汉市国有资产经营公司

【公司概况】 武汉市国有资产经营公司是经武汉市国有资产管理委员会代表武汉市政府批准设立的综合性国有投资控股公司，是在授权经营范围内代表政府行使国有资产出资者所有权的企业法人。授权武汉国资经营公司行使国有资产出资者权利的市属股份制企业24家，国有资产净值10.6亿元，24家股份制企业分布在机械、电子、轻工、纺织、化工、医药、石油、商业百货等行业，是武汉市发展工商业，提高区域经济效益的骨干力量。

【经营业绩】 资产经营公司创建之初，被授权经营的10.6亿元国有资本基本上是以固化状态分布在各个股份制企业。10.6亿元仅仅是各个企业在股份制改革时按照帐面价值测算出的国有股价值，在授权公司行使国有资产出资者权利的24家股份制企业中，只有4家上市公司国有股的市值可以依据流通股的市值相对测算出，国有股无法流通变现。其他20家企业国有股，不仅国有股不能流通，其市值也无法测算。截止到1996年12月，武汉国资经营公司已经实现了3家股份公司国有股的成功运作，变现了2亿多元。协议转让马应龙股份有限公司的国家股，协议转让希岛实业股份有限公司的国家股，协议转让双虎股份公司的国家股。

四川省产权交易所上市公司

四川双马水泥(集团)有限公司

【公司概况】 公司系经营石灰石矿、砂岩矿及水泥生产与销售的大型企业。截止1994年9月,公司总资产31193万元,所有者权益21609万元,产权转让额4594万份产权单元,占所有者权益21%,初始转让价格:1.50元/产权单元。公司产权于1994年12月28日在四川省产权交易所自动报价系统上网挂牌交易。公司法定代表人:王书铭。

四川都江堰市电力公司

【公司概况】 公司系经营发电、输电为主,集商贸、旅游服务为一体的综合性公司。截止1994年12月31日,公司总资产16051万元,所有者权益4989万元,产权转让额1600万份产权单元,占所有者权益32%。初始转让价格:1.20元/产权单元。公司产权于1995年3月8日在四川省产权交易所自动报价系统上网挂牌交易。公司法定代表人:汤建斌。

四川安都企业集团公司

【公司概况】 公司系经营饲料添加剂、饲料、保健品开发与生产的企业集团。截止1995年6月,公司总资产10325万元,所有者权益7039万元,产权转让额2000万份产权单元,占所有者权益28%。初始转让价格:1.08元/产权单元。公司产权于1995年12月16日在四川省产权交易所自动报价系统上网挂牌交易。公司法定代表人:刘嘉林。

四川达县天然气金孔雀实业公司

【公司概况】 公司系经营民用管道天然气、液化石油气并开发配套产业和第三产业的新型企业。截止1995年10月31日。公司总资产4815万元,所有者权益2410万元,产权转让额1000万份产权单元,占所有者权益40%。初始转让价格:1.08元/产权单元。公司产权于1996年2月12日在四川省产权交易所自动报价系统上网挂牌交易。公司法定代表人:蒲茂阳。

四川成都孙源集团有限公司

【公司概况】 公司系经营白酒、保健酒为主,兼营各种商贸项目的集团公司。截止1995年12月31日,公司总资产3808万元,所有者权益3403万元,产权转让额1200万份产权单元,占所有者权益35.5%。初始转让价格:1.05元/产权单元。公司产权于1996年3月15日在四川省产权交易所自动报价系统上网挂牌交易。公司法定代表人:孙泽君。

四川省南辉实业发展总公司

【公司概况】 公司系经营项目投资开发、化工原料及产品进出口贸易,加工及国内建材贸易的集科、工、贸为一体的集团化企业。截止1995年7月31日,公司总资产18920万元,所有者权益10029万元,产权转让额2500万份产权单元,占所有者权益24.9%。初始转让价格:1.05元/产权单元。公司产权于1996年3月16日在四川省产权交易所自动报价系统上网挂牌交易。公司法定代表人:王康明。

四川新时代实业公司

【公司概况】 公司系经营商业贸易、房地产开发、物业管理、餐饮娱乐的大型综合性现代企业。截止1995年12月31日,公司总资产48251万元,所有者权益27279万元,产权转让额4000万份产权单元,占所有者权益15%。初始转让价格:1.08元/产权单元。公司产权于1996年4月28日在四川省产权交易所自动报价系统上网挂牌交易。公司法定代表人:杨世泉。

四川四达制药公司

【公司概况】 公司系经营生化制药与植化制药开发生产的医药生产企业。截止1995年9月,公司总资产5868万元,所有者权益4545万元,产权转让额1200万份产权单元,占所有者权益26.7%。初始转让价格:1.08元/产权单元。公司产权于1996年5月15日在四川省产权交易所自动报价系统上网挂牌交易。公司法定代表人:田江明。

成都西南航空港天鹅实业有限公司

【公司概况】 公司系经营旅游服务、房地产开发、制药的综合性集团公司。截止1995年12月31日,公司总资产5832万元,所有者权益5236万元,产权转让额1200万份产权单元,占所有者权益23%。初始转让价格:1.08元/产权单元。公司产权于1996年5月30日在四川省产权交易所自动报价系统上网挂牌交易。公司法定代表人:赵文清。

四川泰港水产养殖(集团)有限责任公司

【公司概况】 公司是经营甲鱼(鳖)、鳄鱼、鳗鱼养殖和水产养殖器件设备、水产品深加工和饲料生产的特种水产养殖生产企业。截止1996年1月31日,公司总资产15830万元,所有者权益12758万元,产权转让额1500万份产权单元,占所有者权益11.8%。初始转让价格:1.08元/产权单元。公司产权于1996年6月8日在四川省产权交易所自动报价系统上网挂牌交易。公司法定代表人:刘邦成。

四川省敦煌集团公司

【公司概况】 公司系经营针纺织品、房地产开发、进出口贸易的集团公司。截止1995年12月31日,公司总资产21683万元,所有者权益15662万元,产权转让额2000万份产权单元,占所有者权益12.7%。初始转让价格:1.08元/产权单元。公司产权于1996年7月18日在四川省产权交易所自动报价系统上网挂牌交易。公司法定代表人:裘丽蓉。

产权及资产重组案例

中信泰富产权重组案例

【背景资料】 1985年1月成立泰富(Tylfull)有限公司,1986年2月接管新景丰公司(Sun King Fung Dev. Ltd)而获得上市地位。香港Macau国际投资有限公司(Macau Intel Inv. Co, Ltd)获得了控制公司的股份。1990年在完成一系列交易后,公司从中国信托投资集团香港有限公司(CITICHK)中获得香港Dragon航空有限公司(Hong Kong Dragon Airlines Ltd)的近38.3%的股份和两座工业建筑物。近来CITICHK从Chao Kuang Piu先生获得51%股份,从而成为一名主要的公司控股者。1991年从CITICHK占有12.5%股权的香港上市公司Cathay太平洋航空公司(Cathay Pacific Airways Ltd)中获得28.6亿港元和占有20%的股份的Companhiu de Telecomuni cacoes de. Macau S. A. R. L.公司中获得2.5亿港元,这些资产被公司用在14.92亿新股和5亿港元的债券上,结果Kuok Hoek Nien和LiKu Shing持有少数公司股份。1992年8月22日更换公司名称为现在的名称,从Hang chong投资有限公司(Hang chong Inv. CO, Ltd)手中收购汽车销售商业公司—Dah chong Hong有限公司。

1993年,收购了香港电信公司(Hong Kong Telecommunications Ltd)12%的股份,收购了Tsing Yi岛化学废料处理厂,参股江苏和郑州一些电站项目,从而扩大了业务规模,增加了收入增长点。联合Cheung Kong共同收购上市公司—Miramur Hoted &Inv公司,未获成功。因为公司在西港隧道有限公司(Western Harbour Tunnel Co Ltd "WHTCL")占有10%股份,从而拥有对西港项目的建设权和经营权。在中国成立销售五十铃(Isuzu)汽车的合资公司。获得香港空运货物Terrninais有限公司(Hong Kong Air cargo Terrninais Ltd)10%股份,从而获得在Kai Tak国际航空机场(Kai Tak Intel Airport)空运货物业务的经营权。在中国从一家钢铁制造厂、电信电报厂、精密钢管厂和机动制造厂中分别获得55%的股份,精密钢管公司在1994年关闭。

1994年,拿出20%利润购买了在香港上市的曼哈顿卡片有限公司(Manhattan Card Co Ltd)。从Discovery Bay Lantau岛的发展上获得50%收益权,利润为34亿港元。通过CITICHK公司购入WHTCL公司25%股份,使公司在WHTCL公司的控股额为35%。从香港的西港隧道和中国上海延安西路隧道工程上获得的利润,进一步扩大了公司的赢利基础。在收购另外一家公司45%的控股权后,取得上海南浦大桥—洋浦大桥和大浦公路隧道的独有经营权,1995年末1996年初,以同样的方式获得上海湖九收费高速公路和旭浦大桥的经营权。参股到河南和上海一些电站项目上。

1995年,与CITICHK(Kerry Trading和Dev. Bank of Singapore)合作共同在香港Tamar site地区建造52200平方米的办公大楼。

为公司的建设项目等融资,公司在Cathay太平洋航空公司和香港电信公司(HK Telecom)的股份份额,各降低到10%。1996年公司在Dragon航空公司中的股份降低到28.5%,现在中国国家航空有限公司(集团)(China National Aviation Corp (Gronp) Ltd)成为Dragon公司的最大股东。与此同时,公司在Cathay太平洋航空公司所持股份增到25%。

【交易及重组】 中信泰富走收购兼并之路,实现超常规资产扩张和业务拓宽。中信泰富前身泰富发展有限公司于1985年成立,1986年上市,同年底,资产净值仅为3.5亿港元。至1991年,资产总值74.66亿元,资产净值61.24亿元,到1995年底,中信泰富资产规模393.83亿元,净资产达266.41亿元,依简单算术平均,中信泰富资产净值从1986—1995年增长了262.91亿元,年均增幅高达930%。公司股本从1.5亿元到21.3亿元,8年左右时间,股本扩张了14倍。股价依简单算术平均计算,5年左右时间年均涨升2元/股左右,年均涨幅高达154%。1993年取代嘉宏国际跻身恒生指数33只成份股之中,中信泰富市价总值至1996年12月高达957.8亿元,占市场总额的2.76%,在香港20间市价总值最大的上市公司中位居第10位。公司业务广泛涉足于航空、电讯、仓储、贸易、发电、环保及地产等众多领域,迅速实现业务多元化的目标。在此过程中,每一次收购,都是公司资产及业务结构的一次重新组合,其间又伴随着不断的公司股本调整及财务重组。1986年,泰富发行1.17亿股新股吸收资金,协助新景丰减少负债以改善财务结构。1991年,中信泰富在购入恒昌企业之后,出售中环恒昌大厦,收回9072亿港元,又出售长线投资套现2.24亿港元,结果恒昌企业主要剩下其主体—大昌贸易行。出售的资产套取资金,用于派息,相应缩小恒昌资产规模。在股本结构方面,中信泰富根据市场情况和业务需要,通过定向发行新股、股份配售、发行可转换债券、供股、股份合并、股份回购等方式进行不断调整。10多年来中信泰富的业务集中于香港、澳门、中国大陆及日本、新加坡等迅速发展的东亚地区,其资产及业务结构日趋合理。

北京华远房地产公司并购案例

【背景资料】 华润创业有限公司(香港华创)是华润集团有限公司(华润集团)旗下的主要附属上市公司,在香港华创的股权结构中,华润集团占51%的股份。1992年,香港华创上市后,靠其优异的业绩,被香港股市追捧为红筹股,目前香港华创的市价约84亿港元。香港华创的经营范围主要集中在物业投资、货仓储运和冷仓业以及策略性投资业,随着香港归期的临近,香港华创利用其母公司华润集团与大陆的密切关系,广泛地选择国内投资前景好、发展快的行业作策略性投资,其中包括销售玩具产品,制造及销售办公室家具,空调器用压缩机以及啤酒酿造业等。华创的母公司华润集团是香港华创的坚强后盾,华润集团自1948年在香港成立以来,一直是中国各大对外贸易总公司在香港的总代理,亦肩负代表中国对外贸易合作部的重任。

北京华远的前身为北京市西城区华远建设开发公司,1987年12月成立,注册资本1500万元,公司自成立到1993

年股份制改组前，华远建设开发公司已先后建成了北京华威大厦、西单北大街市政管网工程、月坛北小区等重大项目，北京华远房地产股份有限公司成立于1993年4月17日，1994年12月改组为中外合资股份有限公司，公司注册资本为人民币78125万元。全部资本划分为等额股份，由中国法人股东、公司职工个人股东和外资股东持有。公司的营业范围为：老旧城区及危房改造、市政设施建设、土地开发、工商业及民用住房的建设与经营（包括出租、出售和管理公司拥有的物业等）、建筑材料的生产和销售。

在香港华创购并北京华远前，北京华远集团公司、中国银行北京信托咨询公司、北京市正阳实业发展总公司、北京市华远自动化系统公司为北京华远的主要股东，而华远集团公司为北京华远的控股股东。

【交易及重组】 1992年11月，香港华创联同香港太阳世界、美国国泰财富共同出资，在英属维尔克群岛注册坚实发展有限公司（香港华创为坚实发展公司的最大股东）准备投资入股北京华远，考虑到北京华远并购后进一步融资的要求，方便坚实公司在港上市的需要，华远集团同意坚实公司占有北京华远52%的股份。同月，坚实公司与北京华远签订了认购北京华远股份并将公司转为中外合资公司的合同，外方以公司每股净资产1.613元为认购价，认购北京华远40625万股外资普通股，经外贸部1994年12月9日批准，于1994年12月29日在北京市工商行政管理局办理完毕中外合资股份有限公司登记注册手续，并领取了《中华人民共和国企业法人营业执照》，注册资本78125万元，全部资本为78125万股，其中坚实发展有限公司占有52%股份，原控股股东华远集团公司股份份额降到16.8%，国内股东合计占有48%股权，购并后公司净资产增至129000万元。公司总资产超过260000万元。

1996年，北京华远又经股东大会同意并经北京市体改委同意，按28%比例对全体股东配股，共计21875万股，每股售价2.85元。坚实公司因对北京华远经营业绩比较满意，联合其他股东，将1994年、1995年分得股利约2100万美元，并追加5400万美元，认购其中的21874.72万股。1996年10月，配股完毕，公司注册资本扩大到10亿元，股本10亿元，净资产22亿元，坚实公司持股比例扩大到62.5%，中方股东持股合计约37.5%。1996年坚实公司内部的股东结构发生变化，香港太阳世界出让其在坚实公司持有的股份，其份额由香港华创以及新加盟坚实公司的美国高盛公司认购。到1996年8月，香港华创持坚实公司股份73.5%，美国国泰财富持14%，美国高盛公司持12.5%。

购并为北京华远和香港华创带来了良好的经济效益，北京华远购并前经营业绩就很好，购并带来了巨额资金，使北京华远各项经济指标都有了进一步的提高，1993—1995年北京华远主要经济指标：总资产分别为129700万元、244600万元、330600万元，净资产分别为57200万元、156700万元、172600万元，税后利润分别为22900万元、28500万元、37200万元，每股收益分别为0.916元、0.365元、0.476元。香港华创购并投资也带来了丰厚的回报，香港华创1994年购并时投资约4400万美元，1994年、1995年分得股息约1400万美元，丰厚的回报增加了其长期投资的信心，因而将其分得的大部分利润再次投资，并追加投资认购北京华远新发行股份。到目前为此，香港华创已持有北京华远45.94%的股份。

香港华创购并北京华远，对公司的经营状况比较满意，并未进行过任何整合，也未对公司原有的经营方针、战略进行过任何调整。既保持了公司原有的经营决策体系、人事报酬制度，又保留了工作人员业绩考核与企业管理制度。故而在购并后，北京华远仍然保留着购并前的经营特点：土地资源储备充裕；产品多样化；经营方式灵活；利润来源多档；公司营运充满效率。香港华创购并北京华远、北京华远吸收外资入股，实质上是华远通过这种方式巨额融资，并且为今后进一步融资打开了方便之门。

中国华源集团产权重组案例

【背景资料】 中国华源集团有限公司1992年7月18日在上海浦东创建，是原纺织工业部（现中国纺织总会）为参与浦东开发联合对外经贸部和交通银行总行共同创办的大型综合性集团公司。四年多来，华源集团实现了超常规、跳跃式发展，现在整个集团已拥有全资和控股子公司43家，中外合资企业16家，专业进出口公司6家，自营进出口公司3家，海外公司和办事处6家。全资和控股企业职工1.2万多人。集团公司已初步形成了以国家级高新技术开发区—中纺科技城为主体的高新技术产业群，以“中国华源长江工业走廊”为依托的制造业，以6大专业进出口公司为主力的国际贸易业，以上海华源投资集团为核心的房地产业，以证券、期货、产权交易为重点的金融投资业五大板块。至1996年底资产总规模已达60亿元，净资产18亿元，进出口总额3.2亿美元，实现利税3亿多元。

从1993年下半年以来，中国华源以兼并、收购、财务重组等方式，先后对17家国有纺织企业的资产进行了重组和整合，盘活了20多亿元的国有资产，平均每年带动了1亿美元左右的纺织品出口。使3家濒临破产的国有企业走出困境并得到发展；5家经营困难、经济效益严重滑坡的企业步入良性发展的轨道；先后投入近7亿元增量资金，使9家效益较好但资金短缺的企业技术改造得到落实，进一步增强了发展后劲，在对购并企业资产进行进一步重组的基础上，1996年7月和10月成功组建了上海华源股份有限公司（简称“华源股份”）和上海华源企业发展股份有限公司（简称“华源发展”）两家上市公司，同时通过在上海营造面向21世纪的国家级高新技术开发区—中纺科技城，努力推动国内外产业资本与金融资本的双向对接，围绕整个纺织工业的结构调整和资产重组，进行了大胆的探索与实践。

【交易及重组】 华源集团将购并重点放在集团的行业优势领域，制定出“三大领域”、“一个瓶颈”、“一个龙头”的重组纲领：三个领域是高新技术纤维，家用纺织品和装饰用纺织品，一个瓶颈是印染后整理，一个龙头是发挥高档服装服饰的带动作用，在购并的17家企业中，上述企业占13家。化学纤维基地主要重组了常州合纤厂和南通复合纤维厂。设立常州华源化学纤维有限公司，华源占股份51%，实行控股经营。南通复合纤维厂剥离出来的总资产为2819万元，中国华源集团以货币资金1500万元，出资购并其全部净资产组建华源复合纤维有限公司。织造基地主要是长苑丝织厂的重组，重组后，设立锡山华源织造有限公司，华源占股份60%，实行控股经营。最终产品高档服装服饰基地主要是重组了江苏（华艳）集团公司，江苏（华艳）集团公司以剥离的全部制衣生产经营性资产投入合资公司，中国华源占股份60%，实行控股经营。以上企业经重组后投入股份有限公司的净资产为12854.5万元，按65%折为法人股8535万股，总股本为19853万股，其中境内上市外资股11500股，占57.93%。发行价格为每股人民币2.33元，折合美元每股0.28美元，全面摊薄后市盈率为5.308倍，流通股于1996年7月26日在上海证券交易所挂牌上市。上海华源股份有限公司组建上市后，立即收购了中韩合资常州华昌染工有限公司，增加年产2000万米的涤纶仿真丝印染线。这是中国华源按照“高新技术纤维为先导，差别化、功能性纤维生产一条龙为主体”的战略构想，提出的“一条龙大化纤工程”产业概念的实现。这一产业概念的成功实现，使华源股份公司的B股发行成功。

在总结华源股份(B股)经验的基础上，将集团内服装服饰、高级家用纺织品及相关的进出口贸易公司组建成华源企业发展股份有限公司，“华源发展”是以上海华源国际贸易有限公司、太仓华源雅鹿有限公司、常熟华源双猫纺织装饰有限公司进行整体投入重组而成。上海华源国际贸易发展有限公司是中国华源集团有限公司控股40%，于1993年3月注册于浦东外高桥保税区的大型企业，总资产为14106.6万元，负债总额为9229.83万元，净资产为4877.23万元。太仓华源雅鹿有限公司是中国华源集团有限公司，在江苏太仓雅鹿服装厂的基础上改制设立的高级成衣生产加工企业。中国华源购买太仓雅鹿服装厂相应的净资产作为股权，成立太仓华源雅鹿有限公司，华源占股份60%，实行控股经营。常熟华源双猫纺织装饰有限公司是在常熟被单厂主体生产车间—高级印染后整理车间的基础上改制控股组建的高级家用纺织品生产基地，该公司注册资本为2500万元。资产评估确认后各发起人投入上市公司的净资产为10877.23万元，按68.95%折为发起人股共计7500万股(每股面值1元)，公开发行社会公众股为2500万股，每股发行价为7.98元，“华源发展”总股本为1亿股，中国华源占40.15%，社会公众股已于1996年10月3日在上交所挂牌上市。

辽河化工产权重组案例

【背景资料】 辽河化工集团的前身辽河化肥厂是一家已有20年历史的化肥生产企业，是全国30家大型化肥生产企业之一，建厂时国家投入了3亿元，其拥有的30万吨合成氨、48万吨尿素装置是我国70年代引进的13套大型化肥装置之一，并设有当时全国唯一一套催化剂生产装置，1993年3月更名为辽河化工总厂，1995年11月经辽宁省政府批准在原辽河化工总厂的基础上改制建立为国有独资公司，成立辽河化工集团。几年来，辽河化工集团已发展成为集化肥、化工、塑料、热电、商贸为一体的大型企业集团，是全国500家最大工业企业、全国50家综合评价最优企业、国有企业500强之一。

锦西天然气化工厂始建于1990年11月，1993年8月建成投产，全部工程总投资18.7亿元，因国家没有投入，项目所需资金由锦天化借款筹集，加上建厂后所需试生产费用和流动资金等因素，总负债为21.6亿元，资产负债率97%，该厂年生产能力为30万吨合成氨、52万吨尿素，两套装置分别采用美国布朗和意大利斯那姆公司的工艺技术，具有90年代国际先进水平，也是目前国内最先进的化肥生产设备。尽管相比较来说，它投资较少，人员较少，且设备先进，一次投料试车成功，锦天化还是有其先天不足的缺点：缺乏资本金，企业负债过高。

【交易及重组】 要进行资产经营，首先是解决资金问题。辽河化工集团的领导想到了上市融资。化工部在深圳市的一家公司已经争取到B股额度，辽河化工考虑与这家公司联合，共同发起上市公司。集团派人到深圳市考察，研究双方联合上市的可能性，随即向化工部提出报告，得到化工部的批准和支持。1995年9月，深圳方面同意拿出1.2亿元的B股额度。其次是选项目，最初辽河化工集团的目标投资项目并非是锦天化，后经辽宁省有关部门建议，辽河化工是否可考虑与锦天化联合，一则两家都是化肥生产企业，专业性强；二则锦天化负债较高，还贷压力较大，急需资金注入，收购可以减轻省里的负担。辽河化工集团对此进行了详尽、周密的调查和思考。

从宏观上看，目前国内县以上化肥生产企业1550家，1995年底化工部化肥调度数为1.147亿吨，1996年调度数为1.2536亿吨，供给与需求之间，供给小于需求约1000万吨。其中，生产合成氨在4万吨以下规模的企业约1430家，且基本是复混肥生产企业，即不增加肥源，只进行二次加工。而大中型生产企业有100家左右，像辽河化工同等规模的约30家，总产量1500万吨(实物量)。今后几年，国家可能还要再上或改扩建10套以上的大型化肥项目。另一方面因为自1993—1995年的国内化肥紧缺之后，我国开始大量进口化肥，1995、1996年都进口了3000万吨(标肥)以上，1997年计划数虽有所下降，但仍将达到2600万吨，这必然严重冲击国内化肥生产企业，从而掀起一股兼并重组和技改、扩建的热潮，最后完成化肥行业的整合。从市场方面看，国内化肥市场从1996年一季度开始出现了供大于求。进口大量增加，市场营销渠道不畅，化肥流通体制不合理以及自然灾害多，落实政策不到位，农民投资积极性不高等原因都影响着市场情况。仅就尿素来说，1995年每吨为2200元，1996年降为每吨1600元，不少地方的化肥销售价格低于国家订价，甚至低于成本价，这一切都对化肥生产企业十分不利。

辽河化工集团要想生存并取得更大的发展，必须通过企业上规模、产品上档资、品种多元化来实现。实现这几点的方式之一就是通过企业并购和资产重组，达到辽河化工集团质的飞跃，上市得到的资金必须要用在主业上，且最好是用在收购企业上。辽河化工对锦天化的投入产出比、还贷能力和效益情况进行精密测算，得出这样的结论：锦天化的设备，比辽河化工的设备先进20年，能耗低，其设计能耗7.3百万大卡/吨氨，而辽河化工设计能耗为8.6百万大卡/吨氨，这意味着辽河化工一天需140万立方米天然气才能把生产负荷开满，而锦天化只要105万立方米；辽河化工一年的天然气用量在4.5—4.8亿立方米，锦天化一年需3.5亿立方米，而且锦天化使用渤海油田的天然气资源十分丰富。另外，锦天化人员又不到1900人，只要增资减债，加强管理，这个企业肯定能扭亏为盈，获得良好的发展，并且成为辽河化工集团新的经济增长点。据测算，锦天化1996年到期和逾期债务为12.6亿元，若能拿出12亿元，把当年债务全部解决，这个企业从1997年开始就能翻身，1998年就能上台阶。收购这样的一个大型企业，仅靠发行1.2亿股B股显然无法解决资金问题，因为B股股价相对较低，辽河化工以1.3亿股的盘子上市，每股溢价发行额为5.38元。1997年1月3日，辽河化工成功发行，募集资金6.9亿元，扣除各项费用，辽河化工以6.67亿投入锦天化，再加上辽河化工另外筹集的一部分资金，实际上投入了8亿多元，把锦天化的资产负债率由97%降至68.7%。

辽河化工收购锦天化后，其总资产由1995年底的20亿元，猛增至1996年的42亿元，销售收入由13.6亿元增至20亿元，实现利税由1.4亿元增至2.6亿元，分别增长100%、75%和98%，并成为中国最大的两家化肥生产企业之一，若以资产为纽带的关系来衡量，可以说辽河化工是全国最大的化肥生产企业。

中国鲁北化工集团产权重组案例

【背景资料】 鲁北化工地处山东省无棣县境内的盐碱荒滩上，前身是无棣县的一个县属科技实验小厂，当时企业名称是无棣县硫酸厂，是一个仅有8名职工，40元万试验经费的县属国有小企业。20年来，企业成功地发明了32项重大科技成果，取得了12项专利发明，其中2项发明专利国内独一无二。可以说，鲁北化工的所有车间生产线都是建立在自己的发明专利基础上，低成本、高科技含量，是其产品生产的显著特点。目前，占有公司近一半产值的是“3万吨磷铵、4万吨磷石膏制造硫酸联产6万吨水泥”生产模式和海水资源综合利用的“一水多用”模式。到1996年12月，企业总资产已达11.63亿元，净资产7.28亿元，鲁北化工进入90年代来，以科技进步为基础，以资本经营为纽带，使公司迅速膨胀。为了扩大科技成果转化的规模，公司不断拓宽融资渠道，仅最近几年就筹资近10亿元，从而为公司超常规发展奠定了基础。现在，山东鲁北企业集团总公司是一家以鲁北化工总厂为核心，辖有50个核算单位的国有大型企业，集团公司控股70%的鲁北化工股份有限公司，于1996年7月2日在沪上市，其股票名称为“鲁北化工”。

【交易及重组】 鲁北化工的资产重组活动最早可以追溯到80年代中期。10多年来，从兼并5家倒闭企业到组建上市公司，再到探讨具有鲁北特色的租赁、托管模式、以资产经营为纽带，以兼并联合为重点，正确处理以强带弱和强强联合的关系，区域联合和跨区域联合的关系，从而全面实现了鲁北化工的优势扩张战略。

率先兼并5家倒闭企业组建全区首家企业集团　1984年鲁北化工率先兼并县属国有企业无棣县磷肥厂。1987年、1988年、1990年连续兼并了无棣县水泥厂、无棣县印刷厂、无棣县运输公司、埕口窑厂4家企业。在兼并这5家企业的基础上，组建了滨洲地区第一家大型企业集团。这5家企业均属倒闭企业，鲁北化工兼并它们以后，对它们进行了彻底改造，磷肥厂、水泥厂被注入鲁北化工的专利技术，很快成为集团公司下属优质磷铵、水泥生产基地，运输公司的车辆成为开发154万公亩盐场的主要运输工具，其人员被安置到其他分厂；埕口窑厂通过改革，扩大生产规模，为公司的放大工程提供建筑用砖。通过兼并实现了优势互补，盘活了大量闲置资产，使鲁北化工的发展上了一个大台阶。

租赁设立河北省沙河市鲁北化工有限责任公司　鲁北化工于1996年年初以租赁经营的方式设立了河北省沙河市鲁北化工有限责任公司。目标企业沙河市磷铵总厂，是河北省沙河市一家中型国有企业，资产8000多万元，负债高达90%以上，已半停产、停产3年之久，经河北省沙河市经委与鲁北化工达成租赁经营协定。合同签订后，鲁北化工于1996年4月派驻80名生产经营技术骨干对原生产装置进行改造挖潜，2个月便复产运营，大大超出了设计生产能力。截止1996年底，生产磷铵2万吨，硫酸3万吨，创产值4200万元，实现利税600万元，创出了“产品成本低于同类企业，质量优于国家标准”的可喜成绩。

探索对滨洲渤海化肥厂实施先托管后兼并的模式　滨洲渤海化肥厂是区属国有企业，资产负债率高达130%，资不抵债、扭亏无望，为此，根据滨洲行署的指示，鲁北化工对渤海化肥厂进行托管。在某种意义上，这种托管带有行政撮合的性质。由于渤海化肥厂历史包袱沉重，负债率高，地委行署给与了一定的优惠政策，但鲁北化工还是尽最大努力对渤海化肥厂进行整改，除了派出骨干技术人员进驻该厂以外，还投资近2000万元使2.5万吨合成氨、10万吨碳氨装置满负荷生产，产品质量、成本已达到历史最好水平。企业生产经营步入健康发展的轨道。目前，鲁北化工正在研究对渤海化肥厂的兼并方案。

技术入股组建广夏鲁北化工有限责任公司　按照国家“东西部联合扶贫”的战略部署，鲁北化工与宁夏固原地区广夏实业(集团)股份有限公司达成协议，以技术入股组建广夏鲁北化工有限责任公司。目前技术入股建厂计划进展顺利，“4万吨天然石膏制造硫酸联产6万吨水泥”装置，已于1996年9月6日奠基开工，工程建设正在紧张进行，预计1997年年底可正式开工生产。

实施技术出口筹资而收购外资企业的战略　1996年11月8日，鲁北化工与白俄罗斯化学和石油工业康采恩、戈梅利化工厂签订了合作协议书。

武汉市国资经营公司产权重组案例

【背景资料】 武汉市国有资产经营公司是经武汉市国有资产管理委员会代表武汉市政府批准设立的综合性国有投资控股公司，是在授权经营范围内代表政府行使国有资产出资者所有权的企业法人。授权武汉国资经营公司行使国有资产出资者权利的市属股份制企业24家，国有资产净值10.6亿元，24家股份制企业分布在机械、电子、轻工、纺织、化工、医药、石油、商业百货等行业，是武汉市发展工商业，提高区域经济效益的重要骨干力量。资产经营公司创建之初，被授权经营的10.6亿元国有资本基本上是以固化状态分布在各个股份制企业。10.6亿元仅仅是各个企业在股份制改革时按照帐面价值测算出的国有股价值，在授权公司行使国有资产出资者权利的24家股份制企业中，只有4家上市公司国有股的市值可以依据流通股的市值相对测算出，国有股无法流通变现。其他20家企业国有股，不仅国有股不能流通，其市值也无法测算。截止到1996年12月，武汉国资经营公司已经实现了3家股份公司国有股的成功运作，变现2亿多元。

【交易及重组】 协议转让马应龙股份有限公司的国家股　马应龙药业股份有限公司(简称马应龙公司)是1993年由原武汉市第三制药厂改造成立的股份公司，但由于法人股和个人股没有募集到位，公司的股份制改造没有完成。公司1994年底总资产5630.40万元，总负债4260.07万元，净资产为1370.33万元。国资公司分别同香港中安公司、深圳宝安公司进行了认真的磋商与谈判，最后提出了向宝安公司转让部分马应龙公司国家股的议案。国资公司与宝安公司谈判达成一致，以1994年12月31日为基准日，剔除土地资产后，确认马应龙公司经营性资产为2000万元人民币。国资公司向受让方宝安公司协议转让1100万元净资产所有权，宝安公司向国资公司支付现金1100万元。转让完成后，马应龙公司总股本按武汉市证管办的确定数为2600万股，其中宝安公司1100万股，国资公司900万股，余下的600万股按1:1定向募集股，在实际运作中，宝安公司又追加资金认购300万股定向募集，以增强马应龙公司的发展后劲。这样，宝安公司实际持有马应龙股份公司的1400万股，占总股本的53.85%，国资公司仍持有900万股，占总股本的34.61%，为第二大股东。

协议转让希岛实业股份有限公司的国家股　希岛公司近年来帐面总资产28622万元，总负债24210万元，大量的产品积压和应收帐款使企业生产经营难以为继，以致于1994年12月到期的2600万元企业债券无法兑付。从稳定大局出发，武汉市政府只好让国资公司帮助偿还1600万元，另外1000万元由国资公司担保再滚发延长一年。加上利息，到1995年12月22日，希岛公司得以向市民兑付1150万元。国资公司经多方选择和反复磋商，最终与海尔集团达成协议，向海尔集团转让占希岛股本60%的国家股共3690万股，并由海尔集团控股经营。由于希岛公司的资产负债率极高，资产质量不高，国家股在转让时，每股协议价格为0.60元。按希岛现有净资产计算，海尔用2214万元收购希岛60%股份。作为履约的第一步，海尔集团在签约的1995年12月21日，就立即给国资公司汇来1200万元，以解决兑付债券的燃眉之急。

协议转让双虎股份公司的国家股　双虎公司是1992年3月改制成立的市属股份制企业，是我国大型涂料生产厂家之一，其社会公众股于1996年2月在上交所挂牌交易。但是，公司存在的市场萎缩、包袱沉重、后劲不足的一系列问题开始表现得越来越明显，1995年上半年每股税后利润0.65元，净资产收益率仅1.98%，远低于上市公司平均盈利水平。面对这种现状，国资公司决定转让双虎公司的部分国家股。海南赛格公司是一家集产业资本和金融资本为一体的综合性股份制企业，总部位于海南省海口市，注册资本为18000多万元，其主要业务方向是投资参与大型基础设施的建设(如海南机场等)，兴办大型科技农业企业等。赛格公司计划向制造业渗透，所以意欲受让双虎公司的国家股。在双方谈判中，焦点集中在双虎管的化机、华橡两家企业的剥离问题上。经过研究，国资公司专门成立了“武汉双虎集团管理办公室”(简称双虎办)，双虎办受托直接管理化机和华橡，在国资公司支持下，承担了化机、华橡的全部人员费用和生产经营启动费，彻底解除了双虎公司与两厂的代管关系。剥离化机、华橡以后，国资公司与赛格公司达成转让协议：双虎涂料公司国家股的持有者武汉国资公司，向海南赛格协议转让国家股2613万股，占双虎总股本的36.64%，每股转让价格为3.03元；转让后，武汉国资公司仍持有双虎3.27%的股份，双虎公司总股本(7132.26万股)数不变。赛格向武汉国资公司支付7000多万元现金后，成为双虎第一大股东。

武汉国资公司资产重组是从协议转让国家股开始的。武汉马应龙公司，武汉希岛公司、武汉双虎公司部分国家股被转让，经济效益是十分明显的。

1、三家公司引入新的投资者后，直接盘活了近5亿元的资产。第一、深圳宝安收购马应龙，开创了武汉市以股权转让搞活企业的先例。到1995年底，宝安收购马应龙公司一年之后，利税比1994年增长58%，利润总额增长105%，职工人均收入达到8800元，到1996年底，年税后利润由341万元猛增到1100万元，净资产由1370.33万元增加到4460万元，总资产由6400万元增加到8900万元，人均收入达1.1万元。马应龙公司被重组后，由严重亏损转变为居武汉市医药行业第二及“全省先进医药企业”。第二、海尔集团收购希岛，以名牌为“企业”解套，使“武汉产品”效应重现。价值5亿元的沉淀资产被逐步盘活，高质量无氟“大冰箱”海尔冰柜已批量投放市场，预计到1997年6月，希岛将开始有较大的盈利。第三、海南赛格收购双虎涂料，以一带三，活化了成片国有资产，促进了三家企业的发展。两家连续亏损近10年的特困企业开始显露生机，化机已基本实现生产经营正常循环，700多名职工得到较好安置；华橡由于人员、债务负担过重，已通过“整体破产、整体接收、全员安置”的方法求得新生，接收方已按资产托管协议全面展开生产经营，1750多名职工得到安置。值得注意的是，华橡厂鞋业生产的恢复带动停产数年的双虎公司鞋业项目进入正常经营轨道，有力地支持了双虎的发展。与此同时，海南赛格成为第一大股东后，通过融资优势和改善管理，使双虎的经济效益大幅度增长，这是将国有资本运营与搞活企业、盘活一片国有资产结合起来，从整体上搞好国有经济的系统运作。

2、在股权置换中，使国有资产保值增值。国资公司向深圳宝安转让1100万股马应龙国家股，是按高于净资产价格出售的，国有资本在流动中增值629.67万元，增值幅度达45.95%。除此以外，武汉国资公司仍持有马应龙900万股，占总股本的34.61%，这900万股不仅由于马应龙重组后的迅猛发展而带来更多的分红，而且由于马应龙无形资产的膨胀而使其市值翻了近5倍，希岛公司的国家股已经无法保值，转让3690万股国家股，国资公司得到变现资金2000多万元。国资公司向海南赛格转让2613万股的双虎国家股，使国有资产在流动中增值变现7000余万元。武汉国有资产经营公司从1995年1月开始运作，到1996年底，公司国有净资产由设立时的10.6亿元增长到14.6亿元，总资产由57亿元增长到80亿元，1996年实现利润3.2亿元。公司自成立以来，以股权置换与资产重组为主导，走出一条固化资产变现再投资的成功之路。

深圳赛格集团产权重组案例

【背景资料】　深圳赛格集团公司是深圳市属国有大型企业。公司成立于1986年，在发展初期，也出现了投资过度膨胀，过于分散，战线拉得太长，没有形成规模经济，企业超负债经营等问题。1992年，赛格集团有2亿元的潜在亏损，资产负债率达到113%。如此高的资产负债结构无疑给赛格集团带来了金融难题。经过几年创业，特别是近三年来的结构调整，深圳赛格集团已发展成为一个以电子高科技产业为主导，以资本为纽带，资产经营一体化的大型国有企业集团。目前，集团公司拥有全资、控股、参股企业84家、财务合并报表范围的企业有41家，其中，上市公司4家，内部股份公司2家。截止到1995年底，赛格集团总资产579693万元(按合并会计报表口径)，总负债414883万元，净资产164810万元，产品销售收入319887万元，实现利润30126万元，累计出口8亿美元以上，其中，赛格集团公司总资产(按合并会计报表口径)314284万元，总负债266817万元，净资产47467万元，资产负债率84.4%，年销售额为172442万元，实现利润12544万元，在1995年度中国工业企业综合评价最优500家评选中，赛格集团列第93位，并连续三年在全国电子企业百强中列前10名。1996年，赛格集团被列为全国300家、广东省70家重点企业、深圳市30家重点企业之一。1997年年初，赛格集团又被列为深圳市10家2000年销售收入超过100亿元的企业集团之一和12家优化资本结构试点企业之一。

【交易及重组】　用好政府金融资源，盘活有效资产　赛格集团内部资产的盘活首先从抓好中康玻璃和赛格日立这两个产业项目作为工作的重点和突破口。彩色显示器件产业是赛格集团的第一产业，集中在赛格日立公司和中康玻璃公司。中康玻璃公司是80年代末我国电子工业一次性投资规模最大也是负债最高的大型电子企业，主要生产高科技产品彩色显像管玻壳，总投资达23亿元，当时，赛格集团持股30%，但由于技术不过关，流动资金枯竭，缺乏技改资金，中康玻璃公司投产之时成了亏损之日，20多亿元的资产非但不能创造经济效益，相反每天需要注入80万元才能维持正常运营。1993年，集团公司新班子上任后，作出决策，关键是要解决资金严重不足和领导班子不力问题。为解决资金问题，赛格集团公司积极利用政府资源。在国务院有关领导的关心下，1993年7月，国务院在中南海召开了“中康问题”专题会议。会议决定由中国人民银行牵头全力解决中康玻璃公司资金困难。这样，赛格集团获得2亿元人民币政府贷款，得以启动中康玻璃公司的生产经营。接着集团公司董事会又果断决策，调整领导班子，强化内部管理，进行技术改造，提高产品质量。1994年中康玻璃公司当年实现产值4.22亿元，销售收入3.7亿元。1995年实现利润1.19亿元，一跃成为深圳市利税大户。1996年，在每套玻壳降价70元的情况下，仍然实现利润1.2亿元。

赛格日立彩色显示器件有限公司(以下简称赛格日立)是赛格中电公司与日本日立公司共同投资的电子企业，主要生产21英寸彩色显像管，1992年底亏损达1.2亿元。通过降低成本，提高质量，强化管理，不到半年，赛格日立产品合格率大幅度提高，每只彩管降低成本10美元。1993年底，公司在还本付息1800万美元之后，实现利润2020万元。1994年，赛格日立生产彩管178万只，成为中国21英寸彩管最大制造商，在如期还本付息2900万美元的前提下盈利1.4亿元。1995年获利1.8亿元，1996年，在彩管售价大幅度下调的情况下，一举完成产量214万只，实现利润1.85亿元。

赛格集团盘活存量资产所采取的另一项重大举措是将8家与主导产业直接相关且效益较好的子公司股权合并，重组成为上市公司。根据深圳市投资管理公司资产评估确认值，赛格集团公司投入赛格股份公司的净资产约人民币31470万元。1996年6月，赛格股份有限公司正式成立。公司成立以后，曾先后成功上市发行了B股和A股。1996年6月发行8000万股B股，发行价为每股2.39港元(合人民币2.57元)，共募集资本19120万港币。赛格股份有限公司发行8000万股B股后，股本结构变为：总股本28460万股，其中发起人股(赛格集团公司持有)20460万股，占总股本的71.89%；B股股东8000万股，占总股本的28.11%。1996年12月发行2500万股A股，每股发行价为6.80元人民币，共募集资本17000万元。发行2500万股A股后赛格股份有限公司的总股本为30960万股，其中赛格集团公司20460万股，占66.09%；境内上市外资股8000万股，占总股本的25.84%；境内社会公众股2500万股，占总股本的8.07%，赛格股份有限公司两次股票发行共募集资金3.6亿元民币。

采取各种方式盘活无效资产　赛格集团在重组集团内资产的过程中，采取激活有效资产与流动无效资产并重的策略，在盘活有效资产的同时，采取各种方式，让无效资产也流动起来。对一些资本回报率低，且产品不适应市场需要，不符合集团整体发展战略的企业，果断进行清理和解散，四年来，共清理企业26家。对一些承担无限责任的租赁企业和部分严重亏损的国内外销售网点，宣布终止经营。四年来，撤销国内外销售网点12家，终止经营租赁企业6家。对一些参股比例小，经营无前途的企业和虽然处于赢利状态，但从整体上看对集团发展帮助不大的企业或客观上很难继续经营下去的企业进行股权转让。目前，已转让股权的10家，还有17家正在洽谈之中。对一些因经营管理不善造成严重亏损、资不抵债的企业，根据《企业破产法》的规定，宣告破产。通过上述各种方式，四年来，赛格集团成功地调整了50多家企业，收回了2亿多元的资金，调整了产业结构和产品结构。

仪征化纤产权重组案例

【背景资料】　1995年8月28日，仪征化纤股份有限公司(以下简称“仪征化纤”)以担保债务方式，与广东省佛山市人民政府正式签订协议，购买佛山化纤联合总公司及其附属公司(以下简称“佛山化纤”)全部产权。仪征化纤收购佛山化纤，是国内迄今为止较大规模、较为规范的收购行为。

仪征化纤的基本情况　仪征化纤的主要股东为仪化集团公司(占42%股份)、中国国际信托投资公司(占18%股份)以及H股股东(占35%股份)、A股股东(占5%股份)。仪征化纤是中国最大的化纤和化纤原料生产基地，1995年拥有近80万吨聚酯生产能力，居国内第一，全球第四。仪征化纤拥有广泛的国内市场，在国内聚酯市场占据主导地位，国内市场占有率达到50%以上，产品畅销29个省、市、自治区。仪征化纤在国际市场上的销售量也逐年增加，已销往美国、意大利、澳大利亚、韩国及东南亚等国家。1995年12月31日，仪征化纤主营业务收入9302438000元，利润总额1249548000元，上交所得税196572000元，净利润1052976000元。总资产14326971000元，总负债5962142000元，股东或所有者权益8364829000元，资产负债率41.6%，股东权益比率58.39%，净资产收益率12.59%。

佛山化纤集团的基本情况　佛山化纤是80年代中期广东省佛山市政府自筹资金兴建的国有大型企业，主要设备从国外进口。聚酯设计生产能力为年产7.4万吨，国内市场占有率约为8%。佛山化纤集团是中国第五大聚酯生产商，在华南地区拥有稳固的客户基础。佛山化纤产品品种广泛，出口比例大。佛山化纤当初建厂时没有资本金，靠全额负债建立起来。截止1994年10月31日，佛山化纤帐面总资产为13.9亿元，总负债为20多亿元，资不抵债近7亿元。收购前，佛山化纤集团是以佛山化纤联合总公司为母公司，下属4个全资子公司和5个中外合资、合作企业。

【交易及重组】　仪征化纤收购佛山化纤工作，从1994年6月佛山市政府提出转让佛山化纤全部权益的动议到1995年8月签订正式收购协议，前后历时15个月。1994年7月，仪征化纤组织了一个6人班子赴佛山化纤进行实地考察，重点是查看佛山化纤的财务报表。1994年10月，仪征化纤正式组织由财务、设备、法律、股权管理等部门负责人，组成23人的收购小组进驻佛山化纤。收购小组的主要工作是核对财务报表，工程技术人员查看佛山化纤设备新旧程度和目前运转状况，并用重置成本法对设备进行估价，从总体上设计收购佛山化纤及收购后管理的方案。1994年12月仪征化纤与佛山市政府共同签订了转让佛山化纤的意向书。意向书中规定了如下几个约定：一是确定双方的工作班子和首席谈判代表；二是双方共同委托香港毕马域会计师行出具佛山化纤1993年1月1日至1993年12月31日和1994年1月1日至1994年10月31日的财务审计报告；三是双方共同委聘中华会计师事务所和香港西门估值有限公司作固定资产评估，评估费用双方各负担50%，三年付清；四是确定双方工作班子的工作程序。此外，意向书中还制定了联席制度并确定了双方联系人。香港西门估值有限公司和中华会计师事务所对佛山化纤的资产评估得出不同结果。西门公司用重置成本法估价22亿元。后来仪征化纤委托中华会计师事务所用收益现值法评估，佛山化纤及其下属企业的资产(不含土地使用权)为15.8亿元。在完成评估报告和审计报告的基础上，1995年6月26日，双方签订了收购佛山化纤的原则协议。原则协议约定几条：(1)对审计结果加以约定。佛山市政府承担7亿元债务。(2)土地价格及付款方式。每亩15万元，共500亩，7500万元，一周之内付1/6，三年付清。(3)划分债务。分债原则是：大的金融机构债务由仪征化纤承担，仪征化纤期望收购后仍与大的银行发生往来。(4)后过渡期双方班子委派问题。1995年6月28日，仪征化纤股份有限公司召开董事会会议，批准了仪征化纤收购佛山化纤的原则协议。7月2日，仪征化纤除向佛山化纤派出收购小组外，又向佛山化纤派出了企业经营管理班子。经过谈判，1995年8月28日，双方签订了收购佛山化纤的正式协议(正式协议包括正文和9个附件)。作为境外上市公司，仪征化纤就收购佛山化纤一事曾两次向社会进行公开信息披露。一次是1995年8月28日在香港，一次是1995年11月在佛山。此次收购行为对仪征化纤股票价格未产生影响。

收购以来，佛山化纤在新的领导班子和全体员工的共同努力下，出现了好的发展势头，生产实现安全稳定运行。截止到1995年底，5个月共生产各类产品452740吨，5个月共销售各类产品339727吨，实现销售收入人民币5.98亿元。出口产品3385吨，创汇557万美元。实现税前利润177万元，达到了全年略有盈余、不摊薄股份公司每股盈利的目标。

中国一汽产权重组案例

【背景资料】 1991年6月28日，中国第一汽车集团(以下简称一汽)以分期资金补偿的方式，与吉林市人民政府正式签订协议，购买吉林轻型车厂(以下简称吉轻)的全部产权。在此前的3月1日，一汽以同样的方式购买了长春轻型车厂(以下简称长轻)、长春轻型发动机厂(以下简称长轻机)、长春齿轮厂(以下简称长齿)，此后，又无偿兼并了哈尔滨星光机器厂。一汽收购吉轻等企业，是国内迄今为止最早的系列收购行为。

一汽的基本情况　一汽是在国家第一个五年计划期间，作为当时156个国家重点工程之一，全部由中央财政投资而建立的。从投资建成一直到第五个五年计划末，一汽基本上以前苏联的技术为主，生产重型汽车。第六个五年计划期间，企业着力进行技术改造，推动产品生产多样化。“七五”期间，为了改变我国汽车工业“缺重、少轻、轿车近于空白”的落后局面，国家计划以一汽为龙头，联合地方力量，建设一个多品种、系列化的轻型车生产基地，并同时对一汽中型车基地进行改造、扩建。1985年国务院批准一汽“七五”工厂扩建和改造设计任务书，要求一汽发展轻型车。根据国家建立东北、南京、北京、四川军工四个轻型车生产基地的计划，一汽应联合地方和军工企业，统一规划合理分工，形成东北轻型车生产基地，年生产能力要求达到6万辆。按照计划，一汽在老厂的西边征地近7000亩，计划建轻型车厂。但是，一汽的轻型车上马后，可能会立即处于地方轻型车厂四面包围之中。在当时，除了吉林省内的长春市、吉林市在上马两家轻型车厂以外，一汽北面的哈尔滨星光机器厂和南面的沈阳金杯汽车制造厂也上马了轻型车。面对这种状况，一汽果断地采取了与吉轻以及长轻、长轻机、长齿松散联营办法，到1986年又发展成紧密联营的合作伙伴。联营以投资分利为主要内容，实行生产、经营管理一体化，但是资产还隶属不同的投资主体。

吉林轻型车厂等企业的基本情况　吉轻原为吉林市汽车工业总公司，隶属于吉林市政府，从财产性质来说，属于地方性的国有企业。80年代中期，地方政府利用出口玉米换取的外汇投资建起了吉林轻型车厂，先期以微型车为主，后转产轻型车。吉轻在被收购前的主导产品是CA6440轻型客车，该产品是90年代初从日本引进的，全部采用进口件生产，完全成本高达20.8万元，而用18万元的价位推向市场用户也不接受。在这种高成本生产机制下，企业负债率迅速增加，亏损日益严重。长轻原为长春东风汽车制造厂，属于地方性国有企业。从70年代以来，一直以CD130型二吨轻型货车为主导产品，该产品是自己试制的，生产水平低，产品工艺管理落后，生产规模很小，利润率很低，1986年5月16日成为一汽紧密联营厂以后，本该利用一汽的技术和管理很快发展，但是由于资产所属主体的不同，产品开发、技术改造等困难重重，到80年末和90年代初已陷入严重亏损的境地。长轻机和长齿，属于地方性国有企业，主导产品为轻型发动机和变速箱。其产品属于轻型车的主要配件。

【交易及重组】 一汽经过与多方协商及有关专家的建议，实行“承担债务、分期补偿”的收购方式。一汽对吉林市的补偿：1992、1993年每年补偿1000万元，1994—1996年，以1000万元为基数每年递增5%进行补偿，1997—2011年以1996年当年补偿额为基数，每年递增10%进行补偿，补偿期截止至2011年12月31日。一汽对长春市的补偿：从1993年开始，第一年基数为500万元，每年按10%比率递增，总补偿期为15年。无论是对吉林市，还是对长春市的补偿，其补偿金从一汽所收购企业逐年创收的利润中支出，如果所收购企业经营亏损或当年创收不足，则由一汽用自有资金补足，补偿金实行所得税前付款。需要说明的是：(1)关于资产评估。双方(一汽与吉林市政府、一汽与长春市政府)经协商，一致同意不再对被收购企业的资产进行重新评估，以1987年协议书数(当时实行联营的协议资产数)和目前(1991年)的帐面数额为依据。对于集体所有制资产部分不再剔出，包括在企业总资产中。地方政府所获得的补偿资金额与当时被收购企业的帐面净资产基本相等。(2)关于职工安排。吉轻及长春市三家企业的职工(1991年在册人员)，由一汽全部接收，不再分流与裁员。职工的原所有制身份不变，劳动工资关系纳入一汽体系，按照一汽的标准确立。(3)关于被收购企业原有的附属集体企业的处置。集体企业不再剥离，也不移交地方政府，一并纳入一汽，由一汽集体企业管理处归口管理，其所有制性质不变，其独立核算、自负盈亏的经济实体地位不变。(4)关于法人资格。吉轻并入一汽后，随一汽转为中央直属企业，取消原企业法人，但考虑到不影响吉林市地方税收，一汽授予其为一汽属下独立核算的二级企业法人。一汽对该厂实行人、财、物、产、供、销“六统一”管理，在一汽内部调拨原材料、燃料及汽车零部件等。其税款由吉林市征收，不重复纳税，也不再向吉林市上交利润。长轻、长轻机、长齿被收购后，被取消法人资格，与一汽各专业厂之间是内部配套关系。其财税渠道划归一汽，与长春市地方财政脱钩，不再向地方政府上缴利润，税款按国家有关规定，由一汽统一缴纳。(5)关于债权债务。吉轻的全部债权、债务、亏损由一汽承担，长轻、长轻机、长齿的债权、债务、亏损也由一汽承担。同时，吉林市政府以退税、让利或其他方式借给吉轻使用的资金不再抽回，也不再作为市政府对该厂的资本投入。

一汽对吉轻等企业的收购，是着眼于建设6万辆轻型车基地这一目标。收购完成以后，一汽立即着手进行资产重组与企业制度改造。财务由一汽统一管理，为一汽收购后的资产重组奠定了基础。一汽在资产重组中，确立以资产增量带动资产存量的调整方针。存量调整表现在两个方面，一方面要使4家被收购地方企业的存量得到重新配置，另一方面要使一汽原有的中型车厂潜在闲置资源一并纳入调整当中，节省轻型车生产的增量投入。按照新的财务管理，一汽对19个中型车厂与4家被收购的地方企业实行资产统一调拨。当然这种调拨主要体现在原材料、汽车配件的统一使用的价值上。通过资产重组，一汽原来的19个中型车专业厂既能为中型车配套，又能为轻型车配套，这一方面提高了这些中型车厂的生产能力，另一方面又减少了对轻型车生产的资本投入。一汽收购这4家地方企业以后，一汽往各家企业派出分厂一级和分厂中层的管理干部，把一汽的管理思想带进地方。一汽还通过各种办班形式，对原地方企业职工进行轮训。一汽对被收购企业的资金注入主要是用于技术改造。轻型车基地建设坚持走技术引进与自主开发相结合，以自主开发为主的路子，并依据各自的优势，进行结构分工。

海南世知印刷工业有限公司产权重组案例

【背景资料】 海南世知印刷工业有限公司是在原海口市印刷厂的基础上，由北京市世界知识印刷厂投资控股，双方合资组建的大型印刷企业。这是海南首例以入股合作方式进行的企业兼并。海口市印刷厂是一家国营老厂，机器设备陈旧，技术人员奇缺，虽有在职职工300多人，但其中竟然没有一名工程师。另有150多名离退休人员，企业背上沉重的负担。海南建省后，企业适应不了新的市场需要，至1994年国家实施宏观调控，厂里的生产经营已滑落到历史的最低点。厂里的主要领导看到厂子实在无法维持下去，便明智地向市政府提出转让企业产权的申请。市政府批准了这个要求，并开始帮助寻找能够实施兼并的优势企业。北京世界知识印刷厂隶属国家外交部，是一家技术力量雄厚而资金实力又充足的大型企业。出于发展战略上考虑，近两年他们一直在寻求扩大投资领域、拓展市场规模。1996年投资兴建并正式运营了三亚土福湾度假村。

【交易及重组】 资产重组后的海南世知印刷工业有限公司一期注册资金3500万元，二期注册资金1亿元，由五翰龙出任董事长兼总经理，下设彩印公司、塑印公司、中日合资彩色印务有限公司、北京世知电脑设计公司、海南世知旅游公司暨三亚土福湾度假村等机构。根据协议及政府职能部门的评估，北京世界知识印刷厂占70%的股份，原海口印刷厂占30%的股份。新公司将承担原海口市印刷厂1500万元的银行债务。资产重组后的海南世知印刷工业有限公司是海南省唯一具有凸凹、平板型印刷的综合企业、同时又是商标、有价票证、条码、食品包装的印刷定点企业。它拥有100多名业务技术骨干和一批高素质的管理人员，拥有国内最先进的进口电子分色机和桌面电脑拼版系统，拥有国外引进的最先进的四色柯氏胶印机、轮转胶印机以及日产不干胶自贴商标印刷机和整套塑印设备，从而实现了设计、电分制板、彩印、烫金、压光裱胶、压痕模切一条龙彩色印刷生产和塑料吹膜、多色印刷、铝塑复合、封切制袋一条龙生产，产值达5000万元以上，成为海南印刷业中规模最大、技术设备最先进、最具竞争力的企业。重组后的海南世知印刷工业有限公司在经过严格的岗前培训后，已吸纳原厂大部分职工重新上岗，安排近200名富余人员的再就业，没有给政府在企业兼并后职工出路问题上增加任何负担。

资产重组对濒临破产的海口市印刷厂来说，至少有三个方面的收益：一是得到合作方注入的大笔资金和先进的技术设备，企业由此走出困境；二是企业经营机制改变了，管理水平向前迈了一大步；三是原厂职工在企业重组中自身的利益与企业的利益连成一体，并获得了保障。新组建的公司靠自身的努力较好地解决了原厂职工的出路问题。另外，改制后，双方企业都得以壮大，市场份额扩大了，竞争力也大大增强。

服務企業

山東省企業托管經營股份有限公司是適應企業深化改革與發展的需要，由省内15家實力雄厚、具有影響的金融機構、投資公司和企業集團共同發起成立的。它是目前山東省内第一家也是目前唯一一家以資産經營爲主業的專業化公司。公司在山東省工商行政管理局登記注册，注册資本金5200萬元人民幣。法人代表、公司董事長：盧阿青。

公司經營範圍包括：企業資産的托管與經營；企業收購、兼并、破産、租賃服務；股權投資；托管經營咨詢服務；企業的風險管理及服務；企業的其他托管經營服務。公司宗旨是：促進企業産權流動、實現資産合理重組，盤活企業存量資産，提高資産運營效益，爲深化我省企業改革服務，爲山東經濟發展做貢獻。

公司擁有一批高素質的經營管理人才和先進高效的企業運行機制。公司將立足省内外市場及國際市場，站在資本運營的高度，以實現企業産權流動和企業資産重組爲手段，注重對托管企業的綜合治理，實現資産的保值增值。爲優勢企業的資産擴張提供服務，爲困難企業的解困發展提供服務，爲企業家施展才華提供機遇，將是托管公司始終如一的目標和承諾。

山東省企業托管經營股份有限公司

地址：濟南市解放路166號(國際信托大厦)　電話：(0531)6956565-1021　傳真：(0531)6956565-1021　郵編：2500

四川岷江

您需要可靠的信息

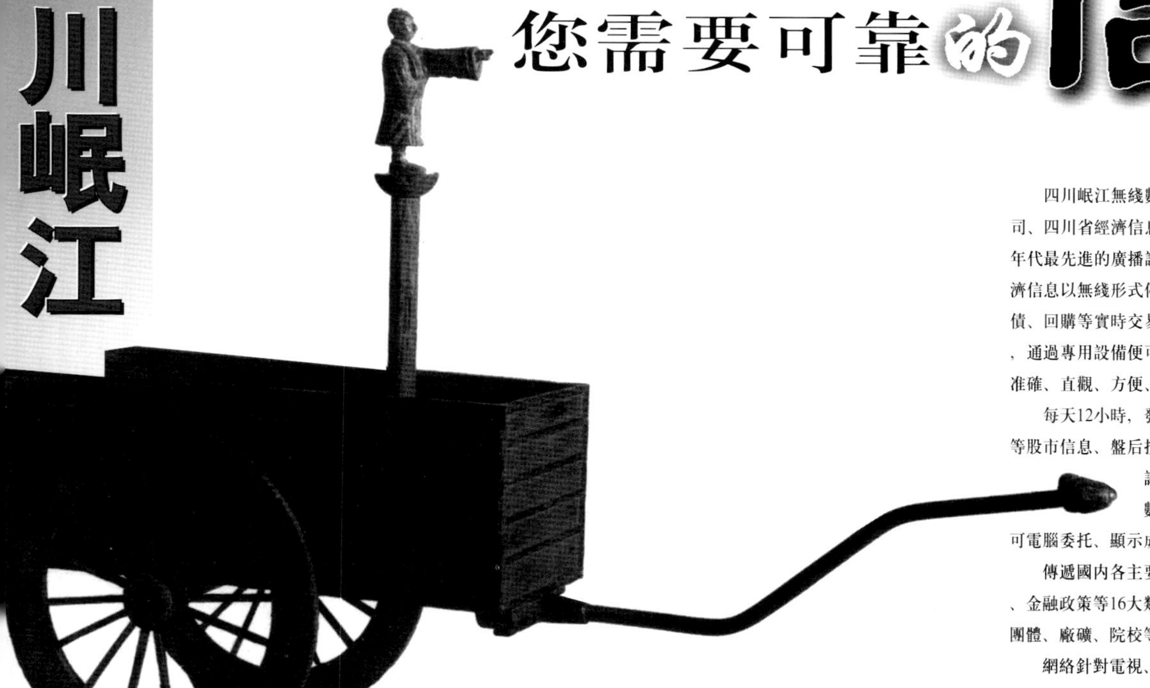

四川岷江無綫數據傳輸網絡系四川人民廣播電臺、成都國泰證券公司、四川省經濟信息中心聯合創辦的信息傳媒實體，網絡采用美國九十年代最先進的廣播調頻負載波復用技術(RDS)將證券實用信息及各類經濟信息以無綫形式傳至用户，網絡通過衛星向用户提供股票、基金、國債、回購等實時交易行情以及准確的中文信息、用户只需配置一臺電腦、通過專用設備便可接收、查閱、存貯和再處理，本網絡特點：迅速、准確、直觀、方便、穩定，目前覆蓋川西平原。

每天12小時，發送深滬股市、國債實時行情、提供股評、股市公告等股市信息、盤后技術分析系統30余種指標可任意組合，提供買賣建議、盤中盤后分析、快捷全面、操作方便、動、靜態數據互補、上市公司背景資料儲備齊全、居家操盤、可電腦委托、顯示成交回報。

傳遞國内各主要媒體發布的要聞、國家計委信息中心的法規、經濟、金融政策等16大類信息，權威、全面迅速，適用于黨政機關、企事業團體、廠礦、院校等。

網絡針對電視、電臺、報紙等新聞機構發布股票交易行情開發出的網絡寫庫版是滬、深兩個交易所的標准寫庫版，并可任意擴充工作站。

網絡同時設立了證券業培訓中心，由業内知名專家講授滬、深兩個交易所正版軟件的特點、技術指標圖形的分析運用，股票投資技巧以及登記業務和證券公司業務的介紹等。

地址：成都慶雲西街65號605室　郵編：610017

電話：6780500　6745401-8791

信達無綫傳輸網絡

以振兴民族工业为己任
为人类健康事业作贡献
威WEIDA達
●全国第一家医疗器械集团公司
●中国医疗器械行业第一家股票上市公司
●中国医疗器械行业中第一家通过ISO9001质量体系国际国内双认证的集团公司
●全国实施“火炬计划”先进高新技术企业
●全国医疗器械行业六强企业之一
广东威达医疗器械集团公司
广东威达集团科技检测大楼
威达集团广州总部先烈中路65号东山广场东六楼
国家完善计量检测体系合格证书标志
ISO9001国际质量体系认证标志
广东质量认证中心（GACC）证书标志
国家认可注册号：SC04
优质产品的标志
民族工业的骄傲
地址：中国广州市先烈中路65号东山广场东六楼
电话：(020) 87320898（总机）
传真：(020) 87320828

通威企

通威集团有限公司

集团总部优美的办公环境

通威企业集团的核心企业---通威集团有限公司，最初以饲料及饲料添加剂、浓缩料生产驰名全国。1992年，她成功地达到了国家规定的各种资格标准，成为集团公司。产业涉及饲料、电子元器件、汽车、进出贸易等。饲料年生产能力逾100万吨，成为中国最大的淡水鱼用饲料生产供应基地及重要的畜禽饲料生产企业。

优良的生产设备

通威集团依靠科技，奉行“诚、信、正、一”的经营理念，坚持以“人”为本，以质量为基础，以市场为龙头的经营原则。目前在国内拥有：四川、重庆、涪陵、山东淄博、湖北沙市、江苏苏州等饲料子公司，以及通威（美国）有限公司等10余个子公司和众多的分支机构。

通威集团开发、生产的“通威”牌系列饲料产品先后10余次荣获国家级新产品新技术金奖及星火科技金奖，被公众推举为“中国十大名牌饲料”；除主销西南地区外，还通过通威各地的子公司、分支机构，销往全国各地及东南亚地区。集团人均产值和人均利税在全国同行业中名列前茅，跻身中国饲料工业行业百强企业前十强，位居“中国500家最大私营企业”第二位。

通威集团在不断取得良好经济效益的同时，还积极参与和支持社会公益事业。为国家的“希望工程”、“扶贫攻坚工程”、“大农业工程”等作出了长期而有效的贡献。

通威集团正以迅猛发展之势屹立于中国民族工业和世界饲料工业之林。

通威集团下属子公司厂景

庞大的生产能力

总部：成都高新技术产业开发区国际展览贸易中心10楼　电话：(028) 5188888总机　传真：(028) 5199999　邮编：610041

业 集 团

通威企业集团董事长兼总裁
通威集团有限公司董事长兼总裁　刘汉元先生
西部农业发展有限公司董事长

中国·西部农业发展有限公司

中国·西部农业发展有限公司是中华人民共和国国家工商局正式批准注册成立的大型股份制现代化企业，是全国工商联和中国西部研究与发展促进会直属会员，注册资金为一亿元人民币，总部设在四川省成都市。

公司由通威集团有限公司、成都凤凰饲料有限公司、四川巨星（集团）饲料有限公司、成都市饲料公司、中国同源公司等六家国内、省内大中型民营和国有企业发起组建。其中通威集团有限公司为1995年度国家工商局在国内500家大型民营企业中排名第二位的企业集团，成都凤凰饲料有限公司和四川巨星（集团）饲料有限公司也是四川省内的著名饲料企业，这些企业的产品如"通威"牌鱼畜禽饲料，"凤凰"牌饲料，"巨星"牌饲料，均为名牌饲料而享誉国内。国有成都市饲料公司，也是四川成都粮食系统大型企业。

西部良好的水产养殖环境

公司按中华人民共和国《公司法》等法规，依照现代化企业制度实行现代经营管理和运作。公司实行董事会、总裁、部门三级管理体制。公司全体员工上下一心，精诚团结，公司理念是："超一流，挑战风险，赢得机遇"，立志提高西部农业产业化水平，走出中国农业的企业化道路。

肥沃的土壤优良的种殖条件

地址：成都市红照壁街25号（省政协活动中心3楼）　电话：(028) 6267960　传真：(028) 6272410　邮编：610012

譜新篇

兗州礦業(集團)有限責任公司是于1996年3月由兗州礦務局整體改制而組建的，是全國百户現代企業制度試點和國家第二批試點企業集團之一。

兗礦集團公司轄兗州、濟寧東部兩個煤田，實際擁有井田面積446.6平方公裏，地質總儲量40億噸，可采儲量21億噸，煤炭品種爲氣煤和氣肥煤。歷經20年的生産建設和改革發展，現已形成生産礦井6對，生産能力1375萬噸；在建礦井2對，設計生産能力900萬噸；選煤廠6座，設計總入選能力2080萬噸。現有職工8.5萬人，已發展成爲以煤炭生産爲主導，融建井、建築安裝、建材、機械制修、發電、鐵路運輸爲一體的國有特大型企業。

1992年以來，兗礦集團公司先后榮獲“國家科技進步特等獎”、“全國優秀企業金馬獎”、“全國質量效益型先進企業特别獎”、“全國首批轉换經營機制典型企業”等國家級榮譽稱號，4個綜采大礦和3個廠處通過國内外權威機構的質量保證體系認證。1996年，生産原煤1864.5萬噸，出口煤炭323萬噸，銷售總收入達到60.3億元，實現利税12.24億元，其中利潤6.64億元，企業百萬噸死亡率0.104，有5個綜采隊年産達到200萬噸以上。利税總額、綜采單産、綜采整體實力、非煤産業發展、安全生産、質量保證體系認證，名列我國特大型煤炭企業前茅。

目前，兗礦集團公司正瞄准大公司大集團的目標，進行跨世紀的發展戰略規劃，力争用10-15年的時間，將兗礦建成具有較强參與國際競争實力的我國最大礦業集團之一。具體分三步走：

第一步，到本世紀末，確保年銷售收入比國家原批准的“八五”末規劃目標100億元翻一番，達到200億元以上。

第二步，到2005年，確保年銷售收入比2000年再翻一番，達到400億元以上。

第三步，至2010年，確保年銷售收入比2005年再翻一番，達到800億元以上，争取達到1000億元以上，争取進入世界工業企業500强的行列。

地址：山東省鄒城市　電話：(0537)5383584　5382923　傳真：5312573　郵編：273500

合采礦工作面

阻燃皮帶帶芯生産車間

公司董事長：趙經徹

山東新光紡

總經理：錢仲和

地址：山東省臨沂市羅莊區羅六路

電話：（0539）8243899

傳真：（0539）8241732

郵編：276017

織集團公司

　　山東新光紡織集團公司地處國家社會發展綜合實驗基地羅莊區，員工1690人，資產總額3.6億元，生產紡織品、食品以及房地產開發等多元化經營的國家大二型企業，享有國家外經貿部批准的自營進出口權。公司以科技求生存，促發展，向跨行業、多元化發展。

　　公司引進瑞士、日本、德國等國家先進技術設備，主要生產純棉精梳紗、針織玩具絨、亞克力仿皮印花毛毯，罐裝、袋裝花生食品等系列產品。1997年“新光”牌棉紗通過了ISO9002國際質量體系認證。產品暢銷香港地區及東南亞、日本、歐洲等國家和地區

　　公司董事長兼總經理錢仲和携全體員工，願與社會各界人士精誠合作，共創偉業。

引進國外先進水平的技術設備

食品產品

紡織產品

深圳金威啤酒有限公司出品
厂址：深圳市布心东昌路一号
电话：(0755)5516328(总机)
绿色象征着大自然，淡爽是人类饮食文化发展的大趋势。深圳金威啤酒有限公司踏着时代的步伐，在97香港回归之际，向广大消费者推出具有国际新潮品味的清爽型金威11° 啤酒。
清爽型金威11° 啤酒，酿酒工艺独特，制作精细，品质一流，口味俱佳。她以绿色、清香、爽口为主题，用绿色玻璃瓶灌装，绿色商标装潢，为饮用者带来全新的天然感受。
清爽的感受
全新的感觉！
KINGWAY BREWERY CO. LTD. SHENZHEN
BEER
Kingway
清爽型
金威啤酒
GD
金威啤酒

金威啤酒
金威
啤酒
SHENZHEN BREWERY COMPANY LIMITED
BEER
Kingway
特制
金威啤酒
GD
深圳金威啤酒有限公司
GD
粤海啤酒集團有限公司

GD 廣南(集團)有限公司

廣南（集團）有限公司是粵海企業（集團）有限公司控股在香港的上市公司，是廣東省香港鮮活冷凍商品的總代理、總經銷。

代理、經營：

塘魚、家禽、蔬菜、牲畜、大米、雜糧豆、米面制品、食用和工業用植物油類、飼料、砂糖、糖制品、糖果、餅干、酒類、飲料、奶制品、調味品、罐頭、水海產品、干鮮果菜、臘味、鮮蛋以及超級市場業務。

本集團屬下有9間主要公司。國內有養猪、鰻魚養殖、烤制水海產品加工、馬口鐵、珍珠養殖、酒廠、玉米加工等企業。經營糧油、食品、鮮活、冷凍商品和輕紡、機械、化工、土特産等商品貿易。廣南股（1203）成交活躍，股價持續穩定上升，廣受股民關注。

屬下主要機構：

－廣南鮮活食品有限公司
電話：2828 7128 傳真：2386 8536
－啓中貿易有限公司
電話：2828 3913 傳真：2542 2300
－頌榮有限公司
電話：2828 3968 傳真：2803 2827
－益怡有限公司
電話：2828 3986 傳真：2559 8304
－譽東國際有限公司
電話：2852 9182 傳真：2543 9939
－順榮貿易有限公司
電話：2517 3968 傳真：2517 3983
－廣南超市發展有限公司
電話：2593 5966 傳真：2517 3983
－廣南材料國際有限公司
電話：2858 5922 傳真：2559 9145
新安榮有限公司
電話：2815 1898 傳真：2545 8531

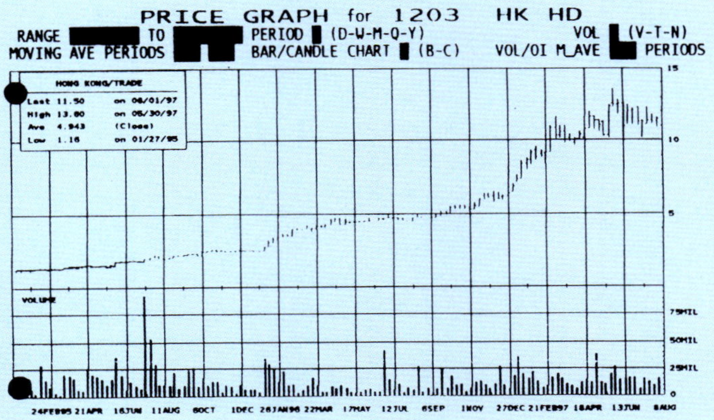

恒指服務有限公司1997年6月16日推出以紅籌股份爲主角的恒生香港中資企業指數，廣南集團（1203）在32支恒生中資企業成份股中，排行第10位。所羅門兄弟發表97全球最佳股票，其中廣南集團（1203）名列亞洲股票六間公司之榜首。

集團公司地址：

香港灣仔港灣道6－8號瑞安中心29樓

電話：2828 3938　傳真：2583 9288

山東匯寶集團

山東匯寶集團地處臨淄區，南臨309國道，北靠濟青高速公路，距膠濟鐵路臨淄站3公裏，占地面積14萬平方米，建築面積5.1萬平方米，是集造紙、印刷、紙制品、廣告、裝飾、機械、助劑于一體的股份制集團公司。公司現有員工1500名，總資産2億元，所有者權益5500萬元，年生産各種文化用紙及紙板5萬余噸。1996年利潤突破2000萬元，創歷史最好水平。先后榮獲省一輕廳“明星企業”、“出口創匯先進企業”、“固定資産投資先進企業”，是山東省造紙行業“十佳”企業之一。

公司在日益擴大規模的同時，不忘抓環保建設。自1988年以來，始終把環保列入工作目標，8年來，纍計投資650萬元，先后實施10項環保工程，使環境污染降低到最低限度。1996年又籌資2400萬元，實施“草漿黑液鹹回收工程”，此項工程的實施，將使企業徹底甩掉“污染大户”的帽子，成爲清潔文明企業。爲消除“白色污染”，公司與中國制漿造紙研究所共同研制的水性膠塗布餐飲具紙板已經投放市場，并形成了3萬噸的生産能力，現正投資5億元人民幣擴建10萬噸餐飲具紙板。屆時公司將成爲國内最大的專業生産廠家。

山東匯寶集團1997年的工作方針是：加强内部管理，提高整體素質，優化産品結構，實施“精品工程”，鞏固環保成果，創建文明企業，强化資産經營，争取最佳效益。

地址：山東省淄博市臨淄區永流路24號
電話：(0533)7180213
傳真：(0533)7180093　郵編：255400

集團廠景

總裁：邊文海

法人代表、總經理：趙永堂

魯西化工集團總公司

公司夜景

魯西化工集團總公司是魯西化工集團的核心企業，其前身魯西化肥廠是1979年投產的萬噸型小氮肥廠，近幾年以來，搶抓機遇，由一個資產幾千萬元、單一產品的小型企業逐步發展壯大，通過兼并、聯合，現已成爲資產近15億元，職工6000多人的聊城重點企業集團。集團包括魯西化工集團總公司、陽穀化工廠、聊城化機廠、聊城鍋爐廠、平陰化肥廠、東阿化肥廠5個全資子公司及山西襄垣化肥廠一個半緊密層企業。主要產品有合成氨、尿素、磷酸二銨、三元復合肥、硫酸、鹽酸、水泥、泵、壓力容器及各種型號的燃煤、燃油鍋爐，并承攬大型化工工程安裝。

核心企業1997年總生產能力在1993年4萬噸合成氨的基礎上，通過技改達到20萬噸合成氨、30萬噸尿素的生產能力。1996年實現利稅5500萬元，列全國化工企業利稅第77位；全國小尿素企業排名第4位。化工部專家評價公司的發展爲全國小氮肥的發展創出了一條新路子，國家經貿委授予“全國技改先進企業”。目前年產18萬噸合成氨、30萬噸尿素項目可研報告已批復，1998年開工建設。股份制改造正在進行，争取1997年上市發行，可融資8億元。

集團“九五”規劃是實現三大戰略目標：一、大規模、多產品的大集團化發展戰略。二、營銷服務創一流的戰略。三、創名牌產品戰略。到2000年達到年産合成氨60萬噸、尿素100萬噸、三元復合肥20萬噸，成爲京九綫上年産百萬噸化肥的生産基地。

LUXI

地　址：山東省聊城市板橋路61號 / 電　話：(0635) 8324227轉各部門 / 郵　編：252000

公司董事長、總經理：李銀起　全國勞動模範

蒸蒸日上

山東陽穀電纜集團公司係機械部電线電纜定點生産廠，省機械廳骨幹生産企業。現轄山東華光電力電纜有限公司、山東東方電纜有限公司、山東陽穀電纜股份有限公司、山東景陽岡酒廠、山東鑿岩釺具廠等10個工廠（公司）和20個駐外聯絡機構，緊密層以上企業擁有資産6億元，職工3200人，其中專業人員386人。主要産品有電力電纜、控製電纜、通訊電纜、橡套阻燃電纜、礦用屏蔽電纜、高壓交聯電纜、電(磁)綫、鑿岩釺具、建築陶瓷、酒精和白酒等，暢銷全國20多個省、市、自治區，并齣口到朝鮮、巴基斯坦，及東南亞地區，是一個集科、工、貿于一體，跨行業多元化經營的企業集團。董事長李銀起同志被授予“全國勞動模範”稱號，并被選爲山東省第八届人大代錶。

集團公司先後從韓國、日本、瑞士、芬蘭、美國等國傢引進瞭具有國際先進水平的市話通訊電纜和高壓交聯電纜生産綫及産品檢測設備。承擔的國傢級火炬計劃項目重型鑿岩釺具通過瞭山東省科委組織的專傢驗收。研製開發的市話通訊電纜、礦用阻燃電纜、重型鑿岩釺具等高新技術産品分彆通過瞭郵電部、煤炭部、冶金部鑒定，産品技術水平居國内領先。其中JD45重型釺杆填補瞭國内空白，并被評爲國傢級新産品。集團公司先後榮獲“山東省級先進企業”、“山東省級文明企業”、“山東省級重閤同守信用企業”、“山東省星火骨幹企業”等榮譽稱號。連續兩年被山東省機械行業列爲銷售收入、利稅總額雙五十强企業，連續六年被工商銀行評爲AAA級信用企業。截止1996年12月31日集團公司擁有總資産94339萬元，1996年度實現售銷收入61151萬元。1997年計劃完成工業總産值7億元，實現利稅1.2億元。

集團公司緊緊圍繞“以科技進步强筋壯骨，以規模經營壯大實力，以科學管理提高效益”的發展戰略，加大科技投入。擬投資13500萬元引進具有九十年代國際先進水平的光亮銅杆連鑄連軋生産綫；投資6500萬元用于年産300萬件鑿岩釺具的技術改造項目；投資5980萬元上硅烷交聯電纜項目，建成投産後，年可實現利稅1.2億元；擬投資1000萬美元，新上光纖光纜生産綫，到“九五”末，達到年産值22億元，實現利稅4億元。

山東
陽谷電纜
集團公司

地址：山東陽穀縣西湖14號　電話：(0635)6263860　郵編：252311

大型生産設備

公司外景

山東華齊工貿集團公司

山東華齊集團公司（淄城鎮西關二村）地處新興的魯中商城——山東省淄博市淄川區政府駐地，風景秀麗的孝婦河西畔，與清代著名文學家、世界短篇小説之王蒲松齡故居相鄰，近靠濟青、張博公路和全國聞名的淄川服裝城、淄川西關大集。這裏歷來是商賈雲集、經濟昌盛的黄金地段。

公司董事長：張綿永

公司領導在基層調查研究

公司員工發揚“團結實干，争創一流”的企業精神，走出了以地生財、以市興城、以城帶鄉，共同繁榮的路子，組建起了山東華齊工貿集團公司。公司下設淄川無綫電元件廠、淄博電磁綫廠、中外合資淄博齊裕橡膠制品有限公司等22個企業。

生産綫繞電阻、瓷盤電阻、熔斷器、雙功能電源近20種電子系列産品，填補了省内空白。1996年公司總收入達1.8億元，完成工業産值4182萬元，固定資産原值1.2億元，創利税2100萬元，人均收入4330元。經濟效益不斷增長，精神文明建設碩果纍纍，文化、公益事業、科學技術事業不斷進步。被評爲“首届全國發展鄉鎮企業形象獎”，被市委、市政府命名爲“文明村”、“經濟百强村”、“明星村”、“發展鄉鎮企業先進單位”，以及先進黨委等光榮稱號。

董事長：張綿永

地址：山東淄博市淄川區
電話：(0533)5182898 5182181 5182896
傳真：(0533)5182898

公司外景

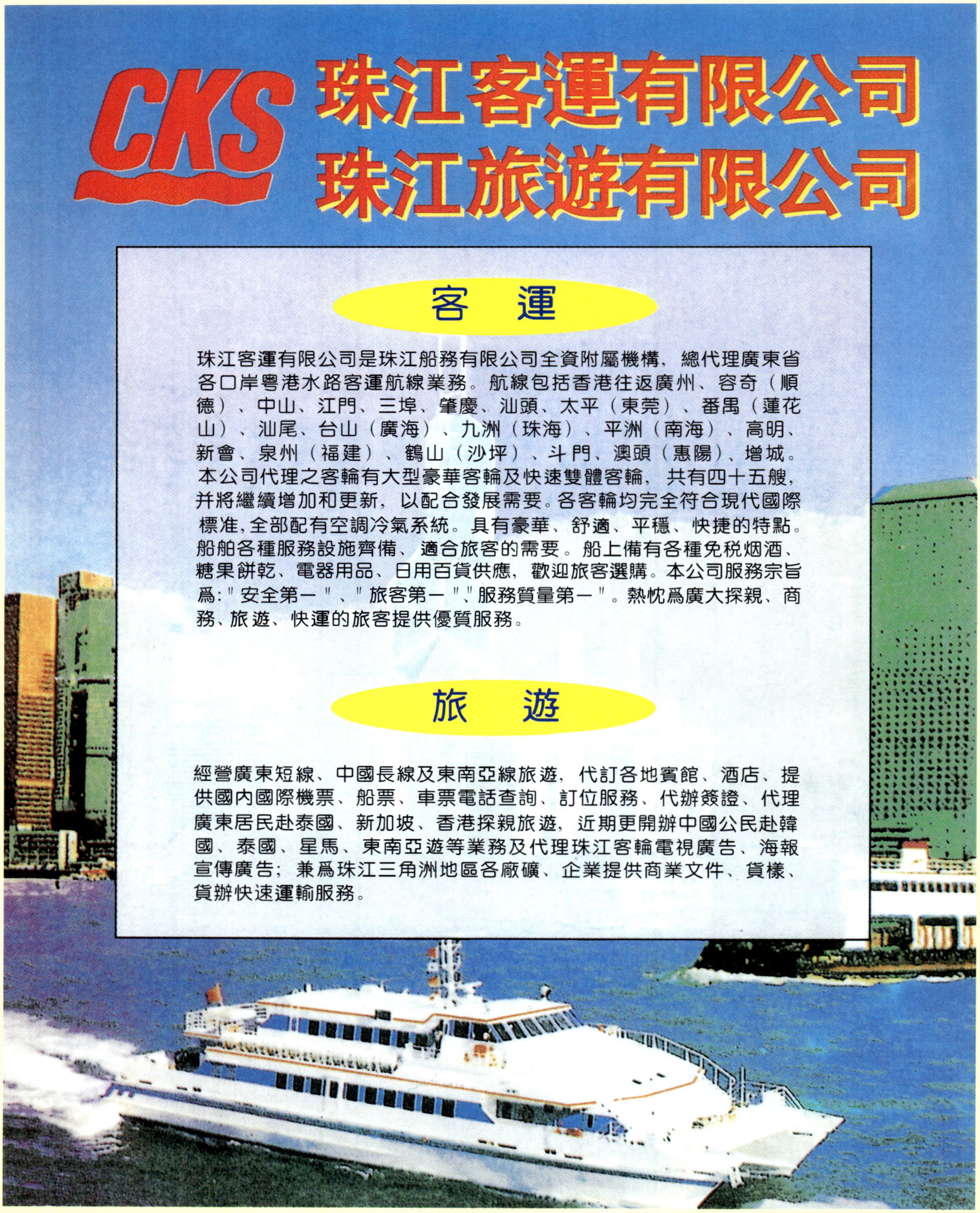

珠江客運有限公司
香港干諾道西二十三號
海景商業大厦3字捿

珠江旅游有限公司
九龍尖沙咀廣東道122-126號
中港中心4字捿

船票可向珠江屬下各售票網及港九各大旅行社查詢。

票務查詢熱線：28583876，25476538
旅游查詢熱線：27300789
快運坦詢熱線：27356023
牌照號碼 L/C NO：350475

福建天信投資咨詢顧問有限公司

福建天信投資咨詢顧問有限公司是經濟智力型公司。

公司依照國家法律，引導投資商家正確運用經濟杠杆，

抓住市場新格局中的投資機遇進行有效投資及資本經營。

公司經營下列業務：

一、接受委托，爲客户的證券、貨幣投資；動産、不動産投資；項目投資及其他形式的投資提供信息咨詢、中介代理服務。

二、接受委托，爲客户在資産管理、證券、財務、商務、法律等方面的事務承當顧問及代理工作。

三、接受委托，爲企業的股份制改造和股票發行、上市、送配股、市場形象設計和維護進行策劃、代理。

四、接受委托，爲企業的資金籌集、運用以及收購、兼并、股權轉讓、産權交易等事務提供咨詢，代理服務。

五、接受委托，爲政府、境内外金融機構、企業、個人投資者從事專項的課題研究、可行性調查、市場分析及金融創新、業務開發、人才培訓等方面的代理服務。

經營方式：咨詢顧問服務、中介代理

注册資金：300萬元人民幣

總經理：歐陽東

地址：福州市福新路171號華威大飯店16層 電話：(0591)7569728-207 傳真：(0591)7569658-299

1997

欄目協辦:上海大江(集团)股份有限公司

SEVEN

第七編 證券管理與交易機構

310/335

特邀編委:孫明焕　張　偉　高德成　黄艾農
黄秀泉　戚克斌　曾希魯

在中國證券市場規範化管理和法制建設中,
上海大江(集團)股份有限公司堅持上市公司依法經營,
及時披露有關信息,維護了上市公司的良好形象。
圖爲公司辦公大樓。

证券管理机构

中央管理机构

国务院证券委员会

【概况】 为了加强证券市场的宏观管理，统一协调股票、债券、国债等有关政策，促使证券市场健康发展，1992年10月国务院决定撤消原国务院证券管理办公会议，成立国务院证券委员会，证券委是国家对证券市场进行统一宏观管理的主管机构，下设办公室负责日常工作，由国务院办公厅代管。国务院证券委的委员单位有：中国人民银行、国家体改委、国家计委、财政部、经贸委、监察部、最高人民法院、最高人民检察院、国家工商局、税务局、国有资产管理局、国家外汇管理局、国务院法制局等单位。国务院证券委员会主任：周正庆。

【职能】 主要职责：负责组织拟订有关证券市场的法律、法规草案；研究制定有关证券市场的方针政策和规章；制定证券市场发展规划和提出计划建议；指导协调、监督和检查各地区、各有关部门与证券市场有关的各项工作；归口管理中国证券监督管理委员会。同时还承担一些具体工作：统一安排和审批国内企业到海外公开发行股票和上市；审核申请设立证券交易所，报国务院批准；备案各类证券机构；备案各类上市公司；配合国家计委下达证券市场的年度规模；研究制订证券市场发展战略和规划；组织投资基金证券、可转换证券、信托受益证券等新品种的试点。

中国证券监督管理委员会

【概况】 中国证监会是国务院直属事业单位，是国务院证券委员会的监管执行机构，依照法律、法规的规定对证券市场、期货市场进行监督和管理。证监会内设办公室、发行部、交易部、机构部、上市公司部、法律部、稽查部、研究信息部、海外上市部、国际部、期货部、人事部、首席会计师办公室。证监会主席：周正庆。

【职能】 主要职责是：根据国务院和证券委的授权，起草证券、期货法规，拟定证券、期货市场的管理规则和实施细则；依法对有价证券的发行、上市、交易及其相关活动进行监管；配合有关部门审批设立证券经营机构，对证券经营机构和证券清算、交割、保管、过户、托管、登记机构的业务活动进行监管，审查确认上述机构人员的从业资格；会同有关部门制定市场中介组织及从业人员从事证券、期货业务的资格标准、业务规则和行为准则，核发资格证书，对其业务活动和从业行为进行监管；依法对证券交易场所、证券业协会的业务活动进行监管；根据证券委授权对期货交易所、期货经纪机构的设立进行审核，对其活动进行监管；依法对向社会公开发行股票的公司实施监管；依法对境内企业直接或间接向境外发行具有股票性质、功能的证券以及在境外上市活动进行监管；依据有关法律、法规的规定，根据证券委授权，会同有关部门对违反证券、期货法律、法规及其实施细则和有关规则的行为进行调查、处罚；会同有关部门管理证券、期货市场信息，研究分析证券市场、期货市场发展形势和问题，根据证券委的要求，拟定证券、期货市场发展规则和战略；组织、参与证券业、期货业对外交往和合作活动；办理国务院和证券委交办的其他事项。

中国人民银行

【概况】 人民银行是国务院领导下独立执行货币政策的中央银行。设有18个职能司局：办公厅、计划资金司、政策研究室、条法司、调查统计司、银行司、保险司、非银行金融机构司、金融市管理司、稽核监督局、支付与科技司、国际司、外资金融机构管理司、货币金银司、会计司、国库司、人事司、教育司。中国人民银行行长：戴相龙。

【职能】 主要职责是：制订货币政策、信贷利率政策、汇率政策和储蓄政策，编制信贷计划，运用货币政策和法律、行政手段，保证各项金融政策的实施，保持货币稳定，维护金融安全有效地运行；制订基本金融法规、条例和有关金融业务规章制度，经批准后负责组织实施；对全社会的信贷活动进行调查、统计、分析预测，对全社会的信用总量和结构进行调节。负责对社会公布金融信息；审批、协调、稽核、监督各类金融机构和保险机构等；制订其设立、变更和终止的标准，制定和审核其金融业务的基本规章制度，核准金融机构的业务范围，颁发经营业务许可证；审批和归口管理证券机构，参与审批中央企业债券，审批并组织发行金融债券等；负责人民币的印制、发行、管理，调节货币流通；负责国家外汇、金银储备的管理和监督；负责监测、登记、统计全国的对外负债，按照国家计划协调、审批我国对外借用商业贷款和向国外发行债券；调节国际收支；监督管理资金市场、拆借市场、黄金市场、有关票据市场和保险市场等。制定金融市场管理规则，保证市场正常运行，实行公开市场业务操作；经理国库，编制国库会计报表、监督国库收支，代理政府债券的发行和还本付息；领导和管理金融机构之间的资金清算，建立和健全全国金融系统的清算体系。领导和管理金融科技工作；管理人民银行系统的人事、劳动工资和教育培训工作等；根据国务院授权，代表政府从事有关国际金融活动；承办国务院交办的其他事项；根据国务院规定，管理国家外汇管理局。

国家外汇管理局

【概况】 国家外汇管理局是行使国家外汇管理职能的机构。

内设机构有6个职能司(室):办公室、政策法规司、国际收支司、管理检查司、外资司、外汇储备司

【职能】 主要职责是:会同有关部门拟定国家外汇管理的方针、政策、法规和相应的实施细则并组织实施,研究提出我国外汇管理体制改革的方案,检查处理违反国家外汇管理法规的案件;参与编制国家外汇收支计划、利用外资计划,编制地方非贸易外汇收支计划并组织实施,负责编制国际收支平衡表;拟定国家外汇储备政策和经营原则,集中管理国家外汇储备和抵押外汇;拟定人民币汇率政策,公布、调整人民币的汇率,拟定各种货币对美元的统一折算率,监管汇率和外汇同业拆借利率;按国务院有关分工的规定会同有关部门拟定贸易、非贸易外汇管理办法并监督执行,对收汇、结汇、付汇、台帐、外币兑换进行监督、检查、统计,制订境内机构现汇帐户管理办法并审批现汇帐户;拟定全国对外负债的登记、统计、监测管理办法并组织实施,对外债的使用进行监督检查,根据国家计划监督审查在境内外发行外币有价证券和借用国际商业贷款的金融条件及外汇担保,管理短期外债;从外汇平衡角度参与有关部门审批外商投资项目的工作,负责对外商投资企业和人员、外国驻华机构和人员的外汇管理,负责境外投资的外汇管理;负责金融机构经营外汇业务的审批,对其经营活动进行监督检查;拟定外汇市场的管理政策和办法并监督执行;按照国家宏观调控目标,调节供求,平抑汇价;参与有关国际金融活动;承办国务院及中国人民银行交办的其他事项。

国家计划委员会

【概况】 国家计划委员会是国务院管理国民经济和社会发展的综合部门,下设31个司(局、室),现任主任:陈锦华。

【职能】 国家计委的主要职责:(1)研究提出国民经济和社会发展的战略目标和重大方针政策,组织编制全国国民经济和社会发展的长期规划、中期计划和年度计划,以及基础产业、支柱产业等专项发展规划,全国有价证券发行计划和关系国计民生的重要农产品、工业消费品和生产资料的储备计划;作好社会总需求和总供给以及全社会资金(包括财政预算内外、银行信贷、非国有企业和个人资金及外资)等重要经济总量的综合平衡和重大比例关系的协调。(2)研究制订国家产业政策,并协调和监督其实施,引导和促进产业结构的合理化。(3)组织制订国土开发、整治保护的总体规划,以及区域经济发展规划、资源节约和综合利用规划,地区经济开发计划,搞好全国生产力的合理布局。(4)指导、促进全国市场体系的建立,组织制订全国性、重点区域性的批发市场、期货市场、重点要素市场的发展规划、总体布局与重大调控政策;指导、监督重要物资的国家订货、储备和投放;监控物价总水平,负责制订和调整国家管理的重要商品价格与重要收费标准,负责全国物价的监督、检查,指导地方和部门的物价工作。(5)合理确定固定资产投资总规模及资金来源、资金投向;研究提出投资和建设领域的重大方针政策;安排国家重点建设项目计划,审批大中型及限额以上基本建设项目,会同有关部门和地区作好基本建设中年度计划实施及重大项目的组织协调工作,确定和指导国家长期投资(包括国家基本建设基金、国家专项建设基金、国家政策性固定资产投资贷款、国家投资债券和外资等)的投向。(6)组织研究制订中长期和年度科技发展计划,提出科技发展的方向、重点及相应的政策措施;组织制订重大科技项目攻关计划和重大科研基础设施建设计划,推动科技成果商品化并转为生产力。(7)搞好宏观经济的预测、监测和分析研究,综合协调财政、信贷、利率、价格、税率、工资、汇率等经济杠杆,以及国家直接掌握的投资、外汇、国外贷款、国家储备等经济手段,并通过法规和政策协调、信息服务等途径,保证规划、计划和产业政策的实施。(8)研究提出我国对外贸易、经济合作和利用国外资金的战略和方针政策,提出我国利用外资的总规模和投向;审批大中型及限额以上外资项目。(9)研究社会事业(包括教育、文化、卫生、体育、广播影视、旅游、劳动工资、人口、民政、政法、社会保障等)发展中的重大问题,并协调好它们同经济发展的相互促进关系。(10)组织研究和制订计划、投资体制改革方案,参与研究制订整个经济体制改革方案;组织或参与计划工作和市场运行法律法规以及综合性经济法规的起草、审查和协调工作。

【业务工作】 国家计委在证券管理方面的主要业务工作:国家计委是国务院证券委员会的成员单位之一,参与制定我国证券发展战略和各项政策,进行证券市场的宏观管理。国家计委下设财政金融司,负责证券管理方面的具体业务工作,主要方面包括:根据国务院证券委员会的计划建议进行综合平衡,编制国内证券发行计划并监督实施。根据国家产业政策、区域经济规划和固定资产投资等有关政策,会同国务院有关部门进行证券发行企业的筛选和把关工作(包括境外发行股票并上市、发行B股股票、发行可转换公司债券等)。参与制定证券发行、流通政策和对金融市场(包括社会集资)的规范化、法制化管理。 (特约审稿、特约编辑:张东生)

财政部

【概况】 财政部国债司是财政部管理中国政府债务的机构,主要任务是,统一管理国内政府债务和国家财政统借统还的国外债务,拟定政府内外债务政策和有关管理制度,编制政府内外债务计划,汇编政府内外债务预算、决算,管理国家国债发行和还本付息事项,管理国债流通市场,负责我国政府在国际金融市场的筹资工作等。国债司现设一室四处,分别是:办公室、综合处、内债一处、内债二处、外债处;各处室负责人依次分别是:孙丛林、周成跃、夏智华、姚波、胡学好。国债司现任司长:高坚,副司长:李大春、朱光耀。

【职能】 根据国务院“三定”方案,国债司主要职责如下:拟定政府内外债政策和有关条例,制定政府国外债务的转贷制度,制定政府内外债务的财务会计制度和预决算管理办法;编制政府内外债务借入、偿还的年度和中长期计划,审编政府内外债务的会计统计报表和预算、决算;研究国内外资金市场动态,提出国家内外债务管理的对策,研究国债运行机制的改革;办理国债的发行和还本付息;参与管理国债的流通市场;参与制定国家各种债券及证券市场的政策和管理办法;根据国务院授权,负责中国政府在国际金融市场上的筹资工作;负责统借统还外债项目的审批、管理工作,负责统借统还外债资金的借入、使用及还本付息会计核算;建立和管理政府债务的偿债基金,监督内债和外债的使用。

【业务工作】 内债 随着中国经济体制改革的深入和经济环境的改善,中国国债市场发展很快。主要表现:一是国债发行初具规模,增长速度很快。自1981年至1996年底,中国已累计发行国内债务6600多亿元,国债余额达4300亿元,1996年中央财政对国债的依存度超过50%,国债发行规模已经成为中国经济运行的一项重要指标,对国民经济的影响越来越长。二是国债发行方式日趋市场化。自1981年起,中国国债发行方式经历了行政摊派、承购包销和招标三个发展阶段,国债

发行市场的竞争性日趋强化，推进了金融市场利率的市场化进程。三是建立和发展了国债一级自营商制度。自1993年起，每年都有几十家信誉良好、实力雄厚的银行、信托投资公司和证券公司等金融机构作为国债一级自营商，承销、分销和零售国债，这标志着较为稳定的市场中介组织已经形成。四是国债二级市场参与主体扩大，二级市场对一级市场的影响越来越大。活跃的国债场内交易，使国债作为信用融资和套期保值以及货币政策工具的作用得到体现。自1996年4月起，中央银行正式进入国债市场，开展公开市场操作，这不仅是中国货币政策运行机制的一项重大改革，而且标志着国债二级市场跃上新台阶，开始发挥宏观间接调控功能。五是制定了一系列规范和健全国债市场的法律和法规。为了规范和健全国债发行市场和流通市场，财政部先后制定了《中华人民共和国国库券条例》、《证券中介机构财务管理办法》、《中华人民共和国一级自营商资格标准及确认办法》、《中华人民共和国一级自营商资格标准及确认实施细则》等一系列法律和法规，为保证国债市场的健康发展起到了积极的作用。

外债　改革开放以来，为了解决国内建设资金的不足，中国政府在挖掘国内资源的同时，把目光投向国际市场，有计划地借用外债，为中国的经济发展筹集了一部分资金。在国家外债中，统错统还外债是一个重要组成部分，已列入国家财政收支计划。从1979年恢复举借外债，到1996年为止，中国共举借统借统还外债约238亿美元，偿还本息242亿美元，外债余额70亿美元。1994年以来，国家贯彻适度从紧的财政政策，在外债管理方面，对原有的项目进行清理、检查，继续从严控制新的统借统还项目审批。针对统借统还项目中日元贷款比重过大和近几年来日元升值过快的情况，财政部努力进行债务优化管理，防范风险，取得了一定的成效和经验。财政部首次进入国际金融市场筹资是1987年在德国发行3亿德国马克债券。1993年9月，财政部代表中国政府在欧洲市场发行了五年期300亿欧洲日元债券，10月在亚洲市场发行了10年期3亿美元龙债券。1994年2月，财政部在美国、欧洲和亚洲市场首次发行了10亿美元全球债券，期限10年，同年7月在日本市场首次发行了600亿日元主权武士债券，其中10年期和5年期各300亿日元。1996年初，财政部又在扬基债市场成功地发行了100年和7年期债券。财政部历次发行都取得了成功，得到了国际金融界的高度重视和好评，使中国主权发行体形象在国际市场上不断提高。

“九五”时期政府资金需求还有进一步扩大的趋势，要解决资金缺口，增发国债是一条重要途径。因此，中国国债市场必须沿着国际化、规范化和制度化方向不断发展，形成符合中国国情并与国际惯例接轨的国债市场体系。具体可行措施有：用法律形式规范国债市场，立足国债市场现状，吸收和借鉴国外的先进经验，完善有关国债市场的法规制度；继续进行国债招标发行试点，使发行成本趋于合理水平，提高国债市场的效率，最终使政府实现发行成本最优化，进一步调整国债结构，增加短期和长期国债发行，构建合理的国债期限结构；进行国债投资基金试点；加强对国债一级自营商的管理，完善一级自营商制度；建立和健全场外交易制度及做市商制度；进一步规范国债回购市场，促进交易过程程序化和标准化，并强化国债流通市场的管理，使国债发行市场和流通市场协调发展；进一步开拓海外资本市场，积极利用外资，同时优化外债管理。

（特约审稿：高坚，特约编辑：周成跃）

国家国有资产管理局

【概况】　国家国有资产管理局成立于1988年，是专司国有资产管理职能机构，为财政部管理的国家局（副部级）。国家国有资产管理局设办公室、政策法规司、产权登记与资产统计司、企业司、行政事业资源司、地方司等6个职能司和机关党委。其下属单位有国有资产管理科学研究所、资产评估中心、信息计算中心、宣传教育培训中心、机关服务中心、经济科学出版社、中国资产新闻报社、中国国有资产管理学会、中国资产评估协会等。国家国有资产管理局机关行政编制为140名（不含财政部清产核资办公室的编制）。其中，局长1名，由财政部副部长张佑才兼任；副局长4名，分别为倪迪、鞠庆麒、潘岳、朱志刚；正副司长职数20名（含机关党委专职副书记1名）。

【职能】　国家国有资产管理局总任务是按照建立社会主义市场经济体制的要求，按照政府的社会经济管理职能与国有资产所有者职能分开的原则，密切配合现代企业制度的建立和其他相关改革，加强国有资产管理，推进国有资产保值增值，防止国有资产流失，巩固和发展全民所有制经济。主要职责是：会同有关部门制订国有资产管理的政策、法律、法规及规章制度，经批准后组织实施，检查、监督执行情况，对违法事件进行行政处罚。负责国有资产的清产核资、产权界定、处理产权纠纷、进行产权登记、资产汇总报表等基础性管理工作，建立健全国有资产管理信息系统，培育和发展国有资产产权交易市场并进行监督管理。会同有关部门按照分级监管的体制决定或批准国有资产的经营形式和国有企业的设立、合并、分立、终止、拍卖，审批产权变动和财务处理的重大问题，组织清算和监缴被撤销、被解散企业的国有资产。会同有关部门管理在境外的国有资产。对国家投资的分配和国有资产重大投入项目提出意见和建议，并对投资效益进行重点跟踪监测。参与研究国有企业税后利润和国家股权收益的分配方案并监缴国有资产产权收益。会同有关部门制订考核国有资产保值增值的指标体系、监督、考核和评价企业国有资产的资产负债、经营损益等状况及经营效益状况。选派本局代表参加有关监事会、董事会等产权管理组织。会同有关部门研究制订国有资源性资产管理和行政事业单位国有资产管理的制度和方法，参与处理重大产权纠纷。制订国有资产评估的法规和管理制度并监督检查执行情况，对资产评估机构进行资格审查、颁发评估资格证书并对其进行管理和监督，决定重要评估项目的立项并负责确认评估结果。指导和监督各专业经济管理部门和地方国有资产管理机构的工作，推动国有资产管理体制改革试点。制订国有资产管理人员的教育培训规划，组织、指导规划的实施。承办国务院和财政部交办的其他事项。

【业务工作】　根据国家国有资产管理局的职能，各职能司和机关党委的工作主要为：（1）办公室，综合协调机关政务工作，负责机关文秘、档案、机要、保密、保卫、信访、宣传、外事、国际合作、机关财务等行政管理工作，负责局机关和直属事业单位人事管理工作，组织指导国有资产管理人员的教育和培训。（2）政策法规司，组织起草国有资产管理办法、法规、制度，审核各部门法规中与国有资产管理相关的条款，监督检查各项国有资产管理法规的执行情况；进行国有资产管理体制改革的研究并提出政策建议；负责行政争议和行政诉讼的复议及应诉，会同有关部门协调解决重大国有资产产权纠纷。（3）产权登记与资产统计司，负责国有资产产权界定、产权登记、资产统计及汇总报表等产权基础管理工作，培育发展并监管全国国有资产产权交易市场；评价国有资产的结构、分布、资产负债及经营效益状况，对国有资产重大投资项目和国家投资的分配提出意见和建议，并对投资效益进行跟踪监测。（4）企业司，会同有关部门审核中央级企业（含境外企业，下同）国有资产的经营形式，参与组建企业集团和股份制改组试点及国有资产的发包、租赁、联合经营等项工作，推行现代企业制度，负责产权界定，处理产权纠纷；监缴国有资产产权收益；制订考核国有企业国有资产保值增值指标体系，通过监管机构对中央企业国有资产的财务状况和经营效益进行监督、考核；参与选派中央国有资产产权代表的具体工作，并对其业绩进行监督、考核。(5)行政事业资源司，会同有关部门拟定行政事业国有资产管理的规章制度，组织中央行政事业单位国有资产的产权界定、清查登记及非经营性国有资产转为经营性国有资产的审批工作；会同有关部门制订国有资源实行资产化管理的政策、法规和制度，参与处理产权纠纷，组织产权界定、产权登记等基础性管理工作。(6)地方司，对地方国有资产管理工作进行宏观指导，推动建立地方各级国有资产管理机构并逐步形成管理体系；组织对各地国有资产管理工作的检查，督促落实国家各项国有资产管理政策、法规；组织地方国有资产管理体制改革的试点工作，总结推广地方国有资产管理的先进工作经验。(7)机关党委，负责局机关及在京直属单位的党群工作。（特约审稿：胡静林，特约编辑：黄健）

国家经济贸易委员会

【概况】 国家经贸委是国务院管理国民经济和协调当前经济运行的综合部门。内设16个职能司(局)和3个办公室即：办公厅、研究室、综合司、经济运行局、经济政策协调司、财政金融司、企业司、技术改造司、技术与装备司、市场流通司、对外经济贸易司、资源节约综合利用司、经济法规司、培训司、外事司、人事司、国家机电产品进出口办公室、国家口岸办公室、国务院关税税则委员会办公室。

【职能】 主要职责是：参与国民经济发展战略目标的研究、制订以及中长期规划的编制工作，根据中长期规划提出的总量控制指标搞好需求总量的平衡与衔接，会同有关部门组织编制、下达和监督实施工交、商贸等年度经济运行调控方案；对宏观经济进行分析、监测、预测，会同有关部门综合管理和运用经济运行调控手段，对经济运行进行调控，协调解决经济运行中的重大问题；组织协调重大的抗灾和工业企业的安全生产工作；调度当年准备物资，必要时提出调整动用国家储备物资和国家战略储备物资的建议；参与制订和实施国家产业政策总体规划及产业结构政策和产业区域政策；会同有关部门制订、协调国家有关经济政策，主要是产业组织政策、产业技术政策以及工交商贸专项产业政策，并组织实施和督促检查；组织制订工交、内外贸以及商品市场建设方面的综合性经济法规和政策，并组织实施和监督检查；指导市场的培育、建设和发展，协调监督市场建设和运行中的有关问题；负责企业工作，组织制订和实施企业改革方案，协调解决企业改革中的问题；指导企业管理，组织指导企业法制工作；指导生产、流通部门的行业管理，联系有关行业协会工作；组织审批除金融、外贸以外的全国性公司(企业集团)；指导和推动企业资源节约和综合利用工作，负责全国经济管理干部和企业干部的培训工作；归口管理企业技术进步工作，组织编制、下达和实施技术改造投资(包括国家外汇、外汇贷款、利用外资)、技术引进及消化吸收、新技术和新产品开发推广以及重大技术装备国产化的规划和年度计划，审批限额以上技术改造项目；协调内外贸的平衡与衔接，会同有关部门研究提出国家进出口商品结构的政策措施，并负责组织实施和检查；负责组织、指导现有企业利用外资工作，会同有关部门提出企业利用外资的投向；掌握国内外经济信息，为国家经济决策和企业、社会服务；负责质量和技术政策方面的宏观管理工作；负责管理国家机电产品进出口工作，组织协调全国机电产品招标工作；归口管理口岸工作；承办国务院关税税则委员会的日常工作；承办国务院交办的其他事项；根据国务院的规定，管理国家技术监督局、国家建材局、国家医药局和国家烟草专卖局。

国家经济体制改革委员会

【概况】 国家体改委是国务院综合管理全国经济体制改革工作的职能部门。内设9个职能司即：办公厅、政策法规司、综合规划和试点司、宏观调控体制司、生产体制司、市场流通体制司、分配和社会保障体制司、农村经济体制司、国外经济体制司。

【职能】 主要职责是：根据建立社会主义市场经济体制的改革目标，组织有关部门和地区研究制订全国经济体制改革中长期总体规划和年度综合改革实施方案，指导有关部门和地区制订本部门、本地区的经济体制改革规划，参与制订有关部门专项改革方案；协调经济体制改革规划、方案制订和实施中的衔接配套问题，检查规划、方案的执行情况，及时向国务院报告经济体制改革中的情况、问题和提出建议；组织制订企业综合配套改革的法规、政策和方案，组织企业的重要改革试点，指导和推动各地区、各部门、各行业深化企业改革，转换企业经营机制，逐步建立现代企业制度，推进企业集团的发展，促进企业组织结构优化；指导和协调地区、部门、行业进行经济体制改革试点，会同有关部门组织重要的改革试点，总结推广试点经验；协调农村经济体制的配套改革，负责城市、农村经济体制改革的衔接工作，会同有关部门指导和推进县级综合改革；参与制订有关综合性经济法规，组织制订有关企业的经济法规，研究与经济体制改革有关的法制建设问题；组织研究经济体制改革理论、配合有关部门进行经济体制改革宣传，组织经济体制改革干部的培训工作；调查研究国外经济体制的沿革和发展趋势，组织开展有关经济体制研究、人才培训、改革信息的国际合作交流活动；承办党中央、国务院交办的其他事项。

司法部

【概况】 司法部是国务院主管全国司法行政工作的职能部门。内设12个职能司局即：办公厅、监狱管理局、劳动教养工作管理局、法学教育司、法制宣传司、律师司、公证司、基层工作司、外事司、司法协助局、法制司、计财司。

【职能】 主要职责是：制订司法行政工作的方针、政策、法规，编制司法行政工作的中长期规划、年度计划并监督实施；监督和指导全国监狱执行刑罚、改造罪犯的工作，管理部直属监狱；监督和指导全国的劳动教养工作；制订全国法制宣传教育和普及法律常识规划并组织实施，指导各地区、各行业的依法治理工作，指导对外法制宣传工作；监督和指导全国的律师工作和法律顾问工作，综合管理社会法律服务机构和在华设立的外国(境外)律师机构；监督和指导全国公证机构和公证业务活动，负责委托港澳地区公证律师办理公证事务；指导全国的人民调解和司法助理员工作；管理部直属的高等政法院校，指导全国的中等、高等法学教育工作和法学理论研究工作；组织参加联合国有关预防犯罪领域的会议和活动，承办联合国有关对口部门的往来业务，组织参加国际有关人权问题的法律研讨和交流活动，开展政府间的法律交流与合作；参加与外国签订司法协助协定的谈判，负责国际司法协助协定执行的有关事宜；参与国家立法工作，参与制订有关港澳台地区的法规，组织司法领域人权问题研究；监督大型监狱、劳动教养场所国有资产的保值增值，管理直属单位的国有资产；指导全国司法行政系统的队伍建设和思想政治工作，协助省、自治区、直辖市管理司法厅（局）领导干部；承办国务院交办的其他事项。

【证券业务工作】 司法部对于证券业务的管理，主要是对从事证券法律业务的律师和律师事务所的业务活动进行监督、指导。根据1993年1月12日司法部、中国证券监督管理委员会制定发布的《从事证券法律业务律师及律师事务所资格确认的暂行规定》，欲从事证券法律业务（指为发行和交易证券的企业、机构和场所所作的各种证券及相关业务出具有关法律意见书，审查、修改、制作各种有关法律文件等）的律师及律师事务所，必须符合《规定》的条件，按照规定的程序经司法部和中国证监会批准授予资格，才可以从事证券法律业务。经过四年多的发展，截止1996年底，全国已有从事证券法律业务的律师1655人，律师事务所322家。

（特约审稿：杜国兴，特约编辑：吴泉能）

国家工商行政管理局

【概况】 国家工商局是国务院主管市场监督管理和行政执法的职能部门。内设10个职能司局即：办公室、人事司、宣传教育与国际合作司、法制司、公平交易局、企业注册局、商标局、市场监督管理司、个体私营经济监督管理司、广告监督管理司。

【职能】 主要职责是：研究制订工商行政管理的方针、政策和有关法规，制定、发布工商行政管理的规章、制度；主管全国工商企业和从事生产经营活动的事业单位、社会团体、公民个人的登记注册工作，核发有关证照，依法确认其企业法人资格或合法经营地位。依法监督检查登记注册单位的登记注册行为。依法核定登记注册单位的名称；依法监督检查市场主体交易活动，查处垄断和不正当竞争、侵犯消费者权益和其他市场交易违法违章案件。依法或经国务院授权，组织开展全国性的市场监督与行政执法活动；依法监督管理经济合同，指导合同仲裁机构的工作；依法对国内外商标申请实行统一注册和管理，认定驰名商标，查处商标侵权行为，保护注册商标专用权，认可商标代理机构并指导其工作。依法对商标评审案件作出终局决定或裁定；监督管理消费品市场、生产资料市场，参与监督管理金融、劳动力、房地产、技术、信息等生产要素市场和期货市场。参与市场体系的培育、发展，参与论证、规划全国市场布局，开展各类交易市场登记及统计工作；依法监督管理个体工商户、个人合伙和私营企业，规范其经营行为，引导个体、私营经济健康发展；依法监督管理广告发布与广告经营活动。指导广告业发展；完成国务院交办的其他事项。

审计署

【概况】 审计署对国务院各部门和地方各级人民政府的财政收支，对国家的财政金融机构和企事业组织的财务收支，进行审计监督。内设14个职能司即：办公厅、综合司、法规司、财政审计司、金融审计司、行政事业审计司、工业交通审计司、商贸审计司、固定资产投资审计司、农业审计司、外资运用审计司、审计管理司、人事教育司、外事司。

【职能】 主要职责是：组织领导全国的审计工作，研究制订审计法规和审计工作的方针、政策，确定工作重点，制定审计业务规章制度，组织某些行业和专项资金审计；直接进行下列审计：1. 国务院各部门和接受中央财政拨款单位的财政、财务收支及其资金使用效益。2. 国务院各部门和省级人民政府预算外财政资金的收支及其使用效益。3. 国家金融机构信贷计划的执行及其结果。4. 国务院管理的经济实体和部委归口管理、财务单列经济实体的盈亏真实和国有资产的保值增值。5. 国家重点建设项目的资金来源、使用情况和经济效益。6. 省、自治区、直辖市和计划单列市的财政收支。7. 国务院各部门、经济实体、专业银行和省、自治区、直辖市、计划单列市借用的国外资金和使用的国外援助资金。8. 国家计划、金融部门对社会集资和债券发行的审批情况。组织驻国务院各部门和驻地方派出机构，对国务院各部门、经济实体所属的企事业组织（包括有国有资产的中外合资经营企业、中外合作经营企业、国内联营企业和其他企业），国家金融机构的分支机构，国家重点建设项目等进行审计；处理地方被审计单位对省级审计机关审计决定的申诉；协同地方办理省级审计机关负责人的任免事项；对审计中发现宏观管理方面的问题，进行专题审计并向国务院反映情况，提出建设；指导和监督注册审计师协会和审计事务所；指导内部审计工作；组织开展审计领域的国际交流活动；承办国务院交办的其他事项。

国家税务总局

【概况】 国家税务总局是全国税务工作的主管机关，随着我国改革开放事业的不断深入，税收地位的提高和担负任务的日益繁重，税务机构不断得到加强。1993年4月，国务院决定将原国家税务局更名为国家税务总局，同年12月又将国家税务总局升格为正部级机构。同时，决定在全国省及省以下分设国家税务局和地方税务局两套税务机构。国家税务局系统实行国家税务总局垂直管理的领导体制，在机构、编制、经费、领导干部职务的审批等方面按照下管一级的原则，实行垂直管理。省级地方税务局实行地方人民政府和国家税务总局双重领导，以地方政府领导为主的管理体制。按照国务院有关规定，国家税务总局设局长1名，副局长5名。现任局长为刘仲藜，副局长为项怀成、杨崇春、卢仁法、程法光、郝昭成，纪检组长贺邦靖。另外，局领导还有总经济师李永贵、张相海和总会计师张英惠。

【职能】 国家税务总局是国务院主管全国税收工作的职能部门，其主要工作职责是：贯彻执行税收工作的方针、政策，参与拟定有关税收的法律、法规及规章，制定贯彻统一税收政策的具体政策和税收业务的规章制度并组织实施；参与研究划分中央和地方的税收管理权限及改革税收管理体制，制定征收管理制度；负责编制税收长远规划和年度税收计划；管理进出口商品的工商税收及出口退税工作，管理国家海洋石油税收；开展国际间税收方面的交流合作；负责税收宣传 、教育培训、精神文明建设等各项工作。

国家税务总局内设14个职能部门：1 办公厅。负责秘书事务、信息综合、文电处理、文书档案、安全保卫、信访和税收宣传等工作；2、政策法规司。负责有关税收政策的调查研究，税务行政诉讼和行政复议，以及税收法规文件的清理、鉴定。负责协调税制改革的有关事项，负责执法检查等；3、流转税管理司。负责增值税、消费税和营业税的税收业务和征收管理，处理执行税法和税收政策中的有关事项等;4、所得税管理司。负责企业所得税和个人所得税的税收业务和征收管理,处理执行税法和税收政策中的有关事项;5、地方税务司。负责地方各税的税收业务和征收管理,处理执行税法和税收政策中的有关事项,对地方税务局的工作进行指导等;6、农业税征收管理局。负责农业各税的税收业务和征收管理,处理执行税法和税收政策中的有关事项;7、涉外税务管理司。负责境内外商投资企业和外国企业的税收业务和征收管理,参与有关的涉外税收国际谈判及国际税收协议、协定的拟定和执行等工作;8、进出口税收管理司。参与研究、拟定进出口税收管理的政策、规定和办法,检查有关政策的执行情况,办理出口产品退税审批事项等;9、征收管理司。负责税收征收管理法规、条例的拟定工作并组织实施,处理执行税收征管法规、条例中的有关事项,负责中央各部门集中缴纳税款的征收管理工作等;10、稽查局。管理、指导全国税务稽查工作,负责税收大案、、要案的稽查;11、计划财务司。编制税收长远规划和年度税收计划,汇总全国税收会计、统计信息,负责财务审计、税收票证的印制和管理工作等;12、国际交流合作司。承办与国际货币基金组织、世界银行等国际机构及外国税务机关的合作与交流工作,管理局机关的外事工作等;13、人事司。拟定税务系统的人事制度,管理国家税务局系统的机构、编制,负责局机关和直属事业单位人事管理工作等;14、机关党委。负责局机关和在京直属单位的党群工作,国家税务局系统的思想政治工作和精神文明建设。　　(特约审稿:李剑宝,特约编辑:靳东升)

地方管理机构

北京市证券监督管理委员会

【概况】 北京市证券监督管理委员会于 1995 年 1 月 9 日由北京市政府批准成立,是北京市证券领导小组的办事机构,是北京市政府直属事业单位。孙家骐任北京市证监会主席。北京市证监会内设办公室、上市公司处、期货处、机构处、法规稽查处、财务稽核处。中国证监会 1996 年 3 月份下发了《关于授权地方证券、期货监管部门行使部分监管职责的决定》,授予北京市证监会部分监管权。

【职能】 北京市证券监督管理委员会的主要职责是:根据国务院证券委、中国证监会和市政府授权,依照有关法律、法规、规章,会同有关部门起草证券、期货监督管理的地方性规章,拟定执行有关法律、法规、规章的管理规则和实施细则。对本地区企业境内外股票发行、上市、配股及相关活动实施监督管理,包括股票发行、上市、配股申请的审核申报和实施过程的指导监督,上市公司规范运作、交易行为和财务状况的稽核监督。对本地区证券交易及其相关活动实施日常监督管理,包括北京地区的证券交易中心、证券经营机构、证券登记、清算、保管机构等的资格确认、交易监督、财务稽核,以及证券业从业人员的资格审查。对本地区期货交易及相关活动实施监督管理,包括北京地区的期货交易所、期货经纪机构等的设立申报,期货经纪机构的交易监督、财务稽核,以及期货业从业人员的资格审查。会同有关部门对本地区会计师、律师、资产评估、投资咨询等中介机构从事的证券、期货相关业务实施监督管理,包括上述机构和人员从事相关业务的资格审查、业务培训以及相关业务活动的指导监督。会同有关部门对本地区从事证券发行、交易及其相关活动,以及从事期货业务及其相关活动的所有单位和个人执行证券、期货法律、法规、规章的情况实施监督管理,包括组织法律、法规、规章的宣传教育,接受有关证券、期货交易的信访投诉,调解涉及证券、期货交易的经济纠纷,以及查处证券、期货交易中的违法、违规案件。会同有关部门对本地区涉及证券发行、交易及其相关活动,以及期货业务及其相关活动的信息传播情况实施监督管理,包括规范相关信息的发布,防止内部信息的泄露,查处虚假信息的误导,以及指导本地区证券、期货专业媒体的运作。组织本地区证券、期货市场运行态势的统计、分析、研究和反馈;根据国务院证券委、中国证监会和市政府的部署,提出稳定和发展本地区证券、期货市场的政策建议。组织本地区证券、期货市场从业人员的专业培训,指导本地区证券、期货业协会的对外交往与国际合作。完成国务院证券委、中国证监会和市政府交办的其它任务。

【业务工作】 1996 年北京市证监会按照国务院关于"重点支持能源、交通、通讯、原材料等基础产业和高新技术产业;从严控制一般加工工业和商业;暂不考虑金融和房地产等行业"的政策规定,对 1995 年提出上市申请的企业进行筛选,确定了北京市西单商场、北京比特实业股份有限公司、北京中燕探戈羽绒制品股份有限公司和北京燕化高新技术股份有限公司作为北京市上市预选企业,经过充分准备,在 1996 年 11 月 5 日前全部成功上市,A 股股票发行共筹集资金 5.83 亿元。为充分发挥证券市场筹集建设资金的积极作用,北京市证监会对 1996 年符合配股条件并提出配股申请的北京王府井百货大楼(集团)股份有限公司和北京市城乡贸易中心及时进行了配股审查,保证了企业及时配股,为北京市筹措了建设资金。1996 年,北京证券市场有很大发展。截止年底,全市有证券营业部 87 家,比上年增加 6 家,拥有沪深交易所股东帐户的投资者 62 万人,比上年增加 32 万人,资金开户数 31.36 万户,比上年增加 14.4 万户。股票交易额 2945 亿元,比上年增长 5.2 倍,约占全国交易额的 7%;国债现货交易额 880 亿元,约占全国交易额的 9%;国债回购交易额 1399.63 亿元,约占全国交易额的 7%。

【规范化建设】 *加强证券市场监管*　按照紧密围绕实现"两个根本转变",认真贯彻"法制、监管、自律、规范"的方针,加大监管力度,规范市场行为,积极稳妥地发展债券市场和股票融资,进一步完善和发展证券市场,更好地为社会主义市场经济服务的指导思想,北京市证监会加强对证券市场的日常监管,积极开展了 4 方面工作:一是探索北京证券经营机构监管的基本框架,建立了北京市金融证券市场统计月报制度和证券经营机构统计制度。二是完善证券开户制度和程序,制定下发了《关于进一步规范开户程序,防止股票盗卖通知》。三是积极协助各证券经营部处置突发事件,维护市场的稳定。北京市证监会一方面要求辖区内各证券营业部做好"主机、信息源、电源、通讯手段"的双备份,对全市各证券营业部的硬件状况进行了调查。另一方面,提出了证券经营机构应付突发事件的处置方案,加强了技术风险防范措施。四是认真受理股民投诉,全年共受理股民投诉 180 多人次,对投资者在开户和交易中遇到的困难给予圆满解决。

整顿期货市场　1996年在北京市证监会按照《国务院批转证券委、证监会关于进一步加强期货市场监管工作请示的通知》的要求，继续清理整顿期货市场，强化监管力度，规范期货市场交易行为，维护北京期货市场稳定，积极开展了6方面工作：一是严格审核经纪机构资格，提高经纪行业整体水平。对经营业绩差，从业人员、交易设备、注册资本等不符合规定条件的单位，不再批准从事期货经纪业务，使现有的从事期货经纪业务机构均具备起码的经营管理、抵御风险能力和保证交易正常运行的条件。二是试行统一代理规则，探索规范交易行为的有效办法。市证监会拟定了统一的期货经纪公司交易规则和合同文本，经与有关方面的专业人员论证修改，并征得中国证监会期货部同意后，选择5家期货经纪公司试行。三是督促落实国务院有关文件精神，制止操纵市场和过渡投机行为。四是督促经纪机构认真搞好自查，全面掌握其遵守规定和执行制度情况，加强日常监督。五是编制计算机网络统计指标体系通过与期货经纪机构联网操作，加快统计和分析速度，提高监管工作效率。六是认真受理投诉，打击各种违法违规行为，净化期市环境，维护期货交易公平、公正的严肃性，维护期市平稳、规范运行。

加强上市公司监管　北京市证监会加强对上市公司的监管力度，主要做法一是及时了解上市公司规范运作的情况，掌握信息披露和公司董事会及高级管理人员持股情况，督促企业规范运作。二是列席上市公司董事会和股东大会，监督公司两会运作情况。三是深入重点企业共商扭亏计划，帮助企业扭亏增盈。同时，抓紧对申请上市公司的培训工作，宣传介绍有关政策法规，帮助上市公司按规范化运作，在具体操作中少走弯路。

1996年北京市证监会加大市场稽查工作力度，严肃查处北京地区证券、期货市场违法、违规案件约10起，并在有关政法机关的案件审理过程中及时提供大量的咨询、联络服务，发挥了地方监管的重要作用，确保了北京证券、期货市场的正常秩序。　（特约审稿：孙家骐，特约编辑：尹军，撰稿：杨琳）

广东省证券监督管理委员会

【概况】　广东省证券监督管理委员会职能配置、内设机构和人员编制方案经省人民政府批准，广东省证监会为省直属副厅级事业单位，下设办公室、信息部、市场部、证券部、期货部、监察部、国际部和人事部等8个部门。

【职能】　广东省证监会根据中国证监会和省证券委授权，依法对全省证券、期货市场进行监督管理。其主要职责包括：负责上市股票、可转换债券发行以及股票（股权证）流通转让的审批、上报工作；会同有关部门对股份有限公司上市进行初审；参与股份有限公司设立的初审和规范化工作；负责有价证券在证券交易中心挂牌交易的审核、报批；会同有关部门对证券经营机构、期货经纪机构进行初审、报批；负责对证券经营机构、证券登记公司、期货经纪公司、证券或期货咨询机构及其从业人员进行监督；负责处理有关证券、期货的信访投诉和举报，调解证券、期货纠纷和争议；会同有关部门监管证券、期货市场信息的披露，对披露虚假信息、误导市场行为进行查处；会同有关部门监管从事证券业务的会计师、审计师、律师事务所和资产评估等中介机构等。　（钟正）

江苏省证券期货监督管理办公室

【概况】　江苏省证券期货监督管理办公室（简称江苏省证管办）1996年3月8日经江苏省机构编制委员会批准设立，为全民事业单位，人员编制12名，所需经费自筹。江苏省机构编制委员会于1996年9月9日批准了江苏省证管办的职责。明确江苏省证管办是与中国证券监督管理委员会直接对口的工作机构，依照法律、法规的规定负责对全省证券、期货市场进行监督管理。内设3个部门：综合部、证券部、期货部。由江苏省政府副秘书长、省经济体制改革委员会主任、党组书记李三元任江苏省证管办主任，副主任：张射。

【职能】　中国证监会于1996年11月11日授权江苏省证管办行使部分监管职责，按照《中国证券监督管理委员会关于授权地方证券、期货监管部门行使部分监管职责的决定》的规定，负责对江苏省证券期货市场的监督管理。

【业务工作】　江苏省的股票发行上市工作是通过先试点后推广逐步发展起来的。从1993年4月无锡太极股票公开发行并在上海证券交易所上市以来，全省企业股票发行与上市工作取得了很大的成就，特别是1996年，共发行14只股票，其中A股11只，B股2只，H股1只；共筹集资金28.67亿元，其中A股14.42亿元，B股8.7亿元，H股5.55亿元；新增12家上市公司，创历年来最好水平。截止1996年底，江苏省共有23家上市公司公开发行股票，并分别在上海、深圳和香港的证券交易所上市交易。其中在上海证券交易所上市挂牌交易的有13家，他们是：无锡太极实业股份有限公司、南京新街口百货商店股份有限公司、江苏悦达股份有限公司、江苏春兰制冷设备股份有限公司、南通机床股份有限公司、仪征化纤股份有限公司、苏州高新技术产业开发区股份有限公司、南京化纤股份有限公司、常林股份有限公司、江苏索普化工股份有限公司、南京医药股份有限公司、南京熊猫电子股份有限公司、江苏综艺股份有限公司；在深圳证券交易所上市挂牌交易的有10家，他们是：江苏三山实业股份有限公司、苏州物资集团股份有限公司、南京天龙股份有限公司、常柴股份有限公司（A、B股）、无锡威孚股份有限公司（B股）、无锡小天鹅股份有限公司（A、B股）、徐州工程机械股份有限公司、连云港如意股份有限公司、远东实业股份有限公司、南京中北（集团）股份有限公司；在香港联交所上市挂牌交易的有2家，他们是：仪征化纤股份有限公司、南京熊猫电子股份有限公司。上述公司共发行26只股票，其中A股股票21只、B股股票3只、H股股票2只。通过股票发行融资总额为人民币1028417万元，其中A股融资492794万元（含配股50367万元），B股融资104884万元，H股融资430739万元。1993年融资79980万元，1994年融资332874万元，1995年融资328882万元，1996年融资286681万元。在21只A股股票中，有12只是占用的江苏省发行指标，4只占用南京市指标，3只占用中央各部委指标。此外，南京熊猫股票发行额度是由江苏省、南京市和电子部联合下达的，南京医药股票是通过国家医药总局和南京市的额度发行上市的。3只B股股票的发行额度，均由深圳市提供。

1996年，中国证监会改变新股发行管理办法，采用“总量控制，限报家数”的办法，下达给江苏省1996年度A股发行指标5家企业（含南京市1家），省政府通过“专家审核评审，领导决策”的办法，将名额分配给无锡小天鹅股份有限公司、江淮动力机厂、江苏永鼎股份有限公司和江苏工艺品进出口股份有限公司等一批优质企业，南京市选择了新港开发区。另外，泰州林机厂、江苏鼎球股份有限公司等企业也分别从国家林业部、劳动部等部门争取到了发行指标。这些企业的发行准备工作正在紧张进行，其中无锡小天鹅股份有限公司6000万元A股已于1997年3月18日在深圳证券交易所上网定价发行成功，并于3月28日在深圳交易所挂牌交易。

除了上述公开发行并上市的股票，江阴兴澄冶金股份有限公司历史遗留问题的老股份制企业股票也于1997年2月在深圳交易所上市交易。这是江苏省第一家历史遗留问题股票上市。另两家历史遗留问题股票（新淮铁路和常州金狮）的发行准备工作正在进行。宁沪高速公路股份有限公司经国务院证券委批准，列入全国第四批境外上市企业，拟到香港发行并上市H股。该公司1995年度经国务院特别批准5000万元A股指标，将继H股发行以后在国内发行上市。徐州工程、扬州江阳船厂、南通顺达集装箱有限公司、南京邮电通讯厂等4家企业经国务院证券委批准发行B股，已经开始着手发行准备工作。武进柴油机厂、扬州宝胜电缆厂也在积极申请争取B股的发行指标。

江苏省证券、期货市场监管工作面广量大，全省现有证券交易中心1家，专业证券公司6家，兼营证券的信托投资公司31家，证券登记公司7家，证券营业部153家，具有证券从业资格的会计师事务所10家，律师事务所5家，资产评估机构5家，各类证券从业人员4000多人，股民近80万人，1996年全省证券交易额达1765.87亿元。全省有经国家批准的试点期货交易所1家，期货经纪公司23家，上报中国证监会的期货兼营机构38家，期货经纪公司营业部12家，各类期货从业人员近2000人，1996年期货交易所成交期货合约10031.69万手，成交金额9054亿元。

【规范化管理】 江苏省证管办按照中国证监会的授权，切实加强对全省证券期货市场的监督管理工作。对全省范围内的各类证券经营机构进行了基本情况调查，初步摸清了证券经营机构人员、交易、地区分布等情况，建立了各证券经营机构的档案。同时还逐步建立了有关证券市场的监管办法。其中包括：与证券机构联系的制度和竞标选择证券中介机构的制度，制定了对上市公司及证券市场交易活动监管意见。

江苏省证管办自成立以来，始终把依法查处证券期货市场违法、违规案件作为一项重要工作来抓。1996年底按中国证监会的要求，对全省证券市场交易活动进行了一次全面检查，起到了稳定证券市场的作用。根据政府部门、中国证监会、证券交易所等单位转来的举报及证管办调查发现的线索，全年共查处违规案件及调解各种纠纷数十起。

根据中国证监会的要求，省证管办对全省期货市场进行了规范整顿。将4家期货交易所调整为1家，并经国家批准，正式列入了全国14家试点交易所。经过清理，报中国证监会批准，设立23家期货经纪公司，及时完成了38家期货经营机构和12家营业部材料的审核和报批工作。坚决停止了外盘和外汇按金交易，会同有关部门对省内非法从事外汇按金交易的9家公司进行了查处。认真组织各期货公司学习贯彻国务院有关文件，重新修订了代理交易规则和内部管理规定，加大了风险控制力度，抑制了过度投机。

（特约审稿：张射，特约编辑：张新华）

安徽省证券管理办公室

【概况】 安徽省证券管理办公室于1994年9月经省人民政府批准成立，为省政府直属副厅级事业单位，内设综合处，证券机构管理处、证券发行交易管理处、证券信息法律处（稽查处）、期货基金管理处5个处，编制40名，主任凤良志，副主任李兵。1996年3月，安徽省证管办获中国证监会首批行使地方监管职责授权。

【职能】 安徽省证券管理办公室是安徽省证券委员会的办事机构和监管执行机构。省政府确定的主要职责是：根据国家有关证券、期货市场管理的法律、法规研究制定本省证券、期货市场的管理办法和实施细则，经批准后负责组织实施和监督检查。研究制定本省证券市场发展规划，提出股票、可转换债券等证券的发行计划和分配方案，报省政府和省证券委批准，负责向国家有关部门推荐本省在境内外上市的股份公司，并具体组织实施。配合有关部门做好证券经营机构的规划和审批工作，对证券经营机构和证券清算、交割、保管、过户、托管、登记机构的业务活动进行监管；根据授权，按有关规定办理本省证券业从业人员资格管理的有关工作。依法对有价证券的发行、上市、交易机构和社会中介机构从事与证券有关的业务实施监管；会同有关部门制定证券市场中介组织及从事证券、期货业务的资格标准、业务规则和行为准则，办理资格证书有关事宜。负责管理、监督、指导本省投资基金和债券融资活动，依法对向社会公开发行股票的公司实施监管。负责全省证券统计和调研工作，会同有关部门管理证券、期货市场信息，承担全省证券、期货业从业人员的职业培训工作。组织、参与本省证券业、期货业对外交流与合作活动；受省政府委托，负责归口管理安徽证券交易中心、安徽省证券公司。承办省政府、省证券委交办的其他事项。在获得中国证监会首批授权后，安徽省证管办融会地方和行业主管部门的双重授权内容，认真履行各项职责。

【业务工作】 *审批上市情况* 1996年，安徽省证管办根据国家有关规定，认真筛选安徽省优秀企业发行、上市各类股票。从4月到11月份，安徽省先后审批上市了5只A股、3只B股、1只H股，它们分别是：古井贡6000万股B股、合肥百货1800万股A股、美菱电器10000万股B股、古井贡2000万股A股、安徽合力3000万股A股、红星宣纸1700万股A股、铜都铜业3500万股A股、安徽皖通49301万股H股、黄山旅游8000万股B股等。经过努力，全年共募集资金24亿多元，其中B股发行总额24000万股，募集资金折合人民币近8亿元。截至1996年底，安徽省共发行、上市各类股票13只，上市公司由1996年以前的3家增加到10家。

上市公司送配及派息情况 由于安徽省10家上市公司的股票大都于1996年发行、上市，因此，安徽上市公司近年的送配、派息主要集中在1993年上市的3家公司，具体情况如下：美菱电器1994年度，每10股配2股，配股价3.88元，共配售2607万股，随后又以配股后的总股本15642万股为基数，向全体股东每10股送1股红股，派现金1元（含税）；1995年，每10股送1.5股派1.8元现金（含税）。皖能股份1994年度，每10股送现金4元（含税）；1995年度，国有法人股和社会公众股每10股送1股红股派1.50元现金（含税），国有法人股可选择此方案或派2.5元现金（含税）；1996年度，每10股配3股，配股价3元，其中社会法人股配股权部分有偿转让给社会公众股股东。安徽马钢1994年度，每10股派0.7元现金（含税）；1995年度，每10股派0.1元现金（含税）。

业务培训 1996年是安徽省证管办全面运转的一年，着眼安徽证券市场的长远发展，省证管办把加强证券从业人员的业务培训和持证上岗工作当作全年的工作重点来抓。对于证券监管机构的工作人员，在选聘之时，注重考察业务水平，

在日常工作中，注重加强实践锻炼，并且鼓励、督促他们不断强化业务理论学习，逐步提高监管水平。对于证券经营机构和中介机构的从业人员，则一方面督促各机构从内部抓业务提高。另一方面结合持证上岗工作，举办从业人员培训。1996年，安徽省证管办先后举办了1期上市公司高级管理人员培训班、2期期货从业人员培训班和1期证券从业人员（经理）培训班。

调研活动 为全面、正确掌握全省证券、期货市场状况，安徽省证管办于1996年建立了集中联片和日常调查相结合的调研制度。4至5月间，省证管办分两个调查组，对全省16个地市的证券经营机构进行了全面调查、基本掌握了全省证券市场的全貌，为随后各项工作的开展打下了良好的基础。平时，证管办领导和工作人员还经常深入证券期货经营机构、中介机构以及上市公司，一方面向他们介绍监管部门的机构、职责情况，听取意见，改进工作；另一方面了解市场各方动态，加强监管，做好服务。

对外交流情况 1996年，为了解、掌握国际证券、期货市场现状，加强与国（境）外证券业人士的业务联系，安徽省证管办除在国内同美、日、英、法以及香港地区的证券经营机构、中介机构保持了密切的往来，还利用7、8月间组团出访和股票境外推介、上市的机会，同美国华人金融协会、纽约证券交易所以及其他各国证券经营机构、中介机构进行了交流和洽谈。

【法制建设】 1996年是安徽证券市场法制建设获得较大发展的一年。在严格遵守《中华人民共和国公司法》，贯彻执行国务院证券委、中国证监会证券管理法规、文件的同时，安徽省证管办结合工作实际，制定、颁布了多份规范性文件。为加强证券市场信息传播管理，会同省新闻出版、广播电视、邮电、工商等部门联合发布了《关于安徽省证券市场信息传播管理若干规定》；为加强对律师中介机构从事证券法律业务的管理，制定、颁布了《关于律师事务所从事证券业务的若干规定》；为使信访投诉、违法违规案件的调查处理步入程序化、规范化轨道，制定、颁布了《安徽省证券管理办公室调查、处理证券、期货违法违规案件试行规则》。年内，安徽省证管办还根据中国证监会授权查处了3起违法违规案件，处理信访投诉21起，有力地打击了证券、期货市场的违规行为，维护了投资者的合法权益。

（特约审稿：凤良志，特约编辑：刘斌）

福建省证券委员会办公室

【概况】 福建省证券委员会成立于1993年，为议事协调机构，由分管副省长任主任，政府办公厅等有关部门为成员单位。下设省证券委员会办公室，作为省证券委的专门办事机构，处理省证券委员会职权范围内的日常事宜，处级机构，配备8名行政编制，设正、副主任各1人，人、财、物均由省政府办公厅统一管理。福建省证券办作为中国证监会最早授权对证券、期货市场行使部分监管职责的地方监管部门，随着福建省证券业的发展，受其机构权限、人员编制、监管经费等方面限制，已无法全面承担对市场监管职责。1996年，证券办着手开展机构升格、人员扩编工作，现已由编委下文成立福建省证券监督管理委员会，定为省政府直属副厅级事业单位，内设机构及编制待后再定。

【职能】 福建省证管办的主要职责包括：贯彻实施国家有关证券、期货市场的方针、政策和法规；研究拟定有关证券、期货市场的地方性方针、政策和法规；受理企业公开发行股票、配股的申请，组织对股票发行、配股的审核并负责上报中国证监会复审；对全省证券、期货市场实施指导、协调和监管；办理国务院证券委、中国证监会及省委、省政府交办的其他事项。

【业务工作】 截止1996年底，由福建省证券委审批、推荐上市的公司总数达24家（含厦门10家），居全国第四位，累计募集资金约40.54亿元。上市公司配股次数达17次（含厦门7次），充分发挥了证券市场直接融资的优势。组织了多家企业的网下发行。多次召开中介机构、上市公司会议，根据中国证监会制订的各项法规，提出规范化运作具体要求。密切关注上市公司情况，督促上市公司规范运作。加强队伍建设，组织人员参加培训班与高级研讨班，赴国外考察交流，以提高自身素质。

【法制建设】 在日常的工作中，福建省证券委注重法制建设，先后制定颁发了《福建省证券委员会关于在股票发行工作中加强对证券承销机构监管的暂行规定》、《上市公司信息披露的若干规定》、《福建省期货经营机构从业人员管理暂行办法》、《福建省人民政府批转省证券委员会关于查处非法期货交易活动请示的紧急通知》、《企业申请公开发行股票程序的暂行规定》、《关于加强上市公司募股资金使用监管的通知》等规章条例。认真处理各项投诉案件，本着公平、公正的原则协调处理各项交易纠纷。配合国务院证券委、中国证监会的要求，对福建省非法期货交易进行了严厉查处，深入泉州、漳州等地，共查处了非法期货交易经营机构11家。1996年底，对全省的证券公司和上市公司在要求其进行自查的基础上进行抽查，对在稽查过程中发现的违规行为，对其进行严肃批评，责令纠正。通过一系列的稽查活动，保护了广大投资者的合法利益，维护了福建省证券、期货市场的稳定。

（福建省证券委员会办公室 王宏照）

天津市证券管理办公室

【概况】 天津市证券管理办公室是1995年5月经天津市委、市政府批准成立的市政府直属局级事业单位，内设综合处、市场管理处、企业管理处、期货管理处等4个处室，现有编制共计30名。主任：李山海。

【职能】 天津市证券管理办公室是中国证监会第一批授权的地方证券期货市场监管部门，是天津市证券领导小组的日常工作机构，是天津市政府管理全市证券期货市场的综合性职能部门。其主要职责是：执行天津市证券领导小组的决定事项，受理上市公司的上市申请并对其进行初审，组织股票的发行与上市工作，在中国证监会授权范围内依法对证券期货市场进行监管，并对股份制企业的规范运作实行指导和依法管理，同时完成市政府和国务院证券委、中国证监会交办的任务。

【规范化管理】 天津市证券管理办公室自成立以来，认真贯彻执行"法制、监管、自律、规范"的方针和"在规范中求发展，在发展中抓规范"的原则，以建立现代企业制度为目标，积极推进天津市股份制改组；强化执法力度，依法对天津证券期货市场进行监管。1996年受理股民投诉111起，结案率90%。围绕将天津建成北方金融中心的目标，制订了发展证券市场的具体措施；积极发展国内外证券金融机构的交流与合作。与此同时，还对天津市证券学会、天津市股份制企业协会两个民间团体进行指导，注意发挥其作用。天津市证券管理办公室还确立了"团结、务实、公正、廉洁"作风守则，注重加强自身建设，不断提高为企业服务的水平，在天津市委、市政府的领导下，较快地适应了天津市证券、期货市场发展的要求。

【业务工作】 在审批公司上市及其分红送配业务方面做了大量工作。截止1996年底，天津市证管办已审批9家A股企业，1家B股企业，4家境外上市企业。上市公司送、配股、派息情况如下：天津劝业场股份有限公司：1993年分配方案每10股送2股，并配3股，配股价2元；1994年度分配方案每10股配3股，配股价3.30元；1995年度分配方案每股派0.21元（含税）。天津环球磁卡股份有限公司：1994年度分配在1995年进行，1995年度分配每10股派2.5元（含税）。天津渤海化工股份有限公司：1994年度每10股派0.6元，1995年度每10股派0.6元。天津港储运股份有限公司：1995年度每10股送3.5股并用资本公积金转增0.5股。天津立达国际商场股份有限公司：1995年度每10股派1.1元。天津海运股份有限公司：1994年度每10股送1股，1995年度、1996年度暂不分配。天津海运股份有限公司于1996年4月2日—3日以每股发行价2.18元人民币发行人民币特种股票9000股，并于1996年4月30日于上交所上市交易。

（特约审稿：李山海，特约编辑：诸葛增辉）

河南省证券管理委员会办公室

【概况】 河南省证券管理委员会办公室成立于1994年5月11日，下设证券部和期货部，定编6人。河南省证管办作为河南省证券管理委员会的办事机构，具体负责河南省证券期货市场的日常监管工作。省证券委主任由河南省政府常务副省长李成玉担任，副主任由省长助理杨光喜和省体改委主任张志平担任，证券委成员由省体改委、省计委、省经贸委、省财政厅、省人民银行、省监察厅、省工商局、省国资局、省税务局、省司法厅、省法院、省检察院等领导同志组成。

【职能】 河南省证券管理委员会行使全省证券期货市场的统一监督管理职能：负责组织拟订有关证券期货市场管理的地方性法规草案；贯彻实施国家有关证券期货市场的方针政策；制定证券期货市场发展规划；指导、协调、监督和检查各地、各有关部门与证券期货市场有关的各项工作；对证券期货经营机构、上市公司、中介机构从事证券期货业务进行监管；研究分析证券期货市场形势并及时向省政府报告工作，提出建议。

河南省证管办是河南省证券管理委员会的监督执行机构，依照有关法律、法规对河南省证券期货市场进行监督和管理。其主要职责为：根据中国证监会和省政府、省证券委授权，起草有关证券、期货市场的管理规则和实施细则；依法对证券经营机构和证券清算、交割、保管、过户、托管、登记机构的业务活动进行监管；依法对从事证券、期货业务的有关市场中介组织及从业人员的业务活动和从业行为进行监管；依法对期货交易所、期货经纪机构的活动进行监管；依法对向社会公开发行股票的公司实施监管；依据有关法律、法规的规定，根据省证券委授权，会同有关部门对违反证券、期货法律、法规及其实施细则和有关规则的行为进行调查和处罚；会同有关部门管理证券、期货市场信息，研究分析证券、期货市场形势，拟定证券、期货市场发展规划；办理中国证监会和省政府、省证券委交办的其它事项。

【业务工作】 河南省证管办按照国务院证券委关于“积极稳妥地发展股票、债券融资，进一步完善和发展证券市场”的精神和省证券委关于河南省证券工作的安排布置，认真贯彻国务院对证券市场提出的“法制、监管、自律、规范”八字方针，本着公开、公平、公正的原则，积极稳妥地推进河南省的股票发行上市工作和证券市场的培育，取得了较为明显的成效。

重点抓好人民币普通股票的发行和上市工作　继豫白鸽、神马实业股票成功发行并在上海证券交易所和深圳证券交易所上市后，洛阳玻璃、郑州百文、冰熊股份、焦作万方、河南思达又相继发行上市，洛阳玻璃还成功地发行了H股，并在香港上市。截止1996年底河南省的上市公司已达7家。现有的7家上市公司的总股本达10.3亿元，共募集资金10.2亿元人民币和10亿港元。1996年度各上市公司分红及送配情况：豫白鸽每10股送1股；神马实业每10股送3股配3股；洛阳玻璃暂不分配；郑州百文每10股送3股；焦作万方每10股送8股；冰熊股份暂不分配；河南思达暂不分配。随着河南上市公司数量的增加，河南省的证券交易也日趋活跃。

认真做好境外上市外资股和境内上市外资股企业的预选、申报工作　为加快促进河南省企业与国际接轨，进入国际资本市场，带动河南经济的发展，1994年7月洛阳玻璃成功地在香港发行2.5亿股H股，募集资金达9.1亿港元。同时又推荐河南显像管玻壳有限公司、神马实业股份有限公司、中国一拖机械工程总公司为第四批境外上市公司；选择新乡化纤股份有限公司、洛阳春都股份有限公司为境内上市外资预选企业。这五家企业都通过了国务院证券委员会和中国证监会的审核，正在积极认真地做好发行上市前的各项工作。

强化培训工作　1996年河南省证管办组织了3次研讨会和培训班，邀请美国、加拿大、英国、香港等地区经济、金融专家和上海证券交易所、深圳证券交易所及国内著名证券界知名人士、专家，就公司改制、资产重组、会计制度、资产评估、股票发行上市及境外上市的程序、法律法规等进行了专题讲座。培训的对象主要是上市公司经理、董事会秘书、拟上市公司高层管理人员、证券经营机构和中介机构的从业人员、各市地证券管理部门的人员等。通过培训，使他们了解了国内外证券市场的发展历史、现状，熟悉了公司上市的条件和程序，提高了素质，对进一步规范和促进证券市场的发展起到积极作用。

加强对上市公司的监管　河南省证管办始终把上市公司规范化运作作为规范证券市场发展的基础工作来抓，多次组织人员对上市公司的资金运用情况、重大信息披露制度执行情况、中期及年度报告公布情况进行了严格检查，严格审核上市公司的效益和经营状况，指导上市公司规范运作，帮助上市公司解决存在的问题和遇到的困难，促进上市公司转换经营机制，真正按公司制进行管理和经营，不断提高经济效益。

证券经营机构和中介机构发展壮大　截止1996年底，河南省共有证券公司5家，证券登记公司1家，证券营业部39家，从业人员达到1000人，拥有投资者约70万人，年交易额达到329亿元左右。河南省经中国证监会批准具有从事有关上市公司业务资格的中介机构11家，其中资产评估机构2家，会计师事务所2家，律师事务所7家。

（特约审稿：崔钊，特约编辑：牛雪峰）

江西省证券管理办公室

【概况】 江西省证券管理办公室成立于1993年3月11日，设机构部、发行交易部、期货部3个机构，编制为8名。江西省证管办主任：徐叔衡。

【职能】 江西省证管办主要职责包括负责对设立在江西省境内的证券经营机构及其分支机构、证券投资咨询机构、期货经纪公司及其分支机构，以及从事期货经纪业务的非期货经纪公司会员单位（以下统称被监管机构）的业务活动进行日常监管。负责对证券经营机构的自营业务资格、证券经营机构从事自营业务的年检、证券投资咨询机构的业务资格、期货经纪公司及其分支机构和从事期货经纪业务的非期货经纪公司会员的设立、年检等进行初审，并出具初审意见。负责对证券投资咨询机构的从业情况及其从业资格进行年检。负责查处江西省境内的被监管机构及其从业人员、证券或者期货市场投资者在有关证券或者期货方面的违法、违规行为。负责查处江西省境内违反法律、法规规定发行证券、非法进行证券或者期货交易、外汇按金交易、境外期货交易以及其他破坏证券或者期货市场秩序的行为。负责处理江西省境内有关证券期货的信访投诉和举报，调解证券或者期货纠纷和争议；案情重大的，按规定向中国证监会请示报告。负责监督设立在江西省境内的上市公司依照国家有关法律、法规或者公司章程的规定，规范运作，并不断完善。负责江西省境内发行A股及其他具有股票性质的证券的企业选择、初审与申请复审上报工作和上市公司配股的申请复审上报工作。负责对设立在江西省境内的被批准公开发行股票的股份有限公司公开发行股票的过程进行监管。负责督促上市公司在法定报告期间内真实、准确、完整地编制和披露中期报告、年度报告；检查上市公司募集资金使用情况。查处江西省境内上市公司违反证券法律、法规的行为。负责办理国务院证券委、中国证监会交办的其他工作。

【业务工作】 审批发行上市　1996年国家下达江西省1995年度1.1亿元A股发行计划，江西省证管办根据企业情况，选定了华意压缩、宜春工程、东风制药、九江化纤、新华金属制品5家企业，作为使用1995年A股发行额度的企业。1995年内这5家企业都已顺利上市。

市场日常监管　根据国务院证券委和中国证监会下发的一系列关于规范市场、严格监管的文件，江西省证管办及时召开会议、转发文件，将这些文件精神传达到各券商；按照证监会通知要求各上市公司和证券经营机构进行自查，与此同时，江西省证管办派员进行了抽查，抽查结果表明江西省上市公司均无炒作本公司股票的行为；此外也没有发现机构向客户透支买卖股票、大户操纵市场、券商挪用客户保证金、单位和个人内幕交易等违规行为。

【法制建设】 在做好审批公司发行上市工作、根据证监会授权加强日常监管工作的同时，江西省证管办也注意充实力量，制定及完善了有关规章制度，加强内部管理，不断改进工作作风，提高办事效率。到1996年底，共调解股民与券商证券纠纷7起。

（江西省证券管理办公室）

甘肃省证券监督管理委员会

【概况】 甘肃省证券委员会成立于1993年10月，甘肃省政府授权其统一管理全省证券、期货市场。证券委主任由分管副省长兼任，另由省政府一副秘书长和体改委主任、计委主任分别兼证券委副主任，证券委成员单位19个。证券委下设办公室，编制5人，负责证券委的日常工作，并代行证监会的职能。办公室主任由体改委副主任兼任。1997年3月，成立甘肃省证券监督管理委员会，为省政府直属的副地级事业单位，编制20人。省证监会下设证券部、期货部、市场监督部。省证券委办公室与省证监会合署办公。省证监会成立后，省证券委为决策机构，省证监会为省证券委的执行机构。

【职能】 甘肃省证监会的职责是：对设立在本行政区域内的上市公司、证券经营机构、证券登记公司、期货经纪公司、从事期货经纪业务的非期货经纪公司会员单位、证券或期货咨询机构的业务活动和其他中介机构从事的有关证券业务活动进行日常监管。负责证券、期货经营机构、登记公司和证券、期货咨询机构的合并、转让、解散等资格认证、审批或报批，以及从业证书的颁发和人员培训工作；负责其他中介机构从事证券业务资格的初审转报工作。负责督促设立在本行政区域内的上市公司、证券经营机构、证券登记公司、期货经纪公司、从事期货经纪业务的非期货经纪公司会员单位、证券或期货咨询机构、从事证券业务的中介机构依照国家有关法律、法规规范运行；负责查处前述机构及其从业人员在证券、期货经营中的违法、违规行为。处理本行政区域内的有关证券、期货的信访投诉和举报，调解证券、期货纠纷和争议；涉及重大案情时报告省证券委或省政府、中国证监会。负责收集和整理有关证券、期货市场执行情况的信息和统计资料，及时向省证券委、省政府和中国证监会报告。负责证券、期货市场信息披露的审查；研究分析证券、期货市场发展形势和存在的问题，向省证券委和省政府、中国证监会提出报告、建议和措施。

【业务工作】 公司上市审批　在甘肃省委、省政府及中国证监会的领导和支持下，经各方共同努力，甘肃证券事业有一定发展。到1996年底止，甘肃共有6家公司股票上市，其中1996年当年上市5家。这些公司总股本43345.11万股，共募集社会资金（含法人股）64316万元，对甘肃经济的发展起到一定的促进作用。

证券机构　1996年天水、白银分别新开1家证券营业部，加原有证券营业部，甘肃证券营业部发展到17个。同时，原银行系统办的3家证券营业部与银行脱钩，甘肃证券经营机构进一步规范。1996年，甘肃证券中介机构走向成熟。在1996年5家股份公司发行上市中，甘肃省证券中介机构承担了承销、评估、审计、法律鉴证、上市推荐等工作，效果良好。

【规范化管理】 1996年，甘肃期货市场由盲目、无序的发展状态逐渐步入规范、有序的发展状态。通过对期货经营机构调查、了解、登记、备案，严格把关，逐条规范，将一批非法期货经营机构驱逐出场，极大地净化了市场，缓解了各个环节的风险，有效地保护了期货经营机构和广大投资者的经济利益及合法权益，为甘肃期货的进一步发展创造了条件。1996年，甘肃省证券委按照"法制、监管、自律、规范"的工作方针，在加强证券期货市场规范化管理的同时，提高自身的管理水平和服务水平，改进工作方法，改善工作环境，强调风险控制，严查违规事件，通过先进的手段和方法对证券期货市场进行监管，有力地保障了甘肃证券期货市场的健康发展。

（特约审稿：马才斌，特约编辑：陈子红、陈泳东）

内蒙古自治区证券监督管理委员会

【概况】 内蒙古自治区证券监督管理委员会（以下简称证监会）是经中共内蒙古自治区党委、自治区人民政府于1995年9月11日批准成立的。为直属内蒙古自治区人民政府相当副厅级事业单位，是内蒙古自治区证券委员会的监管执行机构，挂内蒙古自治区证券委员会办公室牌子。内设机构均为相当正处级。下设办公室、上市公司监管一部、上市公司监管二部、机构监管部、法律稽查部等四部一室。证监会主任：梁敬文，副主任：王世才、张景录，人员编制25人。

【职能】 内蒙古自治区证监会为中国证监会首批授权单位，代表中国证监会和内蒙古自治区人民政府对全区证券期货业实施监督管理。其中首要职能和监管职责为：根据国家和自治区有关法律、法规拟定证券、期货市场管理规则和实施细则。

依法对有价证券发行、上市、交易及其相关活动进行监管。配合有关部门审批设立证券经营机构并进行监管;对证券清算、保管、过户、托管、登记机构的业务活动进行监管;审查确认上述机构人员的从业资格。制定自治区市场中介组织及其从业人员从事证券、期货的资格标准、业务规则和行为准则,核发资格证书,对其业务活动和从业行为进行监管。会同有关部门对违反证券、期货法律法规及其实施细则和有关规则的行为进行调查、处罚。选择审查或申报境内外股票上市公司,并进行监管;监管上市公司的信息披露;监管上市公司的董事、监事、高级管理人员,主要股东及其与上市公司有关联的内部人员的交易行为;配合执法部门调查上市公司在股票上市交易中的违法行为并提出处理意见;对上柜公司进行监管。

【业务工作】 审批上市情况　至1996年底辖区内共有上市公司6家,其中A股5家、B股1家,分别为内蒙古蒙电华能热电股份有限公司、鄂尔多斯羊绒制品股份有限公司(B股)、内蒙古伊利实业股份有限公司、赤峰富龙热力股份有限公司、内蒙古民族商场股份有限公司(集团)、内蒙古宏峰实业股份有限公司。其中内蒙宏峰10派0.5元(含税);民族集团10股转增8股;富龙热力10送1股;伊利股份10派1.25元(含税);内蒙古华电10送2转增1。

证券期货经营机构　截止1996年底,辖区内共有证券期货经营机构11家,分别为:内蒙古自治区证券公司、内蒙古信托投资公司、国泰证券公司呼和浩特营业部、中国经济开发信托投资公司内蒙古营业部、内蒙古久龙期货经纪有限公司、五洋期货经纪有限公司、内蒙古金宇期货经纪有限公司、中国华融信托投资公司呼和浩特证券营业部、包头市信托投资公司、信达包头证券营业部、内蒙古自治区财政厅国债中心。

培训与调研　1996年度首次举办证券期货从业人员培训及资格考试,历时7天,共培训210人,其中证券类130人,期货类80人,有130多名从业人员通过考试取得了《从业资格证书》。1996年度内蒙古自治区证监会派出10人以上的调研组两个,分别对全区80多家拟上市企业进行了重点调研,其中重点企业达10多家。1996年内蒙古自治区证监会与自治区有关部门一起,对全区上市企业、证券期货经营机构进行了重点稽查。

【规范化管理】 截止1996年底建立了内蒙古证券咨询培训中心、内蒙古证信审计事务所、内蒙古创业律师事务所、内蒙古产权交易所等从事证券业务的中介机构30多家。1996年在法制建设方面重点抓规章制度的建立和完善,主要颁布有《内蒙古自治区股票发行评审工作程序与规则实施办法》、《全区证券期货经营机构从业人员资格确认标准》、《内蒙古自治区A股发行上市条件及申报审批程序》、《内蒙古自治区股份有限公司境内上市外资股(B)条件和申报审批程序》、《关于推荐B股和境外上市企业的通知》等规章制度以及《内蒙古自治区证监会内部管理制度汇编》对证监会的方针、宗旨、指导思想、任务、目标、纪律等一系列管理制度作了详细的规定。

(特约审稿:王世才,特约编辑:田硕)

云南省证券监督管理办公室

【概况】 云南省证券监督管理办公室是1994年7月经云南省人民政府批准成立的副厅级直属事业单位(属公务员编制),统一负责云南证券、期货市场的监督管理工作,为中国证监会1996年3月第一批授权的地方监管部门。下设综合处、发行上市处、期货处。人员编制暂定18人。省证管办主任郭浚清,副主任王道豪、李双方、胡伏云。

【职能】 云南省证管办是云南省证券委员会的执行机构。主要职责是:贯彻执行国家有关证券、期货的法律、法规及方针政策,研究提出全省证券、期货市场监管的实施细则;根据中国证监会和省委、省政府的授权,依法对省内证券、期货机构业务活动进行日常监管,对违法、违规行为进行查处,调解证券、期货纠纷与争议;根据国家下达的股票发行额度,对本省上市公司进行筛选、初审、申报,并负责股票发行的组织等工作;拟定全省证券、期货发展规划,汇总、研究证券、期货市场信息,为上级决策提供依据;负责全省证券、期货从业人员的业务培训,核发地方从事证券、期货业务资格证书;对上市公司依据《公司法》及公司章程等运作情况进行监管;(7)完成国务院证券委、中国证监会和云南省委、省政府交办的其他有关工作。

贵州省证券委员会办公室

【概况】 贵州省证券委员会办公室于1994年11月成立,内部机构设置有上市部、期货部、综合部,编制15人。主任:徐铁,副主任:蔡运兴。

【职能】 贵州省证券委员会办公室的主要职能和任务是:负责贵州省公开发行股票企业的选择和送配股的审核;负责公开发行股票的方案的拟定、组织、协调、服务工作;审批、管理内部职工股权证的转让和流通工作;负责对期货公司、基金的审查报批;负责对证券经营机构、股份有限公司、期货公司、投资基金、参与证券工作的中介机构的日常管理、指导、协调、监督和服务工作;对发展、完善贵州省证券行业开展调查研究,提出建议和起草有关政策措施;负责对国家、贵州省有关证券方面的法律、法规、政策措施的宣传、贯彻和检查落实;根据国家证券管理和监督部门、省政府的要求,会同有关部门负责对违反国家、贵州省有关法律、法规、政策措施的证券管理人员、证券商、中介机构、股份有限公司、期货公司、基金公司提出处罚意见;会同有关部门培训证券、期货、股份有限公司及有关人员;对有突出成绩或贡献的证券管理人员、证券商、期货公司、股份有限公司的集体或个人提出表彰意见;管理证券股份制企业协会;承担国务院证券委、中国证监会、省证券委交办的其他工作任务。

【业务工作】 到1996年底,贵州省证券委员会办公室共审批了6家上市公司,它们分别是贵州中天(集团)股份有限公司、贵州凯里涤纶股份有限公司、贵州轮胎股份有限公司、贵州力源液压股份有限公司、贵州华联(集团)股份有限公司、贵州振华科技股份有限公司。在日常监管方面,1996年贵州省证券委员会办公室根据中国证监会的要求,严格把关,认真做好省内上市企业的中期报告和重大信息披露工作;为了加强证券市场监管力度,切实保护广大投资者的合法权益,维护市场的正常秩序,根据中国证监会要求,成立了贵州省证券市场稽查工作小组,对券商违规透支、信用交易、上市公司股票投资活动组织了调查和自查,并将稽查结果上报中国证监会;为提高期货从业人员的整体素质,对贵阳物资开发投资公司期货营业部的人员进行了培训和考试;本着保护投资者利益,支持公司发展的原则,对贵州航天汽车股份有限公司股权证回购事宜做了大量的协调工作,并向省政府提出了专题报告;随着1996年股市行情的火爆,各类涉及证券业的争议大增,贵州省证券办多次接待股民各种投诉、信访,通过协商工作,妥善解决了"牡石化"申购无效和"徐工股份"信息披露失误等几起涉及面较广的争议。为加强合作，强化监管，贵州省证券办分别与上海证券交易所、深圳证券交易所签定了市场监管合作协议；协助深圳证券交易所在贵州举办服务周活动。深交所的专业技术人员作了各类专题讨论，并为省内的证券经营机构、投资者解决了一批实际问题，取得了较好效果；积极进行办公室自身建设。为使贵州省选择上市企业走上规范、高效、有序的道路，贵州省证券办拟定了《贵州省审议上市预选企业工作程序》。

（特约审稿：蔡运兴，特约编辑：胡杰）

广西壮族自治区证券委员会办公室

【概况】 广西证券办自1993年2月成立来，在自治区人民政府和自治区证券委的领导下，认真贯彻执行国家有关证券市场的法律法规和国务院证券委、中国证监会的有关指示，以规范化为核心，加强市场建设和市场监管，对国务院证券委、中国证监会下发的文件和国家颁布的有关规定，都及时转发和传达，并经常督促检查贯彻情况。此外还创办了《广西证券报》，向群众宣传证券法规，普及证券知识。

【业务工作】 专业培训　广西证券办积极组织业务培训，提高证券从业队伍的素质。证券办一开始就注意加强对证券经营机构及专业性中介机构的业务培训工作。多次组织广西证券公司、工行投资公司、建行信托投资公司等证券机构的领导和业务骨干参加各类国际、国内证券研讨班、股票发行上市研讨班。1994年3月，证券办与中证交、STAQ系统联合在桂林举办股票发行与上市高级研修班。并与自治区司法厅举办律师培训班，对要求从事证券法律业务的律师及事务所进行业务培训。

组织股票发行　广西证券办成功地组织了股票发行及相关组织协调工作，对拟上市公司做好规范和筹备工作。柳工是自治区第一家上市公司，整个发行工作从始至终都是在证券委领导下，由证券办具体组织、安排和落实，从前期的准备工作，包括资产评估、财务报告及发行方案到上市时机的选择等都进行了认真的研究、精心策划安排。国家下达1995年股票发行指标后，广西证券办根据公司业绩、产业结构、领导班子等因素综合考核从100多家股份有限公司中筛选出3家条件较好的公司作为预选企业，指导企业选择主承销商和中介机构，做好上市前一系列准备工作，实事求是地编写上市材料，并做好各方面的协调工作。

审核期货机构　广西证券办认真做好期货经纪公司和期货兼营机构的组织申报工作。对申报兼营期货代理业务并有交易所推荐的企业，组织企业严格按规定编写上报材料，证券办严格审查。

【规范化管理】 广西证券办加强证券、期货经营机构自律性管理，坚决查处违规违法行为。1994年由证券办牵头组织两个调查组赴南宁、北海、桂林等地，清理整顿期货市场，查处了一批非法进行境外期货和外汇按金交易机构，提出了关于清理整顿自治区期货市场的五条意见。此外，证券办还对有关证券、期货的信访投诉和举报进行了认真处理，调解纠纷和争议。广西证券办切实加强自身学习和廉政建设，经常组织证券办工作人员学习领会国家有关政策和文件，提高自身业务水平，同时加强廉政意识，扎扎实实做好工作。

深圳市证券管理办公室

【概况】 深圳市证券管理办公室经中共深圳市委、深圳市人民政府批准于1993年4月1日正式对外挂牌办公。深圳市证券管理办公室是深圳市证券管理委员会的日常办事机构，为市属正局级事业单位，内设5个处：政策法规处、公司审查处、市场处、稽查处、秘书处。定编60人。现有正式干部37人，其中博士学位2人，硕士21人，占62%。全办平均年龄34.5岁。是一支学历高，素质高，年轻精干的队伍。深圳市证券管理办公室主任：刘新华，副主任：张云东、胡关金。

【职能】 1996年3月21日，深圳市证券管理办公室获得中国证券监督管理委员会授权，对证券、期货市场行使部分监管职权。主要职能有：根据国家有关证券市场管理的法律法规拟定深圳市证券市场的法规草案或管理规定；根据国家有关证券市场的政策和法律法规以及证券市场的具体情况，提出深圳市证券市场发展的规划和证券发行计划，经批准后组织实施；负责深圳市公开发行股票公司股份制改组和股票发行的审查；负责对本地上市公司的监管；对在本地区范围内从事证券业务的证券经营机构的业务活动进行监管；对证券投资咨询机构及其投资咨询人员进行监管；对资产评估机构、会计审计机构和律师事务所等中介机构从事与证券有关的业务实行资格审查和监管；查处本地区范围内的证券违法违规行为；受理有关证券市场的信访、投诉和举报，调解证券纠纷和争议；根据深圳市委组织部的规定，管理部分证券经营机构的党务工作；中国证监会和深圳市证券管理委员会交办的其他工作。

【业务工作】 1996年，深圳市证券管理办公室在深圳市委、市政府的领导下，在中国证监会的指导下，认真贯彻"法制、监管、自律、规范"方针，坚持"发展才是硬道理"的指导思想，抓住有利时机，努力促进市场发展。同时，加强市场监管，致力于证券市场的规范化建设。以"团结、奉献、进取、求实"的精神，积极支持深交所的工作，主动服务于证券商、上市公司和投资者，有力地促进了深圳证券市场的振兴和发展。

抓住有利时机，促进市场发展　1996年深圳市证券管理办公室在深圳市委、市政府的领导下，与深交所密切配合，认真调查研究，针对近几年来深圳证券市场低迷的情况，认真分析研究了深圳证券市场发展的经验教训、存在的问题和形成的原因，制定了一系列搞活与发展深圳证券市场的措施。这些措施包括：(1)、积极推进改革，解决了深圳证券市场体制和运作机制方面存在的问题。理顺了市场管理体制，明确了证管办和深交所的分工协作关系；将深圳证券登记公司并入深交所，变成深交所的全资附属公司，减少环节，提高效率；改进交易清算机制；统一全国证券帐户卡，改分布式登记为集中式登记；开发、修正、合并交易清算电脑软件，提高协调性、效率性和安全性；改进深圳证券登记公司与异地证券登记机构的合作关系，减少环节；改进深交所的交易系统、撮合系统、行情揭示系统。针对运算速度慢、兼容性差、开发能力弱、主机容量有限、交易及成交回报慢、分盘撮合导致市场不活跃、指数公布不够灵敏、行情与买卖盘不同步等问题，改分盘撮合为逐笔撮合；实现行情与买卖盘揭示同步；实行零股交易；推出B股中央结算；降低市场收费，减少收费标准和收费项目，市场总体收费比原来降低60%。改组成立了市国投证券公司。对优秀上市公司进行排名，引导市场向理性投资方向发展。成立了深圳市国债市场发展小组，推出了一系列搞活国债市场的措施。由深圳证券商协会牵头成立了深圳证券市场发展咨询委员会，分析研究市场情况，提出改进与发展市场的建议。(2)、努力拓展市场，扩大市场规模和市场的覆盖面。1996年从深圳申请上市的几十家公司中，挑选出6家业绩好，主业分明的公司发行A股。并指导、协调深圳市高速公路公司、招商局蛇口工业区进行上市公司改组和发行H股。同时与深交所密切配合，在中国证监会的支持下，主动联系各地证管部门，争取了一批国内优秀企业来深上市，使深圳证券市场的A股上市的公司在1996年度增加了107只，其中80%以上是异地来深上市的公司，发行总股本增加了172亿元。1099万开户投资者中，有80%以上来自异地，奠定了深圳证券市场的全国性证券市场地位。审查并推荐深圳盐田港集团、深圳中兴新通讯公司为1997年度深圳A股发行预选企业。(3)、积极做好B股的发行和市场推介工作，加快市场的国际化进程。经国务院证券委和中国证监会批准，运用国家下达给深圳的B股额度，积极主动与拟发行B股企业联系、协调，严格执行有关B股法规，挑选素质高、为境外投资者看好的企业来深发行B股。加快审批速度，提高审批效率，全年度成功发行B股9只，使深圳证券市场B股公司达到43家。为改善B股市场环境，在市政府的领导下，成立了B股市场发展小组，综合各方面意见，统一认识，协调行动，相继出台了减少B股交易清算环节，降低B股交易收费等措施。扩大与境外中介机构的交流与合作，组织了多次B股境外推介活动，采取多种形式宣传深圳证券市场，帮助境外投资者了解深圳B股市场，促使B股市场稳步发展，B股二级市场有了较大的改善，境外投资者对中国B股市场的信心有所恢复。协调香港的中介机构组织发行了备兑认股证，加速了深圳B股市场的国际化进程。积极与国际证券界交流，接待了几十批境外投资基金、证券商及证券界考察团，促进了国际证券界对中国证券市场的了解。(4)、加强了配股与资产重组工作，支持上市公司的发展。严格按照中国证监会有关上市公司配股的规定及《1996年配股问题的通知》，严格审查上市公司的配股申请及其申报材料，解决配股过程中遇到的法规和会计方面的问题，年内完成了深圳市9家上市公司的配股审核工作。在市政府的领导下，积极研究探索深圳市上市公司向集团化发展，组成大的经济实体的课题，选择了长城、振业公司试点，以增资配股为杠杆，兼并为手段，实行资产重组，扩大企业的实力。(5)、积极进行调查研究，为证券市场的发展出谋献策。今年初，市政府下决心把振兴发展深圳证券市场作为今年的一件大事来抓。深圳市证管办与深交所密切合作，组织调查研究，提出了包括市场的策划、交易清算、法规建设、降低收费和深港衔接等内容的方案，推出了12项市场发展措施，认真组织实施。1996年整个深圳证券市场的改进都是基于这些方案和措施展开的，取得了较大的成效。对上市公司的财务问题和经营状况进行了调查研究。写出了《1995年深圳上市公司年度报告基本情况分析》、《1996年上市公司中期报告基本情况分析》等，提出了上市公司评级的基本方案。接待和配合中国证监会、国务院法制局在深圳的调研工作，就证券市场的管理体制、对外开放、历史遗留问题的解决和法律法规体系的建设等问题提出了书面意见。撰写了《深沪证券市场比较分析》、《深港证券市场衔接》等专题研究报告，对深圳证券市场发展的有关问题进行了较为深入的研究。

加强监管，促进市场的规范化建设　(1)、认真执行法规，努力做好监管工作。审批了41家深圳上市公司1995年度的分红派息方案。抽查了部分深圳上市公司1996年度的中期报告，规范了50余家上市公司的章程。针对深圳“老五家”上市公司法人股的流通问题，提出了解决问题的建议。(2)、审查了部分非上市公司的分红派息、股权转让、增资扩股、收购合并申请，对这些公司的章程进行规范。着手对深圳市100余家定向募集公司进行规范。(3)、加大市场监管力度，抑制过度投机，查处市场违规行为。先后多次组织及派出调查组配合中国证监会进行调查。根据中国证监会的授权，承担对券商二次准入的初审工作。先后对1家上市公司和2家证券经营机构进行了查处。配合中国证监会先后调查了11家证券经营机构，5家上市公司。查处了一些重大违规事件，对个别股评人士擅自在某证券营业部播放中央领导同志内部讲话录音事件，进行了调查处理。对两家证券营业部违规操作进行了调查和处罚。(4)、认真做好信访接待工作，受理各种举报、投诉，及时调解各种纠纷。1996年受理并处理各类投诉、举报、情况反映、咨询电话1000余次，接待来访200余人次，处理各种交办、转办信函件60多宗，调查处理各种纠纷30多起。

加强内部建设，提高管理水平　(1)、建立健全各种规章制度。1996年修订了《深圳市证券管理办公室财务管理办法》、《办公车辆管理制度》、《接待费使用审批规定》等一系列制度，使证管办的内部管理有章可循。(2)、建立了信息管理网络系统。以英特网为基础，建立了包括证管办办公自动化系统、证券信息服务系统和办领导办公服务系统、工资信息管理、组织人事信息管理、党员信息管理及深圳上市公司财务监察系统等的电脑信息管理网络系统。

加强业务培训、廉政建设和精神文明建议，提高干部队伍的整体素质　证管办党组始终注重干部的思想政治建设和业务培训，加强了政治学习，开辟多渠道和方式对干部进行业务培训。深入开展机关廉政建设和党风廉政教育，注重领导干部的廉洁自律，全办党员干部的思想政治素质和业务素质有了较大的提高。　(特约审稿：刘新华，特约编辑：邱大梁)

沈阳证券监督管理委员会

【概况】 沈阳证券监管体系初具规模，并且越来越发挥重要作用。1993年2月沈阳市成立了沈阳证券管理委员会(简称市证券委)和沈阳证券监督管理委员会(简称市证监会)，1996年3月市证监会被中国证监会确定为首批授权单位。1990年11月，沈阳证券业公会成立。1994年11月沈阳证券业公会改组为沈阳证券业协会。至此，沈阳证券市场形成了行政管理、法规管理和行业自律管理的管理体系，并且发挥应有的功能作用。

【业务工作】 沈阳证券监督管理委员会根据中国证监会、沈阳市政府的授权，行使对证券市场监管的职能。多年来沈阳证券市场重点处理好两个关系，即发展与规范的关系；服务与监管的关系。规范是健康发展的保证。沈阳证监会在大力发展一、二级市场的同时，重点抓好三个方面规范化建设工作：一是搞好上市公司规范化建设。完善现代制度的试点工作，并且利用上市公司的优势，搞好资本运营；二是搞好证券公司内部建设，完善各项制度，培育大券商；三是建章立制防范风险。制订了重大事项报告制度、案件处理程序和纠纷处理办法，建立对证券经营机构及上市公司检查制度。举办了防范风险教育日活动，散发了风险教育材料。在规范化建设的同时，努力提高服务质量。首先是做好咨询服务。几年来，沈阳证监会先后为几十家企业进行现代企业制度试点咨询服务，制做设计方案；二是对上市公司管理人员、证券从业人员开展灵活多样的培训活动；三是做好信息服务，建立了沈阳证券市场交易行情月报制度和重大信息临时报告制度；四是发挥典型示范作用，开展评选“十佳”券商和“文明服务窗口”活动。监管与自律相结合，努力提高监管工作的力度与水平。首先是建立上市公司档案，建立重大信息披露报告制度和定时抽查制度；二是重点加强对股市分析活动和股市沙龙的引导和管理，建立了重大股市分析活动申报登记制和股评人员准入制度，会同新闻、出版、电信、公安等部门联合印发了《沈阳证券市场信息传播管理办法》，将证券咨询机构纳入监管和规范范围；三是对上市公司加强监管，制订了程序性监管办法；四是充分发挥证券业协会在行业自律管理中的作用，制定了《沈阳证券业协会自律公约》。

（特约审稿：倪兴，特约编辑：宋军）

西安市证券管理委员会办公室

【概况】 西安市证管办的前身是西安市证券监督管理委员会。该机构是根据《西安市人民政府办公厅关于设立市证券委员会和市证券监督管理委员会的通知》的精神于1994年年初成立的，同时成立市证券委、市证监会办公室，两块牌子，一套人马。后根据市委常委会研究决定，“西安市人民政府办公厅关于设立西安市证券管理委员会办公室的通知”设立西安市证券管理委员会办公室（简称西安市证管办）。办公室为市证券管理委员会的办事机构，在市政府和市证券管理委员会的领导下，行使地方监管证券、期货和上市公司的职责。列为市政府直属事业单位，副局级建制。西安市证管办下设三个部门：即市场监管部、发行上市部、综合部。编制15人，领导职数为副局级1名，处级5名。

【职能】 西安市证管办是全市证券工作的主管部门，行使与中国证监会相对应的地方监管职能。其主要职能是：对本市证券、期货工作进行属地行政管理；组织制定本市证券、期货地方性法规和中长期发展规划；对辖区内的证券、期货市场进行日常监管；对申请发行A股的企业组织推荐，报市证管委审定；对发行A股企业的申报材料进行初审，并负责向中国证监会上报复审；组织协调股票发行工作；对上市公司进行日常监管；对申请发行B股和境外上市企业进行筛选，经市证管委同意后向国务院证券委推荐；对已发行B股和境外上市企业协助中国证监会间接监管；对申请设立从事证券业务的中介机构进行初审和上报工作，并对已批准设立的上述机构的资格和业务活动进行年度初审和上报工作；负责对证券、期货活动中的争议、纠纷调解处理，对违规行为进行调查处罚；对证券、期货、中介机构从业人员组织教育培训，会同有关部门对资格进行管理；指导证券、期货业协会工作；办理国务院证券委、中国证监会、市证管委交办的其他事项。

【业务工作】 审批与推荐　为了合理地使用国家计委、证券委下达给西安市A股股票的发行额度，并通过发行筹集一定数量的资金，促进西安经济的发展，西安市证管办对申请上市的公司进行认真的考察和评审工作，按照上市公司的基本条件、国家的产业政策、企业的经营效益、发展前景，以及申请企业在西安经济发展中的地位和作用进行筛选。逐户深入企业进行考察，在考察核实有关指标和资料的基础上，组织西安市推荐上市企业专家评审委员会进行评审，提出推荐意见。西安市证管办已审批并推荐了西安解放百货股份有限公司、西安民生集团股份有限公司、西安达尔曼实业股份有限公司、西安饮食服务（集团）股份有限公司、西安黄河机电股份有限公司、西安旅游服务（集团）股份有限公司等6家企业分别在上海证券交易所和深圳证券交易所挂牌上市，上市公司股本总额为62151万股，流通股总额为25201万股。几年来，西安市证管办对上述6家公司送配股的分配方案进行认真的审查，并监督其组织实施。1993年西安解放百货集团股份有限公司分配方案为每10股送1股派1元，1994年西安民生集团股份有限公司实施每股送3股配3股派1元的分配方案；西安解放百货集团股份有限公司为每10股送1股；西安黄河机电股份有限公司为每10股送5股。1995年西安民生集团股份有限公司为每10股送1股配3股派1元。1996年西安民生集团股份有限公司为每10股送2股配2.5股派1.7元；西安达尔曼实业股份有限公司为每10股送10股；西安旅游服务（集团）股份有限公司为每10股派发红利0.8元。西安市尚无发行B股的企业。为此西安市证管办积极组织有关方面进行调查研究，对能够发行B股的企业进行筛选，努力推荐能够发行B股的企业。

培训与交流　西安的证券市场这几年有了很大的发展。证券投资者已达40万人，证券经营机构近30家。1996年证券交易量达730亿元，证券从业人员近1000人，为了提高证券从业人员的政治、业务素质和职业道德水平，以促进证券市场的健康发展，从1995年起西安市证管办先后举办了4期证券从业人员培训班，培训内容为：证券基本知识，证券法规及证券从业人员的行为规范。两年多来对西安地区的证券从业人员基本上都进行一次较为系统的培训，学员经过考试、考核，合格者发给西安证券从业人员上岗资格证书，取得了良好的效果。此项工作由西安市证管办牵头，西安证券业协会组织管理。为了学习国外证券市场的成功经验，提高西安市证券管理及证券经营机构人员的证券业务水平，西安市证管办于1995年组织了西安市证券管理和经营机构的有关人员赴美国考察了纽约等地几家证券交易所，听取了有关专家对美国证券市场的发展及现状、美国证券监管及交易法规、美国股票柜台交易、投资基金的管理及运营等问题的介绍，获益非浅。

信息与中介服务　为了及时掌握、分析、交流西安证券市场交易情况，西安市证管办将西安地区各证券经营机构每月证券交易情况及时加以汇总，建立了西安证券交易月报制度，报送省、市有关领导并反馈给证券经营机构进行交流，使省、市领导机关和有关领导同志通过掌握证券交易量的信息来观察证券市场的发展，对发现新问题、解决新问题起到了很好的作用。目前，西安市已取得证券业务资格的会计师事务所有西安会计师事务所、陕西会计师事务所、陕西秦军会计师事务所、陕西岳华会计师事务所等4家；资产评估机构为西安正衡资产评估公司和陕西资产评估公司2家；律师事务所为西安涉外律师事务所和陕西第二律师事务所2家。这些中介机构在协助西安市证管办对上市公司的审批和对证券市场的稽查中都起了不小的作用。

【法制建设】 西安市证管办在市委、市政府的领导下，认真贯彻《公司法》及中国证监会关于证券市场的法规政策，坚决执行“法制、监管、自律、规范”八字方针，加大证券市场监管力度，规范市场行为，促进证券市场稳定、健康的发展。1996年底，根据中国证监会的通知，结合西安市的实际情况，由西安市证管办、市人民银行、市工商局及有关会计师事务所组成证券稽查工作小组，对西安各证券经营机构和经营情况进行一次为期一个月稽查工作，重点查处证券经营机构给客户透支买卖股票的行为。整个稽查工作对证券经营人员起到了宣传教育、提高认识、加强自律的积极作用，促进了西安证券市场的规范发展。

（西安市证管办）

杭州市人民政府证券委员会办公室

【概况】 为加强对杭州市证券期货市场的监管，杭州市人民政府于1994年9月批准成立杭州市人民政府证券委员会（简称市证券委)，由杭州市常务副市长马时雍任主任。市证券委下设办公室作为其日常办事机构。为进一步加强对证券、期货市场的监督管理，依法规范市场行为，1996年6月杭州市机构编制委员会批准成立杭州市人民政府证券委员会办公室，为市政府直属事业单位，内设综合部、证券监管部、期货监管部，核定编制10人，目前实有人员6人，其中主任1人。

【职能】 杭州市人民政府证券委员会办公室主要职能：贯彻实施国家证券期货法律、法规、规章、政策、规划和计划；拟订全市证券期货市场的地方性规章和管理制度，拟订全市证券期货市场的发展规划和方针政策，并负责组织实施；负责对全市上市公司、证券经营机构、证券中介机构、期货交易和经纪机构进行日常监管；指导、协调、监督和检查全市与证券期货有关的各项工作；对全市证券市场法规、管理制度及发展规划的实施实行统一监管；负责全市股份有限公司设立方案的审核。

【业务工作】 杭州市证券委办公室已审批了杭州解百、百大集团、凯地丝绸、万向钱潮、天目药业等5家上市公司，审批上市公司送配股等6家(次)；杭州汽轮动力股份有限公司发行B股工作以及杭州娃哈哈美食城股份有限公司的A股发行工作正在进行之中。到1996年底止，全市上市股票已达9种，其中本市的有5种(天目药业、万向钱潮、杭州解百、百大集团、凯地丝绸)，省属3种(浙江中汇、中大股份、信联股份)，中央属1种(东方通讯)，年末上市A股股票流通总市值达42.8亿元，其中杭州市5种股票的年末流通市值为23.6亿元。1996年年末全市二级市场证券交易总成交额为965亿元，比上年增长3.5倍，其中股票成交量达853亿元，比上年增加3.8倍，国债成交量为111.7亿元，比上年增加2倍。市证券办每年不定期组织股份有限公司及政府有关部门人员进行证券、期货知识培训。

【法制建设】 1994年制订了《关于规范整顿杭州市期货市场的若干意见》，1995年在全国率先出台了《关于加强杭州市国有集体企业事业单位参与期货交易管理的若干意见》，将杭州市国有、集体企业参与期货交易纳入了正常的管理轨道。市证券委办公室会同工商行政管理机关对杭州诚业咨询公司违规从事股权交易行为进行了查处。

(特约审稿：沈坚，特约编辑：邵锡秋)

长春市证券监督管理委员会

【概况】 长春市证券监督管理委员会成立于1995年10月。是长春市人民政府批准设立的事业单位，并正式授权为长春市证券监管部门，隶属于市政府代行政府职能。编制15人，领导职数为一正一副，由市委组织部任命。内设机构：办公室、公司部、机构部、稽查部。主任：王绍川，副主任：张守义。于1996年11月11日获得中国证券监督管理委员会第二批授权行使部分监管职责。

【职能】 长春市证券监督管理委员会主要职责是：根据国务院证券委、中国证监会和市政府授权，依照相关法律、法规、规章，会同相关部门，制定长春市证券期货市场发展规划、管理规则、实施细则。负责对设立在长春市市区内的证券经营机构、证券经营机构的分支机构、证券登记公司的业务活动进行日常监督。负责对本区域内的证券经营机构的自营业务资格的申请进行初审，并出具初审意见。负责查处设立在本行政区域内的被监管机构及其从业人员、证券市场投资者的有关证券方面的违法、违规行为。负责查处本行政区域内违反法律、法规规定的公开发行股票、非法进行股票交易及其它破坏证券市场秩序的行为。负责监督设立在本行政区域内的上市公司，依照国家的有关法律、法规或公司章程的规定，完善公司组织机构、规范公司运行，协调政府有关部门与上市公司的关系。负责对设立在本行政区域内的被批准公开发行股票的股份有限公司公开发行股票进行组织、指导和监管。查处上市公司违反法律、法规的行为。负责本行政区域内有关证券的信访、投诉和举报，调解证券纠纷和争议。负责对本行政区域内证券市场运作态势进行统计、分析、研究。完成中国证监会和市政府交办的其它任务。

【业务工作】 截止1996年末，经中国证监会批准，长春市区域内已有11户股份有限公司公开发行A股股票，共计发行2.2亿股，募集资金近13亿元。1户公司已完成配股工作，2户公司配股待中国证监会审批。长春市区域内共有证券商及其分支机构8户，股票交易大厅19个，有资格从事证券业的会计师事务所、评估事务所、律师事务所各2户。长春市证券监督管理委员会通过调查、学习，正在制定对区域内的上市公司和证券经营机构的监管条例，并在中国证监会指导下积极开展证券市场防范风险年活动，努力做好对地方证券市场的监管工作。(特约审稿：张守义，特约编辑：孙树人)

济南市证券管理委员会办公室

【概况】 1993年7月，经济南市人民政府批准，成立了济南市证券管理委员会，主任委员、副主任委员、委员分别由常务副市长、分管金融的副市长及各有关部门的主要负责人担任。同时，批准市证券委设立办公室，由市政府直接领导，编制12人，设证券部、期货部、综合部。济南市证券委办公室主任：孔繁丁。

【职能】 济南市证券管理委员会办公室主要职责是：贯彻实施国家有关证券、期货管理的法律、法规，制定济南市证券、期货市场的政策、规章和发展规划，指导、协调、监督、检查全市与证券、期货有关的各项工作，审定、推荐上市公司等。市证管办成立几年来，按照国家有关政策，逐步加大了对全市证券、期货市场的监管力度，促进了济南市证券、期货市场的健康、有序发展。

【业务工作】 济南市证券管理委员会办公室成立几年来，主要作了以下几方面工作：

加强对证券、期货市场的监督和管理　济南市证管办完善内部组织机构，建立健全了各项监管工作制度，认真履行监管职责，严格执行国家关于证券、期货市场的法律、法规，坚决查处证券、期货市场中的违法违规行为。先后制定转发国家和省证券委、证监会有关文件累计达60余件，并制定了“关于加强对济南市证券、期货市场监管的意见”等文件。特别在期货市场监管中，认真执行中国证监会关于立即停止外盘交易、期货经纪公司重新登记注册和清理期货经纪机构分支机构的通知，深入期货经纪公司进行认真的督促检查，坚决纠正违规问题，并认真审查公司上报材料，使济南市的期货经纪公司顺利完成了停止外盘和在国家工商局登记注册的工作。

推进证券、期货市场健康发展　济南市证管办成立以来，通过大量的综合协调工作，着力推进证券、期货市场的健康、有序发展。济南市区已有证券经营机构16家，其中，省级机构7家，市级机构2家，外地证券机构在济设立的经营机构7家。上述机构与上海证交所和深圳证交所开通证券异地交易业务，部分机构还与省产权交易所、青证交、STAQ和NET

联网。证券从业人员2000多人。在证券机构长足发展的基础上，证券交易市场空前活跃，全市股民近20万人，日成交量平均在3亿元左右。济南市证券业协会正在筹建，以进一步活跃证券市场和加强行业自律管理。全市先后成立期货经纪公司8家，其中济南华易期货经纪公司是全国最早成立的期货经纪公司之一，山东齐鲁期货经纪公司、山东泉鑫期货经纪公司两家公司的硬件环境居国内前列，期货经纪业务在国家法规规范下有了一定发展。

积极推荐公司上市 济南市证管办把积极推荐上市公司和规范公司行为作为一项重要工作来抓。几年来，已有3家公司成功上市。济南轻骑摩托车股份有限公司一步改组到位，公开发行股票，1993年底在上交所挂牌上市。济南百货大楼股份有限公司获准由定向募集公司转为社会募集公司，1994年初在上交所挂牌上市。渤海集团股份有限公司是我国最早公开发行股票的公司之一，1994年在上交所挂牌上市。企业发行B股和海外上市也取得进展，济南轻骑摩托车股份有限公司发行B股2.3亿股，已在上交所上市交易。济南化纤股份有限公司已被国务院证券委确认为境外上市预选企业，济南市证管办正协助其做好基础工作，争取早日在境外上市。

认真规范股份公司 济南市证管办依照国家有关法律、法规和公司章程的规定，规范其运作行为。对原有定向募集股份公司，按有关要求，认真规范其设立条件，使大部分公司得到省政府确认，成为募集公司。

（特约审稿：孔繁丁，特约编辑：张彬）

大连市证券管理办公室

【概况】 大连市证券管理办公室成立于1992年12月4日，同年12月18日正式挂牌办公。经大连市机构编制委员会批准，大连市证券管理办公室为市政府直属事业单位，正局级建制，定编20名，内设5个处，即秘书处、发行处、综合处、期货处、上市公司处，市财政全额拨款。大连市人民政府副秘书长孙福信兼任市证管办主任，杨叔竞任市证管办副主任。经中共大连市委决定，市证管办组建了党组，经市直机关工委批准，市证管办组建了直属党支部。1996年3月21日，大连市证券管理办公室成为中国证监会首批授权行使部分监管职能的地方监管部门。

【职能】 大连市证券管理办公室的主要职能是依据中国证监会和市政府的授权决定，对大连市的证券市场、期货市场实施宏观调控，依法监督管理。具体监管职责是：负责对设立在本行政区域内的证券经营机构及其分支机构、证券投资咨询机构、期货经纪公司及其分支机构，以及从事期货经纪业务的非期货经纪公司会员单位的业务活动进行日常监管；负责对证券经营机构的自营业务资格的申请进行初审，并出具初审意见；负责查处设立在本行政区域内的被监管机构及其从业人员，证券或者期货市场投资者的有关证券或者期货的违法、违规行为；负责监督设立在本行政区域内的上市公司依照国家有关法律、法规或者公司章程的规定，完善公司组织机构，规范公司运作。查处本行政区域内上市公司违反证券法律、法规的行为；负责处理本行政区域内有关证券或者期货的信访投诉和举报，调解证券或者期货纠纷和争议。

【业务工作】 大连市证券管理办公室认真贯彻“法制、监管、自律、规范”的方针，坚持“发展与规范齐抓，监管与服务并重”的指导思想，加强监管工作，规范市场行为，促进了大连市证券市场、期货市场的健康发展。截止1996年底，大连市共有证券经营机构30家，证券从业人员近1000人，投资者已达20万人，全年证券交易额为379亿元。截止1996年底，大连市共有上市公司11家，其中A股10家，B股1家，即发行A股有大连冷冻机股份有限公司、大连商场股份有限公司、大连北大车行（集团）股份有限公司、大连热电股份有限公司、大连大显股份有限公司、大连渤海饭店（集团）股份有限公司、大连友谊（集团）股份有限公司、辽宁远洋渔业股份有限公司、辽宁成大股份有限公司、大连东北热电发展股份有限公司，发行B股有瓦房店轴承股份有限公司。各上市公司管理规范，业绩优良，在二级市场上表现突出，塑造了大连股票板块的良好形象。辽宁远洋渔业股份有限公司还成为上证30指数首次调整唯一入选企业。

截止1996年底，在大连市有代理权的期货经纪机构39家，其中期货经纪公司7家，异地期货经纪公司大连营业部11家，非期货经纪公司期货业务部21家。大连商品交易所拥有会员152家，1996年237个交易日，期货交易额7321亿元，创历史最高纪录。

【规范化建设】 为了配合发行与上市工作，1996年市证管办与市经委联合举办了大连市首届证券知识培训班，组织了有上市积极性的10余家企业领导赴深圳考察学习，邀请境内外6大券商前往授课。市证管办与香港德勤会计师行合办了“海外上市研讨会”，邀请了美国、日本、香港专家前来演讲。市证管办作为承办部门，全力以赴地参与了大连市政府、中国金融学会和南方证券公司共同举办的“中国资本市场国际研讨会”的会务工作，使会议取得圆满成功。为加强监管工作，市证管办依据国家有关法律法规，结合监管工作实际，制定了一些规章制度，如加强对上市公司的监管意见等，使监管工作逐步走向法制化、规范化的道路。

（特约审稿：孙福信，特约编辑：张继东）

证券管理机构名录

名称	地址	邮编	电话	传真
中国证券监督管理委员会	北京市西城区金融大街16号金阳大厦	100032	66210166	66210167
国家计划委员会	北京市西城区月坛南街38号	100824	68502577	68512929
国家财政部	北京市西城区三里河南三巷3号	100820	68533647	68533647
国家经济贸易委员会	北京市宣武门西大街26号	100053	63045334	
国家经济体制改革委员会	北京市西安门大街22号	100017	63096437	
国家国有资产管理局	北京市海淀区厂洼区5号	100081	66766690	68483089
中国人民银行	北京市西城区成方街32号	100800	66015522	
国家外汇管理局	北京市朝阳区北辰东路汇宾大厦	100101	64915738	
国家司法部	北京市朝阳门南大街10号	100020	65205546	65205644

国家税务总局	北京市海淀区羊坊店西路5号	100038	63417633	63417971
安徽省证券管理办公室	安徽省合肥市安庆路268号	230061	2824134	2824134
北京市证券监督管理委员会	北京市崇文龙潭湖路甲3号华宇大厦	100061	67149078	67134397
海南省证券管理办公室	海南省海口市海府路73号农建友谊大厦	570203	5357244	5334405
贵州省证券委员会办公室	贵州省贵阳市八角岩省府大院5号楼2层	550004	6839517	6839517
广东省证券监督管理委员会	广东省广州市东风路703号29幢11楼	510080	87614441	87303717
甘肃省证券监督管理委员会	甘肃省兰州市中央广场1号	730030	8473416	8487043
福建省证券委员会办公室	福州市华林路76号省政府大院437房	350003	7846530	7823240
广西壮族自治区证券委员会办公室	广西南宁市民东路政府大楼	530012	2803110	2801991
河南省证券管理委员会办公室	郑州市政五街省府北院综合办公楼13楼	450003	5994425	5994423
河北省证券监督管理委员会	河北省石家庄市和平西路283号	050071	7089058	7086121
黑龙江省证券管理办公室	黑龙江省哈尔滨市和平路2号	150001	2118382	2118382
湖北省证券管理办公室	湖北省武汉市水果湖湖北饭店3号楼	430071	7811311	7892106
吉林省证券管理办公室	吉林省长春市新发路11号	130054	8904661	
江苏省证券期货监督管理委员会	江苏省南京市西康路29号	210024	3303407	3396411
江西省证券管理办公室	江西省南昌市北京西路5号	330046	6224477	6261202
辽宁省证券委员会	辽宁省沈阳市皇姑区歧山中路1号	110032	6831504	6831537
青海省证券管理办公室	青海省西宁市东大街103号	810000	8239116	8236887
湖南省证券监督管理委员会	湖南省长沙市芙蓉中路平安大厦6楼	410005	2230752	4421308
内蒙古自治区证券监督管理委员会	内蒙古呼和浩特市新城西街86号5号楼	010010	6933717	6933717
宁夏证券管理办公室	宁夏银川市解放西街217号	750001	5045924	
山东省证券委员会	山东省济南市省府前街1号	250011	6909714	6901949
山西省证券管理办公室	太原市迎泽大街163号省一招西2楼	030001	4085870	4085870
云南省证券监督管理办公室	云南省昆明市省府大院	650021	3133716	3161734
陕西省证券监督管理委员会	陕西省西安市西一路113号军展大厦3楼	710004	7422081	7420139
四川省证券管理办公室	四川省成都市督院街30号	610016	6604317	6662992
上海市证券管理办公室	上海市徐家汇区永嘉路718弄3号	200021	64332002	64335668
浙江省证券管理办公室	浙江省杭州市省府路省府大院1号楼	310024	7052549	7052549
天津市证券管理办公室	天津市河西区友谊路增5号	300201	8362377	8362377
西藏自治区证券管理办公室	西藏自治区拉萨市林廓北路12号	850000	6323140	6653411
新疆自治区证券管理办公室	乌鲁木齐市中山路自治区政府办公楼11层	830041	2819585	
广州市证券管理办公室	广东省广州市府前路1号4号楼9层	510032	83125625	83125625
南京市证券委员会办公室	江苏省南京市北京东路41号	210008	3372040	3619754
武汉市证券管理办公室	湖北省武汉市汉口三阳路1号	430014	2803850	
深圳市证券管理办公室	深圳市福田区百花六路长青楼	518028	3321955	3321940
西安市证券管理委员会办公室	陕西省西安市西一路276号	710004	7215583	7260405
沈阳市证券监督管理委员会	沈阳市沈河区大西路338号通达商厦5楼	110014	2901420	2903793
哈尔滨市证券管理委员会办公室	黑龙江省哈尔滨市道里区友谊路304号	150010	4671400	4672323
长春市证券监督管理委员会	吉林省长春市斯大林街57号	130056	8968701	8968701
长沙市证券管理办公室	湖南省长沙市藩正街4号	410005	4448540	
杭州市政府证券管理办公室	浙江省杭州市环城北路318号	310026	5251832	
济南市证券管理委员会办公室	济南市经二路193号市政府办公楼3层	250001	6056304	6056314
大连市证券管理办公室	辽宁省大连市西岗区大公街34号	116011	3611367	

证券交易机构

上海证券交易所

【概况】 上海证券交易所成立于1990年11月26日，同年12月19日正式开业，是改革开放后中国大陆诞生的第一家证券交易所，上海证券交易所是非盈利性的、会员制的事业法人，致力于造就公平、稳定、高效的证券市场。上海证券交易所有会员523家，遍布各省、市、自治区，会员证券营业网点已超过2000多个，通达500多个大中城市。至1996年底，上海证券交易所上市证券品种达368个，可分为四大类。即股票(A股、B股)、债券(政府债券、企业债券、金融债券)、基金(包括其它信托受益凭证)、认股权证等衍生金融商品。上市股票的市价总值约为5477亿元人民币。

交易系统　上海证券交易所借鉴世界上证券交易所发展逾百年的经验，自主开发、创立了独具特色的运作体系，旨在充分发挥集中竞价功能，为投资者提供一个极富流动性、低成本、高效率的市场。上海证券交易所采用先进的电脑自动交易，拥有以HP－T500为主机的计算机自动配对系统。客户买卖指令经场内交易员通过电脑终端申报输入，由计算机按照“价格优先、时间优先”的原则自动撮合配对成交。目前主机的配对处理能力为每秒2500笔。上海证券交易所实行无纸化交易。所有上市股票无须印制股票实物，而以数据形式存放于上海证券中央登记结算公司的电子帐户内。买卖发生时，由电脑进行自动划拨。1996年股票的日最高成交金额为190.6亿元，日最高成交股数为19.7亿股。

证券登记　上海证券交易所全资拥有的上海证券中央登记结算公司，为中央登记、存管、结算的专门机构。办理股权主要采用自动过户的办法，在电脑撮合成交时，A股同步完成股票过户；B股同步完成预过户，可实现当日回转交易，最后过户于T＋3日完成。对所有股票实施逐笔结算。A股交易的价款实行净额结算。市场的直接参与者均为结算公司的交收对方，A股实行T＋1交收，B股实行T＋3交收。上海证券中央登记结算公司为每个投资者统一开立股票帐户，提供实时交易记录查询、月对帐单等服务。

【交易市场】 1996年上海证券市场稳健向上，规范运作，各项工作都取得一系列新的突破，成为市场建立以来发展最快的一年。

市场规模大幅扩展　1996年是上海证券交易所快速发展的一年，这不仅表现在一级市场上市公司数量的增长上，也表现为二级市场稳健发展中投资者队伍和市场成交规模的扩张。截止1996年底，在上海证券交易所挂牌的上市公司已经增至293家，较上年增加105家；上市证券品种总数达到368只，比1995年增加98只，其中上市A股287只，上市B股42只，上市基金15只。市价总值和流通市值分别达到5477.81亿元和1390.16亿元，市场各类证券全年成交金额27013.81亿元，其中股票成交金额9113.73亿元。参与上海证券市场的投资者人数也超过1200万人，比上年增长77%。

国债市场健康发展　国债市场是证券市场的重要组成部分，也是中国国民经济健康、持续和稳定发展过程中不可缺少的有效支撑。上海证券市场以服务于国民经济建设为己任，始终坚持不懈地推进国债市场的建设与发展。在1996年中取得了长足的进步。1996年，上海证券交易所国债成交累计达17401.22亿元，较上年增加798%，上市的国债现券和国债回购品种分别达到9只和8只。国债现券全年的成交金额达到4962.38亿元，增幅为549%；国债回购的成交金额为12439.16亿元，增幅达到962%。在上海国债二级市场成交金额占全国国债市场90%以上份额的同时，在1996年中国国债加快发行节奏、加大发行数量和推进国债发行市场化的进程中，上海证券交易所多次成功地担负起国债招标发行的任务，在历次国债发行后都吸引了85%以上的国债注册，有力地支持了国家财政和国民经济重点建设的需要，也确立了上海证券市场作为中国国债市场中心的地位。

【基础设施】 上海证券交易所为确保市场信息及时、公正地传播，开发建立了一个覆盖全国、通达海外的信息传播系统。系统由高速光纤DDN网和单向与双向卫星接收站组成，通过近500个DDN用户，近3000个卫星接收小站通达全国，并经与路透社、德励资讯等联网后通向全世界。在保证每日证券行情实时揭示以及成交、清算数据准确及时传送的同时，上海证券交易所负责及时发布市场信息和上市公司重要信息。上海证券交易所现有8个交易大厅，设置交易席位3700个，并与国内20多个证券交易中心实施电脑联网交易，整个交易系统电脑竞价申报终端已达6000个。1996年9月24日，上海证券交易所决定对证券交易方式作重大调整，即由原来的有形席位交易方式改为有形无形相结合、并以无形为主的交易方式。为了适应上海发展成为国际金融中心的需要，上海证券交易所在浦东陆家嘴金融贸易区建造的具备国际一流设计和建设水准的智能大厦—上海证券大厦已经竣工，1997年底以前，上海证券交易所将东迁浦东。上海证券交易所即将拥有设施一流、亚洲最大的证券交易场所，这将有助于把上海证券交易所办成亚洲一流的资本市场。

【规范化管理】 1996年，上海证券交易所认真贯彻国务院关于“法制、监管、自律、规范”的八字方针和国务院证券委第六次会议精神，切实履行了一线监管职责。1996年初上海证券交易所由总经理带队奔赴全国各地召开会员座谈会，在认真听取会员单位的意见和建议后，着手实施了改进市场服务、加强市场监管、推进市场发展以及完善交易所内部管理的“3＋1”工程。上海证券交易所对1995年度的6家亏损上市公司作出停牌2天的警告，同时于7月1日成功推出了上证30指数，对促进上市公司规范运作，引导投资者树立正确的投资理念起到重要作用。为了有效防范与控制市场风险，上海证券交易所在1996年初组建了专门的监察总部，通过调查、探访等措施对会员单位的日常经营行为进行监管；通过建立实时交易监控系统，对会员单位及其客户的异常交易和违规行为进行有效查处。与此同时，上海证券交易所与上海证管办联合发布《关于B股上市公司设立董事会秘书的暂行规定》，对上市公司的规范化建设起了重要作用。上海证券交易所还推出了可选择指定交易制度，《上海证券交易所指定交易制度试行办法》于5月1日实施,在增加系统的安全性和保护投资者的合法权益方面迈进了一步。在1996年4月会员大会制订出降低7项收费标准的基础上,9月24日起再次降低交易佣金和经手费,并全面推广场外无形席位,降低交易成本,提高市场的运作效率。12月16日推出了股票、基金涨跌幅限制措施,规定单个股票、基金价格每天涨跌幅不超过10%,随着这些措施的实施,使上海证券市场的投资环境得到了进一步的改善。

(上海证券交易所　周惠忠)

深圳证券交易所

【概况】 1996年是深圳证券市场全国性地位得以确立关键的一年,深圳证券交易所的各项业务全面发展。

市场规模扩大　1996年共上市新股109只,新增总股本172.15亿元。股票市价总值由年初的948.62亿元扩大至年底的4364.57亿元,增长360.10%。上市公司在深圳市场通过发行新股筹资120.01亿元,通过配股筹资28.27亿元,筹资总额共达148.28亿元,比上年增长200.82%。全年股票、基金总成交金额达到13313亿元,超过了前5年成交额的总和,日均成交53.90亿元,为上年的10.92倍。全年深市股票、基金交易额占全国的比例由1994、1995年的31.84%、26.11%迅速提高到58.08%。深证成份指数全年升幅为225%,波幅为389%。在全年247个交易日中,142天收阳,105天收阴,连续走阳在7天以上的达3次,最长走阳时间达10天。全年从行情启动到持续走强,深市都充分体现了主战场的特点。

投资者踊跃　1996年随着市场的启动和发展,全国各地都出现了积极参与深圳证券市场的好势头。深圳市场受到越来越多的投资者参与。至1996年底,深交所开户投资者1083万户,会员542家。

【基础建设】 深圳证券交易所正式实施了在股份集中管理、集中清算基础上的证券帐户卡全国通用、转托管T+1到帐、通过交易系统认购配股。改进后的集中存管与清算模式不仅保留了原有模式安全性方面的优势,而且在提高效率、降低成本方面有了实质性转变。对交易系统进行了改造、扩容和优化升级,日综合处理能力较上年提高2倍多。双向小站伙伴备份系统正式上线运行,为通讯系统的安全可靠运行提供了又一重要保障。在北京等十余地进行了资金就地清算的试点工作,为寻求安全、高效的资金交收方式进行了有益的尝试,为形成完全的无形化市场作了基础性的准备。加强技术研究规划和开发工作,以确保交易清算系统具备满足市场发展需要的前瞻功能。完成了深圳证券大厦的购置、装修招标与布线工作。

【规范运作】 1996年深交所切实从制度上、手段上双管齐下,严格要求,努力做到市场有异动必有反应,有违规必有查处,在市场规范化建设上果断采取了许多措施。首先,健全规章制度、理顺业务流程,力求做到市场运作和业务管理程序化。1996年深交所制定、颁布了有关市场运作、市场管理的规章制度21项。在主要业务环节建立业务制度和操作流程,初步实现了标准化、自动化、程序化。在所内基本形成了一套全过程、跨部门监管体系。监管手段也有了显著改进和提高,建立了自动化的即时监控系统,实现了在交易前端进行券商卖空监控、B股不合规帐户禁买等功能,为履行监管职能增加了切实有效的手段。其次,把握市场动态,注重实时监管,认真查处市场运作中的异常情况。顶住压力,杜绝人为透支,并彻底解决了历史遗留透支问题;严禁买空卖空,发现一单处罚一单,有效控制了这类违规行为的发生;对超比例持股坚持实行了专人检查,常抓不懈;采取果断措施,解决了境内人士B股开户的老问题;加强了对信息披露特别是上市公司澄清公告等临时报告的审查;在新股上网发行中,严格处理占号申购新股的违规事件。1996年在市场交易额的日渐放大的情况下,深圳市场上没有发生由于交易所原因形成的重大违规行为和重大风险。第三,帮助投资者树立投资理念,营造投资氛围。为了便于投资者更多地了解上市公司经营状况,准确分析其投资价值,根据上市公司综合业绩进行了排序,推出了20家绩优企业。此外,深交所还十分注重加强与各地证管部门的联系与合作,先后与31个省市证管部门签定了合作协议书,派出多名干部上门学习监管经验,开辟了深交所与各地证管部门协调配合,共同加强市场管理的新形式。

【服务体系】 1995年11月份,深交所开始实施市场服务工程,1996年在全面解剖自身工作和广泛听取市场各界意见的基础上,对外提供更加全面、多样的服务,满足多层次的服务需求。一是开设市场服务专线,建立了上门服务制、第一受理人负责制等服务制度。二是在北京、上海、成都、武汉等主要中心城市设立服务中心,有计划地建立全国性服务网络。三是市场服务小组、技术服务小组分别走访全国各省市,又在22个省市开展了服务周活动,主动上门征求意见,介绍市场规则,了解市场实际,提供技术咨询,开辟了深交所提供综合配套上门服务的新途径。四是注重市场反映,在可能范围内及时推出服务项目,如定期对帐、上门培训、走访上市公司等。五是在会员大会后,为了进一步提高服务水平,推出了服务承诺制和限时服务制度,把深交所服务工作置于社会的监督之下。经过一年市场服务工作的实践,基本形成了以交易所为主体、各地服务中心为支点、市场服务小组为补充的全方位服务体系。

【内部管理】 在大力提倡一切围绕市场、尽心尽责做好工作的奉献精神的同时,深交所在内部进行了一系列管理改革。建立民主决策机制,严格坚持重大事项集体讨论、日常工作按程序办事的工作作风;加强组织纪律建设和反腐保廉工作;建立部门目标岗位责任制,形成了考核奖罚相联系的管理机制;探索人事制度改革的新途径,改革平均主义分配机制;进一步理顺了财务管理体制,坚持了财务审批一支笔,重大开支由财务小组集体审核的制度;成立了稽审部,加强了内部稽核审计力度;采用多种形式提高员工的政策水平和实践能力,丰富员工的社会经验。

(深圳证券交易所)

香港联合交易所

【概况】 香港联合交易所(交易所)理事会有31名理事,组成如下:(a)在截至即将举行会员周年大会之月份前第四个月最后一日止的十二个月期间,从缴付最多交易征费总额的14名会员中,选出4名经纪理事(组别A);(b)从排名仅次于组别A的51名会员中选出5名经纪理事(组别B);(c)从会员总数中选出9名经纪理事(组别C);(d)上市公司2名代表;(e)7名人士,属独立个别人士及市场使用者或专业顾问、顾问或对证券买卖具有认识之学者;(f)2名由政府委任的独立人士;(g)交易所行政总裁;(h)香港中央结算有限公司行政总裁。理事会的18名经纪理事由交易所会员在会员周年大会上以不记名投票方式选出,而组别A及B的理事则先由提名委员会提名,组别C的理事则由交易所会员提名及和议。外界理事(除政府委任的2名人士外)均由理事会与证券及期货事务监察委员会(证监会)咨询商讨后,并在事先获证监会书面批准下作出委任。理事会经纪理事之任期为连续三年,有资格重选，再留任连续三年，即最多以六年为限。理事会的外界理事之最初任期不得超过三年，最多可延长至六年。担任理事连续六年的经纪及外界理事在退任一年后将有资格重选或再获委任为理事。理事会主席及两名副主席在每届会员周年大会完结后从所有理事会理事中(除两名行政总裁外)以不记名投票方式选出。如获选的主席为经纪理事，则两名副主席中必须至少一名为外界理事，如主席为外界理事，则最少一名副主席须为经纪理事。

【财务回顾】 交易所在1995年7月1日至1996年6月30日的财政年度(1996年财政年度)录得除税后净盈余2040万元，对上一个年度则为4220万元。营业额达4.5亿元，1995年度则为4亿元。未计折旧的营运开支为3.61亿元，1995年则为3.11亿元。保留盈余由五年前的2.93亿元增至5.07亿元。期间各项主要发展(如自动对盘及成交系统、股票期权市场以至离场交易系统等)所需的资金均全部由保留盈余拨付。

【营运回顾】 在1996年财政年度内，集资市场及交易市场的活动均显著增加，尤以下半年度为然。交易所年内亦完成了多项主要的市场发展计划，其中包括推出股票期权市场、透过装设于会员办公室的第二交易终端机而进行离场交易，以及扩大受监管卖空活动的范围。在1996年5月，交易所与香港期货交易所联合举办国际期权市场协会年会，来自世界各地二十多个国家的四十多家交易所及结算所合共派出超过六十名代表出席。在9月，交易所成为国际证券事务监察委员会组织的附属会员(affiliate member)。到10月，交易所更获Asian lnstitute of Management颁发营运管理奖，显示交易所的营运效率和生产力获外界认可。

【集资市场】 年内共有34家公司进行首次公开招股，集资188亿元；而对上一个财政年度内则有30家新公司上市，集资119亿元。年内进行首次公开招股的公司中，有4家公司为H股发行人，集资54亿元。此外，同一期间内还有71只债务证券上市，总值1250亿元；另外新上市的认股权证有166只，包括107只由金融机构发行或担保的衍生认股权证。

发行人的公司管治 自交易所在公司管治方面扮演主导角色以来，已成立第四个公司管治工作小组。工作小组的成员包括参与公司管治问题讨论的各界人士。交易所拟继续采取主动，就公司管治问题订出短期至中期的路向，以面对这段期间极可能出现的重大转变。年内，交易所继续改善其对上市公司所制订的公司管治架构，不断检讨有关指引，因应不断改变的市场情况需要而作出更新或修订。交易所亦刊发《上市公司董事指引》，清楚载述董事的一般及特定责任，并附载《最佳应用守则》。《上市公司董事指引》旨在为上市公司董事提供有用的指引，使他们了解自己在《证券上市规则》下的责任。年内，交易所引入全新的“董事的声明及承诺”表格，旨在确保上市公司的董事或监事披露更准确及全面的资料，以评核他们是否适合出任上市公司职务。声明的表格包括保荐人证明及律师证明，而《保荐人标准守则》中亦加入一项新条文，提醒保荐人在这方面的责任。根据经修订的《证券上市规则》中适用于上市银行财务申报事宜的规定，上市银行须披露其内部储备的水平。此外，上市银行须公开最新的重置成本、资产负债表以外之风险的信贷加权风险数额，以及说明投资于衍生工具的目的是为了对冲抑或是买卖图利。其他的修订包括规定银行须提供除税前溢利、非经常项目、少数股东权益及资产总值等分项资料，并将到期而尚未偿还的贷款总额连同就此所作的特别拨备一并列出。年内，交易所向《证券上市规则》中文本的订户寄发《证券上市规则》中最常用的第十章及第十四章的中文译本修订版。《证券上市规则》所有其他章节最终均会由交易所的中文译本检讨工作小组加以审阅，并作出所需修订。该工作小组于1995年9月成立，由“专家咨询小组”提供协助。交易所亦曾审阅H股发行人1994年度的年报及1995年度的中期报告，结果显示所有H股发行人均符合《证券上市规则》的财务资料披露规定。

【股票期权市场】 交易所在1995年9月8日开始买卖股票期权，首只推出的期权类别为汇丰控股期权。其后，其他资本雄厚且高度流通的股份亦相继推出期权买卖，迄今共有12只期权类别可供买卖。现时交易所共有83名期权交易会员，其中82名均已注册为香港联合交易所期权结算所有限公司的会员。共有11名会员就不同的期权类别提供庄家服务，确保市场流通。股票期权市场自推出至今，平均每日成交5747张合约。期间，2月2日更录得28751张的最高每日成交量。在4月30日，第一百万张股票期权合约成交。投资者在期权市场中的参与比率(相对于市场庄家而言)已由去年不足20%增至现时的35%左右，显示愈来愈多的投资者已懂得如何利用期权这种工具去支持他们在现货市场方面的活动。早在股票期权市场推出之前，交易所已举办多个研讨会以及透过不同途径教育会员和公众人士有关股票期权的知识。由1994年开办至今，已有逾2000人修读股票期权从业员专业课程，并有超过4000人通过期权交易主任/代表考试。自1995年12月起，公众人士亦可修读或报考上述课程及考试。1996年6月，交易所引入“只限长仓”会籍，该等会员只可持有期权长仓。与直接结算会员须缴付150万元予联交所期权结算所储备基金比较，“只限长仓”会员只须缴付30万元，反映出短仓持有者须承担较高风险。6月1日，豁免期权庄家在股票市场进行对冲活动缴付从价印花税的规定正式生效。尽管仍须缴付每宗交易5元的证券经销经纪印花税，有关豁免已大大减轻期权庄家的经营成本，使其得以缩窄买/卖差价，并增加最少报价合约数目。此外，此举亦可降低市场及投资者的交易成本，预期有助刺激市场。

【交易市场】 年内交易市场的成交额达10330亿元，较1995年的8380亿元增加23%。交易总数由750万宗增至870万宗，升幅为15%；而成交股数则增加62%。由1995年9月1日起，交易所的下午交易时间延长10分钟至下午3时55分，使现货市场的收市时间与期货市场更为接近。交易所已完成建立自动对盘及成交系统(自动对盘系统)与股票期权系统的联机界面联系。自此，现货及期权市场的资讯可透过电子系统互通，期权行使详情以及报价资料亦可透过大利市机以电子传递方式向市场及传媒发布，令股票期权资料传达更具效率。1996年1月25日，交易所透过在会员办公室装设的自动对盘系统终端机引入离场交易，使会员除了可利用设于交易大堂的终端机进行交易外，亦或透过其办公室的终端机或同时使用两处的终端机进行交易，令其交易能力倍增，并改善其内部监控。截至9月30日止，共有281名会员在其办公室装设了422部离场交易终端机；而透过第二终端机进行的交易占市场成交额约45%。交易所又为已订用收市后资料传送服务的会员提供进一步服务，免费提供中午资料传送服务。是项额外服务预期有助加强会员的后勤办公室运作。

【资讯发布】 为精简集资市场和交易市场的资讯传递，交易所于1995年8月成立资讯服务部。自股票期权市场推出后，资讯服务部亦负责透过大利市机、资讯供应商之终端机及交易所的电子邮件设施发布有关股票期权交易的资讯。年内，本地即时资讯订户及国际供应商的数目均见上升。交易所将继续向日益增加的本地及国际投资者扩展服务。交易所现正推行全新数码资料传送专线,并计划在未来引入发行人电子存档系统及提供更多的市场资料及发行人资料。交易所并计划在1996年底引入中文资讯系统及数码资料传送专线。该中文资讯系统,加上现有的英文资讯系统,使交易所可以中英文发送发行人的通告,从而增加市场透明度。数码资料传送专线利用标准数码科技及高速数据线路向资讯供应商提供更全面的资讯,使其可透过不同渠道提供多元化、便具价值的股票资料,以配合市场用家及投资者的需要。

【受监管之股份卖空活动】 经广泛咨询并就卖空试验计划进行检讨后,新订的卖空制度已于1996年3月25日实施。新制度大幅放宽了对卖空活动的限制。交易所取消了"卖空价规则"等若干交易限制,而可供会员或透过会员卖空的指定证券亦由17只增至113只。此外,有关规则的措辞亦已修改,使卖空活动与证券借贷之间的关系更为清晰,改善香港的卖空活动汇报情况,从而鼓励更多投资者转往交易所进行卖空活动。随着交易所放宽对卖空活动的管制,向交易所汇报的卖空成交量大为增加,卖空范围亦有所扩大。年内,共有13名会员向交易所汇报涉及42只股票的卖空活动,涉及金额11.84亿元,其中绝大部份均是在放宽政策生效后至财政年度完结前的三个月内进行。自年底起计,向交易所汇报卖空活动的会员数递增三倍,预期在会员按新制度调整其汇报方式后,有关数字会继续上升。交易所将继续检讨其卖空政策,希望可以扩大指定证券的数目,并尽可能减少管制。

【证券借贷】 印花税署于1995年曾发出一项应用指引,阐释对注册证券借贷活动豁免印花税的放宽措施。年内是项指引已在大幅修订。印花税豁免的范围已延伸至股份回购,而应用指引亦澄清了作为证券借贷抵押品的证券进行转让亦可获豁免印花税。交易所继续与香港中央结算有限公司接触,研究由后者营运中央证券借贷的可行性。虽然1995年进行的会员意见调查显示会员对有关服务兴趣不大,但自交易所放宽卖空活动限制后,显然上述情况可能已有所改观。

【监管及风险管理】 经纪忠诚保险计划 经纪忠诚保险计划已进入第四个投保年度。承保金额仍是以每名会员每年800万元的最高总额为限。截至1996年9月30日止投保年度的索偿数目远较1995年为高,现时约达3700万元(1995年经调整后为2100万元),索偿金额大增,主要是索偿个案及索取最高赔偿额800万元的宗数略有增加,以及平均索偿金额大幅增加所致。保金的三分之一已由会员按其成交金额比例缴付,余数则由交易所根据其预算指引拨付。

调查及执行纪律 交易所于年度内审查了43宗投资者对会员的投诉,去年则有25宗。其中一宗查明无需采取进一步的行动,3宗则需要进行纪律程序,而在财政年度结束时,尚有12宗投诉仍在调查中。此外,由会员提出怀疑其他会员涉及触犯《交易所规则》的投诉共有11宗,其中3宗需作进一步调查。在该3宗投诉中,1宗无需采取进一步的行动,1宗需采取行动而另外1宗则仍在调查中。

财务监管 年内,交易所向会员进行查访时的重点已完全转为监察会员的内部监控系统是否足够。在1993年以前,查访主要着重查证会员的资本是否充足。但在实施经改善的财务申报系统、经纪忠诚保险计划,以至严密的中央结算及交收系统后,对会员财政能力的忧虑已大为减轻。不过,有些时候会员的财务状况会受到冲击,例如被重大的斯诈事件所波及,又或者市场状况可能会令部份会员陷于困境。为应付后者可能造成的威胁,交易所设有一个经试验和测试的预警系统。此系统仅于1996年3月触发过一次,但该次并无发现会员可能潜藏财政危机。

【会籍】 年内公司会员数目上升的趋势持续,由个人会员转为公司会员的个案净额达28宗。此外,年度内再有一名个人及17家公司获准成为会员,包括多家国际经纪行,资金分别来自澳洲、中国、马来西亚、荷兰、瑞士及美国等地。为逐步履行提高证券从业员专业水平的承诺,交易所与本地多间大学联手推出崭新的教育课程。与香港科技大学联合举办的"衍生工具及风险管理文凭课程"是特为提高从业员的衍生工具及风险管理方面的技巧而设。此外,交易所亦举办了一系列短期课程,加深市场从业员对证券市场各方面的认识。一如以往,会员对交易所举办的各项培训课程、研讨会及考试反应热烈,名额供不应求。中英文版的《香港证券业参考手册》正进行修订,以收录市场发展的最新资料。另外,内容更加全面的新版《会籍手册》亦已刊发,加入最新的及修订资料,让会员知悉最新的会籍规定。此外,第二版的《纪律案例》亦已刊发,让会员对《交易所规则》的应用有更深入的了解。交易所正检讨有关会员违犯《交易所规则》的纪律程序,并将进行所需修订,使有关程序能配合不断转变的环境。

【职员】 于1996年6月30日,交易所共有职员456人,一年前的职员人数则为449人。接近一半的职员持有不同学科的学位或文凭。1996年1月,交易所的管理架构改组,两名高层获委任为副行政总裁。年内,交易所共批准226个资助项目,让职员修读外界的管理及技术培训课程;其中91名职员获资助取得各类专业机构的会籍。交易所的内部培训计划则著重普通话课程和中文写作课程;两项课程深入全面,特为配合工作需要而设,籍以改进行政级职员的沟通技巧。此外,6名职员参加了由中国国家行政学院主办的第一及第二期香港公共机构行政人员课程。年内交易所共举办了89项内部培训课程,内容包括迎新、普通话、中文写作、电脑培训、与中国官方或学术团体合办的课程、与伦敦交易所合办的职员借调计划、管理培训以及沟通研习班。交易所又制定了管理见习培训计划,为交易所培育下一代的经理级人员。该计划已落实详尽的评核及发展方案,确保受训人员能充分了解交易所的业务、运作及文化。

(香港联合交易所)

浙江省证券交易中心

【概况】 1996年,浙江省证券交易中心在证券主管部门和人民银行浙江省分行的领导下,紧紧围绕证券市场"法制、监管、自律、规范"的八字方针,坚持"公正、公平、公开"的市场原则,严格规章制度,加强内部管理,防范风险,有力地促进证券交易的合规运行,使浙江省的证券市场健康、平稳地发展。在证券交易、登记开户、资金清算和通讯技术等方面浙证交应用了较先进的计算机系统。中心与沪、深联网交易及省内基金(受益券)交易主机均采用双机备份,沪、深联网交易实现了通讯系统DDN与双向卫星双备份。在无形席位推广使用过程中,中心配置了节点机和点对多路由器,大部分联网券商安装了电话拨号方式的通讯备份,中心与当地电信部门装有3条2兆DDN专线,使交易跑道高效畅通、安全可靠。此外,中心的登记开户系统、资金清算系统和查询系统相继实现了与沪市的电脑联网,市场运作效率得到了提高。

【业务范围】 1996年底,浙证交拥有各类证券交易席位129个,其中沪市联网席位95个,深市联网席位12个,浙江省基金(受益券)交易席位22个;拥有资金清算席位208个,其中沪市资金清算席位178个,深市资金清算席位10个。全年各类证券交易总额475.43亿元,其中沪市联网交易总额352.73亿元,深市联网交易总额121.89亿元,本省基金(受益券)交易总额8124万元;资金清算净额596.62亿元,其中沪市资金清算净额532.04亿元,深市资金清算净额64.58亿元。1996年浙证交先后对浙江开山、浙江信联、西湖游乐、浙江高新、西湖发展、杭州外滩、东方通信和浙江亚纶等8家股份公司的股份进行托管登记,托管股份7.4亿股。为投资者开立证券帐户246137户,其中上海证券帐户113591户,深圳证券帐户123304户,浙江帐户9242户,代(办)理沪、深、浙江省国债代保管业务,入库16.37亿元,出库3.34亿元,库存余额17.23亿元。1996年,浙证交办理上市公司法人股协议转让1440.68万股,定向募集公司法人股协议转让1354.35万股,各类非交易过户2633.54万股,质押登记股权6631.6万股。

(浙江省证券交易中心)

河南证券交易中心

【概况】 河南证券交易中心、河南证券登记股份有限公司成立于1993年6月,实行两块牌子、一套人马的运作机制,二位一体,统一管理,同时具有证券登记、交易、清算多功能,下设7部1室,8个职能部门。

【业务范围】 经过近四年的运作,发展迅速,现已发展交易席位110个,累计交易金额达726亿多元,为投资者开立深、沪证券帐户75万余户,办理资金清算总额达489亿余元,并圆满完成了河南省向社会公开发行上市11只股票的股份确认工作,已形成了具有一定规模,功能齐全、辐射面广的区域性证券市场。

(河南证券交易中心)

福建证券交易中心

【概况】 福建证券交易中心于1992年12月10日经中国人民银行福建省分行批准设立并经福建省证券委确认,是独立核算、自收自支会员制的经济实体。实行理事会领导下的总经理负责制,是兼具证券交易中心与证券登记中心功能的机构。福建证券交易中心的登记托管部是福建省(除厦门市外)唯一的法定证券登记机构。是上海中央登记结算公司和深圳证券登记公司结算会员。除负责上市证券登记、挂失、托管、转托管、股份清算、资金清算、代理上市公司的分红、派息等服务外,是上海证券交易所、深圳证券交易所、中证交系统及本省债券柜台交易债券集中代保管库,也是人民银行指定的福建省唯一的回购代保管库房,还是政策性金融债券的托管分中心。

【业务范围】 中心现有会员33家,其中异地会员12家,拥有152个交易席位,与上交所联网席位132个,占福建省证券商拥有的上海证券交易所交易席位的94%。与深交所联网交易席位20个。截止1996年底统计,中心成立以来交易额累计近5000亿元,本省柜台交易累计成交额5000万元。1993年8月,福建证券交易中心与上海证券交易所联合首创了交易所和交易中心电脑联网、异地同步交易的联网模式。券商进入全国性市场的通讯费用、场地费用及人工费用等经营成本大为降低。1994年7月又首家将联网交易业务拓展到上交所国债期货等。1994年底,中心开通了与深圳证券交易所电脑联网交易,利用省内证券专用数据网以无形席位方式做深圳联网交易,会员在其柜台可以直接刷卡报单。1995年8月作为全国第一家通过人行电子联行清算的交易中心,开通上交所国债回购业务,使中心联网交易业务向纵深发展。中心根据上交所确定的有形席位与无形席位并重发展,创建新的交易组织形式的战略,在全国第三家推广场外无形席位报盘交易方式,满足了会员发展的需要。本省证券柜台交易市场是在中心投资300多万元建立的福建省证券专用数据网上运行的,该网依托公共数字数据网(DDN),将中心所有会员的电脑主机与中心电脑主机联成一体,该网络已覆盖了全省六个地区,使本省市场得以高效率低成本地运行并与全国性市场联接。目前,中心柜台交易的品种主要是国债现货与本省企业债券。另外,全省大部分券商从与中心的专用数据网中获取市场信息。福建证券交易中心现有一座5600多平方米的证券交易大楼,配备综合智能布线系统,还建成先进、高速网络交换中心,有可容纳300个交易席位的交易大厅及主机房。配备了先进的HP小型机、服务器和一批586电脑终端;在通讯方面,配备了卫星双向通讯大站、卫星通讯小站、DDN结点机、开通4路2兆数据中继线路以及近200门电话。供电方面,配备中型UPS不间断电源,安装双回路供电系统等,实现了电脑主机、通讯、供电的双备份,从而保证了交易的安全性,及时性和准确性。在软件方面,开发了深圳交易、柜台交易等软件。为提高联网交易效率,中心在全国率先将DDN专线从64K升级为128K,同时,还不断更新联网交易设备,以提高联网交易的速率和安全保障。

(福建证券交易中心)

吉林省证券交易中心

【概况】 吉林省证券交易中心于1994年9月经吉林省政府批准设立,是不以盈利为目的的非银行金融机构。交易中心实行会员制和理事会领导下的总经理负责制,会员大会为最高权力机构,理事会和监事会分别是会员大会的执行机构和监督机构。中心下设机构有:办公室、业务部、登记部、交易部、电脑工程部、财务清算部、电脑工程公司、信息咨询公司等。理事长:李珍珠,总经理、法人代表:刘志民。

【业务范围】 中心的业务范围有:提供各类有价证券发行、交易场所;办理上市证券登记、代保管、报价、清算和交割业务;提供有价证券托管服务业务;与上海、深圳证券交易所联网交易及相关业务;提供国债代保管业务;提供证券市场信息咨询服务;经中国人民银行吉林省分行和省政府主管机关批准的其它业务。中心成立后,完成了与沪、深证券交易所交易系统的联网和与省证券登记有限公司的合并,实现了有形席位与无形席位并举,DDN光缆和卫星通讯双保险,具有HP9000小型机双机备份和UPS长延时电源保障,构成了证券登记托管、交易、清算交割为一体的运作体系。中心拥有交易场地1200多平方米,目前已开通28个上海席位;5个深圳席位,网络体系已覆盖全省。1996年中心完成了9家股份公司的股票上市托管及登录业务,为股民开立沪、深股票帐户233000户。

(吉林省证券交易中心)

四川证券交易中心

【概况】 四川证券交易中心是由四川省和成都市两级共建,实行会员制的自收自支、独立核算、自负盈亏、依法纳税的全民所有制事业法人,实现企业化管理。业务活动纳入省级非银行金融机构序列。交易中心的最高权力机构是有关领导机关代表、会员代表组成的管理委员会,实行管理委员会领导下的总经理负责制。交易中心成立于1991年9月，是全国范围内率先成立的第一家证券交易中心。交易中心总经理：刘国安。

【业务范围】 交易中心的主要职能是为组织有价证券承销与集中交易提供场所、设施和服务。业务范围包括：管理上市证券的集中交易；办理开户和上市证券的登记、托管、过户；办理上市证券集中交易后的清算交割；办理国债代保管业务；开展证券市场信息、研究、咨询服务；证券发行单位和会员委托代理事项；经中国人民银行批准或委托交办的其他业务。交易中心开业以来，依托成都的区域优势和四川省在西部地区的经济辐射力，坚持"立足四川，面向西南，服务全国"的指导思想。早在1992年，就首开可转换债券发行、交易之先河，成功的运作了成都工益冶金股份有限公司可转换债券和长江信托受益债券。六年来，四川中心已从开业之初的国债、企业债、受益券、可转换债券的交易的基础上，开通了与沪、深全国证券市场的联网交易，形成登记、交易、清算为一体的区域性证券服务中心。

【基础设施建设】 交易中心交易大厅面积700平方米，所有席位配有先进的计算机终端和电话通讯，场内设有广播、监视、监控系统。自动撮合交易系统为美国进口小型机。建立了双向卫星小站和DDN光缆通讯双备份，保证了行情信息传送迅速、稳定、安全。1996年底以来，交易中心顺应市场发展需要，在全省范围内大力推广无形席位交易方式，使沪市有形席位的改造工作在全省范围内迅速开展。交易中心的所有会员单位已全部开通了无形席位交易方式。交易中心拥有一套先进的登记网络系统，其网络覆盖了省内28个代理登记机构，实现了全省范围内多地区、多机构同时进行上市公司股份集中登记托管。交易中心实现了清算系统现代化，建立了清算资金自动查询系统，清算交割实行净额交收，交割时间为T+1日。交易中心的登记、交易、清算网络已覆盖了全省20个市、地、州，以及省外部分城市。

【业务工作】 交易中心坚持规范，稳健的发展本地市场和沪、深联网交易市场。已拥有会员单位103家。其中联网会员80家，涵盖云、贵、川三地的大部份证券公司和信托投资公司以及全国性证券公司在川设立的证券经营机构。开通交易席位252个，其中上海联网交易席位151个，深圳联网交易席位28个，本地市场席位73个。从中心成立至1997年8月底，累计实现交易额3982.52亿元。交易量始终名列全国交易中心前列。交易中心证券登记部作为沪、深登记公司的结算会员，为省内投资者办理开户、托管、分红派息、查询、挂失业务，截止1997年8月底，共为四川地区投资者开立证券帐户190多万户；为40家上市公司办理了上市前的登记托管工作；为证券经营机构代保管各类国债数十亿元。为配合沪、深联网交易，提高清算资金运行效率，交易中心受沪、深登记公司的委托集中为四川地区的近200个沪、深交易席位办理了资金的集中清算业务。在深交所实行股份二级清算时期，交易中心还为省内参与深圳交易的所有券商办理了股份清算业务，并于1996年完整准确地将四川地区券商、投资者股份明细资料上交深圳交易所统一管理。交易中心先后开展了证券市场的信息、技术、咨询服务；证券市场的培训服务，为证券商提供技术培训和设备的维护、维修服务；并随时对会员单位的设备、设施进行监控，防范交易风险。 （四川证券交易中心）

江苏证券交易中心

【概况】 江苏证券交易中心是依法设立的服务管理型证券市场中介机构，于1994年7月12日正式成立，按会员制事业法人单位注册登记，财务独立核算，自收自支。总经理：屠学农。

【经营业绩】 作为江苏地区唯一、合法的证券集中交易市场，苏证中心正向着交易系统多元化目标发展。一是与上海证券交易所、深圳证券交易所联网，形成联网交易系统，截止1997年3月末，联网交易金额达2874亿元，二是在大力发展联网业务的同时，积极探索区域性证券市场的建设。1996年初苏证中心电子交易系统正式投入运行，已挂牌流通法人股和受益债券等品种，此外，该系统还为债券发行企业提供债券发行服务。苏证中心共发展具有独立法人地位的会员56家（证券营业部100家）；售出席位235个，其中沪市159个，深市54个，苏证交系统席位22个。苏证中心交易系统设计与技术装备先进。沪深两市联网系统中通信实行DDN网及卫星全程双备份；为确保供电系统的万无一失，除采用双回路供电外，中心配备了高容量的不间断电源和自备进口发电机。联网系统以及苏证中心电子交易系统买卖申报均采用有形席位和无形席位相结合。

海南证券交易中心

【概况】 海南证券交易中心成立于1992年1月，为会员制非盈利性事业法人，实行理事会领导下的总经理负责制。中心同时兼具证券交易市场组织、证券交易资金清算和证券登记三大职能。经过几年的发展，现已成为集证券交易、资金清算、证券登记、技术支持、人才培训、咨询服务为一体的全方位、多功能、综合性的证券交易组织管理机构和证券服务机构。

【经营业绩】 交易中心现有省内外会员41家，累计挂牌交易证券50只，包括国债、企业债、企业短期融资券、可转换债券、投资基金券、房产投资券、地产投资券、股权证等。截止到1996年12月31日，中心累计成交额为147200224441.81元；累计成交股票、债券、基金、投资券等6161613863股；累计期货成交量为3746466口。早在1992年，中心创造性地率先在国内实现了无券发行模式和无纸化交易方式；并率先成功运作了基金及房、地产投资券等独具特色的创新品种，成功试验过指数期货合约。同时，中心积极拓展沪、深交易所联网业务，与交易所在管理、市场组织、技术等方面进行全面协作，为证券商和投资人提供多种形式的优质服务。通过多方位、多层次的创新、联合与协调，实现了海南证券市场的多元化发展。

山西证券交易中心

【概况】 山西证券交易中心是经山西省政府批准成立的全国证券统一联网市场体系的成员之一，是规范的证券集中交易场所；中心由山西省政府领导，业务上受山西省证券管理办公室监管和人民银行山西省分行的指导。交易中心是不以盈利为目的、实行自律性管理的会员制事业法人，实行理事会领导下的总经理负责制。总经理是中心的法定代表人。交易中心下设电脑工程部、交易管理部、财务清算部、市场服务部、信息研究部、法规监察部和综合管理部7个职能部门。总经理：赵胄豪。

【经营业绩】 交易中心的主要业务范围是：为山西及周边地区的证券商提供有价证券集中交易的网络系统、场所和设施，管理在中心交易的有价证券；办理有价证券交易的报价、登记、清算、交割、代保管、托管、咨询等业务；通过电脑双向联网，同步交易上海、深圳交易所上市证券及联网市场各成员地方性上市品种；发展会员并进行管理；提供证券市场信息服务。交易中心设有两个150平方米的交易大厅，环境十分优雅、舒适，交易大厅设有48个交易席位，每个席位均采用COMPAQ486/66终端，同时配备DDD通讯电话，速度快、可靠性高，跑道非常通畅；大厅还有面积达12平方米的点阵LED彩色显示屏，可以显示上海、深圳交易所的行情、钱龙分析系统，同时还可将上海、深圳和中心的信息显示于大屏上；交易二厅设有9个独立报盘室，为券商提供了直接报盘交易手段，每个独立报盘室面积9平方米，设有两台COMPAQ486/66电脑终端，可为券商同时提供报盘和信息分析系统。交易中心控制中心采用先进的电脑设备，系统主机采用HP9000/H20双机备份，与上海、深圳交易所的交易系统对接链路采用卫星双向通讯和光缆通道(DDN)双备份，可以实现与上海、深圳交易所同步撮合交易，同时实现最快速度地成交、即时查询和撤单业务。

大连证券交易中心

【概况】 大连证券交易中心于1992年5月成立，为会员制非盈利性事业法人，下设办公室、财务清算部、证券交易部、上市部、电脑工程部、信息调研部和大连证券登记公司。自组建以来，交易中心始终坚持高起点、规范化的原则，在我国北方各大证券交易市场较早地采用现代化电脑交易系统，并先后投资1000多万元对系统进行升级更新，运行状况至今稳定良好，没有出现技术故障，能够满足国债、投资基金、企业债、金融债以及股票等有价证券的竞价发行与公开上市交易。

【业务范围】 大连证交中心已具备了相当的规模和水平，目前拥有1000平方米的现代化交易大厅，200个交易席位；会员单位已发展到65家，分布于10多个省市；挂牌交易的品种已达9种，其中基金上市总量3.5亿元人民币，截止1996年底的累计交易额已达70多亿元。中心不仅与上海、深圳证交所实现了卫星双向联网，而且还是上海、深圳两个全国性证券中央登记结算公司的会员单位，办理深交所和上交所上市股票、基金等证券的托管、开户、结算等全国性业务。在过去的几年里，证交中心为大连市证券市场的建立与发展做出了重要贡献。

【法制建设】 大连证券交易中心从规范化入手，对证券市场的上市、交易、清算等业务进行严格监督和管理，先后制定了《大连证券交易中心章程》、《大连证券交易中心投资基金交易规则》、《大连证券交易中心基金上市规则》、《大连证券交易中心国债交易规则》、《大连证券交易中心会员管理办法》、《大连证券交易中心交易员守则》、《国债回购交易细则》、《国债期货交易规则》等一系列法规性文件。

(特约审稿：孙福信，特约编辑：张继东)

青岛证券交易中心

【概况】 1996年，青岛证券交易中心抓住证券市场活跃的机遇，坚持"规范管理、服务会员、强化硬件、发展市场"的工作方针，充分发挥联网、服务和技术等方面的优势，一手抓规范、一手抓发展，不断增强服务功能，努力扩大业务辐射面，被青岛市政府授予"金融系统先进单位"光荣称号。

【经营业绩】 截止1996年底，青岛证券交易中心已发展会员90家，遍及山东省内各市地及周边省份；入场交易席位达到193个，全年实现证券交易额601.2亿元，比上年增加1.83倍，其中沪市联网业务证券交易额468.9亿元，深市联网业务证券交易额124亿元，地方市场交易额8.4亿元，1996年7月10日，青证交利用地方交易系统上网发行无纸化企业债券，年底与威海证券交易报价系统实现权证市场双向联网。青岛证券交易中心在促进市场发展的同时，以加强市场监管，实行规范化管理为重点，严把市场风险关，重点加强了制度建设，制定了《青证交市场监管制度》等十二项规章制度，规范信息披露，及时查处违规问题，从而保证了联网市场和地方市场未发生任何问题。

鞍山证券自动报价系统中心

【概况】 鞍山证券自动报价系统中心是经鞍山市政府提议，市编委批准的正县级全民事业单位，1994年3月8日开始投入营业，与鞍山产权交易中心、鞍山证券登记公司为一个机构三块牌子，中心实行会员制管理体制，下设理事会、监事会，市长为名誉理事长。中心现有员工60人，其中专业技术人员占80%。中心设有：登记科、市场管理科、清算交割科、技术工程科、产权交易科、资产调剂科、财会科、办公室等8个科室。法人代表：韩庆。

【经营业绩】 中心的具体职能是提供证券、产权交易的场所和设施，办量证券柜台转让和产权交易的清算交割，提供证券及产权交易的信息；对内部股票和产权交易实行全方位、全过程、规范化管理，包括股票的托管、开户、分红派息、委托买卖、清算交割、过户、转让、查询、挂失、非交易过户；企业债券(集资)的上市、还本付息；组织和代理各类企事业单位整体或部分产权转让、拍卖、兼并、收购和租赁、托管；企业闲置资产的调剂、出售；提供产权交易信息咨询、司法公证、社会保险、法律政策咨询、资产评估、财务审计；以及国债发行、回购等项业务。中心所有交易过程均实现计算机自动化管理，并设有交易大厅、大户室、大屏幕行情显示。中心功能齐全，设备先进，硬件采用适合金融系统的美国优利公司的U6000/65小型机，并采用双机备份工作制。系统软件除吸收了深沪交易所经验外，又具有独特防盗买、盗卖优点，可保证各项交易的可靠性、安全性，实现公平、公正、公开交易。

证券交易机构名录

上海证券交易所	上海市浦东南路528号	200120
深圳证券交易所	深圳市福田红荔西路203栋	518001
北京证券交易中心	北京市朝阳区安定门外安定路5号	100029

安徽证券交易中心	安徽省合肥市安庆路 268 号	230061
四川证券交易中心	四川省成都市人民中路一段 16 号省展览馆北 2 楼	610015
大连证券交易中心	辽宁省大连市中山区延安路 31 号	116001
福建证券交易中心	福建省福州市华林路 100 号茶叶大楼 9 楼	350003
浙江省证券交易中心	浙江省杭州市解放路 108 号	310009
河南证券交易中心	河南省郑州市丰产路 19 号	450002
山东证券交易中心	山东省济南市趵突泉北路 6 号	250011
青岛证券交易中心	山东省青岛市上清路 6 号榉林园大酒店 4 楼附楼	260023
广州证券交易服务中心	广东省广州市五羊新村寺右新马路 162 号 2 楼	510600
汕头经济特区证券报价交易中心	广东汕头市练江路工业大厦 F3 首层	515041
西安证券交易中心	陕西省西安市北大街 1 号	710003
湖南证券交易中心	湖南省长沙市芙蓉北路 11 号	410008
天津证券交易中心	天津市解放北路 29 号	300041
宁波证券交易中心	浙江省宁波市中山东路 332 号	315040
广西证券交易中心	广西南宁市桃源路 39 号	530021
哈尔滨证券交易中心	黑龙江省哈尔滨市老坊区公滨路 266 号	150030
海南证券交易中心	海南省海口市滨海大道 12 号海南发展银行 9 楼	570105
江苏证券交易中心	江苏省南京市中山北路 277 号森信华侨大酒店 3 楼	210003
吉林证券交易中心	吉林省长春市同志街 64 号	130021
山西证券交易中心	山西省太原市迎济大街 378 号	030001
云南证券交易中心	云南省昆明市西昌路 38 号	650034
沈阳证券交易中心	辽宁省沈阳市和平区太原北街 1 号	110001
重庆证券交易中心	重庆市渝中区新华路 429 号	630010
淄博证券交易自动报价系统	山东省淄博市张店区中心路 96 号	255026
武汉证券交易中心	湖北省武汉市汉口新火车站江城大酒店	430023
南方证券交易中心	广东省广州市天河北路 90—108 号	510620
新疆证券交易中心	新疆乌鲁木齐市人民路 131 号乌鲁木齐大厦 2 楼	830002
鞍山市证券自动报价系统中心	辽宁省鞍山市铁区五一路 9—12 号	

法人代銕、所長：劉墨池　主任會計師

興華(遼寧)審計師事務所

興華(遼寧)審計師事務所XINGHUA(LIAONING) AUDITOR FIRM.1989年經審計署批準、遼寧省工商行政管理局注册。注册資金100萬元，法人代銕、所長、主任會計師、高級審計師、注册會計師劉墨池先生，自1964年大學畢業後，從事會計、審計工作34年，曆任財務科長、審計處處長、總會計師等職，現任遼寧省注册審計師協會常務理事、副會長、中國注册會計師協會理事、遼寧省資産評估協會理事。事務所在大連、錦州等地設3個分所、5個辦事處和分部，總部設在中國瀋陽，下設國際業務部、國内會計事務部、審計部、咨詢部、資産評估部、基建工程審計部、納税代理部、綜閤辦公室等部室。事務所在任注册會計師60人，在任建築、機械、電器、給排水、通風、安裝工程師20餘人。事務所在全國審計事務所“百强”評比中被評爲百强審計事務所。并評爲遼寧省先進審計事務所。事務所承辦業務：會計報錶審計；外商投資企業和國内企業資本驗證；資産評估；工程預算、决算、結算的審計驗證；企業解散、破産清算事項；經憢糾紛、經憢案件鑒證；企、事業會計、審計咨詢服務；企、事業單位的廠長(經理)離任審計及評價；對承包、租賃經營兑現審計鑒證；客户委托的其他審計業務。

地址：瀋陽市皇姑區黄河南大街5號

電話：(024)6863650(所長)　6217570(副所長)　6864989(辦公室)

傳真：(024)6218275　郵編：110031

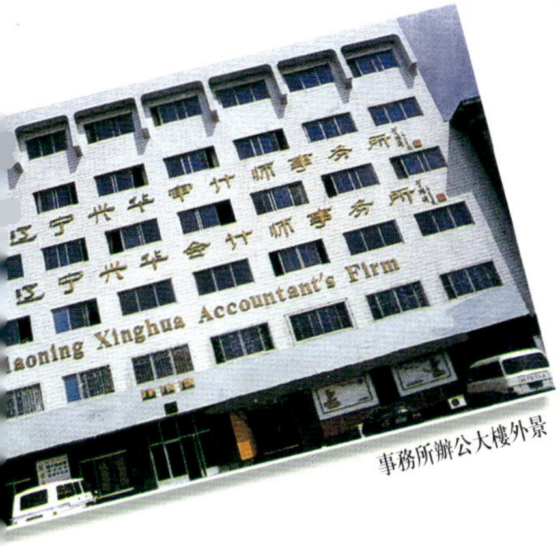

事務所辦公大樓外景

所長及部門經理研討《中國注册會計師獨立審計準則》

所長劉墨池與國際會計聯閤會副總裁安東尼·達勒希歐在一起

XING HUA

深圳中诚会计师事务所

ZCCPA

劉繼忠

朱厚佳

孔麗娟

易永健

深圳中誠會計師事務所（中誠所）創建于1988年，現有員工120余人，其中注册會計師33人，具有碩士以上學歷及高級職稱的專業人士12人。特别是1996年以來，借深圳的會計師事務所改制之機，行内不少資深專業人士加盟，發展尤爲迅速。現設有審計部、資産評估部、管理咨詢部、專業技術部及行政管理部等九個專業服務機構，形成了一支以會計、税務、金融、法律、工程、管理等專業人士組成的具有綜合專業服務能力的中介服務機構。

在專業服務資格方面，中誠所具有財政部與中國證監會頒發的從事證券業務審計許可證，人民銀行總行認定的金融業務審計資格、國家國有資産管理部門及深圳市規劃國土局頒發的資産評估、房地産評估等資格，能爲中外客户提供較爲全面的專業服務。

中誠所樹立“至誠、至精、至公”的執業理念，恪守獨立、客觀、公正的原則，建立和完善了經營管理機制和業務質量管理制度，視優秀專業人才爲發展之本，并以持續的專業培訓爲后盾，使之具備良好的職業操守、嚴謹的工作作風和較高的專業水平。

中誠所的專業人員注重與國際著名會計師事務所及資産評估機構的合作與交流，并爲國内多家公司的股票發行及上市（包括發行A股、H股、B股公司）提供了專業服務。

中誠所1996年以來負責上市改組及提供審計服務的主要上市公司有：新疆屯河（A股）、新疆友好商場（A股）、青海明膠（A股）、深圳遼河通達化工（A股）、山東華光陶瓷（A股）、湖北猴王（B股）、青海鹽湖鉀肥(A股)、大連龍泉（A股）、西藏礦業（A股）、新疆天業（A股）、廣東美的集團、深圳萊英達、新疆宏源信托、深圳華寶、深圳天馬微電子、南油物業等股份有限公司以及君安受益。

中誠所高層專業管理人員

劉繼忠

劉繼忠先生是本所的主任會計師和法人代表，并任深圳市注册會計師協會理事、注册部委員及深圳市注册資産評估師協會理事。

劉先生有長時間在企業和國家機關從事財務管理和審計工作的經驗，曾擔任中華人民共和國審計署駐航空航天工業部審計局副局長。

張義勤

周榮銘

朱文岳

胡三忠

深圳中誠會計師事務所

張義勤

張義勤女士是本所主管北京代表處的副主任會計師。張女士1982年畢業于山西財經學院，多年來在企業和政府部門從事財經和審計工作，1989年從事注册會計師工作，具有豐富的執業經驗。

朱厚佳

朱厚佳先生是本所副主任會計師。朱先生1990年獲北京經濟學院經濟學碩士學位，從事審計及資産評估工作逾八年，曾主持過十多家公司上市改組中的審計及資産評估工作，尤其對企業改組、并購及管理咨詢具有豐富的經驗，并出版多本專著。

周榮銘

周榮銘先生是本所副主任會計師。 周先生具有從事會計、會計教學、審計及評估工作十余年的工作經驗，對于企業上市及投資銀行、三資企業審計等業務擁有豐富的經驗。

孔麗娟

孔麗娟女士是本所副主任會計師。孔女士畢業于鄭州航空工業管理學院，曾在大型企業從事財務管理工作十多年，1990年從事注册會計師工作，曾主持多家公司上市審計工作，對金融、證券的審計業務尤爲熟諳。

朱文岳

朱文岳先生是本所副主任會計師。朱先生1989年獲西南財政大學經濟學碩士學位，具有近十年的注册會計師執業經驗，尤其對企業改組上市、特定審計及管理咨詢頗具經驗。

易永健

易永健先生是本所副主任會計師。易先生1989年畢業于浙江大學信息工程學專業，并獲工學碩士學位。1991年從事注册會計師工作，曾主持開發了本所資産評估軟件，參與多項公司上市改組的策劃、審計工作，對會計電算化業務尤爲精通。

胡三忠

胡三忠先生是本所副主任會計師。胡先生1993年獲中南財經大學經濟學碩士學位。主要從事企業上市改組策劃與審計工作，并爲多家公司提供財務顧問服務，對企業融資和并購具有一定的理論研究水平和實務操作經驗。

地址：深圳市華富路5號（上海賓館北）南光大厦三樓西層
郵編：518041　電挂：3323-12
電話：3210863 3358144
傳真：3358144

SCPA

上海

Shanghai

主任注册會計師：徐惠勇

上海會計師事務所成立于1981年元旦，是我國在改革開放后成立的全國第一家會計師事務所。1993年又經財政部、中國證監會和國家國有資產管理局批准取得了從事股份制試點企業相關業務和資產評估業務資格。業務範圍主要是接受委托承辦股份制企業、外商投資企業、國有企業、集體企業、私營企業的審計證，驗證資本、管理咨詢及資產評估等業務，它擁有30多家上市公司客户和300多家外商投資企業和國有企業的客户。現有從業人員130多人，其中注册會計師47人、注册資産評估師12人，絶大部分都是年富力强，素質較好的中青年會計專業人員，是目前上海市規模較大、信譽良好的會計師事務所之一。

現任董事長顧樹楨，主任注册會計師徐惠勇向社會各界致意。并熱忱爲廣大客户服務。

事務所辦公室一角

事務所門牌

山東農藥工業股份有限公司 SHANDONG PESITIDE INDUSTURY CO.,LTD.	萬國寶鼎基金
上海友誼華僑股份有限公司 SHANGHAI FRIENDSHIP & OVERSEAS CO.,LTD.	上海海鳥電子股份有限公司 SHANGHAI ALBATRONICS CO.,LTD.
上海浦東不銹薄板股份有限公司	上海電器集團股份有限公司 SHANGHAI ELECTRICAL APPARATUS CO.,LTD.

注册地址：上海市浦東新區浦東南路2352號　辦公地址：上海市溧陽路255號中國華源大厦5樓

江蘇省

審計師事務所

法人代錶：印茂楓

江蘇省審計師事務所是隸屬于江蘇省審計廳的社會中介組織。該所創建于1988年8月，內設財務審計、經濟案件鑒定、驗資評估、涉外審計、基建審計等部門，下轄20個分所及直屬部。事務所陣容整齊，人纔濟濟，擁有中高級審計師、會計師、工程師及注册會計師、注册資産評估師120多人。事務所具有資産評估A級資格和工程造價咨詢甲級資格，具有承辦中央企業查證業務資格，能承辦各項審計查證和咨詢業務。

事務所領導班子

地　　址：
江蘇省南京市武夷路5號
所長室：
(025)3734348
3715274 3716000
傳　　真：(025)3721886
郵　　編：210024

事務所以《中華人民共和國審計法》、《中華人民共和國注册會計師法》爲依據，主要承接：財務收支查證、經濟責任、經濟效益審計查證；經濟案件鑒定；注册資金驗證和年檢、資産評估、投資方嚮可行性論證；基建工程預决算審計驗證；建帳建製、清理債權債務；財務、税務、經濟管理咨詢服務；外商投資咨詢；境内外項目投資業務中介；培訓審計、財務、會計和有關經濟管理人員；擔任審計、會計咨詢顧問等業務。

近幾年來事務所承辦瞭許多大項目、大企業、整係統的審計業務。江蘇省審計事務所奉行“重閤同、守信用、優質量高效率”的準則，堅持服務第一、質量第一、信譽第一，以優質服務取得社會的信賴，名列全國事務所前茅。

事務所外景

山東會計師事務所

山東會計師事務所挂靠山東省財政廳，具有企業法人資格，現有從業人員300多人，專業人員占90%，有注册會計師80人，高級會計師40人，工程師、高級工程師100人，研究生8人。内部機構設有審計一部、審計二部、税務代理部、驗資部、資産評估部、工程咨詢部、培訓部、綜閤室等，并設有東信、齊魯、誠信、泰安、烟臺5個分所。事務所逐步建立起一套適閤實際情况的内控製度，從而保證瞭執業質量和服務水平。

事務所是山東省首傢經財政部、國傢國有資産管理局、中國證監會1993年批準的具有證券相關業務財務審計、資産評估兩項資格的事務所。是全省獨傢經山東省審計廳批準具有承辦省屬國有企業審計查證業務資格的事務所。被山東省工商行政管理局推薦爲企業資本金驗證及年檢事務所。接受國傢外匯管理局山東省分局委托承辦全省外匯金融機構外匯資本金驗證及年檢業務。經中國人民銀行總行批準承辦金融企業財務審計業務。

事務所承辦的業務區域已拓展到全省17個市地，并跨省界承辦股份製企業業務，客户已達3000多傢。業務範圍已擴展到：審查三資企業、股份製企業、國有企業會計報錶；驗證三資企業、股份製企業、聯營企業和私營企業資本金；辦理企業閤并、分立、清算、經理離任等事宜中的審計業務；承辦法院委托的經濟糾紛審計鑒彆；對引資項目提供可行性報告；承辦基建工程項目預、决算審查；培訓各類財會人員等。

事務所主要業務有：承辦瞭山東泰山石化、濟南輕騎摩托車、濟南百貨大樓、淄博基金、山東東阿阿膠、魯北化工等近１０傢上市股份有限公司的財務審計及資本金驗證。承辦瞭山東東阿阿膠（集

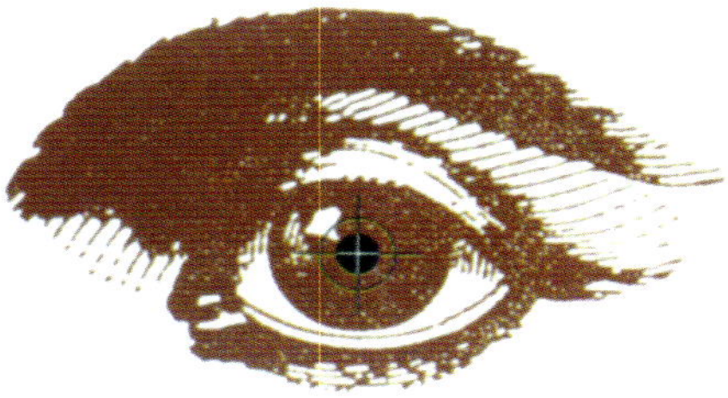

敏銳的雙眼

嚴格的管理

所長、法人代錶：崔恒餘

主任會計師：許中祜

山東會計師事務所
所長、法人代錶：崔恒餘
地址：濟南市大緯二路59號海聯大厦
電話：(0531)6021774　6057634
傳真：(0531)6907042　郵編：250001
山東會計師事務所東信分所
地址：青島市範縣路33號
電話：(0532)2868918　郵編：266002
山東會計師事務所華信分所
地址：淄博市勝利路16號院
電話：(0533)7548497　郵編：255436
山東會計師事務所誠信分所
地址：濟南市和平路1號
電話：(0531)8933981　郵編：250014
山東會計師事務所烟臺分所
地址：烟臺市芝罘區紅旗路3號
電話：(0535)6014451　郵編：264000
山東會計師事務所泰山分所
地址：泰安市文化路44號
電話：(0538)8332382　郵編：271000

團）、山東文登黑豹、山東金泰集團、山東海洋化工、淄博萬杰實業、魯泰紡織、濟南輕騎摩托車、山東泰山石化、泰安魯潤、山東聲樂、山東臨沂工程機械等10多傢上市股份有限公司A股、B股上市審計業務。承辦瞭山東三聯大世界、大觀園、魯南化工、淄商厦、山東汽車銷售(集團)、泰安魯潤、山東天然氣、山東國際信托投資、魯銀實業等30多傢定嚮募集股份有限公司的財務審計及資本金驗證。承辦瞭魯泰紡織股份有限公司、聊城嘉明實業有限公司、德州嘉德實業有限公司、兖州嘉隆實業有限公司、壽光嘉鴻實業有限公司、齊魯莫爾玻璃機械有限公司、山東亞太製藥有限公司等100餘傢外商投資企業的財務審計及資本金驗證。承辦瞭山東魯抗醫藥(集團)、淄博新華製藥廠、壽光造紙、安徽古井貢酒廠、山東勝利、山東魯北化工(集團)、臨沂環宇、山東推土機總廠、濰坊華光電子、山東華潔、山東魯西化肥、萊蕪鋼鐵、山東三聯、浪潮電子集團、省外貿總公司、金泰集團、山東汽銷、濟鋼總廠、省裝飾集團等40餘傢A、B、H股上市公司及定嚮募集公司的股份製改製及上市評估業務。承辦瞭山東省人大綜閤樓、山東省委黨校教學樓、山東省政協花園住宅工程、山東省韆佛山醫院病房樓、珍珠泉賓館等200餘項工程審計業務。事務所舉辦財務會計人員培訓，畢業、結業5000人。另外，還承辦瞭幾十傢國營、集體企業廠長、經理離任審計。無償爲境外、境内投資者提供會計、税收法規及國傢其他有關法律、法規的咨詢服務。

事務所接受外商委托，與國際會計公司閤作承辦外商控股三資企業和股份製企業的審計、評估業務。如：大馬集團香港嘉洛有限公司是一傢香港上市公司，由國際會計公司安永會計師事務所任常年審計師，1993年在山東省聊城、兖州、德州、壽光投資舉辦嘉明、嘉隆、嘉豐、嘉德、嘉鴻五傢公司，經安永會計師事務所篩選，指定山東會計師事務所擔任五傢公司的常年審計業務。美國VHC有限公司是一傢美國上市公司，由普華國際會計公司任常年審計師，在山東省周村投資舉辦齊魯莫爾玻璃機械有限公司，經普華國際會計公司推薦由山東會計師事務所擔任齊魯莫爾公司的常年審計業務。香港恩利有限公司是一傢香港上市公司，由香港德勤會計師行任常年審計師，在山東省青島獨資舉辦青島恩利食品有限公司，德勤指定山東會計師事務所承辦恩利公司的常年審計業務。事務所齣具的中、英文報告及工作底稿，每年均由上述國際會計公司復閱没有提齣不同意見，給予瞭充分肯定。與香港卓德測計師有限公司閤作，對淄博新華製藥廠發行H股進行瞭全麵資産評估，爲該廠在香港上市做好瞭準備工作。與安達信會計師事務所閤作，對濟南輕騎摩托車股份有限公司發行B股進行瞭審計，與普華國際會計公司閤作對魯泰紡織股份有限公司發行B股進行瞭審計，事務所連續幾年爲山東國際信托投資公司審計財務决算，爲該公司先後在日本、新加坡等國傢發行債券取得成功提供瞭服務。

積極的工作

滿意的服務

事務所开展豐富多彩的教育活動

會計師們認真處理業務

HENAN

河南光華財務會計有限公司

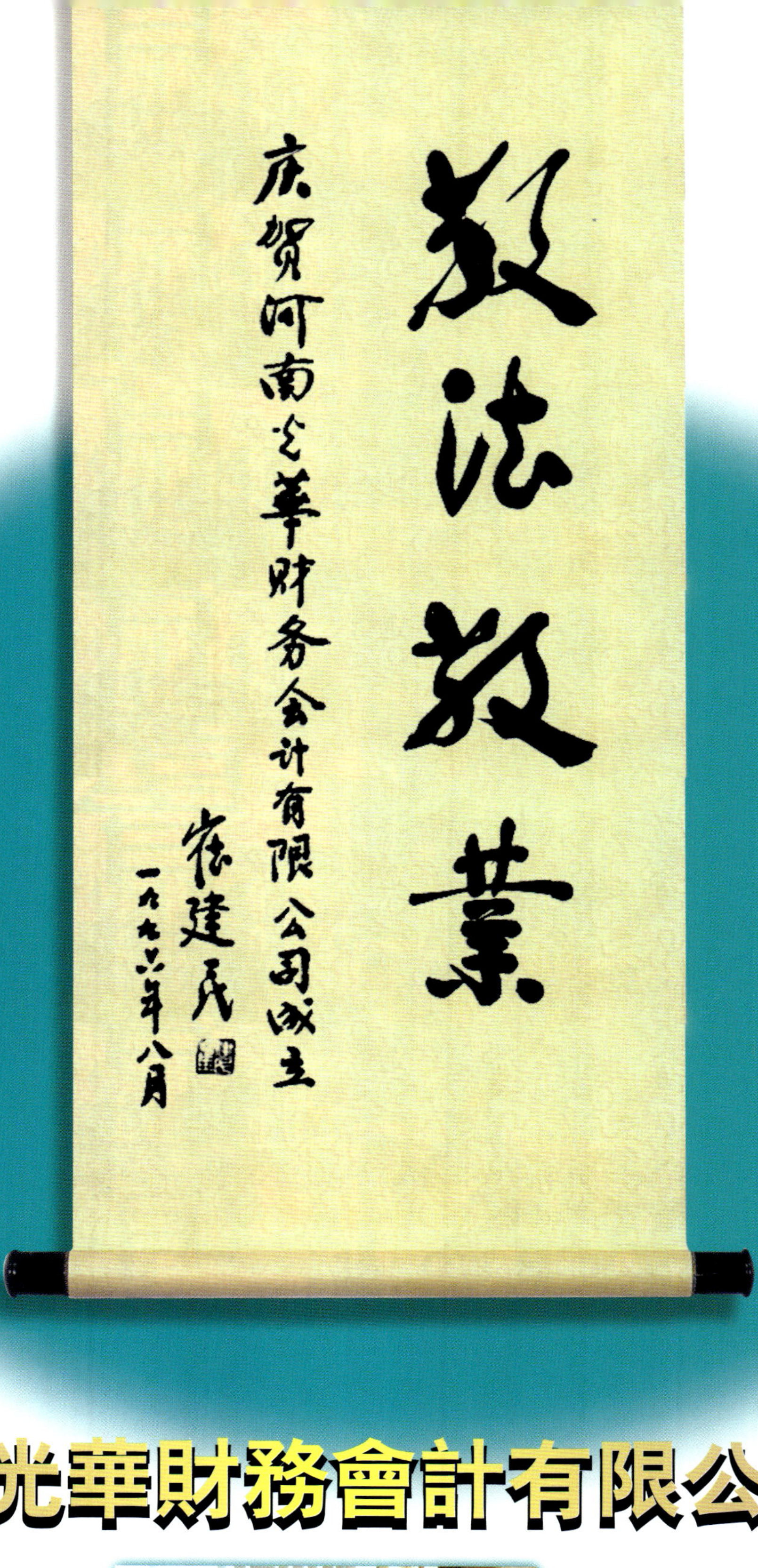

河南光華財務會計有限公司

董事長：邢德祥

南光華財務會計有限公司是適應改革開放和建立社會主義市場經濟體製的需要，根據中國注册會計師協會全國特彆代錶大會和國務院領導關于“要積極創造條件、加快事務所的閤并、聯閤，建立一批規模大、信譽好、水平高的事務所”的講話精神，在中國華建審計事務所、河南振豫會計師事務所、中州審計師事務所、河南江河會計師事務所、河南國信會計師事務所、河南新夏會計師事務所、河南豫經會計師事務所的基礎上，以有限責任公司的形式組建設立的具有獨立法人資格的大型社會中介服務機構，它是會計師事務所之間聯閤模式的有益探索。

公司及各成員單位注册資本總額540萬元，總資産達2300萬元，擁有員工216人，其中：高級職稱72人，中級職稱92人，注册會計師101人，本科及研究生以上學曆61人，形成瞭一個以高級會計師、高級審計師、高級經濟師、高級工程師(包括土建、水、電、暖、裝飾、機械、化工、鐵路等行業)專業人員爲主的最佳人纔組閤體。公司將在各成員所現有優勢的基礎上形成自身獨特的優勢，敢于競爭、善于競爭、争做一流、勇創輝煌，立足河南，麵嚮全國，走嚮世界。

公司宗旨是“公正爲本、以法爲準、質量第一、服務至誠”，在執業中嚴格遵守國傢法律、法規、政策，對承辦的各項業務提供的報告的真實性、客觀性、公正性負責。公司受理承辦國有、集體、外資、私營等各種經濟性質的企事業單位委托的各項查帳、審計、資産評估、工程概預決算審查和會計咨詢、會計服務、代理納税申報、税務咨詢、代理記帳、代辦工商登記、承辦財務審計、會計人員培訓等各項中介服務，公司承辦各項業務，不受地區、行業的限製，歡迎社會各界前來聯係業務，公司將爲你提供財務會計領域全方位的服務。

董事長：邢德祥

副董事長：劉曉軍、陳青山

總經理：黄璋

總會計師：馬榮昌

地址：鄭州市緯五路43號經緯大厦　電話：5976259　郵編：450003　傳真：5976259

聯係人：劉桂萍

公司辦公駐地

精誠團結的公司領導班子

會計師們認真處理業務

公司接待前臺

中信會計師事務所

CIEC Certified Public Accountants

CIEC Certified Public Accountants

CIEC Certified Public Accountants

CIEC Certified Public Accountants

中信會計師事務所是中華人民共和國財政部首批批準成立的兩傢會計師事務所之一。中信會計師事務所是經中華人民共和國國傢工商行政管理局登記注册成爲獨立法人，依法從事注册會計師的有關業務。

中信會計師事務所以高素質的專業人纔作爲嚮客户提供高質量服務的保證。中信會計師事務所現有各類專業人員150餘名，其中注册會計師50餘人。專業人員中大部分具有學士以上學位，其中一批業務骨幹具有在國外大會計公司工作的經曆。爲瞭確保中信會計師事務所的工作質量，中信會計師事務所還聘請瞭一批國内著名的財務會計專傢、學者爲顧問。事務所内設審計部、資産評估部、税務部、管理咨詢部及綜閤管理部，并在北京設立瞭四個分部。1993年中信會計師事務所與世界六大會計師事務所之一的永道會計財務咨詢公司閤作成立瞭中信永道會計師事務所。

中信會計師事務所在實際工作中始終堅持獨立、客觀、公正的宗旨，始終堅持質量第一的精神，因而在國内外客户中以及在中國有關政府部門中贏得瞭較高的信譽。中信會計師事務所于1991年第一批獲得國傢國有資産管理局授予的資産評估資格證書。

中信會計師事務所于1992年第一批獲得中華人民共和國財政部和中國證券監督管理委員會授予的執行股份製試點企業社會募集公司有關業務的資格證書。

中信會計師事務所于1993年第一批獲得國傢國有資産管理局和中國證券監督管理委員會授予的從事證券業務資産評估資格證書。

法人代錶：劉光裕

地址：北京市朝陽區新源南路6號京城大厦10層
電話：(010)64662330 64662265 64663026 64661880 64660088轉1023、1002、1026、1025、1009、1027、1008、1048、1003、1047、1050
傳真：(010)64662456 郵編：100004

中洲 中鋒

中洲會計師事務所

中洲會計師事務所成立于1989年，
是由一批以財政部等中央主管部門離退休財會幹部爲主體創辦，
具有從事股份製試點企業社會募集公司有關業務的資格。
業務包括：財務報告的審計、上市公司的審計和盈利預測，
驗證企業注册資本；企業税務代理業務，税務咨詢，投資項目的可行性研究；設計財務會計製度，辦理企業閤并、分立、破産清算事宜等。
中洲會計師事務所受委托辦的業務重點是股份製公司的業務，
共做瞭股份製公司業務165項，
其中上市公司64項，定嚮募集公司83項，
包括在香港上市的上海石油化工總公司，
在美國上市的山東德州發電股份有限公司、
在上海上市的哈爾濱東方集團，
貴州中天集團，貴州凱滌等。
事務所現有員工230人。
其中：高級職稱專業人員110餘人，注册會計師97餘人。
在北京設有13個業務部和1個後續教育培訓中心；
由總部投資在上海、深圳、厦門、海口設有4個具有獨立法人資格的地區性成員所和1個中洲電腦軟件技術公司(直屬企業)。

地址：北京市阜成路33號北京商學院綜閤樓八層
電話：(010)68437105
傳真：(010)68437084 郵編：100037

中鋒資産評估事務所

中鋒資産評估事務所是在1995年由中洲會計師事務所資産評估部升格爲獨立的資産評估事務所，
具有從事股份製試點企業社會募集公司有關資産評估資格。
承辦以下各項資産評估業務：企業改製、兼并、閤并、聯閤、破産清算；建立中外閤資、閤作企業；
齣售國有企業；資産轉讓、抵押、擔保；企業承包經營、租賃經營；土地價格評估。
幾年來纍計承辦資産評估項目134項，
其中：中外閤資資産評估項目48項，
土地使用權估價項目20項，
股份製改造資産評估項目14項，抵押貸款評估項目20項，
包括上海石油化工總公司，山東華能德州發電、華北製藥、海南新大洲摩托車和海南金盤實業等。
另外還多次承辦客户抵押貸款資産評估項目，
事務所現有員工20餘人，
其中：高級職稱專業人員10人，土地評估師8人，注册資産評估師12人。
在總部設有工交資産評估部、商貿金融資産評估部、農業及其他行業資産評估部、工程技術部等部門

地址：北京市阜成路33號北京商學院綜閤樓八層
電話：(010)68456609　68437105
傳真：(010)68437084 郵編：100037

事務所所長：李庶

北京市審計事務所

北京市審計事務所是1987年經北京市人民政府批準，在工商行政部門注册登記的具有法人資格的民間審計機構，是北京市最早成立的審計事務所，在行業中堪稱曆史悠久。事務所以國傢法律、法規和各項財經製度爲依據，麵嚮社會獨立承辦《注册會計師法》規定的審計查證和財會咨詢業務，實行有償服務。

事務所堅持客觀公正、實事求是、質量第一、信譽至上的原則，信守閤同，爲客户保守秘密，維護委托人的閤法權益。

領導班子研究工作

部分審計人員交流業務經驗

事務所外景

事務所現設立6個業務部、1個綜閤部、1個辦公室。從業人員中具有高級專業技術職稱的占35%，具有中級專業技術職稱的占34%，其中：具有中國注册會計師資格和中國注册評估師資格的占從業人員的61.5%，并聘有多種學科專業的技術人員參與審計工作，技術力量雄厚。

北京市審計事務所是在我國經濟體製改革不斷深入的過程中建立，在發展社會主義市場經濟過程中壯大的。建所十年來，全所員工解放思想、脚踏實地、開拓進取、奮力拼搏，各項業務屢創佳績。十年來，事務所接受委托承辦瞭審計查證、資産評估、基建預决算、企業清算、財審顧問、經濟糾紛鑒證、工商年檢、三資企業年檢、驗資等各項業務，爲幾韆傢企事業單位提供瞭優質的審計、咨詢服務，并承做瞭近兩百個資産評估項目。十年來，共爲國傢挽迴經濟損失5000多萬元，在同行業中居前列位置，審計金額達幾百億元，資産評估值達20多億元，纍計收入1500多萬元，爲國傢上交税費150多萬元。

法人代錶：李庶

地址：北京市宣武區南菜園街72號
電話：(010)63517257 63517693 郵編：100054

立信会计师事务所

董事長：李海波 教授

本所由我國杰齣的會計學傢、教育傢潘序倫博士于1927年在上海創建，是國內最早成立和最有影響的會計師事務所之一，隨着經濟體製改革，擴大對外開放的需要，經國傢批準，于1986年復辦。依法獨立承辦注册會計師事務，并獲準執行股份製試點企業社會募集公司業務的資格。

本所業務範圍：

1、會計查帳驗證業務：驗證資本、審查會計帳目，齣具查帳、驗資報告書，參與辦理企業解散、破産清理等事項。

2、經濟管理咨詢業務：委託擔任企業常年會計顧問，提供會計、財務、税務咨詢；提供外商投資法規、股份製改製及其他經濟法規的咨詢。

3、資産評估業務：證券業務資産評估；企業整體資産評估及單項資産評估。

4、培訓、編譯業務：培訓會計、審計和會計電算人員，編譯會計、審計書刊資料。

本所服務對像爲國營企業、股份製企業、外商投資企業、集體企業、事業單位、國傢機關、團體法人等。

本所復辦以來，繼承和發揚潘序倫先生倡導的“信以守身、信以處事、信以待人”的準則，一貫注重職業道德、服務質量，立信于社會。客户遍及10餘個省、市和經濟特區。其中股份製試點企業有20多傢，外商投資企業800餘傢，國營企業數百傢。

本所現有專職人員和兼職人員近百人，其中，有資曆深、經驗豐富、在會計界有影響的會計專傢，還有一批既有專長，又富有實踐經驗的各類專業人員，能爲客户提供完善全麵的服務。

名譽董事長：顧樹楨、餘瑾，董事長：李海波，主任會計師：忻佩妮
地址：中國.上海.高安路18弄20號　郵編：200030
電話：64677337　64676775　64375544　傳真：(021)64331400

主任會計師：石人瑾

會計師們交流執業經驗

事務所接待前臺

辦公樓外景

大華
會計師事務所

大華會計師事務所是在改革開放的新形勢下建立和發展起來的。十多年來，在有關各方的積極支持下，經過全體員工的共同努力，業務量不斷增長，業務收入直綫上升，目前已成爲上海市規模較大、信譽較好、實力較爲雄厚、在社會上較有影響的具有執行股份制上市公司業務資格的社會中介機構。

大華會計師事務所的宗旨是立足上海，面向全國，爭創第一流水平。十多年來，除了爲上海市廣大客户提供各項服務外，還在江蘇、浙江、安徽、山東、江西、河南、四川、遼寧、海南、深圳、西藏等省市(自治區)迎來了一批客户。

大華會計師事務所成立以來，陸續培養和充實了一大批年富力强、素質較好的業務骨干；建立健全了一系列業務規則和内部管理制度；增添了適應現代化管理需要的電腦設備，全所已形成了老中青“三結合”的專業隊伍，管理工作也日趨完善，基本上達到專業化、規範化、制度化的要求。大華作風是：認真、誠懇、守信、謙遜

地址：上海市昆山路146號 電話：63070768(總機) 傳真：63243522 郵編：200080 電挂：7339

四川
會計師事務所

地址：中國四川省成都市紅廟子街60號 電話：(028)6740959 傳真：(028)6758729

法人代表、所長：黃萬清

从事证券相关业务许可证

根据中华人民共和国有关规定，经财政部、中国证券监督管理委员会审查 准予 四川会计师 事务所从事证券相关业务。

发证日期：一九九六年八月八日

证书编号：00

事務所取得從事證券業務資格證書

事務所領導研究工作

事務所召開工作會議

四川会计师事务所(原名成都会计师事务所)1983年10月经四川省政府批准成立，是全省成立最早的事务所。全所从业人员65人，拥有注册会计师35人(其中具有证券执业资格的11人)，经过国际六大会计公司专业培训的达60%以上。事务所自开业以来，“以质量求信誉，以信誉求发展”为宗旨，恪守“独立、客观、公正”的原则，先后为200多户来川投资的外商提供投资论证，开展资产评估、资本验证、审查财务决算等业务，成为美国通用电气、美国联合技术发动机公司、台湾统一食品、假日集团、泰国水泥集团公司及正大集团等大型外商来川投资企业的首选中介机构。

1993年2月经财政部批准取得证券执业资格以来，为30余户大中型骨干企业改制提供管理咨询服务。四川在沪深证交所股票上市的40余户企业中60%以上为我所客户。1988年在全省率先开展资产评估业务。为全省培训资产评估业务骨干300余人。客户中包括已上市公司四川金顶(集团)、峨眉铁合金、长城特殊钢、银山化工、东方锅炉集团、泸洲老窖、乐山电力、成都动力配件、广华化纤、四川长江企业(集团)、涪陵建陶、长江机床、东新东碳、四川长虹电器、四川沱牌实业、攀钢板材、宜宾纸业、明星电力、四川美丰化工、内江峨眉柴油机等股份有限公司，近期上市公司有美亚丝绸、峨眉山旅游、绵阳湖山电子等股份有限公司以及四川成渝高速公路股份有限公司(H股)和四川省证券股份有限公司。

深圳市

會計師事務所

深圳市會計師事務所于1984年8月經深圳市政府批准成立，1985年4月獲廣東省財政廳批准執業，同年在深圳市工商行政管理局登記注册，是恢復注册會計師業務以來，在全國成立最早，規模較大的事務所之一，現經深圳市社會體制改革領導小組辦公室批准，獲得批准改制成具有法人資格的會計師事務所。事務所于1993年獲國有資産管理局批准的資産評估資格；1994年經財政部、中國證監會批准，獲得上市公司的審計資格；1995年獲國家審計署批准的國有企業審計資格1997年獲農業部頒發的鄉鎮企業資産評估資格、廣東審計廳認定的外債年檢審計資格和深圳市規劃國土局頒發的房地産中介服務機構證書等。法人代表：周可添。

法人代表、所長：周可添

事務所現有員工150余人，其中中國注册會計師資格50余人，從事證券業務的中國注册會計師14人，其他高中级專業技術人員80余人。設置有審計一部、審計二部、審計三部、審計四部、金融審計部、資産評估部、基建工程審計部、總審計師室、行政部、沙頭角辦事處和南頭辦事處等機構。事務所提供的服務項目主要有：企業股份制改組、上市公司年度審計、中期審閲及其他審計業務；審查企事業會計報表、出具審計報告；驗證企事業資本、出具驗資報告；代理企事業納税申報、出具税務報表；辦理企事業合并、分立、整頓、解散、破産清算的審計業務，出具有關報告；設計企事業會計制度，擔任會計、審計顧問、培訓會計、審計、評估人員；辦理各類資産評估(包括有形資産和無形資産的評估)；代理企業注册登記；提供財務、會計、税務、投資和其他咨詢服務業務；承辦工程造價咨詢業務包括建設項目的預、决算、標底的編制及審核、工程成本控制及相關咨詢；法律、法規允許的其他業務。

事務所恪守獨立、公正、客觀的原則，協助企業成功地進行了股份制改組及會計報表的年度審計業務，主要審計的股份制企業有：深圳發展銀行；中國寶安集團股份有限公司；深圳中華自行車(集團)股份有限公司；深圳市方大(集團)股份有限公司；深圳市康達爾(集團)股份有限公司；深圳市紡織(集團)股份有限公司；深圳中國金屬股份有限公司；深圳市農産品股份有限公司；深圳經濟特區房地産開發(集團)股份有限公司；深圳市物業發展(集團)股份有限公司；深圳市鴻基(集團)股份有限公司；青海同仁鋁業股份有限公司；西寧特鋼股份有限公司等。以卓有成效的工作，實現了圓滿合作。

地址：深圳市深南中路統建大樓1棟11樓　電話：(0755)3235668　3366212　傳真：(0755)3366212　郵編：518031

重慶會計師事務所

事務所門牌　　裝備先進的辦公室一角　　宽敞明亮的辦公室

重慶會計師事務所于1983年12月批準成立，是重慶市成立最早的會計師事務所；是一傢以承辦法定審計、資本金驗證、資産評估和管理咨詢等業務爲主的中介服務機構；1993年首批(目前也是重慶市唯一的)獲得中國證監會和財政部認證從事上市公司證券業務(審計)資格；是目前重慶市最具規模的一傢事務所。事務所下設業務一部、業務二部、業務三部、業務四部、資産評估部、綜閤部、專業標準部、咨詢部、計算機工程部和兩個開發區辦事處。事務所現有專職從業人員80餘人，其中中國注册會計師32人，具有證券業務(審計)資格的注册會計師13人；各類注册估價師12人；具有高、中級專業技術職稱的會計、審計、工程等專業人員30餘人；執業人員中80%具有大學本科以上學曆事務所長期恪守“獨立、客觀、公正”執業原則，赢得瞭廣大客户的普遍贊譽和信賴，衆多境内外工商企業都與本所建立瞭良好的客户關係。爲進一步拓展業務範圍和提高服務質量，本所還與許多國際知名的會計師事務所建立瞭廣泛的人員交流和業務閤作關係。事務所擁有10餘傢國内A股上市公司的實際執業經驗，一些信譽卓著的上市公司都是本所的長期客户。

法人代錶：付思福

地址：重慶市渝中區人和街74號12樓　電話：(023)63873882　郵編：400015　傳真：(023)6386196

重慶立信

審計師事務所

所長：馬相羲
中國注册會計師　高級會計師

事務所部分專業人員閤影

重慶立信審計師事務所是經四川省審計廳1994年3月批準建立，
受重慶市審計局指導、監督管理，具有獨立法人資格的集體性質的服務性中介機構。
事務所現有工作人員60餘名，
大部分具有高、中級技術職稱。
所內設有：審計業務部、資産評估部基建驗證部和辦公室。
服務的主要項目：國傢機關、企事業單位委托的審計查證、資産評估、工程預、决算驗證、銀行審計以及經濟管理咨詢、建帳、建製和培訓審計、財會幹部。
事務所堅定不移爲改革和社會主義市場經濟提供高質量、高效率的服務，發揚立信傳統，遵守職業道德，堅持依法審計，以及客觀、公正的作風，在社會上樹立瞭良好信譽，受到各界好評。
法人代錶：馬相羲

(左起)黎榮森、周孔緒、馬相羲、劉光厚、程曦竹

事務所領導在研究工作

地址：重慶市渝中區人民路234-6號　電話：(023)63893984　郵編：630015

普華大華

會計師事務所

大華會計師事務所和普華國際會計公司于1993年3月28日携手創辦瞭中外閤作普華大華會計師事務所。大華會計師事務所由上海財經大學于1985年創辦，現有專職人員150餘人，其中注册會計師50多人，他們當中有長期從事會計財政、金融、税務、法律工作和研究的教授、高級會計師、會計師和年青一代注册會計師。普華國際會計公司是世界著名的六大會計師事務所之一，1849年在英國創立，其聯閤總部分彆設在英國倫敦和美國紐約。普華國際在世界一百多個國際和地區設立有460多個會員所或辦事處，現有雇員50000多人，其中包括3200名閤夥人。美國花旗銀行和《遠東經濟評論》最近在亞洲地區挑選瞭200傢居于領先地位的公司和企業，從其服務/産品質量、管理水平、適應客户需求、財務良好程度、其他行業的評價等方麵進行評估。根據同行業的六大會計師事務所的評比結果，普華國際除瞭一項居于第二之外，其餘方麵均列于六大會計師事務所之首，并且是唯一一傢擠身于亞洲百强公司之列的會計師事務所。

普華大華目前設立瞭審計業務部、税務部、日本業務部、管理咨詢部等，爲國内外的客户提供獨立、客觀、公正的專業服務，包括審計、投資驗證、税務、管理咨詢、上市策劃、會計電算化等。普華大華爲瞭實現專業人員本地化，服務素質國際化的目標，設計瞭一套長期培訓計劃，包括從初級審計員到高級審計經理乃至閤夥人的各個不同級彆的課堂培訓課程。十分重視在職培訓，每位新職員都會在工作時得到經驗豐富的高級審計經理的悉心照顧，解答有關實務問題。

普華國際會計十分重視在中國的業務拓展，積極協助并參與中國注册會計師協會的培訓工作，而且投入巨額資金，在上海財經大學設立培訓中心。這所占地麵積達400平方米耗資近500萬元的培訓中心，體現瞭當代最先進的電子視聽教學模式，中心除瞭一批Compaq486個人電腦供學員自學外，還安裝瞭多媒體激光視聽教學裝置，配置瞭一套工商管理課程，學員可以通過這套裝置以人機對話的形式，完成整個工商管理碩士的課程。

普華大華會計師事務所自成立以來，在普華國際、上海財經大學、上海大華的直接資助和關心下，取得瞭卓有成效的發展。從業人員320人，其中具有中國注册會計師資格的有35人，具有美國、英國、加拿大、澳大利亞、新加坡、馬來西亞、臺灣、香港等國傢和地區注册會計師資格的有40人。普華大華現在擁有600多傢客户，其中包括享譽國際、國内的客户如美國電報及電訊公司、中國銀行、德國商業銀行、愛立信電訊、康柏電腦、中國民生銀行、第一勸業銀行、索尼電子、國際商業機器、大通曼哈頓銀行、長春一汽轎車、施貴寶、天津渤海化工、鳳凰股份、新亞集團、友誼華僑、上海郵電通訊、山西經緯紡織機械、東北輸變電機械製造、江蘇小天鵝等。

所長：張文高

重慶正華會計師事務所

ChongQingZhengHua

重慶正華會計師事務所于1992年經四川省財政廳批准成立,
并經重慶市工商行政管理局登記注册取得法人資格,
1993年4月經重慶市國資局批准取得正式資産評定資格。
事務所依據《中國人民共和國注册會計師法》的有關規定,
對外承辦各項注册會計師業務:
包括審計查帳、驗證資本、資産評估、會計咨詢、代理記帳、會計顧問以及應由注册會計師辦理的其他業務。
對承辦的各項業務, 堅持獨立、客觀、公正、求實的原則, 信守合同、注重質量、講求效率, 依法維護各方合法權益,
所出具的報告具有證明效力。
事務所面向工商企業、機關團體、事業單位、城鎮企業、外商投資企業提供優質服務。
内設機構有辦公室、審計查帳部、資産評估部、綜合部,
現有從業人員50余人,
其中有注册會計師19人,
在從業人員中會計、工程技術、經濟管理人員具備高、中級技術職稱的占絶大多數,
執業五年來,
通過向社會熱忱服務, 獲得各界好評。
所長: 張文高

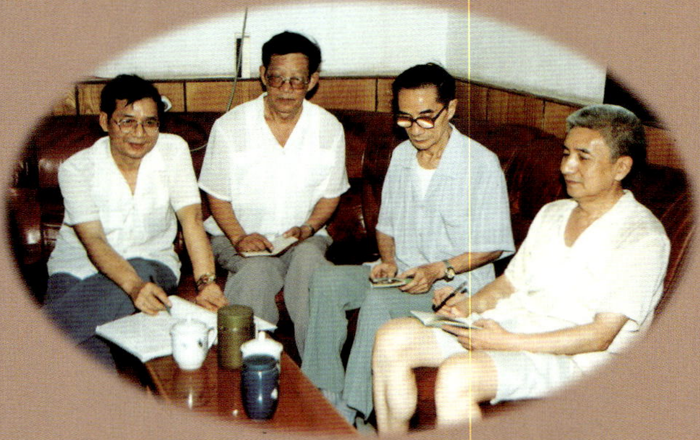

所領導研究工作

會計師們進行項目評估

地址：重慶市渝中區嘉陵橋東村56號　電話：(023)63861921　63852385　郵編：630015

SANCO

山西省高新會計師事務所

主任會計師梁青民
考察美國資産評估操作與實踐

山西省高新會計師事務所于1993年底由十幾名注册會計師共同組建，三年發展期間，事務所以靈活的機制，全新的觀念，卓有成效的服務赢得了社會的贊譽，現已成爲擁有逾百員工(其中注册會計師40余人)，5間遍布全省重要城市的辦事處的大事務所。

●服務的完備程度令人稱道，可提供從財務審計、項目可行性分析、資産評估到公司財務服務、客户培訓、税務代理、税務咨詢、企業管理顧問、獵頭等多門類服務，現設審計業務部、股份制業務部、資産評估部、會計電算化部、技術咨詢部、綜合部、培訓學校等部門。

●機制靈活，針對每個崗位責權利十分明確，這樣就使得全所人員極具風險意識和服務意識，同時事務所從業務規範到内部管理都盡可能與國際同行接軌，現已同國内30余家事務所建立了聯誼，同中信會計師事務所建立了業務協作關系，這將有助于本所在股份制上市方面大有作爲。

●結合山西經濟發展選擇了能源(煤炭和電力)、化工、冶金及金融等行業爲服務目標，精心研究，吸引了大批有實力的客户，其中不乏跨國公司在山西的重點投資項目。

●年齡優勢，全所員工人均年齡爲30歲，而主任會計師梁青民先生，從業十余栽也不過38歲，主持了諸多重大項目。
對内抓“人才、機制、管理”，對外抓“客户、服務、信譽”，全所員工忠誠、進取、團結、奉獻。

事務所與中注協、省注協領導共議發展大計

寬敞明亮的辦公大廳

地址：山西省太原市文源巷41號　電話：(0351)4054172　4078968　4078958　傳真：(0351)4054171　郵編：030001

河南省金融審計師事務所

信心100倍

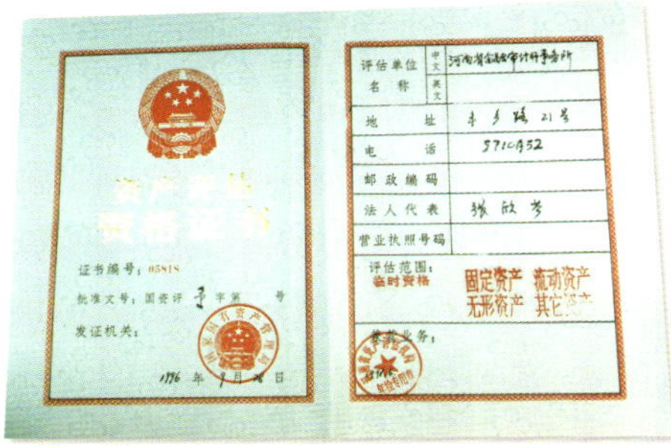

取得資産評估資格證書

河南省金融審計師事務所是經河南省審計廳批準成立，
在河南省工商行政管理局登記注册，
具有獨立法人資格的社會服務中介機構。
并經河南省國有資産管理局審查確認，
具有資産評估資格。
事務所擁有一批具有注册會計師資格，
并精通金融、經濟、會計、工程、電腦等高級專業技術職稱的專傢，
還配有電腦、傳真等先進設備，
有承辦各項審計查證、會計咨詢、資産評估等大型業務的能力。
事務所一貫堅持信譽第一、質量第一、服務第一的經營服務宗旨，
恪守獨立、客觀、公正的原則，
依法維護委托人的閤法權益。
事務所是中國人民銀行總行第一批嚮金融係統推薦的審計事務所，
是金融係統和社會各界可信賴的朋友，竭誠歡迎
委托各項業務，謝謝惠顧。
法定代錶人：張欣岑　高級經濟師　注册會計師

法定代表人：張欣岑　高級經濟師　注册會計師

地址：河南省鄭州市豐産路39號 電話：(0371)5710452 5710449 傳真：(0371)5710453 郵編：450002

江蘇興隆會計師事務所

江蘇興隆會計師事務所經江蘇省財政廳批準成立于1988年，是國有性質具有獨立法人資格的會計師事務所。內設辦公室，第一、第二、第三、第四業務部，涉外業務部、虹橋業務部、資産評估部。擁有一批長期從事會計、審計、資産評估、經濟管理、外貿及金融、法律、税收、電腦等方麵的高級會計師、注册會計師、高級工程師、資産評估師等。

服務對像包括國傢機關、人民團體、企事業單位和個人，以及中外閤資、閤作、獨資企業、外商駐寧辦事機構和境外企業等。

事務所主要服務項目

審查會計帳目　審計會計報錶　驗證注册資本　擔任會計顧問
代理記帳管理　承辦資産評估　工程造價咨詢　基本建設審計
參加投資談判　評審投資項目　辦理企業清算　鑒定經濟案件
提供會計咨詢　設計會計製度　培訓財會人員　擬訂企業章程

法人代錶：路月浦

本所地址：南京市莫愁路 314號 2樓
電話（傳真）：（025）4460847
手機：9066623
尋呼：128-8875840
郵編：210004

涉外業務部
地址：南京市長江路99號長江貿易大樓10樓1007室
電話：(025)4518182　4518185　4519365
4519556　4542693　9020079
傳真：(025)4524638
郵編：210005

虹橋業務部
地址：南京市西康路33號前二樓202-206室
電話：(025)6632521　6639690-3402　9000967
郵編：210009

法人代錶：路月浦

精誠團結的集體

涉外業務部辦公一角

會計師們研究發展規劃

江蘇振業會計師事務所

法人代錶：張耀纔

所長及各部負責人研究工作

江蘇振業會計師事務所以江蘇省供銷社爲挂靠單位，于1994年6月組建的社會中介組織。所內設有財務審計、涉外審計、基建審計、資産評估等部門；擁有中國注册會計師13名和各類技術人才計110多人，并在有關市、縣轄有17個分支機構；具有全面承辦各項審計、驗資、資産評估、咨詢業務的能力。該所堅持獨立、公正、真實和保密的原則，保障委托人的合法權益，對所出具的報告内容的准確性和合法性負責，竭誠爲各界朋友提供高質量、高效率的服務。

會計師們在進行基建審計

地址：南京市中山北路101號大院

電話：6630248　傳真：(025)6633786　郵編：210009

山東華夏審計師事務所

SHANDONG HAN AUDITORS OFFICE

所長：劉國勝

事務所于1994年6月經山東省審計廳批準，省工商行政管理局登記注册，取得獨立法人資格。事務所下設辦公室、資産評估部、審計咨詢部、基建業務部、驗資部、培訓部、業務綜閤部、涉外審計部、政策質量監控室、總師室，并在淄博、棗莊、濟寧、濟南等地設立分所辦事處，工作站。專職人員有高、中級審計師、會計師、工程師、經濟師、律師等專傢和專業技術人員共94人，其中有中國注册會計師、中國注册評估師、房地産估價師24名。還有特邀的高、中級建築、機械、電子、經濟、金融等方麵專業知識和經驗豐富的專傢和專業技術人纔。

事務所承辦業務包括財務收支、經濟效益、經濟責任的審計查證事項；基建工程預、結（决）算的審計驗證和編製工程預、結（决）算，工程招標標底（工程造價咨詢單位甲級等級資質）；企業注册資金的驗證和年檢（含外商投資企業外匯年檢的指定單位）；國有資産和非國有資産評估；建設項目、外資項目、引進項目的可行性研究；經濟案件的鑒定；建帳建製、清理債權、債務；承辦國有企業有關查證工作；參與辦理企業閤并、解散、破産清理等事項；承辦涉外查證的有關事項；協助擬訂閤同、章程及其它經濟文件，參與談判；有關外商投資企業的審計；承辦納税代理、記帳代理等業務；基本建設工程監理；擔任審計、會計咨詢顧問；開展經濟咨詢業務；培訓審計、會計、財務等經濟管理人員。

事務所堅持服務第一、質量第一、信譽第一的宗旨，多次受到上級各有關業務主管部門的好評，1997年全國清理整頓中介機構大檢查受到山東省工商行政管理局、省審計廳錶揚。

所長：劉國勝　主任會計師　總審計師
地址：山東省濟南文化東路20號
電話：(0531) 8545775
傳真：(0531) 8545776
郵編：250014

劉國勝所長與專傢們研究工作

薈萃英才　創建一流

山東
中魯會計師事務所

山東中魯會計師事務所是經財政部批準，并經工商行政管理部門核準登記，實行獨立核算、自收自支、自負盈虧、依法納稅的有限責任法人，創建于1996年1月。事務所發揚“以質量求生存，以信譽求發展”的精神，“高起點、高標準、高質量、高信譽、高速度”嚴格自律。截止1997年6月底已發展到擁有注册會計師27人，高級會計師、高級工程師30多人，注册評估師5人，從業人員達160多人，成爲山東省最有影響的會計師事務所之一。

事務所業務範圍：

1. 查帳驗證：審查企業會計報錶；承辦股份製企業及證券上市公司的業務審計，辦理閤并、分立、清算事宜中的審計；驗證企業資本；參與調解經濟糾紛。協助鑒彆經濟案件證據以及法律、行政法規規定的其他審計業務。
2. 基本建設預(結)算工程審計。
3. 資産評估：承辦境内企業因資産拍賣、轉讓、兼并、齣售、聯營、股份經營；中外閤資、閤作經營；企業清算以及資産抵押、擔保、租賃等資産評估業務。
4. 會計咨詢：受委托設計財務會計製度、核算辦法；受聘擔任常年會計顧問；提供有關財務、會計、稅務及經營管理咨詢。
5. 專業培訓；爲企事業單位提供財務、會計、稅務等方麵的專業培訓。

法人代錶、所長：楊明亮

法人代錶、所長：楊明亮　中國注册會計師　高級會計師

地址：山東省濟南市經十路157號　電話：(0531)2023095　傳真：2010946　郵編：250002

南京會計師事務所

南京會計師事務所于1981年7月經江蘇省財政廳批準成立，是我國實行對外開放政策以來最早開業的會計師事務所之一，是南京最大的注册會計師執業機構。事務所堅持以“服務第一、質量第一、信譽第一”爲宗旨，承辦審計、驗資、資産評估等法定業務，并麵嚮社會提供會計咨詢、會計培訓、會計服務以及會計電算化等多元化服務項目。是國內會計服務功能最完善的會計師事務所之一。

所長：杜文俊

所領導與會計師們研究工作計劃

1993年2月，財政部授予事務所執行股份製試點企業社會募集公司有關許可證，同年5月，國傢國有資産管理局、中國證監會授予從事證券業務資産評估許可證。1996年3月份，由中國人民銀行總行首批推薦爲具有從事金融業務資格的會計師事務所，6月份，又取得瞭江蘇省建委授予的江蘇省工程造價咨詢甲級資格證書，是國內爲數不多的具有“四重”資格的會計師事務所。1994—1996年連續三年被評爲南京市三資企業管理工作先進單位，1995年9月南京市人民政府授予本所成人教育先進集體稱號。中共南京市委、市政府授予1996年度建設新南京先進單位，1996年11月被江蘇省財政廳評爲全省先進財會工作集體。1991年在建所十周年之際，國務委員、財政部部長王丙乾，財政部高級顧問田一農，著名財政經濟學傢許毅及著名會計學傢楊紀琬等爲我所題詞祝賀嘉勉。

事務所設有綜閤部、涉外業務部、海峽分部、國內業務一部、國內業務二部、資産評估部、金融業務部、基建業務部、農口分部、文行分部、高新技術開發區分部、新港工業區分部、財會培訓部、電算化服務部等14個直屬業務部和會計用品服務公司。建立瞭遍布各區、縣、各産業部門和大專院校的服務體係。擁有一支由注册會計師、注册資産評估師，高、中級會計師爲主體，并有高級工程師、高級經濟師、教授及法律、金融、稅務等專業人員組成的執業隊伍和專傢網絡。事務所現有各類人員共計100人，其中中國注册會計師40人，經財政部和中國證監會認定的具有證券業務執業資格的注册會計師15人。

事務所積極加强國際閤作與交流，先後與香港安永國際會計公司、普華國際會計公司、浩華國際公司、新加坡派納會計事務所、美國加州邱慈艾會計師事務所、法國盧黛霞高級會計師事務所、臺灣勤業會計師事務所建立瞭友好閤作關係。

石家莊會計師事務所

法人代錶：劉秉廷

石傢莊會計師事務所1985年4月成立。1993年經財政部、中國證監會批準，具備從事證券業務審計資格，1995年經國傢國有資產管理局、中國證監會批準，具備證券業務資產評估資格。是河北省第一傢同時具備這兩個上市業務資格的會計師事務所。1996年，被中國人民銀行列爲第一批推薦對金融機構的經濟活動進行審計鑒證的會計師事務所。

事務所分支機構12個，從業人員260餘人。其中高級職稱22人，中級職稱190人，注册會計師124人。大專以上學曆85人，研究生6人。主要業務：上市公司的財務審計和資產評估；金融構的審計、驗資、年檢；驗證企業資本；企業閤并、分立、破産清算；提供財會、納税咨詢；代辦納税申報；受理經濟項目論證；設計企業財會製度；代理企業記帳；派駐會計顧問；以及法律、行政法規規定的其他業務。

石傢莊會計師事務所在執業中始終堅持獨立、客觀、公正的原則，堅持“以質量求信譽，以信譽求發展”的服務宗旨，連年被省注協評爲先進事務所。1995年，被財政部評爲全國先進財會工作集體。事務所實力雄厚，不斷开拓進取，嚮着與國際大所并駕齊驅的目標前進。事務所竭誠爲客户提供優質、高效的服務。

地址：石傢莊市栗康街18號
電話：(0311)6035357
傳真：(0311)6073519

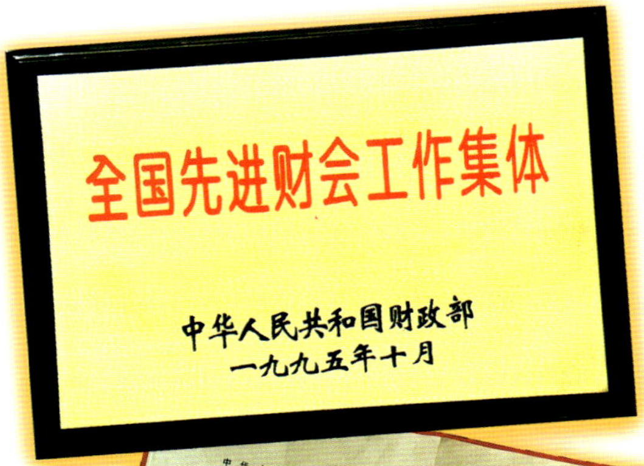

在一九九五年第四屆全國財會工作會議上被評爲先進工作集體

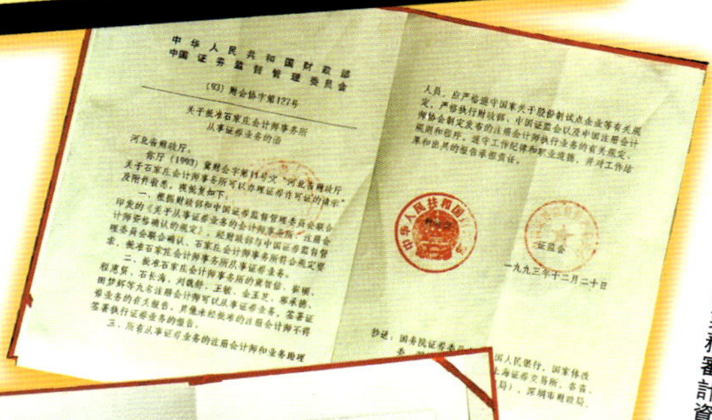

獲得從事證券業務審計資格

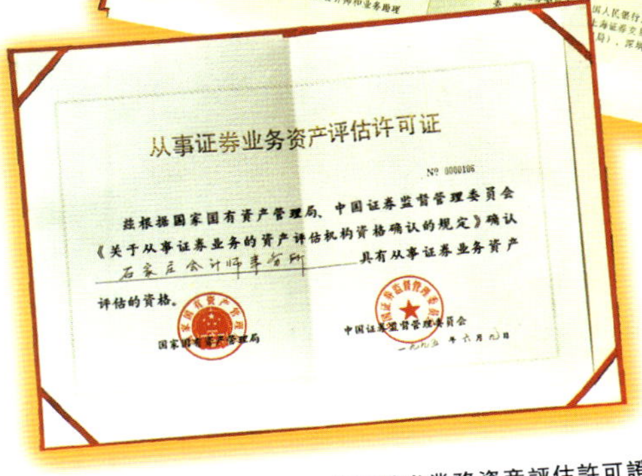

獲得從事證券業務資產評估許可證

濟南審計師事務所

事務所辦公大樓外景

山東濟南審計師事務所是經濟南市編委和山東省審計廳于1986年3月批準成立的依法獨立承辦審計查證和咨詢服務具有法人資格的事業單位，是省市成立較早、規模較大、發展較快的社會審計中介機構之一。

事務所現設四部(財務咨詢部、資産評估部、驗資部、基建審計部)、五處(第一、二、三、四、五業務辦事處)、一室(行政辦公室)。

全所現有從業人員74人，其中具有中國注册會計師資格的46人(高級職稱25人，中級職稱21人)，形成瞭一支以會計專業爲主，兼有審計、經濟、金融、工程等結構閤理的高素質的員工隊伍，具有承擔量大麵廣、時間緊、內容復雜的審計項目和技術性較强審計業務的能力。

事務所開展審計查證、咨詢服務活動，堅持服務、質量、效率、信譽四個第一的服務宗旨，恪守獨立、客觀、公正和保密的原則，維護瞭委托各方的閤法權益。

受托項目日漸增加和擴大，有中央、省、市企事業單位的財務查證、資産評估、驗證資金、基建工程預决算、經濟案件鑒定、破産審計，以及建帳建製、咨詢顧問等多種業務工作，近年，年年完成審計項目逾韆項，社會效益、經濟效益分彆以30%以上的速度遞增。

與此同時，建立瞭雄厚的物質基礎，辦公用房、交通車輛、通訊及微機設施等資産逾700萬元，提高瞭社會審計的綜閤服務功能。

1993年經國傢國有資産管理局、中國證監會確認具有從事證券業務資産評估資格，1994年被評爲全國百强所之一。

事務所法人代錶、所長王義祥，長期從事財稅、金融、審計工作，係高級審計師、中國注册會計師、中國注册會計師協會理事。

先進的辦公係統

地址：濟南市市中區民生大街68號 電話：(0531)2901947 2900154 2900540 2901845 傳真：(0531)2900154 郵編：250001

法人代錶：蔺豪遠

事務所1985年成立，
1994年經中國證監會和財政部批准成爲廣西第一家取得從事證券相關業務的會計師事務所。
并經國家國有資産管理局批准取得資産評估資格。
1993年經批准加入中華會計師事務所群體，
1997年財政部正式批准成立中華會計師事務所(集團)，
事務所以發起人之一的身份成爲該集團成員。
事務所下設辦公室、基建服務部、資産評估部、涉外業務部、國内業務部、電腦工程部、證券業務部及2個分所、3個辦事處。
現擁有從業人員73人，
其中中國注册會計師21人，
包括從事證券相關業務資格的8人，
注册資産評估師4人，高級會計師5人，高級經濟師3人。

所領導在研究工作

北海
會計師事務所

事務所業務範圍：
從事公開發行股票和股票上市的股份公司、證券經營機構會計報表審計、驗資、股份公司設立、股票發行及股票上市運作策劃。
審計企業會計報表，
驗證企業資本，
辦理企業合并、分立清算事宜等審計業務以及法律法規規定的其他審計業務。
從事單項整體資産和企業整體評估業務。
代客户编制基建預算表、審核基建預决算。
對客户提供計算機軟硬件服務，
完成各種工業控制網络系統項目，
開發企業財務軟件。
代客户辦理税務登記、納税申報，
制作納税文件，納税及退税業務，
進行税務咨詢，受聘擔任税務顧問。
培訓財務人員，
代理企業建制建帳、代理記帳，
進行投資項目可行性研究評價，
投資及籌資方案設計，
擔任常年會計顧問。
所長：蔺豪遠

所領導和部門主任研究業務工作

地址：中國廣西北海市北部灣西路
郵編：536000
電話：(0779)3033328　3057652
傳真：(0779)3057652

山東泰安會計師事務所

山東泰安會計師事務所是經山東省財政廳和泰安市政府于1986年6月批準成立的社會中介機構。事務所内設綜閤、財務培訓、國内審計、涉外審計、基建審計和資産評估6個業務部，恪守獨立、客觀、公正的原則，接受社會各企事業單位及個人的委托，辦理地方企業(包括國有、集體和股份製企業)和外商投資企業驗資查帳、基本建設工程預結算審計、各類資産評估、會計咨詢和會計人員培訓等業務，獨立承擔法律責任。在承辦業務的過程中，嚴格履行委托承辦協議書規定的各項條款，切實保守委托人的秘密，堅决維護委托人的閤法權益。

事務所1994年10月8日正式搬至新址辦公，更新瞭大宗的辦公用具，增添瞭先進的辦公設備。事務所擁有執業注册會計師40名，注册會計師非執業會員43名，助理從業人員99名。事務所先後製定瞭會計師事務所《業務質量控製製度》、《分支機構管理辦法》等15種管理製度及辦法。建所十一年來，共承辦驗資業務1075項，其中國内874項，涉外201項；查帳業務412項，其中國内189項，涉外223項；資産評估131項，帳麵淨值28244萬元，評估淨現值42450萬元，增值14206萬元，增值率50.3%，基建審計1107項，提報值44177萬元，定案值35498萬元，核减8679萬元。1993年榮獲山東省注協頒發的“會計師事務所整頓工作先進獎”，1994年和1995年連續兩年榮獲省注協頒發的“注册會計師考試工作組織獎”和“會計師事務所財務報錶優秀獎”，1996年榮獲省注協頒發的“山東省會計師事務所先進集體獎”。

公司門牌

所長、法人代錶：儀明海

會計師們認真處理專業工作

地址：山東省泰安市岱廟北路28號 電話：(0538)8212448 郵編：271000

江蘇武進會計師事務所

● 所長：陳華康

江蘇武進會計師事務所係省屬獨立法人所，
一貫堅持“以質量求生存，以信譽求發展”的辦所方針，
恪守獨立、客觀、公正的執業原則，
接受國傢機關、社會團體、企業、事業單位及其他經濟組織和個人的委托，辦理審計、驗資、資産評估、會計咨詢、會計服務等業務，
執業範圍日益擴大，執業水平不斷提高。
執業範圍：審查企業會計報錶，齣具審計報告；
驗證投入資本，齣具驗資報告；
辦理企業閤并、分立、清算事宜中的審計業務，
齣具有關報告；基建預決算審計；各種類型資産評估；
設計財務會計製度，擔任常年會計顧問，提供財務、會計、税務經濟管理咨詢，
代理記帳、提供會計電算化業務服務；
培訓財會人員；
法律、法規規定的其他審計和會計咨詢服務業務。
武進資産評估事務所是經江蘇省國有資産管理局批準成立的具有獨立法人資格的資産評估機構。宗旨是：質量第一、信譽第一、服務第一。
接受國傢機關、各種經濟成份的企業、事業單位和個人的委托，
承辦各種資産評估、建築工程項目預决算審計等業務。

便捷·準確·完善·優質

● 事務所所訓

● 事務所辦公大樓

開展資産評估業務：
新設立企業、單位注册資産評估；閤資、閤作、投資、聯營、閤并、兼并、股份製改造企業的資産評估；
拍賣、轉讓、齣租、承包資産的評估；貸款低押資産、保險及受損資産、仲裁及公證資産的評估；
各種自然資源資産、土地使用權、房屋建築物的評估；
解散、倒閉、破産企業資産的清算與評估；
技術改造項目資産、安裝工程資産、設備投資資産的評估；
各類無形資産和流動資産的評估；企業所有者權益及負債的評估；
建設工程項目的預、决算審計；其他各種經濟活動需要的資産評估。
江蘇武進會計師事務所、武進資産評估事務所共有從業人員68人，
其中中國注册會計師20人，
中國注册資産評估師11人，房地産估價師2人。高級職稱專業人員11人，中級職稱18人。
事務所將竭誠爲社會各界提供便捷、準確、完善、優質的服務。
所長、法人代錶：陳華康

WCPA

地址：江蘇省常州市關河西路25-3號武青大厦8樓　電話：6613818 6613808 6674159

華銀
審計事務所

董事長、法人代錶：柳協春

所長付振純(中)與副所長唐正明(左)、黃雨林(右)

中層以上幹部工作會議

中層以上幹部閤影

堅持“服務第一、質量第一、信譽第一”的經營宗旨，遵循依法辦事、實事求是、誠實信用、保守秘密的執業原則。

華銀以其周到的服務，良好的質量，卓越的信譽，得到瞭社會各界的肯定。

華銀將以“誠實、守信、團結、奮進”的敬業精神，竭誠爲社會各界提供優質服務，爲維護國傢和企業的權益，作齣貢獻。

地址：長沙市車站北路16號　電話：2282059　4301751　郵編：410001

鄭新會計師事務所

鄭新會計師事務所是經河南省財政廳批準，在工商行政管理機關注册登記，具有獨立法人資格，依法承辦注册會計師業務的中介機構。事務所下設國内業務部、涉外業務部、資産評估部、辦公室，現有注册會計師、評估師、房地産估價師、經濟師、工程師等40人。業務範圍有：審查會計報錶和其他財務税務資料，齣具審計報告；驗證企業注册資本，齣具驗資報告；承辦企業資産評估，齣具資産評估報告；辦理企業閤并、分立、清算事宜中的審計，齣具有關報告；代辦工商注册、税務登記、納税申報等手續，承辦税務代理；爲企事業單位設計財會製度，擔任會計顧問、提供財會、税務和經濟管理等方麵的咨詢；代辦會計核算、培訓財務會計審計人員；參與調解經濟糾紛，鑒定經濟案件證據；審編企業工程預決算；其他會計查帳驗證事項和會計咨詢服務業務。鄭新會計師事務所恪守“獨立、客觀、公正”的基本原則，維護社會公共利益，保護投資者和其他利害關係人的閤法權益，堅持以質量求信譽，以信譽求發展的辦所方針，爲社會各界提供優質高效的服務。

聯係人：閆萍、陳沛洪

中國注册會計師、注册資産評估師、高級會計師、所長：吴如波

地址：**鄭州高新技術産業開發區金梭路24號**
電話：**(0371)7981227 7981337**
傳真：**(0371)7981227**
郵編：**450001**

事務所微機室一角

領導研究工作

华丰会计师事务所

HUA FENG CERTIFIED PUBLIC ACCOUNTANTS

法人代錶：汪兆頣

華豐會計師事務所創建于1988年，并于1991年取得資産評估資格，是經中華人民共和國財政部早期批準成立和首批經國傢國有資産管理局認證具有資産評估資格的會計師事務所之一。過去的十年中，爲建立有中國特色的社會主義市場經濟體製作齣瞭應有的貢獻。

華豐會計師事務所擁有一支由高級專業人員組成的技術隊伍，門類齊全、結構閤理，執業恪守獨立、客觀、公正的原則，以其質量和服務取得瞭社會的認可，享有崇高的信譽。華豐會計師事務所將不斷完善自我，願與志二同仁携手共進，爲繁榮社會主義市場經濟再創輝煌。

華豐會計師事務所主要執業範圍：

1.審查會計帳目和其他會計資料，審驗會計報錶，齣具審計報告書；

2.單項或整體資産評估，各類資産價格預估咨詢，齣具資産評估報告書；

3.驗證投入資本，審驗企業在經營中變更資本和年度資本金的工商年檢，齣具驗資報告書；

4.審計基本建設施工預决(結)算，齣具審計驗證報告書；

5.外匯年檢；

5.設計財務會計製度，代辦會計核算，財務分析業務；

7.擔任會計顧問，提供財務、會計、税務和經營管理咨詢。

法人代錶：汪兆頣

地址：北京市西城區二七劇場路甲6號
電話：(010)63220346 63220345
傳真：(010)68528642 郵編：100045

事務所常務會議留影

MsF 福雲會計師事務所

MOORE STEPHENS FUZHOU CERTIFIED PUBLIC ACCOUNTANTS

總經理：卓傳陣

董事長：　　魏可富（中國高級會計師）
副董事長：　張品文（香港執業會計師）
總經理：　　卓傳陣(臺灣執業會計師)
主任會計師：楊人群（中國注册會計師）
地址：福州市廣達路106號9層
電話：3335135, 3330611-2
電挂：0433
傳真：3330613
郵編：350005

福雲會計師事務所系由福州會計師事務所和馬施雲中國會計有限公司共同合資，經中國財政部批准，可以在中國境内執行會計師業務之九家中外合作會計師事務所之一，也是福建省唯一的跨國性會計師事務所。馬施雲(Moore Stephens)于1907年在英國成立，目前在66個國家擁有超過340家成員所，其中九十年來累積之聲譽及專業經驗，是提供高品質及高水平專業服務的最佳保證。

業務範圍：審計、驗資、清算、資産評估、代理帳務處理、投資决策和財務管理，税務咨詢，并可應聘中國企業在境外上市或發行股票有關的財務審計。

福雲會計師事務所將由馬施雲英國總部及臺灣與香港之成員所共同支援專業人員及技術，和國内的注册會計師爲促進與國際審計准則接軌，提升專業服務品質共同努力，以期能爲國内企業、股份制企業及外商投資企業界提供優質的服務。

馬施雲中國

目前，由馬施雲香港及國内5家會計師事務所組成。馬施雲中國網絡國内的事務所接受馬施雲香港及臺灣的專業技術及業務培訓。因此，各兄弟所皆能達到國際專業水平及提供優質的服務。馬施雲中國由以下成員組成：

馬施雲香港：	聯系人 張品文	電話：(852) 23753180	傳真：(852) 23753828
福雲會計師事務所：	聯系人 楊人群	電話：(0591) 3330612	傳真：(0591) 3330613
北京興華會計師事務所：	聯系人 王全洲	電話：(010) 68587588	傳真：(010) 68587589
上海公正會計師事務所：	聯系人 陳德榮	電話：(021) 64738642	傳真：(021) 64733658
深圳民和會計師事務所：	聯系人 谷楊女士	電話：(0755) 3224037	傳真：(0755) 3224036
德陽會計師事務所：	聯系人 葉宏揚	電話：(0838) 2201532 2301412	傳真：(0838) 2303094

事務所經理、部分員工合影

事務所接待前臺

北京同仁會計師事務所

BEIJING

北京同仁會計師事務所始建于1989年，是經北京市財政局批準，工商局核準登記，具有獨立法人資格的專門從事社會會計審計、咨詢服務、資産評估等綜閤性服務的中介機構。

北京同仁會計師事務所恪守"獨立、客觀、公正、實事求是"的原則，依據《中華人民共和國注册會計師法》主要承辦下列業務：

審計、驗證資本、會計咨詢、資産評估、會計顧問、代理記帳、税務代理、培訓財務會計人員和其他管理人員、會計電算化培訓等業務。

事務所現有員工50餘人，其中注册會計師占50%以上，擁有一批具有財政、税務、經貿管理和工程技術等方麵的專業知識人纔，是一傢具有較强實力的會計師事務所。

建所以來一貫堅持"獨立、客觀、公正、實事求是"的原則，以"客户至上，信譽第一，以質量求信譽，以信譽求發展"爲服務宗旨，竭誠爲社會各界提供優質、高效的服務。

事務所領導與會計師們交流執業經驗

、代錶、所長：賈學智

國際業務部：	62612861	地址：	北京市海澱大街24號
國内業務部：	62559941	電話：	(010)62531256 62559143
審計業務部：	62552355	傳真：	(010)62531256 62612860
資産評估部：	62553212	郵編：	100080
培訓部：	62531255		

湖南省會計師事務所

湖南省會計師事務所是經湖南省財政廳批准，報財政部備案，于1985年2月在湖南首家依法成立，從事注册會計師法定業務及會計咨詢服務的專業性社會中介機構。1992年、1993年分别經財政部、中國證監會、國家國有資産管理局批准確認，獲得了從事證券業務中財務審計與資産評估的雙重資格。目前所内設審計一部、審計二部、管理咨詢部、税務代理部、資産評估部、基建審計部、質量監管部、業務拓展部、會計培訓部、綜合管理部等10個部室及5個業務分部，擁有專職從事注册會計師業務的高中級專業技術人才150余人，其中，注册會計師21人，具有從事證券業務特准資格的注册會計師11人，注册資産評估師10人，并有900多平方米的辦公場地，各種辦公設備及微機50多臺套，1000多萬元的總資産。

建所十幾年來，事務所相繼爲近8000家客户提供了服務，除了對外商投資企業、股份制企業、國内企業事業單位進行社會審計、資産評估、會計咨詢外，還拓展了企業的破産清算、企業收購、兼并、境外發行B股的評估與審計，以及基建預决算審計等業務。特别是自1993年開始承擔了湖南省第一批股票公開上市的中意電器集團、株洲火炬火花塞和法人股上市的廣東廣建集團等股份制企業的財務審計、盈利預測和股本金驗證，還相繼承擔了湖南省華天大酒店、華銀電力、衡陽飛龍、海利化工、株洲慶雲、東塘百貨、張家界旅游、岳陽恒立、岳陽正虹、衡陽金果、湖南五一文、湖南計算機、湖南南方摩托等十幾家上市公司的財務審計等證券業務，獲得了客户、省和國家證券主管部門的好評。1995年被評爲湖南省財會工作先進集體、1995年度、1996年度全省三大檢查先進單位，分别受到了湖南省財政廳、人事廳和省三查辦的嘉獎。

地址：長沙市城南西路1號　郵編：410007

電話：5165290　5165292　5165293　5165294　5165297　5165287

所長：李雙桂　高級會計師

900多平方米的現代化的辦公場地

湖南中興會計師事務所

湖南中興會計師事務所是財政部駐湖南財政監察專員辦事處所屬機構，于1995年3月經湖南省財政廳批准成立，是湖南省第一家主要爲中央企事業單位會計中介服務的專業機構。事務所特聘請省注册會計師協會會長、省財政廳副廳長、省國有資産管理局局長瞿寶元，省財政廳總會計師張瑜、總經濟師孟國良，省人民銀行行長蔡魯倫等有關部門的專家擔任顧問。

事務所内設綜合管理部、審計部、資産信用評估部、基建業務部、涉外業務部。從業人員57人，擁有注册會計師15名，評估師4名，高級工程師2名，工程師6名，會計師、審計師34名，大專以上學歷占總人數95%以上。

可以承辦業務包括審查財務會計資料；驗證企業資本金；進行資産評估和信用評估；審查基建預决算；參與企業解散、破産、兼并和聯營的財務清算事項；提供財税和經濟管理咨詢；代理納税申報，代辦申請注册登記；培訓財務會計人員。

所長、法人代錶：譚喜宜

副所長：龔德鈞、李白琳

地址：長沙市南大路省財政廳院内(綜閤樓四樓)

電話：(0731)5165754　5165824　5165834　5165844

郵編：410007

1. 所長：譚喜宜

2. 辦公大樓外景

廣西

廣西會計師事務所
廣西資産評估事務所

Guang Xi

事務所于1985年3月正式成立，1996年經財政部、中國證監會批准取得從事證券業務資格，事務所設置審計業務一、二、三、四部、資産評估部、工程預决(結)算審核部、綜合管理部、財務室、電腦室等，并在南寧、北海、玉林、貴港、博白等市縣設立了分支機構。現有員工66人，其中：注册會計師22人，具有從事證券業務資格的注册會計師8人，注册資産評估師8人，取得基建概預算資格證書的6人。

事務所業務範圍主要是：審查各類企業會計報表，

出具審計報告；驗證企業資本，出具驗資報告；審查股份制上市公司會計報表，出具審計報告；辦理資産評估，出具評估報告；審核基建工程預决(結)算，出具基建工程預决(結)算審核報告；辦理企業合并、分立、清算事宜中的審計業務；設計財會制度和擔任會計顧問；其它會計咨詢、會計服務業務。

幾年來，事務所在遵守我國的法律、法規和制度規定的基礎上，通過自己的業務活動，博得了廣大客户的信任和好評，并將以更高的效率和工作質量，竭誠爲客户服務。

法人代表：張道傳

副所長：歐正升

地址：廣西南寧市桃源路82號自治區財政廳大院内

電話：(0771)5315732　5313110(綜閤管理部)

5330037(資産評估事務所)

海南省興平會計師事務所

● 所長：郭渝麗

興平會計師事務所是經海南省財稅廳批準，

海南省工商行政管理局登記注册的社會中介機構。

有中國注册會計師10人及高中級技術職稱人員12人，

工程技術人員5人。

開業以來在社會公衆中具有良好的信譽。

興平所恪守獨立、客觀、公正的原則，

以應有的職業謹慎態度，

實事求是的爲企事業單位提供優質高效的審計服務。

嚴格爲客户保守在審計中悉知的商業秘密，

爲客户提供熱情周到的服務。

事務所爲社會提供的會計審計服務有：

企事業單位年度審計；注册資本驗證；資産驗證；資産評估；工程可行性分析論證及預、决算審計；企業解散、閤并清算；調解經濟糾紛及鑒彆經濟案件證據；工商税務、財務代理等。

法定代錶、所長：郭渝麗

地址：海口市金貿區國貿大廈A座705、706室

電話：(0898)6779480　6779452　郵編：570125

北京金華信會計師事務所

北京金華信會計師事務所是根據《中華人民共和國注册會計師法》組建，經北京市財政局批准，北京市工商行政管理局登記注册，具有法人資格的社會中介組織。具有《資産評估資格證書》和《外商投資企業外匯年檢資格證書》現有注册會計師22人，專業助理人員43人，主任會計師楊連璧。

事務所恪守獨立、客觀、公正原則，注重自身建設，隊伍以老帶新，嚴格作業規範，遵守職業道德，面向社會廣大客户，以服務第一、質量第一、信譽第一爲宗旨，依法承辦查帳審計驗證資本、資産評估、會計咨詢和會計服務業務，竭誠爲客户提供優質服務。

主任會計師：楊連璧

北京正和信會計師事務所

北京正和信會計師事務所是經北京市財政局批准，在北京市工商行政管理局登記注册的具有法人資格，獨立注册會計師業務的綜合性服務機構。事務所擁有財務、會計、税務、法律、金融、資産評估、工程技術、電腦軟件及建築工程預算等多方面的高級專業人員。現有從業人員45人，其中注册會計師20人，高級工程師6人，具有高級職稱的專業人員占50%，全部人員均具有高等學歷。

事務所承辦業務：會計報表審計；企業合并、分立、清算審計；專項審計；資本驗證；資産評估；投資咨詢，管理咨詢；税務咨詢；企業財務會計制度設計；常年會計顧問；政策法規咨詢；代理記帳；財務、會計制度及財會電算化培訓；基本建設預(决)算審計；其他會計咨詢和會計服務業務。特别是在基本建設預(决)算審計方面積纍了豐富的經驗，摸索出一套科學的審計方法，在承接的大量基本建設預(决)算審計業務中平均净核减率達10%。事務所本着爲委托單位節約資金的原則，按照審减金額收取審計費用，如果没有審减金額則不收取審計費。

事務所的服務宗旨是：公正、謙和、守信。我們在承辦客户委托的各項業務中，將遵守中華人民共和國的法律、法規和規章制度，堅持獨立、客觀、公正的原則，嚴格履行委托協議，嚴守客户商業秘密，以優質高效的服務，促進客户的事業發展。

法人代表、董事長：高慶忱

地址：北京東城區和平裏東街民旺乙19號中糧興達大厦702室
電話：64239094 64235522-2702、2720 傳真：64275971 郵編：100013

北京希文會計師事務所

法人代錶：王淑蘭

事務所辦公處

會計師們交流業務經驗

北京希文會計師事務所是經北京市財政局批准成立具有法人資格的服務機構。

內設國際業務部、資產評估部、咨詢服務部等6個職能部門。

事務所嚴格遵守國家各項法律、法規規定，

堅持獨立、客觀、公正和爲客户保密的原則。

接受委托辦理下列審計業務和會計咨詢服務業務：

審查會計帳目、會計報表，

出具審計報告；驗證投入資本，

出具驗資報告；進行資產評估，

出具評估報告；辦理企業合并、分立、

清算中的審計業務；

辦理企業建立會計帳簿，

并代理記帳業務；

接受委托擔任會計顧問，

辦理會計制度設計等業務；

培訓財會、審計專業人員，提供師資；

辦理會計、審計、稅務咨詢服務業務。

地址：北京市豐臺區定安路13號 電話：67640176 郵編：100075 傳真：67640177

中龍會計師事務所

法人代錶：謝汝棋

中龍會計師事務所是財政部、國傢國有資產管理局和中國注册會計師協會批準由工商行政管理局登記注册，于1989年6月成立的具有法人資格的從事財務會計專業和資產評估服務的全民所有製社會公證性中介機構。 事務所的業務範圍：擔任財務會計顧問，提供會計、財務、稅務和經濟管理咨詢；設計財會製度，代理納稅申報，代理記帳；代理申請注册登記，代擬經濟閤同；培訓財務會計人員；其他財務會計咨詢業務。承辦資產拍賣、轉讓、租賃、企業清算、兼并、齣售、股份經營、中外閤資、閤作經營、機器設備、流動資產、無形資產、單項資產及企業整體資產、房地產的資產評估業務；投資項目的經濟可行性研究，經濟論證；審查驗證會計報錶，驗證資本；企業閤并、分立、清算的審計以及離任審計；鑒證經濟案件；法律、法規規定的其它業務。

有豐富執業經驗的專業隊伍

地址：北京市朝陽區農展館北裏2號 電話：64194464 64194465 65074228 傳真：64194464 郵編：100026

天津會計師事務所

所長：王偉生

天津會計師事務所經財政部、中國證監會和國傢國有資産管理局批準具有從事上市公司審計業務和評估業務資格，主要從事驗資、審計、資産評估、電算化評估及税務代理、會計咨詢、會計顧問等項業務。現有從業人員90餘人，每年爲1500傢大中型企業提供各類服務。擁有中國注册會計師46人，其中擁有中級專業技術職稱10人，高級技術職稱4人。事務所現分設六部一室，其中：業務一部、二部、三部主要從事外商投資企業、外國駐津商社、外資銀行的委托業務；業務四部從事股份製挂牌上市公司及其他公司、企事業單位委托的業務；資産評估部從事各類企事業單位委托的資産評估事項，業務綜閤部負責業務政策及業務接待等項業務，辦公室負責全麵行政管理。事務所新建3000平方米辦公大樓投入使用，内部管理全部實行微機調控，對外業務也正在建立完善的計算機查帳係統。

事務所辦公室一角

事務所辦公大樓外景

地址：天津和平區赤峰道30增1號
電話：(022)23391188　23393438—40轉231
傳真：(022)23114423
郵編：300041

天津公信會計師事務所

天津公信會計師事務所始建于1988年，現有專職從業人員50余名，其中具有大專以上學歷人員39名，具有高级職稱的人員20名，中國注册會計師27名，中國注册資産評估師9名。事務所具有天津市國資局授予的資産評估執業資格；天津市財政局首批授予的執行外資業務資格，天津市外匯管理局授予的對外商投資企業外匯年檢業務資格等。

事務所的業務範圍：審查企業會計報表，出具審計報告；驗證企業資本，出具驗資報告；承辦資産評估業務，出具評估報告；辦理企業改組、合并、分立、清算事宜中的審計業務，出具有關的報告；代理企業納税申報，提供税務咨詢；承辦會計咨詢、會計服務業務，包括擔任會計顧問、設計會計制度、會計專業培訓、會計電算化的業務咨詢和鑒證等；法律、法規規定的其它審計業務。

法人代錶、所長：郭振山

富有經驗的專業隊伍爲客户提供業務服務

地址：天津市河西區友誼路10號8樓　電話：(022)28365974　28352531　傳真：(022)28352531　郵編：300074

深圳中華會計師事務所

所長：硃震昌

深圳中華會計師事務所創建于1987年，現有員工150餘人，其中專業人員120餘人，包括執業注册會計師50餘人，特聘外藉注册會計師17人。其中具有高級職稱的有20餘人。 事務所是首批獲得財政部、中國證監會、國傢國有資産管理局批準的證劵業務審計資格和證劵業務評估資格的事務所之一，現有經批準獲得證劵業務資格的注册會計師十餘名。事務所多年來已經爲50多傢公司承辦上市業務的審計或評估業務；常年爲上市公司擔任核數師和財務顧問的有A股業務30多傢，B股業務10餘傢；配閤境外國際會計公司承辦境外上市業務的數傢。事務所是迄今爲止唯一可以同時承辦境內、境外證劵業務的中國會計師事務所，并曾由中國人民銀行總行推薦可以承辦全國金融機構的驗資、審計等業務的機構。事務所在1994年10月經財政部批準參加浩華國際會計公司(Horwath & Company)爲其成員所，也是中國首傢國際成員所。事務所與浩華國際在世界各地的成員所結成全球性的業務聯營網絡，可以爲全球經濟界尤其是各大國際性企業集團提供審計、評估、咨詢等配套的專業服務；事務所還與國内各大中城市的中華會計師事務所集團的成員所結成國内業務聯營網絡。 事務所是國内業務量最大、承辦上市公司證劵業務最多的事務所之一，曾兩次被評爲深圳市先進單位。

事務所所長硃震昌，高級會計師、中國注册會計師，曾任中國會計學會理事、中國資産評估協會常務理事、中國電子工業會計學會副會長、中國電子工業審計學會常務理事、深圳市企業管理協會、深圳市中外企業傢協會和深圳市外商投資協會的理事，并是廣州、天津、杭州三所高等院校的兼職教授。 事務所常務副所長劉金登，高級會計師、中國注册會計師，是中國電子工業會計學會理事、中國注册會計師協會《審計準則》專傢組成員、杭州電子工業學院兼職教授。事務所副所長張月、蔣賢山、硃子武均爲具有證劵業務資格的注册會計師。

地址：深圳市深南中路愛華大厦16層
電話：(0755)3210036(總機)
傳真：(0755)3350329 郵編：518031

厦门集友會計師事務所

法人代錶：陳榮華 主任會計師

事務所辦公室一角

厦門集友會計師事務所是1988年9月經福建省財政廳批準成立的法人單位。現有從業人員42人，其中有：副教授8人，講師及會計師20人。現有執業注册會計師21人。内部機構設有：業務一部、業務二部、資産評估部、税務代理部、咨詢培訓服務部、行政管理部、財務室等。并在厦門市湖裏區、同安區等設有分支機構。 事務所嚴格遵循依法辦事、客觀公正、誠實信用、保守秘密的原則，堅持服務、質量、信譽三個第一，保障委托者的閤法權益。事務所1992年12月經厦門市財政局批準，授予資産評估資格證書，經中評協批準接納爲中國資産評估協會團體首批正式會員。

事務所主要業務範圍：接受行政事業單位、企業的委托，辦理財務報錶審計、企業資本驗證、設計會計製度、擔任會計顧問、代理納税申報、代理記帳、辦理投資評估、資産評估和項目可行性研究中的有關業務、提供會計咨詢、税務咨詢和管理咨詢、協助擬訂閤同、章程和其他業務文件、培訓會計、審計和財務管理人員及其他的會計咨詢、會計服務業務。

地址：厦門市厦禾路金榜大厦B座五樓
電話：(0592)5151239 5151237
傳真：(0592)5151344 郵編：361004

山西華强會計師事務所
所長、法人代錶：侯效忠
副所長：王美玲
主任會計師：柴希榮 中國注册會計師、高級會計師

山西華强會計師事務所

Shanxi Huaqiang Certified Public Accountants

所長：侯效忠
中國注册會計師
高級會計師

事務所是經山西省財政廳批准，報財政部中注協備案同意后，經工商局注册登記，于1995年 8月18日正式成立的無挂靠單位試點事務所，在山西是首家，全國也是獨此一家。事務所的組織機構：設所長、副所長，主任會計師各1人，下設人事辦公室、政策法規研究室、涉外業務審計部、國內業務審計部、基建預結算審計部、會計電算培訓部、咨詢部、資産評估部。現有從業人員42人，其中注册會計師15人。

業務範圍包括審計國有企業、股份制公司等企業財務收支；審計外商投資企業會計報表；廠長、經理離任審計；基建預、結算審計；驗證內、外資企業注册資本；辦理企業合并、分立、清算中的審計；經濟案件的會計技術鑒證；設計財會制度，擔任常年會計顧問，草擬合同、章程及經濟文件，代理納税申報，進行會計、財務、税務、經濟管理咨詢等；財會人員培訓；資産評估。

街頭宣傳《中國注册會計師法》頒布10周年

地址：山西省太原市迎澤大街282號(太原軍分區院內) 電話：辦公時間(0351)4068504 業餘時間(0351)4045119 4427310 2021509 傳真：(0351)4068504 郵編：030001

福建華興會計師事務所

所長：劉久芳 中國注册會計師

福建華興會計師事務所成立于1981年4月，當時爲全國第三傢，福建第一傢會計師事務所，現有大專學曆以上專業技術人員63人，注册會計師43人。從開辦至今業務不斷拓展，從最初的審計、驗資業務發展到信息咨詢、會計顧問、納税代理、資産評估、專業培訓等業務；爲企業提供全方位、多功能的服務。首批取得評估資格和從事證券業務資格，1993年以來完成瞭中福實業、實達電腦、運盛股份、三木股份、九州股份、永安林業集團等公司的輔導上市工作。

『獨立、客觀、公正』永遠是我們的宗旨，『優質、廉潔、高效』永遠是我們的風範。麵對越來越激烈的競争，我們執着自信地披荆斬棘，勇往直前。

所長：劉久芳

事務所辦公地點—中山大厦

地址：福州市湖東路15號中山大厦B座7、8、9層 電話：7852574 傳真：7840354 郵編：350003

山東淄博審計師事務所

所長：劉其昌

事務所是淄博市審計局所屬副縣級社會審計機構，目前已有注册資金112萬元，內部設有辦公室、基建審計驗證部、資産評估部、財務咨詢部、驗資部、綜合業務部、涉外部、工程監理部，在市屬主管部門設立15個工作站和分所。固定從業人員45人，其中注册審計師32人，注册評估師5人，高級審計師、會計師5人，聘請各類高中級專業技術人員67人爲兼職審計員。

事務所近幾年來接受委托，承辦了2000多個審計業務項目，查證總金額達302億，核减不實資金5300多萬元，爲國家節省資金上億元。在對市博物館、臨淄化工城、濟南火車站、深圳東華大厦等重大工程項目的基建審計驗證和淄博鋼廠、鈷廠、鋁廠等大型企業的資産評估，以及資金驗證、財務審計等項目，均受到主管部門和有關方面的高度贊楊。

所長：劉其昌

山東淄博審計師事務所自1988年6月成立以來，1993年10月經國家審計署批准，獲得對中央及地方國有企業(含國家控股的股份制企業和其他有國有資産的企業)審計查證資格；1994年5月被國家審計署、中國注册審計師協會評爲全國百强審計師事務所；1994年下半年以淄博審計師事務所基建審計預决算審計驗證程序爲藍本，由原所長編寫的審計師事務所承辦《基本建設工程預(决)算審計驗證工作規程》得到省審計廳、國家審計署、中國注册審計師協會的贊同，并行文全國社會審計組織實行。

精誠團結的集體

地址：山東省淄博市張店人民東路6號
電話：(0533)2180860 2186733 郵編：255003

山東臨沂市
審計師事務所

臨沂市審計師事務所依法成立于1987年，系承辦注册會計師業務的全民事業單位。本所擁有一批財經、審計、會計、工程等方面的專業人才，其中有高中級職稱者29人，注册會計師22人，本科和本科以上學歷者17人。

事務所設内資查賬驗證部、涉外查賬驗證部、資産評估部、資金驗證部、基建工程預决算審計部、咨詢部、財務部、綜合業務部和辦公室。事務所依據《中國注册會計師法》之規定，承辦國家機關、社會團體、企事業單位、外商投資企業、股份制、股份合作制企業等社會審計業務。從業10年來，熱忱爲客户提供高質量、高效率、高水平的服務，贏得了政府和社會各界的一致贊譽。

事務所辦公大樓

先進辦公設備

地址：山東省臨沂市沂州路75號
電話：(0539)8319567 郵編：276004

厦門農信會計師事務所

厦門農信會計師事務所于1992年經福建省財政廳批准成立，是具有依法獨立承辦各項注册會計師業務、資産評估業務及税務代理業務的獨立法人機構。事務所恪守獨立、客觀、公正的原則，奉行以質量求生存，以信譽求發展的宗旨。

事務所現有從業人員60多人，執業會計師40多人，内設股份制企業審計部、國内企業審計部、外商投資企業審計部、資産評估部、培訓部、事務管理部、農信財經縱横編輯部、收購、兼并、資産重組咨詢部、財會電算化應用推廣部。

事務所舉辦審計準則培訓，講课人(中)爲中注協陳建明博士，左一爲主任會計師林春金，右一爲厦門大學黄世忠博士

地址：厦門市湖濱南路三江大厦5層(市府大道與湖濱南路交界處)
電話：(0592)2213655 2213656 2213657 2213658 2213659 2213670
傳真：(0592)2213655 2213658 郵編：361004

鞍山審計師事務所

所長：經紹謙 注册會計師

事務所領導班子成員

會計師們交流業務經驗

鞍山審計師事務所于1986年2月成立，
是經遼寧省審計廳批準，
鞍山市工商行政管理局注册登記，
具有獨立法人資格的全民事業單位，
實行企業化管理。下設綜閤業務部；
注册資金驗資部；
基建工程預决算審計部；業務培訓部；
資産評估部；審計查證部；
會計咨詢部；辦公室。
事務所擁有固定資産250萬元，
辦公用房1000平方米，
現有60名從業人員中具有高中級職稱53人(其中注册會計師30名)。
在1994年全國3000多傢“百强審計事務所評比中”名列第32位。
事務所經國傢審計署批準，
取得國有企業審計查證資格，
經國有資産管理局批準，
取得資産評估資格。
所長：經紹謙 注册會計師
副所長：王恩彦 注册會計師

地址：鞍山市鐵東區常青街3號4樓 電話：5847512 5847513 郵編：114004

山東濰坊會計師事務所

所長：王有亭

山東濰坊會計師事務所成立于1984年9月，經財政部和中國證監會批準，具有從事證券相關業務資格。經山東省國有資産管理局批準，具有從事資産評估業務資格。目前，事務所已有從業人員156人，其中，中國注册會計師63人，中國注册評估師9人，具有證券業務審計資格的注册會計師10人，選聘有法律、金融、工程技術等專業人員100多人。事務所常年爲100多家中外閤資企業、100多家國有大中型企業和股份製企業提供審計評估服務業務。先後爲華光科技股份有限公司等上市公司提供審計服務。事務所與境内外會計師事務所也有密切的閤作關係。

事務所所長王有亭及全體員工將以優質、高效的服務恭候各界人士光臨。

會計師們認真處理業務工作

事務所接待前臺

地址：山東濰坊市東風東街381號(國際飯店六層、七層)
電話：(0536)8237433 8237218
傳真：(0536)8237433 郵編：261041

漯河會計師事務所

漯河會計師事務所1989年10月經河南省財政廳批准設立，内部機構爲：審計業務部、驗資部、資産評估部、培訓部、執業管理監督部、辦公室、高新技術産業開發區辦事處、基建業務部。現有從業人員36人，具有執業資格的注册會計師14人。

事務所承辦的法定業務爲：審查企業會計報表，出具審計報告；驗證企業資本，出具驗資報告；辦理企業合并、分立、清算事宜中的審計業務，出具有關報告；法律、行政法規規定的其他審計業務。還可以承辦代理記帳、代理納税、代爲設計財務會計制度、企業管理制度、培訓會計、審計、財務人員；受托辦理資産評估、投資評估；參與重大項目、重大决策的論證，編制可行性研究報告；對經濟案件進行鑒定；編制審核基本建設工程概預、决算。事務所發展成爲漯河市最大的權威性中介機構。從全市第一家中外合資企業的誕生，至華懋雙匯、大同塑膠、匯華激光等企業的順利運轉，都浸透着注册會計師辛勤勞動的汗水。事務所1994年被河南省國有資産管理局授予資産評估資格；1995年被河南省財政廳、人事廳授予“河南省先進財會工作集體”。1996年被漯河市財政局、人事局授予“漯河市先進財會工作集體”。

會計師們开展研討學習活動，左起趙志勇、張廣收、楊俊彦(驗資業務部副部長)、徐先海(審計業務部副部長)、王秉仁(副主任會計師)、楚碧華(副所長)、黄渤(執業管理監督部部長)、常春杰(基建業務部副部長)、尚偉、歐陽改成

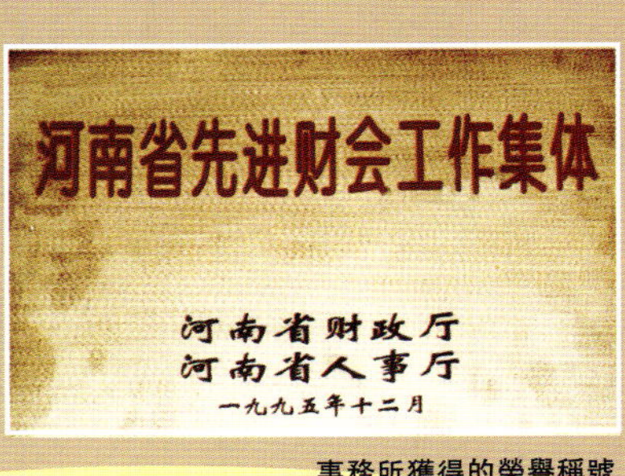

事務所獲得的榮譽稱號

地址：河南省漯河市人民西路431號 電話：(0395)2123346 2132422 郵編：462000

黑龍江注册審計師事務所

黑龍江注册審計師事務所1986年組建，具有法人資格，具有從事證券業務資產評估資格。事務所堅持服務第一、信譽第一、社會效益第一的宗旨，爲客户提供優質服務，具有一定的社會知名度。幾年來，開拓社會審計業務19種，承辦社會各界委托業務5075項。1994年被評爲全國審計事務所百强第七名。

事務所領導班子成員

1994年至1995年與其他中介組織聯閤，對北亞集團、龍電股份、牡丹江石化集團、佳紙股份進行瞭股票上市資産評估。1996年獨立對龍發股份、阿城鋼鐵、北方集團、龍滁股份、樺林輪胎股份等單位的股票上市進行瞭資産評估，評估資産68.6億元。

合肥會計師事務所

所長：曾希魯

閤肥會計師事務所成立于1984年，經十多年的發展，現已有從業人員75人，其中注册會計師32人，高級會計師15人，注册評估師5人，高級工程師等6人，設有國内業務一部、國内業務二部、涉外業務部、資産評估部、資金驗證部、基建預决算審計部、綜閤部（包括業務培訓）等7個業務部門和郊區、開發區、肥東縣、肥西縣4個分部分所。

閤肥會計師事務所除具有一般會計師事務所所具有業務資格外，還具有國傢國資局頒發的《資産評估資格證書》，財政部及中國證監會頒發的《從事證券相關業務許可證》，安徽省外匯管理局頒發的《安徽省境内機構經常項目外匯帳户年檢資格證書》，業務範圍廣泛，熱誠爲社會各界新老客户提供高智能、高水平的專業服務。

所長：曾希魯
地址：安徽省閤肥市淮河路302號商會大厦
電話：（0551）2677113
傳真：（0551）2645468

山東濟南

高信

Gaoxin

會計師事務所

所長：霍文彬

山東濟南高信會計師事務所于1992年報經山東省財政廳批准成立，省財政廳爲主管部門，由開發區財政局代管，系正縣級事業單位。經工商管理部門注册登記，注册資本30萬元，具有法人資格。事務所内設五部一室：辦公室、驗資部、涉外業務部、資産評估部、工程預决算審計部、社會審計部。執業人員以注册會計師爲主體，現擁有注册會計師16人，資産評估師2人。目前全所共有人員51人，執業人員爲41人，其中：具有高級會計師、高級講師等高級職稱11人；會計師、審計師等中級職稱19人；助理會計師8人。

事務所一貫堅持“獨立、客觀、公正、科學”的原則，以質量求生存，以信譽求發展，遵紀守法、注重職業道德和信譽。較好地承辦社會經濟鑒證工作，咨詢、審計會計服務等，并能完成省、市大檢查辦公室分配的財務税收大檢查工作。

山東濟南高信會計師事務所法人代表、所長霍文彬先生携同全體同仁竭誠爲客户提供優質服務。

山東齊魯會計師事務所

山東齊魯會計師事務所是由山東省地方税務局發起，
經山東省財政廳、山東省機構編制委員會批准成立，
于1997年2月8日在山東省工商管理局注册登記，
具有獨立法人資格的社會中介機構，
現設綜合部、財務部、税務代理部、資産評估部、財務基建審計部、培訓部等六個部室。
事務所現已取得税務代理資格、資産評估資格及工程造價咨詢資質，
依照“獨立、客觀、公正、實事求是”的原則廣泛地開展查帳驗證、税務代理、資産評估、工程預决算審計及會計税務咨詢培訓等業務。
事務所將本着“服務第一、信譽第一、社會效益第一”的宗旨，
竭誠爲社會各界提供優質高效的服務。
法定代表人、副所長：高德成

法定代錶人：高德成

會計師們研究業務工作

SHANDONG 山東齊魯

地址：山東省濟南市經七路6號
電話：(0531)2012999-2736(傳真)
郵編：250001

珠海市注册會計師協會

珠海市注册會計師協會團體會員名録

所　名	法人代表	地　址	電話	郵編
珠海市会计师事務所	鄭悦榮	香洲康寧路中心裏100號之六	2227513	519000
珠海经济特区會計師事務所	張　艷	香洲胡灣路252號之一	2216599	519000
珠海立信會計師事務所	王　穎	拱北北嶺花園大廈B座302室	8874650	519020
珠海香洲會計師事務所	曾王興	香洲教育路36號	2251205	519000
斗门会计师事務所	鐘演榮	門門縣井岸鎮東風街16號	5521509	519100
珠海市大众會計師事務所	黄飛雄	香洲胡椒園23號擔杆大厦	2252914	519000
珠海市审计师事務所	鄧玉付	香洲胡灣路257號	2251258	519000
珠海市珠诚會計師事務所	梁大榮	香洲鳳凰路怡華商業中心七樓	2236648	519000
珠海市香明審計師事務所	何彦峰	鳳凰路133號香洲商業大厦三樓	2258216	519000
珠海市香山審計師事務所	成浩榮	香洲人民西路珠信大厦二樓	2282781	519000
斗门县审计师事務所	殷翠玲	門門縣井岸鎮	5521172	519100
珠海市华洋審計師事務所	白海林	三灶鎮	7613477	519050
珠海市润信審計師事務所	黄遠哲	紅旗管理區	7258064	519050

協會會長：伍子洲
地　　址：珠海市石榴園13棟309號
電　　話：(0756)2250571　2250572

珠海市注册會計師協會于1997年4月22日由原珠海注册會計師協會和珠海市注册審計師協會聯合成立。它是受政府委托，對本地區注册會計師及會計師(審計師)事務所進行行業管理的社會團體。現有團體會員13家，個人會員200余人。

服務對象： 股份制、中外合資、中外合作、外商獨資企業，有限責任公司（包括全民、集體、私營、聯營、個體等性質），機關、團體等單位、部門或個人。

業務範圍： 證券相關的會計、咨詢業務（包括社會募集、上市股份制公司）；驗證資本(包括資金、股本)；審計會計報表(包括年度、中期、承包、重組、分立、解散、破産清算)；資産評估（包括鄉鎮企業資産評估）；代理税務登記、申報納税；代客做帳、清理會計帳目；專項帳務鑒證；擔任常年會計顧問；培訓財務人員；財務及税務咨詢服務。

珠海会计师事务所

珠海會計師事務所于1985年成立。1993年7月3日經財政部、中國證券監督管理委員會批准確認可以從事證券相關業務資格；1992年經廣東省國有資産管理局批准可從事資産評估的資格；1996年6月26日經農業部鄉鎮企業管理局批准，可從事鄉鎮企業資産評估資格。目前，本所工作人員70人，其中注册會計師35名，配備有教授、高、中級工程師、會計(經濟)師、金融、律師等專業人員。

事務所恪守獨立、客觀、公正的原則，已爲數千家企業提供了優良的服務，獲得客户和有關單位的信任與好評。事務所堅持“以質量求信譽、以信譽求發展”的宗旨，竭誠爲客户提供優質的服務。

地址：廣東省珠海市香洲康寧路中心裏100號之6
電話：所長室　2227513　2217643　辦公室　2221782　驗資部　2231246
傳真：(0756)2217643　電傳：45604 ZHPTBCN　郵編：519000

珠海經濟特區會計師事務所

法人代錶、所長：張艷

事務所外景

珠海經濟特區會計師事務所是1989年成立的。

1992年6月經廣東省國有資産管理局批準具有從事資産評估資格；1995年4月經珠海市財政局、國傢外匯管理局珠海分局批準具有從事企業外匯年檢資格；1995年6月經廣東省審計廳考核認定具備從事當地外債年檢審計資格。

1996年4月經財政部、中國證監會批準具有從事證券業務(上市公司)審計資格。

現有專職人員50多人，其中注册會計師21人(含8人具有證券業務資格)，具有資産評估執業資格5人，先後有12人接受香港會計師事務所爲期一年的業務培訓。

事務所設有驗資部、審計部、資産評估部、審核咨詢部、電腦技術室、臺商會計登帳事務處、資産評估門門辦事處、三竈辦事處和珠海機場分所。

幾年來，事務所一貫恪守獨立、客觀、公正的原則，爲數韆傢企業提供瞭優良的服務，并開拓瞭駐港澳中資企業、深圳、中山、東莞、海南等地區的審計業務和代理境内外企業電腦記帳、查帳。

與香港、澳門及國内許多城市的會計、審計事務所建立瞭業務閤作關係。

地址：珠海市香洲區鬣灣路252號之一　電話：(0756)2216599　2239316　郵編：519000

宜賓會計師事務所

宜賓晨輝財會電算技術公司

法人代錶：柴進光

事務所是經政府批準，麵嚮社會各界提供各種財務會計審計、鑒證、咨詢服務的中介機構，擁有中國注册會計師56人，高級會計師9人，會計師31人，工程師6人，還有兼職高、中級會計師、經濟師、工程師等專業技術人員30餘人，現有資産總值350餘萬元，下屬晨輝財會電算技術公司建有先進的財會電算電腦培訓機房，配有聯網386微機40餘臺，另在江安、南溪、屏山、筠連、高縣、珙縣、長寧等設有分所，在市區内還設有四個辦事處。

精誠團結的集體

事務所辦理業務包括：審查企業會計報錶，齣具審計報告；驗證企業資本，齣具驗資報告；辦理企業閤并、分立、清算事宜中的審計業務，齣具有關的報告；辦理法律、行政法規規定的其他審計業務；幫助企業(公司)設計財務會計製度，擔任企業(公司)會計顧問；資産評估，代理記帳和稅務代理；培訓財會人員；晨輝公司主營：計算機網絡係統，財會軟件的開發和商品軟件應用技術服務，銷售各種名牌計算機、復印機、傳真機等現代辦公用品及帳、證、錶、文化用品，長期開展電腦操作培訓，每月8號開課，培訓地點：仁和街12號會計師樓四樓。

事務所聯係人：王紹奎、羅文

地址：四川省宜賓市仁和街12號會計師樓　電話：8221617　8231973(所長室)　晨輝公司地址：四川省宜賓市仁和街12號會計師樓　電話：8231965(電腦培訓部)

事務所辦公樓外景

ZHICHENG
四川至誠會計師事務所

四川至誠會計師事務所(前爲成都市青羊審計事務所)成立于1988年,
是經四川省財政廳、審計廳分彎批準、具有法人資格的全民所有製社會中介機構。事務所現有執業職員44人,
其中具有高中級技術職稱的各類專業人纔34人,
已注册會計師、評估師28人。
事務所設置辦公室、審計查證部、資産評估部、基建審計部、資本驗證部、電腦記帳咨詢服務部和總審計師室。
1993年被國傢審計署、全國審注協評爲全國百强審計事務所,
1994年被評爲四川省明星審計事務所,
年年被評爲省、市級先進單位, 享有較高知名度和信譽度。
事務所接受政府部門、企業、事業單位、集體和個人委托, 承辦業務: 企業年度財務報錶審計, 財務收支審計查證, 廠長(經理)或承包經營者離任經濟責任審計, 企業經濟效益審計, 基建工程預決算審計, 經濟案件、經濟糾紛鑒證, 專項經濟項目審計, 常年審計會計顧問, 企業經營管理診斷, 財務會計税務咨詢, 會計審計人員培訓, 注册資本驗資年檢, 設計財務會計、審計製度, 輔導建帳、記帳、結帳, 代辦經濟活動、經濟項目可行性研究、論證、咨詢, 企業管理咨詢,
新辦企業、公司代理“一條龍”服務。

所長、法定代錶人: 穀鴻

地址: 成都市新華大道江漢路232號 電話: (028)6643219 郵編: 610031

常州會計師事務所

常州會計師事務所

是1985年經國傢有權部門批準, 并注册登記, 具有獨立法人資格和獨立執業條件。全所現有工作人員100人, 其中注册會計師42人, 注册評估師9人, 機械、建築等工程技術人員6人, 其他會計、經濟專業人員30人。事務所經財政部、中國證監會批準, 具有從事證券業務資格, 可以對公開上市發行股票的企業、公司、場所進行財務審計、驗資和盈利預測審核; 經國傢國有資産管理局批準可以從事資産評估業務(A級); 經國傢建設部門考核批準取得工程預决算審計資格。
事務所按照“信譽至上、質量第一, 服務爲本”的宗旨, 接受委托承辦業務有審查會計報錶, 齣具審計報告; 驗證投入資本, 齣具驗資報告; 進行資産評估, 齣具評估報告; 從事工程預決算審計, 齣具工程造價審定書; 擔任常年會計顧問, 提供財務、會計、税務和經濟管理咨詢; 設計財務會計製度, 代理記帳; 培訓財會人員; 辦理企業閤并、分立、破産、清算事宜中的審計業務, 齣具有關報告; 協助鑒彎經濟案件證據。
法人代錶: 蔡桂如

主任會計師: 蔡桂如

地址: 江蘇常州化龍巷1號恒利大厦A座6樓
電話: (0519)6623821 6622612
傳真: (0519)6605893
電挂: 0682 郵編: 213003

所長、法人代錶：張俊杰

事務所辦公大樓外景

BAO TOU 包頭市
會計師事務所

包頭市會計師事務所是1986年經内矇古自治區財政廳批準成立的全民所有製事業單位，行政隸屬于包頭市財政局領導。事務所現内設國内業務部、國際業務部、資産評估部、税務代理部、基建業務部、咨詢培訓部、會計用品服務部、財務部和辦公室等9個部室；并設有東河區辦事處、駐昆工作組等2個派齣機構，下設昆都侖工作站、青山工作站、土右旗工作站、固陽工作站、郊區工作站、白雲工作站、達茂旗工作站、東興工作站、老科協工作站、鐵路分所等10個機構。現有從業人員140人，其中注册會計師63名，高級會計師6名，具有會計師、税務師、講師等各專業的中級技術人員多名。

事務所業務範圍包括審查會計報錶，齣具審計報告；驗證企業資本，齣具驗資報告；辦理企業閤并、成立、清算事宜的審計業務，齣具有關報告；設計會計製度；擔任會計顧問，提供會計、財務、税務咨詢；代理記帳；辦理資産評估；代理納税申報；代辦申請注册登記，協助擬定閤同、協議、章程及其他經濟文件；培訓財會等專業人員；參與可行性研究，其他咨詢服務及審計業務。

地址：内矇古包頭市體委院内圈樓西側二樓
電話：5157365

總經理葉錦棠(左一)與副總經理馮廣進(左三)、麥敬忠(左二)研討工作

會計師們交流執業經驗

南海會計師事務所成立于1990年初，
1992年經國傢國有資産管理局、廣東省國有資産管理局批準，
獲取資産評估執業證書。
爲南海市最早具有對企業整體評估資格的社會公正的專業法人機構，
擁有中國注册會計師近20名；
中國注册資産評估師(含中高級建築工程、機械工程師)近10名。
從業人員30多人。
事務所辦理業務：
對國内及外商投資企業的投入資本驗證；
辦理各類企業的年度財務報錶審計及各類專項財務審計；
爲各類企業、單位、集團公司的資産評估(包括整體資産評估及單項資産評估)；
對基建工程預算、決算項目進行審計、驗證；
受理企業解散、破産和清算財産事項；爲各類企業建帳建製，離任審計，受聘會計、税務常年顧問；嚮社會提供培訓財務會計、電算化專業人纔。
事務所一貫堅持“依法、獨立、公正、客觀、嚴謹、求實”的執業宗旨，
以“法規爲準繩，以質量爲生命，以信譽求發展，以顧客爲至尊”的工作原則，贏得瞭社會各界的好評。
于1996年度，
榮獲廣東省物價局《廣東價格報》社授予1996年廣東省收費信得過單位的稱號。

地址：廣東省南海市桂城南海大道南新五路南糧大厦二樓
電話：(0757)6226160　6226360　傳真：6220905　郵編：528200

審計部辦公區

副主任會計師景恒心講授閤并會計報錶

法人代錶：冉洪　主任會計師

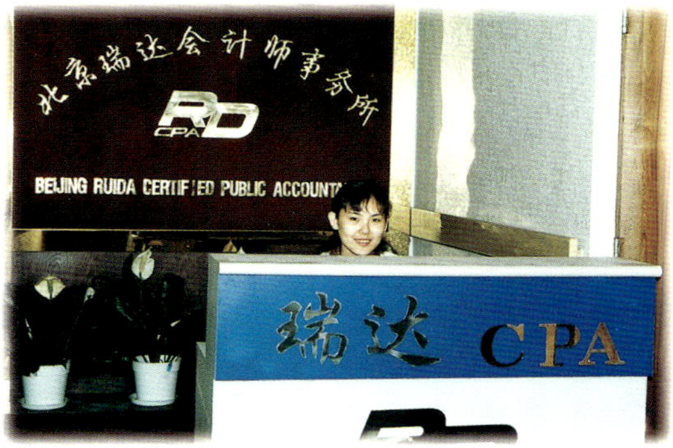

事務所接待前臺

北京瑞达会计师事务所

北京瑞達會計師事務所成立于1984年，1993年依照《中華人民共和國注册會計師法》在原北京會計師事務所工業分所基礎上充實和發展，是具有獨立法人資格的社會中介機構。

事務所有執業注册會計師40人，後備執業注册會計師(注册會計師資格)10多人和注册資産評估師、房地産評估師4人，設有審計一、二、三部、資産評估部和咨詢部，分彆承辦外商投資企業、股份有限公司、有限責任公司、全民企業、集體企業、私營企業委托的法定、專項審計和驗證資本的業務，資産評估業務，會計代理、税務代理、可行性研究報告的編製、財會製度的設計等咨詢業務。事務所恪守“獨立、客觀、公正”的執業原則，依法承接業務，在國内不受行政、行政區域限製。

地址：北京市東城區建國門内大街7號
電話：6510.1330／1331　6510.1155轉3151／3152／3153
傳真：6510.1329　6510.1330轉78　6523.7311
郵編：100005

事務所辦公樓外景

1997

欄目協辦：安永华明会计师事务所

EIGHT

第八編　中介機構

394/416

特邀編委：王偉生　王淑蘭　劉書亭　趙顯成
郭振山　高慶忱　謝汝棋

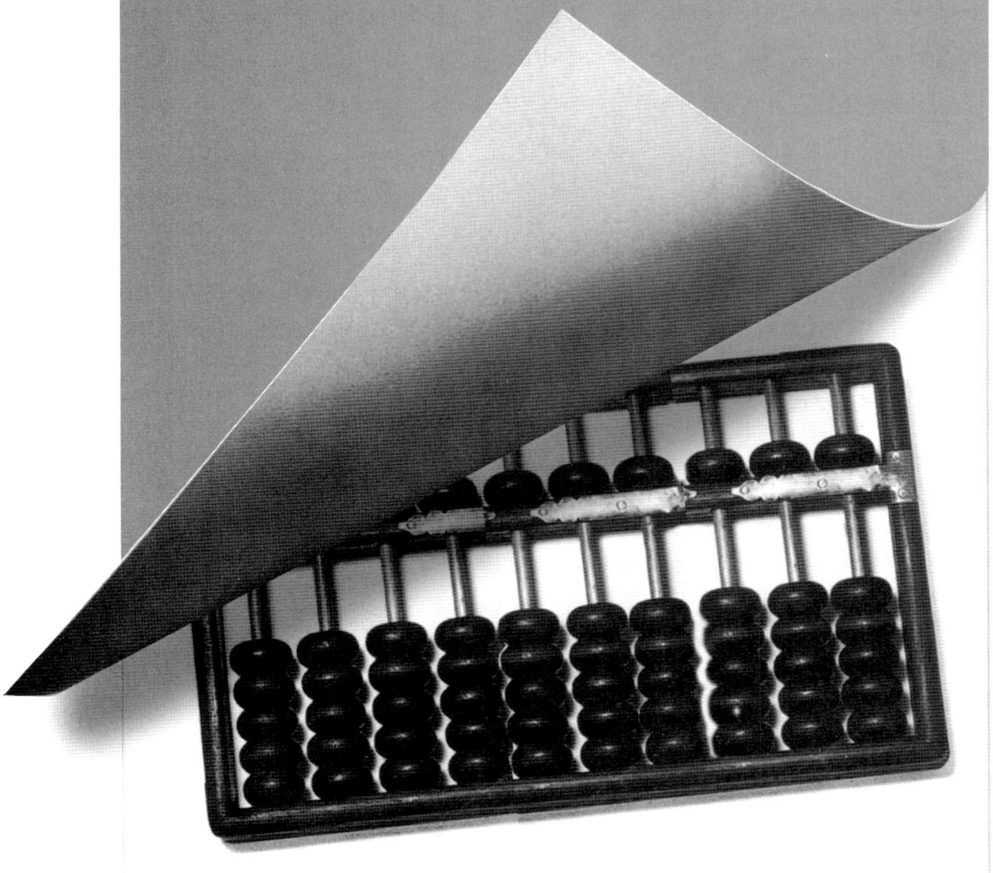

隨着中國實行對外開放，證券市場的規模擴大，
境外著名的會計機構積極參與中國會計事業的發展，
涉足中國金融、證券、期貨等領域的會計事務，
其中安永華明會計師事務所是較早進入中國的國際會計機構之一。

会计审计师事务所

安永华明会计师事务所

【概况】 事务所是经中国财政部批准，于1992年在北京成立的合资会计师事务所，安永华明总部设立于北京，事务所人员包括从海外来华的资深人员和当地聘用的中国注册会计师共400多人，全部有大学以上学历及在国际著名会计师事务所接受过长期培训。

【经营业绩】 主要经营业务包括查帐、验资、清算、可行性研究、财务处理、财务分析、纳税计划、公司股份制改造及证券投资咨询以至A、B股的发行，更协助中国企业国内外上市及相关的人员培训等。

京都会计师事务所

【概况】 京都会计师事务所是依法成立，具有法人资格，并取得从事证券业务资格的独立承办注册会计师业务的专业服务机构，同时也是浩华国际会计公司在中国的成员所。总经理：于连国。

【经营业绩】 京都会计师事务所拥有一批具备财务、税务、金融、工程技术、电脑软件等方面专业知识和经验的专业人士。现有从业人员150余人，其中注册会计师103人，具有证券业务资格的注册会计师9人。1997年接受委托的上市审计业务有：中油龙昌(集团)股份有限公司、北京双鹤药业股份有限公司、北京同仁堂集团股份有限公司、北京燕京啤酒股份有限公司、海南恒泰芒果产业股份有限公司、沈阳北方商用技术设备股份有限公司等。

北京会计师事务所

【概况】 北京会计师事务所是1981年经北京市政府批准成立的北京第一家从事社会审计和会计咨询、会计服务业务的中介服务机构；也是首批获得财政部、中国证监会批准，具有从事证券业务和资产评估资格的会计师事务所；还是经国家对外贸易经济合作部、中国注册会计师协会、北京市政府批准有资格同国际会计师行组建合作会计师事务所的第一家地方会计师事务所。事务所设有国际业务一、二、三部、国内业务部、股份制业务部、资产评估部、税务代理部、会计事务代理部、研究开发部、顾问室等，全所从业人员300余人中有注册会计师100余人，具有证券执业资格的注册会计师近20人。总经理：方滨。

【经营业绩】 事务所业务范围主要是：接受中外合资、中外合作、外商独资和其他外商经济组织，以及国有大中型企业、股份有限公司、有限责任公司的委托，为企业投资开发项目进行可行性研究分析、承办资产评估、验证企业资本、设计会计制度、编制会计电算程序、代理记帐、提供咨询服务、税务代理服务；受理企业会计报表审计、证券业务审计、企业合并、分立、清算事宜中的审计、企业法定代表人离任审计；为企业承担常年会计顾问、协助拟定合同、章程和经济文件、经济活动分析和经营活动预测、培训会计、财务高级管理人员以及鉴证经济案件等项业务。事务所与3000余家客户建立了良好稳定的合作关系。事务所积极开展同国际会计师行的合作与交流。已与均富国际会计公司合作，成立了中京富合作会计师事务所；还先后与毕马威、安达信、德勤、普华国际会计公司和日本新光监查法人签订了业务合作协议和意向书，双方约定相互介绍客户，参与审计共同工作，相互举办业务讲座、报告会和研究会，相互培训会计、审计、税务、管理咨询等专业人才；也与英、法、新加坡等国家和港澳台地区会计公司在业务交流、资料交换、互派人员学习等方面进行了卓有成效的合作。并于1994年在香港设立了办事处。

深圳中诚会计师事务所

【概况】 深圳中诚会计师事务所(中诚所)创建于1988年，现有员工120余人，其中注册会计师33人，具有硕士以上学历及高级职称的专业人士12人。现设有审计部、资产评估部、管理咨询部、专业技术部及行政管理部等九个专业服务机构，形成了一支以会计、税务、金融、法律、工程、管理等专业人士组成的具有综合专业服务能力的中介服务机构。具有财政部与中国证监会颁发的从事证券业务审计许可证，人民银行总行认定的金融业务审计资格，国家国有资产管理部门及深圳市规划国土局颁发的资产评估、房地产评估等资格。法人代表、主任会计师：刘继忠。

【经营业绩】 中诚所树立“至诚、至精、至公”的执业理念，恪守独立、客观、公正的原则，建立和完善了经营管理机制和业务质量管理制度，事务所能为中外客户提供较为全面的专业服务。事务所1996年以来负责上市改组及提供审计服务的主要上市公司有：新疆屯河(A股)、新疆友好商场(A股)、青海明胶(A股)、深圳辽河通达化工(A股)、山东华光陶瓷(A股)、湖北猴王(B股)、青海盐湖钾肥(A股)、大连龙泉(A股)、西藏矿业(A股)、新疆天业(A股)、广东美的集团、深圳莱英达、新疆宏源信托、深圳华宝、深圳天马微电子、南油物业等股份有限公司以及君安受益。

上海会计师事务所

【概况】 上海会计师事务所开办于1981年1月1日，是新中国建立后成立的全国第一家会计师事务所。为目前上海市规模较大，并经财政部、中国证券监督管理委员会、国家国有资产管理局批准，取得了执行股票上市公司查证和资产评估资格的少数会计师事务所之一，董事长顾树桢，现任中国注册会计师协会咨询委员、上海市会计学会会长。主任会计师徐惠勇，现任上海市会计学会副会长兼秘书长。

上海会计师事务所与国际上著名的会计师行均有着良好的业务合作关系，经常组织联合审计，培训专业人才。为紧密国际合作，1993年与国际著名的德勤(国际)会计师行在上海市共同建立了中外合作"沪江德勤会计师事务所"。上海会计师事务所已具有一定的国际会计师事务所的工作水平和经验，拥有一批年轻化、知识化、专业化的注册会计师队伍，目前全所从业人员中，具有大学本科、专科学历的占90%，有48人取得了中国注册会计师资格，能按照《中国注册会计师独立审计准则》规范的要求为中外客商服务。

【经营业绩】 事务所承办的主要业务有：会计辅导、年度审计、管理咨询、辅导报税及资产评估等。在企业成立以前主要是协助编制可行性研究报告和见证工作，以及国有资产转让、参股的资产评估工作，成立以后主要是验证资本、年度会计报表的审查，清理时的会计报表审查和资产评估等。也就是承办企业从开始筹办起，全过程各个环节的财务会计的审计和咨询工作。

每年承办有1000多个业务项目，其主要客户有：上海耀华皮尔金顿玻璃股份有限公司、上海兰生股份有限公司、上海市原水供应股份有限公司、大江(集团)股份有限公司、上海金桥出口加工区开发股份有限公司、上海双鹿电器股份有限公司、上海飞乐音响股份有限公司、上海真空电子器件股份有限公司、上海广电股份有限公司、上海电器股份有限公司、上海轻工机械股份有限公司、上海界龙实业股份有限公司、上海万象(集团)股份有限公司、上海豫园旅游商城股份有限公司、第一食品股份有限公司等三十六家股票上市企业；上海大众汽车有限公司、上海一易初摩托车有限公司、上海贝尔电话设备制造有限公司、上海汽车制动系统有限公司、合众一开利空调设备有限公司、强生(中国)有限公司、上海利华有限公司、上海申美饮料食品有限公司、华瑞制药有限公司、上海浦项房地产开发有限公司、上海商城、世贸商城、虹桥友谊商城、华亭宾馆、国际贵都大饭店、上海日航龙柏饭店、银星假日宾馆、锦江(集团)有限公司、太平洋保险公司、海通证券有限公司以及东方汇理银行、华侨银行、东亚银行、交通银行、上海国际信托投资公司、上海爱建信托投资公司、国际租赁有限公司等数百家著名外商投资企业和中资企业。

河南光华财务会计有限公司

【概况】 河南光华财务会计有限公司是适应改革开放和建立社会主义市场经济体制的需要，在中国华建审计事务所、河南振豫会计师事务所、中州审计师事务所、河南江河会计师事务所、河南国信会计师事务所、河南新夏会计师事务所、河南豫经会计师事务所的基础上，以有限责任公司的形式组建设立的具有独立法人资格的大型社会中介服务机构。公司及各成员单位注册资本总额540万元，总资产达2300万元，拥有员工216人，其中：高级职称72人，中级职称92人，注册会计师101人。董事长：邢德祥，副董事长：刘晓军、陈青山，总经理：黄璋。

【经营业绩】 公司对承办的各项业务提供的报告的真实性、客观性、公正性负责。公司受理承办国有、集体、外资、私营等各种经济性质的企事业单位委托的各项查帐、审计、资产评估、工程概预决算审查和会计咨询、会计服务、代理纳税申报、税务咨询、代理记帐、代办工商登记、承办财务审计、会计人员培训等各项中介服务。

中华会计师事务所

【概况】 中华会计师事务所是我国成立最早的会计师事务所之一，其前身系成立于1982年3月的中国财务会计咨询公司，是由中国财政学会和中国会计学会联合发起，在国家工商行政管理局登记，具有法人资格的全国性的从事会计、审计和资产评估等专业咨询服务的社会中介机构。法人代表、总经理：陆兵。

【经营业绩】 中华会计师事务所具有从事证券业务的审计和资产评估双重资格。中华会计师事务所在执业中始终坚持独立、客观、公正的原则，信守合同，保证质量，讲求效率，并严格为委托人保密。事务所竭诚希望能以专业优势和国内外的业务网络，为客户提供高质量、高效率、低成本的服务。

中信会计师事务所

【概况】 中信会计师事务所是中华人民共和国财政部首批批准成立的两家会计师事务所之一。中信会计师事务所经中华人民共和国国家工商行政管理局登记注册成为独立法人，依法从事注册会计师的有关业务。中信会计师事务所现有各类专业人员150余名，其中注册会计师50余人。专业人员中大部分具有学士以上学位，其中一批业务骨干具有在国外大会计公司工作的经历。为了确保中信会计师事务所的工作质量，中信会计师事务所还聘请了一批国内著名的财务会计专家、学者为顾问。事务所内设审计部、资产评估部、税务部、管理咨询部及综合管理部，并在北京设立了四个分部。1993年中信会计师事务所与世界六大会计师事务所之一的永道会计财务咨询公司合作成立了中信永道会计师事务所。法人代表：刘光裕。

【经营业绩】 中信会计师事务所在实际工作中始终坚持独立、客观、公正的宗旨，始终坚持质量第一的精神，因而在国内外客户中以及在中国有关政府部门中赢得了较高的信誉。中信会计师事务所于1991年第一批获得国家国有资产管理局授予的资产评估资格证书。中信会计师事务所于1992年第一批获得中华人民共和国财政部和中国证券监督管理委员会授予的执行股份制试点企业社会募集公司有关业务的资格证书。中信会计师事务所于1993年第一批获得国家国有资产管理局和中国证券监督管理委员会授予的从事证券业务资产评估资格证书。

山东会计师事务所

【概况】 山东会计师事务所挂靠山东省财政厅，具有企业法人资格，现有从业人员300多人，专业人员占90%，有注册会计师80人，高级会计师40人，工程师、高级工程师100人，研究生8人。内部机构设有审计一部、审计二部、税务代理部、验资部、资产评估部、工程咨询部、培训部、综合室等，并设有东信、齐鲁、诚信、泰安、烟台5个分所。事务所是山东省首家经财政部、国家国有资产管理局、中国证监会1993年批准的具有证券相关业务财务审行、资产评估两项资格的事务所。是全省独家经山东省审计厅批准具有承办省属国有企业审计查证业务资格的事务所。被山东省工商行政管理局推荐为资本金验证及年检事务所。接受国家外汇管理局山东省分局委托承办全省外汇金融机构外汇资本金验证及年检业务。经中国人民银行总行批准承办金融企业财务审计业务。事务所所长、法人代表：崔恒余。

【经营业绩】 事务所业务范围有审查三资企业、股份制企业、国有企业会计报表；验证三资企业、股份制、联营和私营企业资本金;办理企业合并、分立、清算、经理离任等事宜中的审计;承办法院委托的经济纠纷审计鉴别;对引资项目提供可行性报告;承办基建工程项目预、决算审查;培训各类财会人员等。事务所的主要业务有:承办了山东泰山石化等近10家上市股份有限公司财务审计及资本金验证。承办了山东东阿阿胶(集团)等10多家上市股份有限公司A股、B股上市审计业务。承办了山东三联大世界等30多家定向募集股份有限公司的财务审计及资本金验证。承办了鲁泰纺织股份有限公司等100余家外商投资企业的财务审计及资本金验证。承办了山东鲁抗医药(集团)等40余家A、B、H股上市公司及定向募集公司的股份制改制及上市评估业务。承办了山东省人大综合楼等200余项工程审计业务。事务所还举办财务会计人员培训班。无偿为境外、境内投资者提供会计、税收法规及国家其他有关法律、法规的咨询服务。事务所接受外商委托,与国际会计公司合作承办外商控股三资和股份制企业的审计、评估业务。

重庆会计师事务所

【概况】 事务所于1983年12月批准成立,是重庆市成立最早的会计师事务所;1993年首批(目前也是重庆唯一的)获得中国证监会和财政部认证从事上市公司证券业务(审计)资格。事务所下设业务一部、业务二部、业务三部、业务四部、资产评估部、综合部、专业标准部、咨询部、计算机工程部和两个开发区办事处。事务所现有专职从业人员80余人,其中中国注册会计师32人,具有证券业务(审计)资格的注册会计师13人;各类注册估价师12人;具有高、中级专业技术职称的会计、审计、工程等专业人员30余人;执业人员中80%具有大学本科以上学历。法人代表:付思福。

【经营业绩】 事务所承办法定审计、资本金验证、资产评估和管理咨询等业务。事务所恪守"独立、客观、公正"执业原则,赢得了广大客户的普遍赞誉和信赖,众多境内外工商企业都与本所建立了良好的客户关系。事务所还与许多国际知名的会计师事务所建立了广泛的人员交流和业务合作关系。

山东华夏审计师事务所

【概况】 事务所于1994年6月经山东省审计厅批准,省工商行政管理局登记注册,取得独立法人资格。事务所下设办公室、资产评估部、审计咨询部、基建业务部、验资部、培训部、业务综合部、涉外审计部、政策质量监控室、总师室,并在淄博、枣庄、济宁、济南等地设立分所办事处,工作站。专职人员有高、中级审计师、会计师、工程师、经济师、律师等专家和专业技术人员共94人,其中有中国注册会计师、中国注册评估师、房地产估价师24名。所长:刘国胜。

【经营业绩】 事务所承办业务包括财务收支、经济效益、经济责任的审计查证事项;基建工程预、结(决)算的审计验证和编制工程预、结(决)算,工程招标标底(工程造价咨询单位甲级等级资质);注册资金的验证和年检(含外商投资企业外汇年检的指定单位);国有资产和非国有资产评估;建设项目、外资项目、引进项目的可行性研究;经济案件的鉴定;建帐建制、清理债权、债务;承办国有企业有关查证工作;参与办理企业合并、解散、破产清理等事项;承办涉外查证的有关事项;协助拟订合同、章程及其它经济文件,参与谈判;有关外商投资企业的审计;承办纳税代理、记帐代理等业务;基本建设工程监理;担任审计、会计咨询顾问;开展经济咨询业务;培训审计、会计、财务等经济管理人员。

中洲会计师事务所

【概况】 中洲会计师事务所成立于1989年,是由一批以财政部等中央主管部门离退休财会干部为主体创办,具有从事股份制试点企业社会募集公司有关业务的资格。事务所现有员工230人。其中:高级职称专业人员110余人,注册会计师97人。在北京设有13个业务部和1个后续教育培训中心;由总部投资在上海、深圳、厦门、海口设有4个具有独立法人资格的地区性成员所和1个中洲电脑软件技术公司(直属企业)。

【经营业绩】 事务所业务包括:财务报告的审计、上市公司的审计和盈利预测,验证企业注册资本;企业税务代理业务,税务咨询,投资项目的可行性研究;设计财务会计制度,办理企业合并、分立、破产清算事宜等。中洲会计师事务所受委托办的业务重点是股份制公司的业务,共做了股份制公司业务165项,其中上市公司64项,定向募集公司83项,包括在香港上市的上海石油化工总公司,在美国上市的山东德州发电股份有限公司、在上海上市的哈尔滨东方集团,贵州中天集团,贵州凯涤等。

北京市审计事务所

【概况】 北京市审计事务所是1987年经北京市人民政府批准,在工商行政部门注册登记的具有法人资格的民间审计机构,是北京市最早成立的审计事务所,在行业中堪称历史悠久。事务所以国家法律、法规和各项财经制度为依据,面向社会独立承办《注册会计师法》规定的审计查证和财会咨询业务,实行有偿服务。事务所坚持客观公正、实事求是、质量第一、信誉至上的原则,信守合同,为客户保守秘密,维护委托人的合法权益。事务所现设立6个业务部、1个综合部、1个办公室。从业人员中具有高级专业技术职称的占35%,具有中级专业技术职称的占34%,其中:具有中国注册会计师资格和中国注册评估师资格的占从业人员的61.5%,并聘有多种学科专业的技术人员参与审计工作,技术力量雄厚。法人代表:李庶。

【经营业绩】 北京市审计事务所十年来接受委托承办了审计查证、资产评估、基建预决算、企业清算、财审顾问、经济纠纷鉴证、工商年检、三资企业年检、验资等各项业务,为几千家企事业单位提供了优质的审计、咨询服务,并承做了近两百个资产评估项目。十年来,共为国家挽回经济损失5000多万元,在同行业中居前列位置,审计金额达几百亿元,资产评估值达20多亿元,累计收入1500多万元,为国家上交税费150多万元。

北京瑞达会计师事务所

【概况】 北京瑞达会计师事务所成立于1984年,1993年在原北京会计师事务所工业分所基础上充实和发展,是具有独立法人资格的社会中介机构,下设审计一、二、三部、资产评估部和咨询部。审计一、二、三部有执业注册会计师40人,后备执业注册会计师10多人,分别承接外商投资、股份制、全民、集体、私营企业的审计、验资业务。资产评估部是由国家国有资产管理局、北京市国有资产管理局批准的北京市首批具有正式评估资格的资产评估机构，由注册资产评估师、房地产评估师4人及建筑、安装、机器设备高级工程师等组成。事务所所长：冉洪。

【经营业绩】 事务所有10多名注册会计师及助理人员曾多次参加过北人印刷机械股份有限公司、天津市海运股份有限公司、北京城乡贸易中心股份有限公司、中兴—沈阳商业大厦(集团)股份有限公司等10余户股份公司的股票发行、上市的审计、验资、盈利预测或年度会计报表审计。承接国有资产和非国有资产的评估业务，目前已进行了数十亿资产的整体评估和单项评估。咨询部由资深会计、税务、经济管理专家组成，承办客户委托的代理记帐、税务代理与鉴证、代编制可行性研究报告、设计财务会计制度等咨询业务。目前的主要客户是外商投资企业，全民、集体所有制企业和有限责任公司。

北京同仁会计师事务所

【概况】 北京同仁会计师事务所始建于1989年，是经北京市财政局批准，工商局核准登记，具有独立法人资格的专门从事社会会计审计、咨询服务、资产评估等综合性服务的中介机构。内设机构有国际业务部、国内业务部、审计业务部、资产评估部、培训部。事务所现有员工50余人，其中注册会计师占50%以上，拥有一批具有财政、税务、经贸管理和工程技术等方面的专业知识人才，是一家具有较强实力的会计师事务所。所长、法人代表：贲学智。

【经营业绩】 北京同仁会计师事务所恪守“独立、客观、公正、实事求是”的原则，依据《中华人民共和国注册会计师法》主要承办下列业务：审计、验证资本、会计咨询、资产评估、会计顾问、代理记帐、税务代理、培训财务会计人员和其他管理人员、会计电算化培训等业务。

立信会计师事务所

【概况】 事务所于1927年在上海创建，是国内最早成立和最有影响的会计师事务所之一，经国家批准，于1986年复办。依法独立承办注册会计师业务，并获准执行股份制试点企业社会募集公司业务的资格。董事长：李海波，事务所主任：忻佩妮。

【经营业绩】 事务所业务范围：会计查帐验证业务，经济管理咨询业务；资产评估业务；培训、编译业务；代理记帐业务。事务所客户遍及10余个省、市和经济特区。其中股份制试点企业有20多家，主要客户有：上海轮胎橡胶(集团)股份有限公司、上海华联商厦股份有限公司、上海爱建股份有限公司、上海黄浦房地产股份公司、上海水仙电器股份有限公司等。另有外商投资企业800余家、国营企业500余家。

大华会计师事务所

【概况】 大华会计师事务所创建于1985年，经上海市财政局、上海市对外经济贸易委员会批准，由财政部颁发批准证书。事务所具有执行股份上市公司业务资格。事务所总机构设在上海，还在上海市宝山、黄浦、浦东、金山、漕河泾等地区设有业务部，全所已有从业人员逾200人，其中注册会计师有70余人、在从业人员中80%以上是具有大学本科以上学历、精力充沛、年富力强、素质较好的中青年骨干，并有一批长期从事会计教学、会计工作和工程技术方面工作，富有实践经验，具有高级技术职务资格的专家、学者担任具体指导。事务所同国际上著名的会计公司、资产评估公司有着广泛的业务合作和经验交流，并且已同Price Waterhouse国际会计公司组建了中外合作经营普华大华会计师事务所。

【经营业绩】 事务所始终恪守独立、客观、公正的原则，为国有企业、股份制企业、外商投资企业、集体企业、私营企业等承办审计业务、验资业务、资产评估业务、会计电算业务、会计培训业务以及会计咨询、会计服务业务。事务所成立以来，业务量逐年增长，业务收入也直线上升。现在的业务收入已跃居全市同行之冠，服务对象已遍及全国各大城市。事务所的基本客户包括：宝山钢铁(集团)公司、马鞍山钢铁股份有限公司、上海汽车工业总公司、上海市第一百货商店股份有限公司、上海市陆家嘴金融贸易区开发股份有限公司、上海市外高桥保税区开发股份有限公司、上海市张江高科技园区开发股份有限公司、上海证券交易所等。

江苏省审计师事务所

【概况】 江苏省审计师事务所是隶属于江苏省审计厅的社会中介组织。该所创建于1988年8月，内设财务审计、经济案件鉴定、验资评估、涉外审计、基建审计等部门，下辖20个分所及直属部。事务所阵容整齐，人才济济，拥有中高级审计师、会计师、工程师及注册会计师、注册资产评估师120多人。事务所具有资产评估A级资格和工程造价咨询甲级资格，具有承办中央企业查证业务资格，能承办各项审计查证和咨询业务。法人代表：印茂枫。

【经营业绩】 事务所主要承接财务收支查证、经济责任、经济效益审计查证；经济案件鉴定；注册资金验证和年检、资产评估、投资可行性论证；基建工程预决算审计验证；建帐建制、清理债权债务；财务、税务、经济管理咨询服务；外商投资咨询；境内外项目投资业务中介；培训审计、财务、会计和有关经济管理人员；担任审计、会计咨询顾问等业务。近几年来事务所承办了许多大项目、大企业、整系统的审计业务。

上海长信会计师事务所

【概况】 上海长信会计师事务所于1987年经国家批准成立，依法独立承办注册会计师业务。事务所具有资产评估资格、证券业务资产评估许可证、建设工程结算审价一级资质证书，下设行政部、业务一部、业务二部、业务三部、业务四部、工程审计部、资产评估部、培训部等部门，并附设振宁继续教育学院。董事长：郑国华，所长、主任会计师：周正云。

【经营业绩】 接受国内外各类企业、事业单位、机关、团体等委托，承办业务：审查会计报表和财务资料，出具查帐报告书；验证企业资本，出具验资报告书；出具企业资金信用证明；参与调解经济纠纷，协助鉴别经济案件证据；办理企业合并、分立、清算的审计业务；办理其他会计查帐验证事项；办理各类企业(包括上市公司)的资产评估业务，出具资产评估报告书；建设工程结算审价业务；以及培训财务会计和经济管理人员等。

普华大华会计师事务所

【概况】 大华会计师事务所和普华国际会计公司于1993年

3月28日携手创办了中外合作普华大华会计师事务所。大华会计师事务所由上海财经大学于1985年创办,现有专职人员150余人,其中注册会计师50多人。普华国际会计公司是世界著名的六大会计师事务所之一,1849年在英国创立,其联合总部分别设在英国伦敦和美国纽约。普华国际在世界一百多个国家和地区设立有460多个会员所或办事处,现有雇员50000多人,其中包括3200名合伙人。普华大华会计师事务所从业人员320人,其中具有中国注册会计师资格的有35人,具有美国、英国、加拿大、澳大利亚、新加坡、马来西亚、台湾、香港等国家和地区注册会计师资格的有40人。

【经营业绩】 普华大华目前设立了审计业务部、税务部、日本业务部、管理咨询部等,为国内外的客户提供独立、客观、公正的专业服务,包括审计、投资验证、税务、管理咨询、上市策划、会计电算化等。普华大华为了实现专业人员本地化,服务素质国际化的目标,设计了一套长期培训计划,包括从初级审计员到高级审计经理乃至合伙人的各个不同级别的课堂培训课程。十分重视在职培训,每位新职员都会在工作时得到经验丰富的高级审计经理的悉心照顾,解答有关实务问题。普华大华现在拥有600多家客户,其中包括享誉国际、国内的客户如美国电报及电讯公司、中国银行、德国商业银行、爱立信电讯、康柏电脑、中国民生银行、第一劝业银行、索尼电子、国际商业机器、大通曼哈顿银行、长春一汽轿车、施贵宝、天津渤海化工、凤凰股份、新亚集团、友谊华侨、上海邮电通讯、山西经纬纺织机械、东北输变电机械制造、江苏小天鹅等。

重庆正华会计师事务所

【概况】 重庆正华会计师事务所于1992年经四川省财政厅批准成立,并经重庆市工商行政管理局登记注册取得法人资格,1993年4月经重庆市国资局批准取得正式资产评估资格。内设机构有办公室、审计查帐部、资产评估部、综合部,现有从业人员50余人,其中有注册会计师19人,在从业人员中会计、工程技术、经济管理人员具备高、中级技术职称的占绝大多数。所长:张文高。

【经营业绩】 事务所依据《中国人民共和国注册会计师法》的有关规定,对外承办各项注册会计师业务:包括审计查帐、验证资本、资产评估、会计咨询、代理记帐、会计顾问以及应由注册会计师办理的其他业务。对承办的各项业务,坚持独立、客观、公正、求实的原则,信守合同、注重质量、讲求效率,依法维护各方合法权益,所出具的报告具有证明效力。

南京会计师事务所

【概况】 南京会计师事务所于1981年7月经江苏省财政厅批准成立,是南京最大的注册会计师执业机构。事务所设有综合部、涉外业务部、海峡分部、国内业务一部、国内业务二部、资产评估部、金融业务部、基建业务部、农口分部、文行分部、高新技术开发区分部、新港工业区分部、财会培训部、电算化服务部等14个直属业务部和会计用品服务公司。建立了遍布各区、县、各产业部门和大专院校的服务体系。拥有一支由注册会计师、注册资产评估师,高、中级会计师为主体,并有高级工程师、高级经济师、教授及法律、金融、税务等专业人员组成的执业队伍和专家网络。事务所现有各类人员共计100人,其中中国注册会计师40人,经财政部和中国证监会认定的具有证券业务执业资格的注册会计师15人。所长:杜文俊。

【经营业绩】 事务所坚持以"服务第一、质量第一、信誉第一"为宗旨,承办审计、验资、资产评估等法定业务,并面向社会提供会计咨询、会计培训、会计服务以及会计电算化等多元化服务项目。是国内会计服务功能最完善的会计师事务所之一。1993年2月,财政部授予事务所执行股份制试点企业社会募集公司有关许可证,同年5月,国家国有资产管理局、中国证监会授予从事证券业务资产评估许可证。1996年3月份,由中国人民银行总行首批推荐为具有从事金融业务资格的会计师事务所,6月份,又取得了江苏省建委授予的江苏省工程造价咨询甲级资格证书。1994—1996年连续三年被评为南京市三资企业管理工作先进单位,1995年9月南京市人民政府授予本所成人教育先进集体称号。中共南京市委、市政府授予1996年度建设新南京先进单位,1996年11月被江苏省财政厅评为全省先进财会工作集体。

江苏兴隆会计师事务所

【概况】 江苏兴隆会计师事务所经江苏省财政厅批准成立于1988年,是国有性质具有独立法人资格的会计师事务所。内设办公室,第一、第二、第三、第四业务部,涉外业务部、虹桥业务部、资产评估部。拥有一批长期从事会计、审计、资产评估、经济管理、外贸及金融、法律、税收、电脑等方面的高级会计师、注册会计师、高级工程师、资产评估师等。法人代表:路月浦。

【经营业绩】 事务所服务对象包括国家机关、人民团体、企事业单位和个人,以及中外合资、合作、独资企业、外商驻宁办事机构和境外企业等。事务所主要服务项目包括审查会计帐目、审计会计报表、验证注册资本、担任会计顾问、代理记帐管理、承办资产评估、工程造价咨询、基本建设审计、参加投资谈判、评审投资项目、办理企业清算、鉴定经济案件、提供会计咨询、设计会计制度、培训财会人员、拟订企业章程、

江苏振业会计师事务所

【概况】 江苏振业会计师事务所是以江苏省供销社为挂靠单位,于1994年6月组建的社会中介组织。所内设有财务审计、涉外审计、基建审计、资产评估等部门;拥有中国注册会计师13名和各类技术人才计110多人,并在有关市、县辖有17个分支机构。法人代表:张耀才。

【经营业绩】 事务所具有全面承办各项审计、验资、资产评估、咨询业务的能力。该所坚持独立、公正、真实和保密的原则,保障委托人的合法权益,对所出具的报告内容的准确性和合法性负责。

郑新会计师事务所

【概况】 郑新会计师事务所是经河南省财政厅批准,在工商行政管理机关注册登记,具有独立法人资格,依法承办注册会计师业务的中介机构。事务所下设国内业务部、涉外业务部、资产评估部、办公室,现有注册会计师、评估师、房地产估价师、经济师、工程师等40人。所长:吴如波。

【经营业绩】 事务所业务范围有:审查会计报表和其他财务税务资料,出具审计报告;验证企业注册资本,出具验资报告;承办企业资产评估,出具资产评估报告;办理企业合并、分立、

清算事宜中的审计，出具有关报告；代办工商注册、税务登记、纳税申报等手续，承办税务代理；为企事业单位设计财会制度，担任会计顾问、提供财会、税务和经济管理等方面的咨询；代办会计核算、培训财务会计审计人员；参与调解经济纠纷，鉴定经济案件证据；审编企业工程预决算；其他会计查帐验证事项和会计咨询服务业务。

湖南中兴会计师事务所

【概况】 湖南中兴会计师事务所是财政部驻湖南财政监察专员办事处所属机构，于1995年3月经湖南省财政厅批准成立，是湖南省第一家主要为中央企事业单位会计中介服务的专业机构。事务所特聘请省注册会计师协会会长、省财政厅副厅长、省国有资产管理局局长瞿宝元，省财政厅总会计师张瑜、总经济师孟国良，省人民银行行长蔡鲁伦等有关部门的专家担任顾问。事务所内设综合管理部、审计部、资产信用评估部、基建业务部、涉外业务部。从业人员57人，拥有注册会计师15名，评估师4名，高级工程师2名，工程师6名，会计师、审计师34名，大专以上学历占总人数95%以上。所长、法人代表：谭喜宜。

【经营业绩】 事务所承办业务包括审查财务会计资料；验证企业资本金；进行资产评估和信用评估；审查基建预决算；参与企业解散、破产、兼并和联营的财务清算事项；提供财税和经济管理咨询；代理纳税申报，代办申请注册登记；培训财务会计人员。

广西会计师事务所

【概况】 事务所于1985年3月正式成立，1996年经财政部、中国证监会批准取得从事证券业务资格。事务所设置审计业务一、二、三、四部，资产评估部、工程预决(结)算审核部、综合管理部、财务室、电脑室等，并在南宁、北海、玉林、贵港、博白等市县设立了分支机构。现有员工66人，其中：注册会计师22人，具有从事证券业务资格的注册会计师8人，注册资产评估师8人，取得基建概预算资格证书的6人。法人代表：张道传。

【经营业绩】 事务所业务范围主要是：审查各类企业会计报表，出具审计报告；验证企业资本，出具验资报告；审查股份制上市公司会计报表，出具审计报告；办理资产评估，出具评估报告；审核基建工程预决(结)算，出具基建工程预决(结)算审核报告；办理企业合并、分立、清算事宜中的审计业务；设计财会制度和担任会计顾问；其它会计咨询、会计服务业务。

湖南省会计师事务所

【概况】 事务所是经湖南省财政厅批准成立于1985年，经国家有关部门批准，取得了从事证券业务财务审计与资产评估的双重资格，下设10个部室，5个业务分部，拥有高级从业人员150余人，其中，注册会计师21人，其中具有证券业务特准资格的注册会计师11人，注册资产评估师10人。并有900多平方米的现代化办公场地，50多台套微机及其他办公设备，1000多万的总资产，具有较强的承担执业风险的经济实力。

【经营业绩】 审查会计报表，验证注册资金，股票上市(合A股、B股)审计，司法会计鉴定，资产、信用评估，管理、会计咨询，合并、分立清算，基建决算审计，代拟会计制度，担任常年顾问，培训财会人员，承办税务代理等。

海南正昌会计师事务所

【概况】 海南正昌会计师事务所的前身是海南正昌审计师事务所。1995年5月，经海南省审计厅批准成立，在海南省工商局登记注册，具有独立法人资格。全所现有从业人员32人，其中注册会计师7人；高级职称4人，中级职称17人。事务所设有：审计验资部、资产评估部、业务联络部、行政秘书部等。事务所经有关部门批准，获得下列业务资格：1995年至1996年分别获得省审计厅、省证管办批准的证券业务资格；获得省建设厅、省土地管理局、省物价局批准的土地评估资格和房地产评估资格。

【经营业绩】 审计查证、验资、经济案件鉴定、工程预决算、土地评估、房地产评估、资产评估、会计(审计)人员培训、咨询服务。

山西省高新会计师事务所

【概况】 事务所1993年经山西省财政厅批准成立。现有职员逾百人，其中注册会计师46人。所内设国内业务部、国际业务部、股份制业务部、资产评估部、技术咨询部、会计电算化业务部、综合部、高新会计培训学校，并在省内设大同、长治、运城分所，建工、三维分理部。主任会计师：梁青民。

【经营业绩】 事务所业务主要包括验证企业资本、审计会计报表和盈利预测、提供企业股份制改组服务、开展企业整体或单项资产评估、提供税务代理、开展公司财务服务、企业管理顾问服务、破产及债务管理服务、财会税务咨询等。建所初期以服务外商投资企业为重点打开了市场，现扩展到能源(煤炭和电力)、化工、冶金及金融行业。对企业实行从成立时的咨询、验资到开业后的建帐、审计直至解散时的清算一条龙服务。客户数量不断增加，仅外商投资企业客户已占到全省总数的三分之一，且所服务的客户规模越来越大。

华银审计事务所

【概况】 事务所是经国家审计署批准，由国家审计署驻长沙特派办和湖南省人民银行共同组建，中国注册会计师协会直管，具有独立法人资格的合作制审计事务所。事务所取得湖南省国有资产管理局颁发的国有资产评估资格证书，是中国人民银行总行推荐，具有对金融机构资本金与营运资金的验证、股东资格的审查、财务报告的审计和年检等内容审计资格。事务所实行董事会领导下的所长负责制，设有4个业务部和13个分部，拥有一批长期从事金融、审计、工程技术工作的高、中级技术人员和注册会计师、律师，并聘请审计、财政、金融等部门的有关专家担任技术指导。董事长、法人代表：柳协春，所长：付振纯。

【经营业绩】 事务所主要为国有企业、股份制企业、外商投资企业、集体企业、私营企业承办会计报表审计、验证资本、会计咨询、会计电算、资产评估、代理记帐、会计培训、基建预决算审计等业务，拥有广泛的国内业务网络。

海南中洲会计师事务所

【概况】 事务所于1993年5月24日经海南省财税厅批准组

建,1993 年 6 月 22 日向海南省工商行政管理局登记注册。1996 年 5 月 27 日,取得资产评估从业资格,1996 年 8 月 15 日,取得从事证券业务资格。内部机构设置:所长 1 人,副所长 2 人,设有办公室、审计一部、审计二部、审计三部(亦称资产评估部)。专职从业人员 17 人,其中:注册会计师 8 人,业务助理 5 人,行政人员 4 人。所长、法人代表:张秉魁。

【经营业绩】 办理审计查帐、验证资本及资产评估业务,担任企业、事业单位的常年会计顾问,代理企业合并、解散或破产清算以及债权债务的清理,有关财务咨询服务,提供各项可行性研究报告。

海南华林审计师事务所

【概况】 海南华林审计师事务所于 1995 年 7 月设立,注册资金 30 万元。事务所内设审计查证、验资、评估三个业务部门。所内共有执业人员 10 人,其中注册会计师 4 人,会计师等中级以上职称 4 人。事务所于 1996 年 5 月取得海南省审计厅及海南省证券管理办公室确认的具有从事证券业务的资格。法定代表人:顾纯。

【经营业绩】 审计查证、验资年检、经济案件鉴定、资产评估、工程预决算验证,审计、会计培训,咨询代理、服务、财务顾问等。

四川至诚会计师事务所

【概况】 四川至诚会计师事务所(前为成都市青羊审计事务所)成立于 1988 年,是经四川省财政厅、审计厅分别批准、具有法人资格的全民所有制社会中介机构。本所坚持优质高效,追求卓越,竭诚为社会服务,倍受社会各界客户信赖。1993 年被国家审计署、全国审注协评为全国百强审计事务所,1994 年被评为四川省明星审计事务所,年年被评为省、市级先进单位,享有较高知名度和信誉度。本所拥有雄厚的技术力量和现代办公设施条件,现有执业职员 44 人,其中具有高中级技术职称的各类专业人才 34 人,已注册会计师、评估师 28 人。本所设置办公室、审计查证部、资产评估部、基建审计部、资本验证部、电脑记帐咨询服务部和总审计师室。事务所所长、法定代表人:谷鸿。

【经营业绩】 本所接受政府部门、企业、事业单位、集体和个人委托,承办以下业务:企业年度财务报表审计,财务收支审计查证,厂长(经理)或承包经营者离任经济责任审计,企业经济效益审计,基建工程预决算审计,经济案件、经济纠纷鉴证,专项经济项目审计,常年审计会计顾问,企业经营管理诊断,财务会计税务咨询,会计审计人员培训,注册资本验资年检,设计财务会计、审计制度,辅导建帐、记帐、结帐,代办经济活动、经济项目可行性研究、论证、咨询,企业管理咨询,新办企业、公司代理“一条龙”服务。

马施云会计师事务所

【概况】 马施云会计师事务所是马施云国际有限公司内的一家独立成员所,创立于 1975 年。中国业务总裁、香港执业会计师:张品文。

【经营业绩】 事务所业务范围已拓展到各行各业,包括海运、空运、保险、制衣、地产开发及投资、电子产品贸易及制造、专业机构、饮食、建材、进出口商行,中国转投资客户等,包括其他金融中心相关的服务性行业。作为一家在香港执业的国际会计师事务所,本所对于策划跨国企业合并报表的审计及编制,转投资客户对于税务及商务信息的咨询,上市公司的财务报表的审计工作,企业集资等都能满足各方面的要求。事务所所提供的专业服务包括审计、会计记帐、税务申报及咨询、企业秘书事务及信托安排、电脑技术咨询、企业集资及上市、法律诉讼支援及其他商务咨询等服务。

兴华(辽宁)审计师事务所

【概况】 兴华(辽宁)审计师事务所 1989 年经审计署批准、辽宁省工商行政管理局注册。注册资金 100 万元。事务所在大连、锦州等地设 3 个分所、5 个办事处和分部,总部设在中国沈阳,下设国际业务部、国内会计事务部、审计部、咨询部、资产评估部、基建工程审计部、纳税代理部、综合办公室等部室。事务所在任注册会计师 60 人,在任建筑、机械、电器、给排水、通风、安装工程师 20 余人。法人代表、所长:刘墨池。

【经营业绩】 事务所承办业务:会计报表审计;外商投资企业和国内企业资本验证;资产评估;工程预算、决算、结算的审计验证;企业解散、破产清算事项;经济纠纷、经济案件鉴证;企、事业会计、审计咨询服务;企、事业单位的厂长(经理)离任审计及评价;对承包、租赁经营兑现审计鉴证;客户委托的其他审计业务。

河南省金融审计师事务所

【概况】 河南省金融审计师事务所是经河南省审计厅批准成立,在河南省工商行政管理局登记注册,具有独立法人资格的社会服务中介机构。并经河南省国有资产管理局审查确认,具有资产评估资格。事务所拥有一批具有注册会计师资格,并精通金融、经济、会计、工程、电脑等高级专业技术职称的专家,还配有电脑、传真等先进设备。法定代表人:张欣岑。

【经营业绩】 事务所有承办各项审计查证、会计咨询、资产评估等大型业务的能力。事务所一贯坚持信誉第一、质量第一、服务第一的经营服务宗旨,恪守独立、客观、公正的原则,依法维护委托人的合法权益。事务所是中国人民银行总行第一批向金融系统推荐的审计事务所。

石家庄会计师事务所

【概况】 石家庄会计师事务所 1985 年 4 月成立。1993 年经财政部、中国证监会批准,具备从事证券业务审计资格,1995 年经国家国有资产管理局、中国证监会批准,具备证券业务资产评估资格。是河北省第一家同时具备这两个上市业务资格的会计师事务所。1996 年,被中国人民银行列为第一批推荐对金融机构的经济活动进行审计鉴证的会计师事务所。事务所分支机构 12 个,从业人员 260 余人。其中高级职称 22 人,中级职称 190 人,注册会计师 124 人。大专以上学历 85 人,研究生 6 人。法人代表:刘秉廷。

【经营业绩】 事务所主要业务:上市公司的财务审计和资产评估;金融机构的审计、验资、年检;验证企业资本;企业合并、分立、破产清算;提供财会、纳税咨询;代办纳税申报;受理经济项目论证;设计企业财会制度;代理企业记帐;派驻会计顾问;以及法律、行政法规规定的其他业务。石家庄会计师事务所连年被省注协评为先进事务所。1995年,被财政部评为全国先进财会工作集体。

华丰会计师事务所

【概况】 华丰会计师事务所创建于1988年,并于1991年取得资产评估资格,是经中华人民共和国财政部早期批准成立和首批经国家国有资产管理局认证具有资产评估资格的会计师事务所之一。事务所拥有一支由高级专业人员组成的技术队伍,门类齐全、结构合理,执业恪守独立、客观、公正的原则。法人代表:汪兆颐。

【经营业绩】 事务所主要执业范围:审查会计帐目和其他会计资料,审验会计报表,出具审计报告书;单项或整体资产评估,各类资产价格预估咨询,出具资产评估报告书;验证投入资本,审验企业在经营中变更资本和年度资本金的工商年检,出具验资报告书;审计基本建设施工预决(结)算,出具审计验证报告书;外汇年检;设计财务会计制度,代办会计核算,财务分析业务;担任会计顾问,提供财务、会计、税务和经营管理咨询。

天津会计师事务所

【概况】 天津会计师事务所经财政部、中国证监会和国家国有资产管理局批准具有从事上市公司审计业务和评估业务资格,主要从事验资、审计、资产评估、电算化评估及税务代理、会计咨询、会计顾问等项业务。现有从业人员90余人,每年为1500家大中型企业提供各类服务。拥有中国注册会计师46人,其中拥有中级专业技术职称10人,高级技术职称4人。所长:王伟生。

【经营业绩】 事务所现分设六部一室,其中:业务一部、二部、三部主要从事外商投资企业、外国驻津商社、外资银行的委托业务;业务四部从事股份制挂牌上市公司及其他公司、企事业单位委托的业务;资产评估部从事各类企事业单位委托的资产评估事项,业务综合部负责业务政策及业务接待等项业务,办公室负责全面行政管理。事务所新建3000平方米办公大楼投入使用,内部管理全部实行微机调控,对外业务也正在建立完善的计算机查帐系统。

天津公信会计师事务所

【概况】 天津公信会计师事务所始建于1988年,现有专职从业人员50余名,其中具有大专以上学历人员39名,具有高级职称的人员20名,中国注册会计师27名,中国注册资产评估师9名。事务所具有天津市国资局授予的资产评估执业资格;天津市财政局首批授予的执行外资业务资格,天津市外汇管理局授予的对外商投资企业外汇年检业务资格等。法人代表、所长:郭振山。

【经营业绩】 事务所的业务范围:审查企业会计报表,出具审计报告;验证企业资本,出具验资报告;承办资产评估业务,出具评估报告;办理企业改组、合并、分立、清算事宜中的审计业务,出具有关的报告;代理企业纳税申报,提供税务咨询;承办会计咨询、会计服务业务,包括担任会计顾问、设计会计制度、会计专业培训、会计电算化的业务咨询和鉴证等;法律、法规规定的其它审计业务。

深圳市会计师事务所

【概况】 事务所成立于1984年8月,现有员工150余人,其中中国注册会计师资格50余人,从事证券业务的中国注册会计师14人,其他高中级专业技术人员80余人。设置有:审计一部、审计二部、审计三部、审计四部、金融审计部、资产评估部、基建工程审计部、总审计师室、行政部、沙头角办事处和南头办事处等机构。所长、法人代表:周可添。

【经营业绩】 事务所业务范围包括:企业股份制改组、上市公司年度审计、中期审阅及他审计业务;审查企事业会计报表,出具审计报告;验证企事业会计报表,出具审计报告;验证企事业资本,出具验资报告;代理企事业纳税申报,出具税务报表;办理企事业合并、分立、整顿、解散、破产清算的审计业务,出具有关报告;设计企事业会计制度、担任会计、审计顾问,培训会计、审计、评估人员;办理各类资产评估(包括有形资产和无形资产的评估);代理企业注册登记;提供财务、会计、税务、投资和其他咨询服务业务;承办工程造价咨询业务包括建设项目的预、决算、标底的编制及审核、工程成本控制及相关咨询;法律、法规允许的其他业务。事务所完成各类委托的股份制企业的改造,企业年度审计报表、专项审计、资产评估、工程预决算等业务达九千余项,取得良好的社会效益及经济效益。事务所严格执行国家有关法律、审计法规和制度,恪守公正、独立、客观的原则,做好委托的社会审计工作,竭诚为广大客户服务。

深圳中华会计师事务所

【概况】 深圳中华会计师事务所创建于1987年,现有员工150余人,其中专业人员120余人,包括执业注册会计师50余人,特聘外藉注册会计师17人。其中具有高级职称的有20余人。事务所是首批获得财政部、中国证监会、国家国有资产管理局批准的证券业务审计资格和证券业务评估资格的事务所之一,现有经批准获得证券业务资格的注册会计师十余名。所长:朱震昌。

【经营业绩】 事务所多年来已经为50多家公司承办上市业务的审计或评估业务;常年为上市公司担任核数师和财务顾问的有A股业务30多家,B股业务10余家;配合境外国际会计公司承办境外上市业务的数家。事务所是迄今为止唯一可以同时承办境内、境外证券业务的中国会计师事务所,并曾由中国人民银行总行推荐可以承办全国金融机构的验资、审计等业务的机构。事务所在1994年10月经财政部批准参加浩华国际会计公司(Horwath & Company)为其成员所,也是中国首家国际成员所。事务所与浩华国际在世界各地的成员所结成全球性的业务联营网络,可以为全球经济界尤其是各大国际性企业集团提供审计、评估、咨询等配套的专业服务;事务所还与国内各大中城市的中华会计师事务所集团的成员所结成国内业务联营网络。事务所是国内业务量最大、承办上市公司证券业务最多的事务所之一,曾两次被评为深圳市先进单位。

厦门集友会计师事务所

【概况】 厦门集友会计师事务所是1988年9月经福建省财

政厅批准成立的法人单位。现有从业人员42人,其中有:副教授8人,讲师及会计师20人。现有执业注册会计师21人。内部机构设有:业务一部、业务二部、资产评估部、税务代理部、咨询培训服务部、行政管理部、财务室等。并在厦门市湖里区、同安区等设有分支机构。事务所严格遵循依法办事、客观公正、诚实信用、保守秘密的原则,坚持服务、质量、信誉三个第一,保障委托者的合法权益。事务所1992年12月经厦门市财政局批准,授予资产评估资格证书,经中评协批准接纳为中国资产评估协会团体首批正式会员。法人代表:陈荣华。

【经营业绩】 事务所主要业务范围:接受行政事业单位、企业的委托,办理财务报表审计、企业资本验证、设计会计制度、担任会计顾问、代理纳税申报、代理记帐、办理投资评估、资产评估和项目可行性研究中的有关业务、提供会计咨询、税务咨询和管理咨询、协助拟订合同、章程和其他业务文件、培训会计、审计和财务管理人员及其他的会计咨询、会计服务业务。

鹏城会计师事务所

【概况】 事务所成立于1992年4月,现有从业人员150多人,其中中国注册会计师60人,高级会计师18人,高级工程师、高级经济师9人,资产评估专业人员、工程技术人员及高素质翻译人员30人。所长:饶永。

【经营业绩】 事务所从事A、B股上市及年审、年度会计报表审计、企业股份制改造、现代企业改制、资产评估、资产验证、厂长(经理)经济责任审计、投资策划、工程预算审计、工程结算审计等20多种业务。业务已由深圳发展到海南、四川、广州、武汉、大连等省市,并与成员所一道开展了大量的上市公司审计业务。1996年度承担了深圳经济特区房地产集团公司A、B股年审业务。成功地完成了对深圳市水产公司、南方通发公司、西万工贸公司等企业的股份制改造业务,对深圳市城建开发(集团)公司、深圳市鹏基工业发展公司、赛格集团公司等企业进行现代企业制度改革审计与资产评估工作,开展了对深圳经济特区发展公司、中深国际技术合作(集团)股份有限公司、深圳发展银行等大型企业的资产清查与资产评估工作,特别是承担深圳发展银行自成立以来的首次清产核资与资产评估任务。

四川会计师事务所

【概况】 四川会计师事务所(原名成都会计师事务所)1983年10月经四川省政府批准成立。全所从业人员65人,拥有注册会计师35人(其中具有证券执业资格的11人)。法人代表、所长:黄万清。

【经营业绩】 事务所自开业以来,先后为200多户来川投资的外商提供投资论证,开展资产评估、资本验证、审查财务决算等业务,成为美国通用电气、美国联合技术发动机公司、台湾统一食品、假日集团、泰国水泥集团公司及正大集团等大型外商来川投资企业的首选中介机构。1993年2月经财政部批准取得证券执业资格以来,为30余户大中型骨干企业改制提供管理咨询服务。1988年在全省率先开展资产评估业务。为全省培训资产评估业务骨干300余人。客户中包括四川金顶(集团)、峨眉铁合金、长城特殊钢、银山化工、东方锅炉集团、泸洲老窖、乐山电力、成都动力配件、广华化纤、四川长江企业(集团)、涪陵建陶、长江机床、东新东碳、四川长虹电器、四川沱牌实业、攀钢板材、宜宾纸业、明星电力、四川美丰化工、内江峨眉柴油机、美亚丝绸、峨眉山旅游、绵阳湖山电子等股份有限公司以及四川成渝高速公路股份有限公司(H股)和四川省证券股份有限公司。

宁夏会计师事务所

【概况】 宁夏会计师事务所1994年1月24日经宁夏回族自治区财政厅批准成立,1994年1月,经财政部和中国证券监督管理委员会联合审批,获得从事证券业务财务审计资格。事务所现有从业人员143人,注册会计师57人。事务所设工业会计部、商贸会计部、涉外会计部、资产评估部、会计电算部、会计培训部、税务事务部及办公室。法人代表:张志俊。

【经营业绩】 14年来,事务所以恪守独立、客观、公正原则为本,遵守职业道德,信守委托约定,有长期客户300余户,已承办上市公司财务审计、企业年度会计报表审计、资金验证、股份制试点、破产清算、经济案件鉴证、查帐清帐、资产评估、财税检查、会计顾问、会计咨询、专题调查、会计电算等5000余项业务。

河南审计事务所

【概况】 河南审计事务所于1985年3月经河南省政府批准成立的社会审计组织,事务所荟萃了会计、审计、经济、工程、金融、法律等各类人才218人,其中,中高级职称占89%,具有中国注册会计师、注册资产评估师、注册房地产估价师、土地估价师资格的160人。所长:张锡华。

【经营业绩】 事务所从1993年以来,先后经国家有关部门批准,取得了承办证券上市公司资产评估资格,对中央企业及地方企业审计查证资格,对金融机构的审计资格。近四年就办理审计查证、基建预决算审计、资产评估、年检、经济案件鉴定等业务近3000项、资金总额达300多亿元,如成功地为中国郑州商品交易所、河南省金属材料公司、新华一厂、万达期货公司等上千家企业进行了审计查证和会计咨询;为安钢、白鸽、郑百文、冰熊、神马、思达等集团;新安电厂、华联商厦、登封电厂、海嘉面粉、郑州城市合作银行、许继电器、宇通客车、神火煤炭、中期期货、张弓酒业等企业的股份制改造、中外合资、发行上市股票等工作进行了资产评估。

青海会计师事务所

【概况】 青海会计师事务所创建于1986年,挂靠青海省财政厅。是专门从事社会审计、财务管理咨询和资产评估的中介机构,具有独立法人资格。经财政部、国家国有资产管理局、中国证监会审查批准,取得从事证券业务的审计资格和资产评估资格。事务所设办公室、资产评估部、上市业务部、工交部、商贸部、外资部、中央企业部、税务咨询部、培训部、会计用品商店及6个业务分部。有员工100余名。法人代表、所长:李迎香。

【经营业绩】 事务所主要业务为审计和资产评估业务。审计以国有企业年终决算审计为主,常年客户有150户。取得上市公司相关业务资格后,已参与青海钾肥股份有限公司和青海西宁特殊钢股份有限公司的财务审计工作。在评估方面,已单独完成了青海山川铁合金股份有限公司、青海明胶股份有限公司、青海盐湖钾肥股份有限公司的上市资产评估工作。

重庆立信审计师事务所

【概况】 重庆立信审计师事务所是经四川省审计厅1994年3月批准建立，受重庆市审计局指导、监督管理，具有独立法人资格的集体性质的服务性中介机构。事务所现有工作人员60余名，大部分具有高、中级技术职称。所内设有：审计业务部、资产评估部、基建验证部和办公室。法人代表、所长：马相羲。

【经营业绩】 服务的主要项目：国家机关、企事业单位委托的审计查证、资产评估、工程预、决算验证、银行审计以及经济管理咨询、建帐、建制和培训审计、财会干部。事务所坚定不移为改革和社会主义市场经济提供高质量、高效率的服务，发扬立信传统，遵守职业道德，坚持依法审计，以及客观、公正的作风，在社会上树立了良好信誉，受到各界好评。

江苏武进会计师事务所

【概况】 江苏武进会计师事务所系省属独立法人所，恪守独立、客观、公正的执业原则，接受国家机关、社会团体、企业、事业单位及其他经济组织和个人的委托，办理审计、验资、资产评估、会计咨询、会计服务等业务，执业范围日益扩大，执业水平不断提高。所长、法人代表：陈华康。

【经营业绩】 事务所执业范围：审查企业会计报表，出具审计报告；验证投入资本，出具验资报告；办理企业合并、分立、清算事宜中的审计业务，出具有关报告；基建预决算审计；各种类型资产评估；设计财务会计制度，担任常年会计顾问，提供财务、会计、税务经济管理咨询，代理记帐、提供会计电算化业务服务；培训财会人员；法律、法规规定的其他审计和会计咨询服务业务。

珠海会计师事务所

【概况】 珠海会计师事务所于1985年成立。1993年7月3日经财政部、中国证券监督管理委员会批准确认可以从事证券相关业务资格；1992年经广东省国有资产管理局批准可从事资产评估的资格；1996年6月26日经农业部乡镇企业管理局批准，可从事乡镇企业资产评估资格。工作人员70人，其中注册会计师35名，配备有教授、高、中级工程师、会计(经济)师、金融、律师等专业人员。

【经营业绩】 事务所业务范围：证券相关的会计、咨询业务(包括社会募集、上市股份制公司)；验证资本(包括资金、股本)；审计会计报表(包括年度、中期、承包、重组、分立、解散、破产清算)；资产评估(包括乡镇企业资产评估)；代理税务登记、申报纳税；代客做帐、清理会计帐目；专项帐务鉴证；担任常年会计顾问；培训财务人员；财务及税务咨询服务。

珠海经济特区会计师事务所

【概况】 珠海经济特区会计师事务所是1989年成立的。1992年6月经广东省国有资产管理局批准具有从事资产评估资格；1995年4月经珠海市财政局、国家外汇管理局珠海分局批准具有从事企业外汇年检资格；1995年6月经广东省审计厅考核认定具备从事当地外债年检审计资格。1996年4月经财政部、中国证监会批准具有从事证券业务(上市公司)审计资格。现有专职人员50多人，其中注册会计师21人(含8人具有证券业务资格)，具有资产评估执业资格5人，先后有12人接受香港会计师事务所为期一年的业务培训。事务所设有验资部、审计部、资产评估部、审核咨询部、电脑技术室、台商会计登帐事务处、资产评估斗门办事处、三灶办事处和珠海机场分所。法人代表：所长：张艳。

【经营业绩】 几年来，事务所一贯恪守独立、客观、公正的原则，为数千家企业提供了优良的服务，并开拓了驻港澳中资企业、深圳、中山、东莞、海南等地区的审计业务和代理境内外企业电脑记帐、查帐。与香港、澳门及国内许多城市的会计、审计事务所建立了业务合作关系。

包头市会计师事务所

【概况】 包头市会计师事务所是1986年经内蒙古自治区财政厅批准成立的全民所有制事业单位，行政隶属于包头市财政局领导。事务所现内设国内业务部、国际业务部、资产评估部、税务代理部、基建业务部、咨询培训部、会计用品服务部、财务部和办公室等9个部室；并设有东河区办事处、驻昆工作组等2个派出机构，下设昆都仑工作站、青山工作站、土右旗工作站、固阳工作站、郊区工作站、白云工作站、达茂旗工作站、东兴工作站、老科协工作站、铁路分所等10个机构。现有从业人员140人，其中注册会计师63名，高级会计师6名，所长、法人代表：张俊杰。

【经营业绩】 事务所业务范围包括审查会计报表，出具审计报告；验证企业资本，出具验资报告；办理企业合并、成立、清算事宜的审计业务，出具有关报告；设计会计制度；担任会计顾问，提供会计、财务、税务咨询；代理记帐；办理资产评估；代理纳税申报；代办申请注册登记，协助拟定合同、协议、章程及其他经济文件；培训财会等专业人员；参与可行性研究，其他咨询服务及审计业务。

包头市审计事务所

【概况】 包头市审计事务所是1988年经自治区审计厅批准成立，经包头市工商局注册登记的社会中介组织。注册资金150万元，现有高级、中级会计师、审计师、经济师、工程师、讲师等各类从业人员92名。其中固定从业人员62名，包括中国执业注册会计师42名，并有高级技术职称人员10名。内设审计查证部、资产评估部、基本建设审计部、培训部、公共关系部、办公室。下设8个工作站。事务所1993年取得国家审计署颁发的国有企业审计查证资格证书。于1992年取得了国家国有资产管理局颁发的资产评估资格证书。可以对全国范围内各类企业进行单项或整体资产评估。事务所所长：石磊。

【经营业绩】 事务所主要开展的业务：对中央及地方国有企业及其他所有制形式的企业进行财务收支、经济效益、经济责任、承包经营、离任及专项审计；承办资产评估、产权界定、清产核资、企业兼并及破产清算、建帐、对帐、清理债权债务；注册资金的验证、年检(包括三资企业)；基建项目的概预算及竣工决算审计；各类经济专业培训；经济纠纷、经济案件的鉴定事项；担任企业审计、会计咨询顾问，进行咨询服务。

三亚市审计师事务所

【概况】 三亚市审计师事务所1988年11月经海南审计局批

准设立，在三亚市工商行政管理局登记注册，具有独立法人资格的社会中介机构。事务所设有内资部、外资部、基建审计部、行政秘书室等。现有从业人员23名，其中注册会计师6名，以及会计师、工程师等。1996年5月事务所取得了从事证券业务资格。所长：陈颖林。

【经营业绩】 事务所办理验资、会计报表验证、企业年度审计、基建审计、案件鉴证、经济责任审计等有关财务、会计方面的各项专业服务。事务所恪守依法、独立、客观、公正、廉洁的原则，为客户提供高效、优质的服务。

德州市审计师事务所

【概况】 德州市审计师事务所创建于1989年12月，隶属德州市审计局，现有专、兼职从业人员49名，其中固定从业人员28名，注册会计师18名。1992年6月，经山东省国有资产管理局批准取得从事资产评估业务资格。1994年6月，经山东省审计厅批准取得从事国有企业（包括国家控股的股份制企业和其它有国有资产的企业）审计查证资格。

【经营业绩】 事务所业务范围包括企业财务报表审计，经济效益审计，厂长（经理）离任审计，经济案件鉴定和其他专项审计；企业投入资本验证；股份制改造资产评估，中外合资、合作企业创立过程中的资产评估，联营投资、租赁承包、抵押贷款、拍卖等经济行为中的资产评估，法律、法规规定的其他需要进行的资产评估；企业破产清算；基建、技改工程预算审计验证，基建、技改工程结（决）算审计验证，代为编制工程预算、招标标底；设计会计制度，担任常年顾问，投资项目可行性研究经济评估，会计、审计、管理咨询。

律师事务所

上海市震旦律师事务所

【概况】 上海市震旦律师事务所(原上海市第二律师事务所)是我国律师制度恢复后，首批成立的实力雄厚的综合性律师事务所。设置了外国投资、金融证券、海事海商、房地产、经济、刑民等专业法律事务部。事务所共拥有律师130余名。其中合伙律师25名，聘用律师110余名。拥有自英、美、日研修回国律师与法学硕士12名。事务所主任：高前和。

【经营业绩】 外国投资法律事务部是从事涉外法律事务的专业机构。受聘担任“三资”企业和涉外单位的常年或专项法律顾问，参与代理中外合资、中外合作、外商独资企业和技术引进项目的谈判；承办国外、港澳地区委托和介绍的法律事务，并代为联系委托外国、港澳地区律师办理有关法律事务；代理涉外事务的仲裁或诉讼等。金融证券法律事务部拥有3名经司法部和国家证监会批准的具有从事证券法律业务资格的律师，为企业的股份制改制提供法律服务及公司的股票发行、上市出具法律意见书，擅长办理证券业务买卖纠纷及票据纠纷等类的案件。海事海商法律事务部业务范围是接受国内外法人、公民的委托，代理海事、海商纠纷的调解、仲裁和诉讼。同时担任国内外贸易、航运企业及事业单位、社会团体的法律顾问，办理海损理算、代理船舶估价、拍卖、代办海事声明签证等法律事务。房地产法律事务部接受国内外法人委托，担任企业常年法律顾问及房地产项目顾问；参与联建、参建、土地批租、土地转让、建筑工程招投标、商品房预售、销售等，指导企业依法进行房地产开发经营活动；协助草拟、审查、修改有关法律文书；担任非讼或诉讼代理，参加调解、仲裁或诉讼。经济法律事务部专门从事经济法律事务，受聘担任常年法律顾问。刑民法律事务部接受法人、公民委托，办理各类民事案件的诉讼，以及接受刑事自诉案件当事人、公诉案件被告人聘请担任代理人；接受刑事被告人及其近亲属的委托或法院指定，为刑事案件的被告 人进行出庭辩护；并接受各类行政案件的代理，参与仲裁、诉讼和接受非讼案件的调解。1995年被评为上海市先进律师事务所。1996年又被评为司法系统先进集体。

武汉大成律师事务所

【概况】 武汉大成律师事务所是经湖北省司法厅批准设立的合伙制律师事务所，并于1996年获得司法部批准的证券律师事务所，是以金融证券、商事物业、外商投资等法律服务为主要业务的专业化综合律师事务所。下设社会公众法律事务部、金融证券法律事务部、商事物业法律事务部、国际经贸法律事务部四个业务部。事务所荟萃了一批通晓法律和具有丰富律师实务经验的高、中级律师。拥有一批擅长金融、证券、商务、房地产、国际经贸等方面的法律事务律师队伍，还特聘社会各届权威、专家、教授担任事务所的专业顾问委员会顾问。事务所按照法律服务整体化、程序化、系统化、规范化的要求制定了有关证券法律服务工作的各项规范。事务所主任：张树勤。

【经营业绩】 事务所先后承办过100家公司证券法律事务，为公司的股份制改造、公司设立、股权转让、兼并、收购、合资等重大资产经营运作等担任专项法律顾问。还接受新加坡上市公司、香港上市公司的委托参与国内、国际的资产重组、融资法律事务。事务所特设法律援助基金，特设责任赔偿基金。

湖北省第七律师事务所

【概况】 湖北省法律事务中心第七律师事务所是武汉大学法学院申办的综合性律师事务所，拥有专、兼职律师及法律工作者百余人。事务所依托武汉大学，由韩德培、马克昌等久享盛誉的博士后流动站指导教授为专业顾问，而且有李龙、李双元等一批博士研究生导师为所内兼职律师。一批留美、日、德、俄归来的专家、一名一级律师、二名二级律师组成所内骨干力量。此外，事务所与同属武汉大学法学院主管的国家一级刊物《法学评论》、国内唯一的环境保护法研究所、国际法研究所、港台法研究所所有互助协作关系，与美国凯曼克律师事务所、中国法律服务(香港)中心互为代理机构。事务所专业顾问和法律工作者曾多次受国家部委及地方人民政府邀请，参加国务院法制局、外交部条法司、经贸部条法司、国家环保局的法律法规论证，签约审查，参与国家涉外缔约谈判。事务所主任：陈晓枫。

【经营业绩】 事务所承办业务：接受国内外当事人委托，为对外贸易、国际金融、国际海事、商事、中外技术合作草拟章程协议；运用专业外语参加谈判、代理涉外仲裁、国外诉讼活动；接受股票发行企业、股份制改造企业委托，办理证券法律事务；接受政府机关、对外经济部门、国内外企业机构，或个人委托担任法律顾问；接受国内外当事人委托，联系中国法律(香港)中心办理在港公司注册、公司股票权证书、设定银行帐号，广告杂志服务事务；接受经济、民事、行政案件当事人委托，代理参加诉讼；接受非诉讼案件当事人的委托，提供法律意见、参加调解、仲裁、办理见证、财产继承及专利代理业务；接受犯罪嫌疑人、被告人、被害人、自诉案件自诉人委托或人民法院的指定，担任刑事案件辩护人，代理人；解答法律咨询、代写诉讼文书、出具法律意见书。建所以来，曾受国务院委托，参与国家重点工程赔偿责任对外谈判，受武汉市政府委托，参与因境外投资对菲律宾、新加坡政府的谈判，并被日本NEC中原公司、新加坡政府投资集团、长江广场有限公司以及红桃K集团、双虎涂料股份有限公司等国际著名企业、国内驰名企业聘任为法律顾问。同时，任国内百余家企业的法律顾问。办理数十件股票发行上市上柜和股票纠纷事务，每年代理各类案件500余件。

太平洋律师事务所

【概况】 事务所是经海南省司法厅批准，依法注册、合法执业的专业律师机构，也是一家办公设备现代化、业务分工专业化、按照国际律师行业模式建制的大型律师执业机构。机构总部设在海南省海口市，在中国北京、广州、深圳、长沙等地设立联络处，在海南省司法厅和中国司法部批准后，将在新加坡、马来西亚、泰国、韩国设立分支机构。事务所目前已有高中级律师、法学教授、法学博士、硕士、国际仲裁员多人。事务所主任：杨鹤楼。

【经营业绩】 事务所律师接受经济纠纷案件当事人的委托担任代理人，接受刑事案件犯罪嫌疑人或其家属的委托担任辩护人，为犯罪嫌疑人代办取保候审、申诉、控告、出庭辩护，办理企业股份制改造、企业包装、股票上市、融资信贷、企业拍卖、收购、房地产销售代理、公民或企业海外发展策划等非诉讼法律事务。

云南经济律师事务所

【概况】 云南经济律师事务所系云南省司法厅直属国有性质的律师事务所，具备事业单位法人资格，登记证为云事法登字第 YS0283 号。事务所成立于 1984 年。现有高、中级律师 40 余人，具有较高的法律专业水平和丰富的办案经验。事务所主任：郑培明。

【经营业绩】 事务所业务范围遍及民事、刑事、经济、行政、证券、房地产及涉外案件等。遵守诚实信用原则，勤勉执业，恪尽职守，依法维护当事人合法权益，为社会各界提供优质法律服务。

震序律师事务所

【概况】 震序律师事务所(原云南律师事务所)是由著名律师马军及较高律师业务水平的优秀律师组成的合伙制律师事务所。事务所有律师 40 名，辅助工作人员 40 名，其中一、二级高级律师及取得证券法律资格的执业律师 15 名。经司法部、中国证监会批准为具有从事证券法律业务资格的律师事务所。事务所主任：马军。

【经营业绩】 事务所业务范围：常年法律顾问；专项法律顾问；金融、证券、期货；公司设立兼并；房地产开发经营；知识产权；公证代理；商务代理；仲裁、诉讼。事务所成功地为行政事业单位、企业单位和重大经济项目担任法律顾问，出色地参与了上市公司股票的发行与上市，企业的兼并、破产工作。由于业绩突出被司法部列为律师事务所管理体制改革的试点。1997 年被司法部确定为法律服务行业文明服务窗口单位。1995 年事务所一名律师获全国十佳律师荣誉称号，一名律师获云南省十佳律师荣誉称号。事务所与美国、日本、泰国、新加坡及香港、澳门地区律师建立了长期稳定的合作关系，并在人才培训、项目咨询、代理等方面取得了较好的合作成果。

甘肃融通律师事务所

【概况】 甘肃融通律师事务所是直属甘肃省司法厅领导的大型律师事务所之一，配有微机、传真机、移动电话、传 呼机等先进的办公及通讯设备。1993 年 6 月首批获司法部、国家证券委授予律师事务所从事证券法律业务的资格后，为企业的股份制改建提供了成功的法律服务。为开拓业务领域，已与国内及境外有关律师机构建立了密切而良好的合作关系。

【经营业绩】 事务所主要业务：办理金融、证券、房地产、知识产权以及交易担保、商务中介、资信调查、投资代理、法律见证等非诉讼法律事务；为企业股份制改建及各类公司事务提供法律服务；受聘担任国家机关、国有企事业单位、股份制企业、三资企业、私营企业、城乡集体经济组织、境外企业和其它机构以及公民的法律顾问；承办经济、民事、行政等案件的诉讼代理及刑事案件的辩护业务。为配合《律师法》的实施，新开办公民个人"律师联系卡"之法律服务项目，解决公民日常生活中的各类法律疑难。

方达律师事务所

【概况】 方达律师事务所的主要律师在中国最早参加证券法律工作，自 1991 年就代表瑞士银行为上海电子真空的 B 股发行成功地提供了法律服务，因而在证券、公司法律服务领域内已具有相当丰富的业务经验。事务所成立伊始(1994 年 5 月)便获中国证监会和司法部批准，成为有资格从事证券法律业务的律师事务所之一，并开始全面从事证券法律业务；事务所主任李骐律师是经司法部及证监会考核认可的中国第一批证券律师之一，另还有葛剑秋律师、黄伟民律师及周志峰律师依次获得证券业从业律师的资格。事务所与许多国内外著名的投资银行诸如瑞士银行、贝尔·斯第恩、施罗德、信孚银行、百富勤、摩根·斯坦利、里昂、高盛等国内外著名公司有密切的业务往来；同时与申银万国、国泰、华夏、南方等证券公司一直有渊源深长的良好合作关系。为此，香港的"Global Law & Business"及"衡纪氏中港新律师行总览"给予事务所高度评价。同时，李骐律师还当选为 1995 年和 1996 年度国际律师协会会员(中国仅 14 个)。

【经营业绩】 事务所作为上市公司的中国法律顾问共参与 6 家公司在香港发行并上市 H 股及 2 家公司在纽约上市的法律服务工作，同时，作为上海轮胎橡胶股份有限公司的法律顾问，事务所曾为该公司的可转换债券在国外发行并上市提供法律服务。最近，作为上海实业控股有限公司在香港上市的唯一的中国法律顾问成功地帮助其上市，超额认购 158 倍，在香港引起轰动效应。并且在 1996 年度，在上海证券交易所上市的 B 股中，事务所参与的东方通信、黄山旅游均获极大反响。同时，通过参与境外上市项目的法律服务，事务所积累了比较丰富的境外证券法及证券市场惯例的经验。另外，事务所曾作为公司或承销商的法律顾问为国内上市的 50 余个股票(30 多个 A 股、近 20 个 B 股)提供法律服务。事务所律师在为企业提供证券法律服务时，采取分工合作、各尽所能、统筹安排的工作方法，本着精益求精、严密谨慎的工作态度，维护证券从业律师的形象及职业道德。在这样的工作原则的指导下，事务所的工作深得证券管理部门的好评。事务所的李骐律师始终参与了证券法和境内上市外资股的立法工作，并且最近当选为全国律协金融证券委员会委员。

福州闽天律师事务所

【概况】 福州闽天律师事务所(原名福建省律师事务所)创建于 1985 年 5 月，是由福建省司法厅批准成立并直接主管的综合性律师事务所。现有执业律师 41 名，其中专职律师全部为高等院校法律系本科毕业生，具有丰富的法律理论与实践经验。现设 3 个专业法律事务部。事务所主任：陈勇。

【经营业绩】 事务所业务范围包括：金融、证券、房地产、投资、贸易、知识产权、税务、各类诉讼及仲裁等；担任福建省政府机关事务管理局、福建省公路局、福建省农业银行、福建省农业开发银行、福建中行信贷处、福建省兴业银行、福建省中闽公司、福建省兴业证券、福建省华兴证券等70多家政府机构、金融企业、国家大中型企业的常年法律顾问，是一个个人素质优良，专业性强，信誉良好的国家投资型的法律服务机构。事务所自1994年取得证券资格以来，大力拓展证券业务，成功地担任了福建省九州集团股份有限公司、运盛（福建）实业股份有限公司和福建三木集团股份有限公司的股票上市和承销法律服务工作，同时还为福建省中旅集团、福建省南平电缆股份有限公司、福建省双菱股份公司、福建省天香股份公司、福建省龙潭股份公司、福建省青州造纸厂、福建省交通投资公司、福建雪津啤酒厂、福州市人造板厂、厦门悦华酒店等单位的股份制改制工作提供优质高效的法律服务，取得上市公司、改制企业的普遍赞誉。

康达律师事务所

【概况】 康达律师事务所是司法部直属的律师事务所，成立于1988年，拥有近70名专职律师，事务所总部设在北京，在上海、广州、西安、海口、深圳、贵阳都设有分支机构，并与香港律师、台湾律师合作在香港、台北设有咨询机构。同时还与美国、英国、香港、台湾、新加坡、澳大利亚和西欧的许多国际性律师事务所建立了广泛密切的合作关系。康达律师事务所主任付洋现担任全国律师协会执行会长。

【经营业绩】 康达始终以“客户第一”为宗旨，教育律师恪守职业道德，同时，一直强调律师间的配合，发挥全所整体优势。作为一所大型的综合性律师事务所可以为客户（尤其是大型客户）提供全方位的法律服务。康达建立了严格的业务及行政管理制度，配备了较为先进的电脑系统和通讯系统，康达并设有专门的法律资料室和专职资料员，及时搜集国内外法律、经济、金融、证券、商业等方面的最新信息。

申扬律师事务所

【概况】 申扬律师事务所系由沈阳市第一律师事务所、沈阳市商贸金融律师事务所更名而来。1979年11月恢复组建。事务所主任：金锡盛。

【经营业绩】 事务所1996年代理各类民事经济诉讼420件，各种非诉讼法律事务130件，为280件刑事案件的被告人出庭辩护，受聘担任300家国家机关、企事业单位的常年法律顾问，为委托人挽回经济损失2.5亿元。于1993年取得国家司法部、中国证监会颁发的律师事务所从事证券业务资格证书，并为数家上市公司出具了法律意见书。事务所1989年和1996年，两次被中共辽宁省委、辽宁省政府授予政法系统先进集体；1990年，国家司法部授予事务所从业清廉先进集体，1993年，被国家司法部授予政治思想工作先进单位称号。

四川省律师事务所

【概况】 四川省律师事务所系省司法厅直属的国家出资设立的律师事务所，成立于1985年，现有专、兼、特律师40余人，其中不乏既懂法律又懂证券、金融、保险、房产、地产等知识的专业人材。法人代表：康厚平。

【经营业绩】 事务所主要从事律师业务包括：接受公民、法人和其他组织的聘请，担任法律顾问；接受民事案件、行政案件当事人的委托，担任代理人，参加诉讼；接受刑事案件犯罪嫌疑人的聘请，为其提供法律咨询，代理申诉、控告，申请取保候审，接受犯罪嫌疑人、被告人的委托或者人民法院的指定，担任辩护人，接受自诉案件自诉人、公诉案件被害人或者其近亲属的委托，担任代理人，参加诉讼；代理各类诉讼案件的申诉；接受当事人的委托，参加调解、仲裁活动；接受非诉讼法律事务当事人的委托，提供法律服务；解答有关法律的咨询、代写诉讼文书和有关法律事务的其他文书。

江西省涉外经济律师事务所

【概况】 江西省涉外经济律师事务所成立于1986年3月，是江西省第一家办理涉外业务的律师事务所，隶属于江西省司法厅领导和管理，共有专职律师13名，兼职律师16名。事务所1993年获司法部、中国证监会授予的《律师事务所从事证券法律业务资格证书》，有4名律师取得从事证券法律业务的资格。主任：魏金荣。

【经营业绩】 事务所的业务范围是接受行政企业事业单位和其他经济组织的聘请，担任法律顾问；受聘参与经济合同的谈判和签约，协助草拟、审查、修改经济合同等法律文书；为当事人提供法律咨询，代拟法律文书或出具法律意见书；接受当事人的委托办理证券法律事务；代理各类民事、行政、刑事案件的诉讼和非诉讼。已为多家企业股票的发行和上市出具法律意见书。

淄博鲁中律师事务所

【概况】 事务所成立于1989年，现有律师30名，服务人员6名，总部设在淄博市中心张店区，在其余区县设有5个办事处。总部办公楼面积达300余平方米。主任：李广。

【经营业绩】 事务所1996年度经办各类案件600余件次，为100家企事业单位担任常年法律顾问，承办了10余家企业的股票上柜交易法律业务。事务所定期与淄博电视台合办《家庭律师》、与市有线电视台合办《律师茶座》两个专栏，还与淄博日报、晚报、市广播电台等单位联合进行法律服务宣传 。主要业务范围是：代理各类民事案件、经济纠纷案件及涉外案件；代理参与国内外经济谈判，办理企业股份制改造、公司事务、股票证券、拍卖典当、知识产权、房地产交易、涉外投资等各类非诉讼事务；提供刑事案件犯罪嫌疑人的辩护人，被害人的代理人，自诉案件当事人的代理人；解答法律咨询、代写诉讼文书；企业、事业单位、机关团体及公民个人担任常年法律顾问。

中辰律师事务所

【概况】 中辰律师事务所系四川省投资与证券律师事务所证券部分立并经四川省司法厅批准新设的合伙制律师事务所。1997年4月经司法部、中国证监会批准确认，获得从事证券法律业务资格。事务所从业人员15人，律师10人。

【经营业绩】 事务所以办理证券、投资、产权并购、转让方面的法律咨询、法律审查业务为主。自1993年以来，已为46家公司公开发行股票和上市进行了法律审查，其中，在上海证券交易所和深圳证券交易所上市的已有32家。同时，为20余家定向募集公司出具了法律意见书和律师工作报告。事务所与香港、美国和加拿大等数家境外律师事务所建立了密切的合作关系，为国内外投资者提供投资、商务等方面的法律服务。

佛山市华法律师事务所

【概况】 广东省佛山市华法律师事务所在主任周荣炽律师的带领下，全所律师员工以拼搏进取精神，积极开拓各项律师业务，竭诚为广大客户服务，为发展社会主义民主和健全社会主义法制服务，有效地维护了国家法律的正确实施和当事人的合法权益。事务所正发展成佛山市内一间颇具规模、享有盛誉的律师事务所，主任：周荣炽。

【经营业绩】 事务所为企事业单位和个人不断提供全方位、高层次法律服务，除保持原有刑事、民事、经济、行政等服务外，还充分利用事务所是目前全市唯一有资格开展证券业务的优势，将业务重点放在开展证券法律及知识产权、房地产、公司法律等业务上，并继续发展与香港、全国近二十个城市的法律联网服务。

周刘律师事务所

【概况】 周刘律师事务所是1994年在北京成立的合伙制律师事务所。事务所具有司法部、证监会确认的证券资格。事务所主任：刘玉明。

【经营业绩】 事务所律师及证券顾问曾参予数十家企业的境内外上市工作，积累了丰富的证券法律经验。以徐丽律师为主的律师团成功地为三峡工程之主建筑商葛洲坝股份有限公司完成了股份制改造工作，为其招股并筹资10多亿人民币提供了全程法律服务。事务所刘玉明律师作为职业律师，承办了近百起重大经济、民事案件，涉案金额数十亿人民币。周岩律师现为多家房地产公司的法律顾问，并为大量房地产投资项目和诉讼提供专业法律服务。事务所客户已遍及世界许多国家，如通用电器、爱立信、赫司特、西门子、意大利信贷银行、意大利商业银行等。事务所还与美国、日本、香港等地的多家律师事务所建立了合作关系。

大连市刘宝有律师事务所

【概况】 经司法行政机关批准，事务所创建了大连市金融房地产律师事务所、大连光大税务代理事务所，在大连保税区设有分所，在大连经济技术开发区设有办事处，在市内设有科技分部。经事务所倡议，组建了由北京、香港等律师所共同参加的CDH国际律师协作体，事务所分别在北京、香港、深圳、海口等地设置了协作体的驻在办事机构，形成了广泛的国内外律师协作联盟。1993年3月24日，事务所取得司法部、中国证监会确认的从事证券法律业务资格，拥有高级律师4人，具有证券法律业务资格律师5人。事务所主任：刘宝有。

【经营业绩】 事务所是一个以金融证券、涉外业务、商务投资代理、产权、期货、房地产、税务代理、知识产权、海事海商等律师业务为主的综合性律师事务所。证券法律业务是事务所主要业务。自1993年始，先后受聘为长春东北华联、山东渤海集团、大连冷冻机、大连商场、鞍山合成、鞍山信托、大连北大车行、哈尔滨秋林、大连热电、辽宁成大集团、大连显象管、吉林敖东制药集团等上市公司担任专项法律顾问，提供法律服务。事务所还担任了瓦房店轴承（B股）、国际游艇俱乐部（A、B股）、大连龙泉酒厂、丹东化纤（B股）、沈阳变压器厂（在加拿大上市）、锦州六陆、长春三产、大连邮电、大连盛道、大化（B股）等公司的法律顾问。事务所还应邀组成了律师团，担任大连市政府证券管理办公室及大连市产权交易所法律顾问。还担任了南方证券公司、华夏证券公司的法律顾问，为其在公司重组及发行、上市材料的申报过程中提供法律服务。

资产评估机构

广东资产评估公司

【概况】 广东资产评估公司成立于1993年4月，1993年5月3日经国家国有资产管理局、中国证券监督管理委员会批准，确认具有从事证券业务资产评估的资格并发给了《从事证券业务资产评估许可证》。广东资产评估公司是广东省财政厅属下的二级单位，经济独立核算，自负盈亏。设置总经理室、总经济师室、评估一部、评估二部、评估三部、咨询服务部、工程技术部、行政秘书部等职能部门。公司拥有一批具有高、中级专业技术职称、政策水平较高、业务熟练、实践经验丰富的中国注册资产评估师、中国房地产估价师、工程师、会计师、经济师。公司法人代表、总经理：伍国生。

【经营业绩】 公司业务范围：主营企业整体评估，单项资产评估，包括：房地产、机器设备、流动资产及无形资产的评估；资产核实、投入资本验证、投资项目评估、企业信誉评估等。兼营企业资产查验和财务年检、检查财务帐目、审查财务决算、资产咨询、专业培训等服务。公司执业以来，截至1996年12月，先后完成了股份制改造、公众股、法人股上市的企业、中外合资、合作企业、联营及组建集团公司企业，资产抵押、企业破产、兼并等541个资产评估项目，评估帐面资产总值632亿元。在上述项目中：属于中外合资的有24家，属于股份制改造的企业有94家。其中：公众股、法人股上市的企业有25家。已上市的有珠海丽珠医药集团、东莞宏远实业(集团)、广东梅雁企业集团、新会缘纶厂、广东嘉士利、汕头经济特区南方商贸、南海发展、清远北江实业(集团)、清远金穗、南海实业投资、广东金曼集团、广东华立高科技集团、广东威达集团、广东韶能集团、茂名石化、佛山兴华集团、广东金泰发展、广东韶钢松山等股份有限公司18家。许多经营规模较大、知名度较高的企业集团，如广东发展银行(全系统)、广东省物资总公司(全系统)、广东省华侨信托投资公司(全系统)、中国平安保险公司、广东健力宝集团股份有限公司、广东省电力局沙角A电厂(一期工程)、韶关发电厂、广州白云国际机场、白云宾馆、广东三星企业(集团)股份有限公司、广东省韶钢集团公司、华夏证券公司广州分公司、广东省航运总公司、广东省路桥建设发展公司等，都委托公司进行资产评估。

中发国际资产评估公司

【概况】 公司成立以来，特别是由国家国有资产管理局、中国证监会授予首批从事证券业务评估资格后，评估业务迅速发展。公司总经理：倪所冠。

【经营业绩】 公司成功评估了上海石化总厂、镇海石化总厂、北京北人集团等三户香港上市公司与一批中外合资企业之后，近年来又完成了一汽集团、北京制药厂、三星石化、燕化高新等4户A股上市公司，以及特大型股份制改造企业北京燕山石化公司H股的评估项目。累计完成的资产评估总值已超过600亿元。公司将继续坚持服务至上、信誉第一和公正、独立原则，为国内外客户提供优质服务。

中锋资产评估事务所

【概况】 中锋资产评估事务所是在1995年由中洲会计师事务所资产评估部升格为独立的资产评估事务所，具有从事股份制试点企业社会募集公司有关资产评估资格。事务所现有员工20余人，其中：高级职称专业人员10人，土地评估师8人，注册资产评估师12人。在总部设有工交资产评估部、商贸金融资产评估部、农业及其他行业资产评估部、工程技术部等部门。

【经营业绩】 事务所承办以下各项资产评估业务：企业改制、兼并、合并、联合、破产清算；建立中外合资、合作企业；出售国有企业；资产转让、抵押、担保；企业承包经营、租赁经营；土地价格评估。几年来累计承办资产评估项目134项，其中：中外合资资产评估项目48项，土地使用权估价项目20项，股份制改造资产评估项目14项，抵押贷款评估项目20项，包括上海石油化工总公司、山东华能德州发电、华北制药、海南新大洲摩托车和海南金盘实业等。另外还多次承办客户抵押贷款资产评估项目。

北京资产评估公司

【概况】 北京资产评估公司是原北京会计师事务所资产评估部改组而成的，于1993年1月经北京市工商行政管理局登记注册，为企业法人单位。公司具有国有资产和非国有资产以及证券上市业务的资产评估资格。公司设有评估一部、评估二部、信息部、综合部、财务部。拥有房地产、机器设备、流动资产、无形资产等专业评估人员20余人。

【经营业绩】 几年来，北京资产评估公司已完成各类评估项目150余项，其中以中外合资为评估目的的50余项，以联营为评估目的的5项，以股份制改造为目的的20余项，以抵押贷款为评估目的的17项，以清算为评估目的的3项，以及其他许多以确定资产现值、会计入帐等为评估目的的项目。在评估过的项目中，股票上市的有北京市百货大楼、北京市天桥百货、北人印刷机械、北京旅行车、河北威远、海南环岛置业等股份有限公司。股份制改造的有：北京友谊商店、北京城乡贸易中心、北京西单商场、东方电子集团公司、亚都人工环境科技公司等。中外合资大型项目有：北京燕京啤酒厂、首钢国际贸易工程公司、北京大华衬衫厂、鸡西矿务局滴道电厂、北京东方化工厂、北京华冠乳品公司等，另外，还有凯莱大酒店、城市宾馆有限公司、北京凯奇通信总公司、首都汽车公司、华德公寓等。

云南省地价评估事务所

【概况】 云南省地价评估事务所是经云南省工商行政管理局登记注册的社会中介服务机构，隶属云南省土地管理局。持有云南省国有资产管理局“资产评估资格证书”，并持有国家土地管理局颁发的土地估价A级资格证书。法定代表人：李猛。

【经营业绩】 事务所可从事房地产、机器设备、流动资产、无形资产评估。可在全国范围内评估包括上市股份公司在内的各类土地资产。事务所开业以来，评估资产总价值已达10亿多元，并为泰国M集团、新加坡泛太平洋公司等外资企业在云南省投资进行了资产评估。同时，为云南省马龙化建、大理造纸厂、云天化等上市公司进行了土地资产评估。

南昌市土地估价交易所

【概况】 南昌市土地估价交易所是1994年经南昌市人民政府批准成立的土地估价交易专业机构。现有房地产估价师、土地估价师及工程、经济、财会专业技术人员21人。所长：周宏伟。

【经营业绩】 事务所主要从事房地产价格评估、土地使用权出让、转让、抵押、处分等价格评估及土地交易中介服务。自成立以来共完成房地产价格评估及土地交易520余项。1996年完成了南昌市城区土地分等定级及基准地价评估工作。通过国家级验收。是南昌地区房地产估价权威机构，也是政府指定的土地交易专业机构。

河北省资产评估公司

【概况】 河北省资产评估公司经省编委批准、省工商局注册成立，行政上隶属省国有资产管理局领导，为独立承担民事责任的经济实体。1993年初经河北省国有资产管理局批准，公司获各类资产评估资格。1993年10月经国家国有资产管理局和中国证监会批准，取得河北省首家证券业务资产评估资格。公司设资产评估一部、资产评估二部、综合信息部、财务部。主要业务包括各类资产评估及咨询服务，证券业务资产评估，项目论证，资金验证、查帐，资产评估人员培训等。公司具有国家级评审认定的全国首批注册资产评估师和1996年全国首届注册资产评估师考试中获取注册资产评估师资格的专职资产评估人员及庞大的评估人员网络，包括工程、机械、财务、经济等方面的专家和专业人员近百人，能满足各行业、各方面的评估需要。公司先后派员参加了由美国评值公司和安永会计师事务所组织的高级人员培训，以及全国、河北省组织的资产评估培训，资产评估人员具有较高执业水准。公司法人代表、总经理：边志明。

【经营业绩】 公司以服务第一、信誉第一为奉行的宗旨，以独立、客观、公正为信守的原则，以科学、合理、实际为评估操作的基本方法，为各类企业、单位、个人提供优质服务。到1996年12月，共完成近百个2000万元以上项目的资产评估，评估资产总值达400多亿元，其中包括沧州化学工业股份有限公司、唐山钢铁股份有限公司A股上市的资产评估；唐山齿轮厂、保定汽车厂、石家庄化肥厂、西柏坡发电厂等企业中外合资的资产评估。所有评估项目均得到国家国有资产管理局和河北省国有资产管理局批准确认，受到了客户及各界的好评。

辽宁省土地估价事务所

【概况】 辽宁省土地估价事务所是经省编委批准成立的隶属于省土地局的事业单位，具有独立法人资格，具有国家土地局颁发的国家A级土地估价资格证书，具有国家国有资产管理局颁发的资产评估资格证书。法定代表人：李志超。

【经营业绩】 事务所可以在全国范围内开展土地、房屋、机械及其它资产评估；为客户提供房地产政策、供求、价格等信息、提供房地产开发项目可行性研究论证、提供办理用地手续等方面的各种中介服务。开业以来，开展资产评估项目100余次；提供重大咨询、中介代理服务80余次；为多家公司国内股票上市评估土地资产价格；为东北输变电机械制造股份有限公司在香港发行股票并上市做土地资产价格评估；为多家企业以房地产抵押贷款、合资作价入股等评估其价格。涉及商业、住宅、工业、宾馆、别墅、高尔夫球场、成片土地开发、滩涂养殖、公建、写字楼等用途的地价评估。近年来，事务所曾与香港梁振英测量师行、保柏测量师行、仲量行等多次进行学术交流和技术合作。主要业绩：东北输变电机械制造股份有限公司在香港发行股票并上市的土地资产价格评估。为松辽汽车、辽宁成大、东北制药、沈阳机床、辽宁金帝建设、锦州六陆、辽宁国合、辽通股份、中兴—沈阳商业大厦、大连东北热电、南风日化、本溪钢铁、丹东化纤、胡芦岛锌业、锦化化工、鞍山钢铁等股份有限公司发行股票并上市作土地资产价格评估。并为辽宁农科院、金杯汽车、华能丹东电厂、丹东边境经济合作区、沈阳飞龙保健品、辽宁省汽车工业总公司、大连高新技术产业园区、东港宾馆、东港富海水产公司、大连金石高尔夫俱乐部公司、中国烟草辽宁省公司、辽宁省高级法院、沈阳市中级法院、中国东北电力集团等单位作有关土地价格评估业务。

大连市房地产估价事务所

【概况】 大连市房地产估价事务所是大连市房地产管理局直属的专业估价机构，是在本局系统房地产交易所、房地产事务所多年从事房地产估价的基础上于1996年1月正式成立的。目前从业人员18人，其中7名国家注册房地产估价师，另有2人通过了1996年全国房地产估价师考试。在大连市的外县(市)区均建有分所，业务覆盖整个大连地区，是大连市房地产估价和咨询的龙头企业。所长：刘明刚。

【经营业绩】 事务所主要从事房地产估价、工程项目咨询、开发项目策划、政策法规咨询等业务。事务所创业的头一年，就完成估价项目300多项，评估总值80多亿元人民币，评估房屋面积125万平方米。完成了比较复杂的码头、水域、换建工程、大型商业设施、毛地、净地等委估项目，编制了大连城区房屋重置价格，在本地区形成了良好的专业形象。事务所的优势在于，一是聚合了一批高水平的专业人才。目前估价所18名员工，17人大专以上学历，硕士学位4人，工商管理硕士在读2人，知识结构比较合理，财经、工程、预算、价格、社会学等估价需要的专业人才配备比较均衡。

沈阳资产评估事务所

【概况】 沈阳资产评估事务所成立于1994年8月，具有国家国有资产管理局颁发的资产评估资格证书，内设评估一部，评估二部，评估三部，无形资产评估部，办公室等。现有专职评估工作人员28名，全部具有中、高级职称，在专业人员中有硕士研究生2人，注册评估师8人，注册会计师4人，土地估价师6人，房地产估价师3人，建筑工程技术人员4人，机电设备工程技术人员4人，会计师及经济管理人员5人，人员素质高，结构合理，注册资金300万元。法定代表人、所长：朱济全。

【经营业绩】 事务所自成立以来,在全国率先进行了破产分立、分割式经营、股份制改造、建立现代企业制度试点等多种形式的资产评估,并着重对现代企业制度试点企业的优化资本结构,资本运作,产权的重组、购并和上市工作进行了深入的探索和研究。取得了良好的社会效益,受到了有关人士和社会的一致好评。目前,事务所已实现微机化管理,建立了国际和国内两个系统的数据库,已与国外权威的评估机构联络,建立跨国界、跨地区的中介评估机构,参与国际间的经济大循环。事务所的宗旨是:公正、科学、严谨、高效。

南宁市资产评估事务所

【概况】 广西南宁市资产评估事务所于 1990 年 7 月经南宁市政府批准成立,南宁市工商行政管理部门注册登记,国家国有资产管理局发证具有资产评估资格;1993 年 10 月经国家国有资产管理局和中国证监会联合确认,具有从事证券业务资产评估资格;为中国资产评估协会正式会员,具有独立法人资格的资产评估机构,设置固定资产评估部(含房地产评估)、流动资产评估部、无形资产评估部、价格信息部等内部管理机构。现有在册评估人员 15 名,已具有多名中国注册资产评估师,外聘人员 10 名。法定代表人:吴双。

【经营业绩】 事务所主要业务范围有:股份公司公开发行股票和上市的证券业务评估;企业、事业、集体和个体的股份制改造、兼并、联营、承包租赁、中外合资、合作经营、破产清算、资产出售、资产保险、抵押贷款、经济担保等的整体资产和部分资产评估;项目投资的评估和项目可行性研究报告编制、论证和咨询等业务。几年来依法接受和完成 600 多家企事业单位及个体企业委托的资产评估业务,为多家股份公司股票发行上市进行了资产评估。

福州资产评估事务所

【概况】 福州资产评估事务所是经福州市人民政府批准,于 1993 年 5 月正式成立,具有独立法人资格。它是以福州会计师事务所资产评估部为基础组建的专业资产评估机构。事务所业经福建省国有资产管理局年检评定为 A 级评估机构,并获得国家国有资产管理局和中国证监会联合确认具有从事证券业务资产评估的资格。所内部现设置三个业务部,并在所属各县设有评估专业小组。全所现拥有一批具有高、中级专业技术职称的专职和兼职评估人员,实力雄厚。

【经营业绩】 事务所接受各级政府、各企事业单位和投资者委托,承办固定资产、流动资产、长期投资、无形资产、土地等单项资产和企业整体资产评估的业务,并兼办可行性论证、投资咨询等业务。

厦门资产评估事务所

【概况】 厦门资产评估事务所是于 1993 年 6 月经国家国有资产管理局和中国证监会联合审批确认的具有从事证券业务资产评估资格的资产评估机构,是经厦门市财政局批准,市工商行政管理局登记,有独立法人资格,内设管理部、综合部、咨询部、房地产评估部、设备评估部、流动资产评估部和无形资产评估部等部门。所长:陈泉棠。

【经营业绩】 事务所的评估范围包括:企业股份制改造和股票上市资产评估;资产转让、合作经营、企业清算资产评估;资产抵押、担保、租赁的其他有关评估业务,以及可行性论证、资产重组及策划、咨询服务等。创业三年来,先后为厦工、厦华、国际机场、灿坤、龙舟、海洋集团公司、厦汽、福发等 20 多家企业股份制改制、股票上市公司进行资产评估。此外,接受了 300 多项合资合作、抵押贷款、资产转让、企业拍卖、租赁、兼并、解散清算、清产核资重估评估以及包括企业商誉、商标、专利技术在内的各类无形资产评估,评估值超过 150 亿元。

成都资产评估事务所

【概况】 成都资产评估事务所是 1993 年 4 月经国家国有资产管理局与中国证监会联合确认,具有从事证券业务资产评估资格的全省首批专业评估机构。事务所筹组于 1990 年 6 月,1991 年 7 月经批准正式执业。所内现有土建、机械、会计、经济等各类专业评估人员 61 人。其中,注册资产评估师 8 人,具有高级技术职称的 30 人,其余为中级技术职称。是一支具备较高专业水平的资产评估队伍。法人代表:屈信濂。

【经营业绩】 事务所从业六年来,已评估成渝高速公路、蜀都大厦、蓉动力、红光实业、前锋、倍特、川电器、泰康、联益股份等多家上市公司以及广西、浙江、山东、吉林等地的大中型企业共 254 个法人单位。事务所受托房地产、机器设备、流动资产、无形资产、在建工程等评估工作。执业中,坚持客观、公正、实事求是原则,维护资产所有者及各方合法权益。事务所组织参加四川省举办的资产评估人员职业上岗资格培训,参加省举办的注册资产评估师考前辅导学习。抓制度建设,加强质量监督,先后建立健全业务管理和培训制度 8 项,质量控制制度 6 项。

北海物业估价事务所

【概况】 事务所是具有全国 A 级资质的土地估价机构、广西房地产估价的专门机构。事务所拥有一支年轻而富有朝气、知识全面的专业技术估价和咨询人员队伍,目前全所有房地产估价师 8 人,土地估价师 8 人,其中高级会计师和会计师 3 人,工程师 5 人,律师 1 人,具有研究生学历的 2 人,本科学历的 6 人。法人代表:武绍会。

【经营业绩】 事务所可在全国范围内从事以下估价业务:基准地价;出让或国家收回的土地地价;转让、出租、抵押、作价入股的土地地价;上市及非上市股份有限公司或有限责任公司涉及的土地地价;企业兼并、破产、清产核资涉及的土地地价;司法仲裁涉及的土地地价;征收土地税费涉及的土地地价;其它法律、法规规定需要进行估价的土地地价的评估和相应房地产估价。同时还从事可行性研究、建设工程预结算及工程标底编制,工程咨询、培训等业务。已完成包括广西虎威、桂林集琦、广西康达、北海国际招商等上市公司涉及的土地和其它各种房地产估价项目多宗,为推动房地产市场的正常发展和中介机构规范化运行作了较大的努力,被评为 1995 年度北海市清产核资先进集体。

四川省资产评估事务所

【概况】 四川省资产评估事务所于 1992 年 4 月经四川省国有资产管理局批准成立,四川省工商行政管理局注册登记,具有独立法人资格，注册资金人民币60万元，1992年4月取得国家国有资产管理局颁发的资产评估资格证书。1993年5月取得国家国有资产管理局、中国证监会联合颁发的证券业务资产评估资格证书。事务所现有员工近60人，包括财会、房建、机器设备及法律等多方面的专业人员，其中具有各类高级职称的专业人员占60%以上，中级专业技术职称占30%，通过考核认定或通过全国统一考试注册的中国注册资产评估师20人。法人代表：唐光兴。

【经营业绩】 截止1997年3月，事务所已累计评估资产项目170余个，接受委托评估的资产价值达400亿余元人民币，其中评估过的上市公司或拟申请上市的公司21个，资产价值达130亿元人民币，它们有四川长虹、川长钢、中川国际、渝三峡、成都商场、自贡东碳、泸州老窖、川长征、川沱牌、重庆百货等。事务所承接的评估业务都能根据股票上市时间计划，提交评估报告书。评估报告书在国家国资局审核确认均一次通过。

柳州市资产评估事务所

【概况】 柳州市资产评估事务所创立于1991年7月，获得自治区国有资产管理局批准的资产评估资格，1993年获国家国有资产管理局、中国证券监督管理委员会批准的从事证券业务资产评估资格。是广西最早成立的资产评估专业机构。事务所恪守资产评估职业道德，遵循独立性、客观性、科学性原则，对客户委托的评估项目都能严格按照资产评估的法定程序进行操作，公平、合理、有效地维护资产所有者和经营者的合法权益，为发展社会主义市场经济发挥积极中介作用。事务所现有资产评估专业人员21名和4名注册资产评估师，其中：具有高级技术职称的7人，中级技术职称的5人。评估所内设房地产评估部、机器设备评估部、流动资产评估部等三部三室职能部门。法定代表人：何定祥。

【经营业绩】 几年来，事务所成功地评估了柳工股份有限公司、北海新力实业股份有限公司，使其股票顺利上市发行，现正对几家拟上市B股、A股的公司资产进行评估。此外还完成了一大批中外合资及企业改制股份公司的资产评估项目，如柳州压缩机总厂、柳州市两面针股份有限公司、柳州工贸大厦股份有限公司等，累计完成评估项目达1000多项，评估价值达180亿元。事务所拥有先进的计算机及软件处理系统，通讯设备、交通工具齐全。事务所曾荣获1992年度、1994年度、1995年度柳州市市直机关先进集体及1996年度柳州市先进集体光荣称号。

天津市资产评估事务所

【概况】 天津市资产评估事务所是经天津市编委批准，工商行政管理局注册登记，具有法人资格的资产评估中介机构，具有天津市国有资产管理局颁发的《资产评估资格证书》和国家国有资产管理局及中国证监会颁发的《从事证券业务资格评估许可证》。法人代表：戴恩贵。

【经营业绩】 事务所业务范围包括资产评估业务：中外合资、合作、股份经营、企业联营、兼并、租赁及资产出售、抵押等项目的企业整体和部分资产评估，并出具资产评估报告。提供信息、咨询服务。自1992年8月正式开业以来，已完成评估项目270项，资产评估总值达120.6亿元，其中大型项目有天津港东方集装箱公司、天津市厂矿、天津中美史克制药有限公司和上市公司天津港储运股份有限公司、天津灯塔涂料股份有限公司等整体资产评估项目。

江苏省无形资产评估事务所

【概况】 事务所建于1995年5月，是经江苏省编委、省国资局批准的隶属于省科委的全民独立核算事业单位，并有18个专业学科组40多位教授、教授级高工组成的专家顾问委员会。事务所设有：办公室、综合部、业务一部、业务二部，已在全省有关行业、市、县建立了25个评估业务代办处。法定代表人：黄忠全。

【经营业绩】 事务所主营范围：承接企事业单位、个人或其他组织委托对专利、专有技术、商标、商誉、著作权、计算机软件、科技成果、经营权、经营秘密、许可权、营销网络等各类无形资产开展评估；受理有关知识产权方面的法律、法规、政策等综合性咨询服务；承担有关无形资产课题研究和评估培训工作；兼营有形资产评估；成立以来，已完成100多项评估项目，其中涉及技术作价入股评估；技术转让价格估价；为企业品牌进行评估；为商标使用权入股进行评估；为专利侵权案件专利价值作出估价等。合作开展了“统计方法在无形资产评估中的应用”、“企业家无形资产及其市场价值研究”等课题。

甘肃省资产评估中心

【概况】 甘肃省资产评估中心是甘肃省编委批准，由甘肃省财政厅组建成立，归口甘肃省国有资产管理局管理和监督的专业资产评估机构。中心面向省内外各种所有制的企事业、行政单位和个人服务。法人代表：邱全平。

【经营业绩】 甘肃省资产评估中心开展流动资产、长期投资、固定资产、无形资产和其他资产的资产评估，包括资产拍卖、转让、抵押及其他担保；企业兼并、出售、联营、股份经营及整体资产的租赁；与外国公司、企业和其他经济组织或者个人开办中外合资经营企业或者中外合作经营企业；国家行政事业单位占有的非经营性资产转为经营性资产；企业清算；依照国家有关规定需要进行资产评估的其他情形。

贵州省土地估价事务所

【概况】 贵州省土地估价事务所是贵州省国土厅直属事业单位，并经国家土地管理局确认的A级估价机构，事务所下设办公室、基准地价评估部、宗地地价评估部、地价咨询部、计财部等部门。事务所现有高级工程师2人，工程师11人，土地估价师14人。法人代表：赵晓鸥。

【经营业绩】 事务所严格遵循国家土地管理局关于土地使用权价格评估及确认的有关规定，在全国范围内从事土地估价业务包括出让或国家收回土地的地价评估；转让、出租、抵押、作价入股土地的评估；上市及非上市股份有限公司或有限责任公司涉及的土地评估；企业兼并、破产、清产核资涉及的土地估价；司法仲裁中涉及到的土地估价；征收土地税费涉及到的土地估价；基准地价评估；依照法律、法规需要进行的土地评估；地价咨询。

重庆地价事务所

【概况】 重庆市地价事务所成立于1992年6月，是隶属于重庆市国土局具有独立法人资格的中介机构。1993年国家土地管理局授予土地估价A级资格,1994年国家国有资产管理局授予各类资产评估资格。地价所拥有一支集经济管理、土地规划、不动产管理、测量、机械、建筑、财会、计算机等专业技术门类齐全的技术队伍。并有国家注册的土地估价师、资产评估师多名。事务所实行所长领导下的各部门、各分所负责制,下设:评估部、测量部、财务部、办公室、微机室及13个分所。法人代表:卢建辉。

【经营业绩】 事务所成立至今,已为用户评估不动产2400余宗,资产价值约187亿元,为重庆路桥、西藏矿业、渝三峡、合成制药、重庆百货、重庆万里、重庆东源、重庆中药、重庆实业、四川仪表、渝开发、长安汽车、西南药业等上市公司提供A股、B股土地资产评估。业务范围涉及全市基准地价评估;转让、出租、抵押、作价入股土地评估;上市及非上市股份有限公司或有限责任公司土地评估;企业兼并、破产、清产核资涉及的地价评估;司法、仲裁涉及的地价评估;征收土地税费涉及的地价评估;其它依照法律、法规需要进行的地价评估,地价咨询,房地产买卖及租赁代理;不动产管理;土地市场调查及研究;房地产交易信息、投资计划分析咨询及代理;土地测量等方面。

山东北方资产评估事务所

【概况】 山东北方资产评估事务所是由国家国有资产管理局备案,山东省国有资产管理局批准的具有法定资产评估资格,成立于1994年。由山东省土地管理局审批的具有B级土地评估资格的专业化中介机构;同时,也是经山东省工商行政管理局登记注册的企业法人。

【经营业绩】 事务所的业务范围已扩展到投资评估,标的认定、信息咨询、电脑培训、软件开发、帐表审计、预决算审计、会计服务及培训等项内容。

山东省济宁市地价评估所

【概况】 山东省济宁市地价评估所是经济宁市编制委员会批准成立,并在济宁市工商行政管理局开发区分局注册登记的社会中介机构。1993年,经山东省土地管理局审查批准,确认为B级土地估价机构;1996年,经国家土地管理局审查批准,确认为准A级土地估价机构,评估所拥有5名土地估价师。法定代表人:孙琳。

【经营业绩】 事务先后为山推股份、鲁南电厂、鲁抗医药、兖州矿物局等上市公司及中外合资、合作项目提供了服务。估价所主要业务包括基准地价评估;出让或国家收回土地的地价评估,非上市股份有限公司或有限责任公司涉及的土地估价,企业兼并、破产、清产核资涉及的土地估价、地价咨询等。

土地估价机构名录

根据《城市房地产管理法》、《公司法》、《城镇国有土地使用权出让和转让暂行条例》等规定,土地使用权出让、转让、出租、抵押及设立股份有限公司和有限责任公司等涉及到的土地,必须委托具备土地估价资格的机构进行评估。由国家土地管理局认定的A级土地估价机构可独立从事基准地价评估,出让、转让、出租、抵押土地的评估,股份有限公司及有限责任公司设立、变动、企业兼并、破产、清产核资涉及到的土地估价,司法仲裁及征收土地税费涉及到的土地估价等;准A级土地估价机构可独立从事基准地价评估及估价额在1亿元以内的宗地地价评估,可与A级机构合作从事上市公司及司法仲裁涉及的和估价额超过1亿元的宗地地价评估。1997年国家土地管理局对在全国范围内执业的土地估价机构进行了资质评审,现予以公告。

单位名称	法人代表	电　话	资质
中国地产咨询评估中心	冯庆祥	62176683	A
南京市地产咨询评估有限责任公司	乔玉宽	4612277	A
北京黛安不动产评估咨询有限责任公司	刘　驰	65918230	A
北京北方房地产咨询评估中心	高向军	68498925	A
哈尔滨市土地房屋估价事务所	孙忠志	4639706	A
成都市地价评估事务所	杨建平	7749692	A
吉林省土地估价所	刘胜峰	2744564	A
黑龙江省地产评估中心	倪仰礼	5661865	A
合肥市地价评估事务所	李　群	2656644	A
浙江省地产评估咨询中心	黄益中	7057081	A
长春市土地估价事务所	毕忠德	5070445	A
辽宁省土地估价事务所	李志超	6219479	A
宁波市土地评估事务所	陆善真	7328888	A
安徽省地产评估事务所	蒋立爱	2812879	A
北京市房地产价格评估事务所	杨于北	65273525	A
天津市地价评估事务所	王　兵	3347680	A
上海市房地产估价所	秦晓福	58824870	A
杭州市地产估价事务所	蔡兵备	5024117	A
哈尔滨市远东地价评估咨询事务所	尤文郁	4693533	A
上海仲衡不动产评估行	蔡一农	64313510	A
山东省地产估价事务所	刘建功	8947642	A

北京凯旋达房地产评估事务所	姜　璐	62200196	A
西安市地产估价事务所	刘　瑜	2229544	A
江苏省地产发展中心	楼忠妙	3739079	A
青岛市土地估价所	黄永贵	2865400	A
北海物业估价事务所	武绍会	2031021	A
绵阳市地价评估事务所	宋世松	2223229	A
上海浦东新区房地产评估中心	高幸奇	58755274	A
保定市地价评估咨询服务中心	曾荣珍	3091467	A
中信永道会计师事务所	经叔平	65542288	A
海口市土地管理局不动产估价事务所	沈映华	8540105	A
宁夏回族自治区土地估价事务所	戴涌江	5013844	A
国家土地管理局南方地产咨询中心	高怀银	63956328	A
上海帝恒地产评估咨询中心	姚　宏	63761027	A
北京仁达房地产咨询公司	林增杰	62513739	A
江苏省金陵土地资产评估高新技术公司	陈国钧	3739125	A
广东省地价评估事务所	汤金明	87752493	A
深圳国际房地产咨询股份有限公司	桂强芳	2332967	A
湖北省地产评估中心	方国成	7893910	A
甘肃省土地估价事务所	田水民	8422710	A
北京大学不动产研究鉴定中心	冯长春	62571176	A
江西省土地估价所	陈广远	8520324	A
湖南省地价评估事务所	吴跃民	4432609	A
河南省金源土地科技公司	牟用吉	5957597	A
四川省地产咨询评估中心	隋太明	6613486	A
河北省土地估价所	崔真凯	7028510	A
鞍山市土地估价事务所	杨厚权	5513084	A
淄博市地价评估所	王世福	3185766	A
深圳市中土地房地产评估咨询有限公司	陈伟强	2288318	A
湖南省长沙市地价所	朱智勋	5115764	A
南宁市地价评估事务所	石宝江	5872261	A
贵州省土地估价事务所	赵晓鸥	6833841	A
牡丹江市地价评估事务所	洪文禄	6251814	准A
宜昌市土地估价事务所	涂四毛	6737480	准A
北京市房地产交易所	藏美华	67036867	准A
北京宝信房地产评估咨询中心	田占雄	65150765	准A
中联资产评估事务所	蒋乐民	68365066	准A
芜湖市地价评估事务所	詹云超	3865045	准A
四川省土地交易咨询服务中心	付运林	6781412	准A
中锋资产评估事务所	关锡钊	68456609	准A

乡镇企业资产评估机构名录

经农业部乡镇企业资产评估管理工作领导小组审核，以下118家资产评估机构于1997年度获得乡镇企业资产评估资格，现公告如下：

寿光市乡镇企业资产评估管理中心
高密市乡镇企业资产评估管理中心
昌乐县乡镇企业资产评估管理中心
四川中砝审计事务所
郫县乡镇企业资产评估事务所
新都县乡镇企业资产评估事务所
剑阁县乡镇企业资产评估事务所
名山县乡镇企业资产评估事务所
巫溪县乡镇企业资产评估事务所
内江市东兴区乡镇企业资产评估事务所
潍坊市潍城区乡镇企业资产评估管理中心
莱阳市乡镇企业资产评估事务所
潍坊市乡镇企业集体资产评估管理中心
成都市乡镇企业资产评估事务所
彭州市乡镇企业资产评估事务所
仁寿县乡镇企业资产评估事务所
达川市乡镇企业资产评估事务所
梁平县乡镇企业资产评估事务所
巴中市乡镇企业资产评估事务所
资阳市乡镇企业资产评估事务所

安岳县乡镇企业资产评估事务所
蓬溪县乡镇企业资产评估事务所
自贡市乡镇企业资产评估事务所
西充县乡镇企业资产评估事务所
永川市乡镇企业审计事务所
重庆市包南区乡镇企业集体资产评估事务所
重庆市异军审计事务所
北京中咨资产评估事务所
中实会计师事务所
大连星辰审计事务所
云建会计师事务所
佛山市石湾会计师事务所
广州市农村集体资产评估事务所
江门市乡镇企业资产评估事务所
中山市富城审计师事务所
中山市兴中审计师事务所
潮阳市乡镇企业资产评估中心
福建南平市乡镇企业资产评估事务所
钦州市乡镇企业资产评估事务所
桂林市雁山区乡镇企业资产评估事务所
玉林市乡镇企业资产评估事务所
呼和浩特市郊区乡镇企业资产审计事务所
黄梅县乡镇企业审计事务所
深圳培信会计师事务所
深圳龙岗会计师事务所
深圳市会计师事务所
天津华荣审计事务所
邢台市桥东区审计事务所乡镇企业办事处
迁安县审计事务所乡镇企业办事处
河北省冀祥联合审计师事务所
滦县审计师事务所乡镇企业资产评估办事处
深州市审计师事务所乡镇企业分所
涿州市审计师事务所乡镇企业办事处
遵化市审计师事务所乡镇企业分所
涉县审计师事务所乡镇企业分所
宁晋县审计师事务所乡镇企业分所
怀来县审计师事务所乡镇企业资产评估部
青县审计师事务所乡镇企业资产评估部
铜仁市审计事务所
江苏国际咨询评估公司
江阴市乡镇企业资产评估事务所
宜兴市乡镇企业资产评估事务所
海安县审计事务所工业分所
响水县乡镇企业资产评估事务所
江都兴业资产评估事务所
丹阳市审计师事务所
江苏扬中会计师事务所
金昌市乡镇企业资产评估事务所
宁海资产评估事务所
乐至县乡镇企业资产评估事务所
四川省乡镇企业审计事务所
简阳市乡镇企业资产评估事务所
重庆市沙坪坝区乡镇企业资产评估事务所
綦江县集体资产评估事务所
重庆市九龙坡区乡镇企业资产评估事务所
重庆市铜梁县乡镇企业审计事务所
统信资产评估事务所
北京谷财会计师事务所
云南省兴正资产评估事务所
珠海会计师事务所
广州工商资产评估公司
佛山会计师事务所
中山市信诚审计师事务所
中山市花城审计师事务所
汕头市达濠区乡镇企业资产评估中心
阳江市乡镇企业资产评估事务所
福建省青流县乡镇企业资产评估事务所
南宁地区第二资产评估事务所
横县乡镇企业资产评估事务所
宾阳县乡镇企业资产评估事务所
公安县乡镇企业资产评估事务所
襄阳县乡镇企业审计评估事务所
深圳中鹏会计师事务所
深圳高信会计师事务所
天津津华会计师事务所
唐山市开平区审计师事务所乡镇企业办事处
邢台县审计师事务所乡镇企业办事处
乐亭县审计师事务所乡镇企业资产评估部
唐山市路北区审计师事务所乡镇企业分所
玉田县审计事务所乡镇企业资产评估分所
清苑县审计师事务所乡镇企业分所
容城县审计师事务所乡镇企业分所
满城县审计师事务所乡镇企业分所
任丘市审计师事务所乡镇企业资产评估部
高阳县审计师事务所乡镇企业分所
东光县审计师事务所乡镇企业资产评估部
贵州财务咨询公司
铜仁地区乡镇企业资产评估事务所
江苏省审计事务所二十一分所
无锡市郊区乡镇企业资产评估事务所
武进市审计师事务所
泗阳县乡镇企业审计事务所
扬州金盛乡镇企业资产评估中心
镇江市京口区审计师事务所
扬中市审计师事务所
嘉峪关市乡镇企业资产评估事务所
宁波市北仑区乡镇企业资产评估事务所
慈溪会计师事务所一分所

信用评级及咨询机构

湖北省股份制企业评审事务所

【概况】 事务所是1993年经湖北省机构编制委员会批准成立的省属事业单位，隶属湖北省经济体制改革委员会领导。事务所内设咨询评审部、策划发展部、上市辅导部、资产评估部、研究培训部、财务部和办公室。具体管理的二级单位有：湖北瑞孚资产评估事务所，湖北省股份制企业协会。所长：邵亚良。

【经营业绩】 主要业务范围是：企业股份改制咨询与策划；企业破产、购并与托管咨询与策划；企业境内外发行股票和上市咨询与策划；企业资产与债务重组咨询与策划；证券投资分析；资产评估事务；现代企业制度研究；企业管理人才培训。

福建省企业顾问有限公司

【概况】 福建省企业顾问有限公司是由福建省企业策划中心主发起，联合福建华兴信托投资公司、福建兴业证券公司、中国南方证券公司在福建省设立的财经、证券顾问咨询机构。公司成立于1992年，是福建省最早从事股份制改造的服务机构之一。公司总经理：周逊球。

【经营业绩】 公司主要业务有：股份制改造、上市财务顾问、资产重组、企业收购与兼并、企业常年顾问、信息咨询、广告代理、企业形象设计等。经公司策划设立的股份公司已达40家左右，其中：福建福发、中福实业、三木集团、永安林业、石狮新发、运盛实业、实达电脑、九州实业、福州天宇等股份公司已成为上市公司，公司也相应被聘为上市财务顾问机构。公司成立以来欣逢股份制热，公司在策划股份公司方面积累了丰富的实务经验，在股份公司设立过程中，公司具备提供一揽子服务的能力，包括方案设计，可行性研究，进度跟踪、材料制作、操作指导、申报代理等。为更好指导股分制改造的实务性工作，公司将着手股份制和股票市场两者相关连的理论性研究工作。为拓宽信息、传媒渠道，公司代理了深圳证券交易所主办的《证券时报》和深圳特区报主办的《投资导报》两份财经专业报纸的福建发行、广告工作。

深圳市每日商情信息有限公司

【概况】 深圳市每日商情信息有限公司系每日商情（集团）有限公司之成员。公司开业于1996年6月18日，全力推出每日商情股市信息台。该台集股票实时行情的传递、各类资讯信息的传播、股票技术分析软件的应用于一体。公司董事长：庞宏君，总经理：王滨。

【经营业绩】 每日商情股市台行情传播采用卫星技术、性能稳定、快捷；可兼容钱龙、金智等多种分析软件、功能强大。每日商情证券研究中心拥有一批高水平的证券分析人员，每天对股市进行深入、细致理性地分析之后，推出《每日商情投资快讯》（午版、日版、周版）。

福州天力投资顾问有限公司

【概况】 天力投资顾问有限公司是一家新成立、主要从事投资策划、理财、股权转让中介等金融服务的独立核算的股份制有限责任公司，注册资本1000万元。公司董事长：熊碧玻。

【经营业绩】 公司从事企业收购兼并和股份制改造上市的策划及财务顾问服务（为厦门信达、天宇电气、三明农药、武夷实业等多家企业的上市财务顾问）；提供投资策划、理财及股权转让中介服务；企业托管经营指导；投资分析软件及工具的研制和人员培训；证券投资和实业投资等。

中国诚信证券评估有限公司

【概况】 海南中诚信证券评估有限公司是由中国诚信证券评估有限公司、海南港澳国际信托投资有限公司等单位联合发起，吸收了23家金融证券经营机构和相关企业入股，经中国人民银行海南省分行1993年5月批准设立的股份制非银行金融机构，注册资本金为人民币1800万元。公司的宗旨是维护投资者利益，为金融证券市场提供优质服务，促进市场规范发展。

【经营业绩】 几年来，公司结合海南省市场经济体制的改革和金融证券市场规模发展的需要，开展了证券商、信托投资公司等金融机构及工商企业信用评级；作为海南指定的债券信用等级评定机构，承担了海南企业债券评级任务。公司还开展了企业股份制改组及上市咨询策划业务、收购兼并财务顾问业务，在国际融资和金融、证券领域的调查研究、业务创新咨询等方面都有所建树。公司正在开展企业投资价值分析、资信调查等业务。

华鼎财经资讯股份有限公司

【概况】 华鼎财经资讯股份有限公司是由五家股东联合发起设立的规范的股份制企业，注册时间为1993年7月，注册资金为2500万元人民币。现拥有固定资产3300万元，公司员工225人。公司是一家利用卫星通讯和先进电子接收装置，在全国范围内传播经贸信息的专业资讯公司。

【经营业绩】 公司通过建设覆盖全国各大工业城市的专业信息网，全面、快速、准确地播发证券、外汇、保险、期货、房地产等经贸信息，作为公司股东之一的《中国证券报》是目前国内唯一的全国性证券专业报纸，其遍布全国的分支机构为公司获取全面而准确的证券及金融信息提供了可靠的保证。此外，中国科技资料进出口总公司、北京信息技术应用研究所、中国宝安集团股份有限公司和沈阳金杯汽车股份有限公司等几家股东，也在海内外信息采集、进出口渠道、高新技术开发以及资金等方面为公司提供了良好的运作条件。

勤思樂業

康達律師事務所是司法部直屬的律師事務所，
成立于1988年，
業務發展十分迅速，在全國名列前茅。
目前，康達已發展成爲一所擁有近70名專職律師的大型的綜閤性律師事務所，
事務所總部設在北京，
在上海、廣州、西安、海口、深圳、貴陽都設有分支機構，
并與香港律師、臺灣律師閤作在香港、臺北設有咨詢機構。
同時還與美國、英國、香港、臺灣、新加坡、澳大利亞和西歐的許多國際性律師事務所建立瞭廣泛密切的閤作關係。
康達律師事務所主任付洋現擔任全國律師協會執行會長。
康達近十年的成功經驗和未來發展的優勢在于：
康達自建所至今始終以“客户第一”爲宗旨，
教育律師恪守職業道德，
同時，一直强調律師間的配閤，發揮全所整體優勢。
作爲一所大型的綜閤性律師事務所，

事務所主任：付洋

康達律師事務所

康達講求專業化分工，使律師各具專長，
從而可以爲客户(尤其是大型客户)提供全方位的法律服務。
經司法部批準，康達已先後在全國主要經濟活躍地區設立瞭6間分支機構，
該等分支機構發展良好，
業務量增長迅速。康達并計劃近年在國内增設2-3間分支機構。
目前，康達已成爲全國擁有正式分支機構最多的律師事務所。
使康達有能力在全國範圍内爲其中外客户提供網絡化服務。
康達同美國、英國、香港、臺灣、新加坡、澳大利亞和西歐的多家國際性律師事務所建立瞭廣泛密切的閤作聯係，
康達的客户可以通過這種聯係迅速獲得第一流的國際化和專業化法律服務。
康達建立瞭嚴格的業務及行政管理製度，
配備瞭較爲先進的電腦係統和通訊係統，
康達并設有專門的法律資料室和專職資料員，
及時搜集國内外法律、經濟、金融、證券、商業等方麵的最新信息。

事務所(總部) 主任：付洋
所務會成員：鄭小虎、張朝、李磊
地址：北京市朝陽區工人體育館内
電話：(010)65085840　5081119
傳真：(010)65060852　郵編：100027
海南分所 主任：王瑞揆
地址：海口海甸四東路頤和花園7號樓121
電話：(0898)6254181　6255242
傳真：(0898)6255316　郵編：570208
深圳分所 主任：王和平
地址：深圳皇崗口岸濱河大道愛地大厦東座1811室
電話：(0755)3370822　3371388
傳真：(0755)5589186　郵編：518045
上海分所 主任：童明友
地址：上海徐匯區桃江路28號
電話：(021)64668150　64667567
傳真：(021)64669172　郵編：200031
廣州分所 主任：方曉梅
地址：廣州天河東路名雅苑華康街9號10室
電話：(020)87595712　郵編：510620
傳真：(020)87595734
貴陽分所 主任：韓溢
地址：貴陽市省府路8號四層
電話：(0851)5863580　5872716
傳真：(0851)5843886　郵編：550001
西安分所 主任：吕延峰
地址：西安西一路113號軍展大厦8308室
電話：(029)7424855　郵編：710004
傳真：(029)7424855

THE PACIFIC OCEAN LAW OFFICE

太平洋律師事務所

所領導研究工作計劃

事務所是經海南省司法廳批准，
依法注册、合法執業的專業律師機構，
也是一家辦公設備現代化、業務分工專業化、
按照國際律師行業模式建制的大型律師執業機構。
機構總部設在海南省海口市，
在中國北京、廣州、深圳、長沙等地設立聯絡處，
在海南省司法廳和中國司法部批准后，
將在新加坡、馬來西亞、泰國、韓國設立分支機構。
事務所目前已有高中級律師、法學教授、法學博士、碩士、
國際仲裁員多人。
事務所重視人才價值，
不拘一格地選拔人才。

事務所門牌

先進的辦公設備

事務所接待前臺

事務所律師接受經濟糾紛案件當事人的
委托擔任代理人，
接受刑事案件犯罪嫌疑人或其家屬的委
托擔任辯護人，
爲犯罪嫌疑人代辦取保候審、申訴、控
告、出庭辯護，
辦理企業股份制改造、企業包裝、股票
上市、融資信貸、企業拍賣、收購、房
地産銷售代理、公民或企業海外發展策
劃等非訴訟法律事務。
事務所不分工作日與節假日，
24小時爲客户提供服務，
如因律師失職給客户造成損失的，
負責賠償，律師辦案只服從法律。

主任：楊鶴樓

地址：海口市龍昆北路38號華銀大厦22層B1-B3座
電話：(0898)6701666(總機) 手機：01381013720
傳真：(0898)6758162 傳呼：126-5356051

湖北省
第七律師事務所

湖北省法律事務中心第七律師事務所是武漢大學法學院申辦的綜閤性律師事務所，擁有專、兼職律師及法律工作者百餘人。事務所依托武漢大學，由韓德培、馬剋昌等久享盛譽的博士後流動站指導教授爲專業顧問，而且有李龍、李雙元等一批博士研究生導師爲所内兼職律師。一批留美、日、德、俄歸來的專傢、一名一級律師、二名二級律師組成所内骨幹力量。此外，事務所與同屬武漢大學法學院主管的國傢一級刊物《法學評論》、國内唯一的環境保護法研究所、國際法研究所、港臺法研究所有互助協作關係，與美國凱曼剋律師事務所，中國法律服務(香港)中心互爲代理機構。事務所專業顧問和法律工作者曾多次受國傢部委及地方人民政府邀請，參加國務院法製局外交部條法司、經貿部條法司、國傢環保局的法律法規論證，簽約審查，參與國傢涉外締約談判。爲社會各界提供瞭卓有成效的優質法律服務，受到廣泛贊譽。

事務所承辦下列業務，

1、接受國傢内外當事人委托，爲對外貿易、國際金融、國際海事、商事、中外技術閤作、草擬章程協議；運用專業外語參加談判、代理涉外仲裁、國外訴訟活動；
2、接受股票發行企業、股份製改造企業委托，辦理證券法律事務；
3、接受政府機關、對外經濟部門、國内外企業機構，或個人委托擔任法律顧問；
4、接受國内外當事人委托，聯係中國法律(香港)中心辦理在港公司注册、公司股票權證書、設定銀行帳號，廣告雜志服務事務；
5、接受經濟、民事、行政案件當事人委托、代理參加訴訟；
6、接受非訴訟案件當事人的委托，提供法律意見、參加調解、仲裁、辦理見證、財産繼承及專利代理業務；
7、接受犯罪嫌疑人、被告人、被害人、自訴案件自訴人委托或人民法院的指定，擔任刑事案件辯護人，代理人；
8、解答法律咨詢、代寫訴訟文書、齣具法律意見書。

建所以來，曾受國務院委托，參與國傢重點工程賠償責任對外談判，受武漢市政府委托，參與因境外投資，對菲律賓、新加坡政府的談判，并被日本NEC中原公司、新加坡政府投資集團、長江廣場有限公司以及紅桃K集團、雙虎塗料股份有限公司等國際著名企業、國内馳名企業聘任爲法律顧問。同時，任國内百餘傢企業的法律顧問。辦理數十件股票發行上市上櫃和股票糾紛事務，每年代理各類案件500餘件。

主　任：陳曉楓　手機：139-7100927
副主任：王映暉　手機：139-7100841
副主任：任華哲　手機：139-7100963
辦公室主任：李新天

高素質的專業隊伍爲社會各界提供卓有成效的法律服務

地址：湖北省武漢市武漢大學校門右側　電話：(027)7877624　7862966
電挂：5678　　郵編：430072　傳真：(027)7875991

主任律師：高前和

上海市震旦律师事务所

上海市震旦律師事務所(原名上海市第二律師事務所)是我國律師制度恢復后(1979年)首批成立的大型律師事務所，擁有律師130余名，專業分工細，設有金融證券、外國投資、海事海商、房地産投資、經濟、刑事、民事等7個專業法律事務部，爲國内外客户提供專業化的法律服務。

事務所是中國司法部、中國證監會確認的首批具有從事證券法律業務資格的律師事務所之一，高前和、薛勇、邵曙範三位高級律師是首批被司法部、中國證監會授予從事證券法律業務資格。邵曙範律師爲金融證券法律事務部主任。事務所從八十年代中期開始參與了股份有限公司的籌建，先后爲上海蘭生股份有限公司、上海輪胎橡膠(集團)股份有限公司等幾十家企業的股份制改制及發行、上市A股、B股、H股以及爲申銀萬國、國泰、華夏等證券公司承銷股票提供全套法律服務并出具法律意見書。事務所還擔任數十家證券公司的常年法律顧問，承辦了大量證券糾紛案件，僅在1995年、1996年就承辦了100多件證券糾紛案件，其中最大的標的達5000萬元。

事務所還爲多家中外銀行提供多次法律服務，包括起草、修改、見證國際融資協議、抵押貸款協議、購房按揭貸款協議、出口協議、融資租賃協議等。并與美國、英國、日本、香港等國家、地區的二十多家律師樓建立了合作關系，爲海外及港澳臺地區的客户提供全方位法律服務。

邵曙範 律師

事務所門牌

地址：上海市四川北路1688號福德廣場南樓16層
電話：(021)63568800
傳真：(021)63569988
郵編：200080

江西省涉外經濟律師事務所

JIANGXI

主任：魏金榮

事務所部分律師

JIANGXI

江西省涉外經濟律師事務所成立于1986年3月，
是江西省第一傢辦理涉外業務的律師事務所，
隸屬于江西省司法廳領導和管理，
共有專職律師13名，兼職律師16名。
事務所1993年獲司法部、中國證監會授予的《律師事務所從事證券法律業務資格證書》，
有4名律師取得從事證券法律業務的資格。
事務所的業務範圍是
接受行政企業事業單位和其他經濟組織的聘請，
擔任法律顧問；
受聘參與經濟閤同的談判和簽約，協助草擬、審查、
修改經濟閤同等法律文書；爲當事人提供法律咨詢，
代擬法律文書或齣具法律意見書；
接受當事人的委托辦理證券法律事務；
代理各類民事、行政、刑事案件的訴訟和非訴訟。
已爲多傢企業股票的發行和上市齣具法律意見書。

江西省涉外經情律師事務所

主任：魏金榮

地址：江西省南昌市民德路88號

電話：(0791)6223315

6268381　6278277

傳真：(0791)6231664

郵編：330008

廣東省佛山市華法律師事務所在主任周榮熾律師的帶領下，全所律師員工以拼搏進取精神，積極開拓各項律師業務，竭誠爲廣大客户服務，爲發展社會主義民主和健全社會主義法製服務，有效地維護瞭國傢法律的正確實施和當事人的閤法權益。事務所正發展成佛山市内一間頗具規模、享有盛譽的律師事務所。隨着市場經濟

佛山市

華法律師事務所

深入發展，全民法律意識不斷提高，事務所爲企事業單位和個人不斷提供全方位、高層次法律服務，除保持原有刑事、民事、經濟、行政等高素質服務外，還充分利用事務所是目前全市唯一有資格開展證券業務的優勢，將業務重點放在開展證券法律及知識産權、房地産、公司法律等業務上，并繼續發展與香港、全國近二十個城市的法律聯網服務。

▲周榮熾主任(右一)與佛山市領導商談

▲周榮熾主任(左一)與高級律師研究工作

▲律師們與英法兩國留學生交流

▲律師們在分析討論案件

▲事務所門牌

地址：廣東省佛山市祖廟路18號5樓 電話：3361005 傳真：3367717 郵編：528000

申揚律師事務所

申揚律師事務所係由瀋陽市第一律師事務所、瀋陽市商貿金融律師事務所更名而來。自1979年11月恢復組建至今仍然保持着國資所的性質。

事務所奉行“法律至上、忠于職守、嚴守信譽”的宗旨，竭誠爲社會各界提供優質、高效的法律服務，僅1996年代理各類民事、經濟訴訟420件，各種非訴訟法律事務130件，爲280件刑事案件的被告人齣庭辯護，受聘擔任300傢國傢機關、企事業單位的常年法律顧問，爲委托人挽迴經濟損失2.5億元。于1993年取得國傢司法部、中國證監會頒發的律師事務所從事證券業務資格證書，并爲數傢上市公司齣具瞭法律意見書。事務所1989年和1996年，兩次被中共遼寧省委、遼寧省政府授予政法係統先進集體；1990年，國傢司法部授予事務所從業清廉先進集體；1993年，被國傢司法部授予政治思想工作先進單位稱號；1996年，被國傢司法部、人事部命名爲全國司法行政係統先進集體；同年，遼寧省司法廳爲事務所榮記集體二等功。同時事務所多次受到中共瀋陽市委、瀋陽市人民政府各種形式的嘉獎。事務所擁有1400平方米的辦公用房、三輛汽車，配備瞭電腦、傳真機和十餘部移動電話，建立瞭圖書資料室和軟件庫。事務所主任金錫盛，係中華全國律師協會常務理事，遼寧省律師協會副會長，一級律師。

地址： 瀋陽市和平區北五經街17號

電話： (024)2711745 2718165 2827654 2827959 2827101 2828666 2719202 2826057 2843587 2843589

傳真： (024)2827654

郵編： 110003

E-mail：Lawyers@pub.sy.inpta.net.cn

事務所主任：金

事務所明亮的會

瀋陽市司法局領導與事務所領導一起

淄博魯中律師事務所

主任：李廣

事務所成立于1989年，已發展成爲山東省目前規模最大的合作律師事務所，現有律師30名，服務人員6名，總部設在淄博市中心張店區，在其余區縣設有5個辦事處。總部辦公樓面積達300余平方米，現代化辦公設備一應俱全：工作小汽車3部，程控電話10部，律師人人配備了家庭電話、尋呼機、移動電話、微機并互聯網等，硬件建設在魯中地區首屈一指。

具有較高素質的律師隊伍

律師們研究案例

事務所自成立以來，以“正義和責任”爲座右銘，享譽省内外，本年度經辦各類案件600余件次，爲100家企事業單位擔任常年法律顧問，承辦了10余家企業的股票上櫃交易法律業務。事務所定期與淄博市電視臺合辦《家庭律師》、與市有綫電視臺合辦《律師茶座》兩個專欄，還與淄博日報、晚報、市廣播電臺等單位聯合進行法律服務宣傳。

事務所本年度被評爲文明服務示範窗口單位，1992年榮立集體三等功。事務所擁有一批業務素質高、知名度高的律師，能够承辦各類法律事務，主要業務範圍是：1、代理各類民事案件、經濟糾紛案件及涉外案件；2、代理參與國内外經濟談判，辦理企業股份制改造、公司事務、股票證券、拍賣典當、知識産權、房地産交易、涉外投資等各類非訴訟事務；3、擔任刑事案件犯罪嫌疑人的辯護人，被害人的代理人，自訴案件當事人的代理人；4、解答法律咨詢、代寫訴訟文書；5、爲企業、事業單位、機關團體及公民個人擔任常年法律顧問。

地址：山東淄博張店洪溝路9號 電話：(0533)2181226　2282251 郵編：255007

衆天律師事務所

地址：北京市朝陽區和平西街3號三川大厦二層208室
電話：(86-10)64297862 64297863 64294898
64201199轉3216、3217
傳真：(86-10)64298972 郵編：100013

主任：萇宏亮律師

衆天律師事務所是經司法行政部門批准，總部設于北京的一家合伙制律師事務所，業務領域主要爲證券、期貨、國際工程承包、投資、房地産、國際貿易、知識産權、仲裁及訴訟等。

衆天律師均畢業于國内著名法律院校，具有法學碩士以上學位，多名律師曾參與《公司法》、《股票發行與交易管理暫行條例》、《證券法》(草案)等法律法規的起草或討論工作，數位律師曾在國外留學或執業，具有豐富的專業經驗和廣泛的社會聯系，并對現行中國法律、法規有着透徹的了解和准確的把握。

衆天律師事務所成立之初即獲司法部、中國證監會授予的證券法律業務執業資格，事務所律師已爲國内數十家企業的股份制改造及其A股、B股、H股、N股、S股的發行與上市和十數家境外企業紅籌股中國概念股的發行和上市提供了高水准、全方位的專業服務。

另外，衆天律師還承辦了大量的有關上市公司配股、股權轉讓、公司收購與兼并、公司債券與可轉換債券的發行、投資基金管理與運作、國債低押與回購、期貨交易糾紛處理等方面的法律業務，受到客户及有關主管部門和相關中介機構的廣泛贊譽。

主要證券律師

一絲不苟是衆天律師的敬業理念

武漢市金融商務律師事務所

具有較高專業水平的律師隊伍

經司法部、中國証監會核查確認具有從事証券法律業務資格

地址：湖北省武漢市漢口江漢二路12號

電話：2835883　　郵編：430021

天達律師事務所

天達律師事務所證券法律事務部律師全部由畢業于國內高等法律院校的法學碩士組成，具有中國證監會和司法部頒發的證券從業律師資格，受過證券法律業務的專門培訓，有着豐富的證券律師業務經驗。律師曾先后爲國內十余家企業的股份制改造提供了方案設計和法律咨詢，并爲數家上市公司出具了上市法律意見書，參與了國內著名大型民辦高科技企業“四通集團公司”的股份制改造及其在海外發行股票與上市的策劃咨詢和有關申報文件的制作。

證券法律事務部在爲企業提供上述專門服務的同時，還對企業股份制改造、海外發行股票與上市和企業的收購與兼并等方面進行了深入研究，發表了多篇論著，具備爲企業股份制改造、股票發行與上市提供從咨詢、策劃、制作申報文件到出具招股、上市法律意見書等全套法律服務的理論文字水平和實際操作經驗。

證券法律事務部堅持“公開、公平和公正”的原則，嚴守證券律師的從業規則，以促進國內證券市場的規範化、法制化和國際化發展爲己任，竭誠爲國內股份制企業、上市公司和證券商以及其他客户提供以下法律服務，爲股份公司的設立提供方案設計和制作標准文件；爲股份公司股票發行出具法律意見書；爲股份公司股票上市出具法律意見書；爲上市公司增資擴股、配股出具法律意見書；爲公司的收購、兼并行爲提供法律咨詢和出具法律意見書；爲股票發行承銷商出具承銷股票的法律意見書；爲股份公司、上市公司擔任常年法律顧問；爲有限責任公司、股份合作制企業的設立提供法律咨詢和制作申報文件；爲企業和公民個人進行證券投資、交易提供法律咨詢、擔任法律顧問代理與證券相關的訴訟與非訴訟法律事務。

主任：李大進

地址：北京三裏屯外交公寓東門

電話：(010)64629131/32/33/34

傳真：(010)64629129　郵編：100600

雲南經濟律師事務所

雲南經濟律師事務所系雲南省司法廳直屬國有性質的律師事務所，
具備事業單位法人資格，登記證爲雲事法登字第YS0283號。
事務所成立于1984年。
現有高、中級律師40余人，
具有較高的法律專業水平和豐富的辦案經驗。
業務範圍遍及民事、刑事、經濟、行政、證券、房地產及涉外案件等。
遵守誠實信用原則，勤勉執業，恪盡職守，
依法維護當事人合法權益，
爲社會各界提供優質法律服務。
事務所主任鄭培明同志，一級律師，
曾長期在公安、司法戰綫工作，
并長期從事法律教學工作。
曾任雲南高等政法專科學校教務處長，
后從事專職律師工作。
現任雲南省律師協會副會長、
昆明合同仲裁委員會仲裁員。
辦理過許多在國内外有重大影響的
刑事、民事、經濟及涉外案件，
具有豐富的辦案經驗。

主任：鄭培明

地址：雲南昆明市華山西路10號附2號
電話：3166422 3165468 3132574
傳真：3166228 電挂：6119
聯系人：申慶時

震序律師事務所

主任：馬軍

震序律師事務所(原雲南律師事務所)是由著名律師馬軍及較高律師業務水平的優秀律師組成的合伙制律師事務所。事務所有律師40名，輔助工作人員40名，其中一、二級高級律師及取得證券法律資格的執業律師15名。經司法部、中國證監會批准爲具有從事證券法律業務資格的律師事務所。事務所成功地爲行政事業單位、企業單位和重大經濟項目擔任法律顧問，出色地參與了上市公司股票的發行與上市，企業的兼并、破産工作。由于業績突出被司法部列爲律師事務所管理體制改革的試點。1997年被司法部確定爲法律服務行業文明服務窗口單位。1995年事務所一名律師獲全國十佳律師榮譽稱號，一名律師獲雲南省十佳律師榮譽稱號。事務所與美國、日本、泰國、新加坡及香港、澳門地區律師建立了長期穩定的合作關系，并在人才培訓、項目咨詢、代理等方面取得了較好的合作成果。
業務範圍：常年法律顧問；專項法律顧問；金融、證券、期貨；公司設立兼并；房地産開發經營；知識産權；公證代理；商務代理；仲裁、訴訟。

地址：云南昆明市书林街书林花园(昆三中斜对面)五号楼九、十层
网址：WWW.zhenxu.com
E-mail:Zhenxu @ public.Km.Yn.Cn
电话：3184701 传真：3104024

精誠團結的集體

南京大量律師事務所

南京大量律師事務所是經江蘇省司法廳批準成立的閤作製律師事務所。由中華全國律師協會國內經濟法律委員會委員、江蘇省律師協會常務理事、江蘇省律師協會法律顧問專業委員會主任、江蘇省律師職稱係列高評委委員、著名一級律師凌大量擔任所主任。事務所設有：涉外經濟部、國內經濟部、刑民事務部、房地産部、金融證券部。現有專職律師14人、兼職律師9人、特邀律師10人、其中一級律師2人、副教授2人。1994年4月7日江蘇省經濟體製改革委員會、司法廳確認該所具有江蘇省企業股份製改造執業律師及律師事務所的資格。事務所以辦理經濟和涉外法律事務爲主，全麵開展法律顧問、刑民事案件、非訟案件、法律咨詢、代書法律文書等律師業務。重點接受中外閤營、外商獨資、涉外稅務、金融證券、期貨交易、國際招標、工程承包、房地産開發、工商和稅務登記、股權變更、股份製改造、財産轉讓、租賃、保險、索賠、資信調查、閤同見證、移民咨詢等法律事務的委托代理。事務所還與白俄羅斯明斯克律師事務所、香港吳少鵬律師事務所、西矇斯律師事務所、臺灣陳清和律師事務所、美國何瓊瑶律師事務所等建立瞭長期的互相委托代理關係。

凌大量律師參加中外閤資企業閤同簽訂儀式

凌大量主任參加第十四屆亞太法協大會

地址：南京湖南路12號　電話：(025)3211646　傳真：(025)7714646　郵編：210009

聖合律師事務所

精誠團結的集體

聖閤律師事務所是海南一傢大型高層次的綜閤性律師事務所，倡導“邪不勝正，方圓有序”的法律精神基礎上，發揚“團體協作，爭創一流”的聖閤精神。分設房地産法律事務部、海事海商法律事務部、國際國內法律事務部、金融證券法律事務部、知識産權法律事務部、公司法律事務部、刑事法律事務部、辦公室等部門。另外還與北京、上海、深圳、香港、臺灣等地律師事務所建立瞭協作關係，并與地方各相關部門建立瞭廣泛聯係。事務所全部律師均畢業于全國各高等院校，其中大多是政法學院的高材生，三位是碩士研究生。有些曾從事過經濟法、民法等專業的研究工作，理論基礎扎實。事務所擔任金融界、企業界、政府部門、新聞部門等十多傢單位的法律顧問。

律師們研討案例

地址：海南省海口市金融貿易區國貿大道45號
銀通國際金融中心14層
總機：(0898)8541555 8542555 8543555
直綫：8535416 8546555 8535345 8535094 8536255
8536319 8535404 8536252 8548111 8546111
8543111 8533556 8532666轉1488、1466
傳真：(0898)8536250 郵編：570125

福州閩天律師事務所

福州閩天律師事務所（原名福建省律師事務所）創建于1985年5月，是由福建省司法廳批準成立并直接主管的綜閤性律師事務所。現有執業律師41名，其中專職律師全部爲高等院校法律係本科畢業生，具有豐富的法律理論與實踐經驗。現設3個專業法律事務部，業務範圍包括：金融、證券、房地産、投資、貿易、知識産權、税務、各類訴訟及仲裁等；擔任福建省政府機關事務管理局、福建省公路局、福建省農業銀行、福建省農業開發銀行、福建中行信貸處、福建省興業銀行、福建省中閩公司、福建省興業證券、福建省華興證券等70多傢政府機構、金融企業、國傢大中型企業的常年法律顧問，是一個個人素質優良，專業性强，信譽良好的國傢投資型的法律服務機構。

事務所自1994年取得證券資格以來，大力拓展證券業務，成功地擔任瞭福建省九州集團股份有限公司、運盛（福建）實業股份有限公司和福建三木集團股份有限公司的股票上市和承銷法律服務工作，同時還爲福建省中旅集團、福建省南平電纜股份有限公司、福建省雙菱股份公司、福建省天香股份公司、福建省龍潭股份公司、福建省青州造紙廠、福建省交通投資公司、福建雪津啤酒廠、福州市人造闆廠、厦門悦華酒店等單位的股份製改製工作提供優質高效的法律服務，取得上市公司、改製企業的普遍贊譽。

主任：陳勇

主任：陳勇

地址：福建省福州市光禄坊105號 電話：7545530 7545562 郵編：350001

中川大众律師事務所

中川大衆律師事務所是四川省第一傢按國際通行標準組建、從事綜閤法律業務的大型律師機構，成立于1991年10月，高級閤夥律師爲吴川渝、閆小川、馮子祺、王凡，現有各類專業律師50名，是全國最早取得從事證券法律業務資格的律師事務所，并爲中國國際貿易促進會、中國國際商會會員。事務所總部設在成都市富鑽大厦内，分彆在重慶市、海口市、深圳市設分所，并于美國著名的鮑威爾·葛斯汀·弗雷澤及莫非律師事務所（POWELL，GOLDSTEIN，FRAZER&MURPHY）建立瞭正式的業務協作關係。事務所目前擁有的不動産及現代辦公設備在四川省首屈一指，人員素質和服務質量高，成功辦理瞭一大批在國内外、省内外頗具影響的知名案件，每年還辦理百餘起涉外法律事務和證券法律業務，在社會公衆中建立瞭良好的信譽，成爲全國最具知名度的律師事務所之一。

主任：吴川渝

高級閤夥人(右起)：
馮子祺、閆小川、吴川渝、王凡

先進的辦公設備

地址：成都市紅星路二段78號4樓(全層)
電話：(028)6616018 6617619 傳真：(028)6615508 郵編：610012

江蘇蘇源律師事務所

江蘇蘇源律師事務所是由合作律師發起，經江蘇省司法廳批准設立的合作制律師執業機構，系江蘇省司法廳直屬的律師事務所。蘇源律師事務所律師老、中、青年齡結構合理，具有法學碩士3名，法學學士9名，其他律師均具有法律專科以上學歷，其中赴英國留學律師一名已回本所工作，另一名律師正在赴美留學。

蘇源律師事務所律師恪守律師職業道德和律師執業紀律，竭誠爲國家機關、企業、事業單位、社會團體、廣大公民和外國當事人、港、澳、臺當事人提供高效、優質的法律服務，維護當事人的合法權益。

主任：錢世雲在電話接待客户的法律詢問

文聿奎律師（左二）、孫奇律師（左一）爲顧問單位提供法律服務

蘇源律師事務所成立以來，擔任政府機關、金融、證券、房地産開發、中外合資、合作、外商獨資、經濟開發區等近百家常年法律顧問；成功地代理了多起涉外經濟、貿易、知識産權案件，辦理多起股票、期貨、證券、房地産、購銷、融資、租賃等糾紛案件；接受委托參與數起國際融資、技術合作、設備引進、投資項目的法律可行性研究，起草合同，協議、章程等法律文書，參與項目談判，出具法律意見書。通過良好的服務，得到了客户的廣泛信任，取得了較好的社會效益和經濟效益。

常州博林律師事務所

主任：王建軍　　副主任：戴旭初
地址：江蘇省常州市青果巷38號(司法大樓二樓)
電話：(0519)8113361　8106626
傳真：(0519)8105348

常州博林律師事務所原名常州市對外經濟律師事務所、常州市第二律師事務所，成立于1986年，1996年5月，經江蘇省司法廳核准，更爲現名，性質爲國辦所。內設業務一、二、三部及金融法律事務部、行政事務部。

全所共有專職、兼職特邀律師33名，其中專職律師18名。全所共有高級律師4名、中級律師8名，系常州市各律師事務所中規模最大的事務所。事務所自1986年成立以來，共辦理經濟類案件1395件、刑事案件1369件、民事案件1634件、行政類案件17件、非訴訟法律事務283件，爲當事人挽回經濟損失約3億元。現還擔任着常州市政府法律顧問，以及242家企事業單位的法律顧問工作。全所1996年業務收費爲262萬元。事務所于1996年10月成爲常州市首家取得中國證監會、司法部授予的從事證券法律業務資格，擁有3名證券律師。

主　任：王建軍

副主任：戴旭初

主任王建軍(左)與副主任戴旭初研究工作

股海衝浪　神光導航

山東神光咨詢服務有限責任公司

山東神光咨詢服務有限責任公司的前身是創立于1994年10月的神光工作室。經過兩年多的運作，公司已發展成爲山東首屈一指的證券咨詢機構，業務範圍也從山東拓展到全國29個省市區。

神光公司的創始人孫成鋼先生以其多年的執着鑽研，于1993年3月研制成“神光預測系統”。該系統擅長于提前10天以上預測未來具體日期的漲跌，并能預測未來的高低點位、判斷市場强弱，幾年來没有錯過任何一次行情。如1994年7月27日的底部，8月1日的上漲，9月13日的見底和10月7日的反彈均提前作了准確預測，這些預測的一部分已收録進凝聚孫先生心血的《股市預測與實戰》一書中。在這本書中，孫先生創造性地提出了利用開盤30分鐘的走勢來預測全天行情的理論，并提到了多種鮮爲人知的預測方法。該書出版不到半年，市場競出現了多達七種盗版書，足以驗證其爲1996年暢銷書。

與“神光預測系統”并駕齊驅的是“鐘英個股系統”，鐘英先生以其獨特的思維研制了追踪强勢股、挖掘潛力股的系統，并逐漸爲市場所認可，“神光鐘英，點石成金”的美譽不只因爲有兩套系統，還因爲神光有一個年輕的專家群，1996年5月，“神光潛力股排行榜”成爲黑馬的温床，96的下半年的所有大黑馬無出其右者—如四川長虹、天津磁卡、青島海爾、瓊民源、蘇物貿、新大洲等等。1996年12月，神光公司隆重推出了《神光年終報告：96回顧和97展望》，對97年行情作了大膽預測，并推出了包括興化、長虹、春蘭、深發展、深科技、粤電力“六大天王”在内的20只潛力股。4個月后的統計表明，總准確率超過了90%，“六大天王”已得到市場公認，平均股價漲幅已超過100%。

如今，神光公司已在全國50多個大中城市開通了168聲訊臺，并在上海、北京、深圳、杭州等地建立了辦事機構，《神光預測每日傳真》成爲投資者首肯的投資參考。而在青島大鵬、濟南華夏、吉信上證開設的“神光大户室”，因爲有公司專家的指導，有“神光鐘英”的參考，正日益被投資者稱爲“金融家的摇籃”。

本着“不做機構出貨工具”的職業道德，本着“要爲普通投資者服務”的敬業精神，山東神光以“投資價值發現”爲工作核心，迎接着明天的輝煌。

地址：山東濟南市朝山街34號　郵編：250011　電話：(0531)6913575　6027299　傳真：6032100

He Nan Wan Guo 河南萬國

咨詢開發有限公司

河南萬國咨詢開發有限公司是經河南省體改委、工商局批准設立的一家大型咨詢公司，于 1993 年 3 月正式成立。曾爲數十家大型企業股份制改組及發行股票、中外合資、公司重組等事項提供總體策劃、方案制定及財務顧問等諸多方面的服務。河南萬國咨詢公司與國內外證券交易所、投資銀行等機構諸如上海證券交易所、深圳證券交易所、香港聯交所、那斯達克證券市場、紐約銀行、大宇證券株式會社等有多種業務合作關系。公司以經濟學、會計學博士和碩士爲主體組成，并聘請相關專家擔任高級顧問。

公司竭誠爲企業擔任財務顧問，爲企業股份制改組、通過國內外資本市場融資、境内外企業收購兼并、境外機構在華投資提供策劃、協調等咨詢服務。公司已先后爲數十家境内企業擔任常年或企業改制、境内 A 股上市財務顧問。公司作爲專業投資咨詢機構，爲企業、政府、個人的資産管理提供全方位的服務。公司作爲財務顧問承擔許繼電氣股份有限公司、河南神火煤炭股份有限公司等數家國有企業、股份制企業改組及發行 A 股、B 股、H 股的策劃，承擔平頂山絹麻紡織印染廠等數家企業收購兼并顧問及鄭州銀基公司等數家企業的海外融資及合資財務顧問。爲安陽礦務局策劃股份制改組和資産管理事宜。

作爲投資理財顧問爲河南、海南等地的數十家企業提供投資和融資服務。承擔紐約銀行香港分行、香港東英控股有限公司等國際金融機構的河南投資顧問。

公司作爲政府有關機構融資顧問受河南省政府委托，設計完成了《河南投資環境建設規劃》和《地、市證券市場發展和建設資金籌措規劃》，并通過了專家論證。受河南省體改委委托，成功地主辦』河南企業進入國際資本市場『國際研討會。

公司的業務宗旨是：以開拓創造爲主旨，以一流的人才爲基礎，以敬業奉獻爲根本，力求爲客户提供全面、系統、規範的服務。

總經理：宋全啓
地址：鄭州市政二街 135 號
電話：(0371)5908882
郵編：450003

上海通普經濟發展中心

天機金融信息網是上海通普經濟發展中心精心開發的計算機網絡信息咨詢服務系統。經郵電管理部門批准，本網絡已向社會各界提供金融信息咨詢服務。

天機金融信息網以』個人電腦＋電話綫＝金融信息『的方式，24小時無限時開放，向廣大投資者傳送最新股市、期市行情數據。并提供開放式數據接口。用户可以使用本網絡配套證券分析系統－天機證券分析軟件進行盤后技術分析，亦可通過提供的數據轉換軟件，在錢龍、建功、大富等證券分析軟件上對數據進行處理，真正實現一個數據源發送，多種分析工具公用。

天機金融信息網包括了天機信息瀏覽系統、天機證券分析系統、天機證券帳户管理系統、天機數據通訊接收系統四大組成部分。天機證券分析系統集證券業各大優秀分析軟件之精華于一體，推出了獨特的周期分析理論。系統提供了 CDP 綫、周期綫、平臺綫、網格綫、逆角度綫、周期黃金、區間黃金、扇形黃金、七率等多項全新的技術分析指標。天機信息瀏覽系統包括』滬深股市解盤『、』天機期貨解盤『、』海外特別傳真『、』市場綜合信息『、』股市資料寶庫『、』操作技巧演説『等板塊。以金融投資專家組成的天機證券分析工作室，每日發布當天股市盤后分析，市場主力動向，股市熱點，優股點評與推薦，后市方向預測等信息。同時采集當日主要新聞媒體的經濟、金融信息，爲用户提供最新的宏觀經濟態勢，政策方針動向，以及在各媒體上公開發布的上市公司公告、通知和各期報表。

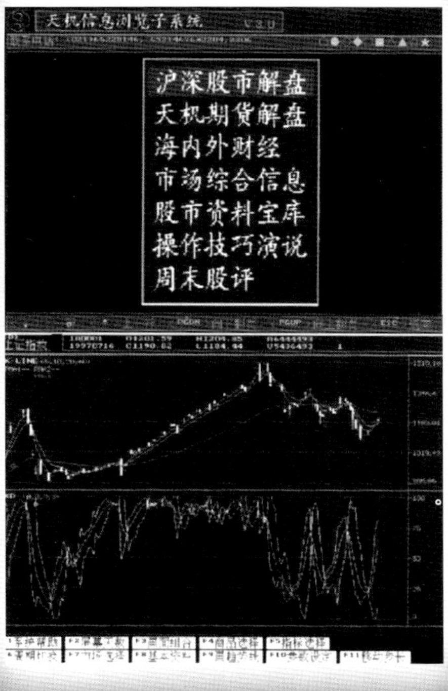

天機金融信息網網絡中心機房以雙服務器提供服務保障，通過軟件實現完全自動輪循撥號，遇忙轉移。用户無需具備專業的電腦使用技能，只需在自己家中的電腦上鍵入所需下傳文件資料的日期或編號即可完成接收工作。以離綫方式在自己的電腦上進行資料整理過檔和瀏覽。

地址：上海市大連西路199號(甲)
電話：(021)65212032 65214675-2104、2105
傳真：(021)65228814 郵編：200092

總經理：瞿寶忠

上海東亞產權咨詢事務所成立于1993年8月，
由中國建設銀行上海市信托投資公司(現上海市分行第二營業部)
與亞洲研究所合資組建。
建行上海市分行行長張恩照任名董事長。
董事長陳正亮先生，
原建行上海市信托投資公司總經理，
現建行上海市分行第二營業部總經理。
現任總經理瞿寶忠先生，
中國紡織大學資產經營管理研究所所長、副教授。

上海 東亞 產權咨詢事務所

事務所門牌

事務所經營範圍是：
進行產權交易的方案設計、咨詢及財會咨詢。
事務所參與策劃、中介了中遠集團收購衆城實業等重大的市場收購兼并活動。
曾與上海證券交易所、上海城鄉產權交易所、上海亞洲商務投資咨詢公司共同策劃舉辦了“企業收購兼并策略與機會”全國性大型研討會，
與國家計委宏觀研究院、建設銀行上海市分行、上海亞洲商務投資咨詢公司共同主辦了“九五期間基礎設施建設國際融資研討會”均獲得了圓滿成功。
1995年與上海亞洲商務投資咨詢公司共同編輯了《中國企業兼并時機與策略》的商務報告，
1997年承擔了上海證交所有關“上市公司資產重組的金融支持”、“新上市公司跟踪分析”等重大科研課題。
此外，還曾爲數十家上市公司及大中型國有企業擔任投資咨詢和資產經營顧問，
參與制定企業發展、資產重組、送配方案設計和實施。

辦公室外景

地址：上海市斜土路1629號 電話：64437872 傳真：64049133 郵編：200032

1997

欄目協辦：广州市东方宾馆股份有限公司

NINE

第九編 上市股份公司

438/639

特邀編委：陳　晶　杜華智　鄭培明　郭桂華
隋太明　常文門　霍文彬

隨着經濟體制改革的不斷深化，國有大中型企業轉換經營機制，
逐步成爲上市公司，形成國民經濟的支柱。
圖爲廣州市東方賓館股份有限公司上市后經營頗具活力和特色，
建成花園式環境。

上交所上市股份公司

青岛啤酒股份有限公司

【公司概况】 公司1996年底总股份900000000股，其中尚未流通股453150000股，已流通A股100000000股，已流通H股346850000股。主要股东有青岛市国有资产管理局、香港中央结算(代理人)有限公司、中国银行山东省分行、中国建设银行青岛市分行等。公司董事长：李桂荣，总经理：彭作义。

【经营业绩】 1996年公司新增了直接销售，并以山东省内为重点，迅速铺设直销网络，通过改革包装形式，形成了适合不同消费层次的高、中、低档产品兼备的产品系列。1996年共完成啤酒产量35万吨。公司新产品金质青岛啤酒，1996年共销售2万余吨。1996年共投入基本建设及技术改造项目资金24915万元人民币，主要用于啤酒一厂、二厂的技术改造和对青岛啤酒西安有限责任公司的投资及青岛啤酒大厦的建设等项目。主要关联企业有青岛啤酒实业开发公司、青岛啤酒广发实业公司、青岛啤酒西安有限责任公司、青岛华乐工贸有限公司。1996年底主营业务收入1515864585元，净利润70230098元，资产总额3244171733元。

【财务状况】 公司1996年底股东权益2097554978元，每股收益0.078元，每股净资产2.33元，净资产收益率3.35%，股东权益比率64.66%。1996年度不分红派息。

上海延中实业股份有限公司

【公司概况】 公司1996年底总股份103680000股，全部为已流通A股。主要股东有宝安上海公司、汉星公司等。公司董事长：何彬，总经理：秦国梁。

【经营业绩】 1996年，公司实业经营包括工业、房地产、商贸与文化产业，其中工业是主导产业。公司的主要工业产品有办公机械、塑料、包装材料与饮用水等，"实业"牌绘图机、晒图机、晒图纸、碎纸机及"碧纯"牌食用蒸馏水和"延中"牌饮用水与饮水机均有较高的知名度和市场占有率。公司开发的"宝安新苑"居民工程一期2.3万平方米与二期1.3万平方米已全部竣工，实现销售70%，三期工程1.6万平方米正在建设中，且已预售35%，文化产业方面已建立了"新延中文化传播有限公司"、"欢乐天地儿童游乐有限公司"、"东方书院"等实体。资产经营方面，1996年公司成功地控制了另一家上海的上市公司"爱使股份"。主要关联企业有上海延中办公用品实业公司、上海巨成实业公司、上海延中塑料模具公司、上海碧纯贸易发展有限公司等。1996年底主营业务收入175728953.65元，净利润33542197.86元，资产总额695553200.56元。

【财务状况】 公司1996年底股东权益285291494.57元，每股收益0.32元，每股净资产2.75元，净资产收益率11.76%，股东权益比率41.02%。1996年度利润暂不分配。

上海真空电子器件股份有限公司

【公司概况】 公司1996年底总股份531087900股，其中尚未流通股237839100股，已流通A股133528800股，已流通B股159720000股。主要股东有国家股、泰布尔顿中国世界基金、上海国际信托投资公司、泰布尔顿龙基金等。公司董事长：顾培柱，总经理：张 锻。

【经营业绩】 1996年，公司黑白显像管完成158.48万只，汽车灯完成109.25万只，钨钼丝完成29730.00万米，黑白玻壳完成435.95万只，黑白电子枪完成212.20万只。1996年，公司出口创汇2493.43万美元，母公司黑白与彩色显像管共出口57.63万只，黑白电视机出口5.86万台，钨铈电极出口627.24公斤，汽车灯出口9.52万只。主要关联企业有上海永新彩色显像管有限公司、上海海达房产经营公司、上海海昌国际贸易公司、上海家齐工贸实业公司等。1996年底主营业务收入2703474842.16元，净利润17512504.72元，资产总额4991938433.13元。

【财务状况】 公司1996年底股东权益1083192424.51元，每股收益0.033元，每股净资产2.04元，净资产收益率1.62%，股东权益比率23.58%。1996年度不分配利润。

上海兴业房产股份有限公司

【公司概况】 公司1996年底总股份84480000股，其中已流通A股84480000股。主要股东有云南恒丰集团公司、上海纺织住宅开发总公司、交通银行上海分行、中华企业股份有限公司、上海城开集团有限公司等。公司董事长：唐相道，总经理：曹光骝。

【经营业绩】 公司主要经营房地产业务。1996年，公司重点对"金谷园"、"兴业公寓"、"黎业二村"、"兴业小庄"采用多种营销方式，回笼了资金，加快了工程进度。1996年公司主建工程5项，完工2项，全年竣工面积50245平方米。主要关联企业有上海兴星房产公司、浙江临安青山热电厂、江阴江南钢厂、上海星业物贸发展有限公司、上海兴佳房产物业发展有限公司等。1996年底主营业务收入92684666.94元，净利润28216723.15元，资产总额481184998.66元。

【财务状况】 公司1996年底股东权益280106542.02元，每股收益0.33元，每股净资产3.32元，净资产收益率10.07%，股东权益比率58.21%。向全体股东以10:3比例派送红股，另按10:3的比例转增股本。

上海二纺机股份有限公司

【公司概况】 公司1996年底总股份514953808.60股，其中尚未流通股238493008.60股，已流通A股64710800股，已流通B股211750000股。主要股东有国家持股、HKSBCSB A/C CMB TEMPLETON DRAGON FUNDINC.、HKSBCSB A/C CHASE BANK IRELAND S/A GT PRC PKC FUND等。公司董事长：郑克钦，总经理：陈兴强。

【经营业绩】 1996年，公司实现细纱机销售1325台，自动络筒机销售28台，化纤纺丝机销售12台套。公司成功组织约

180万马克加工件的返销，主要关联企业有上海良基实业有限公司、上海良基塑料制造有限公司、上海良基房地产有限公司、上海良基物资有限公司等。1996年底主营业务收入471784584.28元，净利润1223310.57元，资产总额1949889580.13元。

【财务状况】 公司1996年底股东权益1140710724.00元，每股收益0.002元，每股净资产2.22元，净资产收益率0.11%，股东权益比率58.50%。向全体股东按10:1比例用资本公积金转增股本。

上海轻工机械股份有限公司

【公司概况】 公司1996年底总股份175160000股.，其中尚未流通股155160000股，已流通A股20000000股。主要股东有国家持股、万国宝鼎、通讯发展等。公司董事长：史丽雯，总经理：史仁良。

【经营业绩】 1996年，公司技术进步产品产值19630万元，产品出口创汇807万美元，实现利润620万元，基本上完成了股东大会确定的各项经济目标。1996年，公司在资产运作和资本经营中也初见成效，通过房屋租赁、对外投资的利润分成等，增加了公司的经济效益。主要关联企业有上海塑料机械厂、上海远东塑料厂、上海轻机供销有限责任公司、上海乳品中心等。1996年底主营业务收入319976575.14元，净利润5622813.11元，资产总额553683376.04元。

【财务状况】 公司1996年底股东权益288420827.72元，每股收益0.032元，每股净资产1.65元，净资产收益率1.95%，股东权益比率52.09%。1996年度暂不分红。

上海嘉丰股份有限公司

【公司概况】 公司1996年底总股份86734072股，其中尚未流通股64781992股，已流通A股21952080股。主要股东有国家持股、上海投资信托、天泰精化等。公司董事长：程介禄，总经理：孙再华。

【经营业绩】 1996年，公司董事会及时作出了浓缩纺织、盘活存量、扩大贸易、搞活其他的战略决策，年内压缩了三分之一的纺织总量，实施了纺织管理机构的重大改革，使年底纺织业基本止住了亏损，但由于公司的其他产业在年度内无法弥补纺织业已经出现的亏损，使公司出现了自成立以来的第一次年度亏损。主要关联企业有上海嘉丰房地产经营公司、上海嘉丰工贸实业总公司、上海丰鹤国际贸易公司、上海嘉丰特艺公司等。1996年底主营业收入249788395.48元，净利润－23048283.30元，资产总额439032579.11元。

【财务状况】 公司1996年底股东权益150744488.02元，每股收益－0.27元，每股净资产1.74元，净资产收益率－15.29%，股东权益比率34.34%。1996年度公司亏损不作分配。

上海联合实业股份有限公司

【公司概况】 公司1996年底总股份104937960股，其中尚未流通股82623408股，已流通A股22314552股。主要股东有上海纺织工业经营开发公司、香港联沪毛纺织有限公司、上海爱建股份有限公司等。公司董事长：丁　力，总经理：颜祖荫。

【经营业绩】 1996年，公司对控股子公司上海联合毛纺织有限公司进行资产重组，全年取得了较好的经营业绩。募集资金主要用于上海联合制衣公司扩建厂房项目、“联毛”搬迁、成立“新联毛”项目等，其中上海联合制衣公司扩建项目已竣工投入使用。主要关联企业有上海联合毛纺织有限公司、上海联川毛纺织有限公司、上海百乐毛纺织有限公司、上海联合高级时装有限公司等。1996年底主营业务收入258931717.99元，净利润25791411.11元，资产总额619640585.37元。

【财务状况】 公司1996年底股东权益219652672.66元，每股收益0.2458元，每股净资产2.09元，净资产收益率11.74%，股东权益比率35.45%。以1996年末总股本计算每10股派发现金红利1.2元(含税)。

上海异型钢管股份有限公司

【公司概况】 公司1996年底总股份84470595股，其中尚未流通股42385695股，已流通A股42084900股。主要股东有上海冶金控股(集团)公司、国泰证券等。公司董事长：余大顺，总经理：蔡国华。

【经营业绩】 1996年，公司完成钢材产量12590吨，综合成材率88.9%，综合合格率99.86%，新产品产销率24.13%。1996年，公司加大了对新产品开发的投入力度，程控交换机专用钢管获上海市新产品二等奖，不锈钢复合钢管获上海市新产品一等奖。全年共有251名员工参加了各类学习和培训。公司合资企业上海维蒙特异型钢管有限公司、上海富鑫不锈钢制品有限公司、上海晶鑫紧固件有限公司均于1996年进入试生产，试生产状况良好。主要关联企业有上海异钢房地主发展公司、上海天天快餐配膳中心、上海异钢实业公司、上海永鑫异型钢管技术发展部等。1996年底主营业务收入106350589.64元，净利润17385401.22，资产总额257653889.19元。

【财务状况】 公司1996年底股东权益172326520.77元，每股收益0.2058元，每股净资产2.04元，净资产收益率10.09%，股东权益比率66.88%。向全体股东每10股送红股1.5股。

一汽金杯汽车股份有限公司

【公司概况】 公司1996年底总股份971811300股，其中尚未流通股691811300股，已流通A股280000000股。主要股东有中国第一汽车集团公司、沈阳汽车工业股权投资有限公司、沈阳资产经营有限公司、海通证券、四环经贸等。公司董事长：耿昭杰，总经理：展万金。

【经营业绩】 1996年公司共生产各类汽车20348辆，其中轻型卡车10052辆，轻型客车10296辆。年初，公司精心组织了新产品CA1043、CA1049二吨级系列，CA1020、CA1026一吨级系列轻型卡车及CA1041柴油车、CA1041翻转驾驶室货车及烟草专用车和出口车的生产。公司全年共开发整车新产品14个车型23个品种。提高产品质量，公司所属企业全部依据ISO9000系列标准建立和完善了质量保证体系。在产品销售方面，全年整车销量20317辆，其中销售轻型卡车10009辆，轻型客车10308辆，公司汽车产品已远销中东、南非市场。主要关联企业有金杯通用汽车有限公司、沈阳金杯客车制造有限公司、沈阳汽车制造厂、沈阳汽车发动机厂等。1996年底主营业务收入2647456818元，净利润10897538元，资产总额6233431206元。

【财务状况】 公司1996年底股东权益1541838034元，每股收益0.0112元，每股净资产1.59元，净资产收益率0.71%，股东权益比率24.73%。1996年度不向股东分配股利。

中国纺织机械股份有限公司

【公司概况】 公司1996年底总股份324628668股，其中尚未流通股192028668股，已流通A股23400000股，已流通B股109200000股。主要股东有国家持股、HKSBCSB S/A PICTET & CIE、中银证券公司等。公司董事长：肖卫国，总经理：郑伯华。

【经营业绩】 1996年公司共销售有梭织机3675台，无梭织机3388台，各类装置450套，收入22037.52万元。1993年3月12日在瑞士发行的3500万瑞士法郎的可转换债1996年底到期全部偿还。主要关联企业有上海中纺机工业机械公司、上海中纺机工具公司、上海中纺机房地产经营开发公司、上海中纺机建筑装璜工程公司等。1996年底主营业务收入287794307.18元，净利润2715286.79元，资产总额1459902806.28元。

【财务状况】 公司1996年底股东权益600351250.71元，每股收益0.0084元，每股净资产1.85元，净资产收益率0.45%，股东权益比率41.12%。1996年度利润暂不分配，另按10:1比例转增股本。

上海大众出租汽车股份有限公司

【公司概况】 公司1996年底总股份212925800股，其中尚未流通股94625800股，已流通A股16900000股，已流通B股101400000股。主要股东有国家股、HKSBCSB A/S CMB S/A TEMPLETON DRAGON FUND INC、SCBHK A/C BROWN BROTHERS HARRIMAN & COSUB A/C THE GREATER CHINA FUND INC、HKSBCSB A/C SOCIETE GENERALE、ABU DAABI，UNITED ARAB EMIRATES等。公司董事长兼总经理：杨国平。

【经营业绩】 1996年，公司通过收购、兼并小型出租汽车公司等手段，扩大公司主业的市场占有率，同时加快外地连锁企业的发展，通过投资参股等手段，进一步扩大异地出租汽车业务网络布局，大众房产参与旧区改造，实现滚动开发，创净利1200万元。商贸旅游业创利润达900余万元。大众保险公司1996年取得利润总额近700万元。募集资金用于新增更新出租汽车、参股创办交通大众客运有限公司、建办上海大众国际旅行社和参股建办济南大众出租汽车有限责任公司、新建邯郸路汽车修理厂等。主要关联企业有上海大众房地产开发经营公司、上海大众旅游公司、上海大众工贸公司、上海大众物资公司、上海大众国际贸易有限公司等。1996年底主营业务收入601748016.65元，净利润111776741.17元，资产总额1336585796.14元。

【财务状况】 公司1996年底股东权益977662454.62元，每股收益0.53元，每股净资产4.59元，净资产收益率11.43%，股东权益比率73.15%。向全体股东每股送红股0.35股，另每股转增0.65股。

中国第一铅笔股份有限公司

【公司概况】 公司1996年底总股份152261366股，其中尚未流通股65141366股，已流通A股14520000股，已流通B股72600000股。主要股东有上海轻工控股(集团)公司、HKSBCSB A/C THE CHASE MANHATTAN BANK NA. S/A TEMPLETON CHINA WORLD FUND INC、交通银行上海分行等。公司董事长兼总经理：胡书刚。

【经营业绩】 公司1996年木制铅笔产量103200万支。全年产品销售率101%。全年完成出口额8884.7万元，自营出口创汇1034万美元。公司全年完成铅笔油漆、白胶等化工产品产销量1394吨，年销售额达1747万元。同时，1996年全资公司上海铅笔机械有限公司年生产销售各类铅笔机器设备144台(套)，实现销售1392.7万元，其中出口实现销售906.7万元。主要关联企业有上海高蒂丝化妆品有限公司、上海铅笔机械有限公司、上海长城笔业有限公司、上海福斯特笔业有限公司等。1996年底主营业务收入241751100元，净利润57253100元，资产总额526519600元。

【财务状况】 公司1996年底股东权益313568900元，每股收益0.38元，每股净资产2.06元，净资产收益率18.26%，股东权益比率59.56%。以1996年末总股本为基数计算，每10股送2.00元现金红利(含税)。

上海永生股份有限公司

【公司概况】 公司1996年底总股份111837130股，其中尚未流通股70437130股，已流通A股6900000股，已流通B股34500000股。主要股东有英雄股份有限公司、轻工控股(集团)公司、HKSBCSB A/C THE CHASE MANHATTAN BANK NA. S/A TEMPLETON CHINA WORLD FUND INC.、SCBHK A/C BANKERS TRUST CO.，S/A EMK UNITRUST/TEMPLETON等。公司董事长：赵松生。

【经营业绩】 1996年，公司完成自来水笔2409万支。1996年投资兴建项目有浦东二期工程。主要关联企业有上海永生房产经营公司、上海永生办公自动化有限公司、上海永生文教用品有限公司、永生金笔厂肖泾分厂等。1996年底主营业务收入226519379.12元，净利润13893100.15元，资产总额518432712.81元。

【财务状况】 公司1996年底股东权益344639190.84元，每股收益0.124元，每股净资产3.08元，净资产收益率4.03%，股东权益比率66.48%。向全体股东每10股送1.5股红股。

上海胶带股份有限公司

【公司概况】 公司1996年底总股份91014528股，其中尚未流通股51414528股，已流通A股6600000股，已流通B股33000000股。主要股东有上海华谊(集团)公司、HKSBCSB A/C THE CHASE MANHATTAN BANK NA. A/C TEMPLETON CHINA WORLD FUND INC.、HKSBCB A/C CMS S/A TEMPLETON DRAGON FUND INC.、上海宝钢(集团)公司等。公司董事长：张涛，总经理：钱恩惠。

【经营业绩】 1996年公司兼并了上海橡胶制品二厂、武汉胶带厂，收购了破产企业天华橡胶厂。已基本建成了提供胶带生产所需要的各类帆布的原材料基地，还有生产L型环型桶、防水卷材等产品的子公司。1996年，公司在抓生产经营的同时，还通过技术、设备和无形资产的投资，合资建立了福华胶带有限公司和申联劳伦茨胶带公司。主要关联企业有联一工贸公司、信一化工实业有限公司、骆驼房产经营公司、华丰鞋业公司等。1996 年底主营业务收入 290301558.02 元,净利润 8197815.38 元,资产总额 546687653.11 元。

【财务状况】 公司 1996 年底股东权益 212962354.29 元,每股收益 0.09 元,每股净资产 2.34 元,净资产收益率 3.90%,股东权益比率 38.90%。向全体股东每 10 股送 1.5 股红股。

上海丰华圆珠笔股份有限公司

【公司概况】 公司 1996 年底总股份 84426428 股,其中尚未流通股 71466428 股,已流通 A 股 12960000 股。主要股东有上海轻工控股(集团)公司、上海龙头股份有限公司、上海国际信托投资公司、上海申银万国证券有限公司等。公司董事长兼总经理:蔡瑞兴。

【经营业绩】 1996 年公司先后在广州、西安、北京、南京等城市建立了 11 个分公司。依靠科技进步,全年攻关立项 43 只,鉴定 27 只,笔芯质量攻关取得重大进展,新产品产值率达 38.18%。公司在丰华商厦周围开设了宾馆、酒家、建材商店、花鸟市场,使多种经营稳步发展。主要关联企业有上海丰华公司礼品分公司、上海丰华公司物资分公司、上海丰华公司第一分公司、上海丰华公司装备实业分公司等。1996 年底主营业务收入 161990647.20 元,净利润 25270776.78 元,资产总额 510301148.91 元。

【财务状况】 公司 1996 年底股东权益 250773990.91 元,每股收益 0.30 元,每股净资产 2.97 元,净资产收益率 10.08%,股东权益比率 49.14%。按 1996 年底股本计算,向全体股东每 10 股送 1.91 股红股,另按 10:0.64 比例转增股本。

上海市第一食品商店股份有限公司

【公司概况】 公司 1996 年底总股份 72614092 股,其中尚未流通股 49201766 股,已流通 A 股 23412321 股。主要股东有国家持股、上海市糖业烟酒(集团)公司、武商供销、上海市商业投资公司等。公司董事长:叶明华,总经理:陈扣娣。

【经营业绩】 1996 年,公司继续以大食品经营为主业标志,以连锁经营为基本途径,坚持发展集约经营下的批发配送和自营零售业务两大支柱。1996 年,公司收购了茶叶公司,扩大了超市公司和兴欣购物中心的经营规模。主要关联企业有上海第一食品商店股份有限公司浦东商场、上海市第一食品商店股份有限公司浦东二分店、上海市第一食品商店股份有限公司青浦分店等。1996 年底主营业务收入 393661131.16 元,净利润 12901723.84 元,资产总额 323684688.21 元。

【财务状况】 公司 1996 年底股东权益 158229051.59 元,每股收益 0.18 元,每股净资产 2.18 元,净资产收益率 8.15%,股东权益比率 48.88%。向全体股东每 10 股派发现金红利 1.36 元(含税)。

上海联华合纤股份有限公司

【公司概况】 公司 1996 年底总股份 167194800 股,其中尚未流通股 122194800 股,已流通 A 股 9000000 股,已流通 B 股 36000000 股。主要股东有香港佳运集团、上海化纤(集团)有限公司、中信兴业信托投资公司、上海市上投实业公司、中国银行上海信托咨询公司等。公司董事长:李克让,总经理:钱大栋。

【经营业绩】 我国化纤行业及化纤市场形势,1996 年上半年依然严峻,下半年开始复苏。1996 年下半年,公司在董事会的领导下,认真总结了经验,分析了上半年度产生亏损的原因,消化了上半年亏损、原料、成品、潜亏等种种不利因素,终于做到扭亏为盈,全年实现利润总额 102.63 万元,走出了困境 。主要关联企业有中外合资上海联海房产有限公司、上海联源经贸发展有限公司。1996 年底主营业务收入 207505771.50 元,净利润 899739.47 元,资产总额 458492914.87 元。

【财务状况】 公司 1996 年底股东权益 278732540.75 元,每股收益 0.005 元,每股净资产 1.67 元,净资产收益率 0.32%,股东权益比率 60.79%。1996 年度利润暂不分配。

上海氯碱化工股份有限公司

【公司概况】 公司 1996 年底总股份 962382700 股,其中尚未流通股 603380700 股,已流通 A 股 23002000 股,已流通 B 股 336000000 股。主要股东有上海天原(集团)有限公司、上海乐凯国际贸易有限公司、上海申银证券公司、CITIBANK N. A. H. K A/C CITICORP TRUSTEE CO. LTD GARTMORE PACIFIC STRATEGY TUND 等。公司董事长:徐荣一,总经理:周波。

【经营业绩】 公司生产经营烧碱、聚氯乙烯、氯、氟等 20 多种基础化工原料。1996 年,公司生产烧碱 29.7 万吨,聚氯乙烯树脂 19 万吨,工业总产值 19.2 亿元。开拓市场,全年产销率 99.9%,有 8 只产品出口,出口创汇 4188 万美元,其中烧碱出口 11 万吨,漂粉精出口近 3000 吨。全年完成各类固定资产投资 9976 万元,年产 10 万吨聚氯乙烯技改增产项目和年产 10 万吨离子膜烧碱技改增产项目开工建设,合资的上海赫克力士化工有限公司纸化学品项目也已开工,此外还有增建 1200 吨聚四氟乙烯、3 万吨聚氯乙烯粒料、二氯乙烷裂解炉、7 台储罐等项目。主要关联企业有上海乐凯国际贸易有限公司、上海氯碱化工房产开发公司、上海氯碱总厂供销公司、上海氯碱化工贸易有限公司等。1996 年底主营业务收入 2242892664.63 元,净利润 234462200.95 元,资产总额 4851589927.27 元。

【财务状况】 公司 1996 年底股东权益 2881273569.97 元,每股收益 0.244 元,每股净资产 2.99 元,净资产收益率 8.14%,股东权益比率 59.39%。向全体股东每 10 股送红股 1 股,同时每 10 股派发现金红利 0.6 元(含税)。

上海冰箱压缩机股份有限公司

【公司概况】 公司 1996 年底总股份 325063656 股,其中尚未流通股 171463656 股,已流通 A 股 15600000 股,已流通 B 股 138000000 股。主要股东有上海轻工控股(集团)公司(国家股)、HKSBCSB S/A PICTET & CIE、中国工商银行上海信托投资公司、上海久事公司等。公司董事长:朱蜀东,总经理:包衢来。

【经营业绩】 1996 年,公司生产冰箱压缩机 85.36 万台,实现销售 82.37 万台;生产空调压缩机 113.09 万台,实现销售 103.28 万台。1996 年 11 月 30 日通过了上海质量体系审核中心的认证。上海日立电器有限公司于 1996 年 4 月 28 日全面完成 140 万台空调压缩机项目建设,上海森林电器有限公司一期工程土建基本完成,开始设备安装调试。主要关联企业有上海日立电器有限公司、上海森林电器有限公司、上海金旋房地产开发经营公司、上海金旋铸造厂、上海浦江发动机配件公司。1996年底主营业务收入1163580917.07元,净利润146437929.40元,资产总额2318104314.70元。

【财务状况】 公司1996年底股东权益923644854.43元,每股收益0.45元,每股净资产2.84元,净资产收益率15.85%,股东权益比率39.84%。按每10股送3股红股派发股息。

上海市联农股份有限公司

【公司概况】 公司1996年底总股份77324562股,其中尚未流通股54002562股,已流通A股23322000股。主要股东有上海市锦绿发展总公司、上海展览中心友谊实业公司、上海市牛奶公司、上海农口房产公司、上海农业展览馆等。公司董事长兼总经理:郭聪聪。

【经营业绩】 1996年,公司集中精力把房地产业、交通运输业作为支柱产业来抓,房地产业竣工面积3.5万平方米,实现销售1.9万平方米,浦东云台路基地、江桥基地、中原小区基地都进入实质性启动。此外,公司加大调整力度,对原餐饮娱乐和部分农副产品经营实体,加快实行关停并转。主要关联企业有联农房产公司、凯泰置业公司、联农机动车驾驶员培训中心、海南兄弟海运有限公司等。1996年底主营业务收入82541034.51元,净利润4594542.15元,资产总额606535543.14元。

【财务状况】 公司1996年底股东权益231199538.08元,每股收益0.059元,每股净资产2.99元,净资产收益率1.99%,股东权益比率38.12%。1996年度结余利润暂不分配,另用资本公积金以10:1.5比例转增股本。

上海金陵股份有限公司

【公司概况】 公司1996年底总股份116973476股,其中尚未流通股89392676股,已流通A股27580800股。主要股东有上海仪电控股(集团)公司、上海金陵集体基金合作联社、上海汇龙仪表电子有限责任公司、上海由由实业总公司等。公司董事长:佘宝庆,总经理:徐伟梧。

【经营业绩】 公司业务范围为自产产品和相关技术的出口及内销、生产自需的原辅材料、设备和相关技术的出口、承办“三来一补”。1996年公司先后收购了上海微型电机厂存量资产和上海美星天线电厂全部主权。作为公司新的产品门类而新组建的金辉、金丽等三个微电机公司1996年已盈利506万元。此外,金陵——海欣大厦已开工,建筑面积4万平方米,预计1998年竣工。主要关联企业有上海上微金辉电机有限公司、上海上微金丽电机有限公司、上海金陵房地产开发公司、上海金陵电子设备公司、上海金陵经济发展公司等。1996年底主营业务收入267249965元,净利润29801373元,资产总额560489459元。

【财务状况】 公司1996年底股东权益256530704元,每股收益0.255元,每股净资产2.193元,净资产收益率11.62%,股东权益比率45.77%。分红方案为每10股送2股;每10股配3股转配2股(3.80—4.20元)。

上海嘉宝实业(集团)股份有限公司

【公司概况】 公司1996年底总股份219920734股,其中尚未流通股178160734股,已流通A股41760000股。主要股东有南翔经济发展总公司、嘉定戬浜工业总公司、嘉定徐行经济实业总公司、嘉定嘉西工业总公司等。公司董事长:叶祖成,总裁:卢万兴。

【经营业绩】 1996年,光明灯头分公司积极做好对兼并后的宝鸡分公司的技术、管理工作,同时发展铝合金灯头,逐步淘汰铁制灯头,引进国际先进铝合金灯头生产线。东锦食品公司的太太乐牌鸡精,1996年产量为3156吨,销售收入2.24亿元。嘉宝奇伊房地产经营公司1996年开发了民用商品房3.6万平方米,其中已预售2.1万平方米。嘉丽宝电子公司筹建工作基本结束,1996年四季度起生产电容器600万只。主要关联企业有上海嘉利嘉工贸有限公司、上海嘉嘉国际贸易公司、上海嘉宝奇伊房地产经营公司、上海嘉宝国际水陆工程有限公司、上海嘉宝商行等。1996年底主营业务收入667424438.58元,净利润53122975.16元,资产总额1366448500.38元。

【财务状况】 公司1996年底股东权益528711956.74元,每股收益0.242元,每股净资产2.40元,净资产收益率10.05%,股东权益比率38.69%。按1996年末总股本21992.0734万股为基数计算,每10股派发现金红利2元(含税)。

上海轮胎橡胶(集团)股份有限公司

【公司概况】 公司1996年底总股份808607020股,其中尚未流通股566807020股,已流通A股20800000股,已流通B股221000000股。主要股东有上海华谊(集团)公司、CITIBANK N. A. HK. S/A PENDAL NOMINEES PTY LTD、HKSBCSB A/C CMB S/A TEMPLETON DRAGDN FUND INC、ABU DHABI,UNITED ARAB EMIRATES等。公司董事长:蒋应时,总经理:顾维良。

【经营业绩】 公司1996年新产品开发33项,其中轿车子午胎9项,轻卡子午胎2项,全钢丝载重子午胎10项,根据市场需求开发6项。1996年公司实施了收购破产后的海口轮胎厂的方案。全年轮胎产量680万套,出口创汇7000万美元。主要关联企业有徐州江苏轮胎厂、厦门回力工贸公司、海南回力工贸公司、上海新轮开发有限公司、上海橡胶工业供销公司等。1996年底主营业务收入3982034973.15元,净利润140017774.39元,资产总额5718210054.55元。

【财务状况】 公司1996年底股东权益2165489336.06元,每股收益0.17元,每股净资产2.68元,净资产收益率6.47%,股东权益比率38%。向全体股东派发现金红利1.50元(含税)。

上海复华实业股份有限公司

【公司概况】 公司1996年底总股份99350350股,其中尚未流通股53455708股,已流通A股45894642股。主要股东有复旦大学、国有资产管理办公 室、华夏证券等。公司董事长:杨福家,总经理:陈苏阳。

【经营业绩】 公司1996年在UPS(不间断电源)系列、免维护全密封电池系列、AUTO—ID计算机识别系统、PCIR生物试剂等科技主导产品、计算机软件开发和使用、电气自动化设备等营养保健食品形成一定的生产和经营规模。复华高新技术园区一期工程1.2平方公里内“七通一平”基础设施工程已基本完成,有9家高科技企业进入园区。投资2000万元加强对在全国8个中心城市经营分公司的基础设施建设和6个新销售网的布点。主要关联企业有上海复华实业总公司、上海复华科技开发总公司、上海复华高新技术园区发展总公司、上海复华房地产经营公司、上海华富科技实业有限公司等。1996年底主营业务收入202071093.42元,净利润30565517.07元,资产总额472611514.89元。

【财务状况】 公司1996年股东权益299289649.67元,每股收益0.308元,每股净资产3.01元,净资产收益10.21%,股东权益比率63.33%。向全体股东每10股派送2股红股,另按10:2比例转增股本。

上海水仙电器股份有限公司

【公司概况】 公司1996年底 总股份236401000股,其中尚未流通股108851688股,已流通A股17549312股,已流通B股110000000股。主要股东有上海纳赛斯投资发展中心、上海新工联实业总公司、HKSBCSB A/C CMB S/A TEMPLETON DRAGON FUND INC等。公司董事长:宋伟民,总经理:陈毓民。

【经营业绩】 1996年,公司洗衣机销量105.06万台,其中双桶洗衣机销量96.95万台,全年完成洗衣机出口量4.11万台,出口创汇309.23万美元。双桶洗衣机产品年内推出了3.5公斤、5公斤系列二次开发产品,并推出60S、510S两只新品,电热水器、深罩式脱排油烟机、三眼煤气灶等厨房洁具系列产品也相继投放市场。公司合资建立了惠而浦水仙合资公司、水仙能率公司以及以生产洗衣机零部件为主的合资企业等。主要关联企业有上海水仙物产贸易发展公司、上海水仙房地产开发经营公司、上海水仙国际贸易有限公司、上海金山水仙电器有限公司等。1996年底主营业务收入756838513.26元,净利润7553582.44元,资产总额1208437520.15元。

【财务状况】 公司1996年底股东权益497322305.15元,每股收益0.032元,每股净资产2.10元,净资产收益率1.52%,股东权益比率41.15%。1996年度利润暂不分配。

上海申达股份有限公司

【公司概况】 公司1996年底总股份183075360股,其中尚未流通股160035360股,已流通A股23040000股。主要股东有上海申达(集团)有限公司(国家股)、中国华诚财务公司、恒通集团股份有限公司、上海市投资信托公司等。公司董事长:席时平,总经理:张惠民。

【经营业绩】 1996年,公司果断决策在前几年已压缩三万锭的基础上再压缩二万锭,完成了纺织产业第一步结构调整;全年净减员1048人,第六织布厂在棉纺织机上开发毛纺织品,1996年,申达大厦正在建造之中,外高桥通用标准厂房通过了质监站验收,江宁路澳门路口的24层大厦进入外装修阶段。1996年,收回了对茂盛公司、恒通公司的房产投资,关停了上海申达投资发展公司等几家被投资单位,回笼资金2000余万元。主要关联企业有上海申达贸易实业有限公司、上海申达房地产开发经营公司、上海申达商业发展公司、上海新纺织产业用品公司等。1996年底主营业务收入1212404786.03元,净利润5010990.81元,资产总额1001829324.53元。

【财务状况】 公司1996年底股东权益324037124.87元,每股收益0.027元,每股净资产1.77元,净资产收益率1.55%,股东权益比率32.34%。以10:0.7比例向全体股东派送股票红利,另按10:0.3比利转增股本。

上海电器股份有限公司

【公司概况】 公司1996年底总股份517965400股,其中尚未流通股466965400股,已流通A股51000000股。主要股东有国家持股、上海申银万国股份有限公司、上海国际信托投资公司、中国工商银行上海信托投资公司、北京通利达广告有限公司等。公司董事长兼总经理:唐子平。

【经营业绩】 1996年,公司连续创建南宁、郑州两个销售分公司,至1996年底,省区分公司累计总数达12个,销售额为21271万元,公司1996年组织各类订货会8次。至1996年底,公司已组建14家合资企业,合计总投资2.21亿美元,协议利用外资1.205亿美元,1996年,公司所属企业获得GB/I9000(ISO9000)标准第三方认证书的企业增至5家。主要关联企业有上海电器股份有限公司装备工程公司、上海电器股份有限公司实业公司、上海电器股份有限公司出租汽车公司等。1996年底主营业务收入1725202891.08元,净利润8453723.06元,资产总2449575416.19元。

【财务状况】 公司1996年底股东权益896736470.22元,每股收益0.02元,每股净资产1.73元,净资产收益率0.94%,股东权益比率36.61%。向全体股东每10股派发0.50元现金红利。

上海新世界股份有限公司

【公司概况】 公司1996年底总股份143112528股,其中尚未流通股95523408股,已流通A股47589120股。主要股东有国家持股、上海新世界控股(集团)公司、上海申银万国证券公司、上海第一百货商店股份有限公司等。公司董事长:侯鹤良,总经理:徐家平。

【经营业绩】 公司占地面积5500平方米,建筑面积近75000平方米的新世界城,自1995年底开业以来,荣获上海最佳商业建筑形象。主要关联企业有丽华公司、崂山商厦、中艺绣品公司、新世界房地产公司、新世界进出口公司等。1996年底主营业务收入1383639292.11元,净利润52334051.62元,资产总额1568979700元。

【财务状况】 公司1996年底股东权益322404891.63元,每股收益0.37元,每股净资产2.25元,净资产收益率16.23%,股东权益比率20.55%。向全体股东每10股送2股红股。

上海棱光实业股份有限公司

【公司概况】 公司1996年底总股份60635406股,其中尚未流通股40901406股,已流通A股19734000股。主要股东有恒通集团股份有限公司、上海建材(集团)总公司、珠海市众友职工互助、煤气二管处等。公司董事长:张少杰,总经理:吴永强。

【经营业绩】 1996年,公司多晶硅产品全年产量达到35.38吨,实现销售28.74吨,其中出口25吨,创汇163万美元,实现利润224万元。1996年公司扩大了三氯氢硅的生产规模,产量达到1483吨,利润为242万元。公司于95年收购了珠海恒通电能仪表公司后,电表业务已成为公司的主营业务之一。珠海电表在1996年向上海转移了其普通单相表的生产能力。由珠海电表公司组建并派员管理的年产15万台单相表的高效流水线,于年中建成并于8月投入生产。上海衡通电气公司当年完成了4万台普通单相表的生产。主要关联企业有珠海经济特区恒通电能仪表公司、上海棱光酵母制品有限公司、上海恒通电气有限公司、上海棱光旅行社等。1996年底主营业务收入99538976.60元，净利润16146212.13元，资产总额460804952.38元。

【财务状况】 公司1996年底股东权益132780543.94元，每股收益0.266元，每股净资产2.19元，净资产收益率12.16%，股东权益比率28.81%。向全体股东每10股送1.5股红股，另按10:6.5比例转增股本。

上海龙头(十七棉)股份有限公司

【公司概况】 公司1996年底总股份225255240股，其中尚未流通股198255240股，已流通A股27000000股。主要股东有国家持股、上海国际投资信托公司、申北证券公司、上海丰华股份有限公司、上海金陵股份有限公司等。公司董事长：姚志康，总经理：谢沪生。

【经营业绩】 公司经营范围为纺纱、织布、经外经贸部批准的进出口业务。公司纺织主业通过调整品种结构、降低生产成本、提高产品质量、加强基础管理、拓展营销渠道等一系列措施，年内生产经营形势逐步好转。主要关联企业有龙头房地产经营开发公司、龙头实业总公司、龙头国际贸易公司、鑫磊砼制品有限公司、大龙贸易公司、南汇棉纺厂、大新纺织厂。1996年底主营业务收入390288327.93元，净利润234717.74元，资产总额536122182.73元。

【财务状况】 公司1996年底股东权益374467636.25元，每股收益0.001元，每股净资产1.66元，净资产收益率0.06%，股东权益比率69.85%。1996年度不进行分配。

上海市第一百货商店股份有限公司

【公司概况】 公司1996年底总股份261675469股，其中尚未流通股198526669股，已流通A股63148800股。主要股东有上海一百(集团)有限公司、富士德有限公司、上海万福建筑装饰有限公司、东莞利登时装有限公司、上海市妇女用品商店等。公司董事长：陈显钊，总经理：张引琪。

【经营业绩】 公司的主营业务为百货零售及批发。1996年，公司进出口业务势头良好，创汇1052.7万美元。公司三大项目进展良好：中日合资第一八佰伴有限公司新世纪商厦于1996年底基本完工并试营业，至年底完成销售收入7.04亿元人民币；第一百货沪西商厦商场部于1996年9月29日试营业，至年底完成销售5257.96万元，酒店部已进入内装修阶段。1996年相继成立了物流中心、销售分公司、汽车销售分公司、管理咨询分公司、广告装璜分公司5个分公司。主要关联企业有第一百货淮海店、中百大酒店、第一百货针织品公司、第一百货纺织品公司等。1996年底主营业务收入3016621296.60元，净利润108260830.29元，净产总额1997698485.22元。

【财务状况】 公司1996年底股东权益1069667707.30元，每股收益0.41元，每股净资产4.09元，净资产收益率10.12%，股东权益比率53.55%。1996年按年末股本每10股送1.5股红股，另按10:2.5比例转增股本。

上海华联商厦股份有限公司

【公司概况】 公司1996年底总股份194239838股，其中尚未流通股145887810股，已流通A股48352028股。主要股东有上海华联(集团)有限公司、上海第一百货商店股份有限公司、中国糖业酒类集团公司、上投公司证券投资信托部等。公司董事长：张达夫，总经理：陈恂尧。

【经营业绩】 零售业为公司的主营业务。1996年，公司新开直营店24家，加盟店37家；还开发了名牌餐巾纸、保鲜膜、大米、面包、小五金等150多种商品，1996年公司下属商场开出专卖厅100多只，1996年投资兴建工程有上海时代广场、新华联大厦等。主要关联 企业有上海华联商厦、上海华联超市公司、上海市妇女用品商店、上海华联商厦广告公司等。1996年底主营业务收入2326948777.96元，净利润82484027.91元，资产总额1811627289.85元。

【财务状况】 公司1996年底股东权益819495648.91元，每股收益0.42元，每股净资产4.22元，净资产收益率10.07%，股东权益比率45.24%。每10股派发现金红利0.33元(含税)。

上海双鹿电器股份有限公司

【公司概况】 公司1996年底总股份152050800股，其中尚未流通股138850800股，已流通A股13200000股。主要股东有上海双联联社、上海新工联实业总公司、上海国际投资信托公司、中国纺织机械股份有限公司等。公司董事长：严镇博。

【经营业绩】 1996年，公司获得了由中国环境标志产品委员会颁发的“双绿色”标志。通过了国家质量认证中心ISO—9002认证和国家商检质量认证中心ISO—9002认证。全年公司出口创汇263万美元。主要关联企业有双鹿电器股份有限公司电冰箱二厂、双鹿房地产经营公司、申鹿电器贸易公司、上海电冰箱配件厂等。1996年底主营业务收入313292410.77元，净利润—78455985.58元，资产总额1050375377.34元。

【财务状况】 公司1996年底股东权益333012199.59元，每股收益—0.516元，每股净资产2.19元，净资产收益率—23.56%，股东权益比率31.70%。1996年度不进行利润分配。

上海海鸟电子股份有限公司

【公司概况】 公司1996年底总股份55055493股，其中尚未流通股29922693股，已流通A股25132800股。主要股东有上海华成无线电厂、香港新科创力有限公司、香港美泰国际有限公司等。公司董事长：中原福盛，总经理：徐乐勤。

【经营业绩】 1996年，公司紧紧抓住激光音响产品的经营，下半年新开发的VCD2.0版。公司主要投资项目海鸟大厦，1996年已完成桩基工程，合资公司“上海南部塑料制品有限公司”二期工程于1996年10月开工。主要关联企业有上海海鸟房地产开发有限公司、上海南部塑料制品有限公司、上海海鸟工贸公司、上海浦东海成实业发展公司。1996年底主营业务收入154690038.02元，净利润11338074.77元，资产总额205641764.90元。

【财务状况】 公司1996年底股东权益157082048.77元，每股收益0.21元，每股净资产2.85元，净资产收益率7.22%，股东权益比率76.39%。每10股送2股红股。

上海浦东大众出租汽车股份有限公司

【公司概况】 公司1996年底总股份104422500股，其中尚未流通股 58012500 股，已流通 A 股 46410000 股。主要股东有上海大众出租汽车股份有限公司、上海市煤气公司、上海市建国社会公益基金会、交通银行浦东分行、上海申华实业股份有限公司、大众保险股份有限公司等。公司董事长：杨国平，总经理：缪林标。

【经营业绩】 1996 年下半年，公司先是配合大股东大众出租汽车公司竞价收购了丽华出租汽车公司，接着又出资收购了一家出租汽车公司 45 辆出租小客车的牌照使用权。但公司 1996 年主营业务收入增长的同时主营业务利润却略有下降，表明公司主业的盈利能力在下降。公司净利润增长的主要原因是投资收益成倍增长及补贴收入增加所致，而投资收益中，大部分为股票投资收益。主要关联企业有上海浦东大众汽车配件公司、上海浦东房地产发展有限公司、上海浦东大众快餐公司、上海浦东大众公共交通有限责任公司等。1996 年底主营业务收入 124741800 元，净利润 45143700 元，资产总额 492411000 元。

【财务状况】 公司 1996 年底股东权益 338521000 元，每股收益 0.4323 元，每股净资产 3.24 元，净资产收益率 13.34%，股东权益比率 68.75%。分红方案为每 10 股送 1.188 股转增 8.812 股。

上海三爱富新材料股份有限公司

【公司概况】 公司 1996 年底总股份 74400000 股，其中尚未流通股 45600000 股，已流通 A 股 28800000 股。主要股东有上海有机氟所、蔡路纺织、顾路公司、投资信托等。公司董事长：张国勋，总经理：周克经。

【经营业绩】 1996 年，公司主要产品 F11、F113、氟橡胶、聚全氟乙丙烯树脂、分散聚四氟乙烯树脂等产品产量及其他产品产量均有较大幅度提高，产销率达 97.5%，主要产品聚全乙丙烯树脂、氟橡胶等占国内市场份额的 60%以上，F11、F113、F1416、PTFE 等产品都列入全国销售额前 3 名。主要关联企业有 3F 常熟氟化工公司、三爱富顾路工厂、三爱富蔡路工厂、广角创业公司、三爱富实业发展公司、励精实业有限责任公司等。1996 年底主营业务收入 232253534.64 元，净利润 6179897.16 元，资产总额 289538393.73 元。

【财务状况】 公司 1996 年底股东权益 150502374.60 元，每股收益 0.08 元，每股净资产 2.02 元，净资产收益率 4.11%，股东权益比率 51.98%。向全体股东每 10 股派发 0.50 元。

上海广电股份有限公司

【公司概况】 公司 1996 年底总股份 559349362 股，其中尚未流通股 509096962 股，已流通 A 股 50252400 股。主要股东有上海仪电控股(集团)公司、上海上实(集团)有限公司、上海申银万国证券股份有限公司、上海市宋庆龄基金会等。公司董事长：余宝庆。

【经营业绩】 1996 年，公司共生产电视机 140.57 万台，销售 146.35 万台，产销率 104%；生产洗衣机 8.9 万台，销售 9.6 万台，产销率 107.9%。1996 年，公司生产主要产品占国内同类产品市场份额为：电视机总产量占 4.1%，彩电占 2.7%，黑白电视机占 7.47%，录像机占 5.4%，VCD 占 0.2%。主要关联企业有上海广电房地产开发经营公司、SVA 浦东分公司、SVA 电子电器有限公司、上海广电信设备有限公司、上海广电网络系统有限公司等。1996 年底主营业务收入 2259302462.91 元，净利润 －177395052.65 元，资产总额 4957823391.71 元。

【财务状况】 公司 1996 年底股东权益 858947858.86 元，每股收益－0.317 元，每股净资产 1.54 元，净资产收益率－20.65%，股东权益比率 17.33%。1996 年度不进行分红送股

上海新黄浦置业股份有限公司

【公司概况】 公司 1996 年底总股份 301556284 股，其中尚未流通股 255875743 股，已流通 A 股 45680541 股。主要股东有国家股、众鑫实业有限责任公司、新黄浦集团公司、东亚建筑装饰实业有限公司、申银万国证券公司等。公司董事长：吴明烈，总经理：于在志。

【经营业绩】 1996 年，公司集中财力物力加快公司投资的新黄浦金融大厦和外滩京城二个重点项目竣工，同时在外滩京城开设上海五金物资市场。1996 年，公司开发大量中低档次住宅，凌家弄小区、陈家宅小区、由由小区陆续竣工。主要关联企业有上海东方物业公司、上海美华建筑装饰公司、上海兴华实业发展总公司、上海黄浦房地产物资经营公司等。1996 年底主营业务收入 510466622.84 元，净利润 120801266.22 元，资产总额 1373119630.36 元。

【财务状况】 1996 年底股东权益 843142518.68 元，每股收益 0.40 元，每股净资产 2.79 元，净资产收益率 14.33%，股东权益比率 61.4%。每 10 股送 3.2 股红股，另按 10:1.8 比例转增股本。

上海金桥出口加工区开发股份有限公司

【公司概况】 公司 1996 年底总股份 488000000 股，其中尚未流通股 270000000 股，已流通 A 股 75000000 股，已流通 B 股 143000000 股。主要股东有上海市财政局(国家股)、上海国际信托投资公司、HKSBCSB A/C CMB S/A TEMPLETON DRAGONFUND INC、TOYO SECURITIES ASIA LTD、HKSBCSB A/C CHASE MANHATTAN BANK NA. S/A TEMPLETON DEVEL AKTS TRUST 等。公司董事长兼总经理：杨小明。

【经营业绩】 公司主要经营房地产等业务。1996 年，公司在多级政府的支持下，认真执行年度股东大会的决议，主营业务收入和净利润都达到了年度目标。主要关联企业有上海浦东金股贸易实业公司、上海金桥出口加工区联合发展有限公司、上海市金桥联合投资开发公司、上海广安房地产公司、上海广乐房地产公司等。1996 年底主营业务收入 593186008.61 元，净利润 113466315.83 元，资产总额 5314307713.93 元。

【财务状况】 公司 1996 年底股东权益 1118481624.12 元，每股收益 0.233 元，每股净资产 2.29 元，净资产收益 10.14%，股东权益比率 21.05%。向全体股东每股派发现金 0.10 元(含税)，另按 10:3 配股。

上海国脉通信股份有限公司

【公司概况】 公司 1996 年底总股份 306212400 股，其中尚未流通股 270410400 股，已流通 A 股 35802000 股。主要股东有上海市邮电管理局、中国邮电工会上海市委员会、上海市电话

局、上海市邮政局邮购服务公司、上海市长途电信综合开发公司等。公司董事长奚国华,总经理:张健。

【经营业绩】 公司1996年新增128FLEX中文高速寻呼系统容量10万门,使公司寻呼总容量达到165万门。完成了寻呼特服网改造,形成自动寻呼大联网。新增无线寻呼用户200007户,总数达到903342户。1996年公司利润构成是:无线寻呼通信占利润总额的91.88%,集群通信占2.04%,通信设备销售等占6.08%。1996年6月,国脉大厦建造项目完成。主要关联企业有上海国脉房地产开发经营公司、上海国脉国际邮购公司、上海国脉广告装璜公司、上海国脉通信器材公司等。1996年底主营业务收入677502080.23元,净利润169843744.20元,资产总额1049949838.20元。

【财务状况】 公司1996年底股东权益753836203.93元,每股收益0.55元,每股净资产2.46元,净资产收益率22.53%,股东权益比率71.80%。每10股派发现金红利2.50元(含税)。

上海众城实业股份有限公司

【公司概况】 公司1996年底总股份168436800股,其中尚未流通股138196800股,已流通A股30240000股。主要股东有上海陆家嘴金融贸易区开发股份有限公司、上海国际信托投资公司、中国建设银行上海分行第二营业部、中房上海房地产开发总公司等。公司董事长:郑尚武,总经理:朱庆申。

【经营业绩】 1996年,公司实现房产销售合同金额237.74万美元。1996年投资兴建有众城公寓、众城商厦、众城外高桥房产项目,其中众城公寓已竣工,众城商厦工程进入内外装饰阶段,外高桥综合楼已完成桩基工程,仓储加工用房已完成主体厂房。主要关联企业有上海众城外高桥有限公司、上海众城大酒家、上海众城俱乐部、上海众城超市公司等。1996年底主营业务收入45586175.00元,净利润933996.36元,资产总额458255604.05元。

【财务状况】 公司1996年底股东权益334926099.85元,每股收益0.0055元,每股净资产1.99元,净资产收益率0.28%,股东权益比率73.09%。1996年度利润暂不分配。

上海申能股份有限公司

【公司概况】 公司1996年底总股份2633087769股,其中尚未流通股2471735769股,已流通A股161352000股。主要股东有申能(集团)有限公司、上海市电力公司、华夏证券有限公司、国泰证券有限公司、上海国际信托投资公司等。公司董事长:许冠庠,总经理:陈光华。

【经营业绩】 公司1996年以投资、经营电力项目为主。全年项目总投资8.895亿元,其中电力投资达8.735亿元。主要投资项目有外高桥电厂一期工程、天荒坪抽水蓄能电站、吴泾热电厂八期工程、申能星火热电厂等,其中外高桥发电厂一期工程(4×30万千瓦机组)3号机组于1996年11月29日并网发电,96年全年发电34亿度,天荒坪抽水蓄能电站(6×30万千瓦机组)上水库开挖于1996年10月17日提前完成。主要关联企业有上海申能星火热电厂、上海外高桥发电厂一期、崇明电力公司16号机、崇明电力公司14号机、华能上海石洞口第二电厂一期等。1996年底主营业务收入134139558.69元,净利润557579296.25元,资产总额9911142598.74元。

【财务状况】 公司1996年底股东权益4546404611.10元,每股收益0.2118元,每股净资产1.73元,净资产收益率12.26%,股东权益比率45.87%。每股分现金红利0.16元(含税)。

上海爱建股份有限公司

【公司概况】 公司1996年底总股份198000000股,其中尚未流通股88440000股,已流通A股109560000股。主要股东有上海工商界爱国建设特种基金等。公司董事长:刘靖基,总经理:顾青。

【经营业绩】 公司1996年信托投资方面,年末总资产为38.57亿元,实现税前利润9823万元;房地产业方面,花大力气抓好房屋销售和租赁工作,全年共实现销售收入8918万元,租赁收入1062万元,实现税后利润4944万元;实业投资方面,爱建纺织品公司新开设4家分店,实现销售收入1.56亿元;进出口业务方面,实现税后利润10.99万元。主要关联企业有爱建信托投资公司、爱建进出口公司、爱建(香港)有限公司、爱建建筑设计院等。1996年底主营业务收入629463288.65元,净利润162022022.59元,资产总额1175980570.38元。

【财务状况】 公司1996年底股东权益808588729.36元,每股收益0.82元,每股净资产4.08元,净资产收益率20.04%,股东权益比率68.76%。每10股派发现金红利2元(含税),送红股2股。

乐山电力股份有限公司

【公司概况】 公司1996年底总股份76714000股,其中尚未流通股42394000股,已流通A股34320000股。主要股东有国家股(乐山市国有资产管理局)、峨眉铁合金(集团)股份有限公司、峨眉山盐化工业(集团)股份有限公司、成都华冠实业股份有限公司、四川金顶(集团)股份有限公司等。公司董事长兼总经理:刘虎廷。

【经营业绩】 公司主营电力生产经营。1996年公司增加了乐山南部工业片区供电比例,同时投资重点有序转向原有电厂设备技改和新电源开发建设。1996年完成发电量23120万KWH(含公司控股大堡水电公司电量7554万KWH),电网外供售电量52578万KWH。投资兴建项目有乐山大沫水电站(2×1.25万KW)、电力调度中心等。主要关联企业有峨边大堡水电有限公司、乐山大岷水电有限公司、乐山金粟电厂、五通桥给排水设备厂。1996年底主营业务收入131863814.26元,净利润21317093.56元,资产总额442576244.22元。

【财务状况】 公司1996年底股东权益189268018.14元,每股收益0.28元,每股净资产2.47元,净资产收益率11.26%,股东权益比率42.77%。1995年结转利润及1996年净利润暂不分配。

上海望春花(集团)股份有限公司

【公司概况】 公司1996年底总股份97684929.68股,其中尚未流通股76084929.68股,已流通A股21600000.00股。主要股东有上海鑫达实业总公司、农行上海信托投资公司、上海金铧实业有限公司、长宁区长银五金经营部等。公司董事长兼总经理:李培佩。

【经营业绩】 公司1996年染色、印花平绒产品通过了ISO—

9002质量体系认证和获得了产品方圆标志合格证书，平绒印染产品被推荐为1996年上海市名牌产品。投资兴建项目有昆山分公司、印染厂水厂、成品仓库、望春花宾馆及陶瓷公司等。主要关联企业有上海望春花房地产开发经营公司、上海望春花外高桥经济发展公司、上海望春花股份公司浦东分公司、上海望春花汽车服务公司等。1996年底主营业务收入254938794.58元，净利润25613007.95元，资产总额431223620.96元。

【财务状况】 公司1996年底股东权益250198128.08元，每股收益0.2622元，每股净资产2.5613元，净资产收益率10.24%，股东权益比率58.02%。向全体股东以10:2的比例派送红股，另按10:1转增股本。

上海国嘉实业股份有限公司

【公司概况】 公司1996年底总股份78733710股，其中尚未流通股65423710股，已流通A股13310000股。主要股东有中信兴业信托投公司、香港大成发展公司、西安喜来登大酒店、深圳三龙实业公司等。公司董事长：李顺生，总经理：吴军。

【经营业绩】 1996年，国嘉信息公司开发高技术网络软件并大力开展平台出租，参与金税工程。1996年开展了国嘉大厦项目引资谈判，并与新加坡著名公司签定了合作合同，东海花园全面完工且手续完备。主要关联企业有上海国嘉光电有限公司、上海国嘉房地产有限公司、上海国嘉发展公司、上海国嘉大厦有限公司等。1996年底主营业务收入27737365.83元，净利润847189.18元，资产总额345555008.54元。

【财务状况】 公司1996年底股东权益159164873.68元，每股收益0.01元，每股净资产2.02元，净资产收益率0.53%，股东权益比率46.1%。1996年度利润暂不分配，按10:1比例转增股本。

上海新亚快餐食品股份有限公司

【公司概况】 公司1996年底总股份53516750股，其中尚未流通股32516750股，已流通A股21000000股。主要股东有新亚(集团)股份有限公司、二纺机股份有限公司、嘉宝实业股份有限公司、市出租汽车公司等。公司董事长：陈红军，总经理：王远荣。

【经营业绩】 1996年，公司增加经营品种，形成经营特色，所属连锁店均被市府授予“大众化早点供应点”铜牌。同时搞好嘉丽商务大厦、新亚商务大厦为主的商务服务业，提高客房、商务办公房出租率，经贸公司在做好连锁店原材料配供的同时，扩大对外经贸业，取得了较好的经营效果。主要关联企业有连锁二店、连锁五店、连锁六店、食品研究中心、嘉丽商务大厦等。1996年底主营业务收入60710850.61元，净利润595632.80元，资产总额123068252.93元。

【财务状况】 公司1996年底股东权益66396531.10元，每股收益0.011元，每股净资产0.897元，净资产收益率1.24%，股东权益比率53.95%。1996年暂不分配。

上海外高桥保税区开发股份有限公司

【公司概况】 公司1996年底总股份615750000股，其中尚未流通股430500000股，已流通A股19500000股，已流通B股165750000股。主要股东有上海市外高桥保税区开发公司、上海国际信托投资公司等。公司董事长兼总经理：阮延华。

【经营业绩】 1996年，公司利用了保税区新的功能性政策，把实现贸易、仓储、金融、保税商品交易等方面的全面突破作为第二次创业新的经济增长点，在优化投资环境，全面招商引资和推进功能开发等方面均取得了进展。主要关联企业有上海外高桥保税区联合发展有限公司、申高贸易有限公司、苏州保宏房地产有限公司、杭州千岛湖外高桥大酒店有限公司、上海外高桥公寓酒店有限公司等。1996年底主营业务收入648155349.49元，净利润113899075.96元，资产总额3967681519.51元。

【财务状况】 公司1996年底股东权益1130971448.34元，每股收益0.185元，每股净资产1.837元，净资产收益率10.07%，股东权益比率28.50%。以每股0.10元人民币向全体股东派发现金红利(B股和ADR股东按美元支付)。

上海市原水股份有限公司

【公司概况】 公司1996年底总股份1002512800股，其中尚未流通股879029440股，已流通A股123483360股。主要股东有上海市国有资产管理办公室、申银万国证券公司、中国建设银行上海信托投资公司、华夏证券公司等。公司董事长：芮友仁，总经理：吴守培。

【经营业绩】 公司1996年累计售水8.9亿立方米，连续四年实现安全生产无事故。如期完成长江引水二期工程陈行水库扩容、泵站土建、设备安装、近40公里的大口径排管等工程，1996年6月全线贯通供水，新增90万平方米/日供水能力，抓紧黄浦江上游引水二期工程的建设，年底前已开工和开工的项目有：大桥泵站，松江、马桥、张车村、临江段渠道，长桥泵站，临江过江道，配水系统改造等项目。主要关联企业有上海原水房地产开发公司、上海原水工贸公司、海南原水房地产开发经营公司、上海长源出租汽车公司等。1996年底主营业务收入409621194.89元，净利润213890094.73元，资产总额3646633218.47元。

【财务状况】 公司1996年底股东权益2134295530.36元，每股收益0.21元，每股净资产2.13元，净资产收益率10.02%，股东权益比率58.53%。1996年度股利暂不分配。

上海新锦江大酒店股份有限公司

【公司概况】 公司1996年底总股份348238700股，其中尚未流通股220165700股，已流通A股26400000股，已流通B股101673000股。主要股东有上海市锦江(集团)公司、HKSBCSB A/C CMB S/A TEMPLETON DRAGON FUND INC.、HKSBCSB A/S CHASE MANHATTAN BANK NA S/A TEMPLETON DEVEL MKTS TRUST等。公司董事长：沈懋兴，总经理：杨原平。

【经营业绩】 公司主要从事旅馆、餐饮等服务行业的经营活动及相关产业的投资活动。1996年，公司通过精简机构，酒店部门从17部减至11部1室；充实销售力量，加强推销活动，同时酒店还加入了UTEL和INTERNET网络，开通英、日语电话热线服务台等；1996年，公司的输出管理和对外投资有了较大进展，受托全权管理的星级酒店及办公楼有浦东大酒店、新民大酒店、船舶大厦等3家，新投资合资公司2家，全资企业新锦江假日酒店于1996年9月投入正式营业。主要关联企业有上海新锦江商厦有限公司、东锦江大酒店、国安大厦。1996年底主营业务收入258347912元,净利润53915913元,资产总额1650361453元。

【财务状况】 公司1996年底股东权益1458987975元,每股收益0.155元,每股净资产4.19元,净资产收益率3.70%,股东权益比率88.40%。向全体股东每10股送红股1股,另按10:1比例转增股本。

上海飞乐音响股份有限公司

【公司概况】 公司1996年底总股份62400000股,其中已流通法人股13937684股,已流通A股48462316股。主要股东有上海飞乐股份有限公司、利闻音响、豫农嵩证等。公司董事长:秦其斌,总经理:周金广。

【经营业绩】 公司经营音响设备、乐器、音响电子系统工程的设计、调试、安装及培训。1996年,充分发挥专业承接音响工程优势,积极参与八运会体育馆改扩建工程;向管理要效益,强化内部管理;资产经营进入实质性启动阶段。主要关联企业有上海飞乐音响公司第二经营部、上海飞乐音响股份有限公司普陀经营部、上海飞乐电子产品经销部等。1996年底主营业务收入101800818.94元,净利润9447914.11元,资产总额143808843.09元。

【财务状况】 公司1996年底股东权益131849374.45元,每股收益0.151元,每股净资产2.11元,净资产收益率7.166%,股东权益比率91.7%。向全体股东每10股送红股1.5股。

上海爱使股份有限公司

【公司概况】 公司1996年底总股份101088000股,已全部上市流通。主要股东有延中实业、宁波工信、珠翎百货、甬工上证、金山实业等。公司事长:秦国梁,总经理:郁为军。

【经营业绩】 1996年度,公司在商品流通方面,积极参与五金交电、金属材料、家用电器等产品的经营,爱使副食品公司参与“菜篮子”工程建设;在客运、出租业方面,增加对爱使汽车服务公司投资,新建了1200平方米的办公经营场地,将“夏利”车全部更新为“桑塔纳”车;在生产经营方面,调整产品结构,开发生产了电子应急灯等产品。主要关联企业有上海爱使销售分公司、上海爱使汽车服务公司、上海爱使金饰行、上海爱使副食品公司等。1996年底主营业务收入51467956.59元,净利润17799470.68元,资产总额253849630.03元。

【财务状况】 公司1996年底股东权益177081922.40元,每股收益0.176元,每股净资产1.75元,净资产收益率10.05%,股东权益比率69.76%。向全体股东每10股派发1元现金红利(含税)。

上海申华实业股份有限公司

【公司概况】 公司1996年底总股份179010000股,已流通A股179010000股。主要股东有君安投资发展有限公司、广州三新实业总公司、合丰实业、升祥投资、深发地产等。公司董事长:瞿建国,总经理:康晓阳。

【经营业绩】 公司1996年保证重点项目申华金融大厦顺利建设,客运新辟营运专线、共营线、代办线12条,更新车辆96部,房地产业方面,申华金融大厦于1996年12月29日完成结构封顶,进入设备安装和装修阶段。酒店旅游业方面,申华大酒店二期工程如期完工,新增客房114套,申华商务大酒店于1996年5月开始建设,申华旅游公司1996年共实现营业收入1063万元。主要关联企业有上海申华客运公司、上海浦东出租汽车公司、上海申华汽车修理厂、上海申华黄浦物业发展公司等。1996年底主营业务收入202581409.13元,净利润49820412.83元,资产总额1060420323.93元。

【财务状况】 公司1996年底股东权益481286971.02元,每股收益0.28元,每股净资产2.69元,净资产收益率10.35%,股东权益比率45.39%。按10:2的比例向全体股东派送红股。

上海飞乐股份有限公司

【公司概况】 公司1996年底总股份153334104股,其中尚未流通股39792241股,已流通A股113541863股。主要股东有仪电控股(集团)公司等。公司董事长:秦葆禄,总经理:秦其斌。

【经营业绩】 1996年,公司重点扶植和发展电声产品及通信产品两大基础产品,并进一步对原收购兼并的上海电讯器材厂、红灯通信设备厂、美多通信设备厂、华冠通信电子设备厂进行了调整、改组、吸收、消化。公司于1996年投资1000多万元开展了扬声器技术改造项目。公司除了开发生产电脑及汽车用扬声器外,还成功地开发了电视机用扬声器和收录机用扬声器。对上讯厂的有绳电话机转移生产基本完成,闵行分公司形成了能生产有绳电话机、无绳电话机、数字电话机的各门类电话机生产基地。主要关联企业有上海电讯器材厂、红灯通信设备厂、易发彩印包装有限公司、飞乐房地产开发经营公司等。1996年底主营业务收入301604644.07元,净利润40826403.36元,资产总额943037320.87元。

【财务状况】 公司1996年底股东权益393176858.91元,每股收益0.266元,每股净资产2.56元,净资产收益率10.38%,股东权益比率41.69%。向全体股东每10股分配现金红利1.00元(含税)。

上海豫园旅游商城股份有限公司

【公司概况】 公司1996年底总股份220992628股,其中尚未流通股180262167股,已流通A股40730461股。主要股东有上海豫园旅游服务公司、国家持股、上海市商业建设总公司、上海豫园商场等。公司董事长:柳伟忠,总经理:程秉海。

【经营业绩】 1996年,公司以产权关系为纽带,以资产重组为形式,以理顺经营格局为主旨,对百货、餐饮两大行业主体进行了较大幅度的机制调整,成立了百货、饮食二大公司,统一了经营格局。公司年销售超亿元的单位有7家。公司建成了总经营面积2.2万平方米的济南商厦、大同商厦、苏州商厦,稳步发展连锁网点,形成连锁经营。主要关联企业有老城隍庙金银珠宝公司、豫园商城百货公司、小商品公司、豫园商厦、工艺品公司等。1996年底主营业务收入2126994945.96元,净利润88799416.10元,资产总额1895299702.19元。

【财务状况】 公司1996年底股东权益872194184.85元,每股收益0.40元,每股净资产3.95元,净资产收益率10.18%,股东权益比率46.02%。向全体股东按10:1比例派送红股,每10股派发1.00元(含税)现金红利。

浙江省凤凰化工股份有限公司

【公司概况】 公司1996年底总股份93218441股,其中尚未流通股51899532股,已流通A股41318909股。主要股东有浙江康恩贝集团股份有限公司、兰溪市财政局等。公司董事长兼总经理:胡季强。

【经营业绩】 1996年,公司开发"维肤康"系列洁肤护肤产品,并建立了全国性的营销网络。1996年共消化近2000万元亏损因素。主要关联企业有浙江康恩贝集团制药有限公司、浙江凤凰公司房地产开发公司、浙江兰溪凤凰包装工业有限公司、兰溪市佳丽化工有限公司、浙江凤凰公司杭州分公司等。1996年底主营业务收入301232706.67元,净利润-56873110.56元,资产总额438973458.39元。

【财务状况】 公司1996年底股东权益94070048.86元,每股收益-0.60元,每股净资产1.01元,净资产收益率-60.46%,股东权益比率21.43%。1996年不进行利润分配。

北京市天桥百货股份有限公司

【公司概况】 公司1996年底总股份76318933股,其中尚未流通股37252003股,已流通A股39066930股。主要股东有北京市崇文区国有资产经营公司、北京市住宅建设(集团)总公司、工商银行北京信托投资公司、北京电影发行公司、玉泉路干休所管理处等。公司董事长:周自武,总经理:任世安。

【经营业绩】 1996年,公司加强企业管理,成立资金结算中心,提高资金使用效率,进一步完善了劳动合同管理。1996年完成了天桥商场二期扩建工程项目拆迁任务。主要关联企业有白沟公司、北京天桥精密钢管有限责任公司、北京天德尔服装服饰有限公司、福建石狮新桥大酒店等。1996年底主营业务收入242803199.99元,净利润10560390.55元,资产总额257601012.21元。

【财务状况】 公司1996年底股东权益193872456.25元,每股收益0.14元,每股净资产2.54元,净资产收益率5.45%,股东权益比率75.26%。向全体股东每股派发现金红利0.12元(含税)。

北京市天龙股份有限公司

【公司概况】 公司1996年底总股份111348744股,其中尚未流通股51132744股,已流通A股60216000股。主要股东有崇文天龙公司、北京市供销合作总社、农行北京市分行信托投资公司、北京市崇文区商业网点开发公司等。公司董事长兼总经理:李冀中。

【经营业绩】 公司已形成以科技为先导,内外贸易、工业生产、证券投资的多业并举的股份制企业集团框架。1996年,公司生产资料经营企业购进总值11523万元,销售总额12385万元,公司及时进行资产重组,将8家生产资料经营企业调整为不锈钢、有色金属和黑色金属三个专业经营分公司,天津天龙科技公司1400PS牌生产线于1996年进入小批量生产阶段,1996年,天津房地产项目水上公寓及别墅签定的售房协议达70%,天龙大厦一期工程进入 装修阶段。主要关联企业有天津益利不锈钢商行、天惠电子有限公司、龙源金属再生制品有限公司、津龙房地产开发公司等。1996年底主营业务收入197615728.98元,净利润23559903.21元,资产总额595118438.32元。

【财务状况】 公司1996年底股东权益322711552.56元,每股收益0.21元,每股净资产2.90元,净资产收益率7.3%,股东权益比率54.23%。1996年度暂不对全体股东进行股利分配。

福建省福联股份有限公司

【公司概况】 公司1996年底总股份103227245股,其中尚未流通股76697445股,已流通A股26529800股。主要股东有福建省纺织工业公司、福建华兴实业公司、中国纺织物资总公司、厦门化学纤维厂、工行福建省信托投资公司等。公司董事长:林凤金,总经理:林秋平。

【经营业绩】 1996年公司福联大饭店加大投资,进行高档次装修后,服务水平大为提高,住房率不断上升。晋江福联纺织城积极完善轻纺城的工程配套设施和后勤服务系统,加强市场开发和贸易开发工作。福华针纺织有限公司改善经营机制,进行技术改造,获得了较好的效益。主要关联企业有厦门福联公司、福州福联公司、柘荣福联公司、福州开发区福联公司、福联装饰配套公司等。1996年底主营业务收入157412346.32元,净利润10118833.05元,资产总额339944332.70元。

【财务状况】 公司1996年底股东权益173886606.07元,每股收益0.098元,每股净资产1.68元,净资产收益率5.82%,股东权益比率51.15%。向全体股东每10股送0.9股红股,另每10股转增1.1股。

福耀玻璃工业集团股份有限公司

【公司概况】 公司1996年底总股份254725513股,其中尚未流通股173369664股,已流通A股81355849股。主要股东有香港三益发展有限公司、香港鸿侨海外有限公司、福州绿榕玻璃有限公司、闽辉大厦有限公司等。公司董事局主席:王宝光,行政总裁:曹德旺。

【经营业绩】 1996年,公司在汽车玻璃主业上的投资继续以超过30%的速度增加,加速万达二期钢化厂的建设,形成与一期配套的为100万辆汽车提供整套能力。1996年又成功地为一汽车大众汽车公司TETTA、GOLF轿车及一汽协作处的六平柴、九平柴等货车提供整车定点配套,同时成为上海大众汽车公司的汽车玻璃专业供应商。主要关联企业有福建省万达汽车玻璃工业有限公司、福建省耀华汽车配件有限公司、福耀(香港)有限公司等。1996年底主营业务收入299162578.00元,资利润405434.00元,资产总额1029861790.07元。

【财务状况】 公司1996年底股东权益350178024.56元,每股收益0.0016元,每股净资产1.37元,净资产收益率0.12%,股东权益比率34.00%。1996年度利润暂不分配。

上海南洋国际实业股份有限公司

【公司概况】 公司1996年底总股份87715567.5股,其中尚未流通股72288067.5股,已流通A股15427500股。主要股东有上海交通大学、上海市国有资产管理办公室、申银万国证券股份有限公司、上海自动化仪表股份有限公司、上海交大工会等。公司董事长:翁史烈,总经理:高云霞。

【经营业绩】 1996年,公司继续调整产业结构,清理、关闭经济效益低下、扭亏无望的企业。1996年公司出现了亏损局面。主要关联企业有成都南洋经济发展有限公司、上海交大中京锻压有限公司、上海美通医疗器械有限公司等。1996年底主营业务收入65646872.98元,净利润—25560587.69元,资产总额444690856.36元。

【财务状况】 1996年底股东权益243407349.71元,每股收益—0.29元,每股净资产2.77元,净资产收益率—10.50%,股东权益比率54.74%。1996年公司不进行利润分配。

上海浦东强生出租汽车股份有限公司

【公司概况】 公司1996年底总股份122148000股,其中尚未流通股71409600股,已流通A股50738400股。主要股东有上海强生经济发展(集团)公司、上海上投实业公司、陆家嘴金融贸易区开发股份有限公司、中国建设银行上海市分行、文汇报等。公司董事长:张同恩,总经理:章时耀。

【经营业绩】 公司主要经营汽车租赁、公共交通、汽车修理等项目。1996年,公司通过连续三次筹资收购兼并,出租汽车规模已达1637辆。1996年公司全部车辆实现了IC卡管理。1996年募集资金主要用于收购强生集团所属的出租汽车第三分公司。主要关联企业有上海强生汽车租赁有限公司、上海强生公共汽车有限公司、上海强生云岭汽车修理有限公司、上海浦东强生旅游公司、上海新绿复兴城市开发有限公司等。1996年底主营业务收入161523110.96元,净利润41456405.47元,资产总额446384583.72元。

【财务状况】 公司1996年底股东权益394620145.48元,每股收益0.34元,每股净资产3.23元,净资产收益率10.51%,股东权益比率88.40%。向全体股东每10股派送2股红股,另每10股转增8股。

上海陆家嘴金融贸易区开发股份有限公司

【公司概况】 公司1996年底总股份1334060000股,其中尚未流通股855400000股,已流通A股114660000股,已流通B股364000000股。主要股东有上海市陆家嘴金融贸易区开发公司、上海国际信托投资公司、HKSBCSB A/C CHASE MANHATTAN BANK NA S/A TEMPLETON DEVEL MKTS、申银万国证券股份有限公司等。公司董事长兼总经理:王安德。

【经营业绩】 1996年,公司土地开发方面,以陆家嘴中心地区为重点,完成环球金融中心等共3幅地块交付;明城花苑竣工交付使用,金杨新村商品房开始预售;年内还竣工动迁房(含公建)20余万平方米,滨江大道、区域市政配套等一批市政项目在建。年内新签土地批租项目3个,批租合同金额6800余万美元。主要关联企业有上海御桥发展有限公司、上海陆家嘴城建开发有限责任公司、上海浦东新区陆家嘴、伊藤忠开发大厦有限公司、上海陆家嘴金融贸易区联合发展有限公司等。1996年底主营业务收入1606604043.39元,净利润623713990.59元,资产总额7752018467.90元。

【财务状况】 公司1996年底股东权益3794895640.99元,每股收益0.47元,每股净资产2.84元,净资产收益率16.55%,股东权益比率48.95%。公司已于1996年12月以中期利润共381160000元实施送股,年末未分配利润转入下年度分配。

哈尔滨医药股份有限公司

【公司概况】 公司1996年底总股份252640000股,其中尚未流通股135640000股,已流通A股117000000股。主要股东有哈尔滨医药集团公司(国家股)、汇成物业、广州欣奇、华昆农林、唐山证券等。公司董事长兼总经理:阎喜绵。

【经营业绩】 公司1996年生产主要医药品种有氨苄青霉素、青霉素钠、头孢噻肟钠、西药粉针剂、中药粉针剂、胶囊等。在新产品开发中,全年新投产上市17种产品,创产值6.251万元。公司所属医药公司通过了GSP验收。投资兴建工程有年产200吨青霉素、年产2000万支双黄连粉针及年产50吨头孢Ⅳ号项目。主要关联企业有加滨药业有限公司、环球塑胶制品有限公司、天利天然补品有限公司等。1996年底主营业务收入2183241054.80元,净利润112435530.34元,资产总额2488180576.87元。

【财务状况】 公司1996年底股东权益784982149.10元,每股收益0.45元,每股净资产3.11元,净资产收益率14.32%,股东权益比率31.55%。向全体股东每10股送1股红股,另用资本公积金向全体股东每10股转增2股。

上海沪昌特殊钢股份有限公司

【公司概况】 公司1996年底总股份480068000股,其中尚未流通股406568000股,已流通A股73500000股。主要股东有上海市国有资产管理办公室、上海五钢(集团)公司、上海申银万国证券公司、上海金属材料总公司等。公司董事长:侯树庭,总经理:石义庭。

【经营业绩】 1996年,公司完成钢材产量31.1万吨,其中优钢产量2.48万吨,合格率达97.58%。全年降低成本约1000万元。成功开发了大小两头规格的高强度Ⅲ级螺纹钢、MnCr系列齿轮钢、CK45桑车用正火材以及小规模轴承钢等品种,试轧成功了8毫米轴承钢。公司已形成了贸易、房地产、餐饮旅游和实业开发四大板块对外投资项目系列。主要关联企业有兴昌特殊钢经济发展公司、盛昌汽车修配厂、沪昌佘山度假村、昆山沪昌大酒店等。1996年底主营业务收入878158723.08元,净利润79379090.30元,资产总额1082401666.78元。

【财务状况】 公司1996年底股东权益845093421.50元,每股收益0.17元,每股净资产1.76元,净资产收益率9.39%,股东权益比率78.08%。向全体股东每10股送1股红股,另按10:1比例转增股本。

西南药业股份有限公司

【公司概况】 公司1996年底总股份83527220股,其中尚未流通股53255220股,已流通A股30272000股。主要股东有重庆市国有资产管理局、汕头南北制药厂、煤气二管等。公司董事长兼总经理:张逸屏。

【经营业绩】 公司1996年新设6个直销网点,坚持薄利多销。益保世灵等4个重点产品销售创历史最好水平。成立了产品信息处,建立了计算机信息系统,实现与“中国医药信息网”联网,完成了新产品雷登泰临床研究等试验工作,冻干车间二期工程已完成前期准备工作。主要关联企业有汕头经济特区金西药业公司、西南药业公司汕头分公司。1996年底主营业务收入212427837.48元,净利润5492345.36元,资产总额271514279.81元。

【财务状况】 公司1996年底股东权益147115135.48元,每股收益0.066元,每股净资产1.76元,净资产收益率3.73%,股东权益比率54.18%。1996年度利润暂不分配。

无锡市太极实业股份有限公司

【公司概况】 公司1996年底总股份255288528股,其中尚未流通股162888528股,已流通A股92400000股。主要股东有无锡市国有资产管理局、无锡市国有资产投资开发总公司、中国新技术创业投资公司、江苏省证券公司等。公司董事长:吴志清,总经理:袁耀国。

【经营业绩】 1996年,公司年产8000吨涤纶浸胶帘帆布生产线于1996年11月份全线开车投产;完成涤纶长丝技改扩产,增加生产能力2000吨/年;推出第三代活性降焦油丙纤过滤丝束,提高了产品的功能和附加值;公司通过了ISO9002质量保证体系认证。1996年,公司丙纤丝束产量18146吨,销量18216吨,涤纶长丝产量4932吨,销量6052吨,涤纶工业丝产量5220吨,销量3807吨。主要关联企业有太极广厦房屋建筑开发公司、太极物业开发公司、太极物产公司、太极化工纺织原料公司等。1996年底主营业务收入392126977.54元,净利润33178413.26元,资产总额1379694773.33元。

【财务状况】 公司1996年底股东权益579979532.94元,每股收益0.13元,每股净资产2.27元,净资产收益率5.72%,股东权益比率42.04%。向全体股东每10股派送现金红利1元(含税)。

浙江尖峰集团股份有限公司

【公司概况】 公司1996年底总股份186809330股,其中尚未流通股128084330股,已流通A股58725000股。主要股东有金华市资产经营公司、金华市经济开发区峰联实业有限公司、深圳天骥投资基金、金华市工联实业公司等。公司董事长:杜自弘,总经理:傅得清。

【经营业绩】 公司以生产水泥及其制品为主,涉及机电、医药、贸易、房地产等行业。1996年,公司生产普通硅酸盐水泥57.63万吨,销售水泥76.04万吨,生产水泥压力管249.86千米,销售243.90千米,生产市内通信电缆20.47万对千米,销售19.15万对千米。公司40万吨高标号水泥第一条生产线于1996年6月进入负荷联动试车,金航陶瓷年产200万平方米高档彩色大规格釉面内墙砖生产线在年末试车。1996年6月划归式兼并了临海制药厂,年初控股了上海通宇房地产开发公司。主要关联企业有浙江省水泥制品厂、浙江尖峰通信电缆有限公司、浙江尖峰集团包装材料厂、浙江尖峰集团公盛酱油厂等。1996年底主营业务收入311308644.14元,净利润40296891.06元,资产总额658235952.26元。

【财务状况】 公司1996年底股东权益397213906.15元,每股收益0.22元,每股净资产2.13元,净资产收益率10.14%,股东权益比率60.35%。向全体股东每10股送2股红股,另按10:3比例转增股本。

鞍山合成(集团)股份有限公司

【公司概况】 公司1996年底总股份132291000股,其中尚未流通股47591000股,已流通A股84700000股。主要股东有鞍山国有资产管理局、哈道国债等。公司董事长兼总经理:吴野松。

【经营业绩】 1996年,公司在顺利完成技术改造一期工程基础上,于1996年7月份完成了FDY二期工程的土建施工、设备安装、调试及试生产。公司两大主导产品涤纶长丝和涤纶仿真丝的市场占有率占东北地区的40%,前次增资配股募集的资金主要投入凯维腾纺织染项目、涤纶长丝加弹机和FDY四个位两个短平快项目及6000吨超细纤维一、二期工程项目等。主要关联企业有台安县第二造纸厂、鞍山市金环有限公司、鞍山市包装制品厂、鞍山市民政绒织厂等。1996年底主营业务收入75485423.12元,净利润3702916.20元,资产总额406394544.74元,

【财务状况】 1996年底股东权益176763002.54元,每股收益0.028元,每股净资产1.34元,净资产收益率2.10%,股东权益比率43.50%。1996年度利润暂不分配。

东北华联集团股份有限公司

【公司概况】 公司1996年底总股份140333684股,其中尚未流通股62235701股,已流通A股78097983股。主要股东有万通实业集团有限公司、吉林省国有资产管理局、辽源市国有资产管理局、广州经贸实业投资公司等。公司董事长:王功权,总裁:隋中国。

【经营业绩】 1996年,公司从实际出发,及时提出了稳定、整顿、发展的战略方针,在资金清欠、资产活化等方面取得了一定的进展,在搞 活经营、节约挖潜上取得了一定成效,先后开展了“三保一包”和“试、退、送、奖”系列服务活动,进一步赢得了广大消费者的信赖。主要关联企业有长春华联商厦 、东北华联光复路批发市场、东北华联集团股份有限公司实业总公司、东北华联四平金龙(集团)公司等。1996年底主营业务收入191456973.73元,净利润—118136320.67元,资产总额430069632.83元。

【财务状况】 公司1996年底股东权益229701595.49元,每股收益—0.842元,每股净资产1.64元,净资产收益率—51.34%,股东权益比率53.41%。1996年不进行利润分配。

杭州天目山药业股份有限公司

【公司概况】 公司1996年底总股份87485752股,其中尚未流通股45683992股,已流通A股41801760股。主要股东有杭州天目山药厂、临安市内燃机配件厂、深圳天久实业有限公司、深圳中农信贸易发展公司等。公司董事长:钱永涛,总经理:蒋炳琼。

【经营业绩】 1996年,公司先后用收购、兼并、控股等形式,组建了5家子公司和1家分公司,经营范围扩展到中成药、西药、生物制剂、电子、手表元件和商贸,收购后改造设立的杭州天目天伦造纸厂应用微机监控在制品的定量、水份。宝临公司经过技术改造,通过了ISO9002质量保证体系认证。公司开发的“表皮生长因子”已通过国家新药评审,且已建成符合GMP的标准厂房,引进生产设备已完成生产调试工作,与天津大学联合开发的“基因工程重组人白细胞介素—6”项目年底已拿出合格中试产品,投资兴建有临安天工商厦、手表螺钉生产线下沙工程、中药饮片精制颗粒剂技改、基金工程药物生产线技改、天环皮塑二期工程、青山殿水电站一期工程参股等

项目。主要关联企业有杭州天目天伦造纸厂、临安手表螺钉厂、临安市天工商厦、杭州天目北斗生物制药有限公司等。1996年底主营业务收入74124543.39元,净利润20835901.33元,资产总额259333698.57元。

【财务状况】 公司1996年底 股东权益200907613.84元,每股收益0.28元,每股净资产2.63元,净资产收益率10.37%,股东权益比率77.47%。1996年度暂不分配。

四川广华化纤股份有限公司

【公司概况】 公司1996年底总股份137805300股,其中尚未流通股57805300股,已流通A股80000000股。主要股东有广汉市国有资产管理局等。公司董事长兼总经理:林明金。

【经营业绩】 公司1996年共生产涤纶长丝9595吨,销售产品9200吨。公司1996狠抓生产和设备管理,提高产品质量,降低消耗和生产成本;狠抓大宗原料的供应,在低价位时购进大量切片;强化销售工作,稳固本省产品销售市场,积极拓展外省产品销售市场;加强基础管理,积极推行目标成本管理,严格成本核算,提高企业管理水平。主要关联企业有广嘉化纤有限公司、广华科技开发 有限公司、浙江绍兴羊毛衫厂、广华高坪织造厂。1996年底主营业务收入173870241.26元,净利润1736623.68元,资产总额385539267.87元。

【财务状况】 公司1996年底股东权益236195871.62元,每股 收益0.01元,每股净资产1.71元,净资产收益率0.74%,股东权益比率61.26%,1996年暂不分配股利。

成都量具刃具股份有限公司

【公司概况】 公司1996年底总股份100722200股,其中尚未流通股份59322200股,已流通A股41400000。主要股东有成都市国有资产管理局、中国四川国际经济技术合作股 份有限公司、重庆特殊钢公司、上海机电设备总公司、重庆机电设备总公司等。公司董事长:夏义宝,总经理:史习瑜。

【经营业绩】 1996年,公司围绕本年度的经营方针和目标,在建立现代企业管理制度方面取得了进展,现代企业管理制度基本确立,产品结构调整全面深入,有高新技术产品推出。1996年因销售回款差,存量资金占用不合理,影响了资本的运转效果。主要关联企业有成量出租汽车公司、成量联营直柄钻 头二厂、成量联营螺纹刀具二厂、成量联营锥柄钻头二厂、成量联营凤凰工具厂等。1996年底主营业务收入120928092.20元,净利润2252108.81元,资产总额506688663.98元。

【财务状况】 公司1996年底股东权益247860000元,每股收益0.02元,每股净资产2.46元,净资产收益率0.91%,股东权益比率50.28%。向全体股东每10股送0.8股红股。另向全体股东每10股转增0.2股。

峨眉铁合金(集团)股份有限公司

【公司概况】 公司1996年底总股份199487800股,其中尚未流通股119559800股,已流通A股79928000股。主要股东有乐山国有资产管理局、峨眉铁合金综合服务开发公司、中国工商银行四川分行信托公司等。公司董事长兼总经理:谢心敏。

【经营业绩】 公司1996年完成主营铁合金产量48241吨,销售铁合金产品49080吨,出口产品19436吨,出口创汇1112.3万美元。公司投资组建的中港合资企业乐山峨眉铜铝加工有限公司,1996年生产光缆2694公里,销售光缆2649公里,销售收入2800万元。1996年,公司虽然从内部做了大量艰苦的工作,但收益仍不理想,没有摆脱亏损局面。主要关联企业有海口峨铁工贸公司、乐山峨眉铜铝加工有限公司、峨眉亚洲铁合金有限公司、峨铁昆明工贸公司等。1996年底主营业务收入272401464.73元,净利润—27145338.67元,资产总额1051142062.81元。

【财务状况】 公司1996年底股东权益389395705.07元,每股收益—0.136元,每股净资产1.95元,净资产收益率—6.97%,股东权益比率37.05%。1996年公司不进行分红送股。

中华企业股份有限公司

【公司概况】 公司1996年底总股份155691162股,其中尚未流通股125860482股,已流通A股29830680股。主要股东有国家股、上海沪通实业公司、上海古北(集团)有限公司、上海爱建股份有限公司、中房上海房地产开发总公司等。公司董事长兼总经理:盛新建。

【经营业绩】 1996年公司在建项目面积超过20万平方米,竣工面积8万余平方米,包括鹿特丹花园、康吉大楼、华业大厦等。前次募集资金建设的中华企业大厦,正进行设备安装,1997年二季度有望交付使用。主要关联企业有上海鼎达房地产有限公司、上海华澳国际贸易有限公司、上海中企物业管理有限公司、上海中企房屋装修有限公司、上海中顺房地产发展有限公司等。1996年底主营业务收入481006500元,净利润59930100元,资产总额1508569500元。

【财务状况】 公司1996年底股东权益507096400元,每股收益0.385元,每股净资产3.26元,净资产收益率11.81%,股东权益比率33.61%。分红方案为每10股送2股转增3股。

上海钢铁汽车运输股份有限公司

【公司概况】 公司1996年底总股份61006080股,其中尚未流通股49006080股,已流通A股12000000股。主要股东有上海交运(集团)公司、申银万国证券股份有限公司、上海第九百货股份有限公司、上海物资贸易中心股份有限公司、上海时装股份有限公司等。公司董事长:吴徽章,总经理:王志康。

【经营业绩】 1996年,公司实现了全年扭亏转盈。公司在抓好宝钢、一钢集团和其他钢厂的运输货源组织的基础上,大力发展散货运输,集装箱运输已扭亏转盈。同时,公司使燃料、轮胎、保修费用等运输生产成本有所控制,管理费用也有所减少。主要关联企业有上海钢运房地产开发经营公司、上海长江汽车运输服务公司、上海康捷实业公司、上海钢运第一汽车修理厂、上海钢运第二汽车修理厂等。1996年底主营业务收入70531061.64元,净利润201910.82元,资产总额147619361.15元。

【财务状况】 公司1996年底股东权益102914752.38元,每股收益0.0033元,每股净资产1.69元,净资产收益率0.196%,股东权益比率69.72%。1996年度不实施分配。

浙江中汇(集团)股份有限公司

【公司概况】 公司1996年底总股份204964760股,其中尚未流通股 122882760 股，已流通 A 股 82082000 股。主要股东有国家持股、海通证券有限公司、中国华诚财务公司、中国纺织物资总公司、杭州兴达物资贸易公司等。公司董事长兼总经理：应土歌。

【经营业绩】 1996 年，公司全年完成进出口总额 1880 万美元。在培育新的经济增长点方面，1996 年重点投资 1500 万元收购宁波镇海毛纺厂并控股宁波中鑫毛纺集团，投资 6000 万元实施针刺无纺布项目，投资 2800 万元收购杭州洁翔实业股份有限公司 40%股权。在房地产业务上，杭州艮山路旧仓库项目已竣工并顺利出租，公司参股建设的温州五马花园和五马商厦已全部竣工，公司建造的纺织服装大楼二期工程于年底封顶。主要关联企业有浙江中汇房地产开发公司、浙江中汇实业公司、浙江中汇纺织服装公司、浙江中汇(集团)股份有限公司宁波公司等。1996 年底主营业务收入 701140664.85 元，净利润 29197908.03 元，资产总额 787672485.35 元。

【财务状况】 公司 1996 年底股东权益 287744385.67 元，每股收益 0.1425 元，每股净资产 1.40 元，净资产收益率 10.15%，股东权益比率 36.53%。向全体股东每 10 股派发 1.00 元现金红利。

四川金顶(集团)股份有限公司

【公司概况】 公司 1996 年底总股份 232660000 股，其中尚未流通股 136660000 股，已流通 A 股 96000000 股。主要股东有乐山市国有资产管理局、海南深圳、海南海口、上海申银万国证券公司等。公司董事长兼总经理：白德华。

【经营业绩】 公司主营水泥的生产、销售业务。公司 1996 年累计生产水泥(含下属子公司)128.78 万吨，其中主体厂生产 PO525＃普通硅酸盐水泥 24.59 万吨。投资项目有宜昌三峡水泥有限公司、四川金陵水泥有限公司和四川金石水泥有限公司。主要关联企业有四川金顶(集团)峨嵋水泥厂、四川金顶(集团)青白江水泥厂、四川金陵水泥有限公司、四川金明水泥有限公司、四川金宏水泥有限公司等。1996 年底主营业务收入 265975524.26 元，净利润 48974893.83 元，资产总额 936103066.11 元。

【财务状况】 公司 1996 年底股东权益 625365026.10 元，每股收益 0.21 元，每股净资产 2.69 元，净资产收益率 7.83%，股东权益比率 66.81%。向全体股东每 10 股派发现金红利 1.00 元(含税)。

凤凰股份有限公司

【公司概况】 公司 1996 年底总股份 386935670 股，其中尚未流通股 254935670 股，已流通 A 股 22000000 股，已流通 B 股 110000000 股。主要股东有国家持股、SCBHK A/C BANKERS TRUST CO,S/A EMK UNITRUST/TEMPLETON、HKSBCSB A/C CMB S/A TEMPLETON DRAGON FUND INC 等。公司董事长兼总经理：周金根。

【经营业绩】 1996 年，公司自行车产量为 470 辆，销售量为 470 万辆，其中出口 135 万辆。摩托车工程项目，1996 年累计投资 6247 万元，新开发太子式摩托车已投放市场，销售网络正逐步形成；武川路厂区综合改造项目，1996 年累计投资 7503 万元，该厂区泥板链罩车间、单辆成品库及集装箱设施于年底全部竣工和投入使用；控股投资项目，1996 年累计投资 2392 万元，合资兴建上海凤凰自行车(玉林)有限公司、邯郸飞轮厂、上海星亚国际货运有限公司三家。企业主要关联企业有凤凰自行车销售公司、上海凤凰大酒店、上海菲尼克斯汽车运输公司、上海巨凤自行车有限公司(中外合资)等。1996 年底主营业务收入 1546023324.80 元，净利润—49299760.89 元，资产总额 1998285116.24 元。

【财务状况】 公司 1996 年底股东权益 1063082870.52 元，每股收益—0.127 元，每股净资产 2.75 元，净资产收益率—4.64%，股东权益比率 53.20%。1996 年公司亏损，不实施对股东的分配。

上海邮电通信设备股份有限公司

【公司概况】 公司 1996 年底总股份 146598720 股，其中尚未流通股 73598720 股，已流通 A 股 13000000 股，已流通 B 股 60000000 股。主要股东有中国邮电工业总公司、TOYO SECURITIES ASIA LTD、海通证券有限公司、SCBHK A/C NOMURA TB/NOMURA ITM 等。公司董事长：李永林，总经理：章应铎。

【经营业绩】 1996 年，公司先后完成鉴定项目 16 项，其中 YJH01 型便携式电子资金支付终端、TM—2400 二十四针点阵打印机、SYH 系列收款机及 POS 系统、GF8—02 型 2—8MB/S 波分复用光纤通信终端设备四项通过上海市科委组织的设计定型鉴定，SDH 光纤同步数字复用设备 I 型机通过邮电部科技司的鉴定。1996 年，公司还在启动综合数字增强网(IDEN)和无人值守公用电话网等项目上取得长足进展。主要关联企业有上海邮通实业发展总公司、上海时代通信设备制造有限公司、上海天山通信电子有限公司、上海山崎电路板有限公司等。1996 年底主营业务收入 234847401.23 元，净利润 46693749.83 元，资产总额 794172439.80 元。

【财务状况】 公司 199 年底股东权益 454244405.20 元，每股收益 0.32 元，每股净资产 3.10 元，净资产收益率 10.28%，股东权益比率 57.20%。向全体股东每 10 股派发现金红利人民币 1.00 元(含税)，B 股红利以美元支付。

武汉长印(集团)股份有限公司

【公司概况】 公司 1996 年底总股份 119579328 股，其中尚未流通股 64769328 股，已流通 A 股 54810000 股。主要股东有武汉市国有资产经营公司、北京京华信托投资公司、万科企业股份有限公司、中国农业银行武汉市信托投资公司、中国工商银行武汉市信托投资公司等。公司董事长兼总经理：李东。

【经营业绩】 1996 年，公司发挥包装印刷作为主导产业的优势，加大工艺、技术、设备和检测手段等硬件投入，进行技术改造和设备配套。公司引进配置的现代铝箔包装生产线已进入实施阶段。公司在湖北咸宁温泉投资兴建的长印温泉酒店如期开业，长印大厦 26 层主体建筑也于 1996 年底完成结构封顶。主要关联企业有武汉印刷厂、武汉长印电器房地产开发公司、武汉塑料彩印厂、武汉长印电器有限公司、深圳长迅工贸发展公司等。1996 年底主营业务收入 142665250.22 元，净利润 8364742.61 元，资产总额 489083939.19 元。

【财务状况】 公司 1995 年底股东权益 326008934.36 元，每股收益 0.07 元，每股净资产 2.73 元，净资产收益率 2.57%，股东权益比率 66.66%。1996 年暂不分配股利。

南京新街口百货商店股份有限公司

【公司概况】 公司1996年底总股份191176300股，其中尚未流通股104986300股，已流通A股86190000股。主要股东有国家持股、南京咨询信息公司、南京市商业网点建设办公室、中轻南友进出口公司上海经营部等。公司董事长兼总经理：姜愉斌。

【经营业绩】 1996年，公司全年创汇324万美元；把握市场节拍，开展高品位的商品促销活动。1996年公司投资兴建项目为中山南路二期工程。主要关联企业有芜湖南京新百大厦有限公司、南京新百股份有限公司新电商场、南京新永现代办公用品中心。1996年底主营业务收入956539100.07元，净利润32778349.42元，资产总额976561653.22元。

【财务状况】 公司1996年底股东权益493073159.73元，每股收益0.171元，每股净资产2.58元 净资产收益率6.65%，股东权益比率50.49%。向全体股东每10股派发现金红利1.50元(含税)。

宁波华联集团股份有限公司

【公司概况】 公司1996年底总股份199253700股，其中尚未流通股130514000股，已流通A股68739700股。主要股东有国家股、宁波市工商信托投资公司、郑洲豫融企业、农行河南省信托投资公司、郑州丽晶俱乐部等。公司董事长兼总经理：王家兴。

【经营业绩】 公司出口创汇640万美元。房地产开发方面，建筑面积4万平方米的镇安怡苑花园进入主体施工阶段，3万平方米的甬港住宅小区和配套农贸市场桩基工程基本完成。宾馆、汽车出租等服务性子公司经营状况良好。控股银星城市信用社整体划归市城市合作银行工作于1996年9月顺利结束。1996年在建工程有“华联2号楼”。主要关联企业有宁波华联商厦、宁波华联宾馆、宁波华联集团五金机械公司、宁波华联集团交家电公司、宁波华联集团化工原料公司等。1996年底主营业务收入825678963.92元，净利润20029769.10元，资产总额1098624444.26元。

【财务状况】 公司1996年底股东权益587097740.39元，每股收益0.10元，每股净资产2.95元，净资产收益率3.41%，股东权益比率53.44%。1996年度股东红利暂不分配。

广州珠江实业开发股份有限公司

【公司概况】 公司1996年底总股份162134377.20股，其中尚未流通股106559377.20股，已流通A股55575000股。主要股东有广州珠江实业总公司、广州市国有资产管理局、铜陵诚信等。公司董事长：董明训，总经理：谢汉秋。

【经营业绩】 公司1996年如期完成征地计划，夏茅新征土地手续办齐，同德围地块解决了附近村民违章抢建的问题。淘金北旧铁路和西华路两个项目完成拆迁工作，平整了土地。冒岗商住楼和铁中西两个重点项目在1996年如期开。投资2717.5万元的北京“京瑞大厦”项目已于年内产生效益。投资开发了广州地铁一号沿线JY－8地块发展物业。主要关联企业有广州珠江物业经营管理公司、广州华乐物业经营管理公司、广州市文昌泊东管理公司、广州珠江百事佳物业经营管理公司等。1996年底主营业务收入179827893.20元，净利润48005784.16元，资产总额802449519.98元。

【财务状况】 公司1996年底股东权益477820386.29元，每股收益0.296元，每股净资产2.95元，净资产收益率10.05%，股东权益比率59.55%。向全体股东每10股派送现金红利3.40元，另按10:3比例配股。

广州广船国际股份有限公司

【公司概况】 公司1996年底总股份494677580股，其中尚未流通股210800080股，已流通A股126479500股，已流通H股157398000股。主要股东有中国船舶工业总公司、南方发展、外贸信托等。公司董事长兼总经理：胡国良。

【经营业绩】 1996年公司主营业务盈利能力严重下降。整体盈利能力亦大幅下降，究其原因，主要是受出口退税率由17%调至14%后进一步调至9%的影响；此外，船价偏低、集装箱产品的产销量下降也是主要原因之一。主要关联企业有广州广船国际集装箱厂、广州金帆广告装饰工程公司、广州兴顺船舶服务有限公司、广州万达木业有限公司、广州广联集装箱运输有限公司等。1996年底主营业务2061349000元，净利润33296000元，资产总额272442000元。

【财务状况】 公司1996年底股东权益1325461000元，每股收益0.0673元，每股净资产2.68元，净资产收益率2.51%，股东权益比率48.65%。每10股派0.5元。

厦门汽车股份有限公司

【公司概况】 公司1996年底总股份101011680股，其中尚未流通股62611680股，已流通A股38400000股。主要股东有厦门市财政局、海南新进工业开发有限公司、力又实业(深圳)有限公司、厦门永昌投资咨询有限公司等。公司董事长兼总经理：黄培予。

【经营业绩】 1996年，公司轻型客车已形成6个系列38个品种，大中型豪华旅游客车已形成5个系列20多个品种。轻型客车已在全国30个主要城市设了400多个销售网点，25个指定服务站，大中型豪华旅游客车在全国设立了54个销售网点，11个维修网点。1996年，公司投资的汽车工业企业生产的轻型客车、大中型豪华旅游客车的产量为2391辆，实现工业总产值5.35亿元。主要关联企业有厦门象屿保税区厦汽进出口公司、厦门长龙贸易公司、厦门汽车工业保税品公司、厦门金龙房地产开发公司等。1996年底主营业务收入365347777.10元，净利润12666333.31元，资产总额642451825.52元。

【财务状况】 公司1996年底股东权益223825705.41元，每股收益0.12元，每股净资产2.22元，净资产收益率5.65%，股东权益比率34.84%。1996年暂不分配红利。

厦门国泰企业股份有限公司

【公司概况】 公司1996年底总股份63429080股，其中尚未流通股39083000股，已流通A股24346080股。主要股东有海南农业租赁股份有限公司、海南华裕达实业有限公司、厦门国贸(集团)股份有限公司、深圳蛇口利宝投资贸易公司、深圳天昆投资发展有限公司等。公司董事长：吕术业，总经理：孙黎耘。

【经营业绩】 1996年是公司股权发生重大变动、投资方向进行重大调整的一年。公司进出口贸易稳中有升,全年完成贸易额7200万元,完成利润200余万元。在期货经纪方面,业务逐步扩大,1996年2月公司已拥有78.4%股份的珠海市天太期货经纪有限公司正式开业,并已实现税前利润324万元。1996年,公司在集团的配合下,与其它企业一起收购了原农业银行所属的某信托投资公司。此外,公司还投资收购了岳阳房地产综合开发股份有限公司490万股股票,认购了广州特种电力债券350万元。主要关联企业有厦门象屿保税区国泰进出口贸易公司、珠海市天太期货经纪有限公司、洋浦旭龙实业有限公司。1996年底主营业务收入78878121.07元,净利润20587539.14元,资产总额162170866.12元。

【财务状况】 公司1996年底股东权益117704133.83元,每股收益0.325元,每股净资产1.86元,净资产收益率17.49%,股东权益比率72.58%。1996年度利润暂不分配。

上海石油化工股份有限公司

【公司概况】 公司1996年底总股份7050000000股,其中尚未流通股4150000000股,已流通A股720000000股,已流通H股2180000股。主要股东有中国石油化工总公司、HKSCC NOMINEES LIMITED、HONGKONG & SHANGHAI BANKING CORPORATION(NOMINEES) LIMITED等。公司董事长:王基铭,总经理:吴亦新。

【经营业绩】 1996年公司共完成原油加工量485.3万吨,乙烯产量46.5万吨,乙烯生产且首次突破其44.5万吨的装置设计能力,丙烯产量25.5万吨,塑料、合成纤维产量分别为34万吨、22.9万吨。30万吨乙烯改扩建及其配套项目,其工程进度和资金投入正按计划进行;万吨乙烯低温储罐已完成设备完装;3万吨涤纶短纤多品种生产线进行设备安装;1万吨丙纶短纤装置于1996年5月投入运行;3000吨涤纶工业长丝项目也于1996年完成并投入运行等。主要关联企业有上海石化联营开发公司、深圳金山聚酯有限公司、上海石化市场经营开发公司、中国金山联合贸易公司等。1996年底主营业务收入12203768000元,净利润1144817000元,资产总额19025786000元。

【财务状况】 公司1996年底股东权益11940131000元,每股收益0.162元,每股净资产1.69元,净资产收益率9.59%,股东权益比率62.76%。向全体股东派发末期现金股利每股人民币0.08元(含税)。

上海三毛纺织股份有限公司

【公司概况】 公司1996年底总股份99588300股,其中尚未流通股56588300股,已流通A股10000000股,已流通B股33000000股。主要股东有国家持股、HKSBCSB A/C CAISSE CENTRALEDES BANQUES POPULAIRES PARIS、HKSBCSB A/C CHASE BANK IRELAND S/A GT PRC FUND等。公司董事长兼总经理:苏皎秋。

【经营业绩】 1996年,公司主体生产规模适度扩大,并开拓了成衣深加工业务,收购了上海第十六毛纺织厂,转制后的"三翔毛纺针织厂"实现一年扭亏为盈,公司并由此发展了粗纺产品。公司顺利通过ISO9002质量体系复审。主要关联企业有上海鑫鑫物业公司、上海三龙贸易公司、上海三联纺织印染公司、吴江申吴毛纺织实业公司等。1996年底主营业务收入276541123元,净利润10240802元,资产总额547247345元。

【财务状况】 公司1996年底股东权益278970245元,每股收益0.103元,每股净资产2.801元,净资产收益率3.67%,股东权益比率50.98%。向全体股东按每10股0.50(含税)派发现金红利,另按10:1比例转增股本。

青岛海尔电冰箱股份有限公司

【公司概况】 公司1996年底总股份326532000股,其中尚未流通股206561095股,已流通A股119970905股。主要股东有海尔集团公司、二轻联社、华德正业、海通余姚等。公司董事长:张瑞敏,总经理:杨绵绵。

【经营业绩】 公司1996年共生产电冰箱151万台。公司于1996年4月及11月两次顺利通过了ISO9001国际质量体系复审,8月顺利通过了ISO14001环境管理体系审核。全年批量生产43个品种,共开发新产品32个,批量投放市场12个,已形成十大系列、三千多个规格的品种规模。主要关联企业有青岛海尔电冰箱有限公司、青岛海尔电冰箱(国际)有限公司、青岛家电工艺装备研究所、青岛海尔空调器有限公司等。1996年底主营业务收入2644074669.04元,净利润178248721.56元,资产总额1312594297.78元。

【财务状况】 公司1996年底股东权益906268893.00元,每股收益0.55元,每股净资产2.78元,净资产收益率19.62%,股东权益比率69.23%。向全体股东每股派发0.43元(含税)现金红利,另以10:3的比例配股。

东新电碳股份有限公司

【公司概况】 公司1996年底总股份77274499股,其中尚未流通股44058499股,已流通A股33216000股。主要股东有自贡市国有资产管理局、四川省信托投资公司、中国银行四川省国际信托投资公司、自贡市银河贸易公司等。公司董事长兼总经理:李志武。

【经营业绩】 1996年公司在全国建立了3处人造金刚石碳片代销点;全年开展了5项重点产品、7项新产品和4项基础科研项目,研究所全年完成新产品产值235.35万元。1996年,公司从美国引进的电刷生产线开始投入正常生产。募集资金主要投入"合成人造金刚石碳片生产线二期扩能"项目。主要关联企业有东新电碳都江堰分厂、东新电碳包装制品厂、自贡市碳素厂、凯迪碳素有限公司等。1996年底主营业务收入54290374.37元,净利润363728.04元,资产总额277139172.04元。

【财务状况】 公司1996年底股东权益159249318.23元,每股收益0.005元,每股净资产2.061元,净资产收益率0.23%,股东权益比率57.46%。1996年度暂不分配。

上海亚通股份有限公司

【公司概况】 公司1996年底总股份84266112股,其中尚未流通股67466112股,已流通A股16800000股。主要股东有上海银马实业公司、上海吴桥旅游用品公司、上海申银证券公司、江苏白茆渔轮公司、上海蓝天投资公司等。公司董事长兼总经理:季利平。

【经营业绩】 公司以申崇水上客货运输为主,业务已由内河客货运输、陆上出租汽车运输逐步向沿海航运方向发展。1996年,同时向跨行业的领域拓展,经营建筑装璜、参股电厂、修船业、旅游业等项目。主要关联企业有上海亚通出租汽车公司、上海亚通高速客轮公司、上海亚通汽车运输公司、上海崇海汽渡公司、上海环亚建筑装璜公司等。1996年底主营业务收入85530571.34元,净利润24507968.66元,资产总额267651471.00元。

【财务状况】 公司1996年底股东权益164708809.98元,每股收益0.291元,每股净资产1.95元,净资产收益率14.88%,股东权益比率61.54%。向全体股东按10:2比例派送红股,另按10:3比例配股。

福州东街口百货大楼股份有限公司

【公司概况】 公司1996年底总股份120007900股,其中尚未流通股71263800股,已流通A股48744100股。主要股东有福州市财政局、福建兴业证券公司等。公司董事长兼总裁:陈明魁。

【经营业绩】 1996年公司在管理方面,重点抓好现代化管理过程,逐步推进商场POS管理,导入企业CI,推行现代营销策略等。公司在福清市、莆田市、泉州市等地实现了跨地区的连锁经营。1996年募集资金投入"东百大厦"工程14439.65万元,至1996年底已如期实现23层主体工程的全面封顶,投资福清东百24小时超级商场3200万元,该商场已于1996年11月按期开业。主要关联企业有福州东百广告信息公司、福清东百24小时便利商场、泉州东百24小时便利商场、福州百华房地产开发有限公司等。1996年底主营业务收入381545737.89元,净利润33609572.16元,资产总额437469769.27元。

【财务状况】 公司1996年底股东权益365662096.64元,每股收益0.28元,每股净资产3.05元,净资产收益率9.19%,股东权益比率83.59%。向全体股东每10股送3股红股。

大连商场股份有限公司

【公司概况】 公司1996年底总股份135783900股,其中尚未流通股65783900股,已流通A股70000000股。主要股东有国家持股、华商特、北京特能、阳光基金、大连国际信托投资公司等。公司董事长兼总经理:牛钢。

【经营业绩】 1996年,公司完成了中日合资大连国际商贸大厦土建及地下3层主体工程,地上群楼工程完成二层,塔楼工程完成9层;大商北一楼等装修改造于1996年竣工,1995年8月开始投资兴建的大商中央大堂也于1996年6月15日全部竣工。主要关联企业有大连现代商用电脑有限公司、大连金首饰铸模有限公司、大连国际商贸大厦有限公司。1996年底主营业务收入888836154.59元,净利润55214601.14元,资产总额558044365.57元。

【财务状况】 公司1996年底股东权益365692766.36元,每股收益0.41元,每股净资产2.69元,净资产收益率15.10%,股东权益比率65.53%。向全体股东每10股送3股红股。

上海大江(集团)股份有限公司

【公司概况】 公司1996年底总股份512352800股,其中尚未流通股447352800股,已流通A股19500000股,已流通B股45500000股。主要股东有泰国正大集团正大上海有限公司、上海市松江县饲料公司、上海市松江县育禽公司、SCBHK A/C NOMIURA TB/NOMURA ITM等。公司董事长:杜述古,总裁:李关生。

【经营业绩】 1996年公司饲料产量和销量分别为71.85万吨和40.53万吨(产量和销量之差主要为公司内部自用量),商品代苗鸡的产量和销量分别为9313.58万羽和4637万羽(产量和销量也为公司内部耗用量),鸡肉产量和销量分别为10.33万吨和10.04万吨,全年出口创汇9075.74万美元。主要关联企业有上海大江(集团)股份有限公司饲料厂、上海大江(集团)股份有限公司佘山饲料厂、杭州大江饲料有限公司、上海大江洞泾饲料厂、上海大江得胜饲料厂等。1996年底主营业务收入2525123309.13元,净利润130798625.91元,资产总额2264364136.81元。

【财务状况】 公司1996年底股东权益1072565846.89元,每股收益0.255元,每股净资产2.09元,净资产收益率12.19%,股东权益比率47.37%。向全体股东每10股派发现金红利人民币1.5元(含税),并向全体股东每10股派送红股1股。

豪盛(福建)股份有限公司

【公司概况】 公司1996年底总股份261973500股,其中尚未流通股188475100股,已流通A股73498400股。主要股东有豪盛(香港)有限公司、泉州市经济开发公司、泉州市区经济发展公司等。公司董事长:谢必荣,总经理:谢炳煌。

【经营业绩】 公司1996年12月顺利通过中国方圆标志认证委员会IS09002国际质量标准认证审核组的年度监督检查。引进的造粒石英砖生产线于1996年底顺利到位;公司在国内各大城市成立了40多家销售公司,初步建立了一个稳定的营销网络。公司持有51%股权的豪盛(福建)卫浴有限公司的前期筹建工作全面展开,土地平整完成约80%,进口设备合同于1996年底签订。主要关联企业有豪盛(山东)有限公司、豪盛(广东)有限公司、豪盛(福建)卫浴有限公司、豪盛投资(香港)有限公司。1996年底主营业务收入172867312.05元,净利润26829776.32元,资产总额701947326.94元。

【财务状况】 公司1996年底股东权益529506635.87元,每股收益0.1024元,每股净资产2.02元,净资产收益率5.07%,股东权益比率75.43%。1996年度利润暂不分配。

长春欧亚集团股份有限公司

【公司概况】 公司1996年底总股份86089688股,其中尚未流通股51296688股,已流通A股34793000股。主要股东有长春市汽车城商业总公司(国家股代表)、吉林省国际信托投资公司、长春市兴业百货贸易公司、深圳万科企业股份有限公司、沈阳万众企业股份有限公司等。公司董事长兼总经理:曹和平。

【经营业绩】 1996年,公司主营业务收益、利润创历史最好水平,首次进入全国商业百强行列。欧亚商都的崛起和发展,欧亚科技城的建立和开业,欧亚矿泉水饮料有限责任公司的运作和生产,不断拓展了公司新的发展空间和新的经济效益增长点。主要关联企业有长春欧亚集团股份有限公司进口汽车配件分公司、长春市汽车城百货大楼朝鲜族商场、绥芬河市吉芬经济贸易公司、厦门长厦贸易公司等。1996年底主营业务收入369751460.45元，净利润20323626.57元，资产总额319883489.90元。

【财务状况】 公司1996年底股东权益194827466.01元，每股收益0.236元，每股净资产2.26元，净资产收益率10.43%，股东权益比率60.91%。1996年度利润暂不分配。

济南轻骑摩托车股份有限公司

【公司概况】 公司1996年底总股份494544960股，其中尚未流通股341391960股，已流通A股153153000股。主要股东有济南市国有资产管理局、青岛同泰橡胶厂、北京纸箱厂、广东中南铝合金厂、济南机动车配件厂等。公司董事长兼总经理：张家岭。

【经营业绩】 公司1996年共实现摩托车产量80.7万辆。1996年公司加大了技改力度，一些工程项目相继建成投产，发动机厂迁建扩能等重点工程正式动工；加大了新产品开发力度，大众50、飘逸木兰、大观木兰等新产品顺利投入批量生产并取得良好的经济效益；大规模实施以降低成本为目的的“三0工程”，将目标层层分解，层层落实，取得了显著的资金效益。1996年底主营业务收入3256024307.24元，净利润264929008.64元，资产总额1962923312.09元。

【财务状况】 公司1996年底股东权益1318388984.06元，每股收益0.54元，每股净资产2.67元，净资产收益率20.09%，股东权益比率67.16%。公司向全体股东按10:3.5送红股，按10:1.5转增股本。

辽源得亨股份有限公司

【公司概况】 公司1996年底总股份100660994.4股，其中尚未流通股55060994.4股，已流通A股45600000股。主要股东有辽源市国有资产管理局、上海二纺机股份有限公司、哈尔滨阿城纺织器材公司、吉林省信托投资公司等。公司董事长：刘志杰，总经理：孟祥杰。

【经营业绩】 1996年12月公司以转贷银行贷款和承担其他债务方式收购了辽源市造纸厂部分资产，形成化纤和造纸两项主业，公司还经过考察论证，加大了技改力度，开发市场，化纤“2500吨/年丙纶两用差别化柔性生产线项目”正在加紧建设。1996年已对沾玻璃卡纸机进行改造，实现年产万吨机制纸和加工纸生产能力。此外，公司全面推行ISO—9000质量管理保证体系。1996年底主营业务收入73136470.72元，净利润467916.18元，资产总额378202683.00元。

【财务状况】 公司1996年底股东权益204180249.14元，每股收益0.005元，每股净资产2.03元，净资产收益率0.23%，股东权益比率53.99%。向全体股东每10股送0.12股红股。

陕西百隆(集团)股份有限公司

【公司概况】 为1996年新上市公司。公司1996年底总股份56155000股，其中尚未流通股34368400股，已流通A股21786600股。主要股东有陕西省国有资产管理局、农行陕西信托投资公司、深圳安达实业股份有限公司、深圳海王药业股份有限公司、浙江中联石油公司等。公司董事长兼总经理：闫百古。

【经营业绩】 公司是以百货、文化用品、劳保用品批发为主的商业企业。1996年公司已建成百隆连锁超市7家，1个配送中心，在西安市进行了建立3家大中型零售店的前期准备工作及省内其他地区批零网点的筹建工作。投资兴建项目有公司综合营业楼一期二期工程，并新开拓房地产开发、石油、铁矿开采、宾馆等项目。主要关联企业有陕西中百商厦、陕西腾达房地产开发公司、陕西商埠汽车营运公司、陕西万方有限公司等。1996年底主营业务收入432077576.69元，净利润14480185.93元，资产总额12433257.73元。

【财务状况】 公司1996年底股东权益351197702.53元，每股收益0.22元，每股净资产1.82元，净资产收益率12.17%，股东权益比率29.10%。向全体股东每10股送2股红股，另每10股配3股。

哈尔滨工大高新科技产业开发股份有限公司

【公司概况】 为1996年新上市公司。公司1996年底总股份130000000股，其中尚未流通股80000000股，已流通A股50000000股。主要股东有哈尔滨工业大学高新技术开发总公司、河北燕地工贸开发总公司、哈尔滨高新技术开发区房屋建设开发总公司、哈尔滨市第三建筑工程公司等。公司董事长兼总经理：张大成。

【经营业绩】 公司主营业务包括高科技产品的生产、科技成果的转化服务、教育培训及房地产开发。1996年度，公司配合哈工大集团共同开发的大豆分离蛋白、膦脂等高科技产品等已近尾声，锂可充电池作为公司新产品开发已进入了中试过程。主要关联企业有哈尔滨工大中恒镀膜实业公司、哈尔滨圣日电池实业公司、哈尔滨工大经济技术信息咨询公司、哈尔滨工成房地产综合开发公司、哈尔滨哈特购物广场等。1996年底主营业务收入158286544.61元，净利润45884865.62元，资产总额430886192.37元。

【财务状况】 公司1996年底股东权益310489177.41元，每股收益0.353元，每股净资产2.39元，净资产收益率14.78%，股东权益比率72.06%。向全体股东每股派发现金0.20元(含税)，另每10股配3股。

四川沱牌曲酒股份有限公司

【公司概况】 公司1996年底总股份263380000股，其中尚未流通股197380000股，已流通A股66000000股。主要股东有四川沱牌集团有限公司、四川射洪广厦房地产开发公司、四川射洪顺发贸易公司、四川射洪融达房地产实业综合开发公司等。公司董事长兼总经理：李家顺。

【经营业绩】 1996年公司酒类产量10.72万吨，销售10.38万吨。公司前次募集资金投资于2万吨名优曲酒技改工程及其配套项目，全年完成投资1.24亿元，预计1997年7月可全部交付使用。其余3100万元作为流动资金。主要关联企业有四川射洪沱牌酒类销售有限公司等。1996年底主营业务收入800390000元，净利润100970000元，资产总额1062380000元。

【财务状况】 公司1996年底股东权益472320000元，每股收益0.38元，每股净资产1.79元，净资产收益率21.38%，股东权益比率44.88%。公司已于1996年11月22日以公司资本公积金按10:10向全体股东同比例转增股本；1996年利润分配方案为:向全体股东每10股派发现金红利1.20元(含税)。

沙市活力28(集团)股份有限公司

【公司概况】 为1996年新上市公司。公司1996年底总股份79977500股,其中尚未流通股59977500股,已流通A股20000000股。主要股东有荆州市国有资产管理局、中国农村发展信托投资公司、中国建设银行信托投资公司、中国工商银行湖北信托投资公司荆州办事处等。公司董事长兼总经理:雷世忠。

【经营业绩】 公司1996年主要投资建设项目有三氧化硫磺化技术改造,年产5万吨高比重、超浓缩洗衣粉工程,建设两条自动化洗衣粉包装生产线等。主要关联企业有沙市活力28集团经销总公司、沙市活力28集团佳兴房地产公司、沙市活力28集团益发公司、湖北美洁协和日用化工有限公司等。1996年底主营业务收入194158379.48元,净利润30778694.63元,资产总额554906745.60元。。

【财务状况】 公司1996年底股东权益280926087.98元,每股收益0.38元,每股净资产3.51元,净资产收益率10.96%,股东权益比率50.63%。向全体股东每10股派送4.38元(含税)现金红利。

浙江中大(集团)股份有限公司

【公司概况】 为1996年新上市公司。公司1996年底总股份141963840股,其中尚未流通股105963840股,已流通A股36000000股。主要股东有浙江中大集团控股有限公司、中国纺织品进出口总公司、浙江省技术进出口有限责任公司、浙江机械进出口公司等。公司董事长兼总经理:钟山。

【经营业绩】 1996年,公司在加强外贸主业的同时,大力发展多种经营,贯彻外贸经营与内贸经营相结合,实业投资与科技开发相结合。募集资金主要投入冷冻食品加工项目和氢镍电池项目,以及投资104国道上虞段一级专用公路、浙江民生投资财团股份有限公司等。主要关联企业有浙江中大(集团)制衣总厂、浙江中大(集团)房地产开发公司、浙江中大(集团)中兴公司、浙江中大(集团)国际货运公司等。1996年底主营业务收入1539373120.03元,净利润49630054.90元,资产总额1153953006.81元。

【财务状况】 公司1996年底股东权益417958853.64元,每股收益0.35元,每股净资产2.94元,净资产收益率12%,股东权益比率36%。1996年度可供股东分配利润暂缓分配。

北亚实业(集团)股份有限公司

【公司概况】 为1996年新上市公司。公司1996年底总股份167180000股,其中尚未流通股125372000股,已流通A股41808000股。主要股东有哈尔滨铁路局、东莞运通实业发展有限公司、招商银行、大庆石油管理局、铜陵金星等。公司董事长:余志怀,总裁:王平。

【经营业绩】 1996年,公司通过实施产业结构调整,形成以铁路运输、基础加工、高科技、金融投资、贸易服务为支柱产业的发展格局。1996年,公司加强了铁路运输与煤炭经营的产、运、销一体化建设,直接控制煤炭资源近100万吨,公司与鹤北林业局、PIC(德国、瑞士)公司合资建设的年产50万平方米的复合地板块项目进入设备安装阶段,药用油项目实现了当年投资当年试车成功。主要关联企业有北亚实业发展有限公司、北亚城市信用社、北亚房地产综合开发有限公司、北亚经贸有限公司、北亚国际广告策划有限公司等。1996年底主营业务收入143538961元,净利润49075587元,资产总额729476581元。

【财务状况】 公司1996年底股东权益416162005元,每股收益0.294元,每股净资产2.49元,净资产收益率11.79%,股东权益比率57.05%。向全体股东每10股送2股红股。

长安信息产业(集团)股份有限公司

【公司概况】 为1996年新上市公司。公司1996年底总股份67377570股,其中尚未流通股49747620股,已流通A股17629950股。主要股东有北京德恒有限责任公司、陕西省国有资产管理局、北大方正集团公司、陕西省国际信托投资股份有限公司等。公司董事长:韩家乐,总经理:周旭。

【经营业绩】 1996年为公司由以计算机产业为主逐步向通信产业及通信服务业转移、进行产业结构调整的关键一年。公司投资的中国联通西安地区数字移动电话(GSM)网项目于96年底正式开通运营,投资的联通公众无线寻呼网项目西安项目设备已开始进行安装、调试。主要关联企业有陕西长安房地产开发公司、北京长安人信息技术公司、陕西长安陆达实业有限公司等。1996年底主营业务收入193270882.90元,净利润13346185.03元,资产总额256993519.73元。

【财务状况】 公司1996年底股东权益126081444.51元,每股收益0.20元,每股净资产1.87元,净资产收益率10.59%,股东权益比率49.06%。向全体股东每10股派发现金红利1元(含税),另按10:3比例配股。

彩虹显示器件股份有限公司

【公司概况】 公司1996年底总股份360000000股,其中尚未流通股249504000股,已流通A股110496000股。主要股东有彩虹集团公司彩虹彩色显像管总厂、中国工商银行陕西省信托投资公司、中国建设银行陕西省信托投资公司、中国银行陕西省信托投资公司、西安无线电一厂等。公司董事长:王李广,总经理:侯瑞金。

【经营业绩】 1996年公司在保持产品旺销的情况下,通过专题研究开发并储备了一些高技术产品,如64cmFs 700线pc/TV monitor用彩管。公司参股的陕西省信托投资公司已改组就绪。主要关联企业有西安彩虹久千技术开发有限责任公司等。1996年底主营业务收入1127240400元,净利润110417200元,资产总额1103036900元。

【财务状况】 公司1996年底股东权益565790900元,每股收益0.307元,每股净资产1.57元,净资产收益率19.52%,股东权益比率51.29%。每10股派3.00元。

上海东海股份有限公司

【公司概况】 为1996年新上市公司。公司1996年底总股份148709200股,其中尚未流通股109709200股,已流通A股39000000股。主要股东有国家股、上海东海农工商总公司、上海金鸿实业总公司、珠海申广电子股份有限公司、上海真空电子股份有限公司等。公司董事长兼总经理:章祖法。

【经营业绩】 公司1996年不锈钢保温杯产量153万支,投资9720万元组建沪台合资上海恩乐得联合体扩建项目,投资2663万元用于程控局用交换机扩产项目,投资1665万元用于上海蔬菜示范基地项目,投资2000万元用于东海橡胶厂扩产改造项目。主要关联企业有上海东联棉纺织厂、上海星宇化工实业公司、上海东方制药厂、上海东灵制药厂、上海东海长远实业公司等。1996年底主营业务收入252474182.93元,净利润60747659.15元,资产总额1382290723.31元。

【财务状况】 公司1996年底股东权益418235487.01元,每股收益0.41元,每股净资产2.81元,净资产收益率14.52%,股东权益比率30.26%。1996年暂不分配股利。

沈阳蓝田股份有限公司

【公司概况】 为1996年新上市公司。公司1996年底总股份96965048股,其中尚未流通股66965048股,已流通A股30000000股。主要股东有沈阳蓝田经济技术开发公司、国家股(农业部)等。公司董事长兼总经理:瞿兆玉。

【经营业绩】 公司主要从事农副水产品的种养、加工、销售等业务。公司正在进行"菜蓝子工程"、"冷冻干燥食品项目"、"中华鳖养殖基地"、"畜禽养殖基地"、"畜禽加工生产线"等五个建设项目。主要关联企业有湖北洪湖蓝田水产品开发有限公司、沈阳蓝田房屋开发公司、湖北洪湖大湖开发公司。1996年底主营业务收入468241867.59元,净利润59266209.99元,资产总额622109107.15元。

【财务状况】 公司1996年底股东权益432909003.52元,每股收益0.61元,每股净资产4.46元,净资产收益率13.7%,股东权益比率69.6%。年利润按10:5送红股,同时按10:5以资本公积转增股本。

常林股份有限公司

【公司概况】 为1996年新上市公司。公司1996年底总股份132000000股,其中尚未流通股88800000股,已流通A股43200000股。主要股东有中国福马林业机械集团有限公司、华夏南京、华夏经贸、蓝天基金等。公司董事长:吴建平,总经理:尚德鑫。

【经营业绩】 1996年,公司共生产各类装载机1514台,销售1507台。1996年募集资金主要投入"开发振动压路机"项目、"提高制造工艺水平、确保产品质量及扩大生产能力"项目、合资企业"小松常林工程机械有限公司"生产大吨位装载机项目及合资企业"小松常林铸造有限公司"为配套工程机械铸件项目等,其中两个合资企业项目已基本建成或已竣工投产。主要关联企业有常州长龄桥箱厂、常州现代工程机械有限公司、小松常林铸造有限公司、小松常林工程机械有限公司。1996年底主营业务收入331232033.57元,净利润32395273.59元,资产总额671520499.85元。

【财务状况】 公司1996年底股东权益304735287.16元,每股收益0.25元,每股净资产2.31元,净资产收益率10.63%,股东权益比率45.38%。按总股本13200万股每10股派送1.00元(含税)现金红利。

厦门市龙舟实业集团股份有限公司

【公司概况】 为1996年新上市公司。公司1996年底总股份60360000股,其中尚未流通股45240000股,已流通A股15120000股。主要股东有厦门市思明区经济建设发展总公司、深圳安信投资发展公司、武汉国际租赁公司、深圳五星企业公司等。公司董事长:周伟安,总经理:吴守洁。

【经营业绩】 1996年,公司资金上加大对合资百利乐塑钢工程有限公司的投入。电气设备厂积极开发新产品,先后开发生产了25升和35升电子型热水器。以开发房地产项目盘活土地资源,先后开发了龙舟新村一期、二期,建筑面积6000平方米,同时开工龙盘公寓3400多平方米,已销售80%。主要关联企业有深圳鹭亚投资公司、厦门龙舟租赁公司、厦门市龙舟房地产建设发展有限公司、厦门市整流器厂等。1996年底主营业务收入38638358.91元,净利润11208073.27元,资产总额178215043.93元。

【财务状况】 公司1996年底股东权益112101033.04元,每股收益0.19元,每股净资产1.86元,净资产收益率10.01%,股东权益比率62.90%。1996年度暂不分红派息。

南宁百货大楼股份有限公司

【公司概况】 为1996年新上市公司。公司1996年底总股份90420000股,其中尚未流通股60420000股,已流通A股30000000股。主要股东有南宁市国有资产管理局、南宁泰安物业发展有限公司、南宁中兴公司、南宁市银丰劳动服务公司等。公司董事长兼总经理:覃本东。

【经营业绩】 1996年,公司开展了一系列灵活多样的促销活动,努力扩大花色品种,同时抓紧新北楼的装修工作。积极做好边贸及进出口业务,不断拓宽业务范围。募集资金主要用于南营业楼的扩建、改造工作,至年底所有项目均已完工投入运转,部分产品已开始走向市场。主要关联企业有南宁百顺旅游贸易公司、南宁市百通房地产开发公司、(中外合资)南宁百宁建筑物业有限公司等。1996年底主营业务收入355530168.90元,净利润36183488.84元,资产总额652144002.21元。

【财务状况】 公司1996年底股东权益295257038.24元,每股收益0.40元,每股净资产3.27元,净资产收益率12.25%,股东权益比率45.27%。向全体股东每10股派发现金红利1.00元(含税)。

南京医药股份有限公司

【公司概况】 为1996年新上市公司。公司1996年底总股份83017400股,其中尚未流通股62257400股,已流通A股20760000股。主要股东有南京医药集团有限责任公司、原中国人民建设银行江苏省信托投资公司、上海申银万国证券公司、深圳泰华房地产有限公司等。公司董事长兼总经理:李家森。

【经营业绩】 1996年,公司所属生命能科技开发公司新品开发取得新的进展,二类新药"活脑灵"针剂临床中期已获通过,新品"龙克栓"正在临床验证;恒生制药厂开始步入良性运行,年内实现工业产值1500万元。主营商贸发展平稳,已在全国7个主要城市设立办事处,年底业务已覆盖18个省、市的350多家大中型医院。募集资金主要用于年产1亿粒龙克栓胶囊生产线技改项目、年产10吨活脑灵原料药技改扩建项目,年产400万支活脑灵针剂与400万片活脑灵片剂技改项目、年产10亿只单剂量包装滴剂生产线项目、天然药物研究开发中心项目。主要关联企业有南京生命能科技开发公司、南京恒生制药厂。1996年底主营业务收入502805476.05元,净利润30221933.71元,资产总额435110827.40元。

【财务状况】 公司1996年底股东权益212835217.34元,每股收益0.364元,每股净资产2.56元,净资产收益率14.20%,股东权益比率48.92%。向全体股东按每10股派送现金红利2.00元(含税)。

青海山川铁合金股份有限公司

【公司概况】 为1996年新上市公司。公司1996年底总股份75 000 000股,其中尚未流通股55 000 000股,已流通A股20 000 000股。主要股东有青海山川铸造铁合金集团有限责任公司、海南深海进出口有限公司、五矿国际有色金属贸易公司、青海百货股份有限公司等。公司董事长:齐忠志。

【经营业绩】 公司1996年出口硅铁26499吨,出口创汇1802万美元。公司募集资金主要用于烟气净化系统改造项目、高碳铬铁技术改造项目和兴建铁合金四期工程项目等。1996年底主营业务收入121958206.39元,净利润27146389.23元,资产总额284020282.25元。

【财务状况】 公司1996年底股东权益174500489.16元,每股收益0.36元,每股净资产2.33元,净资产收益率15.56%,股东权益比率61.44%。向全体股东每10股送2.5股。

松辽汽车股份有限公司

【公司概况】 为1996年新上市公司。公司1996年底总股份116 800 000股,其中尚未流通股76800000股,已流通A股40000000股。主要股东有沈阳军区后勤部工厂管理局、中国工商银行沈阳信托投资公司、深圳常恒实业等。公司董事长:张家文,总经理:赵凤贤。

【经营业绩】 1996年,公司强化内部管理,提高产品质量,加快产品开发,调整经营策略。1996年主要投资开发新产品SLQ6502轻型客车,至年底全部工程完工程度为75%,该项目的四大工艺中的涂装线、焊装线、总装线及动力改造、样车制造及试验均已完成,冲压线已安装结束,进入调试阶段。1996年底主营业务收入186508412.92元,净利润15916885.35元,资产总额731377502.07元。

【财务状况】 公司1996年底股东权益394991903.10元,每股收益0.14元,每股净资产3.38元,净资产收益率4.03%,股东权益比率54.01%。向全体股东每10股送红股1股,另按10:1比例转增股本。

秦皇岛耀华玻璃股份有限公司

【公司概况】 为1996年新上市公司。公司1996年底总股份180000000股,其中尚未流通股139500000股,已流通A股40500000股。主要股东有中国耀华玻璃集团公司等。公司董事长兼总经理:李德芳。

【经营业绩】 公司1996年依靠科技进步,开展节约挖潜,全年共实现工业总产值27470万元,主营玻璃产品产量4408034.7重箱。以优质产品赢得信赖,玻璃产品一级品率有所提高;拓展经营服务领域,狠抓市场占有率,在巩固原有华东、华南、华中市场的基础上,进一步增加东北、西北等地区市场份额;层层建立了成本控制网络,强化职工培训,受训面达55.7%,募集资金主要投入耀华500吨/日浮法玻璃生产线扩建工程。主要关联企业有秦皇岛耀华国投浮法玻璃有限责任公司。1996年底主营业务收入252563998.42元,净利润52830289.66元,资产总额682785313.08元。

【财务状况】 公司1996年底股东权益511856608.66元,每股收益0.29元,每股净资产2.84元,净资产收益率10.32%,股东权益比率74.97%。每10股派送现金1.30元(含税)

天津港储运股份有限公司

【公司概况】 为1996年新上市公司。公司1996年底总股份139691681股,其中尚未流通股103193681股,已流通A股36498000股。主要股东有天津港务局、金华信托、淮涤丝厂、中国电子系统工程总公司等。公司董事长:王恩德,总经理:杨世樵。

【经营业绩】 公司主营内外贸进出口货物的储存、运输,主要货类包括煤、焦炭、集装箱、件杂货等。公司1996年完成运输量885万吨,入库量527万吨,出库量555万吨。1996年公司共完成基本建设投资额1006.3万元,主要项目有:完成了1.6万平方米货场的修建工程;进行了货物道路改造和车队停车场改建;继续进行业务楼的建设。主要关联企业有天津港保税区三环物流事业发展有限公司、天津港三环物资贸易公司、天津港保税区三环国际仓储服务有限公司等。1996年底主营业务收入109311123.76元,净利润30501606.09元,资产总额276015850.59元。

【财务状况】 公司1996年底股东权益186950027.06元,每股收益0.22元,每股净资产1.34元,净资产收益率16.3%,股东权益比率67.7%。向全体股东按每10股派送1.80元现金红利(含税)。

沈阳东大阿尔派软件股份有限公司

【公司概况】 为1996年新上市公司。公司1996年底总股份55000000股,其中尚未流通股38000000股,已流通A股17000000股。主要股东有东北大学软件中心、阿尔派电子(中国)有限公司(外资股)、沈阳资产经营有限公司(国家股)、深圳市深财证券业务部等。公司董事长:杨佩祯,总经理:刘积仁。

【经营业绩】 公司主要产品包括开放系统的基础软件、支撑软件、应用开发工具和各类网络系统等大型应用软件系统。1996年公司对原有的拳头产品如工程图纸自动处理系统(SEAS)、多媒体办公自动化系统(MOAS)、电力配电网综合管理系统(CAMPUS)、房地产交易信息系统(CARIS)、电信管理系统等软件产品进行了进一步完善和升级,并先后推出了SEAS3.0、CAMPUS5.0、CARIS6.0等一系列升级产品,至1996年底,公司已开发出20多种大型应用软件产品。1996年公司全方位拓展软件开发基地和销售服务网络建设,东大软件园中的智能开发中心建设顺利完成。在销售服务方面建立了2个开发中心、5个办事处,发展了7个代理。主要关联企业有沈阳东大河尔派电脑艺术广告公司、深圳市东大阿尔派软件有限公司、北京东大阿尔派系统集成有限责任公司、沈阳东大阿尔派湖南软件有限公司、沈阳房地产信息有限公司。1996年底主营业务收入104902692.84元,净利润32672583.00元,资产总额242979329.07元。

【财务状况】 公司1996年底股东权益188485952.17元,每股收益 0.59 元,每股净资产 3.43 元,净资产收益率 17.3%,股东权益比率 77.60%。向全体股东每 10 股派送 3 股红股,另向全体股东每 10 股转增 5 股。

大连热电股份有限公司

【公司概况】 为 1996 年新上市公司。公司 1996 年底总股份 97500000 股,其中尚未流通股 72500000 股,已流通 A 股 25000000 股。主要股东有大连市国有资产管理局、大连市电业局劳动服务公司、深圳市安信财务顾问有限公司、深圳市安信投资发展公司、大连市经济技术协作总公司等。公司董事长兼总经理:冷少宏。

【经营业绩】 公司 1996 年通过改革,进一步完善了内部生产经营管理体系,采取的主要措施有:加强安全生产管理,提高设备检修质量;加强经济运行管理,严格控制物耗水平;大力发展供暖用户,增加售汽量和发电量等。募集资金主要用于四号炉建设工程和增补流动资金。1996 年底主营业务收入 259678056.34 元,净利润 7735053.37 元,资产总额 735271835.86 元。

【财务状况】 公司 1996 年底股东权益 371067912.11 元,每股收益 0.79 元,每股净资产 3.81 元,净资产收益率 20.85%,股东权益比率 50.47%。向全体股东每 10 股送 5 股红股,并派发现金红利 2 元(含税),另每 10 股转增 3 股。

甘肃祁连山水泥股份有限公司

【公司概况】 为 1996 年新上市公司。公司 1996 年底总股份 70000000 股,其中尚未流通股 46978000 股,已流通 A 股 23022000 股。主要股东有永登水泥厂、永登永青股份合作水泥厂、兰州盛大有限公司、上海环球乐园、兰州科光等。公司董事长兼总经理:韩超然。

【经营业绩】 公司 1996 年全年共生产水泥 680093 吨,销售水泥 680059 吨,产销率 100%,投资兴建项目有:年产 100 万平方米高档彩釉内砖项目,设备配套资金引进 280 万美元;年产 15 万吨平凉祁连山水泥厂项目等。报告期内,公司无子公司及关联企业。1996 年底主营业务收入 167895575.57 元,净利润 25518074.52 元,资产总额 308079111.96 元。

【财务状况】 公司 1996 年底股东权益 182255556.32 元,每股收益 0.365 元,每股净资产 2.60 元,净资产收益率 14%,股东权益比率 59.16%。向全体股东每 10 股派送 2 元现金红利(含税)。

新疆百花村股份有限公司

【公司概况】 为 1996 年新上市公司。公司 1996 年底总股份 61275000 股,其中尚未流通股 31275000 股,已流通 A 股 30000000 股。主要股东有兵团商业贸易发展中心、新疆芳草湖糖厂、新疆兵团石油公司、新疆兵团商业贸易总公司等。公司董事长兼总经理:白新燕。

【经营业绩】 1996 年度,公司在百花村购物中心和百花村大酒店建设工程未能如期竣工的情况下,从实际出发,规范内部管理,降低费用开支,保证了经营业务收入;同时,参与短期投资取得了较好的回报。主要关联企业有新疆百花村大酒店、新疆中基股份有限公司、新疆正牌一号冰川水有限责任公司等。1996 年底主营业务收入 215220500 元,净利润 18244300 元,资产总额 465422900 元。

【财务状况】 公司 1996 年底股东权益 180838100 元,每股收益 0.298 元,每股净资产 2.95 元,净资产收益率 10.09%,股东权益比率 38.85%。向全体股东每 10 股派发红利 1 元(含税),每 10 股送 1 股红股,另按 1996 年末股本总额向全体股东以 10:1.5 比例转增股本。

沧州化学工业股份有限公司

【公司概况】 为 1996 年新上市公司。公司 1996 年底总股份 196200000 股,其中尚未流通股 146200000 股,已流通 A 股 50000000 股。主要股东有沧州化工实业(集团)公司、万泰物资、渝保合川等。公司董事长兼总经理:周振德。

【经营业绩】 公司 1996 年在新产品开发、市场开拓、生产组织、降低成本等方面取得较大的成绩,同时培育了新的经济增长点。1996 年公司以股票上市为契机,狠抓募集资金投向项目的建设进度,2 万吨离子膜烧碱生产装置的收购成功并产生了效益,15 万吨 PVC 树脂和三千吨液体化学码头工程正在加紧建设。1996 年底主营业务收入 402935621 元,净利润 61168117 元,资产总额 603293010 元。

【财务状况】 公司 1996 年底股东权益 505225456 元,每股收益 0.31 元,每股净资产 2.58 元,净资产收益率 12.11%,股东权益比率 83.74%。1996 年度利润暂不分配。

北京市西单商场股份有限公司

【公司概况】 为 1996 年新上市公司。公司 1996 年底总股份 191632300 股,其中尚未流通股 141032300 股,已流通 A 股 50600000 股。主要股东有北京西单商场集团、中国五金矿产进出口总公司、中国宝安集团股份有限公司、中国工商银行北京信托投资公司等。公司董事长:王权,总经理:刘秀玲。

【经营业绩】 公司 1996 年将北楼调整成为面向青年消费群体,突出名牌经营特色的经营场地,南楼突出了大众名牌规模经营特色;开设了快餐店与室内旱冰场,繁星超市公司全年新开连锁店 22 家,新配送中心的电脑物流管理系统和库房投入使用。投资兴建工程有繁星超市公司连锁店建设项目、瑞海大厦项目、南营业楼改造工程等。主要关联企业有北京市繁星西单商场有限责任公司。1996 年底主营业务收入 1569187318.78 元,净利润 69788520.77 元,资产总额 773606175.54 元。

【财务状况】 公司 1996 年底股东权益 534327687.06 元,每股收益 0.36 元,每股净资产 2.79 元,净资产收益率 13.06%,股东权益比率 69.07%。向全体股东按 10:2 派送红股,另 10 股转增 1 股。

宁波富达电器股份有限公司

【公司概况】 为 1996 年新上市公司。公司 1996 年底总股份 53400000 股,其中尚未流通股 40000000 股,已流通 A 股 13400000 股。主要股东有余姚市二轻工业总公司、余姚市塑料工业科技研究所、中国工商银行浙江省信托投资公司、中国农业银行宁波信托投资公司等。公司董事长:赵电驰,总经理:徐来根。

【经营业绩】 公司 1996 年度共生产不同型号吸尘器 28.75

万台，高速串激电机47.42万台，全年共完成外贸交货值5100万元，累计外销不同型号吸尘器17.45万台，同时在全国各省市及地区级大中城市建立了近300个销售网点。本年度新开发了ZL1000—44型、ZL1200—56型等不同型号吸尘器六只。公司又有8只产品申请并通过了德国的GS和欧共体CE等国际认证和国内长城认证。主要关联企业有余姚舜江水泥有限公司、余姚赛格特1新技术开发有限公司。1996年底主营业务收入168120320.50元，净利润21901998.96元，资产总额247550856.88元。

【财务状况】 公司1996年底股东权益142689088.21元，每股收益0.41元，每股净资产2.67元，净资产收益率13.35%，股东权益比率57.64%。向全体股东每10股派送3股红股。

云南云维股份有限公司

【公司概况】 为1996年新上市公司。公司1996年底总股份110000000股，其中尚未流通股76250000股，已流通A股33750000股。主要股东有云南维尼纶厂、海南中泰等。公司董事长兼总经理：王建坤。

【经营业绩】 1996年，公司共生产聚乙烯醇15607吨，产品产销率87.11%，产品合格率100%。至1996年底，公司募集资金尚未进行实质性投入，正在进行市场调研和技术论证，加紧运作，对原投资项目进行必要调整。主要关联企业有：云维富源炭素有限责任公司（筹）。1996年底主营业务收入175185309.27元，净利润74229301.18元，资产总额568635652.10元。

【财务状况】 公司1996年底股东权益332031469.69元，每股收益0.675元，每股净资产3.02元，净资产收益率22.36%，股东权益比率58.39%。1996年股利分配向全体股东以11000万股为基础，按10股送2元（含税）方式进行。

黑龙江电力股份有限公司

【公司概况】 为1996年新上市公司。公司1996年底总股份311804400股，其中尚未流通股171804400股，已流通A股40000000股，已流通B股100000000股。主要股东有中国东北电力集团公司、黑龙江省电力公司、HKSBCSB A/C CHASE MANHATTAN BANK，LONDON S/A FIDELITY EMERGING MARKETS FUND、NAITO SECURITIES CO. LTD。公司董事长：薛扬，总经理：孙光。

【经营业绩】 1996年发电量17.78亿千瓦时，销售量（供电量）16.36亿千瓦时。1996年，公司投资23000万元于哈尔滨第三发电厂二期三号机组，投资8400万元用于收购双鸭山发电厂二期三、四号机组30%部分资产，另投资偿还购买牡丹江第二发电厂一期机组债务。1996年底主营业务收入296739982.91元，净利润125279239.70元，资产总额1010042904.92元。

【财务状况】 公司1996年底股东权益617286483.08元，每股收益0.40元，每股净资产1.98元，净资产收益率20.30%，股东权益比率61.11%。A股每10股派发现金2.31元人民币（含税），B股每10股派发现金红利1.7325元人民币（含税）（以美元支付）。

山东鲁北化工股份有限公司

【公司概况】 为1996年新上市公司。公司1996年底总股份100000000股，其中尚未流通股73000000股，已流通A股27000000股。主要股东有山东鲁北企业集团总公司、国泰公司等。公司董事长兼总经理：冯怡生。

【经营业绩】 公司1996年充分发挥磷铵、硫酸、水泥联产发明专科技术工艺及国际领先的中度卤制溴及溴系列技术优势，全年共生产磷铵63275.08吨，硫酸64454.46吨，水泥69973.54吨，溴素及溴系列产品2531吨，三元素混配肥25000吨。募集资金全部用于“15万吨磷铵、20万吨硫酸、30万吨水泥”国家试点放大工程。股份公司由集团公司部分改组组建，改组后，股份公司与集团总公司下属单位之间属关联公司交易，交易价格按市场价格结算。1996年底主营业务收入228061868.04元，净利润61263238.09元，资产总额401145398.85元。

【财务状况】 公司1996年底股东权益324587654.84元，每股收益0.61元，每股净资产3.25元，净资产收益率18.87%，股东权益比率80.92%。1996年下半年度利润暂不分配。

辽宁远洋渔业股份有限公司

【公司概况】 为1996年新上市公司。公司1996年底总股份157000000股，其中尚未流通股109000000股，已流通A股48000000股。主要股东有辽宁省大洋渔业集团公司、大连冷冻机股份有限公司、大连海洋渔业进出口公司、中国水产总公司、金昌公司等。公司董事长：张毅，总经理：杨宝仲。

【经营业绩】 公司1996年在捕捞设备和技术、船队规模和内部管理上下功夫，有效地采取了下列措施：在北太平洋抓主要渔场的生产，除了原来主导产品鱼片、鱼糜、鱼籽、鱼粉外，还开发了鱼段、鱼泥和原条鱼等新产品，形成七大系列18个品种，扩大了鱿鱼钓船队的规模，并成功地开发了南太平洋新西兰鱿鱼钓渔场。先后开发了鱿鱼筒、鱿鱼圈、鱿鱼段和真空小包装系列产品。用募集资金购置了一艘冷藏运输船，投资对已有船只进行设备更新和改造等。主要关联企业有大连东和渔业有限公司。1996年底主营业务收入292139894.10元，净利润80275186.29元，资产总额371257024.30元。

【财务状况】 公司1996年底股东权益224983871.30元，每股收益0.511元，每股净资产1.63元，净资产收益率35.68%，股东权益比率60.60%。向全体股东每10股派发现金红利2.7元（含税）

重庆百货大楼股份有限公司

【公司概况】 为1996年新上市公司。公司1996年底总股份120000000股，其中尚未流通股90000000股，已流通A股30000000股。主要股东有重庆华贸国有资产经营有限公司、重庆庆通贸易公司、中国农业银行重庆信托投资公司、中国人民建设银行重庆信托投资公司等。公司董事长：龚小力。

【经营业绩】 公司1996年采取合作、独资、租赁等方式大力开办连锁商场，相继在北碚、江北、九龙坡区组建了重百分店。公司经营范围辐射至万县、南充、万盛等地。募集资金主要用于江北龙溪镇基地、连锁分店及出资补办黄泥磅土地使用权手续等。主要关联企业有百佳广告艺术公司、重庆百发房地产开发公司、劳动保护用品公司、重百北磅商场等。1996年底主营业务收入793267755.13元，净利润53076312.66元，资产总额575103737.79元。

【财务状况】 公司1996年底股东权益317385813.13元，每股收益 0.4423 元，每股净资产 2.6449 元，净资产收益率 16.72%，股东权益比率 55.19%。对全体股东按每 10 股送 7 股分配股利。

中国高科集团股份有限公司

【公司概况】 为 1996 年新上市公司。公司 1996 年底总股份 174600000 股，其中尚未流通股 130800000 股，已流通 A 股 43800000 股。主要股东有上海教育发展有限公司、上海医科大学、新疆生产建设兵团服务公司、上海电力高科联合公司等。公司董事长：翁史烈，总经理：徐文龙。

【经营业绩】 公司下属生物工程公司和门普来新材料公司在 1996 年对厂房、设备进行了技术改造，加大了对市场和科研的投入，下属银科公司完成了马鞍山超细粉加工中心两条生产线技术革新和改造，年生产能力可达 2000 吨，1996 年已生产 100 吨。公司下属房地产公司、咨询公司及其他第三产业企业共 13 个，1996 年也有了较好的发展和收益，其中房地产公司售出 15061 平方米厂房，实现销售 4600 万元。1996 年，公司共完成科技咨询项目 100 多项，并于下半年对“汽车尾气净化器项目”进行投资。主要关联企业有上海高科技生物制品工程有限公司、中国高科技集团上海咨询培训公司、上海全国高校技术市场、上海筑波科技开发公司等。1996 年底主营业务收入 103219005.85 元，净利润 29952605.15 元，资产总额 420911098.06 元。

【财务状况】 公司 1996 年底股东权益 279416483.01 元，每股收益 0.17 元，每股净资产 1.60 元，净资产收益率 10.72%，股东权益比率 66.38%。向全体股东每 10 股派发现金红利 1.00 元人民币(含税)。

湖南海利化工股份有限公司

【公司概况】 为 1996 年新上市公司。公司 1996 年底总股份 66300000 股，其中尚未流通股 49400000 股，已流通 A 股 16900000 股。主要股东有湖南化工研究院、湘化工会、湖南省化学化工学会科技服务部、长沙科旺化工仪表成套 设备公司、中信大榭开发公司等。公司董事长兼总经理：范涤尘。

【经营业绩】 1996 年公司生产农药原药 1170.9 吨，产品合格率 100%，生产农药制剂和其它精细化工产品 1801 吨，全年出口创汇 163.4 万美元。募集资金主要用于建设年产 1000 吨呋喃酚生产装置；扩建 年产 500 吨残杀威原药生产装置及建设高效 新农药制剂生 产装置。主要关联企业有长沙永高化工实业总公司、长沙科兴化工试剂厂、湖南科湘化工新技术开发公司、长沙科达化工公司。1996 年底主营业务收入 178182185.38 元，净利润 24839807.62 元，资产总额 210764289.10 元。

【财务状况】 公司 1996 年底股东权益 142012682.71 元，每股收益 0.37 元，每股净资产 2.14 元，净资产收益率 17.49%，股东权益比率 67.38%。向全体股东每 10 股送 3 股红股，另按 10:2 转增股本。

上海港机股份有限公司

【公司概况】 为 1996 年新上市公司。公司 1996 年底总股份 119600000 股，其中尚未流通股 83600000 股，已流通 A 股 36000000 股。主要股东有上海港口机械制造厂等。公司董事长：潘钟林，总经理：乐竟辉。

【经营业绩】 公司 1996 年在稳固国内港口机械市场的同时，大力延伸开发电厂、钢厂、船厂、三峡工程、水泥厂等行业的起重运输机械，重点拓展东南亚和北美洲等国外港机市场，1996 年国内港机市场占有率 70%以上，出口创汇 2569 万美元。1996 年公司顺利通过了 ISO9001 国际质量标准认证。首创机型的 MQ2000 型高架门座式起重机，并在三峡二期工程国际设备招标中中标，开发生产了产品技术性能已达国际水平的 40.5t 岸边集装箱起重机、40.5t 轮胎式集装箱龙门起重机等。1996 年投资兴建有总装场地再改造工程技术改造项目、扩大大型抓斗式卸船机生产能力的技术改造项目、引进加工硬齿面减速箱关键设备的技术改造项目、集装箱港口林木装备开发项目等。主要关联企业有上海港机齿轮箱厂、上海港机配套件分厂。1996 年底主营业务收入 448295338.18 元，净利润 45147375.26 元，资产总额 768429969.91 元。

【财务状况】 公司 1996 年底股东权益 369669320.85 元，每股收益 0.378 元，每股净资产 3.09 元，净资产收益率 12.21%，股东权益比率 48.11%。1996 年度可分配利润结转下一年度分配。

成都前锋电子股份有限公司

【公司概况】 为 1996 年新上市公司。公司 1996 年底总股份 109770000 股，其中尚未流通股 79770000 股，已流通 A 股 30000000 股。主要股东有成都市国有资产投资经营公司、国家开发投资公司、成都市工商银行沙河支行、四川东方电气集团财务公司、成都市煤气公司等。公司董事长兼总经理：关克立。

【经营业绩】 公司 1996 年研制生产各类电子仪器 369 台，民用产品 213289 台，电子应用产品 35982 支(套、件)。公司 1996 年完成新产品研制 172 项；引进英国家用壁挂式供热系统技术改造、强化移动通讯、广播电视检测仪器及电子产品开发等项目进展顺利。主要关联企业有豪特容积热水器(成都)有限责任公司、成都前锋利士发电器实业公司、深锋电子仪器有限公司等。1996 年底主营业务收入 160476903.83 元，净利润 27858092.13 元，资产总额 346058150.78 元。

【财务状况】 公司 1996 年底股东权益 208738044.08 元，每股收益 0.25 元，每股净资产 1.90 元，净资产收益率 13.35%，股东权益比率 60.32%。1996 年末不进行股利分配。

福建实达电脑集团股份有限公司

【公司概况】 为 1996 年新上市公司。公司 1996 年底总股份 195000000 股，其中尚未流通股 146167500 股，已流通 A 股 48832500 股。主要股东有福建省富闽经济发展总公司、福建实达电脑集团股份有限公司工会、福建计算机外部设备厂、福州开发区科技园建设发展总公司等。公司董事长：朱刚，总裁：叶龙。

【经营业绩】 公司 1996 年加大了新产品的研发力度，新型一体化 POS 当年开发、当年批量投放市场，通用终端 STAR510G＋、890G 等六款新终端开发成功并相继投放市场，PR—60、PR—90 票据打印机新产品也批量投放市场；控股子公司——终端公司和打印机先后通过了 ISO9002 质量认证。1996 年公司投资建设项目有电脑终端产品技改、打印机产品技改、金融电子化配套机具技改、综合信息网建设等。主要关联企业有实达国际控股有限公司(BVI)、福州终端设备有限公司、福建实达房地产开发公司、实达(美国)技术有限公司、上海实达计算机有限责任公司等。1996年底主营业务收入1206255137.70元,净利润91723189.06元,资产总额896110123.85元。

【财务状况】 公司1996年底股东权益427257120.33元,每股收益0.47元,每股净资产2.19元,净资产收益率21.47%,股东权益比率47.68%。向全体股东每10股派送3元现金红利(含税),另向全体股东每10股转增5股。

山东环宇(集团)股份有限公司

【公司概况】 公司1996年底总股份87572250股,其中尚未流通股45450000股,已流通A股42122250股。主要股东有临沂国有资产管理局等。公司董事长:李光法,总经理:陈德松。

【经营业绩】 1996年,公司以财务管理为中心,全面加强企业管理;合理调整营业结构,对公司所属两大零售商场统一布局,统一管理;广泛开展了一系列促销活动,如举办了"欢乐购物节"、"免费购物日"、"首届服装节"等活动;突出经营重点。主要关联企业有临沂鲁南商业大厦、临沂人民商场、临沂国际贸易公司、临沂永利食品有限公司等。1996年底主营业务收入182428172.57元,净利润1060777.98元,资产总额207684582.82元。

【财务状况】 公司1996年底股东权益133363912.96元,每股收益0.01元,每股净资产1.52元,净资产收益率0.80%,股东权益比率64.21%。1996年度股利暂不分配。

苏州新区高新技术产业股份有限公司

【公司概况】 为1996年新上市公司。公司1996年底总股份96000000股,其中尚未流通股72000000股,已流通A股24000000股。主要股东有苏州新区经济发展集团总公司、中信兴业信托投资公司、乐星工商实业公司、新港建设发展有限公司、苏州物资贸易中心等。公司董事长:王金华。

【经营业绩】 1996年公司全资企业苏州新区燃气厂建设工程进展顺利,控股企业苏州新豪轴承有限公司共生产各种类型高精密度汽车轴承215.2万套,控股企业苏州新创建设发展有限公司本年度新开工建筑面积9.27万平方米,竣工建筑面积8.84万平方米。投资兴建工程有新区燃气工程、AH万能式断路器项目、兴隆电子工业园等。主要关联企业有苏州新创建设发展公司、苏州新豪轴承有限公司、苏州新区燃气厂、江苏富士通通信技术有限公司等。1996年底主营业务收入221615482.29元,净利润50630355.58元,资产总额578842825.98元。

【财务状况】 公司1996年底股东权益255692941.19元,每股收益0.527元,每股净资产2.66元,净资产收益率19.80%,股东权益比率44.17%。向全体股东每10股派送3股红股,另以资本公积金按10:2比例转增股本。

新疆屯河股份有限公司

【公司概况】 为1996年新上市公司。公司1996年底总股份70000000股,其中尚未流通股52500000股,已流通A股17500000股。主要股东有新疆屯河工贸(集团)公司、新疆八一钢铁总厂、新疆德隆国际实业总公司、广州穗海物资公司等。公司董事长:何贵品,总经理:刘国山。

【经营业绩】 公司1996年共生产水泥40万吨,生产活性石灰8.5万吨。1996年实际募集资金9485万元,投入20万吨高强水泥生产线项目8000万元,该项目已于1996年9月竣工投产并产生效益,剩余1485万元用于补充流动资金。主要关联企业有新疆昌隆白水泥有限公司、新疆金融租赁有限公司等。1996年底主营业务收入133637302.47元,净利润26946039.95元,资产总额412550122.59元。

【财务状况】 公司1996年底股东权益196392819.42元,每股收益0.3849元,每股净资产2.78元,净资产收益率12.96%,股东权益比率47.18%。向全体股东每10股送红股2股。

兰州民百(集团)股份有限公司

【公司概况】 公司1996年底总股份50150000股,其中尚未流通股22805000股,已流通A股27345000股。主要股东有兰州市一商国有资产经营公司、兰州第三产业集团公司、南京呈元建筑装饰有限公司等。公司董事长兼总经理:范余祯。

【经营业绩】 1996年,公司主要零售商场之一"民百大楼"实施改、扩建工程,同年,公司最大的零售商场亚欧商厦建设工程基本告竣,新增建设工程投资转为固定资产约1亿元。1996年底主营业务收入612674307.19元,净利润20788858.93元,资产总额577677701.94元。

【财务状况】 公司1996年底股东权益197713502.68元,每股收益0.41元,每股净资产3.94元,净资产收益率10.41%,股东权益比率34.22%。每10股派送红股4股,同时按10:2比例用资本公积转增股本。

辽宁成大股份有限公司

【公司概况】 为1996年新上市公司。公司1996年底总股份62000000股,其中尚未流通股46500000股,已流通A股15500000股。主要股东有辽宁省国有资产管理局、辽宁对外贸易(集团)公司、中国平安保险(大连)公司、中国太平洋保险公司大连公司等。公司董事长兼总经理:尚书志。

【经营业绩】 公司1996年出口创汇13566万美元。募集资金主要投入下列建设项目:与港方合资举办内衣厂,引进高档袜生产线与锦州市针织一厂共同出资组建锦州成大制袜有限公司,出资受让大连万富大厦有限公司75%股权等。主要关联企业有大连羊毛衫总厂、沈阳华盛针织厂、锦州成大制袜有限公司、庄河县塔岭毛衫厂、营口第二服装厂等。1996年底主营业务收入1020070932.43元,净利润43763796.72元,资产总额508904364.54元。

【财务状况】 公司1996年底股东权益261165193.03元,每股收益0.71元,每股净资产4.21元,净资产收益率16.76%,股东权益比率51.32%。向全体股东每10股送3股红股并派发2元现金红利(含税)。

山西焦化股份有限公司

【公司概况】 为1996年新上市公司。公司1996年底总股份

156000000 股，其中尚未流通股 106000000 股，已流通 A 股 50000000 股。主要股东有山西焦化集团有限公司、太阳投资等。公司董事长兼总经理：薛佩珍。

【经营业绩】 公司主要从事焦炭及相关化工产品的生产和销售。1996 年公司并被山西省人民政府确定为“山西省出口焦炭定点生产企业”。1996 年 8 月至 12 日，公司主要产品销售及收入分别为：焦炭 24.74 万吨，收入 9248.03 万元；硫酸铵 3118.95 吨，收入 215 万元；焦油 3216.41 吨，收入 217.48 万元；沥青 6315 吨，收入 431.42 万元；焦化苯 1985.15 吨，收入 327.62 万元；二甲苯 124.50 吨，收入 28.76 万元。90 万吨焦炉易地改造项目获国务院批准，并支付了该项目的前期费用。1996 年底主营业务收入 272985921 元，净利润 32692333 元，资产总额 449777315 元。

【财务状况】 公司 1996 年底股东权益 235728465 元，每股收益 0.21 元，每股净资产 1.51 元，净资产收益率 13.87%，股东权益比率 52.41%。1996 年利润暂缓分配。

上海巴士实业股份有限公司

【公司概况】 为 1996 年新上市公司。公司 1996 年底总股份 104000000 股，其中尚未流通股 54000000 股，已流通 A 股 50000000 股。主要股东有上海公交控股公司、上海市原水股份有限公司、上海市大众出租汽车股份有限公司等。公司董事长：金晓林，总经理：王力群。

【经营业绩】 公司至 1996 年底拥有营运线路 70 条，营运车辆 1351 辆，全年行车里程 4200.87 万公里，载客 12996 万人次，投资联合组建了上海巴士快捷客运有限公司，出资收购(受让)原公交总公司所属上海新新汽车服务公司等 19 家公司的线路、车辆等全部(部分)产权，投资上海巴士拓华科技发展有限公司及上海巴士旅行社，投资购置车辆等。主要关联企业有上海巴士联谊客运公司、上海巴士中福客运有限公司、上海巴士新新汽车服务公司、上海巴士房地产开发经营公司等。1996 年底主营业务收入 244306077.78 元，净利润 31868304.98 元，资产总额 521792095.62 元。

【财务状况】 公司 1996 年底股东权益 194681333.76 元，每股收益 0.31 元，每股净资产 1.87 元，净资产收益率 16%，股东权益比率 37.36%。1996 年度暂不作利润分配。

长春一汽四环汽车股份有限公司

【公司概况】 为 1996 年新上市公司。公司 1996 年底总股份 108900000 股，其中尚未流通股 81000000 股，已流通 A 股 27900000 股。主要股东有一汽集团公司、一汽四环企业总公司、国家开发投资公司、海通证券、中国汽车工业总公司长春汽车研究所中实改装车厂等。公司董事长：冷廷昆。

【经营业绩】 公司主要经营范围有汽车改装(除轿车、轻型车)，制造汽车零部件，汽车修理，汽车配件、汽车、小轿车经销。1996 年公司先后研制出五吨平头加强型加长车，加长型牵引车，五吨挤压式拉圾车，平头牵引车，城市运钞车，厢式车等六种车型。公司投资兴建的车箱底板总成和车箱总成生产线、轮胎装配线当年投产受益。公司并顺利通过了国家 ISO9000 质量体系认证。1996 年底主营业务收入 381914009.49 元，净利润 50606697.52 元，资产总额 369767471.37 元。

【财务状况】 公司 1996 年底股东权益 217479400.05 元，每股收益 0.465 元，每股净资产 2.00 元，净资产收益率 23.26%，股东权益比率 58.81%。向全体股东按每 10 股派 2.50 元(含税)分配红利。

湖北幸福(集团)实业股份有限公司

【公司概况】 为 1996 年新上市公司。公司 1996 年底总股份 80000000 股，其中尚未流通股 62000000 股，已流通 A 股 18000000 股。主要股东有幸福集团公司、湖北环保(集团)股份有限公司等。公司董事长兼总经理：周作亮。

【经营业绩】 公司主要生产经营“Palazzo”(普拉索)服装系列产品，年生产能力为 350 万件，年销售量 238 万件，1996 年实现销售收入 18985.4 万元。公司不断强化内部管理，狠抓产品质量，销售上实行内外并举的方针，形成了城市、农村、海外三位一体的销售市场新格局。募集资金主要用于“幸福变电站”建设及偿还技改借款等。主要关联企业有湖北幸福铝材有限公司、幸福变电站。1996 年底主营业务收入 189854526.91 元，净利润 41213135.62 元，资产总额 325950705.51 元。

【财务状况】 公司 1996 年底股东权益 256948977.41 元，每股收益 0.515 元，每股净资产 3.21 元，净资产收益率 16.04%，股东权益比率 78.83%。向全体股东每 10 股送红股 4.96 股，另按 10:5.04 比例转增股本。

湖南华银电力股份有限公司

【公司概况】 为 1996 年新上市公司。公司 1996 年底总股份 192000000 股，其中尚未流通股 144000000 股，已流通 A 股 48000000 股。主要股东有湖南省电力公司、工行湖南省信托投资公司、湖南华天实业集团公司、建行湖南省信托投资公司等。公司董事长：吴海春，总经理：彭建中。

【经营业绩】 公司主要经营湖南华银株洲火力发展公司 2×12.5 万千瓦机组。1996 年发电量 165250 万千瓦时，实现电力销售收入 50723.19 万元，公司发电量占湖南省电力系统全年发电量的 8.27%。募集资金投入湖南华银株洲火力发电公司 2×12.5 万千瓦机组辅助工程及配套送变电工程 22400 万元，归还机组技改贷款 4000 万元，拨付机组流动资金 4000 万元，结余资金继续投资 2×12.5 万千瓦机组综合楼等辅助设施及配套送变电工程。主要关联企业有湖南华银珠洲火力发电公司、湖南华银电力工程公司、湖南华银物业发展公司、湖南华银电力出租车公司等。1996 年底主营业务收入 519946309.95 元，净利润 155936050.30 元，资产总额 1530253464.17 元。

【财务状况】 公司 1996 年底股东权益 943627373.45 元，每股收益 0.81 元，每股净资产 4.91 元，净资产收益率 16.53%，股东权益比率 61.66%。每 10 股送 6 股红股，另按 10:4 比例向全体股东转增股东。

黄石康赛集团股份有限公司

【公司概况】 为 1996 年新上市公司。公司 1996 年底总股份 52791600 股，其中尚未流通股 34807200 股，已流通 A 股 17984400 股。主要股东有黄石康赛集团有限公司、襄轴股份有限公司、湖北省人民保险公司、国泰证券公司、北京泰瑞华商贸中心等。公司董事长兼总经理：童施建。

【经营业绩】 公司主要从事 T 恤衫及休闲服装生产经营活

动。公司1996年推出了近1000个新产品;在北京、上海、武汉专门成立了集销售、设计、广告于一体的经营公司。公司1996年引进生产高档针织面料生产线,利用这种面料生产出全棉高档60S双丝光T恤58425件。主要关联企业有黄石康吉服装有限公司、黄石康赛服饰实业有限公司、黄石康赛纺织有限公司、黄石康利服装有限公司等。1996年底主营业务收入126745461.15元,净利润42404072.41元,资产总额387355590.05元。

【财务状况】 公司1996年底股东权益156574554.08元,每股收益0.803元,每股净资产2.97元,净资产收益率27.08%,股东权益比率40.42%。向全体股东每10股派送6股红股,另向全体股东每10股转增股本2股。

江苏索普化工股份有限公司

【公司概况】 为1996年新上市公司。公司1996年底总股份1000000股,其中尚未流通股759000股,已流通A股241000股。主要股东有江苏索普集团公司、中电信托、镇江硫酸厂、镇江市第二化工厂、镇江精细化工有限公司等。公司董事长兼总经理:宋勤华。

【经营业绩】 公司主营氯碱化工。1996年生产烧碱46370吨,ADC发泡剂5535吨,漂粉精5416吨,液氯13080吨,盐酸29288吨,固碱4061吨。募集资金分别投入到年产6000吨ADC发泡剂扩建项目、年产10000吨固碱项目、热电厂二期工程及年产5000吨漂粉精扩建项目和年产12000吨消石灰迁移、扩建项目等五个基建技改项目中。1996年底主营业务收入208681974.19元,净利润24792836.18元,资产总额238783886.42元。

【财务状况】 公司1996年底股东权益171702082.46元,每股收益0.4425元,每股净资产3.06元,净资产收益率14.44%,股东权益比率71.91%。向全体股东每10股送2.5股红股,另按10:1比例转增股本。

大连大显股份有限公司

【公司概况】 为1996年新上市公司。公司1996年底总股份128370000股,其中尚未流通股90870000股,已流通A股37500000股。主要股东有大连大显集团公司、大连工商银行信托投资股份有限公司、大连经济技术开发区鑫鑫商贸公司、南京显像管厂等。公司董事长兼总经理:刘秉强。

【经营业绩】 1996年公司积极调整产品结构,压缩了黑白显像管及黑白电子枪的产量,同时扩大彩色电子枪及彩色电子枪金属零件的产量;全年共开发新产品9种,其中包括可替代进口同类产品的高分辩率显示管用电子枪;强化内部管理,企业顺利通过了ISO9002质量保证体系认证,35厘米显示管通过了UL安全认证。投资兴建项目有64厘米彩管电子枪用金属零件生产技术改造项目、54厘米彩色显示器件用金属零件生产线技术改造项目等。1996年底主营业务收入261451784.30元,净利润39675877.04元,资产总额435038915.51元。

【财务状况】 公司1996年底股东权益263587088.47元,每股收益0.3091元,每股净资产2.05元,净资产收益率15.05%,股东权益比率60.59%。1996年暂不分配。

上海浦东不锈薄板股份有限公司

【公司概况】 为1996年新上市公司。公司1996年底总股份240000000股,其中尚未流通股186000000股,已流通A股54000000股。主要股东有上海市冶金控股集团有限公司、上海市国有资产管理办公室、中行租赁等。公司董事长:田定宇,总经理:陈觉新。

【经营业绩】 公司主营生产含镍不锈钢薄板、冷轧铬不锈薄板、热轧普碳板和油桶板等20个大类产品。1996年公司钢材产量实际完成20.56万吨。募集资金主要用于新增不锈铬钢剪切线一条、煤气车间扩容改造、新建不锈钢剪切加工中心、增建不锈钢中厚板配套酸洗工程、增设不锈钢改造设备等五个投资项目建设。1996年底主营业务收入833651909.80元,净利润96031381.18元,资产总额661240477.45元。

【财务状况】 公司1996年底股东权益608992322.99元,每股收益0.40元,每股净资产2.54元,净资产收益率15.77%,股东权益比率92.10%。向全体股东每10股送1股红股。

西藏圣地股份有限公司

【公司概况】 为1996年新上市公司。公司1996年底总股份50000000股,其中尚未流通股36500000股,已流通A股13500000股。主要股东有四川经协公司、西藏国际体育旅游公司、西藏交通工业总公司、西藏西农集团等。公司董事长:苏平,总经理:王建。

【经营业绩】 1996年公司狠抓旅游组团和矿泉水的试生产以及市场开拓,实现利润总额645.32万元。募集资金的使用,1996年只预订了喜玛拉雅饭店改造的部分设备,其余投入到西藏自治区农行作短期投资。1996年底主营业务收入28592203.25元,净利润5495874.40元,资产总额140536184.54元。

【财务状况】 公司1996年底股东权益100140842.36元,每股收益0.11元,每股净资产2.00元,净资产收益率5.48%,股东权益比率71.26%。1996年度暂不进行股利分配。

江西东风药业股份有限公司

【公司概况】 为1996年新上市公司。公司1996年底总股份62400000股,其中尚未流通股40800000股,已流通A股21600000股。主要股东有江西东风制药有限责任公司、华西证券营业部等。公司董事长兼总经理:许滇雄。

【经营业绩】 1996年,公司及时调整产品结构,加速完善青霉素品种生产工艺和扩大其制剂生产规模,并努力拓展外销渠道,加大产品出口业务。1996年募集资金投入到200吨氨苄西林钠技改项目和上海久和企业发展有限公司开发"净水屋"项目。1996年底主营业务收入231681671.16元,净利润25908111.22元,资产总额323760445.24元。

【财务状况】 公司1996年底股东权益219371089.20元,每股收益0.42元,每股净资产3.52元,净资产收益率11.81%,股东权益比率67.760%。向全体股东每10股派送1股红股,另按10:9比例转增股本。

天津市海运股份有限公司

【公司概况】 为1996年新上市公司。公司1996年底总股份233000000股,其中尚未流通股108360000股,已流通A股34640000股,已流通B股90000000股。主要股东有天津市天海集团公司、HKSBCSB A/C STATE STREET BANK AND TRUST S/A THE CHINA FUND、SCBHK A/C GOVERNMENT OF SINGARPORE INVESTMENT OCRPORATION—A/C "C"等。公司董事长兼总经理:宋兴庭。

【经营业绩】 1996年发行B股募集的资金共购进两条集装箱船"亚洲之荣"及"亚州之星",且通过资产重组购入珠海北洋轮船公司100%股份及天神国际海运有限公司33%的权益,使公司的营运能力和经营规模得以较大的发展。主要关联企业有天津市天海报关行、天津市天海国际船务代理公司、天津市天海货运代理公司、珠海北洋轮船公司等。1996年底主营业务收入490655837.55元,净利润97472303.74元,资产总额851049464.66元。

【财务状况】 公司1996年底股东权益530192444.72元,每股收益0.418元,每股净资产2.28元,净资产收益率18.4%,股东权益比率62%。1996年度暂缓分配。

哈慈股份有限公司

【公司概况】 为1996年新上市公司。公司1996年底总股份90950000股,其中尚未流通股67950000股,已流通A股20170000股,已流通内部职工股2830000股。主要股东有哈慈集团公司、金诚产权、四川制药等。公司董事长兼总经理:郭立文。

【经营业绩】 公司主营业务为系列医疗保健品的生产和销售。1996年公司对新的拳头产品五行磁吸针进行了三次改型,并对其生产线进行了技术改造,健脑降压梳于7月通过省级鉴定,并小批量试产,国家级星火项目加能保健服装通过省级鉴定,投产前的技术准备已完成。初步探索了"专卖店"销售方式,取得了初步成果和一定经验。1996年底主营业务收入157962054.78元,净利润60190326.21元,资产总额363308202.50元。

【财务状况】 公司1996年底股东权益31917906.52元,每股收益0.66元,每股净资产3.51元,净资产收益率18.86%,股东权益比率87.85%。向全体股东每10股派送2.5股红股,另按10:5比例转增股本。

河南冰熊保鲜设备股份有限公司

【公司概况】 为1996年新上市公司。公司1996年底总股份80000000股,其中尚未流通股62000000股,已流通A股18000000股。主要股东有河南冰熊制冷工业集团等。公司董事长兼总经理:许敏祥。

【经营业绩】 1996年,公司共生产各种型号的冰熊冷柜74160台,市场占有率为2.8%。公司大力开发新产品,推出了10个新品种,增加大型号冷柜比重,C型玻璃推拉门冷柜成为主要生产型号,并对其进行技术改造。新接车间厂房360平方米,增加了微机检测系统和电气控制系统,增加冷柜力量。除发起人冰熊集团外无其他关联企业。1996年底主营业务收入120111977.75元,净利润22176014.36元,资产总额370824697.97元。

【财务状况】 公司1996年底股东权益207266836.94元,每股收益0.277元,每股净资产2.59元,净资产收益率10.70%,股东权益比率55.89%。1996年度利润暂不分配。

上海新亚(集团)股份有限公司

【公司概况】 公司1996年底总股份354641500股,其中尚未流通股229641500股,已流通A股25000000股,已流通B股100000000股。主要股东有上海新亚(集团)有限公司、上海国际信托投资公司、上海久事公司、上海轮胎橡胶(集团)股份有限公司等。公司董事长:沈思明,总经理:何义剑。

【经营业绩】 公司1996年狠抓主营业务酒店和餐饮,拓展多元化经营。在酒店业方面,公司全资或控股的酒店客房数达5400间,新亚汤臣大酒店于1996年6月28日试营业,新亚广场大酒店和新亚长城大酒店分别于1996年5月6日和8月28日起试营业,新亚明珠大酒店和新亚之光大酒店也于年内开业,连锁快餐业持续稳定发展,年内肯德基新开餐厅12家,共达28家,投资兴建项目主要有新亚食品厂迁址扩建、新城饭店整体改造项目等。主要关联企业有上海新亚(集团)股份有限公司新亚大酒店、上海新亚(集团)股份有限公司新城饭店、上海新亚长城大酒店、上海新亚广场大酒店、上海扬子江大酒店、上海建国宾馆等。1996年底主营业务收入744607273.75元,净利润87410749.44元,资产总额1811167216.56元。

【财务状况】 公司1996年底股东权益871841581.26元,每股收益0.246元,每股净资产2.46元,净资产收益率10.02%,股东权益比率48.14%。向全体股东派送1.00元现金红利(含税),另每10股转增2股。

厦门国贸集团股份有限公司

【公司概况】 为1996年新上市公司。公司1996年底总股份78000000股,其中尚未流通股58000000股,已流通A股20000000股。主要股东有厦门市商贸投资有限公司、万国宝鼎、江苏证券等。公司董事长兼总裁:苏春成。

【经营业绩】 公司1996年进出口总额达27040.22万美元,在保持传统优势的同时,努力发展远洋业务,出口国新增12个,进口新开拓9个大宗品种,公司贸易伙伴遍布全世界39个国家和地区。控股了福建省生物工程联合发展中心,并积极推进海沧港务有限公司和厦门港口开发建设有限公司两个参股企业的建设发展。此外,公司在房地产、国际劳务输出、广告、旅游等业务方面也迈出了坚实的步伐。主要关联企业有宝达投资(香港)有限公司、厦门经济特区保税品公司、厦门国贸房地产开发有限公司、厦门宝达大厦筹建处等。1996年底主营业务收入2423942317.09元,净利润85463436.31元,资产总额1160839256.72元。

【财务状况】 公司1996年底股东权益383711936.78元,每股收益1.096元,每股净资产4.92元,净资产收益率22.28%,股东权益比率33.05%。每10股送红股4股。

山东泰山旅游索道股份有限公司

【公司概况】 公司1996年底总股份68842000股,其中尚未流通股51622000股,已流通A股1722000股。主要股东有泰安市国有资产管理局、武汉银星设备租赁公司等。公司董事长兼总经理:李爱国。

【经营业绩】 公司主要经营旅游索道的客运业务,现拥有中天门、桃花源、后石坞三条大型旅游客运索道。公司1996年募集资金52000000元，主要用于完善泰山桃花源、后石坞两条索道配套工程、泰山中天门索道车厢扩容改造工程、扩建泰山索道汽车队、扩建泰安索道维修基地等。1996年底主营业务收入41584800元，净利润25283700元，资产总额225267100元。

【财务状况】 公司1996年底股东权益166244200元，每股收益0.37元，每股净资产2.41元，净资产收益率15.21%，股东权益比率73.80%。按10股增6股的比例转增股本，1996年度可分配利润全部结转至下年度分配。

上海华源企业发展股份有限公司

【公司概况】 为1996年新上市公司。公司1996年底总股份100000000股，其中尚未流通股77500000股，已流通A股22500000股。主要股东有中国华源集团有限公司、江苏雅鹿集团公司、常熟被单厂、香港冠丰国际投资有限公司等。公司董事长：周玉成。

【经营业绩】 公司1996年进出口贸易总额达2442.5万美元，并成为美国杜邦公司在中国销售涤纶的主要代理和荷兰艾维贝公司销售浆料、染化料的总代理。全年生产加工各类服装130万件，各类床上用品、装饰用布502万条。实施以“雅鹿”、“双猫”为主的品牌经营战略。募集资金主要用于“休闲时装系列技改项目”、“引进日本绣花机技改项目”、“家用纺织装饰品生产线技改项目”、“中国纺织保税贸易中心工程项目”等。主要关联企业有上海丰乐诚新技术贸易有限公司。1996年底主营业务收入455793837.81元，净利润63053909.52元，资产总额607744421.30元。

【财务状况】 公司1996年底股东权益319987062.57元，每股收益0.63元，每股净资产3.20元，净资产收益率19.71%，股东权益比率52.65%。1996年度可分配利润转 入下一年度分配，只按10:8比例转增股本。

辽宁金帝建设集团股份有限公司

【公司概况】 为1996年新上市公司。公司1996年底总股份79877600股，其中尚未流通股59877600股，已流通A股20000000股。主要股东有辽宁省国有资产管理局、辽建集团国际经济技术合作公司、福建安溪县机电设备公司、长春新世界广场等。公司董事长兼总经理：潘劲松。

【经营业绩】 公司1996年重点在完善质量保证体系，创市优质工程15项。1996年公司分别在全国10多个省市地承建、承揽了大量建筑、工业设备安装及筑路工程。1996年投资兴建项目有改建年产15万吨快硬硫(铁)铝酸盐水泥、新建年产12万立方米混凝土承重空心砌快生产线、P·PVC塑钢门窗厂扩建、施工设备更新等四个项目。主要关联企业有辽宁金帝建设集团有限公司第一建筑工程公司、辽宁金帝建设集团股份有限公司第二建筑工程公司等。1996年底主营业务收入793126300.22元，净利润54536246.03元，资产总额904333103.17元。

【财务状况】 公司1996年底股东权益405304037.01元，每股收益0.68元，每股净资产5.07元，净资产收益率13.46%，股东权益比率44.82%。向全体股东每10股送红股6股，另10股转增4股。

海南华侨投资股份有限公司

【公司概况】 公股份98746200股，其中尚未流通股66000000股，已流通A股32746200股。主要股东有海南新产业投资有 限公司、海南亚太工贸有限公司、海南物业投资公司等。公司董事长：赵锴，总经理：李士祥。

【经营业绩】 1996年，主要完成了中央教育电视台信息网络工程项目等，网络产品方面围绕Bay、Networks、产品与Super—R进行合作，并继续代理了Intel、Compaq等计算机产品。由公司全资子公司北京金都侨业实业有限责任公司控股的北京成象影视制作公司，在1996年度，拍摄、发行、播出的电视剧共9部，211集。公司投资的北京阳光广场项目获投资收益4200万元，名人广场回收了部分投资款，公司投资1800万元与中国科技国际信托投资公司合作的北京东直门运乾大厦项目已完成拆迁和前期基础工作。主要关联企业有海南华侨国际旅游娱乐公司、海南现代实业有限公司、北京金都侨业有限责任公司等。1996年底主营业务收入42900000元，净利润34920000元，资产总额484340000元。

【财务状况】 公司1996年底股东权益336540000元，每股收益0.35元，每股净资3.41元，净资产收益率11.66%，股东权益比率69.5%。按1996年12月31日股本计算，每10股送红股1.2股(按1997年2月24日送股后股本计算为每10股送1股)。

山东黑豹股份有限公司

【公司概况】 为1996年新上市公司。公司1996年底总股份70000000股，其中尚未流通股52500000股，已流通A股17500000股。主要股东有山东黑豹集团公司、威海烟草公司等。公司董事长兼总经理：孙军亮。

【经营业绩】 公司主要生产、销售黑豹系列农用运输车、“松花江”微型汽车、BJ130汽车驾驶室、肉类机械成套设备等产品。1996年，公司加强技术改造，焊装线已完成大部分，漆处理线已阶段性完工并部分投入使用，总装线也在建设之中；以市场需求为导向，积极开发新产品，研制开发了载重0.5吨、0.75吨、1吨和1.5吨四个系列七个品种的农用运输车；开拓市场，促进销售，在全国各地增设办事处21处，同时积极开发国外市场。1996年底主营业务收入390603677.33元，净利润97289472.05元，资产总额568299195.19元。

【财务状况】 公司1996年底股东权益387569760.86元，每股收益1.39元，每股净资产5.54元，净资产收益率25.10%，股东权益比率68.20%。向全体股东每10股派送10股红股，另以10:3比例配股。

安徽合力股份有限公司

【公司概况】 为1996年新上市公司。公司1996年底总股份97000000股，其中尚未流通股67000000股，已流通A股30000000股。主要股东有安徽叉车集团公司等。公司董事长：刘汉生。

【经营业绩】 1996年，公司生产叉车4118台，根据市场需求开发的液化气叉车、防爆叉车、14—16吨叉车、2吨牵引车和无人驾驶车都试制成功并逐步投放市场。公司在加大技改力度的同时，加大技术投入，培养和引进高水平技术人才。公司巩固和提高产品质量，强化员工精品意识，并通过技术改造，使设备新度系数达 78.3%，设备数控率接近 70%。募集资金主要用于"双百"工程技术改造项目和扩大出口技术改造项目等。1996 年底主营业务收入 434895587 元，净利润 39895870 元，资产总额 646179142 元。

【财务状况】 公司 1996 年底股东权益 309330081 元，每股收益 0.41 元，每股净资产 3.19 元，净资产收益率 12.90%，股东权益比率 47.87%。1996 年可供股东分配利润暂缓分配。

湖南衡阳市飞龙实业股份有限公司

【公司概况】 为 1996 年新上市公司。公司 1996 年底总股份 50800000 股，其中尚未流通股 30000000 股，已流通 A 股 20781000 股。主要股乐有衡阳市供销合作社联合社、耒阳市国有资产投资经营总公司、北京涌金财经顾问有限公司、深圳市巨安投资有限公司等。公司董事长兼总经理：尹书龙。

【经营业绩】 1996 年，公司对耒阳水泥厂进行有限责任公司改造，维持原 425 号普硅水泥的生产线正常生产，13.2 万吨的 525 高标号水泥新扩建工程于 1996 年 6 月 18 日全面投产；对飞雁轧纲厂进行有限责任公司改造，按期完成了第二期炼纲工程的建设，并于 1996 年实现了转产的正确决策；成立飞龙服务有限责任公司，对招待所、酒家、不夜城进行改造并迈入正规化轨道。1996 年投资 1000 万元兴建的飞龙大市场交付使用。主要关联企业有海南华龙实业公司、耒阳水泥厂、飞雁扎纲厂、衡阳天原有色金属股份有限公司。1996 年底主营业务收入 145935441.84 元，净利润 15381804.67 元，资产总额 324561990.64 元。

【财务状况】 公司 1996 年底股东权益 149965481.28 元，每股收益 0.26 元，每股净资产 2.95 元，净资产收益率 10.26%，股东权益比率 46.21%。按每 10 股派发现金 2.2 元红利(含税)方式进行分配。

北京中燕探戈羽绒制品股份有限公司

【公司概况】 为 1996 年新上市公司。公司 1996 年底总股份 133600000 股，其中尚未流通股 103360000 股，已流通 A 股 30240000 股。主要股东有北京中燕实业集团、北京 宏思达中心(集团)、中土畜羽毛羽绒制品进出口公司、北京市农工商开发贸易公司等。公司董事长：肖士太，总经理：张玉顺。

【经营业绩】 1996 年，公司通过了 ISO—9000 标准产品认证和质量体系认证，公司对总厂及两个分厂的生产车间进行了改建，更新了一批专用设备，同时增强了产品设计能力。1996 年，公司共引进大中专毕业生 20 多名。募集资金主要用于服装生产车间技术改造项目，HY 条信道多手机无绳电话项目等。主要关联企业有北京燕南投资咨询有限公司、北京海燕通信电子有限公司。1996 年底主营业务收入 26194271.87 元，净利润 12302817.71 元，资产总额 289717759.26 元。

【财务状况】 公司 1996 年底股东权益 240998345.87 元，每股收益 0.09 元，每股净资产 1.80 元，净资产收益率 5.10%，股东权益比率 83.18%。1996 年度利润暂缓分配，只按 10:2 比例转增股本。

甘肃三星石化(集团)股份有限公司

【公司概况】 为 1996 年新上市公司。公司 1996 年底总股份 50076100 股，其中尚未流通股 37547380 股，已流通 A 股 12528720 股。主要股东有中石化兰州炼油化工总厂、兰州炼油化工经销公司、中石化国际事业兰炼公司、兰州银炼城市信用社、兰州工商科技信用社等。公司董事长：陈守杰，总经理：韩大可。

【经营业绩】 公司 1996 年开发推广的新产品有高速线材轧机专用油膜轴承油，石油磺酸钠，石油磺酸钡添加剂，新型粘度添加剂等。投资项目有：年产 15 万吨重交通道路沥青生产装置建设 1996 年完成形象进度 1000 万元，全年经销重交沥青 80000 余吨；从国外引进的技术、年产 1000 吨的法莱迈克斯工业燃气试生产装置基本建成；公司改制后新建的"三星石化厂"1996 年实现了全线试生产，生产出 6 个牌号共 8 种石化产品等。主要关联企业有时代信息公司、西固奥都商行、成都星光石化科技开发有限公司、兰州辰光电子有限公司。1996 年底主营业务收入 115470111.08 元，净利润 21329131.15 元，资产总额 167726448.28 元。

【财务状况】 公司 1996 年底股东权益 144743217.20 元，每股收益 0.426 元，每股净资产 2.890 元，净资产收益率 14.74%，股东权益比率 86.30%。向全体股东每 10 股派送 1 股红股，另按 10:7 比例转增股本。

贵州力源液压股份有限公司

【公司概况】 为 1996 年新上市公司。公司 1996 年底总股份 51100000 股，其中尚未流通股 37600000 股，已流通 A 股 13500000 股。主要股东有贵阳航空液压件厂等。公司董事长：李利，总经理：朱凤岐。

【经营业绩】 公司为我国定点生产高压柱塞泵马达的重点企业之一。1996 年公司共生产和销售高压柱塞泵及马达 11545 台，其中泵 4143 台，马达 5256 台，球笼式等速万向节 10424 台，全年研制开发新产品 30 余型，其中绝大部分新产品已达到当期开发当期提供配套市场使用。投资兴建有"双加"和"球笼"两个技改项目。1996 年底主营业务收入 52116157.78 元，净利润 15506066.89 元，资产总额 229184247.60 元。

【财务状况】 公司 1996 年底股东权益 151885109.01 元，每股收益 0.303(摊薄)元，每股净资产 2.97 元，净资产收益率 10.21%，股东权益比率 66.27%。向全体股东每 10 股送红股 2 股，另每 10 股转增 8 股。

烟台华联商厦股份有限公司

【公司概况】 为 1996 年新上市公司。公司 1996 年底总股份 53405900 股，其中尚未流通股 36680000 股，已流通 A 股 16725900 股。主要股东有烟台市国有资产经营公司、中国糖业酒类集团总公司、建行芝罘区支行西南河办事处、烟台张裕葡萄酿酒公司、烟台市聚氨脂制品工业公司等。公司董事长兼总经理：孙德志。

【经营业绩】 1996 年，公司加大经营布局和商品结构的调整力度，运用广告宣传、价格策略、优势品牌和委托代理等手段，树立了精品、专柜、总经销、总代理的经营特色。公司与山东新牟国际集团合资兴建"烟台新牟华联商厦"，总投资额为 5000 万元人民币，公司投资比例为 51%。主要关联企业有烟台报业装饰音响有限公司。1996 年底主营业务收入 216146504.04 元，净利润 9088930.90 元，资产总额 184454191.36 元。

【财务状况】 公司 1996 年底股东权益 84633943.20 元，每股收益 0.17 元，每股净资产 1.58 元，净资产收益率 10.74%，股东权益比率 45.88%。向全体股东每 10 股送 3 股红股。

运盛(福建)实业股份有限公司

【公司概况】 为 1996 年新上市公司。公司 1996 年底总股份 100000000 股，其中尚未流通股 75000000 股，已流通 A 股 25000000 股。主要股东有香港运盛有限公司、中国银宏实业发展公司、福建华兴信托投资公司、南京钢铁厂、福建水泥股份有限公司等。公司董事长：陈泽盛，总经理：赵景璋。

【经营业绩】 1996 年公司坚持主营方向，稳健经营，积极发展，在两个主要投资项目尚处于建设期的情况下，公司充分发挥自身优势，积极开拓相关的工程、承包业务和城市小康住宅项目。募集资金主要用于继续投入"海峡建设装饰城"和福州城门水厂。主要关联企业有福州长建设计装饰工程有限公司、福建兴盛物资贸易有限公司、(香港)长江建设有限公司等。1996 年底主营业务收入 202998507.53 元，净利润 40222462.60 元，资产总额 682485972.57 元。

【财务状况】 公司 1996 年底股东权益 369032984.72 元，每股收益 0.402 元，每股净资产 3.69 元，净资产收益率 10.90%，股东权益比率 54.07%。向全体股东按 10:3 比例派送红股。

宁波市华通股份有限公司

【公司概况】 为 1996 年新上市公司。公司 1996 年底总股份 51600000 股，其中尚未流通股 38000000 股，已流通 A 股 13600000 股。主要股东有宁波市第三运输公司、深圳蓝天基金管理公司、北京紫龙电子有限公司、浙江省财务开发公司等。公司董事长兼总经理：应祖亮。

【经营业绩】 1996 年，公司储运主业实现利润 1091.15 万元，同时，不断加强港口、码头及大中型项目货物运输的承揽力度，全年港口、码头、大中型项目货运量占公司总货运量的 90%以上，同时盘活现有仓库、场地，开展多种经营。募集资金主要投入国际集装箱中转站、购置大型运输设备等项目。主要关联企业有宁波市华通国际集装箱运输公司、宁波市华通散装物资运输公司、宁波市华通汽车运输公司、宁波交通物资供应公司等。1996 年底主营业务收入 114674882.82 元，净利润 13526071.81 元，资产总额 154749471.42 元。

【财务状况】 公司 1996 年底股东权益 122295851.42 元，每股收益 0.26 元，每股净资产 2.37 元，净资产收益率 11.06%，股东权益比率 79.03%。以 1996 年末 5160 万股为基数，向全体股东每 10 股派发现金红利 0.5 元。

武汉祥龙电业股份有限公司

【公司概况】 为 1996 年新上市公司。公司 1996 年底总股份 83850000 股，其中尚未流通股 62850000 股，已流通 A 股 21000000 股。主要股东有武汉葛化工业集团公司、武汉建设投资公司、武汉市电力开发公司、武汉华原能源物资开发公司、武汉市汉口建银房地产开发公司等。公司董事长兼总经理：江涤清。

【经营业绩】 公司主营业务为发电、供汽、供热，属国家和地方政府重点支持和节能型基础产业。1996 年公司以资本营运为主线，在继续完善二期改扩建工程的基础上，进一步加强内部管理，使主营业务再次踏上一个新的台阶，仍保持了公司经营的高成长性。全年发电 1.48 亿度，产汽 95.8 万吨。募集资金主要用于本公司三期扩建工程。1996 年底主营业务收入 101678423.31 元，净利润 46286610.17 元，资产总额 264936644.17 元。

【财务状况】 公司 1996 年底股东权益 195833908.50 元，每股收益(摊薄)0.552 元，每股净资产 2.34 元，净资产收益率 23.64%，股东权益比率 73.92%。向全体股东按 10:4 比例送红股，另按 10:6 比例转增股本。

江苏综艺股份有限公司

【公司概况】 为 1996 年新上市公司。公司 1996 年底总股份 60000000 股，其中尚未流通股 38000000 股，已流通 A 股 22000000 股。主要股东有南通绣衣时装集团公司、南通大兴服装绣品有限公司、通州市建设投资中心、华昆农林、海南南丰等。公司董事长兼总经理：昝圣达。

【经营业绩】 公司 1996 年压缩了三合板的产量，扩大了附加值高、市场声誉极好的"综艺"牌木蕊板的产量。成功开发以"综艺"乌龙茶为代表的绿色环保系列饮料。募集资金投资范围有：投资南通综艺合板有限公司 3000 万，该项目于 1996 年 11 月 28 日动工；投资南通综艺饮品有限公司 1220 万元，该项目于 1996 年 8 月试投市场；增加流动资金 1609.7 万元。主要关联企业有南通黄金时装有限公司、深圳莎伦服饰绣品有限公司、南通综艺时装有限公司、南通复盛木业有限公司等。1996 年底主营业务收入 90056593.54 元，净利润 33324774.60 元，资产总额 344002479.02 元。

【财务状况】 公司 1996 年底股东权益 280669482.58 元，每股收益 0.56 元，每股净资产 4.68 元，净资产收益率 11.88%，股东权益比率 81.59%。向全体股东每 10 股送 5 股红股，另按 10:5 比例转增股本。

青海同仁铝业股份有限公司

【公司概况】 为 1996 年新上市公司。公司 1996 年底总股份 58600000 股，其中尚未流通股 45100000 股，已流通 A 股 13500000 股。主要股东有青海省同仁县国有资产管理办公室、校办产业兰州物资总公司、青海省电力公司、中色(南海)恒达发展有限公司等。公司董事长兼总经理：万林。

【经营业绩】 1996 年，公司按计划完成了第二生产系列 10000 吨电解铝项目的一期工程和二期土建工程，增加电解槽 30 台，新增生产能力 4500 吨。1996 年，公司进行大规模扩能改造，当年生产能力扩大 48%。先后选聘技术骨干 40 多人充实生产一线的技术力量。1996 年，公司确定在山东青岛、江苏无锡建立 2 个驻外经销公司，有关事宜正在抓紧筹备之中。1996 年底主营业务收入 83128622.73 元，净利润 11943934.90 元，资产总额 191813674.11 元。

【财务状况】 公司 1996 年底股东权益 115237162.96 元，每股收益 0.20 元，每股净资产 1.97 元，净资产收益率 10.36%，股东权益比率 60.08%。1996 年结余利润留待下年分配，只对全体股东按 10:5 比例转增股本。

中油龙昌(集团)股份有限公司

【公司概况】 为 1996 年新上市公司。公司 1996 年底总股份

116400000 股，其中尚未流通股 86400000 股，已流通 A 股 30000000 股。主要股东有中国石油天然气管道局、中油管道多种经营公司、江苏联信商贸发展中心、上海金福实业发展公司、北京华能融禹投资咨询公司等。公司董事长：陈吉庆，总经理：赵火贵。

【经营业绩】 公司所属胜青石油有限公司管理的胶州至青岛输油管道全年输油 972305 吨。昌盛输油公司和所辖的黄岛至东营管道改造项目预计 1997 年 7 月 1 日投产运营。中油龙昌集团焊接技术有限公司是主业延伸项目，1996 年度开始工业化试验。公司控股经营的龙昌华英现代通信联合公司以经营移动通信业务为主，信息产业产品为辅，业务范围不断扩大。主要关联企业有中油龙昌（集团）股份有限公司北京分公司、青岛胜青石油有限公司、青岛昌盛输油有限公司等。1996 年底主营业务收入 29578600 元，净利润 26361200 元，资产总额 414278000 元。

【财务状况】 公司 1996 年底股东权益 262614800 元，每股收益 0.23 元，每股净资产 2.26 元，净资产收益率 10.04%，股东权益比率 63.39%。每 10 股派送 2 股红股。

西藏金珠股份有限公司

【公司概况】 为 1996 年新上市公司。公司 1996 年底总股份 51800000 股，其中尚未流通股 38300000 股，已流通 A 股 13500000 股。主要股东有西藏金珠集团公司（国有股）、西藏国际经济技术合作公司、西藏自治区信托投资公司、西藏自治区包装进出口公司等。公司董事长：董金江，总经理：范纯喜。

【经营业绩】 1996 年公司完成进出口贸易总额 1095 万美元，完善了实业开发及项目投资的规范化、程序化管理，全年实业实现利润 350 万元。1996 年实际募集资金 7620 万元，其中投资南美藜开发项目 1600 万元，投资矿业开发项目 2900 万元，投资复合包装生产项目 378 万元，投资北斗星图片社更新改造项目 2000 万元。主要关联企业有北京西藏北斗星图片总社。1996 年底主营业务收入 155539892 元，净利润 16969147 元，资产总额 179525373 元。

【财务状况】 公司 1996 年底股东权益 148391431 元，每股收益 0.32 元，每股净资产 2.86 元，净资产收益率 11.44%，股东权益比率 82.65%。向全体股东每 10 股派送 1.6 股红股。

武汉市汉商集团股份有限公司

【公司概况】 为 1996 年新上市公司。公司 1996 年底总股份 50210000 股，其中尚未流通股 37410000 股，已流通 A 股 12800000 股。主要股东有武汉市汉阳区国有资产管理委员会办公室、交通银行武汉分行、中国建设银行武汉市信托投资公司、中国工商银行武汉市信托投资公司等。公司董事长兼总经理：张宪华。

【经营业绩】 公司 1996 年完成了对原武汉商贸城的兼并，投资 5000 余万元将其改造成汉商集团汉口商城。1996 年公司推出扩大自营、优价扩销、变坐商为行商等特色经营措施，实行连锁经营与四级管理并举的运行模式。主要关联企业有武汉市汉阳商场（集团）股份有限公司旅业公司、武汉市汉阳商场（集团）股份有限公司百福乐食品公司、武汉汉派服饰有限公司、海南黄海美机电公司工贸大厦等。1996 年底主营业务收入 759630273.86 元，净利润 36157953.57 元，资产总额 462621947.86 元。

【财务状况】 公司 1996 年底股东权益 205895227.28 元，每股收益 0.72 元，每股净资产 4.10 元，净资产收益率 17.56%，股东权益比率 44.51%。向全体股东每 10 股送 6 股红股。

南京熊猫电子股份有限公司

【公司概况】 为 1996 年新上市公司。公司 1996 年底总股份 655015000 股，其中尚未流通股 385015000 股，已流通 A 股 28000000 股，已流通 H 股 242000000 股。主要股东有熊猫电子集团公司、HKSCC NOMINEES LIMITED、MOTOROLA、INTERNATONAL DEVELOPMENT CORPORATION、LAM AN DREW 等。公司董事长：陈祥兴，总经理：陆荣昌。

【经营业绩】 1996 年，公司先后推出 20 多个彩电新品种，稀路由卫星通信系统顺利通过国家鉴定。年内公司在全国范围内成立了 12 个经营分公司、建立了 580 个销售专柜。年内，已完成通信产品科技生产大楼大部分基建工程，对卫星通信、移动通信两个设计所进行了技术改造，扩大了晶体生产能力，新建了两条彩电生产线。主要关联企业有南京熊猫电子运输公司、南京熊猫电子物资公司、南京熊猫电子广告公司、深圳熊猫电子公司等。1996 年主营业务收入 3450532330.30 元，净利润 182671639.95 元，资产总额 3739797049.99 元。

【财务状况】 公司 1996 年度股东权益 1646040180.84 元，每股收益 0.2789 元，每股净资产 2.5130 元，净资产收益率 11.10%，股东权益比率 44.01%。1996 年全年每股股利人民币 0.108 元，1996 年已派中期股利每股股利人民币 0.054 元，拟派发末期股息每股股利人民币 0.054 元（A 股含税）。

东方通信股份有限公司

【公司概况】 为 1996 年新上市公司。公司 1996 年底总股份 380000000 股，其中尚未流通股 249500000 股，已流通 A 股 30500000 股，已流通 B 股 100000000 股。主要股东有杭州通信有限责任公司、SCBHK A/C BBH BOSTON S/A MERRILL LYNCH DEVELOPING CAPITAL MAKKETS FUND NIC.、NAITO SECURITIES CO.,LTD. 等。公司董事长：施断兴，总经理：谢雨普。

【经营业绩】 公司主营业务为移动通信设备的制造与销售。1996 年公司通过进一步完善市场网络、加速引进与生产市场接受的先进产品、采用买方信贷促收方式等措施，使企业效益明显提高。投资兴建项目有 GSM 数字蜂窝移动电话系统设备及手机技术引进改造项目、杭州摩托罗拉系统有限公司、杭州依赛通信有限公司、技术研究开发项目等。主要关联企业有杭州摩托罗拉蜂窝移动电话系统有限公司、杭州摩托罗拉蜂窝和移动电话用户机有限公司、杭州亿事无线通信有限公司、杭州依赛通信有限公司。1996 年底主营业务收入 4082581100.60 元，净利润 322182029.65 元，资产总额 3076002223.15 元。

【财务状况】 公司 1996 年底股东权益 155739098.17 元，每股收益（推薄）0.85 元，每股净资产 4.39 元，净资产收益率 19.33%，股东权益比率 54.17%。向国有法人股股东每股派发现金红利人民币 0.373 元（含税，下同），向 B 股股东每股派发红 利人民 币 0.175 元，向社会公众 A 股股东每股派发现金红利人民币 0.048 元。

烟台新潮实业股份有限公司

【公司概况】 为1996年新上市公司。公司1996年底总股份51340000股，其中尚未流通股37340000股，已流通A股14000000股，主要股东有新牟国际集团公司、烟台全洲海洋运输公司、烟台市牟平区安装工程公司等。公司董事长：常宗琳，总经理：葛培乐。

【经营业绩】 公司1996年加快产品的结构调整步伐，着力开拓高附加值、高技术含量产品市场；进一步强化公司规范化运作，全面实施了成本目标控制。主要关联企业有烟台南方工业公司、新牟钢铁股份有限公司等。1996年底主营业务收入125742677.68元，净利润22535809.03元，资产总额145662302.18元。

【财务状况】 公司1996年底股东权益130064467.43元，每股收益0.439元，每股净资产2.53元，净资产收益率17.33%，股东权益比率89.29%。1996年向全体股东按10送1送红股，另1995年度按10送2送红股。

乌鲁木齐友好商场股份有限公司

【公司概况】 公司1996年底总股份107000000股，其中尚未流通股72500000股，已流通A股34500000股。主要股东有乌鲁木齐市国有资产管理局、新疆天正实业总公司、新疆天山毛纺织股份有限公司、新疆建设设备租赁总公司、新疆石化产品开发公司等。公司董事长兼总经理：蔡仁山。

【经营业绩】 公司1993年6月募集资金10080万元，主要用于商场二期工程(综合性商厦)，新建仓库，偿还商场一期工程贷款，成立全资子公司及分销点、办事处等分支机构，参与创办新疆至香港直航联合体，完成公司电算化微机系统联网工程及参股、购买各种债券等；目前二期工程的投资规模和建筑面积已做调整，主楼地上29层改为19层，总面积由5.17万平方米改为4.11万平方米。1996年底主营业务收入374803500元，净利润22715500元，资产总额450564600元。

【财务状况】 公司1996年底股东权益264361800元，每股收益0.21元，每股净资产2.47元，净资产收益率8.59%，股东权益比率58.67%。每10股派1.69元。

四川制药股份有限公司

【公司概况】 为1996年新上市公司。公司1996年底总股份110983784股，其中尚未流通股79473784股，已流通A股31500000股。主要股东有国家股、成都市自强药业制剂包装材料厂、成都市新科物资贸易公司、成都菊乐企业股份有限公司(集团)等。公司董事长：杨培明，总经理：王齐勋。

【经营业绩】 公司1996年生产抗生素原料药总量1505吨。全年实现工业总产值33969万元。抗生素产品盐酸四环素顺利通过美国食品药物管理局质量认证复查。主要关联企业有四川制药厂都江堰分厂、成都川力制药有限公司等。1996年底主营业务收入310606711.65元，净利润28675115.77元，资产总额534948418.18元。

【财务状况】 公司1996年底股东权益281425733.47元，每股收益0.258元，每股净资产2.54元，净资产收益率10.16%，股东权益比率52.61%。向全体股东每10股派送3.6股红股。

山西通宝能源股份有限公司

【公司概况】 为1996年新上市公司。公司1996年底总股份89000000股，其中尚未流通股64000000股，已流通A股25000000股。主要股东有国家开发投资公司、西山矿物局、阳泉矿务局、山西煤矿机械厂等。公司董事长：陈瑜，总经理：杨成义。

【经营业绩】 1996年公司生产原煤19.5万吨，发运原煤30万吨，发运精煤12万吨。募集资金共11250万元，至1996年底，已投入古交煤矿141万元，离石煤矿167万元。主要关联企业有山西通宝能源物资公司、山西通宝航空服务公司、咸阳凯利皇都稠酒有限公司。1996年底主营业务收入94672415.54元，净利润23524665.19元，资产总额343349254.49元。

【财务状况】 公司1996年底股东权益214931300.51元，每股收益(摊薄)0.264元，每股净资产2.39元，净资产收益率10.14%，股东权益比率62.45%。向公司原有的6400万法人股及内部职工股每10股派发1995年度现金红利2元(含税)，1996年利润暂不分配。

上海民丰实业股份有限公司

【公司概况】 为1996年新上市公司。公司1996年底总股份86893440股，其中尚未流通股62393440股，已流通A股22500000股。主要股东有香港金礼发展有限公司、上海第十印染厂、香港民亿实业有限公司、上海社会保险事业基金结算管理中心、松江县泗泾镇工业公司等。公司董事长：郑逢利，总经理：谢裕中。

【经营业绩】 公司1996年大量出口绒类织物，生产基地主厂房有23975平方米基本建成并进入设备安装阶段。公司投资参股上海嘉好珠宝饰品有限公司、上海悦洋经济发展有限公司。公司物业管理呈良性循环状态，卢湾商务中心、诚元建筑装璜总汇等合作项目取得良好的投资回报。主要关联企业有上海民丰贸易实业有限公司、上海兴丰物资实业有限公司、北京起源出租汽车公司、上海顺丰储运有限公司等。1996年底主营业务收入212857391.32元，净利润23645790.05元，资产总额432391562.25元。

【财务状况】 公司1996年底股东权益223555452.58元，每股收益0.27元，每股净资产2.57元，净资产收益率10.58%，股东权益比率51.70%。向全体股东按10:1比例派送红股，另按10:1比例转增股本。

四砂股份有限公司

【公司概况】 公司1996年底总股份86822000股，其中尚未流通股61222000股，已流通A股25600000股。主要股东有淄博市国有资产管理局、淄博泰利磨具公司、深圳天骥投资基金等。公司董事长：孙致太，总经理：王笃福。

【经营业绩】 公司目前已将生产经营、商贸营销和证券投资三项并举，开发研制了绿碳化硅微粉快速沉降法、绿碳代硅微粉静心沉降分级工艺、高质量专用微粉、高温氧化铝微粉以及高厚度砂轮吊具设计、陶瓷砂轮螺丝紧固、砂轮嵌件灌注工艺、砂轮改制刃具等新产品、新工艺，基本达到国际先进水平。

现1100吨优质白刚玉加工线主体工程基本完成,能够生产世界上最大砂轮的3150吨专用压机已基本安装就位,金属镁项目于年内试产成功,陶瓷砂轮混配料线工程已交付使用。公司已通过ISO9001质量体系认证。主要关联企业有淄博泰山磨料磨具进出口公司、淄博泰益树脂砂轮有限公司、第四砂轮厂青岛联合公司、青岛泰富磨具有限公司等。1996年底主营业务收入176856900元,净利润24532300元,资产总额379392700元。

【财务状况】 公司1996年底股东权益167868100元,每股收益0.2826元,每股净资产1.93元,净资产收益率14.61%,股东权益比率44.25%。每10股送3股。

东方锅炉(集团)股份有限公司

【公司概况】 为1996年新上市公司.公司1996年底总股份211271181股,其中尚未流通股157271181股,已流通A股54000000股。主要股东有东方锅炉厂等。公司董事长:江仲生,总经理:马一中。

【经营业绩】 1996年公司新签订产品销售合同金额15亿元,其中签订300MW机组锅炉10台。与伊朗阿拉克电厂4台325MW机组项目合同正式生效,签订了巴基斯坦契科华1台35t/n鼓泡床和外商在华投资的中华纸业股份有限公司2台50MW循环流化床锅炉项目等合同。全年完成电站锅炉13台共计2072MW,完成电站辅机1617.81吨,电站阀门404吨。主要关联企业有东方锅炉实业有限公司、无锡热管分厂等。1996年底主营业务收入862579031.64元,净利润42878518.75元,资产总额1492423889.85元。

【财务状况】 公司1996年底股东权益370391797.37元,每股收益0.203元,每股净资产2.033元,净资产收益率10.00%,股东权益比率28.78%。向全体股东每股派发现金红利0.28元(含税)。

西安达尔曼实业股份有限公司

【公司概况】 为1996年新上市公司。公司1996年底总股份76000000股,其中尚未流通股55000000股,已流通A股21000000股。主要股东有西安翠宝首饰集团公司、西安市新城农工商总公司、西安生产资金管理所、新疆祥合实业有限公司、海南秦信实业投资公司等。公司董事长兼总经理:许宋林。

【经营业绩】 公司主要经营首饰加工业务。1996年公司投资4000万元,在西安高科技术产业开发区兴建达尔曼广场,高30层建筑面积8万平方米的广场主体工程已竣工。其配套19层大楼已建至地面10层,附属钻石加工中心已进入桩基阶段。投资兴建项目有达尔曼广场;收购了原西安翠宝首饰集团公司持有的两个中外合资企业西安丰汇珠宝有限公司和西安海尔森宝石材料有限公司的全部中方股权。主要关联企业有西安丰汇珠宝有限公司、西安海尔森宝石材料有限公司等。1996年底主营业务收入110633830.04元,净利润62018672.49元,资产总额430067932.13元。

【财务状况】 公司1996年底股东权益347552646.30元,每股收益0.816元,每股净资产4.57元,净资产收益率17.85%,股东权益比率80.80%。向全体股东每10股派送5股红股,另按10:5比例转增股本。

天津环球磁卡股份有限公司

【公司概况】 公司1996年底总股份72933469股,其中尚未流通股46833469股,已流通A股26100000股。主要股东有天津市一轻总公司、天津芙莱实业公司、天津证券有限责任公司、天津市国际信托投资公司等。公司董事长:刘栋来,总经理:姜肃敌。

【经营业绩】 公司1996年生产和销售各类磁卡3000万片,公司生产的信用卡出口到日本、香港、斯里兰卡等国家和地区。公司引进的第二条IC卡生产线等五台套制卡设备全部投产并生产出了高质量的IC卡投放市场。公司新投入和开发了国内住房公积金卡、税务卡、医务卡、购物销售卡、高速公路卡、电话查询卡等30多个品种。公司生产和销售金融票据和高档包装产品104万色令。主要关联企业有人民印刷厂维修服务部、人民印刷厂复合包装厂、人民印刷厂储运服务部、人民印刷厂印刷材料经营部等。1996年底主营业务收入126112532.59元,净利润44240530.08元,资产总额386179197.21元。

【财务状况】 公司1996年底股东权益231556855.32元,每股收益0.60元,每股净资产3.18元,净资产收益率19.11%,股东权益比率59.96%。向全体股东每10股送红股3股,同时每10股转增2股。

华新水泥股份有限公司

【公司概况】 公司1996年底总股份251400000股,其中尚未流通股116400000股,已流通A股48000000股,已流通B股87000000股。主要股东有国家持股、华新集团有限公司等。公司董事长兼总经理:傅本一。

【经营业绩】 1996年,公司共生产水泥102.91吨,其中525以上高标号水泥65.31万吨,熟料产量98.08万吨。1996年度完成了6个水泥园床的建设,使水泥的床存能力由2.4万吨增至6万吨;新的水泥散装、包装生产线已投入使用,可同时发运6个水泥品种;建成了一个1000吨/日散装水泥水运装卸码头。全年销售散装水泥33.11万吨,全年出口水泥6.89万吨,出口水泥熟料2.88万吨,创汇400万美元。通过了ISO9001质量体系论证。1996年投资兴建项目有日产2000吨水泥熟料干法生产线(四号窑)和日产4000吨水泥熟料干法生产线(五号窑)。主要关联企业有黄石金利包装有限公司、汕头华新工贸有限公司、黄石华新宾馆、华新南通水泥有限公司等。1996年底主营业务收入307184752.64元,净利润15901899.58元,资产总额1012168246.73元。

【财务状况】 公司1996年底股东权益541994621.69元,每股收益0.06元,每股净资产2.16元,净资产收益率2.93元,股东权益比率53.55%。1996年度可供股东分配利润转入下年度分配。

福建水泥股份有限公司

【公司概况】 公司1996年底总股份228392904股,其中尚未流通股154351904股,已流通A股74041000股。主要股东有福建省国有资产管理局等。公司董事长兼总经理:陈福民。

【经营业绩】 1996年,公司生产水泥113万吨,销售水泥113

万吨。继泉州建福大厦之后,公司筹建的莆田建福大厦开始营业,福州建福大厦即将开业,苏州"名人广场"房地产项目已完成5.5万平方米(总建筑面积9.8万平方米)。1996年,公司投资兴建有福州总部大楼、福州散装水泥中转站、3#窑技改等三个项目。主要关联企业有常州金源房地产开发公司、泉州建福公司、泉州建福大厦、莆田建福水泥联营公司等。1996年底主营业务收入345460488.37元,净利润47947238.28元,资产总额645837898.13元。

【财务状况】 公司1996年底股东权益475083994.16元,每股收益0.21元,每股净资产2.08元,净资产收益率10.09%,股东权益比率73.56%。每10股分配现金红利1元。

河北威远实业股份有限公司

【公司概况】 公司1996年底总股份75482400股,其中尚未流通股36602400股,已流通A股38880000股。主要股东有石家庄市国有资产管理局等。公司董事长兼总经理:霍丽君。

【经营业绩】 1996年,公司加快开发区新项目基本建设及"威远工业园"建设步伐,2,3,4,5——四氟苯甲酸项目正在建设过程中,威远工业园基本落成,墙面装修及地面整理正在进行,开关厂向新区搬迁工作正在进行。1996年,开关厂开发了ZW—35户外真空断路器、ZW—10户真空路器、10KV真空自动重合产品,提高了技术含量,建材厂建成的石灰石破碎系统一次试车成功,投资建成了皮带机输送走廊,解决了人力包装不足的问题。主要关联企业有河北威远建材公司、河北威远高压开关厂、河北威远贸易公司等。1996年底主营业务收入75672662元,净利润17427094元,资产总额252013258元。

【财务状况】 公司1996年底股东权益181587734元,每股收益0.23元,每股净资产2.41元,净资产收益率9.59%,股东权益比率72.05%。1996年利润暂不分配。

成都工益冶金股份有限公司

【公司概况】 公司1996年底总股份116611200股,其中尚未流通股44654400股,已流通A股71956800股。主要股东有成都无缝钢管厂等。公司董事长:刘文廷,总经理:王群英。

【经营业绩】 1996年公司钢产量完成101310吨,锻钢件9200吨,机加工件4386吨,堆焊轧辊385支,精密铸件71.46吨。在1996年5月20日召开的股东大会上,审议并通过了对成都三益轧钢厂投资控投60%的方案。主要关联企业有三益炼钢厂、成都锦江工益冶金贸易部、成都工益酒家、成都龙益堆焊厂等。1996年底主营业务收入274288457.30元,净利润11622191.90元,资产总额454187702.22元。

【财务状况】 公司1996年底股东权益273185561.21元,每股收益0.0997元,每股净资产2.34元,净资产收益率4.25%,股东权益比率60.15%。向全体股东每10股派发现金1.0元(含税)。

江苏悦达股份有限公司

【公司概况】 公司1996年底总股份199240000股,其中尚未流通股145628800股,已流通A股53611200股。主要股东有江苏悦达实业集团、盐城市国有资产管理局等。公司董事长、总经理:胡友林。

【经营业绩】 1996年,公司销售煤炭410万吨;生产手扶拖拉机46700台,小四轮拖拉机8300台,实现工业总产值2.7亿元。1996年,公司募集资金主要建设项目有:拖拉机技改扩能项目,新厂区的设计和征地、围墙等前期工程基本结束;汽车扩能项目总装厂房、涂装厂房基本竣工,焊接线、涂装线的制造合同已签订,水、电、汽等公用动力设施进展正常;制网二期工程项目新购绳网设备30多台(套),正在进行安装调试。主要关联企业有永达制网有限公司、悦达汽车维修服务公司、盐城射阳港电厂电力燃料公司、悦达工业区能源发展有限公司等。1996年底主营业务收入1180925934.90元,净利润63824053.73元,资产总额1001085468.95元。

【财务状况】 公司1996年底股东权益630209700.73元,每股收益0.32元,每股净资产3.16元,净资产收益率10.13%,股东权益比率62.95%。1996年度股利暂缓分配。

昆明机床股份有限公司

【公司概况】 公司1996年底总股份245007400股,其中尚未流通股120007400股,已流通A股60000000股,已流通H股65000000股。主要股东有云南省人民政府、香港中央结算(代理人)有限公司、昆明精华公司等。公司董事长兼总经理:叶香瑜。

【经营业绩】 公司主营业务范围为机床产品及配件的研制、开发与销售。1996年,公司共生产机床19个品种86台,其中卧式镗床21台,坐标镗床10台,加工中心9台;销售机床204台,其中卧式镗床76台,坐标镗床7台,加工中心8台,其它产品113台,备品备件1216件(套)。1996年,新产品THM5445、TH5456立式加工中心分别通过了省、市科技成果鉴定。公司大型基础件厂房于1996年7月18日通过竣工验收。与其配套的进口的关键设备意大利单、双柱导轨磨床及西班牙丝杆磨床进入最后调式交验阶段,与德国KOLB公司合作生产的VT2000五面加工中心搬迁工作准备就绪。主要关联企业有云南省澄江机床附件有限责任公司等。1996年底主营业务收入61790060元,净利润2086005元,资产总额659967292元。

【财务状况】 公司1996年底股东权益576804959元,每股收益0.0085元,每股净资产2.35元,净资产收益率0.35%,股东权益比率87.40%。1996年派发末期股息。

济南百货大楼股份有限公司

【公司概况】 公司1996年底总股份83016000股,其中尚未流通股33516000股,已流通A股49500000股。主要股东有济南市国有资产管理局、建行山东信托济南办事处、济南市高新技术开发建设总公司、山东国际信托投资公司等。公司董事长兼总经理:刘传俊。

【经营业绩】 至1996年底,公司已向中外合资建设的济南友谊装饰工程有限公司、济南友谊娱乐有限公司、济南友谊宾馆、济南友谊房地产有限公司投入资金14960万元。主要关联企业有大新家电商场、解放路商店、中原商店等。1996年底主营业务收入213410288.37元,净利润1252136.79元,资产总额303888636.63元。

【财务状况】 公司1996年底股东权益165224653.35元,每股收益0.015元,每股净资产1.99元,净资产收益率0.76%,股东权益比率54.37%。1996年度利润暂不分配。

马鞍山钢铁股份有限公司

【公司概况】 公司1996年底总股份6455300000股，其中尚未流通股4122370000股，已流通A股600000000股，已流通H股1732930000股。主要股东有HONGKONG & CSHANGHAI BANKING CORPORATION NOMINEES LTD、国泰证券公司、甘肃省21世纪广告策划公司、上海金隆实业有限公司等。公司董事长：杭永益，总经理：顾建国。

【经营业绩】 1996年，共产生铁359万吨，钢282万吨，钢材219万吨，炼铁焦比、喷煤比、钢铁料消耗、钢材成材率等主要技术经济指标取得进步，全年产销率达100%。全年出口生铁39.4万吨，钢坯4.6万吨，钢材14.2万吨。主要关联企业有中国冶金进出口马钢公司、马钢公司冶金建材门市部、MG贸易发展有限公司、马运有限责任公司。1996年底主营业务收入6780405000元，净利润81165000元，资产总额17954604000元。

【财务状况】 公司1996年底股东权益11955140000元，每股收益1.26元，每股净资产1.85元，净资产收益率0.68元，股东权益比率67%。向全体股东派发现金股利每股人民币0.01元。

山西杏花村汾酒厂股份有限公司

【公司概况】 公司1996年底总股份432924133股，其中尚未流通股361424122股，已流通A股71500011股。主要股东有汾酒(集团)公司、太原糖酒副食采供站等。公司董事长：高玉文，总经理：郭双威。

【经营业绩】 1996年，公司在拓展销售和调整产品结构上狠下功夫。全年共完成总产值45593万元，成装总量15419千升，销售总量14873千升。1996年，公司投资兴建的北京杏花村汾酒大厦完成地下全部工程。1996年底主营业务收入441190898.82元，净利润50965598.31元，资产总额1137120778.06元。

【财务状况】 公司1996年底股东权益761907548.36元，每股收益0.1177元，每股净资产1.76元，净资产收益率6.69%，股东权益比率67.00%。向全体股东每10股派发1元现金红利(含税)。

神马实业股份有限公司

【公司概况】 公司1996年底总股份264000000股，其中尚未流通股198000000股，已流通A股66000000股。主要股东有中国神马集团有限责任公司、君安深发等。公司董事长兼总经理：宋春迎。

【经营业绩】 公司主要生产和销售神马牌锦纶66浸胶帘子布。1996年公司进一步深化企业内部改革，加速项目建设，加大新产品的研制与开发，致力于优化产品结构和开拓市场，取得较好业绩。1996年对纺织生产线进行技术改造，改进所属平顶山神马地毯丝有限公司设备配套设施，建设年产2万吨锦纶66工业丝项目。主要关联企业有平顶山神马地毯有限责任公司。1996年底主营业务收入684300486元，净利润75254120元，资产总额1142056212元。

【财务状况】 公司1996年底股东权益749780937元，每股收益0.285元，每股净资产2.84元，净资产收益率10.04%，股东权益比率65.65%。向全体股东每10股派发现金红利2.50元(含税)。

东方集团股份有限公司

【公司概况】 公司1996年底总股份229338000股，其中尚未流通股71928000股，已流通A股157410000股。主要股东有东方集团、华厦深圳等。公司董事长兼总经理：张宏伟。

【经营业绩】 公司1996年地产业转换经营思想，强化管理，克服了市场疲软的经济形势；加工制造业扩大生产规模，加强质量管理，向高科技、高附加值产品要效益。募集资金除投资东方天菊食品有限公司(大豆精深加工)外，主要用于追加所属企业投资及补充流动资金。主要关联企业有哈尔滨市东方城市建设综合开发公司、大连开发区东方房地产开发公司、哈尔滨市国际经济技术合作公司、黑龙江东方经济贸易公司等。1996年底主营业务收入2640 60216.69元，净利润78264179.67元，资产总额1012850009.87元。

【财务状况】 公司1996年底股东权益610436759.31元，每股收益0.341元，每股净资产2.66元，净资产收益率12.82%，股东权益比率60.27%。向全体股东按每10股派发现金红利2元(含税)进行分配，另按10:1比例转增股本。

华北制药股份有限公司

【公司概况】 公司1996年底总股份772228760股，其中尚未流通股504372873股，已流通A股267855887股。主要股东有华北制药集团有限责任公司、建昊实业、建总信托等。公司董事长兼总经理：刘寿文。

【经营业绩】 1996年，公司工业总产值、抗生素总产量、销售收入创历史最好水平。公司投资兴建的华胜一期、新维、华盈等三个工程，分别于1996年8月、9月、10月实现一次试产成功，天翔分公司工程于1996年5月28日破土动工。主要关联企业有河北康欣制药有限公司、河北维尔康制药有限公司、河北威可达制药有限公司、河北华盈精细化工有限公司等。1996年底主营业务收入1567738730.66元，净利润205767355.10元，资产总额2779009870.24元。

【财务状况】 公司1996年底股东权益1368658688.38元，每股收益0.27元，每股净资产1.77元，净资产收益率15.03%，股东权益比率49.25%。向全体股东每10股送红股1股。

鞍山第一工程机械股份有限公司

【公司概况】 公司1996年底总股份258000000股，其中尚未流通股158400000股，已流通A股99600000股。主要股东有辽宁工程机械(集团)有限责任公司、海城第在三建筑公司第三分公司、海南银山租赁公司、鞍山市宏达房屋开发公司、鞍山铸钢厂等。公司董事长：刘士福，总经理：于哲夫。

【经营业绩】 1996年，公司开发了七个支重轮的CA—TY115产品，完成了10吨通#机改造和新型通#机的设计，完成了T150、CA—TY105、T120型推土机操纵部分由原三杆操纵为单杆操纵的设计工作，积极消化吸收静液压推土机制造技术，加快了辽宁利勃海尔装载机、挖掘机两个合资厂的组建步伐。以D6D为拳头产品牵动公司的发展，在国外设立代理和驻外经销机构，1996年共出口推土机27台，创汇142万美元，并受辽工集团的委托，公司托管了 装载机、挖掘机和柴油机三家合资企业的中方股权，但由于受国内同行业激烈竞争的影响，1996年公司出现了亏损。1996年底主营业务收入180350904.08元，净利润－44837129.87元，资产总额1419343808.65元。

【财务状况】 公司1996年底股东权益454321670.92元，每股收益－0.174元，每股净资产1.76元，净资产收益率－9.87%，股东权益比率32.01%。1996年度公司亏损不进行分红派息。

杭州解放路百货商店股份有限公司

【公司概况】 公司1996年底总股份143860860股，其中尚未流通股86533590股，已流通A股57327270股。主要股东有杭州市国有资产管理局、浙江省商业财务公司、杭州三汇贸易公司、浙江上证等。公司董事长兼总经理：胡崇杏。

【经营业绩】 1996年，公司公司利用自身的无形资产、营销实力、软件管理等优势在义乌、临安、萧山和东阳开设了大型分店，总面积达23000平方米。目前已开张的连锁超市有6家，总面积1666平方米，1996年销售额达2050万元，1996年，公司进出口贸易部创汇300万美元，1996年，公司被评为浙江省商业系统"电子信息应用示范单位"。MIS—POS电脑管理系统进入全面推广应用阶段，提高了工作效率。募集资金投入使用在解百商业城、POS工程、义乌商贸有限公司、萧山商厦、临安钱王商厦、临安华兴工贸有限公司、解百超市发展中心、杭州城市合作银行等方面。主要关联企业有杭州解百公司、杭州解百装璜分公司、杭州解百超市发展中心、杭州解百金利莱专营店等。1996年底主营业务收入920582300万元，净利润45734000元，资产总额666320000万元。

【财务状况】 公司1996年底股东权益356325300元，每股收益0.318元，每股净资产2.48元，净资产收益率12.83%，股东权益比率53.48%。每10股送1股派现金1.50元(含税)。

厦门工程机械股份有限公司

【公司概况】 公司1996年底总股份299609100股，其中尚未流通股219809100股，已流通A股79800000股。主要股东有厦门国有资产投资公司、大鹏证券、证大富岛等。公司董事长：李荣玉，总经理：俞步凡。

【经营业绩】 1996年，公司建成一个覆盖全国各地，16个办事处、60多个销售网点、221家经销商的厦工销售网络，公司主导产品ZL40、ZL50装载机在同行业同型号产品中的市场占有率稳定在30%左右。1996年，主导产品装载机产量2383台，销量2272台。与德国雪孚公司合资的厦门雪孚工程机械公司于1996年10月开始小批量生产覆带式挖掘机，厦工建德(泉州)工程机械有限公司也于1996年10月开始批量生产ZL30机。主要关联企业有北京厦门工程机械销售公司、厦门锻压机床总厂、中国华大工程机械集团公司、重庆恒达钢业股份有限公司等。1996年底主营业务收入609008691.61元，净利润52095700.78元，资产总额1108929520.66元。

【财务状况】 公司1996年底股东权益819022167.51元，每股收益0.17元，每股净资产2.73元，净资产收益率6.36%，股东权益比率73.86%。向全体股东每10股派发1.2元现金红利。

鞍山市信托投资股份有限公司

【公司概况】 公司1996年底总股份192460174股，其中尚未流通股87460174股，已流通A股105000000股。主要股东有鞍山市财政局(国家股)、中国第三冶金建设公司、辽宁石油化纤公司鞍山炼油厂、中国银行鞍山市分行等。公司董事长：张宝连，总经理：赵宝伟。

【经营业绩】 本公司属非银行金融机构。1996年底各项存款余额5.2亿元，其中信托存款0.83亿元，委托存款4.35亿元，各项贷款余额89434万元，回收逾期贷款10166万元，利息2382万元；全年有价证券经营总额40多亿元，抵押贷款累放额3534万元，累收额4048万元，代理企业发行债券42期3.22亿元，还本付息29期5.14亿元；1996年底商品房开发量42550平方米，完成商品房销售量2150万元；典当拍卖业回收当年发生的当款1160万元，回收率为85%。全资子公司有鞍山信托证券经营部(公司)、鞍山信托房地产开发公司、鞍山信托实业发展有限公司、鞍山社科咨询服务中心。1996年底主营业务收入179949845.63元，净利润42161486.91元，资产总额1840619002.44元。

【财务状况】 公司1996年底股东权益405177166.77元，每股收益0.22元，每股净资产2.11元，净资产收益率10.41%，股东权益比率22.01%。每10股送1.8股红股，另向全体普通股股东每10股转增0.2股。

上海良华实业股份有限公司

【公司概况】 公司1996年底总股份82517982股，其中尚未流通股71275982股，已流通A股11242000股。主要股东有上海市粮油贸易公司、上海市粮食储运公司、上海市油脂公司、上海市面粉公司、中国粮食贸易公司等。公司董事长：孙自立，总经理：施建侯。

【经营业绩】 公司主要经营粮油生产及贸易。1996年，公司良友大厦投入试运转；完成了浦江仓储公司邬桥仓库的扩建工程，建成了10万吨的仓容规模；成立良华企业发展中心，中心经营和管理良友大厦。募集资金主要用于良友大厦的工程建设、浦江仓储公司的扩建及良华企业发展中心。主要关联企业有良华企业发展中心、浦江仓储公司、良华家具厂、良华酒家、良华期货经纪有限公司等。1996年底主营业务收入117162880.64元，净利润13765064.04元，资产总额354599938.58元。

【财务状况】 公司1996年底股东权益128798064.79元，每股收益0.167元，每股净资产1.56元，净资产收益率10.69%，股东权益比率36.32%。向全体股东每10股派发现金1.0元。

上海永久股份有限公司

【公司概况】 公司1996年底总股份231008200股，其中尚未流通股158008200股，已流通A股13000000股，B股60000000股。主要股东有上海轻工控股(集团)公司、HKS-BCSB S/A PICTET & CIE、上海工业缝纫机股份有限公司、VIHONG NOMINESS LTD等。公司董事长兼总经理：陶国强。

【经营业绩】 1996年,公司扩大新的内外市场、拓展新的发展空间、完善新的运行机制,培育新的经济增长点。主要关联企业有上海永久股份有限公司五角场分厂、上海永久自行车经销公司、上海永久房地产开发经营公司、上海申丽永久自行车公司、上海永久贸易有限公司等。1996年底主营业务收入908003865.60元,净利润2882773.69元,资产总额1359920028.15元。

【财务状况】 公司1996年底股东权益558028938.86元,每股收益0.0125元,每股净资产2.42元,净资产收益率0.52%,股东权益比率41.03%。1996年度利润暂不分配,另向全体股东每10股转增1.5股。

上海耀华皮尔金顿玻璃股份有限公司

【公司概况】 公司1996年底总股份487500000股,其中尚未流通股331250000股,已流通A股31250000股,已流通B股125000000股。主要股东有中国建材技术装备总公司、中国银行上海信托咨询公司、上海耀华玻璃厂、皮尔金顿国际控股公司等。公司董事长:陈祖仁,总经理:张三福。

【经营业绩】 1996年,公司以强化设备巡检与保养维修、全员技术业务培训以及成本管理为重点,通过加强企业内部各项基础管理工作,克服了SYP—1生产线使用年久设备隐患增多、SYP—2和中空、夹层玻璃生产线尚处于试生产期等困难,较好地实现了全年生产安全稳定运行管理目标。1996年3月,康桥一期加工玻璃项目建成投入试生产。主要关联企业有上海耀皮宣桥浮法玻璃有限公司、长春皮尔金顿安全玻璃有限公司、武汉耀华皮尔金顿安全玻璃有限公司等。1996年底主营业务收入589534454.85元,净利润113562元,资产总额1916701146.31元。

【财务状况】 公司1996年底股东权益1450895307.84元,每股收益0.23元,每股净资产2.98元,净资产收益率7.83%,股东权益比率75.70%。1996年每10股派发现金红利1.5元(含税)。

上海隧道工程股份有限公司

【公司概况】 公司1996年底总股份129863118股,其中尚未流通股99063118股,已流通A股30800000股。主要股东有国家股、伟盟建筑材料有限公司、深圳蓝天基金管理公司、申银万国证券股份有限公司等。公司董事长:程骁,总经理:张焰。

【经营业绩】 1996年,公司承建的延安路西段高架2.3标、延安东路南线隧道、沪宁高速公路江桥立交、长江引水顶管、广东中山电厂取排水工程、福州长乐机场主跑道和候机楼高架道路等19个大中型项目如期竣工,地铁二号线杨高路、陆家嘴路车站、杨高路至东方路地铁区间隧道、延安路高架东段1.1标等一批新开工项目进展顺利。公司加紧开发质构、顶管等地下施工机械制造、防水材料生产、商品混凝土、岩土工程量测技术、液压技术、房地产开发、木业制品、肉鸽生产、餐饮服务等产业。1996年底主营业务收入1221920163.08元,净利润43359165.17元,资产总额1039327624.78元。

【财务状况】 公司1996年底股东权益332415470.35元,每股收益0.3318元,每股净资产2.56元,净资产收益率12.97%,股东权益比率31.97%。向全体股东按10:1比例送红股,每10股派发现金红利1元,另以10:0.5的比例转增股本。

天津劝业场股份有限公司

【公司概况】 公司1996年底总股份162582847股,其中尚未流通股83780282股,已流通A股78802565股。主要股东有天津环海公司、天津市证券公司、外贸信托、广州兴南、平安保险等。公司董事长兼总经理:韩文彬。

【经营业绩】 公司1996年实现利润5539.83万元,比盈利预测增长0.72%。年内公司实施配股共募集资金6676.21万元,主要扩大连锁经营和新厦计算机网络配套项目。目前,公司地下超市营业面积已由700平方米扩大到1200平方米,预计可实现月销售额280万元,该项目先期投入800万元,后期将追加500万元,正在筹建的大型仓储商场预计1997年上半年可投入内部设施配套建设。计算机网络项目已投入资金1096万元,预计还应追加150—200万元。主要关联企业有劝业分店、一分店、二分店、经营服务中心、综合服务公司、劝达广告发展公司、金利来专营店、贸易总汇等。1996年底主营业务收入1271298000元,净利润47057600元,资产总额528295900元。

【财务状况】 公司1996年底股东权益375149500元,每股收益0.29元,每股净资产2.30元,净资产收益率12.54%,股东权益比率71.01%。每10股配3股,配股价3.3元。

上海物资贸易中心股份有限公司

【公司概况】公司1996年底总股份208859750股,其中尚未流通股142859750股,已流通A股11000000股,已流通B股55000000股。主要股东有国家持股、HAITONG SECURITIES LTD.、上海金属交易所、广西玉柴机器集团公司等。公司董事长:朱明连,总经理:朱宁宁。

【经营业绩】 公司主要从事物资经营、实业开发、宾馆旅游等业务。1996年,公司以厢式车改装带动汽车销售,带动其它钢材、铝材、化工原料的销售工作;在宾馆旅游方面,面向旅游和会议,拓展物贸大厦的功能,输出物业管理,克服经营环境变化对公司带来的不利影响。主要关联企业有上海物贸大厦、上海汽车贸易中心、上海物资贸易中心物资经营公司、上海浦东汽车销售公司、上海物资商务公司等。1996年底主营业务收入715526772.24元,净利润11035261.26元,资产总额612989448.53元。

【财务状况】 公司1996年底股东权益372077326.69元,每股收益0.053元,每股净资产1.781元,净资产收益率2.97%,股东权益比率60.70%。1996年度暂不分配,只以1996年底总股本为基数按10:1比例转增股本。

上海万象(集团)股份有限公司

【公司概况】 公司1996年底总股份120000000股,其中尚未流通股90000000股,已流通A股30000000股。主要股东有国家持股、沪通实业有限公司、上海国际信托投资公司、上海浦东国有资产投资管理公司等。公司董事长兼总经理:于文娟。

【经营业绩】 1996年,公司通过加强对资产的运作和管理,开展投资、房产、广告等业务。1996年,公司与上海市纺织科研院联合成立了联合科研中心,开发了新产品,公司拥有的品牌产品象牌衬衫、羊毛衫,恒源祥牌、小囡牌绒线,上卧牌床上系列用品，1996年均被推荐为上海市名牌产品，公司所属的“恒源祥”获得了国内外两张ISO9002国际管理标准认证书。公司投资兴建的万象国际广场项目于1996年12月18日奠基。主要关联企业有万象房地产经营公司、万象国际贸易公司、万象广告装璜公司、象牌制衣有限公司等。1996年底主营业务收入491304211.35元，净利润37016871.38元，资产总额509450739.18元。

【财务状况】 公司1996年底股东权益366660072.25元，每股收益0.31元，每股净资产3.06元，净资产收益率10.10%，股东权益比率71.97%。向全体股东每10股送红股2股，另按10:2比例转增股本。

上海益民百货股份有限公司

【公司概况】 公司1996年底总股份84943703股，其中尚未流通股63509719股，已流通A股21433984股。主要股东有国家持股、华夏证券有限公司、益信实业公司、安徽省财政证券公司等。公司董事长兼总经理：罗传钧。

【经营业绩】 1996年，公司全力抓好以上海市名牌产品“古今”牌胸罩为代表的自产品牌，努力搞活专业特色经营，开设分店、专柜，发展批发业务。“益民公寓”的2号楼已结构封顶，1号楼已盖至15层，益民大酒店已进入规范经营期，益民超市至年末已开出7家连锁店、围炉烧烤、旅馆，并尝试了走半成品加工的路子。主要关联企业有上海古今胸罩公司、上海六一儿童用品商店、上海床上用品公司、上海天宝金银首饰商店等。1996年底主营业务收入475385788.94元，净利润33984694.91元，资产总额436526968.66元。

【财务状况】 公司1996年底股东权益264598154.84元，每股收益0.40元，每股净资产3.11元，净资产收益率12.84%，股东权益比率60.61%。1996年度每10股派发现金红利1.78元(含税)，送股票股利1股，另按10:6比例转增股本。

上海时装股份有限公司

【公司概况】 公司1996年底总股份60500000股，其中尚未流通股45375000股，已流通A股15125000股。主要股东有国家持股、上海友谊华桥股份有限公司、上海第九百货商店股份有限公司、上海永久自行车股份有限公司等。公司董事长：钱树仁，总经理：王志刚。

【经营业绩】 1996年，公司通过各种系列活动，辐射市内外的展销和宣传公司形象，调整商场格局，加快品牌开发进程，加大自营比例；加强对投资项目的管理，通过优化配置，盘活存量，开发新的经济增长点。1996年上半年，公司投资兴建的“上海服饰中心”大楼部分场地交付使用，整个工程按序进行。主要关联企业有上海服饰中心、上海环球百货商厦、浦东分公司、上海时装股份有限公司嘉定店等。1996年底主营业务收入297608701.34元，净利润1858280.59元，资产总额354317582.02元。

【财务状况】 公司1996年底股东权益162199521.95元，每股收益0.031元，每股净资产2.68元，净资产收益率1.15%，股东权益比率45.78%。1996年度利润暂不分配。

上海兰生股份有限公司

【公司概况】 公司1996年底总股份237939072股，其中尚未流通股178299072股，已流通A股59640000股。主要股东有国家持股、天信咨询等。公司董事长：张兰生，总经理：钱福昌。

【经营业绩】 1996年，公司出口41668万美元，在巩固欧、美、日、澳市场的同时，开拓了拉美、非洲、独联体和东欧市场；依靠科技进步，优化出口商品结构，推出了高尔夫运动器材系列、健身器材等具有高科技含量和高附加值产品，增强了出口竞争能力。主要关联企业有上海兰生股份有限公司浦东分公司、上海前进进出口有限公司、上海兰生股份有限公司昆山制鞋厂、上海兰生股份有限公司爱生箱包厂等。1996年底主营业务收入1631457236.84元，净利润77671093.36元，资产总额1231894509.08元。

【财务状况】 公司1996年底股东权益538035088.62元，每股收益0.326元，每股净资产2.26元，净资产收益率14.44%，股东权益比率43.68%。1996年股利暂不分配。

上海友谊华侨股份有限公司

【公司概况】 公司1996年底总股份112200000股，其中尚未流通股46159740股，已流通A股13240260股，已流通B股52800000股。主要股东有上海友谊(集团)有限公司(国家股)、CITIBANK PTCL—BT PACIFTC BASIN FUND等。公司董事长：钟华君，总经理：蒋禹照。

【经营业绩】 1996年，公司所属友谊商店、华侨商店、虹桥友谊商城等主要零售企业重点在货品展示、购物环境、销售服务等环节上进一步加强经营和管理，发挥各店名品效应优势，。通过吸收合并、重组、出租、转让等途径，盘活存量资产，全面推行资产授权经营管理。公司投资兴建的古玩商店(友谊礼品商都)项目于1996年12月28日部分试营业。主要关联企业有上海友谊商店、上海华侨商店、上海古玩商店、浦东友谊商店等。1996年底主营业务收入581774344.32元，净利润49119745.24元，资产总额800626314.06元。

【财务状况】 公司1996年底股东权益340880411.54元，每股收益0.44元，每股净资产3.04元，净资产收益率14.41%，股东权益比率42.58%。每10股派发人民币现金红利1.50元(含税)，B股股利折算成美元派发，另按10:3比例转增股本。

成都人民商场股份有限公司

【公司概况】 公司1996年底总股份85500000股，其中尚未流通股64000000股，已流通A股21500000股。主要股东有成都市国有资产管理局、深圳中华自行车(集团)股份有限公司、成都锦城商贸公司等。公司董事长兼总经理：吕根旭。

【经营业绩】 公司1996年对成都华胜皮鞋厂通过破产后整体接收的方式接收了该厂的全部产权，同时认购了成都市城市合作银行和中国工商银行成都市信托投资公司的股份，分别占其股本的3.33%和5.15%。成都人民商场股份有限公司武侯仓储超市于1996年11月30日正式开业迎宾。主要关联企业有成都顺和餐饮娱乐有限公司、成都人民商场服饰床上用品公司、成都人民商场金龙装璜印刷厂、成都每日电视发展有限公司、成都市工商联会员互助基金会。1996年底主营业务收入830743781.94元，净利润38350265.10元，资产总额445918053.75元。

【财务状况】 公司1996年底股东权益217151003.67元，每股收益0.45元，每股净资产2.54元，净资产收益率17.66%，股东权益比率 48.70%。向全体股东每 10 股派送红股 3 股，另按 10:1 比例转增股本。

哈尔滨天鹅实业股份有限公司

【公司概况】 公司 1996 年底总股份 120153000 股，其中尚未流通股 89903000 股，已流通 A 股 30250000 股。主要股东有哈建材集团公司等。公司董事长兼总经理：丁洪利。

【经营业绩】 1996 年，公司主产品水泥产量 91.9 万吨，水泥销量 90.7 万吨，产销量创历史最好水平。通过学习邯钢，努力提质降耗，消化各种原材料、燃料、电力等涨价因素。海口明星大厦于 1996 年 10 月份竣工待销。1996 年投资项目有哈尔滨水泥厂技术改造工程、房地产开发工程等。主要关联企业有哈尔滨宏大房地产开发公司、海口龙兴房地产开发公司、哈尔滨二环实业公司。1996 年底主营业务收入 264773330.49 元，净利润 9606016.38 元，资产总额 646292008.31 元。

【财务状况】 公司 1996 年底股东权益 413922768.47 元，每股收益 0.08 元，每股净资产 3.44 元，净资产收益率 2.32%，股东权益比率 64.05%。向全体股东每 10 股派送 0.5 元现金红利（含税），另按 10:1 比例转增股本。

宁波城隍庙实业股份有限公司

【公司概况】 公司 1996 年底总股份 89232000 股，其中尚未流通股 58935360 股，已流通 A 股 30296640 股。主要股东有宁波郡庙企业总公司、中国农业银行宁波信托投资公司、宁波海方实业公司、中国工商银行宁波信托投资公司等。公司董事长兼总经理：陈吉伦。

【经营业绩】 1996 年，公司利用城隍庙的区域优势，兴建了 1.2 万平方米的城隍美食城。公司以 55.17%的比例控股宁波海曙合作银行，取得了较好的效益。公司投入资金对城隍庙区域进行开发，至年底，城隍庙美食城工程土建已竣工。主要关联企业有中外合资宁波国泰房地产有限公司、宁波国泰建筑装璜材料有限公司、中外合作宁波城隍庙富士饮食服务有限公司、中外合作宁波维纳斯城隍庙婚妙摄影有限公司等。1996 年底主营业务收入 285191557.73 元，净利润 21270599.21 元，资产总额 477828687.38 元。

【财务状况】 公司 1996 年底股东权益 209677865.95 元，每股收益 0.238 元，每股净资产 2.35 元，净资产收益率 10.14%，股东权益比率 43.88%。以 1996 年底股本为基数，每 10 股派发现金红利 1.8 元（含税）。

西安黄河机电股份有限公司

【公司概况】 公司 1996 年底总股份 111286700 股，其中尚未流通股 64941300 股，已流通 A 股 46346400 股。主要股东有长岭黄河集团公司等。公司董事长兼总经理：马金泉。

【经营业绩】 公司主要生产黄河牌电视、冰箱等产品。1996 年公司共生产电视机 12.2 万台。主要关联企业有西安黄河房地产开发公司、西安黄河伟特电子有限公司、上海黄河电子工业联合公司、江苏黄河纽士威电器有限公司、西安黄河电视工贸有限责任公司。1996 年底主营业务收入 176713352 元，净利润－234221151 元，资产总额 705987669 元。

【财务状况】 公司 1996 年底股东权益 51427386 元，每股收益－2.10 元，每股净资产 0.46 元，净资产收益率－455.43%，股东权益比率 7.28%。由于公司亏损，1996 年不进行分配。

上海东方明珠股份有限公司

【公司概况】 公司 1996 年底总股份 430847720 股，其中尚未流通股 404847720 股，已流通 A 股 26000000 股。主要股东有上海广播电影电视发展总公司、上海有线电视台、上海精文投资有限公司、上海电视节办公室、上海电视台、上海东方电视台、上海东亚（集团）有限公司等。公司董事长兼总经理：盛亚飞。

【经营业绩】 公司 1996 年开发完善东方明珠广播电视塔的观光旅游功能，全年共接待登塔游客近 200 万人次。加强内部管理，强化项目管理，使之走向科学化、系统化、规范化和国际化。主要关联企业有东方明珠传输公司、东方明珠房地产公司、东方明珠国际广告公司、东方明珠欧洲城有限公司等。1996 年底主营业务收入 495410727.20 元，净利润 117593760.40 元，资产总额 1660670875.65 元。

【财务状况】 公司 1996 年底股东权益 832958858.90 元，每股收益 0.2729 元，每股净资产 1.93 元，净资产收益率 14.12%，股东权益比率 50.16%。每 10 股送红股 2 股，并按每 10 股增配 3 股的方案增配股。

上海商业网点发展实业股份有限公司

【公司概况】 公司 1996 年底总股份 92011894 股，其中尚未流通股 72475894 股，已流通 A 股 19536000 股。主要股东有上海商业网点发展公司、上海内外联合贸易公司、上海新亚（集团）股份有限公司、交通银行上海分行、上海市土产物资总公司等。公司董事长：邱嘉昌，总经理：马建平。

【经营业绩】 1996 年公司房产竣工面积 37886 平方米，外贸交易额 1800 万元，创汇 180 万美元。双龙宝都于 10 月 28 日竣工，虹临宝都年底土建安装基本竣工，鹏程宝都 4 幢 2.8 万平方米住宅于 11 月 15 日、航天宝都 2.7 万平方米 C 座办公楼已于年底结构封顶，武汉上海商城 3.5 万平方米的装饰工程总任务顺利竣工。公司利润增长幅度小于营业收入增长的主要原因为工程配套费用上升和资金成本上升。主要关联企业有上海宝都建筑装饰工程公司、上海宝都国际贸易有限公司、上海康奈商业发展投资有限公司等。1996 年底主营业务收入 276341600 元，净利润 20431600 元，资产总额 1384583900 元。

【财务状况】 公司 1996 年底股东权益 200845000 元，每股收益 0.22 元，每股净资产 2.18 元，净资产收益率 10.17%，股东权益比率 14.51%。每 10 股送 1 股，每 10 股配 2.727 股，每股 4 元，暂定转配比例 10:7。

上海凌桥自来水股份有限公司

【公司概况】 公司 1996 年底总股份 182000000 股，其中尚未流通股 158000000 股，已流通 A 股 24000000 股。主要股东有国家持股、上海市自来水公司、上海市城市建设投资开发公司、上海申银证券公司、南洋制衣公司等。公司董事长：徐国祥，总经理：徐文标。

【经营业绩】 1996年公司积极做好生产设备的维修保养工作，提前完成了供水设备的年度大检修任务，使设备始终处于良好的运行状态，全年制水10000万吨。为确保水质，公司加强净水生产的现场管理，采用国际通用的NTU浊度仪，出厂水质全部达到国家A级饮用水标准。加强市府重点市政工程凌桥水厂扩建工程建设，于1996年6月并网通水。主要关联企业有上海凌同水处理混凝剂厂、上海新世纪环保设备公司、上海凌大防水涂装工程有限公司、上海凌康石油化工制品有限公司等。1996年底主营业务收入95813773.58元，净利润38696155.05元，资产总额432000112.27元。

【财务状况】 公司1996年底股东权益221841938.13元，每股收益0.213元，每股净资产1.22元，净资产收益率17.44%，股东权益比率51.35%。向全体股东每10股派发现金红利1.80元(含税)。

上海上菱电器股份有限公司

【公司概况】 公司1996年底总股份328381100股，其中国家持股211981100股，已流通A股21600000股，B股94800000股。主要股东有上海市轻工控股(集团)公司、HKSBCSB A/C CMB S/A TEMPLETON DRAGON FUND INC.、HKSBCSB A/C THE CHASE MANHATTAN BANK NA. S/A TEMPLETON CHINA WORID FUND INC.等。公司董事长：俞友涌，总经理：陈俊民。

【经营业绩】 1996年，公司与日本三菱电机株式会社合资建设的空调机公司和微波炉公司推出了"My. SLim雾之风"空调机、NMK250燃油取暖器、"贵铂"系列微波炉等产品，上菱牌直冷式冰箱、吸收式冰箱等一系列新产品也已试制成功。1996年，公司在全国新增了数百家销售网点，冰箱出口也达到历史最好水平。主要关联企业有上海上菱电器销售部、上海上菱电冰箱技术维修中心、上海上菱新事业发展总公司、上海美声电器有限公司等。1996年底主营业务收入1350796162.82元，净利润10366333.26元，资产总额2582924979.19元。

【财务状况】 公司1996年底股东权益1161133968.48元，每股收益0.032元，每股净资产3.54元，净资产收益率0.89%，股东权益比率44.95%。1996年利润暂不分配。

上海界龙实业股份有限公司

【公司概况】 公司1996年底总股份89355000股，其中尚未流通股66355000股，已流通A股23000000股。主要股东有上海界龙发展公司、海通证券有限公司、农行上海市信托投资公司、无锡锡澄、上海界龙食品有限公司等。公司董事长兼总经理：费钧德。

【经营业绩】 公司1996年几家新办企业陆续投产，公司与加拿大摩亚公司合资的上海界龙摩亚商业表格和系统有限公司厂房建造已基本完成，设备已陆续进行安装，上海界龙商务大楼也即将竣工。投资兴建项目除上海界龙摩亚商业表格和系统有限公司外，还有上海界龙印刷器材有限公司、上海界龙铁制罐有限公司、上海界龙浦东彩印公司等。主要关联企业有上海外贸界龙彩印厂、上海界龙金属拉丝厂、上海纺织机械联合公司界龙针布联营厂等。1996年底主营业务收入187182117.37元，净利润18126217.86元，资产总额578999690.62元。

【财务状况】 公司1996年底股东权益239871537.08元，每股收益0.20元，每股净资产2.68元，净资产收益率7.56%，股东权益比率41.43%。每10股派现金红利1.00元(含税)，另每10股转增2股。

上海市农垦农工商综合商社股份有限公司

【公司概况】 公司1996年底总股份65244920股，其中尚未流通股48864920股，已流通A股16380000股。主要股东有上海市农工商(集团)总公司、建行湖北等。公司董事长：陆美华，总经理：沈百康。

【经营业绩】 1996年，公司强化压缩应收费，压缩库存及非生产性开支，提高资产运行质量。投资兴建有绿色食品开发项目、宝通商务楼项目、城隍庙第一购物中心项目、麦当劳快餐连锁经营项目、武胜路家电经营项目等。但由于公司主营业务单一、选择销售网点失误等原因，致使公司1996度出现亏损局面。主要关联企业有上海市农工商工贸总公司、上海农工商金裕发展总公司、上海农工商绿野经济发展公司、上海农垦烟糖百货公司等。1996年底主营业务收入1044060183.39元，净利润－25882434.18元，资产总额1045138807.77元。

【财务状况】 公司1996年底股东权益117319450.55元，每股收益－0.3967元，每股净资产1.7981元，净资产收益率－22.06%，股东权益比率11%。1996年度不进行分红。

上海市第九百货商店股份有限公司

【公司概况】 公司1996年底总股份89340000股，其中尚未流通股66840000股，已流通A股22500000股。主要股东有国家持股、上海申银万国证券公司、上海时装有限公司、上海友谊华侨股份有限公司等。公司董事长：黄富贵，总经理：乐富根。

【经营业绩】 1996年公司通过组建配货中心，实现母公司与子公司、关联企业的统一进货、统一销售、统一结算、统一管理，发挥规模经营优势，提高了公司在市场上的竞争力。加强核算，降低费用，提高融资效率。主要关联企业有百乐商城、九百浦东实业公司、百乐门针织制衣厂、宝隆商厦、仙霞商厦等。1996年底主营业务收入375873080.54元，净利润25414229.06元，资产总额387892041.10元。

【财务状况】 公司1996年底股东权益252001538.98元，每股收益0.2845元，每股净资产2.82元，净资产收益率10.08%，股东权益比率64.97%。向全体股东每10股送红股1股，并派发现金红利1.50元(含税)。

四川长虹电器股份有限公司

【公司概况】 公司1996年底总股份808583784股，其中尚未流通股561247653股，已流通A股247336131股。主要股东有国营长虹机器厂、中国经济开发信托投资公司、昆明国投、绵阳市金建服务公司、江苏证券有限公司等。公司董事长兼总经理：倪润峰。

【经营业绩】 公司1996年共生产各种型号"长虹牌"电视机493.5458万台，其中彩电480.6469万台，黑白电视机12.8989万台，共销售彩电477.1494万台，黑白电视机12.6222万台。1996年公司先后将八条中小屏幕彩电生产线作了大屏幕生产的适应性改造，先后开发投产的电视机有C3419PN、

C2919PK 等五个新品种,1996 年公司投资建设有数字彩电、卫星接收机、行输出、印刷板、高频器件、彩电技术等项目。主要关联企业有四川长虹新艺电工有限公司。1996 年底主营业务收入 10587654642.09 元,净利润 1674923032.63 元,资产总额 11539458896.82 元。

【财务状况】 公司 1996 年底股东权益 4444099739.19 元,每股收益 2.07 元,每股净资产 5.50 元,净资产收益率 37.69%,股东权益比率 38.51%。向全体股东每 10 股送红股 6 股。

绍兴市百货大楼股份有限公司

【公司概况】 公司 1996 年底总股份 84697800 股,其中尚未流通股 45685200 股,已流通 A 股 39012600 股。主要股东有绍兴市财务开发公司、上海中桥投资股份有限公司、绍兴市国有资产管理办公室、绍兴市房地产开发公司等。公司董事长兼总经理:傅阿云。

【经营业绩】 1996 年公司进一步完善并落实内部承包机制,继续扩大经营领域,多渠道投资,对大楼商场逐步进行了装修。投资绍兴市物资集团总公司及绍兴市外资企业物资公司,以获取股权收益。公司投资在市区中兴路 11 号地块上建造中兴路商品市场。1996 年投资兴建项目有人民路百大商城。主要关联企业有绍兴市百大宾馆、绍兴百大时装公司、绍兴市劳动防护用品公司、绍兴人民针纺厂。1996 年底主营业务收入 88349175.11 元,净利润 7172959.30 元,资产总额 164956098.14 元。

【财务状况】 公司 1996 年底股东权益 142452206.5 元,每股收益 0.085 元,每股净资产 1.68 元,净资产收益率 5.04%,股东权益比率 86.36%。向全体股东按 10:1 的比例送股。

上海柴油机股份有限公司

【公司概况】 公司 1996 年底总股份 480309280 股,其中尚未流通股 241709280 股,已流通 A 股 21600000 股,已流通 B 股 217000000 股。主要股东有上海东风机械(集团)有限公司(国家股)、CITIBANK PTCL—BT PACIFIC BASIN FUND、CITIBANK N. A S/B JARDINE FLEMING CHINA REGION FUND 等。公司董事长:陈龙兴,总经理:许维达。

【经营业绩】 1996 年,公司生产柴油机 26122 台,销售柴油机 24573 台,生产发电机组 1727 台,销售发电机组 1482 台,全年出口创汇 867.27 万美元。公司第一次募集资金(1993 年 12 月)使用延续至 1996 年的投资项目有引进 CAT3300B 柴油机、D 系列柴油机改造项目、工厂配套、对外投资、归还技改项目贷款、AVL 咨询项目等;第二次募集资金(1996 年 12 月)主要用于 D 系列柴油机生产基地建设。主要关联企业有上海东风柴油机销售公司、上海柴油机股份有限公司物资供应公司、上海上柴配件有限公司、上海上风发动机贸易有限公司等。1996 年底主营业务收入 1046031445.56 元,净利润 143820817.93 元,资产总额 2474391062.32 元。

【财务状况】 公司 1996 年底股东权益 1669542972.08 元,每股收益 0.30 元,每股净资产 3.48 元,净资产收益率 8.61%,股东权益比率 67.47%。1996 年度利润暂不分配。

上海中西药业股份有限公司

【公司概况】 公司 1996 年底总股份 67891255 股,其中尚未流通股 50428755 股,已流通 A 股 17462500 股。主要股东有国家持股、上海浦东星火联合发展公司、上海斯米克机电陶瓷有限公司等。公司董事长兼总经理:王海钧。

【经营业绩】 1996 年,公司共推出 10 个新产品;各项费用得到了较好的控制;抓企业的多元投资,1996 年公司成功地进入了微电子和房地产行业;积极开展资本经营活动,成功地利用 GMP 改造项目对上海九福药业公司实施投资控股。1996 年投资兴建有年产 400 吨 DV 菊酸项目、磷酸氯喹扩产二期工程项目等。主要关联企业有上海中西药业浦东公司、上海中西吴江制药厂、上海中西黎里制药厂、上海九福药业有限公司等。1996 年底主营业务收入 432338398.52 元,净利润 23910769.25 元,资产总额 776962424.84 元。

【财务状况】 公司 1996 年底股东权益 235231082.47 元,每股收益 0.352 元,每股净资产 3.465 元,净资产收益率 10.16%,股东权益比率 30.28%。向全体股东每 10 股送 2.5 股红股,另按 10:6 比例转增股本。

上海工业缝纫机股份有限公司

【公司概况】 公司 1996 年底总股份 194204900 股,其中尚未流通股 107204900 股,已流通 A 股 12000000 股,已流通 B 股 75000000 股。主要股东有上海轻工控股(集团)公司、HKSBCSB A/C CMB S/A TEMPLETON DRAGON FUND INC.、ABU DHABL,UNITED ARAB EMIRATES、上海永久股份有限公司等。公司董事长:倪永刚,总经理:何忠源。

【经营业绩】 1996 年,公司积极组织缝纫机高、新、优品种的开发与生产,同时,公司加速发展第二工业产品和加快发展第三产业,净水工业取得了较大进展。募集资金主要投入缝制设备改造项目,其中扩大高速平缝机生产项目已进入试生产。在 1996 年主营业务收入中,缝纫机业务占 88.26%,饮水机销售占 9.48%,其它收入占 2.26%。主要关联企业有上海工业缝纫机销售总公司、上海工业缝纫机技术开发公司、上海工业缝纫机物产总公司、上海上工汽车运输服务公司等。1996 年底主营业务收入 424496008.28 元,净利润 6676989.40 元,资产总额 1321831427.46 元。

【财务状况】 公司 1996 年底股东权益 642570311.84 元,每股收益 0.034 元,每股净资产 3.31 元,净资产收益率 1.04%,股东权益比率 48.61%。1996 年度红利暂不分配,另按 10:3 比例转增股本。

上海英雄股份有限公司

【公司概况】 公司 1996 年底总股份 164467641 股,其中尚未流通股 97192641 股,已流通 A 股 14950000 股,已流通 B 股 52325000 股。主要股东有上海轻工控股(集团)公司、HKSBCSB A/C CAISSE CENTRALE DES BANQUSE POPULARES PARIS、浙江证券有限责任公司国际业务部等。公司董事长:赵松生,总经理:黄永昌。

【经营业绩】 1996 年公司投资 4900 多万元,主要用于改造笔类表面装饰工艺、注塑工艺、复杂型腔及引进国外先进技术和材料。同时,公司收购了原上海英雄打字机厂和上海制笔零件工厂,受让上海轻工控投(集团)公司持有的永生股份有限公司的部分国家股 2737 万股,建立南非英雄制笔文具公司投资 1900 万元;并进行了技术改造和产业结构、产品结构调整投资 4500 万元。目前这些项目已投入并实现累计销售收入

125900万元，实现利润1628万元。主要关联企业有英雄金笔厂、上海英雄礼品公司、上海英雄电脑绘图仪器用品公司等。1996年底主营业务收入407128000元，净利润62310700元，资产总额831472500元。

【财务状况】 公司1996年底股东权益407915700元，每股收益0.379元，每股净资产2.48元，净资产收益率15.28%，股东权益比率49.06%。每10股送1.5股派1.00元。

上海钢管股份有限公司

【公司概况】 公司1996年底总股份262244070股，其中尚未流通股161044070股，已流通A股13200000股，已流通B股88000000股。主要股东有国家持股、PITET & CIC THE CHASE MANHATTAN BANK NA. S/A TEMPLETON CHINA WORLD FUND INC.等。公司董事长：龚洪林，事长：龚洪林，总经理：候德根。

【经营业绩】 1996年，公司理顺营销机制，建立网络，对边远省市派驻人员，扩大市场覆盖面；通过开发新产品，进行了内螺旋管、汽车用管、轴承管的开发试制并形成批量生产，1996年公司电站用高压锅炉管工程项目新热轧车间全线建成，新热轧穿孔机、ACCU—ROLL轧机、步进加热炉、微张减径机进入试生产阶段；桑管项目中U型管车间厂房土建结束，冷轧、冷拔、退火三联厂房基础施工，从德国引进的SKW—50高速冷轧机安装完毕。主要关联企业有宝山钢管镀锌厂、淞南焊管分厂、新二焊管分厂、宝山无缝钢管厂等。1996年底主营业务收入529468249.06元，净利润5424660.49元，资产总额1014686153.22元。

【财务状况】 公司1996年底股东权益601128243.43元，每股收益0.02元，每股净资产2.29元，净资产收益率0.90%，股东权益比率59.24%。1996年盈利用于弥补上年度亏损，1996年公司不予分配。

上海同济科技实业股份有限公司

【公司概况】 公司1996年底总股份72711765股，其中尚未流通股49506765股，已流通A股23205000股。主要股东有同济大学、上海国有资产管理办公室、华夏证券公司等。公司董事长：顾国维，总经理：钱刚。

【经营业绩】 1996年，公司继续保持在建筑、监理行业里技术与人才的综合优势，在生物制品、新材料与节能产品、环保产品、机电一体化产品及技术等方面，都具有较强的发展潜力。投资兴建项目有：合资组建上海同济生物制品有限公司、首期生产保健食品“首脑胶囊”获卫生部批准；投资进行同济大学专家服务中心配套设施建设，完善其综合服务功能；投资扩建放射免疫分析技术研究所等。主要关联企业有同济大学建筑设计研究院、上海同济建设总公司、同济大学爆破与技术工程公司、同济大学工程建设监理公司等。1996年底主营业务收入288219218.59元，净利润25347113.60元，资产总额364871258.39元。

【财务状况】 公司1996年底股东权益214640917.61元，每股收益0.35元，每股净资产2.95元，净资产收益率11.81%，股东权益比率58.82%。向全体股东每10股派发现金红利2.10元(含税)，另每10股转增2股。

重庆万里蓄电池股份有限公司

【公司概况】 公司1996年底总股份68200000股，其中尚未流通股37510000股，已流通A股30690000股。主要股东有重庆华金国有资产经营有限责任公司、永信置业、人保信投等。公司董事长兼总经理：张净。

【经营业绩】 1996年，公司控制产品的单位铅耗量，降低成本，并调整营销策略，改善产品销售结构，使下半年基本上扭转了上半年曾经出现的亏损局面。1996年，公司在建工程主要有小密车间，小密国内设备、小密引进设备、美式汽油机、装配车间、七车间改造、80G装配线、摩托车电池装配线、12T铅粉机等。1996年底主营业务收入131102951.30元，净利润1645755.09元，资产总额269633302.87元。

【财务状况】 公司1996年底股东权益159637973.96元，每股收益0.024元，每股净资产2.34元，净资产收益率1.03%，股东权益比率59.20%。向全体股东按10:1比例送红股，另按10:3比例转增股本。

上海自动化仪表股份有限公司

【公司概况】 公司1996年底总股份329989165股，其中尚未流通股213609165股，已流通A股27830000股，已流通B股88550000股。主要股东有上海仪电控股(集团)公司(国家股)、TOYO SECURITIES ASIA LTD、上海南洋国际实业股份有限公司、BONY A/C GMML GIL NOMINEES A/C GEPIT HKSBCSB A/C CMB S/A TEMPLETON DRAGON FUND INC等。公司董事长：周永清，总经理：周国安。

【经营业绩】 1996年，公司除了全力搞好传统的电站自控设备市场外，开发冶金、化工以及新兴的核电自控设备等市场，到1996年底，已有40多个合资企业开始进入盈利期。1996年，公司所属11家制造整机产品的工厂，已全部获取ISO9000质量保证体系认证合格证书，有MAX系列分散控制系统等七只产品获得上海市名牌产品称号。主要关联企业有上海麦克林电子有限公司、上海海通锅炉微机控制有限公司、上海申友电器设备有限公司、上海清工游丝有限公司等。1996年底主营业务收入1205115433.93元，净利润48231331.19元，资产总额1818984879.26元。

【财务状况】 公司1996年底股东权益680448766.83元，每股收益0.1462元，每股净资产2.06元，净资产收益率7.09%，股东权益比率37.41%。每10股送1股红股。

上海四药股份有限公司

【公司概况】 公司1996年底总股份57966600股，其中尚未流通股42966600股，已流通A股15000000股。主要股东有国家持股、北海新宏源物业发展公司等。公司董事长：葛绍圻，总经理：罗英宏。

【经营业绩】 1996年，公司全体员工克服了部分制剂产品降价、个别产品原材料短缺及各项费用上涨等困难，取得了经济持续稳定发展，适应市场变化拓展营销新局面，技术管理走上新台阶，技术改造产生巨大经济效益及公司规范化运作取得了新进展等。公司投资兴建的浦东科发药厂于1996年12月5日通过有关部门联合竣工验收。主要关联企业有徐行药厂、金山药厂、长兴岛先锋医用环保厂、上海四星服务公司。1996年底主营业务收入320967340.65元,净利润15209910.77元,资产总额502074674.66元。

【财务状况】 公司1996年底股东权益189121609.95元,每股收益0.2624元,每股净资产3.26元,净资产收益率8.04%,股东权益比率37.67%。以1996年末总股本为基数,向全体股东每10股派发现金红利1.56元(含税)

上海华东电脑股份有限公司

【公司概况】 公司1996年底总股份50000000股,其中尚未流通股37500000股,已流通A股12500000股。主要股东有华东计算技术研究所、上海华兴贸易公司、万科企业股份有限公司、建行上海信托投资公司、国家持股等。公司董事长兼总经理:马定贤。

【经营业绩】 公司1996年推出了ECP5标准型、多媒体型、多媒体通讯型产品。先后承接了上海商业增值网、上海邮政绿卡工程、上海市合作银行综合业务储蓄系统、江苏省金卡工程、山东省金卡工程、上海市经委工业经济信息系统、上海烟草集团销售系统、上海石化OA系统、上海邮电管理局OA系统、上海商品交易所异地交易系统、申银万国互联系统、上海铁路局售票系统等项目,有的已交付使用。作为美国惠普公司的微机与服务器产品的分销商,公司1996年也取得了较好的销售业绩。主要关联企业有上海华东电子技术服务公司、上海华东计算机系统工程公司、上海启明软件有限公司、上海资源电子有限公司等。1996年底主营业务收入449484315.18元,净利润6363755.28元,资产总额221537791.64元。

【财务状况】 公司1996年底股东权益108158309.42元,每股收益0.13元,每股净资产2.16元,净资产收益率5.88%,股东权益比率48.82%。向全体股东按每10股派发现金红利人民币1.00元(含税)。

上海海欣集团股份有限公司

【公司概况】 公司1996年底总股份169410252股,其中尚未流通股110010252股,已流通A股13200000股,B股46200000股。主要股东有香港申海公司、洞泾工业公司、香港福欣公司、上海玩具公司、开隆投资公司等。公司董事长:陈俊民,总经理:袁永林。

【经营业绩】 1996年,公司新引进毛皮生产设备,抢时间提前安装调试使生产能力扩大后,实行满负荷生产。通过技术改进和技术开发,努力提高产品档次和质量。主要关联企业有海欣进出口公司、海欣香港国际投资公司、香港佳士达纺织公司、海欣天津公司、海天毛纺公司等。1996年底主营业务收入594780944.53元,净利润75895137.14元,资产总额1063940689.34元。

【财务状况】 公司1996年底股东权益471685272.13元,每股收益0.45元,每股净资产2.78元,净资产收益率16.09%,股东权益比率44.33%。向全体股东每10股派发现金红利3.50元(含税),另按10:3配股。

中国四川国际合作股份有限公司

【公司概况】 公司1996年底总股份109539068股,其中尚未流通股80539068股,已流通A股29000000股。主要股东有四川省国有资产管理局等。公司董事长:陈克浩,总经理:单晨光。

【经营业绩】 1996年,公司全年新签承包劳务合同额2463万美元,其中承包工程合同额425万美元,劳务合作合同额2030万美元。全年完成承包劳务营业额4614万美元,其中承包工程营业额3454万美元,劳务合作营业额1150万美元,年末在外从事承包劳务业务人数4336人。1996年6月,公司与中国进出口银行签订了11705万元人民币的长期优惠贷款协议,房地产业务方面成功地销售了"玉林苑"住宅项目,但由于乌干达欧文电站项目被迫终止雇佣及公司其它部分工程项目和经营项目上发生亏损,致使1996年公司出现年度亏损局面。主要关联企业有中川国际公司实业投资公司、中川国际公司海南公司、中川国际公司北海公司、四川国际合作房地产公司等。1996年底主营业务收入180689546.55元,净利润－83184697.02元,资产总额947066462.86元。

【财务状况】 公司1996年底股东权益312196980.97元,每股收益－0.76元,每股净资产2.85元,净资产收益率－26.65%,股东权益比率32.97%。1996年不进行分配。

北满特殊钢股份有限公司

【公司概况】 公司1996年底总股份484000000股,其中尚未流通股334400000股,已流通A股149600000股。主要股东有国家持股、广东太阳神经济发展公司、广东佛山南发实业总公司、黑龙江省电力工业公司等。公司董事长兼总经理:范广举。

【经营业绩】 1996年,公司共消化各种减利因素6970万元,其中燃料1360万元,动力1340万元。1996年公司生产钢35.6万吨,生产钢材28.2万吨,实现利润4746万元,较好地完成了股东大会提出的目标。主要关联企业有北满科技实业有限公司、北亚实业(集团)股份有限公司、交通银行齐齐哈尔支行、黑龙江对外投资(集团)股份公司等。1996年底主营业务收入1323006114.74元,净利润40574495.67元,资产总额3020996606.45元。

【财务状况】 公司1996年底股东权益1281873252.13元,每股收益0.084元,每股净资产2.65元,净资产收益率3.17%,股东权益比率42.43%。1996年度可供分配的利润暂缓分配。

江苏春兰制冷设备股份有限公司

【公司概况】 公司1996年底总股份132000000股,其中尚未流通股99000000股,已流通A股33000000股。主要股东有江苏春兰制冷设备有限公司、泰州春兰特种空调器厂、华德正业等。公司董事长:张鸿志,总经理:许承业。

【经营业绩】 公司1996年实现空调器产量44万台。公司加快新品开发步伐,开发了一机三挂变频空调器、家用柜式空调、遥控窗式空调并投入批量生产;加快开发区新厂的建设,完成35万平方米主厂房、办公楼装饰工程、室内地下输送线的通道等。主要关联企业有西安庆安冷机有限公司、江苏春兰机械制造有限公司、江苏春兰动力制造有限公司、江苏春兰摩托车有限公司。1996年底主营业务收入1968935716.64元,净利润254404648.04元,资产总额1283817948.72元。

【财务状况】 公司1996年底股东权益648481204.94元,每股收益1.93元,每股净资产4.91元,净资产收益率39.23%,股东权益比率50.51%。按每10股送2股,同时派发8元现金红利(含税)进行分配。

北京旅行车股份有限公司

【公司概况】 公司1996年底总股份160080000股,其中尚未流通股107091000股,已流通A股52989000股。主要股东有北京司达旅行车有限公司、日本五十铃自动车株式会社、日本伊藤忠商事株式会社、北京市南郊农场旧宫分场等。公司董事长:王金权,总经理:木岛保寿。

【经营业绩】 公司以生产6600系列、6500系列、6400系列旅行车为主。1996年共生产各类旅行车3268辆,销售3269辆。1996年,公司针对老产品的缺点进行改进,推出的96型轻客得到市场的认可,加快了BE国产化的进度。1996年完成WFR旅行车出口维修备件项目,出口返销件7746件,创外汇6779万日元。主要关联企业有北京城市合作银行西罗园支行、北京朝代车体有限公司、北京合正汽车配件公司、珠海金海滩国际俱乐部、北海通发实业股份有限公司等。1996年底主营业务收入197156094.25元,净利润408965.68元,资产总额535940356.31元。

【财务状况】 公司1996年底股东权益270023065.17元,每股收益0.003元,每股净资产1.69元,净资产收益率0.20%,股东权益比率50.38%。1996年度不支付普通股股利。

长春百货大楼集团股份有限公司

【公司概况】 公司1996年底总股份130526900股,其中尚未流通股70466900股,已流通A股60060000股。主要股东有长春市国有资产管理局、中国平安保险公司证券部、吉林省信托投资公司、深圳蓝天基金管理公司等。公司董事长兼总经理:范士良。

【经营业绩】 1996年,公司营业室内的喷泉、瀑布、人物群雕以及园林餐厅、观光电梯等成为消费者购物时的休闲景观。加强商品资金和各项费用管理,开展增收节支活动。公司组建的"长江大酒店"和三次改造二期于1996年10月全面对外营业。主要关联企业有长江大酒店、幕墙玻璃经销公司、金汇百货经销公司、建筑分公司、广告分公司。1996年底主营业务收入539139578.35元,净利润23064948.77元,资产总额394309224.75元。

【财务状况】 公司1996年底股东权益328924782.34元,每股收益0.176元,每股净资产2.52元,净资产收益率7.01%,股东权益比率83.42%。1996年度利润暂不分配。

宁波中百股份有限公司

【公司概况】 公司1996年底总股份83460000股,其中尚未流通股55586232股,已流通A股27873768股。主要股东有国家持股、镇海炼油化工股份有限公司、宁波经济技术开发区联合(集团)股份有限公司、中国百货纺织品公司、中国工商银行宁波市信托投资公司等。公司董事长兼总经理:林云秀。

【经营业绩】 公司主业为百货商业的批发和零售。1996年,公司强化名优品牌经营,采取促销措施,取得了预期的成效。投资兴建项目有中百商厦建设,1996年投入资金5152.87万元,工程进展顺利。主要关联企业有宁波市百货批发公司、宁波市第二百货商店、宁波开发区中百经济贸易公司、宁波中百广告公司、宁波中百劳动防护用品商店、宁波中百文化用品商店等。1996年底主营业务收入373549554.60元,净利润14671575.54元,资产总额378944867.04元。

【财务状况】 公司1996年底股东权益258152442.46元,每股收益0.18元,每股净资产3.09元,净资产收益率5.68%,股东权益比率68.12%。向全体股东每10股送红股1.4股,另按10:0.6比例转增股本。

山东渤海集团股份有限公司

【公司概况】 公司1996年底总股份75841700股,其中尚未流通股33370700股,已流通A股42471000股。主要股东有济南市国有资产管理局、山东潍坊纯碱厂、济南长新石材有限公司、山东广告代理公司、申银万国证券公司等。公司董事长兼总经理:李甫田。

【经营业绩】 1996年公司决定在济南市兴建渤海康乐城;渤海大酒店及夜总会、桑拿浴正式营业;2800平方米的迪士高溜冰馆、乒乓球馆开业;38道国际标准保龄球馆进入最后安装阶段;1800平方米台球馆装修完毕。工业项目长清热电厂安全发电,济南火柴厂正式投产。公司投资50万美元在美国洛杉矶市成立了美国资源公司,主要批发彩色复印机、国际艺术交流、进行商贸活动。主要关联企业有山东渤海大酒店、山东物美商场、山东渤海广告礼品公司、济南原子印章公司、山东广告代理公司等。1996年底主营业务收入17582059.67元,净利润8762866.84元,资产总额261677720.03元。

【财务状况】 公司1996年底股东权益190986347.69元,每股收益0.116元,每股净资产2.52元,净资产收益率4.59%,股东权益比率72.99%。1995年及1996年每10股送红股2股,另资本公积金每10股转增4股。

北京王府井百货(集团)股份有限公司

【公司概况】 公司1996年底总股份202146661股,其中尚未流通股101688806股,已流通A股100457855股。主要股东有北京市国有资产经营公司、交通银行北京分行、深圳万科企业股份有限公司、中国宝安(集团)股份有限公司等。公司董事长:郭传周,总经理:郑万河。

【经营业绩】 1996年公司所属王府井百货大楼和新开业的广州王府井、北京海文王府井三家大型商店,开展了店堂邮寄、购物赠保险、电话购物、代客送礼等综合服务;加强商品质量管理,实行商品准入制度。投资兴建工程有王府井北厦工程、成都王府井商城、南通王府井物业发展有限公司、计算机系统、组建王府井商业连锁有限公司。主要关联企业有北京宏业房地产开发公司、北京百货大楼集团海口公司、匈牙利埃利克公司、广州王府井百货大楼有限责任公司等。1996年底主营业务收入1633486744.54元,净利润97129315.18元,资产总额1690474429.29元。

【财务状况】 公司1996年底股东权益960947673.95元,每股收益0.48元,每股净资产4.75元,净资产收益率10.11%,股东权益比率56.84%。向全体股东按每10股派发现金红利3.00元(含税),另按10:3比例配售新股。

北人印刷机械股份有限公司

【公司概况】 公司1996年底总股份400000000股,其中尚未

流通股 250000000 股，已流通 A 股 50000000 股，已流通 H 股 100000000 股。主要股东有北人集团公司、HKSCC NOMINEES LIMITED、YIP TAK SHIU、YIP LING FUNG PHILIP、HUI KAU YU 等。公司董事长：张致远，总经理：云庆华。

【经营业绩】 公司 1996 年与国外专家合作开发的 BEIREN104 型对开四色胶印机，达到了 90 年代国际同类产品先进水平；引进日本成熟技术生产的商用表格印刷机，取得了较好效果。改善了 CAD、CAPP 环境，建立了设计工艺编辑系统，完成了北人计算机网络工程实施在 CIMS 开发上取得重大进展，顺利通过了机械工业部对 JS2102 型对开双面胶印机和 PZ4880—O1B 型机组式对开四色胶印机优等品复查工作，下属多色机制造厂、单双色机制造厂、齿轮厂、铸造厂先后通过了 ISO9001 和 ISO9002 质量认证体系。主要关联企业有北人太和印机铸造厂、辰光有限公司、河北北人给纸机厂、北京北人富士印刷机械有限公司等。1996 年底主营业务收入 390712678.28 元，净利润 73972655.17 元，资产总额 1129644632.67 元。

【财务状况】 公司 1996 年底股东权益 960152134.72 元，每股收益 0.185 元，每股净资产 2.40 元，净资产收益率 7.70%，股东权益比率 85.00%。全年每股股利人民币 0.10 元。

北京城乡贸易中心股份有限公司

【公司概况】 公司 1996 年底总股份 190000000 股，其中尚未流通股 124000000 股，已流通 A 股 66000000 股。主要股东有北京市郊区旅游实业开发公司、万科企业股份有限公司、北京海兴实业公司、中国人民建设银行北京信托投资公司等。公司董事长兼总经理：周和平。

【经营业绩】 1996 年，公司以二期工程的部分建筑工程使用权折价入资，设立了北京城乡华懋商厦有限公司，并在青岛设立了青岛城乡商业城。卡梦达表业有限公司、城易电脑公司、成威家俱公司、贝康工贸公司在公司的大兴生产基地投产。公司完成出口创汇 748.7 万美元，年内实现房地产产值 8000 万元。主要关联企业有北京市方城海房地产开发有限责任公司、北京贝康工贸有限公司、北京成威高级家俱与室内装饰有限公司、洋浦合平实业有限公司等。1996 年底主营业务收入 1455652262.87 元，净利润 76068862.07 元，资产总额 1461885837.70 元。

【财务状况】 公司 1996 年底股东权益 760584769.10 元，每股收益 0.40 元，每股净资产 4.00 元，净资产收益率 10.00%，股东权益比率 52.03%。1996 年度（按配股后总股本计）每 10 股派现金红利 1.20 元（含税）。

南通机床股份有限公司（集团）

【公司概况】 公司 1996 年底总股份 74351900 股，其中尚未流通股 48365300 股，已流通 A 股 25986600 股。主要股东有国家持股、南通市文峰经济开发总公司、南通市芦泾实业有限公司、深圳大恒、南通市闸东实业总公司等。公司董事长：柴逸永，总经理：钱汉清。

【经营业绩】 1996 年，面临国内机床行业仍在低谷中运行的不利形势，公司深化改革，抓生产，促销售，保证了公司各项工作的正常运转，并取得一定的经营成绩。但由于内部机制未能理顺，使企业年度出现了亏损。主要关联企业有美国南通机床维修服务公司、南通竹友装饰品有限公司、南通多福机械有限公司、南通燕东铸造有限公司、南通机床股份有限公司（集团）铸造厂等。1996 年底主营业务收入 153529048.00 元，净利润 —28391027.63 元，资产总额 490329258.44 元。

【财务状况】 公司 1996 年底股东权益 126932757.55 元，每股收益—0.3818 元，每股净资产 1.71 元，净资产收益率—22.37%，股东权益比率 25.89%。1996 年度不进行利润分配。

内蒙古蒙电华能热电股份有限公司

【公司概况】 公司 1996 年底总股份 427000000 股，其中尚未流通股 362000000 股，已流通 A 股 65000000 股。主要股东有内蒙古电力总公司、华能发电公司、国家股、华能内蒙发电公司等。公司董事长：乌力吉，总经理：王海峰。

【经营业绩】 公司是以发电和供热为主的火力发电厂。1996 年发电量实现 26.6 亿千瓦时，供热量实现 616.9 万吉焦。至 1996 年底，公司共有装机容量 42.5 千瓦，年发电能力在 26 亿千瓦时以上，供热能力为 600 多万吉焦，为内蒙与西部电网的主力发电厂之一，并拥有装机容量为 20 万千瓦机组的海勃湾电力股份有限公司 40%的股权。1996 年配股资金主要用于收购内蒙电力总公司持有的海勃湾电力股份有限公司股份和公司设备的更新改造。主要关联企业有海勃湾电力股份有限公司。1996 年底主营业务收入 388266317.95 元，净利润 92289139.54 元，，资产总额 1122472709.11 元。

【财务状况】 公司 1996 年底股东权益 983181161.11 元，每股收益 0.22 元，每股净资产 2.30 元，净资产收益率 9.39%，股东权益比率 87.59%。向全体股东每 10 股送红股 2 股，另以资本公积向全体股东每 10 股转增股本 1 股。

哈尔滨岁宝热电股份有限公司

【公司概况】 公司 1996 年底总股份 94831000 股，其中尚未流通股 67331000 股，已流通 A 股 27500000 股。主要股东有哈尔滨石油化学工业（集团）公司、岁宝集团（深圳）实 业有限公司、泰阳实业、阿城市热电厂等。公司董事长：杨祥波，总经理：洪启后。

【经营业绩】 公司的主要业务范围为热电、电力生产与供应，热电、电力工程设备及相关产品生产与销售。1996 年公司共完成发电量 21866 万千瓦时，供电量 17549 万千瓦时，全年售汽 38.7 万吨，实现工业总产值 2248 万元。注重安全生产与安全教育，形成了三级安全网，1996 年 6 月 24 日实现了安全生产两周年。对 1# 炉系统，1# 汽轮发电机组的设备进行全面大修，对除尘器系统进行彻底改造。1996 年底主营业务收入 90428848.09 元，净利润 22155201.04 元，资产总额 390039163.63 元。

【财务状况】 公司 1996 年底股东权益 245337430.12 元，每股收益 0.23 元，每股净资产 2.59 元，净资产收益率 9.03%，股东权益比率 62.90%。1996 年利润暂不分配。

百大集团股份有限公司

【公司概况】 公司 1996 年底总股份 182234000 股，其中尚未流通股 113906000 股，已流通 A 股 68328000 股。主要股东有杭州市国有资产管理局、华新公司、浙江省商业（集团）总公司、浙江余杭市石油煤炭总公司、君安证券有限公司等。公司董事长兼总经理:董伟平。

【经营业绩】 1996年公司新开设了杭州第二百货大楼,与海南日森公司合资组建了百大集团日森有限公司。同时强化了杭州百货大楼和嘉兴购物中心的管理,全面推行POSMIS系统。杭州大酒店保持了客房平均出租率85%的佳绩。此外,公司参与组建了杭州城市合作银行,控股浙江万用房地产开发有限公司。公司1995年12月实施配股募集资金8033.78万元,全部用于公司半道红商住大厦工程的建设,年底已完工验收。12月28日1—4层的大厦裙房——杭州第二百货大楼如期开张营业。主要关联企业有杭州市广告艺术公司、杭州八达生产资料公司、杭州八达市场信息服务公司等。1996年底主营业务收入882093800元,净利润57013600元,资产总额747227900元。

【财务状况】 公司1996年底股东权益476728000元,每股收益0.3129元,每股净资产2.62元,净资产收益率11.96%,股东权益比率63.80%。每10股送2.5股配2.3股,每股3.5—4.0元。

广东肇庆星湖味精股份有限公司

【公司概况】 公司1996年底总股份72539600股,其中尚未流通股36719600股,已流通A股35820000股。主要股东有肇庆市国有资产管理局、江苏盐城等。公司董事长兼总经理:黄增麟。

【经营业绩】 公司1996年度肌苷原料药产量为650.93吨,产销率97.04%(出口137.99吨);味精产量17180.85吨;L一脯氨酸产量109.60吨(出口21.2吨),国内排位第一位、市场占有率60%。1996年公司投资建设项目有年产50吨病毒唑等。主要关联企业有肇庆味清厂、星湖生物化学制药厂、广益房地产公司、新兴石龙山矿泉水分公司、西江食品厂。1996年底主营业务收入362832840.45元,净利润30839388.64元,资产总额385328974.28元。

【财务状况】 公司1996年底股东权益212464949.76元,每股收益0.425元,每股净资产2.93元,净资产收益率14.52%,股东权益比率55.14%。派发普通股每股人民币0.40元(含税)。

通化东宝药业股份有限公司

【公司概况】 公司1996年底总股份115560198股,其中尚未流通股59400198股,已流通A股56160000股。主要股东有通化东宝实业集团公司、通化白雪山制药厂、通化石油工具厂等。公司董事长兼总经理:李一奎。

【经营业绩】 公司1996年"镇脑宁"产品产量为12.5万件,销售量为12.1万件,"东宝肝泰片"产品产量为4.8万件,销售量为4.6万件。募集资金用于基因生物工程投资、威海东宝制药厂二期扩建工程及"镇脑宁"改扩建工程投资,粉针生产技术改造前期动迁及拆迁工作已结束,主体工程已开始动工。主要关联企业有威海东宝制药厂。1996年底主营业务收入223761397.96元,净利润81531179.61元,资产总额495918858.28元。

【财务状况】 公司1996年底股东权益444364797.36元,每股收益0.7055元,每股净资产3.84元,净资产收益率18.35%,股东权益比率89.60%。向全体股东每10股送5股红股,另按10:3配股。

广东梅雁企业(集团)股份有限公司

【公司概况】 公司1996年底总股份154312704股,其中尚未流通股50232000股,已流通A股104080704股。主要股东有梅县梅雁经济发展总公司、梅县蛋鸡场、中国工商银行广东省信托投资公司、广东发展银行梅州分行等。公司法定代表人(董事长):杨钦欢。

【经营业绩】 公司为综合类集团公司,实行多元化经营,业务涉及一、二、三产业,而以建筑建材、宾馆服务、商业和房地产为主营业务。公司1996年已完成梅州市梅州大桥至嘉应桥段梅江南堤新河堤的建设,以及剑英体育馆基础工程的施工。主要关联企业有梅县第二建筑工程公司、梅县顺风客运公司、梅县客都宾馆、梅县客都商场、梅县惠民贸易公司等。1996年底主营业务收入267244128.12元,净利润76398581.02元,资产总额650336069.43元。

【财务状况】 公司1996年底股东权益519048523.89元,每股收益0.495元,每股净资产3.36元,净资产收益率14.72%,股东权益比率79.81%。向全体股东按10:4.2派送红股,另向全体股东以10:3.8比例转增股本。

青海三普药业股份有限公司

【公司概况】 公司1996年底总股份120 000 000股,其中尚未流通股90000000股,已流通A股30000000股。主要股东有青海省创业集团有限公司、青海省医药管理局(国家股)、中国宝安集团股份有限公司、广州白云山制药股份有限公司等。公司董事长:武英。

【经营业绩】 1996年公司做好了三普红景天胶囊的上市准备工作,1996年三普专家委员会成立并做好了中藏药促进会成立的一切准备工作;完成了三普制药厂库房建造工程;建立了灵活的信息网络,在北京、上海、深圳、广州建立了营销分公司;1996年共生产中药片剂、蜜丸及酊水剂等30多种产品。募集资金使用情况:投入生产流动资金1340万元,广告及促销费用1150万元,技改项目1060万元,新产品开发550万元,其他项目200万元,合计4300万元。主要关联企业有青海医药有限责任公司、西宁市兴业城市信用社、青海山川铁合金股份有限公司、青海经济咨询有限公司等。1996年底主营业务收入100048925.63元,净利润25878106.77元,资产总额318647567.44元。

【财务状况】 公司1996年底股东权益228079567.17元,每股收益0.22元,每股净资产1.90元,净资产收益率11.35%,股东权益比率71.58%。董事会建议本年度股利暂不分配。

厦门华侨电子股份有限公司

【公司概况】 公司1996年底总股份123743250股,其中尚未流通股86332500股,已流通A股37410750股。主要股东有厦门华侨电子企业有限公司、厦门经济特区华厦集团、厦门电子器材公司等。公司董事长:郭则理,总经理:王玉良。

【经营业绩】 公司主要生产经营视听设备、通信设备、计算机及外设、五金、注塑模具等产品。1996年,公司建成销售服务中心28个,销售专柜155个,1996年共开发了31种新机型,同时继续进行彩电生产线的技术改造工程及扩大注塑、印制电路板、五金冲压等相应的自配能力。1996年公司共生产各种型号的“厦华牌”彩色电视机和彩色显示器657956台，销售764802台，其中出口276153台。1996年配股募集资金主要用于生产大屏幕显示系统，开发新功能、新外型的彩电及增设40个销售专柜。主要关联企业有厦门厦华进出口有限公司。1996年底主营业务收入974386971.23元，净利润40643687.11元，资产总额887063408.27元。

【财务状况】 公司1996年底股东权益375626078.86元，每股收益0.33元，每股净资产3.04元，净资产收益率10.82%，股东权益比率42.34%。向全体股东以10:2.5派送红股（按每股面值壹元计算），另按10:2.5转增股本。

仪征化纤股份有限公司

【公司概况】 公司1996年底总股份4000000000股，其中尚未流通股2400000000股，已流通A股200000000股，已流通H股1400000000。主要股东有仪化集团公司、香港中央结算（代理人）公司、中国国际信托投资公司、AMOCD CHEMICALS ASIA PACIFIC LTD等。公司董事长：吴文英，总经理：马育平。

【经营业绩】 1996年，在产品销售方面，成立了仪化康祺化纤有限责任公司，并在全国12个重要城市成立了康祺子公司。同时，通过在香港成立的富朗勒国际贸易（香港）公司，强化出口功能。1996年，集团共销售聚酯产品70.92万吨，出口3.85万吨，创汇3483万美元。在产品价格方面，集团联合华东地区另外三家聚酯生产厂，建立了聚酯切片联合报价制度，减少了国内同行业之间过度的价格竞争。全年共生产聚酯产品74.6万吨。集团四期工程项目建议书于1996年4月获国家计委正式批准。主要关联企业有佛化集团所属公司、仪化康祺集团所属公司、富朗乐国际贸易（欧洲）有限公司、富朗勒国际贸易（香港）有限公司。1996年底主营业务收入6999118000元，净利润151691000元，资产总额13558230000元。

【财务状况】 公司1996年底股东权益8252520000元，每股收益0.038元，每股净资产2.063元，净资产收益率1.84%，股东权益比率60.87%。向全体股东派发末期现金股利每股人民币0.033元（含税）

中山火炬高新技术实业股份有限公司

【公司概况】 公司1996年底总股份207415800股，其中尚未流通股98307000股，已流通A股1091088000股。主要股东有中山火炬高新技术产业（集团）公司、中国人民建设银行信托投资公司、中山市信托投资公司、中国工商银行广东省信托投资公司、中国工商银行信托投资公司等。公司法定代表：林眺寰，总经理：葛志斌。

【经营业绩】 1996年，公司从优化资产组合，提高企业效益着手，使各方面工作都取得了一定成绩。主要关联企业有中山市泰康通信设备有限公司、中山格兰特镀膜玻璃有限公司、中山市新士达电池有限公司、中山市丰源塑料机械制品有限公司等。1996年底主营业务收入312550000元，净利润77370000元，资产总额1433070000元。

【财务状况】 公司1996年底股东权益755620000元，每股收益0.37元，每股净资产3.64元，净资产收益率10.24%，股东权益比率52.73%。1996年向全体股东每10股送1股红股，并派发现金0.50元，共派发红利31112370.00元，余41541820.27元结转下一年度。另从资本公积金中每10股转增2股。

西藏明珠股份有限公司

【公司概况】 公司1996年底总股份94900000股，其中尚未流通股55900000股，已流通A股39000000股。主要股东有西藏自治区国有资产管理局、西藏自治区信托投资公司、西藏兴藏实业开发公司等。公司董事长兼总经理：何盛秋。

【经营业绩】 1996年公司已初步从单一的酒店转变为集酒店业、房地产开发、工业、水电等多元化经营的综合性企业集团。年内公司配套娱乐项目星光迪吧开业，并完成了17楼国际会议厅的改造。同时餐饮楼改造的土建工程已进入尾声，大堂扩建正在报批。目前，公司募股资金已累计投入11138万元，其中上海西藏大厦3648万元；成都明珠物资广场3559万元，1996年9月动工；黄瓦街综合楼2533.8万元，1996年7月正式验收。鲁家湾水电站追加投资200万元。主要关联企业有成都西藏饭店、成都红富餐饮娱乐发展有限公司、北海恒峰实业发展公司等。1996年底主营业务收入47941360元，净利润25550769元，资产总额344131737元。

【财务状况】 公司1996年底股东权益231562693元，每股收益0.27元，每股净资产2.44元，净资产收益率67.29%，股东权益比率11.03%。每10股派1.40元（含税）。

天津渤海化工（集团）股份有限公司

【公司概况】 公司1996年底总股份1330000000股，其中尚未流通股877505000股，已流通A股112495000股，已流通H股340000000股。主要股东有天津渤海化工集团公司、香港中央结算公司、REXMORE股份有限公司、沈阳证券公司等。公司董事长兼总经理：戴成文。

【经营业绩】 1996年，公司停止生产5种微利、亏损小产品，大力增产增销技术含量和附加值较高、市场需求量较大的新型化工产品，优质重质纯碱增加到15.3万吨，乳液法PVC增加到2.04万吨；全面推行ISO9002质量保证体系；在内地省份增设直销网点，积极扩展国际市场，出口创汇2786万美元；年内共完成13种新产品试制工作，并有高聚合度PVC树脂、球型PVC树脂、粒状烧碱、活性炭、高纯三氯苯等10种新产品投入生产；“天碱”合成氨增产和节能改造项目、“天化”8.5万吨离子膜烧碱项目和2.4万吨环氧氯丙烷项目均已开工建设，大沽化8万吨氧氯化法PVC项目已进入试车、调整阶段，电站二期扩建项目于1996年四季度投入试发电。主要关联企业有渤海化工（集团）股份有限公司天津碱厂、渤海化工（集团）股份有限公司天津化工厂、渤海化工（集团）股份有限公司天津大沽化工厂等。1996年底主营业务收入2818815218，净利润26312381元，资产总额5679613471元。

【财务状况】 公司1996年底股东权益2262763466元，每股收益0.02元，每股净资产1.70元，净资产收益率1.16%，股东权益比率39.84%。1996年红利暂不分配。

东方电机股份有限公司

【公司概况】 公司1996年底总股份450000000股，其中尚未流通股 220000000 股，已流通 A 股 60000000 股、已流通 H 股 170000000 股。主要股东有东方电机厂、香港中央结算（代理人）有限公司、蓝天基金等。公司董事长：袁长河，总经理：陈卫健。

【经营业绩】 公司属发电设备制造行业。1996 年，公司完成水轮发电机组 16 套，产量 893.60MW，汽轮发电机 25 台，产量 2133.50MW，交流电机 95 台，产量 121.29MW，直流电机 38 台，产量 17.10MW，辅机 118 台。1996 年，公司承接订单人民币 15 亿元，1996 年，公司开展了以 600MW 汽发试制为重点的新产品开发工作，完成了新产品开发项目 3 项，全年共完成科研项目 30 项。1996 年积极开展技改活动，全年累计完成技改投资约人民币 8600 万元，主要技改项目包括线圈扩建厂房、重跨延长主体工程及铸钢厂房扩建、档案楼热交换站、五坐标数控龙门铣镗床、110KW 降压站微机系列等工程。1996 年底主营业务收入 651047000 元，净利润 56807000 元，资产总额 2339116000 元。

【财务状况】 公司 1996 年底股东权益 1182708000 元，每股收益 0.126 元，每股净资产 2.63 元，净资产收益率 4.80%，股东权益比率 50.56%。按每股人民币 0.10 元（A 股含税）派发 1996 年度末期现金股息。

洛阳玻璃股份有限公司

【公司概况】 公司 1996 年底总股份 700000000 股，其中尚未流通股 400000000 股，已流通 A 股 50000000 股，已流通 H 股 250000000 股。主要股东有中国洛阳浮法玻璃集团有限公司、香港中央结算（代理人）有限公司、YIP LING RJNG HPILIP、建昊实业等。公司董事长：郭晓寰，总经理：王永欣。

【经营业绩】 1996 年，公司共生产浮法玻璃 36.6 万吨，其中无色玻璃 8.86 万吨，绿色玻璃 9.16 万吨，蓝色玻璃 8.89 万吨，茶色玻璃 9.7 万吨。1996 年公司开发出牡丹绿玻璃和海洋蓝色玻璃。1996 年，公司对浮法二线、龙玻浮法线进行了大修改造。1996 年投资兴建有青岛太阳浮法玻璃生产线、车用安全玻璃生产线、高档陶瓷内墙砖项目、浮法二线冷修改造、浮法一线冷修改造、龙玻生产线冷修改造、襄樊洛神汽车玻璃有限公司、开发区安居工程等。主要关联企业有青岛太阳玻璃实业有限公司、洛玻集团龙门玻璃公司、郴州八达玻璃股份有限公司、襄樊洛神汽车玻璃有限公司、洛阳晶鑫陶瓷有限公司等。1996 年底主营业务收入 603746266.08 元，净利润 21619105.02 元，资产总额 3239272970.34 元。

【财务状况】 公司 1996 年底股东权益 2017369528.23 元，每股收益 0.031 元，每股净资产 2.88 元，净资产收益率 1.07%，股东权益比率 62.28%。1996 年度不派发末期股利。

中国嘉陵工业股份有限公司(集团)

【公司概况】 公司 1996 年底总股份 412061600 股，其中尚未流通股 308061600 股，已流通 A 股 104000000 股。主要股东有中国兵器工业总公司（国家股）、申银公司、申银证券等。公司董事长兼总经理：郝振堃。

【经营业绩】 1996 年公司完成各型摩托车 113.3104 万辆。1996 年公司开发生产了各型高梁车、低梁车、电启动车、太子车、踏板车共十多个新车型；加速技术改造，1996 年 7 月年产 60 万台 90—150ml 发动机的新生产线全面建成投产；公司 1996 年取得了 ISO9002 国际质量标准认证；加强技术革新，如对 TA55 踏板车进行 30 余项技术改进，对 JH125 系列摩托车发动机进排气系统进行技术改进，以降低噪声等。主要关联企业有海南嘉泰摩托车有限公司、广东三水嘉陵摩托车有限公司、重庆恒达磁性材料有限公司、上海嘉源车业有限公司、嘉陵—本田发动机有限公司等。1996 年底主营业务收入 3599109606.12 元，净利润 209621300.30 元，资产总额 3391015226.23 元。

【财务状况】 公司 1996 年底股东权益 1106459054.26 元，每股收益 0.51 元，每股净资产 2.68 元，净资产收益率 18.95%，股东权益比率 32.63%。公司对全体股东每 10 股派 3.00 元（含税）进行分配。

大连北大车行(集团)股份有限公司

【公司概况】 公司 1996 年底总股份 105453737 股，其中尚未流通股 77236457 股，已流通 A 股 28217280 股。主要股东有大连北大企业集团公司、沈阳万众企业股份有限公司、深圳万科企业股份有限公司等。公司董事长兼总经理：李传鸿。

【经营业绩】 1996 年公司汽车修理行业共检修车辆 3 万多台次，实现销售收入 4314.36 万元，汽车配件经销业实现销售收入 3480.67 万元，客货及土石方运输业实现销售收入 1396.64 万元。海产品养殖业 1996 年共产出海产品 8000 余吨，实现销售收入 6881.87 万元。建筑房地产业 1996 年共实现销售收入 5224.92 万元。此外，高新技术行业实现销售收入 25.58 万元，还实现投资收益 825.57 万元。主要关联企业有大连轿车修配厂、一汽奥迪轿车大连服务站、广州标致汽车大连服务中心、大连第一进口汽车配件公司、大连北大汽车配件商行等。1996 年底主营业务收入 213240420.09 元，净利润 63293795.06，资产总额 340751277.08 元。

【财务状况】 公司 1996 年底股东权益 255805916.86 元，每股收益 0.60 元，每股净资产 2.43 元，净资产收益率 24.74%，股东权益比率 75.07%。向全体股东每 10 股送红股 3 股。

武汉电缆集团股份有限公司

【公司概况】 公司 1996 年底总股份 76873342 股，其中尚未流通股 39373342 股，已流通 A 股 37500000 股。主要股东有武汉国有资产经营公司、武汉爆破线厂、武汉长江电缆电气成套公司、武汉九通实业（集团）股份有限公司、中国机械工业供销中南公司等。公司董事长：张进，总经理：王峰。

【经营业绩】 1996 年，公司引进英国的盐浴硫化生产线，上半年完成调试，下半年进入产品试生产阶段，该产品主要为三峡工程等国家重点工程、城市电网改造及矿山建设提供优质电缆，使公司产品结构进一步得到调整。主要关联企业有武汉神力齿轮制造有限责任公司等。1996 年底主营业务收入 109627960.43 元，净利润 15777084.86 元，资产总额 388789302.76 元。

【财务状况】 公司 1996 年底股东权益 124627758.61 元，每股收益 0.21 元，每股净资产 1.62 元，净资产收益率 12.66%，股东权益比率 32.06%。向全体股东每 10 股送 1 股红股。

四川电器股份有限公司

【公司概况】 公司 1996 年底总股份 65000000 股，其中尚未流通股48100000股,已流通A股16900000股。主要股东有成都市国有资产管理局、贵州万东实业股份有限公司、深圳巨安投资有限公司、深圳天极光电实业股份有限公司等。公司董事长:熊进,总经理:舒邦柱。

【经营业绩】 1996年公司产品KYN8—10开关柜通过了瑞士EWI公司专家质量认证。全年完成新产品开发20项,从丹麦引进的CUBIC低压开关柜,已具备批量生产能力,推行"静电粉末喷涂"新工艺,提高了产品外观质量,新建立体仓库供销大楼接近全面竣工,先后取得了南昆铁路、山东煤气、广电部重大工程的订货中标成果。1996年底主营业务收入96493956.56元,净利润18153759.20元,资产总额251313091.59元。

【财务状况】 公司1996年底股东权益135399092.02元,每股收益(摊薄)0.28元,每股净资产(摊薄)2.08元,净资产收益率13.41%,股东权益比率53.88%。向全体股东按每10股派现金2.00元(含税)进行分配。

吉林亚泰(集团)股份有限公司

【公司概况】 公司1996年底总股份86565990股,其中尚未流通股52780000股,已流通A股33785990股。主要股东有长春市二道区财政局、辽源市国有资产管理局、兴业证券等。公司董事长:赵恩成,总裁:宋尚龙。

【经营业绩】 1996年公司主营的房地产开发、茶叶深加工、建筑、商贸、旅游服务等五大行业均有长足发展,公司通过调整产业结构,加大资金投入,扩大了经营规模。主要关联企业有吉林亚泰(集团)股份有限公司房地产开发公司、吉林亚泰(集团)股份有限公司建筑工程总公司、吉林亚泰(集团)股份有限公司茶叶总公司等。1996年底主营业务收入249159897.40元,净利润36961530.14元,资产总额514296691.60元。

【财务状况】 公司1996年底股东权益162585070.28元,每股收益0.43元,每股净资产1.88元,净资产收益率22.73%,股东权益比率31.61%。按96年末股本每10股送2.43股红股,按配股后现有股本计算每10股送2股红股。

山东农药工业股份有限公司

【公司概况】 公司1996年底总股份115201700股,其中尚未流通股65701700股,已流通A股49500000股。主要股东有淄博市国有资产管理局、淄博市张店向阳化工厂等。公司董事长兼总经理:陈国营。

【经营业绩】 公司1996年全年实现工业总产值36555万元,化学农药总量(100%)完成8457吨,主要化工产品烧碱产量(100%)47549吨,三万吨离子膜烧碱工程于1996年10月正式开工。主要关联企业有淄博鲁和防蛀品有限公司、淄博合力胶乳化工有限公司、泰安裕隆宾馆、山东联合农药有限责任公司、华昌劳动服务公司。1996年底主营业务收入334555605.47元,净利润28329317.76元,资产总额523691077.06元。

【财务状况】 公司1996年底股东权益214418503.52元,每股收益0.246元,每股净资产1.86元,净资产收益率13.21%,股东权益比率40.94%。向全体股东每10股送1.5股红股。

云南省保山水泥股份有限公司

【公司概况】 公司1996年底总股份68000000股,其中尚未流通股50000000股,已流通A股18000000股。主要股东有云南省保山建材实业集团公司、北京百峰新技术开发股份有限公司、云南省设计院、云南省腾冲县保腾商号、中泰公司等。公司董事长兼总经理:杨朝湘。

【经营业绩】 1996年公司的主导产品425R复合硅酸盐水泥获国家技术监督局颁发的《采用国际标准产品标志证书》和《产品采用国际标准认可证书》。全年生产水泥13.55万吨,销售水泥13.14万吨。主要关联企业有保山银晨有限责任公司等。1996年底主营业务收入39625576.42元,净利润3910226.69元,资产总额112977626.43元。

【财务状况】 公司1996年底股东权益8944667.55元,每股收益0.0575元,每股净资产1.319元,净资产收益率4.36%,股东权益比率79.43%。96年度股利暂不分配。

宁波杉杉股份有限公司

【公司概况】 为1996年新上市公司。公司1996年底总股份85176000股,其中尚未流通股63336000股,已流通A股21840000股。主要股东有宁波甬港服装总厂、中国服装研究设计中心(集团)、上海第一百货商品股份有限公司、鄞县财政信用开发公司等。公司董事长兼总经理:郑永刚。

【经营业绩】 公司1996年共生产中高档西服35.16万套,销售36.58万套,完成了2180套销往日本西服的样版的制作,并已在日本试销杉杉西服895套。1996年7月公司获得了ISO9002国际标准质量体系认证证书。1996年度内在西北、中原、华东地区增设了四个市场公司,并在各大城市开设专卖店80家,专卖厅321个。投资兴建工程有引进设备提高产品质量档次技术改造、年产10万套西服流水线、高档休闲系列时装、投资34号省道公路改建等项目。主要关联企业有杉杉南京公司、杉杉苏州公司、杉杉杭州公司、杉杉合肥公司、杉杉长沙公司等。1996年底主营业务收入555783705.84元,净利润57319319.55元,资产总额625756640.64元。

【财务状况】 公司1996年底股东权益286365235.50元,每股收益0.67元,每股净资产3.36元,净资产收益率20.02%,股东权益比率45.76%。下半年,股东可按0.25元(含税)派发现金红利,另按10:3的比例配股增资。

武汉双虎涂料集团股份有限公司

【公司概况】 为1996年新上市公司。公司1996年底总股份71322600股,其中尚未流通股53322600股,已流通A股18000000股。主要股东有海南赛格实业股份有限公司、武汉市国有资产经营公司(国家股)、武汉市建行信托投资有限公司、深圳蓝天基金管理公司等。公司董事长:郭金华,总经理:桂银山。

【经营业绩】 公司1996年经国家对外贸易经济合作部批准,公司取得经营进出口权,募集资金主要用于8000吨/年汽车漆技改项目(工程已完成90%)、偿还用于与美国埃塞克斯公司合资项目的二期投资所发行企业债券500余万元(工程已基本完工)、汽车涂料涂装应用中心、建筑涂料扩建项目(已完成)等。主要关联企业有武汉双虎汽车涂料有限公司、武汉双虎集团建筑涂料工业公司、武汉双虎南方化工有限责任公司等。1996年底主营业务收入181294000元,净利润1586200元,资产总额444471600元

【财务状况】 公司1996年底股东权益210651300元,每股收

益 0.022 元,每股净资产 2.95 元,净资产收益率 0.75%,股东权益比率 47.39%。公司以 1995 年末股本总额(未公开发行股票前股本),于 1996 年 4 月 8 日起已向老股东每 10 股派发现金 3.20 元人民币(不含税),1996 年末利润暂不分配。

湖北兴化股份有限公司

【公司概况】 为 1996 年新上市公司。公司 1996 年底总股份 122498186 股,其中尚未流通股 75838627 股,已流通 A 股 46659559 股。主要股东有中国石化荆门石油化工总厂、湖北省石油总公司、上海浦东实华经济发展公司、中国石化销售中南公司等。公司董事长兼总经理:马金魁。

【经营业绩】 公司 1996 年生产、销售产品总量 368885 吨,产销率 100%。公司 80 万吨/年重油催化裂化工程投资 3.76 亿元,于 1996 年 8 月 5 日建成投产,公司重点项目聚丙烯扩建工程,投资 1300 万元,于 1996 年 6 月 27 日建成投产,两项工程均开工一次成功。主要关联企业有双河塑化厂、京山兴隆石粉厂。1996 年底主营业务收入 613666529.59 元,净利润 122860071.00 元,资产总额 483245444.03 元

【财务状况】 公司 1996 年底股东权益 269406822.85 元,每股收益 1.003 元,每股净资产 2.20 元,净资产收益率 45.60%,股东权益比率 55.75%。1996 年末暂不向股东分配红利,但按 10:8 比例配股,配股价格每股 6—9 元。

内蒙古伊利实业股份有限公司

【公司概况】 为 1996 年新上市公司。公司 1996 年底总股份 50163429 股,其中尚未流通股 32163429 股,已流通 A 股 18000000 股。主要股东有呼和浩特市国有资产管理处、呼和浩特立鑫实业开发公司、呼和浩特市租赁公司、呼和浩特市诚信经济贸易公司等。公司董事长兼总经理:郑俊怀。

【经营业绩】 公司是以生产经营冷冻食品、乳制品、饮料、面食、饲料为主的畜产品深加工企业。公司伊利雪糕、冰淇淋、奶粉奶茶粉等六种产品被授予使用绿色食品标志,公司所属冰冻食品公司、奶粉厂获 GB/T19002—ISO9002 标准质量体系认证书。全年共开发 48 种新产品,该年度进行了二期冷冻食品扩建工程、冰淇淋工程扩建、奶粉奶茶粉等项目的建设。主要关联企业有内蒙古伊利实业股份有限公司房地产开发公司。1996 年底主营业务收入 354984140.57 元,净利润 33390751.93 元,资产总额 276013421.75 元

【财务状况】 公司 1996 年底股东权益 167479766.11 元,每股收益 0.67 元,每股净资产 3.34 元,净资产收益率 19.95%,股东权益比率 60.68%。向全体股东每 10 股送红利 1.25 元(含税),另每 10 股配 3 股。

新疆众和股份有限公司

【公司概况】 为 1996 年新上市公司。公司 1996 年底总股份 79530000 股,其中尚未流通股 57030000 股,已流通 A 股 22500000 股。主要股东有自治区国有资产投资经营公司、新疆有色金属工业公司、新疆新保房地产开发公司、深圳大通实业股份有限公司等。公司董事长兼总经理:张英千。

【经营业绩】 公司 1996 年共生产原铝 21867 吨,1996 年加大了科技开发投入,新产品高压大比容电子铝箔和低压大比容电子铝箔分别于 1996 年 8 月 7 日试制成功,高压电子铝箔的质量达到日本同类产品水平。主要关联企业有乌鲁木齐铜材厂、新疆渤海铝业有限公司、北京鑫宏轻金属有限公司、中巴(南海)恒达发展有限公司。1996 年底主营业务收入 316660371.15 元,净利润 25330373.69 元,资产总额 537833161.95 元

【财务状况】 公司 1996 年底股东权益 211722924.34 元,每股收益 0.318 元,每股净资产 2.66 元,净资产收益率 39.37%,股东权益比率 11.96%。向全体股东每 10 股送红股 3 股。

南京化纤股份有限公司

【公司概况】 为 1996 年新上市公司。公司 1996 年底总股份 91228977 股,其中尚未流通股 66228977 股,已流通 A 股 25000000 股。主要股东有南京化学纤维厂、东方旅社、南京信业股份有限公司等。公司董事长:余寿松,总经理:叶尚照。

【经营业绩】 公司主营粘胶纤维类化纤原料及自来水的生产、销售。1996 年,公司主产品粘胶长丝和粘胶短纤共销售 13227 吨,其中粘胶长丝 3798 吨,粘胶短纤 9429 吨,公司落实自备水厂新增生产能力 5 万吨/日自来水的用户,增加扩容收入 1000 万元。1996 年,公司以人为本,强化管理,努力节支降耗;公司非常规品种的粘胶长丝产量占粘胶长丝总产量的 58%以上,有色粘胶长丝成为市场热销产品。募集资金主要用于粘胶长丝扩建工程,一期 1000 吨/年粘胶长丝技改工程于 1996 年 12 月 16 日正式竣工投产,二期工程也已开工。1996 年底主营业务收入 270759587.19 元,净利润 25551146.94 元,资产总额 406496068.27 元

【财务状况】 公司 1996 年底股东权益 237489854.46 元,每股收益 0.28 元,每股净资产 2.60 元,净资产收益率 10.76%,股东权益比率 58.42%。按 10:2 比例派送红股。

长春长铃实业股份有限公司

【公司概况】 为 1996 年新上市公司。公司 1996 年底总股份 144550000 股,其中尚未流通股 108050000 股,已流通 A 股 36500000 股。主要股东有长铃集团有限公司、深圳中汇、广州大进贸易发展有限公司、长春信托投资股份有限公司、深圳市宝安深宝摩托车销售公司等。公司董事长兼总经理:黄振山。

【经营业绩】 公司以技术改造、产品开发、市场开拓、提高产品质量和企业管理工作为工作重点,共开发六种车型,均完成产品鉴定。投资兴建工程有 22 万辆摩托车土建改造项目、配件分公司移地建设项目。主要关联企业有长铃摩托车有限公司、长铃发动机有限公司、大长江摩托车实业总公司。1996 年底主营业务收入 728849128.62 元,净利润 72953394.10 元,资产总额 946526907.78 元

【财务状况】 公司 1996 年底股东权益 486467914.56 元,每股收益 0.50 元,每股净资产 3.37 元,净资产收益率 14.99%,股东权益比率 51.69%。1996 年度股利暂不分配,但每 10 股配售 3 股。

哈尔滨秋林股份有限公司

【公司概况】 为 1996 年新上市公司。公司 1996 年底总股份

102100000 股，其中尚未流通股 75100000 股，已流通 A 股 27000000 股。主要股东有哈尔滨市国有资产管理局、康佳集团股份有限公司、中国工商银行哈尔滨信托投资公司、中国人民保险公司哈尔滨市分公司等。公司董事长兼总经理：赵廷阁。

【经营业绩】 商业零售是公司主业和利润主要来源。1996 年，公司在加强商品进货管理方面落实了进货责任制，加强了财务管理，强化了内部管理制约机制。募集资金全部投入"秋林商厦"及相关工程建设项目中，1996 年底，"秋林商厦"土建工程、外墙面装修及相关配套设备基本完成。主要关联企业有哈尔滨秋林经济贸易公司、哈尔滨天宝房地产开发公司、哈尔滨乐天美食有限公司、中俄合资秋林公司、中美秋林贸易公司。1996 年底主营业务收入 470313801.26 元，净利润 40504923.93 元，资产总额 525375873.85 元

【财务状况】 公司 1996 年底股东权益 401836525.04 元，每股收益 0.397 元，每股净资产 3.94 元，净资产收益率 10.08%，股东权益比率 76.49%。向全体股东每股派发现金红利 0.32 元(含税)

石家庄劝业场股份有限公司

【公司概况】 为 1996 年新上市公司。公司 1996 年底总股份 50500000 股，其中尚未流通股 35190300 股，已流通 A 股 15309700 股。主要股东有石家庄市桥东区城市建设开发公司、河北省飞龙集团公司、交通银行石家庄分行、河北省农垦经济技术开发服务中心等。公司董事长：姚君平，总经理：李振同。

【经营业绩】 1996 年，公司采取开办自由连锁店，扩大市场份额；调整营销策略，加大促销力度；对商场进行重新装修，实行开架售货，设立内部银行，强化核算管理，推行财务管理电算化等措施，各项工作取得了一定的成绩 。主要关联企业有石家庄金业装饰工程有限公司、珠海经济特区业海实业发展公司、石家庄德利工贸公司。1996 年底主营业务收入 79259434.60 元，净利润 726991.16 元，资产总额 191574568.29 元

【财务状况】 公司 1996 年底股东权益 72736927.47 元，每股收益 0.014 元，每股净资产 1.44 元，净资产收益率 1%，股东权益比率 37.97%。1996 年度暂不分配利润。

吉林省吉发农业开发集团股份有限公司

【公司概况】 为 1996 年新上市公司。公司 1996 年底总股份 174331000 股，其中尚未流通股 125931000 股，已流通 A 股 48400000 股。主要股东有吉林省开发建设投资公司、中国人民建设银行吉林省信托投资公司、建总信托、立人公司等。公司董事长兼总裁：肖振友。

【经营业绩】 1996 年，黄龙公司玉米淀粉产量 12.7 万吨，产销率 100%；糊精厂实际产量 5000 吨；百事公司全年生产饮料 7000 吨。公司控股的黄龙公司技改扩建工程于年底基本竣工，新建吉发长春淀粉糖厂高档麦芽糊精项目已基本竣工。1996 年公司全年出口淀粉 2100 吨，蛋白粉 2900 吨，饲料 24500 吨，创汇 451 万美元。主要关联企业有长春市吉发农副产品开发有限公司、黄龙食品工业有限公司、长春龙第实业有限公司等。1996 年底主营业务收入 610281229.20 元，净利润 75038184.14 元，资产总额 1466234722.36 元

【财务状况】 公司 1996 年底股东权益 557122398.00 元，每股收益 0.43 元，每股净资产 3.196 元，净资产收益率 13.5%，股东权益比率 38%。每 10 股送 1 股红股并派发现金红利 2 元(含税)。

广州钢铁股份有限公司

【公司概况】 为 1996 年新上市公司。公司 1996 年底总股份 600000000 股，其中尚未流通股 510000000 股，已流通 A 股 90000000 股。主要股东有广州钢铁集团、香港粤海企业(集团)有限公司等。公司董事长：陈明德，总经理：陈嘉陵。

【经营业绩】 1996 年公司实现钢产量 91.1 万吨，钢材产量 94.32 万吨，实现产销本 100.03%。1996 年投资兴建工程有转炉分厂配套改造、一电炉分厂配套改造、废钢破碎工程配套改造、一电炉分厂扩建工程等。主要关联企业有广州市粤港气体工业公司。1996 年底主营业务收入 2498875874.38 元，净利润 117880609.01 元，资产总额 2826306066.90 元

【财务状况】 公司 1996 年底股东权益 1286617567.39 元，每股收益 0.20 元，每股净资产 2.14 元，净资产收益率 9.16%，股东权益比率 45.52%。向全体股东按每 10 股派现金 1.20 元(含税)，另以 96 年初发引股票后总股本 40000 万股为基数向全体股东按 10:2 比例配股。。

上海张江高科技园区开发股份有限公司

【公司概况】 为 1996 年新上市公司。公司 1996 年底总股份 150000000 股，其中尚未流通股 112500000 股，已流通 A 股 37500000 股。主要股东有上海市张江高科技园区开发公司、上海久事公司、张江高科职工持股会等。公司董事长：钱人杰，总经理：刘正义。

【经营业绩】 1996 年 8 月，国家科委、卫生部、国家医药管理局和上海市政府签订合作协议，在张江高科技园区共建"国家上海生物医药科技产业基地"。1996 年度公司共引进项目 11 个，完成批租产业地块 5 幅，1996 年投资兴建项目有：国家生物医药产业基地的开发建设，公司实际投入资金 10350 万元，其中标准厂房项目进展顺利；高科技生物医药产业项目，积极稳妥地开展了对奈科明制药等高科技生物医药产业项目的投资。主要关联企业有上海张江传播商务有限公司、上海鲲鹏投资发展有限公司。1996 年底主营业务收入 141880120.89 元，净利润 47400559.57 元，资产总额 500242760.92 元。

【财务状况】 公司 1996 年底股东权益 315018599.13 元，每股收益 0.32 元，每股净资产 2.10 元，净资产收益率 15.05%，股东权益比率 62.97%。1996 年中期已实施每 10 股派送 2 股红股方案，1996 年年末利润暂不分配。

海南海盛船务实业股份有限公司

【公司概况】 为 1996 年新上市公司。公司 1996 年底总股份 166700000 股，其中尚未流通股 125000000 股，已流通 A 股 41700000 股。主要股东有广州海运(集团)有限公司、海南省电力公司、海口港集团公司、交通银行海南分行、招商银行等。公司董事长兼总经理：黎文范。

【经营业绩】 公司1996年完成货运量274.4万吨。1996年公司全力以赴承运海口火电厂电煤、海南铁矿矿石及华南地区部分煤炭。1996年12月12日油库工程正式竣工投产，还成立了海南燃料油配送中心。投资项目有：投资5734.52万元购买“金盛”轮散货船一艘，并于1996年4月正式投入运营；投资2500万元建设海口船舶燃料供应专用码头，并于1996年底全面竣工，投入运营等。主要关联企业有三亚海盛旅游发展公司、海南国盛石油有限公司、海南海盛旅行社。1996年底主营业务收入147316439.09元，净利润32772700.17元，资产总额445152623.52元

【财务状况】 公司1996年底股东权益309322305.94元，每股收益0.197元，每股净资产1.86元，净资产收益率10.60%，股东权益比率69.49%。每10股派发现金1.20元（含税）。

厦门机场发展股份有限公司

【公司概况】 为1996年新上市公司。公司1996年底总股份108000000股，其中尚未流通股81000000股，已流通A股27000000股，主要股东有厦门国 际航空港集团有限公司、福建华福、吉林证券等。公司董事长兼总经理：王倜傥。

【经营业绩】 公司1996年顺利完成了由一、二号候机楼向三号候机楼的搬迁启用工作，并完成了三号候机楼的首期商业特许经营权招租工作。全年没有出现重大安全事故，服务环境和质量继续保持良好的水平。全年共保障安全飞行37606架次，共迎送中外旅客359.41万人次，货物吞吐量达9.16万吨，在1996年中国民航服务质量综合评比中，荣获“最佳地面服务奖”。主要关联企业有厦门国际航空港集团广告有限公司、厦门国际航空港机电工程有限公司。1996年底主营业务收入111506911.15元，净利润75819355.38元，资产总额703614608.84元

【财务状况】 公司1996年底股东权益437245511.27元，每股收益0.702元，每股净资产4.05元，净资产收益率17.34%，股东权益比率62.14%。向全体股东按每10股派送3股红股，另每10股转增7股。

郑州百文股份有限公司（集团）

【公司概况】 为1996年新上市公司。公司1996年底总股份134524130股，其中尚未流通股67587130股，已流通A股66937000股。主要股东有郑州市国有资产管理局、君安深发、郑州投资合作基金公司、郑州市区信用合作联社营业部、河南省证券登记公司等。公司董事长兼总经理：李福乾。

【经营业绩】 公司1996年下大力气狠抓名优产品购销工作，调整经营结构，发展销售网络，外地营业收入占总销售的40%以上。投资兴建项目有：对公司批发交易大厅进行第一、二期工程改造，对长春楼进行改造，对家电楼进行装修改造，新建一座仓库，建两处配电房等。主要关联企业有郑州百文依力服装有限公司、郑州中意百文鞋业有限公司。1996年底主营业务收入3482254221.03元，净利润49899503.61元，资产总额2034398955.45元

【财务状况】 公司1996年底股东权益314314494.44元，每股收益0.37元，每股净资产2.34元，净资产收益率15.88%，股东权益比率15.45%。向全体股东按每10股送3股红股。

浙江信联股份有限公司

【公司概况】 为1996年新上市公司。公司1996年底总股份110600000股，其中尚未流通股80600000股，已流通A股30000000股。主要股东有浙江省手工业合作社联合社、天地投资等。公司法定代表：方梓松。

【经营业绩】 公司1996年完成热轧生产19万吨。热轧车间易地改造主体工程于1996年底实际投入14430万元；开坯车间于1996年9月份投入试生产；线材车间已进入设备安装阶段。对老厂区的开发，1996年底成立了浙江信联房地产开发有限公司。主要关联企业有宝钢集团浙江伞用金属制品公司、浙江金波钢业有限公司、浙江金明伞骨有限公司。1996年底主营业务收入199066769.71元，净利润28795760.64元，资产总额362438076.84元

【财务状况】 公司1996年底股东权益261200648.70元，每股收益0.26元，每股净资产2.36元，净资产收益率11.02%，股东权益比率72.07%。每10股派现金1元（含税）。

新华金属制品股份有限公司

【公司概况】 公司1996年底总股份59970588股，其中尚未流通股46470588股，已流通A股13500000股。主要股东有新余钢铁有限责任公司、香港巍华金属制品有限公司、江西省国际信托投资公司等。公司法定代表人：施嘉良。

【经营业绩】 公司1996年完成生产总量21582吨，其中主导产品钢绞线比上年增产1.89%，全年销售钢绞线23502吨。公司顺利通过1996年ISO9002复审，截止1996年底投资3583万元兴建铝包钢丝钢绞线项目。1996年底主营业务收入129557295.36元，净利润22756670.33元，资产总额187717683.41元。

【财务状况】 公司1996年底股东权益144399153.06元，每股收益0.38元，每股净资产2.408元，净资产收益率15.76%，股东权益比率76.92%。1996年度每股派0.135元。

鲁银实业集团股份有限公司

【公司概况】 公司股票于1996年12月25日上市。公司1996年底总股份76004500股，其中尚未流通股54994500股，已流通A股21010000股。主要股东有山东省经济开发投资公司、山东省黄金工业总公司、莱芜钢铁总厂等。公司法定代表人：刘岐鸣。

【经营业绩】 公司1996年将主营范围从通讯电缆生产扩展至黄金矿开采、生态农业及国内外贸易等领域。公司主营的电缆生产销售收入15716万元，实现利润2445.24万元。公司全年实现投资红利2320.46万元。募集资金将投入山东玲珑金矿及公司交联电缆技改项目上。1996年底主营业务收入157160167.97元，净利润42402863.68元，资产总额576532328.39元。

【财务状况】 公司1996年底股东权益416762081.30元，每股收益0.53元，每股净资产5.46元，净资产收益率9.76%，股东权益比率72.24%，1996年度每10股送8股。

上海中国国际旅行社股份有限公司

【公司概况】 公司1996年底总股份120505700股，其中尚未

流通股 60505700 股，已流通 B 股 60000000 股。主要股东有国家持股、TOYO SECURITIES ASIA LTD 等。公司法定代表人：宋超麒。

【经营业绩】 1996 年公司坚持以旅游业为主、综合发展的经营方向，全年组织国内游、出境旅游分别比上年增长 126%和 301%，外联组团人数首次突破 6 万大关。公司建造的国旅大厦和国旅商务楼至 1996 年底已分别投入 17896 万元和 2780 万元，两项目的工程建设基本结束。1996 年底主营业务收入 503600461 元，净利润 44375268 元，资产总额 637342148 元。

【财务状况】 公司 1996 年底股东权益 341870319 元，每股收益 0.37 元，每股净资产 2.84 元，净资产收益率 12.98%，股东权益比率 53.64%。1996 年度每股派 0.20 元(含税)。

上海金泰股份有限公司

【公司概况】 公司 1996 年底总股份 185300000 股，其中尚未流通股 105300000 股，已流通 B 股 80000000 股。主要股东有上海东风机械(集团)有限公司、申银证券公司、TOYO SECURITIES ASIA LTD 等。公司法定代表人：杨志超。

【经营业绩】 公司国内特约经销点发展到 1996 年的 80 多家，并先后在宁波、南京、西安、广州等 6 个城市建立了办事处或服务中心。1996 年完成了打桩机扩充项目，引进日本车辆株式会社 NH100 液压打桩锤，还完成了 JB—60 打桩架、GPS—10B 工程钻机等新产品开发。1996 年公司销售打桩锤 96 台，钻机 240 台，压路机 404 台。1996 年底主营业务收入 162767143 元，净利润—6862974 元，资产总额 532239014.26 元。

【财务状况】 公司 1996 年底股东权益 364405396.18 元，每股收益—0.037 元，每股净资产 1.97 元，净资产收益率—1.88%，股东权益比率 68.47%。1996 年度暂不分配。

内蒙古鄂尔多斯羊绒制品股份有限公司

【公司概况】 公司 1996 年底总股份 336000000 股，其中尚未流通股 226000000 股，已流通 B 股 110000000 股。主要股东有鄂尔多斯集团公司、WAH CHUN INTERNATIONAL LTD 等。公司董事长兼总经理：王林祥。

【经营业绩】 公司主要产品有无毛绒、羊绒衫、羊绒大衣系列、丝绒混纺系列、羊绒时装系列等 50 多个品类，在国内 45 个大中城市设有 88 家产品专卖店。1996 年公司共生产经营无毛绒 530 吨，羊绒纱 600 吨，羊绒衫 190 万件。投资收购了东昊羊绒制品有限公司等公司的由鄂尔多斯集团公司持有的股权，进行了羊绒衫防虫蛀、防起球、防缩水技术改造，继续原料示范基地建设。1996 年底主营业务收入 1010004955 元，净利润 185966648 元，资产总额 1980988598 元。

【财务状况】 公司 1996 年底股东权益 836076487 元，每股收益 0.55 元，每股净资产 2.488 元，净资产收益率 22%，股东权益比率 42%。1996 年度每股派 0.32 元。

上海汇丽建材股份有限公司

【公司概况】 公司为 1996 年新上市公司。公司 1996 年底总股份 165000000 股，其中尚未流通股 85000000 股，已流通 B 股 80000000 股。主要股东有上海汇丽(集团)公司、中信房地产公司、中技开发公司、KERRY INVESTMENTS LTD 等。公司法定代表人：张永定。

【经营业绩】 1996 年公司原主要产品多彩涂料销售下降，乳胶漆生产呈上升趋势。主要投资项目汇丽地板项目总投资 2.3 亿元，一期工程于 1996 年 6 月开始生产，当年生产销售 33 万平方米；汇丽木门项目总投资 1.4 亿元，到 1996 年 12 月完成基建和设备安装调试工作。1996 年底主营业务收入 25928075.01 元，净利润 15726781.59 元，资产总额 449907033.16 元。

【财务状况】 公司 1996 年底股东权益 247367980.48 元，每股收益 0.0953 元，每股净资产 1.50 元，净资产收益率 6.36%，股东权益比率 54.98%。1996 年度暂不分配。

上海华源股份有限公司

【公司概况】 为 1996 年新上市公司。公司 1996 年底总股份 198530000 股，其中尚未流通股 83530000 股，已流通 B 股 115000000 股。主要股东有常州华源化学纤维有限公司、中国工商银行、中国华源集团有限公司、上海中国纺织国际科技产业城发展公司等。公司董事长：周玉成，总经理：周竟成。

【经营业绩】 公司 1996 年顺利完成了联合企业重组上市的艰巨任务，引进日本工条 FDY 生产线和 4 台加弹机，投入常州化纤公司 722 万美元，引进英国、日本、台湾主机，投入南通纤维公司 240 万美元，引进日本和法国织造设备，投入无锡织造公司 602 万美元等。主要关联企业有常州华昌染工有限公司、常州华源雷迪斯工程塑料有限公司、上海凯马国际投资顾问公司。1996 年底主营业务收入 405482466.73 元，净利润 80243466.28 元，资产总额 786081723.26 元。

【财务状况】 公司 1996 年底股东权益 400454665.84 元，每股收益 0.404 元，每股净资产 2.017 元，净资产收益率 20.04%，股东权益比率 50.94%向全体股东每 10 股派发现金红利 1.05 元人民币(含税)，B 股股利以美元支付。

黄山旅游发展股份有限公司

【公司概况】 公司 1996 年底总股份 193000000 股，其中尚未流通股 113000000 股，已流通 B 股 80000000 股。主要股东有黄山旅游发展总公司、CTTIBANK N. A S/B JARDINE FLEMING CHINA REGION FUND 等。公司法定代表人：汪巍然。

【经营业绩】 公司主要经营范围包括旅游接待、服务、旅游商品开发、销售、旅游运输、饮食服务、信息咨询等，主要业务包括宾馆的经营与管理、索道的经营与管理、园林管理与门票的出售，旅行社业务等。1996 年底主营业务收入 169069418.70 元，净利润 64010876.12 元，资产总额 432754329.41 元。

【财务状况】 公司 1996 年底股东权益 327598621.71 元，每股收益 0.33 元，每股净资产 1.70 元，净资产收益率 19.53%，股东权益比率 77.10%。1996 年度每股派发 0.0254 元现金。

浙江广厦建筑集团股份有限公司

【公司概况】 浙江广厦建筑集团股份有限公司是浙江广厦集团的核心企业。1997 年扩股后总股本 2.52 亿股，其中流通 A 股 6300 万股，总资产 6 亿余元，员工 8300 余名，其中具有高级职称的47人，中级职称的274人。法人代表：楼忠福。

【经营业绩】 公司以建筑业为主体，集建筑设计、承包施工、房地产综合开发、建材和建筑机械生产经营、科、工、商、贸、金融、文化为一体的上市公司。广厦建筑集团股份有限公司的龙头企业、全资子公司东阳市第三建筑工程公司，为国家一级建筑资质，技术力量雄厚，施工设备先进，已向装饰、安装、古建园林、桥梁、码头、电站、高速公路等全行业拓展。公司经营方式由劳务型向技术管理型和资本经营型转变；工程承包由低矮民用住宅为主，向高大难工程和重大基础设施转变；市场区域由本省的中小城市为主向全国四个直辖市及其它大中城市为主转变。公司成功的承揽了63层，高208.8米的湖南长沙楚天国际大酒店工程业务。公司总部设在杭州，在上海、北京、天津、广西等20多个省市自治区和美国均设有子公司或贸易窗口，同俄罗斯、塞拉里昂、台湾、香港等国家和地区建立了良好的业务关系。

【财务状况】 公司1996年总产值8亿余元，创利税8500余万元，1996年，每股税后利润0.453元。

漯河银鸽制浆造纸股份有限公司

【公司概况】 漯河银鸽制浆造纸股份有限公司是1993年2月经河南省体改委批准，由漯河市第一造纸厂、舞阳县冠军集团公司、舞阳县明宇盐化集团公司、舞阳云鹏集团公司、河南省漯河市彩色造纸有限公司等5家企业共同发起，以定向募集方式设立的股份有限公司，于1993年3月6日在河南省漯河市注册成立。公司1996年底总股本16000万股，其中4000万股于1997年4月经中国证监会批准向社会公开发行，为中国草浆造纸第一股，在上海证券交易所上市。

【经营业绩】 公司属于麦草浆制浆造纸企业，制浆能力80000吨，年生产机制纸能力105000吨，发电能力5000万度，是集制浆、造纸、产热、发电、碱回收及废水处理为一体的国家大型企业，国家二级先进企业。公司主要产品有又面胶版纸、单面胶版纸、书写纸、招贴纸、彩色纸、有光纸、书皮纸等各种机制文化系列用纸。截止1996年12月31日，公司拥有正式员工4005人，总资产为4518529万元，净资产为20839.17万元。

福州大通机电股份有限公司

【公司概况】 福州大通机电股份有限公司由福州自动化仪表股份有限公司更名而来，总股本5185.53万股，其中国家股1226.28万股，法人股693.60万股，社会公众股1357.53万股，内部职工股1908.06万股。1997年5月8日社会公众股在上海证券交易所挂牌上市。

【经营业绩】 公司主要生产经营特种漆包线、绕包线、高低压架空线、水表和自动化仪表，公司先后从国外引进先进的漆包线生产线设备和水表制造设备，建成国内第一家特种漆包线生产线和国内最大的水表产品出口基地。主要产品特种漆包线用于彩电、冰箱、空调、音响等家用电器和特种电机、电器等产品，品种规格齐全，产品先后获国家优质金奖、银奖、部优和美国UL认证，通过了ISO9002质量保证体系认证。1996年公司主营业务收入26126.99万元，利润总额1952.14万元，净利润1434.84万元，出口创汇600万元。

江南重工股份有限公司

【公司概况】 江南重工股份有限公司是江南造船(集团)有限责任公司作为独家发起人。以其下属的钢结构机械工程事业部为主体进行股份制改造向社会公开发行股票募集设立的。发起人江南造船(集团)公司是国内外知名的大型船厂，属国家特大型企业，始建于1865年。1995年被列为国务院建立现代企业制度百家试点企业之一。1997年5月28日，公司在上海市工商行政管理局注册成立，1997年6月3日江南重工股票在上海证券交易所成功上市。公司总股本为13201万股，其中国有法人股7201万股，社会公众股6000万股。

【经营业绩】 公司主导产品为大型钢结构工程、大型压力容器、各类港口机械。前几年公司成功的建造了葛洲坝船闸门、秦皇岛煤码头工程、上海大剧院钢屋架、上海八万人体育场屋顶、世界金融大厦钢结构工程等国家重点工程和上海市标志工程；同时公司生产的大型液化气船(LPG)液罐是具有当代国际先进水平的高新技术产品。公司1996年销售额近2亿元。

【财务状况】 公司1996年流动比率1.39，速动比率0.32，资产负债率47.5%，净资产收益率29.09%，每股净利0.45元(33%所得税)。

莱芜钢铁股份有限公司

【公司概况】 莱芜钢铁股份有限公司由莱芜钢铁总厂独家发起，以其7个主要生产单位的优质资产投入公司，采用募集方式设立的股份有限公司。公司于1997年8月21日正式创立，8月28日公司A种股票在上海证券交易所挂牌上市。公司总股本为52980万股，其中国有法人股为44980万股，社会公众股为8000万股。

【经营业绩】 公司主要从事生铁、钢锭、钢坯、钢材、大锻件、炼焦化产品及炼铁、炼钢副产品等的生产经营业务。公司1996年产钢132.92万吨，生铁138.66万吨，钢材90.91万吨。实现主营业务收入243710.76万元，利润26239.94万元，净利润24919.94万元。1996年公司总资产为17.68亿元。

【财务状况】 1996年公司实现每股净利0.55元，净资产收益率为36.3%。1997年8月28日公司A种股票在上海证券交易所上市后，净净资产为12.13亿元，每股净资产为2.29元。

重庆路桥股份有限公司

【公司概况】 重庆路桥股份有限公司是以原重庆大桥建设总公司和重庆大桥养护管理处为基础，1997年经重庆市政府批准，由重庆市大桥建设总公司独家发起，以社会募集方式设立的股份有限公司。并经中国证监会批准在上海证券交易所上市，公司总股本为31000万股，其中国家股22000万股，社会公众股9000万股。公司有职工355人，其中，工程技术经济管理人员92人，行政管理人员23人，有高级职称的17人，中级职称的38人，公司设办公室、人事部、财务部、计划经营部、工程部、证券部。

【经营业绩】 重庆路桥股份有限公司是专门从事城市道路桥梁经营管理和建设的专业公司，主营城市基础设施和大型城市桥梁的建设经营，维护和管理小区综合开发、兼营建筑物资、设备等。公司具有城市建设综合开发二级资格，国家一级工程建设施工总承包资质等级和重庆市批准的对外承包经营权。公司下设大桥物业公司、大桥建设公司。

浙江东日股份有限公司

【公司概况】 公司是经浙证委[1997]55号文和浙政发[1997]132号文批准，由浙江东方集团公司作为独家发起人，以集团公司下属全资企业管道公司、东方灯具大市场为主体，进行股份制改组，采用募集方式设立的股份公司。公司可流通股本4000万股，1997年9月22日在上交所上网发行，股票简称浙江东日，证券代号500113。公司董事长兼总经理：滕增寿。

【经营业绩】 公司主要从事离心浇铸玻璃钢管道系列产品的制造、销售和灯具市场的租赁经营。募集资金主要投资于大口径玻璃钢管道引进喂料成型主机技改项目、离心浇铸玻璃钢管道原料处理车间技改项目、东方灯具市场营业用户扩建项目等。

重庆三峡水利电力(集团)股份有限公司

【公司概况】 重庆三峡水利电力(集团)股份有限公司地处三峡库区腹地重庆万县市。1994年4月28日万县市电力总公司与小东电厂合并以定向募集方式设立股份有限公司；1995年先后被省市选为现代企业制度试点单位；1997年7月23日公司经中国证监会批准发行A股5000万元。1997年8月4日，公司A股在上海证券交易所上市。公司现有总股本15888万元，其中国家股6338万股、法人股4278余万股、内部职工股272万股、流通股5000万股。公司现有职工2489人，其中高级职称人员56人，中级职称人员347人。

【经营业绩】 公司主营：发电、供电、供水、水产养殖。兼营：发输变电设备的设计、安装和调试；锅炉压力容器制造及安装；水电物质、建筑材料；旅游商业、信息服务咨询，投资服务等。公司现有总装机12.81万千瓦，年供电量4.7亿千瓦时，输配电线路总长3000余公里。公司1997年1—6月营业收入6060万元，利润总额2004万元，税后利润1704万元。

上交所上市公司名录

股票代码	公司简称	法定名称	注册地址	咨询电话	邮编
600051	宁波联合	宁波联合集团股份有限公司	宁波经济技术开发区东海路1号联合大厦	(0574)6221609	315803
600052	浙江广厦	浙江广厦建筑集团股份有限公司	浙江省东阳市吴宁西路21号	(0571)7963858	322100
600053	江西纸业	江西纸业股份有限公司	江西省南昌市董家窑112号	(0791)8624072	330006
600054	黄山旅游	黄山旅游发展股份有限公司	安徽省黄山市黄山风景区温泉	(0559)5561113	242709
600055	万东医疗	北京万东医疗装备股份有限公司	北京市朝阳区建外郎家园6号	(010)65062598	100026
600056	中技贸易	中技贸易股份有限公司	北京市西三环北路21号	(010)68404720	100044
600057	厦新电子	厦门厦新电子股份有限公司	福建省厦门市体育路45号	(0592)5058123	361012
600058	五矿发展	五矿发展股份有限公司	北京市朝阳区安慧里四区15号楼	(010)64916740	100101
600059	古越龙山	浙江古越绍兴酒股份有限公司	浙江省绍兴市北海桥	(0575)5157501	312000
600060	海信电器	青岛海信电器股份有限公司	山东省青岛市江西路11号	(0532)3861992	266004
600061	中纺投资	中纺投资发展股份有限公司	上海市浦东新区商城路291号1605室	(010)64922854	200070
600062	双鹤药业	北京双鹤药业股份有限公司	北京市朝阳区光华路9号	(010)65060077	100020
600063	皖维股份	安徽皖维化纤化工股份有限公司	安徽省巢湖市北郊巢维路56号	(0565)2317280	238002
600064	南京新港	南京新港股份有限公司	江苏省南京市高新技术产业开发区新港高科园	(025)5565084	210038
600065	大庆联谊	大庆联谊石化股份有限公司	黑龙江省大庆市林源南街5号	(0459)6717943	163515
600066	郑州客车	郑州宇通客车股份有限公司	河南省郑州市凤凰路7号	(0371)6323177	450004
600067	福州自仪	福州年自动化仪表股份有限公司	福建省福州市福马路81号	(0591)3660701	350011
600068	葛洲坝	葛洲坝股份有限公司	湖北省宜昌市清波路10号	(0717)6272074	443000
600069	漯河银鸽	漯河银鸽制浆造纸股份有限公司	河南省漯河市人民东路95号	(0395)2624495	462000
600070	浙江富润	浙江富润股份有限公司	浙江省诸暨市安平路42号	(0575)7223016	311800
600071	凤凰光学	凤凰光学股份有限公司	江西省上饶市光学路1号	(0793)8260533	334000
600072	江南重工	江南重工股份有限公司	上海市浦东新区东方路1369号	(021)63770101	200127
600075	新疆天业	新疆天业股份有限公司	新疆石河子市北一路西	(0993)2516164	832000
600076	华光科技	潍坊华光科技股份有限公司	山东省潍坊市奎文区东风东街272号	(0536)8236921	261011
600077	精工集团	铁岭精工(集团)股份有限公司	辽宁省铁岭市银州区汇工街98号	(0410)4840311	112000
600079	当代科技	武汉当代高科技产业股份有限公司	湖北省武汉市洪山区关山街鲁磨路特1号	(027)7881718	430070
600080	金花股份	金花企业(集团)股份有限公司	陕西省西安市高新技术产业开发区高新3路	(029)8404118	710000
600082	津百股份	天津百货大楼股份有限公司	天津市和平区和平路172—176号	(022)27304716	300020
600083	红光实业	成都红光实业股份有限公司	四川省成都市建设南支路4号	(028)4106485	610051
600086	多佳股份	湖北多佳股份有限公司	湖北省鄂州武昌大道298号	(0711)3853001	436000
600087	南京水运	南京水运实业股份有限公司	江苏省南京市新港工业区	(025)3720378	210002
600088	中视股份	无锡中视影视基地股份有限公司	江苏省无锡市漆塘1号	(0510)5113328	214081
600089	特变电工	新疆特变电工股份有限公司	新疆昌吉市延安南路52号	(0994)2347948	831100
600090	啤酒花	新疆啤酒花股份有限公司	乌鲁木齐市解放北路15号文化路5巷10号	(0991)2825373	830002

600097	恒泰芒果	海南恒泰芒果产业股份有限公司	海南省海口市国贸大道45号银通大厦	(0898)6704035	570001
600106	重庆路桥	重庆路桥股份有限公司	重庆市渝中区嘉陵新路5号	(023)63628989	630015
600600	青岛啤酒	青岛啤酒股份有限公司	青岛市登州路56号	(0532)2804124	266012
600601	延中实业	上海延中实业股份有限公司	上海市巨鹿路685号	(021)62470247	200040
600602	真空电子	上海真空电子器件股份有限公司	上海市浦东即墨路95号2号楼4层	(021)62560884	200040
600603	兴业房产	上海兴业房产股份有限公司	上海市四川南路38号	(021)64733170	200031
600604	二纺机	上海二纺机股份有限公司	上海市场中路265号	(021)65318888	200434
600605	轻工机械	上海轻工机械股份有限公司	上海市南京西路1576号	(021)62566022	200040
600606	嘉丰股份	上海嘉丰股份有限公司	上海市嘉定区西门	(021)59530673	201800
600607	联合实业	上海联合实业股份有限公司	上海市吴兴路278号10楼A、B室	(021)64720251	200030
600608	异型钢管	上海异型钢管股份有限公司	上海浦东曹化路2号	(021)63049008	200023
600609	一汽金杯	一汽金杯汽车股份有限公司	沈阳市铁西区兴工北街67号	(024)4800635	110015
600610	中纺机	中国纺织机械股份有限公司	上海市浦东新区龙东路818号	(021)65432970	200090
600611	大众出租	上海大众出租汽车股份有限公司	上海市浦东新区龙阳路100号	86—021—62581083	200041
600612	第一铅笔	中国第一铅笔股份有限公司	上海市浦东金桥出口加工区奥黛莉路353号	(021)65120153	200080
600613	永生股份	上海永生股份有限公司	上海市浦东上川路2501号	(021)63250240	200071
600614	胶带股份	上海胶带股份有限公司	上海市浦东东昌路600号1009室	(021)65415210	200082
600615	丰华园珠	上海丰华园珠笔股份有限公司	上海市浦东东方路3601号	(021)58811688	200125
600616	第一食品	上海市第一食品商店股份有限公司	上海市南京东路720号	(021)63529086	200001
600617	联华合纤	上海联华合纤股份有限公司	上海市嘉定区沪宜公路4290号	(021)59534839	201800
600618	氯碱化工	上海氯碱化工股份有限公司	上海市龙吴路4747号	(021)64340000	200241
600619	冰箱压缩	上海冰箱压缩机股份有限公司	上海市浦东金桥出口加工区26号地块	(021)65190000	200090
600620	联农股份	上海联农股份有限公司	上海市南阳路183号1号楼	(021)62152077	200041
600621	上海金陵	上海金陵股份有限公司	上海市浦东杨高南路475—483号	(021)58815185	200127
600622	嘉宝实业	上海嘉宝实业(集团)股份有限公司	上海市上海市嘉定区喜戬公路118号	(021)59162279	201818
600623	轮胎橡胶	上海轮胎橡胶(集团)股份有限公司	上海市浦东新区浦东南路2178弄2号	(021)63290433	200127
600624	复华实业	上海复华实业股份有限公司	上海市浦东金张路1167号	(021)65488839	200433
600625	水仙电器	上海水仙电器股份有限公司	上海市汶水路19号	(021)56651410	200072
600626	申达股份	上海申达股份有限公司	浦东歇浦路海防新村74号申佳宾馆	(021)62153874	200041
600627	电器股份	上海电器股份有限公司	上海市浦东新区安建路100号	(021)65169421	200437
600628	新世界	上海新世界股份有限公司	上海市南京西路2—68号	(021)63583331	200003
600629	棱光实业	上海棱光实业股份有限公司	上海市太原路321弄2号	(021)64345664	200241
600630	龙头股份	上海龙头(十七棉)股份有限公司	上海市杨树浦路2866号	(021)65431010	200090
600631	中百一店	上海第一百货商店股份有限公司	上海市南京东路830号	(021)63223344	200001
600632	华联商厦	上海华联商厦股份有限公司	上海市南京东路635号	(021)63224466	200001
600633	双鹿电器	上海双鹿电器股份有限公司	上海市天山路651号	(021)62410000	200335
600634	海鸟电子	上海海岛电子股份有限公司	上海市延安中路424弄35号	(021)62188866	200041
600635	浦东大众	上海浦东大众出租汽车股份有限公司	上海市浦东龙阳路100号	(021)58886666	200127
600636	三爱富	上海三爱富新材料股份有限公司	上海市浦东新区蔡路	(021)64310558	200031
600637	广电股份	上海广电股份有限公司	上海市田林路140号	(021)64038833	200032
600638	黄浦房产	上海黄浦房地产股份有限公司	上海市延安东路110号七楼	(021)63238888	200002
600639	浦东金桥	上海金桥出口加工区开发股份有限公司	上海市浦东新金桥188号	(021)58991818	201206
600640	国脉通信	上海国脉通信股份有限公司	上海市浦东新区川北公路2626号	(021)62763321	201204
600641	众城实业	上海众城实业股份有限公司	上海市东方路818号	(021)58209335	200122
600642	申能股份	申能股份有限公司	上海市东方路428号	(021)62499091	200040
600643	爱建股份	上海爱建股份有限公司	上海市浦东南路1472—1482号	(021)64396600	200030
600644	乐山电力	乐山电力股份有限公司	四川省乐山市市中区嘉定北路46号	(0833)2132160	614000
600645	望春花	上海望春花(集团)股份有限公司	上海市长宁区北翟路1168号	(021)62398803	200335
600646	国嘉实业	上海国嘉实业股份有限公司	上海市嘉定环城路2280号	(021)64371888	201800
600647	新亚快餐	上海新亚快餐食品股份有限公司	上海东长治路777号嘉丽商务大厦五、六楼	(021)65352088	200082
600648	外高桥	上海外高桥保税区开发股份有限公司	上海市浦东杨高北路889号	(021)58699888	200131
600649	原水股份	上海市原水股份有限公司	上海市浦东新区北艾路1540号	(021)63564899	200127
600650	新锦江	上海新锦江大酒店股份有限公司	上海市长乐路161号	(021)64151188	200020
600651	飞乐音响	上海飞乐音响股份有限公司	上海市江苏路61号	(021)62525566	200042
600652	爱使股份	上海爱使股份有限公司	上海市江西中路323号	(021)63296220	200002
600653	申华实业	上海申华实业股份有限公司	上海市浦东新区张杨路1050弄8号9楼	(021)63519243	200002
600654	飞乐股份	上海飞乐股份有限公司	上海市武夷路174号	(021)62523309	200050
600655	豫园商城	上海豫园旅游商城股份有限公司	上海市文昌路19号	(021)63559999	200010
600656	浙江凤凰	浙江省凤凰化工股份有限公司	浙江省兰溪市大畈路18号	(0579)8823485	321100
600657	天桥百货	北京市天桥百货股份有限公司	北京市崇文区永内大街1号	(010)67036891	100050

600658	北京天龙	北京天龙股份有限公司	北京市崇文区永定门外琉璃井东街3号楼	(010)64917247	100062
600659	福建福联	福建省福联股份有限公司	福州市省府路一号金皇大厦十七层	(0591)7534437	350001
600660	福建耀华	福建省耀华玻璃工业股份有限公司	福清市融侨经济技术开发区福耀工业村	(0591)7576141	350301
600661	南洋实业	上海南洋国际实业股份有限公司	上海市金桥纬七路口17地块杉达大厦	(021)64642563	200030
600662	浦东强生	上海浦江强生出租汽车股份有限公司	上海市浦东新区浦东南路2184号	(021)62151181	200041
600663	陆家嘴	上海陆家嘴金融贸易区开发股份有限公司	中国上海市浦东大道981号	(8621)58878888	200135
600664	哈医药	哈尔滨医药股份有限公司	哈尔滨市道里区工厂街94号	(0451)4611187	150010
600665	沪昌特钢	上海沪昌特殊钢股份有限公司	上海市宝山区同济路332号	(021)56126920	200940
600666	西南药业	西南药业股份有限公司	重庆市沙坪坝区天星桥21号	(023)65312623	630038
600667	无锡太极	无锡市太极实业股份有限公司	江苏省无锡市锡澄路化工桥南	(0510)3101894	214041
600668	浙江尖峰	浙江尖峰集团股份有限公司	浙江省金华市罗店镇	(0579)2376868	321017
600669	鞍山合成	鞍山合成(集团)股份有限公司	辽宁省鞍山市铁西区柳西屯	(0412)8895168	114011
600670	长春华联	东北华联集团股份有限公司	长春市大经路96号	(0431)8741038	130042
600671	杭州天目	杭州天目山药业股份有限公司	浙江省临安县锦城镇苕溪南路	(0571)3722229	311300
600672	广华化纤	四川广华化纤股份有限公司	四川省广汉市南昌路	(0838)5222333	618300
600673	成都量具	成都量具刃具股份有限公司	四川省成都市二环路东一段14号	(028)3331923	610056
600674	四川峨铁	峨眉铁合金(集团)股份有限公司	四川峨眉山市九里镇	(0833)5576179	614222
600675	中华企业	中华企业股份有限公司	上海浦东大道1700弄17号	(021)63299250	200002
600676	钢运股份	上海钢铁汽车运输股份有限公司	上海市长江西路202号	(021)56757703	200431
600677	浙江中汇	浙江中汇(集团)股份有限公司	浙江省杭州市解放路108号	(0571)7066615	310009
600678	四川金顶	四川金顶(集团)股份有限公司	四川省峨眉山市名山路东段	(0833)521562	614200
600679	上海凤凰	凤凰股份有限公司	上海市武川路111号	(021)65116511	200434
600680	邮通设备	上海邮电通信设备股份有限公司	上海市宜山路700号	(021)64360900	200233
600681	武汉长印	武汉长印(集团)股份有限公司	武汉市汉口民意四路55号	(027)5866663	430022
600682	新百公司	南京新街口百货商店股份有限公司	南京市中山南路3号	(025)4517494	210005
600683	宁波华联	宁波华联集团股份有限公司	宁波市江厦街21—23号	(0574)7361088	315000
600684	广州珠江	广州珠江实业开发股份有限公司	广州市华乐路49号华乐大厦2楼	(020)83838056	510060
600685	广船国际	广州广船国际股份有限公司	广州市芳村大道2号	(020)8896411	510382
600686	厦门汽车	厦门汽车股份有限公司	福建省厦门市东渡路64号	(0592)6015070	361012
600687	厦门国泰	厦门国贸泰达股份有限公司	福建省厦门市湖滨北路建业大厦13楼	(0592)507523	361012
600688	上海石化	上海石油化工股份有限公司	上海市金山卫纬二路	(021)57943143	200540
600689	上海三毛	上海三毛纺织股份有限公司	上海市许昌路1150号	(021)65121377	200082
600690	青岛海尔	青岛海尔电冰箱股份有限公司	青岛高科技工业园内海尔路海尔工业园	(0532)5832588	266032
600691	自贡东碳	东新电碳股份有限公司	四川省自贡自流井区东光路桌子山22号	(0813)2600794	643000
600692	亚通股份	上海亚通股份有限公司	上海市崇明县八一路1号	(021)59623807	202150
600693	东百公司	福州东东街口百货大楼股份有限公司	福建省福州市八一七北路84号	(0591)7531724	350001
600694	大连商场	大连商场股份有限公司	大连市中山区青三街1号	(0411)3643215	116001
600695	大江股份	上海大江(集团)股份有限公司	上海市松江县谷阳南路26号	(021)57822480	201600
600696	福建豪盛	豪盛(福建)股份有限公司	福建省泉州市城东仕公岭	(0595)2688168	362000
600697	长春车百	长春汽车城百货集团股份公司	长春市工农大路14号	(0431)5666440	130021
600698	济南轻骑	济南轻骑摩托车股份有限公司	山东省济南市历下区和平路34号	(0531)6938054	520014
600699	辽源得亨	辽源得亨股份有限公司	吉林省辽源市福兴路3号	(0437)3223931	136200
600700	百隆集团	陕西百隆(集团)股份有限公司	陕西省西安市南新街28号	(029)7215541	710004
600701	工大高新	哈尔滨工大高新技术产业开发股份有限公司	黑龙江省哈尔滨市南岗区护军街40号	(04516208756)	150001
600702	沱牌股份	四川沱牌曲酒股份有限公司	四川省射洪县柳树镇中街149号	(0825)6766318	629209
600703	活力28	沙市活力28(集团)股份有限公司	湖北省荆州市沙市区临江路1号	(0716)8214481	434000
600704	中大股份	浙江中大(集团)股份有限公司	浙江省杭州市莫干山路110号	(0571)8839989	310005
600705	北亚集团	北亚实业(集团)股份有限公司	黑龙江省哈尔滨市南岗区红军街26号	(0451)3600777	150001
600706	长安信息	长安信息产业(集团)股份有限公司	陕西省西安市友谊东路15号	(029)2214266	710054
600707	彩虹股份	彩虹显示器股份有限公司	陕西省西安高新技术开发区西区	(029)8214860	710075
600708	东海股份	上海东海股份有限公司	上海市浦东新区场高路555号	(021)58291285	201303
600709	蓝田股份	沈阳蓝田股份有限公司	沈阳市皇姑区松花江街3号	(024)6841058	110032
600710	常林股份	常林股份有限公司	江苏省常州市常林路10号	(0519)6755304	213002
600711	龙舟股份	厦门市龙舟实业(集团)股份有限公司	福建省厦门市湖里悦华路天安工业村龙舟大厦	(0592)5627352	361006
600712	南宁百货	南宁百货大楼股份有限公司	广西南宁市朝阳路39号	(0771)2828313	530012
600713	南京医药	南京医药股份有限公司	南京市经济技术开发区(白下区延龄巷27号)	(025)4520707	210002
600714	山川股份	青海山川铁合金股份有限公司	青海省西宁市朝阳西路112号	(0971)5130544	810028
600715	松辽汽车	松辽汽车股份有限公司	沈阳市苏家屯区白松路22号	(024)9811610	110101
600716	耀华玻璃	秦皇岛濯华玻璃股份有限公司	河北省秦皇岛市西港路	(0335)3033844	066013
600717	津港储运	天津港储运股份有限公司	天津市塘沽区新港二号路卡子门内	(022)5706615	300456

600718	东大阿派	沈阳东大阿尔派软件股份有限公司	沈阳市和平区文化路3号巷11号	(024)9811610	11010
600719	大连热电	大连热电股份有限公司	大连市沙河口区香周路210号	(0411)6642089	
600720	祁连山	甘肃祁连山水泥股份有限公司	甘肃省兰州市永登县中堡镇	(0931)6479298	730301
600721	百花村	新疆百花村股份有限公司	新疆乌鲁木齐中山路141号	(0991)2310277	830002
600722	沧州化工	沧州化学工业股份有限公司0	河北省沧州市南环中路18号	(0317)3030719	061000
600723	西单商场	北京市西单商场股份有限公司	北京市西城区西单北大街120号	(010)66024984	100031
600724	宁波富达	宁波富达电器股份有限公司	浙江省余姚市阳明西路355号	(0574)2814275	315400
600725	云维股份	云南云维股份有限公司	云南省曲靖市花山镇	(0874)3068588	655038
600726	龙电股份	黑龙江电力股份有限公司	哈尔滨市香坊区高新技术开发区12号楼B座	(0451)2525778	150001
600727	鲁北化工	山东鲁北化工股份有限公司	山东省无棣县马山子镇	(0543)6581474	251907
600728	远洋渔业	辽宁远洋渔业股份有限公司	沈阳市和平区南京南街156号	(0411)7606522	110005
600729	重庆百货	重庆百货大楼股份有限公司	重庆市渝中区民权路2号	(0811)3844133	630010
600730	中国高科	中国高科集团股份有限公司	上海浦东良基路39号	(021)62825301	201206
600731	湖南海利	湖南海利化工股份有限公司	湖南省长沙市胜利路198号	(0731)5552484	410007
600732	上海港机	上海港机股份有限公司	上海市浦东新区浦东南路3500号	(021)58392564	200125
600733	前锋股份	成都前锋电子股份有限公司	四川省成都市府青路二段2号	(028)3345932	610051
600734	实达电脑	福建实达电脑集团股份有限公司	福州市经济技术开发区科技工业区A小区C号楼	(0591)7549004	350001
600735	环宇股份	山东环宇(集团)股份有限公司	山东省临沂市解放路88号	(0539)8225018	276002
600736	苏州高新	苏州高新技术产业股份有限公司	江苏省苏州市苏州新区运河路8号	(0512)8251888	215011
600737	新疆屯河	新疆屯河股份有限公司	新疆维吾尔自治区昌吉市河滩北路8号	(0994)2346654	831100
600738	兰州民百	兰州民百(集团)股份有限公司	甘肃省兰州市民主西路7号	(0931)8473891	730030
600739	辽宁成大	辽宁成大股份有限公司	辽宁省大连市中山区人民路35号	(0411)2647441	116001
600740	山西焦化	山西焦化股份有限公司	山西省洪洞县广胜寺镇	(0357)6625471	031606
600741	巴士股份	上海巴士实业股份有限公司	上海市浦东南路500号	(021)64373588	200020
600742	一汽四环	箕一汽四环汽车股份有限公司	吉林省箕市锦程大街69号	(0431)5908705	130011
600743	幸福实业	湖北幸福(集团)实业股份有限公司	湖北省潜江市张金镇幸福大道1号	(0728)6641566	433109
600744	华银电力	湖南华银电力股份有限公司	湖南省长沙市韶山路64号	(0731)5543457	410007
600745	康赛集团	黄石康赛集团股份有限公司	湖北省黄石市芜湖路85号	(0714)6226987	435000
600746	江苏索普	江苏索普化工股份有限公司	江苏省镇江市谏壁镇越河街50号	(0511)3364472	212006
600747	大显股份	大连大显股份有限公司	辽宁省大连市甘井子区革镇堡	(0411)6681775	116035
600748	浦东不锈	上海浦东不锈薄板股份有限公司	上海市浦东新区上南路300号	(021)58839651	200126
600749	西藏圣地	西藏圣地股份有限公司	西藏自治区拉萨市林廓东路6号	(0891)6339150	850000
600750	东风药业	江西东风药业股份有限公司	江西省乐平市东风路15号	(0798)6832100	333300
600751	天津海运	天津市海运股份有限公司	天津市和平区吴家窑大街河沿路金泉里13号	(022)3349358	300070
600752	哈慈股份	哈慈股份有限公司	黑龙江省哈尔滨市动力区通乡街169号	(0451)2688688	150046
600753	冰熊股份	河南冰熊保鲜设备股份有限公司	河南省民权县府后街22号	(0370)2319148	476800
600754	新亚集团	上海新亚(集团)股份有限公司	上海市江西中路180号	(021)63536304	200002
600755	厦门国贸	厦门国贸集团股份有限公司	福建省厦门市湖滨南路国贸大厦8—18层	(0592)5161888	361004
600756	泰山旅游	山东泰山旅游索道股份有限公司	山东省泰安市虎山路中段	(0538)8217442	271000
600757	华源发展	上海华源企业发展股份有限公司	上海市举不胜举东新区张杨路655号	(021)58792716	200120
600758	金帝建设	辽宁金帝建设集团股份有限公司	辽宁省沈阳市和平区宁波路39号	(024)3877457	110006
600759	华侨投资	海南华侨投资股份有限公司	海口市金融贸易区国贸新村4号楼	(0898)6767644	570125
600760	山东黑豹	山东黑豹股份有限公司	山东文登市龙山路107号	(0631)8352083	264400
600761	安徽合力	安徽合力股份有限公司	安徽省合肥市望江路21号	(0551)3632133	230022
600762	飞龙实业	湖南衡阳市飞龙实业股份有限公司	湖南省衡阳市解放路131号	(0734)8219025	421001
600763	北京中燕	北京中燕探戈羽绒制品股份有限公司	北京市平谷县北杨桥乡	(010)64962032	101205
600764	三星石化	甘肃三星石化(集团)股份有限公司	甘肃省兰州市高新技术开发区科技街66号	(0931)7557333	730060
600765	力源液压	贵州力源液压股份有限公司	贵州省贵阳市乌当区新添寨镇	(0851)2323934	550202
600766	烟台华联	烟台华联商厦股份有限公司	山东省烟台市南大街261号	(0535)6224206	264001
600767	运盛实业	运盛(福建)实业股份有限公司	福州市湖东路169号天敖大厦11楼	(0591)7542845	350003
600768	宁波华通	宁波市华通股份有限公司	浙江省宁波市中山东路336号	(0574)7375667	315040
600769	祥龙电业	武汉祥龙电业股份有限公司	湖北省武汉市洪山区葛化街化工路31号	(027)7600367	430078
600770	综艺股份	江苏综艺股份有限公司	江苏省通州市兴东镇黄金村	(0513)6563931	226371
600771	同仁铝业	青海同仁铝业股份有限公司	青海省黄南藏族自治州同仁县	(0973)720200	811300
600772	石油龙昌	中油龙昌(集团)股份有限公司	河北省廊坊市经济技术开发区金源道	(0316)2075875	065000
600773	西藏金珠	西藏金珠股份有限公司	西藏自治区拉萨市北京中路182号	(0891)6338657	850000
600774	汉商集团	武汉市汉商集团股份有限公司	湖北省武汉市汉阳大道134号	(027)4843197	430050
600775	南京熊猫	南京熊猫电子股份有限公司	南京市高新技术产业开发区05幢北侧1—2层	(025)6641144	210002
600776	东方通信	东方通信股份有限公司	浙江省杭州市文三路80—84号	(0571)8865242	310013

600777	新潮实业	烟台新澎实业股份有限公司	山东省烟台市牟平区牟山路98号	(0535)4212376	264100
600778	新疆友好	乌鲁木齐友好商场股份有限公司	新疆乌鲁木齐市友好北路14号	(0991)4841698	830000
600779	四川制药	四川制药股份有限公司	四川省成都市极板桥路1号	(028)4316212	600015
600780	通宝能源	山西通宝能源股份有限公司	太原市高新技术产业开发区学府工业园区V—6区	(0351)4163807	030006
600781	民丰实业	上海民丰实业股份有限公司	上海市徐家汇路300号	(021)63843680	200025
600782	新华股份	新华金属制品股份有限公司	江西省新余市铁焦路	(0790)6223288	336501
600783	四砂股份	四砂股份有限公司	山东省淄博市张店区南定车站街69号	(0533)2980151	255055
600784	鲁银集团	鲁银实业集团股份有限公司	山东省济南市北园路398号	(0531)5956688	250033
600785	新华百货	银川新华百货商店股份有限公司	宁夏银川市新华东街59号	(0951)6024044	750004
600786	东方锅炉	东方锅炉(集团)股份有限公司	四川省自贡市五星街黄桷坪路150号	(0813)2201131	643001
600787	中储股份	天津中储商贸股份有限公司	天津市北辰经济开发区开发大厦	(022)24307906	300012
600788	达尔曼	西安达尔曼实业股份有限公司	陕西省西安市建工路	(029)3237280	710043
600789	鲁抗医药	山东鲁抗医药股份有限公司	山东省济宁市太白楼西路173号	(0537)2278572	272109
600790	轻纺城	浙江中国轻纺城集团股份有限公司	浙江省绍兴县柯桥轻纺大厦	(0575)4119678	312000
600791	贵州华联	贵州华联(集团)股份有限公司	贵州省贵阳市云岩区中华中路137号	(0851)5821644	550001
600792	云南马龙	云南马龙化建股份有限公司	云南省曲靖地区马龙县	(0874)8010050	655102
600793	宜宾纸业	宜宾纸业股份有限公司	四川省宜宾市岷江西路4号	(0831)3552931	644007
600794	大理造纸	云南大理造纸股份有限公司	云南省大理市下关北郊	(0872)2124214	671000
600795	东北热电	大连东北热电发展股份有限公司	辽宁省大连经济技术开发区沈阳路4号	(0411)7617308	116600
600796	钱江生化	浙江钱江生物化学股份有限公司	浙江省海宁市硖石镇南	(0573)7023955	314400
600798	宁波海运	宁波海运股份有限公司	浙江省宁波市江北区中马路202号	(0574)7356271	315040
600799	阿城钢铁	黑龙江省阿城钢铁股份有限公司	黑龙江省阿城市北环路2号	(0451)3749982	150300
600800	天津磁卡	天津环球磁卡股份有限公司	天津市河西区解放南路325号	(022)28338401	300202
600801	华新水泥	华新水泥股份有限公司	湖北小黄石市黄石大道897号	(0714)6224971	435002
600802	福建水泥	福建水泥股份有限公司	福建省福州市湖东路157号	(0591)7561244	350003
600803	河北威远	河北威远实业股份有限公司	河北省石家庄市中华中大街19号	(0311)3027141	050000
600804	成都工益	成都工益冶金股份有限公司	成都市牛市口经华南路3号	(028)4460046	610069
600805	悦达股份	江苏悦达股份有限公司	江苏省盐城市通榆中路36号	(0515)8332667	224002
600806	昆明机床	昆明机床股份有限公司	云南省昆明市茨坝路23号	(86871)5212410	650203
600807	济南百货	济南百货大楼股份有限公司	中国山东省济南市泉城路264号	(0531)6030094	250011
600808	安徽马钢	马鞍山钢铁股份有限公司	安徽马鞍山市红旗中路8号	(0555)2888158	243003
600809	山西汾酒	山西杏花村汾酒厂股份有限公司	山西省汾阳县杏花村	(0358)7229381	032205
600810	河南神马	神马实业股份有限公司	河南省平顶山市建设路63号	(0375)3921231	467000
600811	东方集团	东方集团股份有限公司	哈尔滨市南岗区长江路科工贸2号楼	(0451)3666028	150001
600812	华北制药	华北制药股份有限公司	河北省石家庄市和平东路二段388号	(0311)5051133	050015
600813	鞍山一工	鞍山第一工程机械股份有限公司	辽宁省鞍山市立山区红旗路30号	(0412)6213805	114042
600814	杭州解百	杭州解放路百货商店股份有限公司	浙江省杭州市解放路211号	(0571)7016888	310001
600815	厦门厦工	厦门工程机械股份有限公司	福建省厦门市厦禾路668号	(0592)2115449	361004
600816	鞍山信托	鞍山市信托投资股份有限公司	辽宁省鞍山市铁东区五道街55号	(0412)2234351	114001
600817	良华实业	上海良华实业股份有限公司	上海市浦东新区沈家弄路199号	(021)58870801	200120
600818	上海永久	上海永久自行车股份有限公司	上海市唐山路1217号	(021)65461544	200082
600819	耀皮玻璃	上海耀华皮尔金顿玻璃股份有限公司	上海市浦东新区济阳路100号	(021)58839305	200126
600820	隧道股份	上海隧道工程股份有限公司	上海市肇嘉浜路239号	(021)64339412	200032
600821	天津劝业	天津劝业场股份有限公司	天津市和平区和平路290号	(022)27211111	300022
600822	物贸中心	上海物资贸易中心股份有限公司	上海市中山北路2550号	(021)62570000	200063
600823	万象集团	上海万象(集团)股份有限公司	上海市南京东路819号	(021)63588398	200003
600824	益民百货	上海益民百货股份有限公司	上海市淮海中路645—659号	(021)63272597	200020
600825	时装股份	上海时装股份有限公司	上海市南京东路690号	(021)63225445	200001
600826	兰生股份	上海兰生股份有限公司	上海市中山北一路1230号	(021)65445880	200437
600827	友谊华侨	上海友谊华侨股份有限公司	上海浦东新区东方路751号	(021)63744768	200002
600828	成都商场	成都人民商场股份有限公司	成都市东御街19号	(028)6665088	610011
600829	天鹅股份	哈尔滨天鹅实业股份有限公司	哈尔滨市道里区共尔街182号	(0451)4624174	150076
600830	甬城隍庙	宁波城隍庙实业股份有限公司	浙江省宁波市顺和巷2号	(0574)7315310	315000
600831	西安黄河	黄河机电股份有限公司	西安市幸福北路8号	(029)2521831	710043
600832	东方明珠	上海东方明珠股份有限公司	上海市陆家嘴路504弄2号	(021)62832092	200030
600833	商业网点	上海商业网点发展实业股份有限公司	上海市浦东新区浦三路1260弄4号	(021)62567672	200127
600834	凌桥股份	上海凌桥自来水股份有限公司	上海市浦东大道840号	(021)58308595	200120
600835	上菱电器	上海上菱电器股份有限公司	上海市浦东新区建平路2号	(021)58857888	200135
600836	界龙实业	上海界龙实业股份有限公司	上海浦东新区川黄路551号	(021)63746888	200002

600837	农垦商社	上海市农垦农工商综合商社股份有限公司	上海市天山路800号	(021)62749295	200051
600838	第九百货	上海市第九百货商店股份有限公司	上海市万航渡路50号	(021)62536350	200040
600839	四川长虹	四川长虹电器股份有限公司	四川省绵阳市跃进路4号	(0816)2411486	621000
600840	绍兴百大	绍兴市百货大楼股份有限公司	绍兴市解放北路333号	(0575)5143317	312000
600841	上柴股份	上海柴油机股份有限公司	上海市浦东大道2748号	(021)65493506	200432
600842	中西药业	上海中西药业股份有限公司	上海市浦东土川路顾家宅1号	(021)56082188	200065
600843	工缝股份	上海工业缝纫机股份有限公司	上海市浦东新区建平路540号	(021)63284316	200010
600844	英雄股份	上海英雄股份有限公司	上海祁连山路6号	(021)62506261	200333
600845	上海钢管	上海钢管股份有限公司	上海市逸仙路2950号	(021)56820901	200940
600846	同济科技	上海同济科技实业股份有限公司	上海市栖山路33号	(021)65015860	200135
600847	重庆万里	重庆万里蓄电池股份有限公司	重庆土桥苦竹坝31号	(023)62854905	630054
600848	自仪股份	上海自动仪表股份有限公司	上海北京西路1421号	(021)62800705	200040
600849	四药股份	上海四药股份有限公司	上海浦东高桥海徐路45号	(021)65433811	200090
600850	华东电脑	上海华东电脑股份有限公司	上海市桂林路418号	(021)64704678	200233
600851	海欣股份	上海海欣集团股份有限公司	上海市松江县洞泾镇	(021)62752094	201601
600852	中川国际	中四川国际合作股份有限公司	中国四川成都市永兴巷15号	(028)6610024	610012
600853	北满特钢	北满特殊钢股份有限公司	齐齐哈尔市富拉尔基区红岸大街7号	(0452)6801292	161041
600854	春兰股份	江苏春兰制冷设备股份有限公司	江苏省泰州市口泰路7号	(0523)6226107	225300
600855	北京北旅	北京旅行车股份有限公司	北京市丰台区大红门西路26号	(010)67222480	100075
600856	长春百货	长春百货大楼股份有限公司	长春市斯大林大街59号	(0431)8965414	130061
600857	宁波中百	宁波中百股份有限公司	宁波市中山东路13—19号	(0574)7347621	315000
600858	渤海集团	渤海集团股份有限公司	山东省济南市泺源大街中段	(0531)6929228	250012
600859	王府井	北京王府井百货大楼(集团)股份有限公司	北京市王府井大街255号	(010)65126677	100006
600860	北人印刷	北人印刷机械股份有限公司	中国北京市朝阳区广渠路南侧44号	(010)67748470	100022
600861	北京城乡	北京城乡贸易中心股份有限公司	北京市海淀区复兴路甲23号	(010)68216582	100036
600862	南通机床	南通机床股份有限公司	江苏省南通市任港路23号	(0513)5516141	226006
600863	内蒙华电	内蒙古蒙电华能热电股份有限公司	包头市青山区厂前路	(0472)3151123	014030
600864	哈岁宝	哈尔滨岁宝热电股份有限公司	哈尔滨市香坊区化工路133号	(0451)7672779	150038
600865	杭百集团	百大集团股份有限公司	杭州市延安路260号	(0571)5109129	310006
600866	星湖股份	广东肇庆星湖味精股份有限公司	肇庆市工农北路67号	(0758)2227148	526060
600867	通化东宝	通化东宝药业股份有限公司	吉林省通化县东宝新村	(0435)5858009	134102
600868	梅雁股份	广东梅雁企业(集团)股份有限公司	广东省梅州市湾水塘	(0753)2238888	514011
600869	青海三普	青海三普药业股份有限公司	青海省西宁市建国路108号	(0971)8144025	810007
600870	厦华电子	厦门华侨电子股份有限公司	厦门市湖里大道22号	(0592)6021091	361006
600871	仪征化纤	仪征化纤股份有限公司	江苏省仪征市	(0514)3232235	211900
600872	中山火炬	中山火炬高新技术实业股份有限公司	广东省中山市中山火炬高技术产业开发区	(0760)5596818	528437
600873	西藏明珠	西藏明珠股份有限公司	西藏自治区拉萨市北京西路224号	(028)3333988	610081
600874	渤海化工	天津渤海化工(集团)股份有限公司	天津市和平区赤峰道63号	(022)27115354	300041
600875	东方电机	东方电机股份有限公司	四川省德阳市黄河西路13号	(0838)2205358	618000
600876	洛阳玻璃	洛阳玻璃股份有限公司	河南省洛阳市	(0379)3908588	471009
600877	中国嘉陵	中国嘉陵工业股份有限公司(集团)	重庆市沙坪坝区詹家溪自由村100号	(023)5315118	630032
600878	北大车行	大连北大车行股份有限公司	大连市甘井子区凌水路79号	(0411)4688394	116023
600879	武汉电缆	武汉电缆(集团)股份有限公司	湖北武汉市古田路2号	(027)3831630	430034
600880	四川电器	四川电器股份有限公司	四川省成都市郫县唐昌镇南街2号	(028)7773448	611733
600881	吉林亚泰	吉林亚泰(集团)股份有限公司	长春市吉林大路168号	(0431)4956688	130031
600882	山东农药	山东农药工业股份有限公司	山东省淄博市张店区洪沟路25号	(0533)2183042	255009
600883	云南保山	云南省保山水泥股份有限公司	云南省保山市汉庄乡黑石头	(0875)2160811	678000
600884	杉杉股份	宁波杉杉股份有限公司	宁波市百丈东路139号	(0574)7716019	
600885	双虎涂料	武汉双虎涂料股份有限(集团)公司	武汉市桥口区古田路17号	(027)3833770	430035
600886	湖北兴化	湖北兴化股份有限公司	湖北省荆门市白庙路63号	(0724)2210574	448002
600887	伊利股份	内蒙古伊利实业股份有限公司	内蒙古呼和浩特市石西路泉源巷31号	(0471)5974986	010031
600888	新疆众和	新疆众和股份有限公司	新疆乌鲁木齐市喀什东路18号	(0991)3835306	830013
600889	南京化纤	南京化纤股份有限公司	南京市栖霞区中央门外燕子矶伏家场	(025)5561011	210038
600890	汽油机	长春汽油机股份有限公司	吉林省长春市小南街31号	(0431)2936024	130052
600891	秋林股份	哈尔滨秋林股份有限公司	哈尔滨市南岗区东大直街319号	(0451)3644632	150001
600892	石劝业	石家庄劝业场股份有限公司	石家庄市中山东路一段51号	(0311)6033034	050000
600893	吉发股份	吉林省吉发农业开发集团股份有限公司	吉林省长春经济技术开发区浦东路2号	(0431)4641104	130031
600894	广钢股份	广州钢铁股份有限公司	广州市芳村区白鹤洞	(020)81809182	510381
600895	张江高科	上海张江高科技园区开发股份有限公司	上海市浦东新区龙东大道200号	(021)58913456	201204
600896	海盛船务	海南海盛船务实业股份有限公司	海南省海口市海秀大道华侨新村1号楼	(0898)8918498	570206

600897	厦门机场	厦门机场发展股份有限公司	福建省厦门市高崎	(0592)6022936	361006
600898	郑州百文	郑州百文股份有限公司	河南省郑州市南阳路2号	(0371)3935801	450053
600899	信联股份	浙江信联股份有限公司	杭州市朝晖路68号	(0571)5132641	310014
600929	上海国旅	上海中国国际旅行社股份有限公司	上海市浦东南路555号	(021)63291788	200120
600935	上海金泰	上海金泰股份有限公司	上海市安亭洛浦路45号	(021)59577280	201805
600936	鄂绒	内蒙古鄂尔多斯羊绒制品股份有限公司	内蒙古东胜市达拉特南路102号	(0477)336699	017000
600937	龙电B	黑龙江电力股份有限公司	哈尔滨市香坊区高技开发区12号楼B座		150036

深交所上市股份公司

深圳发展银行

【公司概况】 公司1996年底总股份1034564728股，其中尚未流通股320141772股，已流通A股714422956股。主要股东有深圳市投资管理公司、深圳国际信托投资公司、深圳市社会保险管理局、深圳中电投资股份有限公司、深圳城建集团等。公司董事长：许季才，行长：周林。

【经营业绩】 1996年底，全行存款余额（含外币）达到人民币228.36亿元，其中短期存款117.43亿元，短期储蓄存款31.36亿元，长期存款24.68亿元，长期储蓄有款28.91亿元；年末各项贷款余额（合外币）达到人民币150.67亿元，其中短期贷款127.68亿元，中长期贷款5.10亿元。1996年底全行资本充足率19.88%，核心资本充足率17.17%，存贷比67.11%，逾期贷款率7.32%，各项资产负债比例指标均控制在人民银行规定的界限内。积极开拓国际业务，至1996年底，全行实现外汇利润5211万美元，外汇人民币收益44.4万元，外汇存款7.49亿美元，外汇贷款5.96亿美元，与世界25个国家地区的350家银行建立直接代理关系，外汇营业网点91个，该行离岸业务于1996年8月1日开始营业。主要关联企业有深圳元盛实业公司等。1996年底主营业务收入2610257670.93元，净利润787479009.34元，资产总额30022029657.86元

【财务状况】 公司1996年底股东权益2534787341.17元，每股收益0.76元，每股净资产2.45元，净资产收益率31.07元%，股东权益比率8.44%。以1996年末总股本为基数，每10股送红股5股，并按每10股派现金息2元（含税）。

万科企业股份有限公司

【公司概况】 公司1996年底总股份317047649股，其中尚未流通股75009947股，已流通A股171302697股，已流通B股70735005股。主要股东有深圳经济特区发展（集团）公司、添发庆丰（常州）发展有限公司、深圳平安保险公司、深圳市投资管理公司、TEMPLETON DEVELOPING MRTS TRUST等。公司董事长兼总经理：王石。

【经营业绩】 公司主要经营房地产业务。1996年公司结算竣工面积达17.69万平方米。上海万科城市花园一期工程累计265000平方米于96年内全面竣工，售出率达85%，二期新开工及部份竣工面积33000平方米，规划面积125857平方米、分三期开发的天津万科城市花园第二、三期于年内全面开工，首先推出销售的第三期售出率达70%；北京万科城市花园项目累计竣工124000平方米，年内增开30000平方米，销售稳定。另外，深圳万佳百货股份有限公司二分店于11月顺利开业。主要关联企业有深圳万科房地产有限公司、深圳万科物业管理公司、上海万科房地产有限公司、上海万科物业管理有限公司、北京万科城市花园物业管理公司等，1996年底主营业务收入1177714050.96元，净利润149663316.45元，资产总额3466124320.30元

【财务状况】 公司1996年底股东权益1333235597.93元，每股收益0.47元，每股净资产4.21元，净资产收益率11.23%，股东权益比率38.46%。向全体股东每10股派送1.5股红股和1.00元现金。

金田实业（集团）股份有限公司

【公司概况】 公司1996年底总股份333433584股，其中尚未流通股67352283股，已流通A股191844499股，已流通B股74236802股。主要股东有中国农业银行深圳信托投资公司、深圳市纺织（集团）股份有限公司、深圳发展银行、南华证券公司等。公司董事局主席：黄汉清。

【经营业绩】 1996年集团调整银田、广发等一部分小型加工企业，及时处置了库存物资和闲置设备，成功收购了深圳灰狗巴士有限公司50%的股权。集团属下房地产公司开发建设的金祥都市花园、金田广场、金丽花园二期等项目都如期、保质完成了工作量，上海地产公司加强物业管理，楼盘销售良好，天津尚有8万平方米楼盘尚未结算，致使地产营业收入减力。主要关联企业有海丰传呼台、烟台金达公司、山东潍坊开发区金田实业公司、天津金厦房地产公司、河南金田商业发展有限公司等。1996年底主营业务收入670230069.20元，净利润—27359796.99元，资产总额3454612135.26元

【财务状况】 公司1996年底股东权益1092466036.57元，每股收益—0.08元，每股净资产3.28元，净资产收益率—2.5%，股东权益比率31.62%。1996年度不分红派息。

深圳蛇口安达实业股份有限公司

【公司概况】 公司1996年底总股份83976684股，其中尚未流通股42319456股，已流通A股41657228股。主要股东有招商局蛇口工业区有限公司、蛇口招商港务股份有限公司、深圳投资基金管理公司、深圳平安保险公司、深圳蛇口招商石油化工实业有限公司等。公司董事长：熊栋梁，总经理：过永鲁。

【经营业绩】 1996年安达公司清理不良资产，健全各级岗位责任制度，加强员工的服务意识。主要关联企业有深圳安达投资发展有限公司、珠海深达实业投资发展公司、深圳安达广告装璜公司、珠海平沙安达实业投资有限公司、海南安达实业发展有限公司等。1996年底主营业务收入333093143.43元，净利润—98669484.89元，资产总额658472517.27元

【财务状况】 公司1996年底股东权益138460682.19元，每股收益—1.175元，每股净资产1.649元，净资产收益率—71.26%，股东权益比率21.03%。1996年度不进行分红派息。

深圳世纪星源股份有限公司

【公司概况】 公司1996年底总股份265650000股，其中尚未流通股139686147股，已流通A股125963853股。主要股东有

(香港)中国投资有限公司、深圳市城建开发集团公司、深圳市有色金属财务有限公司、满丰布厂有限公司等。

【经营业绩】 1996年公司持有90%权益的重点工程龙岗第二通道全长20公里一级汽车专用公路项目,1996年底获正式收费立项批文。公司承建的"深圳东港"工程进入全面施工阶段,其中1#车库楼桩基础工程接近完工。1996年公司下属的运输企业对剩余旧出租车进行了全部更新。1996年中分期推出了"华乐星苑"—酒店服务式会员制寓所。公司下属商务企业1996年开发了结合银行聪明卡、电子货币技术新型的酒店管理Intranet系统。主要关联企业有深圳世纪星源物业发展有限公司、深圳福华染织企业有限公司、深圳国际商务有限公司、深圳原野时装有限公司等。1996年底主营业务收入107197402.55元,净利润56063500.89元,资产总额1478799842.05元

【财务状况】 公司1996年底股东权益611019889.69元,每股收益0.211元,每股净资产2.30元,净资产收益率9.18%,股东权益比率41.32%。1996年度每10股送1.5股红股,另按10:5.5比例转增股本。

深圳市振业股份有限公司

【公司概况】 公司1996年底总股份135620074股,其中尚未流通股51225326股,已流通A股84394748股。主要股东有建设集团、长城地产、动力公司、深金飞洋、深圳五建、京中保信等。公司董事长:张　宝,总经理:张清泉。

【经营业绩】 1996年公司完成的项目有菁华5#楼、红围二巷改造工程、宝泉庄工程和景田监理项目,竣工面积6万平方米;全年共实现房地产销售收入18522万元,其中宝泉庄销售率达81%;全年共完成物业经营收入945万元;1996年公司投资创办了振业商贸发展有限公司,并积极参股金融业和高科技产业。主要关联企业有深圳市振业物业发展公司、深圳市振业大厦投资发展有限公司、深圳市振业设备材料公司、广西振业(北海)股份有限公司等。1996年底主营业务收入185222468.64的元,净利润70319296.68元,资产总额780039087.76元

【财务状况】 公司1996年底股东权益457672129.82元,每股收益0.519元,每股净资产3.38元,净资产收益率15.36%,股东权益比率58.67%。向全体股东每10股派发现金人民币1元、派送红股2股,另向全体股东每10股转增2股。

深圳赛格达声股份有限公司

【公司概况】 公司1996年底总股份73637778股,其中尚未流通股32837284股,已流通A股40800494股。主要股东有深圳赛格股份有限公司、深圳赛格集团财务公司、深圳三环电阻有限公司、天骥投资基金等。公司董事长:张万章,总经理:蓝天辅。

【经营业绩】 1996年下半年公司推出真正带杜比系统的DS—968AV家庭影院系统,销量大增。房地产、酒店、渡假村、啤酒城等构成公司另一大支柱产业,凯悦大酒店、芳德尔皇朝啤酒城、东莞市清溪山水天地渡假村相继建成营运,达声国际投资大厦于1996年完成设计、基础等前期工作,与之配套的达声现代化停车大楼拥有400个车位,于1996年度封顶。主要关联企业有深圳市富达电子有限公司、上海达声实业发展公司、深圳市赛格达声股份有限公司广州音响中心、深圳市赛格达声音响兰州经销部等。1996年底主营业务收入120045181.99元,净利润30269992.79元,资产总额601070749.67元

【财务状况】 公司1996年底股东权益287012644.44元,每股收益0.41元,每股净资产3.90元,净资产收益率10.55%,股东权益比率47.75%。向全体股东派送红股3股,另每10股转增股本6.5股。

深圳锦兴实业股份有限公司

【公司概况】 公司1996年底总股份73653208股,其中尚未流通股38362635股,已流通A股35290573股。主要股东有深圳天俊实业股份有限公司、深圳天俊实业股份有限公司职工集体、深圳国际信托投资总公司、工行湖南省信托投资公司证券部等。公司董事长兼总经理:吕锐军。

【经营业绩】 1996年,公司调整了经营班子,对已有的投资项目和机构以及债权债务进行全面的清理整顿 。公司在经营管理中,一方面进行自身的整顿,一方面努力寻求新的合作伙伴和合作项目。主要关联企业有深圳沙咀养殖有限公司、合浦锦兴房地产公司、阳红市锦兴实业股份(海陵)有限公司、深圳锦兴股份有限公司大亚湾分公司、锦兴石料工程公司等,1996年底主营业务收入6513623.48元,净利润－17178385.04元,资产总额241015756.63

【财务状况】 公司1996年底股东权益144580511.89,每股收益－0.233元,每股净资产1.963元,净资产收益率－11.90%,股东权益比率60%。鉴于1996年度经营亏损,董事会决定不作利润分配。

中国宝安集团股份有限公司

【公司概况】 公司1996年底总股份958810000股,其中尚未流通股379597200股,已流通A股579212800股,主要股东有龙岗区投资管理有限公司、宝安区投资管理公司、龙岗区大鹏镇大坑上村、龙岗区大鹏镇大坑下村、深圳市房地产建设开发公司等。公司董事局主席兼总经理:陈政立。

【经营业绩】 1996年,集团房地产、生物医药工业和金融证券在发展过程中呈现出良好的发展势头。宝安广场于1996年10月按期封顶,洪湖花园完成各项收尾工程,且销售形势看好,北京西客站项目已完成封项,上海宝安大厦土建工程及管线安装工程已基本完成,武汉安居工程产销两旺,北京恒丰花园租售率43%。生物医药方面重点投资项目人血白蛋白进入正式生产阶段,森林王复合地板形成较强生产能力 。集团重点农产品项目"翁源农副产品交易中心"已完成立项、办照、方案设计与审定工作。主要关联企业有宝安集团工业发展有限公司、宝安集团房地产开发有限公司、深圳市恒安房地产开发有限公司、武汉宝安房地产开发有限公司、上海宝安企业有限公司等。1996年底主营业务收入572168508.91元,净利润40847481.93元,资产总额5494766397.41元

【财务状况】 公司1996年底股东权益2301175569.08元,每股收益0.04元,每股净资产2.40元,净资产收益率1.78%,股东权益比率41.88%。每股派现金股利0.02元。

深圳华新股份有限公司

【公司概况】 公司1996年底总股份58650600股,其中尚未

流通股 39611800 股，已流通 A 股 19038800 股。主要股东有华联纺织(集团)有限公司、深圳运通实业发展有限公司、惠州大亚湾运通企业集团公司、深圳中农信投资实业有限公司、深圳市南山建设开发实业公司等。公司董事长：赵志国，总经理：艾铨勤。

【经营业绩】 1996 年公司出口贸易额在深圳比上年提高了 13 位。公司积极利用各种融资手段，新增一艘 2.5 万吨散船货船，使船队增加至近十万吨。主要关联企业有烟台开发区(深圳)华新实业发展公司、深圳华新报关服务公司、深圳华新股份有限公司大连公司、深圳华新股份有限公司张家港公司等。1996 年底主营业务收入 162700500 元，净利润 11604700 元，资产总额 283710900 元。

【财务状况】 公司 1996 年底股东权益 114710000 元，每股收益 0.20 元，每股净资产 1.96 元，净资产收益率 10.12%，股东权益比率 40.43%。每 10 股派 1.5 元，每 10 股配 3 股，配股价 4—6 元。

深圳市物业发展(集团)股份有限公司

【公司概况】 公司 1996 年底总股份 541799175 股，其中尚未流通股 389073105 股，已流通 A 股 91266758 股，已流通 B 股 61459312 股。主要股东有深圳投资管理公司、中国平安保险公司、TEMPLETON CHINA WORLD FUND INC、TEMPLETON DRAGON FUND INC、AU KIANG INTERNATIONAL CO LTD 等。公司董事长：田承刚，总经理：李永明。

【经营业绩】 1996 年，对下属亏损企业进行清理整顿，扭亏增盈。狠抓楼宇销售及在建项目的工程形象进度。1996 年，房地产完成投资 2.2 亿元，施工面积 20.8 万平方米，竣工面积 10.7 万平方米，销售面积 3 万平方米。1996 年公司继续开发新项目，以 1.23 亿元中得市政府招标用地。主要关联企业有深圳市皇岗建设发展有限公司、深圳市物业工程开发公司、深圳市国贸物业管理公司、深圳市国际贸易中心、深圳市国贸投资公司等。1996 年底主营业务收入 969978540.01 元，净利润 1368238.24 元，资产总额 3988668899.76 元

【财务状况】 公司 1996 年底股东权益 1371528518.22 元，每股收益 0.0025 元，每股净资产 2.53 元，净资产收益率 0.10%，股东权益比率 34.39%。1996 年度利润暂不分配。

中国南玻集团股份有限公司

【公司概况】 公司 1996 年底总股份 478711009 股，其中尚未流通股 259786521 股，已流通 A 股 80278385 股，已流通 B 股 138646103 股。主要股东有招商局(玻璃工业)控股有限公司、中国北方工业公司深圳公司、怡万实业发展(深圳)有限公司、广信企业发展公司等。公司董事长：江　波，总经理：曾　南。

【经营业绩】 1996 年集团投资 11 亿元兴建的超薄浮法玻璃厂于 1996 年 12 月 10 日建成投产，投资约 2 亿元的奔迅汽车玻璃有限公司顺利投产，南玻工业城第二期工程于 1996 年下半年在深圳宝安区福永镇开工。房地产实现售销收入 1.58 亿元。主要关联企业有深圳南星玻璃加工有限公司、深圳南方中空玻璃有限公司、深圳南锋玻璃机械有限公司、深南玻彩釉钢化玻璃有限公司等。，1996 年底主营业务收入 725108226.33 元，净利润 153037565.36 元，资产总额 2850218871.91 元

【财务状况】 公司 1996 年底股东权益 1330251986.02 元，每股收益 0.32 元，每股净资产 2.78 元，净资产收益率 11.50%，股东权益比率 46.67%。每 10 股送红股 1.5 股，送现金 0.5 元。

深圳石化集团股份有限公司

【公司概况】 公司 1996 年底总股份 303354979 股，其中尚未流通股 219359477 股，已流通 A 股 51235502 股，已流通 B 股 32760000 股。主要股东有深圳市投资管理公司、中国平安保险公司、招商银行证券公司、TEMPLETON CHINA WORLD FUND INC、TEMPLETON DRAGON FUND INC 等。公司董事长兼总经理：陈涌庆。

【经营业绩】 公司主要经营石油贸易。1996 年，公司通过资产重组方式，成立深南石油集团。1996 年公司附属公司和联营公司的石油销售量约 180 万吨，塑料原料及塑料加工助剂、农药和染料的进出口贸易以及国内贸易近 4 万吨，工业方面，深塑集团全年的塑料加工量达 3 万吨；丽星丰达公司生产的 PE 容器在工艺和品质方面继续保持国内领先地位；化纤公司丙纶丝年生产能力已达 10000 吨，年内共生产 8300 吨；精细化工公司收购了原蛇口新能源公司的生产设备，形成年产 1500 吨高温有机硅橡胶的生产能力；电器实业公司年内生产电连接器 3 万套。此外，年内公司收购了东莞粤港期货经纪有限公司。主要关联企业有深圳石化投资发展公司、深圳石化房地产有限公司、深圳石化电器实业公司、深圳石化精细化工有限公司、深圳石化化工有限公司等。1996 年底主营业务收入 1751236638.98 元，净利润 30480624.64 元，资产总额 3522791764.58 元

【财务状况】 公司 1996 年底股东权益 711164615.21 元，每股收益 0.10 元，每股净资产 2.34 元，净资产收益率 4.3%，股东权益比率 20.2%。1996 年度可供股东分配利润 2099 万元转入下一年度一并分配。

华源实业(集团)股份有限公司

【公司概况】 公司 1996 年底总股份 89646750 股，其中尚未流通股 44426399 股，已流通 A 股 45220351 股。主要股东有香港资源电子科技有限公司、深圳经济特区发展(集团)公司、电子工业部第三十三研究所、深圳经济特区发展财务公司、南方证券番禺分公司等。公司董事长：张健强，总裁：沈有学。

【经营业绩】 1996 年度公司采取了一系列有效措施，主动关停并转了部分长期亏损的电脑软磁盘生产企业，同时对集团现有经营产品和业务进行优化组合和重组调整。主要关联企业有深圳华源科技发展有限公司、深圳万胜办公自动化有限公司、富源办公自动化有限公司、深圳华源磁记录技术有限公司、CHY(国际)有限公司等，1996 年底主营业务收入 313441125.78 元，净利润 -51288563.88 元，资产总额 584352530.99 元

【财务状况】 公司 1996 年底股东权益 188300295.04 元，每股收益 -0.57 元，每股净资产 2.10 元，净资产收益率 -27.32%，股东权益比率 32.23%。鉴于经营出现亏损，董事会决定 1996 年度不派发红股和股利。

深圳中浩(集团)股份有限公司

【公司概况】 公司 1996 年底总股份 157213420 股，其中尚未

流通股 109158020 股，已流通 A 股 26215400 股，已流通 B 股 21840000 股。主要股东有深圳市尊荣集团有限公司、中国食品工业总公司、深圳市投资管理公司、深圳赛格集团公司、三联集团有限公司等。公司董事长兼总经理：吕有珍。

【经营业绩】 1996 年，完成工业总产值 58032 万元，销售收入 99468 万元，出口创汇 4498 万美元。“红牛”饮料市场占有率不断提高。“八佰伴中浩食品”加强成本控制和质量管理，已扭亏为盈。八卦岭好世界和华强好世界酒楼生意兴旺，蛇口海王好世界和广州好世界也于 96 年下半年先后开业，经营状况良好，深圳香蜜湖好世界的建设正在抓紧进行。“新奥林公司”新厂房建成，设备安装完毕，进入调试阶段。主要关联企业有深圳中浩工贸公司、深圳中鑫物资供应公司、海口海深旅游食品公司、中浩声美实业公司、深圳耀福鞋业有限公司等。1996 年底主营业务收入 169716790.15 元，净利润 8806520.67 元，资产总额 1333266110.64 元

【财务状况】 公司 1996 年底股东权益 360022583.81 元，每股收益 0.056 元，每股净资产 2.29 元，净资产收益率 2.45%，股东权益比率 27%。向全体股东每 10 股转增 1 股，1996 年度利润暂不分配。

康佳集团股份有限公司

【公司概况】 公司 1996 年底总股份 365572641 股，其中尚未流通股 237868369 股，已流通 A 股 79369875 股，已流通 B 股 48334397 股。主要股东有华侨城经济发展总公司、港华电子集团有限公司、光景投资有限公司、畅意装饰设计有限公司等。公司董事长：任克雷，总经理：陈伟荣。

【经营业绩】 1996 年度，产品总产量达 303 万台，其中彩电 250 万台，通讯产品 53 万台；产品总销量达 283 万台，产销率达 93.4%，其中彩电销售 230 万台，彩电内销量达 215.7 万台。公司主导产品“康佳牌”彩电销量再次居全国同行业第 2 位。彩电销量中，54 厘米(21″)137 万台，大屏幕(25″以上)63 万台，51 厘米(20″)及以下 30 万台。主要关联企业有康佳技术开发中心、康佳精密模具厂、康佳塑胶厂、东莞康佳电子有限公司等。1996 年底主营业务收入 5006320165.80 元，净利润 346041727.16 元，资产总额 4155779459.95 元

【财务状况】 公司 1996 年底股东权益 1450046848.86 元，每股收益 0.9466 元，每股净资产 3.9665 元，净资产收益率 23.86%，股东权益比率 34.89%。按 1996 年末集团公司总股本 365572641 股计，每 10 股派发现金股息 5.2 元人民币(含税)。

深圳中华自行车(集团)股份有限公司

【公司概况】 公司 1996 年底总股份 479433003 股，其中尚未流通股 224447252 股，已流通 A 股 76365102 股，已流通 B 股 178620649 股。主要股东有深圳莱英达集团公司、香港大寰自行车有限公司、STEPHEN & PARTNERS LIMITED、SSBT/BERNSTEIN EMERGING MKTS VALUE P.R26 2R26 等。公司董事长兼总经理：范惠明。

【经营业绩】 1996 年集团最终赢得了美国反倾销案的彻底胜诉，为集团出口事业保持了长远利益。引进并建立起的农业高科技植物动力—2003 经过一年的试验示范后，于 1996 年 11 月 28 日通过了农业部组织的专家论证，充分肯定了它的推广价值并取得销售许可证。集团单速自行车完成国内销售 32 万辆。1996 年底，集团形成了自行车制造、复合材料技术开发及植物动力—2003 推广的三大产业格局。主要关联企业有深圳中华自行车(香港)有限公司、九江华天房地产有限公司、深圳市安居乐物业管理有限公司、深圳中华自行车北京分公司等。1996 年底主营业务收入 1027182205.59 元，净利润 30181430.91 元，资产总额 2939003941.67 元

【财务状况】 公司 1996 年底股东权益 1350333814.10 元，每股收益 0.06 元，每股净资产 2.82 元，净资产收益率 2.24%，股东权益比率 45.95%。1996 年度暂不分红派息。

深圳中冠纺织印染股份有限公司

【公司概况】 公司 1996 年底总股份 169142356 股，其中尚未流通股 122291150 股，已流通 A 股 20231200 股，已流通 B 股 26620006 股。主要股东有深圳华联纺织(集团)有限公司、深圳市纺织(集团)股份有限公司、香港兴茂有限公司、香港富冠投资有限公司、香港侨民有限公司等。公司董事长：田志俊，总经理：石律德。

【经营业绩】 1996 年，公司落实了三级管理人员风险抵押责任制，控制了公司的生产费用和各项成本；工厂不断进行技术装备和改造，使公司的产品竞争能力得到加强，产品质量也有较大的提高。主要关联企业有中冠印染(香港)有限公司、盛中企业有限公司、香港中冠印染(日本)株式会社、深圳嘉丰纺织有限公司、中冠(宁波)纺织制衣有限公司等。1996 年底主营业务收入 380339931 元，净利润 1708700 元，资产总额 409363010 元。

【财务状况】 公司 1996 年底股东权益 315217299 元，每股收益 0.01 元，每股净资产 1.86 元，净资产收益率 0.54%，股东权益比率 77%。暂不分配 1996 年度股息。

深圳市深宝实业股份有限公司

【公司概况】 公司 1996 年底总股份 138923072 股，其中尚未流通股 91535072 股，已流通 A 股 25578062 股，已流通 B 股 21780000 股，高级管理人员股 29938 股。主要股东有深圳市投资管理公司、中国平安保险公司、CROSBY INVESTMEVT SERVICES PTE LTD 等。公司董事长：张德生，总经理：李美生。

【经营业绩】 1996 年公司主营产品产销量分别达到 9 万吨和 9.1 万吨。1996 年 12 月，公司举办全国客户订货会，公司获 5.68 亿元的订单。原饮乐厂与美方签定了新的合资合同，三井厂全年完成产量 2832 吨，重新恢复“深宝”牌罐装饮料生产，投资 540 万元建立一条生产线。深宝商业城首期开发项目“深宝大厦 A 座”已获立项，横岗深宝工业城总体规划已获批准。公司顺利完成饮乐汽水厂的终止清算、深宝工贸公司、深宝物资供应公司停业清理和深兴工业公司的注销清算。主要关联企业有深圳市深宝饮料厂、深圳市多维健食品厂、深圳市三井食品厂、深圳市深宝可乐有限公司等。1996 年底主营业务收入 112826256.83 元，净利润 42962608.00 元，资产总额 426224303.59 元。

【财务状况】 公司 1996 年底股东权益 268087873.55 元，每股收益 0.31 元，每股净资产 1.93 元，净资产收益率 16.03%，股东权益比率 62.90%。1996 年分红派息预案为 10 股送 1 股红股，另向全体股东每 10 股转增 1 股。

深圳华发电子股份有限公司

【公司概况】 公司1996年底总股份212332989股，其中尚未流通股153889989股，已流通A股32593000股，已流通B股25850000股。主要股东有深圳赛格集团公司、中国振华电子集团公司、香港陆氏实业有限公司、东莞恒泰等。公司董事长：陈清洁，总经理：陆擎天。

【经营业绩】 1996年生产彩电13.3万台，销售14万台，印制电路板13.1万平方米，注塑件163吨，印制电路板、注塑除内配外全部实现销售。全年开发新产品九项，新品种30多项，大屏幕彩电的开发销售取得成效。主要关联企业有惠州长城电子有限公司、贵州振发电器有限公司、深圳华发电子配套中心、无锡晶发电器有限公司、广州双狮电器有限公司等。1996年底主营业务收入268613945元，净利润38417523元，资产总额569200991元。

【财务状况】 公司1996年底股东权益375123671元，每股收益0.18元，每股净资产1.77元，净资产收益率10.24%，股东权益比率65.90%。每股派现金股息0.14元(含税)。另用公积金转增股本，每股转增0.2股。按1996年末总股本10股配3股。

深圳开发科技股份有限公司

【公司概况】 公司1996年底总股份265527348股，其中尚未流通股211967359股，已流通A股53559989股。主要股东有中国电子信息产业集团公司、博旭有限公司、国营建南机器厂、秉宏有限公司、中国长城计算集团公司等。公司董事长：王之，总裁：谭文志。

【经营业绩】 公司1996年由于投入大量技术开发费，使当年生产的3000万只磁头产品的技术档次和附加值全面提高。年内完成了MIG磁头产品向TF和MR磁头转换的技术改造和初期投产工作。盘基片产品于1996年10月份开始投产。公司的第二期扩建工程到1996年底已完成30%，进度正常。利用已成熟的MIG技术开发研制高容量软盘驱动器(120MB)项目于1996年成立了技术和组织的筹备机构。募集资金主要投入盘基片生产项目。主要关联企业有深圳金王冠电子有限公司、成都科达通讯有限公司、深圳开发磁记录有限公司、深圳粤银实业股份有限公司等。1996年底主营业务收入1619381932.19元，净利润275371218.12元，资产总额1507024018.26元。

【财务状况】 公司1996年底股东权益791152991.83元，每股收益1.039元，每股净资产2.980元，净资产收益率34.80%，股东权益比率52.50%。每10股派送现金股息2.00元(含税)，每10股送红股6股(含税)，另每10股转增4股。

深圳赤湾港航股份有限公司

【公司概况】 公司1996年底总股份381517000股，其中尚未流通股224736700股，已流通A股50333300股，已流通B股106447000股。主要股东有中国南山开发(集团)股份有限公司、TEMPLETON DEVELOPING MKTS TRUST、TEMPLETON DRAGON FUND，INC.、THE SCM CHINA GROWTHFUND LDC等。公司董事长：傅育宁。

【经营业绩】 公司1996年完成散杂货吞吐量602万吨，完成集装箱吞吐量9.78万标箱。开辟了两条往返欧洲的主干班航线和一些往返华南、华东诸港的支线轮航线。如期完成8#泊位和4.5万吨内地租赁筒仓，购入一条驳船，出售了两艘老旧运输船舶，将振南公司复膜生产线转移至内地租赁经营。赤湾港8#泊位1996年11月竣工投入，粮食筒仓建设项目1996年10月竣工投入运营。主要关联企业有深圳赤湾码头有限公司等。1996年底主营业务收入409863890.70元，净利润107302420.70元，资产总额1468098565.74元。

【财务状况】 公司1996年底股东权益961794175.08元，每股收益0.281元，每股净资产2.52元，净资产收益率11.16%，股东权益比率65.51%。每10股派发现金股利1.69元人民币(含税)。

深圳市天地实业股份有限公司

【公司概况】 公司1996年底总股份114912000股，其中尚未流通股76809791股，已流通A股38102209。主要股东有深圳市建设投资控股公司等。公司董事长：陈德伦，总经理：何头国。

【经营业绩】 公司主要从事工业、房地产、商贸及物业管理业务。1996年在利建混凝土公司推行ISO9000标准，并获得ISO9002认证，同时着手对良材、远东两家混凝土公司进行设备改造，深泰实业公司基本完成了搬迁任务及新厂生产线安装调试。房地产公司1996年收宿战线，重点进行了东门旧城改造项目，仓储公司保证24小时全天候为客户服务，天地第二工业区至年底出租了85%的厂房，沙头角单身公寓出租率达80%，天地宾馆和天地大厦部分裙楼继续实行对外承包经营和物业出租。主要关联企业有深圳市天地房地产开发公司、深圳市石材公司、深圳市天地物业管理有限公司、深圳市良材混凝土公司等。1996年底主营业务收入62335134.01元，净利润74334.33元，资产总额494044142.95元。

【财务状况】 公司1996年底股东权益245959435.11元，每股收益0.0006元，每股净资产2.14元，净资产收益率0.03%，股东权益比率49.78%。1996年度暂不分红，将可分利润滚存到1997年度一并分配。

蛇口招商港务股份有限公司

【公司概况】 公司1996年底总股份320809500股，其中尚未流通股179217500股，已流通A股46332000股，已流通B股95260000股。主要股东有招商局蛇口工业区有限公司、招商局仓码运输有限公司、JARDINE FLEMING CHINA REGION FUND，INC、BBH—THE GREATER CHINA FUND INC 、TEMPLETON DRAGON FUND ，INC 等。公司董事长：顾立基，总经理：周为民。

【经营业绩】 1996年，公司码头货物吞吐量(本港吞吐量)完成746.9万吨，集装箱装卸量完成47873TEU，客运码头的客流量为300.5万人次。新加坡子公司扩大了化肥贸易等业务，直接为公司的港口提供货源。主要关联企业有深圳蛇口招商同利货运代理有限公司、招商(江门潮连)投资发展公司、上海招商港务投资实业公司、招商港务(南京)投资发展有限公司、香港瑞嘉投资实业有限公司等。1996年底主营业务收入1818713755.52元，净利润100163462.96元，资产总额2464647127.79元。

【财务状况】 公司1996年底股东权益948551292.96元，每股收益0.31元，每股净资产2.96元，净资产收益率10.56%，股东权益比率38.49%。1996年度末分配利润的分配待公司B股配股完成后再作考虑。

深圳市特力(集团)股份有限公司

【公司概况】 公司1996年底总股份220281600股，其中尚未流通股159700862股，已流通A股34180738股，已流通B股26400000股。主要股东有深圳市投资管理公司、中国平安(香港)公司、MOTIME LIMITED、KARKO DEVELOPMENT LIMITED、EARNGUARD LTD等。公司董事长：方时茂，总经理：陆益桐。

【经营业绩】 1996年公司新组建了金贝丽家电公司，对扭亏无望的天特、汉力和先导三家公司作了清盘处理。撤销了上海房地产公司、处理了各公司积压的商品房，对北海公司适当扶持，对岳阳公司的项目也积极寻求调整转让的途径。主要关联企业有深圳市机械工贸公司、深圳市新永通实业有限公司、深圳市万通实业公司、深圳市华通机械有限公司、深圳市特力电子有限公司等。1996年底主营业务收入436002795.00元，净利润—165696069.99元，资产总额1064864004.16元。

【财务状况】 公司1996年底股东权益298998470.03元，每股收益—0.75元，每股净资产1.36元，净资产收益率—0.55%，股东权益比率28.08%。1996年度不进行利润分配。

深圳飞亚达(集团)股份有限公司

【公司概况】 公司1996年底总股份138510000股，其中尚未流通股72360000股，已流通A股33750000股，已流通B股32400000股。主要股东有中航技深圳公司、国投二部、卫科实业有限公司、中国平保(香港)、森生实业公司等。公司法定代表人：李志正。

【经营业绩】 公司1996年利润约78%来源于工业，约22%来源于物业和其他产业。主营产品飞亚达表。1996年下半年“飞亚达高科技工业园”项目初步完成了选址、批地及有关高科技项目的落实工作。投资兴建项目包括组建上海仙门美食有限公司、对所属企业进行技术设备更新及扩充高档表生产线等。主要关联企业有深圳飞达表业有限公司、深圳飞镖表业外观件有限公司、深圳天福电子有限公司、深圳飞宇艺术钟有限公司、深圳飞晶光学器件联合有限公司等。1996年底主营业务收入345813731.90元，净利润64420221.35元，资产总额590274586.78元。

【财务状况】 公司1996年底股东权益348877391.13元，每股收益0.465元，每股净资产2.52元，净资产收益率18.46%，股东权益比率59.10%。向全体股东每10股派发现金红利1元人民币(含税)，B股股息折成港币支付。

深圳能源投资股份有限公司

【公司概况】 公司1996年底总股份406560000股，其中尚未流通股290563350股，已流通A股115996650股。主要股东有深圳市能源总公司、广东电力发展股份有限公司、西北电力建设总公司、深圳沙角火力发电厂B厂有限公司、广东核电投资有限公司等。公司董事长：劳德容，总经理：林腾龙。

【经营业绩】 深圳妈港电力有限公司是本公司主体企业，1996年全年共发电34.05亿千瓦时。本公司参股19%的金岗电厂，年发电量达2.2亿千瓦时，本公司实现收益722万元。1996年，公司按照1993年招股说明书要求，按计划将17000万元分期投入建设、经营西部电厂的深圳西部电力有限公司，该公司承担两台30万千瓦燃煤机组的建设工作，1号机组实现“锅炉水压试验、厂用电受电、汽轮机冲转、并网发电、168小时试运行”五个一次通过。本公司参股37%的温州宏能电力有限公司，已进入全面安装阶段。本公司参股40%的深圳能源保税仓有限公司于1996年3月28日成立，计划建设一个总投资约1亿元人民币，面积为3.2万平方米的现代化仓储及国际转口贸易基地。目前勘探、设计工作已经结束，已进入工程建设阶段。主要关联企业有深圳妈港电力有限公司、深圳西部电力有限公司、深圳深能仿真与控制公司等。1996年底主营业务收入1552640000元，净利润184270000元，资产总额5366010000元。

【财务状况】 公司1996年底股东权益1062720000元，每股收益0.45元，每股净资产2.61元，净资产收益率17.33%，股东权益比率19.80%。拟以1996年年末总股本406560000股为基数，每10股派发1.00元人民币现金股利(含税)，共计40656000.0元，剩余53052408.54元结转下年分配。

深圳市益力矿泉水股份有限公司

【公司概况】 公司1996年底总股份160083000股，其中尚未流通股99099000股，已流通A股30492000股，已流通B股3049200股。主要股东有深圳市投资管理公司、深圳市宝安区石岩镇上层经济发展公司、深圳市宝安区石岩镇经济发展总公司、CCBP/FINANCIERE ATLAS、INTL NEDERLANDEN BANK(ING BANK)等。公司董事长：赵必元，总经理：蔡泽兴。

【经营业绩】 公司全年共生产矿泉水7.66万吨，完成工业总产值159293300元(按90年不变价)。公司生产的600ml矿泉水和五加仑矿泉水产量占广东市场的15%和全国市场的7%。前次募集股金已在95年运用完毕，募集股金所投入项目的建设延续到96年的有瓶盖厂和健康食品厂。主要关联企业有深圳益力新塑料有限公司、深圳益力康源饮品有限公司、深圳市益力密码锁有限公司、深圳益利率源饮品有限公司等。1996年底主营业务收入151689700元，净利润40541800元，资产总额446603100元。

【财务状况】 公司1996年底股东权益356661800元，每股收益0.25元，每股净资产2.23元，净资产收益率11.37%，股东权益比率79.86%。每10股派1.18元现金股息。

深圳经济特区房地产(集团)股份有限公司

【公司概况】 公司1996年底总股份1011660000股，其中尚未流通股743820000股，已流通A股147840000股，已流通B股120000000股。主要股东有深圳市投资管理公司、BS/NEWTON INVESTMENT MANAGEMENT LTD·、BS/NEWTON EXEMPT FUND、依烈有限公司等。公司董事长：邓惠强，总经理：梁伟国。

【经营业绩】 1996年，公司积极进行了产业结构和资产结构的调整，终止了一批外地项目。1996年实现房地产业收入

337437935.25，建筑安装业收入 57042218.51 万元，工业收入 19194717.61 元，商业收入 233175567.67 元，服务业收入 111715220.23 元，出租物业收入 16471205.88 元。主要关联企业有深圳市物业管理公司、深圳联华企业公司、深圳市南洋大酒店、深圳市圳通新机电实业发展公司、深圳市荣华机电等。1996 年底主营业务收入 775036865.15 元，净利润 1695105.56 元，资产总额 6329626384.43 元。

【财务状况】 公司 1996 年底股东权益 2403379890.35 元，每股收益 0.0017 元，每股净资产 2.37 元，净资产收益率 0.07%，股东权益比率 37.97%。1996 年度利润暂不分配。

深圳市莱英达集团股份有限公司

【公司概况】 公司 1996 年底总股份 288420000 股，其中尚未流通股 208665560 股，已流通 A 股 40261100 股，已流通 B 股 39600000 股。主要股东有深圳市投资管理公司、中国有色金属（深圳）财务有限公司、CHINA EVERBRIGHT HOLOINGD CO LTD、深圳国际信托投资公司、深圳市南证投资总公司等。公司董事长：范惠明，总经理：胡誉衡。

【经营业绩】 1996 年公司啤酒 20 万吨扩建工程，于 1996 年 9 月 8 日提前竣工投产，易拉罐生产钱完成了设备的调试，由试生产转入正式生产。造纸公司搬迁、扩建工程建成投产，年生产能力由原来的 2 万吨扩大到 5 万吨。中华公司完成了 WCF 复合材料的研制，并投入大量生产，成为集团重要的新的经济增长点。嘉年公司积极进行工艺革新，大大改善了金色印刷效果。还成功地进行了 12 家全资企业的公司化改组工作。主要关联企业有深圳市造纸公司、深圳市莱英达食品工业公司、深圳市金星实业发展公司、深圳中华自行车（集团）股份有限公司等。1996 年底主营业务收入 467504127.22 元，净利润 28583066.75 元，资产总额 2052241713.06 元。

【财务状况】 公司 1996 年底股东权益 734970350.35 元，每股收益 0.10 元，每股净资产 2.55 元，净资产收益率 3.89%，股东权益比率 35.81%。1996 年利润暂不分配。

深圳宝恒（集团）股份有限公司

【公司概况】 公司 1996 年底总股份 330000000 股，其中尚未流通股 239756045 股，已流通 A 股 90243955 股。主要股东有深圳市宝安区投资管理公司、深圳福永桥头经济发展总公司、深圳国投三部、深圳鸿基股份有限公司等。公司董事长：潘秩庆，总经理：谢甲雄。

【经营业绩】 公司主要经营房地产业、工业和投资业等业务，1996 年，商品房施工面积 12.6 万平方米，竣工面积 5.4 万平方米，共售出 38 区宝海花园、46 区海缤城广场 626 套，实现利润 6100 万元。在工业投资业方面，全年实现利润 2800 万元。另外，公司对招商银行等金融机构的投资也初见成效，加之合资企业 —— 日宝来福利润大幅增加，共实现年度利润 6000 万元。主要关联企业有宝安湖滨大酒店、深圳宝恒装饰有限公司、华高置业有限公司、深圳凤凰商级釉砖有限公司、郑州市新郑恒宝房地产公司等。1996 年底主营业务收入 418387862.58 元，净利润 140797692.97 元，资产总额 1776390779.44 元。

【财务状况】 公司 1996 年底股东权益 1037399727.64 元，每股收益 0.43 元，每股净资产 3.23 元，净资产收益率 13.19%，股东权益比率 60.08%。向全体股东每 10 股送红股 2.0 股，派现金红利 0.8 元（含税），另按每 10 股转增 0.5 股。

深圳桑达实业股份有限公司

【公司概况】 公司 1996 年底总股份 130812000 股，其中尚未流通股 94511997 股，已流通 A 股 36300003 股。主要股东有深圳桑达电子总公司、深圳龙岗区工业发展总公司、无锡市无线电变压器厂等。公司董事长：白保安，总经理：华龙兴。

【经营业绩】 本公司投入 1726 万元对百利公司进行技术改造，FBT 生产能力由年产 120 万只提高到年产 350 万只。电信技术公司与清华大学联合研制的“SED—08 路由器”于 1996 年 10 月 19 日通过部级鉴定，公司生产的 SED—2820 型中英文电传机、JSQ—4000 数字程控用户交换机均被国家经贸委评审认定为 1996 年度国家级新产品。公司开发南山中心区 12# 土地，已于 1996 年底完成小区规划方案。公司还对滨海大厦的原设计进行全面审图和修改，增加使用面积 500 余平方米，节约投资约 700 万元。主要关联企业有深圳桑达工程开发公司、深圳宝电有限公司、桑达北京分公司等。1996 年底主营业务收入 262329700 元，净利润 13109200 元，资产总额 587866900 元。

【财务状况】 公司 1996 年底股东权益 266835600 元，每股收益 0.10 元，每股净资产 2.04 元，净资产收益率 4.96%，股东权益比率 45.39%。可供分配利润 8307041.70 元，拟每 10 股派送现金 0.60 元，计 7848720.0 元，余 458321.70 元滚存至 1997 年度分红基金分配。

深圳新都酒店股份有限公司

【公司概况】 公司 1996 年底总股份 287723488 股，其中尚未流通股 230393488 股，已流通 A 股 57330000 股，主要股东有中国银行信托咨询公司、（香港）建辉投资有限公司、南油（集团）有限公司、香港桂江企业有限公司、深圳贵州经济贸易公司等。公司董事长：张炳文，总经理：黄振汉。

【经营业绩】 1996 年度公司之新都酒店已完成装修工程，加强了宣传推广，但由于激烈竞争，平均房价下调 5.30%。前次配股募集资金主要用于韩国餐厅、新都酒店改造和偿还银行贷款。主要关联企业有新都酒店管理有限公司等。1996 年底主营业务收入 146280000 元，净利润 6390000 元，资产总额 816890000 元。

【财务状况】 公司 1996 年底股东权益 530300000 元，每股收益 0.02 元，每股净资产 1.84 元，净资产收益率 1.2%，股东权益比率 64.92%。董事会决定 1996 年度利润暂不分配，留待以后年度一并分配。

深圳市华宝（集团）股份有限公司

【公司概况】 公司 1996 年底总股份 311139400 股，其中尚未流通股 226480536 股，已流通 A 股 84658864 股。主要股东有深圳市宝安区投资管理公司、中国牧工商总公司、深圳经济特区汇华集团有限公司、深圳市物资集团公司、深圳达文投资咨询公司等。公司董事长：麦汉波，总经理：张雪松。

【经营业绩】 公司三黄种鸡全面实行人工授精取得成功，雏鸡成本下降 10%；三黄肉鸡成活率达 95%；乳鸽上市量增加 5%，成为深圳第二大乳鸽生产基地。全年饲料销售量达 13.2

万吨。全年新开工楼宇面积5.5万平方米，销售面积4.4万平方米。全年共盘活资产1.33亿元，其中变现9800万元。此外，公司参与证券投资取得较好的回报。主要关联企业有深圳市华宝(集团)进出口公司、深圳市华宝实业公司、深圳市华宝(集团)饲料公司、深圳市龙岗区华宝经济发展公司等。1996年底主营业务收入559140000元，净利润57760000元，资产总额1717050000元。

【财务状况】 公司1996年底股东权益680120000元，每股收益0.19元，每股净资产2.19元，净资产收益率8.50%，股东权益比率39.31%。鉴于1996年度中期已作分配，1996年度结余利润暂缓分配。

中国科健股份有限公司

【公司概况】 公司1996年底总股份115887200股，其中尚未流通股94549800股，已流通A股21337400股。主要股东有深圳科健集团有限公司、广东广发证券公司、中国农村发展信托投资公司、深圳市投资管理公司、招商银行等。公司董事长：侯自强，总经理：王平生。

【经营业绩】 1996年公司提高现有产品质量并加强开发新的医电产品，新型X—CT产品已投放市场，反映良好。公司已进入数字消费电子产品和数字通信产品新领域，CATV模块生产能力扩大，同时加大VCD的开发、生产的投入，设计先进、功能齐全的科健牌VCD机已批量生产。主要关联企业有深圳安科高技术有限公司、深圳科布克生物工程有限公司、成都科健高技术公司、上海科健实业公司等。1996年底主营业务收入61105789.70元，净利润—48025661.32元，资产总额442235690.13元。

【财务状况】 公司1996年底股东权益171607737.44元，每股收益—0.414元，每股净资产1.48元，净资产收益率—27.99%，股东权益比率38.81%。1996年度不分派股息红利。

深圳惠中化纤实业股份有限公司

【公司概况】 公司1996年底总股份137849250股，其中尚未流通股99734250股，已流通A股38115000股。主要股东有华联纺织(集团)有限公司、深圳宝恒(集团)股份有限公司、中国化纤总公司、无锡市纺织工业公司、广州合成纤维厂等。公司董事长：田志俊，总经理：华中伦。

【经营业绩】 公司主要经营化纤工业产品、化纤机械、化工产品等。1996年，生产绦纶长丝3756吨，销售3897吨，另一主要产品可塑性弹性塑胶(TPR)生产8799吨，销售9339吨。1996年公司成功地开发研制了四大类10多个替代进口的新品种。公司投资东莞惠隆塑胶有限公司约5000万元。主要关联企业有东莞惠隆塑胶有限公司、深圳惠达纸品厂、深圳惠冠降解树脂有限公司。1996年底主营业务收入145683812.29元，净利润2945987.92元，资产总额300616724.30元。

【财务状况】 公司1996年底股东权益225253463.43元，每股收益0.0213元，每股净资产1.62元，净资产收益率1.32%，股东权益比率74.15%。每10股派送现金0.17元。

深圳南山热电股份有限公司

【公司概况】 公司1996年底总股份198000000股，其中尚未流通股138999400股，已流通A股18300600股，已流通B股40700000股。主要股东有深圳市南山电子工业发展公司、香港南海洋行(国际)有限公司、华能南方开发公司、香港腾达投资有限公司、深圳市投资管理公司等。公司董事长：隋克，总经理：鲁景程。

【经营业绩】 1996年公司完成发电量89129.25万千瓦时。公司于1996年11月4日与中联电力财务有限公司签定了“关于参股中联电力财务有限公司的合同书。”合同约定公司投资3000万元人民币参股7%股份。公司于1996年8月投资1500万元人民币对#7燃气轮机组实施重油技术改造工程。主要关联企业有深圳协孚供油有限公司、深圳成鹏工贸有限公司、深圳能达电力有限公司、中联电力财务有限公司。1996年底主营业务收入428068880.02元，净利润71108106.50元，资产总额1014608930.20元。

【财务状况】 公司1996年底股东权益552662725.07元，每股收益0.359元，每股净资产2.79元，净资产收益率12.87%，股东权益比率54.47%。向全体股东每股派发现金0.30元(含税)。

深圳大通实业股份有限公司

【公司概况】 公司1996年底总股份82260000股，其中尚未流通股65235870股，已流通A股17024130股。主要股东有香港益通投资有限公司、广东华侨信托投资公司、运通电子(深圳)实业有限公司、深圳市投资管理公司、广发基金部等。公司董事长：温惜今，总经理：陈传永。

【经营业绩】 公司在深圳市宝安区公明镇的“大通工业城”大部分厂房已建成，1996年完成了将部分生产工厂从2#、3#厂房搬入新建的7#厂房。新开发产品高压电容器已投入批量生产。主要关联企业有韶关全通实业有限公司、深圳力光电子有限公司、深圳辉通无线电专用设备有限公司、深圳大通食品有限公司等。1996年底主营业务收入166658916元，净利润6457663元，资产总额367046475元。

【财务状况】 公司1996年底股东权益167897894元，每股收益0.08元，每股净资产2.04元，净资产收益率3.84%，股东权益比率45.74%。1996年可分红派息利润为5659492.87元，分配方式为以1996年末总股本为基数，每10股派现金0.68元(含税)，共派发现金5593680元，剩余65812.87元作为滚存利润留存。

中国国际海运集装箱(集团)股份有限公司

【公司概况】 公司1996年底总股份2008980000股，其中尚未流通股106363660股，已流通A股31956340股，已流通B股62660000股。主要股东有中国远洋运输(集团)总公司、招商局集团有限公司、宝隆洋行(香港)有限公司、MORGAN STANLEY ASSET MANAGEMENT (SINGAPORE) LTD、SSBT/MORGAN STANLEY EMERGING MARKETS GNA—POOI等。公司董事长：周祺芳，总经理：麦伯良。

【经营业绩】 公司主营集装箱、机场地面设备等业务。1996年集团实现销售总额3477991629.25元人民币，集装箱销售量达到199091TEU。1996年度集团的上海冷藏集装箱项目进展顺利，全年共生产旅客登机桥24条，实现销售收入人民币 107.737 万元。主要关联企业有中国国际海运集装箱（香港）有限公司、中集控股（B.V.I）有限公司、深圳南方中集集装箱制造有限公司、南京中集房地产开发有限公司、上海浦东新区中集国贸储运有限公司等。1996 年底主营业务收入 3477991629.75 元，净利润 181702667.74 元，资产总额 3026051702.33 元。

【财务状况】 公司 1996 年底股东权益 834525700.49 元，每股收益 0.903 元，每股净资产 4.15 元，净资产收益率 21.75%，股东权益比率 27.58%。向全体股东每 10 股送 3 股红股并派发现金 1.00 元（含税）。

深圳市鸿基（集团）股份有限公司

【公司概况】 公司 1996 年底总股份 176248666 股，其中尚未流通股 91396448 股，已流通 A 股 84852218 股，主要股东有深圳市鸿基（集团）工会基金、中国太平洋保险公司深圳分公司、潮州市意溪工艺实业公司、深圳中农信投资实业公司、中国太平洋保险公司等。公司董事长兼总经理：邱瑞亨。

【经营业绩】 公司 1996 年在大力拓展主业的同时，抓紧房地产业和其他产业业务的投资开发。在运输业务方面使亏损企业逐步扭亏为盈。在投资建设方面压缩对外投资，缓上新项目，将资金集中在在建工程。采取压缩管理编员，限制非生产性开支等措施，降低成本。主要关联企业有深圳市迅达运输企业公司、深圳市深运工贸企业公司、深圳市鸿基大型物件起重运输公司、深圳市鸿基集装箱运输公司等。1996 年底主营业务收入 267123410.10 元，净利润 65445665.58 元，资产总额 1087647399.32 元。

【财务状况】 公司 1996 年底股东权益 629873287.39 元，每股收益 0.371 元，每股净资产 3.574 元，净资产收益率 10.39%，股东权益比率 57.91%。1996 年度暂不分红派息。

深圳市长城地产股份有限公司

【公司概况】 公司 1996 年底总股份 139061000 股，其中尚未流通股 98800000 股，已流通 A 股 40261000 股。主要股东有深圳市建设投资控股公司、深圳市振业股份有限公司、国投北京等。公司总经理：马兴文。

【经营业绩】 公司全年共完成投资总额 15276 万元，施工面积 136093 平方米，竣工面积 91332 平方米。主要建设项目有百花村中西区 10#、11#楼等，现正在进行外墙装修，主要竣工项目有长兴大厦、白沙岭肉菜市场等。全年销售商品房 371 套，销售收入 2.71 亿元。在物业经营与管理方面，公司自有物业已达到 20 多万平方米，整体物业经营税后利润达 4644 万元。此外，公司 1996 年共完成股权投资 25600000 元。主要关联企业有深圳市长城储运公司、深圳市长城物业管理公司、深圳市长城工程公司、深圳市长城设备材料公司、深圳市长盛实业发展公司等。1996 年底主营业务收入 323020000 元，净利润 144960000 元，资产总额 1041780000 元。

【财务状况】 公司 1996 年底股东权益 646980000 元，每股收益 1.04 元，每股净资产 4.65 元，净资产收益率 22.41%，股东权益比率 62.10%。分红派息预案为：以 1996 年 12 月 31 日的总股本 139061000 股为基数，向全体股东每 10 股送 5 股红股，并派现金股利人民币 1.00 元（含税）。

深圳南光（集团）股份有限公司

【公司概况】 公司 1996 年底总股份 118300000 股，其中尚未流通股 92164800 股，已流通 A 股 26135200 股。主要股东有中国航空技术进出口深圳公司、上海新亚（集团）股份有限公司、中国新时代科技发展公司、建设银行深圳市信托投资公司、中国石油天然气管道局等。公司董事长：李志正，总经理：孙绍昆。

【经营业绩】 公司 1996 年旅游服务收入增长 32.7%，装饰工程方面，粤航公司狠抓质量，实现税后利润比上年增 27%。合资兴建的北海南光超细粉体工程有限公司已于 1996 年试生产。与中华老龄福利开发总公司合建的北京格兰云天大酒店公司于 1996 年 6 月营业，经营渐入佳境。主要关联企业有深圳南光旅游发展公司、深圳南光物业管理公司、深圳南光工贸发展公司、北海南光企业集团公司等。1996 年底主营业务收入 450986400 元，净利润 43092400 元，资产总额 955247000 元。

【财务状况】 公司 1996 年底股东权益 393232100 元，每股收益 0.364 元，每股净资产 3.32 元，净资产收益率 10.96%，股东权益比率 41.17%。每 10 股送 1 股派 1.00 元（含税）。

深圳市纺织（集团）股份有限公司

【公司概况】 公司 1996 年底总股份 136180000 股，其中尚未流通股 90200000 股，已流通 A 股 18480000 股，已流通 B 股 27500000 股。主要股东有深圳市投资管理公司、VICTOR ONWARD PRINTING & DYEING（HK）CO. LTD 等。公司董事长：张应学，总经理：管同科。

【经营业绩】 公司是以从事制造与投资纺织业为核心的控股集团，1996 年生产“金兰”床上用品 6.2 万套，袜子产量 1795 万双，服装 14 万件，织带 30 万罗，全年联营工业企业及工业企业股权投资收益 1225 万元。1996 年完成产品销售收入 5359 万元。1996 年加强了物业租赁管理，全年平均出租率达到 90%，完成租赁收入 5675 万元。1996 年公司全资企业华强宾馆完成营业收入 1425 万元，投资深圳盛波偏光器件有限公司生产液晶显示器所需设备材料等资金 291.96 万美元，该项目设备安装全部到位，港鹏大厦项目完成地下工程。主要关联企业有深圳市金兰装饰用品实业有限公司、深圳市深科纺织技术开发发展公司、深圳市丽斯实业发展有限公司等。1996 年底主营业务收入 195093403.36 元，净利润 15820957.51 元，资产总额 726587278.82 元。

【财务状况】 公司 1996 年底股东权益 397866840.01 元，每股收益 0.116 元，每股净资产 2.92 元，净资产收益率 3.98%，股东权益比率 54.76%。以 1996 年底总股本为基数，用资本公积金 27236000 元向全体股东每 10 股转增 2 股，1996 年度利润暂不分配。

深圳南油物业发展股份有限公司

【公司概况】 公司 1996 年底总股份 113826570 股，其中尚未流通股 59982902 股，已流通 A 股 53843668 股。主要股东有南油（集团）有限公司等。公司董事长：李承友，总经理：周珠江。

【经营业绩】 1996 年公司共投入开发建设资金约 1 亿元，开工项目(按单项工程计)13个,全面施工面积11.46万平方米,竣工面积6.7万平方米。全年促销商品房面积4.9万平方米,商品房销售收入2.25亿元。前次募集资金已全部按计划投入,所投项目也已按期竣工和销售。主要关联企业有深圳南油物业管理公司、深圳鸿业工程监理公司、深圳南油酒店、深圳南油装饰工程公司等。1996年底主营业务收入247355700元,净利润40930300元,资产总额656734900元。

【财务状况】 公司1996年底股东权益333011800元,每股收益0.36元,每股净资产2.93元,净资产收益率12.3%,股东权益比率50.71%。按1996年底总股本每10股送3股红股。

深圳市中侨发展股份有限公司

【公司概况】 公司1996年底总股份100337153股,其中尚未流通股73950833股,已流通A股26386320股。主要股东有深圳中侨实业有限公司等。公司董事长:滕德祥,总经理:董永强。

【经营业绩】 公司注册经营范围为制造、加工、销售机械设备、电子产品、新型材料、纺织品、服装化工产品、建筑材料、激光材料、生物工程、医疗器材、信息咨询。目前,房地产为公司的主营业务。1996年上半年全资子公司深圳中侨物业发展有限公司收购了齐明地产(深圳)有限公司75%的股权,已开发了齐明别墅、齐明多层高级公寓等各项物业。深港花园、西湖花园所剩商品房已基本售出,此外,公司在特区还拥有13万平方米的土地储备。主要关联企业有深圳中侨物业发展有限公司、深圳中侨物业管理公司、深圳中侨物业工贸公司、深圳中侨物业工程监理有限公司等。1996年底主营业务收入337873825.42元,净利润27348279.21元,资产总额1136947784.72元。

【财务状况】 公司1996年底股东权益270038901.98元,每股收益0.27元,每股净资产2.69元,净资产收益率10.13%,股东权益比率23.75%。向全体股东每10股送2股红股。

深圳康达尔(集团)股份有限公司

【公司概况】 公司1996年底总股份132480000股,其中尚未流通股97600000股,已流通A股34880000股。主要股东有深圳龙岗区投资管理有限公司等。公司董事长:曾汉山,总经理:欧锡钊。

【经营业绩】 公司主要业务收入包括肉鸡和鸡苗、饲料和饲料原料贸易、肉食制品、运输等四大类,1996年公司以活鸡为主的鲜活商品的出口,全年共创汇1544万美元。1996年公司投资兴建项目有扩建养鸡生产基地、新建膨化饲料生产线、肉鸡联合企业、康达尔大厦首期工程、凤凰工业区首期配套工程及收购龙岗区运输公司等。主要关联企业有深圳康达尔(集团)养鸡公司、深圳康达尔(集团)饲料公司、深圳康达尔(集团)食品公司、深圳康达尔(集团)运输公司、深圳康达尔(集团)房地产公司等。1996年底主营业务收入661439393.10元,净利润36663966.18元,资产总额1022445592.43元。

【财务状况】 公司1996年底股东权益328754000.71元,每股收益(按年末股数计)0.277元,每股净资产2.48元,净资产收益率11.15%,股东权益比率32.15%。每股派送现金股息0.11元(含税)。

深圳市万山实业股份有限公司

【公司概况】 公司1996年底总股份60812960股,其中尚未流通股40935818股,已流通A股19754104股。主要股东有深圳市城建开发集团(公司)、深圳市丰汇城建发展有限公司等。公司董事长:肖锦彬,总经理:任德宏。

【经营业绩】 1996年度,公司深圳桂花大厦项目开发建设的顺利进行,实现销售收入4000多万元。公司投资开发的青岛汇泉商业广场于1996年完成了主体结构封顶。1996年,公司租赁收入1520万元。同时继续拓展商贸业务,实现商品销售收入362万元。主要关联企业有红岭商场、吉利商场、深圳万山建材保税贸易公司、深圳市万山物业管理公司、深圳长城家具装饰工程有限公司等。1996年底主营业务收入25642725.18元,净利润1063381.31元,资产总额472551666.88元。

【财务状况】 公司1996年底股东权益203294077.90元,每股收益0.017元,每股净资产3.34元,净资产收益率0.52%,股东权益比率43.02%。1996年度利润暂不分配。

深圳天马微电子股份有限公司

【公司概况】 公司1996年底总股份83050000股,其中尚未流通股70950000股,已流通A股12100000股。主要股东有中国航空技术进出口深圳公司、深圳市投资管理公司等。公司董事长:李志正,总经理:董绪旺。

【经营业绩】 公司主要生产液晶显示器及其模块。1996年共生产液晶显示器462652对,生产液晶显示模板43万块,89%以上的产品出口到香港、欧美等市场。1996年公司共开发完成新品702款,完成技术攻关和技术改造课题20多项。投资项目有:深圳天骏微电子有限公司项目,共投入资金2600万元;超扭曲液晶显示模块生产线技术改造项目,该项目于1996年上半年完成。主要关联企业有深圳科利得精细化学工业公司、深圳天骏微电子有限公司。1996年底主营业务收入153766691.64元,净利润17601099.20元,资产总额387884868.22元。

【财务状况】 公司1996年底股东权益166498366.17元,每股收益0.212元,每股净资产2.00元,净资产收益率10.60%,股东权益比率42.92%。向全体股东每10股送红股1股,并每10股派发现金0.80元(含税)。

深圳市方大实业股份有限公司

【公司概况】 公司1996年底总股份210000000股,其中尚未流通股112067200股,已流通A股27932800股,已流通B股70000000股。主要股东有深圳方大集团股份有限公司、香港集康国际有限公司、TUDOR BVI FUTURES LTD、PACIFIC RIM ASSETS LTD、国投北京等。公司董事长兼总经理:熊建明。

【经营业绩】 本公司主要从事设计、生产、制造及安装幕墙、门窗产品及其他新型建材产品,主要产品包括幕墙、门窗、型材、装饰扳材、安全设备和特种结构等六大系列100多个品种。1996年公司承担万郑州薛店国际机场、广州东火车站等主要工程建设。募集资金主要用于引进一条复合装饰材料生产线及相应配套设施和设备,以及兴建新型铝型材的生产厂。

主要关联企业有深圳方大装饰工程公司、深圳市方大特种结构有限公司、江西方大新型铝业有限公司、江西方大建材装饰有限公司。1996 年底主营业务收入 327133450.41，净利润 107258800.71 元，资产总额 460911323.23 元。

【财务状况】 公司 1996 年底股东权益 392261940.29 元，每股收益 0.511 元，每股净资产 1.87 元，净资产收益率 27.34%，股东权益比率 85.11%。每 10 股派发现金 1.50 元人民币(含税)。

深圳市国际企业股份有限公司

【公司概况】 公司 A 股新发行上市。公司 1996 年底总股份 153403600 股，其中尚未流通股 83403600 股，已流通 A 股 20000000 股，已流通 B 股 50000000 股。主要股东有深圳经济特区发展公司、马来西亚和昌父子有限公司、深圳市泰天实业发展公司、F. C(ASIA)HODINGS SDN. BHD. 等。公司董事长：李锦全，总经理：宋胜军。

【经营业绩】 公司 1996 年大力发展名牌连锁商业及房地产业，形成了企业发展的良性循环。1996 年三个新建、扩建商场基本完成，随着公司 7 个商场的经营到位，总商业营业面积达 36500 万平方米。公司建立采购配送中心，完善和扩大商品采购供应网络。募集资金主要用于开设深圳福田区上步南路国际商场及提供该商场营运资金，其余用于扩充商业网点资金和用于发展连锁商业的发展资金。1996 年底主营业务收入 201848104.62 元(人民币，下同)，净利润 49766986.85 元，资产总额 771609327.86 元。

【财务状况】 公司 1996 年底股东权益 367275939.56 元，每股收益 0.3244 元，每股净资产 2.39 元，净资产收益率 13.55%，股东权益比率 47.6%。每 10 股送 1 股红股，另按 10:1 比例转增股本。

深圳赛格股份有限公司

【公司概况】 为 1996 年新上市公司。公司 1996 年底总股份 309600000 股，其中尚未流通股 204600000 股，已流通 A 股 25000000 股，已流通 B 股 80000000 股。主要股东有深圳赛格集团公司、康创投资有限公司、PACIFIC RIM ASSETS LIMITED 、SEQUEL COMPANY LTD 、WAH CHUN INTERNATIONAL LIMITED 等。公司董事长：王殿甫，总经理：靳海涛。

【经营业绩】 1996 年公司控股企业赛格日立公司年产 21″彩管 213.65 万只，销售 214.34 万只，年底研制成功 29″ITC 彩色显像管。公司隧道中继通信系统在“京九”铁路通信和国际招标中中标，并应用于湘黔铁路，列车防护报警系统顺利完成天津枢纽和京津段试验工作，GPS 指挥调度系统已在厦门、无锡、杭州等城市开始应用或进行工程实施，1996 年生产和销售各型号赛格牌寻呼机 53982 台。1996 年，公司控股企业赛格达声、赛格宝华相继推出了 770.333 系列 VCD 影碟机、DS · 968 及 6600AV 家庭影院产品。赛格电子配套市场增大经营面积 1100 平方米，27000 平方米的赛格储运大厦工程顺利完工。主要关联企业有深圳赛格中电彩色显示器件公司、深圳赛格日立彩色显示器件有限公司、深圳市赛格达声股份有限公司、深圳中康玻璃有限公司等。1996 年底主营业务收入 1656708528.30 元，净利润 142661980.65 元，资产总额 2165745745.64 元。

【财务状况】 公司 1996 年底股东权益 804640256.34 元，每股收益 0.461 元(全面摊薄)，每股净资产 2.598 元，净资产收益率 17.73%，股东权益比率 37.15%。向全体股东每 10 股送 3 股红股。

唐山冀东水泥股份有限公司

【公司概况】 为 1996 年新上市公司。公司 1996 年底总股份 400000000 股，其中尚未流通股 340000000 股，已流通 A 股 60000000 股。主要股东有唐山市新区第一运输公司等。公司董事长兼总经理：杜金弘。

【经营业绩】 公司主要生产和销售 525R 硅酸盐水泥。1996 年生产熟料 145.2 万吨，销售水泥、熟料 153 万吨，其中出口水泥、熟料 80.2 万吨，出口创汇 3223 万美元。现已发展到与 10 多个国家和地区的 20 多家贸易公司建立贸易关系，并获得了马来西亚进口水泥免检证书。产品质量通过了 ISO9000 国际标准质量认证复查，产品合格率达 100%。1996 年对原煤采样系统、煤粉供给系统等 14 个项目进行了技术开发、改造。募集资金主要用于公司第二条生产线日产 4000 吨水泥熟料的国产化设备示范线建设等。主要关联企业有唐山冀昌塑料制品有限公司。1996 年底主营业务收入 457604672.61 元，净利润 162486611.69 元，资产总额 1895597253.71 元。

【财务状况】 公司 1996 年底股东权益 1053612639.00 元，每股收益 0.406 元，每股净资产 2.63 元，净资产收益率 15.42%，股东权益比率 55.58%。1996 年利润暂不分配。

重庆华亚现代纸业股份有限公司

【公司概况】 为 1996 年新上市公司。公司 1996 年底总股份 78691500 股，其中尚未流通股 48691500 股，已流通 A 股 30000000 股。主要股东有重庆华西包装集团公司等。公司董事长：周全福，总经理：唐良美。

【经营业绩】 公司以生产中、高档纸容器包装为主，继续贯彻 ISO9002 质量认证体系，并通过了西南评审中心的复审。公司分别对光大银行和重庆城市合作银行投资入股，加强银企合作，提高了企业融资能力。公司“彩色瓦楞纸盒成型生产线”、“多色瓦楞纸箱成型生产线”两项技改项目所需资金全部到位，部分已安装投产。“重型瓦楞纸板及制箱”技改项目已投资 10445 万元。主要关联企业有重庆城市合作银行、中国光大银行等。1996 年底主营业务收入 102560000 元，净利润 5775600 元，资产总额 302540000 元。

【财务状况】 公司 1996 年底股东权益 160016000 元，每股收益 0.07 元，每股净资产 2.03 元，净资产收益率 3.61%，股东权益比率 52.89%。公司 1996 年度暂不派发股息红利，本年度剩余利润加上年余额共 655.05 万元滚存下一年 。

宜春工程机械股份有限公司

【公司概况】 为 1996 年新上市公司。公司 1996 年底总股份 64180000 股，其中尚未流通股 39180000 股，已流通 A 股 25000000 股。主要股东有宜春工程机械集团公司、宜春工程机械厂劳动服务公司、宜春工程机械油箱厂、宜春工程机械配件厂等。公司董事长兼总经理：李惕安。

【经营业绩】 1996 年，投资 1900 万元，用于年产 300 台 ZL60

轮式装载机技术改造项目，投资2000万元，用于提高引进消化产品CY—ZL40E轮式装载机生产能力技术改造项目，投资800万元，用于新建测试中心及购置变矩器壳体加工中心技术改造项目。1996年底主营业务收入143333122.33元，净利润16601659.40元，资产总额330759321.68元。

【财务状况】 公司1996年底股东权益155093826.11元，每股收益0.26元，每股净资产2.42元，净资产收益率10.70%，股东权益比率46.9%。1997年1月用资本公积金以10:6比例转增股本。以转增股份后总股本10268.8万股计，每10股派发现金股利1.00元(含税)。

华意压缩机股份有限公司

【公司概况】 为1996年新上市公司。公司1996年底总股份140000000股，其中尚未流通股105000000股，已流通A股35000000股。主要股东有江西省景德镇华意电器总公司、欣华置业、上海天缘等。公司董事长：吴样才，总经理：何志友。

【经营业绩】 公司拥有年产100万台无氟压缩机的先进生产线。1996年公司共生产无氟压缩机625095台，无氟电冰箱122697台。募集资金使用方向为：用于新增年产20万台R134A无氟冰箱示范生产线技改工程，实际投入5254.85万元；支付年产200万台无氟压缩机技改工程前期费用335.45万元，用于引进技术和购置提高产品质量的关键设备；补充流动资金等。1996年底主营业务收入293083592元，净利润39137216元，资产总额547938316元。

【财务状况】 公司1996年底股东权益336671995元，每股收益0.28元，每股净资产2.40元，净资产收益率11.62%，股东权益比率61.44%。1996年利润暂不分配。

珠海鑫光集团股份有限公司

【公司概况】 为1996年新上市公司。公司1996年底总股份214719873股，其中尚未流通股161019873股，已流通A股53700000股。主要股东有中国有色金属进出口总公司、中国有色金属工业供销运输总公司、青海铝厂、中国有色金属进出口广东公司等。公司董事长：张健，总经理：崔贵生。

【经营业绩】 公司主要从事有色金属、五金矿产品的国内外贸易和铝业生产经营。1996年莹石中标5万吨，矾土中标2万吨，焦炭出口8万吨，氧化铝内销2万吨，碳酸稀土出口1510吨。全年生产铝锭35720吨，其他铝制品5452吨，阳极糊4564吨，完成铝业销售收入44537万元，全年节约成本1500多万元，节电2100万度。1.5万吨电解铝扩建项目基本竣工投产，具备5万吨生产规模、阳极糊新线扩建完成，具备年产12000吨生产能力、自备电厂首期5万千瓦项目开工。主要关联企业有铜川鑫光铝业有限公司、陕西省信托投资公司。1996年底主营业务收入594231899.54元，净利润65678719.41元，资产总额1159997187.04元。

【财务状况】 公司1996年底股东权益513780446.02元，每股收益0.306元，每股净资产2.39元，净资产收益率12.79%，股东权益比率44.29%。向全体股东每10股送2股红股。

胜利油田大明集团股份有限公司

【公司概况】 为1996年新上市公司。公司1996年底总股份93628500股，其中尚未流通股48628500股，已流通A股45000000股。主要股东有胜利石油管理局、胜利石油管理局劳动服务总公司等。公司董事长：王作然，总裁：李荣兴。

【经营业绩】 公司形成了以石油开采为主，建材、化工、电子、机修、商饮、贸易等产业共同发展的经营格局。1996年石油开采有了新进展，桩23区投入资金8000多万元，新打油井11口，投产油井16口，生产原油40396吨，油井修复作业已从陆上油田拓展到浅海油区，全年修复油井82口，共增油50000吨。1996年恒泰公司PVC异型材生产线于1996年6月1日全面投产，当年销售型材650吨，组装塑钢窗4.1万平方米，大明大厦于1996年8月8日正式营业，新开发出了49U/S石英谐振器、CPE彩色高分子防水卷材、金刚石滚轮、磨盘等科技含量高的新产品。主要关联企业有大明石油开发公司、大明油井特种作业公司、大明建材公司、大明电子公司等。1996年底主营业务收入187662997.17元，净利润32368247.07元，资产总额663292345.10元。

【财务状况】 公司1996年底股东权益302613230.28元，每股收益0.35元，每股净资产3.23元，净资产收益率10.7%，股东权益比率45.62%。1996年度利润暂不分配。

山东胜利股份有限公司

【公司概况】 为1996年新上市公司。公司1996年底总股份78650000股，其中尚未流通股55900000股，已流通A股22750000股。主要股东有山东省胜利集团公司、山东国际经济开发公司、山东省汽车销售(集团)股份有限公司、山东省交通投资公司等。公司董事长兼总经理：徐建国。

【经营业绩】 1996年公司先后完成了塑胶管道项目水、电、气的配套建设，从国外引进的两条管道挤出生产线安装、调试一次成功并投入生产，全年生产塑胶产品2703吨，销售2119吨，承揽施工的沾化县改水、胜利油田供排水、齐鲁石化排污等工程均受用户好评。在国际贸易方面新上了进口乳胶漆代理项目，与国外30家公司建立了贸易关系。全年销售成品油6.7万吨。募集资金全部用于由年产6000吨扩大到2万吨的塑胶管道技改项目。主要关联企业有山东胜利物资公司、山东胜利石油化工有限公司、山东胜利液化气有限公司、山东海上石油服务有限公司等。1996年底主营业务收入328750710.11元，净利润25213702.19元，资产总额306291563.40元。

【财务状况】 公司1996年底股东权益164683076.45元，每股收益0.32元，每股净资产2.09元，净资产收益率15.31%，股东权益比率53.76%。1996暂不分配股利。

河北华玉股份有限公司

【公司概况】 为1996年新上市公司。公司1996年底总股份50400000股，其中尚未流通股35400000股，已流通A股15000000股。主要股东有邯郸陶瓷(集团)公司、深圳高尔夫俱乐部有限公司、深圳市图新发投资有限公司、深圳松立电子实业有限公司、深圳达文投资咨询公司等。公司董事长：张士成，总经理：吕虎太。

【经营业绩】 公司经营范围为陶瓷产品生产、销售、研制、开发，陶瓷原辅料生产、销售，技术咨询，服务。年内年产60万平方米未抛光地砖生产线和环宇瓷生产线建成投产，氧化铝陶瓷基片生产线项目1996年3月完成厂房内部改造。主要关联企业有邯郸冀泰陶瓷有限公司。1996年底主营业务收入

128712068.46 元，净利润 14602395.90 元，资产总额 269899320.14 元。

【财务状况】 公司 1996 年底股东权益 134855630.59 元，每股收益 0.29 元，每股净资产 2.68 元，净资产收益率 10.83%，股东权益比率 49.97%。以总股本 5040 万股为基数，每股派发现金红利 0.10 元(含税)。

广东华立高科技集团股份有限公司

【公司概况】 公司 1996 年底总股份 116060000 股，其中尚未流通股 86660000 股，已流通 A 股 29400000 股。主要股东有广东华立实业集团公司、中国石化北京石油化工工程公司、上海市通融实业发展有限公司、工商银行湛江分行、中国农村信托投资公司等。公司董事长：杨朱生，总经理：欧流荣。

【经营业绩】 1996 年，公司∅40mm 小炉管和高效换热器进入开发生产阶级。利用公司的产品和技术优势，开展规模经营，提高市场竞争能力和市场占有率。募集资金用于投资 8000 吨石化设备特殊钢配件，生产石化工业炉成套设备项目工程。1996 年底主营业务收入 170380338.37 元，净利润 30495233.57 元，资产总额 313250007.91 元。

【财务状况】 公司 1996 年底股东权益 289459922.96 元，每股收益 0.263 元，每股净资产 2.49 元，净资产收益率 10.54%，股东权益比率 92.41%。向全体股东每 10 股派送红股 2 股。

沈阳机床股份有限公司

【公司概况】 为 1996 年新上市公司。公司 1996 年底总股份 215824000 股，其中尚未流通股 161824000 股，已流通 A 股 54000000 股。主要股东有沈阳资产经营有限公司、沈阳铜网厂、沈阳市风险投资公司、沈阳建设投资公司等。公司董事长兼总经理：姚俊喜。

【经营业绩】 1996 年公司共开发 7 种数控机床。公司组建了技术中心，并被国家经贸委批准为国家级技术中心。公司成立了销售中心。机床一厂事业部的中试基地及部装、轴套、轴杠、畸形件和箱体五个车间改造工程都已竣工；五个技术引进项目已进入实质性阶段。"世行"改造项目资金主要用于土建工程、设备采购、技术引进等。1996 年整个项目支付资金 13940 万元，其中：用银行贷款支付 5933 万元，用股票发行募集资金支付 8007 万元。1996 年底主营业务收入 519170000 元，净利润 67410000 元，资产总额 1601580000 元。

【财务状况】 公司 1996 年底股东权益 665410000 元，每股收益 0.31 元，每股净资产 3.08 元，净资产收益率 10.13%，股东权益比率 41.55%。向全体股东按每 10 股送 2 股红股，并按 10:1 的比例向全体股东转增股本。

杭州凯地丝绸股份有限公司

【公司概况】 为 1996 年新上市公司。公司 1996 年底总股份 115249970 股，其中尚未流通股 86429970 股，已流通 A 股 28820000 股。主要股东有杭州市国有资产管理局、浙江省丝绸进出口公司、广华投资基金(杭州)有限公司、中国工商(香港)财务有限公司等。公司董事长兼总经理：杨炳芳。

【经营业绩】 公司 1996 年在全国十二个城市开设了凯地丝绸专卖店和专卖柜。在外销品种上成功地开发了方巾系列服饰；1996 年设计新花样 329 只，开发新产品 30 只，设计服装新款式 553 只，完成制作样衣 1800 多件。成功开发了彩色丝绸报和丝绸地图；凯地丝绸印染厂的设备技改项目已基本完工，并于 1996 年下半年投入试运行。前次募集资金 46460000 元全部投入凯地丝调印染厂的设备技改项目。主要关联企业有杭州凯地计算机系统工程公司、杭州凯地丝绸物资公司、杭州凯地经营服务公司、杭州凯地纺织技术开发公司等。1996 年底主营业务收入 119382400 元，净利润 18680300 元，资产总额 488644100 元。

【财务状况】 公司 1996 年底股东权益 253326700 元，每股收益 0.16 元，每股净资产 2.20 元，净资产收益率 7.37%，股东权益比率 51.84%。1996 年度利润暂缓分配。

长春北方五环实业股份有限公司

【公司概况】 为 1996 年新上市公司。公司 1996 年底总股份 152085093 股，其中尚未流通股 104608893 股，已流通 A 股 39841860 股。主要股东有长春长顺体体育综合开发公司、通化玉仁药业总公司、长春市国有资产经营公司、通化包装装璜厂、吉林通化东宝药业股份有限公司等。法人代表：王志杰。

【经营业绩】 公司主要生产和经营体育产品，医疗保健品和高科技光电产品。公司开发与经营的五环运动休闲中心 96 年度内按计划完成全部土建工程，顺利进入装璜阶段。白雪山药业有限公司先后开发了"复方益肝丸"、"强肝再生丸"两种新型药品。目前，白雪山药业公司已形成了 5 个剂型 35 个品种的产品，长春一光的主导产品旋转式光电编码器已达 18 个系列，年生产能力达 10 万台。募集资金用于五环运动休闲中心开发与建设，扩大北方五环通化白雪山药业有限公司中成药生产规模等。主要关联企业有长春第一光学仪器厂、北方五环通化白雪山药业有限公司、长春北方五环地产开发有限责任公司、长春市北环经贸公司等。1996 年底主营业务收入 58196573.58 元，净利润 54324911.52 元，资产总额 487503684.06 元。

【财务状况】 公司 1996 年底股东权益 376738440.00 元，每股收益 0.3572 元，每股净资产 2.48 元，净资产收益率 14.42%，股东权益比率 77.28%。1996 年利润暂不分配。

石家庄宝石电子玻璃股份有限公司

【公司概况】 为 1996 年新上市公司。公司 1996 年底总股份 383000000 股，其中尚未流通股 253052100 股，已流通 A 股 29977900 股，已流通 B 股 100000000 股。主要股东有石家庄宝石电子集团公司、DAIWA SECVRITIES(HK) LTD、HORSE INTLINV. CO,LTD 等。公司董事长、总经理：董庆祥。

【经营业绩】 1996 年，公司共生产 44 厘米黑白显像管 160.87 万只，44 厘米黑白显像管玻壳 209.66 万只，分别销售 83.79 万只和 204.21 万只；彩壳公司共生产彩锥 142.7 万只，彩屏 166.3 万只。1996 年 6 月 18 日公司控股的彩壳公司的彩壳生产线全线投入试生产。公司生产的黑白玻壳于 1996 年 1 月 16 日获中国电子元器件质量认证委员会颁发的 ISO9002 质量认证书。主要关联企业有石家庄宝石彩色玻壳有限责任公司。1996 年底主营业务收入 530933416.39 元，净利润 82469326.60 元，资产总额 3998124379.20 元。

【财务状况】 公司1996年底股东权益936816721.31元，每股收益0.215元，每股净资产2.45元，净资产收益率8.80%，股东权益比率23.43%。以公司1996年末总股本38300万股计算，每10股派发现金1.30元人民币。

新疆汇通股份有限公司

【公司概况】 为1996年新上市公司。公司1996年底总股份50000000股，其中尚未流通股37500000股，已流通A股12500000股。主要股东有新疆水利电力建设总公司、中国江河水利水电开发公司、广东省经协能源化工公司、克拉玛依市天山实业开发公司、海南省国际信托投资公司等。公司董事长兼总经理：郭三九。

【经营业绩】 1996年，在主营业务方面，公司承建了哈巴河山口水电站、乌鲁瓦提水电站和彩南石油基地送变电等工程建设项目，对新疆高压开关厂、新疆水工金属结构厂和厨具冷冻设备厂进行了技术改造，在新疆南部设立喀什分公司，承建水利、水电建设项目，在海南美兰机场部分工程项目招标中一举中标。1996年，公司工程施工资质等级由国家二级升为国家一级。1996年底主营业务收入87833658.30元，净利润30577823.38元，资产总额230076209.78元。

【财务状况】 公司1996年底股东权益159923167.74元，每股收益0.61元，每股净资产3.20元，净资产收益率19.12%，股东权益比率69.51%。向全体股东每10股派送红股5.2股，另每10股转增2.8股。

青岛国货股份有限公司

【公司概况】 为1996年新上市公司。公司1996年底总股份64672000股，其中尚未流通股46672000股，已流通A股18000000股。主要股东有青岛商业总公司、深圳高尔夫俱乐部有限公司、中国工商银行青岛市信托投资股份有限公司、青岛益青房地产公司等。公司董事长：姜玉玲，总经理：吴建国。

【经营业绩】 公司1996年针对商业零售业竞争更加激烈的情况，及时调整经营策略，积极发展连锁经营。通过努力，1996年公司取得了销售总额、利润总额、人均创利税额全省第一的好业绩。主要关联企业有青岛奇妙世界娱乐有限公司。1996年底主营业务收入405175984.50元，净利润21080479.36元，资产总额315594716.24元。

【财务状况】 公司1996年底股东权益210259981.25元，每股收益0.326元，每股净资产3.25元，净资产收益率10.03%，股东权益比率66.62%。1996年利润暂不分配，只按10:5比例转增股本。

合肥百货大楼股份有限公司

【公司概况】 为1996年新上市公司。公司1996年底总股份60652490股，其中尚未流通股42652490股，已流通A股18000000股。主要股东有合肥百货大楼实业总公司、合肥美菱股份有限公司、合肥百货大楼裕安开发部、合肥洗衣机总厂(荣事达)、中国工商银行合肥市分行等。公司董事长兼总经理：金杰。

【经营业绩】 1996年公司以市场为导向，以信誉为根本，狠抓经营，扩大市场占有份额，再次名列全省零售商业之首。1996年，公司先后完成股票上市、鼓楼商厦开业、组建商业企业集团。1996年发行A股共募集资金9436.112万元，主要用于投资筹建合肥鼓楼商厦及建造大型配送中心，其中合肥鼓楼商厦于1996年12月正式开业，大型仓储配送中心正在筹建中。1996年底主营业务收入457248437.92元，净利润26595388.38元，资产总额258589753.52元。

【财务状况】 公司1996年底股东权益221357648.49元，每股收益0.44元，每股净资产3.65元，净资产收益率12.01%，股东权益比率85.60%。1996年度利润暂缓分配。

无锡小天鹅股份有限公司

【公司概况】 为1996年新上市公司。公司1996年底总股份244253200股，其中尚未流通股174253200股，已流通B股70000000股。主要股东有江苏小天鹅集团有限公司、大中华发展有限公司、BARING SECURITIES (HONG KONG) LIMITED—CEREVS LT、无锡市工业发展基金、无锡市城镇集体工业联社等。公司董事长兼总经理：朱德坤。

【经营业绩】 公司1996年完成全自动洗衣机产量1000053台，全年出口洗衣机81308台，出口创汇1005.46万美元。1996年共募资金3.1亿元人民币，投资项目有：合资组建无氟冰箱项目；合资组建无氟冰箱压缩机项目；合资组建厨房器具项目；全自动洗衣机3.8kG、4.5kg及不锈钢内桶新产品开发项目。其中无氟冰箱项目已于1996年11月投产，其余项目进展顺利。主要关联企业有海口小天鹅贸易公司、无锡小天鹅广告公司、小天鹅泰式火锅王餐饮公司、无锡小天鹅房产建设开发有限公司等。1996年底主营业务收入1353158315.89元，净利润178482363.64元，资产总额1439634990.80元。

【财务状况】 公司1996年底股东权益897055696.82元，每股收益0.7307元，每股净资产3.67元，净资产收益率19.60%，股东权益比率62.31%。1996年度每股派发现金红利人民币0.51元(含税)进行分配。

长沙东塘百货股份有限公司

【公司概况】 为1996年新上市公司。公司1996年底总股份102100000股，其中尚未流通股75100000股，已流通A股27000000股。主要股东有长沙通程实业集团有限公司、长沙电业局、长沙通信发展总公司、长沙自来水公司等。公司董事长兼总经理：周兆达。

【经营业绩】 公司1996年以东塘西城二座百货大楼的一体化经营为突破口，实行连锁经营模式。其次，着手建立遍布全省的城镇批发网络。基本确定了以商业零售与批发为支柱，在酒店、旅游服务、高科技农业、交通运输等领域进行渗透。募集资金主要用于投资长沙通程国际广场项目建设、进行东塘百货大楼内部改造、补充公司流动资金和进行短期性周转等。主要关联企业有长沙东塘百货大楼、长沙西城百货大楼、长沙通程国际广场置业开发有限公司等。1996年底主营业务收入504219000元，净利润29269000元，资产总额282307000元。

【财务状况】 公司1996年底股东权益174120000元，每股收益0.287元，每股净资产1.71元，净资产收益率16.8%，股东权益比率61.68%。1996年利润暂不分配。

吉林化纤股份有限公司

【公司概况】 为1996年新上市公司。公司1996年底总股份

145996000 股，其中尚未流通股 109496000 股，已流通 A 股 36500000 股。主要股东有吉林化纤集团有限责任公司、吉林省开发建设投资公司、吉林省吉林建设开发集团公司、萧山市地产投资公司等。公司董事长、总经理：傅万才。

【经营业绩】 1996 年，全年共生产粘胶短纤维 30964 吨，生产粘胶长丝 9825 吨，基本实现了产销平衡。1996 年募集资金全部用于 2950 吨粘胶长丝技改工程支出，该项目于 1996 年 10 月试产成功。主要关联企业有吉林化纤集团有限责任公司、吉林化纤进出口公司、吉林化纤建筑安装公司、吉林化纤集团实业发展公司等。1996 年底主营业务收入 733472635.78 元，净利润 53885158.09 元，资产总额 1061631452.91 元。

【财务状况】 公司 1996 年底股东权益 587502272.79 元，每股收益 0.369 元，每股净资产 4.024 元，净资产收益率 9.17%，股东权益比率 55.34%。按 1996 年末股本计算向全体股东每 10 股送 1.7 股红股，另按 10:1.7 比例转增股本。

南京中北(集团)股份有限公司

【公司概况】 为 1996 年新上市公司。公司 1996 年底总股份 54280000 股，其中尚未流通股 40540000 股，已流通 A 股 13740000 股。主要股东有南京市国有资产经营公司、深圳蓝天基金管理公司、南京基础设施开发总公司、中信汽车公司等。公司董事长兼总经理：王毅。

【经营业绩】 1996 年下半年公司及时购进“沃尔沃”豪华大巴并建成开通“南京中北长途客运中心”一期工程。中北出租车及与其相配套的汽车修理、汽配销售均取得良好的经营效益。募集资金主要用于购置国产豪华大巴从事沪宁高速公路长途客运、建成“南京中北长途客运中心”一期工程、新增营运出租车 100 辆等。主要关联企业有南京中北大酒店有限公司、南京利达出租汽车有限公司、南京苏桑汽配有限公司、海南三亚华太汽车出租发展有限公司等。1996 年底主营业务收入 72329721.76 元，净利润 19092509.14 元，资产总额 300202345.57 元。

【财务状况】 公司 1996 年底股东权益 144693697.52 元，每股收益 0.35 元，每股净资产 2.67 元，净资产收益率 13.20%，股东权益比率 48.20%。1995 年每 10 股派发现金红利 1.80 元(含税)，1996 年每 10 股派送 2 股红股。

湖北宜化化工股份有限公司

【公司概况】 为 1996 年新上市公司。公司 1996 年底总股份 65385400 股，其中尚未流通股 49035400 股，已流通 A 股 16350000 股。主要股东有宜昌市国有资产管理局、建行宜昌市信托投资公司、宜昌市供电局、宜昌市三峡房地产公司、农行宜昌市信托投资公司等。公司董事长：张永政，总经理：蒋远华。

【经营业绩】 公司主营化肥、化工产品制造销售。1996 年，公司在国家优先发展农业的产业政策的扶持下，虽然国内化肥市场价格因国家大量进口化肥受到较大的冲击，仍然较好地实现了各项预期指标。1996 年底主营业务收入 217530893.37 元，净利润 37004943.34 元，资产总额 293115568.70 元。

【财务状况】 公司 1996 年底股东权益 236003134.09 元，每股收益 0.5417 元，每股净资产 3.58 元，净资产收率 21.63%，股东权益比率 82.19%。向全体股东每 10 股送 4.5 股红股。

山东东阿阿胶股份有限公司

【公司概况】 为 1996 年新上市公司。公司 1996 年底总股份 81094000 股，其中尚未流通股 58344000 股，已流通 A 股 22750000 股。主要股东有聊城地区国资局(国家股)等。公司董事长兼总经理：刘维志。

【经营业绩】 公司 1996 年出口创汇 270 万美元。确定了疗效独特的中成药、保健品、生物高科技产品 3 个重点开发方向，年度研制成功国家专利、3 类新药 1 个，4 类疗药 2 个，食品保健品 8 种，在研制品种 7 个。募集资金主要用于阿胶保健品项目技术改造和胶剂车间扩产技术改造 2 个省重点技改项目，其中阿胶保健品项目于 1996 年 12 底全部竣工，胶剂车间扩产技术改造项目于 1996 年 12 月 20 日全部竣工并开始试生产。1996 年底主营业务收入 157043251.93 元，净利润 23322341.52 元，资产总额 314143768.28 元。

【财务状况】 公司 1996 年底股东权益 187579682.21 元，每股收益 0.29 元，每股净资产 2.31 元，净资产收益率 12.43%，股东权益比率 59.71%。每 10 股送 4 股红股。

徐州工程机械股份有限公司

【公司概况】 为 1996 年新上市公司。公司 1996 年底总股份 119946600 股，其中尚未流通股 89946600 股，已流通 A 股 30000000 股。主要股东有徐州工程机械集团有限公司、徐州回转支承公司、徐州工程机械桥箱公司、国家开发投资公司等。公司董事长：陆志昌，总经理：王焕忱。

【经营业绩】 公司 1996 狠抓以压路机为代表的名优品牌产品。公司新产品 852、883 伸宿臂装载机、压路机分别进入三峡工程、黄河小浪底工程等国家重点工程。1996 年公司进一步扩大了 27 个办事处的售后服务功能。1996 年，公司对主导产品 CA25 系列压路机驾驶室和操纵系统进行了改进，并开发出沥青拌合站、轮式推土机、混凝土 60、80 拖式泵、28 米泵车、ZL85Z—Ⅲ 等产品。投资兴建有扩大机电产品出口“双加”工程技术改造项目、“MOBI、OS 混凝土搅拌站火炬计划”项目、“引进自行式平地机制造技术技改”项目等。主要关联企业有徐州利勃海尔混凝土机械有限公司。1996 年底主营业务收入 704009412.15 元，净利润 38995399.86 元，资产总额 1171010756.74 元。

【财务状况】 公司 1996 年底股东权益 376773439.56 元，每股收益 0.325 元，每股净资产 3.14 元，净资产收益率 10.3%，股东权益比率 32.17%。每 10 股送 3 股派 2 元现金(含税)。

赤峰富龙热力股份有限公司

【公司概况】 为 1996 年新上市公司。公司 1996 年底总股份 55300000 股，尚未流通股股 40000000 股，已流通 A 股 15300000 股。主要股东有赤峰市煤气热力经营总公司、海口长乐置业有限公司等。公司董事长兼总经理：景树森。

【经营业绩】 1996 年，公司供热面积达到了 302 万平方米。在全国率先应用计算机技术进行热网监控管理后，实现了供热质量的再次飞跃，开辟了机动车维修、零配件销售等配套经营项目，此外，开发了高效节能电子镇流器。投资项目有“热电气三联产”一期工程、2.5 吨复合性粘接剂项目。主要关联企业有赤峰富龙防腐保温有限公司、赤峰富龙节能设备有限公司、锦州石化赤峰富龙销售有限公司、内蒙古富源膨润土有限公司、内蒙古富康木制品有限公司等。1996年底主营业务收入113786834.96元，净利润20190274.62元，资产总额240372422.87元。

【财务状况】 公司1996年底股东权益168629043.69元，每股收益0.37元，每股净资产3.05元，净资产收益率11.97%，股东权益比率70.15%。向全体股东每10股送红股1股。

湖南华天大酒店股份有限公司

【公司概况】 为1996年新上市公司。公司1996年底总股份144000000股，其中尚未流通股111600000股，已流通A股32400000股。主要股东有湖南华天实业集团公司、银华装饰、湖南湘敏咨询有限公司等。公司董事长兼总经理：朱方地。

【经营业绩】 1996年，公司大堂5200平方米的扩建和7760平方米的车库及公寓楼等工程已基本完成。公司全年先后派出68名管理人员到国内著名的酒店学习、培训，外聘10余名专家来酒店授课或任职，全年共接待中外宾客3.1万人次，前次募集资金主要用于大堂改造工程、立体车库工程和扩建公寓楼。主要关联企业有湖南华天文化娱乐发展公司、湖南联合包机公司、华天出租汽车公司、株洲华天大酒店等。1996年底主营业务收入175180000元，净利润56360000元，资产总额476650000元。

【财务状况】 公司1996年底股东权益276650000元，每股收益0.391元，每股净资产1.92元，净资产收益率20.3%，股东权益比率58.0%。董事会决定1996年度利润暂不分配。

张家界旅游开发股份有限公司

【公司概况】 为1996年新上市公司。公司1996年底总股份108000000股，其中尚未流通股81000000股，已流通A股27000000股。主要股东有张家界旅游经济开发总公司、深圳市兆成投资有限公司、张家界市金龙房地产开发公司、张家界市土地房产开发公司等。公司董事长：肖碧文，总经理：杨泽忠。

【经营业绩】 1996年，公司投资兴建张家界国际大酒店，至1996年末，公司已投入资金1370万元，项目主楼已建造、装修完毕。公司参股投资黄狮寨客运索道项目，公司占35%股权，至1996年底，该项目已基本建造完工。主要关联企业有张家界国际大酒店、张家界国际旅游总公司、张家界万众建筑安装公司。1996年底主营业务收入92087619.90元，净利润19209173.75元，资产总额223403309.12元。

【财务状况】 公司1996年底股东权益170196739.69元，每股收益0.178(摊薄)元，每股净资产1.58元，净资产收益率11.29%，股东权益比率76.18%。1996年度暂不分红。

武汉武商集团股份有限公司

【公司概况】 公司1996年底总股份289883419股，其中尚未流通股191497843股，已流通A股98385576股。主要股东有武汉国有资产经营公司、中国宝安集团股份有限公司、武汉证券公司、武汉国兴投资咨询有限责任公司、武汉华中电力实业公司等。公司董事长兼总经理：毛冬声。

【经营业绩】 1996年武汉商场单体实现销售12.7亿元。1996年，集团确定了购买世贸广场1—2层，开辟新商场，武汉广场主体工程已封顶，国际批发中心主体工程也已封顶，东舜花园一期工程已基本完成。1996年在农村共发展了40家加盟店，形成销售网络。主要关联企业有武商集团进出口贸易公司、武商置业有限公司、海南武汉商场、武汉华信房地产开发有限公司、武汉阿华美制衣有限公司等。1996年底主营业务收入1558852188.83元，净利润117613916.30元，资产总额2111705363.47元。

【财务状况】 公司1996年底股东权益996052973.15元，每股收益0.41元，每股净资产3.44元，净资产收益率11.81%，股东权益比率47.17%。1996年度利润暂缓分配。

海南新能源股份有限公司

【公司概况】 公司1996年底总股份155668513股，其中尚未流通股98677819股，已流通A股56990694股。主要股东有中国农业银行海南省分行直属支行、海南新安房地产有限公司、海口新宇环境艺术装饰有限公司等。公司董事长兼总裁：陈宇光。

【经营业绩】 1996年，公司根据股东大会制定的盘活资产、启动项目的经营方针，现已与美国汉东股份有限公司就合作开发石梅湾旅游区事宜达成合作意向。成都熊猫万国商城正处于合同谈判阶段。主要关联企业有海南新能源房地产开发公司、新能源(中国)投资有限公司(新加坡)、北京朝日科贸发展公司、石梅湾度假旅游有限公司等。1996年底主营业务收入93665700元，净利润15451700元，资产总额787852500元。

【财务状况】 公司1996年底股东权益414211700元，每股收益0.099，每股净资产2.66元，净资产收益率3.73%，股东权益比率52.57%。本年度利润余额772.58万元暂不分配，结转至1997年度分配。

海南海虹企业股份有限公司

【公司概况】 公司1996年底总股份201345409股，其中尚未流通股131584395股，已流通A股69761014股。主要股东有中海恒实业发展有限公司、海南省开发建设总公司、中国纺织工业对外经济技术合作公司、湖南省益阳市经济委员会等。公司董事长：贾延岩，总经理：施继孝。

【经营业绩】 公司1996年改变化纤产品经营方式，由工厂负责生产，公司负责经营。海南化纤厂生产涤纶长丝4036.69吨，销售产品4100吨。1996年洞庭水泥厂生产水泥15.9万吨，完成工业总产值2305.5万元，销售水泥15.68万吨，完成销售收入3892万元。房地产公司清理各项土地问题，其中与卖方协商修改土地转让合同，为公司节约开支400多万元。主要关联企业有海南化学纤维厂、海南超细纤维厂、海南纸筒管厂、海南纸箱包装厂、湖南省洞庭水泥厂等。1996年底主营业务收入99798605.62元，净利润41540838.35元，资产总额790787420.20元。

【财务状况】 公司1996年底股东权益414027979.25元，每股收益0.21元，每股净资产2.06元，净资产收益率10.03%，股东权益比率52.36%。每10股送红股1.5股，另按10:3.5比例转增股本。

海南港澳实业股份有限公司

【公司概况】 公司1996年底总股份311573902股，其中尚未流通股225393691股，已流通A股86180211股。主要股东有海南港澳国际信托投资有限公司、海国投工业开发股份有限公司、太原兆和投资发展有限公司、深圳平安保险公司等。公司董事长：张澄光，总经理：潘茂良。

【经营业绩】 1996年公司关闭或合并了电子娱乐公司、海成标准件公司、田园公司等。1996年，积极推销三亚海坡度假村及酒店股权，努力盘活有量资产。加强海景湾大酒店的经营管理工作。主要关联企业有海南港澳物业管理有限公司、海南港澳实业工业开发公司、海南港澳文化实业有限公司等。1996年底主营业务收入—98390828.88元，净利润—96963132.93元，资产总额766943131.46元。

【财务状况】 公司1996年底股东权益527213914.69元，每股收益—0.311元，每股净资产1.69元，净资产收益率—18.39%，股东权益比率68.74%。决定用公积金96963132.93元弥补1996年度亏损。

海南珠江实业股份有限公司

【公司概况】 公司1996年底总股份377650800股，其中尚未流通股206744976股，已流通A股113405824股，已流通B股57500000股。主要股东有广州珠江实业总公司、海南省建行信托投资公司、广州珠江外资建筑设计院海南分院、深圳宝安企业集团股份有限公司、中国残疾人福利基金会等。公司董事长：董明训，总经理：刘昌伟。

【经营业绩】 1996年在广州控股公司的资金支持下，投资1.8亿元建设的四星级三亚珠江花园酒店于6月28日建成试营业。6月30日，总建筑面积10万平方米的上海珠江玫瑰花园五栋高层公寓楼中的三栋如期交付使用。在房屋销售方面也取得了一定成绩，实现销售收入1.99亿元。主要关联企业有海南珠江实业胶份有限公司上海房地产公司、海南珠江物业管理服务有限公司、海南珠江国际旅行社、海南珠江实业工程建设监理公司、珠江春酒楼等。1996年底主营业务收入199737228.82元，净利润—186524616.90元，资产总额1298880546.47元。

【财务状况】 公司1996年底股东权益576235499.64元，每股收益—0.49元，每股净资产1.53元，净资产收益率—32.37%，股东权益比率44.37%。1996年度不分配，用公积金1.839亿元冲补亏损。

四川峨眉山盐化工业(集团)股份有限公司

【公司概况】 公司1996年底总股份249101743股，其中尚未流通股104849249股，已流通A股144252494股。主要股东有东山市国有资产管理局、中国宝安企业集团股份有限公司、深圳天骥投资基金、中国盐业总公司、四川省盐业公司等。公司董事长兼总经理：何建勤。

【经营业绩】 公司1996年全年产盐41.91万吨，产纯碱1.11万吨，生产氯化铵1.01万吨，产水泥4.30万吨。全年投资602.41万元，基本完成了合成氨技改配套项目，部分完成联碱生产技改项目。攻克了碘盐发红的难题。成立了清欠领导小组，收回老货款568万元。主要关联企业有深圳蜀穗实业有限公司、川盐化塑料编织袋厂、四川省乐山市五通桥烧碱厂、四川乐山蓝盐化学滑洗技术公司等。1996年底主营业务收入209483241.59元，净利润—145909738.97元，资产总额830685989.32元。

【财务状况】 公司1996年底股东权益207844019.72元，每股收益—0.59元，每股净资产0.83元，净资产收益率—70.20%，股东权益比率25.02%。拟用公积金97118837.63元，全额弥补1996年亏损，剩余亏损48790901.34元，在以后年度所实现利润中进行弥补。

珠海经济特区富华集团股份有限公司

【公司概况】 公司1996年底总股份344997420股，其中尚未流通股149439400股，已流通A股195558020股。主要股东有珠海市纺织工业集团公司、珠海经济特区房地产开发公司、珠海市科技奖励基金会、珠海冠华纺织公司、中国化纤总公司等。公司董事局主席、总裁：闫前。

【经营业绩】 1996年3月，PTA项目经国务院正式批准并进行合同后期谈判；房地产公司开发的“富华广场”首期26栋商品房主体完工，销售情况良好。96年全集团共完成商品房建筑面积87562平方米，生产涤纶长丝2073.06吨，聚脂切片3397.79吨，实现利润总额741.83万元。主要关联企业有富华财务公司、富华投资公司、富华房地产公司、富华精细化工公司、富华进出口公司等。1996年底主营业务收入96308674.00元，净利润4655146.84元，资产总额1314869563.35元。

【财务状况】 公司1996年底股东权益1171572579.17元，每股收益0.014元，每股净资产3.40元，净资产收益率0.40%，股东权益比率89.10%。1996年普通股红利暂不分配。

海南民源现代农业发展股份有限公司

【公司概况】 公司1996年底总股份55964200股，其中尚未流通股372140730股，已流通A股187423470股。主要股东有民源海南公司、北京市富群新技术开发公司、美亭管委会、深圳有色金属财务公司、中国残疾人福利基金会等。公司董事长兼总经理：马玉和。

【经营业绩】 公司主要经营房地产业、通信业、农业、工业、旅游业等业务。1996年北京民源大厦项目一期工程12层办公楼按计划6月底封顶并进入全面装修，东西两座高120米的塔楼相继开工，成功接管了北京凯奇通信总公司，投资扩大美亭特种水产养殖基地，在北京建立高新农业技术科技园，成立了海南民源农村经济开发有限公司；组建了“海南民源旅业有限公司等。主要关联企业有海南美亭组培基因育苗工厂、海南美亭花木公司、海南美亭特种水产养殖场、海南美停工业化草坪工厂等。1996年底主营业务收入16779885.78元，净利润485291650.00元，资产总额3090017752.06元。

【财务状况】 公司1996年底股东权益2256220812.56元，每股收益0.867元，每股净资产4.03元，净资产收益率21.51%，股东权益比率73.02%。向全体股东每10股派、转送9.8股。

四川天歌集团股份有限公司

【公司概况】 公司1996年底总股份130415280股，其中尚未流通股60062400股，已流通A股70285980股。主要股东有南充羽绒制品厂、中国工商银行南充市分行、中国农业银行南充市分行、中国银行南充分行、深圳蛇口旭业投资发展公司等。公司董事长：何军，总经理：曲洪。

【经营业绩】 1996年，物业方面，成都天歌大厦经营情况良好，效益稳定，上海天歌大地商厦后期配套工程进展顺利。建材方面，公司承担的塑料异型材料项目竣工投产。服装方面，公司所属的南充羽绒制品厂销售收入大幅增长。南充羽绒制品厂二期工程进展顺利，上海天歌服饰有限公司基建工程已完工，生产设备已到位。1996年全年共生产服装126万件，出口创汇693万美元。主要关联企业有深圳金海轻纺有限公司、深圳四海羽绒制造有限公司、深圳鑫海轻纺有限公司、海南四海工贸综合公司、天歌美迪亚阿拉木图公司等。1996年底主营业务收入148119930.07元，净利润8380597.87元，资产总额570599185.26元。

【财务状况】 公司1996年底股东权益325374361.00元，每股收益0.064元，每股净资产2.66元，净资产收益率2.42%，股东权益比率57.40%。向全体股东每10股送红股0.5股，另每10股转增0.5股。

四川金路集团股份有限公司

【公司概况】 公司1996年底总股份239609736股，其中尚未流通股90729357股。已流通A股148880379股。主要股东有德阳市国有资产经营有限公司、德阳市金路持股联合会、深圳巨安投资有限公司、四川金城实业发展公司、深圳经济特区发展公司等。公司董事长：吴世金，总经理：沈绪安。

【经营业绩】 公司主营业务属基础原材料工业。1996年度，公司资产总额、主营业务收入和利润总额连续第四年以两位数速度递增。年度内公司配股募集资金4217万元，分别投入压延人造革生产线和树脂厂工程两项目。该两项工程已于年内投产。主要关联企业有四川省树脂厂、东方装饰材料厂、德阳市农药厂、德阳市经纬编厂、金路商贸公司等。1996年底主营业务收入486882400元，净利润74281100元，资产总额854247200元。

【财务状况】 公司1996年底股东权益435376700元，每股收益0.31元，每股净资产1.82元，净资产收益率17.06%，股东权益比率50.96%。1996年利润暂缓分配。

沈阳物资开发股份有限公司

【公司概况】 公司1996年底总股份129880950股，其中尚未流通股60990164股，已流通A股68890786股。主要股东有沈阳国有资产经营公司、沈阳市供销合作社联合社、沈阳市物资回收总公司、深圳万业兴投资发展有限公司等。公司董事长兼总经理：王林华。

【经营业绩】 1996年，公司皮衣出口创汇90多万美元，先后开办了沈阳皮革鞋料市场（东区）和沈阳北行粮油批发市场。公司所属天宝永磁材料有限公司生产的钕铁硼产品，通过了国家技术鉴定，产品已进入国际市场，年产50吨的生产能力正在形成。主要关联企业有沈阳特种钢材经销公司、沈阳不锈钢材经销公司、沈河不锈钢材经销公司、皇姑不锈钢材经销公司等。1996年底主营业务收入273784039.69，净利润－30269883.41元，资产总额542651401.51元。

【财务状况】 公司1996年底股东权益291534985.95元，每股收益－0.23元，每股净资产2.24元，净资产收益率－10.38%，股东权益比率53.72%。1996年度亏损不分红。

丽珠医药集团股份有限公司

【公司概况】 公司1996年底总股份199422407股，其中尚未流通股63845900股，已流通A股71578507股，已流通B股63998000股。主要股东有澳门南粤（集团）有限公司、珠海市信用合作联社、广东省制药工业公司、珠海市医药总公司、广州医药保健品进出口公司等。公司董事长兼总经理：徐孝先。

【经营业绩】 1996年，公司继续巩固“丽珠得乐”、“丽珠肠乐”等重点产品的市场优势，治疗脑血管疾病的新药“丽珠赛乐”注射液投放市场反映良好。新投产的丽珠合成制药厂生产的氨苄霉素三水酸、羟氨苄青霉素三水酸等半合成抗生素原料药投放市场后受到广泛好评。1996年，丽珠合成制药厂一期工程一次投产成功，二期工程的前期筹备工作积极展开；保健品厂微生态制剂车间、医用电子厂和拜阿蒙生物材料车间等技改项目完成前期准备工作。主要关联企业有丽珠集团丽珠合成药厂、丽珠集团丽珠制药厂、丽珠集团丽珠医药营销有限公司、丽珠集团丽珠财务顾问有限公司、丽珠集团丽珠生物工程制药厂等。1996年底主营业务收入721127993.18元，净利润81438797.19元，资产总额1316717981.45元。

【财务状况】 公司1996年底股东权益738534552.81元，每股收益0.41元，每股净资产3.70元，净资产收益率11.03%，股东权益比率56.09%。向全体股东按10:3比例转增股本，1996年度暂不分配。

重庆市房地产开发股份有限公司

【公司概况】 公司1996年底总股份90417600股，其中尚未流通股57153600股，已流通A股33264000股。主要股东有重庆市国有资产管理局、深圳安信投资发展公司、南方证券有限公司、深圳巨安投资有限公司、武汉中南证券深圳营业部等。公司董事长兼总经理：官忠富。

【经营业绩】 公司1996年开发工作量2331万元，全年商品房施工面积21.18万平方米，1996年组建了外贸工作部及重庆川东房屋销售有限公司。1996年重点抓了中山二路片区拆迁户安置工作。主要关联企业有重庆川东南物资贸易公司、重庆渝建铝合金门窗工程公司、渝开发南湖宾馆、重庆川东房屋经销有限公司、重庆市力达物资贸易公司等。1996年底主营业务收入47848652.87元，净利润15559599.27元，资产总额331979859.37元。

【财务状况】 公司1996年底股东权益154179860.73元，每股收益0.172元，每股净资产1.71元，净资产收益率10.09%，股东权益比率46.44%。1996年利润暂不分配。

重庆渝港钛白粉股份有限公司

【公司概况】 公司1996年底总股份130005200股，其中尚未流通股7457120股，已流通A股55434000股。主要股东有重庆市国有资产管理局、香港中渝实业有限公司、南方番禺等。公司董事长：周国柱。

【经营业绩】 1996年实现工业总产值2939万元。1996年度工业硫酸产量35099吨，年销售30290吨，实现销售收入1983

万元,该产品获化工部和市优质产品称号,年生产规模 8 万吨。1996 年度硫酸二甲酯产量 1631 吨,年销量 1666 吨,实现销售收入 517 万元,年生产能力 5000 吨。主要关联企业有重庆山川化工有限公司、重庆讯钛实业开发总公司、重庆同心集团有限公司、成都华福印务有限公司等。1996 年底主营业务收入 25009414.29 元,净利润－13184507.90 元,资产总额 991491652.79 元。

【财务状况】 公司 1996 年底股东权益 152780262.41 元,每股收益－0.10 元,每股净资产 1.18 元,净资产收益率－8.62%,股东权益比率 15.4%。由于公司出现亏损,1996 年度不实行利润分配。

西安解放集团股份有限公司

【公司概况】 公司 1996 年底总股份 66861300 股,其中尚未流通股 48291011 股,已流通 A 股 18570289 股。主要股东有西安市国有资产管理局、西安明达投资咨询有限公司、西安国明实业发展有限公司、西安商业科技开发公司、中国宝安集团股份有限公司等。公司董事长兼总经理:王科。

【经营业绩】 1996 年公司建成了开元商城购物中心,并于 1996 年 6 月 15 日开业经营,该商场建设面积 30000 平方米,营业面积 20000 平方米。公司销售收入、实现利润等十项主要经济指标,在西安市商业企业 1996 年综合考核中名列第一。主要关联企业有西安开元商场有限公司。1996 年底主营业务收入 240044207.43 元,净利润 7424400.31 元,资产总额 382776723.26 元。

【财务状况】 公司 1996 年底股东权益 149197687.93 元,每股收益 0.11 元,每股净资产 2.23 元,净资产收益率 4.98%,股东权益比率 38.98%。1996 年度利润暂缓分配。

宁波中元股份有限公司

【公司概况】 公司 1996 年底总股份 89897841 股,其中尚未流通股 62113407 股,已流通 A 股 27784434 股。主要股东有宁波市财政局、宁波东方电脑设备有限公司、北京清华双阜技术开发公司等。公司董事长:林志民,总经理:杨建群。

【经营业绩】 公司业务范围包括冷轧管机、无缝钢管等工业品生产销售,房地产、旅游贸易等第三产业经营,房地产部分因宁波卷烟厂一次性购买商品房 10900 平方米而产生了较大收益。年度内公司股权结构发生重大变化,为继续控股该公司,宁波市财政局两次通过协议受让方式使控股比重由 19.84%增至 30.53%。主要关联企业有宁波机床总厂、昆山华利钢管厂、宁波中元房地产开发公司、宁波中元建筑装璜材料公司等。1996 年底主营业务收入 76445100 元 ,净利润 11113900 元,资产总额 271676600 元。

【财务状况】 公司 1996 年底股东权益 190864100 元,每股收益 0.12 元,每股净资产 2.12 元,净资产收益率 5.82%,股东权益比率 70.25%。1996 年利润暂不分配。

江苏三山实业股份有限公司

【公司概况】 公司 1996 年底总股份 133742400 股,其中尚未流通股 57882400 股,已流通 A 股 75900000 股。主要股东有海南泛华实业有限公司、西北开发投资基金、昆山三山纺织集团公司、珠海经济特区富华投资管理公司等。公司董事长:盛兴昆。

【经营业绩】 公司主营业务为涤纶生产。1996 年涤纶长丝共生产 4014.2 吨,销售量 4305.4 吨。1996 年下功夫做了压库和催讨应收款工作,1996 年成功地开发了攻关项目“舒适性涤纶长丝”。投入 500 多万元新购二台 KJKV518 平行牵伸机和一台法国产 FIF—8E3 加弹机,提高了技术设备档次。主要关联企业有苏州三山投资咨询公司、昆山市三峰房地产开发公司、上海三山贸储有限公司、江苏三山期货经纪有限公司等。1996 年底主营业务收入 83528413.00 元,净利润－28626917.90 元,资产总额 273912336.02 元。

【财务状况】 公司 1996 年底股东权益 178999956.00 元,每股收益－0.214 元,每股净资产 1.338 元,净资产收益率－15.99%,股东权益比率 65.35%。1996 年度公司不分配股利。

成都动力配件股份有限公司

【公司概况】 公司 1996 年底总股份 59142600 股,其中尚未流通股 36467000 股,已流通 A 股 22675600 股。主要股东有成都市国有资产管理局、天歌轻工(集团)股份有限公司、天骥投资基金、深圳能源投资股份有限公司、乐山电力股份有限公司等。公司董事长兼总经理:周天勤。

【经营业绩】 公司主营生产发动机气缸套、铝活塞。1996 年生产各型气缸套 146.94 万只,销售 139.08 万只,生产各型铝活塞 293.70 万只,销售 292.58 万只。1996 年在全国建立了 3 个办事处和 12 个专销点,1996 年 10 月获得了中质协颁发的 ISO 9002《质量体系认证书》。1996 年底公司投资兴建的东力雅木业公司中密度纤维板投资项目土建主体工程全部完成,生产设备已全线安装到位,并进行了生产调试。1996 年底主营业务收入 117501863.80 元,净利润 1264996.08 元,资产总额 227919025.72 元。

【财务状况】 公司 1996 年底股东权益 137291237.40 元,每股收益 0.021 元,每股净资产 2.32 元,净资产收益率 0.92%,股东权益比率 60%。以 1996 年末总股本 59142591 股为计算基数,向全体股东按 10:2 比例转增股本,1996 年利润转至下年度一并分配。

武汉凤凰股份有限公司

【公司概况】 公司 1996 年底总股份 256785112 股,其中尚未流通股 128689671 股,已流通人民币普通股 127961449 股,已流通高级管理人员股 133992 股。主要股东有中国石化武汉石油化工厂、投资基金、中国工商银行武汉分行天安支行、中国人民建设银行武汉信托投资公司等。公司董事长兼总经理:邬昆华。

【经营业绩】 1996 年共生产聚丙烯 28648 吨,产品产销率 100%,生产液化气 4580 吨;生产汽油 4220 吨。1996 年配股资金用于与武汉石油化工厂共同投资兴建的 7 万吨/年聚丙烯装置,该装置已完成工程环境评价项目投资评估、施工用地详勘、现场“三通一平”初步设计审查、工程建设报批等工作。1996 年底主营业务收入 183257080.50 元,净利润 80895300.45 元,资产总额 718939564.77 元。

【财务状况】 公司 1996 年底股东权益 608261871.34 元,每股收益 0.315 元,每股股东权益 2.369 元,净资产收益率 13.30%,股东权益比率 84.61%。按 1996 年末股本 25678.5112

万股计，每10股送红股3股，未分配利润结转下年度分配。

合肥美菱股份有限公司

【公司概况】 公司1996年底总股份297871300股，其中尚未流通股129788999股，已流通A股68082301股，已流通B股100000000股。主要股东有合肥美菱集团公司、合肥市国有资产投资经营总公司、安微省证券公司、安徽省财政证券公司等。公司董事长兼总经理：张巨声。

【经营业绩】 公司1996年共生产电冰箱(冰柜)80万台，产销率达99.6%，冰箱出口额532万美元，投资兴建项目有：合作生产的豪华风冷式电冰箱项目和合资生产的滚筒洗衣机项目，均于1996年4月投入试生产，另改造二条无氟冰箱生产线，新建高光亮彩色钢板线。主要关联企业有合肥电冰箱总厂、合肥电冰箱二厂、合肥空调器厂、合肥电冰柜厂等。1996年底主营业务收入1517178942.08元，净利润144943805.00元，资产总额2198284694.84元。

【财务状况】 公司1996年底股东权益1073905797.68元，每股收益0.49元，每股净资产3.61元，净资产收益率13.5%，股东权益比率48.85%。向全体A股股东每10股送红股3.50股，向全体B股股东每10股送红股1.31股。

广州白云山制药股份有限公司

【公司概况】 公司1996年底总股份340313050股，其中尚未流通股203693050股，已流通A股136620000股。主要股东有广州市国有资产管理局、广州白云山企业集团公司等。公司董事长兼总经理：贝兆汉。

【经营业绩】 1996年，公司实现销售收入38689万元。公司对结核清、九龙丹、头孢C—18进行了三期临床试验，三期临床试验取得良好效果，一年内相继开办了广州白云山大药房、广州白云山东山药房、武汉白云山分公司、长沙白云山分公司。1996年11月26日成立的白云山直销公司已开始试营业。另外银山房地产公司与广州市越秀房地产开发经营公司合作兴建银山大厦，现已实现了预售。主要关联企业有广州白云山企业集团财务公司。1996年底主营业务收入386890190.61元，净利润13490880.81元，资产总额2175387346.28元。

【财务状况】 公司1996年底股东权益789722640.91元，每股收益0.04元，每股净资产2.32元，净资产收益率1.99%，股东权益比率35.59%。向全体股东有10股送1股红股。

广州市浪奇实业股份有限公司

【公司概况】 公司1996年底总股份208500567股，其中尚未流通股123117702股，已流通A股85334227股，其他流通股48638股。主要股东有广州市国有资产管理局等。公司董事长：陈光松，总经理：陈维成。

【经营业绩】 1996年公司主营业务液体洗涤剂产量29978吨，销售28107吨；皂类产量14563吨(含加工)，其中香皂产量13890吨；精甘油产量772吨，销售615吨；1996年下半年才投产的磺酸产量为3110吨(其中自用1494吨)，销售1290吨。1996年，公司时产3吨三氧化硫磺化项目于5月顺利投产，时产3吨香皂成型生产线引进设备项目完成设备布置、设备基础及厂房修建的设计，上半年建成了年产100吨高纯度甘油中试装量，2万吨皂化扩产技改项目在8月份竣工并移交使用。1996年研制并投入生产的新产品有新型快洁洗衣液、清爽型沐浴露、全能洁厕精，粤丽莎香皂等。主要关联企业有广州市保税区浪奇投资公司、广州市浪奇商业有限公司、广州金海浪包装有限公司、湛江浪奇实业等。1996年底主营业务收入477095785元，净利润35610134元，资产总额666652498元。

【财务状况】 公司1996年底股东权益460196525元，每股收益0.17元，每股净资产2.21元，净资产收益率7.74%，股东权益比率69%。以1996年末总股本为基数，向全体股东每10股送1股红股。

广州市东方宾馆股份有限公司

【公司概况】 公司1996年底总股份163339641股，其中尚未流通股103385241股，境内上市社会公众股59872736股，已流通公司管理人员持股81664股。主有股东有广州市东方酒店集团有限公司、广州越秀集团有限公司等。公司董事长：龙丕泉，总经理：麦鉴钊。

【经营业绩】 公司主要从事宾馆住宿及餐饮等经营业务。1996年建设项目有宾馆大堂改造工程、春晖苑餐厅装修改造工程等。主要关联企业有广东惠州国贸工程开发总公司、广州东方祥贵饮食美容有限公司、广州东方国际商贸有限公司、广州保税区瑞丰实业有限公司、广东增城东成日用化工有限公司等。1996年底主营业务收入195284289.58元，净利润53861561.42元，资产总额564706243.21元。

【财务状况】 公司1996年底股东权益460059916.73元，每股收益0.33元，每股净资产2.82元，净资产收益率11.71%，股东权益比率81%。向全体股东每10股分派现金股利2.00元，送红股1股。

南京天龙股份有限公司

【公司概况】 公司1996年底总股份74634766股，其中尚未流通股43898716股，已流通A股30736050股。主要股东有南京国有资产经营公司、中国平安保险公司、南京信贷咨询公司、南京财政信用公司等。公司董事长兼总经理：崔兴盛。

【经营业绩】 1996年公司采取加强管理，严格财务开支，提高产品价格，加快新产品开发速度等措施，并成立了专业销售队伍加强专业化产品的销售力度，加快产品结构的调整。主要关联企业有南京天龙物资供销有限公司、南京长江涂料集团、南京南澳涂料有限公司、南京龙华汽车涂料有限公司、南京造漆厂包装品分厂等。1996年底主营业务收入190308485.15元，净利润3125636.41元，资产总额274390840.66元。

【财务状况】 公司1996年底股东权益128536370.71元，每股收益0.042元，每股净资产1.72元，净资产收益率2.43%，股东权益比率46.84%。向全体股东每10股送0.7股红股，另每10股转增0.3股。

厦门海发投资实业股份有限公司

【公司概况】 公司1996年底总股份79250285股，其中尚未流通股56486225股，已流通A股22825660股。主有股东有厦门市鑫旺经济开发公司、太原兆和投资发展有限公司、哈尔滨竞有经济贸易发展公司、吉林省九州开发公司、晋江市闽南水产开 发有限公司等。公司董事长兼总经理:张金龙。

【经营业绩】 公司投资参股厦门城市合作银行及厦门海发大厦的顺利封顶,标志着公司以金融与房地产为主、多种行业并举结合经营发展方针的初步确立。前次募集资金使用情况:投资 20000000 元人民币参股厦门城市合作银行,成为该行的第二大股东;其他补充公司流动资金及海发大厦建设资金。主要关联企业有厦门市海洋酒店、厦门市厦海发渔工贸公司、厦门海洋科技开发有限公司、厦门象屿龙鸿贸易有限公司、厦门城市合作银行等。1996 年底主营业务收入 8899527.03 元,净利润 287326.77 元,资产总额 170605750.54 元。

【财务状况】 公司 1996 年底股东权益 161870835.01 元,每股收益 0.004 元,每股净资产 2.04 元,净资产收益率 0.18%,股东权益比率 94.88%。1996 年度股利暂缓分配,结转下年度一并实施。

广东美的集团股份有限公司

【公司概况】 公司 1996 年底总股份 229259580 股,其中尚未流通股 105527400 股,已流通 A 股 123732180 股。主要股东有顺德市北窖经济发展总公司、顺德市北窖蚬华投资服务公司、顺德市外经实业发展公司、万科企业股份有限公司等。公司董事局主席、总裁:何享健。

【经营业绩】 1996 年,公司内销收入 18.63 亿元,出口创汇 7661 万美元。公司空调器销售 45 万台,电风扇销售 701 万台,电饭煲销售 57 万台,微电机销售 152 万台,电暖器销售 68 万台。1996 年下半年对经营管理体制进行了较大力度的改革,提高资产使用效率和存货周转速度,财务结构得到了改善。主要关联企业有顺德市美的电风扇厂、顺德市美的家用电器公司、顺德市美的房地产公司、顺德市美的空调设备厂等。1996 年底主营业务收入 2499026349.81 元,净利润 95022264.83 元,资产总额 3036266577.17 元。

【财务状况】 公司 1996 年底股东权益 776169836.80 元,每股收益 0.41 元,每股净资产 3.39 元,净资产收益率 12.24%,股东权益比率 25.56%。向全体股东每 10 股送红股 2 股。

广西柳工机械股份有限公司

【公司概况】 公司 1996 年底总股份 311939804 股,其中尚未流通股 208433519 股,已流通 A 股 103506285 股,主要股东有柳州工程机械集团有限公司等。公司董事长:张沛,总裁:王晓华。

【经营业绩】 1996 年,公司共生产装裁机、推土机、挖掘机 2549 台,销售产品 2508 台,全年出口创汇 366.48 万美元。公司主导产品装裁机的市场占有率为 19.5%。完成了对新产品 ZL30E 型装裁机、WY20 型挖掘机、TY220 型推土机的省级技术鉴定,进行新开发的 YZJ10C 型振动式压路机的工业性试验,并于年内小批量生产 ZL30F 型装载机,销售了 90 台,完成了对 ZL15C 型装载机的试制。主要关联企业有广西柳工机械股份有限公司销售公司、柳州凯斯柳工程机械有限公司、柳州采埃孚机械有限公司等。1996 年底主营业务收入 634975832.41 元,净利润 23983437.83 元,资产总额 1137243060.39 元。

【财务状况】 公司 1996 年底股东权益 706433129.84 元,每股收益 0.077 元,每股净资产 2.26 元,净资产收益率 3.39%,股东权益比率 62.12%。向全体股东每 10 股送 0.5 股红股并派现金红利 1 元。

广东美雅集团股份有限公司

【公司概况】 公司 1996 年底总股份 275895235 股,其中尚未流通股 148122554 股,已流通 A 股 127772681 股,主要股东有鹤山市国有资产管理办公室、华侨信托投资公司鹤山办事处、鹤山市伟昌物资公司、广东省民族贸易公司工会等。公司董事长兼总经理:李澄海。

【经营业绩】 1996 年共生产各类毛毯 507 万条,腈纶毛沙 1601 吨,毛条 15787 吨,涤纶丝 7014 吨,塑料薄膜 4039 吨,手提包装袋 434 万个,丝袜 102 万时,包边布 308 万米,羊毛纱 1941 吨。公司属下全资子公司雁山酒店获四星级酒店称号,并兼并了湖南长沙毛纺厂。主要关联企业有鹤山毛纺总厂经编毛毯厂、鹤山毛纺厂毛毯厂、鹤山毛纺总厂毛纺厂、鹤山毛纺总厂联合毛绒厂等。1996 年底主营业务收入 966899398.22 元,净利润 158189499.76 元,资产总额 2306127401.62 元。

【财务状况】 公司 1996 年底股东权益 1213503179.75 元,每股收益 0.57 元,每股净资产 4.40 元,净资产收益率 13.03%,股东权益比率 52.62%。每 10 股送 1 股红股,并派发现金股息 2.30 元(含税)。

大连冷冻机股份有限公司

【公司概况】 公司 1996 年底总股份 144624600 股,其中尚未流通股 89737140 股,已流通 A 股 54887460 股。主要股东有大连冰山集团有限公司、吉林省九州开发公司、太原兆和投资发展公司、大连信托投资公司等。公司董事长兼总经理:张和。

【经营业绩】 1996 年,公司投资收益大幅增长,达 33960000 元。主要扩建 1440 平方米加工厂房、扩建 4032 平方米的螺杆加工厂房、引进关键设备等。通过了 ISO—9001 质量认证。公司“冰山”牌商标已经国家工商局认定为全国驰名商标。公司股票发行及配股所筹资金全部投入 8 个合资企业。主要关联企业有大连冰山制冷空调安装公司、大连冰山集团进出口公司、大连冰山经贸公司、大连三举制冷有限公司等。1996 年底主营业务收入 506014000 元,净利润 101442000 元,资产总额 814798000 元。

【财务状况】 公司 1996 年底股东权益 424721000 元,每股收益 0.701 元,每股净资产 2.94 元,净资产收益率 23.88%,股东权益比率 52.13%。分红派息预案为:按配股后总股本 188011980 股计算,向全体股东 10 股送 2.5 股派 0.6 元现金(含税)。

广东恒运企业集团股份有限公司

【公司概况】 公司 1996 年底总股份 211664100 股,其中尚未流通股 134672551 股,已流通 A 股 76991549 股。主要股东有广州经济技术开发区工业发展总公司、广州经济技术开发区国际信托投资公司、广州经济技术开发区黄电实业总公司等。公司董事长:陈传实,总经理:夏藩高。

【经营业绩】 公司主营属国家重点发展的基础行业,公司净资产收益率在同行业中属较高水平。公司 1995 年通过配股募集资金 7000 多万元,已分批投入恒运 C 厂。主要关联企业有广州恒运热电有限公司、广州恒运热电C厂有限公司、广州经济技术开发区电力燃料公司、广州经济技术开发区工业进出口公司、广州美特容器有限公司等。1996年底主营业务收入618184200元,净利润32425500元,资产总额1117829200元。

【财务状况】 公司1996年底股东权益355293900元,每股收益0.1532元,每股净资产1.679元,净资产收益率9.13%,股东权益比率31.78%。每10股派1.5元(含税)。

珠海华电股份有限公司

【公司概况】 公司1996年底总股份218392200股,其中尚未流通股124873550股,已流通A股93518650股。主有股东有珠海经济特区电力开发(集团)公司、珠海经济特区珠光公司、国际银行家(珠海)俱乐部、南方证券有限公司、深圳蔚深投资财务管理公司等。公司董事长:李治强,总经理:梁学敏。

【经营业绩】 1996年,公司实际发电1.18亿千瓦时,售电1.10亿千瓦时,华电船务公司从以内运输为主转为以外部运输为主,实现税后利润136万元,华电印务有限公司1996年下半年实施了承包经营。主要关联企业有珠海华电前山发电厂、珠海华电洪湾柴油机发电有限公司、珠海华电洪屏柴油机发电有限公司、珠海华电房产开发公司等。1996年底主营业务收入90968487.11元,净利润6650967.49元,资产总额860120654.51元。

【财务状况】 公司1996年底股东权益750980822.47元,每股收益0.03元,每股净资产3.44元,净资产收益率0.89%,股东权益比率87.31%。公司决定1996年度不分红,利润转下年度分配。

广东万家乐股份有限公司

【公司概况】 公司1996年底总股份575680000股,其中尚未流通股372290400股,已流通A股203389600股。主要股东有广东万家乐集团公司、南方证券有限公司、工商银行广东省信托投资公司、顺德市顺发投资公司等。公司董事长兼总经理:李振华。

【经营业绩】 1996年公司生产燃气热水器68.24万台,燃气灶具78.05万台,共实现营业收入59469万元。生产各类印刷用油墨及家具漆、树脂等6061吨,实现营业收入11649万元。生产各类包装纸箱2061万平方米,实现营业收入12110万元。公司1996年推出防止不完全燃烧装置的燃气热水器和电热水器系列及微波炉等10多项新产品。主要关联企业有广东万家乐集团财务公司、广东万家乐集团供销公司、广东万家乐房地产发展公司、顺德市彩印纸箱厂等。1996年底主营业务收入1101747927元,净利润13266712元,资产总额2888580425元。

【财务状况】 公司1996年底股东权益1074510315元,每股收益0.023元,每股净资产1.87元,净资产收益率1%,股东权益比率37%。1996年度可供股东分配利润25902103元,董事会提议结转下一年度一并分配。

汕头电力发展股份有限公司

【公司概况】 公司1996年底总股份189328480股,其中尚未流通股109167584股,已流通A股80160015股。主要股东有汕头市电力开发公司、建行汕头信托投资公司、工行汕头信托投资公司、汕头成市建设开发总公司、交通银行汕头分行等。公司董事长:林奕炯,总经理:郑灶松。

【经营业绩】 1996年公司加大对属下电厂的管理力度,突出发电成本改革,同时,公司加强对原投资的各个电力建设项目和合作联营项目的跟踪管理,保证公司投资收益的回收,公司的证券投资也取得了一定的成效。主要关联企业有热电一厂、汕头培特物业公司、汕头保税区培特贸易发展公司、澄海汕蓬实业发展公司。1996年底主营业务收入78125926.23元,净利润46161520.25元,资产总额592090648.77元。

【财务状况】 公司1996年底股东权益540021148.06元,每股收益0.24元,每股净资产2.85元,净资产收益率8.55%,股东权益比率91.21%。向全体股东每10股派发现金1.60元(含税)。

猴王股份有限公司

【公司概况】 公司1996年底总股份302723222股,其中尚未流通股154928839股,已流通A股147794383股。主要股东有宜昌国有资产管理局、中国工行湖北信托投资公司、中国建行湖北信托投资公司等。公司董事长兼总经理:朱黎阳。

【经营业绩】 公司主营焊材生产和销售 。1996年,公司进一步加强了在全国大中城市销售网点建设,积极抢占国内重大工程专用焊材市场,扩大特种焊材销售,1996年公司共完成科研项目24项,其中开发新产品5项,改造老产品5项,完成工艺技术改造项目14项,新产品投产率达100%。主要关联企业有宜昌猴王研究院、宜昌猴王电焊条厂、宜昌猴王焊丝厂、猴王有色焊接材料厂、猴王焊接设备厂等。1996年底主营业务收入302051483.55元,净利润81861511.27元,资产总额914397859.96元。

【财务状况】 公司1996年底股东权益584665559.19元,每股收益0.27元,每股净资产1.93元,净资产收益率14.00%,股东权益比率63.94%。1996年度暂不分红派息。

闽东电机(集团)股份有限公司

【公司概况】 公司1996年底总股份121927193股,其中尚未流通股79356388股,已流通A股42570805股。主要股东有原闽东电机(集团)公司国有资产、工行福建省信托投资公司、福州市古楼区华大五金厂、泉州市二轻集体工业联社等。公司董事长:陈洁人,总经理:洪茂钦。

【经营业绩】 1996年公司开发新产品,通过鉴定23项,其中C系列三相异步电动机达到国际先进水平,GFZPⅢ型三遥自动化柴油发电机组和TZG—5—230三相交流发电直流弧焊两用机达到国内领先水平;出口创汇864.5万美元,1996年到位的配股资金主要用于:增加房地产开发资金500万元和投入卫生洁具项目的股本350万元,70万元暂作补充流动资金。永安闽东商业广场项目于1996年9月竣工,建筑面积4.3万平方米;南平闽东大厦项目1996年10月正式开工,卫生洁具项目已投410万元,1996年9月正式生产。1996年底主营业务收入354999200元,净利润—19408100元,资产总额592310000元。

【财务状况】 公司1996年底股东权益196063000元,每股收益—0.16元,每股净资产1.61元,净资产收益率—9.9%,股东权益比率33.10%。上年结转分红基金415.75万元的派发预案为:向全体股东每10股派0.3元;余额49.97万元结转以后年度派发。

天津立达国际商场股份有限公司

【公司概况】 公司1996年底总股份137970980股,其中尚未流通股87690200股,已流通A股50280780股。主要股东有天津立达集团有限公司、天津环球磁卡股份有限公司、沈阳京联证券交易营业部、中信天津工业发展公司、天津津益联合公司等。公司董事长:葛子平,总经理:宋庆平。

【经营业绩】 1996年12月公司完成了天津吉利大厦25%股权转让变现工作,变现金额为8800万元,投资收益为2050万元,投资项目有商场扩建工程、吉利大厦工程、天津伊势丹有限公司、天津证券有限责任公司。主要关联企业有天津证券有限责任公司、天津伊势丹有限公司等。1996年底主营业务收入268240581.23元,净利润29051058.24元,资产总额752094596.27元。

【财务状况】 公司1996年底股东权益290358650.07元,每股收益0.21元,每股净资产2.10元,净资产收益率10.01%,股东权益比率38.61%。本年度利润暂不分配。

云南白药集团股份有限公司

【公司概况】 公司1996年底总股份112123280股,其中尚未流通股79783280股,已流通A股32340000股。主要股东有云南省医药总公司、联江国际贸易有限公司、云南省国际信托投资公司、中国宝安集团股份有限公司等。公司董事长兼总经理:丁世南。

【经营业绩】 公司1996年成立了云南白药集团,投资控股云南另两家生产云南白药的企业,投资兴建有扩大现有生产能力项目、综合车间项目、与台湾合资建立云南广得利胶囊公司、投资云南核辐射中心及投资控股生产云南白药的大理、文山、丽江三家制药企业等。主要关联企业有云南白药集团大理药业有限责任公司、云南白药集团文山七花有限责任公司、云南广得利胶囊公司等。1996年底主营业务收入93394902.33元,净利润23901515.40元,资产总额259255594.88元。

【财务状况】 公司1996年底股东权益210254971.83元,每股收益0.21元,每股净资产1.88元,净资产收益率11.37%,股东权益比率81.10%。每10股派现金1.28元(含税)。

广东电力发展股份有限公司

【公司概况】 公司1996年底总股份825450000股,其中尚未流通股513650000股,已流通A股98550000股,已流通B股213250000股。主有股东有广东省电力集团公司、中国建设银行广东省信托投资公司、T. ROWE PRICE NEW ASIA FUND CHASE LONDON A/C SCH PAC EMG MKTS FD等。公司董事长:吴希荣,总经理:苏德钜。

【经营业绩】 全年本集团共完成发电量58.10亿千瓦时。1996年本公司电力基建主要是按计划完成湛江发电厂结尾工程投资2,477万元,梅县B电厂完成投资12,140万元,茂名电力供水公司完成投资1,190万元。1996年度本公司经营了其他业务共获得投资收益2,919.9万元。1994年以来,公司通过发行1.05亿股B股共筹集到资金4.28亿港元,投资于湛江发电厂和梅县B电厂。主要关联企业有沙角发电厂(一期)、湛江电力有限公司、广东粤嘉电力有限公司、茂名先驱电厂、滨沙发电厂等。1996年底主营业务收入2123278926.0元,净利润557813261.0元,资产总额5663322115.0元。

【财务状况】 公司1996年底股东权益3273435523元,每股收益0.076元,每股净资产3.97元,净资产收率17.04%,股东权益比率57.8%。分红派息方案为A股每10股送2股派2元人民币(含税),B股每10股送2股派2元人民币。

贵州中天(集团)股份有限公司

【公司概况】 公司1996年底总股份89166070股,其中尚未流通股58523674股,已流通A股30798241股。主要股东有贵阳市国有资产办公室,中国宝安集团服份有限公司、威海经济技术开发区国际合作公司、深圳五星企业公司、中国光大银行等。公司董事长兼总裁:鲁石。

【经营业绩】 1996年,集团公司实际施工面积268600平方米,竣工面积37592平方米,销售工程20372.03平方米。中华中路11—13街坊旧城改造工程进展顺利,其中天泰、天富1—3号已建成并已销售完毕,天富4号主体封项断水进入室内外装修阶段,中天大酒店主体结构施工至14层并完成优化设计工作,冷洋大厦土建工程完工。此外,新寨路3万平方米多层住宅区全部建设完毕,已累计销售80%,金顶山住宅小区1996年建成并销售3000平方米。主要关联企业有贵州天富文化娱乐有限公司、贵州中天建筑安装有限责任公司、贵阳泛太平洋房地产有限公司、贵州中天药业有限公司等。1996年底主营业务收入57409476.45元,净利润260158.23元,资产总额389766468.36元。

【财务状况】 公司1996年底股东权益186854126.17元,每股收益0.003元,每股净资产2.10元,净资产收率0.14%,股东权益比率47.94%。1996年利润滚存到1997年一并分配。

佛山电器照明股份有限公司

【公司概况】 公司1996年底总股份275862054股,其中尚未流通股117513054股,已流通A股83349000股,已流通B股75000000股。主要股东有佛山国有资产办公室、ARRAN TNVESTMENT PTE LTD(B)、禅昌灯光(A)、RG PACIFIC FUND N. V. (B)等。公司董事长兼总经理:钟信才。

【经营业绩】 1996年公司实现工业总产值10.18亿元,灯泡总产量21069万只,其中普通灯泡9125万只,特种灯泡11944万只,募集B股资金2.6亿港元,B股发行募集资金的使用计划为:1)投资1亿元改建、扩大白炽灯生产规模;2)投资1.8亿元合资建办欧司朗佛山照明有限公司。到1996年底约投入4300万元,主要用以开发装饰灯泡。1996年底主营业务收入39954万元,净利润17563万元,资产总额142545万元。

【财务状况】 公司1996年底股东权益106642万元,每股收益0.637元,每股净资产3.87元,净资产收益率16.47%,股东权益比率74.81%。1996年分红派息方案为:每10股派股息现金4.77元(含税,B股股息折成港币支付)。

TCL通讯设备股份有限公司

【公司概况】 公司1996年底总股份156640000股,其中尚未

流通股 93984000 股，已流通 A 股 626561720 股。主要股东有 TCL 通讯设备（香港）有限公司、惠州市通信开发公司、惠州五金矿产进出口公司、TCL 集团公司等。公司董事长：李东生，总经理：黎健生。

【经营业绩】 1996 年生产销售电话机 448 万台，其中内销 353 万台，外销 95 万台。1996 年公司开发 HW868(3)P/TS-DM 一母多子无绳电话、HA868(20)/TSD(LCD)智能电话等五种话机。公司开发的 HA868(17)P/TSD、HA868(19)P/TD 两种普通型新型话机已正式入网投放市场。主要关联企业有 TCL 东讯通讯工业有限公司、惠州万里达模具注塑有限公司、TCL 移动通讯设备有限公司、高达（惠州）电缆制品有限公司等。1996 年底主营业务收入 60134.12 万元，净利润 7439.58 万元，资产总额 69618.69 万元。

【财务状况】 公司 1996 年底股东权益 39839.24 万元，每股收益 0.48 元，每股净资产 2.54 元，净资产收益率 18.67%，股东权益比率 57.22%。分红派息预案为：以 1996 年末股本总额 15664 万股为基数，向全体股东派发每股 0.24 元现金（内部职工股份和已流通的股份含税）。

皖能股份有限公司

【公司概况】 公司 1996 年底总股份 734703151 股，其中尚未流通股 634686391 股，已流通 A 股 100017060 股。主要股东有安徽省能源投资公司、安徽省农业投资公司、安徽省能源物资供销公司、安徽省建设投资公司、安徽省电力公司等。公司董事长兼总经理：张绍仓。

【经营业绩】 公司 1996 年全年发电量 36.94 亿千瓦时，上网售电量 34.03 亿千瓦时，发电量占全省发电总量的 11.83%。公司投资参股的马鞍山第二发电厂#1 机组于 1996 年 5 月正式移交生产，#2 机组于 1996 年 12 月建成投入试运行。东方大厦项目已进入内装饰阶段。1996 年底主营业务收入 889852559.40 元，净利润 258804106.74 元，资产总额 1990077300.67 元。

【财务状况】 公司 1996 年底股东权益 1685725747.76 元，每股收益 0.3523 元，每股净资产 2.29 元，净资产收益率 15.35%，股东权益比率 84.71%。每 10 股派现金 2.40 元（含税）。

白鸽（集团）股份有限公司

【公司概况】 公司 1996 年底总股份 244963455 股，其中尚未流通股 149329457 股，已流通 A 股 95633998 股。主要股东有郑州市国有资产管理局等。公司董事长兼总经理：郝延忠。

【经营业绩】 公司属磨料磨具行业。1996 年公司实现工业总产值 31826 万元，生产磨料 43388 吨，磨具 18011 吨，超硬制品 65 万克粒，砂布砂纸 454 万平方米，出口创汇 2633 万美元。1996 年投资兴建项目有高精度磨具生产线、特种涂附磨具生产线和高档超硬磨具生产线等。主要关联企业有深圳白鸽磨料磨具工业公司、第二砂轮厂深圳联合公司、二砂登封联营磨料厂、郑州磨料磨具工艺装备研究所、郑州白鸽树脂磨具厂等。1996 年底主营业务收入 627102135.14 元，净利润 25806269.77 元，资产总额 1219829179.01 元。

【财务状况】 公司 1996 年底股东权益 451873535.48 元，每股收益 0.105 元，每股净资产 1.84 元，净资产收益率 6.04%，股东权益比率 37.04%。每 10 股送红股 1 股。

吉林制药股份有限公司

【公司概况】 公司 1996 年底总股份 135635820 股，其中尚未流通股 67615700 股，已流通 A 股 68020120 股。主要股东有吉林市国有资产管理局、天骥基金、深圳经济特区房地产（集团）股份有限公司、深圳蛇口大洋海运有限公司、华瑰实业等。公司董事长兼总经理：马景田。

【经营业绩】 公司 1996 年主导产品退热冰、阿斯匹林等化学原料药、医药中间体产量 1.21 万吨，制剂产量 15.74 亿片（粒），公司在美国设立了办事处，投资兴建项目有吉林化学合成原料药基地等。主要关联企业有吉林吉辉药业有限公司、吉林制药进出口公司等。1996 年底主营业务收入 210303607.41 元，净利润 7127997.11 元，资产总额 437789886.78 元。

【财务状况】 公司 1996 年底股东权益 309980094.84 元，每股收益 0.052 元，每股净资产 2.29 元，净资产收益率 2.3%，股东权益比率 70.81%。1996 年度利润暂不分配。

吉林轻工集团股份有限公司

【公司概况】 公司 1996 年底总股份 169506479 股，其中尚未流通股 101815314 股，已流通 A 股 67691165 股。主要股东有吉林省国有资产管理局、深圳投资基金管理公司、海南顺兴房地产开发公司、华夏证券有限公司深圳分公司、海南顺丰股份有限公司等。公司董事长：万殿卿，总经理：王铁男。

【经营业绩】 公司 1996 年保持传统的啤酒大麦经营渠道，加大对马口铁和玉米的经营力度，下大力气抓了白山不锈钢的生产经营管理，成立了物业公司，对公司的房屋进行出租和经营管理；对长春轻工机械厂的兼并工作正在进行。公司将配股到位资金继续投入大连北方啤酒原料公司和珠海白山不锈钢制品有限公司，用于二期工程改造。主要关联企业有吉林轻工股份有限公司、吉轻工海富投资公司、吉轻工万达房地产开发公司、吉轻工海南分公司、吉轻工珠海分公司等。1996 年底主营业务收入 194760000 元，净利润 36670000 元，资产总额 873930000 元。

【财务状况】 公司 1996 年底股东权益 347690000 元，每股收益 0.22 元，每股净资产 2.05 元，净资产收益率 10.55%，股东权益比率 51.59%。1996 年利润暂缓分配。

福建省福发股份有限公司

【公司概况】 公司 1996 年底总股份 91729769 股，其中尚未流通股 50632313 股，已流通 A 股 41097456 股，主要股东有福州市财政局、兴业证券、兴强实业等。公司董事长兼总经理：陈国相。

【经营业绩】 1996 年，公司在北京、上海、广州、漳州、南昌等地建立办事处和销售网点 59 个，大力发展机电产品出口，全年共实现出口收入 268 万美元。1996 年共开发新产品 26 项，其中新一代 TFE2/10—1000KW 系列发电机已投入批量生产，开发了 2×400KW 全自动机组，提供太原卫星发射基地使用，并研制成功 2×120KW 远程集中监控自动化机组，2×40KW 无人值守电话、超低噪声组合式柴油发电机组 200KW 等。募集资金主要用于合资建立麦格乃泰克（福州）发电机有限公司、新建扩建厂房及综合车间、购买高精度设备及购买

1996年国债等。主要关联企业有麦格乃泰克(福州)发电机有限公司、福建省福发装修工程有限公司、福建省福发股份有限公司工贸分公司等。1996年底主营业务收入75053251.30元,净利润21273088.68元,资产总额362504004.25元。

【财务状况】 公司1996年底股东权益212453822.64元,每股收益0.232元,每股净资产2.25元,净资产收益率10.01%,股东权益比率60.15%。向全体股东每10股送红0.7股,并派发现金红利1.30元(含税)。

长沙中意集团股份有限公司

【公司概况】 公司1996年底总股份290608048股,其中尚未流通股166924221股,已流通A股123683827股。主要股东有长沙市国有资产管理局、长沙市国有资产经营公司、深圳市宝安企业集团股份有限公司、深圳市康佳电子股份有限公司等。公司董事长:邓文全,总裁:彭惊雷。

【经营业绩】 公司全年共完成冰柜、空调、电冰箱等主导产品10.88万台,实现产品销售量10.59万台。公司与瑞典伊莱克斯公司合资组建的伊莱克斯中意(长沙)电冰箱有限公司实现了小批量生产,全年生产电冰箱3.7万台。房地产业方面,长沙中意花苑、广州中意花苑项目的建设投资规模2.67亿元,总建筑面积6.2万平方米。全年实现进出口贸易总额1503万元,创汇70万美元。前次配股共募集现金6744.3万元,用于无氟高效节能电冰箱工程及现有家电生产经营之中。主要关联企业有长沙中意集团房地产公司、长沙中意电器进出口公司、长沙中意商业开发公司、长沙中意乌鲁木齐经销维修部等。1996年底主营业务收入223618000元,净利润—93109500元,资产总额1024222700元。

【财务状况】 公司1996年底股东权益428829800元,每股收益—0.32元,每股净资产1.48元,净资产收益率—21.71%,股东权益比率41.87%。1996年不派发股利。

株洲火炬火花塞股份有限公司

【公司概况】 公司1996年底总股份97240000股,其中尚未流通股41140000股,已流通A股56100000股。主要股东有株洲国资局、深圳信创、深圳市帝桓实业有限公司、中南证券、广东深业运输公司等。公司董事长:刘勇舸,总经理:刘海南。

【经营业绩】 公司1996年主导产品火花塞全年产量2002.33万只,销售量2254.92万只,国内主机配套市场占有率为55%。主要关联企业有株洲火炬火花塞股份有限公司零部件联营厂、深圳火炬火花塞工贸公司、株洲火炬火花塞股份有限公司房地产开发公司等。1996年底主营业务收入72636539.41元,净利润1645176.44元,资产总额335999365.64元。

【财务状况】 公司1996年底股东权益187570670.67元,每股收益0.017元,每股净资产1.93元,净资产收益率0.88%,股东权益比率55.83%。1996年暂不分配利润。

江铃汽车股份有限公司

【公司概况】 公司1996年底总股份693214000股,其中尚未流通股401614000股,已流通A股117600000股,已流通B股174000000股。主要股东有江铃汽车集团公司、福特汽车公司、上海汽车有限公司、中国宝安集团股份有限公司等。公司董事长兼总裁:孙敏。

【经营业绩】 1996年公司共生产汽车15472辆,销售汽车16972辆,在轻型汽车市场占有率为5.56%。其中五十铃N系列车生产12606辆,销售14285辆;TF系列车生产2101辆,销售2092辆;井岗山134系列车生产765辆,销售595辆。1996年公司建设和开发项目主要是换代产品开发和建设、发动机及铸造工程、其他配套工程,10台不同款式的新产品已通过海南3万公里耐久试验,22台欧洲确认样车已完成组装,投入8万公里测试。主要关联企业有江铃汽车集团配件公司、江铃集团房地产开发公司、江铃物资公司、江铃汽车运输公司等。1996年底主营业务收入1693059497.50元,净利润43352640.54元,资产总额4592543308.54元。

【财务状况】 公司1996年底股东权益1344307283.54元,每股收益0.06元,每股净资产1.94元,净资产收益率3.23%,股东权益比率29.27%。1996年度可分配红利暂不作分配。

苏州物资集团股份有限公司

【公司概况】 公司1996年底总股份120863197股,其中尚未流通股65855351股,已流通A股55196639股。主要股东有江苏苏州物贸中心(集团)有限公司、中国物资开发投资总公司、中国黑色金属材料总公司、中国轻工物资供销华东公司、海口长乐置业有限公司等。公司董事长:顾衡如,总经理:张华明。

【经营业绩】 公司经营范围为国内贸易、进出口业务和承办中外合资经营、合作生产、来料加工、来样加工、来件装配。1996年公司对外创汇1960万美元,开设超市连锁店21家,财务公司累计吸收存款42.44亿元,代理股票交易额75.7亿元,房地产竣工面积43714平方米,156辆出租车队全面投入运营。投资兴建有液化气贮罐场、汽车出租、超市连锁店及进出口贸易等项目。主要关联企业有苏州物资集团股份有限公司原材料公司、苏州物资贸易中心汽车销售公司、苏州物资汽车实业总公司、苏州物贸房地产建设开发总公司、通宝期货经纪有限公司等。1996年底主营业务收入742427668.80元,净利润140060407.28元,资产总额1263644374.52元。

【财务状况】 公司1996年底股东权益447659453.53元,每股收益1.16元,每股净资产3.70元,净资产收益率31.29%,股东权益比率35.43%。向全体股东每10股送5股红股,另按10:5比例转增股本。

甘肃长风宝安实业股份有限公司

【公司概况】 公司1996年底总股份14822.50万股,其中尚未流通股9256.50万股,已流通A股5566万股。主要股东有甘肃电子集团公司、中国宝安集团股份有限公司、甘肃电子集团物业公司、深圳宝安电子工业公司等。公司董事长:徐永新,总经理:邵乐仲。

【经营业绩】 1996年年度内完成工业总产值43506万元,生产洗衣机、电视机、电冰箱共计40.2万台,其中生产洗衣机34.32万台。公司与陕西长岭股份有限公司达成联合经营大屏幕彩色电视机的协议;长风牌消毒气泡全自动洗衣机、消毒气泡双缸洗衣机、XM—1型消毒器已陆续问世;快中子治癌机正在加紧研制中。1996年底主营业务收入20040万元,净利润260万元,资产总额67690万元。

【财务状况】 公司1996年底股东权益27399万元,每股收益0.02元,每股净资产1.85元,净资产收益率0.95%,股东权益比率40.48%。1996年利润转入下年度分配。

湖北沙隆达股份有限公司

【公司概况】 公司1996年底总股份181961610股，其中尚未流通股90153035股，已流通A股91808575股。主要股东有沙隆达集团公司、上海投资管理顾问有限公司、蕲春县国资局、深平安保险公司、湖北富隆达化工有限公司等。公司董事长兼总经理：陈立洲。

【经营业绩】 1996年公司形成了年产8000吨敌敌畏新工艺生产能力，中间体扩建及新建生产装置达到设计技术要求，并正常运行。1996年全年共生产农药19118吨，烧碱43162吨，自营出口创汇1872万美元。主要关联企业有沙隆达煤化工业公司、沙隆达江陵农药厂、沙隆达蕲春总厂、江汉制药厂、沙隆达达利实业公司、沙隆达——天门农化有限责任公司等。1996年底主营业务收入774755362.58元，净利润77611470.11元，资产总额931774340.42元。

【财务状况】 公司1996年底股东权益489534698.35元，每股收益0.43元，每股净资产2.69元，净资产收益率15.85%，股东权益比率53.57%。每10股派发现金人民币3.5元(含税)。

山东泰山石化股份有限公司

【公司概况】 公司1996年底总股份267107400股，其中尚未流通股103361530股，已流通A股163745870股。主要股东有山东省国有资产管理局等。公司董事长兼总经理：谷焕章。

【经营业绩】 1996年公司石化产品共完成购销总量65万吨。青岛地产项目"滨海花园"E区两幢32层公寓和F区的三座商住楼已全面竣工，1996年，青岛房地产售出及预售楼房总面积5万平方米。与中国华能集团浙江公司联合开发的杭州"阳光城"地产项目，已完成包括地下2层、地上6层的裙楼建筑面积3.5万平方米，1996年，杭州房地产已预售楼房4000平方米。主要关联企业有青岛泰山房地产开发有限公司、东营百老汇食品有限公司、浙江华能房地产联合开发公司等。1996年底主营业务收入742302484.87元，净利润48200284.31元，资产总额1030646910.49元。

【财务状况】 公司1996年底股东权益705543491.01元，每股收益0.18元，每股净资产2.64元，净资产收益率6.83%，股东权益比率68.46%。1996年可分配利润暂不分配，用于销售看好的房地产开发。

贵州凯涤股份有限公司

【公司概况】 公司1996年底总股份81827678股，其中尚未流通股59959378股，已流通A股21868300股。主要股东有贵州凯里涤纶厂、广东省南海市建设工贸总公司、深圳火炬科技实业有限公司、深圳桑达实业股份有限公司等。公司董事长兼总经理：王声云。

【经营业绩】 本公司主营涤纶长丝的生产与经销。1996年生产涤纶长丝2162吨。实现工业总产值4119万元，销售收入2027万元。1996年公司顺利实现了扭亏为盈的总目标。募集资金主要用于贵州凯南化纤有限公司、贵州新兴织布印染有限公司等8家关联企业。主要关联企业有贵州凯南化纤有限公司、贵州新兴织布印染有限公司、贵阳川山矿冶工具公司、广州龙凯经济发展联营公司等。1996年底主营业务收入32381234元，净利润2478827元，资产总额153783492元。

【财务状况】 公司1996年底股东权益135390128元，每股收益0.03元，每股净资产1.65元，净资产收益率1.83%，股东权益比率88.04%。本年度盈利2478800元全部用于弥补上年亏损，本年度不提法定公积金和法定公益金，不进行分配。

海南南洋船务实业股份有限公司

【公司概况】 公司1996年底总股份165812086股，其中尚未流通股88735567股，已流通A股77076519股。主要股东有海南成功投资有限公司、海南省财政税务厅、中国银行海口信托咨询公司、海南宝岛企业公司、海南华荣文化实业有限公司等。公司董事局主席：厉建中，总裁：陈涛。

【经营业绩】 1996年公司实行人、船、货分开管理，提高了船舶的营运率和载重率；处理了4艘老旧船，同时将经营的重点从小油轮转向化工品船。募集资金主要用于对外投资合作购进化工品油轮。主要关联企业有南洋航汕运输公司、香港南洋国际船务有限公司、香港南洋石油化工有限公司。1996年底主营业务收入104542662.13元，净利润－29353784.47元，资产总额540534917.43元。

【财务状况】 公司1996年底股东权益294577377.57元，每股收益－0.17元，每股净资产1.78元，净资产收益率－9.35%，股东权益比率54.50%。1996年亏损2755.60万元，不进行分红派息。

广夏(银川)实业股份有限公司

【公司概况】 公司1996年底总股份146364440股，其中尚未流通股80267286股，已流通A股66097114股。主要股东有香港中昌国际有限公司、宁夏伊斯兰国际信托投资公司、美国金河实业有限公司、深圳兴庆电子公司、深圳广夏文化实业总公司等。公司董事局主席：陈川，总裁：杜裕。

【经营业绩】 公司主要开展电脑软磁盘、保洁制品、食品加工、酒类酿造、餐饮旅游、房地产开发、商贸等生产经营业务。控股75%的天津广夏保洁制品有限公司1996年引进了全套筒式牙膏生产线，控股82.85%的银川广夏春之醇保健品有限公司1996年建厂生产并销售春之醇补酒150吨，北京广夏尼阿迈食品公司1996年投产后销售羊肉方便面1000多万包(碗)。主要关联企业有广夏(银川)磁技术有限公司、深圳广夏微型软盘有限公司、深圳广夏录像器材有限公司、广夏深圳分公司、广夏北京分公司等。1996年底主营业务收入429513676.79元，净利润47226516.47元，资产总额834453455.65元。

【财务状况】 公司1996年底股东权益321145787.17元，每股收益0.323元，每股净资产2.19元，净资产收益率14.71%，股东权益比率38.49%。向全体股东每10股送红股2.5股，另按10:1.5比例转增股本。

沈阳房天股份有限公司

【公司概况】 公司1996年底总股份117164373.70股，其中尚未流通股66754233.70股，已流通A股50410140.00股。主要股东有沈阳资产经营有限公司(国家股)、深圳市金源实业股份有限公司、深圳市万科企业股份有限公司、沈阳樱花建设有限公司等。公司董事长兼总经理:杨大勇。

【经营业绩】 1996年,公司房屋管量达564万平方米,共投入资金900万元用于设备维修、更新和改造等。全年共开发商品房近5万平方米。在房屋建筑施工、设计方面,全年共完成新建工程施工任务1.44万平方米,其中裕宁科技公寓6#楼被评为沈阳市样板工程,7#楼被评为优良工程,完成建筑设计任务3万平方米。主要关联企业有海南房天房地产开发公司、北海房天房地产开发公司、防城港房天房地产开发公司等。1996年底主营业务收入149471433.37元,净利润—17721414.45元,资产总额725721703.61元。

【财务状况】 公司1996年底股东权益244561707.16元,每股收益—0.15元,每股净资产2.09元,净资产收益率—7.25%,股东权益比率33.70%。1996年度因亏损故不分配。

万向钱潮股份有限公司

【公司概况】 公司1996年底总股份156897634股,其中尚未流通股111598864股,已流通A股45298770股。主要股东有万向集团公司、中国汽车投资开发公司、中国工程农机进出口公司、华联汽车发展有限公司等。公司董事长:鲁冠球,总经理:周建群。

【经营业绩】 公司1996年共完成330余种新品种开发试制,负债收购了浙江特种轴承公司、浙江汽车轴承公司、浙江万向机械有限公司各60%的股权。1996年投资兴建有轿车减震器项目、工程机械万句节轴承座生产能力技改项目、热处理可控气氛箱式多用炉项目、机加工扩能及工作设备填平补缺项目等。主要关联企业有浙江万向机械有限公司、浙江万向特种轴承有限公司、浙江万向汽车轴承有限公司、浙江万向滚动体有限公司等。1996年底主营业务收入456154535.88元,净利润55746751.98元,资产总额748417403.20元。

【财务状况】 公司1996年底股东权益388556905.11元,每股收益0.355元,每股净资产2.48元,净资产收益率14.35%,股东权益比率51.92%。向全体股东每10股派发现金红利0.8元(含税),同时每10股送红股2股。

昆明百货大楼(集团)股份有限公司

【公司概况】 公司1996年底总股份134400000股,其中尚未流通股72000000股,已流通A股62400000股。主要股东有昆明百货大楼、昆明县乡企业开发公司、昆明西南商业大厦股份有限公司、昆明三联百货经营部、昆明继达工贸公司等。公司董事长兼总经理:吴新元。

【经营业绩】 公司已形成以商贸为基础,集加工业、旅游、物业、金融、房地产、广告为一体的多种产业并举的经营格局。1996年8月,新纪元广场按期封顶断水,1996年12月完成了裙楼2万平方米商场的装修并开业。完成了16个便民连锁店的铺点工作,在各专州建立供货关系的经营单位近60个,形成了覆盖全省的批发网点。野鸭渡假区部分宾馆年底已试营业。1996年投资入股中国民生银行和中国华夏银行。主要关联企业有昆明百货大楼房地产开发经营公司、昆明百货大楼(集团)开发经营有限公司、华侨友谊公司、昆明百货大楼(集团)珠宝经营有限公司等。1996年底主营业务收入499233531.39元,净利润12259595.10元,资产总额850142698.68元。

【财务状况】 公司1996年底股东权益266080838.79元,每股收益0.091元,每股净资产1.98元,净资产收益率4.62%,股东权益比率31.29%。1996年利润暂不分配。

长岭(集团)股份有限公司

【公司概况】 公司1996年底总股份272606236股,其中尚未流通股113081116股,已流通A股159525120股。主要股东有陕西省国有资产管理局、中国工行陕西信托投资有限公司、中国建行信托投资公司等。公司董事长:王大中。

【经营业绩】 1996年公司销售电冰箱57万台、家用空调器4.79万台,纺织电子产品843套(部)。公司与长岭机器厂、黄河机电股份有限公司组建长岭黄河企业集团,生产长岭牌电冰箱将形成年产180万台的冰箱生产能力。在新产品开发方面,主要有BCD—261、BCD—228B、BCD—198W等型号的无氟电冰箱投放市场;空调器产品重点对KFR—20X2一拖二热泵空调、KFR—68单相电源柜机、KC—25C低噪型窗机的研制开发;配股资金主要进行电冰箱生产线改造和开发无氟电冰箱及补充流动资金。主要关联企业有长岭电器沈阳经销公司、长岭(集团)股份有限公司石家庄经销公司、长岭(集团)股份有限公司成都经销公司等。1996年底主营业务收入1234880048元,净利润68661000元,资产总额1772022462元。

【财务状况】 公司1996年底股东权益683350444元,每股收益0.25元,每股净资产2.51元,净资产收益率10.05%,股东权益比率38.56%。按每10股派发现金红利1.80元(含税)。

新疆宏源信托投资股份有限公司

【公司概况】 公司1996年底总股份204150000股,其中尚未流通股144150000股,已流通A股60000000股。主要股东有中国建设银行新疆分行、中国建设银行新疆融资中心、新疆生产建设兵团、新疆维吾尔自治区电力公司等。公司董事长:张全志,总经理:韩新林。

【经营业绩】 1996年,公司坚持以金融信托业为基础,以证券业、房地产业为重点,年底负债总额11951万元,信托存款余额14766万元。全年实现股票交易量97.60亿元,承销国债2.13亿元,先后参与了新疆区内外6家企业的股票发行承销工作。“新宏信”大厦于1996年10月竣工。全年销售4393.26平方米。全年共盘活回笼资金35524.6万元。募集资金主要用于合资兴建宏源大厦、公司所属证券经营网点建设和证券经营业务、参股乌鲁木齐集装箱公司、新疆证券公司等。主要关联企业有新疆宏源建设发展公司、北海新宏源物业发展公司。1996年底主营业务收入228458103.26元,净利润33940986.45元,资产总额1592466808.65元。

【财务状况】 公司1996年底股东权益397412531.15元,每股收益0.166元,每股净资产1.95元,净资产收益率8.54%,股东权益比率24.96%。1996年度向全体股东按每10股送红股1股并派发现金0.80元(含税)。

陕西省国际信托投资股份有限公司

【公司概况】 公司1996年底总股份137530114股,其中尚未

流通股 83651714 股，已流通 A 股 53878400 股。主要股东有陕西省财政厅、深圳市深华工贸总公司、北京百高利公司、北京超人娱乐健身产品公司等。公司董事长：孙武学，总经理：刘承运。

【经营业绩】 1996 年底，公司信托、委托及各类存款余额 103352 万元，各项贷款余额 49457 万元，回收逾期贷款 2637 万元，全年累计融通资金近 40000 万元，美元近 2000 万元。1996 年上半年，公司经批准推出国库券再投资信托业务等三项金融信托产品。1996 年，公司证券成交总额为 1400000 万元，手续费收入近 4000 万元，新建证券交易营业部两个。1996 年，公司引进国外银团短期商业贷款 1000 万美元，国内融资和新增外汇存款 700 万美元，外汇资产扩展到 4680 万美元。1996 年，公司在西安、上海新开工的房屋面积为 16 万平方米，竣工面积 4 万平方米，销售面积 2 万平米方。主要关联企业有陕西省鸿业房地产公司、上海佳信房地产开发公司、香港康达理发展有限公司等。1996 年底主营业务收入 303863911.33 元，净利润 24233756.01 元，资产总额 2043758740.72 元。

【财务状况】 公司 1996 年底股东权益 236298318.18 元，每股收益 0.1761 元，每股净资产 1.72 元，净资产收益率 10.26%，股东权益比率 11.56%。向全体股东每 10 股派发现金红利 1.5 元(含税)。

西安民生集团股份有限公司

【公司概况】 公司 1996 年底总股份 161653972 股，其中尚未流通股 59556343 股，已流通 A 股 102097629 股。主要股东有西安市国有资产管理局、西安民生劳动服务公司、陕西电视台广告经理部、工行西安解放办劳司等。公司董事局主席兼总裁：詹军道。

【经营业绩】 民生集团公司主营业务仍为百货，销售比重占 94%以上，二期工程五层以下商场全面开业，使整个大楼商场营业面积增长 4.3 万平方米，空调、供电、扶梯系统陆续投入运行，公司经营商品品种增加到 6900 多种，成立了家电公司、服纺公司、副食公司，组建了民生配送公司，新建了 6 家连锁店并相继开业。主要关联企业有民生大酒店、西安民生生活服务公司、西安 民生贸易实业发展公司、西安民生广告装饰分公司、西安民生旅游出租汽车分公司等。1996 年底主营业务收入 808035552.40 元，净利润 34590067.66 元，资产总额 914272094.10 元。

【财务状况】 公司 1996 年底股东权益 332673502.09 元，每股收益 0.214 元，每股净资产 2.06 元，净资产收益率 10.40%，股东权益比率 36.39%。每 10 股派现金 1.70 元(含税)。

重庆三峡油漆股份有限公司

【公司概况】 公司 1996 年底总股份 95261347 股，其中尚未流通股 51210670 股，已流通 A 股 44050677 股。主要股东有重庆国有资产管理局等。公司董事长兼总经理：陈光辉。

【经营业绩】 1996 年，公司研制新产品 21 个。全年完成工业总产值 31988 万元，完成油漆 39049 吨，销售油漆 39056 吨。1996 年投资兴建项目有中日合资企业重庆关西涂料公司、综合废水生化处理工程、色漆车间技术改造、增加变夺器容量等。主要关联企业有重庆关西涂料有限公司等。1996 年底主营业务收入 381827067.74，净利润 21487649.56 元，资产总额 347886244.54 元。

【财务状况】 公司 1996 年底股东权益 190358221.09 元，每股收益 0.23 元，每股净资产 2.00 元，净资产收益率 11.29%，股东权益比率 54.72%。以 1996 年底总股本为基数，每 10 股派发现金红利 1.80 元(含税)。

海南海药实业股份有限公司

【公司概况】 公司 1996 年底总股份 168624160 股，其中尚未流通股 99422500 股，已流通 A 股 69201660 股。主要股东有海口市财政局、正大国际财务有限公司、中国工商银行海南信托投资公司、海南省信托投资公司等。公司董事长：韩宇东。

【经营业绩】 1996 年，公司在 50 个正常生产产品中，15 个新特药生产占 1/3 左右，销量占 30%，公司重点产品红宝太圣胶囊于 1996 年通过了美国 FDA 认证。在产品销售方面，先后在北京、上海、广州、武汉、南京等地建立了 18 个片区办事处。主要关联企业有海口市制药厂、海南海药房地产开发公司、海南海药保健品公司等。1996 年底主营业务收入 173836529.26 元，净利润 16785783.95 元，资产总额 953112675.99 元。

【财务状况】 公司 1996 年底股东权益 503108945.69 元，每股收益 0.10 元，每股净资产 2.98 元，净资产收益率 3.3%，股东权益比率 52.8%。1996 年普通股红利暂不分配。

海南海德纺织实业股份有限公司

【公司概况】 公司 1996 年底总股份 100800000 股，其中尚未流通股 60534000 股，已流通 A 股 40266000 股。主要股东有海口市经济技术开发总公司、海口市对外经济发展总公司、广东华宝集团公司、中国银行海口信托咨询公司、北京中京泰咨询有限公司等。公司董事长兼总经理：刘声奇。

【经营业绩】 公司主要生产经营涤纶长丝。1996 年受行业调整影响，无法维持正常生产，被迫停产 50%。主要关联企业有伊莎贝尔矿泉水公司、海南海德房地产开发公司、海南海德贸易公司、海南海德旅业公司、海南海德冷气装饰工程有限公司等。1996 年底主营业务收入 94435663.83 元，净利润－27870915.20 元，资产总额 538556515.76 元。

【财务状况】 公司 1996 年底股东权益 207631434.39 元，每股收益－0.277 元，每股净资产 2.06 元，净资产收益率－13.42%，股东权益比率 38.55%。1996 年度无分红派息。

泸州老窖股份有限公司

【公司概况】 公司 1996 年底总股份 169416000 股，其中尚未流通股 126750000 股，已流通 A 股 42666000 股。主要股东有泸州市国资局、重庆劝业商务发展有限公司等。公司董事长兼总经理：郭来虎。

【经营业绩】 公司主要生产销售泸州老窖系列曲酒，1996 年共销售曲酒 2.74 万吨。400 年泸州老窖池被国务院批准为全国重点文物保护单位，经国家经贸委批准获得进出口经营权。现代化包装中心于 1996 年 6 月投入试生产，老车间技术改造项目中的电站二期工程于 1996 年底完工并投入使用，泸州老窖生物工程有限责任公司菌体蛋白饲料工程项目土建工程已基本完工，正处于设备安装阶段。主要关联企业有泸州老窖大酒店、泸州老窖生物工程有限责任公司、泸州老窖股份有限公司销售公司、泸州老窖酿酒有限公司等。1996 年底主营业务收入 964352944.48 元，净利润 244685899.59 元，资产总额 1064188527.81 元。

【财务状况】 公司 1996 年底股东权益 612061312.43 元，每股收益 1.44 元，每股净资产 3.61 元，净资产收益率 40%，股东权益比率 58%。向全体股东每 10 股送红股 2 股并派发现金人民币 5 元(含税)，另按 10:3 比例配股。

长城特殊钢股份有限公司

【公司概况】 公司 1996 年底总股份 662040179 股，其中尚未流通股 538286551 股，已流通 A 股 123721132 股，锁定的高级管理人员股 32496 股。主要股东有四川省冶金工业厅、深圳平安实业投资公司、深圳国际信托投资公司等。公司董事长：刘立中，总经理：吕聿信。

【经营业绩】 公司全年产钢 44.65 万吨，钢材 43.48 万吨。三大重点品种不锈材、模具钢、轴承钢产量分别为 22382 吨、11844 吨、31320 吨。全年销售钢材 45.8 万吨。全年出口钢材 14251 吨，创汇 726 万美元。30 吨电炉及三流连铸工程均已热负荷试车成功；复合小型合金钢棒线材连轧生产线改革获得成功，于 1996 年 8 月全部交付生产。220KVA 总降进入最后的设备安装调试阶段；新钢厂 50 万吨炼钢系统进入主体工程施工阶段。前次募集资金全部用于 50 万吨新钢厂一期工程炼钢系统的开工投入。主要关联企业有长钢进出口公司、长城冶金实业公司、长钢广汉实业公司等。1996 年底主营业务收入 1788414000 元，净利润 9804800 元，资产总额 3825656900 元。

【财务状况】 公司 1996 年底股东权益 990283600 元，每股收益 0.015 元，每股净资产 1.50 元，净资产收益率 0.99%，股东权益比率 25.88%。以总股本为基数按 10:0.5 比例派送红股。

常柴股份有限公司

【公司概况】 公司 1996 年底总股份 352000000 股，其中尚未流通股 189174426 股，已流通 A 股 62825574 股，已流通 B 股 100000000 股。主要股东有常州市国有资产管理局、上海证大财务顾问有限公司、SR CLOBAI FUND INC(EMERGING) MARKET PORTFOLIO、常州金惠实业发展公司等。公司董事长、总经理：沈铁平。

【经营业绩】 1996 年，公司共生产柴油机 150 万台，出口创汇 2618 万美元。公司形成了 9 种缸径 30 个品种的单缸系列产品，多缸柴油机的生产已突破万台关，年内销出 12000 台，并试制成功小型联合收割机、抛秧机等终端产品。年内公司组建了 3 家控股公司，控股子公司总数增至 7 家。募集资金主要投入多缸机生产车间技术改造、完善三井柴油机生产基地建设、加快发展新一代风冷柴油机生产、CAD 计算机辅助设计系统及用于经营管理的计算机网络。主要关联企业有常柴银川柴油机有限公司、常柴齐富柴油机有限公司、常柴长春柴油机有限公司等。1996 年底主营业务收入 2758559624.13 元，净利润 238088656.27 元，资产总额 2608523334.02 元。

【财务状况】 公司 1996 年底股东权益 1233436563.41 元，每股收益 0.81 元(加权平均)，每股净资产 3.50 元，净资产收益率 19.3%，股东权益比率 47.3%。1996 年 9 月份前利润及 1995 年度结余利润向全体 A 股股东派发现金红利每股 0.36 元人民币(含税)，1996 年 8 月份以后可供 A、B 股股东分配利润滚至下年度一并分配。

海南新大洲摩托车股份有限公司

【公司概况】 公司 1996 年底总股份 237440000 股，其中尚未流通股 142464000 股，已流通 A 股 94903760 股，董事、监事持股 72240 股亦上市流通。主要股东有海南省国营桂林洋农场、中国轻骑摩托车集团总公司等。公司董事长：张家岭，总经理：赵序宏。

【经营业绩】 公司 1996 年累计生产各种型号摩托车(包括助力车)351354 辆，销售摩托车(包括助力车)356270 辆。1996 年，公司共出口成车 4044 辆。全年完成 20 个品种的整车开发，完成了 152FM(GY6)和 IE40FM (AXISSO)发动机的开发和主要件国产化工作。投资兴建有技术改造项目和新产品开发项目等。主要关联企业有海南琼港轻骑摩托车开发有限公司、海南新大洲摩托车上海有限公司、海南新大洲摩托车研究开发有限公司、海南新大洲国际贸易有限公司等。1996 年底主营业务收入 1683042613.80 元，净利润 218996067.70 元，资产总额 1619852882.52 元。

【财务状况】 公司 1996 年底股东权益 649329513.51 元，每股收益 0.92 元，每股净资产 2.73 元，净资产收益率 33.72%，股东权益比率 40.08%。每 10 股送 6.5 股，另每 10 股转增 3.5 股。

海南金盘实业股份有限公司

【公司概况】 公司 1996 年底总股份 166072704 股，其中尚未流通股 99258163 股，已流通人民币普通股 66602861 股，已流通内部职工股 211680 股。主要股东有海口市财政局、工商银行海南信托投资公司、中国银行海口信托咨询公司、海口金盘物业有限公司等。公司董事局主席、总裁：唐苏宁。

【经营业绩】 公司 1996 年墙地砖厂三条生产线，分别于 1996 年 3 月、8 月和 10 月投入生产运营，全年实现产量 73 万平方米，完成销售 50 万平方米。矿泉水厂产量达 11117 吨。公司占 50%股权的 PVC——石英砂彩色地板厂已于 1996 年进入试生产状态。由公司负责开发建设的海口市金盘工业开发区和金盘永桂开发区基础设施日趋完善。在房地产业经营方面，全年共吸引工业项目十项，实现房地产业经营收入 4963 万元。主要关联企业有海口市工业开发进出口贸易公司、海口市工业建材发展公司、海口金盘饮料公司、海口金盘建筑材料公司等。1996 年底主营业务收入 100113316.72 元，净利润 16615011.20 元，资产总额 1004241183.34 元。

【财务状况】 公司 1996 年底股东权益 381463362.63 元，每股收益 0.10 元，每股净资产 2.29 元，净资产收益率 4.35%，股东权益比率 37.98%。1996 年利润弥补 1995 年度亏损，另每 10 股转增 3 股。

东莞宏远工业区股份有限公司

【公司概况】 公司 1996 年底总股份 285504642 股，其中尚未流通股 129458668 股，已流通 A 股 156045974 股。主要股东有广东宏远集团公司、东莞市城宝贸易公司、篁村区经济联合总社、篁村南村等。公司董事长兼总经理：陈林。

【经营业绩】 公司经营范围为开发经营工业区，开办行引内联企业及其咨询、洽谈业务、生产经营高科技产品、化工产品、五金、交电、建筑装饰材料、技术咨询。公司1996年房地产销售收入34400万元,投资9000万元于新科磁电制品厂的厂房建设。主要关联企业有广东宏远集团房地产开发公司、广东宏远集团宏远乐园、东莞宏远发电厂、东莞市三和生化药业有限公司、广东宏远集团水电工程公司。1996年底主营业务收入436451678.72,净利润116820869.69元,资产总额1560263399.28元。

【财务状况】 公司1996年底股东权益1091616397.60元,每股收益0.409元,每股净资产3.82元,净资产收益率10.7%,股东权益比率69.96%。向全体股东每10股送2股红股。

江门甘蔗化工厂(集团)股份有限公司

【公司概况】 公司1996年底总股份198257389股,其中尚未流通股118947184股,已流通A股79310205股。主要股东有江门市工业资产管理公司、江门光达股份有限公司、江门群益造纸厂、江门甘化综合厂、中国工行广东信托投资公司等。公司董事长兼总经理:梁振耀。

【经营业绩】 公司主要生产和销售商品浆板、机制纸、食糖、药用酵母、食用酒精、生化原药及其制品。1996年,公司的工业总产值为37225万元,销售收入41537万元。1996年生产商品浆板22808吨,销售24108吨,生产机制纸23752吨,销售23687吨,生产食糖18642吨,销售20984吨,生产药用酵母1729吨,销售2080吨,生产食用酒精4435吨,销售4189吨。募集资金主要用于引进奥地利废纸脱墨制浆生产线和制浆及其废液治理工程。主要关联企业有江门市长润造纸有限公司。1996年底主营业务收入415,369,915.98元,净利润70,578,389.01元,资产总额1,081,012,865.64元。

【财务状况】 公司1996年底股东权益701019248.01元,每股收益0.36元,每股净资产3.54元,净资产收益率10.07%,股东权益比率64.85%。向全体股东每10股派发现金1.00元(含税)。

青海百货股份有限公司

【公司概况】 公司1996年底总股份72332446股,其中尚未流通股51363406股,已流通A股20969040股。主要股东有青海省国有资产管理局、申银万国证券股份有限公司、深圳四通投资发展有限公司、深圳蛇口天通实业有限公司等。公司董事长兼总经理:张德雷。

【经营业绩】 公司主要从事批发、零售、仓储运输及证券经营等业务。公司1996年完成批发销售收入9478.7万元,完成零售销售收入4215万元,仓储运输全年创收56亿元,全年共实现投资收益941.6万元,其中证券经营创利874.4万元。1996年公司建设工程有5000吨(一期)电解铝项目和青百商城二期工程等。1996年底主营业务收入136936952.76元,净利润14417071.56元,资产总额249625573.17元。

【财务状况】 公司1996年底股东权益143457996.91元,每股收益0.20元,每股净资产1.98元,净资产收益率10.05%,股东权益比率57.47%。每10股派发现金1.60元(含税),另以资本公积金实施10股转增4股。

北海新力实业股份有限公司

【公司概况】 公司1996年底总股份72743000股,其中尚未流通股50743000股,已流通A股22000000股。主要股东有北海市国有资产管理局、北海市风机厂、北海市印刷厂、北海市技术交流站、北海市烟花炮竹总厂等。公司董事长兼总经理:岳之巍。

【经营业绩】 公司1996年坚持以发憎爱分明港口业务为主,加强内引外联及项目开发与合作。1996年共完成吞吐量170万吨。公司与中国农业生产资料集团公司联合投资的散装化肥灌包生产线于1996年7月正式投产。1996年7月1日,连接大西南、投资总额逾1300万元的进港铁路正式开通营运。主要关联企业有中国北海外轮代理公司。1996年底主营业务收入45549154.11元,净利润23918771.32元,资产总额514091487.33元。

【财务状况】 公司1996年底股东权益222569961.26元,每股收益0.33元,每股净资产3.06元,净资产收益率10.75%,股东权益比率43.29%。向全体股东每10股派送红股2股,另按10:8比例转增股本。

长征机床股份有限公司

【公司概况】 公司1996年底总股份88124313股,其中尚未流通股53,124,313股,已流通A股35000000股。主要股东有自贡市国有资产管理局、四川省信托投资公司、依格网络、深圳北富投资发展公司、深圳市百捷发展公司等。公司董事长兼总经理:洪涛。

【经营业绩】 1996年共生产铣床24个品种626台,出口创汇4535000美元。公司在努力稳定主营业务的同时,实施多元经营,证券投资、专机制造、物资贸易等都有了较大进步,拓展了公司业务领域。主要关联企业有四川长征机电设备成套公司、长征运输公司、长征机床股份有限公司第三分厂、长征机床股份有限公司物资供销公司等。1996年底主营业务收入72,449,152.49元,净利润7,101,379.96元,资产总额428,188,685.90元。

【财务状况】 公司1996年底股东权益182,791,888.01元,每股收益0.081元,每股净资产2.074元,净资产收益率3.88%,股东权益比率42.69%。本年度利润暂不分配,留待以后分配。

成都蜀都大厦股份有限公司

【公司概况】 公司1996年底总股份183850000股,其中尚未流通股137882000股,已流通A股45968000股。主要股东有成都市国有资产投资经营公司、中国东方电气集团公司、四川省长江集团股份有限公司、西藏自治区人民政府驻蓉办等。公司董事长兼总经理:谢道学。

【经营业绩】 1996年,公司新一届董事会、经理班子带领全公司员工努力拼搏,一年中在建立现代企业制度试点、强化内部管理、盘活存量搞活资金、发展进出口业务、加大高新技术项目等方面做了大量的工作,取得了一些成绩。主要关联企业有成都市蜀都大厦贸易商场、成都蜀都大厦宾馆、成都蜀都房地产开发公司、成都蜀都电子粉体材料厂等。1996年底主营业务收入149903087.44元,净利润7135206.44元,资产总额1059544707.83元。

【财务状况】 公司1996年底股东权益616378834.75元,每股收益0.0388元,每股净资产3.35元,净资产收益率1.16%,股东权益比率58.17%。1996年可供股东分配利润滚至下年度一并分配。

东北输变电机械制造股份有限公司

【公司概况】 公司1996年底总股份873370000股，其中尚未流通股585420000股，已流通A股30000000股，已流通H股257950000股。主要股东有东北输变电设备集团公司、香港中央结算（代理人）有限公司、工行沈阳市信托投资公司、深圳蛇口工业区、深圳中达软件开发公司等。公司董事长：项永春。

【经营业绩】 1996年，公司共研制并推向市场64种新产品，新产品销售额达到53711万元。1996年共投入资金10090万元用于技术改造和基本建设项目，主要有兴建互感器厂项目、老工业基地改造项目、出口变压器技术改造项目、六氟化硫产品国产化项目、与日立公司合资建立输变电工程公司、500KV电容式电压互感技术改造项目、金属化电容器技术改造项目、组建"中外合资沈阳华康娱乐有限公司"项目、建设"S"油生产线项目等，其中出口变压器技术改造项目已竣工投产，输变电工程公司于1996年6月正式运营，"S"油生产线于1996年11月投产。1996年底主营业务收入1353372459元，净利润88434714元，资产总额3404494641元。

【财务状况】 公司1996年底股东权益1652079403元，每股收益0.10元，每股净资产1.89元，净资产收益率5.35%，股东权益比率48.53%。按公司共87337万股股份计算，每股分配股息0.065元。

四川省长江（集团）股份有限公司

【公司概况】 公司1996年底总股份138000000股，其中尚未流通股102000000股，已流通A股36000000股。主要股东有四川省国有资产管理局、四川富泰房地产开发公司、四川省工商银行信托投资公司、四川省农村信托投资公司等。公司董事长：郭新荣，总经理：郭宛荣。

【经营业绩】 公司是以进出口贸易为主要经营业务的综合性集团，业务涉及进口、出口、对外广告、边境贸易、国内贸易、合资合作、租赁、房地产开发、运输旅游等行业。主要关联企业有四川省外贸进出口公司、四川省长江出口公司、四川省对外广告公司、四川省长江实业有限公司、四川省长江边贸公司等。1996年底主营业务收入825839539.47元，净利润39500253.65元，资产总额864210069.90元。

【财务状况】 公司1996年底股东权益381299942.11元，每股收益0.286元，每股净资产2.76元，净资产收益率10.36%，股东权益比率44.12%。1996年度利润暂不分配。

光明集团家俱股份有限公司

【公司概况】 为1996年新上市公司。公司1996年底总股份112000000股，其中尚未流通股70000000股，已流通人民币普通股41130600股，已流通高级管理人员持股869400股。主要股东有光明集团公司、黑龙江省经济贸易开发集团总公司、中国工商银行伊春市信托投资公司、黑龙江省国际信托投资公司等。公司董事长兼总经理：冯永明。

【经营业绩】 公司1996年创利润5416万元，出口结汇190.3万美元。全年投入技术改造资金1542.4万元，其中土建投资649.4万元，机械设备投资893.0万元，引进具有国际先进水平的机械设备232台（套）。募集资金全部投入实木、木材干燥及家俱规格料、木制零配件项目。主要关联企业有光明家俱集团哈尔滨公司、伊春森林家俱有限公司、伊春光明家俱有限公司、伊春美华家俱有限公司、伊春青山木业有限公司等。1996年底主营业务收入275599212.13元，净利润39994003.29元，资产总额452391782.10元。

【财务状况】 公司1996年底股东权益194082141.68元，每股收益0.357元，每股净资产1.73元，净资产收益率20.61%，股东权益比率42.90%。向全体股东每10股送红股3股。

广东金曼集团股份有限公司

【公司概况】 公司1996年底总股份134320000股，其中尚未流通股91749300股，已流通A股42570700股。主要股东有潮州市国有资产管理办公室、中国新技术创业投资公司、中国工商银行潮州分行、中国银行广州信托咨询公司、中国农业银行广东省信托投资公司等。公司董事长兼总经理：张旭强。

【经营业绩】 公司全年共出口烤鳗5377吨。活鳗产量2200吨，烤鳗酱油产量2400吨，鳗鱼饲料产量11031吨。公司全年出口创汇1.25亿美元。前次募集资金20039万元，其运用情况：投资7500万元用于鳗池改造；投资2900万元用于酱油原汁项目建设；投资2400万元用于汕头金曼实业公司8000吨冷冻厂建设；投资2200万元用于温泉特种水产养殖；投资1500万元用于引进欧洲鳗室内养殖设备；归还银行贷款3500万元。主要关联企业有潮州市鳗鱼养殖公司、广东金曼集团水产研究所、潮州市金曼饲料公司、潮州市茶叶发展总公司、广东金曼集团保税贸易公司等。1996年底主营业务收入1393430000元，净利润73711800元，资产总额1897971900元。

【财务状况】 公司1996年底股东权益659155700元，每股收益0.55元，每股净资产4.91元，净资产收益率11.18%，股东权益比率34.73%。按1996年底总股本13432万股计，向全体股东每10股派2元现金（含税）。本次共派发红利26864000.0元，结存36238067.19元作为未分配利润转入1997年。

贵州轮胎股份有限公司

【公司概况】 为1996年新上市公司。公司1996年底总股份118550000股，其中尚未流通股78550000股，已流通A股40000000股。主要股东有贵阳市国有资产管理办公室等。公司董事长兼总经理：马世春。

【经营业绩】 公司年内完成了新产品开发、老产品改造30项，5万套工程轮胎项目和40万套小胎生产线顺利投产，3万条无内胎工程轮胎项目土建项目完成。公司取得进出口经营权，直接进口橡胶7000吨，帘子布300吨，进出口额2361万美元。公司全年共回笼资金115150万元。公司已被国家经贸委列为国家重点扶持的500家重点企业行业。主要关联企业有贵州轮胎进出口公司、深圳筑银投资发展有限公司。1996年底主营业务收入923308649.72元，净利润94962090.62元，资产总额1029120553.10元。

【财务状况】 公司1996年底股东权益327420481.92元，每股收益0.80元，每股净资产3.36元，净资产收益率23.83%，股东权益比率38.71%。向全体股东每10股送6股，另每10股转增股本1股。

衡阳中药实业股份有限公司

【公司概况】 为1996年新上市公司。公司1996年底总股份72000000股，其中尚未流通股54038400股，已流通A股17961600股。主要股东有衡阳市国资局、中国药材公司、湖南省医药包装广告公司衡阳公司、工行衡阳市信托公司、衡阳市药材公司等。公司董事长兼总经理：申甲球。

【经营业绩】 公司主要生产"古汉养生精"系列产品、保健饮料、保健药品、药酒及各类中成药等。1996年公司完成工业总产值6124万元，生产古汉养生精378万盒。1996年已试制了"古汉养生精片"多批中试生产样品，"古汉养生精片"生产车间及配套的原料加工车间，废水处理工程等项目已按计划完成。1996年，公司还新开发了抗冠心病新药——养心定悸颗粒剂和心脑保泰口服液及西汉古酒等3项产品。募集资金兴建项目有：新建一条年产"古汉养生精片"10亿片的生产线及配套工程；通过联营、控股和参股等方式向其他企业进行长期投资等。1996年底主营业务收入69055926.61元，净利润15628383.75元，资产总额187456821.43元。

【财务状况】 公司1996年底股东权益141912341.99元，每股收益0.217元，每股净资产1.97元，净资产收益率11.01%，股东权益比率75.70%。以900万股本为基数，每10股派发现金1.20元人民币(含税)。

重庆中药股份有限公司

【公司概况】 公司1996年底总股份63380000股，其中尚未流通股43380000股，已流通A股20000000股。主要股东有重庆市国有资产管理局等。公司董事长兼总经理：廖志扬。

【经营业绩】 公司1996年中药工业产值完成4812万元，工业销售产值完成5720万元，产销率101.52%，商业总购进21821万元，商业总销售28371万元。工业上不断调整产品结构，着重抓了"桐君阁"牌"熊胆舒喉片"、"鼻窦炎口服液"和新推出的"健汝美口服液"及"魁星阁"牌"康尔心胶囊"等。全年投入技改资金2200万元，包括中药二厂浓缩丸二期工程和桐君阁药厂冲丸剂车间技改项目。投资各商业门市网点经营项目建设共有14个。1996年底主营业务收入285263056.80元，净利润18489790.06元，资产总额401072519.48元。

【财务状况】 公司1996年底股东权益120841170.75元，每股收益0.29元，每股净资产1.91元，净资产收益率15.30%，股东权益比率30.13%。向全体股东每10股派发现金红利2.50元(含税)。

福建省中福实业股份有限公司

【公司概况】 为1996年新上市公司。公司1996年底总股份195000000股，其中尚未流通股145220400股，已流通A股49779600股。主要股东有中国福建国际经济技术合作公司、福建省三星建材联合贸易公司、中国人民建设银行福建省分行、福建省九盛经济开发公司等。公司法定代表：朱金民。

【经营业绩】 公司主营境内外工程承包、公用事业投资和房地产业务。1996年，公司投资开发建设福泉高速公路秀宅——峡南段项目和河北省邯郸——武安一级公路项目，前者已开始受益。公司承建的境外项目基里巴斯机场工程圆满移交，兰圃互通立交及后续路段于1996年11月全面开工，苏州"东方龙酒店"确定由公司总承包。在房地产方面，福州市"冶山花园"已基本销售完毕，厦门"莲花广场"进展顺利，上海"凯福大厦"销售过半，重点项目福州"西湖花园"综合楼已封顶。此外，公司参股的制罐厂第一条生产线正式投产。主要关联企业有中福工程承包公司、中福建筑设计公司、中福实业公司设备材料公司、中福置业发展有限公司等。1996年底主营业务收入185802625.90元，净利润53287098.63元，资产总额932150308.24元。

【财务状况】 公司1996年底股东权益430346927.91元，每股收益0.27元，每股净资产2.21元，净资产收益率12.38%，股东权益比率46.17%。1996年底已实施按10:3比例转增股本方案，1996年度每股红利以总股本19500万股为基数，每10股送1股红股。

成都华联商厦股份有限公司

【公司概况】 为1996年新上市公司。公司1996年底总股份70000028股，其中尚未流通股51800028股，已流通A股18200000股。主要股东有成都市国有资产管理局、成都大业国际投资股份有限公司、成都全兴酒厂、四川天歌集团股份有限公司等。公司董事长兼总经理：陈炜。

【经营业绩】 公司1996年撤销建设路百货分公司，改建成五金交电专业商场，将华联商厦8个经营部按商品专业化经营的需要调整为12个。投资设立了"连锁公司"，第一个6000平方米的连锁店天祥店于1996年底完工，"庄士大厦"工程的地下工程已基本完工。1996年末投资1000万元参股成都城市合作银行3.33%的股份，投资935万元参股成都工商银行信托投资公司5.05%的股份。主要关联企业有成都华联商厦连锁有限公司、成都庄士中心开发有限公司等。1996年底主营业务收入311795279.80元，净利润21703839.65元，资产总额296437371.61元。

【财务状况】 公司1996年底股东权益158247094.56元，每股收益0.310元，每股净资产2.26元，净资产收益率13.72%，股东权益比率53.38%。向全体股东每10股派发现金红利2.00元(含税)。

内蒙古宏峰实业股份有限公司

【公司概况】 为1996年新上市公司。公司1996年底总股份94464000股，其中尚未流通股61704000股，已流通A股32760000股。主要股东有赤峰市松山区黄金工业集团公司、林西县经委、赤峰市松山区华龙开发公司等。公司董事长兼总经理：高建华。

【经营业绩】 1996年公司完成黄金产量15000两，白银产量1200公斤，生产绵白糖4500吨，生产甜菜颗粒粕3000吨，生产漆包线986吨。主要关联企业有赤峰金化复合肥厂、赤峰松山区医疗器械公司等。1996年底主营业务收入80266864.11元，净利润14903833.08元，资产总额207788702.78元。

【财务状况】 公司1996年底股东权益140441317.81元，每股收益0.158元，每股净资产1.49元，净资产收益率10.6%，股东权益比率67.58%。向全体股东按每10股派发现金0.5元(含税)。

西北轴承股份有限公司

【公司概况】 为1996年新上市公司。公司1996年底总股份98000000股，其中尚未流通股68000000股，已流通A股30000000股。主要股东有西北轴承集团有限责任公司、宁夏天力协会、冶钢集团有限公司、西宁特殊钢集团有限公司、北钢集团公司等。公司董事长：杜万治，总经理：魏玉印。

【经营业绩】 公司按照ISO国际标准和国家最新技术标准生产外径从40mm—2250mm各类型轴承。1996年，公司共生产轴承180.2万套，完成品种879种。公司全年开发新产品66种，成品合格率稳定达到100%，一等品率稳定达到56%，铁路轴承质量继续保持了领先水平。50万套球面轴承技改项目的重点工程及配套工程全面实施。1996年底主营业务收入413011260.22元，净利润28284871.38元，资产总额623071576.38元。

【财务状况】 公司1996年底股东权益267615838.40元，每股收益0.29元，每股净资产2.73元，净资产收益率10.57%，股东权益比率42.95%。向全体股东按10:2派送红股，另按10:3配股。

安徽古井贡酒股份有限公司

【公司概况】 为1996年新上市公司。公司1996年底总股份235000000股，其中尚未流通股157000000股，已流通A股18000000股，已流通B股60000000股。主要股东有安徽古井集团有限责任公司、紫东投资管理有限公司、PERPETUAL FAR EAST GROWTH FUND、安徽信托投资公司等。公司董事长兼总经理：王效金。

【经营业绩】 1996年，公司共生产古井系列酒5.8万吨，成功地收购了安徽古井玻璃制品有限责任公司和安徽古井双喜葡萄酒有限责任公司80%的股权。成功开发出五年陈酿、十年陈酿等高档古井贡酒，成功地研制开发出饮料酒"荼酒"和滋补酒"古井神力酒"。募集资金投入购建年产4.5万吨玻璃瓶公司、收购安徽古井双喜葡萄酒有限责任公司股权、扩建年产2000吨大曲酒工程、扩建供热供电及配套工程、进行污水综合治理工程等。主要关联企业有安徽古井汽车运输公司、安徽古井销售公司、安徽古井玻璃制品有限责任公司、安徽古井双喜葡萄酒有限责任公司。1996年底主营业务收入951968944.89元，净利润174067601.82元，资产总额1430111111.38元。

【财务状况】 公司1996年底股东权益776540135.80元，每股收益0.74元，每股净资产3.30元，净资产收益率22.42%，股东权益比率54.30%。公司1996年分红预案为国有股股东和B股股东每10股派现金2.1元(含税)，A股股东每10股派现金1.16元(含税)，共派现金47867791.20元。

东北制药集团股份有限公司

【公司概况】 公司1996年底总股份194750000股，其中尚未流通股144750000股，已流通A股50000000股。主要股东有东北制药集团公司、东北电力集团公司、中行沈阳信托投资公司、辽宁省证券公司、辽宁国际信托投资公司等。公司董事长兼总经理：吴挺宝。

【经营业绩】 公司全年共生产化学原料药9710吨，其中：维生素C6450吨，内销387吨，外销6063吨。生产磷霉素钠原料201吨。全年共生产各种制剂药品5大类共88个品种，完成制剂产值57035万元。公司全年累计开发新产品6个，其中国家级新药3个。全年投产新产品2个，实现新产品产值40671.8万元。公司全年实现工业产值122308万元，实现销售收入116607万元，实现利润2356万元，出口交货值完成47280万元，出口创汇完成5695万美元。前次募集资金28800万元，主要用于万吨维生素C项目、磷霉素钠扩产改造项目、维生素C—97项目、维生素C钠盐项目、药用丁基胶塞项目、整肠生胶囊项目、双嘧达膛胶囊项目等。主要关联企业有沈阳东港制药有限公司、东北制药总厂一巴斯夫(沈阳)维生素有限公司、沈阳东恒化工原料有限公司等。1996年底主营业务收入1166070000元，净利润19950000元，资产总额3097195000元。

【财务状况】 公司1996年底股东权益994580000元，每股收益0.10元，每股净资产5.11元，净资产收益率2.01%，股东权益比率32.11%。1996年度利润不予分配，结转下年一并处理。

蓝星清洗剂股份有限公司

【公司概况】 为1996年新上市公司。公司1996年底总股份65000000股，其中尚未流通股40000000股，已流通A股25000000股。主要股东有中国蓝星化学清洗总公司、华西证券、深圳君达通讯发展股份有限公司等。公司董事长兼总经理：任建新。

【经营业绩】 公司主营业务为蓝星系列工业、民用清洗剂的生产和销售。中国蓝星化学清洗总公司总部迁入北京。募集资金主要用于在北京兴建年产5万吨清洗剂生产装置，该项目已完成计划进度的50%，此外，还投资与中国蓝星化学清洗总公司共同在北京市区购买办公科研大楼一座，并完成装修及设备完善。1996年底主营业务收入53665542.86元，净利润34387262.96元，资产总额259237022.07元。

【财务状况】 公司1996年底股东权益238124695.69元，每股收益0.53元，每股净资产3.66元，净资产收益率14.44%，股东权益比率91.86%。1996年利润暂不分配。

青岛双星鞋业股份有限公司

【公司概况】 为1996年新上市公司。公司1996年底总股份100000000股，其中尚未流通股68000000股，已流通A股32000000股。主要股东有青岛双星集团公司等。公司董事长：汪海，总经理：孙可谦。

【经营业绩】 1996年，公司加大新产品的开发力度，共实现大的科技进步项目8项，中等项目30项，实现经济效益800万元。1996年共生产冷粘运动鞋91个品种，356万双，销售352万双。1996年，冷粘鞋技改项目投入资金3657万元，已建成冷粘鞋生产线4条，在建6条。鞋用材料技改项目投入资金1621万元，其中胶粘剂项目正在研制试生产，皮革项目处于前期准备和试验阶段。主要关联企业有青岛天星运动鞋有限公司。1996年底主营业务收入222272463.43元，净利润40581764.92元，资产总额358509023.70元。

【财务状况】 公司1996年底股东权益285775677.25元，每股收益0.406元，每股净资产2.86元，净资产收益率14.

20%，股东权益比率 79.71%。向全体股东每 10 股派送 2 股红股。

石家庄国际大厦(集团)股份有限公司

【公司概况】 为 1996 年新上市公司。公司 1996 年底总股份 59156000 股，其中尚未流通股 44156000 股，已流通 A 股 15000000 股。主要股东有石家庄国际酒店公司、中信房地产公司、金耀康工、河北省服装进出口公司、石家庄国瑞信息服务中心等。公司董事长兼总经理：吕毅华。

【经营业绩】 公司主要经营住宿、中西餐、房地产开发、食品、文化用品及服务、客运服务、酒店配套及咨询服务、美容服务、旅游服务等。1996 年投入 2000 万元资金用于国际大厦酒店的装修改造；年度对与外商合资的石家庄世贸广场追加投资 4100 万元，该项目 1996 年 9 月主体已封顶，公司控股 45%；年度投入资金 900 万元与石家庄市场物资总公司合资成立石家庄物华大厦有限公司，公司占 55%股份；公司所建商务公寓全部售出，收回资金 2200 万元；兼并了石家庄广播录音机厂；低成本改造建立了洛杉奇食品工业公司，至 1996 年底已发展洛杉奇连锁店 35 家。主要关联企业有南洋饮食娱乐有限公司、世贸广场有限公司、洛杉奇食品有限公司。1996 年底主营业务收入 136625704 元，净利润 35584096 元，资产总额 304948901 元。

【财务状况】 公司 1996 年底股东权益 186841246 元，每股收益 0.60 元，每股净资产 3.16 元，净资产收益率 19.04%，股东权益比率 61.27%。每 10 股送红股 5 股。

广东韶能集团股份有限公司

【公司概况】 为 1996 年新上市公司。公司 1996 年底总股份 160000000 股，其中尚未流通股 120000000 股，已流通 A 股 40000000 股。主要股东有韶关市国有资产管理办公室、韶关市节能技术服务中心、韶关市韶财信托投资公司、广东北江实业股份有限公司等。公司董事长兼总经理：林木清。

【经营业绩】 公司重点开发的杨溪水梯级电站首期工程进展顺利。韶关发电厂全年销售电量 107162 万千瓦时，销售收入 28108 万元。十里亭 B 厂全年发电 24978 万千瓦时，销售收入 13877 万元。公司与韶关市武江实业开发总公司合作兴建的年产 20 万吨水泥节能型生产线项目，1996 年 4 月交付试产，全年共生产水泥 78021 吨，实现销售收入 1439 万元。前次募集资金 2.04 亿元使用情况：投资 5260 万元，用于杨溪水梯级电站项目的开发建设；归还公司到期债务 2000 多万元，用于补充公司经营项目流动资金 1500 万元。主要关联企业有十里亭发电 B 厂、韶关九号发电机组合营公司、韶关市三江水泥厂有限公司等。1996 年底主营业务收入 470059400 元，净利润 72090400 元，资产总额 1172903900 元。

【财务状况】 公司 1996 年底股东权益 673886500 元，每股收益 0.45 元，每股净资产 4.21 元，净资产收益率 10.70%，股东权益比率 70.61%。1996 年度利润暂不分配。

广东金马旅游集团股份有限公司

【公司概况】 为 1996 年新上市公司。公司 1996 年底总股份 66300000 股，其中尚未流通股 49400000 股，已流通 A 股 16900000 股。主要股东有潮州市旅游总公司、广东海外旅游总公司、广东省物资总公司、广东发展银行潮州分行等。公司董事长兼总经理：章振城。

【经营业绩】 公司全年共组织接待海外旅游者 39241 人次；组织国内游 55365 人次；组织出境游 1125 人次。募集资金 95940000 元主要用于：投资"潮州美人城"项目 48000000 元，项目建设至年底已完成总工程量的 80%；投资 1500 万元对潮州宾馆进行装修改造完善部分公共设施，该改造工程在 1996 年底全面完工；投资 10000000 元，建设"金马休闲广场"，于 1996 年 11 月 30 日正式对外开放；10000000 元用于补充公司流动资金，9040000 元用于归还银行贷款。主要关联企业有潮州宾馆、潮州中国国际旅行社、潮州市旅游汽车公司、潮州市韩江旅游公司等。1996 年底主营业务收入 75132700 元，净利润 29179700 元，资产总额 388152500 元。

【财务状况】 公司 1996 年底股东权益 233075800 元，每股收益 0.44 元，每股净资产 3.52 元，净资产收益率 12.52%，股东权益比率 60.04%。按现有股份总额 6630 万股向全体股东以 10:4 的比例转增股本。96 年未分配利润暂不分配。

广东威达集团股份有限公司

【公司概况】 为 1996 年新上市公司。公司 1996 年底总股份 58875000 股，其中尚未流通股 43875000 股，已流通 A 股 15000000 股。主要股东有广东威达医疗器械集团公司、揭西县财通发展公司、汕头变压器厂、中国新技术创业投资公司等。公司董事长兼总经理：刘之券。

【经营业绩】 1996 年，公司根据医疗器械行业的特点，加强产品销售，提供优质的售后服务。公司主要产品的销量在同行业中名列前茅，如核磁共振成像装置销售 15 台，医用直线加速器销售 21 台。1996 年，募集资金主要投入 0.04T 磁共振成像装置、正电子发射断层成像系统、6Mev 医用电子直线加速器、伽玛刀开发、X 一刀开发、14Mev 中能医用直线加速器等项目。主要关联企业有揭西县医疗器械公司、深圳威达医疗器械公司、揭西县威通医疗器械有限公司、深圳威亨医疗器械有限公司等。1996 年底主营业务收入 101829311 元，净利润 28153299 元，资产总额 312870421 元。

【财务状况】 公司 1996 年底股东权益 205121890 元，每股收益 0.478 元，每股净资产 3.48 元，净资产收益率 13.73%，股东权益比率 65.56%。1996 年末未分配利润暂不分配。

中联建设装备股份有限公司

【公司概况】 为 1996 年新上市公司。公司 1996 年底总股份 50000000 股，其中尚未流通股 37500000 股，已流通 A 股 12500000 股。主要股东有中联实业股份有限公司、北京中恒实业发展公司、深圳展生实业有限公司、北京贵联商贸公司等。公司董事长：周敏敏，总经理：黄伟。

【经营业绩】 公司主营业务为大型门式、桥式等各种专业及通用起重机械设备的制造和安装、销售。1996 年，公司共完成各类起重机械 548 台/8823 吨，其中，电动双梁起重机 220 台/5273 吨，龙门起重机 50 台/2015 吨，电动单梁起重机 262 台/906 吨，手动梁式起重机 16 台/18 吨，装御机械 163 吨，工矿配件 611 吨。技改内容主要有：购置大型板材矫平机、加工中心、镗洗床等大型关键设备 20 台(套)，更新旧设备 30 台(套)，并新征部分土地，开发大型建筑塔式起重机等产品。主要关联企业有山东起重机厂劳动服务公司、青州市起重机械安装维修公司、潍坊起重运输机械研究所、山东起重机厂电器分厂。1996年底主营业务收入112130999.56元,净利润11648931.64元,资产总额193335848.92元。

【财务状况】 公司1996年底股东权益114085605.64元,每股收益0.233元,每股净资产2.180元,净资产收益率10.68%,股东权益比率56.42%。按10:1派送红股。

青海明胶股份有限公司

【公司概况】 为1996年新上市公司。公司1996年底总股份51500000股,其中尚未流通股38000000股,已流通A股13500000股。主要股东有青海制胶总公司、广东恒丰投资集团有限公司、西宁市自来水公司、深圳市千帆实业发展有限公司、青海省化工进出口公司等。公司董事长兼总经理:星晓明。

【经营业绩】 公司的主营业务是明胶系列产品的生产和销售。1996年公司共销售明胶846吨,销售高磷骨粉2198吨,销售油脂106吨,其中,主导产品明胶的产销量居行业第二。公司实施扩产高档明胶项目的技术改造,使明胶的设计生产能力由600吨/年提高到1500吨/年,并全面提高产品档次,增加明胶品种。1996年底主营业务收入34132027.95元,净利润12116997.65元,资产总额142478040.83元。

【财务状况】 公司1996年底股东权益103970024.09元,每股收益0.235元,每股净资产2.02元,净资产收益率11.65%,股东权益比率72.97%。1996年不实施股利分配。

重庆川仪股份有限公司

【公司概况】 为1996年新上市公司。公司1996年底总股份152780000股,其中尚未流通股107780000股,已流通A股45000000股。主要股东有中国四联仪器仪表集团、重庆市银样贸易服务公司、重庆市市中区威明现代化办公用品部、重庆市中区西来寺汽车客运队等。公司法定代表:鄢军。

【经营业绩】 公司主要生产经营自动化仪表及自动控制系位、分析仪器、电工仪表三大类产品。1996年共生产销售自动化仪表99197台、分析仪器421台、电工仪器仪表260799台。1996年公司完成我国自行研制的第一援外核电子工程项目——核电工程主控仪表。1996年完成新产品试制27项,实现新产品销售收入63694000元,实现新产品利税14831000元。公司1996年共创外汇2621800美元,成立了重庆横河川仪有限公司,本公司投资3950万元。主要关联企业有中国四联集团财务公司、上海重庆经济协作公司、重庆渝凯仪表元件有限公司等。1996年底主营业务收入337643053.66元,净利润26659152.34元,资产总额847078683.05元。

【财务状况】 公司1996年底股东权益356587986.32元,每股收益0.18元,每股净资产2.33元,净资产收益率7.48%,股东权益比率42.09%。向国有股股东和社会法人股股东每10股派发现金红利1.788元,向社会公众股股东以资金到位时间计,每10股派发现金红利0.59元(含税)。

广西虎威股份有限公司

【公司概况】 为1996年新上市公司。公司1996年底总股份60550000股,其中尚未流通股40550000股,已流通A股20000000股。主要股东有北流市国有资产管理局、柳州钢铁厂炼铁分厂、广西光发房地产开发公司、北流市工商银行劳动服务公司、北流市银信贸易公司等。公司董事长兼总经理:黄承发。

【经营业绩】 全年公司实现水泥产量339577.5吨,销售水泥329423.45吨。募集资金60140000元(已扣除发行费用),用于机械立窑水泥生产线的技术改造项目13091700元,该项目已竣工并投入运行。贝赛尔砌块生产线项目和西式瓦生产线项目,由于市场发生重大变化,需对原项目进行重新论证。主要关联企业有北流市第二水泥厂、北流市桂华石化燃料开发联营公司等。1996年底主营业务收入72067366元,净利润8546180元,资产总额149687612元。

【财务状况】 公司1996年底股东权益125152177元,每股收益0.141元,每股净资产2.07元,净资产收益率6.83%,股东权益比率83.61%。董事会建议1996年度利润暂不分配。

北京燕化高新技术股份有限公司

【公司概况】 为1996年新上市公司。公司1996年底总股份57000000股,其中尚未流通股42000000股,已流通A股15000000股。主要股东有北京燕山石油化工公司、化工部北京化工研究所、北京燕山石油化工公司化工厂、北京燕阳化轻公司、中石化科技开发公司等。公司董事长:张立文,总经理:茹玉哲。

【经营业绩】 1996年公司生产的BCH催化剂产品,1996年又被国家科委、劳动部、国家技术监督局、中国工商银行、外国专家局认定为“国家级新产品”。募集资金主要用于制萘项目和石油树脂等其他项目。主要关联企业有涿州达达精细化工有限公司、北京市金百合技术开发公司、北京燕化耐奇聚烯烃发泡工程中心。1996年底主营业务收入116382087.50元,净利润25186415.80元,资产总额233965953.62元。

【财务状况】 公司1996年底股东权益166792431.80,每股收益0.442元,每股净资产2.93元,净资产收益率15.1%,股东权益比率71.3%。向全体股东每10股送3股红股。

西安旅游服务(集团)股份有限公司

【公司概况】 为1996年新上市公司。公司1996年底总股份88300000股,其中尚未流通股65060000股,已流通A股23240000股。主要股东有西安国有资产管理局、西安江洋商贸公司、西安珍珠泉健身娱乐有限公司、泾阳县三星建材厂等。公司董事长:马中秋。

【经营业绩】 1996,公司通过加大对饭店基础设施投入,新增客房,对所属部分饭店电活总机、锅炉等重要设备进行了改造。旅行社在开展国内旅游业务的基础上,积极开发双休日旅游项目。募集资金主要投入胜利饭店改扩建工程、朱雀商厦工程、解放饭店改扩建工程等项目。主要关联企业有西安旅游服务集团股份有限公司定边石油开发公司、西安旅游服务(集团)股份有限公司解放饭店、西安旅游服务(集团)股份有限公司胜利饭店等。1996年底主营业务收入90726135.52元,净利润21862540.41元,资产总额284571106.76元。

【财务状况】 公司1996年底股东权益198615278.25元,每股收益0.25元,每股净资产2.25元,净资产收益率11.01%,股东权益比率67.79%。向全体股东每10股派发现金红利0.80元。

内蒙古民族商场股份有限公司(集团)

【公司概况】 为1996年新上市公司。公司1996年底总股份71372120股，其中尚未流通股52872212股，已流通A股18500000股。主要股东有呼和浩特市国资局、内蒙阿拉善盟吉兰泰盐场、北京东安集团公司、呼和浩特市租赁公司等。公司董事长：云文广。

【经营业绩】 公司1996年营业总收入完成60318万元，其中商品销售34304万元。改造装修民族商场营业楼、新建广州内蒙古民族商场、新建立体仓库项目及嬉水乐园工程按计划进度进行，长乐宫娱乐城全面投入营运。满达商城及云中大酒店继续保持良好的增长势头，云中夜总会、贝尔路食品一条街上物业均按租赁形式定额承包经营。主要关联企业有中外合资内蒙古云龙房地产开发有限公司、中外合资内蒙古长乐宫娱乐有限公司、中外合资内蒙古云中海鲜啤酒城有限公司等。1996年底主营业务收入283131887.45元，净利润25553189.79元，资产总额430583790.11元。

【财务状况】 公司1996年底股东权益210943510.42元，每股收益0.358元，每股净资产2.96元，净资产收益率12.11%。1996年暂不分配股利，但用资本公积金按10:8转增股本。

焦作万方铝业股份有限公司

【公司概况】 为1996年新上市公司。公司1996年底总股份124836839股，其中尚未流通股92826839股，已流通A股32010000股。主要股东有焦作市万方集团有限责任公司、广东佛山物资贸易中心、河南省金属材料总公司等。公司董事长：金保庆，总经理：郜兴成。

【经营业绩】 公司全年节电1255万千瓦时，吨铝成本下降182元，消化不利因素近2000万元。积极论证和申请建设年产6.24万吨铝铲项目。募集资金主要用于280KA大型予焙电解槽技术进行产业化示范工程，此工程还包括3.7万吨的碳素生产线项目。1996年底主营业务收入537046482.62元，净利润50705205.76元，资产总额680035152.04元。

【财务状况】 公司1996年底股东权益434664829.87元，每股收益0.406元，每股净资产3.48元，净资产收益率11.67%，股东权益比率63.92%。向全体股东按10:4.5比例送红股，另按10:3.5比例转增股本。

海南大东海旅游中心股份有限公司

【公司概况】 为1996年新上市公司。公司1996年底总股份320000000股，其中尚未流通股240000000股，已流通B股80000000股。主要股东有海南大东海旅游中心集团有限公司、海南三亚银农实业开发总公司、海南国际企业发展有限公司、辽宁海佳实业发展公司、三亚市中兴发展公司等。公司董事长：苏国华。

【经营业绩】 公司以发展旅游为主要产业，于1996年9月16日—19日发行境内上市外资股8000万股，共筹集资金净额9200多万元人民币，主要用于南中国大酒店扩建工程，该工程于1996年9月动工。主要关联企业有南中国大酒店、海南大东海旅游中心股份有限公司游乐公司。1996年底主营业务收入119764461.73元，净利润59218735.51元，资产总额587685017.50元。

【财务状况】 公司1996年底股东权益447980449.51元，每股收益0.185元，每股净资产1.40元，净资产收益率13.22%，股东权益比率76.23%。1996年利润不派发，留转下年度分配。

湖北金环股份有限公司

【公司概况】 为1996年新上市公司。公司1996年底总股份51988000股，其中尚未流通股38988000股，已流通A股13000000股。主要股东有湖北化纤集团有限公司、湖北化纤集团综合经营公司、襄樊供电局电力实业总公司、浙江省余杭县塑化公司、襄樊兴业设备租赁调剂公司等。公司董事长：王海峰，总经理：邵凯文。

【经营业绩】 公司1996年生产粘胶长丝3833吨，销售3139吨。公司在加大浙江临平市场销售网点管理力度基础上，在广东顺德等地建立销售网点；1996年进行了增扩20台纺丝机的技改项目，还对原液黄化进行了自动化改造，对纺织酸站、加工压洗及公用工程进行了配套改造。1996年，公司先后开发出120D无光、300D、250D、75D有光等各种规模的粘胶长丝。1996年投资兴建项目有：收购并改造2200吨粘胶长丝生产线、粘胶长丝增台技改等。1996年底主营业务收入106692574.90元，净利润27377064.90元，资产总额216147428.62元。

【财务状况】 公司1996年底股东权益176236458.87元，每股收益0.53元，每股净资产3.39元，净资产收益率15.53%，股东权益比率81.53%。每10股送红股2股。

大连渤海饭店(集团)股份有限公司

【公司概况】 为1996年新上市公司。公司1996年底总股份50000000股，其中尚未流通股37500000股，已流通A股12500000股。主要股东有大连渤海饭店集团公司、工行大连信托投资股份有限公司、大连市国有资产管理局、大连日兴实业公司等。公司董事长、总经理：刘春堂。

【经营业绩】 1996年，公司牢牢抓住餐饮、酒店、商贸、旅游四大主业经营，使生产规模进一步扩大，经济实力逐步增强。1996年度募集资金主要投入大连王子饭店有限公司及渤海饭店装修改造等项目。主要关联企业有大连王子饭店有限责任公司、大连美茗屋快餐食品有限公司等。1996年底主营业务收入83373307.53元，净利润20400250.56元，资产总额156384413.69元。

【财务状况】 公司1996年底股东权益134630022.77元，每股收益0.408元，每股净资产2.69元，净资产收益率15.15%，股东权益比率86.09%。向全体股东每10股派发现金2元(含税)。

济南柴油机股份有限公司

【公司概况】 为1996年新上市公司。公司1996年底总股份80000000股，其中尚未流通股57500000股，已流通A股22500000股。主要股东有济南柴油机厂、中南证券等。公司董事长：何清山，总经理：温泽民。

【经营业绩】 公司经营范围：柴油机、气体发动机、柴油及气体发电机组的制造、销售、修理、机械加工；所需原材料辅料、机械设备、仪器仪表的销售。1996年，公司建立自销点7个，联销、代销点9个，出口创汇146万美元。推出新型六缸直列6190ZC—2柴油机，生产并销售6190ZC—1型船用柴油机16台。完成了500KW、630KW船用柴油发电机组及62—1G主动力柴油机的设计、制造、试验和联合调试任务。加快完善公司治理机构，将下属9个车间改制为分厂，建立起四部一室，并按《公司法》要求完善公司决策体系。1996年底主营业务收入194460882.48元，净利润2153395.75元，资产总额362540110.87元。

【财务状况】 公司1996年底股东权益203262659.35元，每股收益0.269元，每股净资产2.54元，净资产收益率10.59%，股东权益比率56.06%。向全体股东按10股送1股红股，另按10:2转增股本。

吉林化学工业股份有限公司

【公司概况】 公司1996年底总股份3411078000股，其中尚未流通股2416300000股，已流通A股30000000股，已流通H股964778000股。主要股东有吉化集团公司、HKSCC NOMINEES LIMITED、HONG KONG & SHANGHAI BANKING CORPORATION (NOMINEES) LIMITED等。公司董事长：刘树林，总经理：焦海坤。

【经营业绩】 1996年，公司与母公司共同建设的30万吨/年乙烯工程取得了重大进展，工程中的7套装置于1996年下半年进入试生产阶段。此外，1996年该公司还对现有的部分生产装置进行技术改造，完成了二常压装置的改造及醋酸和醋酐装置的改造。主要关联企业有吉林兴化硝基氯苯有限公司、吉林永辉化工储运有限公司、吉联(吉林)石油化学有限公司、吉林省巴斯夫吉化新戊二醇有限公司、吉林市吉特玻璃钢有限责任公司。1996年底主营业务收入8060691123元，净利润249281659元，资产总额14928957500元。

【财务状况】 公司1996年底股东权益5941571904元，每股收益0.07元(全面摊薄)，每股净资产1.74元(全面摊薄)，净资产收益率4%，股东权益比率40%。向全体股东派发年度末期股利每股人民币0.052元(含税)。

安徽红星宣纸股份有限公司

【公司概况】 为1996年新上市公司。公司1996年底总股份50000000股，其中尚未流通股34700000股，已流通A股15300000股。主要股东有中国宣纸集团公司等。公司董事长兼总经理：曹皖生。

【经营业绩】 1996年，公司共生产宣纸500吨。加强"红星水库"工程进度，基础工程已经完成，配套设施工程正在进行中。1996年投资兴建有红星牌宣纸燎革生产加工基地技术改造项目、书画纸生产线技术改造项目及宣纸、书画纸包装印刷技术改造项目等。公司在1996年内无子公司及关联企业。1996年底主营业务收入52570193.66元，净利润14040024.22元，资产总额179352989.81元。

【财务状况】 公司1996年底股东权益155178292.53元，每股收益0.28元，每股净资产3.10元，净资产收益率9.05%，股东权益比率86.52%。普通股红利按总股本5000万股为基准，每10股送红股1股，另按10:4的比例转增股本。

牡丹江石化集团股份有限公司

【公司概况】 为1996年新上市公司。公司1996年底总股份14287000股，其中尚未流通股81278000股，已流通A股66000000股。主要股东有牡丹江石化工业集团公司、牡丹江树脂厂、环球租赁、牡丹江造纸厂等。公司董事长：王喜生，总经理：静　洁。

【经营业绩】 公司1996年挖潜增收2300万元公司加大技改力度，集中力量搞好万吨醋酸乙烯、电石炉改造、草酸扩大三个项目，培育了新的经济增长点。1996年底主营业务收入739810074.76元，净利润46904878.05元，资产总额978569655.37元。

【财务状况】 公司1996年底股东权益465578142.42元，每股收益0.32元，每股净资产3.16元，净资产收益率10.07%，股东权益比率47.58%。每10股送5股红股，另每10股转增1股。

北京比特实业股份有限公司

【公司概况】 为1996年新上市公司。公司1996年底总股份88569940股，其中尚未流通股65369940股，已流通A股23200000股。主要股东有北京市比特电子公司、通恩宝投资管理有限责任公司、北京实创高科技发展总公司、北京金石山大酒店等。公司董事长兼总经理：刘戈建。

【经营业绩】 公司新型除湿器生产取得良好经济效益，1996年实现销售收入1000万元，金长城电脑及软件销售和服务收入6900万元，下属捷特光纤网络有限责任公司全年实现销售及服务收入1639元，另获投资收益1800万元。BM1000型比特柜内除湿器已获国家专利，多媒体技术产品除为长城微机和金长城微机配套外，还为国内著名计算机企业产品配套。主要关联企业有上海比特精细化工厂、捷特光纤网络有限公司、金长城电脑有限责任公司。1996年底主营业务收入95446818.62元，净利润28383889.50元，资产总额303648767.99元。

【财务状况】 公司1996年底股东权益211920479.58元，每股收益0.32元，每股净资产2.39元，净资产收益率13.4%，股东权益比率70%。每10股送红股3股。

岳阳恒立冷气设备股份有限公司

【公司概况】 为1996年新上市公司。公司1996年底总股份52000000股，其中尚未流通股39000000股，已流通A股13000000股。主要股东有岳阳国资、工行信托、建行信托、湖南证券、湖南申湘实业股份有限公司等。公司董事长：彭鹤仪，总经理：易树清。

【经营业绩】 公司ISO9000质量认证工作已于1996年11月份经德国TUV莱茵公司和中国机械质量认证中心初审通过。大中型客车空调机技术引进项目通过了鉴定，"全自动汽车空调实验台"通过验收。完成了对岳阳通达制冷空调有限公司75%股权和上海恒安空调设备有限公司65%股权的控股工作。1996年底主营业务收入136354642.50元，净利润16936500.00元，资产总额260804196.59元。

【财务状况】 公司1996年底股东权益118796823.77元，每股收益 0.32 元，每股净资产 2.28 元，净资产收益率 14.26%，股东权益比率 45.55%。向全体股东每 10 股送 2 股红股。

延边敖东药业(集团)股份有限公司

【公司概况】 为 1996 年新上市公司。公司 1996 年底总股份 71600000 股，其中尚未流通股 53600000 股，已流通 A 股 18000000 股。主要股东有延边朝鲜族自治州国有资产管理局、吉林轻工股份有限公司、海南农业租赁股份有限公司、吉林省信托投资公司、延边新华印刷厂等。公司董事长兼总经理：李秀林。

【经营业绩】 公司 1996 年生产主要产品安神补脑液 1951 万盒。公司长白山动植物药二次开发系列精品工程列入国家“双加”工程。募集资金主要用于以下项目：公司药厂三期改造项目，总投资 7500 万元，主要建设内容包括征用土地、建造基础车间和引进日本、德国先进制药设备及电子分析仪等；中、瑞、德合资二次开发长白山植物药系列产品；鹿茸加工车间项目，1996 年已投入资金 498 万元，该项目是为提高公司鹿副产品附加值和深精开发。1996 年底主营业务收入 242689635.21 元，净利润 39622334.30 元，资产总额 421428469.32 元。

【财务状况】 公司 1996 年底股东权益 243067657.70 元，每股收益 0.553 元，每股净资产 3.40 元，净资产收益率 16.30%，股东权益比率 57.68%。向全体股东每 10 股送红股 2 股。

连云港如意集团股份有限公司

【公司概况】 公司 1996 年底总股份 50000000 股，其中尚未流通股 37538500 股，已流通 A 股 12461500 股。主要股东有连云港市蔬菜冷藏加工厂、连云港市农业开发公司、运云港市供电局、连云港市兴农农业有限公司、连云港市东辛农场等。公司董事长兼总经理：侍守江。

【经营业绩】 1996 年度公司实现内销收入 3205 万元，占销售额的 23,%适当调整产品结构，由原来的以冷冻产品为主逐渐向保鲜、质、罐头、脱水调理食品多元化过渡，实现了主营业务利润增长超出主营业务收入增长的良好态势。主要关联企业有中外合资连云港富士食品有限公司、厦门如意食品有限公司、中外合资连云港如意食品有限公司、中外合资艾利食品有限公司、中外合资连云港味之素如意食品有限公司等。1996 年底主营业务收入 140234828.62 元，净利润 11533716.39 元，资产总额 258783168.57 元。

【财务状况】 公司 1996 年底股东权益 114163522.78 元，每股收益 0.23 元，每股净资产 2.28 元，净资产收益率 10.10%，股东权益比率 44.12%。向全体股东每 10 股送红股 2 股，每股面值 1 元。

湖北中天股份有限公司

【公司概况】 为 1996 年新上市公司。公司 1996 年底总股份 103244000 股，其中尚未流通股 77244000 股，已流通 A 股 26000000 股。主要股东有湖北中天集团公司、湖北中天开元有限公司、荆门市洞沟煤矿、上海亚洲商务投资咨询公司、中国航空工业总公司宏图飞机制造厂等。公司董事长兼总经理：向汉林。

【经营业绩】 公司主营化工产品、化肥的生产、销售，兼营五金交电、建筑材料。公司 1996 年生产聚丙烯粉料 16198 吨，销售 14494 吨，产销率 89.50%，生产碳酸氢铵 153658 吨，销售 120908 吨，产销率 78.69%。1996 年完成的技改项目有对聚丙烯热水系统进行改造，实现了控制自动化，另对氨合成系统进行了更新改造，将 0500 氨合成系统改扩为 0600 氨合成系统，并成功地应用了“中低低变换”新工艺。1996 年投资兴建工程有 3 万吨/年甲醇项目、1.6 万吨/年苯酚丙酮项目及 1.6 万吨/年异丙苯项目等。主要关联企业有湖北中天亨迪药业有限公司等。1996 年底主营业务收入 143723840.24 元，净利润 36896252.72 元，资产总额 330977826.99 元。

【财务状况】 公司 1996 年底股东权益 200121273.91 元，每股收益 0.357 元，每股净资产 1.94 元，净资产收益率 29.22%，股东权益比率 60.46%。1996 年度利润暂不分配。

成都倍特发展集团股份有限公司

【公司概况】 为 1996 年新上市公司。公司 1996 年底总股份 80650000 股，其中尚未流通股 44650000 股，已流通 A 股 36000000 股。主要股东有成都市国有资产管理局、北京工艺品进出口集团公司、成都电缆股份有限公司、重庆钢铁公司、成都钢铁厂等。公司董事长：张学果，总经理：周东兵。

【经营业绩】 公司 1996 年药业完成了一期技改工程，全年共销售主要产品“轻舒颗粒”208.8 万件。“倍特牌”家用系列现代厨柜共销售 4566 套，已建立了 16 个销售网点。公司合资企业生产的 OBM 电脑成为国产名牌微机，1996 年度在国家技术监督局抽查检测中所有技术指标均通过国家标准。1996 年公司完善倍特科技工业园一区的水、电、气 、通信、道路等综合配套服务设施和物业管理，使其使用率达 95%以上。主要关联企业有中外合资海洋倍特多媒体资讯有限公司、成都证券公司高新区营业部、中外合资成都新建业倍特置业有限公司、成都倍特西藏石油公司加油站等。1996 年底主营业务收入 247908121.76 元，净利润 49075543.67 元，资产总额 951404205.48 元。

【财务状况】 公司 1996 年底股东权益 469295943.79 元，每股收益 0.61 元，每股净资产 5.82 元，净资产收益率 10.46%，股东权益比率 49.33%。向全体股东每 10 股派送红股 8 股，另按 10:2 比例转增股本。

攀钢集团板材股份有限公司

【公司概况】 为 1996 年新上市公司。公司 1996 年底总股份 402200000 股，其中尚未流通股 340200000 股，已流通 A 股 62000000 股。主要股东有攀钢(集团)公司、第十九冶金建设公司等。公司董事长：赵忠玉，总经理：严忠祥。

【经营业绩】 公司 1996 年依靠科技进步致力于厚利产品的研制开发，不断改善品种结构，形成了石油、汽车、铁路、造船四大系列产品为基础的多品种产品结构，同时加大促销工作力度，产品产销率达到 93.93%。公司 1996 年募集资金主要投向新增测厚仪、主传动数字励磁及基础自动化控制系统改造、扩能改造等项目。1996 年底主营业务收入 1809995859.29 元，净利润 90159114.96 元，资产总额 1855564759.15 元。

【财务状况】 公司 1996 年底股东权益 813079082.74 元，每股收益 0.22 元，每股净资产 2.02 元，净资产收益率 11.09%，股东权益比率 43.82%。按每股 0.19 元(含税)分配现金股利。

安徽铜都铜业股份有限公司

【公司概况】 为1996年新上市公司。公司1996年底总股份140000000股，其中尚未流通股105000000股，已流通A股35000000股。主要股东有铜陵有色金属(集团)公司、铜陵有色金秋实业公司、铜陵有色铜兴实业总公司、安徽省安信房地产发展公司等。公司董事长：刘玉恩，总经理：孟永范。

【经营业绩】 公司1996年生产粗铜48607吨，电铜46624吨，硫酸121818吨，黄金1401公斤，白银30706公斤。电铜优质品率达到98.9%，电解电效、鼓风炉床能力、全硫利用率均创历史最好水平。投资兴建项目有硫酸系统技术改造工程、电解铜系统技术改造工程。主要关联企业有安徽铜都国际大酒店有限公司、铜陵金兴化学清洗防腐有限公司、康林国际金属材料有限公司等。1996年底主营业务收入1167476451.14元，净利润47782404.71元，资产总额461742970.69元。

【财务状况】 公司1996年底股东权益309561439.42元，每股收益0.34元，每股净资产2.21元，净资产收益率15.44%，股东权益比率67.04%。1996年1—6月已按每10股派发现金1元(含税)，1996年下半年暂缓分配。

长春兰宝实业股份有限公司

【公司概况】 为1996年新上市公司。公司1996年底总股份52000000股，其中尚未流通股31000000股，已流通A股21000000股。主要股东有长春君子兰工业集团(公司)、营口天力电机股份有限公司、中轻贸易中心等。公司董事长：刘铁杲，总经理：黄剑。

【经营业绩】 1996年公司两大主导产品的生产规模进一步扩大：汽车工程塑料制品捷达A型桥车彩色塑料保险杠是为中国一汽—大众有限公司独家定点配套产品，已完成一期技术改造工程，引进关键设备15台套，横具9套，已形成年产20万套保险杠的能力。日用微电机已完成三期技术改造，建成先进微电机生产技术的生产线四条，日用微电机年生产能力达200万台。同时，汽车工程塑料配套产业发展加快，新型捷达轿车保险杠、奥迪C3V6轿车保险杠和本公司开发项目小红旗保险杠、汽车塑料导风道等项目正在积极实施中。前次募集资金10608万元主要用于新捷达轿车保险杠配套项目、奥迪C3V6轿车保险杠项目、汽车塑料导风道塑料包装桶项目等。主要关联企业有长春兰宝实业股份有限公司营口天力电厂、长春力得汽车工程塑料制品有限公司等。1996年底主营业务收入121877699.00元，净利润28072923.92元，资产总额395705979.13元。

【财务状况】 公司1996年底股东权益227360545.54元，每股收益0.54元，每股净资产4.37元，净资产收益率12.35%，股东权益比率57.5%。普通股红利以总股本5200万股为基数，每10股派送2股红股。

福建三木集团股份有限公司

【公司概况】 为1996年新上市公司。公司1996年底总股份64790000股，其中尚未流通股48590000股，已流通A股16200000股。主要股东有福州市经济技术开发区国资局、利嘉实业(福建)集团有限公司、福清市环球百货公司、福州大展实业有限公司等。公司董事长：陈隆基，总经理：陈维辉。

【经营业绩】 公司1996年完成了福州保税区集友银行大厦、生资市场综合楼、福州航空大厦等基础设施项目及配套设施的主体工程建设，完成代建工程量30000多万元。在福州地区完成房地产开发23000多平方米，实现销售收入1328.3万元，在上海投资的梅陇罗阳一村项目实现销售收入5240万元，公司商品房租赁收入600万元，此外还完成了福州红日花园桩基工程、完成了福州宏基大厦与禾辉花园前期工程及快安单身公寓的部分工程。1996年公司获得对外劳务合作经营权并向外输出部分劳务人员。1996年公司进出口贸易总额4000万美元，其中出口创汇4000万美元。主要关联企业有防城港三木房地产有限公司、三木(福州保税区)贸易总公司、三木集团(武夷山)实业有限公司、三木集团(福州开发区)物业管理有限公司等。1996年底主营业务收入211845682.67元，净利润24850893.21元，资产总额401745912.64元。

【财务状况】 公司1996年底股东权益192863551.39元，每股收益0.38元，每股净资产2.98元，净资产收益率13%，股东权益比率48%。每10股送红股1股。

沈阳合金股份有限公司

【公司概况】 为1996年新上市公司公司。1996年底总股份51685000股，其中尚未流通股37685000股，已流通A股14000000股。主要股东有沈阳资产经营有限公司、鞍山市信托投资股份有限公司、厦门金汇贸易联合公司、沈阳天大实业总公司等。公司董事长兼总经理：常文斗。

【经营业绩】 公司1996年销售补偿导线(含特种缆线)708公里，销售铠装热电偶(含极线)5.59万米，销售火花塞电极材料85吨，销售显像管用材料13吨，其他产品合计160吨。1996年，公司以经济效益为中心，以强化管理为手段，在搞好主营业务的同时，广泛拓展投资新领域。1996年底主营业务收入48797304元，净利润8346158元，资产总额133409577元。

【财务状况】 公司1996年底股东权益70188086元，每股收益0.16元，每股净资产1.36元，净资产收益率11.9%，股东权益比率52.6%。1996年度利润暂缓分配。

宁夏宁河民族化工股份有限公司

【公司概况】 为1996年新上市公司。公司1996年底总股份51800000股，其中尚未流通股33800000股，已流通A股18000000股。主要股东有宁夏石嘴山民族化工(集团)公司、宁夏五金矿产进出口公司、石嘴山矿务局、宁夏机械化工进出口公司等。公司董事长：石进儒，总经理：曹桂荣。

【经营业绩】 1996年，公司电石生产量22164.78吨，其中生产石灰氮自用19492.03吨，销售量2500吨；石灰氮生产量26228吨，其中生产双氰胺自用15757.11吨，销售量10500吨；双氰胺生产量3924.625吨，其中生产硝酸胍自用127.585吨，销售3800吨；硝酸胍生产量265.725吨，销售量250吨。1996年募集资金全部用于公司的技术改造和下游产品开发，主要有年产2000吨硫脲项目、年产25000吨石灰氮项目、年产10000吨石灰氮颗粒肥项目、年产3000吨胍类产品项目等，1996年底实际投资1964.6万元，主要用于硫脲设备和胍类产品的设备订购。1996年底主营业务收入77604931.00

元,净利润 15091632.75 元,资产总额 218915700.54 元。

【财务状况】 公司 1996 年底股东权益 149013792.87 元,每股收益 0.29 元,每股净资产 2.88 元,净资产收益率 10.13%,股东权益比率 68.07%。1996 年度利润滚至下年度一并分配。

广东风华高新科技股份有限公司

【公司概况】 为 1996 年新上市公司。公司 1996 年底总股份 53500000 股,其中尚未流通股 40000000 股,已流通 A 股 13500000 股。主要股东有广东肇庆风华发展有限公司、肇庆市威劲电子有限公司、肇庆市银华工贸发展公司、广东风华高新科技股份有限公司工会等。公司董事长兼总经理:梁力平。

【经营业绩】 公司主导产品片式独石电容器和超小型铝电解电容器均获 ISO9002 国际标准体系认证,1996 年片式独石电容器生产量 30 亿只,销售额 19089 万元,超小型铝电解电容器 5.5 亿只,销售额 3954 万元。1996 年完成了国家“863”计划重大项目“高性能低温烧结多层陶瓷电容器”的成果转化,并于 1996 年 3 月 23 日通过了国家科委主持的验收。募集资金主要投入片式独石电容器系列产品技术改造项目等。主要关联企业有肇庆冠华现代电子元件有限公司、肇庆科华电子科技有限公司、肇庆宏华现代电子元件有限公司、肇庆利华电子有限公司等。1996 年底主营业务收入 230427445.94 元,净利润 43302127.21 元,资产总额 639594694.43 元。

【财务状况】 公司 1996 年底股东权益 236443833.09 元,每股收益 0.81 元,每股净资产 4.42 元,净资产收益率 18.31%,股东权益比率 36.97%。向全体股东按每 10 股派送 6 股红股,另按 10:4 比例转增股本。

茂名石化实华股份有限公司

【公司概况】 为 1996 年新上市公司。公司 1996 年底总股份 50310000 股,其中尚未流通股 33108604 股,已流通 A 股 17201396 股。主要股东有茂名石化公司职工互助会、茂名石化公司、百利鑫电、茂远石化、茂名金华财务发展公司等。公司董事长:何德先,总经理:凌华明。

【经营业绩】 1996 年,公司主营产品聚丙烯年利润为 2074 万元,液化气及溶剂油创利 2298 万元。聚丙烯装置于 1996 年 11 月 15 日实现了年生产能力达标,全年共生产聚丙烯 16272 吨。蒸馏尾气回收装置全年处理量在 3.02 万吨,为企业创造了良好的经济效益。抓好北山中转油站向茂名 30 万吨乙烯送料工程建设;抓好中转油库扩容改造工程投用和 7000 吨/年溶剂油装置改造。公司年产 20 万罐气雾剂生产线 3 月 9 日投入生产。主要关联企业有江门三角洲特种石油化工联合公司、华电石化联营公司、华茂石化联营公司、华高石化联营公司、华榕石化联营公司等。1996 年底主营业务收入 388861124.83 元,净利润 42114227.75 元,资产总额 309931012.21 元。

【财务状况】 公司 1996 年底股东权益 219543091.79 元,每股收益 0.837 元,每股净资产 4.36 元,净资产收益率 19.18%,股东权益比率 70.84%。向全体股东按 10:3 的比例转增股本。

中国辽宁国际合作(集团)股份有限公司

【公司概况】 为 1996 年新上市公司。公司 1996 年底总股份 70000000 股,其中尚未流通股 50000000 股,已流通 A 股 20000000 股。主要股东有辽宁省国资局等。公司董事长:李瑞。

【经营业绩】 公司 1996 年大力发展国内高科技工业项目、商业和外汇商品供应,继续抓好工程承包、劳务外派、经济援助、进出口贸易等对外经贸项目,积极开拓国际市场。预应力钢棒项目引进的二条生产线已于 1996 年下半年达到 1.8 万吨生产能力,全年已生产 3200 吨,实现销售收入 1478 万元,同时与韩国合资的电器套管项目完成了设备安装调试。募集资金主要用于预应力钢棒一、二、三期工程建设、补充辽宁外汇商品大楼流动资金及增加对外经贸项目营运资金。1996 年底主营业务收入 226411980.95 元,净利润 38773321.46 元,资产总额 565273576.88 元。

【财务状况】 公司 1996 年底股东权益 306708312.03 元,每股收益 0.55 元,每股净资产 4.38 元,净资产收益率 12.64%,股东权益比率 54.26%。每 10 股送红股 3 股。

株洲庆云发展股份有限公司

【公司概况】 为 1996 年新上市公司。公司 1996 年底总股份 56049950 股,其中尚未流通股 30809750 股,已流通 A 股 25240200 股。主要股东有株洲市劳动就业管理处、株洲战备材料总厂、株洲冶炼厂、株洲电力机车工厂劳动服务公司、株州市国有资产管理局等。公司董事长:李东,总经理:彭伟 。

【经营业绩】 公司 1996 年投资对宾馆客房及其配套设施进行改造装修,实现服务收入 1515.78 万元。在餐饮业方面,餐饮收入 2377.51 万元。1996 年实现商品销售收入 5134.00 万元。成功地开发了庆云河西住宅楼小区,首期工程建筑面积 7680 平方米年内竣工验收 ,全年完成销售收入 611.28 万元。公司参股企业在 1996 年研制开发了 HL998(Ⅲ)P/TSD 型全数字双向录音电话机,并开始试生产。主要关联企业有株洲庆云发展实业公司、株洲庆云房地产开发有限责任公司、株洲银雁通信设备有限责任公司等。1996 年底主营业务收入 109915090.02 元,净利润 12358672.53 元,资产总额 143578060.78 元。

【财务状况】 公司 1996 年底股东权益 98714170.16 元,每股收益 0.22 元,每股净资产 1.76 元,净资产收益率 12.52%,股东权益比率 68.75%。1996 年利润暂不分配。

九江化纤股份有限公司

【公司概况】 为 1996 年新上市公司。公司 1996 年底总股份 5200 万股,其中尚未流通股 4030 万股,已流通 A 股 1170 万股。主要股东有九化纤等。公司董事长:张棠华,总经理:聂鉴新。

【经营业绩】 1996 年生产人造丝 5212 吨,销售 5584 吨,产销率为 107.14%。募集资金 7631 万元,使用情况:(1)扩建 2800 吨/年粘胶长丝项目一期工程即扩建 1400 吨/年粘胶长丝生产线。(2)充实公司营运资金。1996 年底主营业务收入 16947.40 万元,净利润 1497.89 万元,资产总额 26973.92 万元。

【财务状况】 公司 1996 年底股东权益 14306.81 万元,每股收益 0.29 元,每股净资产 2.751 元,净资产收益率 10.50%,股东权益比率 53.04%。以总股本 5200 万股为基数,向全体股东按 10:5 比例转增股东,1996 年暂不分配股利。

珠海格力电器股份有限公司

【公司概况】 公司 1996 年底总股份 150000000 股，其中尚未流通股 108000000 股，已流通 A 股 42000000 股。主要股东有珠海格力集团公司、珠海格力房产有限公司、珠海华声实业(集团)股份有限公司、东方证券等。公司董事长：苏结宏，总经理：朱江洪。

【经营业绩】 1996 年，公司生产空调 90 万台，实现销售收入 28.4 亿元，实现利润总额 2.19 亿元。公司的出口贸易也迅速发展，在巩固和发展对欧、亚、港澳市场的同时，积极开拓南北美洲、非洲等市场，1996 年出口额折合人民币 2.26 亿元。主要关联企业有丹阳格力电器股份有限公司等。1996 年底主营业务收入 2841224249.44 元，净利润 186336216.91 元，资产总额 1842737238.92 元。

【财务状况】 公司 1996 年底股东权益 556028715.91 元，每股收益 1.24 元，每股净资产 3.71 元，净资产收益率 33.51%，股东权益比率 30.17%。96 年利润暂不分配。

天津美纶股份有限公司

【公司概况】 为 1996 年新上市公司。公司 1996 年底总股份 69378100 股，其中尚未流通股 45756414 股，已流通 A 股 23621686 股。主要股东有天津纺织工业总公司、四川农村信托投资公司、上海海口启贸实业公司、中粮辽宁粮油进出口公司、中国农业银行信托投资公司等。公司董事长：张春亭，总经理：许育才。

【经营业绩】 1996 年公司努力提高主导产品涤纶长丝的效益，实现营业利润的扭亏增盈。全年长丝销售量 5305 吨，1996 年开发生产了 83 分特/96 孔和 83 分特/72 孔涤纶低弹丝，研制开发了阳离子染料可染型聚酯长丝等，全年共开发生产各类新产品 11 种。提高生产水平，微细旦车间 111 分特低弹丝、长丝车间 333 分特低弹丝月单台平均日水平均创历史最好水平。全年共节约费用 45.05 万元。主要关联企业有绍兴天桥纺织厂、国泰证券有限公司、天津克瑞思房地产投资开发有限公司、天津美凌食品有限公司等。1996 年底主营业务收入 93441341.95 元，净利润 12762517.25 元，资产总额 323145065.18 元。

【财务状况】 公司 1996 年底股东权益 171234400.25 元，每股收益 0.184 元，每股净资产 2.47 元，净资产收益率 7.45%，股东权益比率 52.99%。按 1996 年底股本计算，向全体股东每 10 股派发红股 1.5 股。

福建九州集团股份有限公司

【公司概况】 公司 1996 年底总股份 129918000 股，其中尚未流通股 97438000 股，已流通 A 股 32480000 股。主要股东有福建省国有资产管理局、福建金登集团公司、厦门市龙泉钛金属制品公司、福州森森实业有限公司等。公司董事长：赵裕昌。

【经营业绩】 1996 年，公司在进出口贸易方面，在一般贸易的基础上，增加转口贸易与对销贸易，全年累计完成进出口贸易额 2.6356 亿美元。房地产开发方面，厦门、莆田、仙游、福安、北京的多层房地产项目基本销售完毕。在北京、福州、厦门等地实行娱乐城连锁经营。1996 年，公司参与兼并 5 家国有工业企业，为形成建材、食品、机电工业支柱奠定了基础。主要关联企业有厦门九州医疗保健品公司、福建九州集团(香港)有限公司、福建九州集团北京公司等。1996 年底主营业务收入 1693807063.38 元，净利润 52022227.39 元，资产总额 742217836.49 元。

【财务状况】 公司 1996 年底股东权益 400936055.55 元，每股收益 0.40，每股净资产 3.09 元，净资产收益率 12.97%，股东权益比率 54.02%。1996 年度利润暂不分配。

淄博华光陶瓷(集团)股份有限公司

【公司概况】 为 1996 年新上市公司。公司 1996 年底总股份 51740000 股，其中尚未流通股 36740000 股，已流通 A 股 15000000 股。主要股东有淄博市国有资产管理局、淄博齐惠陶瓷有限公司、淄博湖岭企业集团有限公司、淄博张店华丰实业有限公司等。公司董事长兼总经理：苏同强。

【经营业绩】 公司 1996 年投资 1800 万元的彩印工程正式投入运行，投资 2300 万元的中高强瓦楞纸生产线竣工投产，年产 600 万件高档骨质瓷项目进展顺利。“华光”牌产品现已生产 600 多个品种、150 多种颜色，荣获国家科技进步三等奖。主要关联企业有山东华光陶瓷有限公司、山东华光彩瓷装饰有限公司、淄博华光纸业有限公司。1996 年底主营业务收入 138957329.65 元，净利润 18562892.04 元，资产总额 366381015.32 元。

【财务状况】 公司 1996 年底股东权益 122363238.09 元，每股收益 0.36 元，每股净资产 2.36 元，净资产收益率 15.17%，股东权益比率 33.40%。向全体股东每 10 股送 6.2 股红股。

重庆东源钢业股份有限公司

【公司概况】 为 1996 年新上市公司。公司 1996 年底总股份 187110770 股，其中尚未流通股 120110770 股，已流通 A 股 67000000 股。主要股东有重庆钢铁(集团)有限责任公司、天骥投资基金等。公司董事长：郭代仪，总经理：王文玮。

【经营业绩】 公司 1996 年钢材交库总量 112000 吨，产销率 100%。进一步加强了企业依法运作的规范化管理，确立了“以财务管理为中心的全过程管理”的公司管理原则，注重质量、计划、劳资、物资等基础管理。公司制定了以成材率为主的考核指标，推行了生产经营全过程的责任成本管理。1996 年底主营业务收入 521470319.44 元，净利润 29751465.20 元，资产总额 559122032.71 元。

【财务状况】 公司 1996 年底股东权益 269075264.20 元，每股收益 0.159 元，每股净资产 1.44 元，净资产收益率 11.06%，股东权益比率 48.13%。1995 年每 10 股派 1.5 元(含税)现金股利，1996 年每 10 股送 1 股红股。

海南金海股份有限公司

【公司概况】 为 1996 年新上市公司。公司 1996 年底总股份 86500000 股，其中尚未流通股 57200000 股，已流通 A 股 29300000 股。主要股东有海南金海实业公司、中国有色金属工业财务公司、海南恒润投资有限公司、海南金昌旅游实业有限公司、内蒙古包头铝厂等。公司董事长：沃廷枢，总经理：蔚然军。

【经营业绩】 1996年,公司在努力拓展国内外贸易的同时,加大了对实业的投资和管理以及产品的宣传力度。上海分公司控股的上海豪斯整水器公司,其生产能力已达年产20000台。公司投资参股海南发展银行并取得投资回报,公司进行的有色金属及其他货物的套期保值业务均获益。投资兴建项目有修建三亚金海大酒店及上海豪斯整水器有限公司扩建工程等。主要关联企业有海南金海股份有限公司上海公司、内蒙古海托工贸联营公司、海南金海旅游有限公司、南海市南方精密压铸有限公司、海南发展银行。1996年底主营业务收入144381047.51元,净利润26095956.09元,资产总额358933321.80元。

【财务状况】 公司1996年底股东权益221106749.50元,每股收益0.30元,每股净资产2.56元,净资产收益率11.80%,股东权益比率61.60%。向全体股东每10股送3.5股红股。

厦门海洋实业集团股份有限公司

【公司概况】 为1996年新分立上市公司。公司1996年底总股份66000000股,其中尚未流通股49500000股,已流通A股16500000股。主要股东有厦门海洋实业总公司、厦门国有资产管理局等。公司董事长:吴　乌,总经理:阮国安。

【经营业绩】 1996年公司大力发展基础渔业和冷冻调理食品、机编网业。公司组建了一支具有先进的助渔导航、海水淡化、冷冻等设备的远洋船队,装备了一艘800吨的冷藏运输船。主要关联企业有厦门海洋实业(集团)远洋渔业公司、厦门海洋实业(集团)股份有限公司能达网厂、厦门海洋实业(集团)进出口公司、厦门海洋集团宝洋贸易有限公司等。1996年底主营业务收入579036096.18元,净利润26392726.39元,资产总额555629459.41元。

【财务状况】 公司1996年底股东权益217058574.41元,每股收益0.40元,每股净资产3.29元,净资产收益率12.16%,股东权益比率39.07%。1996年暂不分红。

珠海经济特区中富实业股份有限公司

【公司概况】 为1996年新上市公司。公司1996年底总股份85000000股,其中尚未流通股56125000股,已流通A股28875000股。主要股东有珠海市中富工业集团公司、珠海市湾仔联合企业总公司、珠海中亚(集团)有限公司等。公司董事长:黄乐夫,总经理:卢焕成。

【经营业绩】 1996年,公司主要抓了直立瓶、胚系列产品、0.5L可乐专有瓶、0.6人百事专有瓶、1.25L可乐专有瓶的研制。其中直立瓶、胚系列产品通过国家轻工总会的质量鉴定并获省轻纺工业科技进步二等奖。1.25L瓶被评为国家级重点新产品,其他各项产品也获得了可口可乐、百事可乐集团的质量认定。1990年,公司在全国二十多个城市和地区设立了销售点。主要关联企业有杭州中富瓶厂、珠海城市合作银行股份有限公司、珠海市达盛股份有限公司。1996年底主营业务收入485320109.88元,净利润64320007.35元,资产总额737666956.93元。

【财务状况】 公司1996年底股东权益366560524.37元,每股收益0.757元,每股净资产4.31元,净资产收益率17.55%,股东权益比率46.69%。1996年度不分红。

广州南华西实业股份有限公司

【公司概况】 为1996年新上市公司。公司1996年底总股份50000000股,其中尚未流通股38750000股,已流通A股11250000股。主要股东有广州市南华西企业集团公司、广东华侨信托投资公司投资基金部、北京贝特实业公司、登润实业有限公司、粤华有限公司等。公司董事长:何竟棠,总经理:李德荣。

【经营业绩】 公司1996年抓好干式变压器的生产、销售,中央空调设备的制造、维修、销售和各类进出口贸易,主营业务取得较大发展。中央空调设备在广州地铁一号线首期工程中中标。1996年引进的真空浇注设备已组织安装调试,箱式变电站15KV电压级别样机已试制成功,玻包电磁线项目已完成调研和方案分析研究及设备选型工作,完成了空气处理机组(AHU)第二期技术改造所需购置的9.52表冷器生产线以及其他配套设备工作。主要关联企业有广州特种变压器厂、广州市京广深空调设备制造工程公司、广州南华工商贸易公司。1996年底主营业务收入214582379.31元,净利润22355030.58元,资产总额480610657.28元。

【财务状况】 公司1996年底股东权益204516079.68元,每股收益0.4471元,每股净资产4.09元,净资产收益率10.93%,股东权益比率42.55%。向全体股东每10股送红股1股,另每10股用资本公积转增3股。

长春高新技术产业(集团)股份有限公司

【公司概况】 为1996年新上市公司。公司1996年底总股份68640000股,其中尚未流通股49640000股,已流通A股19000000股。主要股东有长春高新技术产业发展总公司、长春南湖实业总公司等。公司董事长兼总经理:刘成福。

【经营业绩】 公司主要经营高新技术产品开发、长春高新技术产业开发区新建区基础设施建设、物业管理、国内外贸易、金融业务。1996年公司在集中新建区开发基础设施面积达125万平方米。公司参股长春热缩材料股份有限公司和长生实业股份有限公司均取得良好的经济效益。1996年投入583万元于长春金赛药业有限责任公司和长春科鹰防腐防水材料有限责任公司用于基因工程药物项目和保温防腐材料项目。主要关联企业有长春高新技术产业(集团)股份有限公司火炬实业分公司、科贸大厦、长春高新技术产业(集团)股份有限公司科建分公司等。1996年底主营业务收入141376822.18元,净利润56115249.18元,资产总额737354315.75元。

【财务状况】 公司1996年底股东权益350998238.75元,每股收益0.818元,每股净资产5.11元,净资产收益率16%,股东权益比率47.6%。向全体股东按每10股派送2股红股,另每10股转增2股。

广西梧州市康达(集团)股份有限公司

【公司概况】 为1996年新上市公司。公司1996年底总股份71425000股,其中尚未流通股51425000股,已流通A股20000000股。主要股东有梧州市对外经济贸易公司、杭州天安置业有限公司、宁波天翔实业有限公司、海口八达进出口公司、中国银行南宁信托咨询公司等。公司董事长：金路达。

【经营业绩】 公司1996年努力开展出口贸易的同时，加快了向"以高科技工业为龙头、贸易与实业相结合"的经营方向转变，有效地促进了三条钢带制品有限公司等主要投资项目按时进入回报期。募集资金主要投资于梧州三条钢带公司、田东润滑油品有限责任公司、北山饭店及补充流动资金。主要关联企业有梧州市康达(集团)股份有限公司杭州分公司、梧州市康达(集团)股份有限公司北山饭店、梧州三条钢带制品有限公司、珠海经济特区绿世纪保健品有限公司等。1996年底主营业务收入231149892.35元，净利润13643000.44元，资产总额283015602.04元。

【财务状况】 公司1996年底股东权益153301338.95元，每股收益0.19元，每股净资产2.15元，净资产收益率8.90%，股东权益比率54.17%。按10:2.5股派送红股。

福建省永安林业(集团)股份有限公司

【公司概况】 为1996年新上市公司。公司1996年底总股份63030000股，其中尚未流通股44420000股，已流通A股18610000股。主要股东有福建省永安林业(集团)总公司、永安市财政局、福建省青山纸业股份有限公司、永安市林业建设投资公司、三明市林业总公司等。公司董事长兼总经理：黄瑞红。

【经营业绩】 公司主营业务为木材及竹材采运、木材加工、化学原料及化学制品制造、食品制造等。公司1996年造林杉木49.5万平方米，马尾松343.1万平方米，阔叶树381.9万平方米，毛竹15.9万平方米，林木生长与消耗比为1.10:1。定向结构刨花板已完成部分前期工作，康寿口服液项目已完成土建项目，进入设备安装阶段，香兰素产品天然度达100%，已基本完成中试。主要关联企业有永安天然保健品公司、福建同辉贸易有限公司。1996年底主营业务收入163512069.61元，净利润22414904.88元，资产总额281183381.94元。

【财务状况】 公司1996年底股东权益180385964.46元，每股收益0.3556元，每股净资产2.86元，净资产收益率12.43%，股东权益比率64.15%。向全体股东每10股派送红股1股，并派送现金红利每10股0.80元，另按10:2比例转增股本。

武汉塑料工业集团股份有限公司

【公司概况】 为1996年新上市公司。公司1996年底总股份50093300股，其中尚未流通股36357300股，已流通A股13736000股。主要股东有武汉国有资产经营公司、武汉国兴投资咨询公司、武汉市工业合作联社、中国平安保险公司等。公司董事长兼总经理：刘文彦。

【经营业绩】 1996年，公司生产农地膜4479吨，销售4514吨，生产注塑产品3410吨，销售注塑制品3343吨，公司承担的市重点技改项目塑料油箱和自筹资金技改项目轿车门内衬经过神龙汽车有限公司的验收，竣工投产，12月底生产销售塑料油箱1720套，生产销售轿车门内衬480辆份。年度开发投产新产品28种。全年销售塑料化工原材料超过10000吨，代理进口矽钢片1500吨，代理进口轴承80万套。年度共组建了3家有限责任公司。主要关联企业有武塑集团金鹤制品公司、武塑集团齐威制品公司、武塑集团亚光制品公司、武汉蓝天建筑工程公司等。1996年底主营业务收入263346730.90元，净利润21880045.76元，资产总额318136110.34元。

【财务状况】 公司1996年底股东权益124138600.95元，每股收益0.44元，每股净资产2.48元，净资产收益率17.63%，股东权益比率39.02%。1995、1996年红利暂缓到1997年度中期分配。

经纬纺织机械股份有限公司

【公司概况】 为1996年新上市公司。公司1996年底总股份423800000股，其中尚未流通股230000000股，已流通A股13000000股，已流通H股180800000股。主要股东有中国纺织机械(集团)有限公司、香港中央结算(代理人)有限公司、获多利金融服务有限公司等。公司董事长：殷俊德。

【经营业绩】 公司1996年完成新产品设计4项，试制11项，鉴定5项。公司于1996年12月顺利通过由法国BVQI公司和中国质量管理协会质量保证中心(QAC)组成的国际、国内质量休系认证机构的同时认证。公司确定并实施了柔性制造车间、铸工改造、专件改造、科研基地、太原开发区厂房及钣金等常规改造六个技改项目。主要关联企业有山西经纬计算机技术开发有限公司、晋中经纬钢领制造有限公司、经纬纺织机械榆次物资有限公司、上海立达经纬纺织机械有限公司。1996年底主营业务收入654448000元，净利润78860000元，资产总额1151481000元。

【财务状况】 公司1996年底股东权益700846000元，每股收益0.19元，每股净资产1.65元，净资产收益率11.3%，股东权益比率60.9%。向全体股东派发1996年度末期每股股息0.04元。

昆明五华实业(集团)股份有限公司

【公司概况】 为1996年新上市公司。公司1996年底总股份87510000股，其中尚未流通股64800000股，已流通A股22710000股。主要股东有昆明市五华区国有资产管理局、金北圣投资公司、深圳华宝香精工业有限公司等。公司董事长：江维新，总经理：温一雷。

【经营业绩】 公司经营范围以商贸流通为主，渗及工业、房地产、饮食、旅游服务等多种产业。1996年公司完成了建筑面积3.8万平方米的五华商厦二期工程的前期准备工作，新建的成都乐天实业有限公司和云南东方康乐有限公司顺利完工，并于12月中下旬分别投入试营业，昆明华一广场及合作开发的深圳华佳广场封顶，石家庄新华商业广场完成工程进度的50%。主要关联企业有昆明五华商业大厦、园通商业大厦、云南东方经贸公司、深圳华晟投资发展公司、昆明五华投资公司等。1996年底主营业务收入278216670.32元，净利润58419506.32元，资产总额488913813.56元。

【财务状况】 公司1996年底股东权益397262831.08元，每股收益0.67元，每股净资产4.54元，净资产收益率14.71%，股东权益比率81.25%。向全体股东按10:3的比例送红股，另按10:7的比例转增股本。

武汉石油(集团)股份有限公司

【公司概况】 为1996年新上市公司。公司1996年底总股份5700万股，其中尚未流通股4273万股，已流通A股1427万股。主要股东有武汉国有资产经营公司、江汉石油管理局、武汉石油化工厂、武汉市信托投资公司、交通银行武汉市分行等。公司董事长兼总经理：戢治成。

【经营业绩】 1996年公司实际投入油站建设资金600万元，购建加油站2座，改造旧站3座；武汉石油大厦服务有限公司经营步入成熟发展时期，公司房地产业投资收益增加。1996年公司重点项目建设速度加快，阳逻油库建设工程已完成总进度的95%，公司业务信息网络工程经6个月试运行全部通过验收，IC卡加油已投入试营运。主要关联企业有销售公司、汉口公司、武昌公司、运输公司、开发总公司、深圳江城公司等。1996年底主营业务收入714138900.00元，净利润23419749.87元，资产总额292263300.00元。

【财务状况】 公司1996年底股东权益121968701.34元，每股收益0.41，每股净资产2.14元，净资产收益率19.2%，股东权益比率41.73%。1995、1996年两年一并按每10股送5股比例分配股利。

吉林吉诺尔股份有限公司

【公司概况】 为1996年新上市公司。公司1996年底总股份61670000股，其中尚未流通股45670000股，已流通A股16000000股。主要股东有吉林吉诺尔电器（集团）公司、深圳金圣实业有限公司、万宝集团冷机制作工业公司等。公司董事长：韩志魁，总经理：阎世维。

【经营业绩】 1996年，公司主导产品“吉诺尔”电冰箱获国家环保局颁发的“中国环境标志产品”，深入贯彻ISO 9000系列标准，组织了电冰箱（柜）产品的电器安全认证。通过采用CAD计算机辅助设计系统，完善了设计手段、实验手段，缩短了产品开发周期，提高了设计可靠性。1996年下半年，公司超前支付厂房、土地、基建、进口设备资金等部分费用，大大加快了电冰箱生产线技改项目建设进度，募集资金主要用于该项目。1996年底主营业务收入181166986.42元，净利润11627328.04元，资产总额589982844.10元。

【财务状况】 公司1996年底股东权益182798047.04元，每股收益0.189元，每股净资产2.964元，净资产收益率6.36%，股东权益比率30.98%。1996年度利润暂缓分配。

湖北天发股份有限公司

【公司概况】 为1996年新上市公司。公司1996年底总股份65000000股，其中尚未流通股36400000股，已流通A股28600000股。主要股东有荆沙市农场、荆沙市第一木材公司、荆州市国有资产管理局、荆州市化工建材总公司等。公司董事长兼总经理：龚家龙。

【经营业绩】 公司主营业务是石油液化气、油品经营及汽车销售等。1996年新增石油液化气零售点19处，产品辐射区域已从原来的湖北、湖南两省扩展到四川、河南、云南、广西、贵州等省区。1996年5月24日，技江万吨油气库隆重开工，与之相配套的3000吨级宽体液化气运输船开始建造。1996年建成了武德路加油站和东区加油站。年度内公司汽贸中心启用自己的经营场地。主要关联企业有湖北天发石油液化气公司、天发石油化工公司、荆沙市汽车贸易中心、常德天发石油液化气公司等。1996年底主营业务收入257764111元，净利润44250668元，资产总额312524507元。

【财务状况】 公司1996年底股东权益218979135元，每股收益0.68元，每股净资产3.37元，净资产收益率20.21%，股东权益比率70.04%。每10股派送红股10股。

福建省石狮新发股份有限公司

【公司概况】 为1996年新上市公司。公司1996年底总股份53185770股，其中尚未流通股39326250股，已流通A股1385950股。主要股东有福建省新湖集团公司、福建华恒鞋幅进出口公司、泉州市元鸿手袋鞋帽厂、福建省石狮市仕林服装工艺厂等。公司董事长兼总经理：吴彦赞。

【经营业绩】 公司1996年石狮新乐园大酒店完成业务收入和石狮市福沪无纺布分公司实现业务收入分别占公司主营业务收入的61%和27%，泉州元鸿鞋业分公司由中国（福建）外贸中心集团华通部承包经营，年上交公司承包金200万元。投资兴建石湖港区一期工程，即石湖港万吨多用途码头的开发建设。主要关联企业有泉州港宝盛石湖港区发展有限公司等。1996年底主营业务收入17941021.89元，净利润10994999.41元，资产总额103275325.59元。

【财务状况】 公司1996年底股东权益86208798.51元，每股收益0.207元，每股净资产1.62元，净资产收益率12.75%，股东权益比率83.47%。按10:2比例派送红股。

白银铜城商厦（集团）股份有限公司

【公司概况】 为1996年新上市公司。公司1996年底总股份50000000股，其中尚未流通股36460000股，已流通A股13540000股。主要股东有白银市白银区国有资产管理局、深圳蔚深财务投资管理有限公司、白银市白银区第二建筑工程公司、长沙中意电器股份有限公司等。公司董事长：刘顺成，总经理：李菁虎。

【经营业绩】 公司主要从事商业经营、房地产开发及餐饮、住宿、文化娱乐服务等业务。1996年投资设立了寻呼台和甘肃白银旅行社。募集资金全部用于筹建建筑面积30353平方米，占地面积9698平方米，高25层的主要从事商业经营及三星级宾馆服务的“铜城商厦”工程，该工程已于1996年8月份全面交付使用。主要关联企业有白银铜城商厦集团大酒店、白银铜城商厦集团商场、白银铜城商厦集团五金公司、白银铜城商厦集团轻贸商场、兰州信托投资公司等。1996年底主营业务收入101385815.24元，净利润8557645.59元，资产总额212852254.29元。

【财务状况】 公司1996年底股东权益83064175.63元，每股收益0.17元，每股净资产1.66元，净资产收益率10.31%，股东权益比率39.02%。向全体股东每10股派送3股红股。

四川银山化工（集团）股份有限公司

【公司概况】 为1996年新上市公司。公司1996年底总股份51742200股，其中尚未流通股36742200股，已流通A股15000000股。主要股东有内江市国有资产管理局、成都华联商厦股份有限公司、四川省信托投资公司、内江市沱江信托投资公司等。公司董事长兼总经理：王治仲。

【经营业绩】 公司以生产硫酸、磷铵、过磷酸钙、亚铵、硫铵为主产品，1996年共生产工业硫酸118255吨；生产磷酸一铵33362吨，销售35195吨；生产过磷酸钙172503吨，销售

174708吨;生产碳酸氢铵69053吨,销售68224吨。1996年公司技术改造项目有:对原三万吨磷铵生产装置进行了扩能技术改造,对沸腾炉和中压锅炉进行了更新改造,安装了一台球磨机和1800KVA变压器,将生产供水系统进行了彻底改造等。在建工程有生产4万吨硫酸联产6万吨水泥工程和稀土提纯开发项目。主要关联企业有银山磷肥厂复肥分厂等。1996年底主营业务收入179633092.42元,净利润17596257.18元,资产总额330923840.20元。

【财务状况】 公司1996年底股东权益127900021.73元,每股收益0.34元,每段净资产2.47元,净资产收益率13.75%,股东权益比率38.65%。1995、1996年度利润分配方案为每股派发现金0.30元(含税)。

河南思达电子仪器股份有限公司

【公司概况】 为1996年新上市公司。公司1996年底总股份50000000股,其中尚未流通股38750000股,已流通A股11250000股。主要股东有河南思达科技(集团)股份有限公司、洛阳春都集团股份有限公司、白鸽(集团)股份有限公司、郑州高新技术产业开发区丰远实业有限公司等。公司董事长:汪远思,总经理:耿直。

【经营业绩】 公司主要从事生产电力标准仪器仪表和电力自动化设备,主要产品有标准功率电能表、精密测试电源、电能表校验装置和电力变电站综合自动监控系统。1996年完成产品研制18项,其中16项已投入生产,形成销售收入1100万元。在生产经营上,1996年公司重点抓ISO—9000的达标基础工作,提高了产品质量。公司前次募集资金6500万元(未扣除发行费)将全部用于民用与工业用电能表项目和电力标准仪器仪表增产技术改造项目。主要关联企业有南昌思达电子有限公司等。1996年底主营业务收入34156200元,净利润14495600元,资产总额150885400元。

【财务状况】 公司1996年底股东权益115335800元,每股收益0.29元,每股净资产2.31元,净资产收益率12.57%,股东权益比率76.44%。1996年股利暂不分配。

山东潍坊海龙股份有限公司

【公司概况】 为1996年新上市公司。公司1996年底总股份61129000股,其中尚未流通股35529000股,已流通A股15600000股。主要股东有潍坊化纤集团总公司、潍坊市寒亭区央子盐化总公司等。公司董事长:潘景岫,总经理:刘全波。

【经营业绩】 公司主要生产经营基础原材料。1996年,公司根据市场行情及时调整营销策略,加强市场预测和售后服务工作,开辟多种销售渠道,同时加大技术改造和技术挖潜力度,调整优化生产系统,搞好质量跟踪服务,增强了企业在市场上的竞争优势。1996年底主营业务收入196210127.82元,净利润16059189.37元,资产总额152144486.90元。

【财务状况】 公司1996年底股东权益99586408.07元,每股收益0.314元,每股净资产1.95元,净资产收益率16.13%,股东权益比率65.46%。向全体股东每10股送5股红股。

汕头宏业(集团)股份有限公司

【公司概况】 为1996年新上市公司。公司1996年底总股份53500000股,其中尚未流通股40000000股,已流通A股13500000股。主要股东有汕头市建安(集团)公司、中国银行汕头信托咨询公司、中国建设银行汕头市信托投资公司、中国农业银行汕头市信托投资公司等。公司董事长:蔡承通,总经理:李奕忠。

【经营业绩】 1996年,公司通过企业兼并和资本重组,优化了集团产业结构和股权结构。公司新的高科技工业生产项目不断增加,企业规模进一步扩大,工贸进出口、电脑软件、商业饮食服务以及房地产开发等在粤东地区同行业中占有一定市场份额。1996年,公司投资1000万元在汕头高新技术产业开发区内设立金刚石生产企业,投资800万元收购汕头市工程技术开发服务公司,投资2400万元购入中贸大楼北座1—7层,投资3000万元参与汕头市"龙泉小区"开发。主要关联企业有汕头高新技术产业开发区宏业金刚石工业公司、汕头市工程技术开发服务公司、汕头高新技术产业开发区宏业物业发展公司、汕头市宏业经济发展公司等。1996年底主营业务收入72058767.95元,净利润16784145.24元,资产总额291267171.10元。

【财务状况】 公司1996年底股东权益224158024.71元,每股收益0.31元,每股净资产4.19元,净资产收益率7.49%,股东权益比率76.96%。以1996年底股本总额5350万股计,每10股送3股红股。

广东宝丽华实业股份有限公司

【公司概况】 公司1996年底总股份50000000股,其中尚未流通股38750000股,已流通A股11250000股。主要股东有广州宝丽华集团公司、梅县金穗实业发展有限公司、梅县东风企业集团公司、梅州市对外加工装配服务公司、梅州市广基机械土石方工程公司等。公司董事长:叶华能,总经理:林锦平。

【经营业绩】 公司1996年发展迅速,主营业务收入、净利润都比去年有大幅增长。目前,"绅浪"牌衬衫在广东省同档次市场上的占有率已超过40%,梅县宝丽华公路工程公司则以施工技术力量雄厚、施工设备多、工程质量好而享有很好声誉。1996年底主营业务收入90086000元,净利润26353100元,资产总额213071000元。

【财务状况】 公司1996年底股东权益106519500元,每股收益0.703元,每股净资产2.84元,净资产收益率24.74%,股东权益比率49.99%。1996年利润暂不分配。

成都泰康化纤股份有限公司

【公司概况】 公司1996年底总股份108331688股,其中尚未流通股81031688股,已流通A股27300000股。主要股东有成都市国有资产管理局、成都温江兴达开发公司、成都市致远贸易有限责任公司、成都银通房屋开发公司、成都市第二纺织厂等。公司董事长兼总经理:王大伟。

【经营业绩】 公司1996年在主营业务收入下降较多的情况下,实现净利润则有大幅增长。全年减少消耗、降低成本增利达460.06万元;通过加大对证券等其它业务的投入,获得了新的效益来源,股票投资收益全年为209万余元。公司1996年投资85万元完成了10KV供电线路改线工程及前纺干燥系统,空调新风装置,色母粒干燥装置、车间照明设备的技术改造,确保了产品产量和质量的稳步提高。1996年底主营业务收入104108600元,净利润23371600元,资产总额

261733300 元。

【财务状况】 公司 1996 年底股东权益 155037100 元,每股收益 0.216 元,每股净资产 1.43 元,净资产收益率 15.07%,股东权益比率 59.23%。每 10 股送 1 股派 1.00 元。

深圳赤湾石油基地股份有限公司

【公司概况】 公司 1996 年底总股份 230600000 股,其中尚未流通股 170600000 股,已流通 B 股 60000000 股。主要股东有中国南山开发(集团)股份有限公司、OFFSHORE JOINT SERVICES (BASES) CO. OF SGP. PTE LTD 等。公司法定代表人:陈铜台。

【经营业绩】 1996 年公司扩大仓库、堆场及办公设施的出租业务,开拓非石油作业市场,采取增收节支措施,公司 1996 年度的营业收入与 1995 年基本持平。公司完成收购赤湾胜宝旺工程有限公司 32%的股权,建成了 11000 平方米的仓库和 19000 平方米的堆场。1996 年底主营业务收入 101379943.65 元 ,净利润 54689284.86 元,资产总额 648525000 元。

【财务状况】 公司 1996 年底股东权益 471443000 元,每股收益 0.24 元,每股净资产 2.04 元,净资产收益率 11.58%,股东权益比率 72.69%。

深圳本鲁克斯实业股份有限公司

【公司概况】 公司 1996 年底总股份 55000000 股,其中尚未流通股 40700000 股,已流通 B 股 14300000 股。主要股东有虹口汉盛电子有限公司、香港佳利精密制造有限公司、武汉华兴电子有限公司等。公司法定代表人:赵从钊。

【经营业绩】 1996 年公司生电脑软盘 5538 万片,微型盒式录音带 378 万盒,电脑显示器 5.8 万台。公司投资 820 万元人民币设立深圳市本鲁克期仿真控制有限公司,以电脑仿真技术开发相关产品。1996 年底主营业务收入 228353307.09 元 ,净利润 9393416.88 元,资产总额 224429407.31 元。

【财务状况】 公司 1996 年底股东权益 133011505.63 元,每股收益 0.17 元,每股净资产 2.42 元,净资产收益率 7.06%,股东权益比率 59.26%。1996 年度每 10 股送 1 股。

深圳北方建设摩托车股份有限公司

【公司概况】 公司 1996 年底总股份 477500000 股,其中尚未流通股 357500000 股,已流通 B 股 120000000 股。主要股东有建设工业(集团)有限公司、中国北方工业深圳公司、JARDINE FLEMING CHINA REGION FUND 等。公司法定代表人:陈子升。

【经营业绩】 1996 年公司生产摩托车 578335 辆,销售摩托车 608626 辆。公司新开发的 JS35PL 助力车、CY80—A 型摩托车投入批量生产,JS150 型摩托车进入试生产,JS125 型摩托车进行样车试制。1996 年底主营业务收入 2491754000 元 ,净利润 117175000 元,资产总额 2998969000 元。

【财务状况】 公司 1996 年底股东权益 1197011000 元,每股收益 0.25 元,每股净资产 2.51 元,净资产收益率 9.79%,股东权益比率 39.91%。1996 年度每 10 股派 0.69 元。

深圳大洋海运股份有限公司

【公司概况】 公司 1996 年底总股份 180000000 股,其中尚未流通股 10800000 股,已流通 B 股 72000000 股。主要股东有深圳虹口大洋海运有限公司、中国有色金属深圳财务有限公司等。公司法定代表人:朱文斌。

【经营业绩】 1996 年公司扩大货源市场,使口岸向腹地延伸,重点开发三资企业、工贸企业和乡镇企业的货源;调整租船结构,紧缩费用开支;积极开拓东南亚市场,转变以前专门经营中转欧洲货物的经营观念。1996 年底主营业务收入 161964461.16 元 ,净利润 33567778.83 元,资产总额 673627224.46 元。

【财务状况】 公司 1996 年底股东权益 295634453.65 元,每股收益 0.186 元,每股净资产 1.64 元,净资产收益率 11.35%,股东权益比率 43.09%。1996 年度每 10 股派 0.8 元。

广东省高速公路发展股份有限公司

【公司概况】 公司 1996 年底总股份 442837500 股,其中尚未流通股 307837500 股,已流通 B 股 135000000 股。主要股东有广东省高速公路公司、UM OVERSEAS VENTURES SDN BHD、DBS NOMINEES (PRIVATE) LTD 等。公司法定代表人:李少峰。

【经营业绩】 1996 年公司加强对广佛高速公路和九江大桥的营运管理工作。1996 年广佛车流量为 1820 万车次,九江大桥车流量为 842 万车次。佛开高速公路全线于 1996 年 12 月 8 日提前试通车并投入商业营运。1996 年底主营业务收入 220605796.00 元 ,净利润 137459602.67 元,资产总额 1784055874.39 元。

【财务状况】 公司 1996 年底股东权益 1610635860.37 元,每股收益 0.31 元,每股净资产 3.64 元,净资产收益率 8.53%,股东权益比率 90.25%。1996 年度 1 月至 5 月 10 股派 0.80 元,6 月至 12 月每 10 股送 1.7 股转增 3.3 股。

厦门灿坤实业股份有限公司

【公司概况】 公司 1996 年底总股份 192400000 股,其中尚未流通股 140400000 股,已流通 B 股 52000000 股。主要股东有香港福驰发展有限公司、香港优柏工业有限公司、香港侨民投资有限公司等。公司法定代表人:吴灿坤。

【经营业绩】 1996 年公司实行电脑化全方位管理,加强 Internet 及视讯网络的应用,扩充中国市场总部营运据点。公司持股上海灿坤实业有限公司全部股权于 1996 年以 800 万美元出售完成。1996 年底主营业务收入 896669614.31 元 ,净利润 46457021.41 元,资产总额 960648027.36 元。

【财务状况】 公司 1996 年底股东权益 455376801.69 元,每股收益 0.24 元,每股净资产 2.37 元,净资产收益率 10.20%。

无锡威孚股份有限公司

【公司概况】 公司 1996 年底总股份 183435500 股,其中尚未流通股 115435500 股,已流通 B 股 68000000 股。主要股东有无锡威孚集团有限公司、ROBEBT BOSCH GMBH、TEMHPTETON SMALLER COMPANIES GROWTH FUND 等。公司法定代表人:薛祖兴。

【经营业绩】 1996 年公司主导产品 A 型泵市场占有率达到了 41.69%,1 号泵达到了 52.75%。公司顺利通过了 ISO9002

质量体系的认证复评。合资成立无锡欧亚柴油喷射有限公司、联合汽车电子有限公司。1996年底主营业务收入425331618.88元，净利润67387576.99元，资产总额636989437.89元。

【财务状况】 公司1996年底股东权益427939724.41元，每股收益0.37元，每股净资产2.33元，净资产收益率15.75%，股东权益比率67.18%。1996年度每10股派1元人民币(含税)。

重庆长安汽车股份有限公司

【公司概况】 公司1996年底总股份756190000股，其中尚未流通股506190000股，已流通B股250000000股。主要股东有长安汽车有限责任公司、SUZUKI MOTOR CORPORATION、AMERICAN SUZUKI MOTOR CORPORATION等。公司法定代表人：赵国华。

【经营业绩】 1996年公司实现销售汽车72579辆，市场占有率达17.74%。公司开发新型汽车，完善售后服务。募集资金用于汽车整车生产线建设24000万元，发动机生产线建设18000万元。1996年底主营业务收入2630402000元，净利润217558000元，资产总额3270679000元。

【财务状况】 公司1996年底股东权益1471121000元，每股收益0.29元，每股净资产1.95元，净资产收益率14.79%，股东权益比率44.98%。1996年度发起人股每10股派2元，B股每10股派0.03025元。

广西斯壮股份有限公司

【公司概况】 广西斯壮股份有限公司于1993年5月经工商登记成立，注册资本6535.52万元。公司发行3000万股社会公众股后，总股本99276512股。公司董事长兼总经理：杜宝成。

【经营业绩】 公司主要经营通讯设备销售和寻呼台服务。经过三年多的发展，公司已成为广西区内通讯行业中规模最大的企业之一，其中中文寻呼机用户数占广西中文寻呼市场40%的市场份额，并于1996年初在广西首家实现全区中心城市寻呼联网。公司同时兼营的贸易业务主要从事燃料、化工等商品的国内贸易以及某些商品的进出口贸易的代理业务。对外投资方面，公司与南方航空(集团)公司合资组建了广西航空有限公司，并拥有其40%的权益。广西航空有限公司现有三架波音737飞机，已安全营运三年，经营45条国内和地区航线。

【财务状况】 公司净资产总额20857.93万元，每股净资产2.10元。

内蒙古远兴天然碱股份有限公司

【公司概况】 内蒙古远兴天然碱股份有限公司是经内蒙古自治区人民政府批准，由伊克昭盟化学工业集团总公司独家发起，通过募集方式设立的股份有限公司。1997年1月31日公司股票在深圳证券交易所挂牌上市，公司总股本为43000万股，其中国有法人股30000万股，社会公众股13000万股。公司总部设：生产技术部、经营销售部、计划财务部、证券事务部、综合管理部、总经理办公室。公司现有员工6848人，各类工程技术人员616人。公司董事长：李武。

【经营业绩】 公司以天然碱和无机盐系列产品的生产经营为主业。主要产品重质纯碱、烧碱、小苏打、硫化碱、元明粉的生产能力均具规模。公司拥有13个生产企业：碱湖试验站，化工一厂、二厂、三厂、四厂、五厂、六厂、七厂、八厂、科隆化工厂、科强化工厂、海拉尔氯碱厂、吉兰泰碱厂；2个原料矿：合同查汗淖碱矿、盐海子芒硝矿；1个技术研究开发机构：即技术研究开发中心(挂靠伊化研究设计院)；公司拥有良好的发展背景，以远兴天然碱公司为主体生产企业的伊化集团是国家大型一档企业，国务院1996年选定的1000家重点企业前500家之一。股份公司现有资产总额89475.67万元。

深圳中金实业股份有限公司

【公司概况】 深圳中金实业股份有限公司成立于1984年，前身是中国有色金属工业深圳公司。1993年公司通过定向募集改组为内部股份有限公司，注册资金人民币1亿元，总股本1亿股，其中：发起人股8000万股，内部职工股2000万股。1996年7月，公司经深圳市政府批准，进行业务和资产的证券化重组，公司三家发起人股东以其所持有股份的47.5%分立3800万元股本金，设立另一有限责任公司，分立后公司股本减少为6200万股(含内部职工股2000万股)，中国有色金属工业总公司占股54.19%，中国有色金属广州公司占股6.77%及深圳市深港工贸进出口公司占股6.77%。1997年元月，经中国证监会批准，公司在深交所交易系统以“上网定价”发行方式向社会公众发行1800万股人民币普通股(A股)，公司内部职工股200万股随同是次发行一起上市。1997年元月23日公司2000万股可流通股在深交所挂牌交易。公司董事长：陈胜年，总经理：倪旭。

【经营业绩】 公司主要从事有色金属及其产品的国内外贸易，如：铜精矿、氧化铝、钽铌矿等有色金属产品、中间产品加工复出口贸易及仓储运输等，形了以有色金属工业、贸易为主营，金融、房地产为辅的资产结构。1996年公司创汇3841万美元。工业方面，公司生产销售高附加值有色金属延伸产品及有色金属深度、精度加工产品。公司下属金粤公司铝合金幕墙产量已达9.5万平方米/年，金洲公司硬质合金麻花钻年产150万支，金阳公司K金、铂金镶嵌首饰年生产能力达30万件。

北海国际招商股份有限公司

【公司概况】 公司成立于1990年5月，由四川省石油总公司、中国烟草总公司、四川省成都全兴酒厂、四川长江企业(集团)股份有限公司、成都钢铁厂、南宁桂银综合服务公司等13家企业共同发起组建。公司1996年底总股本8200万股，其中法人股4600万股，社会公众股3600万股。公司3600万股社会公众股于1997年3月28日在深圳证券交易所挂牌交易，属历史遗留问题股票上市。董事长兼总经理：王进。

【经营业绩】 公司为综合类企业，以房地产业为基础，同时努力寻求具有良好发展前景的工商业和旅游业投资机会。目前主营业务为：(1)三峡库区移民开发，包括在建的万县市天城区移民示范小区项目、万县天城东路建设项目等；(2)北海国际商业城土地出让和房屋销售及成都的房地产项目开发；(3)高新技术项目及产品：包括控股的西南新日钢制品有限公司生产的不锈钢/碳素钢复合管材和控股的西南宇视通电子有限公司生产的智能电话及报警电话与计算机网络组合的城市联网智能监控报警系统；(4)酒店旅游业：公司全资子公司北海四川大酒店为国家旅游局批准的涉外星级旅游饭店。公司1996年主营业务收入15263.93万元，净利润3441.27万元，总资产21555.87万元。

【财务状况】 公司1996年股东权益15647.93万元，每股收益0.42元，每股净资产1.91元，净资产收益率21.99%，股东权益比率72.59%，96年分配方案为每10股送3股红股。

广东福地彩色显像管股份有限公司

【公司概况】 广东福地彩色显像管股份有限公司是经广东省政府、中国证监会批准，由广东彩色显像管有限公司全资改组成立的股份制公司。公司由广东彩色显像管总公司、福民发展有限公司、东莞市财信发展有限公司、东莞市经济贸易总公司、东莞市银川能源实业公司5家发起人共同发起，向社会公开发行股票募集设立，总股本64000万股，注册资本64000万元，公司A股于1997年6月17日在深圳证券交易所挂牌上市。

【经营业绩】 公司的前身广彩公司是1991年4月2日经国家对外经济贸易委员会批准设立的中外合资企业。其彩管工程为国家“八五”计划项目和广东省“八五”重点建设项目。1994年11月29日通过国家验收正式投产。项目主要引进具有八十年代国际先进水平的日本日立公司彩管生产技术与设备，建成54厘米和64厘米两条彩管生产线，年设计生产平面直角彩管150万只，其中54厘米彩管90万只，64厘米彩管60万只。广彩公司大力推进技术改造与技术进步，同时改建一条年产60万只74厘米彩管生产线，使产品品种由目前的2种增至3种，提高市场占有率和竞争力，预计改造于1998年4月完成，届时公司将拥有年产370万只彩管的生产能力。1996年公司主营业务收入18.79亿元，净利润30255万元，产销率92.73%，资产负债率64.31%。

西藏拉萨啤酒股份有限公司

【公司概况】 公司是经西藏自治区人民政府批准，在对原西藏拉萨啤酒有限责任公司进行整体改制的基础上，以原西藏拉萨啤酒有限责任公司的全部生产经营性资产作价入股，联合西藏明珠股份有限公司、西藏自治区矿业发展总公司、四川英达资讯信息有限公司、圣地亚食品有限公司四家发起人以现金入股，通过社会募集方式设立的公司。公司于1997年6月以每股3.38元的价格向社会公开发行股票，注册资本6600万元，其所募集的2250万股社会公众股于1997年6月25日在深交所挂牌上市。公司法人代表：王健。

【经营业绩】 公司主营为：啤酒生产、销售、旅游服务业等。是国务院确定的全国百家现代企业制度试点企业之一，也是西藏自治区唯一的一家试点企业，得到了政府在贷款、税收等诸多方面的扶持，企业享受所得税按15%计征，消费税全免等优惠政策。同时，拉萨啤酒股份有限公司又是西藏自治区唯一的啤酒生产企业，公司积极努力扩大生产规模，预计在1978年将达到年产5万吨规模，同时，努力开拓内地及周边国家市场。

深圳市盐田港股份有限公司

【公司概况】 公司是由深圳市国有企业盐田港集团有限公司独家发起、通过资产和业务重组、并发行社会公众股而设立的。它组合了盐田港集团旗下经营业绩良好的盐田港务公司、东鹏运输公司、惠盐高速公路及其它部分资产，是盐田港集团的龙头企业，是盐田港及其后方城区开发建设与经营的主力军。公司股票盐田港A股于1997年7月7日上网定价发行，并于7月28日在深交所挂牌交易。公司总股份58500万股，流通股份11647万股。公司现有总资产19亿元，净资产14亿元。公司董事长：刘定桐，总经理：杜兴宽。

【经营业绩】 公司的经营范围包括码头及其配套的仓储、陆运设施及临港工业的开发和建设，并承担盐田港散杂货码头的经营，以及为集装箱码头配套的综合设施，如集装箱集运中心、陆路客货运输车队和疏港高速公路的经营管理等。盐田港是国家重点建设项目，拥有可供兴建深水泊位的码头岸线16.8公里，可供开发建设配套设施及卫星城的陆域面积26平方公里左右。

成都华神高科技股份有限公司

【公司概况】 成都华神高科技股份公司是以医药和生物工程产品为支柱，集制药与生物工程技术应用研究、开发、生产、经营一体化的技术密集、资金密集型高科技产业集团。公司以“人才高素质、产品高品质、经济高效益”为目标，产学研相结合，致力于科技成果的商品化、产业化、国际化。公司总股份6600万股。其中法人股4900万股，公众股1700万股。公司董事长兼总经理：费淳璐。

【经营业绩】 公司具有国际先进水平的GMP标准药业生产基地，被列为国家九五“双加”工程项目；家蚕基因工程及工厂化养殖配套技术开发项目被列入国家“星火计划”；居世界领先水平的国家“八五重点攻关”及国家医药局科技进步一等奖项目—生物材料和医用植入体产业化基地已落户公司；公司具有国际领先水平的基因治癌药物项目取得突破性进展，已具备商业价值。1996年主营业务收入11026万元，净利润3018万元，资产总额18448万元。

【财务状况】 公司1996年底股东权益16275万元，每股收益0.46元，每股净资产2.47元，净资产收益率18.54%，股东权益比率88.22%。

成都天兴仪表股份有限公司

【公司概况】 公司1996年底总股份6000万股A股，其中国有法人股4250万股，社会公众股1750万股(含公司职工股175万股)，股票简称“天兴仪表”，编码“0710”，主要股东和独家发起人成都天兴仪表(集团)有限公司，公司董事长、总经理：武卫华。

【经营业绩】 公司是中国最大的车用仪表生产基地，是中国车用仪表行业排头兵，其主产品天兴牌车用仪表是中国车用仪表第一品牌，1997年被国家统计局等组织的首届中国CIS战略成果认定为“中国CIS著名品牌”，同时公司法人代表武卫华被认定为“中国著名CIS战略实践家”。公司1996年共生产摩托车仪表206万只，汽车仪表7万只，车用传感器等车用零部件近100万套，全年主营业务收入112801000元，净利润15772000元，资产总额199091490.9元。

【财务状况】 公司1996年底股东权益69715551元，每股收益0.37元，每股净资产2.55元，净资产收益率22.63%，股东权益比率37.18%。

深圳市农产品股份有限公司

【公司概况】 深圳市农产品股份有限公司是国家控股的股份制企业。主要从事大型农产品批发市场及配套物业的开发、建设、经营和管理,以及农产品、干鲜果菜的生产、加工、储运、包装及农产品现货批发和拍卖、期货交易、进出口贸易等业务。

【经营业绩】 公司拥有全资、控股、参股和直属经营机构等20多家。公司建设和管理的布吉农产品中心批发市场和福田农产品批发市场是深圳市两大中心批发市场。其中从布吉农产品中心批发市场批发的蔬菜、水果、粮油分别占深市民消费量的85%、90%和40%,同时辐射珠江三角洲、粤东、闽南及港澳地区,成为深圳市政府调控"菜篮子"价格的重要依托。1996年该市场分别被国内贸易部和农业部确认为国家级中心批发市场和定点鲜活农产品批发市场。公司开创的"企业办市场、企业管市场"的"布吉模式"逐步在全国推广。

【财务状况】 公司不断加强企业管理,积极拓展多元化经营,经济效益不断提高,1996年共实现利润总额3384万元,每股收益0.91元,截止1997年4月底,公司总资产48945万元,净资产28568万元,分别比上年增长76.84%和155.73%。

福州天宇电气股份有限公司

【公司概况】 公司1996年底总股本为5289.96万股,其中国家股4040万股,法人股378.9股,内部职工股871.06万股。主要股东有福州天宇电气集团有限公司、中国工商银行福建省分行直属支行、福州市信托投资公司等。公司董事长:陈鼎,总经理:张玉普。

【经营业绩】 公司主要从事高、低压输变电设备,各种电气和成套设备以及变压器的生产销售业务。子公司及关联企业福州第一开关厂、福州变压器厂、福州第二开关厂等。1996年主营业务收入48413.5万元,净利润3329.7万元,资产总额46490.5万元。

【财务状况】 1996年底股东权益18727.9万元,每股收益0.63元,每股净资产3.54元,净资产收益率17.78%,股东权益比率40.85%,1996年利润滚存至1997年派发。

葫芦岛锌业股份有限公司

【公司概况】 葫芦岛锌业股份有限公司是1992年8月经辽宁省体制改革委员会批准,由葫芦岛锌厂、葫芦岛锌厂工贸实业总公司、葫芦岛锌厂工程总公司作为发起人募集设立的股份有限公司,1993年7月15日,公司正式在锦西市葫芦岛区工商行政管理登记注册。公司的主要发起人葫芦岛锌厂。公司注册资本为14000万元。实投资本48000万元,其中股本32000万元,资本公积金16000万元,经中国证券监督管理委员会批准,公司向社会公开发行人民币普通股票9000万,并于1997年6月26日在深交所上市,股票简称锌业股份。证券代码:0751。公司董事长:郭宗昌,总经理:黄伟。

【经营业绩】 葫芦岛锌业股份有限公司自1993年7月成立以来,对原有的20万吨"竖罐"炼锌工艺进行了技术改造,制酸系统采用了先进的"两转两吸"新工艺,使总硫利用率达到了93%以上。同时公司建设了第三冶炼厂,采用目前世界较为先进的"水法"新工艺,现已形成年产电解锌13万吨的生产能力。该工艺的最大优点在于减轻了对环境的污染,提高了资源的利用水平,与原有的"火法"工艺形成了优势互补。

中国长城计算机深圳股份有限公司

【公司概况】 公司由中国长城计算机集团公司独家发起,对集团公司下属全资子公司—中国长城计算机深圳公司,长城计算机软件与系统公司及集团公司直属经营机构—市场部进行改组,以募集方式设立。公司于1996年6月20日在深圳市注册成立,6月26日在深交所挂牌交易。截止1996年6月30日,公司总股本15855万股,其中发起人法人股10155万股,公众股5700万股。公司董事长:王之,总经理:卢明。

【经营业绩】 公司主要从事计算机及基其外部设备、零部件、软件与系统集成的研究开发、生产制造、销售及服务。全资子公司和参股企业有:长城计算机软件与系统公司、长城国际信息产品有限公司、长科电子有限公司、深圳海量存储设备有限公司,分别从事计算机软件、系统集成的设计开发、销售与服务、生产个人计算机、电子板卡、磁头产品。公司1996年主营业务收入61670万元,利润总额6228万元,净资产15384万元,其中个人计算机,显示器,打印机,计算机部件,软件,技术服务的销售额分别为37971万元,12389万元,2471万元,4099万元,3568万元,1062万元。1996年被评为全国十大优秀系统集成商之一。

深交所上市公司名录

股票代码	公司简称	法定名称	注册地址	咨询电话	邮编
0001	深发展	深圳发展银行	深圳市深南中路178号	(0755)2088888	518010
0002	深万科	万科企业股份有限公司	深圳市罗湖区翠竹北水贝二路14栋万科大厦	(0755)5516666	518020
0003	深金田	金田实业(集团)股份有限公司	深圳罗湖区和平路42号金田大厦23楼	(0755)5573548	518010
0004	深安达	深圳蛇口安达实业股份有限公司	深圳蛇口工业大道招商局发展中心五楼	(0755)6891245	518067
0005	深星源	深圳世纪星源股份有限公司	深圳市人民南路发展中心大厦13楼	(0755)2208888	518001
0006	深振业	深圳市振业股份有限公司	深圳市宝安南路振业大厦29—31层	(0755)5892061	518008
0007	深达声	深圳市赛格达声股份有限公司	深圳市华强北路赛格工业大厦B座5楼	(0755)3239242	518031
0008	深锦兴	深圳锦兴实业股份有限公司	深圳市东门南路外贸食出大厦11楼	(0755)2257432	518002
0009	深宝安	中国宝安集团股份有限公司	深圳市深南中路73号宝安大厦二楼	(0755)3323754	518031
0010	深华新	深圳华新股份有限公司	深圳市深南中路华联大厦10楼	(0755)3351000	518031
0011	深物业	深圳市物业发展(集团)股份有限公司	深圳市人民南路国贸中心大厦39、42层	(0755)2253020	518014

0012	深南玻	中国南玻集团股份有限公司	深圳市蛇口工业区工业六路十号南玻大厦	(0755)6674405	518067
0013	深石化	深圳石化集团股份有限公司	深圳市福田区红荔西路石化大厦	(0755)3344355	518028
0014	深华源	华源实业(集团)股份有限公司	深圳市罗湖区布心路华源大厦	(0755)5512111	518019
0015	深中浩	深圳中浩(集团)股份有限公司	深圳市八卦四路中浩大厦 9、10 层	(0755)2425359	518029
0016	深康佳	康佳集团股份有限公司	深圳华侨城东部工业区	(0755)6601139	518053
0017	深中华	深圳中华自行车(集团)股份有限公司	深圳市布心路 1 号	(0755)5516998	518019
0018	深中冠	深圳中冠纺织印染股份有限公司	深圳市人民南路房地产大厦 10 楼 C 座	(0755)2323864	518001
0019	深深宝	深圳市深宝实业股份有限公司	深圳市文锦北路田贝东路 10 号	(0755)5507480	518020
0020	深华发	深圳华发电子股份有限公司	深圳市福田区华发北路 411 栋	(0755)3352207	518031
0021	深科技	深圳开发科技股份有限公司	深圳市福田区彩田路彩电工业区	(0755)3216063	518026
0022	深赤湾	深圳赤湾港航股份有限公司	深圳市赤湾石油大厦 11—12 楼	(0755)6694888	518068
0023	深天地	深圳市天地实业股份有限公司	深圳市宝安南路天地大厦 3 楼	(0755)5566321	518008
0024	深招港	蛇口招商港务股份有限公司	深圳市蛇口招港大厦九楼	(0755)6688828	518067
0025	深特力	深圳市特力(集团)股份有限公司	深圳市人民北路 128 号永通大厦 10 楼	(0755)2225342	518025
0026	飞亚达	深圳飞亚达(集团)股份有限公司	深圳深南中路中航苑 6 号大厦	(0755)3348365	518041
0027	深能源	深圳能源投资股份有限公司	深圳市福田区华发北路桑达大厦 17 楼	(0755)3323769	518031
0028	深益力	深圳市益力矿泉水股份有限公司	深圳市红岭北路先科激光大厦 8 楼	(0755)2413446	518029
0029	深深房	深圳经济特区房地产(集团)股份有限公司	深圳市人民南路房地产大厦 5 楼	(0755)2339255	518001
0030	莱英达	深圳市莱英达集团股份有限公司	深圳市华强北路	(0755)3361666	518031
0031	深宝恒	深圳宝恒(集团)股份有限公司	深圳市宝安区湖滨路宝恒大厦	(0755)7754517	518101
0032	深桑达	深圳桑达实业股份有限公司	深圳市福田区振华路 17 号 414 栋西二层	(0755)3222168	518031
0033	深新都	深圳新都酒店股份有限公司	深圳市春风路 1 号	(0755)2320888	518001
0034	深华宝	深圳市华宝(集团)股份有限公司	深圳市深南中路 73 宝安大厦 3 楼	(0755)3364056	518031
0035	中科健	中国科健股份有限公司	深圳市蛇口区工业六路科健大厦	(0755)6692523	518067
0036	深惠中	深圳惠中化纤实业股份有限公司	深圳市宝安区创业 27 区	(0755)7807197	518101
0037	深南电	深圳南山热电股份有限公司	深圳市南山区月亮湾大道	(0755)6404572	518052
0038	深大通	深圳大通实业股份有限公司	深圳市华侨城东部工业区	(0755)6607966	518053
0039	深中集	中国国际海运集装箱集团股份有限公司	深圳市蛇口工业区金融中心 5 楼	(0755)6691130	518067
0040	深鸿基	深圳市鸿基(集团)股份有限公司	深圳市晒布路 2 号 3、4 楼	(0755)2292007	518001
0041	深本实	深圳本鲁克斯实业股份有限公司	深圳市南山区南油中兴工业城 11 栋	(0755)2251725	518001
0042	深长城	深圳市长城地产股份有限公司	深圳市福田区百花村百花五路长源楼	(0755)3354764	518028
0043	深南光	深圳南光(集团)股份有限公司	深圳市深南中路 68 号航空大厦 32 层	(0755)3363698—13216	518041
0045	深纺织	深圳市纺织(集团)股份有限公司	深圳市华强北路三号深纺大厦 6 楼	(0755)3217043	518031
0046	深南物	深圳南油物业发展股份有限公司	深圳市南山区新能源大厦 9 楼	(0755)6649732	518052
0047	深中侨	深圳中侨发展股份有限公司	深圳市罗湖区宝安南路西湖花园三层	(0755)5894316	518008
0048	康达尔	深圳康达尔(集团)股份有限公司	深圳市罗湖区深南东路 8 号	(0755)5425020	518003
0049	深万山	深圳市万山实业股份有限公司	深圳市红岭南路 30 号 3 号楼二楼	(0755)5582741	518030
0050	深天马	深圳天马微电子股份有限公司	深圳市深南中路中航工贸大厦六楼	(0755)3366264	518041
0054	深建摩	深圳北方建设摩托车股份有限公司	深圳市	(0811)8813741—2217	518031
0055	深圳方大	深圳方大股份有限公司	深圳市南山区西丽龙井方大城	(0755)6608571	
0056	深国商	深圳市国际企业股份有限公司	深圳市人民南路发展中心大厦 23 层	(0755)2285559	518001
0057	深大洋	深圳大洋海运股份有限公司	深圳南山区南湍大道新能源大厦座 11 楼	(0755)6649282	518052
0058	深赛格	深圳赛格股份有限公司	深圳市福田区华强北路宝华大厦 16 楼	(0755)3254567	518031
0059	辽通化工	深圳辽河通达股份有限公司	深圳市深南中路 13 号新城大厦西座 11 楼	(0755)2275541	518013
0060	有色中金	深圳中金实业股份有限公司	深圳市建设路南洋大厦 C 座 10—11 楼	(0755)2294483	518001
0061	农产品	深圳市农产品股份有限公司	深圳市爱国路一号外贸轻工大厦 15 楼	(0755)5418842	518003
0062	深圳华强	深圳华强实业股份有限公司	深圳市深南中路华强路口 34 号	(0755)3365354	518043
0068	赛格中康	深圳赛格中康股份有限公司	深圳市北环大道梅林工业区	(0755)3311988	518049
0400	许继电气	许继电气股份有限公司	河南省许昌市建设路 178 号	(0374)3314554	461000
0401	冀东水泥	唐山冀东水泥股份有限公司	河弱省唐山市新区林荫路	(0315)3244005	063031
0402	重庆华亚	重庆华亚现代纸业股份有限公司	重庆市沙坪坝区满山红村 7 号	(023)68614990	630039
0403	宜春工程	宜春工程机械股份有限公司	江西省宜春市环城西路 1 号	(0795)3222601	336000
0404	华意压缩	华意压缩机股份有限公司	江西省景德镇市新石东路 28 号	(0798)8441771	333001
0405	有色鑫光	珠海鑫光集团股份有限公司	广东省珠海市吉大海洲路金苑大厦	(0756)3338333	519015
0406	石油大明	胜利油田大明集团股份有限公司	山东省东营市济南路 172 号大明大厦	(0546)8556533	257000
0407	胜利股份	山东胜利股份有限公司	山东省济南市文化西路 25 号	(0531)6018518	250011
0408	河北华玉	河北华玉股份有限公司	河北省邯郸市峰峰矿区彭新路 21 号	(0310)5023927	056200
0409	华立高科	广东华立高科技集团股份有限公司	广东省吴川市人民东路华立大厦	(0759)5561420	524500
0410	沈阳机床	沈阳机床股份有限公司	沈阳市沈河区西顺城街 247 号	(024)4855773	110011
0411	凯地丝绸	杭州凯地丝绸股份有限公司	浙江省杭州市环城北路 15 号	(0751)5194316	310004

0412	北方五环	长春北方五环实业股份有限公司	长春市朝阳区人民大街103号	(0431)8987097	130061
0413	宝石A	石家庄宝石电子玻璃股份有限公司	河北省石家庄市中山东路819号	(0311)6044705	050031
0415	汇通水利	新疆汇通股份有限公司	新疆乌鲁木齐市黄河路22号汇通大厦	(0991)5852082	830000
0416	青岛国货	青岛国货股份有限公司	山东省青岛市市南区中山路149号	(0532)2847960	266001
0417	合肥百货	合肥百货大楼股份有限公司	安徽省合肥市长江中路124号综合楼	(0551)2640803	230001
0418	小天鹅A	无锡小天鹅股份有限公司	江苏省无锡市惠钱路67号	(0510)3735827	214035
0419	通程东百	长沙东塘百货股份有限公司	湖南省长沙市劳动路2号	(0731)5535588	410007
0420	吉林化纤	吉林化纤股份有限公司	吉林省吉林市昌邑区九站街516—1号	(0432)3058446	132010
0421	南京中北	南京中北(集团)股份有限公司	江苏省南京市高新技术开发区2号公寓	(025)6650169	210029
0422	湖北宜化	湖北宜化化工股份有限公司	湖北省宜晶市虎亭大道399号	(0717)6516343	443007
0423	东阿阿胶	山东东阿阿胶股份有限公司	山东省东职权县阿胶街78号	(0635)3283001	252201
0425	徐州工程	徐州工程机械股份有限公司	江苏省徐州市苏堤北路5号	(0516)5756044	221006
0426	富龙热力	赤峰富龙热力股份有限公司	内蒙古自治区赤峰市红山区北环路南4号	(0476)8239948	024000
0428	华天酒店	湖南华天大酒店股份有限公司	湖南省长沙市解放东路380号	(0731)4421788	410001
0430	张家界	张家界旅游开发股份有限公司	湖南张家界市南庄坪1号花园	(0744)8224448	427000
0498	丹东化纤	丹东化学纤维股份有限公司	辽宁省丹东市振兴区纤维街58号	(0415)6191684	118000
0501	鄂武商	武汉武商集团股份有限公司	武汉市解放大道358号	(027)5841995	430022
0502	琼能源	海南新能源股份有限公司	海南省海口市椰林路13号	(0898)6799249	570203
0503	琼海虹	海南海虹企业股份有限公司	海南省海口市龙昆北路15号中航大厦6楼	(0898)6749421	570005
0504	琼港澳	海南港澳实业股份有限公司	海南省海口市海景湾大厦29—30层	(0898)6751991	570105
0505	琼珠江	海南珠江实业股份有限公司	海口市龙昆北路2号龙珠大厦22层	(0898)6796307	570125
0506	川盐化	四川峨眉山盐化工业(集团)股份有限公司	四川省乐山市五通桥区文化街220号	(0833)3354483	614800
0507	粤富华	珠海经济特区富华集团股份有限公司	珠海市拱北北岭工业区	(0756)8886218	519070
0508	琼民源	海南民源现代农业发展股份有限公司	海南省海口市机场东路龙舌坡办公住宅区	(0898)5358171	570203
0509	川天歌	四川天歌集团股份有限公司	四川省南充市涪江路117号	(028)5566888	610041
0510	川金路	四川金路股份有限公司	四川省德阳市岷江西路二段57号	(0838)2207936	618000
0511	辽物资	沈阳物资开发股份有限公司	沈阳市沈河区风雨坛街144号	(024)2915306	110014
0512	闽灿坤	厦门灿坤实业股份有限公司	厦门湖里工业区11号厂4—5楼	(0592)6021708	361000
0513	粤丽珠	珠海经济特区丽珠医药集团股份有限公司	广东省珠海市拱北桂花北路	(0756)8886713	519020
0514	渝开发	重庆市房地产开发股份有限公司	重庆市渝中区曾家岩1号附1号	(023)63850068	630015
0515	渝钛白	重庆渝港钛白粉股份有限公司	四川省重庆市江北区建新北路41—1号	(023)67856516	630020
0516	陕解放	西安市解放百货股份有限公司	西安市解放市场6号	(029)7216614	710001
0517	甬中元	宁波中元股份有限公司	宁波市中山东路505号	(0574)7331696	315040
0518	苏三山	江苏三山实业股份有限公司	江苏省昆山市长江中路117号	(0520)7303713	215300
0519	蓉动力	成都动力配件股份有限公司	成都市二环路东三段40号	(028)4310296	610051
0520	武凤凰	武汉凤凰股份有限公司	武汉市青山区长青路	(027)6516722	430082
0521	皖美菱	合肥美菱股份有限公司	合肥市芜湖路2号	(0551)2654261	230001
0522	白云山	广州白云山制药股份有限公司	广东省广州市同和镇	(020)87706688	510515
0523	穗浪奇	广州市浪奇实业股份有限公司	广州市黄埔大道东128号	(020)82305933	510660
0524	穗东方	广州市东方宾馆股份有限公司	广州市流花路120号	(020)86662791	510016
0525	宁天龙	南京天龙股份有限公司	南京市下关姜家园205号	(025)8801538	210011
0526	厦海发	厦门海发投资实业股份有限公司	福建省厦门市东渡路85号	(0592)6014284	361012
0527	粤美的	广东美的集团股份有限公司	广东省顺德市北窖镇蓬莱路	(0765)6656999	528311
0528	桂柳工	广西柳工机械股份有限公司	广西柳州市柳太路1号	(0772)3835631	545007
0529	粤美雅	广东美雅集团股份有限公司	广东省鹤山市沙坪镇人民西路40号	(0750)8888888	529700
0530	连大冷	大连冷冻机械股份有限公司	大连市沙河口区西南路888号	(0411)6653081	116033
0531	穗恒运	广州恒运企业集团股份有限公司	广州经济技术开发区西基工业区西基路	(020)82216220	510730
0532	粤华电	珠海华电股份有限公司	珠海市九洲大道官村综合楼三楼	(0756)3338838	519015
0533	万家乐	广东万家乐股份有限公司	顺德市大良镇环市北路38号	(0765)2283193	528300
0534	汕电力	汕头电力发展股份有限公司	广东省汕头市金砂中路金凤城龙座6楼	(0754)8611172	515041
0535	猴王	猴王股份有限公司	湖北省宜昌市夷陵路344号	(0717)6351591	443003
0536	闽闽东	闽东电机(集团)股份有限公司	福建省福州市五一中路57号闽东大厦	(0591)3364648	350005
0537	津国商	天津立达国际商场股份有限公司	天津市和平区南京路211号	(022)27315560	300052
0538	云白药	云南白药实业股份有限公司	云南省昆明市西坝路51号	(0871)4141591	650032
0539	粤电力	广东电力发展股份有限公司	广州市梅花路75号21楼	(020)87767888	510600
0540	黔中天	贵州中天(集团)股份有限公司	贵州省贵阳市花溪大道北段135号	(0851)5826467	550003
0541	粤照明	佛山电器照明股份有限公司	广东佛山市汾江北路15号	(0757)2813838	528000
0542	粤TCL	TCL通讯设备股份有限公司	惠州市上排大岭路10号TCL大厦	(0752)2260868	516001
0543	皖皖能	皖能股份有限公司	安徽合肥市芜湖路81号	(0551)2626906	230001
0544	豫白鸽	白鸽(集团)股份有限公司	河南省郑州市华山路78号	(0371)7635588	450006

0545	吉制药	吉林制药股份有限公司	吉林省吉林市长春路99号	(0432)4809008	132012
0546	吉轻工	吉林轻工集团股份有限公司	长春市经济技术开发区自由大路118号	(0431)8523476	130061
0547	闽福发	福建省福发股份有限公司	福建省福州市工为中223号	(0591)3728230	350004
0548	湘中意	长沙中意集团股份有限公司	长沙市中意二路	(0731)5690548	410118
0549	湘火炬	株洲火炬火花塞股份有限公司	湖南省株洲市红旗北路3号	(0733)8450021	412001
0550	赣江铃	江铃汽车股份有限公司	江西省南昌市迎宾北大道119号	(86791)5231889	330001
0551	苏物贸	苏州物资集团股份有限公司	江苏省苏州市苏州新区河用路狮山小区	(0512)8621951	215004
0552	甘长风	甘肃长风宝安实业股份有限公司	甘肃省兰州市安宁区安宁西路270号	(0931)7667111	730070
0553	沙隆达	湖北沙隆达股份有限公司	湖北省荆沙市北京东路1号	(0716)8311052	434001
0554	鲁石化	山东泰山石化股份有限公司	山东省泰安市东岳大街104号	(0538)8228456	271000
0555	黔凯涤	贵州凯涤股份有限公司	贵州省凯里市环城西路92号	(0855)228128	556000
0556	琼南洋	海南南洋船务实业股份有限公司	海口市滨海大道288号东方洋大厦7、8楼	(0898)8666999	570105
0557	银广夏	广夏(银川)实业股份有限公司	宁夏银川市文化东街58号	(0951)6027818	750004
0558	辽房天	沈阳房天股份有限公司	辽宁省沈阳市和平区哈尔滨路60号	(024)2501918	110002
0559	万向潮	万向钱潮股份有限公司	浙江省萧山市宁围镇	(0571)2716888	311215
0560	昆百大	昆明百货大楼(集团)股份有限公司	昆明市东风西路99号	(0871)3610972	650021
0561	陕长岭	长岭(集团)股份有限公司	陕西省宝鸡市清姜路75号	(0917)3314433	721006
0562	新宏信	新疆宏源信托投资股份有限公司	新疆乌鲁木齐市文艺路2号宏源大厦8楼	(0991)2301870	830002
0563	陕国投	陕西省国际信托投资股份有限公司	中国西安市环城东路南段8号	(029)3239457	710048
0564	陕民生	西安民生集团股份有限公司	西安市解放路103号	(029)7418562	710005
0565	渝三峡	重庆三峡油漆股份有限公司	重庆市九龙坡区石坪桥正街121号	(023)68824806	630051
0566	琼海药	海南海药实业股份有限公司	海南省海口市海秀大道51号	(0898)5890424	571100
0567	琼海德	海南海德纺织实业股份有限公司	海南省海口市南航路18号	(0898)6748606	570206
0568	川老窖	泸州老窖股份有限公司	四川省泸州市桂花街46号	(0830)2292023	646000
0569	川长钢	长城特殊钢股份有限公司	四川省江油市江东路	(0816)3652384	621701
0570	苏常柴	常柴股份有限公司	江苏省常州市怀德中路123号	(0519)6600341	213002
0571	新大洲	海南新大洲摩托车股份有限公司	海南省琼山市桂林洋经济开发区	(0898)6719966	571127
0572	琼金盘	海南金盘实业股份有限公司	海口市金盘开发区金盘大道105号	(0898)6822672	570216
0573	粤宏远	东莞宏远工业区股份有限公司	广东省东莞市宏远工业区	(0769)2412655	511715
0576	粤甘化	江门甘蔗化工厂(集团)股份有限公司	广东省江门市北新路	(0750)3365000	529075
0578	青百	青海百货股份有限公司	西宁市五四大街39号	(0971)6138725	810001
0581	苏威孚B	无锡威孚股份有限公司	无锡国家高新技术产业开发区46号地快	(0510)2719579	214031
0582	桂新力	北海新力实业股份有限公司	广西壮族自治区北海市海角路75号	(0779)3036393	536000
0583	川长征	长征机床股份有限公司	四川省自贡市贡井区建设路284号	(0813)3301270	643020
0584	蜀都	成都蜀都大厦股份有限公司	四川省成都市蜀都大道署袜北三街20号	(028)6757539	610016
0585	东北电	东北输变电机械制造股份有限公司	中国辽宁省沈阳市铁西区北二中路18号	(024)5851243	110025
0586	川长江	四川省长江企业(集团)股份有限公司	四川省成都市府青路一段34号	(028)3339888	610082
0587	光明家具	光明家具集团股份有限公司	黑龙江省伊春市青山西路118号	(0455)3610587	153000
0588	粤金曼	广东金曼集团股份有限公司	广东省潮州市潮枫路金曼大酒店	(0768)2268879	521000
0589	黔轮胎	贵州轮胎股份有限公司	贵州省贵阳市百花大道41号	(0851)4843651	550008
0590	湘中药	衡阳中药实业股份有限公司	湖南省衡阳市罗金桥1号	(0734)8411277	421003
0591	重庆中药	重庆中药股份有限公司	四川省重庆市渝中区解放西路120号	(023)63843435	630012
0592	中福实业	福建省中福实业股份有限公司	福建省福州市华林路312号	(0591)7585788	350013
0593	成都华联	成都华联商厦股份有限公司	四川省成都市建设路55号	(028)4321238	610051
0594	内蒙宏峰	内蒙古宏峰实业股份有限公司	内蒙古赤峰市三东街东段61号	(0476)8662782	024000
0595	西北轴承	西北轴承股份有限公司	宁夏银川市北京西路	(0951)2020394	750021
00596	古井贡	安徽古井贡酒股份有限公司	安徽省亳州市古井镇	(0558)5571057	236820
00597	东北药	东北制药集团股份有限公司	沈阳市和平区和平北大街79号	(024)2821343	110003
00598	蓝星清洗	蓝星清洗剂股份有限公司	北京市朝阳区北土城西路9号	(010)62376645	100029
0599	青岛双星	青岛双星鞋业股份有限公司	青岛市经济技术开发区新街口工业区	(0532)2657986	266510
0600	国际大厦	石家庄国际大厦股份有限公司	河北省石家庄市广安街1号	(0311)6672224	050011
0601	韶能股份	广东韶能集团股份有限公司	广东省韶关市工业中路8号	(0751)8764200	512026
0602	金马集团	广东金马旅游集团股份有限公司	广东省潮州市永护路口	(0768)2269299	521000
0603	威达医械	广东威达集团股份有限公司	广东省揭西县城霖都大道221号	(0755)5603098	515400
0605	中联建设	中联建设装备股份有限公司	北京市西城区西直门内桦皮厂三号桃园写字楼四层	(010)62212239	100035
0606	青海明胶	青海明胶股份有限公司	青海省西宁市付东路13号	(0971)6144495	810015
0607	重庆川仪	重庆川仪股份有限公司	重庆市北碚区人民村1号	(023)68860100	630700
0608	广西虎威	广西虎威股份有限公司	广西北流市城郊老虎冲	(0775)6222508	537400
0609	燕化高新	北京燕化高新技术股份有限公司	北京市房山区燕山迎风二里八号	(010)69347433	102500

0610	西安旅游	西安旅游服务(集团)股份有限公司	陕西省西安市东大街315号	(029)7218156	710001
0611	民族集团	内蒙古民族商场股份有限公司	内蒙古呼和浩特市中山西路69号	(0471)6968822	010010
0612	焦作万方	焦作万方铝业股份有限公司	河南省焦作市塔南路160号	(0391)3933993	454003
0613	大东海	海南大东海旅游中心股份有限公司	海南省三亚市大东海	(0899)8212298	572021
0615	湖北金环	湖北金环股份有限公司	湖北省襄阳县陈家湖	(0710)3225390	441133
0616	大连渤海	大连渤海饭店(集团)股份有限公司	辽宁省大连市中山区荣盛街27号	(0411)3642706	116001
0617	石油济柴	济南柴油机股份有限公司	山东省济南市文化西路14号	(0531)2944219	250063
0618	吉林化工	吉林化学工业股份有限公司	吉林省吉林市龙潭区遵义东路31号	(0432)3976445	132021
0619	红星宣纸	安徽红星宣纸股份有限公司	安徽省泾县大桥南路27号	(0563)5096009	242500
0620	牡石化	牡丹江石化集团股份有限公司	黑龙江省牡丹江市东三条路98号	(0453)6224097	157000
0621	北京比特	北京比特实业股份有限公司	北京市海淀区万寿路甲28号	(010)68224357	100036
0622	岳阳恒立	岳阳恒立冷气设备股份有限公司	湖南省岳阳市金鹗山4号	(0730)8221311	414000
0623	吉林敖东	延边敖东药业(集团)股份有限公司	吉林省敦化市胜利南大街88号	(0433)6222692	133700
0625	长安汽车	重庆长安汽车股份有限公司	重庆市南岸区南城大道309号	(023)67591349	630060
0626	如意集团	连云港如意集团股份有限公司	江苏省连云港市新浦丁字路东	(0518)5454668	222002
0627	湖北中天	湖北中天股份有限公司	湖北省荆门市杨湾路122号	(0724)2211003	448000
0628	倍特高新	成都倍特发展集团股份有限公司	四川省成都市成都高新技术产业开发区	(028)5186621	610041
0629	攀钢板材	攀钢集团板材股份有限公司	四川省攀枝花市东区弄弄坪	(0812)3399298	617062
0630	铜都铜业	安徽铜都铜业股份有限公司	安徽省铜陵市长江西路	(0562)2867229	244001
0631	长春兰宝	长春兰宝实业股份有限公司	吉林省长春市朝阳区同志街34号	(0431)4641596	130031
0632	三木集团	福建三木集团股份有限公司	福建省福州市马尾区君竹路162号	(0591)3341509	350015
0633	合金股份	沈阳合金股份有限公司	辽宁省沈阳市沈河区大南街87号	(024)4131291	110011
0635	民族化工	宁夏宁河民族化工股份有限公司	宁夏石嘴山市石嘴山区康乐路	(0952)3014736	753200
0636	风华高科	广东风华高新科技股份有限公司	广东省肇庆市端州三路	(0758)2833813	526060
0637	茂化实华	茂名石化实华股份有限公司	广东省茂名市官渡路162号	(0668)2276176	525011
0638	中辽国际	中国辽宁国际合作(集团)股份有限公司	辽宁省沈阳市和平区南四马路28号	(024)3854740	110001
0639	株洲庆云	株洲庆云发展股份有限公司	湖南省株洲市车站路1路	(0733)8224851	412008
0650	九江化纤	九江化纤股份有限公司	江西省九江市庐山区蛤蟆石	(0792)8234601	332017
0651	格力电器	珠海格力电器股份有限公司	广东省珠海市前山金鸡西路	(0756)8871888	519070
0652	美纶股份	天津美纶股份有限公司	天津市北辰区引河南道	(022)26397991	300400
0653	九州股份	福建九州集团股份有限公司	福建省厦门市湖滨东路湖光大厦8、5楼	(0592)5055818	361004
0655	华光陶瓷	山东淄博华光陶瓷股份有限公司	山东省淄博市张店区湖田镇湖光路六号	(0533)2011798	255076
0656	重庆东源	重庆东源钢业股份有限公司	重庆市綦江县三江镇	(08212)249522	631431
0657	金海股份	海南金海股份有限公司	海口市龙昆北路2号珠江广场帝都大厦18层	(0898)6777324	570125
0658	海洋集团	厦门海洋实业集团股份有限公司	福建省厦门市蜂巢山路3号	(0592)2088142	361005
0659	珠海中富	珠海经济特区中富实业股份有限公司	广东省珠海市香洲区湾仔镇第一工业区	(0756)8821350	519030
0660	南华西	广州南华西实业股份有限公司	广东省广州市工业大道北1号艺丰大厦三楼	(020)84319458	510235
0661	长春高新	长春高新技术产业(集团)股份有限公司	吉林省长春市民志街64号	(0431)5669409	130021
0662	广西康达	广西梧州康达(集团)股份有限公司	广西梧州市北环路12号	(0774)2831582	543000
0663	永安林业	福建省永安林业(集团)股份有限公司	福建省永安市燕江东路287号	(0598)3614875	366000
0665	武汉塑料	武汉塑料工业集团股份有限公司	武汉市江汉区新华路287号	(027)5769057	430022
0666	经纬纺机	经纬纺织机械股份有限公司	山西省榆次市经结纬路150号	(0354)2421574	030601
067	昆明五华	昆明五华实业(集团)股份有限公司	云南省昆明市东风西路11号	(0871)3610134	650031
0668	武汉石油	武汉石油(集团)股份有限公司	湖北省武汉市万松小区18号楼	(027)5796197	430022
0669	吉诺尔	吉林吉诺尔股份有限公司	吉林省吉林市高新技术开发区C区26号楼	(0432)2447628	132105
0670	天发股份	湖北天发企业(集团)股份有限公司	湖北省荆州市沙市区江汉北路12号	(0716)8240320	434000
0671	石狮新发	福建省石狮新发股份有限公司	福建省石狮市民生路208号	(0595)8875202	362700
0672	铜城集团	白银铜城商厦(集团)股份有限公司	甘肃省白银市白银区五一街8号	(0943)8238888	730900
0673	大同水泥	大同水泥股份有限公司	山西省大同市口泉	(0352)4042623	037001
0675	银山化工	四川银山化工(集团)股份有限公司	四川省内江市资中县银山镇	(0832)5452216	641201
0676	河南思达	河南思达电子仪器股份有限公司	郑州高新技术产业开发区龙柏里2号	(0371)3810069	450053
0677	山东海龙	山东潍坊海龙股份有限公司	山东省潍坊市寒亭区潍县北路555号	(0536)7253042	26100
0678	襄阳轴承	襄阳汽车轴承股份有限公司	湖北省襄樊市轴承路1号	(0710)3564101	441022
0679	大连友谊	大连友谊(集团)股份有限公司	辽宁省大连市中山区人民路91号	(0411)2802712	116001
0680	山推股份	山东山推工程机械股份有限公司	山东省济宁市太白楼东路58号	(0537)2314636	272135
0681	苏常远东	远东实业股份有限公司	江苏省常州市清潭荆川南路	(0519)6966111	213015
0682	东方电子	烟台东方电子信息产业股份有限公司	山东省烟台市府街45号	(0535)6214137	264001
0683	天然碱	内蒙古远兴天然碱股份有限公司	内蒙古伊克昭盟东胜市鄂托克西街10号	(0477)8339874	017000
0685	佛山兴华	佛山市兴华集团股份有限公司	广东省佛山市祖庙路42号之一	(0757)2221554	528000
0686	锦州六陆	锦州经济技术开发区六陆实业股份有限公司	辽宁省锦州市凌河区云飞街二段11号	(0416)3122571	121000

0687	保定天鹅	保定天鹅股份有限公司	保定市国家高新技术产业开发区金迪路59号	(0312)3136736	071055
0688	涪陵建陶	涪陵建筑陶瓷股份有限公司	四川省涪陵市江东群沱子街31号	(0810)2223958	648005
0689	宏业集团	汕头宏业(集团)股份有限公司	广东省汕头市天山路宏业大厦六楼	(0754)8896924	515041
0690	宝丽华	广东 宝丽华实业股份有限公司	广东省梅州县华侨城香港花园宝丽华综合大楼	(0753)2511298	514087
0691	寰岛实业	海南寰岛实业股份有限公司	海南省海口市人民大道25号	(0898)6255909	570208
0692	惠天热电	沈阳惠天热电股份有限公司	辽宁省沈阳市沈河区八纬路29号	(024)2854104	110014
0693	泰康股份	成都泰康化纤股份有限公司	四川省温江县柳城镇新西路86号	(028)2722311	611130
0695	灯塔油漆	天津灯塔涂料股份有限公司	天津市北辰区南仓工业区南仓道	(022)26345536	300400
0696	成都联益	成都联益实业股份有限公司	四川省成都市双流县东升镇	(028)5822746	610200
0697	咸阳偏转	咸阳偏转股份有限公司	陕西省咸阳市渭阳西路70号	(0910)3320567	712021
0698	沈阳化工	沈阳化工股份有限公司	辽宁省沈阳市沈大路888号	(024)5820516	110026
0699	佳纸股份	佳木斯造纸股份有限公司	黑龙江省佳木斯市光复路306号	(0454)8379070	154005
0700	兴澄股份	江阴兴澄冶金股份有限公司	江苏省江阴市人民东路166号	(0510)6286459	214400
0701	厦门信达	厦门信达股份有限公司	福建省厦门市湖里兴隆重路信息大厦	(0592)6021666	361006
0702	正虹饲料	湖南正虹饲料股份有限公司	湖南省岳阳市营田镇	(0730)5723508	414418
0703	招商股份	北海国际招商股份有限公司	广西北海市中山西路2号楼	(0779)3036944	536000
0705	浙江震元	浙江震元股份有限公司	浙江省绍兴市解放北路289号	(0575)5144161	312000
0707	湖北双环	湖北双环咸业股份有限公司	湖北省应城市东马坊团结大道26号	(0712)3591099	432400
0708	大冶特钢	大冶特殊钢股份有限公司	湖北省黄石市黄石大道(石灰窑地区内)	(0714)6294678	435001
0709	唐钢股份	唐山钢铁股份有限公司	河北省唐山市滨河路9号	(0315)2702092	063002
0710	天兴仪表	成都天兴仪表股份有限公司	四川省成都市高新技术产业开发区	(028)4600582	610106
0711	龙发股份	黑龙江龙发股份有限公司	黑龙江省哈尔滨市经济技术开发区	(0451)2118519	150000
0712	金泰发展	广东金泰发展股份有限公司	广东省清远经济开发试验区	(0763)3364394	511500
0713	丰乐种业	合肥丰乐种业股份有限公司	安徽省合肥市西七里塘樊洼路8号	(0551)5562640	230031
0715	中偿商业	中兴—沈阳商业大厦(集团)股份有限公司	辽宁省沈阳市和平区太原北街86叼	(024)3831985	110003
0716	广西斯壮	广西斯壮股份有限公司	广西南宁市民生路45号	(0771)2821736	530012
0717	韶钢松山	广东韶钢松山股份有限公司	广东省韶关市曲江县马坝	(0751)8787265	512100
0718	吉林纸业	吉林纸业股份有限公司	吉林省吉林市林荫路9号	(0432)2703225	132001
0719	焦作碱业	焦作市碱股耸有限公司	河南省焦作市解放区民主北路15号	(0391)2925951	454000
0720	山东电缆	山东电缆电器股份有限公司	山东省泰安市文化路62号	(0538)7223012	271000
0721	西安饮食	西安饮食服务(集团)股份有限公司	陕西省西安市东大街263号	(029)7214985	710004
0722	金果实业	衡阳市金果农工商实业股份有限公司	湖南省衡阳市金果路15号	(0734)8220391	421006
0723	天宇电气	福州天宇电气股份有限公司	福建省福州市华林路304号金属大厦6楼	(0591)7577532	350003
0727	华东电子	南京华东电子集团股份有限公司	南京市浦口区高新技术产业开发区D03栋	(025)5502050	210032
0728	北京化二	北京化二股份有限公司	北京市朝阳区大郊亭	(010)67712530	100022
0730	环保股份	沈阳特种环保设备制造股份有限公司	辽宁省沈阳市沈河区热闹路118号	(024)4801450	110014
0731	四川美丰	四川美丰化工股份有限公司	四川省德阳市嘉陵江西路91号	(0838)2601277	618000
0735	罗牛山	海口农工贸(罗牛山)股份有限公司	海口市人民大道30号	(0898)6255101	570208
0736	重庆实业	重庆国际实业投资股份有限公司	重庆市江北区观音桥建新北路86号	(023)67868187	630021
0737	南风化工	山西南风化工集团股份有限公司	山西省运城市解放路294号	(0359)2024451	044000
0739	青岛东方	青岛东方贸易大厦股份有限公司	山东省青岛市市北区胶州路140号	(0532)2835928	266011
0758	中色建设	中国有色金属建设股份有限公司	北京市复兴路乙12号	(010)68514477	100814
0759	武汉中百	武汉中心百货(集团)股份有限公司	湖北省武汉市江汉区江汉路129号	(027)2777083	430021
0766	通化金马	通化金马药业股份有限公司	吉林省通化市东昌区江南路100—1号	(0435)3622310	134002
0767	漳泽电力	山西漳泽电力股份有限公司	山西省长治市北郊漳电路19号	(0355)5052061	046000
0769	盛道包装	大毂盛道集团股份有限公司	辽宁省大连市中山区捷山街奋斗巷30号	(0411)2672121	116011
0776	延边公路	延边公路建设股份有限公司	吉林省延吉市河南街1号	(0433)2853913	133001
0778	新兴铸管	新兴铸管股份有限公司	河北省武安市2672厂区	(0310)4041425	056308
0779	三毛派神	兰州三毛实业股份有限公司	甘肃省兰州市西固区玉门街82号	(0931)7556841	730060
0780	内蒙兴发	内蒙古兴发股份有限公司	内蒙古自治区赤峰市元宝山区平庄镇	(0476)3512569	024076
0782	美达股份	广东新会美达锦纶股份有限公司	广东省新会市江会路上浅口	(0750)6126062	529100
0786	北新建材	北新集团建材股份有限公司	北京市海淀区西三旗	(010)62925831	100085
0788	合成制药	西南合成制药股份有限公司	重庆市江北区寸滩水口	(023)67725507	630025
0800	一汽轿车	一汽轿车股份有限公司	吉林省长春市创业大街58号	(0431)5901350	130011
0828	广东福地	广东福地彩色显像管股份有限公司	广东省东莞市篁村区周溪	(0769)2402236	511716

香港联交所上市股份公司

长江实业(集团)股份有限公司

【公司概况】 公司业绩报告结算日期为12月31日,实收资本2297556240股,合共1148778120元。公司董事会主席:李嘉诚。

【经营业绩】 公司经营地产为主,并开展控股及其他投资。现有投资或自用面积93.1万平方,香港土地储备可供建成面积1854.7万平方呎,其中1996年完成234.3万平方呎,在中国投资除广州中国大酒店、北京丽都假日酒店外,占海南省洋浦港开发权益10%。其他投资包括和黄45.36%,加拿大怡东财务50%,深圳长和实业20%。1995年下半年购入亚细安股份及票据,1996年7月将青洲英泥、安达臣大亚及中国基建项目成立长江基金上市,占70.66%。公司1995年纯利111.25亿元,1996年上半年盈利81.5亿元。

【财务状况】 公司1995年每股纯利5.06元,每股股息1.2元。1996年中期息0.33元。

中华电力有限公司

【公司概况】 公司业绩报告结算日期为9月30日,实收资本1990656000股,合共9953280000元。公司董事会主席:高登。

【经营业绩】 公司生产及供应九龙、新界各区、大屿山、长洲及若干离岛之电力。现有发电厂包括青山A发电厂、青山B发电厂、竹篙湾发电厂,各占40%;另占香港抽水蓄能发展40%;占广东核电厂25%。已与法国电力成立新中国电力投资(中电占60%),与中方合作于山东兴建3200兆瓦发电厂,总投资30亿美元,占29.4%,计划已获批准,又占台湾花莲和平电厂(1320兆瓦)发展计划30%;于印度的合营发电项目(1000兆瓦)已获基本批准。鹤园街地盘正与长江实业合作,兴建400万平方呎商住面积,将于1997年起分期完成。而发展中物业仍有梅窝渡假屋16间、马头围道商厦、永星商厦、宝其利街及马坑涌商住物业等,将于1997年完成。公司1995/96年度纯利48.36亿元。

【财务状况】 公司1995/96年度每股纯利2.42元,每股股息1.4元。

香港中华煤气有限公司

【公司概况】 公司业绩报告结算日期为12月31日,实收资本2988754862股,合共747188715元。公司董事会主席:李兆基。

【经营业绩】 公司生产及销售煤气,并租售家用炉具。已于番禺、中山及广州成立合营公司,发展及供应气体燃料。占京士柏地盘45%及机铁香港站15%。公司1995年纯利16.355亿元,1996年上半年盈利9.791亿元。

【财务状况】 公司1995年每股纯利0.548元,每股净值3.7元,每股股息0.291元。1996年中期息0.12元。

九龙仓集团有限公司

【公司概况】 公司业绩报告结算日期为12月31日,实收资本2256749145股,合共2256749145元。公司董事会主席:李唯仁。

【经营业绩】 公司从事地产、酒店、货仓、公共交通、通讯及财务投资;另管理海外酒店40多间。发展中物业于96年完成的有沙田工商/货仓物业84万平方呎及钻石山合营计划。另占深井啤酒厂地盘(33.3%),正在策划中。位于中国之物业发展项目,分布于北京、大连、武汉、上海等地,楼面总面积达1250万平方呎,将于1998——20000年落成。另厦门马哥孛罗酒店于今年稍后开业。北美酒店业已于96年上半年售出。公司1995年纯利36.048亿元,1996年上半年盈利13亿元。

【财务状况】 公司1995年每股纯利1.66元,每股股息1.05元。1996年中期息0.26元。

汇丰控股有限公司

【公司概况】 公司业绩报告结算日期为12月31日,实收资本1783600816股,合共17836008160元。公司董事会主席:蒲伟士。

【经营业绩】 公司经营银行一切业务。95年底客户存款17054亿元,银行存款2483亿元,客户贷款13124亿元,银行贷款5156亿元,总资产27218亿元。96年6月底总资产28491亿元,股东资金1746.9亿元。96年8月美国汇丰以48亿元收购纽约第一联邦储蓄贷款协会。公司1995年纯利300.44亿元,1996年上半年盈利187.4亿元。

【财务状况】 公司1995年每股纯利0.1147元,每股股息0.039元。1996年上半年每股盈利7.11元,中期息1.8元。

香港电灯集团有限公司

【公司概况】 公司业绩报告结算日期为12月31日,实收资本2020334691股,合共2020334691元。公司董事会主席:麦理思。

【经营业绩】 公司业务主要为电力生产及供应。发电厂现设有7台主要燃煤发电机,另7台发电量805兆瓦燃气轮机,总发电量2955兆瓦。正发展第8台燃煤发电机中,发电量为350兆瓦,将于97年底投产。现时专利权已延至2008年底止。此外,正重建坚尼地道总部大楼及兴建中央货仓大厦,占20%的海怡半岛已于95年全部完成,只余停车场收租。公司1995年纯利41.86亿元,1996年上半年盈利17.21亿元。

【财务状况】 公司1995年每股纯利2.07元,每股股息1.11元。1996年中期息0.445元。

香港电讯有限公司

【公司概况】 公司业绩报告结算日期为 3 月 31 日，实收资本 11308581801 股，合共 5654300000 元。公司董事会主席：施百恩。

【经营业绩】 香港电讯由香港电话公司及大东电报局合并而成，取代香港电话上市地位，全资拥有香港电话及香港大东全部股权，最终控股公司为英国大东集团。香港电话公司专利权已于 1995 年 6 月届满，市场开放。香港大东电报专利提供电讯服务，联同电话公司提供国际电话服务。1994 年 10 月与中国邮电部及北京电信局初步协议，计划投资 20 亿元，兴建一条连接北京至广州的光纤电缆及协助当地扩展流动电话网络，将于 1996 年完成。公司 1995/96 年度纯利 99.631 亿元，1996 年 9 月止半年盈利 53.934 亿元。

【财务状况】 公司 1995/96 年度每股纯利 0.888 元，每股股息 0.678 元。1996 年中期息 0.346 元。

恒隆有限公司

【公司概况】 公司业绩报告结算日期为 6 月 30 日，实收资本 1348097779 股，合共 1348097779 元。公司董事会主席：陈启宗。

【经营业绩】 公司从事地产投资、经营酒店及餐厅、建筑工程等。1996 年 6 月底，本港土地储备可供建成各项应占面积 684.3 万平方呎，将于 1997 年前完成的综合面积 88 万平方呎。另应占上海发展中住宅面积 108 万平方呎、写字楼 300 万平方呎、商场 176 万平方呎及住宅 21 万平方呎，将于 1996—1998 年完成。96 年 6 月底，综合借贷净额 41.1 亿元。公司 1995/96 年度纯利 22.752 亿元。

【财务状况】 公司 1995/96 年度每股纯利 1.688 元，每股股息 0.695 元。

恒生银行有限公司

【公司概况】 公司业绩报告结算日期为 12 月 31 日，实收资本 1931501436 股，合共 9657507180 元。公司董事会主席：利国伟。

【经营业绩】 1995 年 7 月止本港总分行及办事处共 142 间，深圳、上海及厦门有代表处，1995 年底于广州开设国内第一间分行，并同时结束美国业务。现正计划重建属下四幢物业，将于 1995 年至 1997 年完成，楼面面积由原有商住 204471 平方呎增至商业面积 307526 平方呎。1995 年 8 月推出恒生指数单位信托基金，又与汇丰成立联号，在香港提供人寿保险业务。至 96 年中期存款 2970 亿元，贷款 1460 亿元。1996 年 5 月出售纽约分行，6 月于广州购入 9500 万元物业作为行址，发展中国业务。公司 1995 年纯利 79.84 亿元，1996 年中期盈利 43.51 亿元。

【财务状况】 公司 1995 年每股纯利 4.13 元，每股股息 2.90 元。1996 年中期息 1.26 元，每股净值 23.26 元。

恒基兆业地产有限公司

【公司概况】 公司业绩报告结算日期为 6 月 30 日，实收资本 1644240000 股，合共 3288480000 元。公司董事会主席：李兆基。

【经营业绩】 公司从事地产投资及发展，并提供建筑、代理、管理、金融方面之专业服务及证券投资。1996 年 6 月底，购入 5 个地盘，占楼面面积 410 万平方呎，土地储备增至 2420 万平方呎。已完成发展地盘 9 个，占楼面面积 185 万平方呎。位于中国参与发展地盘共 12 项，应占楼面面积 1480 万平方呎，物业将于 1996/97 年开始完成。恒基中国于 1996 年 3 月分拆上市，1993 年可换债券转换为恒基中国新股，1996 年 6 月止仍占 71.7%。公司 1995/96 年度纯利 83.62 亿元。

【财务状况】 公司 1995/96 年度每股纯利 5.16 元，每股股息 3.03 元。

和记黄埔有限公司

【公司概况】 公司业绩报告结算日期为 12 月 31 日，实收资本 3616107821 股，合共 904026955 元。公司董事会主席：李嘉诚。

【经营业绩】 公司为长江实业之联营公司，拥有庞大投资及自用物业，计商业面积 829.7 万平方呎，工业面积 169.3 万平方呎，货仓 499.6 万平方呎及住宅 658 万平方呎。电讯业于香港经营无线电话、第二代无线电话及传呼业务，并获本港固定电讯网络服务牌照；占英国和记通讯 68%；亚洲卫星 33%；还经营新城广播电台（占 31%），能源业持有香港电灯 35%及加拿大赫斯基石油 49%。零售业以全资公司屈臣氏、百佳及丰泽经营。拥有庞大投资组合，投资于海外管理基金、港股、票据及海外股份等。公司 1995 年纯利 95.67 亿元。1996 年上半年盈利 78.3 亿元。

【财务状况】 公司 1995 年每股纯利 2.65 元，每股股息 1.18 元。1996 年中期息 0.42 元。

希慎兴业有限公司

【公司概况】 公司业绩报告结算日期为 12 月 31 日，实收资本 1028489945 股，合共 5142449725 元。公司董事会主席：利汉钊。

【经营业绩】 经营地产投资及发展，拥有投资物业商业面积约 275 万平方呎；住宅面积约 103 万平方呎，另有车位 400 个。发展中物业：利园酒店重建为写字楼 70 万平方呎及商场 20 万平方呎，将于 1997 年完成；干德道住宅发展 23300 平方呎（占 50%），将于 1996 年完成。新加坡 7 幢 11 层高住宅 139 万平方呎，占 10%，已全部预售，1996 年完成。另一新加坡发展计划为住宅 38 万平方呎，占 10%。上海和平庄苑 30%，商住面积 187 万平方呎，首期 70 万平方呎将于 1996 年完成。又上海港汇中心占权益 15%，商住面积 366 万平方呎，正在兴建中。1995 年公司纯利 12.25 亿元，1996 年上半年盈利 6.974 亿元。

【财务状况】 公司 1995 年每股纯利 1.22 元，每股股息 1.05 元，每股净值 29.66 元。1996 年中期息 0.40 元。

新鸿基地产发展有限公司

【公司概况】 公司业绩报告结算日期为 6 月 30 日，实收资本 2389540301 股，合共 1194770150 元。公司董事会主席：郭炳湘。

【经营业绩】 公司主要投资物业面积共 1500 万平方呎，95/96 年内建成物业 17 个，住宅占 300 万平方呎，工业与商业综合面积 150 万平方呎。发展中租售物业 4460 万平方呎。另新增 11 个农地转换用途供发展地盘，可建楼宇面积 630 万平方呎，其中 1996/97 年度将完成 490 万平方呎。公司 1995/96 年度纯利 110.39 亿元。

【财务状况】 公司 1995/96 年度每股纯利 4.69 元，每股股息(包括红利)2.24 元。

新世界发展有限公司

【公司概况】 公司业绩报告结算日期为 6 月 30 日，实收资本 1835988231 股，合共 1835988231 元。公司董事会主席：郑裕彤。

【经营业绩】 公司从事地产投资及发展、建筑、土木及冷气工程；同时经营酒店及餐厅，以至电讯、财务及证券投资等。拥有多幢物业，计商业面积 496 万平方呎及豪华住宅 74 万平方呎；本港酒店 3 间及海外与中国若干酒店权益及管理权。本港发展中地盘 23 个，应占完成后可供出售各项面积 857 万平方呎；而待竣工投资物业面积 98.4 万平方呎；另有农地 1343 万平方呎。于中国投资，包括道路、桥梁、发电厂、酒店、百货及物业发展。公司 1995/96 年度纯利 41.577 亿元。

【财务状况】 公司 1995/96 年度每股纯利 2.44 元，每股股息 1.14 元。

东方报业集团有限公司

【公司概况】 公司业绩报告结算日期为 3 月 30 日，实收资本 1453187920 股，合共 363296980 元。公司董事会主席：马澄发。

【经营业绩】 公司出版东方日报、马经及周刊杂志等。拥有九龙湾东方报业中心 107452 平方呎及贵州街工业面积 8905 平方呎；又拥有伦敦一幢商厦面积 65828 平方呎。1994 年 9 月再购入一幢伦敦商厦面积 59610 平方呎。公司 1995/96 年度纯利 0.25 亿元，1996 年 9 月止半年盈利 0.3 亿元。

【财务状况】 公司 1995/96 年度每股纯利 0.0173 元，每股股息 0.05 元。96 年 3 月底每股净值 1.13 元。中期息 0.03 元。

宝福集团有限公司

【公司概况】 公司业绩报告结算日期为 12 月 31 日，实收资本 29282000 股，合共 117128000 元。公司董事会主席：李唯仁。

【经营业绩】 公司投资船务、证券及小量物业，包括 4 艘船只，大量证券、存款、巴富街 6 个住宅单位及 180 个车位。1993 年及 1994 年内分别出售所有船只，计划投资于物业。1995 年底投资港股 28200 万元(市值 39100 万元)。公司 1995 年纯利 0.154 亿元，1996 年上半年盈利 0.234 亿元。

【财务状况】 公司 1995 年每股纯利 0.53 元，每股股息 0.011 元，每股净值 19.1 元。1996 年中期息 0.25 元。

太古洋行有限公司

【公司概况】 公司业绩报告结算日期为 12 月 31 日，实收资本 A 股 970009385 股，B 股 3076706271 股，合共 951210383 元。公司董事会主席：萨秉达。

【经营业绩】 公司拥有中环金钟太古广场写字楼 1558774 平方呎及商场 711181 平方呎；三间酒店(部分权益)及豪华住宅等，共拥有商场面积及写字楼面积共 609 万平方呎，豪华住宅 82 万平方呎及工业楼宇面积 183 万平方呎。发展或待发展投资物业为商业面积 320 万平方呎。发展中供出售楼宇为商住面积 278 万平方呎；美国 320 万平方呎；另占东涌地铁站上盖第一期发展权益 20%。公司 1995 年纯利 64.54 亿元，1996 年上半年盈利 30.55 亿元。

【财务状况】 公司 1995 年每股纯利 4.07 元，每股股息 1.59 元。1996 年中期息 0.43 元。

会德丰有限公司

【公司概况】 公司业绩报告结算日期为 3 月 31 日，实收资本 2016200000 股，合共 1008100000 元。公司董事会主席：李唯仁。

【经营业绩】 公司经营商业秘书、物业发展、证券财务及旅游业务。1993 年起开始直接参与地产发展，联同九仓及信托购入钻石山地盘 28 万平方呎，将发展为住宅 115 万平方呎及商场 57 万平方呎，1996 年完成。于中国土地储备共达 2500 万平方呎。其他发展包括与英国维珍集团成立合营公司，于香港、台湾及中国开设连锁店等。公司 1995/96 年度纯利 24.592 亿元。

【财务状况】 公司 1995/96 年度每股纯利 1.22 元，每股股息 0.41 元。

亚细安资源有限公司

【公司概况】 公司业绩报告结算日期为 3 月 31 日，实收资本 954742889 股，合共 95474288 元。公司董事会主席：曾文豪。

【经营业绩】 公司经营地产业，主要资产为依利莎伯大厦商场与停车场 235000 平方呎，大坑惠安住宅大厦 6.5 万平方呎及日航酒店 37.5%。待售楼宇为干诺道西写字楼商场，约占 5815 平方呎。发展中物业有鸿图道工贸大厦占 20 万平方呎，河内道商业大厦占 40476 平方呎，新蒲岗工厦 50400 平方呎，另住宅占 246550 平方呎；武汉商住大厦占 27 万平方呎。公司 1995/96 年度纯利 170.35 亿元。1996 年 9 月止半年盈利 10110 万元。

【财务状况】 公司 1995/96 年度每股纯利 0.1865 元，每股股息 0.045 元。1996 年 3 月底每股净值 3.6 元，中期息 0.015 元。

宝威集团有限公司

【公司概况】 公司业绩报告结算日期为 6 月 30 日，实收资本 746598896 股，合共 74659889 元。公司董事会主席：刘锦荣。

【经营业绩】 公司经营含铁金属、非含铁金属等贸易，并涉及以物易物经营，包括中国煤炭及海外钢铁等，并兼营金属加工，投资于国内五金厂。拥有本港及澳洲若干物业收租，于澳洲仍有物业发展计划。1996 年 7 月购入清水湾物业发展计划，预计年底完成。公司 1995/96 年度纯利 7530 万元。

【财务状况】 公司 1995/96 年度每股纯利 0.1 元，每股股息

0.11 元。1996 年 6 月每股净值 0.918 元。

东亚银行有限公司

【公司概况】 公司业绩报告结算日期为 12 月 31 日，实收资本 1092823529 股，合共 2732058822 元。公司董事会主席：李福和。

【经营业绩】 公司经营一切银行业务，1995 年 6 月以 12.87 亿元收购中国联合银行全部股权后，现时香港分行网络共 92 间，于国内、台湾及海外设有分行办事处。1996 年上半年存款 782 亿元，增 17.9%，贷款 569 亿元，增 21%，资产总值 1030 亿元。公司 1995 年纯利 16.412 亿元，1996 年上半年盈利 8.469 亿元。

【财务状况】 公司 1995 年每股纯利 1.534 元，每股股息 0.687 元。1996 年中期息 0.225 元。

其士国际集团有限公司

【公司概况】 公司业绩报告结算日期为 3 月 31 日，实收资本 731959930 股，合共 182989982 元。公司董事会主席：周亦卿。

【经营业绩】 公司经营贸易业务，包括升降机、电梯、冷气机、汽车代理、机电工程、保险经纪及财务服务，持有其士建筑，占上市的其士发展 53.1%、其士(商业系统)47.4%及新加坡其士控股 71.1%。1996 年 1 月分拆其士建筑上市，每 14 股可获 1 股。公司 1995/96 年度纯利 1.452 亿元，1996 年 9 月止半年盈利 1.04 亿元。

【财务状况】 公司 1995/96 年度每股纯利 0.20 元，每股股息 0.137 元。1996 年 3 月底每股净值 1.94 元，中期息 0.045 元。

中华汽车有限公司

【公司概况】 公司业绩报告结算日期为 6 月 30 日，实收资本 46268256 股，合共 92536512 元。公司董事会主席：颜成坤。

【经营业绩】 公司专利经营港岛部分公共巴士及隧巴业务，专利权将于 1998 年 8 月届满。至 1996 年 6 月 30 日止，拥有车辆 848 辆，载客量为 1.838 亿人次。七姊妹道地盘与太古合作(中巴占 40%)的港运城，已售出 271 个住宅单位，商场/写字楼 1997 年落成，现正租售中。另英皇道及黄竹坑地盘均与太古合作，占 50%。1996 年 6 月底存款 82600 万元。公司 1995/96 年度纯利 6220 万元。

【财务状况】 公司 1995/96 年度每股纯利 0.0135 元，每股股息 3.78 元(包括红利)。1996 年 6 月底每股净值 39.3 元。

国际筒业有限公司

【公司概况】 公司业绩报告结算日期为 3 月 31 日，实收资本 388000000 股，合共 38800000 元。公司董事会主席：吕志和。

【经营业绩】 公司生产预制混凝土渠筒、沙井、互锁式护土墙砖、预应力铁路枕及各项预制混凝土组件。1995 年 4 月增加发行 10800 万股。公司 1995/96 年度纯利 4060 万元。

【财务状况】 公司 1995/96 年度每股纯利 0.187 元，每股股息 0.10 元。1996 年 3 月底每股净值 0.569 元。

天安中国投资有限公司

【公司概况】 公司业绩报告结算日期为 12 月 31 日，实收资本 879842932 股，合共 879942932 元。公司董事会主席：冯永祥。

【经营业绩】 公司经营中国业务，拥有 4 座合资酒店及 6 座写字楼权益，持有新鸿基中国工业 30%。经营中国贸易，拥有中国多个地区土地权益，应占完成后各项面积 3700 万平方呎。至 1996 年 12 月底售楼 62.7 万平方呎，施工中物业 323 万平方呎，1995 年底已完成面积 538 万平方呎。公司 1995 年纯利 8057 万元。1996 年上半年盈利 3350 万元。

【财务状况】 公司 1995 年每股纯利 0.092 元，每股股息 0.02 元。1996 年不派中期息。

达力集团有限公司

【公司概况】 公司业绩报告结算日期为 6 月 30 日，实收资本 211193000 股，合共 211193000 元。公司董事会主席：叶黎明。

【经营业绩】 公司现时主要业务为经营货仓及物业投资，拥有荃湾达力货柜中心 71.8 万平方呎货仓。另占深圳东角头合营公司 49%，发展港口船舶及仓储设施，已完成三个泊位及一客运站，正申请将有关填海土地 350 万平方呎进行发展。1995 年购入北京发展商面积 240 万平方呎，权益 95%，计划于 1998 年前完成 40 万平方呎。公司 1995/96 年度纯利 9220 万元。

【财务状况】 公司 1995/96 年度每股纯利 0.437 元，每股股息 0.160 元。1996 年 6 月底每股净值 4.82 元。

佳讯(控股)有限公司

【公司概况】 公司业绩报告结算日期为 3 月 31 日，实收资本 400000000 股，合共 40000000 元。公司董事会主席：何佐芝。

【经营业绩】 公司提供无线电传呼服务及销售、出租传呼机。并在其他东南亚经营之流动通讯公司持有股权，包括菲律宾 Easy Call20.6%、台湾捷报传呼 35%及香港数码通电讯 12.4%(上市后)。已于广东省推出跨域传呼服务。亦持澳洲 MATRIX9.415%；其他业务地区包括马来西亚、印尼及印度。公司 1995/96 年度营业额 35830 万元，纯利 9250 万元。

【财务状况】 公司 1995/96 年度每股纯利 0.231 元，每股股息 0.06 元。1996 年 3 月底每股净值 1.07 元，

航天科技国际集团有限公司

【公司概况】 公司业绩报告结算日期为 12 月 31 日，实收资本 1116310000 股，合共 1116310000 元。公司董事会主席：王美岳。

【经营业绩】 公司经营电子业，包括电视、电话机、收音机、印刷线路板及电子表等。香港厂房已迁至国内，本港工业面积 48 万平方呎作收租用途。于惠州则兴建工业园面积 420 万平方呎。又于上海兴建商业大厦 6 幢面积 161 万平方呎(占 50%)。于北京兴建写字楼大厦 7.7 万平方呎，观塘工贸大厦 18 万平方呎在租售中。公司 1995 年纯利 16200 万元，1996 年上半年盈利 5830 万元。

【财务状况】 公司 1995 年每股纯利 0.145 元，每股净值 1.61 元。1996 年不派中期息。

香港隧道有限公司

【公司概况】 公司业绩报告结算日期为 12 月 31 日，实收资

本191638401股,合共191638401元。公司董事会主席:李唯仁。

【经营业绩】 公司拥有及经营往返香港九龙之海底隧道,获得30年专利权,于1999年8月底期满。1991年获香港的隧道管理权。已联同中信及招商局等获得西区海底隧道兴建及经营权,占37%。西隧道总投资额75亿元,将于97年中完成。公司1995年纯利24160万元,1996年上半年盈利12790万元。

【财务状况】 公司1995年每股纯利0.0126元,每股股息0.0118元。1996年首两季股息各派0.27元。

依利安达国际集团有限公司

【公司概况】 公司业绩报告结算日期为6月30日,实收资本963393674股,合共96339367元。公司董事会主席:苏章盛。

【经营业绩】 公司从事各类电路版及电话系统制造。厂房设于中国及泰国,已协议按合营方式发展广州黄沙站物业24.7万平方呎,又于上海街兴建商业大厦45180平方呎,1995年底完成。1994年9月将印刷线路版于新加坡分拆上市。1996年10月配售1100万股后,仍占65.4%。1995年7月公开以每股1.08元回购股份,已获5480万股接受,并予注销。公司1995/96年度纯利20030万元。

【财务状况】 公司1995/96年度每股纯利0.2063元,每股股息0.085元。1996年6月底每股净值1.1元。

九龙建业有限公司

【公司概况】 公司业绩报告结算日期为12月31日,实收资本483767850股,合共48376785元。公司董事会主席:伍兆灿。

【经营业绩】 公司以投资及发展本港物业为主,亦从事戏院经营及影片业务等。持有作投资用途之物业合共楼面总面积逾60万平方呎;另车位180个;又于官塘兴建一住宅大厦,总面积约3.8万平方呎,将于97年底完成。通过联营公司经营戏院4间;另有影片制作及发行等。拥有九巴约11%权益作长线持有。其他业务包括有放款、皮鞋护理及高级洗衣服务等业务少数权益。1996年8月出售一项物业获利5200万元。公司1995年营业额21000万元,纯利9290万元。1996年上半年盈利10940万元。

【财务状况】 公司1995年每股纯利0.192元,每股股息0.15元,每股净值9.69元。1996年中期息0.07元。

远东发展国际有限公司

【公司概况】 公司业绩报告结算日期为3月31日,实收资本759809900股,合共75980990元。公司董事会主席:邱德根。

【经营业绩】 物业投资及发展、投资控股及股票买卖,业务遍及香港、中国、马来西亚、新加坡、澳洲及美国。1996年10月公布正申请成立马来西亚地产,远展将注入马来西亚及澳洲物业,并由远投及邱氏家族注入其他资产,但条例规定,邱氏及有关公司所占股权不得多于30%,并计划将新公司于1997年中于当地上市。公司1995/96年度纯利13410万元。1996年9月止半年盈利3080万元。

【财务状况】 公司1995/96年度每股纯利0.18元,每股股息0.08元,每股账面值3.82元。1996年中期息0.03元。

远东投资国际有限公司

【公司概况】 公司业绩报告结算日期为12月31日,实收资本298568905股,合共298568905元。公司董事会主席:邱德根。

【经营业绩】 公司投资兴建新加坡唐城旅游区,已于96年开业,酒店在兴建中,预计1998年完成。现拥有香港戏院5间。1994年购入马来西亚一个哥尔夫渡假村51%。持有苏州混凝土水泥厂70%,以及江苏制衣厂51%。并投资于香港及海外证券,占远东发展3.75%及远东酒店3.03%。1995年购入北京商厦30万平方呎权益37.5%,1995年底完成。另又投资买卖新加坡物业。已计划联同远发分拆大马物业上市。1996年12月以2.6亿元售出唐城。公司1995年纯利亏损2330万元。1996年上半年盈利540万元。

【财务状况】 公司1996年不派中期息。

远东酒店实业有限公司

【公司概况】 公司业绩报告结算日期为3月31日,实收资本468112256股,合共468112256元。公司董事会主席:邱德根。

【经营业绩】 公司经营酒店及娱乐事业,拥有长洲华威酒店及海外华威集团权益19.1%,经营保龄球场及本港、海外多家娱乐场。已结束戏院业务,已与长实合作发展荔园之土地为商业单位,各占50%,以48000万元购入有关土地360000平方呎,远东将获利414万元,正商讨修改土地用途中。1996年4月以4000万元购入北京一综合商业建设,实际权益56.25%。公司1995/96年度纯利亏损181.2万元。1996年9月止半年亏损400万元。

【财务状况】 公司1996年不派中期息。

富丽华酒店企业有限公司

【公司概况】 公司业绩报告结算日期为3月31日,实收资本203119000股,合共101559500元。公司董事会主席:傅厚泽。

【经营业绩】 公司拥有及经营酒店业务。富丽华酒店客房521间及商场面积10494平方呎;大华中心包括大华酒店客房387间及商场43000平方呎。于中国沈阳兴建400间客房酒店及附属设施(占50%),预计1997年底开业。于越南蚬港兴建200间客房酒店(占33.75%),已于1996年12月开业。公司1995/96年度纯利22420万元。1996年9月止半年盈利10280万元。

【财务状况】 公司1995/96年度每股纯利1.13元,每股股息0.70元。1996年中期息0.23元,1996年3月底每股净值16.43元。

金山实业(集团)有限公司

【公司概况】 公司业绩报告结算日期为3月31日,实收资本398562772股,合共119281386元。公司董事会主席:罗仲荣。

【经营业绩】 公司从事发展、制造及销售电池及汽车音响器材。于香港、台湾及新加坡以至中国设有厂房。亦从事电器、电话及电子零件生产。现时业务分为4大类:电池、电器、电子及策略性投资(包括电子零件、扬声器、汽车配线、电子电线及电缆产品)。电池、电器及电子部已分别于新加坡上市,现占股权为50.9%、57.31%及59.2%。公司1995/96年度纯利22040万元。

【财务状况】 公司1995/96年度每股纯利0.5348元,每股股息0.19元。

鹰君有限公司

【公司概况】 公司业绩报告结算日期为9月30日,实收资本458313003股,合共229156501元。公司董事会主席:罗鹰石。

【经营业绩】 地产发展及投资、旁及建筑、建筑材料、财务、证券及航业等。现拥有投资物业8项,发展中物业有摩利臣山道天乐广场,已于1994年8月协议完成后,以73600万元出售,已收定金20040万元,1996年12月完成交易。1996年8月以1亿英镑收购位于伦敦1间五星级酒店(380间客房);同年11月以1.2亿澳元收购墨尔本一酒店(386间客房)及以1.24亿加元收购多伦多一酒店(1594间客房),可望1997年2—3月完成。1996年3月以8.2亿元出售万国宝通广场3楼部分及4—6楼全层,55%已交吉,其余将于1997年9月前完成交易。旺角市区重建计划已成功收购。公司1995/96年度纯利10.554亿元。1996年3月止半年盈利63710万元。

【财务状况】 公司1995/96年度每股纯利2.30元,每股股息0.80元,每股账面值44.60元。1996年中期息0.195元。

东北输变电机械制造股份有限公司

【公司概况】 公司业绩报告结算日期为12月31日,实收资本A股615420000股,H股257950000股,合共￥873370000元。公司董事会主席:项永春。

【经营业绩】 为中国国家企业。制造及销售供电力站向用户输电及分配电力所需的输变电设备。主要产品为变压器、系统保护设备及输电设备,厂房全部设于中国辽宁省。主要客户为国有电力公司及省、市或地方电力局。产品亦外销往马来西亚、巴基斯坦、菲律宾、泰国等。公司1995年营业额145120万元人民币,纯利16345万元人民币,1996年上半年纯利3080万元人民币。

【财务状况】 公司1995年每股纯利0.23元,每股股息0.065元,每股净值1.83元人民币。1996年不派中期息。

卜蜂国际有限公司

【公司概况】 公司业绩报告结算日期为12月31日,实收资本2121222786股,合共USD106061139元。公司董事会主席:谢国民。

【经营业绩】 公司于中国从事农业及工业相关业务,在上海合营养鸡场、饲料生产及肉品加工,并经营家乡鸡小食店。又在上海设有电单车厂(于1993年于美国上市,仍占70%)。多年来多次收购位于中国、土耳其、泰国及印尼之水产养殖、农业其他投资。属下联号分别于泰国及印尼上市。将于上海浦东成立大型超市,预期本年底开业。公司1995年纯利51060万元,1996年上半年盈利1200万元。

【财务状况】 公司1995年每股纯利0.241元,每股股息0.10元,每股净值1.61元。1996年不派中期息。

香港飞机工程有限公司

【公司概况】 公司业绩报告结算日期为12月31日,实收资本185193750股,合共185193750元。公司董事会主席:唐宝麟

【经营业绩】 公司修理飞机引擎及仪器工程,拥有远东区最大之机库。已与厦门机构等合作于当地兴建两机位机库,已于1996年启用。并于将军澳兴建大型发动机试验间及组件更换设施,1995年底已与英国劳斯莱斯合组联营公司经营,将有关业务注入(占94年盈利10%),将于1996年收取溢价2000万美元,1997年开业。公司1995年纯利33130万元。1996年上半年盈利17880万元。

【财务状况】 公司1995年每股纯利1.79元,每股净值10.38元,每股股息0.80元。1996年中期息0.26元。

合兴集团有限公司

【公司概况】 公司业绩报告结算日期为12月31日,实收资本397996927股,合共39799652元。公司董事会主席:洪克协

【经营业绩】 公司购入食油混制及装瓶进行营销,并于中国开设面包/快餐连锁店。本港食油业已与南顺合作,设厂于浙江的平湖及绍兴。亦投资于辽宁沿海城市一发电站,占权益37.5%,为26兆瓦热能电能发电站,1996年3月运作。公司1995年纯利4716万元。1996年上半年盈利1810万元。

【财务状况】 公司1995年每股纯利0.1306元,每股股息0.0375元,每股净值1.68元。1996年中期息0.0125元。

香港上海大酒店有限公司

【公司概况】 公司业绩报告结算日期为12月31日,实收资本1078898406股,合共539449203元。公司董事会主席:米高·嘉道理

【经营业绩】 公司拥有及经营与管理酒店、地产投资、山顶缆车及饮食与食品业。半岛酒店客房已增至300间,商场72400平方呎及写字楼72900平方呎;九龙酒店客房747间,商场43545平方呎;纽约半岛酒店客房250间,商场5350平方呎;占加州比华利山酒店20%,客房200间;美国曼克顿豪华住宅式酒店单位85个;占马尼拉半岛酒店16.6%及北京王府井饭店20%权益。公司1995年纯利65200万元。1996年上半年盈利43500万元。

【财务状况】 公司1995年每股纯利0.60元,每股股息0.30元。1996年中期息0.15元。

联洲国际集团有限公司

【公司概况】 公司业绩报告结算日期为12月31日,实收资本1385309364股,合共138530936元。公司董事会主席:史璧加

【经营业绩】 公司主要业务为持有特许证在欧洲及远东从事设计、装嵌及分销钟表,在德国分销各类珠宝产品。工场设在香港、东莞、印度、澳洲、德国及瑞士。公司1995年营业额122608万元,纯利10758万元。1996年上半年盈利6320万元。

【财务状况】 公司1995年每股纯利0.0902元,每股股息0.204元。1996年中期息0.015元。

香港小轮(集团)有限公司

【公司概况】 公司业绩报告结算日期为12月31日,实收资本356266869股,合共356266869元。公司董事会主席:林高演

【经营业绩】 公司经营香港境内小轮服务、船只制造、地产投资、旅游及零售业务。地产投资包括大角嘴及油塘工业大厦约146万平方呎,长沙别墅10间14200平方呎及银矿湾酒店,另占梅窝农地30万平方呎(50%)。已获政府原则上同意于中区码头上盖兴建商业面积约59万平方呎。大角嘴船厂已获准兴建综合物业205万平方呎。1995年纯利35570万元。1996年上半年盈利8610万元。

【财务状况】 公司1995年每股纯利0.999元,每股股息0.37元,每股净值13.36元。1996年中期息0.08元。

新亚置业信托有限公司

【公司概况】 公司业绩报告结算日期为6月30日,实收资本A股363449250股,B股252390875股,合共413927425元。公司董事会主席:李约翰

【经营业绩】 马哥孛罗发展于新加坡上市,拥有当地马哥孛罗酒店、连卡佛广场及公寓一幢,亦占厦门一酒店权益50%(1996年开业)。占联邦地产股权72.4%,经营本港物业投资发展及证券投资。直接业务为待售观塘工业地盘89400平方呎;另占钻石山地盘33.3%,正兴建商住面积172万平方呎,1996年至97年完成。又占深井啤酒厂地盘33.3%,已于1996年9月接收。公司1995/96年度纯利313000万元。1996年9月止半年盈利4.6亿元。

【财务状况】 公司1995/96年度每股纯利7.55元,每股股息1.05元。1996年中期息每股0.20元。

海港企业有限公司

【公司概况】 公司业绩报告结算日期为12月31日,实收资本315000000股,合共157500000元。公司董事会主席:李唯仁

【经营业绩】 拥有香港酒店(客房790间、商场13.5万平方呎及写字楼3.5万平方呎),另向九仓租入马哥孛罗酒店(440间客房)及太子酒店(403间客房)经营。至1996年9月止,已持有富丽华酒店股份21%。公司1995年纯利29210万元。1996年上半年盈利18570万元。

【财务状况】 公司1995年每股纯利0.93元,每股股息0.48元,每股净值16.11元。1996年中期息0.11元。

大快活集团有限公司

【公司概况】 公司业绩报告结算日期为6月30日,实收资本711709500股,合共71170950元。公司董事会主席:罗芳祥

【经营业绩】 以大快活餐厅名称经营连锁式快餐店,并经营意大利餐厅连锁店,亦开设食品繁多的千岛美食餐厅。1996年3月止,大快活餐厅共97间,意大利马里奥餐厅29间。并在深圳、澳门、广州及珠海设有24间餐厅。公司1995/96年度营业额128240万元,纯利(亏损)8820万元。1996年9月止半年亏损2690万元。

【财务状况】 公司1996年不派中期息。

国浩集团有限公司

【公司概况】 公司业绩报告结算日期为6月30日,实收资本426631086股,合共USD213315543元。公司董事会主席:郭令灿

【经营业绩】 公司前身为新成制衣,主要投资于银行、财务、保险、证券、地产及其他。占有香港道亨银行集团股权70%,已收购恒隆银行及海外信托银行;亦进军伦敦及菲律宾银行业。占浩威亚洲股权30%;占菲律宾上市公司GHPI31%;占新加坡上市公司第一资本50.7%,占马来西亚丰隆股权20%,而该公司亦持有当地丰隆银行股权60%。1996年11月以每股10.177元向立兴提出全面收购,主要业务转为物业发展及投资。公司1995/96年度纯利189900万元。

【财务状况】 公司1995/96年度每股纯利0.0443元,每股股息0.78元。1996年6月止每股净值27.50元。

合和实业有限公司

【公司概况】 公司业绩报告结算日期为6月30日,实收资本4379911000股,合共2189955000元。公司董事会主席:胡文瀚

【经营业绩】 公司从事地产投资及发展、建筑及管理,主要投资物业为合和中心78万平方呎;另拥有荃湾悦来酒店1000间客房、九龙湾国际展贸中心面积163万平方呎、荃湾商场20万平方呎及胡忠大厦80个车位。建筑业独家供应滑模工程设备,业务遍及本港及海外。中国及海外投资占中国大酒店权益20%,客房1200间,广东顺德公路102公里,占50%,广东虎门大桥16公里,占6.7%;占亚洲电力股权61.6%等。1995年度已出售广深珠公路一期道路收费业务及沿线物业权益2.5%,获利96400万元。公司1995/96年度纯利76920万元。

【财务状况】 公司1995/96年度每股纯利0.18元,每股股息0.06元。

中大印刷集团有限公司

【公司概况】 公司业绩报告结算日期为3月31日,实收资本300001280股,合共30000128元。公司董事会主席:薛济杰

【经营业绩】 主要从事印刷及制造一系列产品,包括印刷在胶料、聚酯纤维料、纸、金属片及胶片上之标签,电器与电子产品、玩具、电脑及其有关之包装盒等印刷品。厂房设于中国。公司1995/96年度营业额32530万元,纯利2510万元。

【财务状况】 公司1995/96年度每股纯利0.084元,每股股息0.032元。1996年3月底每股净值0.488元。

震雄集团有限公司

【公司概况】 公司业绩报告结算日期为3月31日,实收资本611711600股,合共61171160元。公司董事会主席:蒋震远

【经营业绩】 公司在香港、台湾及中国以至印尼从事生产各类塑胶注塑机，亦生产塑胶元件与自动机械臂及球墨铸铁元件自用。于顺德、深圳及广州设有合营厂房。其他包括山东合营厂房、与中德厂商合作厂房；位于大埔工业村新厂已于1995年完成；浙江合营厂房已售出。公司1995/96年度营业额110090万元，纯利19550万元。1996年9月止半年盈利9980万元。

【财务状况】 公司1995/96年度每股纯利0.32元，每股股息0.18元。1996年中期息每股0.05元。

联合地产(香港)有限公司

【公司概况】 公司业绩报告结算日期为12月31日，实收资本2417246124股，合共2417246124元。公司董事会主席：欧康纳

【经营业绩】 公司从事物业及酒店投资，业务遍及香港、中国、马来西亚及美国。投资物业包括荃湾联合货运中心货仓465657平方呎；大潭雅柏苑住宅46758平方呎，吉隆坡商业面积2434平方呎；湾仔联合鹿岛大厦商业面积240078平方呎(占50%)，湾仔世纪酒店(占50%)，菲律宾马拉湾酒店(占50%)，红山半岛住宅18094平方呎；山顶住宅5877平方呎；坚尼地城住宅11442平方呎；马来西亚住宅943.5万平方呎。另有发展中物业多项。1996年7月以7.43亿元收购新鸿基公司33.18%股权。同期以2.58亿元出售地利根德阁余下住宅25000平方呎，盈利计入下半年。公司1995年纯利2530万元。1996年上半年盈利8330万元。

【财务状况】 公司1995年每股纯利0.105元，每股股息0.02元，每股净值2.33元。1996年不派中期息。

安佳集团有限公司

【公司概况】 公司业绩报告结算日期为12月31日，实收资本782000000股，合共78200000元。公司董事会主席：雅高

【经营业绩】 主要业务在香港、澳门及中国代理及销售汽车。拥有绅宝、欧宝汽车与欧霸商用汽车之代理权，亦获绅佳城市巴士代理权，为所代理牌子及其他商用汽车提供维修、保养及销售零件服务。公司1995年营业额58590万元，纯利(亏损)5440万元。1996年上半年亏损2750万元。

【财务状况】 公司1995年每股纯利亏损0.07元，每股股息0.008元，每股净值0.267元。1996年不派中期息。

八佰伴食品制造贸易有限公司

【公司概况】 公司业绩报告结算日期为3月31日，实收资本247720000股，合共24772000元。公司董事会主席：和田一夫

【经营业绩】 主要进口世界各地冻肉及海产，以供应香港及中国市场。为巴西一最大猪肉及家禽制品商在香港之独家分销商。于屯门设有加工厂，深圳设有合营加工厂。公司1995/96年度营业额98420万元，纯利1020万元。1996年9月止半年盈利400万元。

【财务状况】 公司1995/96年度每股纯利0.0412元，每股股息0.058元。1996年3月底每股净值0.753元，不派中期息。

九龙巴士(一九三三)有限公司

【公司概况】 公司业绩报告结算日期为12月31日，实收资本403639413股，合共403639413元。公司董事会主席：胡百全

【经营业绩】 公司专利公共巴士服务，有效期至97年8月止，活动范围包括九龙及新界，轻铁区除外，并与中巴合办隧道过海巴士。1996年上半年乘客50670万人次，1996年6月底取得新机场巴士线12条。现时车队数目约3600辆。公司1995年纯利46110万元。1996年上半年盈利24150万元。

【财务状况】 公司1995年每股纯利1.142元，每股股息0.91元，每股净值3.68元。1996年中期息0.24元。

荣丰国际有限公司

【公司概况】 公司业绩报告结算日期为12月31日，实收资本571862493股，合共28593125元。公司董事会主席：钟斌铨

【经营业绩】 公司从事物业投资。现持有马己仙峡道15及17号两住宅、均益大厦铺位28995平方呎、大道中九号8及21楼，面积27484平方呎；另经营建筑及园艺服务；又占新会地盘92%，兴建1200万平方呎各项面积。1995年9月以属下经营居屋及建筑的瑞昌控股收购茂基而上市，现占瑞昌58.8%。1995年纯利1610万元。1996年上半年盈利1490万元。

【财务状况】 公司1995年每股纯利0.0298元，每股股息0.02元，每股净值1.27元。1996年不派中期息。

其士发展国际有限公司

【公司概况】 公司业绩报告结算日期为3月31日，实收资本509139000股，合共50913900元。公司董事会主席：周亦卿

【经营业绩】 主要为物业投资、物业发展、楼宇建筑及建筑材料之供应及安装。于香港及加拿大拥有各项楼宇面积54万平方呎；兴建中小西湾居屋将于1997年完成，另获西九龙及将军澳两项居屋发展计划(51%)。于加拿大士嘉堡兴建工业面积11万平方呎，1999年完成；于河南、上海及东莞参与酒店及物业发展；于北京航华科贸中心兴建商住面积，占20万平方呎，1998年完成。1996年1月其士建筑上市。公司1995/96年度纯利1230万元。

【财务状况】 公司1995/96年底每股纯利0.025元，每股股息0.1765元。1996年3月底每股净值2.53元。

连卡佛国际有限公司

【公司概况】 公司业绩报告结算日期为3月31日，实收资本A股66481000股，B股465850000股，合共56533000元。公司董事会主席：李约翰

【经营业绩】 经营珠宝百货批发与零售贸易，室内设计及地产投资。拥有中区连卡佛大厦面积18.1万平方呎。上海美美百货及设计师专门店。1995年将新加坡店面积由20万平方呎减至4.3万平方呎。1996年9月结束新加坡业务及本港Express。公司1995/96年度纯利1640万元。1996年9月止亏损9080万元。

【财务状况】 公司1995/96年度每股纯利0.145元，每股股息0.30元。1996年3月止每股净值21.5元，中期息0.17元。

立兴有限公司

【公司概况】 公司业绩报告结算日期为3月31日，实收资本

56303310股,合共112606620元。公司董事会主席:郭令海

【经营业绩】 公司从事钟表制造与销售、财务及证券投资。所产销Orient牌钟表协议已于3/96届满,未获延续。1996年3月底存款44500万元,每股净值8.01元。期内以470万元售出宇宙表及国仕集团之权益。1996年11月国浩以每股10.177元提出全面收购,并注入两项物业,并计划配售新股,将于1997年初易名国浩地产,程序进行中。公司1995/96年度纯利10590万元。1996年9月止半年盈利3800万元。

【财务状况】 公司1995/96年度每股纯利0.0188元,每股股息0.80元。1996年3月底每股净值8.01元,不派中期息。

利兴发展有限公司

【公司概况】 公司业绩报告结算日期为12月31日,实收资本348217471股,合共348217471元。公司董事会主席:陈锦耀

【经营业绩】 公司从事控股及投资,持有新昌国际50%及马来西亚上市股份Tan & Tan11.03%;另占中国开封啤酒55%、北京丽莱花园(680万平方呎)发展权益10.5%及越南胡志明市一间酒店(385房)发展权益(30.4%)。另投资胡志明市国际机场,占50%权益。减44%。公司1995年纯利12050万元。1996年上半年盈利4340万元。

【财务状况】 公司1995年每股纯利0.3621元,每股股息0.18元,每股净值4.95元。1996年中期息0.08元。

香格里拉(亚洲)有限公司

【公司概况】 公司业绩报告结算日期为12月31日,实收资本1474960984股,合共1474960984元。公司董事会主席:柳代风

【经营业绩】 主要投资于香港及中国之酒店及有关物业合作权益,包括九龙香格里拉及港岛香格里拉,所占权益为100%及80%。客房共1282间;中国物业7项,客房3796间、住宅920间及商业面积122万平方呎、东南亚酒店6间,客房2734间。国内在建物业19项。1996年5月以24.77亿元收购郭氏所持物业项目75%权益,占中国项目权益已由25%增至100%。公司1995年营业额224749万元,纯利86042万元。1996年上半年盈利50250万元。

【财务状况】 公司1995年每股纯利0.6643元,每股股息0.30元,每股净值11.76元。1996年中期息0.15元。

美丽华酒店企业有限公司

【公司概况】 公司业绩报告结算日期为3月31日,实收资本577231252股,合共404061876元。公司董事会主席:何添

【经营业绩】 拥有及经营酒店、旅行社、饮食业及物业投资。现时主要物业为美丽华酒店(54万平方呎)及美丽华大厦,已扩建至125万平方呎,美丽华商场11万平方呎在兴建中。还有机场餐务大楼及零星物业,占蛇口南海酒店25%;上海两项物业发展已完成,正在销售中。公司1995/96年度纯利7020万元。1996年9月止年度盈利5380万元。

【财务状况】 公司1995/96年度每股纯利0.12元,每股股息0.12元。1996年3月底每股净值18.19元,中期息0.09元。

耀荣国际集团有限公司

【公司概况】 公司业绩报告结算日期为3月31日,实收资本479162120股,合共47916212元。公司董事会主席:张耀荣

【经营业绩】 从事楼宇建造、维修、物业投资及发展,亦经营中式酒楼。占海洋皇宫酒楼股权74.9%;投资于大华酒店及食家庄及曼谷美式餐厅。于中国投资物业及发电与电视节目制作,占武汉长发电力48%。公司1995/96年度纯利(亏损)4270万元。1996年9月止半年盈利380万元。

【财务状况】 公司1996年3月底每股净值0.967元。1996年不派中期息。

彩星地产集团有限公司

【公司概况】 公司业绩报告结算日期为12月31日,实收资本661049415股,合共66104941元。公司董事会主席:陈大河

【经营业绩】 1992年开始投资物业。拥有投资物业面积共35.5万平方呎;另有工业面积31.7万平方呎;住宅面积1.4万平方呎。国内发展中地盘位于深圳、上海及大连,于1996年完成24万平方呎,未完成有34.4万平方呎。公司1995年纯利823万元。1996年上半年盈利2380万元。

【财务状况】 公司1995年每股纯利0.012元,每股股息0.01元,每股净值3.87元。1996年中期息0.01元。

海侨控股有限公司

【公司概况】 公司业绩报告结算日期为12月31日,实收资本2984896065股,合共USD298848960元。公司董事会主席:F. H. N. Hinton。

【经营业绩】 1993年10月,华闽及海裕等注入资金复牌买卖,并进行收购,每股收购价0.0773元,并易名如上。1996年上半年平均每月产油4992桶,盈利4.3万美元。1996年10月因股权25.3%拥有权不明朗而停牌。公司1995年纯利9280万元。

【财务状况】 公司1995年每股盈利0.036美仙,每股净值4.7港仙。1996年不派中期息。

富豪酒店国际控股有限公司

【公司概况】 公司业绩报告结算日期为12月31日,实收资本3065000000股,合共306500000元。公司董事会主席:罗旭瑞

【经营业绩】 经营酒店业,拥有富豪九龙(600房)、富豪机场(400房)、沙田丽豪(830房)及富豪香港(425房);亦拥有多伦多星座富豪(835房)。于美国拥有酒店式渡假式物业,数目共27间,客房约7200间;并于美国及中国经营酒店管理业务。已获新机场酒店发展权,将于1998年起完成。公司1995年纯利38530万元。1996年上半年盈利20280万元。

【财务状况】 公司1995年每股纯利0.114元,每股股息0.063元,每股净值4.14元。1996年中期息0.02元。

联邦地产有限公司

【公司概况】 公司业绩报告结算日期为3月31日,实收资本

A 股 208646364 股,B 股 108157820 股,合共 230277928 元。公司董事会主席:李约翰

【经营业绩】 现持有投资物业包括会德丰大厦写字楼 211100 平方呎及铺位 3200 平方呎,坚尼地城商场货仓 143800 平方呎及北角健威商场停车场 239700 平方呎。1996 年 3 月已完成待售物业包括:又一居住宅第 21—33 座,40500 平方呎(占 50%);又一居第六及第七期住宅 3000 平方呎;亚皆老街雅丽居住宅 16500 平方呎(占 50%)及四、红磡碧丽花园商住面积 52800 平方呎。另有发展中物业多项。1996 年 3 月底持有港股 10010 万元,公司 1995/96 年度纯利 134020 万元。1996 年 9 月止半年盈利 45220 万元。

【财务状况】 公司 1995/96 年度每股纯利 5.80 元,每股股息 1.655 元。1996 年中期息 A 股 0.315 元。

安权控股有限公司

【公司概况】 公司业绩报告结算日期为 12 月 31 日,实收资本 400000000 股,合共 40000000 元。公司董事会主席:邝润根。

【经营业绩】 主要从事 Fortei 牌运动鞋及运动服与便服设计、市场推广及分销业务。已于中国设有专柜 200 间及专门店 40 间,本港专门店 13 间。1996 年购入宝安一制衣厂 55%,又授出 Fortei 特许权予代扩展产销用途。1996 年 6 月发行 10000 万新股上市。公司 1995 年营业额 28566 万元,纯利 700 万元。1996 年上半年盈利 1000 万元。

【财务状况】 公司 1995 年每股纯利 0.017 元,每股股息 0.01 元,每股净值 0.559 元。1996 年中期息 0.01 元。

邵氏兄弟(香港)有限公司

【公司概况】 公司业绩报告结算日期为 3 月 31 日,实收资本 398390400 股,合共 99597600 元。公司董事会主席:邵逸夫。

【经营业绩】 公司于 1996 年出售全部物业、部分电视广播股权及全部电视企业后,现时拥有清水湾片场约 45 万平方呎、电视广播股权 23.5%,业务将以娱乐事业为主。计划于深圳设立影院中心及于新加坡设立室内模拟实况中心。公司 1995/96 年度纯利 194710 万元。1996 年 9 月止半年盈利 22490 万元。

【财务状况】 公司 1995/96 年度每股纯利 4.89 元,每股股息 0.20 元。1996 年 3 月底每股净值 4.26 元,中期息 0.05 元。

蚬壳电器工业(集团)有限公司

【公司概况】 公司业绩报告结算日期为 12 月 31 日,实收资本 362445040 股,合共 181227520 元。公司董事会主席:翁祐

【经营业绩】 公司制造吊扇、风扇、电子、电话产品及影音光碟;经营钢材加工及微波炉制品(占 35%)。厂房设于香港、深圳、顺德及广州。投资于顺番公路占 53.1%,投资额 7.72 亿元,获保证回报 12—14.5%。占广州三项物业发展面积 20.3 万平方呎,于 1996 年底至 1998 年初完成。公司 1995 年纯利 57330 万元。1996 年上半年盈利 8330 万元。

【财务状况】 公司 1995 年每股纯利 1.62 元,每股股息 0.26 元,每股净值 4.26 元。1996 年中期息 0.08 元。

益安国际集团有限公司

【公司概况】 公司业绩报告结算日期为 12 月 31 日,实收资本 96810513 股,合共 48405256 元。公司董事会主席:毕咏娴。

【经营业绩】 主要发展、制造、销售卡式推动器、精密度金属、塑胶元件与金属模具,以本销为主,厂房设于中国。又与新会机构合营制造镭射碟,并投资佛山,生产激光唱机系列。公司 1995 年营业额 49810 万元,纯利 2130 万元。1996 年上半年盈利 280 万元。

【财务状况】 公司 1995 年每股纯利 0.22 元,每股股息 0.02 元,每股净值 1.88 元。

信和置业有限公司

【公司概况】 公司业绩报告结算日期为 6 月 30 日,实收资本 2722293825 股,合共 2722293825 元。公司董事会主席:黄志祥。

【经营业绩】 公司从事地产投资与发展,为信和地产附属公司。1995 年 3 月将酒店及饮食业务分拆上市,全部送予股东。于 1996 年 6 月底,全资拥有商业面积 280 万平方呎、工业面积 136.4 万平方呎、住宅 46 万平方呎及停车场 110 万平方呎。1996 年 6 月底前购入 3 幅土地。已完成待售物业 102.1 万平方呎。另有中国地盘 9 个,可建面积 191 万平方呎。公司 1995/96 年度纯利 114980 万元。

【财务状况】 公司 1995/96 年度每股纯利 0.447 元,每股股息 0.20 元。

宝光实业(国际)有限公司

【公司概况】 公司业绩报告结算日期为 3 月 31 日,实收资本 936106992 股,合共 93610699 元。公司董事会主席:黄子明。

【经营业绩】 公司业务包括控股投资、地产、零售与贸易及制造等。投资:持有泰国最大地产公司曼谷置地股权 10.6%,投资成本 227800 万元。地产:包括香港、澳门、英国及新加坡铺位 59 个,面积 183681 平方呎,另工业面积 57470 平方呎;新蒲岗宝光大厦正重建为 33 万平方呎的新商业大厦。零售与贸易包括:出口手表、开设时间廊、眼镜 88 及小河马童装店,至 1996 年 3 月上,各地连锁店共 360 间。于中国设厂生产表带及装嵌手表,代出口及时间廊零售,拥有多项牌子产销权。公司 1995/96 年度纯利 12830 万元。

【财务状况】 公司 1995/96 年度每股纯利 0.14 元,每股股息 0.04 元。1996 年 3 月底每股净值 4.54 元,

新鸿基有限公司

【公司概况】 公司业绩报告结算日期为 12 月 31 日,实收资本 968692725 股,合共 968692725 元。公司董事会主席:冯永祥。

【经营业绩】 经营外汇、黄金、期货及证券等经纪、公司财务、投资管理、证券财务及保险代理。并拥有天安 30% 及新鸿基工业 22%。1996 年 7 月联合地产购入 33.18% 股权。公司 1995 年纯利 21266 万元。1996 年上半年盈利 4490 万元。

【财务状况】 公司 1995 年每股纯利 0.307 元,每股股息 0.18

元。1996年中期息0.02元。

大生地产发展有限公司

【公司概况】 公司业绩报告结算日期为12月31日,实收资本261503033股,合共261503033元。公司董事会主席:马清伟

【经营业绩】 公司从事地产投资、发展及冻房货仓经营。95年底拥有货仓经营面积1575490平方呎及工业面积21.2万平方呎、商住面积17.3万平方呎及商业面积2.2万平方呎。另在美国三藩市拥有1座商业大厦,面积168330平方呎。西贡旱禾坑豪宅12万平方呎等。公司1995年纯利5475万元。1996年上半年盈利2840万元。

【财务状况】 公司1995年每股纯利0.209元,每股股息0.20元,每股净值8.02元。1996年中期息0.10元。

大昌集团有限公司

【公司概况】 公司业绩报告结算日期为3月31日,实收资本617531425股,合共61753142元。公司董事会主席:陈斌。

【经营业绩】 地产发展、投资及占有喜来登酒店权益35%,收租物业有大同新村铺位8048平方呎及美国加州住宅20000平方呎。1996年3月止,已完成待售各项物业面积756218平方呎。发展中各项物业共6项,面积1814375平方呎。公司1995/96年度纯利40210万元。

【财务状况】 公司1995/96年度每股纯利0.65元,每股股息0.25元。1996年中期息0.06元。

百富勤投资有限公司

【公司概况】 公司业绩报告结算日期为12月31日,实收资本625586425股,合共375352000元。公司董事会主席:杜辉廉。

【经营业绩】 公司业务包括企业融资、投资管理、证券经纪及直接投资,持有广生行股权50.14%及本港上市多项投资。以9亿元购入美国航空工业及电讯股TFC25.5%。公司1995年获纯利100961万元。96年上半年盈利39900万元。

【财务状况】 公司1995年每股纯利1.657元,每股股息0.53元,每股净值9.41元。1996年中期息0.25元。

德荣建筑(集团)有限公司

【公司概况】 公司业绩报告结算日期为12月31日,实收资本227488861股,合共227488861元。公司董事会主席:钟振强。

【经营业绩】 经营建筑及地产。拥有香港投资物业6项,占北京龙泉宾馆31.5%,发展中本港物业约3万平方呎;加拿大物业约8万平方呎;未完成工程12亿元,拥有50%权益之北京住宅项目已完成第一期上盖工程。现全资拥有德荣建筑。公司1995年纯利4528万元。1996年上半年盈利2390万元。

【财务状况】 公司1995年每股纯利0.199元,每股股息0.09元,每股净值2.37元。1996年中期息0.03。

冠军科技集团有限公司

【公司概况】 公司业绩报告结算日期为6月30日,实收资本1586011416股,合共158601141元。公司董事会主席:简文乐。

【经营业绩】 主要业务乃设计、发展、制造及销售包括无线电传呼系统及传呼机等;亦经营一个系统中心;授予香港、中国及台湾有关中文传呼机之特许权,并为彼等建立传呼系统,已于中国20个城市建立传呼网络。拥有英国传呼系统最大厂商无敌通,传呼业已进军俄罗斯及印度。取得独家牌照于中国提供低轨道卫星双向通讯服务,已于成都提供流动电话服务。公司1995/96年度营业额102520万元,纯利24640万元。

【财务状况】 公司1995/96年度每股纯利0.161元,每股股息0.033元。1996年6月底每股净值0.83元。

添利工业国际(集团)有限公司

【公司概况】 公司业绩报告结算日期为3月31日,实收资本143342033股,合共114673626元。公司董事会主席:李立。

【经营业绩】 主要生产、销售高度精密的印刷线路板及电子消费品,包括电话机及电脑,厂房设于中国。广州新线路厂及半固化树脂片与积层板厂房已于1995年内投产,正计划第二期发展。位于中山物业正在兴建中,1996年完成,其余延缓。公司1995/96年度营业额119370万元,纯利12210万元。

【财务状况】 公司1995/96年度每股纯利0.81元。1996年3月底每股净值4.74元。

东茗国际(集团)有限公司

【公司概况】 公司业绩报告结算日期为12月31日,实收资本1691821262股,合共16918212元。公司董事会主席:林中翘。

【经营业绩】 公司从事设计、制造、装配及经销消费音响器材,并作有关主要元件销售。并拥有出租物业,厂房设于香港、中国、马来西亚及印尼。亦持有秀华27.36%、益通15.83%及英国Ross Group Plc. 13.5%;而善美持有东茗27%。公司1995年纯利(亏损)9830万元。1996年上半年亏损3160万元。

【财务状况】 公司1995年底每股净值0.983元。1996年不派中期息。

华光航业集团有限公司

【公司概况】 公司业绩报告结算日期为3月31日,实收资本126348764股,合共USD12634876元。公司董事会主席:赵从衍。

【经营业绩】 公司从事船务投资。至96年3月底共拥有船舶15艘,在建中船只7艘。占澳门港口管理公司50%、控制澳门货柜运输85%;又与日资合作经营清洁油槽及拆船业务;与屈臣氏合营北京、厦门及郑州之面粉厂生产即食面;又参与上海、无锡及宁波5项物业发展,已完成面积152.5万平方呎,1997年后完成占376万平方呎。公司1995/96年度纯利42370万元。1996年9月止半年盈利15920万元。

【财务状况】 公司1995/96年度每股纯利0.033元,每股股息0.546元。1996年3月底每股净值9.27元,中期息0.117元。

永隆银行有限公司

【公司概况】 公司业绩报告结算日期为12月31日，实收资本193491763股，合共967458815元。公司董事会主席：伍步高。

【经营业绩】 于香港设有分行31间，于美国罗省设有分行1间；于广州设立代表处。拥有中区永隆银行大厦、旺角银行中心及大部分分行行址。除经营一般银行业务外，为[银通咭]自动柜员机及EPS(易办事)成员，并经营保险业；另设立永隆证券有限公司及永隆期货有限公司参与证券期货经纪业务。1995年12月起开办信用咭业务。公司1995年纯利72950万元，存款总额3236730万元，资产总值3964220万元。1996年上半年盈利40970万元。

【财务状况】 公司1995年每股纯利0.0377元，每股股息0.0146元。1996年中期息0.4元。

恒基兆业发展有限公司

【公司概况】 公司业绩报告结算日期为6月30日，实收资本2817327395股，合共563465479元。公司董事会主席：李兆基。

【经营业绩】 1996年6月止，持有中华煤气32.6%、香港小轮30.48%及美丽华酒店企业34.7%；在10项投资物业中占有权益，应占商业面积544881平方呎，写字楼149048平方呎、住宅108214平方呎及工业面积292264平方呎。另有实益车位1172个；并拥有香港丽东酒店及九龙丽东酒店，共有客房538间。兴建中地盘3个，应占商业面积52332平方呎、工贸16万平方呎、车位40个。公司1995/96年度纯利189320万元。

【财务状况】 公司1995/96年度每股纯利0.72元，每股股息0.41元。

南联实业有限公司

【公司概况】 公司业绩报告结算日期为3月31日，实收资本259685289股，合共129843000元。公司董事会主席：周文轩。

【经营业绩】 经营纺织、制衣、漂染及其他投资。厂房设于马来西亚、澳门及中国。现占马来西亚纺织厂43.75%、鹤山针织印染厂30%、苏州水泥厂46%、百草堂50%、无锡中药食品42.5%。原地产物业投资业务于1996年10月组成南联地产，以介绍方式分拆上市，股份以2送1比例全部送予股东。公司1995/96年度纯利(亏损)5110万元。1996年9月止半年亏损5050万元。

【财务状况】 公司1995/96年度每股股息0.30元。1996年中期息0.02元。

王氏工业(集团)有限公司

【公司概况】 公司业绩报告结算日期为12月31日，实收资本438334594股，合共43833459元。公司董事会主席：王忠桠。

【经营业绩】 制造印刷电路板、电子产品装配、贸易及经销。并于中国增设厂房；于将军澳工业村兴建新厂35万平方呎，1997年初完成，使电路板增产50%。1996年4月投资290万美元购入Hayes调制解调器供应商之4.08%股权。公司1995年纯利9660万元。1996年上半年盈利10190万元。

【财务状况】 公司1995年每股纯利0.22元，每股股息0.03元，每股净值1.93元。1996年中期息0.04元。

怡和国际汽车有限公司

【公司概况】 公司业绩报告结算日期为12月31日，实收资本477338795股，合共USD11933470元。公司董事会主席：西门・凯瑟克。

【经营业绩】 主要代理平治牌汽车及其他工业机械，89年起扩展海外业务，代理多项牌子，地区遍及夏威夷、澳洲、英国及中国华南地区。1995年5月购入印尼P.T.Tumas25%权益；以1300万美元收购英国普丽福特汽车集团。公司1995年纯利83540万元。1996年上半年盈利3430万美元。

【财务状况】 公司1995年每股纯利1.75元，每股股息0.58元。1996年6月底每股净值6.08元，中期息1.2美仙。

安利控股有限公司

【公司概况】 公司业绩报告结算日期为12月31日，实收资本197520000股，合共19752000元。公司董事会主席：米高・葛林。

【经营业绩】 主要在香港、澳门及中国进口及经销建筑产品及工程设备。亦从事制造及销售空气调节系统所用保温隔热送风管；并通过联营公司制造及销售密封式结构酚醛树脂发泡保温隔热产品。公司1995年度营业额62630万元，纯利3810万元。1996年上半年盈利1370万元。

【财务状况】 公司1995年每股纯利0.193元，每股股息0.08元，每股净值0.97元。1996年中期息0.025元。

淘大置业有限公司

【公司概况】 公司业绩报告结算日期为6月30日，实收资本2501232547股，合共2501232547元。公司董事会主席：陈启宗。

【经营业绩】 重组后，专注物业发展。物业分布于港九各地，商场租金收入占51.8%、写字楼占33.8%、住宅/工业占7.5%及停车场占7%。96年6月底，拥有物业约530万平方呎，商场占45%、写字楼占38%、每年毛租收入243550万元。96年11月配售3亿1千万新股，每股11.25元，集资34亿元。公司1995/96年度纯利158040万元。

【财务状况】 公司1995/96年度每股纯利0.633元，每股股息0.435元。1996年6月止年度每股净值11.39元。

首长宝佳集团有限公司

【公司概况】 公司业绩报告结算日期为12月31日，实收资本770000000股，合共77000000元。公司董事会主席：陈进强。

【经营业绩】 原名宝佳集团。主要从事黑色金属及有色金属之贸易业务，主要为锰矿及锰系铁合金；并经营电线加工业务。已参与江西、上海及吉林三间钢铁合营厂投资。1996年10

月持有浙江嘉兴东方71.8%。公司1995年营业额170160万元,纯利8570万元。1996年上半年盈利2420万元。

【财务状况】 公司1995年每股纯利0.161元,每股股息0.04元,每股净值0.808元。1996年不派中期息。

冠亚商业集团有限公司

【公司概况】 公司业绩报告结算日期为3月31日,实收资本279000000股,合共279000000元。公司董事会主席:杨仁。

【经营业绩】 业务为手表装配、购入表肉,自行生产表壳、表带装配,主要为石英行针表。于中国开设零售连锁店手表城;拥有上海商场67000平方呎已全部租出,东莞湖景山庄299间已售予和黄长实,仍占东莞未发展部分67.4%。1996年3月底净值出现负4.57亿元。10月奇盛等财团斥资1.125亿收购40.5%重组。公司1995/96年度纯利亏损95890万元。

凯联国际酒店有限公司

【公司概况】 公司业绩报告结算日期为3月31日,实收资本360000000股,合共360000000元。公司董事会主席:钟辉煌。

【经营业绩】 拥有及经营凯悦酒店。凯悦酒店共有客房763间,占地43525平方呎,建筑面积645000平方呎。正通过全资附属公司于马来西亚476英亩土地发展为附设哥尔夫球场、酒店、别墅、住宅及俱乐部之渡假村。公司1995/96年度纯利19160万元。

【财务状况】 公司1995/96年度每股纯利0.53元,每股股息0.20元。1996年3月底每股净值12.99元。

伟东集团有限公司

【公司概况】 公司业绩报告结算日期为12月31日,实收资本275489396股,合共USD41323409元。公司董事会主席:Teohguan Hock。

【经营业绩】 经营物业投资及发展。拥有旺角商业面积16000平方呎、红山半岛6间面积19220平方呎及皇后大道西住宅4595平方呎。1995年底购入上海伟东中心写字楼三层及爱俪园商住项目权益60%。1996年7月协议将伟东中心物业出售,获利1450万元。公司1995年纯利(亏损)7920万元。1996年上半年盈利250万元。

【财务状况】 公司1995年底每股净值1.45元。

建懋国际有限公司

【公司概况】 公司业绩报告结算日期为1月31日,实收资本72000000股,合共72000000元。公司董事会主席:庄汉杰。

【经营业绩】 现时主要资产为澳门葡京花园地盘,占81.65%。现持有已完成未售商场44660平方呎及停车场68928平方呎,该地盘仍可兴建约50万平方呎住宅,预算1997年底完成129460平方呎。公司1995/96年度纯利(亏损)141190万元。1996年7月止半年亏损71万元。

【财务状况】 公司1996年1月每股净值0.498元,1996年不派中期息。

生创建有限公司

【公司概况】 公司业绩报告结算日期为3月31日,实收资本333333333股,合共99999999元。公司董事会主席:潘生。

【经营业绩】 经营批发及零售业务。拥有各项名牌产品产销权;于东南亚拥有庞大零售网。1996年4月分拆夏菲尼高百货于伦敦上市,仍占50.1%,获利6.5亿元;1996年6月购入香港西武85%;1996年12月分拆都彭于法国上市,仍占56.6%,获利5.7亿元。公司1995/96年度纯利39550万元。1996年9月止半年盈利83300万元。

【财务状况】 公司1995/96年度每股纯利1.455元,每股股息0.825元。1996年3月底每股净值3.47元。中期息0.30元。

至祥置业有限公司

【公司概况】 公司业绩报告结算日期为12月31日,实收资本279595656股,合共55919131元。公司董事会主席:吴国璋

【经营业绩】 地产投资及发展。截至1996年6月止,香港物业投资组合包括:皇后大道中九号20楼写字楼13742平方呎(占50%);世贸广场商场37717平方呎(占10%);弥敦道喜利大厦地库商场4230万平方呎;顺景阁住宅31968平方尺;太原街商住737334平方呎(占20%);轩尼诗道289—295号商业/写字楼53460平方呎(占19.95%);上水住宅305307平方呎(占35%)。发展中物业4项。于中国投资7项,大部分将于96年完成;另包销北京东环广场38799平方呎,1997年完成。另外持有中国蓝带啤小量权益。1996年6月以1.16亿元出售中环丽嘉酒店10%权益,获利0.3亿元。1996年10月购入利嘉阁51%股权(有90间分行代理地产业务)。公司1995年纯利0.828亿元,1996年上半年盈利0.4亿元。

【财务状况】 公司1995年每股纯利0.37元,每股股息0.08元,每股净值2.58元。1996年中期息0.04元。

兴利集团有限公司

【公司概况】 公司业绩报告结算日期为3月31日,实收资本612540763股,合共USD6125407元。公司董事会主席:George Bloch。

【经营业绩】 经营制造业,包括玩具、家庭用品及电脑磁头等。亦开展时计业及皮鞋。厂房设于本港、印尼、珠海及上海等地,若干为合营企业。公司1995/96年度纯利0.118亿元。1996年9月止半年盈利650万元。

【财务状况】 公司1995/96年度每股纯利0.0192元。1996年3月底每股净值0.7517元,中期息0.01元。

忠德石油有限公司

【公司概况】 公司业绩报告结算日期为3月31日,实收资本103700000股,合共103700000元。公司董事会主席:詹剑仑。

【经营业绩】 1996年3月底资产负值0.049亿元。现仍在停牌中。拟收购中国洗衣机厂,仍待批准。公司1995/96年度纯利(亏损)1.042亿元。

周生生集团国际有限公司

【公司概况】 公司业绩报告结算日期为12月31日,实收资本440000000股,合共110000000元。公司董事会主席:周君

廉。

【经营业绩】 金银珠宝饰物制造及手表销售、外币找换、财务及地产投资、证券及期货经纪。拥有尖沙嘴周生生大厦及旺角周生生大厦。公司1995年纯利1.538亿元。1996年上半年盈利0.438亿元。

【财务状况】 公司1995年每股纯利0.3495元,每股股息0.21元,每股净值3.66元。1996年中期息0.07元。

万邦航业投资有限公司

【公司概况】 公司业绩报告结算日期为12月31日,实收资本374197380股,合共187098690元。公司董事会主席:曹慰德。

【经营业绩】 经营航业。1995年3月止共有26艘船只,载重1087434吨。另占泰国造船厂25%;1995年7月收购马来西亚WWL航运(拥有7艘现有轮船部分权益,又定购12艘中)。其后再成立联号,收购4艘货船。公司1995年纯利2.7503亿元,1996年上半年盈利0.913亿元。

【财务状况】 公司1995年每股纯利0.735元,每股股息0.22元,每股净值5.35元。1996年中期息0.08元。

大同机械企业有限公司

【公司概况】 公司业绩报告结算日期为12月31日,实收资本202000000股,合共80800000元。公司董事会主席:邓焜。

【经营业绩】 从事一系列工业机械、设备及仪器、电机、紧固件及漆色线之经销及销售。并于香港从事蒸溜水生产及装瓶,亦于港澳经销蒸溜水、矿泉水及小吃食品。此外,亦于中国及泰国设立合营企业,从事机械及设备制造;亦与国内生产印刷线路板、电子及电器消费品等。拥有澳门黑沙湾地盘426000平方呎之50%权益;亦拥有加列山道44406平方呎地盘(31.5%),将于1996年完成。公司1995年营业额12.828亿元,纯利0.152亿元。1996年上半年盈利0.082亿元。

【财务状况】 公司1995年每股纯利0.075元,每股股息0.02元,每股净值1.43元。1996年中期息0.015元。

新海康航业投资有限公司

【公司概况】 公司业绩报告结算日期为3月31日,实收资本436214000股,合共218107000元。公司董事会主席:王军。

【经营业绩】 经营航业。现拥有货船4艘,载重204000吨。另占天津一项物业(可兴建46万平方呎)权益25%及上海虹桥友谊商城30%。于中区、沙田及元朗共拥有商业面积9.2万平方呎;另持有新鸿基工业8%。公司1995/96年度纯利0.2487亿元。

【财务状况】 公司1995/96年度每股纯利0.057元。1996年3月底每股净值2.86元。

四海国际集团有限公司

【公司概况】 公司业绩报告结算日期为12月31日,实收资本110753198股,合共11075319元。公司董事会主席:何鸿章。

【经营业绩】 经营地产及证券投资,包括零星的商业、写字楼及住宅物业出租。公司1995年纯利805万元。1996年上半年盈利870万元。

【财务状况】 公司1995年每股纯利0.073元,每股股息0.067元,每股净值3.54元。

香港富泰有限公司

【公司概况】 公司业绩报告结算日期为12月31日,实收资本813131667股,合共81313166元。公司董事会主席:谢国民。

【经营业绩】 经营物业投资及发展。拥有深圳高尔夫球俱乐部24.5%权益及于上海浦东区开发面积40公顷土地,占35%,已在开发及出售中。另于上海、广州及天津三地盘占有权益,应占完成后面积350万平方呎。其他投资与泰国上市物业股Univest Land16.67%,95年12月31日市值21.51亿元。公司1995年纯利287万元,1996年上半年盈利330万元。

【财务状况】 公司1995年每股纯利0.0035元,每股净值1.42元。1996年不派中期息。

鳄鱼恤有限公司

【公司概况】 公司业绩报告结算日期为7月31日,实收资本617127130股,合共154281782元。公司董事会主席:林百欣。

【经营业绩】 生产成衣及销售,产品除外销世界各地外,在港亦设有多间门市部。除销售本身牌子产品外,亦以进口牌子开设时装店;亦于中国设厂、开设零售店及特许经营店共130间。公司1995/96年度纯利95万元。

【财务状况】 公司1995/96年度每股纯利0.0015元,每股股息0.02元。1996年7月底每股净值1.33元。

越秀投资有限公司

【公司概况】 公司业绩报告结算日期为12月31日,实收资本2461230000股,合共246123000元。公司董事会主席:张伯华。

【经营业绩】 为广州市政府机构,主要在香港、澳门及中国从事物业发展及投资业务。于1995年底,本港发展中地盘3个,应占各项面积60.5万平方呎;中国地盘12个,应占面积563万平方呎。占世纪水泥92%(占4间水泥厂控制权);又占广州造纸51%及福建造纸51%。1996年1月以5.48亿元人民币购入虎门大桥20%权益。10月斥资约2.8亿元购入西安临潼公路,并计划增购基建项目重组分拆上市。公司1995年营业额20.545亿元,纯利4.15亿元,1996年上半年盈利2.089亿元。

【财务状况】 公司1995年每股纯利0.169元,每股股息0.053元,每股净值1.58元。1996年中期息0.025元。

达成集团有限公司

【公司概况】 公司业绩报告结算日期为3月31日,实收资本117257607股,合共58628035元。公司董事会主席:马介璋。

【经营业绩】 设计、制造、分销及零售成衣,主要为牛仔裤及便服。在香港、莱索托及南非制造,已于国内设厂。除销欧美外,亦于香港及中国设有零售店。另占位于湾仔、尖东及北京之佳宁娜酒楼权益;国内发展中物业地盘5个,应占土地面积110万平方呎,主要位于深圳。公司1995/96年度营业额9.534亿元,纯利0.421亿元,1996年9月止半年盈利0.333亿元。

【财务状况】 公司1995/96年度每股纯利0.3594元,每股股息0.12元。1996年3月底每股净值4.86元,中期息0.01元。

安宁企业有限公司

【公司概况】 公司业绩报告结算日期为3月31日,实收资本711839524股,合共355919762元。公司董事会主席:支盈章。

【经营业绩】 地产及证券投资与经营显达乡村俱乐部,土地44万平方呎,有渡假屋64间。另参与中国上海创建俱乐部,亦负责管理,将于1996年完成。公司1995/96年度纯利0.508亿元。1996年9月止半年盈利0.162亿元。

【财务状况】 公司1995/96年度每股纯利0.0813,每股股息0.07元。1996年3月底每股净值0.918元,中期息0.02元。

华人置业有限公司

【公司概况】 公司业绩报告结算日期为12月31日,实收资本1699841933股,合共169984193元。公司董事会主席:刘銮雄。

【经营业绩】 经营地产及证券投资。现拥有主要投资物业8项。发展中本港物业,原保华工业大厦已获准重 建为商厦,面积45万平方呎。亦占湾仔土发公司太原街重建计划40%。其他投资包括香港隧道(东隧)权益6.475%及台湾一证券经纪行33%。于1996年初出售锦兴磁讯已发行上市股本之部分证券投资,由原来29.16%,减至4.01%。1996年11月以介绍形式分拆爱美高中国上市,每4000股华置获送623股,此后华置不再持有爱美高中国股权。并于11月以36.4亿元售出娱乐行全幢物业。公司1995年纯利5.124亿元,1996年上半年盈利3.427亿元。

【财务状况】 公司1995年每股纯利0.32元,每股股息0.29元,每股净值11.19元。1996年中期息0.11元。

泛海国际集团有限公司

【公司概况】 公司业绩报告结算日期为3月31日,实收资本1321630738股,合共528652295元。公司董事会主席:冯兆滔。

【经营业绩】 持有收租商业面积25万平方呎及工业面积18万平方呎;另拥有湾仔皇悦酒店;于天文台道兴建酒店中。本港发展中各项面积应占73万平方呎;另占番禺海怡花园40%(占480万平方呎)及广州、北京商住面积21万平方呎。1996年先后购入粉岭、筲箕湾及香港仔3个空置地盘,可建住宅面积22万平方呎。公司1995/96年度纯利0.879亿元。1996年9月止半年盈利0.234亿元。

【财务状况】 公司1995/96年度每股纯利0.066元,每股股息0.02元。1996年3月底每股净值3.22元。

国卫保险亚洲有限公司

【公司概况】 公司业绩报告结算日期为9月30日,实收资本2164248398股,合共108212420元。公司董事会主席:钟逸杰。

【经营业绩】 澳洲财团背景,主要在香港经营长期保险、退休金计划及一般保险。并于澳门经营个人长险业务;亦于香港经营三项认可单位信托基金,管理资产逾20亿元。1996年度总投资回报为7.6%,包括物业7%、股票13.6%及债券6.1%。透过合作权益,中国光大集团实占此股5%权益。公司1995/96年度纯利10.188亿元。

【财务状况】 公司1995/96年度每股纯利0.4712元,每股股息0.233元。1996年9月底每股净值0.765元。

卓能(集团)有限公司

【公司概况】 公司业绩报告结算日期为6月30日,实收资本209844478股,合共209844478元。公司董事会主席:赵世曾。

【经营业绩】 经营物业投资及发展,拥有本港收租商住物业93585平方呎及澳洲商厦136985平方呎。本港发展中物业5项,应占完成后面积209230平方呎;另拥有吉隆坡庞大地盘,计划兴建酒店及商业大厦195万平方呎,分期完成。公司1995/96年度纯利0.203亿元。

【财务状况】 公司1995/96年度每股纯利0.10元,每股股息0.025元。1996年6月底每股净值4.84元。

中国兴业控股有限公司

【公司概况】 公司业绩报告结算日期为12月31日,实收资本389534948股,合共38953494元。公司董事会主席:梁绍辉。

【经营业绩】 为邓六根控制,于95年7月转移至现任董事会。经营电器及电镀业,于国内经营厦门及桂林酒店;拥有惠州、汕头、桂林、肇庆及浦东地盘,可兴建1260万平方呎。1996年11月以1.35亿元出售厦门酒店,并向买家标力购入相同价值之本港工商物业。公司1995年纯利(亏损)3.722亿元,1996年上半年亏损0.182亿元。

【财务状况】 公司1995年底每股净值2.90元(1996年供股后为2.42元)。

中国香港石油有限公司

【公司概况】 公司业绩报告结算日期为12月31日,实收资本4273661216股,合共42736612元。公司董事会主席:李长林。

【经营业绩】 拥有游艇会俱乐部权益及油田权益,于1994年11月易名如上。现时持有泰国一项石油产业之开采权益96%,第一期开采油井于94年10月实施,现已完成开凿5口新油井。1996年7月投资新疆克拉玛依一项石油权益54%。其后三次配售股份。公司1995年纯利(亏损)0.2078亿元。1996年上半年亏损0.057亿元。

【财务状况】 公司1995年底每股净值0.048元。1996年不派中期息。

金辉集团有限公司

【公司概况】 公司业绩报告结算日期为12月31日,实收资本 536562488 股，合共 53656248 元。公司董事会主席：吴少辉。

【经营业绩】 拥有 5 艘货轮，并租入船只 45 艘经营。航运业已分拆，在挪威奥斯陆交易所上市，仍占 50.9%。漳州、烟台及宜兴三项投资已售予东方鑫源，于 1996 年获利 0.35 亿元。公司 1995 年营业额 26.328 亿元，纯利 0.527 亿元。1996 年上半年盈利 0.337 亿元。

【财务状况】 公司 1995 年每股纯利 0.10 元，每股股息 0.02 元，每股净值 1.52 元。1996 年中期息 0.04 元。

中建电讯集团有限公司

【公司概况】 公司业绩报告结算日期为 12 月 31 日，实收资本 613359800 股，合共 61335980 元。公司董事会主席：麦绍棠。

【经营业绩】 从事无线电话设计、制造及销售，主销法、美、意及英国。正发展传真机、调制解调器、有线电话及电话录音机等，厂房设于中国。1996 年 1 月配售新股 61330 万股，以 1 供 1 集资 1.04 亿元，每股售价 0.17 元。1996 年 11 月售出太阳城权益，换入惠州工业土地 193 万平方呎，作价 0.54 亿元。公司 1995 年营业额 3.106 亿元，纯利 49 万元。

【财务状况】 公司 1995 年每股纯利 0.001 元，每股净值 0.454 元。

预发集团有限公司

【公司概况】 公司业绩报告结算日期为 3 月 31 日，实收资本 361613464 股，合共 36161346 元。公司董事会主席：陈振东。

【经营业绩】 乃 Playboy、加菲猫及 Arnold Palmer 牌产品系列在香港、澳门及中国之独家特许权持有人。1996 年 9 月底国内分销零售点共有 495 间，销售以成衣为主，鞋类占 11%。加菲猫销售店 39 间，以及 55 个 Arnold Palmer 零售点。现在兴建之新厂位于汕头，总建筑面积约 16 万平方呎，1997 年落成。正积极发展自有牌子。公司 1995/96 年度营业额 4.109 亿元，纯利 0.583 亿元。1996 年 9 月止半年盈利 0.32 亿元。

【财务状况】 公司 1995/96 年度每股纯利 0.222 元，每股股息 0.054 元。1996 年 3 月底每股净值 0.659 元，中期息 0.022 元。·

港泰国际控股有限公司

【公司概况】 公司业绩报告结算日期为 12 月 31 日，实收资本 719467590 股，合共 143893518 元。公司董事会主席：黄伟志。

【经营业绩】 地产投资及发展。出售原来物业及购入新物业，现时持有士丹利街明珠行商业面积 8498 平方呎及荃湾京华工业仓库地下至四楼及城市花园若干铺位及车位；并购入吉林水泥厂。1996 年 6 月底由原有大股东黄伟志再获主要股权。公司 1995 年（截至 1995 年 4 月至 12 月止 9 个月，以前结算期为 3 月）纯利（亏损）0.583 亿元。1996 年上半年亏损 0.911 亿元。

【财务状况】 公司 1995 年 12 月底每股净值 0.177 元。

大中华集团有限公司

【公司概况】 公司业绩报告结算日期为 9 月 30 日，实收资本 261684910 股，合共 52336982 元。公司董事会主席：贺鸣玉。

【经营业绩】 现时业务除物业投资外，更参与海南洋浦港开发计划（以熊谷组为首财团），占 5%。拥有商业铺位 7197 平方呎、2 艘货轮收取年租 140 万美元。于上海投资物业 1.6 万平方呎中。1995 年开办放债业务。公司 1995/96 年度纯利 0.1953 亿元。

【财务状况】 公司 1995/96 年度每股纯利 0.0746 元，每股股息 0.032 元。1996 年 9 月底每股净值 2.09 元。

第一太平有限公司

【公司概况】 公司业绩报告结算日期为 12 月 31 日，实收资本 2356717576 股，合共 UDS23567175 元。公司董事会主席：林绍良。

【经营业绩】 经多次重组，现时业务为市场推广及分销、银行、地产及通讯，占第一太平银行 41.25%、美国联合储蓄银行 100%、讯联电讯 65%、克马洋行（荷兰）37.8%等股权；其他业务包括卫安保安业务及第一太平戴维斯物业管理及菲律宾与印尼的电讯业及亚太区的分销业务。1995 年 9 月进行环球私人配售 22300 万股，集资净额 17.3 亿元。公司 1995 年纯利 20.046 亿元。1996 年上半年盈利 7.05 亿元。

【财务状况】 公司 1995 年每股纯利 0.975 元，每股股息 0.175 元，每股净值 2.59 元。1996 年中期息 0.09 元。

招商局海虹集团有限公司

【公司概况】 公司业绩报告结算日期为 12 月 31 日，实收资本 845628742 股，合共 84562874 元。公司董事会主席：李寅飞。

【经营业绩】 为招商局集团成员。在香港及中国产销油漆，其中以船舶漆为主。厂房设于蛇口、西乡、烟台及昆山等地。1994 年 7 月发行新股收购 1 艘矿砂轮及 5 艘运油轮，并于 1996 年 6 月于新加坡分拆上市（占 75%）。另购入深圳上市南玻 B 股 18.18%，占 40%权益。1996 年 11 月定购 2 艘运油轮，于 1998 年完成。公司 1995 年营业额 8.909 亿元，纯利 1.03 亿元。1996 年上半年盈利 0.975 亿元。

【财务状况】 公司 1995 年每股纯利 0.146 元，每股股息 0.09 元，每股净值 1.53 元。1996 年中期息 0.02 元。

香港建屋贷款有限公司

【公司概况】 公司业绩报告结算日期为 12 月 31 日，实收资本 225000000 股，合共 225000000 元。公司董事会主席：格士德。

【经营业绩】 经营楼宇贷款，以分期付款购楼者为对象。1995 年底放款总额 66340 万元。。公司 1995 年纯利 0.4243 亿元。1996 年上半年盈利 0.224 亿元。

【财务状况】 公司 1995 年每股纯利 0.188 元，每股股息 0.096 元，每股净值 1.08 元。1996 年中期息 0.03 元。

太平地毡集团有限公司

【公司概况】 公司业绩报告结算日期为 12 月 31 日，实收资本 96628000 股，合共 9662800 元。公司董事会主席：李德信。

【经营业绩】 生产地毡、行李箱及销售，业务遍及香港、美国、新加坡、菲律宾、泰国及印尼等地。于各地(包括深圳)均有厂房及销售处。拥有多项零星投资物业，占南联实业的重建葵涌工业中心权益5%。1996年5月协议以1.28亿元及于10月以0.76亿元出售持有美银中心两层写字楼，将于1996及1997年完成交易。公司1995年纯利0.3071亿元。1996年上半年亏损0.2亿元。

【财务状况】 公司1995年每股纯利0.07元，每股股息0.06元，每股净值5.70元。1996年不派中期息。

新系集团有限公司

【公司概况】 公司业绩报告结算日期为3月31日，实收资本319864518股，合共319864518元。公司董事会主席：黄志辉。

【经营业绩】 1992年重组，成为英皇(中国概念)附属公司，1996年3月占股权62.62%。现时主要业务为出版新报及经济一周、欧化家俬及飞图娱乐业务。金融业务已售予控股公司。公司1995/96年度纯利(亏损)1.1364亿元。

【财务状况】 公司1996年3月底每股净值0.826元。

建滔化工集团有限公司

【公司概况】 公司业绩报告结算日期为3月31日，实收资本330000000股，合共33000000元。公司董事会主席：张国荣。

【经营业绩】 主要从事积层板生产及销售业务。亦供应蚀刻药剂。有关各产品及配件(如阻燃纸板及铜箔等)于深圳、上海、清远及昆山等地设厂。期内扩建厂房及增建铜箔厂。公司1995/96年度营业额5.129亿元，纯利0.5593亿元。1996年9月止半年盈利0.525亿元。

【财务状况】 公司1995/96年度每股纯利0.17元，每股股息0.05元。1996年3月底每股净值0.954元，中期息0.03元。

港澳控股国际有限公司

【公司概况】 公司业绩报告结算日期为12月31日，实收资本159115859股，合共USD15911585元。公司董事会主席：胡晋光。

【经营业绩】 以中国物业投资发展为主。1995年内结构重整，出售中国工业股权，增购澳洲CPHL股权及组成HMH CHINA于加拿大上市。中国物业投资7项。1996年收购加拿大上市公司；1995年9月每10股港澳控股获派送1股HMH(发行价为0.655加元)港澳控股持股量为82%。占澳洲CPHL股权46%，此公司于印尼有两个采金项目，其中一项勘探计划估计于1996年初完成。公司1995年纯利0.731亿元。1996年上半年盈利0.457亿元。

【财务状况】 公司1995年每股纯利0.46元，每股股息0.06元，每股净值15.64元。1996年不派中期息。

深建国际集团有限公司

【公司概况】 公司业绩报告结算日期为12月31日，实收资本153537467股，合共153533746元。公司董事会主席：陈小雄。

【经营业绩】 原名茂昌眼镜，1995年底发行新股2.03亿股(每股作价0.28元)，购入深圳特柯泰(瓷砖)股权80%，其后股权已于1996年7月收购。于1996年10月发行新股收购南玻集团14.41%。公司1995年(截止1995年12月止9个月，过往结算期为3月，下同)纯利93万元。1996年上半年盈利168.7万元。

【财务状况】 公司1995年每股纯利0.0011元，每股净值0.1753元。1996年不派中期息。

北京发展(香港)有限公司

【公司概况】 公司业绩报告结算日期为12月31日，实收资本85758750股，合共85758750元。公司董事会主席：白金荣。

【经营业绩】 经营毛纺业，拥有工业面积25万平方呎作收租用途。拥有葵涌工业面积77425平方呎待售。于上海有写字楼面积10.7万平方呎、北京写字楼3.2万平方呎。另于北京兴建商厦238万平方呎(占37.5%)，首期已动工。又于北京经营阿一鲍鱼酒家及上海珍宝酒家。正物色伙伴将毛纺业迁往中国。公司1995年纯利648万元。1996年上半年盈利21.3万元。

【财务状况】 公司1995年每股纯利0.076元，每股股息0.055元，每股净值2.35元。1996年不派中期息。

华基泰集团有限公司

【公司概况】 公司业绩报告结算日期为3月31日，实收资本2009772804股，合共1004886402元。公司董事会主席：黄子明。

【经营业绩】 分销及零售Puma运动服装及附属品，业务遍及香港、中国及东南亚。又经营饮食业。持有泰国上市公司泰华荣股权31%，正兴建泰金城及交易所大厦，土地储备则有1.63亿平方呎。另拥有已完成酒店及写字楼物业，并参与当地架空铁路系统发展及经营，已在开始兴建。正研究国内铁路及公路以至泰国电力投资项目。公司1995/96年度纯利0.124亿元。1996年9月止半年盈利0.214亿元。

【财务状况】 公司1995/96年度每股纯利0.012元，每股股息0.01元。1996年3月底每股净值2.21元，中期息0.02元。

华地有限公司

【公司概况】 公司业绩报告结算日期为12月31日，实收资本1300671580股，合共650335791元。公司董事会主席：李白。

【经营业绩】 持有力宝大厦20.5万平方呎、国卫中心2.5万平方呎、世贸广场8360平方呎及浅水湾诗礼花园7.3万平方呎。于北京、福建、上海及沈阳均拥有地盘发展中，应占完成后面积约800万平方呎。另占吉隆坡渡假村土地0.39亿平方呎(占20%)。1996年完成力宝美卫中心8.2万平方呎作出租。1996年上半年出售新加坡物业及本港发展中物业；购入印尼力宝Karhwaci34.9%，投资13.4亿元，已于6月于当地上市；下半年以10.1亿元出售地利根德阁住宅；又以2.13亿元出售北京3块土地；购入2项地盘；另占东涌站发展二期10%。公司1995年纯利4.429亿元。1996年上半年盈利3.782亿元。

【财务状况】 公司1995年每股股息0.069元，每股净值4.50

元。1996 年中期息 0.024 元。

万邦投资有限公司

【公司概况】 公司业绩报告结算日期为 9 月 30 日，实收资本 25000000 股，合共 125000000 元。公司董事会主席：郑裕彤。

【经营业绩】 地产投资及发展，为中区万邦行(259130 平方呎)及金利商业大厦(49019 平方呎)之业权人。又参与佛山占地 3050 万平方呎之物业，包括 2 个哥尔夫球场发展，占 5%，部分工程完成，其他康乐设施已开始启用。公司 1995/96 年度纯利 1.0353 亿元。

【财务状况】 公司 1995/96 年度每股纯利 4.14 元，每股股息 3.80 元。1996 年 9 月底每股净值 87 元。

华南集团有限公司

【公司概况】 公司业绩报告结算日期为 12 月 31 日，实收资本 1410005700 股，合共 141000570 元。公司董事会主席：马秋一。

【经营业绩】 94 年 10 月大马上市公司注资改组，改名为华南集团，并以 2.698 亿元注入持有中国杭州公路 302 号权益 60%及杭州行车桥梁权益 30%，公路已正式通车，桥梁将于 97 年通年，经营期为 30 年。公司 1995 年纯利(亏损)0.451 亿元。1996 年上半年亏损 0.154 亿元。

【财务状况】 公司 1995 年底每股净值 0.159 元。1996 年不派中期息。

汉国置业有限公司

【公司概况】 公司业绩报告结算日期为 3 月 31 日，实收资本 905643767 股，合共 452821883 元。公司董事会主席：王世荣。

【经营业绩】 经营物业投资及发展。拥有本港收租商场 73491 平方呎、吉隆坡商场 40 万平方呎及美国加州住宅 68 万平方呎；发展中地盘 13 个，应占面积约 90 万平方呎，预期两年内完成 31 万平方呎，已完成待售物业 5 万平方呎；广州及南海亦有土地储备。公司 1995/96 年度纯利 3.549 亿元。1996 年 9 月止半年盈利 0.513 亿元。

【财务状况】 公司 1995/96 年度每股纯利 0.392 元，每股股息 0.127 元。1996 年 3 月底每股净值 2.04 元，中期息 0.035 元。

英皇集团(国际)有限公司

【公司概况】 公司业绩报告结算日期为 3 月 31 日，实收资本 363725733 股，合共 363725733 元。公司董事会主席：杨海成。

【经营业绩】 经营物业投资及发展。拥有英皇(中国概念) 73.03%，直接拥有各项面积 56 万平方呎；已出售觉士道住宅；96 年完成旺角商住面积 2.8 万平方呎；另拥有跑马地英皇骏景酒店，客房 158 间。于中国亦有多项计划发展中。公司 1995/96 年度纯利 0.808 亿元，1996 年 9 月止半年盈利 0.814 亿元。

【财务状况】 公司 1995/96 年度每股纯利 2.22 元，每股股息 0.036 元。1996 年 3 月底每股净值 8.87 元，中期息 0.018 元。

惠泰国际有限公司

【公司概况】 公司业绩报告结算日期为 3 月 31 日，实收资本 651563146 股，合共 260625258 元。公司董事会主席：曾文豪。

【经营业绩】 地产投资及发展。现持有亚细安股权 68.09%，并直接持有中区大昌大厦 3585 平方呎，已完成石排湾道商住物业，应占面积 15480 平方呎及河内道商厦 9.5 万平方呎(占 29.02%)。其余完成待售物业有工业面积 11889 平方呎。公司 1995/96 年度纯利 1.1009 亿元，1996 年 9 月止半年盈利 0.204 亿元。

【财务状况】 公司 1995/96 年度每股纯利 0.1731 元，每股股息 0.04 元。1996 年 3 月底每股净值 3.99 元，中期息 0.01 元。

中国光大明辉有限公司

【公司概况】 公司业绩报告结算日期为 3 月 31 日，实收资本 664947077 股，合共 664947077 元。公司董事会主席：朱小华。

【经营业绩】 于新加坡及香港经营百货超级市场。浅水湾丽都商场待重建。北京、福州、海口及珠海等地发展物业中，获上海电视塔商场经营权，已于 1996 年中开业。持有国卫保险 2.5%；于马来西亚纳关岛持有土地 230 万平方呎。公司 1995/96 年度纯利 0.074 亿元。1996 年 9 月止半年盈利 0.032 亿元。

【财务状况】 公司 1995/96 年度每股纯利 0.011 元。1996 年 3 月底每股净值 2.59 元，不派中息期。

万威科技有限公司

【公司概况】 公司业绩报告结算日期为 3 月 31 日，实收资本 293067256 股，合共 29306725 元。公司董事会主席：陈炜文。

【经营业绩】 从事设计发展及制造各类电子产品，包括液晶体显示电子消费产品(将于 97 年初在新加坡分拆上市)；电子文具产品；电讯产品(主要为无线电话)。均于深圳西乡生产。又与日资合作生产印刷电路板(占 40%)，已于 95 年 6 月投产。公司 1995/96 年度纯利 0.301 亿元。1996 年 9 月止半年盈利 0.338 亿元。

【财务状况】 公司 1995/96 年度每股纯利 0.119 元，每股股息 0.06 元。1996 年 3 月底每股净值 0.955 元，中期息 0.025 元。

青岛啤酒股份有限公司

【公司概况】 公司业绩报告结算日期为 12 月 31 日，实收资本 A 股 553150000 股，H 股 346850000 股，合共人民币 900000000 元。公司董事会主席：刘德远。

【经营业绩】 主要生产及销售啤酒，拥有 4 间啤酒厂，全部位于青岛市，主销香港、美国及澳门。已协议于深圳设立合营公司，生产啤酒。1996 年上半年盈利增 8%，期内产量 203150 吨，销售收入 8.3 亿元人民币。公司 1995 年营业额 138370 万元人民币，纯利 0.978 亿元人民币。1996 年上半年盈利 0.557 亿元人民币。

【财务状况】 公司 1995 年每股纯利 0.109 元，每股股息 0.08 元，每股净值 2.49 元人民币。

中国置业(控股)有限公司

【公司概况】 公司业绩报告结算日期为12月31日,实收资本74383160股,合共USD7438316元。公司董事会主席:劳元一。

【经营业绩】 主要股东及管理人为中国国营企业及财政部。已投资于中国16项非上市企业,均占少数股权(35%以下),业务包括塑胶、水泥、钢铁、工业链条、柴油机、玻璃及药品等,投资额6286万美元。公司1995年营业额200.8万美元,纯利230万港元。1996年上半年盈利140万美元。

【财务状况】 公司1995年每股纯利3.1美仙。1996年9月底每股净值1.03美元,不派中期息。

银建国际实业有限公司

【公司概况】 公司业绩报告结算日期为12月31日,实收资本217874500股,合共43574900元。公司董事会主席:吴建常。

【经营业绩】 现持有商业及豪宅面积4.4万平方呎。投资于Crabee,占30%,发展中港物业。原持有庆铃汽车H股2.8亿股,分次售出后至1996年8月只持约8000万股,占29%。并以1.2亿元与上海上市之北京王府井百货合组公司(占50%)经营购物及百货相关业务;亦投资武汉白沙洲大桥,占实际权益20%,总投资18.6亿元,分期注资,回报率15%。又以2.3亿元投资江西铜业,占实际权益14.06%。公司1995年纯利0.9796亿元。1996年上半年盈利0.077亿元。

【财务状况】 公司1995年每股纯利0.538元,每股股息0.20元,每股净值3.85元。

香岛印染厂有限公司

【公司概况】 公司业绩报告结算日期为3月31日,实收资本66000000股,合共16500000元。公司董事会主席:戴维斯。

【经营业绩】 业务为纺织品漂染、印花及整理。在葵涌有厂地84798平方呎,物业账面值为876万元,已重估为4.74亿元。业务已结束并售出机器设备,正申请将地盘改建为酒店。1996年11月第一太平戴维斯及新鸿基工业以每股7.6元购入33.71%及29.84%。公司1995/96年度纯利(亏损)1160万元。

嘉华国际(集团)有限公司

【公司概况】 公司业绩报告结算日期为3月31日,实收资本894849529股,合共89494952元。公司董事会主席:吕志和。

【经营业绩】 拥有香港及中国石矿场经营权;亦投资物业 。现拥有投资物业约31万平方呎;待售住宅1.6万平方呎;发展中地盘2个,兴建商业面积4.2万平方呎及住宅3.6万平方呎。又于广州、成都、上海、江苏及南京等参与7项发展,应占完成总面积680万平方呎,1996年开始完成。1996年以7.33亿元出售浅水湾皇山阁住宅。公司1995/96年度纯利1.83亿元。1996年9月止半年盈利0.828亿元。

【财务状况】 公司1995/96年度每股纯利0.205元,每股股息0.115元。1996年3月度每股净值2.00元,中期息0.035元。

奇盛(集团)有限公司

【公司概况】 公司业绩报告结算日期为12月31日,实收资本445500000股,合共22275000元。公司董事会主席:梁树荣。

【经营业绩】 买卖电镀化工及金属原料、化肥及化工原料、不锈钢、机器及设备,以至物业投资,拥有尖沙咀奇盛大厦多个单位。1995年11月配售7425万股新股予袁天凡,每股作价0.71元,占17.1%。公司1995年纯利0.293亿元。1996年上半年盈利0.178亿元。

【财务状况】 公司1995年每股纯利0.078元,每股股息0.04元,每股净值0.99元。1996年中期息0.015元。

南华策略有限公司

【公司概况】 公司业绩报告结算日期为12月31日,实收资本945212610股,合共189042522元。公司董事会主席:吴鸿生。

【经营业绩】 经营药业。1995年4月南华工业以每股0.44元购得股权25.26%,并易名如上。1995年12月购入黄大仙之住宅物业及96年3月购入位于中环亚毕诺道/云咸街之商场/商用之大厦30%,计划发展。1996年2月南华工业以每股0.20元收购全部南策股权,并结构重组。现亦出版快报及凸周刊。公司1995年(截至1995年12月止9个月,以往结算期为3月)纯利(亏损)0.124亿元。

【财务状况】 公司1996年底每股净值0.214元。

联太工业有限公司

【公司概况】 公司业绩报告结算日期为3月31日,实收资本420040400股,合共42004040元。公司董事会主席:何子刚。

【经营业绩】 主要业务为制造电压转换器;并制造中频变压器为视听及电讯产品之组件;其他产品有电子恒温器、太平门电源组、电池充电器、再充电池、电子字典及电讯产品等。主销美国、加拿大及欧洲等国家。厂房设于深圳及宝安县。1996年5月发行13974万股新股予一财团,每股1.05元,并以同价全面收购,完成后每股净值0.81元。公司1995/96年度营业额3.6203亿元,纯利0.38亿元。1996年9月止半年盈利0.206亿元。

【财务状况】 公司1995/96年度每股纯利0.138元,每股股息0.0725元。中期息0.033元。

德昌电机控股有限公司

【公司概况】 公司业绩报告结算日期为3月31日,实收资本381200000股,合共38120000元。公司董事会主席:汪穗中。

【经营业绩】 公司制造微型马达,厂房设于香港、中国、泰国及瑞士。主销香港、中国、欧洲及北美。正计划扩建中国厂房。公司1995/96年度纯利2.751亿元。1996年9月止半年盈利2.113亿元。

【财务状况】 公司1995/96年度每股纯利0.722元,每股股息0.25元。1996年3月底每股净值7.60元,中期息0.08元。

开达实业有限公司

【公司概况】 公司业绩报告结算日期为12月31日，实收资本484156210股，合共48415621元。公司董事会主席：丁鹤寿。

【经营业绩】 设计、制造各类儿童洋娃娃及玩具、多类电子产品。厂房设于中国、墨西哥、印尼及泰国。于山东合资生产电器；开设零售网及合作经营广州百变欢乐城15%及金龙开达电器50%。拥有九龙湾开达工业大厦35万平方呎收租；投资加州一会所30%；参与东莞及温哥华住宅发展。其间并开始生产汽车电池及配件，以至视像光碟放映机。公司1995年纯利(亏损)0.18亿元，1996年上半年亏损0.185亿元。

【财务状况】 公司1995年每股净值1.57元。

标力控股有限公司

【公司概况】 公司业绩报告结算日期为3月31日，实收资本369600000股，合共46200000元。公司董事会主席：苏适。

【经营业绩】 从事地产投资。1996年2月由现任主席以每股7.27元收购。曾作多项物业买卖，包括购入厦门东南亚酒店及第一街地盘，将建住宅32931平方呎。公司1995/96年度纯利1147万元。1996年9月止半年盈利2140万元。

【财务状况】 公司1995/96年度每股纯利0.031元，每股股息0.01元。

南北行(集团)有限公司

【公司概况】 公司业绩报告结算日期为3月31日，实收资本233276265股，合共116638132元。公司董事会主席：岑玉标。

【经营业绩】 批发及零售中药及其他药物、补品、海味等。共经营18间连锁零售店，其中1间为自置物业。货品已销中国，并投资中国一保健品厂，生产各类食品及饮料。持有海南海口市商场3.8万平方呎，已予出租。于香港发展西药厂，预期1998年中落成。1996年6月由东方红以每股0.94元收购29%股权。公司1995/96年度营业额2.494亿元，纯利(亏损)0.231亿元。

【财务状况】 公司1996年3月底每股净值1.02元。

嘉华银行有限公司

【公司概况】 公司业绩报告结算日期为12月31日，实收资本1107472506股，合共1107472506元。公司董事会主席：舒慈煌。

【经营业绩】 经营商业银行业务。1995年经营困难，1996年6月重组，由中信收购。本港设有分行34间。1995年底各项存款221亿元，贷款143亿元，总资产257亿元。公司1995年纯利3.194亿元。

【财务状况】 公司1995年每股纯利0.29元，每股股息0.0222元，每股净值1.55元。1996年无中期息。

激成投资(香港)有限公司

【公司概况】 公司业绩报告结算日期为12月31日，实收资本226800000股，合共226800000元。公司董事会主席：何建源。

【经营业绩】 业务转为物业发展，现拥有澳门国际银行大厦部分共37830平方呎；待售物业分布于港澳星25万平方呎。发展中澳门物业有海洋花园约300万平方呎；1995年出售406个住宅单位，其余100万平方呎，将于1996—1997年完成。另投资于加拿大及越南酒店，占25%至63%。占北京香江花园住宅24%；占武汉假日海滨酒店41%，1997年底完成。公司1995年纯利1.968亿元。1996年上半年盈利0.642亿元。

【财务状况】 公司1995年每股净值4.94元，每股纯利0.87元，每股股息0.187元。1996年中期息0.06元。

恒锋集团有限公司

【公司概况】 公司业绩报告结算日期为3月31日，实收资本388015524股，合共97003881元。公司董事会主席：陈恒辉。

【经营业绩】 于香港持有零星物业；于美国加州拥有小型商场及土地67亩；透过联号于吉隆坡兴建住宅。投资中国业务包括投资咨询、财务及药业。1995年6月董事会改组；12月以9470万新股(每股计0.38元)及现金1800万元购入英皇道写字楼5605平方呎、启德道可供发展商住面积11344平方呎地盘及红磡必嘉街一项发展中物业。公司1995/96年度纯利(亏损)1099万元。

【财务状况】 公司1996年3月底每股净值0.237元。

嘉域集团有限公司

【公司概况】 公司业绩报告结算日期为12月31日，实收资本256689635股，合共641724087元。公司董事会主席：何永安。

【经营业绩】 主要从事制造电脑驱动器磁头。已将电脑磁头业注入公和祥而易名为隆辉国际上市，仍占98%(于1995年全面收购)。将日本山水之电脑显示器注入讯科而易名凯威国际，仍占71%。亦占银鹰(经营鞋业)股权61.3%，占加拿大万达科技19.2%(可增至34%)，经营流动电话及传呼。其他业务为电子音响产品、印刷及贸易。公司1995年纯利8500万元。1996年上半年盈利6010万元。

【财务状况】 公司1995年每股纯利0.33元，每股股息0.10元，每股净值5.01元。1996年中期息0.05元。

北人印刷机械股份有限公司

【公司概况】 公司业绩报告结算日期为12月31日，实收资本A股300000000股，H股100000000股，合共￥400000000元。公司董事会主席：张致远。

【经营业绩】 为中国国家企业。在中国从事生产各类单张纸胶印机，产品主销中国，少量销往东南亚及中东。厂房位于北京市。账项以人民币编制。公司1995年营业额3.826亿元人民币，纯利0.912亿元人民币。1996年上半年盈利3470万元人民币。

【财务状况】 公司1995年每股净值2.13元人民币，每股纯利0.228元，每股股息0.10元。1996年中期息0.025元。

东方电讯有限公司

【公司概况】 公司业绩报告结算日期为12月31日，实收资本:230000000股，合共230000000元。公司董事会主席:谢国民。

【经营业绩】 于1996年6月将泰国一电讯公司22.5%股份全数派送予股东。另于中国及泰国参与地产旅游业，包括香蜜湖27%;亦持有沈阳发电厂28.1%。公司1995年纯利7641万元。1996年上半年亏损3970万元。

【财务状况】 公司1995年每股净值0.0264元，每股纯利0.365元。

广生行有限公司

【公司概况】 公司业绩报告结算日期为12月31日，实收资本606706416股，合共242457566元。公司董事会主席:杜辉廉。

【经营业绩】 从事地产投资发展及花露水制造销售。持有本港投资物业63万平方呎，本港及中国发展中物业多项，于吉隆坡及越南亦有投资。1996年12月百富勤建议私有化，代价为每1000股广生行可获200股百富勤及现金1700元，程序进行中。公司1995年纯利1.549亿元。1996年上半年盈利1.086亿元。

【财务状况】 公司1995年每股净值0.0416元，每股纯利0.256元，每股股息0.09元。1996年中期息0.04元。

熊谷组(香港)有限公司

【公司概况】 公司业绩报告结算日期为12月31日，实收资本377313258股，合共377313258元。公司董事会主席:于镜波。

【经营业绩】 公司主要业务为承接香港及中国土木工程、结构及建筑工程合约，若干合约与日本熊谷组合作进行，除承建外，并作财务证券投资，且投资中国各项业务。建筑项目1996年6月持有工程合约124亿元，包括本港及国内工程。物业发展为香港大潭红山16间别墅53000平方呎，1996年完成，于年底起开始销售。中国物业5项。另占北京王府饭店12%及马尼拉新世界酒店13.3%。公司1995年纯利3.379亿元。1996年上半年盈利1.821亿元。

【财务状况】 公司1995年每股净值8.11元，每股纯利0.891元，每股股息0.50元。1996年中期息0.24元。

丽新制衣国际有限公司

【公司概况】 公司业绩报告结算日期为7月31日，实收资本256041942股，合共128020971元。公司董事会主席:林百欣。

【经营业绩】 经营制衣出口业。于北京发展商住物业200万平方呎，占95%，第一期发展110万平方呎，投资4.5亿元，2000年完成。并拥有丽新发展股权50.11%及鳄鱼恤股权54.93%。公司1995/96年度纯利3.985亿元。

【财务状况】 公司1995/96年度每股纯利0.0156元，每股股息0.55元。1996年7月底每股净值32.35元。

庆屋国际有限公司

【公司概况】 公司业绩报告结算日期为7月31日，实收资本193094197股，合共193094197元。公司董事会主席:小林正和。

【经营业绩】 除经营贸易外，现拥有商业物业10万平方呎及住宅5876平方呎作投资用途。占元朗农地860万平方呎15.33%。另于武汉、厦门及南京等地计划发展物业;于日本名古屋经营雪糕业;于广州、南京及武汉设有饼干食品厂。于日本瑞浪市拥有3幅地皮待售，面积620万平方呎。公司1995/96年度纯利(亏损)2.359亿元。

【财务状况】 公司1996年7月每股净值2.09元。

廖创兴企业有限公司

【公司概况】 公司业绩报告结算日期为12月31日，实收资本380339440股，合共380339440元。公司董事会主席:廖烈文

【经营业绩】 经营银行、地产及保险。占廖创兴银行50.8%;拥有投资物业75万平方呎;正计划重进九肚山物业;占宝翠园10%。于广州、湖州及上海亦有地盘发展中。公司1995年纯利4.144亿元。1996年上半年盈利2.495亿元。

【财务状况】 公司1995年每股净值14.4元，每股纯利1.09元，每股股息0.48元。1996年中期息0.18元。

格兰酒店集团有限公司

【公司概况】 公司业绩报告结算日期为6月30日，实收资本:A股621631226股，B股600000000股，合共122163122元。公司董事会主席:陈启宗。

【经营业绩】 现拥有旺角格兰酒店及康山康兰酒店。92年起经营位于湾仔之卫兰轩酒店20年，客房251间，连上述共1290间客房及豪华寓所。公司1995/96年度纯利2.122亿元。

【财务状况】 公司1995/96年度每股纯利0.3113元，每股股息0.205元。1996年6月止每股净值2.77元。

DC财务控股有限公司

【公司概况】 公司业绩报告结算日期为12月31日，实收资本494026000股，合共49402600元。公司董事会主席:陈远东。

【经营业绩】 经营物业投资及发展，为詹培忠等控制。1995年10月现任董事会以每股3元收购。现持有耀华街一个住宅(占60%)收租。发展中物业布力架街住宅，面积18631平方呎(占75%)，97年完成。1996年10月由大富改名如上，业务偏向于财务放款。公司1995年纯利0.2038亿元。1996年上半年盈利0.789亿元。

【财务状况】 公司1995年每股纯利0.0417元，每股股息0.02元。1996年中期息0.015元。

祥泰行集团有限公司

【公司概况】 公司业绩报告结算日期为3月31日，实收资本

689848000股，合共68984800元。公司董事会主席：黄俊康。

【经营业绩】 公司主要从事进口及经销铃木摩托车与配件、兄弟牌缝纫机与打字机及有关零件、味之素、家乐牌等主要牌子调味料及相关产品，亦经销汽车电池及轮胎。市场包括香港及中国。1996年3月股权易手，收购价0.62元。8月以6930万元收购国内劲龙工程。公司1995/96年度营业额7.25亿元，纯利(亏损)0.757亿元。1996年9月止半年盈利500万元。

【财务状况】 公司1996年3月每股净值0.469元。

新濠国际发展有限公司

【公司概况】 公司业绩报告结算日期为12月31日，实收资本117827816股，合共117827816元。公司董事会主席：何鸿燊

【经营业绩】 公司经营物业投资及饮食业。拥有东山台住宅单位12个。另拥有香港仔1个停车场，车位500个。公司1995年纯利4436万元。1996年6月止半年盈利2260万元。

【财务状况】 公司1995年每股净值3.37元，每股纯利0.38元，每股股息0.21元。1996年中期息0.045元。

华大地产投资有限公司

【公司概况】 公司业绩报告结算日期为3月31日，实收资本2141799780元，合共428359956元。公司董事会主席：郑启文。

【经营业绩】 从事地产、证券及财务投资。现时业务为拥有及经营酒店。1996年3月购入威灵顿广场商场50%权益。又持有上海地盘兴建商住面积10万平方呎，1996年完成。公司1995/96年度纯利47.273亿元。1996年9月止半年盈利2000万元。

【财务状况】 公司1995/96年度每股纯利0.0221元。1996年3月底每股净值0.533元，不派中期息。

柏宁顿国际集团有限公司

【公司概况】 公司业绩报告结算日期为3月31日，实收资本424182435股，合共424182435元。公司董事会主席：邓崇光。

【经营业绩】 现有业务包括水车屋日本料理、2间圣地牙哥酒店、会所管理及贸易业务等。现于上海、北京及中山，以至美国加州亦有合作物业发展。北京商业面积40万平方呎(占51%)，1996年完成；上海地下城10万平方呎(占租金51%)，于1995年8月启用；中山商住面积66万平方呎(占52%)，1996年完成。亦占启德机场免税店权益10%。1996年4月出售水车屋权益。公司1995/96年度纯利0.472亿元。1996年9月止半年盈利0.14亿元。

【财务状况】 公司1995/96年度每股纯利0.1113元，每股股息0.05元。1996年3月底每股净值2.46元，不派中期息。

骏威投资有限公司

【公司概况】 公司业绩报告结算日期为12月31日，实收资本1320005600股，合共132000560元。公司董事会主席：张伯华

【经营业绩】 公司经营汽车产销及有关业务。透过占95%中间控股公司拥有全部广州汽车厂股权，广州汽车则占广州标致汽车46%。已购入蓄电池厂、汽车弹簧厂及汽车电器厂多项权益。公司1995年营业额8.899亿元，纯利(亏损)2.3305亿元。1996年上半年亏损0.757亿元。

【财务状况】 公司1995年每股净值0.574元。

宝雅科技(集团)有限公司

【公司概况】 公司业绩报告结算日期为12月31日，实收资本644085000股，合共64408500元。公司董事会主席：陈淑炳。

【经营业绩】 公司主要从事设计、制造及销售多种电子消费品。亦通过联号经营香港与广东省两地穿梭传呼服务。厂房设于香港及中国，传呼机以销中国为主。其余多销欧洲。于国内各省设立传呼台、销售点分销通讯电子产品。公司1995年营业额1.97亿元，纯利(亏损)0.975亿元。1996年上半年亏损0.085亿元。

【财务状况】 公司1995年底每股净值0.369元。1996年不派息。

侨福建设企业机构有限公司

【公司概况】 公司业绩报告结算日期为3月31日，实收资本532443418股，合共532443418元。公司董事会主席：黄建华。

【经营业绩】 现拥有阳明山庄豪宅面积13.7万平方呎。于英国拥有船厂，亦经营港深、港澳及菲律宾当地客运，并经营汽车及家俬贸易。发展中物业有大埔洋房20万平方呎(占33.3%)，97年完成。国内投资有南京丁山花园酒店(116房)45%，另120单位公寓及300客房兴建中。于上海及北京地盘发展中，97年初完成。并计划投资于越南及伦敦酒店。公司1995/96年度纯利(亏损)0.482亿元。1996年9月止半年盈利0.873亿元。

【财务状况】 公司1996年3月底每股净值3.95元，中期息0.03元。

永恩国际集团有限公司

【公司概况】 公司业绩报告结算日期为12月31日，实收资本531000000股，合共53100000元。公司董事会主席：张文仪。

【经营业绩】 主要以原件制造方式向海外客户供应女装皮鞋类产品及在中国分销及零售本身牌子(达芙妮、红粉知己、派那玛及捷鹰)之鞋类产品。于上海兴建一个仓库及展览中心，第一期工程已完成。1995年10月发行1.3275亿股新股上市，每股售价1元。1996年11月斥资0.555亿元收购上海光伟权益，由原来32.45%增至84.45%。公司1995年营业额10.325亿元，纯利1.0572亿元。1996年上半年盈利0.507亿元。

【财务状况】 公司1995年每股净值0.568元，每股纯利0.25元，每股股息0.046元。1996年中期息0.015元。

大凌集团有限公司

【公司概况】 公司业绩报告结算日期为3月31日，实收资本

901715400 股，合共 90171540 元。公司董事会主席：张志诚。

【经营业绩】 公司主要从事成衣及电子消费品贸易业务。厂房设于缅甸及中国。于国内亦有合营投资公司；亦投资国内建材及化纤业。本港物业及中山发展中物业已售出，售中山项目代价为 9400 万元，已收 2400 万元，但未能成交，只作为出售部份物业计。1995 年底以 1800 万元收购长雄证券及长雄财务有限公 司。公司 1995 年纯利(亏损)0.279 亿元。。1996 年 9 月止半年盈利 50.3 万元。

【财务状况】 公司 1996 年 3 月底每股净值 0.127 元，不派中期息。

南洋集团有限公司

【公司概况】 公司业绩报告结算日期为 12 月 31 日，实收资本 50000000 股，合共 5000000 元。公司董事会主席：高登。

【经营业绩】 经营纺织业。除菲律宾有制衣联号外，厂房集中于中国，其大部份业务已迁至河南及上海。亦拥有香港及美国零星物业收租。观塘厂厦重建为工商物业 56 万平方呎(补地价 1.3 亿元)，1995 年完成，已出售/租 90%。公司 1995 年纯利 2610 万元。1996 年上半年盈利 5890 万元。

【财务状况】 公司 1995 年每股纯利 0.52 元，每股股息 0.30 元，每股净值 22.6 元。

乐声电子(集团)有限公司

【公司概况】 公司业绩报告结算日期为 3 月 31 日，实收资本 1237263928 股，合共 123726393 元。公司董事会主席：李志和。

【经营业绩】 公司从事制造石英表、液晶体电子表及电话设备。持有若干牌子特许产销权。并参与物业投资、发展及买卖，至 1996 年 3 月底，持有大潭道别墅 11 幢、皇后大道中 9 号及远东金融中心写字楼面积共 24500 平方呎、大潭住宅 20796 平方呎及深水湾住宅 22000 平方呎，均于 1997 年初完成。公司 1995/96 年度纯利 6480 万元。1996 年 9 月止半年盈利 7410 万元。

【财务状况】 公司 1995/96 年度每股纯利 0.046 元，每股股息 0.033 元。1996 年 3 月底每股净值 0.571 元，中期息 0.013 元及特别现金股息 0.013 元。

汇汉实业有限公司

【公司概况】 公司业绩报告结算日期为 3 月 31 日，实收资本 449419519 股，合共 USD26965171 元。公司董事会主席：冯兆滔。

【经营业绩】 现持有泛海股权 74.9%。其余业务为投资于中国业务，包括北京民族文化宫的娱乐综合物业，已于 1996 年初开业。公司 1995/96 年度纯利 3350 万元。1996 年 9 月止半年盈利 280 万元。

【财务状况】 公司 1995/96 年度每股纯利 0.075 元。1996 年 3 月底每股净值 6.12 元，不派息。

建业实业有限公司

【公司概况】 公司业绩报告结算日期为 3 月 31 日，实收资本 476693756 股，合共 119173439 元。公司董事会主席：王世荣。

【经营业绩】 现持有汉国置业股权 50.01%(31/3/96)、荣文科技 20%及顺昌集团 23.08%。又经营建筑、成衣制造及贸易，于中国设有厂房。公司 1995/96 年度纯利 21425 万元。1996 年上半年盈利 4600 万元。

【财务状况】 公司 1995/96 年度每股纯利 0.464 元，每股股息 0.11 元。1996 年 3 月底每股净值 2.30 元。

海南发展有限公司

【公司概况】 公司业绩报告结算日期为 3 月 31 日，实收资本 79687500 股，合共 79687500 元。公司董事会主席：周文轩。

【经营业绩】 地产及证券投资。于本港拥有物业面积约 24 万平方呎出租；另有大屿山农地 35 万平方呎及南联实业 9.9%；参与国内物业及货仓以及水泥厂投资；并投资墨西哥飞机维修业务；直接间接拥有 4 艘船只。参与国内物业发展 4 项，有 2 项于 1996 年完成。公司 1995/96 年度纯利(亏损) 4360 万元。1996 年上半年亏损 1196 万元。

【财务状况】 公司 1995/96 年度每股股息 0.26 元。1996 年 3 月底每股净值 14.38 元，中期息 0.02 元。

申银万国(香港)有限公司

【公司概况】 公司业绩报告结算日期为 6 月 30 日，实收资本 499774422 股，合共 249887211 元。公司董事会主席：姜国芳。

【经营业绩】 经营股票经纪、企业融资，包销及分销新股业务。1996 年 10 月与申银香港合并，易名如上。已于英美及东南亚开设办事处。公司 1995/96 年度纯利 2030 万元。

【财务状况】 公司 1995/96 年度每股纯利 0.0609 元，每股股息 0.02 元。1996 年 6 月底每股净值 1.36 元。

顺豪建筑(集团)有限公司

【公司概况】 公司业绩报告结算日期为 12 月 31 日，实收资本 511501526 股，合共 255750763 元。公司董事会主席：郑启文。

【经营业绩】 投资控股、证券财务投资、物业投资及发展与兴建业务。拥有华大股权 47.1%，直接拥有山顶及浅水湾住宅 3.1 万平方呎收租及佛罗里达州 47 幅待售地段。联同华大拥有中区顺豪商业大厦 55218 平方呎；荷里活道地盘，兴建服务式住宅 1.5 万平方呎；于天津、上海发展中商/住地盘拥有权益。公司 1995 年纯利 3630 万元。1996 年上半年盈利 1740 万元。

【财务状况】 公司 1995 年每股纯利 0.0705 元，每股净值 1.92 元。

晋利地产金融有限公司

【公司概况】 公司业绩报告结算日期为 1 月 31 日，实收资本 67760000 股，合共 67760000 元。公司董事会主席：李德义。

【经营业绩】 经营地产。在香港拥有商业面积 131384 平方呎、工业面积 94690 平方呎及住宅 5834 平方呎。另有关岛实益拥有各项用途土地 6600 万平方呎及工业货仓 6 万平方呎。本港九龙塘地盘计划兴建住宅 2.5 万平方呎；湾仔捷利商业大厦已在重建中,98年完成。公司1995/96年度纯利6547万元。1996年7月止半年盈利2480万元。

【财务状况】 公司1995/96年度每股纯利0.97元,每股股息0.60元。1996年1月底每股净值20.90元,中期息0.12元。

闽信集团有限公司

【公司概况】 公司业绩报告结算日期为12月31日,实收资本296141845股,合共296141845元。公司董事会主席:陈元魁。

【经营业绩】 拥有中国厦门国际银行股权36.75%,亦直接经营闽信保险,拥有本港住宅5077平方呎及广东道永发大厦商场14841平方呎。投资国内地盘,位于杭州、福州及北京等。另占闽东日立电机工具厂20%。1996年投资1800万美元,经营319国道漳州段及104国道宁德段收费公路。公司1995年纯利3520万元。1996年上半年盈利4360万元。

【财务状况】 公司1995年每股纯利0.1189元,每股股息0.05元,每股净值2.22元。1996年不派中期息。

道亨银行集团有限公司

【公司概况】 公司业绩报告结算日期为6月30日,实收资本700000000股,合共USD350000000。公司董事会主席:郭令灿。

【经营业绩】 为道亨银行控股公司。在港共有97间分行,海外分行9间。在英国有一间附属银行。1995年11月配售43864662股,每股作价26.2元,集资11.3亿元。公司1995/96年度存款总额878.11亿元,贷款总额527.95亿元,纯利150580万元。

【财务状况】 公司1996年6月每股净值13.19元,中期息0.20元,末期息0.55元,特别现金红利0.10元,全年0.88元。

建生实业有限公司

【公司概况】 公司业绩报告结算日期为3月31日,实收资本324979670股,合共32497967元。公司董事会主席:吴仲灿。

【经营业绩】 从事物业及一般投资。除物业外,主要投资为华光航业股权20.82%及泰国盘谷银行3.77%(账面值33800万元),1996年3月底市值26.6亿元。一般投资包括中国、东南亚及美国非控制性股权投资,涉及物业酒店。公司1995/96年度纯利8480万元。1996年9月止半年盈利3460万元。

【财务状况】 公司1995/96年度每股纯利0.2773元,每股股息0.06元。1996年3月底每股账面值3.67元,不派中期息。

博富临置业有限公司

【公司概况】 公司业绩报告结算日期为9月30日,实收资本110179385股,合共110175385元。公司董事会主席:黄炳礼。

【经营业绩】 公司从事地产发展及投资。又持有经营视听器材之大象行51.9%。拥有商业面积134527平方呎、工业面积51236平方呎、豪宅138208平方呎及车位167个。亦参与广州及中山两项物业发展,应占完成后商住面积47万平方呎,工程于1997年后期开始。购入北京一幢住宅共16个单位,则于1997年初完成,作出租用途。公司1995/96年度纯利5450万元。

【财务状况】 公司1995/96年度每股纯利0.495元,每股股息0.18元。1996年9月底每股净值13.99元。

力宝有限公司

【公司概况】 公司业绩报告结算日期为12月31日,实收资本433902000股,合共1735608000元。公司董事会主席:李文正。

【经营业绩】 从事金融及地产发展,并于福建发展湄州岛为旅游区(占69.7%)及参与国内多项物业发展。其他直接持有上市的华银控股59%(占华人银行50%)及华地股权69.7%。公司1995年纯利37050万元。1996年上半年盈利24700万元。

【财务状况】 公司1995年每股纯利0.85元,每股股息0.195元,每股净值10.1元。1996年中期息0.07元。

第一上海投资有限公司

【公司概况】 公司业绩报告结算日期为12月31日,实收资本605457267股,合共121091453元。公司董事会主席:陈伟力。

【经营业绩】 从事证券及财务投资。93年4月联同其他财团收购王集团(已易名为上海万国),实占12.75%。其他投资包括亚洲企业8.3%、上海中创国际集装箱储运54%、绍兴怡东仪表(汽车仪表及装置45%)、上海饮食业、儿童用品及澳州金融业。公司1995年纯利(亏损)1740万元。1996年上半年亏损340万元。

【财务状况】 公司1995年每股净值0.849元。

利民实业有限公司

【公司概况】 公司业绩报告结算日期为12月31日,实收资本243727000股,合共121863500元。公司董事会主席:黄乾利。

【经营业绩】 公司从事制造小型电器用品,大部份代客制造,主销美国、澳洲及西欧等地。部份厂房设于中国,正计划集中于番禺南沙。已获准将本港厂房重建为商厦。1995年中与日本新力电池协议,于1996年起向日本市场供应锌炭电池系列产品。公司1995年纯利3030万元。1996年上半年盈利450万元。

【财务状况】 公司1995年每股纯利0.12元,每股股息0.08元,每股净值0.88元。1996年中期息0.03元。

东方有色集团有限公司

【公司概况】 公司业绩报告结算日期为12月31日,实收资本281536061股,合共28153606元。公司董事会主席:吴建常。

【经营业绩】 经营物业投资发展。于调整资产后,现时主要物业为弥敦道金宁大厦地下及1楼、大坑维景轩住宅24000平方呎及云咸街商厦(东方有色中心)54131平方呎。占上海城大楼两层及广州美银中心一层;另澳洲悉尼市住宅项目7.5万平方呎,1997年底完成。占东方鑫源52%及金辉船务

10.7%;投资于玻璃幕墙工程,设有铝加工厂,经营地区包括香港及中国。公司 1995 年纯利 9150 万元。1996 年上半年盈利 2660 万元。

【财务状况】 公司 1995 年每股纯利 0.3253 元,每股股息 0.075 元,每股净值 3.26 元。1996 年中期息 0.025 元。

惠阳控股集团有限公司

【公司概况】 公司业绩报告结算日期为 12 月 31 日,实收资本 323475933 股,合共 32347593 元。公司董事会主席:曾纪华。

【经营业绩】 投资中国,于厦门、上海及哈尔滨拥有土地,可兴建 820 万平方呎各项面积;亦于厦门兴建货柜码头及在南京改造与经营码头;在各地亦经营陆路运输及边境贸易。1996 年 5 月于黑龙江开采铜矿业务,并计划分拆港口业务上市。公司 1995 年纯利 2856 万元。1996 年上半年盈利 230 万元。

【财务状况】 公司 1995 年每股纯利 0.09 元,每股净值 1.71 元。1996 年不派中期息。

远东铝质集团有限公司

【公司概况】 公司业绩报告结算日期为 12 月 31 日,实收资本 301430000 股,合共 30143000 元。公司董事会主席:黄启光。

【经营业绩】 公司从事设计、制造及安装,主要用于商业大厦、高级住宅及酒店发展项目之建筑用铝制产品。业务地区包括香港及中国,已于北京成立合营企业;亦于上海设立办事处,并取得工程合约。1995 年 9 月因包销而持有海成 61.64%,其后海成已改名为凯怡,1996 年 9 月占 51.4%。公司 1995 年营业额 36780 万元,纯利 187 万元。1996 年上半年亏损 1590 万元。

【财务状况】 1995 年底每股净值 0.38 元,每股纯利 0.0062 元,每股股息 0.01 元。1996 年不派息。

星岛有限公司

【公司概况】 公司业绩报告结算日期为 3 月 31 日,实收资本 425343246 股,合共 106335811 元。公司董事会主席:胡仙。

【经营业绩】 公司从事报章、杂志、书籍出版及印刷业、地产投资及发展。于中国,与北京人民日报成立合营公司,出版星光月刊;亦持有文化传讯 43%。持有自用物业包括位于香港工业面积 53.7 万平方呎、东莞工业面积 52.94 万平方呎、加拿大工业/商业面积 30.4 万平方呎;投资物业包括纽西兰商业面积应占 233489 平方呎、加拿大商业面积 20.23 万平方呎及住宅 156740 平方呎。待发展加拿大地盘 125600 平方呎及深圳福田地盘 158400 平方呎。公司 1995/96 年度纯利(亏损)1.464 亿元。1996 年 9 月止半年盈利 490 万元。

【财务状况】 公司 1995/96 年度每股股息 0.02 元。1996 年 3 月底每股净值 2.71 元,不派中期息。

正德行有限公司

【公司概况】 公司业绩报告结算日期为 3 月 31 日,实收资本 1683206600 股,合共 168320660 元。公司董事会主席:廖毅荣。

【经营业绩】 现时主要资产为连云面粉厂 60%(在求售中)、观塘工业楼宇三层及吉隆坡土地 44000 平方呎,正拟发展。与前控股公司茂基(瑞昌)的索偿已和解。1996 年 3 月向前任主席郑永锵索偿 2.87 亿元。1996 年 11 月发行 28000 万新股配售,每股售价 0.185 元,集资 5110 万元。公司 1995/96 年度纯利(亏损)6592 万元。

【财务状况】 公司 1996 年 3 月底每股净值 0.115 元,不派中期息。

中策集团有限公司

【公司概况】 公司业绩报告结算日期为 12 月 31 日,实收资本 661613720 股,合共 336806860 元。公司董事会主席:黄鸿年。

【经营业绩】 主要投资于国内十多家企业,控制工厂超过 180 间,位于杭州、泉州、山西及北京等,业务包括树胶轮胎、纸业、啤酒、电器及其他消费产品。1996 年 11 月以每股 1.2 元收购得信佳 75%。公司 1995 年纯利 25260 万元。1996 年上半年盈利 13320 万元。

【财务状况】 公司 1995 年每股纯利 0.3594 元,每股股息 0.417 元,每股净值 3.01 元。1996 年不派中期息。

生力啤酒厂有限公司

【公司概况】 公司业绩报告结算日期为 12 月 31 日,实收资本 373570560 股,合共 186785280 元。公司董事会主席:安德士苏理安诺(三世)

【经营业绩】 制造及销售生力啤,并取得露云堡啤酒及日本麒麟啤酒制造销售权。投资于广州啤酒厂,占实益 43.61%。并投资于顺德酒厂,占 85%,1995 年 5 月投产。深井厂房已于 1996 年交吉,元朗厂房于 1996 年中投产,投资 7.6 亿元。公司 1995 年纯利 16590 万元。1996 年 1—8 月盈利 9560 万元。

【财务状况】 公司 1995 年每股纯利 0.44 元,每股股息 0.16 元,每股净值 5.58 元。1996 年首两期股息各为 0.04 元。

安全货仓有限公司

【公司概况】 公司业绩报告结算日期为 3 月 31 日,实收资本 135000000 股,合共 135000000 元。公司董事会主席:吕辛。

【经营业绩】 经营货仓及地产。拥有 3 幢货仓,面积约 95 万平方呎;观塘振万广场 42 万平方呎于 97 年完成,补地价 9800 万元。公司 1995/96 年度纯利 5960 万元。1996 年 9 月止半年盈利 7730 万元。

【财务状况】 公司 1995/96 年度每股纯利 0.44 元,每股股息 0.43 元。1996 年 3 月底每股净值 4.03 元,中期息 0.20 元。

利星行有限公司

【公司概况】 公司业绩报告结算日期为 12 月 31 日,实收资本 514572667 股,合共 514572667 元。公司董事会主席:杨富山。

【经营业绩】 现时业务主要为汽车销售及维修、物业发展、贸易及证券投资。获平治汽车华东区独家分销权(占 55%),并于北京、上海、南京、天津及厦门参与多项物业发展，应占各项完成后面积425万平方呎，1996年内已售出229万平方呎。并代理推土机，及进行林材（夹板）贸易。公司1995年纯利13630万元。1996年上半年盈利5970万元。

【财务状况】 公司1995年每股纯利0.265元，每股股息0.06元，每股净值1.98元。1996年不派息。

白花油国际有限公司

【公司概况】 公司业绩报告结算日期为12月31日，实收资本130000000股，合共13000000元。公司董事会主席：颜为善。

【经营业绩】 主要制造、推广及分销传统药油白花油，本销及分销海外。拥有自用及投资物业，计商业面积8891平方呎、工业面积20665平方呎及住宅2673平方呎。于新加坡拥有工业面积5095平方呎及伦敦商业面积9477平方呎；并投资于护肤、保健及家庭用品业务。公司1995年营业额8740万元，纯利3350万元。1996年上半年盈利1560万元。

【财务状况】 公司1995年每股纯利0.258元，每股股息0.14元，每股净值1.33元。1996年中期息0.06元。

海裕国际控股有限公司

【公司概况】 公司业绩报告结算日期为3月31日，实收资本509489764股，合共50948976元。公司董事会主席：蔡世亮。

【经营业绩】 主要业务为地产及控股，现持有百乐门股权63%及海晖42%。中国厦门裕发房地产占股权50%。公司1995/96年度纯利4000万元。1996年9月止半年亏损740万元。

【财务状况】 公司1995/96年度每股纯利0.084元。1996年3月底每股净值2.45元，不派中期息。

瑞兴百货有限公司

【公司概况】 公司业绩报告结算日期为2月28日，实收资本64797832股，合共64797832元。公司董事会主席：古胜祥。

【经营业绩】 经营百货业，拥有若干工业大厦及住宅物业。公司1995/96年度纯利（亏损）1230万元。1996年8月止半年亏损1054万元。

【财务状况】 公司1995/96年度每股股息0.125元。1996年2月底每股净值13.83元，中期息0.02元。

信德集团有限公司

【公司概况】 公司业绩报告结算日期为12月31日，实收资本1467236000股，合共366809000元。公司董事会主席：何鸿燊

【经营业绩】 经营港澳航运，又于中港澳进行物业投资发展外，亦占华民航空20%、澳门旅游（赌场等）5%、澳门文华东方酒店50%、威斯登酒店34.9%及华景酒店11.1%。发展中物业主要为澳门濠景花园（25%）、香港西摩台及万茂台等；其他包括长沙湾船厂占31%、宝翠园占51%。其他业务包括免税店及证券投资等。公司1995年纯利71850万元。1996年上半年盈利17850万元。

【财务状况】 公司1995年每股纯利0.492元，每股股息0.325元，每股净值3.32元。1996年中期息0.10元。

品质国际有限公司

【公司概况】 公司业绩报告结算日期为4月30日，实收资本450328439股，合共45032844元。公司董事会主席：李同乐。

【经营业绩】 现时业务包括集成电路装嵌、引线框（包括压模）及矽晶片生产及压片加工等，厂房设于香港、法国及英国。公司1995/96年度纯利57840元。1996年10月止半年盈利20000万元。

【财务状况】 公司1995/96年度每股纯利1.35元，每股股息0.55元。1996年4月底每股净值3.80元，不派中期息。

先施有限公司

【公司概况】 公司业绩报告结算日期为2月28日，实收资本574308000股，合共287154000元。公司董事会主席：马景华。

【经营业绩】 经营百货业及其他投资，拥有先施人寿、保险及化妆品股权，并予互控。于本港经营多间百货店。在出售中区先施大厦后，购入利舞台广场权益30%；旺角商场已售40%，余下店铺继续租售。于伦敦参与5项住宅，其中3项已售出分别50%、70%及100%。1996年10月于广州东方时代广场开设新店。公司1995/96年度纯利116万元。1996年8月止半年盈利50万元。

【财务状况】 公司1995/96年度每股纯利0.002元，每股股息0.03元。1996年2月底每股净值3.92元。

星港地产投资有限公司

【公司概况】 公司业绩报告结算日期为12月31日，实收资本66245735股，合共66245735元。公司董事会主席：林文彦。

【经营业绩】 经营地产业。现拥有金都商场29635平方呎及北角国宾广场4个铺位，并经营办馆及入口与批发工业用纸，亦经营旅游代理业务。1996年已结束旅游业。公司1995年纯利80000万元。1996年中期盈利585.5万元。

【财务状况】 公司1995年每股纯利0.1208元，每股净值6元。1996年不派中期息。

尖沙咀置业集团有限公司

【公司概况】 公司业绩报告结算日期为6月30日，实收资本1260807511股，合共252161502元。公司董事会主席：黄志祥。

【经营业绩】 地产投资及发展，拥有信和置业控制权61.3%及占有新加坡商业面积约103637平方呎。公司1995/96年度纯利59570万元。

【财务状况】 公司1995/96年度每股纯利0.477元，每股股息0.20元。1996年6月底每股账面净值11.55元。

恒基中国集团有限公司

【公司概况】 公司业绩报告结算日期为6月30日，实收资本358963366股，合共358963366元。公司董事会主席：李兆基。

【经营业绩】 在中国从事物业发展及投资，应占土地储备2780万平方呎。近期增购广州海珠广场A座地盘，可建商住楼宇面积约141万平方呎(占68.4%)。今发展地盘增至23个，总建筑面积约4460万平方呎。其他住宅面积2170万平方呎；商业综合楼宇面积1600万平方呎；酒店/公共面积110万平方呎；停车场/地库面积580万平方呎。已完成的物业：深圳恒福花园2140万平方呎。1996年3月底发行6977万股新股上市，每股售价21.50元。公司1995/96年度营业额13.0497亿元，纯利5.6426亿元。

【财务状况】 公司上市后每股资产净值28.67元。95/96年度每股盈利6.46元，末期息0.15元。

森那美香港有限公司

【公司概况】 公司业绩报告结算日期为6月30日，实收资本466185000股，合共233092500元。公司董事会主席：敦依士迈。

【经营业绩】 业务包括汽车销售及维修、物业投资及管理、建筑产品销售及支援服务、承包电器工程及设备销售、租购财务、保险、航运代理及大米贸易、包装物料及印刷等。最终控股公司为马来西亚森那美。公司1995/96年度纯利26600万元。

【财务状况】 公司1995/96年度每股纯利0.57元，每股股息0.37元。1996年6月底每股净值2.08元。

南海发展有限公司

【公司概况】 公司业绩报告结算日期为3月31日，实收资本576153681股，合共288076849元。公司董事会主席：郑奕。

【经营业绩】 现于南京、杭州、青岛及重庆等地参与8个地盘发展，涉及楼面面积2100万平方呎，于1996年完成33万平方呎住宅，其余97年至99年完成。越南物业在发展中。温哥华之物业已落成并出售中。亦于中国经营音响业及于武汉经营公共运输，亦拥有黄埔花园车位507个。公司1995/96年度纯利亏损590万元。

【财务状况】 公司1996年3月底每股净值1.07元。

爪哇企业有限公司

【公司概况】 公司业绩报告结算日期为12月31日，实收资本541710987股，合共54171098元。公司董事会主席：吕和。

【经营业绩】 公司业务为地产发展及投资。现拥有本港湾仔大新金融中心及其昌中心，面积共49万平方呎；万国宝通中心面积1.3万平方呎及车位10个；于半山卑利士道住宅90039平方呎(占60%)已完成待售。占纽西兰Seabill与当地另一上市公司合并为TTP，占44.9%。于广州及成都共发展4项物业，将于1997年完成。亦投资四川水泥业。公司1995年获纯利33460万元。1996年上半年盈利28470万元。

【财务状况】 公司1995年每股纯利0.62元，每股股息0.14元，每股净值8.72元。1996年中期息0.04元。

华信地产财务有限公司

【公司概况】 公司业绩报告结算日期为3月31日，实收资本119790000股，合共119790000元。公司董事会主席：蔡绍华。

【经营业绩】 经营地产、财务及塑胶厂业务。拥有收租商业面积3万平方呎、工业面积11.8万平方呎及九龙塘旅馆客房18间。国内发展中深圳物业于97年初完成，占住宅5.6万平方呎及商场2.8万平方呎。其余深圳及东莞3个地盘待发展。另占马尼拉地皮76万平方呎43%。投资于海外上市证券及台湾一银行部份股权(成本840万元)。公司1995/96年度纯利540万元。1996年9月止半年盈利2060万元。

【财务状况】 公司1995/96年度每股纯利0.045元，每股股息0.04元。1996年3月底每股净值4.68元，不派中期息。

顺豪资源集团有限公司

【公司概况】 公司业绩报告结算日期为12月31日，实收资本304368750股，合共152184375元。公司董事会主席：郑启文。

【经营业绩】 现时主要业务为控股。持有顺豪建筑49.5%及上市之华大地产23.3%，该等公司进行物业投资买卖及酒店经营，于天津及上海均有地盘在发展中。1995年底每股净值1.6元。公司1995年纯利1790万元。1996年上半年盈利890万元。

【财务状况】 公司1995年每股纯利0.059元，每股净值1.60元。1996年不派中期息。

金狮亚洲有限公司

【公司概况】 公司业绩报告结算日期为6月30日，实收资本210100000股，合共210100000元。公司董事会主席：陈漱石。

【经营业绩】 出售部分原有业务，现时主要资产为胡忠大厦30楼(24881平方呎)、百富勤大厦写字楼13597平方呎及半山乐信台住宅，太古富天阁住宅共2058平方呎及上海建兰公寓14570平方呎。又于长春合作制造摩托车发电机及摩托车；于吉林投资花园酒店，已在1996年底开业，并于上海开展零售业务。公司1995/96年度纯利1820万元。

【财务状况】 公司1995/96年度每股纯利0.087元。1996年6月底每股净值3.48元。

龙记(百慕达)有限公司

【公司概况】 公司业绩报告结算日期为3月31日，实收资本295600000股，合共29560000元。公司董事会主席：邵铁龙。

【经营业绩】 主要设计、制造及销售模胚，同时进口及销售用作生产塑胶产品之模具的钢材。已取得海外若干牌子特殊钢销售权。厂房设于香港、东莞及新加坡，正于上海、马来西亚及广州兴建厂房。产品售予港商及海外客户。已进行分拆龙记五金于新加坡上市。公司1995/96年度营业额47990万元，纯利8860万元。1996年9月止半年盈利5420万元。

【财务状况】 公司1995/96年度每股纯利0.305元，每股股息0.12元。1996年3月底每股净值1.31元，中期息0.06元。

中国光大科技有限公司

【公司概况】 公司业绩报告结算日期为3月31日，实收资本976722846股，合共97672284元。公司董事会主席：朱小峰。

【经营业绩】 原名为恒华集团。主要为原生产及销售彩色电视、电视套件以及音响产品。业务持续调整，1996 年 4 月出售全部电视及音响制造及推律业务，保留香港及东莞两厂物业，月租各 42 万元，正研究参与国内电讯业务及其他投资机会。公司 1995/96 年度营业额 46760 万元，纯利亏损 9790 万元。1996 年 3 月底负值 2900 万元。

中国光大国际有限公司

【公司概况】 公司业绩报告结算日期为 12 月 31 日，实收资本 1327305000 股，合共 132730500 元。公司董事会主席：朱小华。

【经营业绩】 业务为物业及证券投资、中国物业及工业，拥有力宝大厦 8 楼 14891 平方呎、北京康乐宫 25%、大连海滨宾馆 30%及大连土地 44 万平方呎，并占河北新兴铸管厂 55%；又占抚顺织被厂 70%。1995 年初以 64200 万元购入中国玉柴 24.37%；又持有国卫保险 5%。公司 1995 年纯利 4860 万元。1996 年上半年盈利 200 万元。

【财务状况】 公司 1995 年每股纯利 0.0373 元，每股股息 0.02 元，每股净值 0.82 元。1996 年不派中期息。

浦东开发集团有限公司

【公司概况】 公司业绩报告结算日期为 3 月 31 日，实收资本 1011 140000 股，合共 505570000 元。公司董事会主席：仝玉洁。

【经营业绩】 原名为永盛财务。重整业务后为投资中国酒店、物业及工业。七海新亚汤臣酒店(500 房)96 年中启用；胶管及电镀金属门厂共 4 间；上海浦东高尔夫球场 96 年中启用。发展中地盘 10 多个，主要位于上海，应占完成后各项面积 1200 万平方呎。待售商业面积 12.8 万平方呎、工业 10.6 万平方呎。公司 1995/96 年度纯利 1590 万元。

【财务状况】 公司 1995/96 年度每股纯利 0.016 元。1996 年 3 月底每股净值 3.41 元。

亿都(国际控股)有限公司

【公司概况】 公司业绩报告结算日期为 3 月 31 日，实收资本 451320000 股，合共 45132000 元。公司董事会主席：李国伟。

【经营业绩】 从事制造及销售各类电子消费品所用之液晶体显示器，亦制造及销售电路板。生产设施位于葵涌、东莞及江门，主销香港，为东南亚及中国最大的同类生产商。由于涉及多宗财务问题正在重组，暂作停牌。公司 1995/96 年度营业额 30720 万元，纯利(亏损)8050 万元。1996 年 9 月止半年亏损 2232 万元。

【财务状况】 公司 1995/96 年度每股股息 0.01 元。1996 年 3 月底负债 970 万元，不派中期息。

联合国际工业有限公司

【公司概况】 公司业绩报告结算日期为 12 月 31 日，实收资本 811207549 股，合共 811207549 元。公司董事会主席：周博裕。

【经营业绩】 现时业务为化学工业、建材、运输、消费及日用产品与环境保护业务，主要投资于中国。1996 年 8 月出售一家食品公司，套现 3500 万元，及中华发展股份 5860 万股，每股作价 1.45 元。公司 1995 年纯利亏损 11540 万元。1996 年上半年盈利 1110 万元。

【财务状况】 公司 1995 年底每股净值 0.869 元。

诚德国际集团有限公司

【公司概况】 公司业绩报告结算日期为 6 月 30 日，实收资本 571892400 股，合共 57189240 元。公司董事会主席：梁浩文。

【经营业绩】 主要从事电讯产品之发展、制造及销售。厂房设于香港、中国及马来西亚。已与上海邮电部成立合营公司，通过其分销网销售产品。与美国电话成立合营公司。于亚太区以美国电话(AT&T)为商标，销售无线电话、传真机、电视电话及数码式电话答录机。亦致力于扩展欧洲市场。公司 1995/96 年度营业额 87100 万元，纯利 180 万元。

【财务状况】 公司 1995/96 年度每股纯利 0.0031 元。1996 年 6 月底每股净值 0.887 元。

保兴投资控股有限公司

【公司概况】 公司业绩报告结算日期为 3 月 31 日，实收资本 1213515987 股，合共 606757993 元。公司董事会主席：王军。

【经营业绩】 现时业务为少量物业投资(商用面积 42665 平方呎)、证券投资及财务融资，也投资于杭州纤维厂，占 55%；及上海两项零售业务 30%。公司 1995/96 年度纯利 1060 万元。1996 年 9 月止半年盈利 1240 万元。

【财务状况】 公司 1995/96 年度每股纯利 0.009 元。1996 年 3 月底每股净值 0.488 元，不派中期息。

南华控股有限公司

【公司概况】 公司业绩报告结算日期为 12 月 31 日，实收资本 379898000 股，合共 37989800 元。公司董事会主席：吴鸿生。

【经营业绩】 现控制已上市之南华工业及南华证券。其他业务有出版投资。亦于天津经营药厂；于南京参与珠宝首饰投资；并投资天津、东莞及布吉等地 6 个地盘，东莞狮子城第一期已售予联号南华策略。公司 1995 年纯利 10590 万元。1996 年上半年盈利 1300 万元。

【财务状况】 公司 1995 年每股纯利 0.28 元，每股股息 0.12 元，每股净值 2.46 元。1996 年中期息 0.045 元。

天德地产有限公司

【公司概况】 公司业绩报告结算日期为 3 月 31 日，实收资本 474731824 股，合共 118682956 元。公司董事会主席：钟辉煌。

【经营业绩】 公司业务为酒店投资及地产投资，除占凯联股权 50.01%外，尚拥有小量工业单位收租及广州商业大厦 14 个单位。公司 1995/96 年度纯利 10430 万元。1996 年 9 月止半年盈利 5560 万元。

【财务状况】 公司 1995/96 年度每股纯利 0.22 元，每股股息 0.08 元。1996 年 3 月底每股净值 5.35 元，中期息 0.028 元。

中信泰富有限公司

【公司概况】 公司业绩报告结算日期为 12 月 31 日，实收资本2133186160股，合共853274464元。公司董事会主席：荣智健。

【经营业绩】 现时投资包括物业、航空、电讯及贸易等。拥有香港物业权益超过118.5万平方呎，于加拿大、新加坡及日本也有物业，包括商业及餐厅4.7万平方呎、住宅及写字楼0.73万平方呎。待发售之物业嘉陵大厦135340平方呎住宅。贸易业务为经营汽车、电器及食品业。国内基建投资包括上海隧道50%、江苏利港电厂56.31%等多项。其他投资包括港龙航空28.5%、国泰航空25%等。公司1995年纯利307300万元。1996年上半年盈利49.93亿元。

【财务状况】 公司1995年每股纯利1.526元，每股股息0.55元，每股净值13.23元。1996年中期息0.165元。

鹏利国际集团有限公司

【公司概况】 公司业绩报告结算日期3月31日，实收资本1830834988股，合共1830834988元。公司董事会主席：周明臣。

【经营业绩】 原名为国际京城。现拥有投资物业31万平方呎（主要为鹏利中心17万平方呎）；发展中大坑道及蓝塘道住宅11.7万平方呎。另于深圳、广州、沈阳及北京拥有地盘在发展中。另占中国食品57%。公司1995/96年度纯利6140万元。1996年9月止半年盈利13880万元。

【财务状况】 公司1995/96年度每股纯利0.034元，每股股息0.035元。1996年3月底每股净值1.96元，中期息0.02元。

海晖国际实业有限公司

【公司概况】 公司业绩报告结算日期3月31日，实收资本1221140429股，合共610570214元。公司董事会主席：蔡世亮。

【经营业绩】 原名大宝。现拥有葵涌冻房3座面积110万平方呎及澳洲货仓2座21万平方呎。投资商业银行及金融服务，于国内投资必胜客餐厅及上海投资面包糕饼业。葵涌海晖中心现正租售中。持有北京24间别墅收租，又占大连一酒店综合物业权益5%；持有一间消费电器厂股权20%。公司1995/96年度纯利7590万元。1996年9月止半年盈利2658万元。

【财务状况】 公司1995/96年度每股纯利0.062元，每股股息0.013元。1996年3月底每股净值1.61元，中期息0.01元。

粤海投资有限公司

【公司概况】 公司业绩报告结算日期12月31日，实收资本2327766810股，合共1163883405元。公司董事会主席：何克勤。

【经营业绩】 原名为国泰置业。现有业务包括实业投资、物业发展、批发零售及旅游等。1996年9月7日以1.12亿元购入京珠高速公路广珠段中20%，将于97年6月通车。1996年7月以12亿元购入粤海商业大厦，面积18万平方呎。1996年6月与吉之岛合资天贸南方大厦开业（占31.63%）。公司1995年纯利57870万元。1996年上半年盈利21280万元。

【财务状况】 公司1995年度每股纯利0.29元，每股股息0.09元，每股净值2.82元。1996年中期息0.038元。

亚洲证券国际有限公司

【公司概况】 公司业绩报告结算日期12月31日，实收资本914022075股，合共457011035元。公司董事会主席：戴小明。

【经营业绩】 原名为伊人置业，经营地产业。主要物业为港晶中心、红山半岛及港湾工贸中心，约占面积75万平方呎。1995年中参与北京西单物业发展，占60%，1996年11月出售，获利3500万元。但通过安排，将出资2.83亿元，获得建成后写字楼不少于37万平方呎；96年9月向华地购入北京王府井三幅土地，可兴建商业面积210万平方呎，收购价2.13亿元。公司1995年纯利1670万元。1996年上半年盈利4530万元。

【财务状况】 公司1995年每股纯利0.0288元。1996年不派中期息。

英龙国际有限公司

【公司概况】 公司业绩报告结算日期12月31日，实收资本297201752股，合共29720175元。公司董事会主席：黄锦灿。

【经营业绩】 原名协兴。现拥有尖沙嘴商业物业4.2万平方呎、经营中山市酒楼、香港仔商业大厦13万平方呎（占51%）、中山娱乐城与珠海银座式商场在兴建中。1995年10月收购沈阳12间中外合营企业30.6%，从事炼制生铁及铁矿粉业务。公司1995年纯利亏损25830万元。1996年9月止半年亏损3500万元。

【财务状况】 公司1995年底每股净值0.72元。1996年不派中期息。

华汇控股有限公司

【公司概况】 公司业绩报告结算日期3月31日，实收资本760776116股，合共15215522元。公司董事会主席：郭伟德。

【经营业绩】 原名为怡南。不断调整业务及资产，现时为中港物业投资、证券经纪、经销电源开关用品、半导体产品、礼品包装用品及国内一项收费公路。公司1995/96年度纯利亏损13070万元。

【财务状况】 公司1996年3月底每股净值1.05元。

锦兴集团有限公司

【公司概况】 公司业绩报告结算日期3月31日，实收资本724993880股，合共289997552元。公司董事会主席：袁天凡。

【经营业绩】 从事磁性储存媒体及有关产品之制造及销售。其中以生产磁碟、盒式录影带盒为主。产品于香港、澳门及中国制造。现时主要股东为和黄占34.18%、国际德祥占4.32%及长实占11.95%。公司1995/96年度营业额155610万元，纯利亏损55870万元。1996年9月止半年亏损16500万元。

【财务状况】 公司1996年3月底每股净值0.96元。

宇宙控股有限公司

【公司概况】 公司业绩报告结算日期3月31日，实收资本

20053554930 股，合共 501338873 元。公司董事会主席：陈普芬。

【经营业绩】 原为宇宙船务。现时为庄士机构控股公司，占其股权 69%。公司 1995/96 年度纯利 190 万元。1996 年 9 月止半年盈利 2140 万元。

【财务状况】 公司 1995/96 年度每股纯利 0.0001 元，每股股息 0.0005 元。1996 年 3 月底每股净值 0.134 元，不派中期息。

太兴置业有限公司

【公司概况】 公司业绩报告结算日期 3 月 31 日，实收资本 253642418 股，合共 126821209 元。公司董事会主席：陈海寿。

【经营业绩】 原名为协兴建筑。现拥有收租物业 10 项；兴建中金马伦道商厦 2 万平方呎、加连威老道商厦 3.4 万平方呎。售出在收租中加连威老道物业，获利 1.07 亿元。公司 1995/96 年度纯利 3170 万元。1996 年 9 月止半年获利 1.14 亿元。

【财务状况】 公司 1995/96 年度每股纯利 0.125 元，每股股息 0.075 元。1996 年 3 月底每股净值 3.88 元，中期息 0.03 元。

华厦置业有限公司

【公司概况】 公司业绩报告结算日期 3 月 31 日，实收资本 120960000 股，合共 78624000 元。公司董事会主席：钟江海。

【经营业绩】 地产投资及承包建筑工程。拥有零星物业作为收租，计工业货仓及写字楼面积 294849 平方呎，商业面积 26141 平方呎、住宅 12812 平方呎。兴建中物业，应占住宅 28912 平方呎；待发展农地 6534 平方呎。公司 1995/96 年度纯利 2600 万元。1996 年 9 月止半年盈利 3740 万元。

【财务状况】 公司 1995/96 年度每股纯利 0.216 元，每股股息 0.07 元。1996 年 3 月底每股净值 3.25 元，中期息 0.03 元。

东方红集团有限公司

【公司概况】 公司业绩报告结算日期 7 月 31 日，实收资本 1514624848 股，合共 151462484 元。公司董事会主席：Sam Zuchowski。

【经营业绩】 经营中药、补品及海味之零售连锁店。主要设于香港 24 间，温哥华 3 间，且扩展至台湾、新加坡及菲律宾，又与北美企业合营于远东销售人参产品，并于中国经营人参加工及其他健康食物。其他业务为买卖物业。1996 年 7 月以 4760 万元收购南北行股权 29.1%。公司 1995/96 年度纯利 10120 万元。

【财务状况】 公司 1995/96 年度每股纯利 0.099 元，每股股息 0.046 元。1996 年 7 月底每股净值 0.39 元。

景福集团有限公司

【公司概况】 公司业绩报告结算日期 3 月 31 日，实收资本 435000000 股，合共 108750000 元。公司董事会主席：郑季衍。

【经营业绩】 经营黄金首饰、珠宝、钟表及礼品零售，金条买卖及外币兑换。开设店铺十多家。其他业务包括钻石批发与打磨，黄金提炼及证券期货经纪业。已于广东设有钻石打磨厂。公司 1995/96 年度纯利 3480 万元。1996 年 9 月止半年盈利 874 万元。

【财务状况】 公司 1995/96 年度每股纯利 0.08 元，每股股息 0.04 元。1996 年 3 月底每股净值 1.03 元，中期息 0.01 元。

川河集团有限公司

【公司概况】 公司业绩报告结算日期 3 月 31 日，实收资本 1258455026 股，合共 629227513 元。公司董事会主席：明晓光。

【经营业绩】 经营地产及投资，原为伟华企业。主要资产为占有浦东（原名汤臣）股权 27.53%。公司 1995/96 年度纯利亏损 3040 万元。1996 年 9 月止半年亏损 1000 万元。

【财务状况】 公司 1996 年 3 月底每股净值 0.763 元，不派中期息。

百乐门出版集团有限公司

【公司概况】 公司业绩报告结算日期 3 月 31 日，实收资本 234336728 股，合共 234336728 元。公司董事会主席：宋小海。

【经营业绩】 原名为威华航业。经营印刷、分色、制版及出版业务，包括资本杂志、资本家、证券月刊及车主杂志等。将军澳工业村兴建厂房 24 万平方呎，1996 年底完成。公司 1995/96 年度纯利亏损 3320 万元。1996 年 9 月止半年亏损 1900 万元。

【财务状况】 公司 1996 年 3 月底每股净值 1.3 元，不派中期息。

中太集团有限公司

【公司概况】 公司业绩报告结算日期 3 月 31 日，实收资本 477574437 股，合共 119383609 元。公司董事会主席：王正平。

【经营业绩】 原名为伟益置业。现时经营水产、零售及金融业，于东南亚及中国捕鱼及养殖；投资中国饮用水、衣饰零售（于中国设有巴黎世家特许经营店 50 间，本港门市及专柜 17 个）、贸易及保税业务、提供证券投资顾问服务。公司 1995/96 年度纯利亏损 3850 万元。1996 年 9 月止半年亏损 1280 万元。

【财务状况】 公司 1995/96 年度每股股息 0.005 元。1996 年 3 月底每股净值 0.872 元

国际德祥集团有限公司

【公司概况】 公司业绩报告结算日期 3 月 31 日，实收资本 275923630 股，合共 137961815 元。公司董事会主席：陈国强。

【经营业绩】 在香港从事楼宇及土木工程与混凝土产品之制造业务。于中国经营石油产品销售，投资广东西部高速公路台山段承建及经营权 33.4%，1996 年完成。投资国内多项物业，若干已注入温哥华上市之 Burcon，占 49.9%；又以 Burcon 名义持有多伦多上市公司 Qxford57.9%，占锦兴磁讯 14.6%权益。公司 1995/96 年度纯利 7220 万元。1996 年 9 月止半年盈利 4700 万元。

【财务状况】 公司 1995/96 年度每股纯利 0.263 元，每股股息 0.03 元。1996 年 3 月底每股净值 4.11 元，中期息 0.02 元。

永发置业有限公司

【公司概况】 公司业绩报告结算日期 3 月 31 日，实收资本

40000000 股，合共 40000000 元。公司董事会主席：伍时华。

【经营业绩】 地产投资及发展，且投资证券。1995 年 3 月底拥有 9 项零售物业及香港有价证券 2170 万元（市值 5890 万元）。待发展地盘位于青山道。公司 1995/96 年度纯利 6807 万元。

【财务状况】 公司 1995/96 年度每股纯利 1.70 元，每股股息 0.27 元。1996 年 3 月底每股净值 5.94 元。

成功控股（香港）有限公司

【公司概况】 公司业绩报告结算日期 4 月 30 日，实收资本 591047980 股，合共 118209596 元。公司董事会主席：陈国平。

【经营业绩】 原名为永鸿基，现持有小量投资物业。已协议合作发展上海工业大楼 102 万平方呎占 82%。1996 年 5 月参与国内首项汽车防盗电子追踪系统发展，合营 20 年，5 年内投资 3 亿元，可获服务费收入 6.17 亿元。公司 1995/96 年度纯利 680 万元。

【财务状况】 公司 1995/96 年度每股纯利 0.0134 元。1996 年 3 月底每股净值 0.331 元

永安国际有限公司

【公司概况】 公司业绩报告结算日期 12 月 31 日，实收资本 296100000 股，合共 29610000 元。公司董事会主席：郭志梁。

【经营业绩】 地产投资、百货经营及证券买卖，还有物业，主要为香港永安中心及澳洲 4 座商业楼宇，开设百货店 23 间，西友占 24%。又投资于西田百货占 24%。武汉百货店已于 93 年 4 月开业。又占美国大昌汽车行 50%。参与西友于新加坡发展零售业少数股权。重建中弥敦道综合面积 30 万平方呎，计划 98 年完成。1996 年 11 月以 15.3 亿元购入澳洲 1 商业楼宇及酒店。公司 1995 年纯利 23300 万元。1996 年上半年盈利 13990 万元。

【财务状况】 公司 1995 年每股纯利 0.787 元，每股股息 0.58 元，每股净值 18.96 元。1996 年中期息 0.24 元。

永安国际集团有限公司

【公司概况】 公司业绩报告结算日期 12 月 31 日，实收资本 181500000 股，合共 18150000 元。公司董事会主席：郭志梁。

【经营业绩】 原名为永安人寿（集团）有限公司，经营一般保险，并投资地产、零售、投资及证券，持有永安公司 60.31%。近年持续出售永安银行、永安人寿及物业，现正与永安公司合作重建油麻地物业中。公司 1995 年纯利 62500 万元。1996 年上半年盈利 15110 万元。

【财务状况】 公司 1995 年每股纯利 3.44 元，每股股息 1.15 元，每股净值 33.8 元。1996 年中期息 0.27 元。

华润创业有限公司

【公司概况】 公司业绩报告结算日期 12 月 31 日，实收资本 1435536445 股，合共 1435536445 元。公司董事会主席：朱友蓝。

【经营业绩】 原名为永达利。现持有五丰行 26%、沈阳啤酒 55%、励致国际 36%；其他包括压缩机及玩具投资。占北京置地 73.5%，已完成湾仔收租商厦 8 万平方呎，青衣牙鹰洲住宅 220 万平方呎及商场 3 万平方呎发展中，占权益 55%。1996 年 12 月以 35 亿元购入国际货柜码头公司 10%权益。公司 1995 年纯利 28490 万元。1996 年上半年盈利 14030 万元。

【财务状况】 公司 1995 年每股纯利 0.263 元，每股股息 0.08 元，每股净值 3.81 元。1996 年中期息 0.03 元。

八百伴香港有限公司

【公司概况】 公司业绩报告结算日期 3 月 31 日，实收资本 360000000 股，合共 90000000 元。公司董事会主席：山田善右。

【经营业绩】 经营香港之零售业务。经多年发展，已于香港及澳门开设百货店共 10 间。拥有八百伴最好电器 70%及妙丽手袋 20%。将计划向中国进军。公司 1995/96 年度纯利亏损 16540 万元。1996 年 9 月止半年亏损 8040 万元。

【财务状况】 公司 1995/96 年度每股股息 0.01 元。1996 年 3 月底每股净值 0.385 元，不派中期息。

长江制衣厂有限公司

【公司概况】 公司业绩报告结算日期 3 月 31 日，实收资本 141207792 股，合共 70603896 元。公司董事会主席：陈瑞球。

【经营业绩】 本港及新加坡制衣业已结束，集中于中国生产及投资于斯里兰卡及马来西亚联号，并投资于青海铝厂 8500 万元，占 55%，1996 年底投产。公司 1995/96 年度纯利 310 万元。1996 年 9 月止半年盈利 17.1 万元。

【财务状况】 公司 1995/96 年度每股纯利 0.022 元，每股股息 0.02 元。1996 年 3 月底每股净值 2.3 元，不派中期息。

国泰航空有限公司

【公司概况】 公司业绩报告结算日期 12 月 31 日，实收资本 3437413848 股，合共 687482769 元。公司董事会主席：萨秉达。

【经营业绩】 经营定期及不定期班机服务，包括客运及货运。又透过附属及联营公司提供航空辅助业务，占有上市之香港飞机工程股权 25%。本身为太古集团成员。1996 年 5 月国泰及港龙股东重组，太古占国泰股权由 52.6%减至 43.9%，中信泰富由 10%增至 25%。国泰占港龙股权由 30%减至 17.79%，太古占 7.71%，中信泰富占 28.5%及中航占 35.86%。1996 年 6 月底，机队包括波音 747 型客机 34 架、波音 747 型货机 9 架、三星式客机 4 架及空中巴士 15 架。公司 1995 年纯利 297800 万元。1996 年中期盈利 164700 万元。

【财务状况】 公司 1995 年每股纯利 1.04 元，每股股息 0.48 元。1996 年中期息 0.115 元。

和山企业发展有限公司

【公司概况】 公司业绩报告结算日期 12 月 31 日，实收资本 64140000 股，合共 32070000 元。公司董事会主席：江禄森。

【经营业绩】 原名为联合汽水。现时经营涌金股票经纪（占 80%）及食品制造分销业务及持有物业。1996 年 11 月大马地产商江氏家族提出以每股 4.05 元收购，将保持上市地位。公

司 1995 年纯利亏损 550 万元。1996 年上半年盈利 66.3 万元。

【财务状况】 公司 1995 年底每股净值 2.6 元。1996 年不派中期息。

英皇(中国概念)投资有限公司

【公司概况】 公司业绩报告结算日期 3 月 31 日,实收资本 332788860 股,合共 33278886 元。公司董事会主席:杨海成。

【经营业绩】 主要物业为湾仔英皇集团中心,仍持有商场 7 层及写字楼 7 层共 14.5 万平方呎。国内物业集中于发展厦门湖畔花园(地盘 12.6 万平方呎)及上海明星城,建筑面积 76 万平方呎。公司 1995/96 年度纯利亏损 11030 万元。1996 年上半年亏损 3000 万元。

【财务状况】 公司 1996 年 3 月底每股净值 3.15 元。

华德丰集团有限公司

【公司概况】 公司业绩报告结算日期 3 月 31 日,实收资本 552000000 股,合共 55200000 元。公司董事会主席:陈复礼。

【经营业绩】 主要从事香港物业与投资,专注乙级写字楼单位发展;又提供物业管理服务。拥有四项发展中商业物业,预期提供约 21.4 万平方呎面积。持有 6 项作投资用途之商住物业,面积为 19 万平方呎,每月租金收入 420 万元。3 项待销或已订约出售之商业物业 7.4 万平方呎,每月租金收入约 47 万元。1996 年 9 月发行新股 138000000 股上市,售价 1.88 元。公司 1995/96 年度营业额 15891 万元,纯利 6232 万元。

【财务状况】 上市后每股净值 2.76 元。

庄士中国投资有限公司

【公司概况】 公司业绩报告结算日期 3 月 31 日,实收资本 1792093426 股,合共 358418685 元。公司董事会主席:黄鉴。

【经营业绩】 物业及工业投资。于广州、番禺、东莞及惠州发展中物业面积 4210 万平方呎;泉州 2700 万平方呎;镇江 60 万平方呎及成都 310 万平方呎。另产销手表。公司 1995/96 年度纯利亏损 4530 万元。1996 年 9 月止半年亏损 100 万元。

【财务状况】 公司 1996 年 3 月底每股净值 0.692 元,不派中期息。

昆明机床股份有限公司

【公司概况】 公司业绩报告结算日期 12 月 31 日,实收资本 A 股 180007400 股,H 股 65000000 股,合共人民币 245007400 元。公司董事会主席:叶香瑜。

【经营业绩】 为中国国家企业,总部位于云南省昆明市。从事设计、开发、生产及销售机床、精密测量设备和精密位移传感器,主销国内,其余销欧美及东南亚。正增建厂房 32 万平方呎,集中发展电脑数控控制机床,已获意大利及德国特许权生产电脑数控卧式铣铲订及精密龙门式五面加工中心。公司 1995 年营业额 6080 万元人民币,纯利 726 万元人民币。1996 年上半年盈利 73.9 万元人民币。

【财务状况】 公司 1995 年每股纯利 0.03 元,每股股息 0.03 元,每股净值 2.34 元人民币。

新世界基建有限公司

【公司概况】 公司业绩报告结算日期 12 月 31 日,实收资本 752127340 股,合共 752127340 元。公司董事会主席:郑家纯。

【经营业绩】 分拆自新世界发展,投资于中国及香港基建项目。在中国拥有 18 个基建项目权益。最新发展为 96 年 11 月收购山东水泥厂 5 间(44%)及广州 3 条桥梁。1995 年 10 月发行 16200 万新股(其中 90%国际配售)。每股售价 12.75 元。公司 1995 年营业额 26490 万元,纯利 34420 万元。

【财务状况】 公司 1995 年每股股息 0.57 元,每股净值 8.25 元。

永亨银行有限公司

【公司概况】 公司业绩报告结算日期 12 月 31 日,实收资本 245030000 股,合共 245030000 元。公司董事会主席:冯钰斌。

【经营业绩】 为香港持牌银行,共有 22 间分行,另澳门也有 11 间分行。香港分行中有 19 间行址及澳门之分行皆为自置物业。主要提供银行有关财务、包括外汇、金融、股票经纪、保险代理及金银买卖等服务。亦于深圳设有分行。1995 年底存款 258 亿元,放款 187 亿元。公司 1995 年纯利 62980 万元。1996 年上半年盈利 36510 万元。

【财务状况】 公司 1995 年每股纯利 0.0257 元,每股股息 0.93 元,每股净值 12.75 元。1996 年中期息 0.36 元。

伟易达集团有限公司

【公司概况】 公司业绩报告结算日期 3 月 31 日,实收资本 191959357 股,合共 USD9597968 元。公司董事会主席:黄子欣。

【经营业绩】 主要经营电子工业,包括设计、制造及销售电子玩具、游戏机、私人电脑、卫星接收器、电讯、电话及影音产品。主销美国及欧洲,生产设施位于东莞。正计划在国内增建厂房,于 97 年中增加厂房面积逾百万平方呎。公司 1995/96 年度营业额 536640 万元,纯利 25350 万元。1996 年 9 月止半年盈利 2680 万美元。

【财务状况】 公司 1995/96 年度每股纯利 1.352 元,每股股息 0.52 元。1996 年 3 月底每股净值 5.01 元,中期息 3 美仙。

宜进利(集团)有限公司

【公司概况】 公司业绩报告结算日期 3 月 31 日,实收资本 957879671 股,合共 95787967 元。公司董事会主席:周湛煌。

【经营业绩】 从事设计、制造及销售钟表,包括各式各样之石英行针表,行销美国及香港,生产设施住中国。亦透过合营协议于云南昆明设厂,生产石墨手表,并作咖啡贸易。1995 年 12 月联洲购入 30%,每股作价 0.19 元。联洲将宜进利部分作为股息派发后再增购,于 1996 年 11 月 7 日,占宜进利 22.83%,又宜进利持有联洲 1000 万股。公司 1995/96 年度营业额 42114 万元,纯利 1371 万元。

【财务状况】 公司 1995/96 年度每股纯利 0.0158 元。1996 年 3 月底每股净值 0.177 元。

万能国际集团有限公司

【公司概况】 公司业绩报告结算日期12月31日,实收资本615024175股,合共61502417元。公司董事会主席:林天杰。

【经营业绩】 原名威达利。主要从事设计、制造及分销液晶显示产品。厂房设于中国,主销欧洲。将收购万能证券,进军金融业,并将制造及贸易业整顿。于95年改名如上。公司1995年(截至95年12月止9个月,下同)营业额5170万元,纯利100万元。1996年上半年亏损800万元。

【财务状况】 公司1995年每股纯利0.0016元,1996年不派中期息。

冠忠巴士集团有限公司

【公司概况】 公司业绩报告结算日期3月31日,实收资本236000000股,合共23600000元。公司董事会主席:黄松柏。

【经营业绩】 主要在香港提供非专利及专利巴士服务,以及在中国提供巴士服务及有关运输业务。在上海、广州、汕头、大连及深圳提供巴士及有关业务。1996年4月至8月间已购入51辆巴士。在哈尔滨及潮州之合营公司将在96年底至97年初投入服务,分别拥有约30辆巴士及约28辆巴士之车队。1996年9月发行新股5900万股上市,以每股1.80元公售。公司1995/96年度营业额20836万元,纯利4106万元。

【财务状况】 上市后每股净值0.758元。

良记集团有限公司

【公司概况】 公司业绩报告结算日期3月31日,实收资本786675989股,合共78667599元。公司董事会主席:吴桂行。

【经营业绩】 主要在港从事私人机构建筑工程。公司1995/96年度营业额40300万元,纯利亏损2980万元,1996年9月止半年亏损1180万元。

【财务状况】 公司1996年3月底每股净值0.163元,不派中期息。

香港中旅国际投资有限公司

【公司概况】 公司业绩报告结算日期12月31日,实收资本2978723404股,合共297872340元。公司董事会主席:朱悦宁。

【经营业绩】 经营货运代理及运输服务之业务,重点在中港两地之铁路特许货运业务。占有深圳锦绣中华微缩景区、中国民俗文化村及世界之窗权益51%;占唐山国丰钢铁厂51%。拥有京港酒店(400房)、星港酒店(173房)及京华酒店(487房)。另收购经营港澳旅游业务,又投资于陕西省渭河电厂15%。公司1995年营业额99180万元,纯利19760万元。1996年上半年盈利10880万元。

【财务状况】 公司1995年每股纯利0.104元,每股股息0.021元,每股净值0.908元。1996年中期息0.015元。

新鸿基中国工业投资有限公司

【公司概况】 公司业绩报告结算日期12月31日,实收资本25000000股,合共25000000元。公司董事会主席:冯永祥。

【经营业绩】 通过对中国工业作股本投资使其获致长期资本增值,重点经营地为中国珠江三角洲及沿海省份之非上市公司。已持有中国13项公司股权。1996年上半年盈利100万元,期内已售上海信谊药业(30%)。

【财务状况】 公司1996年9月底每股净值7.51元。

美时集团有限公司

【公司概况】 公司业绩报告结算日期4月30日,实收资本280000000股,合共28000000元。公司董事会主席:林正华。

【经营业绩】 主要业务为进口各式各样之办公室家具及陈设,拥有多项分销代理权,并于香港及中国自行生产部分家具,主销香港及中国。于东莞设有3间厂房、6间陈列室,并发展特许经营权。1995年购入1项分销家居厨具及洁具业务。公司1995/96年度营业额90190万元,纯利6580万元。

【财务状况】 公司1995/96年度每股纯利0.235元,每股股息0.085元。1996年3月底每股净值1.19元。

德信建筑国际有限公司

【公司概况】 公司业绩报告结算日期3月31日,实收资本306907240股,合共30690724元。公司董事会主席:何纪功。

【经营业绩】 从事建筑及土木工程,为公共楼宇工程总承建商。也在东南亚及美国从事金属及建筑物料买卖。又参与武汉、广州及中山物业发展,并投资新会电厂、广州运输及青岛电讯产品等。持有深圳新纪元28.73%。1996年9月止未完成工程14.38亿元。公司1995/96年度营业额74810万,纯利亏损180万元。1996年9月止半年盈利25.3万元。

【财务状况】 公司1996年3月底每股净值0.325元。

数码通电讯集团有限公司

【公司概况】 公司业绩报告结算日期6月30日,实收资本480000000股,合共48000000元。公司董事会主席:伍清华。

【经营业绩】 在香港提供流动电话通讯及销售电话手机服务。用户于1996年9月底约有25.9万名,约占本地市场用户25%。直接经营15间零售店铺,有20名代理商,合共200间零售店。现已推出中国及欧洲、澳洲、东南亚自动漫游服务。1996年10月发行84000000新股上市,售价17.25元。公司1995/96年度营业额162198万元,纯利37559万元。

【财务状况】 上市后每股净值4.55元。

东方海外国际有限公司

【公司概况】 公司业绩报告结算日期12月31日,实收资本460368572股,合共USD46035857元。公司董事会主席:董建成。

【经营业绩】 以货柜运输为主,拥有货柜轮27艘,且在汰旧置新中。又投资于英、美及加拿大货柜码头;于上海投资食物及饮品,1995年投产。亦占北京东方广场发展计划23%,将于1996年动工。公司1995年纯利50860万元。1996年上半年盈利55700万元。

【财务状况】 公司1995年每股纯利0.951元,每股股息0.

162 元,每股净值 8.6 元。1996 年中期息 0.078 元。

广州广船国际股份有限公司

【公司概况】 公司业绩报告结算日期 12 月 31 日,实收资本 210800100 国家股,157398000 股 H 股,126479500A 股。合共人民币 494677600 元。公司董事会主席:胡国良。

【经营业绩】 主要从事造船、集装箱制造及修船。现时可建造每艘载重达 40000 吨的船舶,每年可建造总载重达 150000 吨。其他业务包括修船、货柜制造及船舶有关产品。已在扩展船坞。1995 年底造船订单 21.07 亿元人民币。公司 1995 年营业额 183350 万元人民币,纯利 10130 万元人民币。1996 年上半年盈利 3230 万元人民币。

【财务状况】 公司 1995 年每股纯利 0.2047 元,每股股息 0.16 元,1996 年不派中期息。

五丰行有限公司

【公司概况】 公司业绩报告结算日期 12 月 31 日,实收资本 1003640000 股,合共 100364000 元。公司董事会主席:贺月芳。

【经营业绩】 以自营或代理方式经销内地鲜活冷冻食品于香港,其中所经营牲畜,占全港总消耗量 94%;冻肉占总消耗量的 31%。也经营粮油、其他副食品及中国酒类等。占有本港三个屠场之若干权益,又投资国内养猪场及米粉厂。1996 年 12 月收购华润采购 60% 及 3 间雪糕及冷冻食品厂若干权益。公司 1995 年营业额 521648 万元,纯利 30870.6 万元。1996 年上半年盈利 16130 万元。

【财务状况】 公司 1995 年每股纯利 0.309 元,每股股息 0.05 元,每股净值 1.01 元。1996 年中期息 0.05 元。

德永佳集团有限公司

【公司概况】 公司业绩报告结算日期 3 月 31 日,实收资本 620450000 股,合共 62045000 元。公司董事会主席:潘彬泽。

【经营业绩】 主要提供纺纱染色及在针织染色及整理服务;并自行生产及出售原色布、经营染针织布。东莞厂房已完成 90 万平方呎。1996 年 7 月以 Baleno 牌销售便服,已于香港设零售店 9 间、台湾 25 间及中国 48 间,部分为特许经营。公司 1995/96 年度营业额 104830 万元,纯利 15170 万元。1996 年 9 月半年盈利 1 亿元。

【财务状况】 公司 1995/96 年度每股纯利 0.271 元,每股股息 0.08 元。1996 年 3 月底每股净值 0.876 元,中期息 0.03 元。

顶益(开曼岛)控股有限公司

【公司概况】 公司业绩报告结算日期 12 月 31 日,实收资本 4177104000 股,合共 USD20885520 元。公司董事会主席:魏应州。

【经营业绩】 于中国设厂产销以"康师傅"牌方便面为主,市场占有率 23%。现时每日生产即食面 1430 万个单位,将于 1996 年底增产至 1730 万个单位。已开始生产米果、饼干及饮品。并计划扩展其他相关业务。1996 年 2 月上市,全球发行 811088000 股,每股售价 1.68 元。公司 1995 年营业额 263315 万元,纯利 55188 万元。1996 年 6 月上半年盈利 27600 万元。

【财务状况】 公司上市后每股净值 0.7417 元,1996 年不派中期息。

马鞍山钢铁股份有限公司

【公司概况】 公司业绩报告结算日期 12 月 31 日,实收资本 A 股 4722370000 股,H 股 1732930000 股,合共人民币 6455300000 元。公司董事会主席:杭永益。

【经营业绩】 总部设于华东安徽省,为钢铁联合生产企业,主要生产包括生铁、粗钢及钢材、焦炭及化工产品等,为中国生产火车车轮箍的唯一厂家。产品几乎全部内销。公司 1995 年营业额 621620 万元人民币,纯利 4320 万元人民币。1996 年上半年盈利 3500 万元人民币。

【财务状况】 公司 1995 年每股纯利 0.0067 元,每股股息 0.01 元,每股净值 1.85 元人民币。1996 年不派中期息。

中国星集团有限公司

【公司概况】 公司业绩报告结算日期 12 月 31 日,实收资本 3024000000 股,合共 302400000 元。公司董事会主席:陈明英。

【经营业绩】 从事制作、分销及销售电影镭射影碟、录影带及卡拉 OK 镭射影碟。且成立唱片公司,产销唱片,也设立录影带翻录设施。1996 年 6 月向华强夫人陈明英购得控股权,每股 0.279 元,并以相同价格全面收购。其后获得向永盛集团购买电影、电视全球发行权三年,并于 12 月由星光娱乐改名如上。公司 1995 年营业额 7510 万元,纯利亏损 1760 万元。1996 年上半年亏损 3070 万元。

【财务状况】 公司 1995 年底每股净值 0.138 元。

爱高电业有限公司

【公司概况】 公司业绩报告结算日期 3 月 31 日,实收资本 470907734 股,合共 47090773 元。公司董事会主席:梁剑文。

【经营业绩】 主要从事消费音响产品之设计、制造及销售。也产销包装材料及电子产品塑胶部件与背部按摩器等,厂房设于香港及中国,产品主销美国及欧洲。并于广州设厂制造录像及电讯产品。1995 年 7 月已开始生产各项无线电话及电讯产品。公司 1995/96 年度营业额 311390 万元,纯利 12160 万元。1996 年 9 月止半年盈利 4020 万元。

【财务状况】 公司 1995/96 年度每股纯利 0.284 元,每股股息 0.11 元。1996 年 3 月底每股净值 1.2 元,中期息 0.028 元。

Esprit Asia Holdings Ltd.

【公司概况】 公司业绩报告结算日期 6 月 30 日,实收资本 901759579 股,合共 90175957 元。公司董事会主席:邢李㷧。

【经营业绩】 主要在亚洲区市场以 Esprit 标签生产、零售及批发多类男女服装及童装、鞋具、床上及沐浴用品。亦为 Red Earth 护肤品亚洲市场之独家经销商,除于深圳设有厂房外,其余产品由本港及海外分包商制造。1995 年 11 月以 18500 万元收购澳洲 Esprit。公司 1995/96 年度营业额 178530 万元,纯利 16180 万元。

【财务状况】 公司 1995/96 年度每股纯利 0.2047 元,每股股息 0.098 元。1996 年 6 月底每股净值 0.814 元。

毅力工业集团有限公司

【公司概况】 公司业绩报告结算日期 3 月 31 日,实收资本 790594080 股,合共 79059408 元。公司董事会主席:林文灿。

【经营业绩】 主要从事设计、制造及销售音响消费产品。厂房设于中国东莞。1996 年 9 月以 1.3 亿元购入港澳台销售电单车零配件业务及浙江一摩托车厂股权 50%。公司 1995/96 年度营业额 108930 万元,纯利 5510 万元。

【财务状况】 公司 1995/96 年度每股纯利 0.0745 元,每股股息 0.0325 元。1996 年 3 月底每股净值 0.641 元。

黛丽斯国际有限公司

【公司概况】 公司业绩报告结算日期 6 月 30 日,实收资本 667908744 股,合共 66790874 元。公司董事会主席:罗杰伦。

【经营业绩】 从事女装内衣之设计、生产、分销、推广及零售,本销及销售海外。厂房设于香港、中国、菲律宾及泰国。合作兴建上海 1 间百货公司,面积超过 20 万平方呎。因亏损及财务问题,正予重整,计划出售"巴黎春天"百货及中国物业权益。公司 1995/96 年度营业额 98180 万元,纯利亏损 35300 万元。

【财务状况】 公司 1996 年 6 月底每股净值 0.226 元。

银舜集团有限公司

【公司概况】 公司业绩报告结算日期 3 月 31 日,实收资本 69751000 股,合共 6975100 元。公司董事会主席:何永安。

【经营业绩】 从事鞋类制造及销售业务,主销美国,厂房设于中国。于中国开设零售店 14 间。购入美国若干运动服装及器材供应商股权,且于东莞太平中心区兴建住宅 100 万平方呎及商场 30 万平方呎。业务在整顿中,1996 年出售东莞物业及购入珠海、上海及常州三项电子股权。公司 1995/96 年度营业额 13930 万元,纯利亏损 2540 万元。

【财务状况】 公司 1996 年 3 月底每股净值 0.298 元。

上海石油化工股份有限公司

【公司概况】 公司业绩报告结算日期 12 月 31 日,实收资本 A 股 4870000000 股,H 股 2180000000 股,合共人民币 70.5 亿元。公司董事会主席:王基铭。

【经营业绩】 主要生产将原油加工成各类合成纤维、树脂及塑胶、中间石化产品及石油产品,为国内最大乙烯生产商。产品绝大部分内销。计划未来三年投资 40 亿元人民币扩建厂房。于 8 月全球配售 H 股 5 亿股,每股 2.075 港元。公司 1995 年营业额 1183540 万元人民币,纯利 212680 万元人民币。

【财务状况】 公司 1995 年每股纯利 0.325 元,每股股息 0.13 元,每股净值 1.69 元人民币。1996 年中期息 0.04 元。

罗氏国际集团有限公司

【公司概况】 公司业绩报告结算日期 3 月 31 日,实收资本 548594986 股,合共 109718997 元。公司董事会主席:罗蜀凯。

【经营业绩】 从事针织衣物制造,以毛衣、女装上衣及针织恤衫为主,绝大部分产品外销美国。现持有建业工业大厦约 25 万平方呎及若干工贸中心面积作出租用途。公司 1995/96 年度纯利 10770 万元。1996 年 9 月止半年盈利 9460 万元。

【财务状况】 公司 1995/96 年度每股纯利 0.196 元,每股股息 0.08 元,1996 年 3 月底每股净值 1.62 元,中期息 0.03 元。

大家乐集团有限公司

【公司概况】 公司业绩报告结算日期 3 月 31 日,实收资本 519654000 股,合共 51965400 元。公司董事会主席:罗开睦。

【经营业绩】 经营本港各区一系列中西自助式餐厅业务,至 96 年 3 月止,共开设大家乐 116 间、意粉屋 18 间、阿二靓汤 11 间、机构饮食餐厅 20 间及中国快餐店 13 间。公司 1995/96 年度纯利 12540 万元。1996 年 9 月止半年盈利 5050 万元。

【财务状况】 公司 1995/96 年度每股纯利 0.241 元,每股股息 0.125 元,1996 年 3 月底每股净值 1.27 元,中期息 0.035 元。

高声国际集团有限公司

【公司概况】 公司业绩报告结算日期 9 月 30 日,实收资本 476402880 股,合共 47640288 元。公司董事会主席:高启兴。

【经营业绩】 主要从事设计、制造及销售消费电子产品。产品销欧美及中国等地。生产设施设于中国,已增建厂房 58 万平方呎。1995 年 9 月底每股净值 0.395 元。1996 年 9 月止年度亏损约 2.14 亿元,净负债不少于 2600 万元,净流动负债 2.77 亿元。深圳厂房停产。面对短期资金周转问题,随即停牌。公司 1994/95 年度营业额 117270 万元,纯利 2340 万元。

【财务状况】 公司 1994/95 年度每股纯利 0.059 元。1995 年 9 月底每股净值 0.395 元。

文化传信集团有限公司

【公司概况】 公司业绩报告结算日期 3 月 31 日,实收资本 1087633642 股,合共 108764000 元。公司董事会主席:邓立人。

【经营业绩】 从事出版漫画、杂志及天天日报,并参与印刷及有关业务。93 年底购入英记夹万家俬股权 85%,并于东莞设厂生产。公司 1995/96 年度纯利亏损 6930 万元。1996 年 9 月止半年亏损 1890 万元。

【财务状况】 公司 1996 年 3 月底每股净值 0.354 元,不派中期息。

维他奶国际集团有限公司

【公司概况】 公司业绩报告结算日期 3 月 31 日,实收资本 508896000 股,合共 127224000 元。公司董事会主席:罗友礼。

【经营业绩】 从事生产及分销以维他奶和维他两个牌子之非酒精类饮品。产品包括鲜奶、果汁、蒸溜水、茶类及豆腐等。除本销外,也分销至北美、新加坡、澳门及中国。拥有深圳光明华侨畜牧场 70% 权益。主要厂房设于屯门及深圳。公司 1995/96 年度营业额 130140 万元,纯利 3060 万元。1996 年 9 月止半年盈利4920万元。

【财务状况】 公司1995/96年度每股纯利0.06元，每股股息0.096元，1996年3月底每股净值1.69元，中期息0.04元。

香港友联银行有限公司

【公司概况】 公司业绩报告结算日期12月31日，实收资本243884785股，合共487769570元。公司董事会主席：李寅飞。

【经营业绩】 由招商局控制，除经营一般银行业务外，亦经营股票、黄金经纪业务，共设分行20间。占中国平安保险25%。1995年底存款110.2亿元，放款83.1亿元。公司1995年纯利22510万元。1996年上半年盈利12270万元。

【财务状况】 公司1995年每股纯利0.95元，每股股息0.36元，每股净值5.9元。1996年中期息0.1元。

经纬纺织机械股份有限公司

【公司概况】 公司业绩报告结算日期12月31日，实收资本H股180800000股，A股220000000股，合共人民币400800000元。公司董事会主席：梅在森。

【经营业绩】 为国家企业。从事制造及销售纺织机械、有关配件及专件的业务，是中国大型同类制造商之一。产品出口东南亚七个国家。成功开发及制造逾三十项新产品，计划引进更多电脑技术，增设其他产品。1996年1月发行18080万H股新股，每股售价1.29港元。公司1995年营业额71719万元人民币，纯利6875万元人民币。1996年6月止半年盈利3570万元人民币。

【财务状况】 公司1995年每股纯利0.31元，每股净值1.42元人民币。1996年中期息0.02元。

永德信实业有限公司

【公司概况】 公司业绩报告结算日期3月31日，实收资本250526000股，合共100210400元。公司董事会主席：李云孝。

【经营业绩】 从事制造及销售盒式录影带、录影带盒及录影带所需之原料、提供有关机械设备之贸易及顾问服务。厂房设于中国，并投资于越南厂房占少数权益。产品主销中国及美国，并于中国设有主要城市分销网。亦获胜家衣车家庭电器用品中国经销权。并于福州成立合营公司，经营建材、汽车及石油化学产品之贸易，也将生产业务扩展至软磁碟。公司1995/96年度营业额7940万元，纯利亏损1670万元。

【财务状况】 公司1996年3月底每股净值0.179元。

世纪城市国际控股有限公司

【公司概况】 公司业绩报告结算日期12月31日，实收资本2054980972股，合共205498097元。公司董事会主席：罗旭瑞。

【经营业绩】 为控股公司，占百利保控股约66%，而百利保控股则占有富豪酒店国际控股71.17%。业务为通过附属公司从事物业投资与管理、物业发展、发展顾问及策划管理、建筑及与建筑有关之业务、酒店东主与管理、推广与传讯及其他投资等。公司1995年纯利54500万元。1996年上半年盈利38750万元。

【财务状况】 公司1995年每股纯利0.268元，每股股息0.088元，每股净值5.60元。1996年中期息0.022元。

上海实业控股有限公司

【公司概况】 公司业绩报告结算日期12月31日，实收资本535350000股，合共53535000元。公司董事会主席：蔡来兴。

【经营业绩】 为国家企业。主要从事制造、分销及销售香烟、包装材料及印刷产品、药品及个人护理产品与化妆品，分别由南洋烟草、永发印务、三维制药及上海家化经营。生产设施设于香港及中国。1996年5月发行14800万股上市，每股售价7.28元。1996年11月以先旧后新配股集资31亿元，收购上海6个项目，占30%至51%权益。公司1995年营业额219647万元，纯利29347万元。1996年上半年盈利18660万元。

【财务状况】 公司上市后每股净值3.13元，1996年不派中期息。

陆氏集团有限公司

【公司概况】 公司业绩报告结算日期12月31日，实收资本889680275股，合共222420068元。公司董事会主席：陆擎天。

【经营业绩】 于香港、蛇口、印尼及越南生产电视机及套件，主销中国、欧洲。蛇口厂已与中资公司合并，于国内兴建武汉综合性楼宇。于成都及东莞也有地盘，越南夹板厂已于95年投产。水泥厂(占87.5%)及西关贸易中心(占75%)于1996年底完成。公司1995年营业额111670万元，纯利8010万元。1996年上半年盈利410万元。

【财务状况】 公司1995年每股纯利0.099元，每股净值1.62元。

庄士机构有限公司

【公司概况】 公司业绩报告结算日期3月31日，实收资本1058041273股，合共264510000元。公司董事会主席：庄绍绥。

【经营业绩】 现时业务集中于香港及星马物业投资发展。其他业务及为制造业及策略性投资，拥有香港投资物业包括中环庄士大厦、美国银行中心地下及地库、尖沙嘴伦敦广场及湾仔庄士企业大厦商场。在建中物业2项；应占商业面积17万平方呎及中国6项总面积约3800万平方呎；另马来西亚商业面积24万平方呎。其他投资：占庄士中国69%；占新加坡新的尼龙棉制厂88.2%；南北行股权11.4%。公司1995/96年度纯利11万元。1996年9月止半年盈利3250万元。

【财务状况】 公司1995/96年度每股纯利0.0001元，每股股息0.03元。1996年3月底每股净值3.62元，中期息0.01元。

吉林化学工业股份有限公司

【公司概况】 公司业绩报告结算日期12月31日，实收资本法人股：2396300000元，A股50000000股，H股964778000股，合共3411078000元。公司董事会主席：邓树林。

【经营业绩】 为中国国家企业，主要生产石油产品、石化及有机化工产品、染料及染料中间体、合成橡胶、化肥和其他化工产品。共拥有9个运作单位及2间中外合营企业，现正建设乙烯工程的装置共 11 套，耗资 55 亿元。公司 1995 年营业额 707850 万元，纯利 74350 万元。

【财务状况】 公司 1995 年每股纯利 0.25 元，每股股息 0.052 元。1996 年 6 月每股净值 1.80 元，不派中期息。

富联国际集团有限公司

【公司概况】 公司业绩报告结算日期 12 月 31 日，实收资本 515779513 股，合共 257889756 元。公司董事会主席：郑维志。

【经营业绩】 业务为成衣制造贸易及分销，厂房设于中国及缅甸。现持有九龙湾、新蒲岗及观塘三幢工业大厦，面积 63.7 万平方呎作出租用途。参与机铁九龙站第一期物业发展，占 7.5%；其他物业发展位于深水埗、九龙城及半山。持有汇亚通讯(PCS)30%股权。公司 1995 年纯利 5630 万元。1996 年上半年盈利 2180 万元。

【财务状况】 公司 1995 年每股纯利 0.206 元，每股股息 0.03 元，每股净值 1.18 元。1996 年中期息 0.01 元。

捷亚国际集团有限公司

【公司概况】 公司业绩报告结算日期 3 月 31 日，实收资本 186000000 股，合共 18600000 元。公司董事会主席：余锦澄。

【经营业绩】 主要从事国际空运及海运代理业务，并可提供相关之全球性后勤服务，总办事处设于香港。在美国、加拿大、新加坡、台湾、越南、澳门及中国等地拥有广泛之海外网络，并在深圳及上海各设立一家中外合资公司，亦任美国航空公司来往香港及中国独家业务总代理，以及 Cargopar 航空公司之香港业务总代理。公司 1995/96 年度营业额 48248 万元，纯利 3122 万元。

【财务状况】 公司 1995/96 年度每股纯利 0.227 元。1996 年 3 月底每股净值 0.486 元。

运亮国际集团有限公司

【公司概况】 公司业绩报告结算日期 6 月 30 日，实收资本 264006000 股，合共 26400600 元。公司董事会主席：刘燕文。

【经营业绩】 主要设计、制造及销售无线电话，也制造及销售特色电话。大部分产品均以 Wanon 商标在市场推广，主销美国及欧洲市场。厂房设于石岐，产品已获准于中国各地不限量销售。公司 1995/96 年度营业额 14410 万元，纯利亏损 1170 万元。

【财务状况】 公司 96 年 6 月底每股净值 0.213 元。

凯怡控股有限公司

【公司概况】 公司业绩报告结算日期 12 月 31 日，实收资本 268305645 股，合共 107322258 元。公司董事会主席：余立发。

【经营业绩】 从事香港之公共建筑工程。1995 年 5 月由深圳长和、远东铝质及德祥等以每股 0.38 元收购，改名如上。1996 年上半年亏损 2450 万元。公司 1995/96 年度营业额 41610 万元，纯利亏损 29870 万元，

【财务状况】 公司 96 年不派中期息。

联合集团有限公司

【公司概况】 公司业绩报告结算日期 12 月 31 日，实收资本 3066284738 股，合共 613256948 元。公司董事会主席：欧康纳。

【经营业绩】 原名为兆安地产，现持有联合地产 48.1%及联合工业 39.6%。本身业务为食品及金融服务，已开设亚洲联合财务(占 70%)，分行 10 间。公司 1995 年纯利 13560 万元。1996 年上半年盈利 8790 万元。

【财务状况】 公司 1995 年每股纯利 0.044 元，每股净值 1.09 元。1996 年不派中期息。

四洲集团有限公司

【公司概况】 公司业绩报告结算日期 3 月 31 日，实收资本 270000000 股，合共 27000000 元。公司董事会主席：戴德丰。

【经营业绩】 主要在香港、澳门及中国从事进口、推销及分销日本小食与其他食品及饮品。现由联号于深圳从事蛋糕产销及经营面包店及一系列咖啡餐厅，并与日资合作于广州制造小食及糖果。1995 年 9 月收购香港饼干厂 50.2%，并将于将军澳设厂。于汕头兴建的食品工业城已在进行中，并成立 5 个项目与日资合作。公司 1995/96 年度营业额 78121 万元，纯利 5100 万元。1996 年 9 月止半年盈利 2930 万元。

【财务状况】 公司 1995/96 年度每股纯利 0.189 元，每股股息 0.10 元。1996 年 3 月底每股净值 0.705 元，中期息 0.03 元。

YGM 贸易有限公司

【公司概况】 公司业绩报告结算日期 3 月 31 日，实收资本 150242792 股，合共 751121396 元。公司董事会主席：陈瑞球。

【经营业绩】 业务偏于服装批发及零售，于香港、台湾及中国设有庞大零售网，销售各项特许牌子产品。在广州及东莞设有成衣厂，旁及物业投资及发展，其后更经营印刷业，已于 1996 年售予勤达。公司 1995/96 年度纯利 13000 万元。1996 年 9 月止半年盈利 5740 万元。

【财务状况】 公司 1995/96 年度每股纯利 0.92 元，每股股息 0.40 元。1996 年 3 月底每股净值 3.87 元，中期息 0.11 元。

万胜集团有限公司

【公司概况】 公司业绩报告结算日期 12 月 31 日，实收资本 289610672 股，合共 57922134 元。公司董事会主席：劳汝福。

【经营业绩】 经营证券经纪业，包括香港及海外证券、债券、指数、商品及金融期货及黄金买卖。也提供贷款便利、保管、代理人及负责单位信托管理。正于广州河南区发展各项物业 217 万平方呎，占 92%，分多年发展。第一期高位物业约 30 万平方呎已在预售，97 年中完成。公司 1995 年纯利 283 万元。1996 年上半年盈利 210 万元。

【财务状况】 公司 1995 年每股纯利 0.0097 元，每股股息 0.005 元，每股净值 0.457 元。1996 年不派中期息。

新洲印刷集团有限公司

【公司概况】 公司业绩报告结算日期 3 月 31 日，实收资本 200000000 股，合共 20000000 元。公司董事会主席：苏周艳屏。

【经营业绩】 从事精美、彩色包装产品及瓦通之印刷及制造，并印刷书籍、小册子及其他纸品。客户为各行业之主要国际公司，并获和路迪士尼特许协议，于中国印刷及分销该类图书。总部设于元朗。东莞也设有厂房。正在上海兴建厂房中。公司1995/96年度营业额33440万元，纯利5601万元。1996年9月止半年盈利3950万元。

【财务状况】 公司1995/96年度每股纯利0.28元，每股股息0.08元，1996年3月底每股净值0.932元，中期息0.04元。

金汇投资集团有限公司

【公司概况】 公司业绩报告结算日期12月31日，实收资本370513950股，合共USD37051395元。公司董事会主席：冯家彬。

【经营业绩】 96年8月完成轩尼诗道商厦，并已售出，下半年入帐，亦购入3项土地储备权益，应占楼宇面积17万平方呎。期内新地购入金汇金融业务27.3%。公司1995年纯利6310万元。1996年上半年盈利4260万元。

【财务状况】 公司1995年每股纯利0.374元，每股股息0.08元。1996年中期息0.03元。

华凌集团有限公司

【公司概况】 公司业绩报告结算日期12月31日，实收资本800000000股，合共80000000元。公司董事会主席：毕清。

【经营业绩】 主要从事雪柜生产及销售。产品通过集团拥有95%权益之中雪之中外合资企业，以华凌牌在中国销售；另中雪拥有两家中外合资企业之权益20%及45%。厂房设于广州沙河，与日本三菱电机协议技术合作，生产冷气机及消毒柜。广州国际信托因包销供股而获股权37.49%，已提出以每股0.8元全面收购，程序正进行中。11月广信全面收购。公司1995年营业额103959万元，纯利4011万元。1996年上半年盈利1640万元。

【财务状况】 公司1995年每股纯利0.067元，每股股息0.02元，每股净值0.769元。1996年不派中期息。

星光传讯(国际控股)有限公司

【公司概况】 公司业绩报告结算日期12月31日，实收资本474197640股，合共47419764元。公司董事会主席：黄金富。

【经营业绩】 主要为香港提供传呼服务及经销与出租传呼机，提供传达讯息及金融资讯服务。亦占有台湾1间传呼服务公司60%。以设备租赁、技术转让、传呼机转口销售等方式，于中国17个城市进行投资，并开始以同样方式对移动电话网络投资。持有经营个人通讯网络服务之八方通讯27%。公司1995年营业额90930万元，纯利10170万元。1996年上半年盈利340万元。

【财务状况】 公司1995年每股纯利0.212元，每股股息0.07元，每股净值1.01元。1996年不派中期息。

岩井国际控股有限公司

【公司概况】 公司业绩报告结算日期3月31日，实收资本125550000股，合共12500000元。公司董事会主席：岩井雅。

【经营业绩】 主要在本港零售中至高级时装及配饰，现时独家代理20个日本及7个法国时装牌子。亦创立本身时装及配饰牌子Renouveau于香港零售，并出口日本及台湾。目前有41间零售精品店设于本港各大型百货公司。公司1995/96年度营业额12081万元，纯利1613万元。1996年9月止半年盈利300万元。

【财务状况】 公司1995/96年度每股纯利0.1491元，每股股息0.05元。1996年3月底每股净值0.611元，不派中期息。

大马集团有限公司

【公司概况】 公司业绩报告结算日期12月31日，实收资本777698340股，合共77769834元。公司董事会主席：吴瑞贤。

【经营业绩】 从事专营农产品之商品贸易及工业产品之代理业务，产品销香港、欧洲、菲律宾、南韩及中国等地。在香港及菲律宾均设有办事处、并在该两地经营金融服务。拥有香港嘉洛集团及菲律宾一间投资银行，金融业务遍及香港、菲律宾及印尼，并将参与菲供水计划投资。也于山东省经营食油提炼、饲料生产及家禽加工业务。1995年6月购入深井丽都花园停车位15个。公司1995年营业额213705万元，纯利9342万元。1996年上半年盈利4280万元。

【财务状况】 公司1995年每股纯利0.15元，每股股息0.063元，每股净值0.737元。1996年中期息0.023元。

泰兴光学集团有限公司

【公司概况】 公司业绩报告结算日期3月31日，实收资本436605654股，合共43660565元。公司董事会主席：马宝基。

【经营业绩】 主要从事设计、制造、销售及分销视光产品。主要市场有美国、中国、亚洲、欧洲及加拿大。生产设施则位于中国、香港及加拿大。正扩建中国厂房，并生产多种纤维素胶片及拓展中国市场，已于上海开设两间专门店。公司1995/96年度营业额37060万元，纯利8070万元，1996年9月止半年盈利6180万元。

【财务状况】 公司1995/96年度每股纯利0.20元，每股股息0.092元，1996年3月底每股净值0.684元，中期息0.05元。

美亚国际集团有限公司

【公司概况】 公司业绩报告结算日期3月31日，实收资本276750000股，合共27675000元。公司董事会主席：李国兴。

【经营业绩】 主要向香港、澳门、加拿大及美国客户发行影片之录影带及镭射影碟。1996年收购雅丽影视中心，连锁店共24间，又购入永盛电影资源50%。公司1995/96年度营业额17365万元，纯利389万元。1996年9月止半年盈利0万元。

【财务状况】 公司1995/96年度每股纯利0.0149元。1996年3月底每股净值0.454元，中期息0元。

旭日企业有限公司

【公司概况】 公司业绩报告结算日期3月31日，实收资本1000000000股，合共100000000元。公司董事会主席：杨振鑫。

【经营业绩】 主要是经营日常便服之零售、出口及制造。也为海外客户提供成衣设计和采购服务。用(真维斯)牌子在中国及澳洲拥有分店203间及146间零售网络。1996年度中国零售占20%、澳洲零售占27%,出口占43%,其中美国占19%。公司1995/96年度营业额184737万元,纯利9164万元。

【财务状况】 公司上市后每股净值0.653元。

兆峰陶瓷集团有限公司

【公司概况】 公司业绩报告结算日期12月31日,实收资本1437737924股,合共143772792元。公司董事会主席:李兆峰。

【经营业绩】 主要以整厂承建为基础,从事设计、安装及销售陶瓷生产线,以及销售用于造陶瓷产品之机器及设备。于中国33间陶瓷厂占有权益由25%至70%不等,其中22间已投产,其余于1996年内投产。拥有德国多博仕及汉索夫陶瓷机器厂,将扩展在德国、西班牙、美国及芬兰市场。公司1995年营业额83617万元,纯利11930万元。1996年上半年亏损25220万元。

【财务状况】 公司1995年每股纯利0.088元,每股股息0.05元,每股净值1.05元。

均来集团有限公司

【公司概况】 公司业绩报告结算日期3月31日,实收资本677304069股,合共57730406元。公司董事会主席:戴权。

【经营业绩】 主要业务为在香港之物业发展与投资,并为发展之物业提供管理服务。目前拥有6项发展中物业,总建筑面积44万平方呎,及超过37.2万平方呎之农地作未来发展之用。拥有投资物业商业面积9.6万平方呎及车位160个。1996年7月收购伦敦上市公司Water House72.7%,已改名为Golden land,提供其物业有关服务。公司1995/96年度营业额25831万元,纯利5475万元。

【财务状况】 公司1995/96年度每股纯利0.085元,每股股息0.04元。1996年6月底每股净值1.06元。

合一集团有限公司

【公司概况】 公司业绩报告结算日期3月31日,实收资本370214000股,合共37022000元。公司董事会主席:韩兆忠。

【经营业绩】 从事三大类电子消费产品(音响、电视及电话)之设计、制造及市场推广。产品主要以其商标Recor制造,主销欧洲、南美、美国、中东及亚洲,厂房设于中国东莞及福州。正扩展原有业务,并生产金属元件、印刷电路版及包装用物料供集团使用。拥有东莞土地面积450万平方呎,已开展于波兰及越南推广业务。公司1995/96年度营业额79093万元,纯利亏损12480万元。1996年9月止半年亏损1120万元。

【财务状况】 公司1996年3月底每股净值0.385元。

东方表行集团有限公司

【公司概况】 公司业绩报告结算日期3月31日,实收资本242000400股,合共24200040元。公司董事会主席:杨明标。

【经营业绩】 经销多种时尚名牌手表零售及批发业务。也销售名牌笔、打火机、时钟及精致首饰等。旗下零售店有8间,均位于主要购物区,而其中4间零售店乃自置物业。并已开展在中国的零售业务。1996年7月获"东方"手表于中国特约经销权。已于广州开设门市部。公司1995/96年度营业额110000万元,纯利4138万元。1996年9月止半年盈利2310万元。

【财务状况】 公司1995/96年度每股纯利0.171元,每股股息0.062元。1996年3月底每股净值0.691元,中期息0.012元。

美联空运集团有限公司

【公司概况】 公司业绩报告结算日期3月31日,实收资本280182647股,合共28018264元。公司董事会主席:梁子亨。

【经营业绩】 主要从事国际货运代理业务。货物运载地区超过150个城市,办事处位于香港,并于美国及中国驻有代办处。1995年12月大股东林景高将股权30.9%售予梁子亨,每股作价0.80元。公司1995/96年度营业额45960万元,纯利亏损2650万元。1996年9月止半年盈利0百万元。

【财务状况】 公司1995/96年度每股股息0.01元。1996年3月底每股净值0.568元,中期息0元。

星光集团有限公司

【公司概况】 公司业绩报告结算日期3月31日,实收资本272607989股,合共27260799元。公司董事会主席:林光如。

【经营业绩】 公司业务主要为印制包装纸盒、手册说明书、标签、贺咭及礼品等,客户乃香港、中国及澳门之当地跨国制造商及分销商。厂房位于香港、深圳及江苏。已获若干纸品制造特许权。广州环保中心已建成,将生产环保产品;纸浆模塑机已成功试产。公司1995/96年度营业额36186万元,纯利100万元。1996年9月止半年盈利1650万元。

【财务状况】 公司1995/96年度每股纯利0.0037元。1996年3月底每股净值0.68元,中期息0.02元。

新昌营造集团有限公司

【公司概况】 公司业绩报告结算日期3月31日,实收资本615461142股,合共61546114元。公司董事会主席:叶谋遵。

【经营业绩】 从事广泛建筑服务。截至96年9月底未完成工程合约50.2亿元;另联号未完成约31.4亿元。持有湾仔英之杰保险大厦写字楼7.7万平方呎,租赁权20年。兴建中西区商厦(占22.5%)及越南酒店式寓所7万平方呎(占35%)。公司1995/96年度纯利5080万元。1996年9月止半年盈利4960万元。

【财务状况】 公司1995/96年度每股纯利0.083元,每股股息0.075元。1996年3月底每股净值0.902元,中期息0.03元。

大通咭有限公司

【公司概况】 公司业绩报告结算日期12月31日,实收资本1493828176股,合共149382817元。公司董事会主席:邹文怀。

【经营业绩】 为香港主要信用咭发行公司之一。信用咭收益包括年费、佣金及利息。公司1995年纯利39004万元。1996

年上半年盈利 21350 万元。

【财务状况】 公司 1995/96 年度每股纯利 0.2613 元，每股股息 0.155 元，每股净值 0.898 元。1996 年中期息 0.0575 元。

有利集团有限公司

【公司概况】 公司业绩报告结算日期 3 月 31 日，实收资本 787104179 股，合共 78710417 元。公司董事会主席：黄业强。

【经营业绩】 主要从事楼宇建筑，提供保养及装修服务。至 96 年 12 月中，未完成工程合约 47.6 亿元。位于顺德容奇住宅 30 万平方呎（占 25%），于 1996/97 年完成。其他投资包括顺昌集团（占 18.75%）、南京深冷技术工业产品（占 30%），容奇混凝土业务及中澳越境工程管理业务等。公司 1995/96 年度纯利 2230 万元。1996 年 9 月止半年盈利 2000 万元。

【财务状况】 公司 1995/96 年度每股纯利 0.028 元，每股股息 0.01 元。1996 年 3 月底每股净值 0.64 元，中期息 0.005 元。

叶氏恒昌（控股）有限公司

【公司概况】 公司业绩报告结算日期 3 月 31 日，实收资本 469167121 股，合共 46916712 元。公司董事会主席：叶志成。

【经营业绩】 主要制造混合溶剂及漆油、买卖各种石油化工及化学产品。厂房设于中国，产品售予香港及中国多行工业用家。公司 1995/96 年度营业额 151480 万元，纯利 1370 万元。1996 年 9 月止半年盈利 3170 万元。

【财务状况】 公司 1995/96 年度每股纯利 0.029 元，每股股息 0.015 元。1996 年 3 月底每股净值 0.914 元，中期息 0.02 元。

四通电子技术有限公司

【公司概况】 公司业绩报告结算日期 12 月 31 日，实收资本 605907600 股，合共 60590760 元。公司董事会主席：沈国钧。

【经营业绩】 为中国最大民办高科技企业四通控股之附属公司。主要在中国生产及经销一体化文字处理机，也经销 OKI 打印机及电脑遇边设备、办公室自动化设备及其他电子产品之代理及经销。也发展计税电子收款机及税票稽核联网系统。公司 1995 年营业额 159590 万元，纯利 1720 万元。1996 年中期盈利 1020 万元。

【财务状况】 公司 1995 年每股纯利 0.028 元，每股股息 0.015 元，每股净值 0.756 元。1996 年不派中期息。

南顺（香港）有限公司

【公司概况】 公司业绩报告结算日期 12 月 31 日，实收资本 484519120 股，合共 121129780 元。公司董事会主席：黄大桩。

【经营业绩】 产销及进口食油、食品、果汁、清洁精及铝质容器，并兼营广告代理、货仓以至一般贸易，及兼营电子产品贸易。除占南顺食品 57.8%，还于台湾制造电路板。1996 年 11 月协议以 5.64 亿元出售美特容器股权，将获利 2.25 亿元。公司 1995 年纯利亏损 3660 万元。1996 年中期盈利 3800 万元。

【财务状况】 公司 1995 年每股股息 0.015 元，每股净值 2.52 元。

东峻（集团）有限公司

【公司概况】 公司业绩报告结算日期 3 月 31 日，实收资本 790011600 股，合共 79001160 元。公司董事会主席：黄振雄。

【经营业绩】 96 年 4 月建议以 0.77 元私有化，旋于 1996 年 10 月由现时主席以每股 0.83 元收购，合盈旧股东购回皮革业，易名如上。业务改为物业投资发展，在中国广州已完成商场写字楼约 120 万平方呎，广州及北京待建综合面积 220 万平方呎，并与广州百货合营百货业。公司 1995/96 年度营业额 35920 万元，纯利 190 万元。

【财务状况】 公司 1995/96 年度每股纯利 0.0099 元，每股股息 0.01 元。

南华工业有限公司

【公司概况】 公司业绩报告结算日期 12 月 31 日，实收资本 529963728 股，合共 52996372 元。公司董事会主席：吴鸿生。

【经营业绩】 原名华盛国际，从事玩具及鞋业产销，拥有耐力股权 32%。93 年 4 月购入南京微分电机厂 51%，至 95 年 12 月 31 日占 38.4%；占天津一鞋业集团 8%。1995 年 4 月购入东龙股权 25.26%。1995 年底将属下华盛玩具于新加坡分拆上市，仍占 75%。1996 年增购策至 60.45%。公司 1995 年纯利 24460 万元。1996 年上半年盈利 2510 万元。

【财务状况】 公司 1995 年每股纯利 0.462 元，每股股息 0.15 元，每股净值 1.46 元。1996 年中期息 0.13 元。

谢瑞麟国际有限公司

【公司概况】 公司业绩报告结算日期 2 月 28 日，实收资本 247950707 股，合共 61987676 元。公司董事会主席：谢瑞麟。

【经营业绩】 从事经营产珠宝首饰业务。珠宝销售以香港及中国市场为主，东南亚也为推销市场。并占港财谢瑞麟金融 25%；拥有 19 项投资物业。1995 年 11 月建议由公司回购 4130 万股，每股 2.3 元，持有 7 股可接受回购 1 股，回购 41325000 股经销。公司 1995/96 年度纯利 8850 万元。1996 年 8 月止半年盈利 3590 万元。

【财务状况】 公司 1995/96 年度每股纯利 0.312 元，每股股息 0.30 元。1996 年中期息 0.1 元。

方正（香港）有限公司

【公司概况】 公司业绩报告结算日期 12 月 31 日，实收资本 550000000 股，合共 55000000 元。公司董事会主席：王选。

【经营业绩】 从事与出版业及其他行业（如银行及零售）有关的应用软件开发及电脑系统集成。也在香港及国内经销电脑及有关产品，其电子中文出版系统广为中、港两地出版业及书报社采用。除香港之业务外，在中国多个省份拥有 36 间支部及 300 个分销点；另于马来西亚及加拿大设有附属公司；在澳门、台湾、日本及南韩有多家经销商。1996 年 12 月发行 5000 万新股配售，每股售价 3 元。公司 1995 年营业额 109620 万元，纯利 10930 万元。1996 年上半年盈利 550 万元。

【财务状况】 公司 1995 年每股纯利 0.35 元，每股净值 0.99 元。

友利电讯工业有限公司

【公司概况】 公司业绩报告结算日期12月31日，实收资本1018955000股，合共101895500元。公司董事会主席：高振顺。

【经营业绩】 制造及经销家庭电器、消费电子产品及有关产品。厂房设于屯门及深圳。于1996年9月收购国内1间印刷电路板厂。公司1995年纯利亏损3390万元。1996年上半年亏损1630万元。

【财务状况】 公司1995年底每股净值0.19元。

福田实业(集团)有限公司

【公司概况】 公司业绩报告结算日期8月31日，实收资本771658960股，合共154331792元。公司董事会主席：夏松芳。

【经营业绩】 生产及销售针织成品布，代客加工染色及整理，以至经营胚纱业务，主销本港。屯门厂房总面积100万平方呎、东莞福安厂房180万平方呎，已全部投产。斯里兰卡厂房已于1996年6月投产。公司1995/96年度营业额381560万元，纯利21020万元。1996年2月止半年盈利7660万元。

【财务状况】 公司1995/96年度每股纯利0.272元，每股股息0.13元。1996年中期息0.03元。

AHK Convertibles Ltd.

【公司概况】 公司业绩报告结算日期12月31日，实收资本80000000股，合共800000元。公司董事会主席：冯永祥。

【经营业绩】 乃上市规则管辖之投资公司，投资方针为投资于可换股票据，大部分投资于中国之香港工业及服务性行业所发行之可换股票据。原为新鸿基工业部分，于93年11月分拆上市，现占33.66%。1996年9月建议通过削减公司股份溢价帐向股东派发每股4元之现金，公司或于97年中清盘。公司1995年盈利4450万元。

【财务状况】 公司1995年每股派息0.75元。1996年9月底每股净值8.12元。

能丰国际集团有限公司

【公司概况】 公司业绩报告结算日期12月31日，实收资本654536000股，合共65453600元。公司董事会主席：吴光伟。

【经营业绩】 从事钢铁买卖。货源采购自独联体及南非，主销东南亚国家。持有国内3间钢铁厂合营权益。设有电子元件制造部门，又经营2艘货轮。于泰国钢铁厂占25%，1996年投产。公司1995年营业额303920万元，纯利亏损17850万元。1996年中期亏损153万元。

【财务状况】 公司1996年不派息。

诚辉国际集团有限公司

【公司概况】 公司业绩报告结算日期3月31日，实收资本426967200股，合共42696720元。公司董事会主席：杨启辉。

【经营业绩】 主要从事制造及销售缝制品。厂房设于中国，产品主销美国，但已计划于中国及香港开展零售业。1996年8月因债务问题已停牌。公司1995/96年度营业额77800万元，纯利亏损36870万元。

友联建筑材料(集团)有限公司

【公司概况】 公司业绩报告结算日期3月31日，实收资本495079312股，合共99015863元。公司董事会主席：萧若慈。

【经营业绩】 主要在香港从事入口瓷砖及花岗岩与云石制品。主销香港、澳门及中国，大部分为独家经销商。于温州及重庆投资瓷砖厂，于新会设打磨厂，已经投资。1995年购入保华德祥属下之云石花岗石销售公司，已于东莞设立云石加工厂，1996年投产。公司1995/96年度营业额93990万元，纯利9100万元。1996年9月止半年盈利4800万元。

【财务状况】 公司1995/96年度每股纯利0.19元，每股股息0.045元。1996年3月底每股净值0.859元，中期息0.015元。

瑞昌控股有限公司

【公司概况】 公司业绩报告结算日期12月31日，实收资本217169490股，合共10858475元。公司董事会主席：钟斌铨。

【经营业绩】 主要从事建筑业，并以参与居屋发展为主。公司1995年营业额15610万元，纯利1380万元。1996年上半年亏损1476万元。

【财务状况】 公司1995年每股纯利0.072元，每股股息0.06元，每股净值1.26元。1996年不派中期息。

英发国际有限公司

【公司概况】 公司业绩报告结算日期3月31日，实收资本380898800股，合共38089880元。公司董事会主席：冯广恩。

【经营业绩】 主要从事设计、发展、生产及销售纸品，主要销售相簿，客户以欧美为主，厂房设于中国。公司1995/96年度营业额61620万元，纯利8000万元。1996年9月止半年盈利3360万元。

【财务状况】 公司1995/96年度，每股纯利0.205元，每股股息0.026元。1996年3月底每股净值0.90元，中期息0.012元。

太平协和集团有限公司

【公司概况】 公司业绩报告结算日期12月31日，实收资本1874026308股，合共187402630元。公司董事会主席：汪世忠。

【经营业绩】 现时业务为消费品产销、物业发展及电讯业与其他投资。于中国生产手表、化妆品及玩具等，并开设8间百货公司，占马鞍山地盘45%；兴建商住面积174万平方呎；于南京、苏州、广州及武汉等地计划兴建商住面积610万平方呎；又占有泰国地产公司35%。第一期楼宇1500万平方呎，其中两座大部分已售约70%。1996年10月将香港及国内物业组成协和建设分拆上市。94年4月已为中国逾30个城市乡镇安装超过100个传呼服务网，可为400万名用户服务。公司1995年纯利13390万元。1996年上半年盈利6037万元。

【财务状况】 公司1995年每股纯利0.071元，每股股息0.

0358元，每股帐面净值1.91元。1996年中期息0.0183元。

大新金融集团有限公司

【公司概况】 公司业绩报告结算日期12月31日，实收资本228472354股，合共456944708元。公司董事会主席：王守业。

【经营业绩】 大新金融为大新银行之控股公司。已售出工商银行40%。公司95年底存款220亿元，放款170亿元。1995年纯利47650万元。1996年上半年盈利24950万元。

【财务状况】 公司1995年每股纯利2.085元，每股股息0.85元，每股净值13.09元。1996年中期息0.41元。

宝隆洋行(香港)有限公司

【公司概况】 公司业绩报告结算日期12月31日，实收资本400000000股，合共100000000元。公司董事会主席：Michael Fiorini。

【经营业绩】 经营贸易业务，于本港及中国有庞大业务，88年起兼营运输业。也经营消费品分销、印刷设备供应及与中国成立乳品产销公司，占购入中国海运集装箱股权10%。并通过联号经营租赁财务及拥有北京东湖别墅办公室及住宅大楼。也投资于国内生产奶粉及乳酪业务。1996年曾买卖多项物业，获利5000万元，计入下半年度。公司1995年纯利亏损940万元。1996年中期亏损1350万元。

【财务状况】 公司1995年底每股净值5.87元。

善美(环球)有限公司

【公司概况】 公司业绩报告结算日期1月31日，实收资本359800611股，合共359800611元。公司董事会主席：丁谓。

【经营业绩】 制造电脑及数据通讯、磁光及电子磁性储存设备。拥有加拿大STMC orp.发展之所有技术之唯一独有权。现持有日本水东权益29%及德国百福衣车80%。并通过日本山水收购日本雅佳65.9%，再以雅佳收购港华100%，港华占东茗44.1%，而山水也持东茗17.5%。公司1995/96年度纯利25800万元。1996年7月止半年盈利12100万元。

【财务状况】 公司1995/96年度每股纯利0.74元，每股股息0.83元。1996年1月底每股净值22.45元，中期息0.23元。

鸿兴印刷集团有限公司

【公司概况】 公司业绩报告结算日期3月31日，实收资本471752478股，合共47175248元。公司董事会主席：任昌洪。

【经营业绩】 主要从事彩盒之印刷及制造、纸张贸易及瓦通纸箱制造，厂房设于大埔及深圳。彩盒主要为中国玩具制造商印制，扩建深圳厂房及于中山成立合营厂房已完成。公司1995/96年度营业额99040万元，纯利10700万元。1996年9月上半年盈利8230万元。

【财务状况】 公司1995/96年度每股纯利0.233元，每股股息0.12元。1996年3月底每股净值1.15元，中期息0.04元。

森泰集团有限公司

【公司概况】 公司业绩报告结算日期3月31日，实收资本260003600股，合共26000360元。公司董事会主席：叶森然。

【经营业绩】 主要从事液晶体时计、电话、计算机，手提电子游戏等电子消费品之设计、发展、制造及销售业务。于福建省设厂生产及分销电子产品。于武汉及东莞物业发展已放缓。公司1995/96年度营业额53800万元，纯利380万元。

【财务状况】 公司1995/96年度每股纯利0.015元，每股股息0.01元。1996年3月底每股净值0.592元，中期息0.001元。

恒信集团有限公司

【公司概况】 公司业绩报告结算日期3月31日，实收资本213085700股，合共21308570元。公司董事会主席：麦湛江。

【经营业绩】 主要在香港为私人机构从事地盘平整，兴建下层建筑(包括地基工程)及上盖建筑之业务。扩展中国业务，于广州及云南开展建筑及建材业务；也于山东投资水泥业。1996年5月现任主席以每股0.35元购得控制权，并提出全面收购。公司1995/96年度营业额8730万元，纯利亏损2430万元。1996年9月止半年亏损53170万元。

【财务状况】 公司1996年3月每股净值0.167元。

莱利集团有限公司

【公司概况】 公司业绩报告结算日期12月31日，实收资本155584432股，合共62233772元。公司董事会主席：徐发泉。

【经营业绩】 从事生产精致珠宝首饰制造、出口兼批发。主要市场为美国、欧洲及日本。总部设于香港，在美国及中国则分别设有制造厂。已开展中国市场。94年底将全资附属公司IWI于美国上市。94年底收购上海莱奥广场权益70%，总面积45万平方呎，于97年完成。公司1995年营业额58428万元，纯利2708万元。1996年上半年亏损6970万元。

【财务状况】 公司1995年每股纯利0.20元，每股股息0.025元。1996年不派中期息。

联亚集团有限公司

【公司概况】 公司业绩报告结算日期12月31日，实收资本124221419股，合共12422142元。公司董事会主席：唐骥千。

【经营业绩】 在香港及台湾从事制衣业务，主销美国，也在台湾及美国从事采购代理贸易批发业务。在香港及台湾拥有自置厂房，也委托中国及菲律宾分包制造，拥有大量成衣配额。公司1995年纯利9620万元。1996年上半年盈利3360万元。

【财务状况】 公司1995年每股纯利0.773元，每股股息0.45元。1996年中期息0.1元。

锦宏集团有限公司

【公司概况】 公司业绩报告结算日期3月31日，实收资本301991884股，合共3019918元。公司董事会主席：李裕龙。

【经营业绩】 业务包括新加坡及马来西亚之制衣业，上述两地及法国服装批发，并在美国作物业投资及发展。1996年3月发行4000万新股，集资3126万元，投资中国企业。同年7月主席涉债务纠纷，9月暂停牌。公司1995/96年度营业额5570万元，纯利480万元。1996年9月止半年(亏损)150万元。

【财务状况】 公司1995/96年度每股纯利0.019元。

特时泰国际(集团)有限公司

【公司概况】 公司业绩报告结算日期3月31日,实收资本380000000股,合共38000000元。公司董事会主席:卢昭红。

【经营业绩】 主要从事洗水丝成衣之设计、制造及分销。丝质成衣以私人牌子或集团牌子分销;并兼营印染业务,市场以美国为主。厂房设于中国。鉴于市场需求转变,成衣选料扩展至人造纤维、棉及麻等。且由便服扩展至晚装及运动装等;并减缩丝织品印染业务。已于国内开设零售店。公司1995/96年度营业额25210万元,纯利(亏损)1900万元。1996年9月止半年亏损980万元。

【财务状况】 公司1996年3月底每股净值0.242元,不派中期息。

鸿运电子有限公司

【公司概况】 公司业绩报告结算日期3月31日,实收资本514762122股,合共128690530元。公司董事会主席:李树强。

【经营业绩】 产销各项电子产品,已扩展至汽车收音机、卡拉OK、语言翻译机、传呼机及电话截流器。计划将若干产品透过实力国际销售,已于95年初配售股份46.6%予实力国际;其后再增至50.5%。公司1995/96年度纯利(亏损)4410万元。

瑞源国际有限公司

【公司概况】 公司业绩报告结算日期3月31日,实收资本200000000股,合共20000000元。公司董事会主席:陈黎明。

【经营业绩】 主要从事设计、制造及销售皮革服装,也设计及销售貂皮外衣及咖士咩外衣。生产加工设施均设于深圳、福建、上海及北京等,产品主要内销。国内共有99个销售点。计划扩充现有生产能力,发展多样化产品,强化采购部。1996年5月发行5000万新股上市。公司1995/96年度营业额19079万元,纯利3723万元。

【财务状况】 公司1995/96年度每股纯利0.25元,每股股息0.01元。1996年3月底每股帐面资产净值0.333元。

名力集团有限公司

【公司概况】 公司业绩报告结算日期3月31日,实收资本1898086001股,合共474521500元。公司董事会主席:查济民。

【经营业绩】 为香港兴业重组后分拆股份,于88年3月上市,为一控股公司。占香港兴业57.33%,也占中国首间国际投资银行中国国际金融股权7.5%。又与中国航天工业发展民用工业项目及进行植物及农产品改良。1995年成立CCM Capital,于太平洋区高增长行业作中短线投资,已投资于澳洲食品业务,并持有National Foods约10.95%权益。公司1995/96年度纯利40360万元。1996年9月止半年盈利38880万元。

【财务状况】 公司1995/96年度每股纯利0.213元,每股股息0.05元。1996年中期息0.025元。

建材控股有限公司

【公司概况】 公司业绩报告结算日期6月30日,实收资本437820000股,合共43782000元。公司董事会主席:司徒若瑟。

【经营业绩】 主要在中港两地提供室内装修及翻新工程,以及电机及建筑等一系列楼宇建造承办服务;也经营中港两地之室内装修材料贸易。1996年8月原主席胡经纬出售股权,1996年11月发行1.25亿股(3750万股将于97年6月发行)收购承达工程,经营建造及装备钢筋及混凝土构架楼宇业务。公司1995/96年度营业额26880万元,纯利亏损4920万元。

【财务状况】 公司96年6月底每股净值0.169元。

香港兴业国际集团有限公司

【公司概况】 公司业绩报告结算日期3月31日,实收资本1050256995股,合共262564295元。公司董事会主席:查济民。

【经营业绩】 业务包括物业投资及发展,海外酒店经营及管理。投资中国洁具制造及占加拿大一间开采石油及天然气公司股权19.8%。拥有荃湾中国染厂大厦(977000平方呎)作投资用途。百福控股(占93.28%)拥有及经营位于曼谷、新加坡、布里斯班及达尔文四间酒店,并持有位于纽约、迈亚美、日内瓦、慕尼克及得塞多夫五间酒店50%。占中山洁具厂95%。发展中物业包括长沙湾工业大厦146515平方呎等9项。愉景湾发展占50%。1995年12月以72600万元向新世界购回倚涛轩174个单位。公司1995/96年度纯利48270万元。1996年9月止半年盈利59040万元。

【财务状况】 公司1995/96年度每股纯利0.465元,每股股息0.182元。1996年3月底每股净值5.73元,中期息0.09元。

中国印染有限公司

【公司概况】 公司业绩报告结算日期3月31日,实收资本205455004股,合共20545500元。公司董事会主席:查济民。

【经营业绩】 为香港兴业重组后分拆股份,原为中国染厂。现时业务主要为棉、麻及真丝漂染处理及印花,以自购胚布加工本销为主。外销以英国为主,拥有英、加、美、德各地若干配额。于元朗自建厂房。已将厂房物业49%售予法国纺织集团,并成立合营推销公司,亦认购该纺织集团股权6.1%及认股权证,可换购股权至16.3%。公司1995/96年度纯利290万元。1996年9月止半年亏损100万元。

【财务状况】 公司1995/96年度每股纯利0.014元。1996年3月底每股净值1.07元。

升冈集团有限公司

【公司概况】 公司业绩报告结算日期3月31日,实收资本270203472股,合共108081389元。公司董事会主席:刘锡康。

【经营业绩】 从事设计、制造及销售影音及通讯消费电子产品,厂房设于港、澳及中国,以至马来西亚。近年来收购若干电视机及电子产品产销权及印尼与法国电视机厂权益。占番禺富临花园(住宅70万平方呎)60%。所占品德股权6.7%已于1996年售出。公司1995/96年度营业额134080万元,纯利1000万元。1996年9月止半年盈利1750万元。

【财务状况】 公司1995/96年度每股纯利0.037元,每股股息0.01元。1996年中期息0.01元。1996年3月底每股净值1.32元。

森昶国际有限公司

【公司概况】 公司业绩报告结算日期6月30日,实收资本115694904股,合共231389808元。公司董事会主席:黎明恩。

【经营业绩】 原名为冠恒顿。于东南亚经营建筑工程、有关机械销售、租赁及修理;也投资于卡里曼丹及苏门塔纳的采矿业务。通过合营公司参与中国建筑工程,正在发展苏州城镇及一条收费道路。公司1995/96年度纯利亏损6780万元。

【财务状况】 公司96年6月底每股净值6.37元。

伟柏集团有限公司

【公司概况】 公司业绩报告结算日期6月30日,实收资本238500400股,合共23850040元。公司董事会主席:李振国。

【经营业绩】 主要从事手提液晶体显示电子游戏机之设计、制造及销售。并制造、销售教学玩具、多种语文电子翻译机、资料库、汽车音响产品及室内无线电话,厂房设于中国,印尼亦有若干生产设施。产品销往美、日、英、德等地,亦拓展中国及印尼市场。公司1995/96年度营业额46280万元,纯利亏损3050万元。

【财务状况】 公司96年6月底每股净值0.31元。

丽新发展有限公司

【公司概况】 公司业绩报告结算日期7月31日,实收资本827115456股,合共413557732元。公司董事会主席:林百欣。

【经营业绩】 业务集中于地产发展投资,并持有景耀国际54.09%。93年8月以11.65亿元购入中区丽豪酒店,占60%,于1996年增至70%。又以14.7亿元购入纽约四季酒店,占50%。另购入比华利山丽晶Wilshire酒店25%。另占亚洲电视16.67%及汇亚通讯30%。主要投资物业包括铜锣湾广场、长沙湾广场、制衣工业中心及元朗工业中心等面积共378万平方呎。本港土地储备可供建成各项面积120万平方呎,共12个地盘。中国物业发展计划主要有4项,应占完成后商住面积约490万平方呎;连同位于珠江三角洲土地储备,总数达1290万平方呎。公司1995/96年度纯利76640万元。

【财务状况】 公司1995/96年度每股纯利0.927元,每股股息0.35元。1996年7月每股净值17.14元。

利丰有限公司

【公司概况】 公司业绩报告结算日期12月31日,实收资本621197000股,合共62119700元。公司董事会主席:冯国经。

【经营业绩】 主要从事远东区消费品之出口贸易业务,以纺织品至为大宗。1995年分别收购天祥及英之杰采购服务股权。公司1995年纯利22540元。1996年上半年盈利10090万元。

【财务状况】 公司1995年每股纯利0.406元,每股股息0.28元,每股净值0.845元。1996年中期息0.1元。

京华自动化集团有限公司

【公司概况】 公司业绩报告结算日期3月31日,实收资本157000000股,合共15700000元。公司董事会主席:陈银海。

【经营业绩】 为纺织及成衣业设计、生产及销售电脑辅助设计系统。又于东莞设电脑绣花机制造厂,浙江激光制品厂及苏州服装及纹制服务厂。亦购入绍兴土地兴建商住面积38万平方呎,首期19万平方呎已完成,第二期待发展。公司1995/96年度营业额2440万元,纯利亏损440万元。1996年9月止半年亏损280万元。

【财务状况】 96年3月底每股净值0.527元。

百利大有限公司

【公司概况】 公司业绩报告结算日期6月30日,实收资本559841615股,合共279920807元。公司董事会主席:阎子茂。

【经营业绩】 现时业务为拥有山顶宝云山大厦住宅84248平方呎。1996年10月"Five Star"以每股0.83元购得股权53.69%,并注入会展广场写字楼16518平方呎,部分为新股支付代价。收购后每股净值1.516元。现计划重建宝云山大厦物业。公司1995/96年度纯利亏损2090万元。

海洋资讯集团有限公司

【公司概况】 公司业绩报告结算日期3月31日,实收资本312104000股,合共31210400元。公司董事会主席:曾文忠。

【经营业绩】 从事基本个人电脑件及个人电脑之设计、制造与销售。厂房设于中国,产品主销欧洲,以销售主机板为主。公司1995/96年度营业额130730万元,纯利亏损2980万元。1996年9月止半年盈利1020万元。

【财务状况】 公司96年3月底每股净值0.898元。

保华德祥建筑集团有限公司

【公司概况】 公司业绩报告结算日期3月31日,实收资本1040724754股,合共104072475元。公司董事会主席:陈国强。

【经营业绩】 主要在香港、中国及亚洲等地经营私人及公共楼宇土木及建筑工程。工程遍布香港、新加坡、广东、海南、上海及北京等地。94年购入纽西兰DGL集团合并。手头未完成工程107.9亿元。持有友联建材20%。控股公司国际德祥占保华35.6%。公司1995/96年度营业额530530万元,纯利26110万元。1996年9月止半年盈利13300万元。

【财务状况】 公司1995/96年度每股纯利0.266元,每股股息0.118元。1996年中期息0.04元。

建生电子(集团)有限公司

【公司概况】 公司业绩报告结算日期4月30日,实收资本751091880股,合共150218376元。公司董事会主席:苏健强。

【经营业绩】 从事设计及生产照相机、计算机、电子表、手提电视机、卡式/录音机及收音机等；也从事扬声器及集成电路等电子零件贸易；也担当购买电子元件代理。于国内生产传呼机及提供服务。1995年7月24日起停牌，净负债36500万元，96年7月新北江地产集团计划注资收购，建议仍待批准。

凯威国际有限公司

【公司概况】 公司业绩报告结算日期12月31日，实收资本普通股166500000股，优先股83250000股，合共374650000元。公司董事会主席：何永安。

【经营业绩】 从事设计、发展及制造彩色电视机、音响系统及电讯设备。于香港、中国及泰国生产。1995年开始于泰国生产互动多媒体显示产品。公司1995年纯利亏损5130万元。1996年上半年盈利1870万元。

【财务状况】 公司1995年12月底每股净值3.64元。1996年不派中期息。

庆丰金集团有限公司

【公司概况】 公司业绩报告结算日期4月30日，实收资本668320000股，合共66832000元。公司董事会主席：陈发柱。

【经营业绩】 为投资控股公司。通过其联营公司参与黄金及有色金属业务投资及发展，集采购、提炼、鉴定、铸造、批发及买卖于一体的黄金从业机构。具有三个普通行员及两个金集团行员会籍。生产设施于香港及马来西亚，提炼及铸造黄金年产量分别约100公吨。占鑫成、东方鑫源权益48.36%及22.3%。1996年11月发行16800万股新股上市，每股售价1.01元，并向添发庆丰股东100送1新股，共派9751073股。公司1995/96年度营业额618530万元，纯利3140万元。

【财务状况】 上市后每股资产净值0.42元。

侨弼控股有限公司

【公司概况】 公司业绩报告结算日期3月31日，实收资本350000000股，合共35000000元。公司董事会主席：黄荣华。

【经营业绩】 主要从事买卖、开发及供应亚麻及多种亚麻制成品，也从事买卖塑胶原料贸易业务与生产再造原料涤纶短纤维。正计划于中国成立亚麻制成品生产设施；亦于北美开始种植亚麻。1995年9月发售8750万新股，每股售价1.05元（每5股送1份认股证）。公司1995/96年度营业额85000万元，纯利7122万元。

【财务状况】 公司1995/96年度每股纯利0.233元，每股股息0.048元。1996年中期息每股0.02元。

中国食品发展集团有限公司

【公司概况】 公司业绩报告结算日期3月31日，实收资本590371027股，合共59037103元。公司董事会主席：周碧泉。

【经营业绩】 现持有荃湾东亚商场、海晖股权21%。投资国内食用植物油加工、肉类加工、面粉厂、健康饮品及日式食品。于江苏合作经营一所热电厂及投资维生素C厂。公司1995/96年度纯利1730万元。1996年9月止半年盈利1200万元。

【财务状况】 公司1995/96年度每股纯利0.031元，每股股息0.05元。1996年3月底每股净值2.22元。

其士（商业系统）有限公司

【公司概况】 公司业绩报告结算日期3月31日，实收资本676117000股，合共67611700元。公司董事会主席：周亦卿。

【经营业绩】 经营办公室设备销售。并拥有漆咸道其士大厦1楼及2楼面积共18670平方呎。与澳洲财团合办第二代无线电话，占51%。第二代电话已于1996年结束，仍经营传呼；又经营电脑国际网络。公司1995/96年度纯利6400万元。1996年9月止半年盈利5060万元。

【财务状况】 公司1995/96年度每股纯利0.097元，每股股息0.045元。1996年3月底每股净值0.392元，中期息0.02元。

运通泰集团（百慕达）有限公司

【公司概况】 公司业绩报告结算日期3月31日，实收资本420000000股，合共42000000元。公司董事会主席：叶围洲。

【经营业绩】 主要从事运输及饮食有关业务。经营买卖的士及小巴，出租的士及担任保险代理，为的士及小巴提供分期付款融资。经营中式酒楼10间及以联号名义经营5间。经销入口汽车零件；并于珠海经营汽车维修中心、养殖、食品加工、饮食业、雨伞及出入口贸易。公司1995/96年度营业额117450万元，纯利7820万元。1996年9月止半年盈利3630万元。

【财务状况】 公司1995/96年度每股纯利0.186元，每股股息0.13元。96年3月底每股净值2.17元，中期息0.03元。

电视广播有限公司

【公司概况】 公司业绩报告结算日期12月31日，实收资本420004000股，合共21000200元。公司董事会主席：邵逸夫。

【经营业绩】 其业务包括经营电视台、节目发行、动画及漫画书籍制作。目前经营翡翠台及明珠台无线电视，于加拿大有两个中文台，于台湾及欧洲也以卫星电视播放华语节目。1995年底地泰国成立联营公司，于97年起将泰国节目配音为中文节目。公司1995年纯利48550万元。1996年上半年盈利17790万元。

【财务状况】 公司1995年每股纯利1.156元，每股股息0.80元，每股净值2.96元。1996年中期息0.2元。

中国太阳神集团有限公司

【公司概况】 公司业绩报告结算日期12月31日，实收资本800000000股，合共80000000元。公司董事会主席：骆辉。

【经营业绩】 为中国主要口服液及保健饮品生产商之一，产品以太阳神牌子销售，分销商分布中国各主要省市，目前业务以中国为主。并购入毗邻黄江镇原厂址一块面积约123100平方米之土地，兴建新厂房及宿舍等。1996年开始在香港建立一个销售网络。公司1995年营业额68550万元，纯利19200万元。1996年上半年盈利4560万元。

【财务状况】 公司1995年每股纯利0.315元，每股股息0.05元，1996年中期息0.015元。

恒和珠宝集团有限公司

【公司概况】 公司业绩报告结算日期6月30日，实收资本

228005000股，合共22800500元。公司董事会主席：陈圣泽。

【经营业绩】 从事设计、制作及销售珠宝首饰。以外销为主，市场以美国、加拿大及欧洲为主。产品于香港、上海、广州及孟买制造。在加拿大设有金链制作工场。香港设有一间零售店及一间陈列室。公司1995/96年度营业额45620万元，纯利1240万元。

【财务状况】 公司1995/96年度每股纯利0.054元。1996年6月底每股净值2.38元。

冯祥记集团有限公司

【公司概况】 公司业绩报告结算日期3月31日，实收资本400002000股，合共40000200元。公司董事会主席：冯祥。

【经营业绩】 从事楼宇建筑，以兴建公共房屋为主。也为各类公营部门物业提供保养及装修服务，也经营建材业。已于中国河源市成立合营公司经营石矿场及混凝土产品。另与广东紫金果合作兴建商业、酒店及住宅390万平方呎。公司1995/96年度营业额59180万元，纯利亏损540万元。1996年9月止半年盈利161万元。

【财务状况】 公司1996年3月底每股净值0.33元，不派中期息。

顺成集团有限公司

QE**【公司概况】** 公司业绩报告结算日期为8月31日，实收资本672000000股，合共67200000元。公司董事会主席：谢业生。

【经营业绩】 主要在港承办公营楼宇之建筑营造及保养工程，也从事公共工程之土木工程及参与居屋计划。已开展中国建筑业务及扩展至新加坡。也联同国际商业生产预制混凝土产品，占40%。于加拿大、肇庆及广州等地发展物业。1996年12月中远属下向谢氏家族购入30%股权。公司1994/95年度营业额117390万元，纯利亏损4910万元。1996年2月止半年亏损970万元。

【财务状况】 公司1995年8月底每股净值0.354元。

同得仕(集团)有限公司

【公司概况】 公司业绩报告结算日期3月31日，实收资本367995298股，合共73599000元。公司董事会主席：董华荣。

【经营业绩】 代美国设计商及百货公司制造高级女性时装。并扩展至欧洲及日本客户。大部分于香港及中国生产，新加坡及马来西亚有小型设施，也有部份由中国分包商生产，其他业务包括时装设计与零售。公司1995/96年度营业额86230万元，纯利3440万元。1996年9月止半年盈利1830万元。

【财务状况】 公司1995/96年度每股纯利0.094元，每股股息0.045元。1996年3月底每股净值1.01元，中期息0.0225元。

实力国际集团有限公司

【公司概况】 公司业绩报告结算日期6月30日，实收资本685084545股，合共137016909元。公司董事会主席：洪建生。

【经营业绩】 制造电子及脑玩具、益智游戏及电子保育产品及电子游戏机；并从事生产音响产品，以至保安及保健产品等。厂房设于中国。于欧美也以传销商方式直接销售其产品，传销业务已予重组并拓展至亚洲。1995年以每股0.1元收购鸿运子49.9%及以每股0.28元收购权智股份16830万股(17.22%)。公司1995/96年度纯利亏损19890万元。

【财务状况】 公司1996年6月底每股净值0.663元。

首长科技集团有限公司

【公司概况】 公司业绩报告结算日期12月31日，实收资本622553955股，合共249021590元。公司董事会主席：贾保罗。

【经营业绩】 从事生产及销售电话线及电话附件业务。现时业务为制造电线及附件、印刷电路板、电脑及电子产品，以至货运代理及运输。公司1995年纯利3000万元。1996年上半年盈利1510万元。

【财务状况】 公司1995年每股纯利0.072元，每股股息0.01元，每股净值0.64元。1996年中期息0.01元。

ASM Pacific Technology Ltd.

【公司概况】 公司业绩报告结算日期12月31日，实收资本370320000股，合共37032000元。公司董事会主席：A. H. D. Prado。

【经营业绩】 从事生产半导体元器件及管芯线路版之物料、工具及机械之设计、生产及销售。厂房设于香港、新加坡及中国。行销香港、台湾及美国等。公司1995年营业额156640万元，纯利30550万元。1996年上半年盈利13640万元。

【财务状况】 公司1995年每股纯利0.829元，每股股息0.325元，每股净值2.14元。1996年中期息0.07元。

城巴集团有限公司

【公司概况】 公司业绩报告结算日期12月31日，实收资本1000000000股，合共100000000元。公司董事会主席：徐展堂。

【经营业绩】 提供专利及非专利之巴士服务。经营48条港岛路线及10条过海隧道路线。专利巴士车队共379辆，非专利车队共155辆。1995年载客量达10600万人次，现正申请在明年开办17条新路线。1996年10月获政府批出13条往来新机场之专利巴士路线，预期98年全面投入服务。1996年11月发售新股250000000股上市，每股售价1.42元。公司截止1996年7月7个月营业额44160万元，纯利6020万元。

【财务状况】 上市后每股资产净值0.70元。

Goldtron Holdings Ltd.

【公司概况】 公司业绩报告结算日期12月31日，实收资本311253380股，合共62250676元。公司董事会主席：王顺吉。

【经营业绩】 制造及销售录影带及录影带盒，并提供技术服务。制造业于香港、马来西亚、英国及中国进行。又与日本合作生产磁碟，并经营录像出版社。公司1995年纯利亏损1450万元。1996年上半年亏损830万元。

【财务状况】 公司1995年底每股净值0.681元。1996年不派中期息。

广深铁路股份有限公司

【公司概况】 公司业绩报告结算日期12月31日，实收资本2904250000股国家股，1431300000股H股，合共人民币4335500000元。公司董事会主席：葛闻安。

【经营业绩】 经营广州至深圳铁路客货运输，并与九广铁路合作往香港之直通车服务，也包括在列车及站内销售食品及商品。1996年底高速车达19对。两条准高速路轨及其第三条路轨于98年前建成，总投资额为人民币48亿元。1996年5月发行H股14.31亿新股，以2.91港元环球配售及于香港公售。公司1995年营业额233222万元人民币，纯利125034万元人民币。1996年上半年盈利5.1亿元人民币。

【财务状况】 上市后每股资产净值1.85元人民币。

通达工业(集团)有限公司

【公司概况】 公司业绩报告结算日期3月31日，实收资本320000000股，合共32000000元。公司董事会主席：江益明。

【经营业绩】 主要从事多种塑胶及五金日常家居用品、厨房用具、礼品及浴室用品之设计、制造及销售业务。经营之产品有4000多种。主要出口至北美洲、欧洲及亚洲，而美国为集团最主要之出口市场。生产设施则设于中国深圳。1996年12月开始生产塑胶瓶，供汽水商使用。公司1995/96年度营业额49269万元，纯利7257万元。1996年9月止半年盈利3990万元。

【财务状况】 公司1995/96年度每股纯利0.26元，每股股息0.065元，1996年中期息0.05元。

新龙国际集团有限公司

【公司概况】 公司业绩报告结算日期12月31日，实收资本255200000股，合共25520000元。公司董事会主席：林森桂。

【经营业绩】 从事电脑硬件及软件产品销售。拥有多项代理权。供应予香港、台湾、新加坡及马来西亚客户，并于中国设立办事处。公司1995年营业额160620万元，纯利2440万元。1996年上半年盈利1310万元。

【财务状况】 公司1995年每股纯利0.096元，每股股息0.025元，每股净值0.52元。1996年不派中期息。

益通国际集团有限公司

【公司概况】 公司业绩报告结算日期12月31日，实收资本455403960股，合共45540396元。公司董事会主席：温惜今。

【经营业绩】 主要从事设计、发展、制造及分销电容器，包括供视、听、通讯产品、其他电子设备及电子玩具之集成电子线路上使用。厂房设于中国。1996年6月配售大通A股360万股，股权减至49.41%。公司1995年营业额37440万元，纯利210万元。1996年上半年盈利410万元。

【财务状况】 公司1995年每股纯利0.008元，每股净值0.468元。1996年不派中期息。

王氏港建(集团)有限公司

【公司概况】 公司业绩报告结算日期12月31日，实收资本699725964股，合共69972596元。公司董事会主席：王忠桐。

【经营业绩】 业务为印刷电路板之有关工业产品制造，分销用以制造电路板及电子产品之化学品原料及设备，并生产精密注塑零件。于中国经营快餐业务。观塘厂房已与一企业于95年底协议合作发展，应占完成后工业写字楼面积12万平方呎。1996年供股后每股净值0.4元。公司1995年营业额231470万元，纯利1000万元。1996年6月止半年亏损670万元。

【财务状况】 公司1995年每股纯利0.02元。1996年不派中期息。

金利来集团有限公司

【公司概况】 公司业绩报告结算日期3月31日，实收资本772562213股，合共77256221元。公司董事会主席：曾宪梓。

【经营业绩】 主要从事广泛系列以本身牌子产销为主的男士服装、饰件，主销中国、香港及东南亚。购入广州天河商厦30万平方呎作为中国总部，1996年底完成。于浙江、南京及沈阳设有百货公司，梅州工业大楼第一期已完成，作为成衣加工厂。已推出女性护肤化妆品，并于1996年初推出金利来香烟发售。公司1995/96年度营业额122900万元，纯利28320万元。1996年9月止半年盈利14590万元。

【财务状况】 公司1995/96年度每股纯利0.379元，每股股息0.18元。1996年3月底每股净值1.38元，中期息0.06元。

新福港集团有限公司

【公司概况】 公司业绩报告结算日期3月31日，实收资本835912875股，合共83591288元。公司董事会主席：罗鹰石。

【经营业绩】 原名孙福记。后罗氏家族收购股权，经营建筑及土木工程业务。参与本港两项小型住宅发展，占住宅面积29500平方呎及工业面积84800平方呎。又占大连市商住面积406560平方呎。投资中国大连热电厂，占49%。及安徽芜湖市电厂第三期，第四期已出售。公司1995/96年度纯利亏损31640万元。

【财务状况】 公司1996年3月底每股净值0.0088元。

冠华国际控股有限公司

【公司概况】 公司业绩报告结算日期3月31日，实收资本200000000股，合共20000000元。公司董事会主席：李铭洪。

【经营业绩】 从事布匹针织、漂染及定型服务，以及成品针织布匹之生产及销售。制造设施于广东新会市，日产及漂染量约50000—80000磅，将增加针织量以平衡漂染量，主销香港，计划扩展中美市场。1996年5月发售5000万股上市，每股售价1元。公司1995/96年度营业额45810万元，纯利3840万元。

【财务状况】 公司1995/96年度每股纯利0.236元。1996年3月底每股净值0.419元。

美联香港有限公司

【公司概况】 公司业绩报告结算日期12月31日，实收资本919675200股，合共183935040元。公司董事会主席：邱继炳。

【经营业绩】 提供旅游及有关服务，也投资酒店及经营酒店管理。持有澳洲星晨(上市公司)69.5%,此公司拥有4间酒店。也投资于中山地盘。1995年4月以21850万元购入国卫中心十三/十四楼,面积25504平方呎及4个车位。中山星晨花园(占55%)已完成两期,正在销售中。公司1995年纯利700万元。1996年上半年盈利86.9万元。

【财务状况】 公司1995年每股纯利0.023元,每股股息0.02元,每股净值0.628元。1996年不派中期息。

大同混凝土(香港)有限公司

【公司概况】 公司业绩报告结算日期4月30日,实收资本147415346股,合共36853836元。公司董事会主席:正木康彦。

【经营业绩】 为港日资本合作,经营混凝土桩、钢管及合成钢管桩、蒸压护养轻石屎,也经营建材、纸袋及电子消费品贸易。占锦和建筑70%。1995年9月将预制房屋业务及蒸压护养轻石屎业务组成Daido Home,获基金注资12200万元,大同仍占68.88%。也与中资合作于中山合组钢管厂。公司1995/96年度营业额203990万元,纯利亏损12110万元。

民信集团有限公司

【公司概况】 公司业绩报告结算日期12月31日,实收资本362433400股,合共36243340元。公司董事会主席:叶志勋。

【经营业绩】 主要经营香港公共与私人建筑之消防系统供应及安装,也经营消防系统所用之喉管、装备、其他零件及建筑材料之买卖。其后发展至电机设备安装工程及室内设计装修,业务已扩展至中国。其他投资包括Dakin可换股票据20%及美国一间产销保安及警报系统股权10%,于北京为客户设立警报中心,并于国内销售专利警报技术。公司1995年营业额29700万元,纯利233万元。1996年上半年盈利2330万元。

【财务状况】 公司1995年每股净值0.74元,每股纯利0.0072元。

裕元工业(集团)有限公司

【公司概况】 公司业绩报告结算日期9月30日,实收资本3306027861股,合共330602786元。公司董事会主席:蔡其能。

【经营业绩】 主要为原设备制造以国际名牌销售之运动鞋。生产设施设于中国东莞及珠海。制成品输往美国为主。也通过联号于中山、东莞及印尼设厂,计划于越南兴建垂直式庞大厂房。1996年11月以14.4亿元收购宝元工业55%,成为全资公司。公司1994/95年度营业额405770万元,纯利67540万元。1996年3月止半年盈利32840万元。

【财务状况】 公司1994/95年度每股纯利0.298元,每股股息0.10元。1996年中期息0.04元。

南京熊猫电子股份有限公司

【公司概况】 公司业绩报告结算日期12月31日,实收资本A股390015000股,B股242000000股,合共人民币632015000元。公司董事会主席:陈祥兴。

【经营业绩】 为国家企业。总部设于江苏省南京市,主要产品为电视机,以“熊猫”牌为商标,有47个销售点及110个销售柜位,技术服务中心于14个省逾450个维修站。现时投资VCD播放机,计划开设卫星通信移动电信UPS系统、电脑新产品及技术组件设计、仪器和生产工艺研究。1996年4月新发行24200万股H股上市,售价2.13港元。上市后每股资产净值1.42港元。公司1995年营业额345162万元人民币,纯利17575万元人民币。1996年上半年盈利人民币8640万元,。

【财务状况】 公司1996年中期息0.054元。

城市酒店国际有限公司

【公司概况】 公司业绩报告结算日期12月31日,实收资本1856056055股,合共1856056055元。公司董事会主席:郭令明。

【经营业绩】 主要包括拥有及经营酒店,发展物业及股份投资等,现分别在香港、英国、新加坡、台北、马来西亚、菲律宾、文莱、纽西兰及美国拥有或管理55间酒店。1996年4月以配售形式分拆“M&C”欧美酒店在伦敦上市,集资20亿元,股权摊薄至55%。公司1995年纯利45800万元。1996年上半年盈利36170万元。

【财务状况】 公司1995年每股纯利0.27元,每股股息0.07元,每股净值3.64元。1996年中期息每股0.04元。

精艺集团国际有限公司

【公司概况】 公司业绩报告结算日期8月31日,实收资本230000000股,合共23000000元。公司董事会主席:赖锦荣。

【经营业绩】 从事设计、生产及销售仿真植物。产品以仿真圣诞树为主,分为素叶类及仿真花两种。生产设施位于东莞及从化,面积39万平方呎。本港持有物业约2.1万平方呎。计划斥资1500万元于华北设立合资企业,占75%权益。97年1月发行5750万新股上市,每股售价1元。公司1996年营业额15070万元,纯利3500万元。

【财务状况】 上市后每股净值0.5009元。

保昌控股有限公司

【公司概况】 公司业绩报告结算日期7月31日,实收资本237400000股,合共23740000元。公司董事会主席:刘少荣。

【经营业绩】 主要从事货运代理、展品付运代理有关业务,包括国际投屋,专递服务及物业投资,客户遍全球。新加坡、美国、中国也设有海外办事处。于中国及海外有多间联号,并与中国教育委员会合作于上海开设持牌展览搬运公司。1995年2月开设合营货仓,占地3.7万平方呎。公司1995/96年度营业额91320万元,纯利3920万元。

【财务状况】 公司1995/96年度每股纯利0.165元,每股股息0.08元。1996年7月底每股净值1.02元。

永顺国际货运(集团)有限公司

【公司概况】 公司业绩报告结算日期3月31日,实收资本219143310股,合共21914331元。公司董事会主席:陈家福。

【经营业绩】 主要从事国际海、陆、空运代理服务。办事处分布香港、美国、加拿大、新加坡、中国等地。计划扩展中国及北美洲市场，已于国内成立若干合营公司，经营货柜堆场及货仓（厦门土地面积75万平方呎），也提供内河船及陆运服务，提供福建至深圳、香港至广东之货运。1996年1月星洲辉联以每股0.47元收购。公司1995/96年度营业额56685万元，纯利亏损2050万元。

【财务状况】 公司1996年3月底每股净值0.273元。

红发集团有限公司

【公司概况】 公司业绩报告结算日期12月31日，实收资本260000000股，合共26000000元。公司董事会主席：叶润权。

【经营业绩】 主要从事设计、制造及销售儿童玩具，产品主要出口至欧洲、亚洲及北美。生产设施位于深圳、东莞及香港，各有两座厂房，约有28条生产线，厂房总建筑面积为34万平方呎。计划增建厂房21万平方呎，装设16条生产线。1996年1月发售新股6500万股，每股1元公售。公司1995年营业额36286万元，纯利4832万元。1996年上半年盈利2060万元。

【财务状况】 公司1995年每股纯利0.248元，每股股息0.02元。1996年中期息0.04元。

秀华国际集团有限公司

【公司概况】 公司业绩报告结算日期3月31日，实收资本463713785股，合共46371378元。公司董事会主席：陈锡明。

【经营业绩】 现时主要业务为线路板制造及有关装配。公司1996/95年度营业额51010万元，纯利亏损1930万元。1996年9月止半年盈利46880万元。

【财务状况】 公司1996年3月底每股净值0.284元，中期息0.01元。

荣山国际有限公司

【公司概况】 公司业绩报告结算日期12月31日，实收资本497305441股，合共49730544元。公司董事会主席：叶少珍。

【经营业绩】 主要在国内从事发电业务。持有佛山发电厂及佛山城西发电厂各九成股权，该厂生产之电力全部售予佛山供电局，再转售予佛山市区用户。两厂发电量为174735兆瓦。公司1995年营业额33960万元，纯利7800万元。1996年上半年盈利3130万元。

【财务状况】 公司1995年每股纯利0.156元，每股股息0.06元，每股净值1.60元。1996年中期息0.015元。

丽新酒店国际有限公司

【公司概况】 公司业绩报告结算日期7月31日，实收资本228155837股，合共22815584元。公司董事会主席：林建岳。

【经营业绩】 从事地产投资。现有业务为海外酒店业，拥有加拿大卑诗省滑雪渡假村之Delta Mountain Inn Hotel业权；另于温哥华拥有地盘，将兴建310间客房的酒店及一幢60个单位住宅。又拥有一家管理酒店公司股权49.9%，于亚太区管理酒店。参与越南兴建中酒店投资（占26%），并收购国内两间面粉厂60%及一间食品工厂50%。1996年11月收购联地属下世纪国际26%权益，并将增至75%。公司1995/96年度纯利亏损790万元。

【财务状况】 公司1996年7月底每股净值0.965元。

友晖云石（集团）有限公司

【公司概况】 公司业绩报告结算日期3月31日，实收资本449000000股，合共44900000元。公司董事会主席：梁国驹。

【经营业绩】 主要向香港及中国之建筑项目提供花岗岩及云石制品之铺砌服务。并进口各式之花岗及云石制品，在香港及中国批发。设于东莞茶山之云石及花岗岩加工厂已于1996年8月开始试产。1996年4月以介绍方式上市39900万股，同期5月配售新股4000万股，每股1.21元。公司1995/96年度营业额53152万元，纯利5605万元。

【财务状况】 公司1995/96年度每股纯利0.1401元。1996年3月底每股资产净值0.55元。

其士建筑集团有限公司

【公司概况】 公司业绩报告结算日期3月31日，实收资本229000000股，合共22900000元。公司董事会主席：周亦卿。

【经营业绩】 主要从事香港之楼宇建筑及土木工程，也承接香港政府的港口道路、渠务及水务工程。1996年1月将股份以5送1比例送予其士发展股东及以14送1送予其士国际股东，以介绍方式上市，其士发展仍占56.2%。1996年3月底未完成工程合约37亿元。公司1995/96年度营业额137250万元，纯利3060万元。

【财务状况】 公司1995/96年度每股纯利0.134元，每股股息0.03元。1996年3月每股资产净值0.673元。

南华早报（集团）有限公司

【公司概况】 公司业绩报告结算日期6月30日，实收资本1730999996股，合共173100000元。公司董事会主席：郭鹤年。

【经营业绩】 出版及刊印南华早报、出售书刊及出版杂志。1996年4月以20股电视企业换11股新南华日报股份，全面收购电视企业控股权，将其私有化。公司1995/96年度纯利69580万元。

【财务状况】 公司1995/96年度每股纯利0.449元，每股股息0.30元。1996年6月底每股净值2.23元，1996/97年度第一次中期息0.06元。

香港玩具国际有限公司

【公司概况】 公司业绩报告结算日期12月31日，实收资本352783333股，合共35278333元。公司董事会主席：卢耀鸿。

【经营业绩】 从事设计、制造及销售本身牌子之广泛种类玩具，厂房设于中国，产品主销欧洲及澳洲。参与东莞樟木头4幢商住物业投资。最后一期已完成，大部分已售出。又成立零售部门，销售儿童玩具、家俬及服装等。公司1995年纯利3839万元。1996年上半年盈利1500万元。

【财务状况】 公司1995年每股纯利1.1元，每股股息0.2元，每股净值0.993元。1996年中期息0.01元。

堡狮龙国际集团有限公司

【公司概况】 公司业绩报告结算日期3月31日，实收资本274297493股，合共27429749元。公司董事会主席：罗蜀凯。

【经营业绩】 主要在东南亚以Bossini之牌子零售便服及配件。在香港、澳门、中国、新加坡及马来西亚有庞大分销网，香港市场为主。现主力发展中国及东南亚业务，积极在台湾及南韩发展，已设有特许经营店20间。公司1995/96年度营业额112670万元，纯利3420万元。1996年9月止半年盈利1180万元。

【财务状况】 公司1995/96年度每股纯利0.1249元，每股股息0.03元。1996年3月底每股净值0.962元，中期息0.01元。

科力国际集团有限公司

【公司概况】 公司业绩报告结算日期12月31日，实收资本227778000股，合共22777800元。公司董事会主席：李文键。

【经营业绩】 主要在国内及港澳地区从事先进科技医疗设备、科学仪器之市场推广及经销，主销中国。于北京、广州、上海及沈阳设有办事处及提供维修服务，并与沈阳医科大学机构达成销售安排。与国内医院合营超声波诊疗医护中心。公司1995年营业额11270万元，纯利亏损1190万元。1996年上半年盈利270万元。

【财务状况】 公司1995年底每股净值0.49元。1996年不派中期息。

先思行有限公司

【公司概况】 公司业绩报告结算日期3月31日，实收资本160000000股，合共16000000元。公司董事会主席：苏煜均。

【经营业绩】 为三星电子在香港、新加坡、马来西亚及印尼等地认可分销商之一，分销半导体镭射机芯、晶体管及其他电子元件之全线产品。已购入新加坡地盘兴建总面积为15349平方呎大厦，预期97年2月落成，作为货仓及扩充研究及发展部门。也投资于中国VCD机生产线。1996年4月发售4800万股上市，每股售价1.10元。公司1995/96年度营业额128343万元，纯利3338万元。

【财务状况】 公司1995/96年度每股纯利0.298元，每股股息0.05元。

大华国际（集团）有限公司

【公司概况】 公司业绩报告结算日期3月31日，实收资本514933200股，合共25746660元。公司董事会主席：李达。

【经营业绩】 主要从事各类中上价加工软皮革贸易。材料来自意大利、南韩及台湾，主销香港之皮革服装生产商及贸易商。正将事务扩展至鞋类、手袋、手表及家俬的皮革贸易。在国内设立代办处、皮革加工厂及皮具制造厂，并收购澳洲一项进出口皮具业务。公司1995/96年度营业额78270万元，纯利7030万元。

【财务状况】 公司1995/96年度每股纯利0.138元，每股股息0.068元。1996年3月底每股净值0.314元，不派中期息。

权智（国际）有限公司

【公司概况】 公司业绩报告结算日期3月31日，实收资本977531938股，合共97753193元。公司董事会主席：谭伟豪。

【经营业绩】 主要从事设计、制造及销售私人电子英汉辞典、多语翻译机、手提液晶显示游戏机、电子记事簿及电讯产品。最新产品为唯读光盘及光碟以至掌上电脑，已于国内开设分销网络。厂房设于中国，主销香港、德国及东南亚。并与亚洲传讯公司订立合营项目，以拓展传呼市场产品并提供传播服务。公司1995/96年度营业额53380万元，纯利亏损2440万元。1996年9月止半年盈利2070万元。

【财务状况】 公司96年3月底每股净值0.421元，中期息0.01元。

金力国际集团有限公司

【公司概况】 公司业绩报告结算日期3月31日，实收资本230230000股，合共23023000元。公司董事会主席：朱境诚。

【经营业绩】 主要制造及经销电池、电器及电子消费产品之电子零部件。厂房设于中国东莞及惠东两地。且兼营电子半制成品及制成品，产品主销香港及欧洲，已扩展中国市场，并通过国内合营公司生产环保电池。公司1995/96年度营业额59280万元，纯利1280万元。1996年9月止半年盈利300万元。

【财务状况】 公司1995/96年度每股纯利0.07元，每股股息0.03元。1996年3月底每股净值0.727元，中期息0.005元。

港佳控股有限公司

【公司概况】 公司业绩报告结算日期3月31日，实收资本294000000股，合共29400000元。公司董事会主席：张小林。

【经营业绩】 为多间从事化肥及农产品贸易公司之控股公司，顾客主要为中国。销售以美元结算，已于山东日照港合作开设散装化肥自动包装厂及于四川设立硫酸钾制造厂。1995年3月投资于河南粮油食品公司占40%，占两间新化学肥料厂25%权益。公司1995/96年度营业额502416万元，纯利4735万元。1996年9月止半年盈利2380万元。

【财务状况】 公司1995/96年度每股纯利0.161元，每股股息0.055元。1996年3月底每股净值0.786元，中期息0.025元。

东宁（集团）有限公司

【公司概况】 公司业绩报告结算日期6月30日，实收资本2339772000股，合共233977200元。公司董事会主席：黄仕灵。

【经营业绩】 主要买卖用于制造电视机及音响产品为主之零件。其后包括买卖电单车零件。也在中国分销东芝家庭电器及三星电子产品，也为中国客户提供技术支援及装配服务。占江门电器消费品广场41%。将于1996年生产摩托车。公司1995/96年度营业额241120万元，纯利20510万元。

【财务状况】 公司1995/96年度每股纯利0.095元，每股股息0.045元。1996年6月底每股净值0.317元。

达利国际有限公司

【公司概况】 公司业绩报告结算日期9月30日，实收资本358947630股，合共35894763元。公司董事会主席：潘汉锦。

【经营业绩】 从事洗水丝成衣之设计、制造、推广及销售业务。销予美国及美国以外之海外代理。于东莞及中山设有厂房。也于杭州成立两间合营制衣厂，于国内共有13间制造厂权益。公司1994/95年营业额165050万元，纯利亏损1810万元。1996年3月止半年盈利960万元。

【财务状况】 公司95年9月底每股净值1.13元。

惠记集团有限公司

【公司概况】 公司业绩报告结算日期3月31日，实收资本676200306股，合共67620030元。公司董事会主席：单伟豹。

【经营业绩】 经营土木工程及疏浚工程。于珠海及上海经营石矿场；并于中国经营建筑设备贸易。1995年9月将全部中国业务组成惠记中国，汇丰基金等以200万美元溢价认购优先股1800万美元。1996年7月将国内公路投资组成路劲上市，仍占45%。1996年10月以1.52亿元购入瑞安土木工程80%。11月初，未完成各项工程1000亿元。公司1995/96年度营业额82000万元，纯利10030万元。1996年9月止半年盈利6210万元。

【财务状况】 公司1995/96年度每股纯利0.1682元，每股股息0.07元。1996年3月底每股净值1.33元，中期息0.03元。

德兴集团有限公司

【公司概况】 公司业绩报告结算日期3月31日，实收资本300052800股，合共30005280元。公司董事会主席：陈树杰。

【经营业绩】 主要在香港经营酒楼业，开设11间酒楼及餐厅，包括香港9间、澳门及深圳各1间。且已开设西餐厅及咖啡室，提供各种西餐及意大利餐。公司1995/96年度营业额51617万元，纯利800万元。1996年9月止半年亏损360万元。

【财务状况】 公司1995/96年度每股纯利0.027元，每股股息0.03元。1996年3月底每股净值0.619元，中期息0.02元。

渝港国际有限公司

【公司概况】 公司业绩报告结算日期12月31日，实收资本437429200股，合共43742920元。公司董事会主席：张松桥。

【经营业绩】 主要经销影音器材及元件、工业设备及汽车部件，而客户以中国为主。1995年开拓原材料及农产品销售市场。公司1995年营业额171330万元，纯利8050万元。1996年上半年盈利5240万元。

【财务状况】 公司1995年每股纯利0.22元，每股股息0.075元，每股净值0.85元。1996年中期息0.03元。

东强电子集团有限公司

【公司概况】 公司业绩报告结算日期12月31日，实收资本241500000股，合共24150000元。公司董事会主席：潘嘉雄。

【经营业绩】 主要从事设计、制造、出售消费音响产品、电话、电子玩具、汽车立体声音响系统、卫星接收器及多功能电视等，厂房设于中国。公司1995年营业额168950万元，纯利380万元。1996年6月止半年盈利1270万元。

【财务状况】 公司1995年每股纯利0.016元，每股净值0.795元。1996年不派中期息。

益泰集团有限公司

【公司概况】 公司业绩报告结算日期12月31日，实收资本160000000股，合共16000000元。公司董事会主席：赵哲陶。

【经营业绩】 从事洁具、各式五金产品、工业及消费产品之入口、经销及分销业务；兼营水喉及排水系统之设计及安装，且为有关工程之承办商。也经营轮胎及洁具以至胶水纸品等业务，市场为港澳及中国。公司1995年营业额32960万元，纯利1300万元。1996年上半年盈利530万元。

【财务状况】 公司1995年每股纯利0.081元，每股股息0.055元，每股净值0.935元。1996年中期息0.013元。

百利保控股有限公司

【公司概况】 公司业绩报告结算日期12月31日，实收资本1889371516股，合共1889371516元。公司董事会主席：罗旭瑞。

【经营业绩】 业务为物业投资发展及酒店东主及管理，占富豪67.6%。也投资建筑及水泥厂，拥有百利保广场198500平方呎及九龙城广场515100平方呎。本港兴建中物业11项，应占楼面面积约323万平方呎；山东、天津、沈阳及北京，应占楼面面积约212万平方呎；洛杉矶有地盘34万平方呎。公司1995年营业额324640万元，纯利38600万元。1996年上半年盈利36480万元。

【财务状况】 公司1995年每股纯利0.204元，每股股息0.12元，每股净值8.32元。1996年中期息0.032元。

荣文科技(集团)有限公司

【公司概况】 公司业绩报告结算日期12月31日，实收资本148001700股，合共14800170元。公司董事会主席：荣智鑫。

【经营业绩】 从事家用烟雾探测器、浴室及厨房用电子磅、节约能源电子变能器及高级照明设备之设计、制造及销售。产品于中国制造，主销美加及欧洲。其他业务包括产销电子元件、集成电路及工业用语言晶片，并于国内出口建材及农产品。公司1995年营业额47560万元，纯利889万元。1996年上半年盈利2380万元。

【财务状况】 公司1995年每股纯利0.06元，每股净值0.806元。1996年中期息0.05元。

南华证券有限公司

【公司概况】 公司业绩报告结算日期12月31日，实收资本400018720股，合共40001872元。公司董事会主席：吴鸿生。

【经营业绩】 提供金融服务，包括股票经纪、孖展融资及恒生指数期货合约、金银、商品及外汇买卖，主要客户集中于香港。

集团也从事证券投资，尤以香港之上市证券为甚。公司1995年营业额15870万元，纯利1027万元。1996年上半年盈利1850万元。

【财务状况】 公司1995年每股纯利0.026元，每股股息0.085元，每股净值1.07元。1996年中期息0.03元。

太元集团有限公司

【公司概况】 公司业绩报告结算日期3月31日，实收资本691490650股，合共69149065元。公司董事会主席：梁悦通。

【经营业绩】 从事土木及海事工程业务，包括挖掘、拖船、打捞沉船、填海工程、海港工程及造船；拥有驳船及同类船只队伍。上市后发展至楼宇电机工程、结构钢铁工程、海事有关工程及油漆工程等；于新加坡及中山设有船厂。公司1995/96年度营业额178150万元，纯利740万元。1996年9月止半年盈利5000万元。

【财务状况】 公司1995/96年度每股纯利0.105元，每股股息0.024元。1996年3月底每股净值1元，不派中期息。

中保永兴国际(集团)有限公司

【公司概况】 公司业绩报告结算日期3月31日，实收资本200000000股，合共20000000元。公司董事会主席：王宪章。

【经营业绩】 主要于香港从事私人工程方面之上盖及地基打桩与基层建筑工程；也承接更先进技术能力之特别工程，包括土木、电机与机械工程等。1995年11月发行5000万新股上市，每股以1元公售。至96年9月止，手头未完成工程合约共59000万元。公司1995/96年度营业额40990万元，纯利3330万元。

【财务状况】 公司1995/96年度每股纯利0.1872元，每股股息0.04元。1996年3月底每股净值0.626元。

幸福集团有限公司

【公司概况】 公司业绩报告结算日期8月31日，实收资本936883220股，合共93688322元。公司董事会主席：杨超成。

【经营业绩】 从事皮制品零售，获全球专利权，使用成龙名字及肖像配集团设计之手袋及皮制饰物。并占有越南一间免税店63%。开设多间零售店于香港及中国。1995年起经营汽车买卖业务。公司1994/95年度营业额22820万元，纯利180万元。1996年2月止半年盈利50万元。

【财务状况】 公司1994/95年度每股纯利0.002元。1995年8月底每股净值0.221元。

利丰雅高印刷集团有限公司

【公司概况】 公司业绩报告结算日期3月31日，实收资本283064918股，合共28306491元。公司董事会主席：杨一贵。

【经营业绩】 从事精装书籍及平装书籍之印刷，以出口英美为主。已扩展财经印刷业，与北京印刷厂合作，于当地设合营企业，并于上海参与包装业投资。1995年1月收购“赛马天下”。公司1995/96年度营业额47580万元，纯利亏损2520万元。1996年9月止半年盈利2520万元。

【财务状况】 公司1995/96年度每股纯利亏损0.089元，每股股息0.01元。1996年3月底每股净值1.5元，中期息0.015元。

日本信用保证集团有限公司

【公司概况】 公司业绩报告结算日期12月31日，实收资本715036412股，合共71503641元。公司董事会主席：郑鸿标。

【经营业绩】 经营存、放款及发行信用咭服务，并从事证券经纪业务，设有分行35间。为吉隆坡大众银行集团成员。1995年11月发行新股收购运通泰75%。公司1995年纯利27310万元。1996年上半年盈利19240万元。

【财务状况】 公司1995年每股纯利0.471元，每股股息0.21元，每股净值1.93元。1996年中期息0.07元。

辉影国际集团有限公司

【公司概况】 公司业绩报告结算日期12月31日，实收资本330000000股，合共33000000元。公司董事会主席：何燕琼。

【经营业绩】 制造及销售空白之资讯储存媒体产品，以及制造复制有内容之磁碟、唯读光碟、视像光碟、光碟数码唱片等。也向全承包客户出售生产线，提供安装、专技及售后服务。生产设施位于香港及深圳，厂房面积分别为3.8万平方呎及10万平方呎。在香港、英国、美国及中国拥有10多家附属公司。1996年11月发行90750000股上市，每股售价1.05元。公司1995年营业额33360万元，纯利2500万元。

【财务状况】 上市后每股净值0.51元。

启祥集团有限公司

【公司概况】 公司业绩报告结算日期3月31日，实收资本446004000股，合共44600400元。公司董事会主席：冯秉芬。

【经营业绩】 主要从事视听器材、个人护理用品、家庭电器用品及食品之市场推广及经销业务。亦于南非生产乳胶手套及于中国生产纸巾产品，主要市场为港澳、南非及中国。于深圳兴建保税仓库、投资于沈阳食品、宜兴啤酒及从化纸品等制造业。1995年收购英国利乐富啤酒厂及投资于江苏纸厂。公司1995/96年度营业额76441万元，纯利亏损2140万元。1996年9月止半年亏损390万元。

【财务状况】 公司1995/96年度每股股息0.01元。1996年3月底每股净值0.882元。不派中期息。

爱美高中国集团有限公司

【公司概况】 公司业绩报告结算日期12月31日，实收资本1217129142股，合共121712914元。公司董事会主席：刘銮雄。

【经营业绩】 原为华置集团业务部分。1996年11月重组分拆独立上市，集中于中国北京、广东、上海，从事物业发展及投资，参与23项物业项目，总建筑面积占1824万平方呎，总价值约占23.6亿元。公司1995年营业额6680万元，纯利2250万元。

【财务状况】 分拆上市后每股资产净值2.05元。

彩星玩具有限公司

【公司概况】 公司业绩报告结算日期12月31日，实收资本

661316310股，合共66131631元。公司董事会主席：陈大河。

【经营业绩】 现时业务为玩具设计、发展及推广。通过占14.9%股权的港陆及占49%的友义玩具生产，主销美国。公司1995年营业额111890万元，纯利亏损9760万元。1996年上半年盈利3900万元。

【财务状况】 公司1995年每股纯利亏损0.148元，每股股息0.085元，每股净值1.26元。1996年中期息0.03元。

港基国际银行有限公司

【公司概况】 公司业绩报告结算日期12月31日，实收资本745920000股，合共745920000元。公司董事会主席：亚里沙巴。

【经营业绩】 为香港注册成立之持牌银行，提供各类银行金融、保险等有关服务，拥有25间分行，分布香港各有利地点。拥有中区总行大厦及16间分行物业。1996年11月以每股4.55元配售10992万股。存款127.1亿元，贷款115.7亿元。公司1995年纯利30730万元。1996年6月上半年盈利14830万元。

【财务状况】 公司1995年每股纯利0.483元，每股股息0.189元，每股净值2.58元。1996年中期息0.07元。

福辉首饰有限公司

【公司概况】 公司业绩报告结算日期12月31日，实收资本383066400股，合共38306640元。公司董事会主席：林祥潮。

【经营业绩】 设计、制造及销售名贵珠宝首饰，除本销外，还销往日本、台湾、中国及美国。厂房设于香港。1995年12月苏适等向林祥湖购入29.68%，每股0.55元。公司1995年营业额18060万元，纯利亏损4580万元。1996年上半年亏损890万元。

【财务状况】 公司1995年每股纯利亏损0.119元，每股净值0.82元。1996年不派中期息。

立信工业有限公司

【公司概况】 公司业绩报告结算日期3月31日，实收资本489156221股，合共48915622元。公司董事会主席：方寿林。

【经营业绩】 设计、制造及销售纺织工业用之染色及整理机械。主销香港、次销中国，也售予其他国家，厂房设于香港及深圳。已于深圳生产混凝土厂，并计划于上海、北京及广州设厂。投资于不锈钢铸件制造，北京金融街物业发展，占权益32%。公司1995/96年度营业额67140万元，纯利亏损3240万元。1996年9月止半年亏损929万元。

【财务状况】 公司1996年3月底每股净值0.795元，不派中期息。

港台集团有限公司

【公司概况】 公司业绩报告结算日期3月31日，实收资本1703084188股，合共170308418元。公司董事会主席：邓剑群。

【经营业绩】 主要从事制造运动及轻便鞋，以多个国际知名牌子销售，主销美国。生产设施位于中国及印尼，每年生产约2050万对鞋。公司1995/96年度营业额176700万元，纯利亏损2040万元。1996年9月止半年盈利2290万元。

【财务状况】 公司1996年3月底每股净值0.522元，不派中期息。

Joyce Boutique Holdings Ltd.

【公司概况】 公司业绩报告结算日期3月31日，实收资本312000000股，合共31200000元。公司董事会主席：马景华。

【经营业绩】 零售男女时装及饰物，经营一系列连锁店，并出版Joyce Magaine。该等连锁店以Joyce或设计师命名；并经营咖啡座及花店。除本港零售店外，已在台北及曼谷开设时装店，并已于深圳开设时装店。公司1995/96年度营业额99230万元，纯利8100万元。1996年9月止半年盈利1010万元。

【财务状况】 公司1995/96年度每股纯利0.292元，每股股息0.115元。1996年3月底每股净值1.26元，中期息0.01元。

祥华实业有限公司

【公司概况】 公司业绩报告结算日期3月31日，实收资本591081878股，合共59108187元。公司董事会主席：余锦基。

【经营业绩】 分销染料及有关产品予香港、澳门及中国之厂商，为“拜耳”及“嘉色喇”染料之独家经销商，亦提供染色、印花及整理服务，以及制造家用织物及成衣，厂房设于香港及中国。投资于佛山合营针织厂；并投资于佛山合营化工合成厂；参与发展南海桃园乡村俱乐部，占57.9%。已于95年落成。又参与大连兴建商住面积100万平方呎，占12%，占长沙湾一幢工业大厦，占50%。公司1995/96年度营业额28060万元，纯利亏损830万元。1996年9月止半年盈利10.6万元。

【财务状况】 公司1996年3月底每股净值0.553元，不派中期息。

顺昌集团有限公司

【公司概况】 公司业绩报告结算日期3月31日，实收资本260011600股，合共26001160元。公司董事会主席：王世荣。

【经营业绩】 主要在香港从事建筑及建造业之电力及机械工程服务之设计、供应、安装、保养工作。获电力、消防及水务设施承造认可承建商资格。亦买卖电力及电机工程用料与设备。1996年3月，建业实业占23.08%，其余股东为有利集团占18.75%及郭氏家族占18.75%。公司1995/96年度营业额39640万元，纯利亏损800万元。1996年9月止半年盈利379万元。

【财务状况】 公司1996年3月底每股净值0.281元。

香港华人银行集团有限公司

【公司概况】 公司业绩报告结算日期12月31日，实收资本593163252股，合共593163252元。公司董事会主席：李文正。

【经营业绩】 力宝集团成员，为控股公司，占华人银行50%、深圳华商银行20%、力宝美卫人寿保险50%及力宝亚洲，华人银行则拥有建屋贷款63.6%。公司1995年存款总额1716400万元，贷款总额1098490万元，1995年纯利13270万元。1996 年上半年盈利 8760 万元。

【财务状况】 公司 1995 年每股纯利 0.222 元，每股股息 0.14 元，每股净值 2.10 元。1996 年中期息 0.05 元。

潮州城集团有限公司

【公司概况】 公司业绩报告结算日期 3 月 31 日，实收资本 193941419 股，合共 19394141 元。公司董事会主席：郑合辉。

【经营业绩】 主要业务为在香港经营专门供应潮州菜之中式连锁酒楼，现已开设 10 间。于广州、深圳、惠州及汕头各设 1 间；又经营惠州君豪酒店。公司 1995/96 年度营业额 50970 万元，纯利亏损 870 万元。

【财务状况】 公司 96 年 3 月底每股净值 1.18 元。

耐力国际集团有限公司

【公司概况】 公司业绩报告结算日期 12 月 31 日，实收资本 268104508 股，合共 26810450 元。公司董事会主席：冯申铨。

【经营业绩】 为 OEM 客户制造真皮及人造皮鞋、运动鞋及运动型轻便鞋，供该等客户包括多个名牌子销售。生产设施位于中国，拥有多间厂房及联号，于台湾也设有样品生产厂房及仓库，主销美国。为南华集团成员。公司 1995 年营业额 72425 万元，纯利 4147 万元。1996 年上半年盈利 3020 万元。

【财务状况】 公司 1995 年每股纯利 0.155 元，每股股息 0.055 元，每股净值 0.711 元。1996 年中期息 0.03 元。。

添发庆丰控股有限公司

【公司概况】 公司业绩报告结算日期 4 月 30 日，实收资本 975037469 股，合共 24375936 元。公司董事会主席：陈发柱。

【经营业绩】 从事黄金提炼及买卖，珠宝首饰零售。于常州设有厂房。占东方鑫源股权 22.5%及鑫成金属 48%。于中国从事提炼业务。拥有两项投资物业出租。又参与国内若干物业发展，并设有金融投资及服务。1996 年 11 月将黄金及金属业务组成庆丰金分拆上市，每 100 股添发庆丰获送 1 股庆丰金后，仍占 56%。公司 1995/96 年度纯利 10600 万元。

【财务状况】 公司 1995/96 年度每股纯利 0.1033 元，每股股息 0.04 元。1996 年 3 月底每股净值 0.683 元。

亚洲金融集团有限公司

【公司概况】 公司业绩报告结算日期 12 月 31 日，实收资本 674806585 股，合共 674806585 元。公司董事会主席：陈有庆。

【经营业绩】 原名为亚洲保险，经营保险业务。现时业务为银行、保险及证券经纪。占粤海亚洲保险 25%。银行 95 年底存款 74 亿元，放款 49 亿元。公司 1995 年纯利 24800 万元。1996 年上半年盈利 14360 万元。

【财务状况】 公司 1995 年每股纯利 0.368 元，每股股息 0.15 元，每股净值 2.73 元。1996 年中期息 0.065 元。

恒光行实业有限公司

【公司概况】 公司业绩报告结算日期 12 月 31 日，实收资本 358701955 股，合共 71740391 元。公司董事会主席：林贤生。

【经营业绩】 从事眼镜架、矫正视力眼镜及太阳眼镜之设计、制造及销售，亦产销验光眼镜片，经销光学仪器及配件与有关产品，厂房设于中国、泰国及香港，主要海外市场为美国、欧洲及澳洲，但已于国内开设逾百个专柜及 6 间视光连锁店，并与粤海集团合作光学厂。公司 1995 年营业额 78540 万元，纯利 4870 万元。1996 年上半年盈利 3110 万元。

【财务状况】 公司 1995 年每股纯利 0.137 元，每股股息 0.05 元，每股净值 1.70 元。1996 年中期息 0.015 元。

大福集团有限公司

【公司概况】 公司业绩报告结算日期 3 月 31 日，实收资本 300000000 股，合共 30000000 元。公司董事会主席：郑家纯。

【经营业绩】 主要业务为在香港提供金融服务，包括股票经纪、孖展、融资、买卖期货、期权及日转期汇，并提供企业融资，投资管理及代理人服务，也以投资者身份进行证券买卖，已拓展至中国股市买卖 B 股。1996 年 7 月发行新股 75000000 股上市，售价 1.33 元。公司 1995/96 年度营业额 10937 万元，纯利 4994 万元。

【财务状况】 公司上市后每股净值 0.649 元。

新鸿基工业有限公司

【公司概况】 公司业绩报告结算日期 12 月 31 日，实收资本 1731487989 股，合共 173148798 元。公司董事会主席：冯永祥。

【经营业绩】 主要投资于香港或澳门之上市或非上市的非物业公司。现时主要投资为南顺、星光传讯、蚬壳电器、福田、海晖、太元及中远太平洋等，另持有第一太平可换股证书。1996 年 10 月联同第一太平戴维斯收购香岛漂染。公司 1995 年纯利 45140 万元。1996 年上半年盈利 4720 万元。

【财务状况】 公司 1995 年每股纯利 0.3025 元，每股股息 0.2225 元。1996 年 9 月底每股净值 0.73 元，中期息 0.02 元。

八佰伴国际饮食有限公司

【公司概况】 公司业绩报告结算日期 3 月 31 日，实收资本 300000000 股，合共 30000000 元。公司董事会主席：和田一夫。

【经营业绩】 经营食肆及面包店，包括中式酒楼、西餐厅、韩国及日本料理共 24 间。另拥有圣安娜饼屋及其新加坡合营公司股权 80%，已拓展至中国。并于深圳设立制造厂。又收购面包廊权益。饼店及面包店约 56 间。公司 1995/96 年度营业额 116560 万元，纯利 8760 万元。1996 年 9 月止半年盈利 4770 万元。

【财务状况】 公司 1995/96 年度每股纯利 0.292 元，每股股息 0.14 元。1996 年 3 月底每股净值 1.19 元，中期息 0.05 元。

创科实业有限公司

【公司概况】 公司业绩报告结算日期 12 月 31 日，实收资本 501651296 股，合共 100330259 元。公司董事会主席：H. J. Pudwill。

【经营业绩】 从事设计制造及经营家居轻工业可再充电无线

机动工具及其他电器，厂房设于中国及香港，产品主销美国及西欧。经多年发展，现时业务为六类：可充电工具、厨房用具、牙齿健康护理、太阳能电子产品、地板护理、贸易及其他等。公司1995年营业额137570万元，纯利5820万元。1996年上半年盈利4080万元。

【财务状况】 公司1995年每股纯利0.116元，每股股息0.063元，每股净值0.655元。1996年中期息0.035元。

恒利国际集团有限公司

【公司概况】 公司业绩报告结算日期3月31日，实收资本268000000股，合共26800000元。公司董事会主席：林日强。

【经营业绩】 主要经营采购及分销二极管、三极管与电容器及制造。产品主要售予香港之电子零件分销商及产品制造商，也出口美国、欧洲及亚洲国家。总办事处位于香港，生产设施则位于中国东莞及深圳。1996年10月发售新股67000000股，每股1元。公司1995/96年度营业额80756万元，纯利4306万元。

【财务状况】 上市后每股资产净值0.639元。

金岛（集团）有限公司

【公司概况】 公司业绩报告结算日期3月31日，实收资本160847825股，合共32169565元。公司董事会主席：黄创山。

【经营业绩】 经营供应潮州菜式酒楼，位于星光行、铜罗湾、加拿芬道、荃湾及中区共5间。于汕头、东莞及曼谷各设1间。上海酒楼已于1996年初开业。公司1995/96年度营业额22160万元，纯利亏损630万元。

【财务状况】 公司1996年3月底每股净值0.789元。

坚宝国际控股有限公司

【公司概况】 公司业绩报告结算日期12月31日，实收资本220000000股，合共22000000元。公司董事会主席：赖培和。

【经营业绩】 制造及销售导电硅橡胶按键及其他硅橡胶产品，以及设计制造。销售电子计算机及闹钟；也为客户牌子制造。香港总办事处物业面积1.3万平方呎；生产设施位于中山及观澜；厂房总面积约16万平方呎。产品售予香港、欧洲、北美及亚洲超过55个国家约300个客户。计划购入位于观澜地盘40万平方呎，兴建新生产设施。1996年12月发行5500万新股上市，每股售价1元。公司1995年营业额18580万元，纯利2310万元。1996年6月底止半年盈利1140万元。

【财务状况】 上市后每股净值0.441元。

创信集团有限公司

【公司概况】 公司业绩报告结算日期12月31日，实收资本721200000股，合共72120000元。公司董事会主席：吴振山。

【经营业绩】 生产多种运动鞋、休闲鞋、凉鞋、皮靴、保龄球鞋及高尔夫球，主要客户为国际知名的鞋类商标拥有和使用者。目前拥有23条生产线，年生产力约1500万双鞋，主销往北美，设施位于广东番禺市。1996年10月发行180300000股新股上市，每股售价1.08元。公司1995年营业额61255万元，纯利6493万元。1996年5月底止盈利4822万元。

【财务状况】 上市后每股净值0.5175元。

金源米业集团有限公司

【公司概况】 公司业绩报告结算日期3月31日，实收资本475737640股，合共47573764元。公司董事会主席：林曾淑仪。

【经营业绩】 在香港经营入口、处理、调济、包装与分销食米之业务，厂房设于青衣，每年处理食米约10万吨。于汕头、武汉、孝感、广汉及大洼五地设立食米加工厂，均占股权55%或以上。另于武汉参与地产发展，可供兴建酒店/商场面积39.5万平方呎（占35%）。投资于越南加工厂已于1996年初试产。公司1995/96年度营业额87360万元，纯利4950万元。

【财务状况】 公司1995/96年度每股纯利0.10元，每股股息0.02元。1996年3月底每股净值1.39元。

亚洲企业（集团）有限公司

【公司概况】 公司业绩报告结算日期3月31日，实收资本313616100股，合共31361610元。公司董事会主席：蓝国恩。

【经营业绩】 从事设计、制造及销售客户订制之电镀机械、电路板所需之湿式处理设备、装配半导体及一般金属表面处理所用之电镀机械。也设计及生产水质净化设备及废料处理系统。又于北京设立合营企业，并与日商合作技术转让。公司1995/96年度营业额52640万元，纯利3690万元。

【财务状况】 公司1995年/96年度每股纯利0.119元。1996年3月底每股净值0.66元。

群思集团有限公司

【公司概况】 公司业绩报告结算日期3月31日，实收资本225317500股，合共22531750元。公司董事会主席：朱知伟。

【经营业绩】 主要从事设计、发展、制造及销售电讯及教育性电子产品，在中国、香港及马来西亚生产，以外销欧美为主。1995年10月出售马来西亚公司股权30%，获利4140万元，计划将该公司分拆于吉隆坡上市。公司1995/96年度营业额69750万元，纯利780万元。

【财务状况】 公司1995/96年度每股纯利0.0347元。1996年3月底每股净值0.673元。

亚伦国际集团有限公司

【公司概况】 公司业绩报告结算日期3月31日，实收资本315132520股，合共31513252元。公司董事会主席：张伦。

【经营业绩】 集团从事设计、生产、销售多类家庭电器，也生产塑胶零件、精密元件及注塑模具，以至吹发器及卷发器，主要厂房设于中国，产品主销售欧洲。惠阳新厂已落成，97年初投产。公司1995/96年度营业额42280万元，纯利亏损650万元。1996年9月止半年盈利640万元。

【财务状况】 公司96年3月底每股净值0.61元。1996年中期息0.005元。

嘉里建设有限公司

【公司概况】 公司业绩报告结算日期12月31日，实收资本

1021676500股，合共1021676500元。公司董事会主席：郭孔丞。

【经营业绩】 主要业务包括香港之物业发展及投资；于香港拥有及经营货仓；中国之物业发展及投资；香港及中国有关基建之投资；也从事管理中港两地物业。最新发展为参与大角咀机铁站二期发展项目，占32.5%。1996年7月新发行15000万股，每股售价17.50元。公司1995年营业额137770万元，纯利38213万元。96年上半年盈利31940万元。

【财务状况】 上市后每股净值26.11元。1996年不派中期息。

明报企业有限公司

【公司概况】 公司业绩报告结算日期3月31日，实收资本390345000股，合共39034500元。公司董事会主席：张晓卿。

【经营业绩】 从事报章、书籍杂志出版业务，并经营旅游业。现任主席于95年12月以每股3.85元购得股权；96年7月购入智慧中国股权49%，成为全资公司经营中国印刷业务。公司1995/1996年度纯利亏损939万元。1996年9月止半年亏损1850万元。

【财务状况】 公司1995/96年度每股股息0.045元。1996年3月底每股净值3.29元，不派中期息。

泰升集团有限公司

【公司概况】 公司业绩报告结算日期3月31日，实收资本510007256股，合共51000725元。公司董事会主席：黎德正。

【经营业绩】 主要从事地基打桩业务。现持有糖街商业面积2.6万平方呎作为投资用途；福全街物业已完成，并售出住宅。1995年7月增持先进机械工程至60%。1996年10月增购天津物业权益至80%；并售出英皇道物业。公司1995/96年度纯利8500万元。1996年9月止半年盈利5160万元。

【财务状况】 公司1995/96年度每股纯利0.19元，每股股息0.064元。1996年3月底每股净值1.14元。中期息0.026元。

中国海外发展有限公司

【公司概况】 公司业绩报告结算日期12月31日，实收资本4312478400股，合共431247840元。公司董事会主席：孙文杰。

【经营业绩】 为中国国营企业，投资及发展香港与中国物业，也经营建筑业。拥有本港商业面积197390平方呎及深圳商业、货仓及住宅面积369853平方呎。发展中应占面积，香港为98万平方呎、国内为362万平方呎。待发展中地盘香港3个、国内3个，应占完成后面积78.5万平方呎。又占韶关电厂股权11.25%。公司1995年营业额326380万元，纯利82020万元。1996年上半年盈利40880万元。

【财务状况】 公司1995年每股纯利0.234元，每股股息0.11元，每股净值1.37元。1996年中期息0.039元。

长城电子国际有限公司

【公司概况】 公司业绩报告结算日期3月31日，实收资本930654096股，合共93065409元。公司董事会主席：王国荣。

【经营业绩】 制造及销售音响产品、电话及彩色电视机、主销欧洲，厂房设于中国、法国及加拿大。与惠州机构合组公司，于中国建立销售网。已参与惠州永湖住宅发展。加拿大厂房于95年停产，厂房已出售，设备运回惠州厂房。公司1995/96年度营业额338940万元，纯利9040万元。1996年9月止半年盈利3850万元。

【财务状况】 公司1995/96年度每股纯利0.098元，每股股息0.01元。1996年3月底每股净值1.05元，中期息0.01元。

首长国际企业有限公司

【公司概况】 公司业绩报告结算日期12月31日，实收资本1681583454股，合共336316690元。公司董事会主席：张燕林。

【经营业绩】 原名东荣钢铁。现时业务为钢材产销、电子产品产销、金属及建材贸易、黑色及有色金属贸易、运输及船务。拥有首长四方56.18%、首长科技59%及首长宝佳36.18%。自购货轮3艘及租入货轮7艘经营。公司1995年营业额730450万元，纯利18530万元。96年上半年盈利7880万元。

【财务状况】 公司1995年每股纯利0.123元，每股股息0.035元，每股净值0.936元。1996年中期息0.01元。

八佰伴国际集团有限公司

【公司概况】 公司业绩报告结算日期3月31日，实收资本988800000股，合共98880000元。公司董事会主席：和田一夫。

【经营业绩】 主要在香港、澳门及中国经营及发展，提供消费产品，也以纵向联合方式投资地产业，主要投资于大型购物中心。集团现正致力拓展中国业务，上海八佰伴南方商城已开业。拥有上市公司八佰伴香港42%、八佰伴饮食52%、八佰伴食品58.53%及欢乐天地41.25%。公司1995/96年度营业额290040万元，纯利10920万元。1996年9月止半年盈利9990万元。

【财务状况】 公司1995/96年度每股纯利0.11元，每股股息0.134元。1996年3月底每股净值1.85元，不派中期息。

北海集团有限公司

【公司概况】 公司业绩报告结算日期12月31日，实收资本1283562127股，合共128356213元。公司董事会主席：徐展堂。

【经营业绩】 原名中华制漆。制造及分销建筑及工业用油漆。于宝安及武汉设厂生产油漆，除经营屋村及跨境巴士外，已获港岛专营巴士路线56条。1996年9月将“城巴”分拆独立上市，仍占57.8%。投资于大连酒店及住宅（占60%）；也于北京及上海占有若干物业发展权益；本港西贡地盘也计划发展。公司1995年纯利亏损3050万元。1996年上半年盈利3170万元。

【财务状况】 公司1995年每股股息0.015元，每股净值0.913元。1996年不派中期息。

嘉利美商国际有限公司

【公司概况】 公司业绩报告结算日期12月31日，实收资本

316108442 股，合共 31610844 元。公司董事会主席：林普桂。

【经营业绩】 从事设计、制造及销售品种广泛之家庭消费品，产品于香港及中国制造，主销欧美。公司 1995 年营业额 113270 万元，纯利 4840 万元。1996 年上半年盈利 610 万元。

【财务状况】 公司 1995 年每股纯利 0.156 元，每股股息 0.10 元，每股净值 0.46 元。1996 年中期息 0.01 元。

佐丹奴国际有限公司

【公司概况】 公司业绩报告结算日期 12 月 31 日，实收资本 708332824 股，合共 70833282 元。公司董事会主席：刘国权。

【经营业绩】 经营零售“佐丹奴”牌子便服，以香港、台湾及新加坡为产品售地，扩展至中国及日本市场，并于中国设厂生产。通过虎威企业于中国开设零售店，共有 93 间店铺。1995 年进军韩国及泰国，并计划于印度设立产销业务。1996 年 6 月止集团分销点总数增至 462 间。公司 1995 年营业额 348190 万元，纯利 25020 万元。1996 年上半年盈利 11000 万元。

【财务状况】 公司 1995 年每股纯利 0.388 元，每股股息 0.135 元，每股净值 1.28 元。1996 年中期息 0.045 元。

精电国际有限公司

【公司概况】 公司业绩报告结算日期 12 月 31 日，实收资本 281652760 股，合共 70413190 元。公司董事会主席：张树成。

【经营业绩】 从事液晶体显示器与有关产品之设计、制造及销售，供应特定工业用途及大量消费市场，产品在香港及中国制造。与合夥人于马来西亚设厂。于中国河源也设有厂房。将军澳工业村租地设厂工程已于 1996 年底完成。公司 1995 年营业额 67950 万元，纯利 24640 万元。1996 年上半年盈利 11180 万元。

【财务状况】 公司 1995 年每股纯利 0.91 元，每股股息 0.415 元，每股净值 3.05 元。1996 年中期息 0.15 元。

俊和集团有限公司

【公司概况】 公司业绩报告结算日期 3 月 31 日，实收资本 410951640 股，合共 41095164 元。公司董事会主席：彭锦俊。

【经营业绩】 主要在香港承接私人、公共土木及楼宇工程，大部分为总承建商。此外，集团并向政府及法定组织提供保养服务，包括道路、渠务、水务工程及楼宇保养。也经营中国之私人楼宇工程。1996 年 3 月止，手头工程合约总值约 55 亿元。计划参与四川水库发电项目。公司 1995/96 年度营业额 159480 万元，纯利 5220 万元。

【财务状况】 公司 1995/96 年度每股纯利 0.15 元，每股股息 0.0636 元。1996 年 3 月底每股净值 0.704 元。

世界(集团)有限公司

【公司概况】 公司业绩报告结算日期 3 月 31 日，实收资本 620673312 股，合共 62067331 元。公司董事会主席：李达兴。

【经营业绩】 主要设计、制造及销售多种 PVC 及布制家用产品，另制造及销售塑胶配件及 PVC 印刷滚轴。产品主销美国、欧洲及加拿大。厂房设于深葵涌及深圳。已自行生产 PVC 胶布及塑胶管材件。公司 1995/96 年度营业额 64340 万元，纯利 610 万元。1996 年 9 月止半年盈利 1970 万元。

【财务状况】 公司 1995/96 年度每股纯利 0.01 元，每股股息 0.012 元。1996 年 3 月底每股净值 0.698 元，不派中期息。

港陆国际集团有限公司

【公司概况】 公司业绩报告结算日期 12 月 31 日，实收资本 1722207400 股，合共 172220740 元。公司董事会主席：陆宗霖。

【经营业绩】 从事玩具及有关产品之制造，于香港、澳门、印尼及中国制造，产品输欧美为主。于上海及绍兴参与 6 项物业发展，应占完成后面积 510 万平方呎。公司 1995 年纯利 13080 万元。1996 年上半年盈利 4020 万元。

【财务状况】 公司 1995 年每股纯利 0.0758 元，每股股息 0.04 元，每股净值 0.813 元。1996 年中期息 0.01 元。

胜狮货柜企业有限公司

【公司概况】 公司业绩报告结算日期 12 月 31 日，实收资本 456000960 股，合共 45600096 元。公司董事会主席：张允中。

【经营业绩】 主要透过占 60%权益在中国经营之中外合资企业上海太平货柜，从事干货货柜箱之制造及销售业务。产品大多售予海外客户，收取美元。已开展制造冷藏货柜及其他类型货柜，且已取得英国一项特许权，生产一种专利设计之可叠式平架货柜，也于印尼设厂，及投资于中港两地货柜站。1996 年 8 月配售新股 4145 万股，每股售价 0.69 元。公司 1995 年营业额 148120 万元，纯利 210 万元。1996 年上半年亏损 3140 万元。

【财务状况】 公司 1995 年每股纯利 0.006 元，每股股息 0.005 元，每股净值 0.835 元。1996 年不派中期息。

第一太银控股有限公司

【公司概况】 公司业绩报告结算日期 12 月 31 日，实收资本 1073000000 股，合共 1073000000 元。公司董事会主席：彭泽伦。

【经营业绩】 93 年 8 月重组将海外资产售予第一太平控股，新公司取代旧公司上市，主要资产为第一太平银行。中国对外经济贸易部机构金信投资以 36200 万元购入 33.75%，而第一太平仍持有 41.25%。1995 年底存款 203 亿元，贷款 140 亿元。公司 1995 年纯利 25520 万元。1996 年上半年盈利 15010 万元。

【财务状况】 公司 1995 年每股纯利 0.238 元，每股股息 0.083 元。1996 年中期息 0.04 元。

联发行国际有限公司

【公司概况】 公司业绩报告结算日期 3 月 31 日，实收资本 300000000 股，合共 30000000 元。公司董事会主席：黄泽明。

【经营业绩】 从事以胶布、人造皮大、胶地板及发泡胶之贸易及制造，总公司设于香港。生产设施位于中国。由 7 间合营企业及 1 间全资附属公司组成，共拥有 14 条生产线。产品主销香港及中国之制造商，而胶地板则主要售予中国之公司。东莞两条月产量 400—700 公吨胶布生产线 96 年 9 月投产。公司

1995/96 年度营业额 104279 万元，纯利 7012 万元。

【财务状况】 公司 1995/96 年度每股纯利 0.267 元，每股股息 0.08 元。1996 年 3 月底每股净值 0.899 元。

山东新华制药股份有限公司

【公司概况】 公司业绩报告结算日期 12 月 31 日，实收资本 A 股 267312838 股，B 股 140000000 股，合共人民币 407312832 元。公司董事会主席：贺端湜。

【经营业绩】 从事开发、制造及销售化学原料药、制剂及化工产品。1995 年生产约 170 种化学原料药及制剂；解热镇痛药总产量约为 6480 吨。产品内销占 72.4%，其余出口 40 多个国家。生产设施于山东淄博市，占地约 480 万平方呎，总建筑面积约 190 万平方呎。1996 年 12 月发行新股 H 股 3500 万股公售，另 10500 万股配售，每股售价 1.82 港元。公司 1995 年营业额 71190 万元人民币，纯利 4150 万元人民币。1996 年 6 月止半年盈利 4440 万元人民币。

【财务状况】 上市后每股资产净值 1.62 港元。

和记电业（集团）有限公司

【公司概况】 公司业绩报告结算日期 12 月 31 日，实收资本 1112956614 股，合共 111295661 元。公司董事会主席：李永森。

【经营业绩】 主要在香港、中国、新加坡及马来西亚经营入口、推销与代理视听器材、冷气设备、汽车音响及电子、电器产品，以至卫星接收系统。上市后继续获多项消费品代理权，并扩展至汽车及汽车配件代理。各地办事处 29 间及售后服务站 180 间，并与国内大城市设立和记电业名牌专卖店。1995 年至 96 年在重组业务中。公司 1995 年营业额 294510 万元，纯利亏损 1808 万元。1996 年上半年亏损 8330 万元。

【财务状况】 公司 1995 年每股股息 0.03 元，1996 年 6 月每股净值 1.01 元，不派中期息。

安历士电业有限公司

【公司概况】 公司业绩报告结算日期 3 月 31 日，实收资本 305876800 股，合共 30587680 元。公司董事会主席：郭汉青。

【经营业绩】 从事设计、制造及出口一系列电器消费品。厂房设于香港及中国。外销以欧洲为主，也已于中国开设销售专柜。93 年开始于国内经营汽车贸易。发展中的东莞嘉湖山庄，涉及土地 100 多亩。1996 年开展影视发行业务，于指定地区及国家发行，已成功于中国推出一个电视剧集系列。公司 1995/96 年度营业额 45860 万元，纯利 2560 万元。1996 年 9 月止半年盈利 140 万元。

【财务状况】 公司 1995/96 年度每股纯利 0.084 元，每股股息 0.04 元。1996 年 3 月底每股净值 0.994 元，中期息 0.005 元。

恒都集团有限公司

【公司概况】 公司业绩报告结算日期 12 月 31 日，实收资本 200000000 股，合共 20000000 元。公司董事会主席：孟振雄。

【经营业绩】 制造及销售用作电器及电子产品集成组件之电线及导线产品，组合线束以原设备制造方式，售予单一日本客户。生产设施位于深圳石岩镇，恒都工业大楼第一期总面积约 26.7 万平方呎；第二期设施面积约 19 万平方呎，将于 97 年上半年完成。届时电线及导线年产量可增至 3.6 千吨、插头 7080 万件。1996 年 12 月发行新股 4000 万股，另旧股东配售 2000 万股上市，每股售价 1.07 元。公司 1995 年营业额 24170 万元，纯利 2190 万元。1996 年 6 月止半年盈利 1540 元万元。

【财务状况】 上市后每股净值 0.4664 元。

佳利国际有限公司

【公司概况】 公司业绩报告结算日期 3 月 31 日，实收资本 292370400 股，合共 29237040 元。公司董事会主席：周家宸。

【经营业绩】 从事设计、制造及销售精确资料储存产品。本销及出口产品有录音带、盒式录音带及录影带、磁碟等。厂房设于香港及中国，且已扩展至印尼。最新产品为镭射唱碟盒及可录光碟，并生产多项元件自用或外销。因财政问题，重组业务，1996 年 2 月开始暂停买卖。已关闭北爱尔兰厂房。持有深圳本鲁克斯实业股权已于深圳上市，仍占 25%。公司 1995/96 年度营业额 68200 万元，纯利亏损 49790 万元。

【财务状况】 公司 96 年 3 月底每股负值 0.777 元。

南顺食品工业有限公司

【公司概况】 公司业绩报告结算日期 12 月 31 日，实收资本 639521004 股，合共 31976050 元。公司董事会主席：黄大桩。

【经营业绩】 从事面粉加工及批发、调混与分销食油、制造及分销洗洁精及去污粉。蛇口新面粉厂第一期厂房于 1996 年初投产。于中国合营炼油厂、储仓及食油包装业。1996 年 10 月以 2 亿元出售观塘面粉厂，获利 4500 万元，并可分享重建出售部分单位利润 20%。公司 1995 年纯利 717 万元。1996 年上半年亏损 7580 万元。

【财务状况】 公司 1995 年每股纯利 0.01 元，每股股息 0.02 元，每股净值 1.39 元。1996 年不派中期息。

巨川国际（集团）有限公司

【公司概况】 公司业绩报告结算日期 3 月 31 日，实收资本 530054440 股，合共 53005444 元。公司董事会主席：张连兴。

【经营业绩】 主要从事天线及汽车配件之设计、制造及推销，厂房设于中国。上市后参与印刷业务，也与国内企业合作生产环保电池、单车及电讯用品。于国内设有零售网，也生产粉末冶金零件。天津商业大厦已完成。将不再参与地产业务。公司 1995/96 年度纯利 21370 万元。1996 年 9 月止半年盈利 11300 万元。

【财务状况】 公司 1995/96 年度每股纯利 0.4341 元，每股股息 0.151 元。1996 年 3 月底每股净值 1.57 元，中期息 0.065 元。

首长四方（集团）有限公司

【公司概况】 公司业绩报告结算日期 12 月 31 日，实收资本 668994573 股，合共 6689945 元。公司董事会主席：张燕林。

【经营业绩】 从事物业投资。现参与武汉、天津及大连三项物业发展，后者为安居工程。于1996年中股权转移至首长国际。公司1995年纯利亏损2470万元。1996年上半年盈利3940万元。

【财务状况】 公司95年底每股净值0.749元。1996年不派中期息。

森信纸业集团有限公司

【公司概况】 公司业绩报告结算日期3月31日，实收资本400000000股，合共40000000元。公司董事会主席：岑杰英。

【经营业绩】 从事纸品贸易及销售，为本港最大纸品商之一。主销香港，另有小部分为中国客户。集团已在北京及深圳设立代办处。公司1995/96年度营业额173420万元，纯利8520万元。1996年9月止半年盈利4010万元。

【财务状况】 公司1995/96年度每股纯利0.255元，每股股息0.075元。1996年3月底每股净值0.932元，中期息0.02元。

信利国际有限公司

【公司概况】 公司业绩报告结算日期12月31日，实收资本433467527股，合共43346752元。公司董事会主席：林伟华。

【经营业绩】 从事设计、制造及销售各类电子计算机，并生产有关主要元件，且自行生产晶体显示器。于1996年中开始生产超扭曲向列型晶体显示器，故拥有纵向合并之制造业务。厂房设于汕尾。产品以外销为主。94年已开始生产传呼机。公司1995年营业额52350万元，纯利8410万元。1996年上半年盈利3530万元。

【财务状况】 公司1995年每股纯利0.21元，每股股息0.045元，每股净值1.19元。1996年中期息0.015元。

锐鸿集团有限公司

【公司概况】 公司业绩报告结算日期3月31日，实收资本506280047股，合共50628004元。公司董事会主席：梁鸿鑫。

【经营业绩】 主要从事电子翻译机、手提电子游戏机及计算机之设计及生产；其后发展至有辨别声音功能电话，也开展液晶体显示器业务及生产印制电路板。产品主销欧洲及本港，厂房设于中国。1996年12月良记协议将持有股权71.3%以每股0.203出售予第三者陈英鸣，程序进行中，可能提出全面收购。公司1995/96年度营业额16060万元，纯利亏损3170万元。1996年9月止半年亏损870万元。

【财务状况】 公司96年3月底每股净值0.124元。

利信达集团有限公司

【公司概况】 公司业绩报告结算日期2月28日，实收资本446941600股，合共44694160元。公司董事会主席：李子彬。

【经营业绩】 主要在香港经营皮鞋零售业。以进口意大利皮鞋为主，近期零售业务已扩展至澳门、新加坡及中国。并于广东顺德设厂，生产若干特许权皮鞋。已于国内各经济特区开设免税店。开设“三百两”金饰店，已于1996年底结束。公司1995/96年度营业额69490万元，纯利3130万元。1996年8月止半年盈利2267万元。

【财务状况】 公司1995/96年度每股纯利0.07元，每股股息0.045元。1996年3月底每股净值0.99元，中期息0.03元。

菱电发展有限公司

【公司概况】 公司业绩报告结算日期12月31日，实收资本903154400股，合共451577200元。公司董事会主席：胡法光。

【经营业绩】 为日资三菱及胡氏家族合作，主要从事物业投资及物业发展业务，并在香港及中国拥有物业。计有香港投资物业包括宏利保险中心40万平方呎及大角咀新九龙广场19万平方呎写字楼。持有发展中物业香港为22.5万平方呎，中国为280万平方呎。期内出售葵涌菱电工业中心，获9500万元收益。公司1995年营业额70010万元，纯利54110万元。1996年上半年盈利14960万元。

【财务状况】 公司1995年每股纯利0.5989元，每股股息0.14元，每股净值4.01元。1996年中期息0.04元。

美特容器（香港）有限公司

【公司概况】 公司业绩报告结算日期12月31日，实收资本668860000股，合共133772000元。公司董事会主席：黄大桩。

【经营业绩】 主要业务为制造及销售铝质罐、马口铁容器、塑料瓶、塑料容器等。厂房设于大埔。另于国内多城市成立10多间合营企业，所占股权由20%至51%。除深圳两片罐厂外，其他已投产。为南顺集团成员，与五丰行合作，由丰顺（南顺占58.15%）控制美特50.23%。1996年11月南顺售出应占丰顺股权，相当于每股2.8元全数售出美特容器股权予美商，买方以相同条件提出全面收购。公司1995年营业额151020万元，纯利15130万元。1996年上半年盈利3020万元。

【财务状况】 公司1995年每股纯利0.245元，每股股息0.10元，每股净值1.35元。1996年中期息0.015元。

笔克远东集团有限公司

【公司概况】 公司业绩报告结算日期10月31日，实收资本441107252股，合共44110725元。公司董事会主席：谢松发。

【经营业绩】 集团主要为替展览会主办机构及专业参展商设计及承建展览摊位及展品，业务遍及香港、日本、中国、台湾及南韩等地。上市后于深圳及北京成立生产制作设施。占上海工业村计划合营项目，兴建工业面积358万平方呎，又占世贸广场4%。1996年3月以4.2亿元购入Pico Art集团80%权益。公司1994/95年度营业额47490万元，纯利3700万元。1996年4月止半年盈利3200万元。

【财务状况】 公司1994/95年度每股纯利0.165元，每股股息0.06元。1995年10月底每股净值0.841元。1996年中期息0.03元。

四海旅游国际有限公司

【公司概况】 公司业绩报告结算日期3月31日，实收资本180026000股，合共18002600元。公司董事会主席：杨丽玲。

【经营业绩】 主要经营机票销售及提供其他与旅游有关之服务，并参与物业投资。拥有商业及住宅面积66100平方呎。上市后将业务扩展至货运业，与中旅社订立合营安排，为国内厂商提供航空货运服务。公司1995/96年度营业额149860万元,纯利1580万元。1996年9月止半年盈利880万元。

【财务状况】 公司1995/96年度每股纯利0.088元,每股股息0.04元。1996年3月底每股净值1.39元,中期息0.013元。

中联系统控股有限公司

【公司概况】 公司业绩报告结算日期3月31日,实收资本216000000股,合共21600000元。公司董事会主席:林汉南。

【经营业绩】 主要为电脑系统项目之系统集成及个人电脑分销,为少数拥有简体中文软件者。负责统筹系统之设计、安装及实施工作,顾客为国内银行及邮电部与财政部等。现已发展至其他企业及零售业。也于国内设有软件开发公司,在国内6大城市设有办事处及于14个城市设有分销售网;也于新加坡开设办事处,经营良好,并进军印尼及马来西亚市场。公司1995/96年度营业额68307万元,纯利4226万元。

【财务状况】 公司1995/96年度每股纯利0.226元,每股股息0.065元。1996年3月底每股净值0.879元。

明日国际集团有限公司

【公司概况】 公司业绩报告结算日期10月31日,实收资本434500000股,合共43450000元。公司董事会主席:邱德华。

【经营业绩】 从事电子产品(包括数码温度计、时计、电子钟及汽车附件)之设计、开发、制造及销售。为Seiko、Epson电子配件与部件之认可分销商;也旁及印刷线路板之制造及销售,并提供售后服务。产品主销欧洲、美国、日本、中国及香港。公司1994/95年度营业额45437万元,纯利7160万元。1996年4月止半年盈利3460万元。

【财务状况】 公司1994/95年度每股纯利0.22元,每股股息0.05元,1995年10月底每股净值0.165元。1996年中期息0.03元。

威发国际集团有限公司

【公司概况】 公司业绩报告结算日期12月31日,实收资本168161841股,合共16816184元。公司董事会主席:潘少忠。

【经营业绩】 集团从事多种塑胶产品之设计、制造、市场推广及销售等。产品包括奇趣精品、包装产品及节日装饰品。上市后更发展至圣诞树、瓦面纸箱及印刷业务。厂房设于中国,主销香港、欧洲及世界各地。最新业务为PVC胶片贸易及颜料制造。公司1995年营业额32690万元,纯利790万元。1996年上半年盈利450万元。

【财务状况】 公司1995年每股纯利0.0472元,每股股息0.015元,每股净值0.573元。1996年中期息0.005元。

太平洋合板控股有限公司

【公司概况】 公司业绩报告结算日期12月31日,实收资本3872000000股,合共96800000元。公司董事会主席:黄进益。

【经营业绩】 从事合板及单板制品之制造、分销与销售业务。现时分别于马来西亚及新加坡设有2间工厂。正投资于中国大连生产线板、木柱及木板等,厂房在兴建中;马来西亚厂房亦在扩建。1995年11月发行22000万新股上市,每股售价1.15元。公司1995年营业额80500万元,纯利16520万元。1996年上半年盈利8640万元。

【财务状况】 公司1995年每股纯利0.055元,每股股息0.003元,每股资产净值0.13元。

沪光国际上海发展投资有限公司

【公司概况】 公司业绩报告结算日期12月31日,实收资本9635000股,合共USD963500元。公司董事会主席:尹衍梁。

【经营业绩】 为一间在开曼群岛注册之投资公司,主要在中国透过上海地区的直接投资以取得长期资本增值,对象为中外合资企业、股份有限公司、外资独资企业等。已动用资金68%用于投资,其中46%投资于国内非上市公司(主要位于上海);22%则投资于中、港、美新上市概念证券。公司1995年盈利189.8万美元。1996年上半年盈利78.1万美元。

【财务状况】 公司1995年每股净值9.76美元。1996年不派中期息。

AEON信贷财务(亚洲)有限公司

【公司概况】 公司业绩报告结算日期2月20日,实收资本383400000股,合共38340000元。公司董事会主席:杉桥裕。

【经营业绩】 为日本AEON信贷之附属公司,提供多类消费信贷融资服务。设有8间分行、150台招财柜员机及10台理财柜员机。截至96年8月止,持咭人数250000名;信贷放款结余111670万元。公司1995/96年度营业额23851万元,纯利4751万元。1996年8月止半年盈利3420万元。

【财务状况】 公司1995/96年度每股纯利0.1646元,每股股息0.05元,每股净值0.6977元。1996年中期息0.025元。

高雅国际集团有限公司

【公司概况】 公司业绩报告结算日期3月31日,实收资本276720000股,合共27672000元。公司董事会主席:许亮华。

【经营业绩】 主要从事设计、制造及销售金属眼镜架,除建立本身牌子外,在香港及东南亚、中国等分销公司取得多项专利权。产品主要销往美国、欧洲、香港、中国及东南亚市场。为原制造之眼镜架销售额占总营业额约65%,大部分生产设施位于中国,现正扩充生产设施,预期可将生产增加约64%。1996年3月发行6918万股新股上市,每股售价1.08元。公司1995/96年度营业额21839万元,纯利4388万元。

【财务状况】 公司1995/96年度每股纯利0.2243元,每股股息0.019元。

广东科龙电器股份有限公司

【公司概况】 公司业绩报告结算日期12月31日,实收资本805408563股,合共人民币805408563元。公司董事会主席:潘宁。

【经营业绩】 为乡镇企业。从事冰箱的制造及销售。计划上市集资兴建新厂,改造一厂、二厂的生产设施,提高产量、扩充产品种类。与日本三洋合资制造冷柜,并计划于容奇设立厂房,99年完成。投资西安计划已取消。1996年7月发行新股

201352000股，每股售价3.67港元。公司1995年营业额217676万元人民币，纯利28330万元人民币。1996年6月止半年盈利24560万元人民币。

【财务状况】 公司1996年中期息0.02元。

先来国际控股有限公司

【公司概况】 公司业绩报告结算日期6月30日，实收资本1177200000股，合共117720000元。公司董事会主席：刘东海。

【经营业绩】 主要在中国、香港及澳门分销Montagut牌子之针织品及配衬用品，以及设计、制造、批发分销该牌子之非针织品及皮革用品等。也在中国市场制造及批发分销Pierre Cardin、Lacarte及Caven牌子之男仕服装，集团亦持有牌子产品之特许使用权，于中国、香港、门及韩国独家分销及推广以上产品。公司1996年营业额86490万元，纯利22110万元。

【财务状况】 公司1996年每股纯利0.207元，每股股息0.175元。1996年6月底每股资产净值0.327元。

吉之岛(香港)百货有限公司

【公司概况】 公司业绩报告结算日期2月28日，实收资本260000000股，合共52000000元。公司董事会主席：冈田卓也。

【经营业绩】 经营4间综合购物百货公司，零售各式日用货品，并与特许经营商合作销售产品。与粤海合组广州吉之岛天兴百货(占80%)已于7月开业。将军澳百货店及慈云山分店将于97年底及98年初开业。公司1995/96年度营业额158490万元，纯利5720万元。1996年8月止半年盈利2537万元。

【财务状况】 公司1995/96年度每股纯利0.22元，每股股息0.096元。1996年2月底每股净值0.802元，中期息0.035元。

快讯国际集团有限公司

【公司概况】 公司业绩报告结算日期3月31日，实收资本290000000股，合共29000000元。公司董事会主席：孙爱群。

【经营业绩】 为日本马兰士公司双向无线电通讯设备之香港、中国及台湾之独家代理商，业务范围包括销售电讯器材及有关产品，制造零配件及装配并提供售后服务。总办事处设于香港，已获准在中国增设20间维修联络中心，并于北京自置之厂房投产。1995年初获"摩托罗拉"电话委托为经销商。公司1995/96年度营业额30090万元，纯利亏损2180元。1996年9月止中期亏损1550万元。

【财务状况】 公司96年3月每股净值0.302元，不派中期息。

南兴集团有限公司

【公司概况】 公司业绩报告结算日期3月31日，实收资本307952800股，合共30795280元。公司董事会主席：刘桂。

【经营业绩】 主要从事积层板设计、制造及分销业务，自设铜薄厂于泰国。并制造印刷电路板及买卖用以生产积层板之原料及化学品。厂房分别设于元朗、东莞、中山、苏州及泰国，主销香港及东南亚等地。公司1995/96年度营业额30950万元，纯利701万元。1996年9月止半年盈利240万元。

【财务状况】 公司1995/96年度每股纯利0.025元，每股股息0.02元。1996年3月底每股净值0.77元，中期息0.01元。

新科(远东)有限公司

【公司概况】 公司业绩报告结算日期3月31日，实收资本200000000股，合共20000000元。

【经营业绩】 主要经营用于镭射唱机之配件及部件之供应，并设计及生产镭射音响之有关产品及电子电路板等，亦为香港及中国两地Sony半导体与镭射机芯之主要特许经销商。现时在东莞、深圳及上海等地拥有多间合营企业，其中正拓展电讯器材及传呼机等之生产。公司1995/96年度营业额211890万元，纯利亏损4340万元。1996年9月止半年盈利750万元。

【财务状况】 公司96年3月底每股净值0.341元，不派中期息。

明珠兴业集团有限公司

【公司概况】 公司业绩报告结算日期12月31日，实收资本4652094014股，合共465209401元。公司董事会主席：黄坤。

【经营业绩】 经营商业物业及酒店，拥有多项物业之发展权益，持有明珠广场16894平方呎及世贸广场(占15%)等。于1996年11月分别以3.75亿元购入山顶普乐道物业及以5.4亿元购入山顶施勋道物业。公司1995年营业额105890万元，纯利41030万元。1996年上半年盈利39360万元。

【财务状况】 公司1995年每股纯利0.11元，每股股息0.083元，每股净值0.682元。1996年中期息0.04元。

三商行国际集团有限公司

【公司概况】 公司业绩报告结算日期3月31日，实收资本489881250股，合共48988125元。公司董事会主席：赖雁浪。

【经营业绩】 从事销售及设计以其本身牌子Theme、For You、Essence及Vision系列之服装，拥有Body Glove牌子运动及消闲服装之专营权。在港澳设有57间零售店，其中15间为特许经营店。此外，联营公司Strait Aproach在星、马、台湾、吉隆坡及中国设有零售店48间，且已进军日本及泰国市场，合营厂房设于中国东莞。1996年6月发行54431250新股配售，8供1，每供2.70元。公司1995/96年度营业额74190万元，纯利3130万元。1996年9月止半年盈利5100万元。

【财务状况】 公司1995/96年度每股纯利0.073元，每股股息0.044元。1996年3月底每股净值0.696元，中期息0.05元。

香港联想控股有限公司

【公司概况】 公司业绩报告结算日期3月31日，实收资本761499200股，合共76149920元。公司董事会主席：柳传志。

【经营业绩】 从事在中国及香港之市场分销及推销电脑及其附属产品，并制造及供应主机板和附加卡，也采购个人电脑配件售予北京联想，组装成"联想"牌个人电脑在中国出售。在香港及中国拥有超过12800平方米厂房，同时在欧洲、北美洲及亚太区设有附属公司及分销网络，亦经营电脑系统集成。1995年7月发行新股8649万股(每股计1.25元)，收购惠阳联想科技园物业95%。公司1995/96年度营业额369480万元，纯利亏损19450万元。1996年9月止中期亏损6890万元。

【财务状况】 公司96年3月底每股净值0.46元。

鑫成金属(集团)有限公司

【公司概况】 公司业绩报告结算日期4月30日，实收资本252000000股，合共25200000元。公司董事会主席：吴建常。

【经营业绩】 主要从事有色金属及镰砂与废金属付运买卖及加工，也进行有色金属仓货买卖作对冲作用，实货金属大部分向中国各工业单位销售。在美国加利福尼亚州设有废料收集中心；于常熟设有合资炼铜厂。1995年9月添发庆丰提出以每股0.56元收购，已完成。公司1995/96年度营业额340531万元，纯利390万元。1996年上半年盈利620万元。

【财务状况】 公司1995/96年度每股纯利0.039元，每股股息0.019元，每股净值0.55元。1996年不派中期息。

安徽皖通高速公路股份有限公司

【公司概况】 公司业绩报告结算日期12月31日，实收资本A股915600000股，H股493010000股，合共人民币1408610000元。公司董事会主席：王水。

【经营业绩】 为国家企业。经营及开发中国安徽省境内外收费公路，由省交通厅监管。现持有安徽省合宁高速公路，全长133.54公里。1996年10月订立收购205国道之协议，以2亿1千万元购入该段全长30公里收费公路。1996年11月发行493010000股H股上市公售及配售，每股售价1.89元人民币。公司1995年营业额8550万元人民币，纯利5970万元人民币。1996年4月底止盈利2600万元人民币。

【财务状况】 上市后每股净值1.86元人民币。

实惠集团有限公司

【公司概况】 公司业绩报告结算日期3月31日，实收资本200000000股，合共20000000元。公司董事会主席：林志诚。

【经营业绩】 主要在香港经营专门销售家俬及家庭用品之连锁店，至今共有38间以“实惠家居广场”名称经营之分店，所有分店均为租赁，产品之销售对象为中等及中下收入之消费者。于1996年内已开设物业代理4间。公司1995/96年度营业额67000万元，纯利亏损414万元。1996年9月止半年盈利317.5万元。

【财务状况】 公司96年3月底每股净值0.551元。

万顺昌集团有限公司

【公司概况】 公司业绩报告结算日期3月31日，实收资本295806000股，合共29580600元。公司董事会主席：姚树声。

【经营业绩】 主要业务乃在香港及中国储存及供应钢筋。供应来源包括中美、南美、北美、南非及欧洲等地。也经销工程塑胶树脂及塑胶注射机。与中国宝山钢铁于上海合组公司，从事钢材贸易；并于东莞设主钢材加工中心。公司1995/96年度营业额184540万元，纯利6650万元。1996年9月止半年盈利3855万元。

【财务状况】 公司1995/96年度每股纯利0.265元，每股股息0.07元。1996年3月底每股净值1.01元，中期息0.026元。

乐家实业有限公司

【公司概况】 公司业绩报告结算日期3月31日，实收资本240100000股，合共24020000元。公司董事会主席：郭展荣。

【经营业绩】 以“Rockapetta”牌子或客户牌子设计、制造、销售及分销儿童玩具，产品主要市场为美国、欧洲及亚洲。1996年开始生产高级合金印模铸造产品。公司1995/96年度营业额17050万元，纯利亏损3480万元。公司96年9月止半年盈利17.5万元。

【财务状况】 公司96年3月底每股净值0.283元。

美力时集团有限公司

【公司概况】 公司业绩报告结算日期12月31日，实收资本447200000股，合共44720000元。公司董事会主席：黄泽鸿。

【经营业绩】 主要经营收藏品及礼品之设计、开发、生产及销售，包括活动音乐盒及装饰品；并制造及销售肖像玩偶及木制装饰果壳夹及经销礼品。产品约有60%为私人商标客户制造，其余40%由集团以本身牌子透过美国之零售网在市场出售。厂房设于珠海及中山。中山厂房在兴建中，1996年初完成。公司1995年营业额53753万元，纯利亏损4741万元。1996年上半年盈利410万元。

【财务状况】 公司95年12月底每股净值0.379元。1996年不派中期息。

弘茂企业集团有限公司

【公司概况】 公司业绩报告结算日期3月31日，实收资本299730000股，合共29973000元。公司董事会主席：Larry D. Horner。

【经营业绩】 主要从事销售纺织机械之业务及提供维修、全面之技术及售后服务。也在香港进行物业投资。太丰行于95年8月以每股1.388元收购75%，于1996年10月将原有纺织机械贸易、人造皮革及橡胶项目售予前股东；并购入一家集成电路半导体制造商权益51%。1996年12月业务重组，转营电子制造业，将原“荣荣国际”改名如上。公司1995/96年度营业额19955万元，纯利亏损1140万元。1996年9月止半年亏损230万元。

【财务状况】 公司96年3月底每股净值0.842万元。

表准时国际控股有限公司

【公司概况】 公司业绩报告结算日期12月31日，实收资本180000000股，合共18000000元。公司董事会主席：黄永盛。

【经营业绩】 主要从事原设备制造本身牌子及“童装表牌子”设计，销售多类型石英行针表，市场主要为中东国家、亚太区及南美洲。也向香港及中国其他手表制造商，提供电镀及销售零件服务。装嵌及元件制造设备位于广东东莞。1996年7月发行新股50000000股上市，每股售价1元。公司1995年营业额27542万元，纯利2137万元。1996年上半年盈利2228万元。

【财务状况】 公司1996年中期息0.03元。上市后每股净值0.59元。

仪征化纤股份有限公司

【公司概况】 公司业绩报告结算日期12月31日，实收资本H股14亿股，A股26亿股，合共人民币4000000000元。公司董事会主席：吴文英。

【经营业绩】 从事制造及经销聚酯切片涤纶短纤维之业务。现时之生产能力超过50万吨，为中国目前最大型之涤纶生产商，占全球第5大涤纶生产商之地位。1996年上半年生产聚酯产品358862吨，销售率85.7%。1995年8月收购佛山化纤集团。1996年预期完成3间厂房增容工程，四期工程建设已获批准。公司1995年营业额930240万元人民币，纯利121290万元人民币。1996年上半年盈利21200万元人民币。

【财务状况】 公司1995年每股纯利0.314元，每股股息0.11元。1996年6月底每股净值2.10元人民币，中期息0.033元。

南联地产控股有限公司

【公司概况】 公司业绩报告结算日期3月31日，实收资本129842644股，合共1298426元。公司董事会主席：周文轩。

【经营业绩】 从事物业投资、发展及货仓业务，也经营物业管理。持有香港之物业：4幢工业/货仓大厦（约210万平方呎）、1个工业单位、1个铺位、两幅工业用地及161幅家地（占63.1%，约26亿元）。于中国之物业：货仓、办公大楼、商业大厦、冷冻仓库及住宅（占2.2%，约9200万元）。于新加坡物业：1个会议及展览中心、写字楼及零售商场之综合大楼（占34.3%，约14.2亿元）。于美国之物业：1个零售中心及停车场。计划将工业用地兴建楼宇。1996年10月通过介绍方式分拆上市，将全部股份送予南联实业股东。公司1995/96年度营业额11385万元，纯利3320万元。

【财务状况】 上市后每股净值23.73元。

台和商事控股有限公司

【公司概况】 公司业绩报告结算日期3月31日，实收资本240000000股，合共24000000元。公司董事会主席：刘得还。

【经营业绩】 主要从事设计、发展、制造及经销电子零件、生产微调电阻及可变电阻，并透过联号生产分裂半导体器件。产品大部分于香港销售。所获两项电子元件经销协议已于1996年10月终止。厂房设于东莞及肇庆；位于雁田新厂已完成。公司1995/96年度营业额57877万元，纯利1605万元。1996年9月止半年盈利100万元。

【财务状况】 公司1995/96年度每股纯利0.08元，每股股息0.04元。1996年3月底每股净值0.568元。

大福国际集团有限公司

【公司概况】 公司业绩报告结算日期12月31日，实收资本828668317股，合共USD16573366元。公司董事会主席：刘清枝。

【经营业绩】 制造、销售及买卖木材有关产品。销售市场83%在国内，其余销往韩国、台湾、加拿大及美国。生产设施位于中国天津、湖北、吉林、黑龙江等15间附属公司。拥有或租用土地总面积分别331万平方呎及94万平方呎；拥有或租用房产物业总面积分别约215万平方呎及67.5万平方呎，产品年产量约2180万立方米。另于马西拥有土地80万平方呎及楼宇总面积2300万平方呎。1996年12月发行16800万股新股上市，每股售价1.01元。公司1995年营业额92320万元，纯利5630万元。1996年7月止半年盈利2820万元。

【财务状况】 上市后每股净值0.59元。

长江基建集团有限公司

【公司概况】 公司业绩报告结算日期12月31日，实收资本1368000000股，合共1368000000元。公司董事会主席：李泽钜。

【经营业绩】 96年5月底于广东省持有19项公路及电厂权益（96年4月市值44.95亿元），6个发电厂共发电量2,200兆瓦（96年4月市值17.03亿元）。每年生产水泥250万吨；混凝土470万立方米；沥青80万吨；石料200万吨（96年4月市值57.84亿元）。1996年7月参与广州东南西环高速公路投资，长38公里，总投资为19亿人民币；汕潮汾高速公路66公里（占50%）；8月投资江门江沙、江鹤高速公路共45公里（占50%）；台山金星大担段31公里（占60%）；大担北陡段87公里占50%；又注资5.6亿人民币参建黄河公路大桥（占40—50%）。参与南海发电一厂第二、三期项目，再增约200兆瓦，又注资1.66亿美元于珠海发电厂，两台机组于99年至2000年并网。1996年7月发售34200万新股上市，每股售价12.65元。公司1995年营业额247760万元，纯利56900万元。1996年上半年盈利34720万元。

【财务状况】 上市后每股资产净值13.30元。

亚太卫星控股有限公司

【公司概况】 公司业绩报告结算日期12月31日，实收资本420000000股，合共42000000元。公司董事会主席：何克让。

【经营业绩】 主要专注为中国及其他亚太地区提供优质卫星服务。与26个不同客户签订长期租约，协议条件保证10年内提供47.8个转发器服务，带来共约35.361亿元租金收入。至96年10月止，约67.5%之转发能力已租出。1996年12月发行10500万股新股上市，每股以13.4元公售。公司1995年营业额28481万元，纯利1478万元。1996年6月止半年盈利3942万元。

【财务状况】 上市后每股净值4.53元。

毅兴行有限公司

【公司概况】 公司业绩报告结算日期6月30日，实收资本300000000股，合共30000000元。公司董事会主席：许世聪。

【经营业绩】 主要制造塑料着色剂，并向塑胶产品制造商供应合成树脂及提供着色服务。拥有沙田海辉工业中心楼面总面积30135平方呎之工厂单位及红磡一幅24075平方呎之货仓及车位等。东莞占地约250349平方呎之工业用地，兴建综合建筑物已于95年8月投产。于上海增设一新厂房,于1996年中投产。公司1994/95年度营业额58760万元,纯利6090万元。1995年12月止半年盈利4180万元。

【财务状况】 公司1994/95年度每股纯利0.203元,每股股息0.08元,1995年6月每股净值0.835元。1995年中期息0.12元。

时富集团有限公司

【公司概况】 公司业绩报告结算日期12月31日,实收资本213000400股,合共21300040元。公司董事会主席:朱正贤。

【经营业绩】 以香港为基地,提供金融服务。在联交所有3个会员籍,也为香港黄金贸易场持牌会员。1995年11月收购2项物业及海产公司股权80%,代价2080万元,获保证95至96年盈利不少于520万元。1996年11月购入环球大厦写字楼6761平方呎,代价4560万元。公司1995年营业额8190万元,纯利160万元。1996年上半年盈利245万元。

【财务状况】 公司1995年每股纯利0.008元,每股股息0.05元,每股净值0.6元。1996年不派中期息。

嘉利国际控股有限公司

【公司概况】 公司业绩报告结算日期3月31日,实收资本360000000股,合共36000000元。公司董事会主席:何焯辉。

【经营业绩】 主要制造及销售个人电脑外壳、录影带壳、先进办公室设备及电源开关。以OEM形式制造影印机盛纸盒及入纸架。生产设施于东莞,拥有自置物业总面积59.5万平方呎。透过联营与惠州及雁田进行两项加工制造,分别占51%及85%权益。1996年12月发行9000万新股上市,每股售价1.15元。公司1995/96年度营业额74910万元,纯利5060万元。

【财务状况】 上市后每股净值0.732元。

中华发展控股有限公司

【公司概况】 公司业绩报告结算日期3月31日,实收资本979761112股,合共97976111元。公司董事会主席:郭应泉。

【经营业绩】 从事制造及分销专供奢侈消费品用之包装产品。主要市场为美国、欧洲、香港及亚洲市场,厂房设于东莞及深圳。1996年收购南昌百事可乐罐樽厂内一条生产线;又收购中国生产及分销食品饮品业务;又于沈阳铁路各站供应食品及饮品;并与中国15间省有线电视合作,以娱乐节目换取广告时间。公司1995/96年度营业额17660万元,纯利3030万元。1996年9月止半年盈利1750万元。

【财务状况】 公司1995/96年度每股纯利0.0356元。1996年3月底每股净值0.309元,不派中期息。

粤海制革有限公司

【公司概况】 公司业绩报告结算日期12月31日,实收资本440000000股,合共44000000元。公司董事会主席:余方。

【经营业绩】 以产销皮革及制成品为主,市场以中国本销及美加外销生产商为主。拥有南海、徐州两厂,南海皮厂年产量约3000万平方呎牛皮及羊皮,以及5万件皮革成衣;徐州南海皮厂年产量约750万平方呎牛皮或羊皮。计划在南海增设两条新生产线,于97年初投产。1996年12月发行新股11000万股分拆上市,每股售价1.03元。公司1995年营业额44810万元,纯利3100万元。

【财务状况】 上市后每股净值0.57元。

圆方陶瓷科技有限公司

【公司概况】 公司业绩报告结算日期3月31日,实收资本811698000股,合共81169800元。公司董事会主席:颜文波。

【经营业绩】 主要为陶瓷制造商设计、供应及装设生产线,及在香港、中国分销瓷砖、花岗石及云石产品;也投资于中国合资企业9间,生产及销售瓷砖。在香港及中国分销各种辅助设备,香港设有零售店4间,国内也有分销网。已于佛山成立合资装配陶瓷生产机械厂房。1996年1月于新加坡作第二上市。公司1995/96年度营业额79710万元,纯利9560万元。1996年9月止半年盈利4020万元。

【财务状况】 公司1995/96年度每股纯利0.15元,每股股息0.035元。1996年3月每股净值0.63元,中期息0.01元。

ING北京投资有限公司

【公司概况】 公司业绩报告结算日期12月31日,实收资本500000000股,合共50000000元。公司董事会主席:刘晓光。

【经营业绩】 主要透过投资于中国(尤其是北京)拥有重大资产、投资、生产活动、贸易或其他业务,收益最少一半源自中国之分司,达致长期资本增值。1996年6月,资产59%投资于北京仪表、管道、食品、通讯技术及深圳光大木材五个项目,并投资于上市证券。公司1995年营业额2830万元,纯利1550万元。1996年上半年盈利507.80万元。

【财务状况】 公司1995年每股纯利0.031元,每股股息0.03元。1996年10月底每股资产净值1.056元,不派中期息。

锡威国际集团有限公司

【公司概况】 公司业绩报告结算日期7月31日,实收资本535000438股,合共53500044元。公司董事会主席:李健成。

【经营业绩】 主要从事设计、发展及制造电讯产品,主销美国、欧洲及亚太区等。办事处设于香港,而生产设施则设于深圳,均为自置物业。现致力发展超高频无线电话,销售予欧洲、东南亚及中国市场。公司1995/96年度营业额128680万元,纯利5350万元。

【财务状况】 公司1995/96年度每股纯利0.104元,每股股息0.025元。1996年7月底每股净值0.595元。

天津渤海化工(集团)股份有限公司

【公司概况】 公司业绩报告结算日期12月31日,实收资本A股990000000股,H股340000000股,合共人民币1330000000元。公司董事会主席:戴成文。

【经营业绩】 为中国海洋化工最大生产商之一,主要从事制造纯碱、聚氯乙烯、烧碱、农药、化肥及其他有机与无机化学品等超过60种化工产品。公司1995年营业额279520万元人民币,纯利15150万元人民币。1996年上半年盈利4770万元人民币。

【财务状况】 公司1995年每股纯利0.12元，每股股息0.06元，每股净值1.71元人民币。1996年不派中期息。

东方电机股份有限公司

【公司概况】 公司业绩报告结算日期12月31日，实收资本A股280000000股，H股170000000股，合共人民币450000000元。公司董事会主席：袁长河。

【经营业绩】 为中国制造大型水力及火力发电机设备的重点企业，产品总值约98.3%为内销。计划与德国成立合资公司制造大型汽轮发电机供中国、东南亚及中东之发电站使用。1996年6月底承接工程合约超过5亿元人民币，完成工业总值2.4亿元人民币。公司1995年营业额58280万元人民币，纯利8910万元人民币。1996年上半年盈利2830万元人民币。

【财务状况】 公司1995年每股纯利0.212元，每股股息0.12元，每股资产净值2.66元人民币。

中国制药企业投资有限公司

【公司概况】 公司业绩报告结算日期12月31日，实收资本850516525股，合共85051652元。公司董事会主席：王春耀。

【经营业绩】 主要从事制造及销售维生素C原料药及衍生产品，1995年度之产量约为1222.7吨，以外销为主。预计至97年底，年产量可增至4000吨。1995年7月收购河北中抗制药26%。1996年12月增购权益至99%，代价2.96亿元。中抗制药96年盈利不少于9000万元。公司1995年营业额10690万元，纯利1940万元。1996年6月止半年盈利2050万元。

【财务状况】 公司1995年每股纯利0.032元，每股股息0.014元，每股资产净值0.402元。1996年中期息0.012元。

德胜集团有限公司

【公司概况】 公司业绩报告结算日期12月31日，实收资本800000000股，合共80000000元。公司董事会主席：王文荣。

【经营业绩】 从事制造及销售，供中国饮品及食品行业 使用之三片罐，并处理马口铁之涂黄及彩印，厂房设于福建、黄田及河南郑州。现正于上海兴建新厂中，已于1996年底试产。公司1995年营业额45350万元，纯利18090万元。1996年上半年盈利9020万元。

【财务状况】 公司1995年每股纯利0.226元，每股股息0.09元，每股净值0.677元。1996年中期息0.02元。

路劲基建有限公司

【公司概况】 公司业绩报告结算日期3月31日，实收资本540540000股，合共54054000元。公司董事会主席：单伟豹。

【经营业绩】 投资、发展、经营及管理中国收费公路。拥有在十个正处于不同发展阶段项目权益。此等项目总投资约为38亿元人民币，道路总长度323公里，集团所占总投资额约人民币18亿元，主要于96—97年完成。上市后再投资三项公路，应占投资额13亿元，大部分有利润保证。1996年6月上市新股14054万股，每股售价8.40元。公司1995/96年度纯利9003万元。

【财务状况】 上市后每股净值9.59元。

柏宝集团有限公司

【公司概况】 公司业绩报告结算日期3月31日，实收资本400000000股，合共40000000元。公司董事会主席：施黄楚芳。

【经营业绩】 从事进口及经销名牌照相产品及电器消费品，在中国、香港及澳门出售。拥有Rikon于上述三地专利经销权，并持有Nikon产品在中国市场独家经销权。也于中国独家经销Kodak菲林及相纸，占总营业额69%，透过9间专门店，350间照相店及590个专柜销售，计划增设专门店10间。1996年6月发行新股100000000股，每股售价1元。公司1995/96年度营业额137651万元，纯利5912万元。

【财务状况】 上市后每股净值0.48元。

洛阳玻璃股份有限公司

【公司概况】 公司业绩报告结算日期12月31日，实收资本A股450000000股，H股250000000股，合共人民币700000000元。公司董事会主席：郭晓寰。

【经营业绩】 主要从事浮法平板玻璃生产和销售，产品主要应用于建筑等行业，也从事第二次加工平板玻璃制造和销售，此类产品多作为各类车辆的窗玻璃、玻璃幕墙、工艺玻璃等，为中国第一家，产品主销中国，其余出口往香港、日本及韩国。公司1995年营业额94200万元人民币，纯利24400万元人民币。1996年上半年盈利1890万元人民币。

【财务状况】 公司1995年每股纯利0.37元，每股股息0.111元，每股净值2.878元人民币。1996年不派中期息。

华润北京置地有限公司

【公司概况】 公司业绩报告结算日期12月31日，实收资本1200000000股，合共120000000元。公司董事会主席：宁高宁。

【经营业绩】 参与西城区危旧房改造计划及外围大型住宅楼发展。现持有华远股权62.5%。1996年11月发行30000万新股，其中4500万股公售，25500万股配售，每股售价2.36元。公司1995年营业额74530万元，纯利18100万元。1996年5月止盈利1140万元。

【财务状况】 上市后每股净值2.90元。

廖创兴银行有限公司

【公司概况】 公司业绩报告结算日期12月31日，实收资本380339440股，合共190169720元。公司董事会主席：廖烈科。

【经营业绩】 设有分行32间，其中22间行址为自置物业；另于三藩市、中国汕头市及上海市设有办事处，主要提供银行、金融及有关服务。计划致力发展中国业务，正于上海兴建占地55444平方呎之商业大厦作为总部，占权益45%。1995年底存款157亿元，贷款125亿元。公司1995年纯利46000万元。1996年中期盈利27020万元。

【财务状况】 公司1995年每股盈利1.15元，每股股息0.5元，每股净值14.39元。1996年中期息0.18元。

广安银行有限公司

【公司概况】 公司业绩报告结算日期12月31日，实收资本375000000股，合共750000000元。公司董事会主席：梁定邦。

【经营业绩】 香港持牌银行，逾五十年历史。在香港之永久总行及32间分行中，27间之行址为自置物业。于深圳设有代表办事处。于95年底存款183亿元，贷款141亿元，贷存比率为74.3%。1996年6月发行新股75000000股上市，每股售价10元。公司1995年营业额52580万元，纯利44430万元。1996年上半年盈利22960万元。

【财务状况】 上市后每股资产净值10.6元。

大鹏集团有限公司

【公司概况】 公司业绩报告结算日期12月31日，实收资本240000000股，合共24000000元。公司董事会主席：彭德忠。

【经营业绩】 主要从事印刷机及辅设机器、印刷消耗品及印刷油墨，在香港、澳门、新加坡、马来西亚、台湾及中国之市场推广及分销，也向客户提供售后保养服务。在香港及新加坡拥有30673平方呎之办公室及货仓。现正致力拓展中国及台湾，并将在中国上海、北京及佛山设立办事处。公司1995年营业额28620万元，纯利亏损705万元。1996年上半年盈利49.8万元。

【财务状况】 公司95年底每股净值0.758元。1996年不派中期息。

雅视光学集团有限公司

【公司概况】 公司业绩报告结算日期12月31日，实收资本338000000股，合共33800000元。公司董事会主席：吴海英。

【经营业绩】 从事设计、制造及销售各类眼镜架。生产设施位于深圳及中山，有33.6万平方呎厂房。1995年购入近深圳厂房之地盘，面积约30.6万平方呎作发展。计划增设及生产手制塑胶架及金属架，二条生产线于97年商业投产，月产量增至54万副。产品主销欧洲及美国。计划在中国及东南亚多个国家拓展分销业务。1996年11月发行84500000新股上市，每股售价1元。公司1995年营业额18669万元，纯利3360万元。1996年6月止半年盈利2470万元。

【财务状况】 上市后每股净值0.5868元。

协和建设有限公司

【公司概况】 公司业绩报告结算日期12月31日，实收资本1200000000股，合共120000000元。公司董事会主席：汪世忠。

【经营业绩】 主要在香港及中国从事商业与住宅物业发展及投资。香港发展中住宅位于马鞍山78.5万平方呎；6项位于中国总面积约601.7万平方呎。已完成或将完成42.7万平方呎，其余在97—99年完成。物业将留作收租及出售。现正与中方洽商收购位于王府井大街一地盘，可建总面积约124.8万方尺（约占80%）。1996年11月发行新股300000000股，每股售价3.96元。公司1995年营业额12850万元，纯利3330万元。1996年截至5月底止5个月盈利1970万元。

【财务状况】 上市后每股资产净值5.70元。

庆铃汽车股份有限公司

【公司概况】 公司业绩报告结算日期12月31日，实收资本H股980000000股，A股1020000000股，合共人民币2000000000元。公司经1996年国务院有关部门批准到境外发行可转换债券，确定换股价为每股4.5元，于1997年1月22日在卢森堡交易所、香港随意交所上市发行债券1.12亿美元。公司董事会主席：吴云。

【经营业绩】 公司于重庆市从事生产五十铃轻型商用车、皮卡车及小型客车、组装及销售等，产品为载重量由1.25至2.75吨之五十铃H系列轻型商用车。1995年6月与日本五十铃成立模具厂，占51%。公司1995年营业额336100万元人民币，纯利17760万元人民币。1996年公司产销轻型商用车34500辆，公司总资产66亿元人民币，净资产38亿元人民币，96年上半年盈利18300万元人民币。

【财务状况】 公司1995年每股纯利0.09元，每股股息0.05元，每股净值1.72元人民币。1996年度公司每股收益0.21元人民币，每股净资产1.85元人民币，每股派发0.10元人民币。

中港照相器材集团有限公司

【公司概况】 公司业绩报告结算日期3月31日，实收资本1005782145股，合共100578214元。公司董事会主席：孙大伦。

【经营业绩】 主要从事进口、推销及经销日本富士所制造之一系列产品，也提供照片冲印及售后支援服务，主销中国、香港及澳门，为三地富士产品唯一认可经销商。至96年11月中国专卖店已达1918间。公司1995/96年度营业额187060万元，纯利24230万元。1996年9月止半年盈利10670万元。

【财务状况】 公司1995/96年度每股纯利0.24元，每股股息0.118元。1996年3月底每股净值0.82元，中期息0.043元。

镇江炼油化工股份有限公司

【公司概况】 公司业绩报告结算日期12月31日，实收资本A股1800000000股，H股600000000股，合共人民币2400000000元。公司董事会主席：张家仁。

【经营业绩】 生产及销售石油产品、中间石化产品、尿素及其他有关产品，产品大部分于中国销售，并以来料加工形式为外国石油公司炼制原油，收取加工费用。1996年上半年加工原油291万吨，下半年计划加工308万吨。公司1995年营业额657760万元人民币，纯利52180万元人民币。1996年上半年盈利28220万元人民币。

【财务状况】 公司1995年每股纯利0.22元，每股股息0.06元币，每股净值1.93元人民币。1996年中期息0.02元。

嘉禾娱乐事业（集团）有限公司

【公司概况】 公司业绩报告结算日期6月30日，实收资本

567050000股，合共56705000元。公司董事会主席：邹文怀。

【经营业绩】 为香港之中文及非中文电影首席发行商。在香港、澳门、马来西亚、新加坡与泰国从事电影发行及戏院经营业务，并于香港从事电影冲印业务。1996年6月止于香港经营戏院11间，海外戏院由联号经营，包括新加坡45间，马来西亚53间，泰国78间。公司1995/96年度营业额25930万元，纯利4320万元。

【财务状况】 公司1995/96年度每股纯利0.083元，每股股息0.036元。1996年6月底每股净值1.17元。

哈尔滨动力设备股份有限公司

【公司概况】 公司业绩报告结算日期12月31日，实收资本A股720000000股，H股469151000股，合共人民币1189151000元。公司董事会主席：李根深。

【经营业绩】 主要为电站提供广泛发电设备，也经营电站设备进出口业务，在国内提供工程、技术咨询及电站交钥匙工程，产品主销中国。部分销往世界及发展中国家。公司1995年营业额266790万元人民币，纯利12210万元人民币。1996年上半年盈利3260万元人民币。

【财务状况】 公司1995年每股纯利0.103元，每股股息0.05元，每股净值2.36元人民币。1996年不派中期息。

亚洲卫星控股有限公司

【公司概况】 公司业绩报告结算日期12月31日，实收资本390000000股，合共39000000元。公司董事会主席：秦晓。

【经营业绩】 提供卫星转发服务，主要是广播和电讯市场，分别与多个国家50多家客户签订转发器使用协议。目前拥有和经营两枚卫星亚洲卫星一号和二号，1996年6月底使用率分别为95.8%和58.2%。1996年6月由旧股东出售12100万股上市，每股售价119.8元。公司1995年营业额32662万元，纯利16865万元。1996年上半年盈利16690万元。

【财务状况】 上市后每股净值0.76元。

上海海兴轮船股份有限公司

【公司概况】 公司业绩报告结算日期12月31日，实收资本A股1400000000股，H股1080000000股，合共人民币2480000000元。公司董事会主席：李绍德。

【经营业绩】 以中国沿海货物航运为主，兼营远洋客货运输，拥有各类船舶共181艘，其中货船125艘、油船50艘及集装箱船6艘。船舶总吨位约377万载重吨，主要航运为华东地区。公司1995年营业额300900万元人民币，纯利3760万元人民币。1996年上半年亏损8450万元人民币。

【财务状况】 公司1995年每股纯利0.015元，每股股息0.04元，每股净值1.64元人民币。

美盛周氏国际控股有限公司

【公司概况】 公司业绩报告结算日期3月31日，实收资本500000000股，合共50000000元。公司董事会主席：周礼谦。

【经营业绩】 制造及销售电线及电缆。主要出口中国、北美洲及日本等20多个国家逾500名客户。1996年3月年度营业额亚洲占24470万元、北美洲占14490万元、欧洲占6310万元。生产设施位于东莞、上海两地。持有物业分别为74万平方呎及4.5万平方呎。东莞新增厂房将于97年上半年投产。1996年12月发行12500万股新股上市，每股售价1.20元。公司1995/96年度营业额45270万元，纯利4210万元。

【财务状况】 上市后每股资产净值0.563元。

信星鞋业集团有限公司

【公司概况】 公司业绩报告结算日期3月31日，实收资本432000200股，合共43200020元。公司董事会主席：陈敏雄。

【经营业绩】 生产户外鞋及其他鞋类，主销美国。厂房设于中国珠海，为自置物业，面积约28900平方米。94年5月在澳门购入厂房增设生产线，使年产量增加至745万对鞋类。公司1995/96年度营业额69090万元，纯利2210万元。1996年6月止半年盈利2870万元。

【财务状况】 公司1995/96年度每股纯利0.0512元，每股股息0.03元。1996年3月底每股净值0.387元，中期息0.02元。

勤达印刷集团有限公司

【公司概况】 公司业绩报告结算日期12月31日，实收资本200000000股，合共20000000元。公司董事会主席：刘竹坚。

【经营业绩】 主要从事商业印刷、杂志、报纸印刷及书籍印刷。厂房设于香港及中国两地，占地合共约162650平方呎。已购置中国博罗现有厂房毗邻约400000平方呎土地，兴建80000平方呎新厂房，增购现代化设备。1996年10月以5500万元购入大华印刷。公司1995年营业额27637万元，纯利2882万元。1996年上半年盈利1960万元。

【财务状况】 上市后每股资产净值0.661元。

太平洋恩利国际控股有限公司

【公司概况】 公司业绩报告结算日期12月31日，实收资本483910587股，合共48391058元。公司董事会主席：冯国卿。

【经营业绩】 从事未加工白肉鱼及白肉鱼柳之采购及供应，亦经营若干贝、虾类及其他冷冻海产品之贸易。产品主要来自俄罗斯，出口予北美及欧洲之客户。正考虑在中国沿海地区收购加工厂，拓展产品业务，出口国际市场及内销中国。公司1995年（截至1995年12月止9个月，结算期由3月改为12月，下同）营业额52430万元，纯利4240万元。1996年上半年盈利5100万元。

【财务状况】 公司1995年每股纯利0.096元，每股股息0.0425元，每股净值0.615元。1996年两次中期息0.0154元。

南方国际控股有限公司

【公司概况】 公司业绩报告结算日期12月31日，实收资本1360000000股，合共136000000元。公司董事会主席：黄华。

【经营业绩】 在广东省内主要城市及广州市从事物业发展、投资物业及管理。现时持有两项投资物业及两项租赁管理权益，总面积183万平方呎；作出售之物业：商住面积178万平方呎；作发展中/未来发展物业：共1290万平方呎。1996年11

月发行新股34000万股上市，每股售价2.88元。公司1995年营业额32965万元，纯利9770万元。1996年8月止盈利22410万元。

【财务状况】 上市后每股资产净值4.29元。

美丽宝国际控股有限公司

【公司概况】 公司业绩报告结算日期2月28日，实收资本240000000股，合共24000000元。公司董事会主席：邓伟林。

【经营业绩】 主要经营专门售卖鞋类。于香港及澳门设有逾44间以Mirabell及Joy & Peace为名之零售店，零售业务占99%。也从事批发鞋类予本地及海外客户，计划98年增加16间门市。拥有物业包括两幢工业大厦，停车场总面积16.4万平方呎。1996年11月发行新股60000000股上市，每股售价1.22元。公司1995/96年度营业额28320万元，纯利2490万元。

【财务状况】 上市后每股资产净值0.521元。

海德太平洋集团有限公司

【公司概况】 公司业绩报告结算日期3月31日，实收资本484958849股，合共48495885元。公司董事会主席：叶文民。

【经营业绩】 从事海、陆、空之综合运输服务，以95年度计，中国之业务占营业额63.4%，另在北美、欧洲及亚洲亦拥有超过60家代理商之网络。于上海成立一合营企业，发展集装箱堆场，已于95年底投入运作，投资4500万元，开业后即可获利。公司1995/96年度营业额51370万元，纯利6040万元。1996年9月止半年盈利3810万元。

【财务状况】 公司1995/96年度每股纯利0.145元，每股股息0.05元。1996年3月每股净值0.649元，不派中期息。

时捷集团有限公司

【公司概况】 公司业绩报告结算日期12月31日，实收资本417648600股，合共41764860元。公司董事会主席：严玉麟。

【经营业绩】 从事三种主要业务，包括：电子元件之经销；经销意大利制造之时尚产品，以自有牌子设计及生产一系列之时尚产品；经营3间游客商店。将扩展中国、新加坡及印尼业务。1996年11月以4.5倍盈利率收购1间体育用品分销公司。公司1995年营业额57780万元，纯利2330万元。1996年上半年亏损1600万元。

【财务状况】 公司1995年每股纯利0.096元，每股股息0.027元，每股净值0.613元。1996年不派中期息。

得信佳集团有限公司

【公司概况】 公司业绩报告结算日期12月31日，实收资本228874000股，合共22887400元。公司董事会主席：宋咸诶。

【经营业绩】 从事推广及销售电讯产品，以及提供有关技术支援之业务，也为讯联及数码通之主要销售商。另投资中国4间合营企业，生产电讯产品。在本港拥有物业总面积为35743平方呎，用作货仓、维修工场及办事处。1996年9月底，中策以每股1.20元全面收购；于11月，同一行动人士共持有74.45%。公司1995年营业额41080万元，纯利2040万元。1996年上半年盈利67500万元。

【财务状况】 公司1995年每股纯利0.092元，每股股息0.04元，每股净值0.774元。1996年不派中期息。

欢乐天地有限公司

【公司概况】 公司业绩报告结算日期3月31日，实收资本210000000股，合共21000000元。公司董事会主席：和田一夫。

【经营业绩】 以欢乐天地或Whimsyland名义经营户内游乐中心，提供各项游戏及机动游戏。现经营23间欢乐天地中心，另30间由集团授出之专营权经营，1996年初于上海增设自营中心2间；并于1996年进军美国。公司1995/96年度营业额24850万元，纯利3110万元。1996年9月止半年盈利550万元。

【财务状况】 公司1995/96年度每股纯利0.1484元，每股股息0.038元。1996年3月底每股净值0.757元，中期息0.02元。

永辉国际有限公司

【公司概况】 公司业绩报告结算日期7月31日，实收资本664034295股，合共66403429元。公司董事会主席：李箕畴。

【经营业绩】 主要在香港经营公共土木工程建设及楼宇之维修及保养业务；也承接私人工程。也投资于国内及越南之物业发展。1996年2月配售6000万股，每股售价0.625元；同年12月发行2亿新股。公司1995/96年度营业额51850万元，纯利亏损5620万元。

【财务状况】 公司96年7月底每股净值0.588元。

励致国际集团有限公司

【公司概况】 公司业绩报告结算日期3月31日，实收资本321145901股，合共32114590元。公司董事会主席：黎汝远。

【经营业绩】 主要业务包括进口、推广及分销办公室家俱，并以集团名下牌子销售。主销香港，生产设施位于珠海。公司1995/96年度营业额29270万元，纯利亏损1998万元。1996年9月止半年亏损2830万元。

【财务状况】 公司96年3月底每股净值0.927元，不派中期息。

中远太平洋有限公司

【公司概况】 公司业绩报告结算日期12月31日，实收资本1909081000股，合共190908100元。公司董事会主席：陈忠表。

【经营业绩】 拥有及租赁集装箱业务。1996年中拥有约235931个标准箱。1995年11月收购葵涌8号货柜码头东面权益50%，代价为26.05亿元。1996年上半年盈利25200万元。1996年12月以1.2亿元购入本港3个货柜堆场；又以6300万元收购上市顺成建筑股权30%，又参与屯门内河码头发展。公司1995年营业额96780万元，纯利36160万元。1996年上半年盈利25200万元。

【财务状况】 公司1995年每股纯利0.328元，每股股息0.

142 元,每股净值 1.59 元。1996 年中期息 0.06 元。

美联物业(集团)有限公司

【公司概况】 公司业绩报告结算日期 12 月 31 日,实收资本 239600000 股,合共 23960000 元。公司董事会主席:黄建业。

【经营业绩】 主要从事各类物业之代理业务,提供各类物业二手买卖或租赁服务。拥有 99 间(至 96 年 4 月)分行及办事处,包括自置各区铺位及写字楼共 8 项,面积 8301 平方呎。也透过其联营公司在广州设有分行,及于上海成立全资海外企业,在国内提供地产代理服务。也提供本港及海外大型地产项目之市场推广服务。公司 1995 年营业额 48263 万元,纯利 7754 万元。1996 年上半年盈利 11550 万元。

【财务状况】 公司 1995 年每股纯利 0.44 元,每股股息 0.135 元。1996 年中期息 0.125 元。

成都电缆股份有限公司

【公司概况】 公司业绩报告结算日期 12 月 31 日,实收资本 A 股 240000000 股,H 股 160000000 股,合共人民币 400000000 元。公司董事会主席:张庆忠,总经理:杜良衡。

【经营业绩】 主要生产及销售通讯电缆及配套产品。总部及主要生产设施位于四川省,在东莞也有生产设施,主销国内大部分客户。公司 1995 年营业额 58960 万元人民币,纯利 1570 万元人民币。1996 年上半年盈利 160 万元人民币。

【财务状况】 公司 1995 年每股纯利 0.039 元,每股股息 0.02 元,每股净值 2.53 元人民币。1996 年不派中期息。

广南(集团)有限公司

【公司概况】 公司业绩报告结算日期 12 月 31 日,实收资本 607572600 股,合共 60757260 元。公司董事会主席:孙观。

【经营业绩】 为外经贸部授权作为输入广东生产之所有鲜活商品之香港独家经销及其他产品代理。向国企提供农产品、设备与技术之最新资讯。也占巴黎百货贸易城 33%权益。1995 年购入潮州鳗鱼业 67%权益及元绿寿司 25.02%。先后购入广州天美超市(占 55%)、本港 KK 超市(占 70%)及油麻地超市。现时拥有国内及本港超市逾 60 间。公司 1995 年营业额 396590 万元,纯利 11710 万元。1996 年 6 月止半年盈利 9520 万元。

【财务状况】 公司 1995 年每股纯利 0.24 元,每股股息 0.085 元,每股净值 0.93 元。1996 年中期息 0.039 元。

东方鑫源(集团)有限公司

【公司概况】 公司业绩报告结算日期 12 月 31 日,实收资本 549100000 股,合共 54910000 元。公司董事会主席:吴建常。

【经营业绩】 为东方有色之附属公司,专责经营东方有色集团在有色金属贸易及有关投资之业务。东方有色为有色金属总公司拥有 71.15%权益之附属公司,而有色金属总公司乃中国之国营企业,专门负责全中国有色金属工业之整体规划及发展。已投资于国内多间合营企业。公司 1995 年营业额 304720 万元,纯利 10040 万元。1996 年上半年亏损 3270 万元。

【财务状况】 公司 1995 年每股纯利 0.19 元,每股股息 0.05 元,每股净值 1.33 元。1996 年不派中期息。

永义国际集团有限公司

【公司概况】 公司业绩报告结算日期 3 月 31 日,实收资本 1339008057 股,合共 133900805 元。公司董事会主席:官永义。

【经营业绩】 主要经营采购及出口女装及童装棉织成衣业务,也采购及出口棉质布料。出口之成衣现由 16 家成衣制造商独家供应。主销美国、加拿大及欧洲。公司 1995/96 年度营业额 120050 万元,纯利 10460 万元。1996 年 9 月止半年盈利 5550 万元。

【财务状况】 公司 1995/96 年度每股纯利 0.1012 元,每股股息 0.0517 元。1996 年 3 月底每股资产净值 1.04 元,中期息 0.02 元。

信和酒店(集团)有限公司

【公司概况】 公司业绩报告结算日期 6 月 30 日,实收资本 741104321 股,合共 741104321 元。公司董事会主席:黄志祥。

【经营业绩】 分拆自信和置业,主要在香港拥有、管理及投资酒店,以及有关酒店业务之权益。包括位于北角(设有 615 间客房)之城市花园酒店 100%股权、尖沙嘴皇家太平洋酒店 25%股权。以"富临门酒家"商号经营之 3 间酒楼各 100%股权。又持有香港上海大酒店 4.3%股权及其他酒店管理业务。1996 年 11 月曾有条件协议购入港丽酒店 50%。公司 1995/96 年度营业额 27180 万元,纯利 14050 万元。

【财务状况】 公司 1995/96 年度每股纯利 0.1918 元,每股股息 0.073 元。1996 年 6 月底每股资产净值 4.53 元。

宏安集团有限公司

【公司概况】 公司业绩报告结算日期 3 月 31 日,实收资本 225226666 股,合共 22522666 元。公司董事会主席:邓清河。

【经营业绩】 在香港从事提供与楼宇有关装修服务,屡获发展商委任为私人参建计划项目之推荐装修商。也从事购物中心(包括 8 个街市)及 23 个公屋停车场之项目管理。公司 1995/96 年度营业额 36210 万元,纯利 1936 万元。1996 年 9 月止半年盈利 1910 万元。

【财务状况】 公司 1995/96 年度每股纯利 0.148 元,每股股息 0.03 元。1996 年 3 月底每股净值 0.696 元,中期息 0.015 元。

良兴集团股份有限公司

【公司概况】 公司业绩报告结算日期 12 月 31 日,实收资本 336000000 股,合共 33600000 元。公司董事会主席:张聪渊。

【经营业绩】 为原设备制造客户制造各类运动鞋及轻便鞋。集团亦制造鞋类半制成品供应其他鞋类制造商。生产设施位于番禺、花都、东莞以及澳门。产品主销美国、欧洲及亚洲。公司 1995 年营业额 89790 万元,纯利亏损 4040 万元。1996 年上半年盈利 320 万元。

【财务状况】 公司 1995 年每股净值 0.429 元,每股股息 0.02

元。1996年不派中期息。

雅域集团有限公司

【公司概况】 公司业绩报告结算日期3月31日,实收资本228750000股,合共22875000元。公司董事会主席:叶耀东。

【经营业绩】 主要从事多类型行针及液晶显示钟之设计、制造及分销。主销美国、欧洲及亚太区多个国家。主要生产设施则位于中国深圳、上海及慈溪。上市后已收购德国2间著名时钟资产,并予合并,生产铜钟。1995年8月收购美国新颖家居公司股权30%。公司1995/96年度营业额24781万元,纯利3048万元。1996年9月止半年盈利2610万元。

【财务状况】 公司1995/96年度每股纯利0.1379元,每股股息0.09元。1996年3月底每股净值0.718元,中期息0.05元。

重庆钢铁股份有限公司

【公司概况】 公司是由重庆钢铁(集团)公司作为独家发起人,对资产进行重组后于1997年8月11日成立,公司股票(重庆钢铁)于1997年10月17日在香港联交所上市交易。公司股票上市后总股份为106000万股,其中发起人法人股65000万股,占总股份的61.32%;境外上市发行H股41000万股,占总股份的38.68%。发售的41000万股H股中,国际配售28981万股,公司投资者8200万股,香港公众股3819万股,公司行使超额配售权后,总股份为106394.4万股,其中发起人法人股65000万股,占总股份的61.1%;境外发行H股41294.4万股,占总股份的38.9%。公司主要股东有HKSCC NOMINEES LIMITED、KONG KWOK FAI、CHEKIANG FIRST BANK(NOMINEES) LTD. A/C1、LEUNG HO SANG、WONG WAN YUI、HSU TING DOO、HO FU FAI、HO WAI CHING、LAM MIRANDA、LIN. DUNG LIUNG等。公司董事长(法人代表)兼总经理:郭代仪。

【经营业绩】 公司主营生产和销售各种规格的中厚钢板、型材、线材、钢坯及生铁、焦炭。1996年度,公司销售收入303189万元人民币,税后利润16934万元人民币;1997年1—3月销售收入75808万元人民币,税后利润4871万元人民币。

【财务状况】 1997年预测,税后利润20800万元,按全面摊薄公司每股收益0.218元,每股净资产1.51元人民币。

江苏宁沪高速公路股份有限公司

【公司概况】 江苏宁沪高速公路股份有限公司是经江苏省政府批准,省工商局注册登记,于1992年8月1日成立的。公司1997年6月27日在香港成功发行并上市H股,公司总股本488774.75万股,其中国家股337613.46万股,国有法人股300万股,法人股28661.29万股,境外投资者持股(H股)122200万股。公司董事长:徐华强,总经理:蔡家范。

【经营业绩】 公司主营为沪宁高速公路江苏段的经营、管理与收费,经营沿线服务区的加油、餐饮、商店、汽车维修和旅馆及沿线广告业务。此外,公司与沪宁高速公路江苏段沿线南京、镇江、常州、无锡、苏州各市的汽车运输公司合作投资江苏宁沪汽车客运有限责任公司,本公司拥有40%的股权。沪宁高速公路江苏段西起南京的马群,东止江苏与上海交界处的安亭,连接南京、镇江、常州、上海六个大中城市,地处长江三角洲经济发达地区。江苏境内主线长248.21公里,另建有连接镇江的汽车专用一级公路支线10.25公里。高速公路主线设计车速为120公里/小时,路宽26米,中间分隔带宽3米,设双向四车道。于1992年6月开工建设,1996年11月28日正式通车营运。公司H股发行成功后实行新的重组方案。以沪宁高速公路江苏段为上市资产,完成对宁沪二级公路江苏段15年经营权的收购;投资建设江阴长江大桥南接线工程和北接线工程,并分别拥有85%的权益。公司已经上级批准,获取南北接线建成通车后30年经营权。

四川成渝高速公路股份有限公司

【公司概况】 四川成渝高速公路股份有限公司由四川高速公路建设开发总公司独家发起设立,公司总股本255806万股,其中:国家股166274股,境外公众股89532万股,公司于1997年8月19日正式注册成立,境外公众股于1997年10月7日在香港联合交易所挂牌上市。

【经营业绩】 公司主要从事226公里的四川成渝高速公路及其配套设施的经营管理,并分别拥有四川成雅高速公路股份有限公司和成都城北高速公路58.75%、60%的控股权。公司经营业务范围:高等级公路、桥梁、隧道等基础设施的投资、设计、建设、收费、养护、管理、技术咨询及配套服务,以及与高等级公路配套的汽车加油、拯救、维修、清运、仓储、旅游及沿线房地产开发、广告、建设材料供应等相关业务。预计到1997年年底,公司总资产达49亿元人民币(下同),净资产40亿元,全年主营业务收入3.55亿元,税后利润1.58亿元,每股盈利0.062元,资产负债率为18.37%,净资产收益率为3.95%。

柜台上市股份公司

武汉黄鹤集团股份有限公司

【公司概况】 1992 年 12 月 26 日经武汉市体改委批准，由黄鹤大厦作为独家发起人成立武汉黄鹤大厦股份有限公司(集团)，1995 年 12 月经武汉市体改委同意更为现名。主要股东有武汉国有资产管理局、湖北省建行信托投资公司、武昌区劳动服务公司等。公司 1996 年底总股本 3220.99 万股，其中国家股 645.75 万股，法人股 2120.78 万股，个人股 469.75 万股。469.75 万股个人股于 1996 年 6 月 28 日在武汉证券自动报价系统上柜流通。公司法定代表人：杨先明。

【经营业绩】 公司主营纺织品、百货、日用杂品、五金交电、工艺美术品、家俱、一般劳动保护用品、录音制品零售兼批发等。1996 年公司本部黄鹤大厦进行了整体功能的改造，投资近千万元对大厦底层扩建、1—4 楼经营布局、购物环境和门面的装修，增设了双向手扶电梯、门面幕墙等，扩大了经营面积近 2000 平方米，改善了购物环境。公司还进一步强化了各项管理，在服务质量上，着重完善了“三体联保”的服务措施，健全了一套售前、售中、售后的服务体系。加强资金调度，避免乱开口子，盘活了资本存量，降低了费用开支。主要关联企业有武汉黄鹤大洲商城、武汉黄鹤娱乐服务公司、武汉黄鹤华中商城等。公司 1996 年底主营业务收入 27636 万元，净利润 792 万元，总资产 27687 万元。

【财务状况】 公司 1996 年底股东权益 75250 万元，每股收益 0.24 元，每股净资产 2.33 元，净资产收益率 10.5%，股东权益比率 27.10%。历年分红情况：1993 年每 10 股派现金 2 元；1994 年每 10 股派现金 0.94 元，送红股 0.7 股；1995 年利润待分配。

武汉健民药业集团股份有限公司

【公司概况】 武汉健民药业集团股份有限公司是 1993 年 3 月 18 日经武汉市体改委批准，由武汉市健民制药厂、中国药材公司、中国医药公司共同发起，在对原武汉市健民制药厂改造基础上组建的股份有限公司。公司 1996 年底总股本 4169.93 万股，其中国家股 3169.93 万股，发起法人股 280 万股，募集法人股 300 万股，个人股 420 万股。公司 420 万股个人股于 1997 年元月在武汉证券自动报价系统上柜。公司法定代表人：李国进。

【经营业绩】 公司拥有冲剂、片剂、丸剂、糖浆等剂型 14 大类，产品 90 余种，年生产能力 8500 吨。经中企资产事务中心评定，仅龙牡壮骨冲剂和健民咽喉片两个产品的专有技术及商标价值共达 3.26 亿元，为全省企业无形资产评估值之最。规模已达国家大二型企业标准。1996 年公司龙牡壮骨冲剂销售达 1.7 亿元，保持了全国 7 大畅销中成药之一的地位，在全国小儿用药中位居第一；对健脾生血冲剂进行了扩大应用范围的研究并获卫生部批准，并按一品一公司思路组建了武汉世纪药品有限公司专事该产品的经销，使该产品短短数月销售额提高 300%；与香港香满楼集团合资生产经营传统名药“鹧鸪菜”；对小儿咳特灵进行了改进，提高了其内在质量和科技含量，疗效更显著；新药克伤痛气雾剂取得了国家级新药证书，补肾健骨胶囊等科研项目均如期进行。公司 1996 年底主营业务收入 25101.97 万元，净利润 2005.59 万元，总资产 25109.11 万元。

【财务状况】 公司 1996 年底股东权益 13048.66 万元，每股收益 0.481 元，每股净资产 3.13 元，净资产收益率 15.37%，股东权益比率 51.97%。

武汉冰川集团股份有限公司

【公司概况】 公司 1996 年底总股本 7454.18 万股，其中国家股 2363.97 万股，法人股 3924.83 万股，个人股 1165.38 万股。主要股东有武汉国有资产经营公司、武汉羽绒服装厂、中国工商银行武汉市分行信托投资公司等。公司董事长兼总经理：冯三九。

【经营业绩】 1996 年 4 月 28 日，公司与武汉市毛纺织实业股份有限公司合并设立武汉冰川集团股份有限公司，通过清产核资，以资产为纽带，相应成立了 10 个全资子公司及参控股公司。1996 年公司分别在俄罗斯、美国、澳大利亚和香港等国家和地区开设了经贸公司，使冰川产品直接进入了国际市场。两个技改项目已获国家经贸委、国际技术咨询公司、纺织总会等有关部门认可。主要关联企业有武汉冰川集团羽绒服装有限公司、武汉冰川集团毛纺织有限公司、武汉冰川集团劲士制衣有限公司等。1996 年底主营业务收入 33428.78 万元，净利润 1361.78 万元，总资产 60568.01 万元。

【财务状况】 公司 1996 年底股东权益 14372.75 万元，每股收益 0.183 元，每股净资产 1.93 元，净资产收益率 9.47%，股东权益比率 23.73%。

武汉东西湖啤酒(集团)股份有限公司

【公司概况】 武汉东西湖啤酒(集团)股份有限公司是 1993 年 2 月经武汉市体改委批准，由武汉东西湖啤酒集团公司、中国人民保险公司武汉分公司共同发起，在对原武汉东西湖啤酒集团公司整体改组的基础上，以定向募集方式设立的股份有限公司。公司 1996 年底总股本 9637.15 万股，其中国家股 8123.392 万股，法人股 770.135 万股，个人股 743.623 万股。公司 743.623 万股个人股于 1996 年 12 月 15 日在武汉证券自动报价系统上柜流通。公司法定代表人：陈尔程

【经营业绩】 公司主营啤酒、滋补酒、非酒精饮料制造销售，高新科技项目开发与利用，兼营汽车货运。年产啤酒 24 万吨。主要关联企业有武汉东啤盛亿矿泉水公司、武汉东啤汽车运输公司、武汉东啤集团公司彩印厂等。公司 1996 年底主营业务收入 38510.7 万元，净利润 3305.5 万元，总资产 92422.1 万元。

【财务状况】 公司 1996 年底股东权益 54898.7 万元，每股收

益 0.34 元，每股净资产 5.69 元，净资产收益率 5.02%，股东权益比率 59.4%。历年分红情况：1993 年向全体股东按每股派发现金红利 0.25 元，1994 年每股派发现金红利 0.26 元，1995 年每股派发现金红利 0.27 元。

武汉四通高新技术产业股份有限公司

【公司概况】 公司 1996 年底总股本 2117.5 万股，其中法人股 1332.5 万股，个人股 785 万股。785 万股个人股于 1996 年 5 月 15 日在武汉证券自动报价系统上柜流通。主要股东有武汉市洪山区系统工程研究所、中国工商银行武汉市信托投资公司、武汉石化实业公司、武汉四通公司等。公司法定代表人：陈乐平

【经营业绩】 公司主营工业自动化、办公自动化设备及技术、计算机及外部设备技术、电气技术、新材料技术及产品、石油化工新技术、机电新技术的技术开发，协作咨询、成果转让及技术服务。1996 年，公司不断推出解码板的新版本，继续生产和销售解码板，同时，抓住市场契机，于 10 月份果断推出"四通博石"标准 2.0VCD 影碟机并迅速投放市场。公司从代理英国 CT 公司产品发展到为其产品配套，进而利用其技术，开发和形成了自己的系列产品—交流控制柜、直流控制柜和软起动柜，在冶金、建材行业颇有影响。1996 年 8 月，继公司成为美国微软公司的软件供应商之后，公司又与微软公司进一步合作，将博石系列软件与微软 95NT 中文版捆绑销售。在全国管理类软件销售的排名榜上，"博石进销存"、"博石大管家"名列第三。另外，"博石"系列财务软件通过了省财政厅、市财政局组织的专家评审。主要关联企业有武汉银石房地产综合开发公司、南昌四通公司、武汉四通创力电子有限公司等。公司 1996 年底主营业务收入 6956.86 万元，净利润 519.05 万元，总资产 7542.40 万元。

【财务状况】 公司 1996 年底股东权益 4684.56 万元，每股收益 0.2451 元，每股净资产 2.21 元，净资产收益率 11.08%，股东权益比率 62.11%。

武汉青山商场(集团)股份有限公司

【公司概况】 公司 1993 年 4 月由青山百货商场和武汉钢铁集团公司、武汉石油化工厂、武汉钢铁设计院等单位共同发起设立。1996 年底总股本 4500 万股，其中国家股 978.81 万股，法人股 2826.19 万股，个人股 695 万股。695 万股个人股于 1996 年 6 月 28 日在武汉证券自动报价系统上柜流通。现有在册职工 1198 人，其中各类专业技术人员 150 名。公司法定代表人：张冬生

【经营业绩】 公司主营国内商业、住宿、饮食服务、饮食供应、文化娱乐服务等。在特色营销方面，公司采取灵活多样的营销策略，大力开展了各种行之有效的特色营销活动。在商品质量上，公司重点开展了"百城万店无假货"、"打假捉劣有奖"和"不满意就退货"活动。在综合管理方面，公司进一步建立健全了各项规章制度，从根本上实现了经营管理机制的转变；进一步加大二级、三级目标管理力度，着力谋求合理的利润率；引进财会电脑化管理，加强审计监督。在服务工作上，1996 年公司以"创三优"为前提，继续深入开展了"三个一"活动。1996 年底，公司与武汉华强保龄球馆俱乐部有限公司合作开办的青商保龄球馆正式开业。同时，在区商业黄金地段的"两和"改造工程也开始破土动工，预计 1997 年 9 月完工。主要关联企业有青商达美妇女用品商店、天龙皇朝娱乐有限公司、青商保龄球馆。公司主营业务收入 24481.77 万元，净利润 543.98 万元，总资产 11674.69 万元。

【财务状况】 公司 1996 年底股东权益 5582.46 万元，每股收益 0.12 万元，每股净资产 1.24 万元，净资产收益率 9.74%，股东权益比率 47.82%。

武建集团富强股份有限公司

【公司概况】 武建集团富强股份有限公司是 1993 年 7 月 19 日经武汉市体改委批准，由武汉建工(集团)有限公司、湖北建设机械股份有限公司、建设银行武汉信托投资公司、武汉市住宅投资有限公司等四家单位共同发起设立的股份有限公司。现有员工 83 人，其中高级职称 7 人，中级职称 34 人，初级职称 16 人。公司 1996 年底总股本 6000 万股，其中法人股 5380 万股，个人股 620 万股。620 万股个人股 1996 年 6 月 24 日在武汉证券自动报价系统上柜流通。公司法定代表：张干臣

【经营业绩】 公司主营安居工程、旧城改造、经济适用住房开发经销；建筑安装、装饰工程设计施工；物业管理；金属结构加工。主要关联企业有富强物业公司、湖北建设机械股份有限公司、长江联合发展(集团)股份有限公司武汉公司等。公司 1996 年底主营业务收入 10764.46 万元，净利润 370.89 万元，总资产 26830.57 万元。

【财务状况】 公司 1996 年底股东权益 8 371.19 万元，每股收益 0.06 元，每股净资产 1.40 元，净资产收益率 4.43%，股东权益比率 31.20%。历年分红情况：1994 年每股派发现金 0.20 元，1995 年每股派发现金 0.15 元。

武汉美佳集团股份有限公司

【公司概况】 武汉美佳集团股份有限公司是 1992 年 2 月经武汉市体改委批准，由武汉服装机械厂、3303 工厂、733 工厂、中船总公司 719 所及武汉市工程设计院计算机研究所共同发起，以定向募集方式设立的股份有限公司。1996 年底总股本 4775.7 万股，其中法人股 4270.7 万股，个人股 505 万股。505 万股个人股于 1997 年 1 月 24 日在武汉证券自动报价系统上柜流通。公司法定代表人：周远溪。

【经营业绩】 公司主营工业缝纫机、编织机及配件制造；汽车运输等。公司现有 8 大系列 16 个品种的产品。公司开发生产的绣花机曾荣获国家级金奖。主要关联企业有武汉美佳工贸公司、武汉汉港衣车有限公司、武汉美佳服务机械联营公司、中国轻工业机械总公司武汉经营部等。公司 1996 年底主营业务收入 6719 万元，净利润 651 万元，总资产 11586 万元。

【财务状况】 公司 1996 年底股东权益 6747 万元，每股收益 0.14 元，每股净资产 1.41 元，净资产收益率 9.65%，股东权益比率 58.24%。历年分红情况：1993 年度个人股每 10 股派现金股利 2.00 元，1994 年度个人股每 10 股派现金 2.50 元，1995 年度个人股每 10 股派发现金股利 1.5 元。

武汉马应龙药业股份有限公司

【公司概况】 武汉马应龙药业股份有限公司是 1993 年经武汉市体改委和武汉市证券管理领导小组办公室批准，整体改组而成的股份有限公司。1996 年底总股本 3380 万股，其中国

家股900万股，法人股1935万股，个人股545万股。545万股个人股于1997年1月22日在武汉证券自动报价系统上柜流通。至1996年底公司已拥有具备大专以上学历的专业人员287人，具有中级以上职称人员50余人。公司法定代表人：陈平。

【经营业绩】 马应龙公司是以生产软膏为主，同时能生产10多种剂型的综合性制药公司，软膏剂的生产能力达1亿只/年，软膏类产品品种60多个。1996年，公司主导产品"马应龙麝香痔疮膏"、"马应龙八宝眼膏"、"思泰口服液"、"复方甘草合剂"分别销售1465万支，398万支，187万支，716万瓶。同时，"水杨酸咪唑"、"马应龙痔疮药盒"、"补肾延寿胶囊"、"龙珠软膏"等一系列新产品已陆续完成研制和取得批准文号，产品在试销过程中获得广大用户好评，并具备了批量生产能力。目前公司能够生产的产品品种达到200多个，种类包括水剂、片剂、膏剂、丸剂、滴眼液、内服药、外用药等，已成为一个包括研制、开发、生产、销售为一体的综合性药业公司。1996年全年度公司产品经省市药检所监督检查合格率为100%。公司1996年底主营业务收入63780444.62元，净利润13555663.68元，总资产100476058.62元。

【财务状况】 公司1996年底股东权益52388434.19元，每股收益0.40元，每股净资产1.55元，净资产收益率26%，股东权益比率52.14%。1995年每股派现金红利0.15元。

武汉有机实业股份有限公司

【公司概况】 公司1996年底总股本5583.57万股，其中国家股3036.97万股，法人股1500万股，个人股930.6万股。主要股东有武汉有机合成化工厂、万国证券公司武汉营业部、武汉市化工进出口公司等。公司法定代表人：周鸿墩。

【经营业绩】 公司主营有机化工产品制造、经营本企业自产产品及相关技术的出口业务；经营本企业生产、科研所需的原辅材料、机械设备、仪器仪表及配件等商品及相关技术的进口业务；承办中外合资经营、合作生产及开展"三来一补"业务。1996年主导产品苯甲酸钠销售9142吨；氯化苄销售6680吨；戊二醛销售1179吨，三大主导产品累计实现主营业务收入11360万元，占公司主营业务收入的55%。苯甲酸钠出口4288万元，创汇40万美元。1996年度公司实施配股，共募集资金1861.2万元，全部用于苯甲酸钠技术改造项目。公司1996年底主营业务收入206474154.72元，净利润12677240.45元，总资产219431045.40元。

【财务状况】 公司1996年底股东权益79740855.40元，每股收益0.227元，每股净资产1.43元，净资产收益率15.90%，股东权益比率36.34%。

武汉市车站路商场集团股份有限公司

【公司概况】 公司是1992年12月28日经武汉市体改委批准，由武汉市车站路百货商场、中国工商银行武汉市信托投资公司等单位发起，以定向募集方式设立的股份有限公司，1996年9月28日更为现名。公司1996年底总股本2204万股，其中国家股1004万股，发起法人股500万股，募集法人股278万股，个人股422万股。422万股个人股于1997年1月24日在武汉证券自动报价系统上柜流通。公司法定代表人：傅焱荣。

【经营业绩】 公司1996年发展国际国内名优品牌武汉地区总代理总经销数量比上年增长一倍多。1996年初公司在江岸二七地区开设了经营面积3000平方米的大型连锁店汉客隆商城，填补了该地区商业网点空白。公司还在盘活存量资产上积极采取措施，将一度闲置的车商大厦第五层辟为儿童购物娱乐城。主要关联企业有武汉市车站路商场百媚化妆品批发部、武汉市车商房地产开发公司、武汉市车商集团精品服饰经营部等。公司1996年底主营业务收入19047.50万元，净利润484.70万元，总资产16 331.29万元。

【财务状况】 公司1996年底股东权益5 751.95万元，每股收益0 22元，每股净资产2.61元，净资产收益率8.43%，股东权益比率3522%。历年分红情况：1993、1994年合并分配每10股派红利2.60元，1995年每10股派红利1.20元。

淄博陈庄建工实业股份有限公司

【公司概况】 公司1996年底总股本1250.55万股，其中集体股464.64万股，社会个人股785.91万股。公司法定代表：何德银。

【经营业绩】 公司1996年完成建安产值6030万元，承揽工程面积12万平方米，竣工面积6万平方米，实现利润总额381万元，工程合格率100%，优良率54%。创出市硅酸盐研究院科研楼"十佳工程"，市劳动局活动中心办公楼等3个省优工程，市经协委住宅楼等5个市优工程。公司被市政府命名为"淄博市建工系统十强企业"，被农业部评定为"全国乡镇企业集团"。公司1996年底主营业务收入60308465.36元，税后利润3239715.70元，总资产48393938.85元。

【财务状况】 公司1996年底股东权益17126465.65元，股本收益率32.38%，每股净资产1.71元，净资产收益率28.52%，股东权益比率35.4%。

山东淄博万祥集团股份有限总公司

【公司概况】 公司1996年底总股本2845万股，其中集体股658万股，法人股711万股，社会个人股1476万股。公司法定代表人：沈志祥。

【经营业绩】 公司先后研制开发了20个电器开关新产品，其中2项产品获农业部科技进步奖，其中列入全省100个省重点项目的35KV变电站无人值班系统开发生产顺利，市场前景看好，公司还一次性引进了40名大专毕业生，为企业下一步发展提供了后备科技力量。公司1996年底主营业务收入137400767.85元，净利润8809098.13元，总资产194038860.77元。

【财务状况】 公司1996年底股东权益82014421.52元，股东收益率30.97%，每股净资产2.88元，股东权益比率42.3%，净资产收益率10.7%。

临淄水泥股份有限公司

【公司概况】 公司1996年底总股本4443.90万股，其中集体持股2314.53万股，法人持股694万股，社会公众持股1435.37万股。公司法定代表人：闫月新。

【经营业绩】 1996年公司生产水泥57.63万吨，产值10471万元，实现利润345.32万元。1996年公司在确保当地市场的同时，开辟上海、北京、青岛、东莞等市场。加强企业管理，降低产品成本，全年消化涨价数额1000多万元。开发成功了油田所需要的D级油井水泥，创造出良好的经济效益。环保设备制造厂、汽修厂、纸袋厂、齐鑫水泥建设公司等二级核算单位创出佳绩。公司1996年底税后利润383.69万元，总资产10977.85万元。

【财务状况】 公司1996年底股东权益9634.20万元。股本收益率8.63%，每股净资产1.57元，净资产收益率3.98%，股东权益比率87.76%。

淄博鲁中房地产开发股份有限公司

【公司概况】 公司1996年底总股本2774.17万股，其中国家股1235.19万股，个人股1538.98万股。公司法定代表人：陈茂友。

【经营业绩】 1996年，公司共施工房屋面积6万平方米，竣工房屋面积6万平方米，销售房屋面积4万余平方米，租赁房屋面积近万平方米。1996年12月交工的天星5个住宅楼，工程优良率达60%以上。公司集中全力落实新项目，申请了对"中心商务区一期工程"、"西城生活居住开发区"的规划论证工作，争取到96年度国家级安居工程项目2万平方米、市级安居工程4.5万平方米。公司1996年底主营业务收入46952329元，净利润6411879元，总资产147932052元。

【财务状况】 公司1996年底股东权益52475130元，股东收益率23.11%，每股净资产1.89元，股东权益比率35.47%，净资产收益率12.22%。

山东齐丰工贸集团股份有限公司

【公司概况】 公司1996年总股本2195.4148万股，集体持股1615.4148万股，社会公众持股580万股。公司法定代表人：吕统祥。

【经营业绩】 公司1996年主要抓了以下工作：强化科学管理，提高经济运行质量；实施市场开发多元化战略，开拓搞活大市场；加大技术投入，走内涵发展之路。公司投资3000多万元，新上了一套催裂化装置，增加产品的技术含量，1996年10月份该项目建成投产，生产出了合格产品，当年就为公司创利300多万元。公司1996年底主营业务收入169286052.93元，净利润12590502.79元，总资产180346102.51元。

【财务状况】 公司1996年底股东权益53904844.75元，股本收益率57.35%，每股净资产2.45元，股东权益比率29.89%，净资产收益率23.36%。

淄博旺达集团股份有限公司

【公司概况】 公司1996年底总股本10833397股，其中集体股4202145股，社会个人股6631252股。公司法定代表人：贾保水。

【经营业绩】 公司建立了以产品标准为主体的企业标准化管理体系，使产品标准化覆盖面达100%，技术管理标准化覆盖面达98%，主导产品贯彻国标达100%。标准计量器具配备率达100%，周检率达100%。定额管理覆盖率达95%以上。建立健全了安全生产管理体系，使安全生产与考核奖惩挂钩，公司连续被评为市级安全生产达标单位。现场管理建立了一系列岗位操作规程，把设备管理、物资管理和环境保护、劳动纪律等各项管理规章制度纳入了企业经济责任制，定期进行考核，顺利通过市五项管理达标。主要关联企业有旺达铁矿、旺达板簧厂、旺达铁厂等。公司1996年底主营业务收入33379336元，净利润6062513元，总资产43986658元。

【财务状况】 公司1996年底股东权益26259290元，股本收益率56%，每股净资产2.42元，股东权益比率60%，净资产收益率23%。

山东淄博水泥股份有限公司

【公司概况】 公司1996年底总股本3432万股，其中国有持股1932万股，法人持股112.67万股，社会公众持股1387.33万股。公司法定代表人：马乃孝。

【经营业绩】 公司1996年共生产水泥45.6万吨，完成工业总产值7647万元，实现利润316.7万元，实现利税851.03万元，经济效益仍保持全市建材系统先进水平。公司1996年底主营业务收入79500014.24元，税后利润2691537.76元，总资产109733028.76元。

【财务状况】 公司1996年底股东权益50604930.81元，股本收益率9.23%，每股净资产1.47元，股东权益比率46.12%，净资产收益率6.26%。

山东新华工贸股份有限公司

【公司概况】 公司1996年底总股本1785.14万股，其中发起国家股519.84万股，发起法人股465.3万股，个人股800万股。1996年12月6日经淄博市证券委员会及淄博证券交易自动报价系统批准，公司股票正式挂牌交易。公司法定代表人：王绪一。

【经营业绩】 公司一万五千吨硫酸二甲脂工程一期工程投产，实现了当年投资建设当年出产品的目标。万吨还原剂和硫酸胺产品已正式投入了生产，其质量规范符合国家标准。与新华医药集团研究院共同研制开发设计年创产值千万元的四甲基胍和DBU产品，也已投产成功，填补了国内空白，并开始出口创汇。与美国合作，投资引进了技术先进、科技含量高、具有世界先进水平的医疗卫生保健产品蕾丝隐形眼镜全套生产线，成立了中美合资淄博蕾丝镜业有限公司，该公司生产的眼镜片质量已达到美国FDI产品质量标准，并全部返销美国，大大提高了公司出口创汇能力。第三产业全面发展、万博大酒店已是集团公司和公司的对外窗口，"神来"牌矿泉水和"神来特曲"白酒，在市场已有较大的影响。公司1996年底主营业务收入85556344.60元，净利润3 981777.69元，总资产122312979.52元。

【财务状况】 公司1996年底股东权益31544080.29元，股本收益率22.31%，每股净资产1.77元，股东权益比率25.79%，净资产收益率12.62%。

烟台绍宇汽车股份有限公司

【公司概况】 公司成立于1994年3月8日，公司总股本7800万股，其中发起人股6152.7万股，社会公众股1647.3万股，股权证发行价格每股1元，公司股权证1647.3万股于1997年5月20日在山东省淄博证券交易自动报价系统挂牌上市，公司法定代表人：许少平。

【经营业绩】 公司主要生产经营农用运输车,汽车改装和销售,兼营汽车配件。

江苏大海集团股份有限公司

【公司概况】 公司1996年底总股本4209.491万股,其中集体持股3003万股,社会公众持股1206.491万股。公司法定代表人:朱忠汉。

【经营业绩】 公司1996年一是搞好各级领导班子的建设,进一步完善企业内部承包责任制,精简机构,压缩非生产人员和非生产性开支,各部门各车间进行优化组合;二是抓好调整产品结构,盘活企业资金存量,大胆进行资产重组;三是抓好高科技高附加值的新品第三代青霉素的开发,预计1997年7月份可以开工投产;四是积极开拓国际市场,发展外向型经济走内联外合的道路。公司1996年底主营业务收入41312048.22元,净利润6433539.84元,总资产110500003.10元。

【财务状况】 公司1996年底股东权益55645613.37元,股本收益率15.283%,每股净资产1.32元,净资产收益率11.56%,股东权益比率50.35%。

山东淄博凤阳股份有限公司

【公司概况】 公司1996年底总股本6147.70万股,其中集体持股3347.7万股,法人持股532万股,社会公众持股2268万股。公司法定代表人:寇祖山

【经营业绩】 公司从美国引进了具有国际领先水平、国内首台电脑绗缝机系列设备,增加引进了瑞士全自动袋装式弹簧制造机设备,全自动包边机系列设备,提高了产品档次,再次荣获山东省96—97年度质量免检产品称号。相继设立了凤阳家具精品大世界、陶瓷城凤阳展销大楼、凤阳家具城等三处专销凤阳产品的大型家具商场,投资2000万元建立了面积近4000平方米的济南凤阳家具精品大厦。在杭州设立了凤阳产品经营部,于1996年底开业。公司在全国的经销网点已达300余家。公司还接管了合资企业淄博凤阳泡沫厂,壮大了企业实力。主要关联企业有济南凤阳家具精品大厦、淄博凤阳家具精品大世界、淄博凤阳家具城等。公司1996年底主营业务收入14908万元,净利润1795万元,总资产27823万元。

【财务状况】 公司1996年底股东权益14701万元,股本收益率29.2%,每股净资产2.39元,股东权益比率52.84%,净资产收益率12.21%。

山东早春集团股份有限公司

【公司概况】 公司1996年底总股本1213.2895万股,其中集体股369.8055万股,法人股60万股,社会个人股783.484万股。公司法定代表人:荆延杰

【经营业绩】 公司与德国盖阿集团共同投资兴建的淄博盖阿—早春空调设备有限公司,投资160万美元从德国、美国引进了世界上最先进的空调生产设备,使空调生产的工艺、设备达到世界一流水平。利用德国技术和工艺生产的696系列风机盘管及空调器,其六个主要部件都向国家专利局申报专利,现已被国家专利局认可注册,该产品在山东制冷空调行业评比中名列第一,在1996年国家科委等四部委举办的全国第三届科技成果展示会上荣获金奖。研制的新型直燃式冷温水制冷机组已系列化批量投产。公司在巩固壮大原销售机构的基础上,又开辟了上海、南京、新疆、兰州、临沂等办事处,在销售方式上逐步发展代理商,提高了产品的市场占有率,并开展宣传贯彻ISO9001系列国际质量认证工作。公司1996年底主营业务收入47245032元,税后利润(净利润)3640554元,总资产107533144元。

【财务状况】 公司1996年底股本收益率42%,每股净资产2.44元,净资产收益率17.2%,股东权益比率35%。

山东张店水泥股份有限总公司

【公司概况】 公司1996年底总股本33802万股,其中集体持股1291万股,社会公众持股2089.2万股。公司法定代表人:武成泉。

【经营业绩】 公司1996年生产普通硅酸盐水泥43.58万吨,实现销售收入7914.6万元。公司认真把握同香港锦宏发展有限公司的合作机遇,积极促进合资进程。山东张店锦宏水泥有限公司正式挂牌运营,外方第二批资金到位,工程设计、考察、勘探、订货工作全面铺开。新建30万吨生产线实现达标达产。参股科汇等企业,向多元化经济发展。新建制袋车间已投入生产。在投资200万元完成对2号、3号窑的粉尘治理后,又投资100万元对4号窑进行了综合治理,使公司的环保治理工作又上新台阶。公司1996年底主营业务收入43978119.26元,净利润259978.97元,总资产103911115.83元。

【财务状况】 公司1996年底股东权益56284811.44元,股本收益率0.77%,每股净资产1.67元,净资产收益率0.46%,股东权益比率54.17%。

淄博华信化工股份有限公司

【公司概况】 公司1996年底总股本1081.4万股,其中乡镇集体股400.5万股,社会个人股680.9万股。公司法定代表人:张元荣。

【经营业绩】 公司1996年投资800余万元在原有轻钙生产线基础上,新上一条年产3万吨轻钙流水线,现已投入正常生产,生产工艺达到国内一流水平。公司1996年底主营业务收入16800337.54元,净利润1400289.84元,总资产30088061.92元。

【财务状况】 公司1996年底股东权益14725979.87元,股本收益率13%,每股净资产1.36元,净资产收益率9.5%,股东权益比率49%。

齐鲁塑编(集团)股份有限公司

【公司概况】 公司1996年底总股本3464.16万股,其中发起人法人股2481.3万股,社会法人股101.75万股,社会公众持股881.11万股。公司法定代表人:崔洪禄。

【经营业绩】 公司1996年积极扩大国内外两个市场,使直接出口增长了95%。公司积极推行ISO9000质量体系,提高了公司产品信誉,增强了产品的竞争力。1996年先后安排了35项技术改造、技术革新项目,已有部分通过了区级评审和厂内预审,这些项目全部完成后,可为企业年增效益300万元。公司1996年底主营业务收入125037453.40元,净利润5344571.25元,总资产207058582.7元。

【财务状况】 公司1996年底股东权益69974193.94元，股本收益率15.43%，每股净资产2.02元，净资产收益率7.64%，股东权益比率33.79%。

淄博唐山建工实业股份有限总公司

【公司概况】 公司1996年底总股本19017311股，其中镇集体股10758101股，社会公众持股8259210股。公司法定代表人：王立国。

【经营业绩】 公司1996年工程质量有新的突破，工程优良品率65.25%，创出部优工程2个，省优工程9个。继续保持了全国先进施工企业的光荣称号。并获得建设部颁发全国质量管理金屋奖。同时在实施以建筑为龙头，大力拓宽经营项目战略中，创出了一条"一业为主、多业并举、自我完善、自我发展"的道路。主要关联企业有山东东岳化工有限公司、淄博桓台社会福利炭素厂、淄博万立电器制造有限公司、淄博名府家具有限公司等。公司1996年底主营业务收入20549.11万元，净利润586.23万元，总资产14872.96万元。

【财务状况】 公司1996年底股东权益4466.23万元，股本收益率30.83%，每股净资产2.35元，净资产收益率13.13%，股东权益比率30.3%。

淄博南定百货股份有限公司

【公司概况】 公司1996年底总股本548.32万股，其中国家股212.19万股，社会个人股336.13万股。公司法定代表人：孙宪昌。

【经营业绩】 公司综合实力进一步增强，荣获张店区政府授予的96年度唯一一家"最佳商店"和区商业系统"六好企业"称号，并通过了市体改委股份制规范化验收和省政府的批准。公司1996年底净利润38.87万元，总资产2719.78万元。

【财务状况】 公司1996年底股东权益1213.52万元，股本收益率7.09%，每股净资产2.21元，净资产收益率3.2%，股东权益比率44.62%。

山东淄博兰雁纺织(集团)股份有限公司

【公司概况】 公司1996年底总股本10551.36万股，其中国家持股6951.36万股，法人持股564万股，个人股3036万股。公司法定代表人：唐作森。

【经营业绩】 公司1996年实现销售收入298800万元，利税2835万元，自营出口创汇达到1039万美元，成为省市同行业中利税大户和行业排头兵，被中国纺织总会授予全国科技进步先进单位和双文明建设先进单位。主要关联企业有新疆新鲁纺纱公司、淄川兰雁服装分厂等。公司1996年底主营业务收入267045676元，净利润12441825元，总资产434740916元。

【财务状况】 公司1996年底股东权益162966845元，股本收益率11.79%，每股净资产1.54元，净资产收益率7.63%，股东权益比率37.49%。

潍坊百货大楼股份有限公司

【公司概况】 公司1996年底总股本1799.2万股，其中国家股799.2万股，法人股173.3万股，个人股826.7万股。公司法定代表人：周希元。

【经营业绩】 公司1996年底主营业务收入96254761元，净利润1194844元，总资产8812843元。

【财务状况】 公司1996年底股东权益25123824元，股本收益率6.64%，每股净资产1.40元，净资产收益率4.76%，股东权益比率31.88%。

山东省淄博宝沣股份有限公司

【公司概况】 公司1996年底总股本1006万股，其中乡镇集体股530万股，社会法人股199.2万股，社会个人股276.8万股。公司法定代表人：韩克林。

【经营业绩】 公司1996年底主营业务收入43055576.42元，净利润630170.24元，总资产72517155.46元。

【财务状况】 公司1996年底股东权益21381243.41元，股本收益率6.26%，每股净资产2.13元，净资产收益率2.95%，股东权益比率29.48%。

山东雪银化纤集团股份有限公司

【公司概况】 公司1996年底总股本5654万股，其中国家股3154万股，法人股340.4万股，个人股2159.6万股。公司法定代表人：李乐孝。

【经营业绩】 公司1996年共生产腈纶纤维8165吨，腈纶毛条9249吨。1996年实施转配股共募集资金3048.82万元，全部用于万吨腈纶工程建设项目，目前工程主体已经完工，设备到货率85%以上。进口DCS控制系统已经开车试机，基本具备了安装条件。公司1996年底主营业务收入108855885.76元，净利润10416016.76元，总资产370447003.11元。

【财务状况】 公司1996年底股东权益121290443.80元，每股收益0.113元，每股净资产1.31元，净资产收益率8.59%，股东权益比率32.74%。

淄博起凤建工实业股份有限公司

【公司概况】 公司1996年底总股本1248.182万股，其中镇集体持股659.64万股，社会公众持股588.542万股。公司法定代表人巩宜海。

【经营业绩】 公司1996年共创出优良工程46项，优良率达85%以上，其中省优质样板工程1项，省优工程10项，地市级十佳工程三项。公司1996年在不断加强主业的投入与延伸的前提下，发展相关产业，确立了建筑施工、装饰装修、工业生产、房产开发、附属产业等"五轮并转"的经营方针。1996年装修公司实现产值700万元，利润70万元。房地产开发公司1996年又在淄博征地26.6亩，第一个近万米的综合楼已进入装饰装修阶段。中外合资项目—淄博恒泰包装制品有限公司在市场竞争十分激烈的形势下，站稳了脚跟，扩大了市场。其他附属产业如机械化施工公司、钢模板租赁公司、汽修厂等均能完成承包任务。1996年，公司被国家农业部批准为"全国乡镇企业集团"，获淄博市建筑综合实力十强第二名。公司1996年底主营业务收入132541440.42元，净利润4114471.80元，总资产126526686.86元。

【财务状况】 公司1996年底股东权益28054588.91元，股本收益率 32.96%，每股净资产 2.25 元，净资产收益率 14.67%，股东权益比率 22.17%。

山东省淄博蠕墨铸铁股份有限公司

【公司概况】 公司 1996 年底总股本 10353286.85 股，其中集体股 5308014.85 股，个人股 5045272 股。公司法定代表人：张仲宝。

【经营业绩】 公司 1996 年一次性投资 350 万元，新上了一条树脂砂造型自动生产线，对传统的铸造生产工艺进行了技术改造。1996 年初，一次性承接了武汉钢铁公司六米焦炉全套护炉铁件生产项目，标额达 700 万元，当年完成并通过省级鉴定，产品质量、技术水平居国内领先，结束了公司十几年来只为各大钢厂加工备品配件的历史。实施并顺利完成的省星火计划项目（稀土蠕墨铸铁焦炉护炉设备）通过了省级鉴定，产品填补了国内空白。投资 1200 万元的国家星火项目《RUT340 炼铁热风炉篦》正在紧张实施。投资 150 万元新建职工科技培训大楼。公司 1996 年底主营业务收入 20736424.72 元，净利润 1363525.60 元，总资产 40389182.94 元。

【财务状况】 公司 1996 年底股东权益 13380665.03 元，股本收益率 13.17%，每股净资产 1.29 元，净资产收益率 10.19%，股东权益比率 33.13%。

淄博万茂集团股份有限公司

【公司概况】 公司 1996 年底总股本 1 059 845 股，其中集体股 4539333 股，社会个人股 5720512 股。公司法定代表人：孙业茂。

【经营业绩】 公司 1996 年完成产值 6892.23 万元，实现利润 213 万元，固定资产达到 1780.04 万元。主要关联企业有万茂集团建安总公司、万茂集团家具装饰公司、万茂集团公司水泥厂、万茂集团公司机械厂等。公司 1996 年底主营业务收入 11679169.42 元，净利润 1810512.41 元，总资产 53497543.31 元。

【财务状况】 公司 1996 年底股东权益 14840708.04 元，股本收益率 17.65%，每股净资产 1.45 元，净资产收益率 12.20%，股东权益比率 27.74%。

珠海华声实业（集团）股份有限公司

【公司概况】 公司 1996 年底总股本 9342 万股，其中法人股 5207 万股，社会个人股 4135 万股。个人股于 1996 年 12 月 17 日山东淄博证券交易自动报价系统上柜流通。公司法定代表人：张凡。

【经营业绩】 公司 1996 年共完成工业总产值 2 亿元，利润总额 1533 万元，达到了预期目标。公司属下华电厂于 1996 年 2 月顺利通过了 ISO9001 质量体系认证。主要关联企业有珠海华光镭射唱片有限公司、珠海华电通讯设备有限公司、徐州大东彩印有限公司等。公司 1996 年底主营业务收入 10324.68 万元，净利润 1739.25 万元，总资产 40658.65 万元。

【财务状况】 公司 1996 年底股东权益 16029.95 万元，每股收益 0.19 元，每股净资产 1.72 元，净资产收益率 10.85%，股东权益比率 39.43%。

镇江大酒店股份有限公司

【公司概况】 公司 1996 年底总股本 2217.44 万股，其中国家股 632.08 万股，法人股 860.66 万股，个人股 724.70 万股。公司法定代表人：叶有伟。

【经营业绩】 公司 1996 年主要抓了五个方面的工作：一是瞄准市场，找定位。二是严格制度抓管理。三是塑企业形象，抓优质。四是学习先进，讲奉献。五是坚持两手抓两手硬。主要关联企业有镇大贸易公司、镇大洗涤公司、镇大肴肉公司、镇大商场等。公司 1996 年底主营业务收入 1948.97 万元，净利润 175.56 万元，总资产 4951.51 万元。

【财务状况】 公司 1996 年底股东权益 2638.00 万元，股本收益率 7.92%，每股净资产 1.19 元，净资产收益率 6.66%，股东权益比率 53.28%。

山东潍坊百货集团股份有限公司

【公司概况】 公司 1996 年底总股本 2751.5 万股，其中国家股 1251.5 万股，法人股 215.7 万股，个人股 1284.3 万股。公司法定代表人：郭万欣。

【经营业绩】 公司 1996 年底主营业务收入 335358169.97 元，净利润 7032929.10 元，总资产 134598878.22 元。

【财务状况】 公司 1996 年底股东权益 43819873.76 元，股本收益率 25.56%，每股净资产 1.59 元，净资产收益率 16.05%，股东权益比率 32.56%。

山东电泵股份有限公司

【公司概况】 公司 1996 年底总股本 2910.4 万股，其中集体持股 1910.4 万股，法人持股 42 万股，社会公众持股 958 万股。公司法定代表人：高乃祥。

【经营业绩】 公司 1996 年先后研制完成了出口日本的小型潜水电泵、出口新加坡的砂泵，以及喷泉泵、输油电泵、大型潜水电泵等 8 个新产品，进一步提高了产品档次，优化了产品结构。1996 年完成了发展大型潜水电泵技术改造项目的初步设计及前期准备工作，1997 年进入实施阶段。潜水电泵荣获“山东名牌”。积极推行现代化的管理手段和方法，设立了微机中心，在全厂实施了微机化管理。学习“邯钢”、“诸诚”经验，制定了责任成本管理办法。公司 1996 年底主营业务收入 60443961 元，净利润 286460 元，总资产 103827279 元。

【财务状况】 公司 1996 年底股东权益 42518163 元，股本收益率 0.98%，每股净资产 1.46 元，净资产收益率 0.67%，股东权益比率 40.95%。

山东天佳集团股份有限公司

【公司概况】 公司 1996 年底总股本 6037 万股，其中集体持股 3323 万股，法人持股 77.349 万股，社会公众持股 2636.651 万股。公司法定代表人：张锡友。

【经营业绩】 公司产品畅销北京、上海、天津、青岛、宁波等近 20 个城市，出口到日本、德国、沙特等 5 个国家和地区，公司已取得自营出口权，跻身中国建材行业最大规模乡镇企业 100 家，中国最高利税总额乡镇企业 1000 家，国家大型二集团公司，连续十年保持省级文明单位。公司1996年底主营业务收入18028.54万元，净利润2054.56万元，总资产17011.95万元。

【财务状况】 公司1996年底股东权益10503.26万元，股本收益率34.03％，每股净资产1.74元，净资产收益率19.56％，股东权益比率61.74％。

山东淄博金海集团股份有限公司

【公司概况】 公司1996年底总股本4090.8万股，其中集体持股2590.8万股，法人持股127万股，社会公众持股1373万股。公司法定代表人：盛俊润。

【经营业绩】 公司1996年晋升为国家级企业集团，成为国家大型二档乡镇企业。同时获得了国家经贸委和外经贸部批准的自营进出口权。经省体改委批准，按10:3的比例以每股1.20元的价格进行配股，同时转让集体股权，成为省体改委批准非上市公司配股的第一家。主要关联企业有星辰公司、华美公司、德迅磨料磨具公司、华源公司、万里香食品公司等。公司1996年底主营业务收入198477239.36元，净利润16780892.74元，总资产151053655.66元。

【财务状况】 公司1996年底股东权益75265475.48元，股本净利率41.02％，每股净资产1.84元，净资产收益率22.3％，股东权益比率50％。

沈阳出租汽车股份有限公司

【公司概况】 沈阳出租汽车股份有限公司是经沈阳市体改委批准，由国家大型二类企业沈阳出租汽车总公司所属全民企业合并改组以定向募集方式设立的股份有限公司。截止1996年底，公司总股本4373万股，其中国家股2354万股，法人股669万股，内部职工股1350万股。公司1350万股内部职工股于1995年8月21日在沈阳产权交易报价系统挂牌。公司董事长：夏任凡。

【经营业绩】 公司所属基层单位共九个，其中有运营公司4个（五公司、六公司、旅游公司、联运公司），多种经营公司5个（轿车修配厂、广告公司、能源物资公司、实业公司、物资配件公司）。公司现有运营车辆750台，其中桑塔纳、现代皇冠等轿车700余台，大客车22台、海狮面包7台。公司现有员工1200余人，其中专业技术人员150余人，公司主营为出租汽车，以经营油料储销、汽车修理、汽车配件、出租车广告等为多种经营。截止1996年末企业的资产总额为10566万元，其中固定资产净值6033万元，负债总额4988万元，企业净资产5588万元。

【财务状况】 公司历年分红情况：1993年分红率18％，1994年、1995年两年合并分红，分红率4.4％。1996年开盘0.80元，收盘1.17元，最高1.45元，最低0.50元。

沈阳万众企业股份有限公司

【公司概况】 沈阳万众企业股份有限公司成立于1993年5月31日，系沈阳市政府牵头，组合沈阳当地绩优企业创建的规范化股份制公司。截止1996年底，公司总股份5500万股，其中法人股4400万股。内部职工股1100万股。公司1100万股内部职工股于1995年8月21日在沈阳产权交易报价系统挂牌交易。

【经营业绩】 万众公司创建之初，同万科集团共同组建了大连万联房地产开发公司、鞍山万山房地产开发公司，全力参与开发了大连万科邮电大厦、沈阳万科城市花园、鞍山万科东源大厦三大房地产项目。同时，万众公司凭借自身的软资本优势，先后成功地策划了沈阳房天股份有限公司、大连北大车行股份有限公司及大连龙泉股份有限公司的改组及上市；沈阳万方企业股份有限公司的创建、锦州港务（集团）股份有限公司的产权重组等，而且对长春欧亚（集团）股份有限公司、鞍山第一工程机械股份有限公司、华联饭店联合发展有限公司等十几家国内知名企业进行参股投资。截止1996年末公司资产总额为12000万元，净资产7500万元。

【财务状况】 公司历年分红情况：1993年分红率20％，1994年分红率18％，1995、1996年两年度分红率10％。1996年开盘0.90元，收盘1.67元，最高2.10元，最低0.60元。

沈阳铜网股份有限公司

【公司概况】 沈阳铜网股份有限公司是全国生产造纸脱水器材的大型骨干企业，公司前身沈阳铜网厂始建于1949年。中国第一张磷青铜造纸长网诞生在这里。截止1996年底，公司总股份6022万股，其中国家股4492万股，法人股500万股，内部职工股1030万股。公司1030万股内部职工股于1995年8月21日在沈阳产权交易报价系统挂牌交易。公司董事长兼总经理：王绍栋。

【经营业绩】 公司主要产品有聚酯网、造纸铜网，金刚石拉丝模、工业筛网、塑料网、裸铜线单丝，铜版纸、草板纸、瓦楞纸等九大系列，广泛用于造纸、化工、环保、矿山、冶金、钨钼、印刷等行业，产品畅销全国30个省市，部分产品销往美国、台湾、朝鲜、俄罗斯等国家。公司经过5次较大规模的改造，现已形成了年产25万平方米造纸铜网、18万平方米聚酯网、2.5万只金刚石拉丝模的三条主要生产线。1996年工业总产值完成6060万元，实现利税750万元，销售收入8100万元，实现利润38万元，综合生产能力及主要经济技术指标在全国同行业中居首位。公司截止1996年末有员工4000人，固定资产原值8300万元。注册资本5822万元。

【财务状况】 公司历年分红情况：1993年分红率16％，1994年分红率12％，1995年分红率12％。1996年开盘0.80元，收盘1.54元，最高2.00元，最低0.50元。

沈阳华丽空调股份有限公司

【公司概况】 沈阳华丽空调股份有限公司是由沈阳空调器厂改组的股份制企业。是原轻工业部定点生产空调器用压缩机的重点厂家。截止1996年底，公司总股份4159万股，其中国家股2651万股，法人股44万股，内部职工股1464万股。公司1464万股内部职工股于1995年8月21日在沈阳产权交易报价系统挂牌交易。公司董事长兼总经理：谭利剑。

【经营业绩】 公司从1979年开始生产空调器和空调用压缩机。先后从日本引进热交换器生产线、空调器组装线、空调器用压缩机的设备和技术，现已形成年产空调器5万台的能力。公司生产的华丽牌系列空调器，现有3个系列20余种规格。近年来，公司又从产品结构和生产能力上进行了技术引进和改造，与香港华润集团和日本三洋合资组建了沈阳华润三洋压缩机有限公司，一期工程总投资5143万美元，年生产能力

30万台，现已正式投资，二期工程也已运转，投产后将形成年产压缩机110万台的能力，公司占投资额的25%。与日本三洋株式会社、日本丰田通商株式会社组建的沈阳三洋空调有限公司，投资后的生产能力达年产40万台。公司占投资总额的45%。同时公司又成立了以华丽为龙头的集团股份有限公司，其主要生产空调器、电冰箱、温控器等一系列家用电器产品。公司截止1996年末共有员工921人，固定资产4159万元。

【财务状况】 公司历年分红情况：1995、1996两年合并送股，每10股送2股红股。送股后公司总股本增至4990万股，国家股增至3181万股，法人股增至52.8万股，内部职工股增至1756.8万股。1996年开盘0.72元，收盘1.18元，最高1.50元，最低0.52元。

沈阳医药股份有限公司

【公司概况】 沈阳医药股份有限公司是经沈阳市经济体制改革委员会批准，由大型企业沈阳市医药公司所属的部分全资子公司合并改组，以定向募集方式设立的股份有限公司。1992年5月在沈阳市工商行政管理局正式登记注册。截止1996年底，公司总股份61541085股，其中国家股21541085股，法人股30000000股，内部职工股10000000股。公司1000万股内部职工股于1995年8月21日在沈阳产权交易报价系统挂牌交易。公司董事长兼总经理：李风春。

【经营业绩】 公司主要经营范围为化学药制剂、抗生素、生化药品、中成药、中药饮片、中药材、血液制品、血清疫苗、防疫保健用品、医疗用毒性药品、五金交电、钢材、建筑材料批发、零售(化学试剂、化工原料限有经营资格的下属分支机构经营)。公司现有职工1135人，其中专业技术人员358人。批发业务涉及全国各主要地区，零售业务基本覆盖全市，有较强的竞争实力。公司1996年销售额实现17571万元，比上年同期增长1.5%，实现利润总额926万元，与上年同期基本持平，净利润618万元。

【财务状况】 公司历年分红情况：1995年分红率5%。1996年开盘0.82元，收盘1.19元，最高1.40元，最低0.59元。

沈阳铁西百货大楼股份有限公司

【公司概况】 沈阳铁西百货大楼股份有限公司(前称沈阳市铁西百货大楼)1993年经沈阳市体改委批准，将全民所有制企业改为股份制企业，8月18日正式成立沈阳铁西百货大楼股份有限公司。截止1996年底，公司总股份2596.65万股，其中国家股1871.65万股，法人股145万股，内部职工股580万股。公司580万股内部职工股于1995年8月21日在沈阳产权交易报价系统挂牌交易。

【经营业绩】 公司现有员工780人，经营面积11000平方米，经营商品2.5万种，日均 客流量达5万多人次，年销售额在1.4亿元以上。公司1996年底主营业务收入11990万元，利润总额475万元，税后利润342万元。

【财务状况】 公司历年分红情况：1993年分红率3.3%，1994年分红率15%，1995年分红率11.8%。1996年开盘0.84元，收盘1.40元，最高1.60元，最低0.60元。公司1996年底每股净资产1.23元，每股收益0.1317元，净资产收益率10.7%。

沈阳文化钟表集团股份有限公司

【公司概况】 沈阳文化钟表集团股份有限公司，隶属于沈阳市商业管理局。截止1996年底，公司总股份3518万股，其中国家股2682万股，内部职工股836万股。公司836万股内部职工股于1995年8月21日在沈阳产权交易报价系统挂牌交易。

【经营业绩】 公司现有职工2032人，营业面积3.7万平方米。主要经营：各种纸张、纸制品、现代办公、普通办公、学生文教、体育乐器、测绘设计、照相影视、电脑科教、健身健美、油墨印刷器材、钟表眼镜、日用百货、家用电器等门类，共3万多个规格品种。公司业务范围不断扩大，内贸遍及全国，外贸涉足欧、亚、美诸大洲，先后与国内4000多家工商企业建立业务关系。1985年以来，同日本、瑞士、香港、台湾、韩国等国家和地区近50家贸易公司、株式会社和商行建立业务关系。拥有12个分公司，一个文化大楼，6个零售商店，年销售额最高达3.7亿元，年创利税最高达1800万元。公司1996年销售实现2.4亿元，利税实现840万元，主要经济指标在全国同行业处于领先地位。

【财务状况】 公司历年分红情况：1994年分红率14%，1995、1996年待分。1996年开盘0.65元，收盘1.13元，最高1.36元，最低0.50元。

沈阳长桥胶带股份有限公司

【公司概况】 沈阳长桥胶带股份有限公司是1993年3月经沈阳市体改委批准设立的，公司采用定向募集方式建立，是国家胶带生产的大型骨干企业，国家二级企业。截止1996年底，公司总股份7089.5万股，其中国家股5012万股，法人股717.5万股，内部职工股1360万股。公司1360万股内部职工股于1995年8月21日在沈阳产权交易报价系统挂牌交易。

【经营业绩】 公司主要生产输送带、V型带、平型传动带及汽车V带四大类，40多个品种，3000多种规格的产品。在全国108家胶带生产企业中，本公司位居前三名，长桥牌胶带在国内市场占有10%，主导产品钢丝绳带输送带、尼龙输送带、涤纶输送带等在国内市场销量分别占38%、28%、36%。今年3月份公司又与德国西格林公司签订了生产轻型输送带的合资合同。公司还计划在全东北地区成立集团公司，进一步增强公司的竞争能力，占领全国的胶带市场。1995年底，公司完成工业总产值1.53亿元，实现销售收入1.48亿元，实现利润105万元，实现全员劳动生产率11656元/人。

【财务状况】 公司历年分红情况：1993年分红率16%，1994年分红率10%，1995、1996年待分。1995年开盘0.65元，收盘1.42元，最高1.80元，最低0.50元；1996年1—6月开盘1.41元，收盘1.72元，最高2.00元，最低1.30元，成交2281000股。

沈阳中天电子发展股份有限公司

【公司概况】 沈阳中天电子发展股份有限公司是由沈阳电子工业的骨干企业辽宁试验设备厂、辽宁无线电压铸厂、沈阳中大房地产开发公司、沈阳电子进出口公司等组成的资产一体化的大型国营企业。截止1996年底，公司总股份6108万股，其中国家股4871万股，内部职工股1237万股。公司1237万股内部职工股于1994年10月18日在沈阳产权交易报价系统挂牌交易。公司法人代表：邹春生。

【经营业绩】 公司主导产品是引进美国、日本技术生产制造的制冷压缩机和半封闭制冷压缩机组、汽车空调以及电子视听设备。公司生产的产品曾多次被评为国家、部、省、市的优质产品，并远销到欧美及东南亚一带。公司投资举办了多家合资企业，例如：与南韩合资的沈阳LG电子有限公司，与新加坡合资的沈阳维用电子有限公司等。公司兼并了沈阳百花电器集团、沈阳扬声器总厂、沈阳音响设备总厂等企业。公司1996年底主营业务收入88738565元，利润总额5141666元，税后利润4673526元，资产总额近10亿元。

【财务状况】 公司历年分红情况：1994年分红率18.5%，1995年分红率11%。1996年开盘0.88元，收盘1.37元，最高1.80元，最低0.60元。公司1996年底每股净资产1.69元，每股收益0.08元，净资产收益率4.54%。

沈阳东宇计算机工程股份有限公司

【公司概况】 沈阳东宇计算机工程股份有限公司是于1992年4月经沈阳市体改委、中国人民银行沈阳市分行、沈阳南湖科技开发区批准设立的内部股份制企业。截止1996年底，公司总股份3000万股，其中国家股17.45万股，法人股2382.55万股，内部职工股600万股。公司600万股内部职工股于1995年11月6日在沈阳产权交易报价系统挂牌交易。公司董事长：李晓明，总经理：刘阳。

【经营业绩】 公司主要经营范围是计算机软硬件、电子、电气自动化产品、日用电器的开发制造，产品具有技术含量高、设计先进的特点。公司1995年底营业收入5667472元，利润总额622325元，税后利润621233.22元。

【财务状况】 公司1994年度以前利润已分配完毕，分配方案为1992年4月—1993年6月，每10股1元面值股票送1股(1元面值)派0.8元现金，1993年7月—1994年末每10股派2.1元现金，公司1995年以后利润尚未分配，1996年度财务决算正在审计中。1995年底每股净收益0.0207元，净资产收益率1.462%。1996年开盘0.95元，收盘1.68元，最高1.96元，最低0.80元。

沈阳奉达股份有限公司

【公司概况】 沈阳奉达股份有限公司是由沈阳经济技术开发区开发集团公司发起，并经沈阳市体改委、国有资产管理局批准设立的定向募集公司。截止1996年底，公司总股份5252万股，其中国家股4252万股，内部职工股1000万股。公司1000万股内部职工股于1995年8月21日在沈阳产权交易报价系统挂牌交易。

【经营业绩】 公司主要经营范围是：定向和非定向开发房屋建筑，销售和出租通用工业厂房、开展经贸业务以及用土地、厂房入股合资合作兴办高新技术企业公司下属市政建设工程公司、建设工程公司二个分公司，并合资兴办了奉达·阿格罗房产开发有限公司。公司已开发建设了奉达工业园，工业园适合轻工、电子行业生产，缩短了投资企业项目开发的生产准备期。公司1996年实现工业总产值1445万元，利润460多万元。

【财务状况】 公司1994年度股息年息率17%，1995年度股息年息率17.5%。1996年开盘0.88元，收盘1.66元，最高2.30元，最低0.70元。

沈阳房联股份有限公司

【公司概况】 沈阳房联股份有限公司前身为沈阳市旧房改造开发联营股份公司，1993年经沈阳市体改委批准，改组为沈阳房联股份有限公司。截止1996年底，公司总股份2187.7万股，其中国家股10万股，法人股1577.7万股，内部职工股600万股。公司600万股内部职工股于1994年10月18日在沈阳产权交易报价系统挂牌交易。公司董事长：杨大勇。

【经营业绩】 公司主营：旧房改造、开发，商品房销售、房地产咨询代理服务，房屋租赁、维修，建筑材料、木材、金属材料、机电产品、五金化工产品批发、零售。1994年被国家建设部评为一级开发企业，银行信用等级为AAA级。公司1996年底利润总额1011979.69元，税后利润675777.69元。

【财务状况】 公司1993年每10股派现金1.8元，1994年个人股每10股派1.8元，1995年每10股派现金0.082元，1996年分配预案为每10股送1股。1996年开盘0.98元，收盘1.45元，最高1.70元，最低0.70元。

沈阳东北蓄电池股份有限公司

【公司概况】 沈阳东北蓄电池股份有限公司原株为沈阳蓄电池厂，始建于1939年。1992年经沈阳市经济体制改革委员会批准为股份制试点企业，于1996年正式改组为股份制企业。截止1996年底，公司总股份5972万股，其中国家股4989万股，内部职工股983万股。公司983万股内部职工股于1995年8月21日在沈阳产权交易报价系统挂牌交易。

【经营业绩】 公司主要生产经营铅酸启动型蓄电池，公司年生产能力90万KVAH，占全国蓄电池年产量的十分之一。生产的东北牌蓄电池共分8大类19个系列、174个规格型号。产品遍布全国各地，生产的汽车用免维护蓄电池为长春汽车厂、济南汽车厂、陕西汽车厂、丹东汽车厂等20多家大型汽车厂配套，生产的GFD型蓄电池为国家重点工程火力发电机组、水电站和程控通信系统配套，另外还为总参、总后各大军分区提供优质的军工产品，产品除畅销全国外还出口到独联体、德国、新加坡。公司共获市级以上成果奖19项。公司1996年底实现销售收入19541万元，利润总额102万元，工业总产值20173万元。

【财务状况】 公司1995年进行了第一次红利分配，按17%的利率分配现金股利。1996年开盘0.60元，收盘1.94元，最高2.25元，最低0.50元。

沈阳市火炬股份有限公司

【公司概况】 沈阳火炬股份有限公司经沈阳市经济体制改革委员会批准于1993年成立。截止1996年底，公司总股份3440万股，其中法人股2785万股，内部职工股655万股。公司655万股内部职工股于1995年8月21日在沈阳产权交易报价系统挂牌交易。公司法定代表人：崔彤。

【经营业绩】 沈阳火炬股份有限公司是一个集科工贸为一体的大型综合企业。目前，已开发投资的高科技项目有：工业机器人、水下机器人等系列；智能数据采集器、智能控制器系列；

数控机床系列;发泡镍等,共投入资金达3000多万元。公司的经营项目为:高科技产品开发、销售;建筑材料、装饰材料、机电设备、家用电器的零售、批发;科技、经济信息、咨询服务;自有房产的出租、出售。几年来,公司控股的沈阳新基火炬大厦经营业绩显著,写字楼出租率已达95%以上。

【财务状况】 公司历年分红情况:1994年分红率16.8%,1995年分红率5.6%。1996年开盘0.88元,收盘1.30元,最高1.57元,最低0.75元。

沈阳东北国际实业股份有限公司

【公司概况】 沈阳东北国际实业股份有限公司成立于1993年2月28日,注册资金5000万元人民币。主要股东有:香港港澳国际(集团)有限公司、辽宁省能源总公司、沈阳铁路局等。截止1996年底,公司总股份5000万股,其中法人股4000万股,内部职工股1000万股。公司1000万股内部职工股于1995年8月21日在沈阳产权交易报价系统挂牌交易。

【经营业绩】 公司下设七个部门,现有员工118人,其中管理人员90%以上都具有大专以上学历。公司的各项事业都在稳定发展:在科技项目上,公司成功地开发、推广了农业高科技产品—生物肥料,到目前为止,已在辽宁、山东两地建立五个研究所、两个实验基地、六个工厂;在贸易项目上,1994年为美国哈罗斯程控交换机在中国辽宁地区的总代理,1996年向美国出口了30多个货柜脱水蔬菜,同年又取得了美国埃索工业润滑油中国北方地区总代理;在房地产项目上,公司在沈阳、丹东、长春等地已完成十几万平方米的房地产开发建设,取得了较好的经济效益,公司自己拥有建筑面积1.4万平方米的写字楼;在餐饮娱乐项目上,公司拥有一个营业面积2800平方米的餐饮娱乐中心;在物业管理上具有较高水平。1996年底,公司资产总额1.47亿元。

【财务状况】 公司历年分红情况:1993年分红率23%,1994年分红率20%,1995年、1996年待分。1996年开盘0.93元,收盘1.61元,最高2.00元,最低0.80元。

沈阳和平商场股份有限公司

【公司概况】 沈阳和平商场股份有限公司于1992年12月3日经沈阳市经济体制改革委员会批准设立。截止1996年底,公司总股份3393.5万股,其中国家股2593.5万股,法人股200万股,内部职工股600万股。公司600万股内部职工股于1995年8月21日在沈阳产权交易报价系统挂牌交易。

【经营业绩】 公司现已具有年销售1.8亿元、年创利税1450万元、各类专业技术人员达124人的雄厚经济实力,连续三年在全国最大零售商店、最佳经济效益、最大服务业的企业评选活动中,榜上有名。公司采取了一系列的改革措施,打破国营固定工,集体混岗工,全民合同工的界限,全员实行劳动合同管理和场内待业制度。在分配制度上,重新明确了商场联利、营业员联销,后勤各类人员联职计酬,经营承包等管理制度,取得明显成效。

【财务状况】 公司历年分红情况:1993年分红率15%,1994年分红率16.8%,1995年分红率11.8%。1996年开盘0.90元,收盘1.44元,最高1.74元,最低0.76元。

沈阳五金集团股份有限公司

【公司概况】 沈阳五金集团股份有限公司是一个有着40多年历史的大型国有批发企业。截止1996年底,公司总股份6434万股,其中国家股3319万股,法人股776万股,内部职工股2339万股。公司2339万股内部职工股于1994年10月18日在沈阳产权交易报价系统挂牌交易。公司总经理:李开明。

【经营业绩】 公司拥有员工1500多人,企业净资产9270万元,下属14个批发公司和9个独立核算公司,31个连锁店,4个生产企业,是东北地区较大的综合性产销一体化的批发企业。集团公司经营范围包括五金工具、水暖器材、装饰用品、车辆家电、建材化工等32个门类,6000多个品种,40000多个规格的商品。销售遍布全国600多个城镇地区,并远销东南亚、独联体和智利等南美国家和地区。集团公司现有建筑面积60700平方米,其中商场营业面积33650平方米,市场营业面积23000平方米。另外还有仓库16140平方米。商品检测手段先进,商场设施一流,实行微机管理。公司1995年商品销售完成5.2亿元,实现利润总额2196万元。

【财务状况】 公司历年分红情况:1993年分红率18%,1994年分红率15%,1995年分红率10%。1996年开盘0.87元,收盘2.12元,最高2.58元,最低0.60元。

沈阳超越科技开发股份有限(集团)公司

【公司概况】 沈阳超越科技开发股份有限公司是南湖科技开发集团公司控股的由社会法人股和自然人股组成的股份公司。截止1996年底,公司总股份3615万股,其中法人股2669万股,内部职工股946万股。公司946万股内部职工股于1995年8月21日在沈阳产权交易报价系统挂牌交易。。公司董事长:王成祥,总经理:李国安。

【经营业绩】 公司主要业务包括房地产业,科技产业、进出口贸易业、建筑装饰、物业经营与管理、浑南产业绿化工程。主导产品包括高级精密铸件、医药产品、电缆材料、稀土非晶催化剂、铝合金门窗防护剂、超硬工具等。公司现有17个全资型、控股型和参股型子公司,其中,骨干企业有8个。初步形成了集科工贸、房地产、科技服务为一体的产业体系框架。1995年,公司实现科工贸总收入5189万元。其中,房地产业1895万元;进出口贸易2381万元;物资贸易500万元;科技产业和科技服务产业413万元。出口创汇180万美元。

【财务状况】 公司历年分红情况:1994年分红率15%,1995年、1996年待分。1996年开盘0.91元,收盘1.33元,最高1.89元,最低0.65元。

沈阳科微电子股份有限公司

【公司概况】 沈阳科微电子股份有限公司于1992年9月由工商局核准登记注册。截止1996年底,公司总股份1287.8万股,其中国家股2.8万股,法人股1029万股,内部职工股256万股。公司256万股内部职工股于1995年11月6日在沈阳产权交易报价系统挂牌交易。

【经营业绩】 公司主要从事电子计算机软硬件的技术开发、研制应用,以及技术咨询服务和计算机的零售与批发。1996年底,公司资产总额1600多万元。

【财务状况】 公司历年分红情况:1993年分红率17%,1994年分红率6%,1995年分红率10%。1996年开盘0.75元,收盘1.29元,最高1.59元,最低0.65元。

沈阳八王寺饮料股份有限公司

【公司概况】 沈阳八王寺饮料股份有限公司于1993年末由沈阳市八王寺汽水厂改制而成。截止1996年底，公司总股份2556万股，其中国家股2084万股，法人股22万股，内部职工股450万股。公司450万股内部职工股于1995年8月21日在沈阳产权交易报价系统挂牌交易。

【经营业绩】 公司以生产经营饮料、食品制造、滴塑盖(瓶盖)为主。产品除畅销东北三省外，还销往新疆、浙江等省市。并出口香港、俄罗斯等国家和地区。1990年被国家认定为大型二类企业，1996年又被国家正式认定为大型一类企业。公司自1983年起，先后从日本引进三菱重工490瓶/分汽水灌装生产线，从意大利引进22万只/小时皇冠盖生产线，从瑞典、荷兰引进70盒/分的利乐包生产线。九十年代又从南京轻工机械厂购置一条300瓶/分的汽水灌装线和一条100罐/分二片罐生产线，又从台湾引进一条200罐/分的三片罐生产线。1993年11月沈阳市八王寺汽水厂正式与香港嘉里饮料(沈阳)有限公司、北京中饮工贸公司共同投资创办了沈阳可口可乐饮公司和沈阳八王寺食品饮料有限公司，1994年7月又与台湾机生企业股份有限公司共同投资创办了以生产优质矿泉水为主的沈阳八王寺宝岛饮料有限公司。1995年公司被轻工局评为“兴业富民”先进单位。公司现占地面积3.5万平方米，职工1300名，各类专业人员128名，工程技术人员84名。1996年底，公司资产总额56909万元，净资产25792万元。

【财务状况】 1996年开盘0.88元，收盘1.20元，最高1.56元，最低0.56元。

沈阳燃料集团股份有限公司

【公司概况】 沈阳燃料集团股份有限公司是1993年6月18日经沈阳市体改委批准，采用定向募集方式设立的股份有限公司。截止1996年底，公司总股份5252万股，其中国家股3345万股，法人股660万股，内部职工股1247万股。公司1247万股内部职工股于1995年7月12日在沈阳产权交易报价系统挂牌交易。公司董事长兼总裁：马运通。

【经营业绩】 公司除主营煤炭、重油、成品油的批发和零售外，还兼营金属、机电设备等，除国家专营、专控商品外的一般国内贸易。同时还发展了外经外贸，组建了运输业，开发了房地产，涉足了证券、期货贸易。1996年底，公司实现销售额30028万元，利润总额941万元，税后利润800万元。

【财务状况】 公司历年分红情况：1994年分红率20%，1995年分红率16%，1996年分红率为10.81%。1996年开盘0.90元，收盘1.74元，最高2.00元，最低0.60元。

沈阳香雪面粉股份有限公司

【公司概况】 沈阳香雪面粉股份有限公司是1994年6月由沈阳市香雪面粉厂以定向募集方式改制而成的股份有限公司，主管部门为沈阳市粮食食品局。截止1996年底，公司总股份3263万股，其中国家股2799万股，法人股120万股，内部职工股344万股。公司344万股内部职工股于1995年8月21日在沈阳产权交易报价系统挂牌交易。公司董事长兼总经理：张洪宝。

【经营业绩】 公司以生产面粉、挂面为主，总面积5.6万平方米，员工1250人。现有两条分别从英国、意大利引进的面粉生产线和两条从日本引进的挂面生产线。公司生产的香雪牌系列面粉、挂面曾先后获得省、市名牌产品、部优质产品称号。“香雪”商标被评为省、市著名商标。1996年公司完成主营收入2.8亿元，工业总产值2.9亿元，面粉产量9.3万吨，销售90755吨，销售收笔记28483万元，实现利润15万元。1996年底，公司固定资产净值9085万元。

【财务状况】 公司历年分红情况：1995年分红率16%。1996年开盘1.00元，收盘1.39元，最高1.60元，最低0.84元。

沈阳万方实业股份有限公司

【公司概况】 万方实业股份有限公司是一个跨行业、跨地区、优化组合的东北第一家农村股份制公司。截止1996年底，公司总股份3480万股，其中法人股2880万股，内部职工股600万股。公司600万股内部职工股(1997年6月26日送股后增至720万股)于1995年11月6日在沈阳产权交易报价系统挂牌交易。

【经营业绩】 公司下属企业—沈阳万方房屋开发公司，已在沈阳黄河大街东侧辟地30万平方米，建造万方花园别墅，花园建筑面积规划8万平方米，首期工程用地3万平方米，建造别墅40栋，采取公助自建形式让利于住户。目前，主体工程基本竣工，且已售出四分之一，另外两栋商品楼至1996年10月已全部售出。公司在稳步发展房地产业的基础上，把绿色产业做为投资重点，投资建立沈阳万方绿色产业发展有限公司。前期以草坪、花卉为主导产品，逐渐发展为以水果、蔬菜种植为基础，绿色食品深加工为主，园林绿化工程为辅的产业公司。1996年试植草坪70亩，至10月份全部售出。为适应民营企业的发展，公司将田义村东侧丁文路以南至万方普通住宅小区北侧，近800多亩(约53万平方米)土地辟为民营工业园区。公司投资建立的沈阳捷琳中空塑胶制品有限公司、自动门制造有限公司、万方铝业有限公司，已在该园区正式投产，塑胶制品有限公司填补了沈阳地区生产化妆品包装瓶的空白，投资回报率达50%。公司独资企业—沈阳万方广告传播发展有限公司，创立初期(1996年6月建立)便创利润25万元。现又与美国杜邦公司签定了两年沈阳地区广告总代理的合同、与荷兰飞利浦公司及沈阳双喜压力锅制造公司签定了一年期广告总代理合同。公司贸易部除经销化工原料外，同时还经销家用电器。

【财务状况】 公司历年分红情况：1995年分红率18%，1996年送红股，每10股送2股红股。1996年无交易量。

沈阳广富股份有限公司

【公司概况】 沈阳广富股份有限公司是经沈阳市体改委批准设立的定向募集公司。成立于1994年6月。截止1996年底，公司总股份1120万股，其中国家股410万股，法人股563万股，内部职工股147万股。公司147万股内部职工股于1995年11月6日在沈阳产权交易报价系统挂牌交易。公司董事长兼总经理：孟庆廉。

【经营业绩】 公司以经营副食为主，兼营贸易、餐饮、娱乐和宾馆等。公司现下属三个批发部：副食批发、食品批发、烟酒批发；一个连锁店广州副一部；两个贸易公司：辽宁省食品工业对外贸易公司沈阳公司、辽宁省边境贸易公司沈阳分公司。另外还有广富粮油公司，沈阳市广富典当商行，广富酒楼，福临门家常菜馆一部、二部，联合经营企业有夏威夷夜宫。1996年公司新开辟了两个经营项目：一是在五里河附近购置了3000多平方米的网点，成立了沈阳广富阿福仔烧鹅美食新天地，投资600多万元。二是公司1996年末，兼并了拥有营业面积12000平方米、职工560人的人民宾馆。公司投资1000多万元，现已改造成为一个集娱乐、桑拿、餐饮、客房为一体的多功能营业场所。在发展国内市场的同时不断拓宽国际市场，先后与南韩、北朝鲜、俄罗斯建立易货贸易关系，进出口创利达人民币300多万元。公司1996年底固定资产476万元，实现利润600多万元。

【财务状况】 公司历年分红情况：1994年分红率6.77%，1995年分红率15%，1996年待分。1996年开盘0.96元，收盘1.06元，最高1.07元，最低0.85元。

沈阳东亚商业广场股份有限公司

【公司概况】 沈阳东亚商业广场股份有限公司是经沈阳市体改委批准、沈阳中城房产开发经营有限公司、新加坡海联公司等4家股东投资组建的股份制商业企业。截止1996年底，公司总股份32745万股，其中法人股26645万股，内部职工股6100万股。公司6100万股内部职工股于1995年12月28日在沈阳产权交易报价系统挂牌交易。

【经营业绩】 公司主营业务有：百货、五金交电、建筑材料、汽车、办公用品、金银珠宝的批发零售；文体娱乐服务、餐饮服务、仓储车辆服务、旅游、广场、建筑装修及房地产开发、食品、副食品、粮油、非药保健品批发零售；烟、酒零售。公司直接经营管理的沈阳东亚商业广场是一座集购物、餐饮、娱乐、驻车服务于一体的综合性商业服务中心。广场工程于1993年1月经沈阳市计经委等有关部门批准立项，1996年底百货商场工程全部竣工，1997年2月5日试行营业。

【财务状况】 公司历年分红情况：1993年分红率20%，1994年、1995年合计每10股送3.6股。1996年开盘0.88元，收盘1.79元，最高2.58元，最低0.50元。

鞍山自控仪表(集团)股份有限公司

【公司概况】 鞍山自控仪表(集团)股份有限公司是国家机械工业部重点企业，1992年经辽宁省体改委批准，改组为股份制企业。截止1996年底，公司总股份3144.25万股，其中国家股1410.5万股，法人股659.1万股，内部职工股1074.65万股。公司内部职工股于1994年3月8日在鞍山市证券自动报价系统中心上柜挂牌交易。公司法定代表：曲金凯。

【经营业绩】 公司是国内生产各种气动、电动调节阀、自力式调节阀及阀门定位器的专业厂，产品品种、产量、质量、销售额、利润均居全国同行业之首。产品被广泛用于石油、化工、冶金、电站、国防军工、城市建设等行业，产品市场占有率达30%以上，部分产品配套出口。企业转制以后，公司被列为省股份制和市现代企业制度试点单位。1996年底，公司主营业务收入4873万元，净利润866万元，资产总额10899万元。

【财务状况】 公司历年分红情况：1993年分红率23.88%，1994年分红率28.6%，1995年分红率34%，1996年每10股送3股。1996年开盘1.01元，收盘2.53元，最高2.80元，最低1.00元。公司1996年底股东权益5454万元，每股收益0.358元，每股净资产2.25元，净资产收益率15.88%。

鞍山五环实业股份有限公司

【公司概况】 鞍山五环实业股份有限公司是1992年7月经鞍山市经济体制改革委员会批准，在鞍山五环实业总公司基础上设立的定向募集股份有限公司。截止1996年底，公司总股份3602.44万股，其中国家股1773.54万股，法人股678万股，内部职工股1094.41万股。公司内部职工股于1994年开始在鞍山报价系统中心柜台挂牌交易。公司法定代表：吴翔。

【经营业绩】 公司先后设立了鞍山五环证券公司、鞍山市典当商行、鞍山生物工程有限公司、鞍山五环化工有限公司、辽宁国际贸易公司鞍山公司等19家分支机构。鞍山五环实业股份有限公司现正朝着以金融为基础、以高科技产业为支柱、以国内外贸易为两翼、以房地产开发和餐饮娱乐为补充的多元化经营、综合性开发的企业集团方向迈进。公司1996年底主营业务收入16131.6万元，税后净利润503.1万元，资产总额21.69亿元，净资产1.46亿元。

【财务状况】 公司历年分红情况：1992年下半年分红率20%，1993年分红率50%，1994年分红率35%，1995年分红率18%，1996年分配方案10股送1.3股。公司1996年底每股收益0.174元，每股净资产1.41元，净资产收益率11.42%。

鞍山矿山机械股份有限公司

【公司概况】 鞍山矿山机械股份有限公司始建于1940年，是国家机械部定点生产振动筛的专业骨干厂，国家大型二企业制度试点企业之一。公司法定代表：刘奎胜。

【经营业绩】 公司产品主要是选矿厂及选煤厂采用的筛分机、给料机、破碎机、浓缩机等，共20多个系列，近400个规格。其中振动筛的种类、规格、产量之多居全国首位，产品远销世界20多个国家和地区。1996年经国家外经贸部批准，企业获外贸自营权。1996年底，公司资产总额11997万元，净资产4180万元，实现销售收入4940万元，利润总额208万元，利后利润130万元。

【财务状况】 公司1996年底每股收益0.07元，净资产收益率3.1%。

鞍山钢管集团有限公司

【公司概况】 鞍山钢管集团有限公司组建于1995年6月。公司董事长兼总经理：周家忠。

【经营业绩】 公司是以生产高频焊接钢管、冷轧带钢和H型钢为主导产品的综合性公司。集团公司由11个独立法人的分公司、分厂组成。现有员工1700余名，其中各类专业技术人员200余名。占地面积18万平方米，建筑面积8万平方米。公司有焊管机组7套，热浸镀锌机组1套，冷轧带钢机组2套，纵剪机组2套，平板机组2套，组合钢材加工能力60万吨。主导产品有高频焊管、冷轧带钢和焊接H型钢三种。前茅牌低压流体输送用焊接钢管，共16个规格。产品执行GB3092－93和YB(T)44－86标准。还可以生产相应规格的结构用焊管，也可根据用户要求加工非标管。采用高频感应焊接，涡流探伤检测、微机定尺、平头倒棱、六角包装等先进工艺。产品畅销全国除台湾省外的各省、市、自治区，并有部分产品远销东南亚和中东。主导产品获省、冶金部及国家优质产品证书，公司信誉等级为AAA级。

鞍山房屋建设开发股份有限公司

【公司概况】 鞍山房屋建设开发股份有限公司是于1992年经辽宁省、鞍山市体改委批准设立的定向募集股份制企业，国家建设部一级企业，信誉等级AAA。截止1996年底，公司总股份6386万股，其中国家股1518万股，法人股2650万股，内部职工股2218万股。公司2218万股内部职工股于1994年5月18日在鞍山证券自动报价系统中心挂牌交易。公司法定代表：于学峰。

【经营业绩】 公司下设1个中外合资企业和8个全资子公司，以房地产开发为主，覆盖信息、中介、商贸、物业管理、旅游、翻译及劳务输出等行业。公司1994年开发了位于大连市黄金地带付家庄仲夏花园的4.5万平方米的高级公寓和别墅，旅顺新港海华小区现已交付使用。9.2万平方米的鞍山国贸大厦、7万平方米的鞍山美苑大厦是公司在鞍山在建项目。14万平方米的大连仲夏花园二期工程已开始着手。1995年房地产市场继续处于低迷状态，公司仍努力完成中期目标。为稳定社会，保障动迁户及时回迁，公司在市内开发了大量住宅，为鞍山居民安居工程做出贡献。1996年公司在困境中求生存，在逆境中求发展，将亏损控制在最低范围内。1996年底公司资产总额3.2亿元，净资产7000万元。

【财务状况】 公司历年分红情况：1993年分红率25％，1994年分红率15％。

鞍山热电新材股份有限公司

【公司概况】 鞍山热电新材股份有限公司是1992年12月11日经辽宁省体改委批准，由鞍山热电厂改制而成。公司法定代表：陈殿祥。

【经营业绩】 公司成立几年来，先后兼并了市密封保温材料制品厂，投资组建了金塑建筑材料有限公司，收购了破产企业中国农房公司鞍山分公司。同时，公司大力发展第三产业，成立了房屋开发公司和证券部等，使公司形成一个以热电为主、新型建筑材料、第三产业兼营的大型集团。公司主导产品是电、汽、PVC型材、塑钢门窗、砖、石棉制品等。公司发电、供热设备有75T/H炉三台、130T/H炉一台、12MW汽轮发电机组三台、0.43MW后置发电机组一台。公司热电厂在省同行业中，不论是装机容量还是产品产量均排在前列。金塑建筑材料有限公司现有六条型材挤出线和三条门窗组装线，年产PVC异型材3000吨，塑钢门窗5000平方米，生产规模居全省同行业前列。密封保温材料制品厂是国家定点生产石棉制品的重点企业之一。1995年经国家检测产品质量达到一等品。

鞍山一百股份有限公司

【公司概况】 鞍山一百股份有限公司是1993年4月26日经辽宁省体改委批准改制而成的股份有限公司，是鞍山商业战线的龙头企业。截止1996年底，公司总股份5300万股，其中国家股2077万股，法人股350万股，内部职工股2873万股。公司内部职工股于1994年9月18日在鞍山证券自动报价系统中心挂牌交易。公司法定代表：游伯然。。

【经营业绩】 公司拥有固定资产超2亿元，员工总数逾1800人，经营面积35000平方米，经营品种5万种，仓储能力15000平方米。公司所属21个专业商场，3个连锁店，还设有厂矿供应部、家电修理部、服装加工厂以及驻上海、深圳办事处等。

鞍山钻石城股份有限公司

【公司概况】 鞍山钻石城股份有限公司是1992年10月14日经辽宁省经济体制改革委员会批准设立的定向募集股份制企业，并于1994年5月28日建成开业。截止1996年底，公司总股份5628.71万股，其中国家股2705万股，法人股900万股，内部职工股2023.71万股。公司法定代表：姜洪潮。

【经营业绩】 公司是一个集商业、餐饮、娱乐、休闲及人防工程为一体的大型综合性服务企业。钻石城总建筑面积24000平方米，总营业面积12000平方米，工程总造价7700万元。城内以经营服装、布匹、鞋帽、小百货、餐饮、娱乐业为主。公司兼营房地产开发、科技信息服务、社会服务、广告宣传及其他附带产业。公司1996年度营业收入1015万元，实现利润33.6万元。

银座集团股份有限公司

【公司概况】 鞍山银座集团股份有限公司是经辽宁省经济体制改革委员会批准，由原鞍山市铁东鱼菜市场发起，鞍钢集团公司控股，以定向募集方式设立的规范化股份有限公司，于1993年4月创立。截止1996年底，公司总股份9072.87万股，其中国家股730.2万股，法人股6744.6万股，内部职工股1598万股。公司法定代表：王金昌。

【经营业绩】 公司现有员工1591人，下设21个专业商场，8个实体公司，主要经营副食、日用百货、家用电器、服装鞋帽、针纺织品、五金交电、日杂、现代化办公用品、建材、建筑装璜、设备检修、消防工程、食品加工。公司1996年实现销售总额17185万元，利润309万元，在市同行业中名列前茅。

法人代表：張忠誠

北

吉林北方會計師事務所

吉林北方會計師事務所建所于1989年，原爲吉林會計師事務所一分所，經幾年的發展壯大，1994年經吉林省財政廳批准更名爲具有獨立法人資格的吉林北方會計師事務所，隸屬于吉林省輕工業廳領導。

事務所自建所以來，在一心撲在事業，忘我工作的趙顯成所長的帶領下，事務所業務不斷發展，擁有國家國有資産管理局批准的『資産評估資格證書』，省建設廳批准的『工程造價咨詢資質證書』，成爲能開展綜合業務的事務所，現有專職執業人員52人，平均年齡39.7歲，另有臨時兼職執業人員26人，其中，財會專業副教授1人，高級會計師16人，高級經濟師1人，高級機械、基建工程師7人，注册會計師23人，注册評估師1人，房地産估價師1人，有評估資格和土建、電氣、水暖編審證書的17人，是一支知識化、專業化、老中青三結合的强大專業隊伍。

事務所内設有辦公室、財務部、業務開發部、綜合業務部、資産評估部、基建工程部、審核驗資部等機構。爲加强政治工作，所内還建立了黨支部、工會、團支部等黨群組織。建所以來，事務所一直以『一查、二幫、三促、四提高』爲方針，視『重質量、重信譽、重服務』爲宗旨，走出了一條社會效益與經濟效益并重的成功之路。

事務所業務範圍包括審查大中型國有企業、股份制企業、中外合資企業財務決算；資産評估和資金驗證；經濟效益審計和企業法人離任審計；代辦企事業單位申報納税；房地産、基建裝潢工程的評審及財務決算和工程預决算的審計；幫助企業搞好財務自檢咨詢工作；承辦財務、會計和經營管理等方面的咨詢服務；接受法院、檢察院委托，對經濟案件進行司法鑒證業務。

所長：趙顯成

法人代表：趙顯成

地址：吉林長春市西朝陽路14-3號

電話：(0431)8585424

郵編：130061

事務所受到社會各界的好評

事務所門牌

方

江蘇省注册會計師協會

江蘇省注册會計師協會是由江蘇省注册會計師組成的社會團體，是爲江蘇省注册會計師、會計師事務所和審計事務所服務，監督注册會計師和會計師、審計事務所執業質量、職業道德，依法管理全省注册會計師行業，維持注册會計師和事務所合法權益，協調行業內外部關系的行業管理機構。江蘇省注册會計師協會的主要職責是：接受政府主管行政機關委托，辦理本省注册會計師注册、事務所設立有關事宜，監督、管理其執業情况；審批和管理本會會員；貫徹落實注册會計師執業准則、規則，監督、檢查實施情况；擬訂本省注册會計師事業發展規劃，并組織實施；組織推動全省注册會計師培訓工作；組織我考注册會計師人員參加全國統一考試；協調行業內、外部關系，支持注册會計師依法執業，維護注册會計師和事務所的合法權益；指導省轄市注册會計師協會的工作；組織業務交流，開展理論研究；與國際會計師團體、外國會計職業組織開展業務交往活動；辦理國家法律、行政法規和政府部門，以及中國注册會計師協會授權或委托的其他有關工作。

截止1996年底江蘇省共有注册會計師3100人，會計師事務所和審計事務所共285家，其中有證券審計資格的事務所10家，分布于全省各地，爲保障社會經濟秩序，維護國家和企業的權益，起着重要的作用。

江蘇省注册會計師協會特別代表大會合影

寧 夏

寧夏會計師事務所1984年1月24日經寧夏回族自治區財政廳批准成立，是全國最早建立的20家會計師事務所之一。1994年1月，經財政部和中國證券監督管理委員會聯合審批，獲得從事證券業務財務審計資格。

事務所現有從業人員143人，注册會計師57人。從業人員中，有高級會計師17名、會計師63名；高級經濟師1名、經濟師2名；高級工程師1名、工程師2名。事務所設工業會計部、商貿會計部、涉外會計部、資産評估部、會計電算部、會計培訓部、税務事務部及辦公室，已具有較健全的組織和一批符合執業需要的人才，形成了一定規模。

寧夏會計師事務所

14年來，事務所以恪守獨立、客觀、公正原則爲本，以實現“質量第一、效率第一、服務第一”爲目標，遵守職業道德，信守委托約定，有長期客户300余户，已承辦上市公司財務審計、企業年度會計報表審計、資金驗證、股份制試點、破産清算、經濟案件鑒證、查帳清帳、資産評估、財税檢查、會計顧問、會計咨詢、專題調查、會計電算等5000余項業務，在寧夏起到了率先開拓、探索求真、輻射發展的作用。

法人代表：張志俊 高級會計師 注册會計師 注册資産評估師

地址：寧夏回族自治區銀川市解放西街193號
電話：(0951)5049452 5044652 5043049 5049444 5044273 5049457 5048184 5047374 5044174 5047574 5049427 5044950 5048284 5030547 5047290 5044681
傳真：(0951)5049494 郵編：750001

青海會計師事務所

法人代表、所長：李迎香

青海會計師事務所創建于1986年，挂靠青海省財政廳。是專門從事社會審計、財務管理咨詢和資產評估的中介機構，具有獨立法人資格。經財政部、國家國有資產管理局、中國證監會審查批准，取得從事證券業務的審計資格和資產評估資格。事務所設辦公室、資產評估部、上市業務部、工交業部、商貿部、外資部、中央企部、税務咨詢部、培訓部、會計用品商店及6個業務分部。有員工100余名，其中：注册會計師47名，注册評估師2名，高級會計師11名，高級工程師7名，高級經濟師4名，工程師4名。事務所專業人才較多，執業經驗豐富，是青海省規模較大、業務種類較全的會計師事務所之一。

事務所主要業務爲審計和資產評估業務。審計以國有企業年終决算審計爲主，常年客户有150户。取得上市公司相關業務資格后，已參與青海鉀肥股份有限公司和青海西寧特殊鋼股份有限公司的財務審計工作。在評估方面，已單獨完成了青海山川鐵合金股份有限公司、青海明膠股份有限公司、青海鹽湖鉀肥股份有限公司的上市資產評估工作。

地址：青海省西寧市勝利路10號
電話：(0971) 6145744
郵編：810001

河南省豫州會計師事務所

運 籌 帷 幄

河南省豫州會計師事務所是1990年經河南省財政廳批准成立，由河南省工商局注册登記，經國家國資局批准具有資產評估資格，經河南省審計廳批准具有對國有企業審計查證資格，經鄭州市人民政府外來投資辦公室（現招商局）和市財政局批准具有『三資』企業驗資和查帳資格。開業以來，依據《注册會計師法》在驗資、審計查證、資產評估和咨詢服務等業務方面都取得了顯著成績，多次被省市財税管理部門評爲質量信得過事務所。

所長、法定代表人：劉建剛
地址：河南鄭州市緯二路23號臨街樓
電話：5994297（行政事務部）
5907220（資產評估部）
5907220（基建預决算審計部）
5933610（審計驗資部）
5992040（涉外審計部）
5992040（税務代理部）
5907935（圖書資料室）
5992048（所長辦公室）
郵編：450003

上海中華社科會計師事務所

所長、主任會計師：王文彬 教授

會計師們認真處理業務工作

上海中華社科會計師事務所是由1985年成立的原上海社會科學院會計師事務所和年成立的原上海中華會計師事務所1985年組成的。爲經財政部、國家國有資產管理局、中國證監會批准的執行股份制業務的事務所，是上海及中國最大的會計師事務所之一，擁有客户近千家，客户包括銀行、非銀行性金融機構、上市公司、房地產商、航運、貿易、酒店等各個領域。事務所現有工作人員100余人，其中近半數是注册會計師。正教授3人，副教授及高級會計師、高級工程師15人，經濟學碩士7人。特別是事務所所長兼主任會計師王文彬教授，是我國會計實務和理論界一位著名的專家和學者，身爲上海社會科學院的研究員和教授，不僅是碩士研究生的導師，還領導一個聲譽卓著的上海中華社科會計師事務所。擔任了中國會計學會、中國審計學會、中國注册會計師協會的理事，還被美國國際内部審計師協會聘爲會員，擁有的種種的學術頭銜80多個。

該事務所爲中華會計師事務所（集團）的成員之一。在國内與銀行、證券公司、投資信托機構合作；在國際上與著名的六大及B.D.O. HORWATH等國際會計公司以及新加坡、日本、臺灣、香港、德國等地的會計師事務所建立了合作關系，并開始在種中國境内聯合開展業務工作。

事務所嚴格遵守中華人民共和國的法律、法規和有關規章制度，堅持客觀、公證、獨立、的原則，信守合同，講求效率，負責爲委托人保密。

事務所實行主任會計師負責制，設有審計一部、審計二部、審計三部、資產評估部、國際部、理論研究及咨詢部、業務開發部、行政部及會計進修學院等工作部門。

浦東地址：上海浦東大道288號東信大厦七樓
電話：58799970 傳真：58872507
郵編：200120
浦西地址：上海淮海中路622弄7號
電話：63270515 傳真：63277161
郵編：200020

上海中明會計師事務所

上海中明會計師事務所設在中國第三大島—崇明島上，與大上海半江之隔，與浦東開發區遥相呼應。事務所于1992年，由上海市財政局批准建立，經過五年創業，業務量逐年增加，執業質量日臻規範，從業人員成倍增長，社會信譽不斷提高。

事務所按照《中國注册會計師法》的規定，主要從事如下業務：審計財務報表以及各類專項審計和基建工程預决算審計；驗證注册資本；辦理資産評估；擔任常年會計顧問；培訓財會人才；承辦法律法規規定的其他代理業務。

主任會計師：群風

地址：上海崇明城内西門南村七號樓
電話：59627087 59612405
傳真：59611539 郵編：202150

中發國際資產評估公司

優質服務

總經理：倪所冠

公司成立以來，
特彎是由國傢國有資產管理局、
中國證監會授予首批從事證券業務評估資格後，
評估業務迅速發展。
繼成功地評估瞭上海石化總廠、鎮海石化總廠、
北京北人集團等三户香港上市公司與一批中外閤資企業之後，

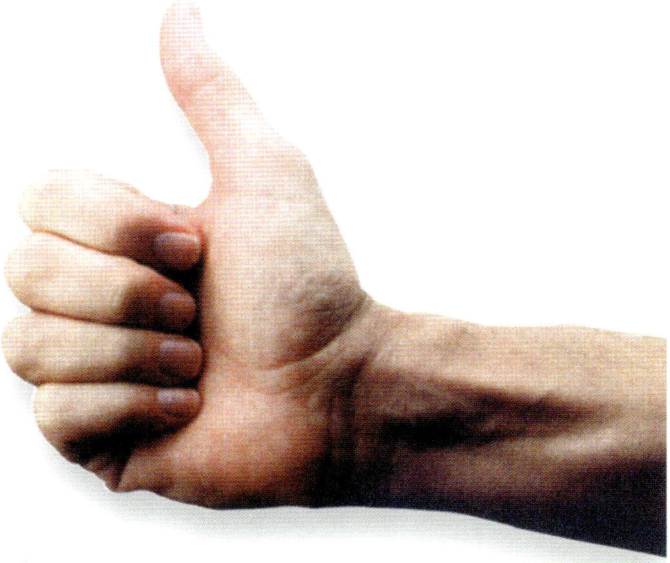

近年來又完成瞭一汽集團、北京製藥廠、三星石化、
燕化高新等4户A股上市公司，
以及特大型股份製改造企業北京燕山石化公司H股的評估項目。
纍計完成的資産評估總值已超過600億元，
受到瞭有關部門和客户的信賴。
今後公司將繼續堅持服務至上、
信譽第一和公正、獨立原則，
爲國内外客户提供優質服務。
總經理：倪所冠

地址：北京西直門内南草廠街
中發商務寫字樓311室
電話：66184536 62548503
傳真：62548503 郵編：100035

法人代表、總經理：伍國生

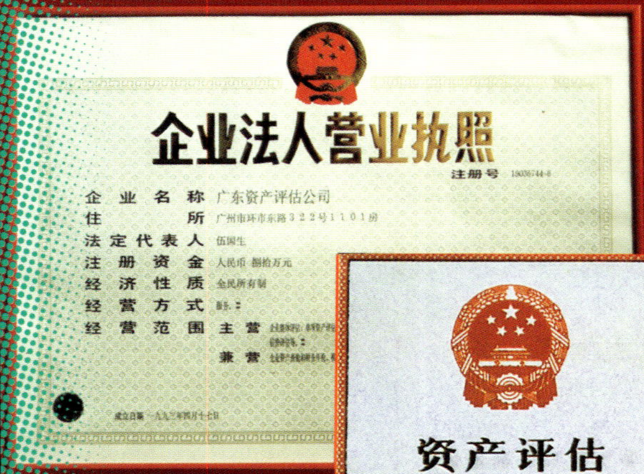

公司營業執照

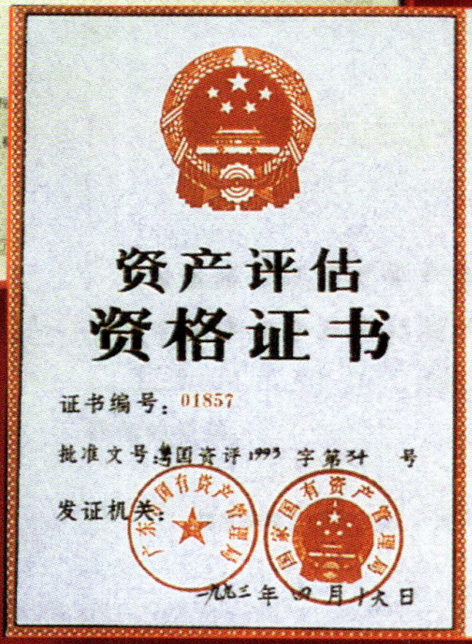

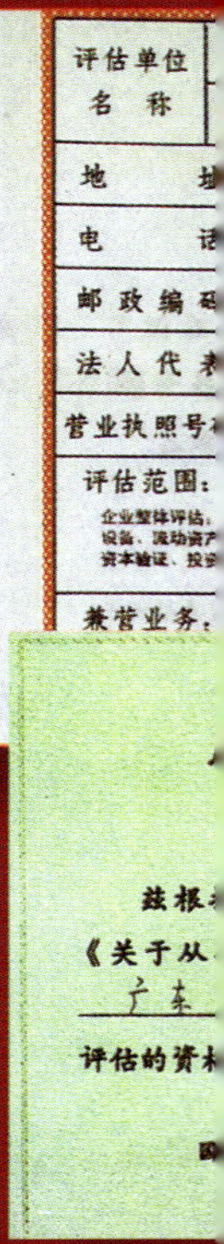

公司獲得資產評估資格證書

家。許多經營規模較大、知名度較高的企業集團，如廣東發展銀行(全系統)、廣東省物資總公司(全系統)、廣東省華僑信托投資公司(全系統)、中國平安保險公司、廣東健力寶集團股份有限公司、廣東省電力局沙角A電廠(一期工程)、韶關發電廠、廣州白雲國際機場、白雲賓館、廣東三星企業(集團)股份有限公司、廣東省韶鋼集團公司、華夏證券公司廣州分公司、廣東省航運總公司、廣東省路橋建設發展公司等，都委托公司進行資產評估。隨着市場經濟的發展和客户的信賴，公司的資產評估業務和驗資查帳等各項業務迅速拓展，業績一年比一年好。

地址：廣州市環市東路322號11樓

傳真：83802985　郵編：510060

總經理室電話：83870298　83840775

83805384-1101

總經濟師電話：83863954　83805384-1103

秘書部電話：83802985　83805384-1102

評估一部電話：83840774　83805384-1104

評估二部電話：83840773　83805384-1110

評估三部電話：83870202　83805384-1106

工程技術部電話：83880213

83805384-1108

業務咨詢部電話：83805384-1107

廣東資產評估公司

現代化的辦公設備

廣東資產評估公司成立于1993年4月，1993年5月3日經國家國有資產管理局、中國證券監督管理委員會批准，確認具有從事證券業務資產評估的資格并發給了《從事證券業務資產評估許可證》。

公司機構人員：廣東資產評估公司是廣東省財政廳屬下的二級單位，經濟獨立核算，自負盈虧。設置總經理室、總經濟師室、評估一部、評估二部、評估三部、咨詢服務部、工程技術部、行政秘書部等職能部門。公司擁有一批具有高、中級專業技術職稱，政策水平較高，業務熟練，實踐經驗豐富的中國注册資產評估師、中國房地產估價師、工程師、會計師、經濟師，五分之四以上人員具有大專以上文化專業水平。

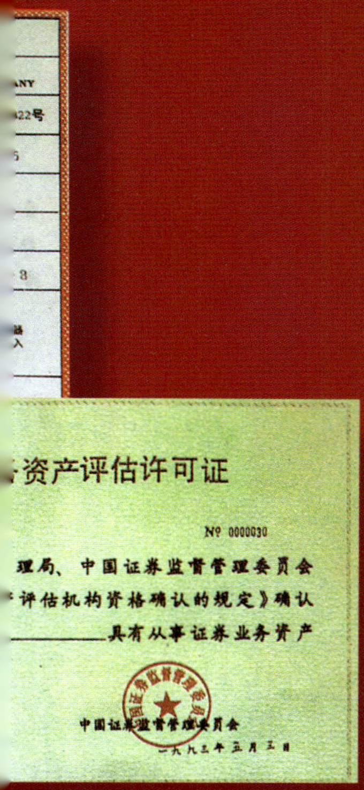

公司取得證券業務許可證

公司主要業績：公司遵照國務院頒布《國有資產評估管理辦法》規定的程序和國家及省有關資產評估規定，信守職業道德，在評估工作中本着客觀、公正、實事求是的原則和認真負責的精神，在保證質量的前提下，急客户所急，依期向委托單位提供優質服務，深受客户的信賴和好評。公司執業以來，截至1996年12月，先后完成了股份制改造、公衆股、法人股上市的企業、中外合資、合作企業、聯營及組建集團公司企業、資產抵押、企業破産、兼并等541個資產評估項目，評估帳面資產總值632億元。在上述項目中：屬于中外合資的有24家，屬于股份制改造的企業有94家。其中：公衆股、法人股上市的企業有25家。已上市的有珠海麗珠醫藥集團、東莞宏遠實業(集團)、廣東梅雁企業集團、新會織綸廠、廣東嘉士利、汕頭經濟特區南方商貿、南海發展、清遠北江實業(集團)、清遠金穗、南海實業投資、廣東金曼集團、廣東華立高科技集團、廣東威達集團、廣東韶能集團、茂名石化實華、佛山興華集

齊全的文檔資料

河北省資產評估公司

法人代錶、總經理：邊志明

地址：河北省石傢莊市康樂街副9號
電話：7814040　7814042
傳真：7046895

河北省資產評估公司經省編委批準、省工商局注册成立，行政上隸屬省國有資產管理局領導，爲獨立承擔民事責任的經濟實體。1993年初經河北省國有資產管理局批準，公司獲各類資產評估資格。1993年10月經國傢國有資產管理局和中國證監會批準，取得河北省首傢證券業務資產評估資格。公司設資產評估一部、資產評估二部、綜閤信息部、財務部。主要業務包括各類資產評估及咨詢服務，證券業務資產評估，項目論證，資金驗證、查帳，資產評估人員培訓等。

公司具有國傢級評審認定的全國首批注册資產評估師和1996年全國首屆注册資產評估師考試中獲取注册資產評估師資格的專職資產評估人員及龐大的評估人員網絡，包括工程、機械、財務、經濟等方麵的專傢和專業人員近百人，能滿足各行業、各方麵的評估需要。公司先後派員參加瞭由美國評值公司和安永會計師事務所組織的高級人員培訓，以及全國、河北省組織的資產評估培訓，資產評估人員具有較高執業水準。公司以服務第一、信譽第一爲奉行的宗旨，以獨立、客觀、公正爲信守的原則，以科學、閤理、實際爲評估操作的基本方法，爲各類企業、單位、個人提供優質服務。到1996年12月，共完成近百個2000萬元以上項目的資產評估，評估資產總值達400多億元，其中包括滄州化學工業股份有限公司、唐山鋼鐵股份有限公司A股上市的資產評估；唐山齒輪廠、保定汽車廠、石傢莊化肥廠、西柏坡發電廠等企業中外閤資的資產評估。所有評估項目均得到國傢國有資產管理局和河北省國有資產管理局批準確認，受到瞭客户及各界的好評。

精誠團結的集體

成都

資産評估事務所

CHENGDU

成都資産評估事務所是1993年4月經國家國有資産管理局與中國證監會聯合確認，具有從事證券業務資産評估資格的全省首批專業評估機構。事務所籌組于1990年6月，1991年7月經批准正式執業。所內現有土建、機械、會計、經濟等各類專業評估人員61人。其中注册資産評估師8人，具有高級技術職稱的30人，其余爲中級技術職稱。是一支具備較高專業水平的資産評估隊伍。

從業六年來，已評估成渝高速公路、蜀都大厦、蓉動力、紅光實業、前鋒、倍特、川電器、泰康、聯益股份等多家上市公司以及廣西、浙江、山東、吉林等地的大中型企業共254個法人單位。上市股份公司和一般被評估單位，以及有關部門反映較好。

事務所受托房地産、機器設備、流動資産、無形資産、在建工程等評估工作。執業中，堅持客觀、公正、實事求是原則，維護資産所有者及各方合法權益，得到國家和省市國有資産行政主管部門和委托單位的好評。

近年來，事務所一是抓隊伍建設，提高執業整體水平。先后吸收了一批年富力强并具一定水平的會計、工程人員，組織參加四川省舉辦的資産評估人員職業上崗資格培訓，參加省舉辦的注册資産評估師考前輔導學習。二是抓制度建設，加强質量監督。先后逐步建立健全業務管理和培訓制度8項，質量控制制度6項。一切以事實爲根據，以法律爲准繩，實事求是作好評估服務工作。三是抓執業實施程序，保證評估工作順利進行。組織從業人員認真學習、貫徹《資産評估操作規範意見》的基礎上，還總結出一套執業實施基本程序。即：一看、二清、三查、四對、五評、六核、七審、八報。

務所與有關負責人共同研討提高經濟效益對策

法人代銕：屈信濂 高級會計師

地址：成都市西玉龍街小福建營巷5號

電話：(028)6741003 6742789

郵編：610015 電挂：1525

DALIAN

● 所長：劉明剛

大連市房地産估價事務所

大連市房地産估價事務所是大連市房地産管理局直屬的專業估價機構，是在本局係統房地産交易所、房地産事務所多年從事房地産估價的基礎上于1996年1月正式成立的。主要從事房地産估價、工程項目咨詢、開發項目策劃、政策法規咨詢等業務。目前從業人員18人，其中7名國傢注册房地産估價師，另有2人通過瞭1996年全國房地産估價師考試。在大連市的外縣（市)區均建有分所，業務覆蓋整個大連地區，是大連市房地産估價和咨詢的龍頭企業。

事務所創業的頭一年，就完成估價項目300多項，評估總值80多億元人民幣，評估房屋麵積125萬平方米。完成瞭比較復雜的碼頭、水域、換建工程、大型商業設施、毛地、淨地等委估項目，編製瞭大連城區房屋重置價格，在本地區形成瞭良好的專業形像。

大連市房地産估價事務所

事務所的優勢在于，一是聚閤瞭一批高水平的專業人材。目前估價所18名員工，17人大專以上學曆，碩士學位4人，工商管理碩士在讀2人，全所平均年齡31歲，知識結構比較閤理，財經、工程、預算、價格、社會學等估價需要的專業人材配備比較均衡，具備承擔各類估價項目的能力。二是有良好的發展環境。估價所是在房地産行政主管機關的支持下建立起來的，獲得瞭行政方麵很重要的支持，在優良的辦公場所，有比較穩定的業務來源，有與其它行政、金融、司法等機構溝通聯絡的渠道，有利于在社會上形成穩定可靠的形像。同時估價所承擔大連全市房地産估價師協會秘書處的工作。三是估價事務所從一開始就形成明確的發展思路，不斷培育和擴展市場，以大連市房地産估價事業的發展爲已任；對内强化基礎建設，不斷提高理論和專業技術水平，培養一批優秀的專業人材。四是重視基礎建設。目前已初步建成瞭大連市房地産交易信息係統，建立瞭建安成本、土地價格、開發項目拆遷補償等各類信息資料庫。編製瞭估價報告分析和生成的軟件，成本法和市場比較法估價項目已實現由電腦直接編製報告。同時，已經有能力編製城市各類房屋重置價格和對外發布本市的房地産市場行情。

法人代錶：劉明剛

● 事務所宽敞明亮的辦公室

地址：大連市西崗區黄河街80號 電話：3691509 3691503 郵編：116011

所長：武紹會 中國房地産估價師 中國土地估價師

北海物業估價事務所是具有全國A級資質的土地估價機構、廣西房地産估價的專門機構，可在全國範圍内從事以下估價業務：基準地價；齣讓或國傢收迴的土地地價；轉讓、齣租、抵押、作價入股的土地地價；上市及非上市股份有限公司或有限責任公司涉及的土地地價；企業兼并、破産、清産核資涉及的土地地價；司法仲裁涉及的土地地價；徵收土地税費涉及的土地地價；其它法律、法規規定需要進行估價的土地地價的評估和相應房地産估價。同時還從事可行性研

富有朝氣和專業技術的年輕隊伍

北海物業估價事務所

究、建設工程預結算及工程標底編製，工程咨詢、培訓等業務。

北海物業估價事務所擁有一支年輕而富有朝氣、知識全麵的專業技術估價和咨詢人員，目前全所有房地産估價師8人，土地估價師8人，其中高級會計師和會計師3人，工程師5人，律師1人，具有研究生學曆的2人，本科學曆的6人。已完成包括廣西虎威、桂林集琦、廣西康達、北海國際招商等上市公司涉及的土地和其它各種房地産估價項目近兩宗，爲推動房地産市場的正常發展和中介機構規範化運行作瞭較大的努力，并被評爲1995年度北海市清産核資先進集體。

法人代錶：武紹會 工程師 經濟師

地址：廣西北海市解放南路城建大厦一層
電話：2031021 3200887　傳真：2033706　郵編：536000

評估師們
交流執業經驗

ZICHAN

PINGGU

CHANG
ZHOU

常州資産評估事務所

常州資産評估事務所成立于1991年，是常州市專職從事資産評估、會計查帳、財務咨詢等業務的社會中介機構，是中國資産評估協會正式會員，江蘇省資産評估協會常務理事，江蘇省股份制企業協會理事。1994年8月經國家國有資産管理局、中國證監會批准具有從事證券業務的資産評估資格，1997年3月經江蘇省國有資産管理局批准取得了特A級資産評估資格，1997年4月經江蘇省工商局、江蘇省科學技術委員會、江蘇省科技咨詢公司聯合確認爲AAA級咨詢機構。

事務所現配備建築、機械、電子、財經等各類經驗豐富的專職評估人員40余名，均已獲得國家或省國有資産管理部門頒發的資産評估專業證書，并先后選派數名同志赴美參加中美資産評估高級研修，赴香港、新加坡、馬來西亞、泰國等國考察證券市場。

事務所已承辦各類資産評估項目500多項。其中較有影響的上市評估項目有：常柴股份有限公司(A、B股)、連雲港如意集團股份有限公司(A股)、遠東實業股份有限公司(A股)及江蘇五菱柴油機股份有限公司(B股)、常州金獅（自行車）集團股份有限公司(A股)、江蘇實業（江蘇春蘭、南京電子網板、連雲港氨綸有限公司）“紅籌股”等；國内股份制改制評估項目有：常州百貨大樓、常州藥業、常州亞細亞、金壇金虹集團、江蘇金溪集團、江蘇供銷合作聯社；中外合資、合作評估項目有：常州變壓器廠與日本東芝公司合資、常州林業機械廠與日本小松公司合資、江蘇神鷄集團與德國合資以及常州釀酒總廠、常州國光電子總公司、常州合成纖維廠等整體資産評估。

事務所嚴格遵守國家的法律、法令和有關規章制度，恪守客觀、公正、科學、合理的原則，以質量求生存，以信譽求發展，不斷拓展業務範圍，爲社會各界提供最優質的服務。

地址：江蘇省常州市勞動中路3號
電話：(0519)6644690
傳真：(0519)6645954
郵編：213003

所長：硃志洪

四川省資産評估事務所

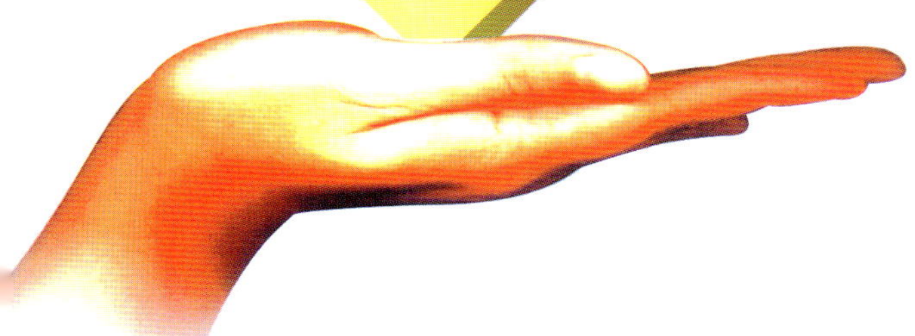

四川省資産評估事務所于1992年4月經四川省國有資産管理局批準成立，四川省工商行政管理局注册登記，具有獨立法人資格，注册資金人民幣60萬元，1992年4月取得國傢國有資産管理局頒發的資産評估資格證書。1993年5月取得國傢國有資産管理局、中國證監會聯閤頒發的證券業務資産評估資格證書，從而成爲西南、西北片區首傢，也是全國第一批獲得證券業務評估資格的評估機構。事務所現有員工近60人，包括財會、房建、機器設備及法律等多方麵的專業人員，其中具有各類高級職稱的專業人員60%以上，中級專業技術職稱占30%，通過考核認定或通過全國統一考試注册的中國注册資産評估師20人。

截止1997年3月，全所已纍計評估資産項目170餘個，接受委托評估的資産價值達400億餘元人民幣，其中評估過的上市公司或擬申請上市的公司21個，資産價值達130億元人民幣，它們有四川長虹、川長鋼、中川國際、渝三峽、成都商場、自貢東碳、瀘州老窖、川長徵、川沱牌、重慶百貨等。事務所承接的評估業務都能根據股票上市時間計劃，提交評估報告書。評估報告書在國傢國資局審核確認均一次通過，由此獲得瞭各方的高度評價。

法人代錶：唐光興

地址：四川省成都市玉雙路3號　電話：(028)4332919　4324341
傳真：(028)4332922　郵編：610061

柳州市資産評估事務所

柳州市資産評估事務所創立于1991年7月，獲得廣西壯族自治區國有資産管理局頒發的《資産評估資格證書》及國傢國有資産管理局、中國證監會頒發的《從事證券業務資産評估許可證》，是全區最早成立的資産評估專業機構。幾年來，事務所成功地評估瞭上市公司柳工股份有限公司、北海新力實業股份有限公司。還完成瞭一大批中外閤資企業及企業改製股份公司的資産評估項目，如柳州壓縮機總廠、柳州市兩麵針股份有限公司、柳州工貿大廈股份有限公司等等，評估項目達1000多項，評估價值達140億元左右。事務所現有資産評估專業人員21名，其中：具有高、中級技術職稱的13人，評估所內設房地産評估部、機器設備評估部、流動資産評估部等職能部門，擁有固定資産100萬元和先進的計算機網絡係統。事務所曾榮獲1992、1994、1995年度柳州市市直機關先進集體及1996年度柳州市先進集體光榮稱號。

法定代錶人：何定祥　注册資産評估師　高級會計師

評估計算實現電算化

事務所獲得資産評估許可證

地址：廣西柳州市濱江東路1號7樓　電話：(0772)2866520　2866522　2866521　2866523　傳真：(0772)2866520

雲南省地價評估事務所

雲南省地價評估事務所是經雲南省工商行政管理局登記注册的社會中介服務機構，隸屬雲南省土地管理局。持有雲南省國有資產管理局“資産評估資格證書”，可從事房地産、機器設備、流動資産、無形資産評估。并持有國家土地管理局頒發的土地估價A級資格證書，可在全國範圍内評估包括上市股份公司在内的各類土地資産。事務所開業以來，評估資産總價值已達10億多元，并爲泰國M集團、新加坡泛太平洋公司等外資企業在雲南省投資進行了資産評估。同時，爲雲南省馬龍化建、大理造紙廠、雲天化等上市公司進行了土地資産評估。

法定代錶人：李猛

先進的辦公係統

地址：雲南昆明市古樓路1號

(雲南省土地管理局内)

電話：5152758

郵編：650051

NAN CHANG 南昌市土地估價交易所

土地定級估價成果驗收會

南昌市土地估價交易所是1994年經南昌市人民政府批準成立的土地估價交易專業機構。現有房地産估價師、土地估價師及工程、經濟、財會專業技術人員21人。主要從事房地産價格評估、土地使用權齣讓、轉讓、抵押、處分等價格評估及土地交易中介服務。自成立以來共完成房地産價格評估及土地交易520餘項。1996年完成瞭南昌市城區土地分等定級及基準地價評估工作。通過國傢級驗收。是南昌地區房地産估價權威機構，也是政府指定的土地交易專業機構。

所長：周宏偉

地址：南昌市民德路259號南昌市土地交易大樓

電話：6796874　6790024　6788621

郵編：330008

國 有 資 產

珠海市國有資產管理局

珠海市國有資產管理局成立于1996年3月，是市政府監督管理國有資產及集體資產的專職部門。下設6科1室，并管理市投資管理公司。

主要職能是貫徹執行國傢關于國有資產管理的方針、政策和法規，製訂全市國有資產及集體資產管理的政策和法規，并組織實施和監督。調查研究和分析預測國有及集體資產狀況；組織清產核資、產權界定、產權登記等工作和處理產權糾紛；編製全市國有及集體資產負債總錶，編製全市經營性資產、行政事業性資產和資源性資產總帳；製訂市屬國有及集體資產經營計劃，組織編製并實施市屬國有及集體資產經營預算。統一管理資產評估行業；製訂全市資產評估規章製度，并檢查監督執行情況；負責資產評估機構審查；决定市屬國有及集體資產評估項目的立項，并負責確認評估結果。負責管理處置市屬國有及集體資產和查處其流失情況，組織存量資產閤理流動；審批和監管產權交易市場。决定市屬資產經營公司和市直國有獨資公司的設置、變更和終止，審批其長遠發展規劃、年度計劃和重大事項報告；管理境外市屬國有及集體資產及財務工作。負責建立市屬國有及集體資產保值增值指標體係，并組織實施；考核市屬國有及集體資產經營狀况，監管市屬國有及集體企業的財務會計工作。負責市屬國有及集體資產增量管理，對其重大投入項目提齣意見，并跟蹤監測投資效益。協助處理經營性資產、行政事業性資產和資源性資產管理的重大事項。考核市屬資產經營公司和市直國有及集體骨幹企業主要領導成員的經營業績，會同有關部門任免、奬懲市屬國有及集體企業主要領導成員；委派或推薦齣席企業股東大會的產權代錶，推薦公司董事會、監事會候選人；負責培訓國有及集體企業和管理人員。編製市屬國有及集體資產收益預算方案；研究製訂市屬國有及集體企業税後利潤和市屬股權收益的分配方案，收繳市屬國有及集體資產投資收益和產權轉讓收益；管理“珠海市公有資產投資基金”。會同有關部門負責企業股份製改造和股票上市工作。指導、協調和監督有關部門和縣、區國有資產管理機構的工作。承辦市人民政府(或市資產管理委員會)和省國有資產管理局交辦的其他事項。

局長：李國欽 高級會計師

地址：珠海市新香洲梅華路鴻鑫花園第一棟2樓 電話：(0756)2261206 2260996 郵編：519000

珠海市資產評估事務所

珠海

法人代錶、所長：黄發南

事務所是1990年11月經珠海市政府批準設立，工商行政管理部門注册登記，具有法人資格；擁有廣東省國有資產管理辦公室核發資產評估許可證，經國傢國有資產管理局、中國證監會確認具有從事證券業務資產評估資格，中國資產評估協會團體會員單位。事務所擁有專業人員20人，分設4個部、2個辦事處。并與國傢信息中心網絡聯網。

事務所承辦下列業務：接受中外閤資閤作、聯營、股份經營、企業兼并、承包經營、租賃經營、拍賣以及轉讓產權變動時的資產評估；接受企業抵押貸款、破產清算或結業清理、經濟擔保、保險等資產評估；無形資產轉讓及預期效益的評估；接受企事業單位或個人資產齣售的評估；依照國傢有關規定需要進行資產評估的其他情形的資產評估；專業咨詢。

事務所執業以來，已承擔數百户委托業務。珠海經濟特區最大的四星級賓館珠海賓館，湖南省長沙市最大的四星級賓館華天大酒店，珠海最大的百貨廣場，工業方麵如麗珠醫藥(集團)股份有限公司、洪灣發電廠、巨人集團公司、湖南省岳陽製冷設備總廠、華豐食品(集團)股份有限公司、灣仔工業(集團)總公司以及澳門鋭光電子廠、澳門永新公司、中山火炬高新技術實業股份有限公司發行股票的資產評估等。

地址：廣東省珠海市香洲康寧路中心裏100號之一
電話：(0756)2237088 2252734 2238404
傳真：2237088 郵編：519000

Shen Yang 沈陽資産評估事務所

沈陽資産評估事務所成立于1994年8月，具有國家國有資産管理局頒發的資産評估資格證書，內設評估一部、評估二部、評估三部、無形資産評估部、辦公室等。現有專職評估工作人員28名，全部具有中、高級職稱，在專業人員中有碩士研究生2人，注册評估師8人，注册會計師4人，土地估價師6人，房地産估價師3人，建築工程技術人員4人，機電設備工程技術人員4人，會計師及經濟管理人員5人，人員素質高，結構合理，注册資金300萬元。

事務所自成立以來，在全國率先進行了破産分立、分割式經營、股份制改造、建立現代化企業制度試點等多種形式的資産評估，并着重對現代化企業制度試點企業的優化資本結構，資本運作，産權的重组、購并和上市工作進行了深入的探索和研究。取得了良好的社會效益，受到了有關人士和社會的一致好評。 目前，事務所已實現微機化管理，建立了國際和國內兩個系統的數據庫，已與國外權威的評估機構聯絡，建立跨國界、跨地區的中介評估機構，參與國際間的經濟大循環。

事務所的宗旨是：公正、科學、嚴謹、高效。

所長：硃濟全

法定代錶人、所長：硃濟全
地址：遼寧省瀋陽市和平區綏化東街2號
電話：(024)2508001 2503670 傳真：(024)2503502 郵編：110002

南寧市資産評估事務所

法定代錶人：
吴雙
高級工程師
中國資産評估協會理事
地址：廣西南寧市新竹路19號
電話：(0771)5860846
5850363
傳真：(0771)5860846
郵編：530022

高科技作後盾評估結果又準又快

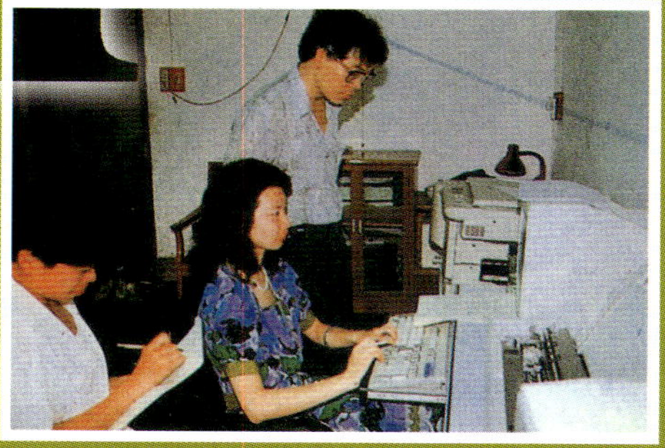

法定代錶人：吴雙 中國注册資産評估師

廣西南寧市資産評估事務所于1990年7月經南寧市政府批准成立，南寧市工商行政管理部門注册登記，國家國有資産管理局發證具有資産評估資格；1993年10月經國家國有資産管理局和中國證監會聯合確認，具有從事證券業務資産評估資格；爲中國資産評估協會正式會員，具有獨立法人的資産評估機構，設置固定資産評估部(含房地産評估)、流動資産評估部、無形資産評估部、價格信息部等內部管理機構。幾年來依法接受和完成600多家企事業單位及個體企業委托的資産評估業務，爲多家股份公司股票發行上市進行了資産評估。現有在册評估人員15名，已具有多名中國注册資産評估師、外聘人員10名，

主要業務範圍有：股份公司公開發行股票和上市的證券業務評估；企業、事業、集體和個體的股份制改造、兼并、聯營、承包租賃、中外合資、合作經營、破産清算、資産出售、資産保險、抵押貸款、經濟擔保等的整體資産和部分資産評估；項目投資的評估和項目可行研究報告編制、論證和咨詢等業務。

福州資産評估事務所

福州資産評估事務所是爲瞭適應改革開放的需要，經福州市人民政府批準，于1993年5月正式成立，具有獨立法人資格。它是以福州會計師事務所資産評估部爲基礎組建的專業資産評估機構。事務所業經福建省國有資産管理局年檢評定爲A級評估機構，并獲得國家國有資産管理局和中國證監會聯閤確認具有從事證券業務資産評估的資格。所内部現設置三個業務部，并在所屬各縣設有評估專業小組。全所現擁有一批具有高、中級專業技術職稱的專職和兼職評估人員，實力雄厚。接受各級政府、各企事業單位和投資者委托，承辦固定資産、流動資産、長期投資、無形資産、土地等單項資産和企業整體資産評估的業務，并兼辦可行性論證、投資咨詢等業務。

事務所門牌

評估師們研討業務

地址：福州市古田路雙福東樓4層
電話：(0591)3312779 3311148 3311816 傳真：(0591)3323577 郵編：350005

所長：陳泉棠

員工正在研究工作

厦門資産評估事務所

厦門資産評估事務所是于1993年6月經國家國有資産管理局和中國證監會聯合審批確認的具有從事證券業務資産評估資格的資産評估機構，是經厦門市財政局批准，市工商行政管理局登記，有獨立法人資格，内設管理部、綜合部、咨詢部、房地産評估部、設備評估部、流動資産評估部和無形資産評估部等部門。事務所的評估範圍包括：企業股份制改造和股票上市資産評估；資産轉讓、合作經營、企業清算資産評估；資産抵押、擔保、租賃的其他有關評估業務，以及可行性論證、資産重組及策劃、咨詢服務等。

創業三年來，先后爲厦工、厦華、國際機場、燦坤、龍舟、海洋集團公司、厦汽、福發等20多家企業股份制改制、股票上市公司進行資産評估。此外，接受了300多項合資合作、抵押貸款、資産轉讓、企業拍賣、租賃、兼并、解散清算、清産核資重估評估以及包括企業商譽、商標、專利技術在内的各類無形資産評估，評估值超過150億元。

地址：中國・厦門市美湖路43號4樓A座
電話：2029305 2106249 2106247 傳真：2031684 郵編：361004

貴陽市土地估價事務所

貴陽市土地估價事務所成立于1993年，
擁有注册土地估價師12名，
1994年被評爲首批國傢A級地價評估機構之一，
可在全國範圍内承擔各種地價評估工作。
事務所成立四年來，開展瞭多方麵的工作：
爲貴陽市各區縣進行瞭城鎮土地分等定級和基準地價測算，
定級範圍達53.62平方公裏；
每年進行一次貴陽市基準地價調整，
每三年進行一次貴陽市城市土地級彆調整，
提齣調整方案，爲政府地價決策提供依據；
爲貴陽市國有土地使用權齣讓提供地價評估，
并嚮社會提供土地使用權轉讓、齣租、抵押、入股聯營、閤資、閤作、企業資産登記、清産核資、企業破産、兼并以及司法仲裁等涉及的各種目的的宗地地價評估工作和地價咨詢服務，幾年來
纍計評估宗地1051宗，
評估麵積908.26萬平方米，評估總額23.1億元。
通過上述工作，
事務所爲貴陽土地管理、地價評估和地價管理作齣瞭應有的貢獻。

地址：貴州省貴陽市瑞金北路59號　電話：(0851)6830989　6830909　郵編：550002

綿陽市地價評估事務所

法人代錶、所長：宋世鬆

綿陽市地價評估事務所于1993年經綿陽市編委批準正式成立的，是隸屬于綿陽市國土局具有獨立法人資格的中介機構。是四川省“A”級資格土地估價機構之一。事務所主要開展基準地價評估；齣讓或國傢收迴土地的地價評估；轉讓、齣租、抵押、作價入股土地的評估；上市及非上市股份有限公司涉及的土地評估；企業兼并、破産、清産核資涉及的土地評估；司法仲裁中涉及到的土地估價；徵收土地稅費涉及到的土地估價；其它依照法律、法規需要進行的土地估價；地價咨詢等業務。

事務所擁有一批高素質的專業技術隊伍。事務所積極熱情地爲客户提供客觀、公正、科學、閤作的服務。1996年，事務所成功地爲綿陽政府評估瞭招標、拍賣方式齣讓和協議齣讓共10宗，受法院委托進行地價司法鑒定4宗，企業破産清算土地資産估價15宗，上市股份公司土地估價2宗，企業産權製度改革和抵押貸款涉及的土地估價共89宗；全年評估土地共120宗，評估土地資産總值達6.9億元，爲發展地方經濟、盤活企業土地資産作齣瞭積極貢獻，被綿陽市企業改革領導小組評爲企業改製工作中有突齣貢獻的單位，所長宋世鬆被評爲有突齣貢獻的改革者。

地址：四川省綿陽市南河路四號　電話：(0816)2223229　郵編：621000